Udsching

SGB XI
Soziale Pflegeversicherung

SGB XI
Soziale Pflegeversicherung

Kommentar

von

Prof. Dr. Peter Udsching
Vors. Richter am Bundessozialgericht a. D.

Dr. Bernd Schütze
Richter am Bundessozialgericht

Nicola Behrend
Richterin am Bundessozialgericht

Dr. Andreas Bassen
Richter am Sozialgericht Stade

Dr. Florian Reuther
Justiziar des Verbandes der Privaten Krankenversicherung

Kristina Vieweg
Ass. iur., Verband der Privaten Krankenversicherung

4. Auflage 2015

C.H.BECK

www.beck.de

ISBN 978 3 406 66146 6

© 2015 Verlag C. H. Beck oHG
Wilhelmstraße 9, 80801 München

Satz: Jung Crossmedia Publishing GmbH
Gewerbestraße 17, 35633 Lahnau

Druck und Bindung: fgb · freiburger graphische betriebe GmbH
Bebelstraße 11, 79108 Freiburg

Gedruckt auf säurefreiem, alterungsbeständigem Papier
(hergestellt aus chlorfrei gebleichtem Zellstoff)

Vorwort

Durch das Gesetz zur Neuausrichtung der Pflegeversicherung (PNG), das GKV-Versorgungsstrukturgesetz, das Gesetz zur Änderung des Infektionsschutzgesetzes und weiterer Gesetze sowie aktuell durch das Erste Pflegestärkungsgesetz (PSG I) sowie das Gesetz zur besseren Vereinbarkeit von Familie, Pflege und Beruf ist das SGB XI gegenüber der letzten Auflage dieses Kommentars geändert worden. Von erheblicher Bedeutung sind vor allem Leistungsverbesserungen, die nicht nur Pflegebedürftigen, sondern auch Personen mit erheblich eingeschränkter Alltagskompetenz zugutekommen. Sie wurden in Übergangsvorschriften an den Schluss des Gesetzes platziert; womit der Gesetzgeber deutlich machen wollte, dass eine umfassende Reform auf der Grundlage eines neuen Pflegebedürftigkeitsbegriffs noch aussteht. Die daneben mit dem PNG eingeführte grundlegende Neuerung ist die Förderung einer privaten Pflege-Zusatzversicherung. Diesem neuen Schwerpunkt des SGB XI trägt der Kommentar dadurch Rechnung, dass mit dieser Auflage mit Dr. Florian Reuther und Kristina Vieweg, die sich auch hauptberuflich mit der privaten Pflegeversicherung beschäftigen, ausgewiesene Sachkenner die Kommentierung aller Vorschriften, die die private Pflegeversicherung betreffen, übernommen haben. Das Erscheinen der 4. Auflage hat sich durch die zum Jahresende 2014 verabschiedeten Reformgesetze leider erheblich verzögert. Dafür liegt der Kommentierung jetzt in allen Bereichen die aktuelle Rechtslage zugrunde.

Im Übrigen sind die Ergebnisse der Rechtsprechung in die Kommentierung eingearbeitet worden. Der Kommentar verfolgt weiterhin das Ziel, bei der Auslegung von Rechtsfragen in der Pflegeversicherung eine Hilfestellung für die Praxis zu bieten; pflegefachlichen Rat kann er nicht geben. Auf den Abdruck der Richtlinien sowie des „Gemeinsamen Rundschreibens der Verbände der Pflegekassen auf Bundesebene" wurde angesichts der Verfügbarkeit der jeweils aktuellen Fassung im Internet verzichtet.

Kassel/Köln/Stade im Februar 2015 *Peter Udsching*

Inhaltsverzeichnis

Vorwort V
Bearbeiterverzeichnis XV
Abkürzungsverzeichnis XVII
Literaturverzeichnis XXIII
Einleitung 2

Erstes Kapitel. Allgemeine Vorschriften

Vorbemerkungen zu §§ 1 bis 13		16
§ 1	Soziale Pflegeversicherung	17
§ 2	Selbstbestimmung	20
§ 3	Vorrang der häuslichen Pflege	23
§ 4	Art und Umfang der Leistungen	25
§ 5	Vorrang von Prävention und medizinischer Rehabilitation	28
§ 6	Eigenverantwortung	29
§ 7	Aufklärung, Beratung	30
§ 7a	Pflegeberatung	36
§ 7b	Beratungsgutscheine	45
§ 8	Gemeinsame Verantwortung	48
§ 9	Aufgaben der Länder	51
§ 10	Pflegebericht der Bundesregierung	55
§ 11	Rechte und Pflichten der Pflegeeinrichtungen	56
§ 12	Aufgaben der Pflegekassen	59
§ 13	Verhältnis der Leistungen der Pflegeversicherung zu anderen Sozialleistungen	62

Zweites Kapitel. Leistungsberechtigter Personenkreis

Vorbemerkungen zu §§ 14 bis 19		76
§ 14	Begriff der Pflegebedürftigkeit	78
§ 15	Stufen der Pflegebedürftigkeit	94
§ 16	Verordnungsermächtigung	105
§ 17	Richtlinien der Pflegekassen	106
§ 18	Verfahren zur Feststellung der Pflegebedürftigkeit	109
§ 18a	Weiterleitung der Rehabilitationsempfehlung, Berichtspflichten	120
§ 18b	Dienstleistungsorientierung im Begutachtungsverfahren	122
§ 19	Begriff der Pflegepersonen	123

Drittes Kapitel. Versicherungspflichtiger Personenkreis

Vorbemerkungen zu §§ 20 bis 27		129
§ 20	Versicherungspflicht in der sozialen Pflegeversicherung für Mitglieder der gesetzlichen Krankenversicherung	130

Inhalt

§ 21	Versicherungspflicht in der sozialen Pflegeversicherung für sonstige Personen	145
§ 22	Befreiung von der Versicherungspflicht	149
§ 23	Versicherungspflicht für Versicherte der privaten Krankenversicherungsunternehmen	151
§ 24	Versicherungspflicht der Abgeordneten	166
§ 25	Familienversicherung	167
§ 26	Weiterversicherung	173
§ 26a	Beitrittsrecht	175
§ 27	Kündigung eines privaten Pflegeversicherungsvertrages	178

Viertes Kapitel. Leistungen der Pflegeversicherung

Vorbemerkungen zu §§ 28 bis 45f 181

Erster Abschnitt. Übersicht über die Leistungen

§ 28	Leistungsarten, Grundsätze	186

Zweiter Abschnitt. Gemeinsame Vorschriften

§ 29	Wirtschaftlichkeitsgebot	193
§ 30	Dynamisierung, Verordnungsermächtigung	195
§ 31	Vorrang der Rehabilitation vor Pflege	196
§ 32	Vorläufige Leistungen zur medizinischen Rehabilitation	199
§ 33	Leistungsvoraussetzungen	200
§ 33a	Leistungsausschluss	205
§ 34	Ruhen der Leistungsansprüche	205
§ 35	Erlöschen der Leistungsansprüche	213
§ 35a	Teilnahme an einem trägerübergreifenden Persönlichen Budget nach § 17 Abs. 2 bis 4 des Neunten Buches	213

Dritter Abschnitt. Leistungen

Erster Titel. Leistungen bei häuslicher Pflege

§ 36	Pflegesachleistung	215
§ 37	Pflegegeld für selbst beschaffte Pflegehilfen	222
§ 38	Kombination von Geldleistung und Sachleistung (Kombinationsleistung)	232
§ 38a	Zusätzliche Leistungen für Pflegebedürftige in ambulant betreuten Wohngruppen	235
§ 39	Häusliche Pflege bei Verhinderung der Pflegeperson	241
§ 40	Pflegehilfsmittel und wohnumfeldverbessernde Maßnahmen	247

Zweiter Titel. Teilstationäre Pflege und Kurzzeitpflege

§ 41	Tagespflege und Nachtpflege	261
§ 42	Kurzzeitpflege	264

Dritter Titel. Vollstationäre Pflege

§ 43	Inhalt der Leistung	269

Inhalt

Vierter Titel. Pflege in vollstationären Einrichtungen der Hilfe für behinderte Menschen

§ 43a Inhalt der Leistung 280

Vierter Abschnitt. Leistungen für Pflegepersonen

§ 44   Leistungen zur sozialen Sicherung der Pflegepersonen 283
§ 44a Zusätzliche Leistungen bei Pflegezeit und kurzzeitiger Arbeitsverhinderung ... 293
§ 45   Pflegekurse für Angehörige und ehrenamtliche Pflegepersonen 298

Fünfter Abschnitt. Leistungen für Versicherte mit erheblichem allgemeinem Betreuungsbedarf, zusätzliche Betreuungs- und Entlastungsleistungen und Weiterentwicklung der Versorgungsstrukturen

§ 45a Berechtigter Personenkreis 300
§ 45b Zusätzliche Betreuungs- und Entlastungsleistungen, Verordnungsermächtigung 304
§ 45c Weiterentwicklung der Versorgungsstrukturen, Verordnungsermächtigung ... 310
§ 45d Förderung ehrenamtlicher Strukturen sowie der Selbsthilfe 314

Sechster Abschnitt. Initiativprogramm zur Förderung neuer Wohnformen

§ 45e Anschubfinanzierung zur Gründung von ambulant betreuten Wohngruppen ... 316
§ 45f Weiterentwicklung neuer Wohnformen 317

Fünftes Kapitel. Organisation

Vorbemerkungen zu §§ 46 bis 53b 319

Erster Abschnitt. Träger der Pflegeversicherung

§ 46   Pflegekassen 320
§ 47   Satzung 325
§ 47a Stellen zur Bekämpfung von Fehlverhalten im Gesundheitswesen 328

Zweiter Abschnitt. Zuständigkeit, Mitgliedschaft

§ 48   Zuständigkeit für Versicherte einer Krankenkasse und sonstige Versicherte 331
§ 49   Mitgliedschaft 333

Dritter Abschnitt. Meldungen

§ 50   Melde- und Auskunftspflichten bei Mitgliedern der sozialen Pflegeversicherung 335
§ 51   Meldungen bei Mitgliedern der privaten Pflegeversicherung 338

Vierter Abschnitt. Wahrnehmung der Verbandsaufgaben

§ 52   Aufgaben auf Landesebene 341
§ 53   Aufgaben auf Bundesebene 343
§ 53a Zusammenarbeit der Medizinischen Dienste 346
§ 53b Beauftragung von anderen unabhängigen Gutachtern durch die Pflegekassen im Verfahren zur Feststellung der Pflegebedürftigkeit 348

Sechstes Kapitel. Finanzierung

Vorbemerkungen zu §§ 54 bis 68 351

Inhalt

Erster Abschnitt. Beiträge

§ 54	Grundsatz	353
§ 55	Beitragssatz, Beitragsbemessungsgrenze	355
§ 56	Beitragsfreiheit	359
§ 57	Beitragspflichtige Einnahmen	363
§ 58	Tragung der Beiträge bei versicherungspflichtig Beschäftigten	374
§ 59	Beitragstragung bei anderen Mitgliedern	378
§ 60	Beitragszahlung	384

Zweiter Abschnitt. Beitragszuschüsse

§ 61	Beitragszuschüsse für freiwillige Mitglieder der gesetzlichen Krankenversicherung und Privatversicherte	390

Dritter Abschnitt. Verwendung und Verwaltung der Mittel

§ 62	Mittel der Pflegekasse	395
§ 63	Betriebsmittel	396
§ 64	Rücklage	397

Vierter Abschnitt. Ausgleichsfonds, Finanzausgleich

§ 65	Ausgleichsfonds	398
§ 66	Finanzausgleich	400
§ 67	Monatlicher Ausgleich	401
§ 68	Jahresausgleich	401

Siebtes Kapitel. Beziehungen der Pflegekassen zu den Leistungserbringern

Erster Abschnitt. Allgemeine Grundsätze

§ 69	Sicherstellungsauftrag	404
§ 70	Beitragssatzstabilität	407

Zweiter Abschnitt. Beziehungen zu den Pflegeeinrichtungen

§ 71	Pflegeeinrichtungen	409
§ 72	Zulassung zur Pflege durch Versorgungsvertrag	418
§ 73	Abschluß von Versorgungsverträgen	426
§ 74	Kündigung von Versorgungsverträgen	430
§ 75	Rahmenverträge, Bundesempfehlungen und -vereinbarungen über die pflegerische Versorgung	436
§ 76	Schiedsstelle	444

Dritter Abschnitt. Beziehungen zu sonstigen Leistungserbringern

§ 77	Häusliche Pflege durch Einzelpersonen	451
§ 78	Verträge über Pflegehilfsmittel	456

Vierter Abschnitt. Wirtschaftlichkeitsprüfungen

§ 79	Wirtschaftlichkeitsprüfungen	460
§§ 80, 80a	*(aufgehoben)*	463
§ 81	Verfahrensregelungen	463

Inhalt

Achtes Kapitel. Pflegevergütung

Vorbemerkungen zu §§ 82 bis 92 467

Erster Abschnitt. Allgemeine Vorschriften

§ 82	Finanzierung der Pflegeeinrichtungen	469
§ 82a	Ausbildungsvergütung	481
§ 82b	Ehrenamtliche Unterstützung	483
§ 83	Verordnung zur Regelung der Pflegevergütung	485

Zweiter Abschnitt. Vergütung der stationären Pflegeleistungen

§ 84	Bemessungsgrundsätze	488
§ 85	Pflegesatzverfahren	502
§ 86	Pflegesatzkommission	509
§ 87	Unterkunft und Verpflegung	511
§ 87a	Berechnung und Zahlung des Heimentgelts	513
§ 87b	Vergütungszuschläge für zusätzliche Betreuung und Aktivierung in stationären Pflegeeinrichtungen	519
§ 88	Zusatzleistungen	525

Dritter Abschnitt. Vergütung der ambulanten Pflegeleistungen

§ 89	Grundsätze für die Vergütungsregelung	527
§ 90	Gebührenordnung für ambulante Pflegeleistungen	532

Vierter Abschnitt. Kostenerstattung, Landespflegeausschüsse, Pflegeheimvergleich

§ 91	Kostenerstattung	534
§ 92	Landespflegeausschüsse	538
§ 92a	Pflegeheimvergleich	539

Fünfter Abschnitt. Integrierte Versorgung und Pflegestützpunkte

§ 92b	Integrierte Versorgung	542
§ 92c	Pflegestützpunkte	544

Neuntes Kapitel. Datenschutz und Statistik

Vorbemerkungen zu §§ 93 bis 109 553

Erster Abschnitt. Informationsgrundlagen

Erster Titel. Grundsätze der Datenverwendung

§ 93	Anzuwendende Vorschriften	554
§ 94	Personenbezogene Daten bei den Pflegekassen	554
§ 95	Personenbezogene Daten bei den Verbänden der Pflegekassen	556
§ 96	Gemeinsame Verarbeitung und Nutzung personenbezogener Daten	557
§ 97	Personenbezogene Daten beim Medizinischen Dienst	558
§ 97a	Qualitätssicherung durch Sachverständige und Prüfstellen	560
§ 97b	Personenbezogene Daten bei den nach heimrechtlichen Vorschriften zuständigen Aufsichtsbehörden und den Trägern der Sozialhilfe	561

Inhalt

§ 97c	Qualitätssicherung durch den Prüfdienst des Verbandes der privaten Krankenversicherung e. V.	561
§ 97d	Begutachtung durch unabhängige Gutachter	562
§ 98	Forschungsvorhaben	564

Zweiter Titel. Informationsgrundlagen der Pflegekassen

Vorbemerkung zu §§ 99 bis 103		565
§ 99	Versichertenverzeichnis	565
§ 100	Nachweispflicht bei Familienversicherung	565
§ 101	Pflegeversichertennummer	566
§ 102	Angaben über Leistungsvoraussetzungen	567
§ 103	Kennzeichen für Leistungsträger und Leistungserbringer	567

Zweiter Abschnitt. Übermittlung von Leistungsdaten

§ 104	Pflichten der Leistungserbringer	568
§ 105	Abrechnung pflegerischer Leistungen	569
§ 106	Abweichende Vereinbarungen	570
§ 106a	Mitteilungspflichten	571

Dritter Abschnitt. Datenlöschung, Auskunftspflicht

§ 107	Löschen von Daten	572
§ 108	Auskünfte an Versicherte	573

Vierter Abschnitt. Statistik

§ 109	Pflegestatistiken	573

Zehntes Kapitel. Private Pflegeversicherung

§ 110	Regelungen für die private Pflegeversicherung	576
§ 111	Risikoausgleich	586

Elftes Kapitel. Qualitätssicherung, Sonstige Regelungen zum Schutz der Pflegebedürftigen

Vorbemerkungen zu §§ 112 bis 120		589
§ 112	Qualitätsverantwortung	591
§ 113	Maßstäbe und Grundsätze zur Sicherung und Weiterentwicklung der Pflegequalität	592
§ 113a	Expertenstandards zur Sicherung und Weiterentwicklung der Qualität in der Pflege	595
§ 113b	Schiedsstelle Qualitätssicherung	599
§ 114	Qualitätsprüfungen	601
§ 114a	Durchführung der Qualitätsprüfungen	608
§ 115	Ergebnisse von Qualitätsprüfungen	615
§ 116	Kostenregelungen	625
§ 117	Zusammenarbeit mit den nach heimrechtlichen Vorschriften zuständigen Aufsichtsbehörden	626
§ 118	Beteiligung von Interessenvertretungen, Verordnungsermächtigung	630

Inhalt

§ 119	Verträge mit Pflegeheimen außerhalb des Anwendungsbereichs des Wohn- und Betreuungsvertragsgesetzes	632
§ 120	Pflegevertrag bei häuslicher Pflege	633

Zwölftes Kapitel. Bußgeldvorschrift

§ 121	Bußgeldvorschrift	637
§ 122	Übergangsregelung	640
§ 123	Übergangsregelung: Verbesserte Pflegeleistungen für Personen mit erheblich eingeschränkter Alltagskompetenz	641
§ 124	Übergangsregelung: Häusliche Betreuung	643
§ 125	Modellvorhaben zur Erprobung von Leistungen der häuslichen Betreuung durch Betreuungsdienste	647

Dreizehntes Kapitel. Zulagenförderung der privaten Pflegevorsorge

Vorbemerkung zu §§ 126 bis 130		649
§ 126	Zulageberechtigte	651
§ 127	Pflegevorsorgezulage; Fördervoraussetzungen	654
§ 128	Verfahren; Haftung des Versicherungsunternehmens	665
§ 129	Wartezeit bei förderfähigen Pflege-Zusatzversicherungen	672
§ 130	Verordnungsermächtigung	673

Vierzehntes Kapitel. Bildung eines Pflegevorsorgefonds

Vorbemerkung zu §§ 131–139		675
§ 131	Pflegevorsorgefonds	677
§ 132	Zweck des Vorsorgefonds	677
§ 133	Rechtsform	677
§ 134	Verwaltung und Anlage der Mittel	679
§ 135	Zuführung der Mittel	680
§ 136	Verwendung des Sondervermögens	682
§ 137	Vermögenstrennung	684
§ 138	Jahresrechnung	684
§ 139	Auflösung	685

Anhang zu § 114

Richtlinien des GKV-Spitzenverbandes über die Prüfung der in Pflegeeinrichtungen erbrachten Leistungen und deren Qualität nach § 114 SGB XI (Qualitätsprüfungs-Richtlinien – QPR) 687

Anhänge zu § 115

1. Vereinbarung nach § 115 Abs. 1a Satz 6 SGB XI über die Kriterien der Veröffentlichung sowie die Bewertungssystematik der Qualitätsprüfungen nach § 114 Abs. 1 SGB XI sowie gleichwertiger Prüfergebnisse in der stationären Pflege – Pflege-Transparenzvereinbarung stationär (PTVS) – 697

Inhalt

2. Vereinbarung nach § 115 Abs. 1a Satz 6 SGB XI über die Kriterien der Veröffentlichung sowie die Bewertungssystematik der Qualitätsprüfungen der Medizinischen Dienste der Krankenversicherung sowie gleichwertiger Prüfergebnisse von ambulanten Pflegediensten (Pflege-Transparenzvereinbarung ambulant – PTVA) 704

Sachverzeichnis 709

Bearbeiterverzeichnis

I. Nach Paragraphen

§§ 1–6	Udsching
§§ 7–12	Behrend
§§ 13–22	Udsching
§ 23	Vieweg
§§ 24–26a	Udsching
§ 27	Vieweg
§§ 28–45f	Udsching
§§ 46–50	Bassen
§ 51	Vieweg
§§ 52–68	Bassen
§§ 69–75	Schütze
§§ 76–81	Udsching
§§ 82–88	Schütze
§§ 89–92b	Udsching
§ 92c	Behrend
§§ 93–97b	Udsching
§ 97c	Vieweg
§ 97d	Bassen
§§ 98–109	Udsching
§§ 110, 111	Vieweg
§§ 112–122	Bassen
§§ 123–125	Udsching
§§ 126–130	Reuther
§§ 131–139	Bassen

II. In alphabetischer Ordnung

Bassen	§§ 46–50, 52–68, 97d, 112–122, 131–139
Behrend	§§ 7–12, 92c
Reuther	§§ 126–130
Schütze	§§ 69–75, 82–88
Udsching	§§ 1–6, 13–22, 24–26a, 28–45f, 76–81, 89–92b, 93–97b, 123–125
Vieweg	§§ 23, 27, 51, 97c, 110, 111

Abkürzungsverzeichnis

aA	anderer Ansicht
Abs.	Absatz
aE	am Ende
aF	alte Fassung
AFG	Arbeitsförderungsgesetz
AFRG	Arbeitsförderungs-Reformgesetz (vom 24.3.1997, BGBl I 594)
Alg/Alhi	Arbeitslosengeld/Arbeitslosenhilfe
allg	allgemein
Alt.	Alternative
ÄndG	Änderungsgesetz
AOK	Allgemeine Ortskrankenkasse
Art.	Artikel
AssPflStatRG	Gesetz zur Regelung des Assistenzpflegebedarfs in stationären Vorsorge- und Rehabilitationseinrichtungen vom 20.12.2012 (BGBl. I S. 2789)
AuS-Ausschuß	Bundestagsausschuß für Arbeit und Sozialordnung = 11. Ausschuß, Beschlußempfehlung = BT-Drucks 12/5920, Bericht = BT-Drucksache 12/5952
AuslE	Auslegungsempfehlungen der Spitzenverbände der Pflegekassen, in: Gemeinsames Rundschreiben zu den leistungsrechtlichen Vorschriften des PflegeVG vom 1.7.2008
BA	Bundesanstalt für Arbeit
BAföG	Bundesausbildungsförderungsgesetz
BAnz	Bundesanzeiger
BArBl	Bundesarbeitsblatt
BDSG	Bundesdatenschutzgesetz
BeamtVG	Beamtenversorgungsgesetz
BeckOK-SozR	Beck-Online Kommentar Sozialrecht, hrsg. von Rolfs/Giesen/Kreikebohm/Udsching
Begr	Begründung
Bek	Bekanntmachung
BfA	Bundesversicherungsanstalt für Angestellte
BG	Berufsgenossenschaft
BGB	Bürgerliches Gesetzbuch
BGBl.	Bundesgesetzblatt
BGH	Bundesgerichtshof
BhV	Beihilfevorschriften des Bundes
BKK	Die Betriebskrankenkasse (Zeitschrift)
BliwaG	Blindenwarenvertriebsgesetz
BMA	Bundesministerium für Arbeit und Sozialordnung
BMG	Bundesministerium für Gesundheit
BR-Drucks.	Bundesrats-Drucksache
BRi	Begutachtungs-Richtlinien, Richtlinien des GKV-Spitzenverbandes zur Begutachtung von Pflegebedürftigkeit nach dem SGB XI
BSeuchG	Bundesseuchengesetz
BSG	Bundessozialgericht
BSGE	Entscheidungssammlung des Bundessozialgerichts
BSHG	Bundessozialhilfegesetz
BT-Drucks.	Bundestags-Drucksache
BtPrax	Betreuungsrechtliche Praxis (Zeitschrift)

Abkürzungen

Buchst	Buchstabe
BVerfG	Bundesverfassungsgericht
BVerfGE	Entscheidungssammlung des BVerfG
BVerwG	Bundesverwaltungsgericht
BVerwGE	Entscheidungssammlung des BVerwG
BVG	Bundesversorgungsgesetz
bzw.	beziehungsweise
DAngVers	Die Angestellten-Versicherung (Zeitschrift)
ders	derselbe
Die Beiträge	Die Beiträge zur Sozial- und Arbeitslosenversicherung (Zeitschrift)
dh	das heißt
dies.	dieselbe, dieselben
DRV	Deutsche Rentenversicherung (Zeitschrift)
DVBl	Deutsches Verwaltungsblatt (Zeitschrift)
DVZ	Deutsche Versicherungzeitschrift
E	Entwurf, Fassung des SGB XI auf der Grundlage des Regierungsentwurfs (BR-Drucksache 505/93 bzw BT-Drucksache 12/5262) bzw der Beschlußempfehlung des Ausschusses für Arbeit und Sozialordnung, BT-Drucksache 12/5920
EBM	Einheitlicher Bewertungsmaßstab für ärztliche Leistungen
EG	Europäische Gemeinschaften
ErsK	Die Ersatzkasse (Zeitschrift)
ESt	Einkommensteuer
EStG	Einkommensteuergesetz
EU	Europäische Union
EuGH	Europäischer Gerichtshof
f.	die folgende Seite bzw. der folgende Paragraph
FamVers	Familienversicherung
FamRZ	Zeitschrift für das gesamte Familienrecht
FELEG	Gesetz zur Förderung der Einstellung der landwirtschaftlichen Erwerbstätigkeit
ff	die folgenden Seiten bzw die folgenden Paragraphen
FPfZG	Gesetz über die Familienpflegezeit vom 6.1.2011, BGBl I 2564
freiw	freiwillig
FS	Festschrift
G	Gesetz
GAL	Gesetz über eine Altershilfe für Landwirte
gem.	gemäß
GEPV	geförderte ergänzende Pflegeversicherung
ges.	gesetzlich
GG	Grundgesetz
ggf.	gegebenenfalls
GK-SGB V	Gemeinschaftskommentar zum Sozialgesetzbuch – Gesetzliche Krankenversicherung, hrsg von v. Maydell (Loseblatt)
GK-SGB X 1	Gemeinschaftskommentar zum Sozialgesetzbuch – Zehntes Buch, Verwaltungsverfahren, hrsg von Krause, von Mutius, Schnapp, Siewert, 1991
GKV	Gesetzliche Krankenversicherung
GKV-VStG	GKV-Versorgungsstrukturgesetz vom 22.12.2011, BGBl. I S. 2983
GKV-WSG	Gesetz zur Stärkung des Wettbewerbs in der Gesetzlichen Krankenversicherung vom 26.3.2007, BGBl I S. 378
GMG	Gesetz zur Modernisierung der gesetzlichen Krankenversicherung vom 14.11.2003, BGBl I S 2190
GO	Geschäftsordnung

Abkürzungen

grds.	grundsätzlich
GRG	Gesundheitsreformgesetz
GRV	Gesetzliche Rentenversicherung
GSG	Gesundheitsstrukturgesetz
GuP	Gesundheit und Pflege, Rechtszeitschrift für das gesamte Gesundheitswesen
GUV	Gesetzliche Unfallversicherung
GVBl	Gesetz- und Verordnungsblatt
HärtefallRi	Härtefall-Richtlinien
HeimG	Heimgesetz
HGB	Handelsgesetzbuch
HHG	Häftlingshilfegesetz
hM	herrschende Meinung
H/N	Hauck/Noftz (Hrsg.), SGB XI, Soziale Pflegeversicherung, Loseblatt, Stand: August 2008
hrsg.	herausgegeben
Hrsg.	Herausgeber
Hs	Halbsatz
HS-KV	Handbuch des Sozialversicherungsrechts, hrsg. von Bertram Schulin, Band 1, Krankenversicherungsrecht, 1994
HS-PV	Handbuch des Sozialversicherungsrechts, hrsg. von Bertram Schulin, Band 4, Pflegeversicherungsrecht, 1997
HSP	Handbuch Soziale Pflegeversicherung (hrsg. von Grüner), Loseblatt, Stand: April 2009
idF	in der Fassung
idR	in der Regel
iR	im Rahmen
iSv.	im Sinne von
iVm.	in Verbindung mit
KÄV	Kassenärztliche Vereinigung
KalV	Kalkulationsverordnung
KassKom	Kasseler Kommentar, Sozialversicherungsrecht, Stand: Januar 2009
KHG	Gesetz zur wirtschaftlichen Sicherung der Krankenhäuser und zur Regelung der Krankenhauspflegesätze (Krankenhausfinanzierungsgesetz)
KK	Krankenkasse
Kom	Kommentierung bzw. Kommentar
Krasney/Udsching	Handbuch des sozialgerichtlichen Verfahrens, 5. Aufl. 2008
Krauskopf	Soziale Krankenversicherung, SGB V, Kommentar, Stand: Februar 2009
KrV	Die Krankenversicherung (Zeitschrift)
KSW	Kreikebohm/Spellbrink/Waltermann, Kommentar zum Sozialrecht, 2. Aufl. 2013
KV	Krankenversicherung
KVdL	Krankenversicherung der Landwirte
KVdR	Krankenversicherung der Rentner
KVLG 1989	Zweites Gesetz über die KVdL
LAG	Lastenausgleichsgesetz
Losebl	Loseblatt-Sammlung
LPartG	Gesetz zur Beendigung der Diskriminierung gleichgeschlechtlicher Gemeinschaften – Lebenspartnerschaften vom 16.2.2001, BGBl. I S. 266
LPK-SGB XI	Lehr- und Praxiskommentar, Soziale Pflegeversicherung, hrsg. von Thomas Klie, Utz Krahmer und Markus Plantholz, 4. Aufl., 2013
MB	Musterbedingungen
MB/PPV	Allgemeine Versicherungsbedingungen für die private Pflegepflichtversicherung (Musterbedingungen der PPV)

Abkürzungen

MD	Medizinischer Dienst der Krankenversicherung
MittLVAOberfr	Mitteilungen der LVA Oberfranken und Mittelfranken
MittLVWürtt	Mitteilungen der LVA Württemberg
mtl.	monatlich
mwN.	mit weiteren Nachweisen
mWv	mit Wirkung vom
NDV	Nachrichtendienst des Deutschen Vereins für öffentliche und private Fürsorge
nF	neue Fassung
NJ	Neue Justiz (Zeitschrift)
NJW	Neue Juristische Wochenschrift
Nr.	Nummer
NRW	Nordrhein-Westfalen
NZA	Neue Zeitschrift für Arbeitsrecht
NZS	Neue Zeitschrift für Sozialrecht
OEG	Gesetz über die Entschädigung der Opfer von Gewalttaten (Opferentschädigungsgesetz)
PeA	Personen mit eingeschränkter Alltagskompetenz
PEA-Richtlinie	Richtlinie zur Feststellung von Personen mit erheblich eingeschränkter Alltagskompetenz und zur Bewertung des Hilfebedarfs vom 22.3.2002 geändert durch Beschlüsse vom 11.5.2006 und 10.6.2008
Peters, SGB V	Peters, Handbuch der Krankenversicherung, Stand: Januar 2009
PflegeVG	Gesetz zur sozialen Absicherung des Risikos der Pflegebedürftigkeit (Pflege-Versicherungsgesetz)
PflEG	Pflegeleistungs-Ergänzungsgesetz vom 14.12.2001, BGBl. I S. 3728
PflRi	Pflegebedürftigkeits-Richtlinien
PflegeWEG	Pflegeversicherungs-Weiterentwicklungsgesetz vom 28.5.2008, BGBl. I S. 874
PflegeZG	Pflegezeitgesetz vom 28.5.2008, BGBl. I S. 874
PflvDV	Pflegevorsorge-Durchführungsverordnung
PK	Pflegekasse
PKV	Private Krankenversicherung oder Verband der privaten Krankenversicherung e.V.
PNG	Gesetz zur Neuausrichtung der Pflegeversicherung vom 23.10.2012, BGBl. I S. 2246
PPV	Private Pflegeversicherung
PQsG	Pflege-Qualitätssicherungsgesetz vom 9.9.2001, BGBl. I S. 2320
PSG I	Erstes Gesetz zur Stärkung der pflegerischen Versorgung und zur Änderung weiterer Vorschriften (Erstes Pflegestärkungsgesetz – PSG I) vom 17.12.2014, BGBl. I S. 2222
PV	Pflegeversicherung
RdLH	Rechtsdienst der Lebenshilfe (Zeitschrift)
Rdschr.	Gemeinsames Rundschreiben zu den leistungsrechtlichen Vorschriften vom 17.4.2013 des GKV-Spitzenverbandes und der Verbände der Pflegekassen auf Bundesebene
RegE	Regierungsentwurf; soweit die Abkürzung in der Kommentierung unter 1. aufgeführt ist, ist damit jeweils der Entwurf eines Gesetzes zur sozialen Absicherung des Risikos der Pflegebedürftigkeit (Pflege-Versicherungsgesetz) gemeint, BR-Drucks 505/93, identisch mit dem Gesetzentwurf der Fraktionen der CDU/CSU und F. D. P., BT-Drucks 12/5262; die zitierten Seitenzahlen beziehen sich jeweils auf die BT-Drucks.
Reha	Rehabilitation
Rn.	Randnummer

Abkürzungen

RsDE	Beiträge zum Recht der sozialen Dienste und Einrichtungen (Schriftenreihe)
Rspr.	Rechtsprechung
RV	Rentenversicherung
S.	Seite
s. a.	siehe auch
Schulin HS-KV	Handbuch des Sozialversicherungsrechts, Band 1 Krankenversicherung, hrsg. von Schulin, 1994
SDSRV	Schriftenreihe des Deutschen Sozialrechtsverbandes
SGb	Die Sozialgerichtsbarkeit (Zeitschrift)
SGB I	Sozialgesetzbuch, Allgemeiner Teil
SGB II	Sozialgesetzbuch, Grundsicherung für Arbeitsuchende
SGB III	Sozialgesetzbuch, Arbeitsförderung
SGB IV	Sozialgesetzbuch, Gemeinsame Vorschriften für die Sozialversicherung
SGB V	Sozialgesetzbuch, Gesetzliche Krankenversicherung
SGB VI	Sozialgesetzbuch, Gesetzliche Rentenversicherung
SGB VII	Sozialgesetzbuch, Gesetzliche Unfallversicherung
SGB VIII	Sozialgesetzbuch, Kinder- und Jugendhilfe
SGB IX	Sozialgesetzbuch, Rehabilitation und Teilhabe behinderter Menschen
SGB X	Sozialgesetzbuch, Verwaltungsverfahren
SGB XI	Sozialgesetzbuch, Soziale Pflegeversicherung
1. SGB XI-ÄndG	1. Gesetz zur Änderung des SGB XI vom 14.6.1996, BGBl. I S. 830
2. SGB XI-ÄndG	2. Gesetz zur Änderung des SGB XI vom 29.5.1998, BGBl. I S. 1188
3. SGB XI-ÄndG	3. Gesetz zur Änderung des SGB XI vom 5.6.1998, BGBl I 1229
4. SGB XI-ÄndG	4. Gesetz zur Änderung des SGB XI vom 21.7.1999, BGBl I 1656
SGG	Sozialgerichtsgesetz
s. o.	siehe oben
sogen	sogenannt(e)
SozR	Sozialrecht, Entscheidungssammlung, bearbeitet von den Richtern des Bundessozialgerichts
SozR 3	Sozialrecht, 3. Folge (Entscheidungen ab 1.1.1990)
SozR 4	Sozialrecht, 4. Folge (Entscheidungen ab 1.1.2003)
SozVers	Sozialversicherung
SpiV	Spitzenverband, Spitzenverbände
SPV	Soziale Pflegeversicherung
st.	ständig(e)
StGB	Strafgesetzbuch
StrRehaG	Strafrechtliches Rehabilitierungsgesetz (Art 1 des 1. SED-Unrechtsbereinigungsgesetzes)
s. u.	siehe unten
SVG	Soldatenversorgungsgesetz
u. a.	unter anderem
Urt.	Urteil
u. U.	unter Umständen
UV	Unfallversicherung
UVEG	Unfallversicherungs-Einordnungsgesetz (vom 7.8.1996, BGBl I 1254)
VAG	Gesetz über die Beaufsichtigung der Versicherungsunternehmen (Versicherungsaufsichtsgesetz)
Vers	Versicherung bzw Versicherungs-
VersR	Versicherungsrecht (Zeitschrift)
VersPfl.	Versicherungspflicht
verspfl.	versicherungspflichtig
VersR	Versicherungsrecht (Zeitschrift)
vgl.	vergleiche

Abkürzungen

v. H.	vom Hundert
VN	Versicherungsnehmer
VO	Verordnung
Vollmer, Pflege-Handbuch	Textsammlung (Loseblatt)
Vor	Vorbemerkung(en)
VSSR	Vierteljahresschrift für Sozialrecht
VVG	Versicherungsvertragsgesetz
VwGO	Verwaltungsgerichtsordnung
VwRehaG	Verwaltungsrechtliches Rehabilitierungsgesetz (Art 1 des 2. SED-Unrechtsbereinigungsgesetz)
VwVfG	Verwaltungsverfahrensgesetz
Wannagat	Wannagat (Hrsg.), Sozialgesetzbuch, Soziale Pflegeversicherung, Loseblatt
z. B.	zum Beispiel
ZDG	Zivildienstgesetz
ZfF	Zeitschrift für Fürsorgewesen
ZfP	Zentrale Stelle für Pflegevorsorge
ZfS	Zentralblatt für Sozialversicherung
ZfSH/SGB	Zeitschrift für Sozialhilfe und Sozialgesetzbuch
ZfV	Zeitschrift für Versicherungswesen
zT	zum Teil
zVv	zur Veröffentlichung vorgesehen

Paragraphen ohne Angabe eines Gesetzes sind solche des SGB XI

Literaturverzeichnis

Allemeyer, Jürgen, Die Pflegeversicherung und ihre Bedeutung für behinderte pflegebedürftige Menschen, ZfSH/SGB 1995, 181–190.

Armbrost, in Schnapp, Handbuch des sozialrechtlichen Schiedsverfahrens, 2004, Kap. E.

Bachem, Jörn, Veröffentlichung von Transparenzberichten gemäß § 115 Abs. 1 a SGB XI, Sozialrecht aktuell 2010, 123–135;

ders., Entscheidungskompetenz und –verfahren zum Erlass von Mängelbescheiden nach § 115 Abs. 2 S. 1 SGB XI, PflR 2011, 567–571 und 618–626.

Bastian, Matthias, Die Rechtsstellung mitversicherter Familienangehöriger in der Privaten Pflegepflichtversicherung, VersR 2003, 945–952.

Bastian, Matthias, Die Rechtsnatur der Leistungszusage und die Bedeutung ärztlicher Feststellungen in der Privaten Pflegepflichtversicherung, NZS 2004, 76–83.

Bauer, Kea/Krämer, Ottmar, Das Gesetz zur Berücksichtigung der Kindererziehung im Beitragsrecht der sozialen Pflegeversicherung, NJW 2005, 180–182.

Baumeister Peter, Verfassungswidrige Ungleichbehandlung dementer Menschen im Recht der sozialen Pflegeversicherung, NZS 2004, 191–195.

Becker, Heike u a, Die Pflege im Modell, BArbBl 1994, 66–72.

Bieback, Karl-Jürgen, Probleme des Leistungsrechts der Pflegeversicherung, SGb 1995, 569;

ders., Der Grundsatz der hälftigen Beitragslast im Beitragsrecht der Sozialversicherung, analysiert am Beispiel der vollen Beitragspflicht für Versorgungsbezüge in der sozialen Pflegeversicherung, VSSR 1997, 117;

ders., Qualitätssicherung in der Pflege im Sozialrecht, 2004.

Bloch, Eckhard, Die Struktur der Pflegeversicherung ab 1995, DAngVers 1994, 237–246.

Brähler-Boyan, Christa, Die Mitgliedschaft in der Sozialen Pflegeversicherung und die Beitragszahlung, ZfS 1996, 3–7.

Brüggemann, Jürgen, MDK-Qualitätsvereinbarungen und Transparenzvereinbarungen in der stationären Pflege, ErsK 2009, 383–391.

Büttner, Helmut, Auswirkungen der Pflegeversicherung auf das Unterhaltsrecht, FamRZ 1995, 193–199.

Daleki, Wolfgang, Pflegekompromiß verfassungsmäßig? DB 1994, 2234–2236.

Dalichau, Gerhard/Grüner, Hans/Müller-Alten, Lutz, Pflegeversicherung, SGB XI, 1994 (Loseblatt).

Dannert, Michaela, Das Verhältnis von Leistungen der Pflegeversicherung und Leistungen der Eingliederungshilfe für Behinderte, SGb 1996, 646.

Dehn, Gerhard, Die Beziehungen der Pflegekassen zu den Leistungserbringern, SozVers 1995, 97–103.

Deiseroth, Dieter, Stärkung von Zivilcourage zur Verbesserung der Qualität der stationären Pflege, ZRP 2007, 25–28.

Dittmer, Gerhard, Die Stellung der Pflegepersonen nach dem Pflegeversicherungsgesetz in der gesetzlichen Rentenversicherung, MittLVA Württ 1995, 24–32.

Ebsen, Ingwer, Die gesetzliche Pflegeversicherung (SGB XI) auf dem Prüfstand des Bundesverfassungsgerichts, Jura 2002, 401–408.

Eichenhofer, Eberhard, Europarechtliche Probleme der sozialen Pflege, VSSR 1994, 323–339;

ders., Europäische Wirksamkeit der Pflegeversicherung, NZA 1998, 742.

Einem, Hans-Jörg von, Änderungen in der gesetzlichen Rentenversicherung durch das Pflege-Versicherungsgesetz, SozVers 1995, 258–263.

Endt, Hans Joachim vom/Gutt, Hans-Burkhard, Leistungsgerechte Pflegesätze, SozSich 1995, 1–10.

Endt, Hans Joachim vom/Kirchhof, Ralf-R./Mezger, Manfred u. a., Grundsätze für die Ermittlung leistungsgerechter Entgelte (Pflegesätze) nach § 93 BSHG nF und § 84 SGB XI (PflegeVG), ZfS 1995, 66–69.

Literatur

Engelhard, Wolfgang, Beitragszuschüsse für Beschäftigte in der Pflegeversicherung – Ausweitung des anspruchsberechtigten Personenkreises? NZS 1996, 207.
Engels, Anton/Köppen, Holger, Pflegeversicherung und Verträge, KrV 1995, 60–67.
Erdmann, Jörg Peter, Beitragszuschuss zur privaten Kranken- und Pflegeversicherung für Arbeitnehmer, Die Beiträge 1996, 260–262.
Estelmann, Martin, Das „Beitragskinderurteil" des Bundesverfassungsgerichts vom 3.4.2001 – 1 BvR 1629/94, SGb 2002, 245–255.
Fahlbusch, Jonathan, Aktuelle Fragen der Versorgung von Pflegebedürftigen mit Hilfsmitteln, NDV 2004, 5.
Frank, Werner, Leistungen der Pflegeversicherung an teilstationär betreute Behinderte, NDV 1995, 177–179.
Fuchsloch, Christine, Die Pflegeversicherung – verfassungsrechtliche Probleme nur für kinderreiche Familien? NZS 1996, 153.
Gassner, Ulrich, Pflegeversicherung und Arbeitnehmerfreizügigkeit, NZS 1998, 313.
Gaßmann, Uwe, Soziale Pflegeversicherung (SGB XI), 1995.
Gaßner, Maximilian/Gerber, Hans/König, Sigrid, Diskriminierung Dementer in der Pflegeversicherung beseitigen, BKK 2007, 103–108.
Giehler, Theo/Wiesmann, Reimund, Die Pflegeversicherung, BKK 1994, 469–481.
Giese, Dieter, Rahmenverträge, zugelassene Pflegeeinrichtungen ohne vertragliche Vergütungsregelung und zur Stellung der Kirchen, Religionsgemeinschaften und Wohlfahrtsverbände im Pflegeversicherungsgesetz (SGB XI), zur Auslegung der §§ 75, 76, 85 und 91 SGB XI, RsDE Nr 29 (1995), 1.
Gitter, Wolfgang, Konzepte und Kriterien einer funktionalen Abgrenzung der privaten und staatlichen Versicherung, dargestellt am Beispiel der Pflegeversicherung, ZVersWiss 1996, 267;
ders., Der Versicherungsschutz der Pflegepersonen in der Unfall- und Krankenversicherung, VSSR 1996, 1;
ders., Die Entscheidung der Schiedsstelle im Pflegeversicherungsrecht, Gedächtnisschrift für Meinhard Heinze 2005, 251–258.
Gaßner, Maximilian, Rechtliche Bewertung eines Rückgriffs auf die private Pflegeversicherung zur Stabilisierung der sozialen Pflegeversicherung, NZS 2007, 362–365.
Griep, Heinrich, Das Verhältnis der Pflegesachleistung zur häuslichen Krankenpflege, ZfSH/SGB 1996, 64.
Griep, Heinrich/Renn, Heribert, Pflegesozialrecht, 4. Aufl., Baden-Baden, 2009.
Grünenwald, Klaus, Das Pflegesatzverfahren nach dem SGB XI, SozVers 1995, 42–44;
ders., Ambulante Pflegeeinrichtungen nach dem SGB XI – Begriff – Versorgungsvertrag – Vergütung, WzS 1995, 33–39;
ders., Rahmenverträge zur Sicherstellung einer wirksamen und wirtschaftlichen pflegerischen Versorgung der Versicherten, ZfS 1995, 89–92.
Grüner, Bernd (Hrsg.), Handbuch Soziale Pflegeversicherung, Loseblatt.
Hänlein, Andreas/Michaelis, Jochen, Ersatzpflicht des Erben für Aufwand der Pflegeversicherung – ein Vorschlag zur Reform der Pflegeversicherung, NDV 2006, 250–255.
Hallensleben, Jörg, Pflegequalität auf dem Prüfstand, PfleGe 2002, 1–20.
Hamacher, Joseph, Gesetz zur sozialen Absicherung des Risikos der Pflegebedürftigkeit, DB 1994, 1186–1188.
Hauck, Karl/Noftz, Wolfgang (Hrsg.), Sozialgesetzbuch, SGB XI – Soziale Pflegeversicherung, Loseblatt.
Hauschild, Reinhard, Vorschläge und Konzeptionen, BArbBl 1994, 12–21.
Hebeler, Timo, Die Vereinigung, Auflösung und Schließung von Sozialversicherungsträgern, NZS 2008, 238–242.
Hesse-Schiller, Werner/Schmeller, Franz, Ergänzungsfunktion der Sozialhilfe bei Leistungen der Pflegeversicherung zur häuslichen Pflege, NDV 1994, 449–454.
Hofmann, Jürgen, Der Finanzausgleich in der Gesetzlichen Pflegeversicherung, ASP 1995, 52–54.
Hübsch, Michael/Meindl, Alexander, Leistungen der Pflegeversicherung, Berlin 2002.

Literatur

Hungenberg, Hans, Beitragszuschlag in der Pflegeversicherung, WzS 2005, 104–115.

Igl, Gerhard, Die soziale Pflegeversicherung, NJW 1994, 3185–3194;

ders., Entstehungsgeschichte der sozialen Pflegeversicherung – Eine Einführung, VSSR 1994, 261–264;

ders., Das Erste Änderungsgesetz zur sozialen Pflegeversicherung (SGB XI), NJW 1996, 3169;

ders., Die unbehelfliche Abgrenzung der Leistungen häuslicher Krankenpflege nach dem SGB V und häuslicher Pflege nach dem SGB XI; zugleich eine Besprechung der Urteile des BSG v 19.2.1998 – B 3 P 3/97 R, B 3 P 5/97 R und B 3 P 11/97 R, SGb 1999, 111;

ders., Öffentlich-rechtliche Grundlagen für die Entwicklung vorbehaltener Aufgabenbereiche im Berufsfeld Pflege, VSSR 1999, 21;

ders., Verfassungsrechtliche und gemeinschaftsrechtliche Probleme der finanziellen Förderung von Investitionen bei Pflegeeinrichtungen nach SGB XI und BSHG, in von Wulffen/Krasney, Festschrift 50 Jahre Bundessozialgericht 2004, 645–672;

ders., Sicherung des Existenzminimums bei Pflegebedürftigkeit, in SDSRV Band 56 (2007), S. 47–70;

ders., Qualitätsanforderungen in der Langzeitpflege – Wie hat eine rechtliche Rahmenordnung auszusehen? SGb 2007, 381–394;

ders., Pflegebedürftigkeit, Pflege und Pflegebedarf im rechtlichen Verständnis, RsDE Nr 66 (2008), 1–23;

ders., Prüfung von Wirksamkeit und Wirtschaftlichkeit von Pflegeleistungen, SGb 2008, 1–7;

ders., Fachliche Standards und Expertenstandards für die Pflege im System der Qualitätsentwicklung der Pflegeversicherung, RsDE Nr 67 (2008), 38–55;

ders./Sibylle Dünnes, Das Recht auf Pflegekräfte des eigenen Geschlechts unter besonderer Berücksichtigung der Situation pflegebedürftiger Frauen, RsDE Nr 56 (2004), 17–23;

ders., Das Gesetz zur strukturellen Weiterentwicklung der Pflegeversicherung NJW 2008, 2214–2219;

ders., Intransparenter Wirrwarr bei den Transparenzberichten, RsDE Nr 73 (2011), S. 47–63;

ders., Kriterien und Strukturen der Qualitätssicherung in der Kranken- und Pflegeversicherung – Gesetzliche Vorgaben und Ausgestaltung, SDSRV Nr. 61 (2012), S. 81–115.

Jürgens, Andreas, Die Hilfe zur Pflege als Ergänzung und Erweiterung der Pflegeversicherung, ZfSH/SGB 1997, 24.

Jung, Karl, Die neue Pflegeversicherung, Sozialgesetzbuch XI, 1995;

ders., Die unbefriedigende Rechtsstellung der privaten Pflegeversicherung, VW 1997, 224.

Kaempfe, Jutta, Pflegeversicherung – freiwilliges Mitglied der gesetzlichen Krankenversicherung – Beitragspflicht von Minijobs, G+G 2007, 42–4.3.

Kesselheim, Harald, Pflegeversicherung – Aufbruch zu neuen Ufern, DOK 1996, 409.

Kesselheim, Harald/Tophoven, Christina, Pflegeversicherung – ein Beitrag zum menschenwürdigen Leben bei Pflegebedürftigkeit, DOK 1994, 483–493.

Kirchesch, Ralf, Gibt es ein Drittwiderspruchsrecht der privaten Pflegeeinrichtungen im Rahmen der Pflegeversicherung? NZS 1998, 505.

Kleemann, Georg, Verfassungsrechtliche Probleme der sozialen Pflegeversicherung und ihrer Finanzierung, 1998.

Klie, Thomas, Effektivität und Effizienz durch das Recht der Pflegeversicherung, RsDE Nr 40, 41–50 (1998);

ders., Anspruch auf medizinische Hilfsmittel in Pflegeheimen, PflR 2003, 47–55.

Klie, Thomas/Krahmer, Utz (Hrsg.), Lehr- und Praxiskommentar, Soziale Pflegeversicherung, 3. Aufl. 2009.

Koch, Erich, Pflegeversicherung: Kein zusätzlicher Beitrag für Stiefeltern, jurisPR-SozR 24/2007 Anm. 5;

Koch, Erich, Verfassungsgemäße Beitragspflicht freiwillig krankenversicherter Kinder in der sozialen Pflegeversicherung, jurisPR-SozR 52/2004 Anm. 3.

Kostorz, Peter, Harmonisierung von Pflegeversicherungs- und Heimrecht? – Zu Widersprüchen innerhalb der Regelungen zur Erhöhung des Heimentgelts nach dem SGB XI und dem HeimG, NZS 2003, 582–586.

Literatur

Krahmer, Utz, Pflegeversicherung und erweiterter Pflegebegriff im Sozialhilferecht – ihre Bedeutung insbesondere bei geistiger oder seelischer Krankheit oder Behinderung, ZfSH/SGB 1997, 278.

Krahmer, Utz/Manns, Claudia, Hilfe zur Pflege nach dem SGB XII, 3. Aufl., 2005.

Krahmer, Utz/Schiffer-Werneburg, Marie-Luise, Die neue Pflegeberatung nach § 7a SGB XI, Sozialrecht aktuell 2008, 127–141.

Krasney, Otto Ernst, Verfassungsrechtliche Zulässigkeit einer Pflegeversicherung im Rahmen der Sozialversicherung, Rechtsgutachten, Bonn 1992;

ders., Versicherter Personenkreis und Pflegeleistungen des SGB XI, VSSR 1994, 265–283;

ders., Zum Pflegegeld des § 37 SGB XI, SGb 1996, 253;

ders., Hilfsmittel im Krankenversicherungs- und Pflegeversicherungsbereich – zwei Problemfelder, Fiat iustitia – Recht als Aufgabe der Vernunft 2006, 133–152.

Krauthausen, Hermann/Schmidt, Michael, Rentenrechtliche Situation von Pflegepersonen heute und morgen – Pflegezeitenregelung im Rentenreformgesetz 1992 und Verbesserung durch das Pflege-Versicherungsgesetz, DRV 1994, 379–392.

Kukla, Gerd, Maßnahmen zur Verbesserung des Wohnumfeldes der Pflegebedürftigen, KrV 1995, 217.

Lachwitz, Klaus, Die Pflegeversicherung – Ein Fortschritt für Menschen mit geistiger Behinderung? BtPrax 1994, 110–126;

ders., Die Reform der Sozialen Pflegeversicherung und ihre Auswirkungen auf die Behindertenhilfe, RdLH 2007, Nr 4, 3–9.

Ladage, Klaus, Der Standard der sozialen Pflegeversicherung als Maßstab für Vertragsleistungen der privaten Pflegeversicherung, in v.Wulffen/Krasney, Festschrift 50 Jahre Bundessozialgericht 2004, 673–689.

Laffert, Lisa von, Sozialgerichtliche Kontrolle von Schiedsstellenentscheidungen – Unter besonderer Berücksichtigung der Schiedsstellen nach den §§ 76 SGB XI und 80 SGB XII, 1. Auflage Hamburg 2006.

Laufer, Hans, Die Rentner in der Pflegeversicherung, DAngVers 1994, 247–259.

Leube, Konrad, Pflegeversicherung – Unfallschutz der Teilnehmer an Pflegekursen, BG 1995, 211–213;

ders., Unfallversicherung häuslicher Pflegepersonen, NZS 1995, 343.

Linke, Tobias, Kombinierbarkeit ambulanter und stationärer Leistungen in der sozialen Pflegeversicherung? NZS 2005, 14–18;

ders., Abgrenzung der Leistungspflicht der gesetzlichen Krankenversicherung und der sozialen Pflegeversicherung, SGb 2006, 491–493.

Linz, Günter, Die Rentenversicherung der Pflegepersonen, MittLVA Oberfr 1995, 37–56;

ders., Die Pflegeversicherung und die Auswirkungen auf die Rentner der gesetzlichen Rentenversicherung, MittLVA Oberfr 1994, 461–483.

Lutter, Inge, Versicherter Personenkreis, BArbBl 1994, 24–28;

dies., Die Leistungen, BArbBl 1994, 28–34;

dies., Die private Pflege-Pflichtversicherung, BArbBl 1994, 51–54.

Marburger, Horst, Pflegeversicherung für Beamte und sonstige Beihilfeberechtigte, PersV 1994, 500–506.

Marscher, Andreas, Der Stand der landesrechtlichen Umsetzung des Pflegeversicherungsgesetzes, NVwZ 1996, 142;

ders., Kommentar zum Pflegeversicherungsgesetz (SGB XI), Loseblatt.

Martini/Albert, Der Pflege-TÜV und risikoorientierte Suchfunktionen als casus belli, NZS 2012, 201 (Teil 1); NZS 2012, 247 (Teil 2).

Maschmann, Frank, Grundzüge des Leistungsrechts der gesetzlichen Pflegeversicherung nach dem SGB XI, NZS 1995, 109–124;

ders., Die soziale Absicherung familienangehöriger Pflegepersonen, SGb 1995, 325;

ders., Grundfragen des Rechts der Leistungserbringung in der sozialen Pflegeversicherung (SGB XI), Teil 1 bis 3, SGb 1996, 49, 96, 149.

Matthesius, Rolf-Gerd/Pick, Peter, Begutachtung nach dem Pflegeversicherungsgesetz durch den Medizinischen Dienst, KrV 1995, 55–59.

Literatur

Meierjürgen, Rüdiger, Hilfen für pflegende Angehörige, ErsK 1995, 52–58.
Merkens, Günther/Birgelen, Werner von, Die Leistungen der privaten Pflegeversicherung, Die Leistungen 1995, 145–152.
Meyering, Gerhard, Der internationale Bezug, BArbBl 1994, 58–60.
Mohr, Friedrich, Strategische Planung von Pflegeeinrichtungen an Krankenhäusern, KH 1994, 362–367.
Moldenhauer, Meinolf, Pflegeversicherung, Zwischenbilanz der vertragsrechtlichen Umsetzung, BKK 1996, 84;
ders., Pflegeversicherung. Vertragsrechtliche Perspektiven zur Umsetzung des Sicherstellungsauftrages in der vollstationären Pflege, BKK 1996, 387;
ders./Kämper,Dietmar, Pflegeversicherung – Qualitätssicherung in der ambulanten Pflege, BKK 1995, 183.
Mrozynski, Peter, Pflege zwischen Versicherung und Sozialhilfe, SGb 1996, 565, 626;
ders., Schwerpflegebedürftigkeit – Rechtsnatur des Pflegegeldes, Bedeutung des Leistungsantrages für Leistungsbeginn, SGb 1998, 78;
ders., Das Verhältnis der Pflegeleistungen zur Eingliederungshilfe, ZFSH/SGB 1999, 333;
ders., Zweifelsfragen der Pflegeversicherung im Zusammenhang mit geistiger, körperlicher oder seelischer Behinderung, SGb 1995, 104–112;
ders., Autonomie des Pflegebedürftigen und Qualität der Pflege in der privaten Pflegeversicherung, SGb 2001, 249–254.
Neumann, Volker, Angebotssteuerung und Qualitätssicherung im SGB XI, VSSR 1994, 309–321;
ders., Freiheit und Bindung bei der Leistungserbringung im Gesundheitswesen: Ambulante und stationäre Pflege, SDSRV 38 (1994), S 109–125;
ders., Die Zulassung einzelner Pflegekräfte zur pflegerischen Versorgung, NZS 1995, 397;
ders., Wettbewerb bei der Erbringung von Pflegeleistungen, SGb 2007, 521–528;
ders./Bieritz-Harder, Die leistungsgerechte Pflegevergütung, Baden-Baden, 2002.
Nolte, Jakob, Rekonstruktion des Rechtscharakters, der Rechtmäßigkeit und der Rechtsfolgen der Pflege-Transparenzvereinbarungen nach § 115 Abs. 1a Satz 6 SGB XI, RsDE Nr. 75 (2013), S. 36.
Nostadt, Franziskus, Organisation und Finanzierung, BArbBl 1994, 39–42.
Nowak, Udo/Jurkat, Detlef, Auswirkungen der Pflegeversicherung auf die betriebliche Altersversorgung, DB 1995, 272–274.
Papier, Hans-Jürgen, Die verfassungsrechtlichen Rahmenbedingungen der Pflegeversicherung, Sozialrecht und Sozialpolitik in Deutschland und Europa 2002 (Festschrift für Bernd Baron von Maydell), 507–514.
Petersen, Ulrich, Die soziale Sicherung der Pflegepersonen in der gesetzlichen Rentenversicherung, DAngVers 1994, 260–267.
Petrich, Christian, Die Leistungsberechtigten, BArbBl 1994, 21–24.
Petrich, Christian/Bader, Siegfried, Sicherstellung der Versorgung, BArbBl 1994, 37–38.
Pfaff, Anita, Kosten der ambulanten Pflegeleistungen, DOK 1994, 723–731.
Pfitzner, Thomas, Analogieverbot im Sozialleistungsrecht? Besprechung zu den Pflegeversicherungsurteilen des BSG vom 19.2.1998, NZS 1999, 222.
Picard, Ernst, Der Streit um die Behandlungspflege, DOK 1996, 248.
Pick, Peter/Matthesius, Rolf, Pflege-Versicherungsgesetz – Aufgaben des Medizinischen Dienstes, KrV 1994, 143–147.
Quaas, Michael, Der Versorgungsvertrag nach dem Pflege-Versicherungsgesetz, NZS 1995, 197–202.
v. Renesse, Jan-Robert, Die Änderung von Leistungszusagen in der Privaten Pflegeversicherung, SGb 2002, 305–309.
Richter, Ronald, Behandlungspflege, 3. Aufl., Hannover 2012;
ders., Zum externen Vergleich geförderter und nicht geförderter Pflegeeinrichtungen, GuP 2012, 114–115;
ders., Die Prüflogik des Gesetzgebers – Überschneidungen und Unterschiede zwischen MDK-Prüfung und heimaufsichtlicher Überwachung, GuP 2012, 56–60.

Literatur

Riege, Fritz, Leistungs- und Qualitätsvereinbarungen nach § 80a SGB XI, SGb 2003, 331–335.

Roller, Steffen, Juveniler Diabetes in der sozialen Pflegeversicherung nach den Urteilen des Bundessozialgerichts vom 19. Februar 1998 – B 3 P 3/97 R und B 3 P 11/97 R, SozVers 1998, 253;

ders., Die örtliche Prüfung der Pflegequalität von Pflegeeinrichtungen durch den MDK nach dem Pflege-Qualitätssicherungsgesetz in den Grenzen des Grundrechts der Unverletzlichkeit der Wohnung (Art. 13 GG), VSSR 2001, S. 335–357;

ders., Pflegebedürftigkeit, eine Analyse der §§ 14, 15 SGB XI mit ihren rechtlich-systematischen und pflegewissenschaftlichen Bezügen, Konstanz 2007.

Rudolph, Jörg, Die Finanzierung der Investitionen, BArbBl 1994, 48–50.

Ruland, Franz, Das BVerfG und der Familienlastenausgleich in der Pflegeversicherung, NJW 2001, 1673–1678.

Schaaf, Michael, Die soziale Pflegeversicherung als fünfte Säule der Sozialversicherung, SGb 1994, 414–421.

Schellhorn, Walter, Pflegeversicherung und Sozialhilfe – Fragen der Abgrenzung, der Ergänzung und der Zusammenarbeit, NDV 1995, 54–61;

ders., Auswirkungen der Pflegeversicherung (stationärer Bereich) auf die Sozialhilfe, NDV 1997, 39.

Schermer, Joachim, Versicherung beim Bezug von Kurzarbeiter- oder Schlechtwettergeld, ErsK 1995, 26–28.

Schirp, Wolfgang, Pflegeversicherung und Freizügigkeit der Arbeitnehmer, NJW 1996, 1582.

Schmahl, Michael, Die soziale Sicherung als Pflegeperson in der gesetzlichen Rentenversicherung neben einer knappschaftlichen Tätigkeit, Kompaß (Zeitschrift) 1995, 40–45.

Schmalenberg, Werner, Der Heimvertrag im Rahmen der Pflegeversicherung, Pflegeversicherung 1996, 31.

Schötz, Jürgen, Soziale Pflegeversicherung im Rahmen des über- und zwischenstaatlichen Rechts, DAngVers 1995, 177–184.

Schuler-Harms, Margarete, Beitragspflicht von Kindern in der Pflegeversicherung? NZS 2001, 132–135.

Schulin, Bertram, Die soziale Pflegeversicherung des SGB XI – Grundstrukturen und Probleme, NZS 1994, 433–444;

ders., Verträge mit den Leistungserbringern im Pflegeversicherungsrecht (SGB XI), VSSR 1994, 285–307;

ders., (Hrsg.), Handbuch des Sozialversicherungsrechts, Band 4, Pflegeversicherungsrecht, München 1997.

Schumacher, Christoph, Pflegeversicherung und Leistungsexport – Gemeinschaftsrechtliche Zuordnung, in: Soziale Sicherung bei Pflegebedürftigkeit in der Europäischen Union 1998, 179 (Studien aus dem Max-Planck-Institut für Ausländisches und Internationales Sozialrecht, 20).

Schumacher, Norbert, Recht der Pflegeversicherung und der Krankenversicherung – Zur Feststellung der Schwerpflegebedürftigkeit im Sinne des § 15 Abs 1 Nr 2 SGB XI (§ 53 SGB V aF) bei Kindern, NDV 1995, 162–166.

Schütte, Wolfgang Das Leistungskonzept der Pflegeversicherung im Reformprozess, SGb 2009, 185–192;

ders., Das Pflegegeld nach § 37 SGB XI, NDV 2007, 211–218.

Schütze, Bernd, Verfassungsrechtliche Anforderungen an die Pflegequalitätsberichterstattung nach § 115 Abs. 1a SGB XI, KrV 2012, 14.

v. Schwanenflügel, Matthias, Die Zukunft der Pflegeversicherung, ZRP 2008, 4–7.

Sendler, Jürgen, DGB-Anforderungen an eine geänderte Pflegeversicherung, SozSich 2007, 165–168.

Spiethoff, Jörg, Die Pflegeversicherung im System des internationalen Sozialrechts, BKK 1995, 702.

Staegemann, Dana, Investitionsförderung in der Pflegeversicherung, Diss. Hamburg 2003.

Steffens, Jürgen, Finanzierung der sozialen Pflegeversicherung, ZfS 1995, 57–63.

Literatur

Udsching, Peter, Rechtsfragen bei der Bemessung des Pflegebedarfs, VSSR 1996, 271;
ders., Richtlinien in der Pflegeversicherung, Festschrift für Otto Erst Krasney zum 65. Geburtstag 1997, 677;
ders., Die vertragsrechtliche Konzeption der Pflegeversicherung, NZS 1999, 473;
ders., Aktuelle Fragen des Leistungserbringerrechts in der Pflegeversicherung – ein Jahr nach dem Inkrafttreten des PQsG, SGb 2003, 133–139;
ders., Schnittstellen von gesetzlicher Kranken- und sozialer Pflegeversicherung, in von Wulffen/ Krasney, Festschrift 50 Jahre Bundessozialgericht 2004, 691–708;
ders., Die Schiedsstelle gemäß § 76 SGB XI, in *Schnapp,* Handbuch des sozialrechtlichen Schiedsverfahrens, 2004, Kap. D;
ders., Reform der Pflegeversicherung – in drei Etappen, SGb 2007, 694–699;
ders., Strukturelle Probleme der Pflegeversicherung, in Sozialrecht – eine terra incognita, 2009, S. 69–81;
ders., Bedarf der Begriff der Pflegebedürftigkeit einer neuen Definition? Sozialrecht im Umbruch – Sozialgerichte im Aufbruch, Stuttgart 2010, S. 75–85;
ders., Demographiefestigkeit und Reformfähigkeit der Pflegeversicherung – Kommentar, SDSRV Nr 63 (2013), S. 167–172;
ders., Soziale Sicherung bei Pflegebedürftigkeit – Perspektiven nach 20 Jahren Pflegeversicherung, SGb 2014, 536;
ders.,/Wilcken, Christine, Wer ist für die Sicherstellung einer menschenwürdigen Pflege zuständig?, KrV 2014, 181.
Uleer, Hans-Christoph, Die private Pflegeversicherung kommt, ZfV 1994, 190–194.
Vigener, Gerhard, Sozialhilfe und zweite Stufe der Pflegeversicherung, NDV 1996, 269.
Vogel, Georg/Schaaf, M., Soziale Pflegeversicherung, SGB XI, Einführung in die Praxis, München 1995;
dies., Die Weiterentwicklung der sozialen Pflegeversicherung, NZS 1997, 67;
dies., Zur Feststellung von Pflegebedürftigkeit, SGb 1997, 560.
Vogel, Georg, Zur Leistungspflicht der Krankenkassen bei Hilfsmitteln, SGb 2003, 390.
Vollmar, Karl, Zum Unfallversicherungsschutz der im häuslichen Bereich nicht erwerbsmäßig tätigen Pflegepersonen (§ 539 Abs 1 Nr 19 RVO), SGb 1995, 9–12.
Vollmer, Rudolf J, Die Pflegeeinrichtungen, BArbBl 1994, 42–47;
ders., SGB XI, Soziale Pflegeversicherung, 1994 (Loseblatt).
Wagner, Marlies, Besonderheiten im Beitragsrecht in der sozialen Pflegeversicherung, Die Beiträge (Zeitschrift) 1995, 65–73.
Weber, Karl-Heinz, Private Pflegeversicherung – wie sollte sie aussehen? ZfV 1994, 350–355;
ders., Rationale Diagnostik der Schwerpflegebedürftigkeit – Handlungsmöglichkeiten der PKV, ZfV 1995, 155.
Werhahn, Peter, Praxisrelevante Aspekte des Pflegeversicherungsgesetzes (PflegeVG) für Kinderärzte, DAVorm 1995, 738–742.
Widekamp, Peter, Leistungsabgrenzung zwischen Kranken- und Pflegeversicherung, ErsK 1995, 47–51.
Wienand, Der Übergang zur Pflegeversicherung – Erfahrungen aus Sicht der Sozialhilfe, KrV 1996, 198.
Wiesmann, Pflegeversicherung – Neue Richtlinien zur Begutachtung von Pflegebedürftigkeit, BKK 1997, 256.
Wiesner, Neithardt, Die Pflegeversicherung, VersR 1995, 134–145.
Wilde, Klaus/Pilz, Wolfgang, Behandlungspflege und Beaufsichtigung in der Pflegeversicherung; zur Bedeutung des Verrichtungskatalogs in § 14 Abs 4 SGB XI, SGb 1997, 409.
Wittich, Thomas, Die Regelungen des SGB XI zur privaten Pflegeversicherung, ZfV 1996, 294, 331, 354, 385.
Wolber, K., Zum Schutzumfang der gesetzlichen Unfallversicherung bei Pflegepersonen nach dem Pflege-Versicherungsgesetz, SozVers 1995, 71–73.
Wollenschläger, Michael, Der Rechtsweg in Streitigkeiten der privaten Pflegeversicherung, Festschrift für Otto Ernst Krasney zum 65. Geburtstag 1997, 757.

Literatur

v. Wulffen (Hrsg.), SGB X, Kommentar, 6. Aufl., 2008.
Zeihe, Paul-Arthur, Rechtsweg bei Streitigkeiten in der privaten Pflegeversicherung, SGb 1997, 487.
Zeitler, Helmut, Hilfe zur Pflege nach §§ 68 ff BSHG ab 1. April 1995, NDV 1995, 143–148.
Zuleeg, Manfred, Die Einwirkung des Europäischen Gemeinschaftsrechts auf die deutsche Pflegeversicherung, DVBl 1997, 445.

Sozialgesetzbuch (SGB)
Elftes Buch (XI). Soziale Pflegeversicherung

Vom 26. Mai 1994
(BGBl. I S. 1014)
FNA 860−11

geänd. durch Art. 6 AgrarsozialreformG 1995 v. 29.7.1994 (BGBl. I S. 1890), Art. 4 Drittes SBG V-ÄndG v. 10.5.1995 (BGBl. I S. 678), Art. 20 G zur Änd. wehrpflichtrechtlicher, soldatenrechtlicher, beamtenrechtlicher und anderer Vorschriften v. 24.7.1995 (BGBl. I S. 962), Art. 4 G zur Änd. des Sechsten Buches Sozialgesetzbuch und anderer G v. 15.12.1995 (BGBl. I S. 1824), Art. 2 G zum Inkraftsetzen der 2. Stufe der Pflegeversicherung v. 31.5.1996 (BGBl. I S. 718), Art. 1 Erstes SGB XI-ÄndG v. 14.6.1996 (BGBl. I S. 830), Art. 7 Unfallversicherungs-EinordnungsG v. 7.8.1996 (BGBl. I S. 1254), Art. 4 G zur sozialrechtlichen Behandlung von einmalig gezahltem Arbeitsentgelt v. 12.12.1996 (BGBl. I S. 1859), Art. 10 Arbeitsförderungs-ReformG v. 24.3.1997 (BGBl. I S. 594), Art. 41 Sechste Zuständigkeitsanpassungs-VO v. 21.9.1997 (BGBl. I S. 2390), Art. 7 RentenreformG 1999 v. 16.12.1997 (BGBl. I S. 2998), Art. 6 G zur sozialrechtlichen Absicherung flexibler Arbeitszeitregelungen v. 6.4.1998 (BGBl. I S. 688), Art. 1 Zweites G zur Änd. des SGB XI und anderer G v. 29.5.1998 (BGBl. I S. 1188), Art. 1 Drittes SGB XI-ÄndG v. 5.6.1998 (BGBl. I S. 1229), Art. 1 Viertes SGB XI-ÄndG v. 21.7.1999 (BGBl. I S. 1656), Art. 24 HaushaltssanierungsG v. 22.12.1999 (BGBl. I S. 2534), Art. 3 GKV-GesundheitsreformG 2000 v. 22.12.1999 (BGBl. I S. 2626), Art. 16 G zur Änd. des SoldatenG und anderer Vorschriften v. 19.12.2000 (BGBl. I S. 1815), Art. 3 § 56 G zur Beendigung der Diskriminierung gleichgeschlechtlicher Gemeinschaften: Lebenspartnerschaften v. 16.2.2001 (BGBl. I S. 266), Art. 4 Zweites G zur Änd. des KünstlersozialversicherungsG und anderer G v. 13.6.2001 (BGBl. I S. 1027), Art. 10 SGB IX v. 19.6.2001 (BGBl. I S. 1046), Art. 7 Abs. 40 MietrechtsreformG v. 19.6.2001 (BGBl. I S. 1149), Art. 1 Pflege-QualitätssicherungsG v. 9.9.2001 (BGBl. I S. 2320, geänd. durch G v. 14.12.2001 (BGBl. I S. 3728)), Art. 2 Achtes Euro-EinführungsG v. 23.10.2001 (BGBl. I S. 2702, geänd. durch G v. 14.12.2001 (BGBl. I S. 3728)), Art. 219 Siebente ZuständigkeitsanpassungsVO v. 29.10.2001 (BGBl. I S. 2785), Art. 6 Job-AQ-TIV-Gesetz v. 10.12.2001 (BGBl. I S. 3443), Art. 1 und 4 Pflegeleistungs-ErgänzungsG v. 14.12.2001 (BGBl. I S. 3728), Art. 12 Hüttenknappschaftliches Zusatzversicherungs-NeuregelungsG v. 21.6.2002 (BGBl. I S. 2167), Art. 5 Erstes G für moderne Dienstleistungen am Arbeitsmarkt v. 23.12.2002 (BGBl. I S. 4607), Art. 6 Zweites G für moderne Dienstleistungen am Arbeitsmarkt v. 23.12.2002 (BGBl. I S. 4621), Art. 3 BeitragssatzsicherungsG v. 23.12.2002 (BGBl. I S. 4637), Art. 7 ÄndG des Sozialgesetzbuches und anderer G v. 24.7.2003 (BGBl. I S. 1526), Art. 7 GKV-ModernisierungsG v. 14.11.2003 (BGBl. I S. 2190), Art. 212 Achte ZuständigkeitsanpassungsVO v. 25.11.2003 (BGBl. I S. 2304), Art. 10 Drittes G für moderne Dienstleistungen am Arbeitsmarkt v. 23.12.2003 (BGBl. I S. 2848), Art. 11 Viertes G für moderne Dienstleistungen am Arbeitsmarkt v. 24.12.2003 (BGBl. I S. 2954), Art. 6 Zweites G zur Änd. des Sechsten Buches Sozialgesetzbuch und anderer G v. 27.12.2003 (BGBl. I S. 3013), Art. 4 Drittes G zur Änd. des Sechsten Buches Sozialgesetzbuch und anderer G v. 27.12.2003 (BGBl. I S. 3019), Art. 10 G zur Einordnung des Sozialhilferechts in das SGB v. 27.12.2003 (BGBl. I S. 3022), Art. 10 G zur Organisationsreform in der gesetzl. RV v. 9.12.2004 (BGBl. I S. 3242), Art. 1 Kinder-BerücksichtigungsG v. 15.12.2004 (BGBl. I S. 3448), Art. 9a VerwaltungsvereinfachungsG v. 21.3.2005 (BGBl. I S. 818), Art. 11 Zweites BetreuungsrechtsänderungsG v. 21.4.2005 (BGBl. I S. 1073), Art. 22 Streitkräftereserve-NeuordnungsG v. 22.4.2005 (BGBl. I S. 1106), Art. 3b Zweites G zur Änd. des SeemannsG und anderer G v. 8.6.2005 (BGBl. I S. 1530), Art. 8 G zur Förderung ganzjähriger Beschäftigung v. 24.4.2006 (BGBl. I S. 926), Art. 12 HaushaltsbegleitG 2006 v. 29.6.2006 (BGBl. I S. 1402), Art. 7 G zur Fortentwicklung der Grundsicherung für Arbeitsuchende v. 20.7.2006 (BGBl. I S. 1706), Art. 326 Neunte ZuständigkeitsanpassungsVO v. 31.10.2006 (BGBl. I S. 2407), Art. 2 Abs. 21 G zur Einführung des Elterngeldes v. 5.12.2006 (BGBl. I S. 2748), Art. 8 und 9 GKV-WettbewerbsstärkungsG v.

Einl Einleitung

26.3.2007 (BGBl. I S. 378), Art. 28 Abs. 5 Zweites G zum Abbau bürokratischer Hemmnisse insbesondere in der mittelständischen Wirtschaft v. 7.9.2007 (BGBl. I S. 2246), § 22 Abs. 10 Einsatz-WeiterverwendungsG v. idF der Bek. 12.12.2007 (BGBl. I S. 2861, neu gef. BGBl. I 2012, S. 2070), Art. 8 Abs. 3 G zur Modernisierung des Rechts der landwirtschaftlichen Sozialversicherung v. 18.12.2007 (BGBl. I S. 2984), Art. 5a G zur Änd. des SGB IV und and. G v. 19.12.2007 (BGBl. I S. 3024), Art. 2 Abs. 14 G zur Förderung von Jugendfreiwilligendiensten v. 16.5.2008 (BGBl. I S. 842), Art. 1 und 2 Pflege-WeiterentwicklungsG v. 28.5.2008 (BGBl. I S. 874), Art. 5 KinderförderungsG v. 10.12.2008 (BGBl. I S. 2403), Art. 2a G zur Weiterentwicklung der Organisationsstrukturen in der gesetzlichen Krankenversicherung v. 15.12.2008 (BGBl. I S. 2426), Art. 107 FGG-ReformG v. 17.12.2008 (BGBl. I S. 2586), Art. 2 Abs. 1 G zur Neuregelung der zivilrechtl. Vorschriften des HeimG nach der Föderalismusreform v. 29.7.2009 (BGBl. I S. 2319), Art. 3 G zur Regelung des Assistenzpflegebedarfs im Krankenhaus v. 30.7.2009 (BGBl. I S. 2495), Art. 12 Abs. 7 G zur Ermittlung von Regelbedarfen und zur Änd. des Zweiten und Zwölften Buches Sozialgesetzbuch v. 24.3.2011 (BGBl. I S. 453), Art. 12 G zur Einführung eines Bundesfreiwilligendienstes v. 28.4.2011 (BGBl. I S. 687), Art. 7 G zur Koordinierung der Systeme der sozialen Sicherheit in Europa und zur Änd. anderer G v. 22.6.2011 (BGBl. I S. 1202), Art. 6 G zur Änd. des InfektionsschutzG und weiterer G v. 28.7.2011 (BGBl. I S. 1622), Art. 3 G zur Vereinbarkeit von Pflege und Beruf v. 6.12.2011 (BGBl. I S. 2564), Art. 11 G zur Verbesserung der Eingliederungschancen am Arbeitsmarkt v. 27.12.2011 (BGBl. I S. 2854), Art. 4 GKV-VersorgungsstrukturG v. 22.12.2011 (BGBl. I S. 2983), Art. 13 Abs. 27 LSV-NeuordnungsG v. 12.4.2012 (BGBl. I S. 579), Art. 2c G zur Änd. des TransplantationsG v. 21.7.2012 (BGBl. I S. 1601), Art. 1 Pflege-Neuausrichtungs-G v. 23.10.2012 (BGBl. I S. 2246), Art. 5 G zu Änd. im Bereich der geringfügigen Beschäftigung v. 5.12.2012 (BGBl. I S. 2474), Art. 2 G zur Regelung des Assistenzpflegebedarfs in stationären Vorsorge- oder Rehabilitationseinrichtungen v. 20.12.2012 (BGBl. I S. 2789), Art. 2 Abs. 4 BetreuungsgeldG v. 15.2.2013 (BGBl. I S. 254), Art. 2 Abs. 14 15. G zur Änd. des SoldatenG v. 8.4.2013 (BGBl. I S. 730), Art. 2a G zur Beseitigung sozialer Überforderung bei Beitragsschulden in der Krankenversicherung v. 15.7.2013 (BGBl. I S. 2423), Art. 6 GKV-Finanzstruktur- und Qualitäts-WeiterentwicklungsG v. 21.7.2014 (BGBl. I S. 1133), Art. 1 Erstes Pflegestärkungsgesetz v. 17.12.2014 (BGBl. I S. 2222), Art. 8 G zur besseren Vereinbarkeit von Familie, Pflege und Beruf v. 23.12.2014 (BGBl. I S. 2462)

Einleitung

Inhaltsübersicht

		Rn.
I.	Ziele und Aufgaben der Pflegeversicherung	1
II.	Aufbau und Systematik des SGB XI	2
III.	Soziale und private Pflegeversicherung im SGB XI	5
IV.	Vorrang der häuslichen Pflege und Vorrang von Prävention und Rehabilitation	6
V.	Verfassungsrechtliche Aspekte	9
VI.	Verwaltungsverfahren und allgemeine Rechtsgrundlagen	10
VII.	Rechtsschutz	11
VIII.	Stellung der Pflegeversicherung im System der sozialen Sicherheit	12
	1. Pflegeleistungen in anderen Sozialleistungsbereichen	12
	2. Pflegeleistungen nach §§ 53ff. SGB V aF	14
	3. Abgrenzung der Leistungspflicht von GKV und SPV	15
IX.	Änderungen des SGB XI	17
X.	Neuer Pflegebedürftigkeitsbegriff	26

Einleitung

I. Ziele und Aufgaben der Pflegeversicherung

Die Pflegeversicherung, geregelt im SGB XI, deckt das Risiko der Pflegebedürftigkeit nur partiell ab. Das SGB XI regelt die gesamte Pflegeversicherung **(PV)**, die aus der Sozialen Pflegeversicherung **(SPV)** und der Privaten Pflegeversicherung **(PPV)** besteht. Die SPV wurde als weiterer Zweig der Sozialversicherung neben der Gesetzlichen Krankenversicherung (GKV), der Gesetzlichen Unfallversicherung (GUV) und der Gesetzlichen Rentenversicherung (GRV) konzipiert. Das SGB XI verwendet bewusst nicht den Terminus „gesetzliche Pflegeversicherung", weil auch die PPV, soweit sie im SGB XI in den §§ 23, 110f. geregelt ist, eine Pflichtversicherung ist. Nicht hierunter fallen private Pflege-Zusatzversicherungen, deren Zustandekommen durch die mit dem Pflege-Neuausrichtungsgesetz (PNG, vom 23.10.2012, BGBl. I S. 2246) eingeführte Pflegevorsorgezulage (§§ 126 bis 130) gefördert werden soll. 1

Der Eintritt des Versicherungsfalls und zumeist auch die Höhe der Leistungen hängen davon ab, dass bei bestimmten Verrichtungen im Ablauf des täglichen Lebens (Körperpflege, Ernährung, Mobilität und Hauswirtschaft), ein Hilfebedarf in einem vom Gesetzgeber mehr oder weniger willkürlich festgesetzten Ausmaß besteht. Ein Hilfebedarf bei anderen, im Gesetz nicht aufgeführten Verrichtungen wird vom Versicherungsschutz nicht erfasst; erreicht der Hilfebedarf bei den maßgebenden Verrichtungen nicht das im Gesetz vorgesehene Ausmaß, so kommen Leistungen der Pflegeversicherung grundsätzlich nicht in Betracht. Erst im PflegeWEG hat der Gesetzgeber mit Wirkung ab 1.7.2008 erstmals unabhängig von einem verrichtungsbezogenen Hilfebedarf Leistungen für Hilfebedürftige mit erheblicher Einschränkung der Alltagskompetenz (vor allem Demente) vorgesehen. Die Pflegeversicherung hat viel stärker als die anderen Zweige der Sozialversicherung innerhalb des von ihr abzudeckenden Risikobereichs lediglich eine ergänzende Funktion. 1a

Erst in § 4 Abs. 2 macht das SGB XI deutlich, welche Funktion die Pflegeversicherung haben soll: Die Leistungen der Pflegeversicherung sollen die familiäre, nachbarschaftliche oder sonstige ehrenamtliche Pflege und Betreuung ergänzen; bei stationärer Pflege werden die Pflegebedürftigen von pflegebedingten Aufwendungen entlastet; die Aufwendungen für Unterkunft und Verpflegung haben sie dagegen selbst zu tragen. Dass die **Pflegeversicherung** lediglich eine **ergänzende Funktion** hat, wird auch aus den Vorschriften über ihre Finanzierung deutlich (insbesondere §§ 54, 55[1]). Die Höhe des Beitrages richtet sich nicht wie in den anderen Sozialversicherungszweigen nach dem Finanzierungsbedarf für die Gesamtheit gesetzlich festgelegter Leistungen. Das Gesetz setzt vielmehr selbst die Höhe des Beitrages bis auf die Stelle hinter dem Komma genau fest, obwohl das gesamte Leistungsvolumen im Vorhinein nicht zu ermitteln war. Trotz einer kontinuierlich gestiegenen Zahl an Leistungsberechtigten ist der Beitragssatz von 1,7% seit dem Inkrafttreten des Gesetzes bis Mitte 2008 beibehalten worden. Seit Beginn des Jahres 2005 ist der Beitrag für kinderlose Mitglieder nach Vollendung des 23. Lebensjahres um einen Beitragszuschlag von 0,25 Prozentpunkten erhöht worden (§ 55 Abs. 3); ab 1.1.2015 beträgt der für alle Versicherten geltende Beitrag, ohne den Zuschlag für Kinderlose 2,35%. 1b

II. Aufbau und Systematik des SGB XI

Nach den einleitenden allgemeinen Vorschriften des ersten Kapitels (§§ 1 bis 13), die – mit Ausnahme des im PflegeWEG neu eingefügten umfassenden Anspruchs auf Pflegeberatung (§ 7a) – weitgehend ohne unmittelbaren normativen Gehalt sind, enthält das 2. Kapitel mit den §§ 14 und 15, in denen der **Begriff und die Stufen der** 2

---

[1] §§ ohne Gesetzesangabe sind solche des SGB XI.

Udsching

Pflegebedürftigkeit geregelt sind, das Kernstück des Leistungsrechts, das nicht nur für die SPV, sondern über § 23 Abs. 6 Nr. 1 auch für die PPV verbindlich ist. Die Zuordnung zu einer der in § 15 festgelegten Pflegestufen ist maßgebend für den Anspruch auf eine der in §§ 36 bis 43a im Einzelnen beschriebenen Leistungen. Der Pflegebedürftige kann zwischen häuslicher und stationärer Pflege wählen. In der SPV wird die häusliche Pflege entweder als Sachleistung von der PK zur Verfügung gestellt (§ 36) oder sie wird vom Pflegebedürftigen selbst organisiert und er erhält anstelle der Sachleistung ein Pflegegeld (§ 37); beide Leistungsarten können kombiniert werden. Leistungen für dauerhafte stationäre Pflege werden seit dem 1.7.1996 gewährt (§ 43 iVm. Art. 69 PflegeVG); für teilstationäre und kurzzeitige vollstationäre Pflege dagegen, wie auch die Leistungen bei häuslicher Pflege, seit dem 1.4.1995 (Art. 68 Abs. 2 PflegeVG). Von grundlegender Bedeutung ist die **Begrenzung der Höhe** bei grundsätzlich allen Leistungen der PV (Ausnahmen nur in Randbereichen wie Pflegehilfsmittel und Pflegekurse). Der **Leistungsumfang** richtet sich zwar bei den meisten Leistungsarten nach dem Grad der Pflegebedürftigkeit (der Pflegestufe). Der Bedarf an Pflegeleistungen spielt jedoch nur innerhalb des in den §§ 36ff. festgelegten Rahmens eine Rolle. Ein weitergehender Bedarf muss vom Pflegebedürftigen aus eigenen Mitteln oder durch die Sozialhilfe (vgl. §§ 61–66 SGB XII) finanziert werden.

3 Soweit die SPV **Pflege als Sachleistung** gewährt, verschafft sie dem Pflegebedürftigen die entsprechenden Leistungen durch **Pflegeeinrichtungen,** die zur Versorgung der Versicherten zugelassen sind. Die Rechtsbeziehungen zwischen Pflegeeinrichtungen und Pflegekassen sind im siebten Kapitel (§§ 69 bis 81), die Vergütung der Leistungserbringer im achten Kapitel (§§ 82 bis 92) geregelt. Das **Leistungserbringerrecht** ist nur für die SPV von Bedeutung; die PPV erbringt ihre Leistungen in der Form der Kostenerstattung. Im Bereich der SPV dürfen Pflegeleistungen nur durch **zugelassene Pflegeeinrichtungen** erbracht werden; die Zulassung erfolgt durch öffentlich-rechtlichen Versorgungsvertrag (§ 72). Die Rechtsbeziehungen zwischen PKen und Leistungserbringern werden, ähnlich wie im Recht der GKV, durch **Rahmenvereinbarungen** geprägt (z. B. § 75), die vornehmlich von den Landesverbänden der PKen und den auf Landesebene tätigen Vereinigungen der Träger der Pflegeeinrichtungen im Zusammenwirken mit anderen für die Abwicklung der Pflege zuständigen Einrichtungen (vor allem den Sozialhilfeträgern) abgeschlossen werden. Kommen Vereinbarungen nicht zustande, können sie durch **Festsetzungen einer Schiedsstelle** ersetzt werden (§ 75 Abs. 3); subsidiär können wesentliche Fragen (Vergütung, Leistungsinhalt, Rechnungs- und Buchführung, personelle Ausstattung) durch Rechtsverordnung geregelt werden (§ 83).

4 Die PV begründet für nahezu die gesamte Bevölkerung **Versicherungspflicht** (3. Kapitel, §§ 20 bis 27). Der Gesetzgeber hat allein wegen eines sonst drohenden übermäßigen organisatorischen Aufwandes davon abgesehen, alle Personen mit Wohnsitz oder ständigem Aufenthalt im Bundesgebiet der Versicherungspflicht zu unterwerfen. Um diesem Ziel jedoch möglichst weitgehend nahezukommen, wurde die Versicherungspflicht an den **KV-Schutz** geknüpft: die Mitglieder der GKV sind in der SPV verpflichtig (§ 20); hinzukommen Empfänger von Gesundheitsleistungen aus öffentlichen Kassen (§ 21). Privat Krankenversicherte sind zum Abschluss eines PV-Vertrages bei einem privaten Versicherungsunternehmen verpflichtet (§ 23). Ehegatten und Kinder eines Mitglieds der SPV sind unter den Voraussetzungen von § 25 familienversichert. Ein sehr kleiner Kreis von Personen, der weder gesetzlich noch privat krankenversichert ist, sollte nach der ursprünglichen Konzeption des Gesetzes keine Möglichkeit haben, Versicherungsschutz nach dem SGB XI zu erwerben, weil ein freiwilliger Beitritt grundsätzlich ausgeschlossen sein sollte. Dies hat das BVerfG korrigiert und zumindest für eine Übergangszeit eine Beitrittsmöglichkeit geschaffen (BVerfGE 103, 225; vgl. hierzu § 26a). **Träger der SPV** sind die PKen, die bei jeder KK errichtet sind (zum Organisationsrecht vgl. das 5. Kapitel, §§ 46–53). Das im 6. Kapitel (§§ 54 bis 68) geregelte **Beitragsrecht,** das allein für die SPV gilt, entspricht in weiten Bereichen dem Beitragsrecht der GKV. Die §§ 6ff. sehen allerdings

einen umfassenden Finanzausgleich vor; die PKen tragen die Leistungsaufwendungen entsprechend dem Verhältnis der Beitragseinnahmen gemeinsam (§ 66). § 110 enthält auch für die PPV Regelungen zur **Prämiengestaltung,** die die Vertragsfreiheit der privaten Versicherungsunternehmen erheblich einschränken. Die privaten Versicherungsunternehmen, die sich an der PPV beteiligen, sind zudem verpflichtet, sich an einem Ausgleichssystem zu beteiligen, durch das unterschiedliche Belastungen der Unternehmen durch die PV ausgeglichen werden sollen (§ 111). Das neunte Kapitel (§§ 93 bis 109) enthält Vorschriften zum Datenschutz und zur Statistik. In die §§ 112 bis 120 wurden Regelungen zur Qualitätssicherung und zum Schutz der Pflegebedürftigen ausgegliedert, die sich ursprünglich in wesentlich geringerem Umfang in den §§ 80, 80a befanden. Die §§ 123, 124 enthalten Leistungsverbesserungen, die mit dem PNG übergangsweise (bis zu einem Inkrafttreten eines umfassenden Pflegebedürftigkeitsbegriffs) eingeführt wurden. Mit dem PNG wurden zugleich Vorschriften zur Zulagenförderung der privaten Pflegevorsorge (§§ 126–130) eingefügt. Schließlich wurde mit dem 1. Pflegestärkungsgesetz in den §§ 131 bis 138 die Bildung eines Pflegevorsorgefonds geregelt.

III. Soziale und private Pflegeversicherung im SGB XI

Die Vorschriften des SGB XI lassen häufig nicht ohne Weiteres erkennen, ob sie 5 nur für die SPV oder auch für die PPV gelten. Grundsätzlich wird eine Geltung für den Bereich der PPV jeweils besonders erwähnt. Soweit dies nicht der Fall ist, beziehen sich die Regelungen zumeist allein auf die SPV. Dies gilt allerdings nicht für die einleitenden Vorschriften des 1. Kapitels, deren Programmsätze auch in Bezug auf die PPV von Bedeutung sein können (z. B. §§ 2 und 6). Über § 23 Abs. 1 Satz 2 und § 23 Abs. 6 Nr. 1 sind die Vorschriften über die Feststellung der Pflegebedürftigkeit und die Zuordnung zu einer Pflegestufe (§§ 14 bis 18 einschließlich der Pflegebedürftigkeits-RL) sowie über Art und Umfang der Leistungen (§§ 36 bis 43) auch für die private Pflegepflichtversicherung verbindlich.

IV. Vorrang der häuslichen Pflege und Vorrang von Prävention und Rehabilitation

Vor allem aus der Erkenntnis, dass die Finanzierbarkeit von Pflege nur durch Ein- 6 beziehung familiärer und anderer ehrenamtlicher Strukturen auf Dauer finanzierbar sein wird, räumt das Gesetz der häuslichen Pflege Priorität ein (§ 3) und betont hierbei gleichzeitig die Eigenverantwortung des Versicherten. Durch finanzielle Anreize sollen Familienangehörige, Nachbarn und Bekannte des Pflegebedürftigen motiviert werden, die Pflege im häuslichen Umfeld durchzuführen und den Pflegebedürftigen nicht in das Pflegeheim „abzuschieben". Die im häuslichen Bereich pflegenden ehrenamtlichen („nicht erwerbsmäßig tätigen" – § 19) Pflegepersonen haben eigene Ansprüche auf soziale Sicherung und Qualifizierungsmaßnahmen (§§ 44, 45) sowie seit dem 1.7.2008 auch auf Zuschüsse zur Kranken- und Pflegeversicherung während einer pflegebedingten Reduzierung der Arbeitszeit (so gen. Pflegezeit, § 44a); mit dem Gesetz zur besseren Vereinbarkeit von Familie, Pflege und Beruf (vom 23.12.2014, BGBl. I S. 2462) wurde mWv 1.1.2015 ein zeitlich begrenzter Ausgleich für entgangenes Arbeitsentgelt (Pflegeunterstützungsgeld) hinzugefügt. Im PflWG hat der Gesetzgeber dem Spitzenverband Bund der Pflegekassen zusätzlich die Pflicht auferlegt, ehrenamtliche Strukturen, das bürgerschaftliche Engagement und Selbsthilfeorganisationen aus Beitragsmitteln finanziell zu fördern (§ 45d). Zugleich wurden Pflegekassen und private Pflegeversicherungsunternehmen verpflich-

Einl Einleitung

tet, die von Pflegebedürftigkeit Betroffenen und ihre Angehörigen umfassend über alle in Betracht kommenden Ansprüche zu beraten; auch soweit diese gegenüber anderen Sozialleistungsträgern bestehen. Um dieses Ziel angesichts vielfältiger Zuständigkeiten der Bundesländer im Bereich der Langzeitpflege („long term care") möglichst effektiv erreichen zu können, sollen (nach § 92c) Pflegestützpunkte eingerichtet werden, die insbesondere professionelle und ehrenamtliche Aktivitäten koordinieren und die Betroffenen im Hinblick auf Leistungsansprüche aus unterschiedlichen Sozialleistungssystemen (Pflege- und Krankenversicherung sowie Sozialhilfe) sowie bei der Auswahl von Leistungserbringern beraten sollen (zu den Aufgaben der Pflegestützpunkte vgl. BR-Drucks. 718/07, S. 176 ff., insbes. S. 181–183).

7   Die Pflegeversicherung ist von daher in erster Linie ein System zur Organisation von Langzeitpflege und zur langfristigen Begrenzung von Pflegekosten. Erst nach dem Inkrafttreten des PflegeVG hat sich der Gesetzgeber, aufgeschreckt durch Berichte in den Medien über Pflegemissstände, verstärkt der Qualitätssicherung der Pflege zugewandt (§§ 8 f. sowie 112 ff.). Um auf die Kosten für die stationäre Pflege und die häusliche Pflege durch professionelle Pflegedienste dämpfend Einfluss nehmen zu können, bedurfte es zusätzlich eines Regelungsinstrumentariums – vergleichbar dem Leistungserbringerrecht in der gesetzlichen Krankenversicherung und dem Pflegesatzrecht im Krankenhausbereich. Der Erreichung dieses Ziels dienen die Vorschriften des 7. und 8. Kapitels des SGB XI.

8   Pflegebedürftigkeit soll zudem durch den vorrangigen Einsatz **präventiver oder rehabilitativer Maßnahmen** verhindert werden (§ 5). Das SGB XI enthält insoweit allerdings einen folgenschweren Konstruktionsfehler. Denn vorrangige Leistungsträger für Prävention und Rehabilitation sind nicht die Pflege-, sondern die Krankenkassen (§ 11 SGB V). Letzteren entstehen Aufwendungen für präventive bzw. rehabilitative Maßnahmen, während die hieraus resultierenden Einsparungen nicht den Kranken-, sondern den Pflegekassen zugute kommen. Der Gesetzgeber versucht den fehlenden finanziellen Anreiz durch eine Verpflichtung der Gutachter des MDK zu kompensieren, bei der Pflegebegutachtung (§ 18) auch den Präventions- und Rehabilitationsbedarf festzustellen (§ 18 Abs. 1 Satz 3, Abs. 6). Mit dem PflWG hat der Gesetzgeber zudem ein neues Instrument eingeführt, das stationäre Pflegeeinrichtungen motivieren soll, Verringerungen des Hilfebedarfs des Pflegebedürftigen anzustreben: Werden Pflegebedürftige während des Aufenthalts in einem Pflegeheim in eine niedrigere Pflegestufe eingestuft, erhält das Pflegeheim einmalig einen Betrag in Höhe von 1587 €. Mit einer Sanktion in entsprechender Höhe können diejenigen Krankenkassen belegt werden, die innerhalb von sechs Monaten nach Antragstellung und Begutachtung keine notwendigen Leistungen der Rehabilitation erbringen (§ 40 Abs. 3 SGB V).

V. Verfassungsrechtliche Aspekte

9   Unter verfassungsrechtlichen Gesichtspunkten sind vor allem die umfassende Versicherungspflicht und deren Ausgestaltung (Argument: fehlende Gesetzgebungszuständigkeit des Bundes, weil es sich nicht um Sozialversicherung handele), die anteilige Finanzierungspflicht der Arbeitgeber und die Beitragsbelastung von Familien mit Kindern umstritten (vgl. *Kleemann,* Verfassungsrechtliche Probleme der sozialen Pflegeversicherung und ihrer Finanzierung; *Fuchsloch,* NZS 1996, 153). Zur Rechtfertigung der Einführung eines neuen Zwangssicherungssystems gegen das Risiko der Pflegebedürftigkeit ist im Gesetzgebungsverfahren eine Fülle von Gründen aufgeführt worden (vgl. BT-Drucks. 12/5262, S. 61 ff.). Der Gesetzgeber konnte vor allem darauf verweisen, dass Pflegebedürftigkeit zunehmend ein **allgemeines Lebensrisiko** geworden ist, bei dem private Vorsorge nicht ausreicht; was schon durch die Tatsache belegt wird, dass die an sich subsidiäre Sozialhilfe in erheblichem Umfang Pflegeleistungen zu erbringen hat und bei Einführung der PV in der stationären Pflege gar ca. 80%

Einleitung

der Pflegebedürftigen auf eine Finanzierung durch den Sozialhilfeträger angewiesen waren. Angesichts der sich abzeichnenden demographischen Entwicklung schien die **Finanzierbarkeit von Pflegeleistungen** gefährdet. Um dieser Gefahr zu begegnen, sollen die Leistungen der PV vor allem die im Vergleich zur stationären Pflege im Durchschnitt erheblich kostengünstigere häusliche Pflege in erster Linie durch ehrenamtliche Pflegepersonen aus der Familie, dem Freundeskreis oder der Nachbarschaft des Pflegebedürftigen fördern. Einer **Vorsorge auf freiwilliger privater Basis** steht beim Pflegerisiko vor allem die Tatsache entgegen, dass sich ein Bewusstsein für die Gefahr des Eintritts dieses Risikos typischerweise erst in fortgeschrittenem Lebensalter entwickelt. Die vor Einführung der PV von der Privatversicherungswirtschaft angebotenen Möglichkeiten einer Absicherung des Pflegerisikos sind nur in minimalem Umfang genutzt worden. Das BVerfG (BVerfGE 103, 242–271; NJW 2001, 1712) hat nahezu alle Einwände gegen die neugeschaffene Zwangsvorsorge zurückgewiesen; gesetzgeberischen Nachbesserungsbedarf hat es in erster Linie nur bei der Beitragsbelastung von Familien mit Kindern gesehen. Dies führte zur Einfügung von Abs. 3 und 4 in den § 55 SGB XI mit einem Beitragszuschlag für Kinderlose nach Vollendung des 23. Lebensjahres. Durch die Erziehung von Kindern leisteten Eltern im Vergleich zu Kinderlosen einen zusätzlichen generativen Beitrag, der eine unterschiedliche Behandlung beim Beitrag für die Pflegeversicherung notwendig mache.

VI. Verwaltungsverfahren und allgemeine Rechtsgrundlagen

Soweit das SGB XI die SPV als weiteren Zweig der Sozialversicherung regelt, sind ergänzend die Vorschriften des Allgemeinen Teils (SGB I) und die Gemeinsamen Vorschriften für die Sozialversicherung (SGB IV) heranzuziehen. Von Bedeutung sind insoweit vor allem die allgemeinen Vorschriften über Beratung und Aufklärung (§§ 13, 14 SGB I), Mitwirkungspflichten (§§ 60ff. SGB I), Leistungen und Beiträge (§§ 19 bis 28 SGB IV), Meldepflichten (§§ 28a ff. SGB IV) sowie die allgemeinen Grundsätze und Begriffsbestimmungen im ersten Abschnitt des SGB IV. Für das Verwaltungsverfahren gelten die Vorschriften des SGB X. Dies ergibt sich bereits aus § 1 Abs. 1 Satz 1 SGB X; für die PKen ist die Anwendung der §§ 1 bis 66 SGB X in § 46 Abs. 2 Satz 4 SGB XI nochmals besonders angeordnet worden. Die Anwendbarkeit der datenschutzrechtlichen Vorschriften in SGB I (§ 35) und SGB X (§§ 67ff.) ist in § 93 geregelt. Besonderheiten des Verwaltungsverfahrens der SPV finden sich in § 18. Für die PPV gelten die Vorschriften des Verwaltungsverfahrensrechts im SGB X weder unmittelbar noch entsprechend (BSGE 86, 94 = SozR 3-3300 § 77 Nr. 3).

10

VII. Rechtsschutz

Durch Art. 33 PflegeVG ist in **§ 51 Abs. 2 SGG** nach Satz 1 folgender Satz eingefügt worden: „Die Gerichte der Sozialgerichtsbarkeit entscheiden auch über Streitigkeiten, die in Angelegenheiten nach dem Elften Buch Sozialgesetzbuch entstehen". Die Rechtswegzuweisung zur Sozialgerichtsbarkeit umfasst damit **das gesamte SGB XI**, auch soweit es sich um bürgerlich-rechtliche Streitigkeiten handelt. Die Sozialgerichtsbarkeit ist danach nicht nur für **Streitigkeiten im Rahmen der SPV** zuständig, in denen sich etwa ein Versicherter gegen Entscheidungen der PK zur Versicherungspflicht, zum Beitrags- oder Leistungsrecht wendet oder für Auseinandersetzungen zwischen PKen und Leistungserbringern (vgl. hierzu auch die Zuständigkeitsregelungen in §§ 73 Abs. 2 und 85 Abs. 5 Satz 2), sondern auch bei Streitigkeiten in **Angelegenheiten der PPV**, soweit der geltend gemachte Anspruch im SGB XI geregelt ist; hierzu zählt auch der gegen die zuständige Landesbehörde gerichtete Anspruch auf Zustimmung zur gesonderten Berechnung betriebsnotwendiger Investitionsaufwen-

11

dungen gem. § 82 Abs. 3 Satz 3 (BSG, Beschluss von 31.1.2000, B 3 SF 1/99 R). Der Rechtsweg zu den Sozialgerichten ist jedoch nicht gegeben für einen Rechtsstreit zwischen einem Pflegeheim und einem privaten Versicherungsunternehmen, dessen Versicherungsnehmer in dem Heim untergebracht ist (SozR 4-1500 § 51 Nr. 2 = NZS 2007, 34), wenn es sich um eine allgemeine zivilrechtliche Streitigkeit und nicht um eine Angelegenheit nach dem SGB XI handelt. (Zum Rechtsweg bei Streitigkeiten aus der PPV vgl. im Einzelnen § 23 Rn. 41). Die Zuständigkeit der Sozialgerichte für Streitigkeiten aus der PPV sollte im 1. SGB XI-ÄndG aufgehoben werden. Art. 6 des Entwurfs zum SGB XI-ÄndG sah eine Beschränkung der Zuständigkeit der Sozialgerichte auf Angelegenheiten der **sozialen** Pflegeversicherung vor (BT-Drucks. 13/3696). Für Angelegenheiten der PPV sollten die Sozialgerichte nur insoweit zuständig sein, als es um die soziale Sicherung der Pflegepersonen nach § 44 SGB XI ging. Von dieser Konzeption ist der Vermittlungsausschuss auf Veranlassung des Bundesrates (vgl. BR-Drucks. 228/96, S. 8) wieder abgerückt. Auch der Bundestag hat sich anschließend für eine **umfassende Zuständigkeit der Sozialgerichte** für die gesamte Pflegeversicherung (also auch für die PPV) ausgesprochen. Es ist deshalb bei der ursprünglichen Fassung des § 51 Abs. 2 Satz 2 SGG geblieben. Das BSG hat durch Beschluss vom 8.8.1996 (BSGE 79, 80 = SozR 3-1500 § 51 Nr. 19) entschieden, dass der Rechtsweg zu den Sozialgerichten auch für Leistungsansprüche aus der PPV, die sich gegen ein privates Versicherungsunternehmen richten, gegeben ist.

VIII. Stellung der Pflegeversicherung im System der sozialen Sicherheit

1. Pflegeleistungen in anderen Sozialleistungsbereichen

12 Leistungen wegen Pflegebedürftigkeit werden innerhalb des Systems der sozialen Sicherheit auch nach anderen Rechtsgrundlagen gewährt. § 13 enthält deshalb Regelungen zum Verhältnis der Leistungen der PV zu Pflegeleistungen nach anderen Gesetzen. **GUV und Soziales Entschädigungsrecht** (BVG und die Gesetze, die das BVG für anwendbar erklären) sehen Pflegeleistungen nur vor, wenn ein Arbeitsunfall bzw. ein schädigendes Ereignis iSd. § 1 BVG die wesentliche Bedingung für den Eintritt der Pflegebedürftigkeit bilden. Soweit danach ein Anspruch auf Pflegeleistungen besteht, geht er einem Anspruch auf Leistungen der PV vor (vgl. §§ 13 Abs. 1, 34 Abs. 1 Nr. 2). Unabhängig von der Ursache der Pflegebedürftigkeit ist die **Sozialhilfe** auch nach dem Inkrafttreten des SGB XI verpflichtet, Leistungen wegen Pflegebedürftigkeit zu erbringen. Ihre Leistungspflicht ist allerdings nachrangig gegenüber der PV (vgl. § 13 Abs. 3) und hängt von der fehlenden Leistungsfähigkeit des Pflegebedürftigen ab; eine Ausnahme bilden Pflegeleistungen, die iR der Eingliederungshilfe erbracht werden (vgl. § 13 Abs. 3 Satz 3). Im Gegensatz zur PV orientiert sich der Leistungsumfang bei der Sozialhilfe am Bedarf des Pflegebedürftigen. Überschreitet der Pflegebedarf den in der PV vorgesehenen Leistungsrahmen (§§ 36 bis 43), ist die Sozialhilfe zur Gewährung ergänzender Leistungen verpflichtet, soweit der Pflegebedürftige den notwendigen Pflegebedarf nicht aus eigenen Mitteln bestreiten kann (vgl. hierzu § 13 Rn. 8ff.). Eine Leistungspflicht der Sozialhilfe kommt darüber hinaus auch für einen Hilfebedarf in Betracht, der entweder anderen als den in § 14 Abs. 4 aufgeführten Verrichtungen zuzuordnen ist, der die Voraussetzungen der Pflegestufe I nicht erreicht oder der nur von kurzer Dauer ist (vgl. § 61 Abs. 1 Satz 2 SGB XII).

13 Pflegeleistungen auf Grund von **Landesgesetzen** gibt es in den Ländern Berlin, Brandenburg, Bremen und Rheinland-Pfalz (vgl. BT-Drucks. 12/5262, S. 70f.). Im Übrigen dienen die in allen Bundesländern existierenden Landespflegegesetze vor allem der Umsetzung des SGB XI im Bereich der Pflegeinfrastruktur, speziell der Förderung von Investitionen (vgl. § 9 Rn. 9).

Einleitung **Einl**

2. Pflegeleistungen nach §§ 53 ff. SGB V aF

Die **GKV** sah seit dem Inkrafttreten des GRG häusliche Pflegehilfe bei Schwer- 14
pflegebedürftigkeit vor. Die maßgebenden Rechtsgrundlagen (§§ 53 bis 57 SGB V)
sind mit dem Inkrafttreten des Leistungsrechts des SGB XI außer Kraft getreten
(Art. 4 Nr. 4 iVm. Art. 68 Abs. 2 PflegeVG). Die Definition des leistungsberechtigten
Personenkreises in § 53 Abs. 1 SGB V entspricht weitgehend § 14 Abs. 1; unterschiedlich festgelegt ist lediglich das Ausmaß der Hilfebedürftigkeit.

3. Abgrenzung der Leistungspflicht von GKV und SPV

Die Leistungspflicht der GKV setzt überwiegend – wie diejenige der SPV – das Vor- 15
liegen einer Krankheit oder teilweise auch einer Behinderung (z. B. bei der Versorgung
mit Hilfsmitteln, § 33 SGB V) voraus. Von daher ist die Abgrenzung der Leistungspflicht
von GKV und SPV teilweise schwierig. Im stationären Bereich kann auf die Rspr zur
Krankenhaus-Behandlungsbedürftigkeit und deren Abgrenzung zur bloßen Pflegebedürftigkeit zurückgegriffen werden (BSGE 28, 199, 200; 51, 44, 46; 68, 61, 62; 99,
111, 115). Solange Krankenhaus-Behandlungsbedürftigkeit besteht, ruht der Anspruch
auf Pflegeleistungen (§ 34 Abs. 2; Ausnahme: Pflegegeld in den ersten vier Wochen
einer vollstationären Krankenhausbehandlung, § 34 Abs. 2 Satz 2). Im ambulanten Bereich geht die häusliche Krankenpflege den Pflegeleistungen der SPV grundsätzlich vor
(§ 13 Abs. 2 iVm. § 34 Abs. 2); vgl. hierzu im Einzelnen § 13 Rn. 8. Problematisch und
nach dem Wortlaut des Gesetzes nicht eindeutig ist die Abgrenzung bei der Hilfsmittelversorgung (vgl. hierzu § 40 Rn. 9 ff.) sowie bei der Behandlungspflege, die gem. § 37
SGB V grundsätzlich weiterhin zur Leistungspflicht der GKV gehört, teilweise aber
auch als Pflegebedarf iSd. §§ 14, 15 zu berücksichtigen ist (vgl. § 14 Rn. 13 ff.).

Hier ergeben sich deshalb konfliktträchtige Zuordnungsprobleme, weil sich Pflege- 16
gemaßnahmen im Rahmen der (auf Verordnung des Arztes) von Krankenpflegediensten zu erbringenden häuslichen Krankenpflege in den Fällen, in denen sie bei
Verrichtungen des täglichen Lebens anfallen, von der für die Bemessung des Pflegebedarfs maßgebenden Grundpflege kaum trennen lassen. Die Rechtsprechung hat
den Betroffenen insoweit ein Wahlrecht zugebilligt. Danach konnten sie sich entweder für die Zuordnung zur GKV oder zur PV entscheiden (*Udsching*, FS 50 Jahre BSG,
S. 691 ff.; BSG, Urteil vom 17. 3. 2005, Az.: B 3 KR 9/04 R). Seit der Gesundheitsreform 2007 lässt § 37 Abs. 2 SGB V sogar eine Geltendmachung in beiden Leistungssystemen zu (*Knispel*, in: BeckOK-Sozialrecht, SGB V, § 37 Rn. 35).

IX. Änderungen des SGB XI

Seit seinem Inkrafttreten ist das SGB XI vor allem durch vier Änderungsgesetze und 17
fünf weitere Gesetze in Teilbereichen erheblich umgestaltet worden. Die Schnittstellen
der PV zur GKV sind zudem durch die Gesundheitsreform 2007 neu geregelt worden.
Grundlegend war vor allem die mit dem **1. SGB XI-ÄndG** (vom 14. 6. 1996, BGBl. I
S. 830) eingeführte, zunächst zeitlich befristete **konzeptionelle Änderung der Leistungen bei stationärer Pflege**. Während dem Pflegebedürftigen nach der ursprünglichen Konzeption des SGB XI bei stationärer Pflege unabhängig von der Pflegeklasse,
der er zugeordnet wurde, wegen der pflegebedingten Leistungen der stationären Einrichtung bis zur Leistungshöchstgrenze der PV ein umfassender Sachleistungsanspruch
zustehen sollte (§ 43 Abs. 2 und 3 iVm. § 84 Abs. 4 Satz 1), beschränkte das 1. SGB XI-
ÄndG den Anspruch je nach Pflegestufe auf einen pauschalen Geldbetrag, mit dem sich
die PK an den pflegebedingten Aufwendungen beteiligte (§ 1 des Art. 49a PflegeVG).
Diese Regelung, die nach dem Auslaufen des Art. 49a PflegeVG Ende 1997 ab
1. 1. 1998 als Abs. 5 in den § 43 aufgenommen wurde (**3. SGB XI-ÄndG,** vom

5.6.1998, BGBl. I S. 1229), bewirkt eine Auflösung der ursprünglich vorgesehenen engen Verklammerung von Leistungs- und Leistungserbringerrecht im Bereich der stationären Pflege. Der von Leistungserbringern und Leistungsträgern zu vereinbarende Pflegesatz, der die pflegebedingten Aufwendungen umfassend abdecken soll und von dem im Hinblick auf die Leistungshöchstgrenze bei stationären Leistungen durchaus eine preisdämpfende Wirkung ausgehen sollte, hat nunmehr für den Leistungsanspruch des Versicherten keine unmittelbare Bedeutung mehr. Zugleich wurde die Situation des stationär versorgten Pflegebedürftigen dadurch verschlechtert, dass bei der stationären im Gegensatz zur ambulanten Pflege aus dem gedeckelten Leistungsbudget zusätzlich Aufwendungen für soziale Betreuung und Behandlungspflege zu finanzieren sind (Änderung der §§ 41, 42 und 43, jeweils Abs. 2 im 1. SGB XI-ÄndG).

18 Ein weiterer Schwerpunkt der durch das **1. SGB XI-ÄndG** eingeführten Änderungen betrifft das Verhältnis von Eingliederungshilfe und PV. In § 13 Abs. 3 Satz 3 wurde klargestellt, dass die Leistungen der Eingliederungshilfe nach dem BSHG (und vergleichbaren anderen Gesetzen), auch wenn sie Pflegeleistungen umfassen, gegenüber den Leistungen der PV nicht nachrangig sind. Zugleich wurde im Leistungserbringerrecht § 71 um Abs. 4 erweitert, der festgelegt, dass ua stationäre Einrichtungen der Behindertenhilfe nicht als Pflegeeinrichtungen zugelassen werden dürfen. Im Gegenzug wurde § 43a eingefügt, der die PV in pauschaler Form an der Finanzierung von Pflegeleistungen in derartigen Einrichtungen beteiligt. Darüber hinaus wurde im 1. SGB XI-ÄndG die Stellung der Sozialhilfeträger in den Verfahren zur Vereinbarung des Pflegesatzes gestärkt (Änderung des § 85).

19 Durch das **2. SGB XI-ÄndG** (vom 29.5.1998, BGBl. I S. 1188) wurde § 82a eingefügt, mit dem die Grundlage für die Einbeziehung der Ausbildungsvergütung in der Altenpflege in die Vergütung der allgemeinen Pflegeleistungen geschaffen werden sollte. Mit dem **4. SGB XI-ÄndG** (vom 21.7.1999, BGBl. I S. 1656) verlagerte der Gesetzgeber die Kostentragung für sog Pflege-Pflichteinsätze, die beim Bezug von Pflegegeld der Überprüfung der Sicherstellung der Pflege durch ehrenamtliche Pflegepersonen dienen, von den Pflegebedürftigen auf die PK (§ 37 Abs. 3). Zugleich wurde die Berücksichtigung von Pflegegeldeinkünften bei Unterhaltsansprüchen von ehrenamtlichen Pflegkräften neu geregelt (§ 13 Abs. 5). Erneut geändert wurden die Vorschriften zur Ersatz- bzw Verhinderungspflege in § 39, die bereits im 1. SGB XI-ÄndG Änderungen erfahren hatten. Stand bei der ersten Änderung die Beschränkung des Leistungsumfangs bei der Übernahme der Ersatzpflege durch ehrenamtliche Pflegekräfte auf das übliche Pflegegeld im Vordergrund, so wurde im 4. SGB XI-ÄndG zusätzlich die Vermutungsregel eingeführt, dass bei Übernahme der Ersatzpflege durch nahe Angehörige davon auszugehen sei, dass die Pflege ehrenamtlich ausgeübt werde (§ 39 Satz 4). In § 42 Abs. 2 wurde Satz 2 gestrichen, der den Anspruch auf Kurzzeitpflege davon abhängig gemacht hatte, dass die Pflegeperson den Pflegebedürftigen (wie beim Anspruch auf Ersatzpflege) vorher mindestens zwölf Monat im häuslichen Bereich gepflegt hatte. In der teilstationären Pflege wurden die Leistungsgrenzen heraufgesetzt und an diejenigen bei der Pflegesachleistung in der häuslichen Pflege angepasst.

20 Das Gesetz zur Qualitätssicherung und zur Stärkung des Verbraucherschutzes in der Pflege (**Pflege-Qualitätssicherungsgesetz,** PQsG, vom 9.9.2001, BGBl. I S. 2320) hat erstmals Instrumente der Qualitätssicherung in das SGB XI aufgenommen. Die zum 1.1.2002 in das SGB XI eingefügten §§ 112–120 sollten im Hinblick auf die Qualität der Pflege einen überprüfbaren Mindeststandard sicher stellen. Wird dieser Standard nicht erreicht, können die Pflegekasse (§ 115 Abs. 3) und der betroffene Pflegebedürftige (§ 5 Abs. 11 HeimG bzw. § 10 Abs. 1 WBVG) Minderungs- oder Schadensersatzansprüche geltend machen. Die in den §§ 112ff. idF. des PQsG geregelten Instrumente der Qualitätssicherung setzten allerdings Durchführungsbestimmungen voraus, die in einer „Pflege-Prüfverordnung" geregelt werden sollten, die 2002 am Widerstand des Bundesrates gescheitert ist. Ein weiteres Kernstück des

Einleitung **Einl**

PQsG, die zwischen Pflegekassen und Pflegeeinrichtungen abzuschließenden Leistungs- und Qualitätsvereinbarungen haben sich wegen des damit fehlenden normativen Fundaments ebenfalls nicht durchsetzen können. Mit diesem Instrument wollte der Gesetzgeber in Bezug auf jede Pflegeeinrichtung eine verlässliche Definition und Nachprüfbarkeit ihres Leistungsspektrums und der von ihr vorzuhaltenden personellen Ausstattung erreichen; bei unzulänglicher Umsetzung der vereinbarten Vorgaben drohten Sanktionen. Mit dem Gesetz zur strukturellen Weiterentwicklung der Pflegeversicherung, PflegeWEG, vom 28.5.2008 (BGBl. I S. 874) verfolgt der Gesetzgeber dieses Ziel mit anderen Mitteln. Neu eingeführt wurde insbesondere die Verpflichtung der „Selbstverwaltungspartner" (Verbände der Kostenträger einerseits und Vereinigungen der Träger von Pflegeeinrichtungen andererseits) zur Vereinbarung von Expertenstandards (§ 113a); um deren Zustandekommen sicher zu stellen wurde eine eigene Schiedsstelle installiert (§ 113b). Die Veröffentlichung der Ergebnisse von Qualitätsprüfungen (sog. Pflege-Transparenzberichte) vor allem im Internet (§ 115 Abs. 1a) soll das Informationsbedürfnis der von Pflegebedürftigkeit Betroffenen befriedigen. Mit dem PNG (vom 23.10.2012, BGBl. I S. 2246) wurden zusätzlich Informationspflichten der Einrichtungen und der PK über die Sicherstellung der ärztlichen Versorgung in stationären Einrichtungen normiert (§ 115 Abs. 1b).

Mit dem Gesetz zur Ergänzung der Leistungen bei häuslicher Pflege von Pflegebedürftigen mit erheblichem allgemeinem Betreuungsbedarf (**Pflegeleistungs-Ergänzungsgesetz,** PflEG, vom 14.12.2001, BGBl. I S. 3728) wurden durch Einfügung des fünften Abschnitts (§§ 45a bis 45c) in das SGB XI erstmals zusätzliche Pflegeleistungen für Menschen mit eingeschränkter Alltagskompetenz (vor allem Demente) eingeführt, um die unzulängliche Berücksichtigung des Hilfebedarfs dieser Gruppe von Betroffenen etwas zu kompensieren. Der zur Finanzierung zusätzlicher Betreuungsleistungen vorgesehene Betrag war allerdings mit jährlich 460 € zunächst äußerst gering bemessen. In den Genuss dieser Zusatzleistung kamen nur Hilfebedürftige, die (mit ihrem verrichtungsbezogenen Hilfebedarf) zumindest die Voraussetzungen der Pflegestufe I erfüllten. Diese Einschränkung wurde mit dem PNG (s. u. Rn. 25a) aufgehoben. 21

Mit dem Gesetz zur Berücksichtigung von Kindererziehung im Beitragsrecht der sozialen Pflegeversicherung (vom 15.12.2004, BGBl. I S. 3448 mWv 1.1.2005) hat der Gesetzgeber auf die grundlegenden Entscheidungen des BVerfG zur Verfassungsmäßigkeit einer zwangsweisen Absicherung des Pflegerisikos durch die Pflegeversicherung und die hierdurch begründete Beitragsbelastung reagiert (hierzu oben Rn. 9). Dies führte zur Einfügung von Abs. 3 und 4 in den § 55 SGB XI mit einem **Beitragszuschlag für Kinderlose** nach Vollendung des 23. Lebensjahres. 22

Mit dem Gesetz zur Stärkung des Wettbewerbs in der Krankenversicherung (GKV-Wettbewerbsstärkungsgesetz, GKV-WSG) sind **pflegerelevante Leistungen der GKV** stärker an den Bedürfnissen von Menschen mit Pflegebedarf ausgerichtet worden; danach besteht ein Anspruch auf häusliche Krankenpflege jetzt auch außerhalb des eigenen Haushalts an anderen geeigneten Orten. Hierdurch sollen vor allem Wohnformen des betreuten Wohnens gefördert werden. In § 37b SGB V sind nunmehr pflegerische Leistungen im Rahmen einer spezialisierten ambulanten Palliativversorgung geregelt, die – auf vertraglicher Grundlage – auch von stationären Pflegeeinrichtungen erbracht werden können. Pflegeeinrichtungen können nunmehr zudem auch im Rahmen der integrierten Versorgung pflegerische Leistungen erbringen (§ 140b Abs. 1 Satz 1 Nr. 5 SGB V). Aufgrund des ebenfalls mit dem GKV-WSG eingefügten § 40 Abs. 1 Satz 2 SGB V „sind" aus medizinischen Gründen erforderliche ambulante Rehabilitationsleistungen zulasten der Krankenkasse (auch) in stationären Pflegeeinrichtungen zu erbringen. 23

Das Gesetz zur strukturellen Weiterentwicklung der Pflegeversicherung (**Pflege-Weiterentwicklungsgesetz,** PflegeWEG, vom 28.5.2008, BGBl. I S. 874) erfüllt in erster Linie die Vorgabe aus dem Koalitionsvertrag der großen Koalition vom 11.11.2005, zur Sicherung einer nachhaltigen und gerechten Finanzierung beizutra- 24

Udsching 11

Einl Einleitung

gen und den seit einem Jahrzehnt unveränderten Umfang der Leistungen der PV anzupassen. Der an dieser Stelle bereits dokumentierte weitere Reformbedarf soll durch einen weiteren Reformschritt erreicht werden, mit dem der für die Inanspruchnahme von Leistungen maßgebende Pflegebedürftigkeitsbegriff neu gefasst werden soll. Das BMG hat zu diesem Zweck im November 2006 einen Beirat zur Reform des Begriffs der Pflegebedürftigkeit eingerichtet (hierzu unten Rn. 26 ff.).

25 Das PflegeWEG hat vor allem den Umfang der schon bestehenden Leistungen (§§ 36 bis 43) angepasst, wobei die Leistungen bei häuslicher Pflege ausnahmslos erhöht wurden, während die Leistungen bei stationärer Pflege, mit Ausnahme der Pflegestufe 3 und der Härtefälle, weitgehend unverändert geblieben sind. Die Empfehlung der Rürup-Kommission, die Höhe der stationären Leistungen zu reduzieren, um die Sogwirkung in Richtung stationäre Versorgung aufzuheben, hat der Gesetzgeber nicht umgesetzt. Verbessert wurden daneben die Leistungen für Personen mit demenzbedingten Fähigkeitsstörungen, geistigen Behinderungen oder psychischen Erkrankungen. Die Kriterien zur Bestimmung des insoweit leistungsberechtigten Personenkreises wurden bereits durch das PflEG in § 45a festgelegt. Betroffene können nunmehr unabhängig davon, ob sie mit ihrem verrichtungsbezogenen Hilfebedarf das Ausmaß der Pflegestufe I erreichen oder nicht, Erstattung der Kosten für zusätzliche Betreuungsleistungen bis zur Höhe von monatlich 100 € (Grundbetrag) oder 200 € (erhöhter Betrag) beanspruchen. Die Höhe des Anspruchs wird von der Pflegekasse auf Empfehlung des MDK festgesetzt. Durch weitere Maßnahmen soll die nicht professionelle Pflege gefördert werden: so können die PKen Beitragsmittel einsetzen, um ehrenamtliche Strukturen und Selbsthilfeeinrichtungen zu fördern, vor allem zur Versorgung von Personen mit eingeschränkter Alltagskompetenz. Bei Pflegepersonen, die auf der Grundlage des Pflegezeitgesetzes ihre Erwerbstätigkeit so weit reduzieren, dass sie ihren eigenen Kranken- und Pflegeversicherungsschutz verlieren, gewährt die PV Zuschüsse zu einer freiwilligen Kranken- und Pflegeversicherung (§ 44a). Eine grundlegende Verbesserung soll bei der Organisation der pflegerischen Versorgung durch Einführung eines Fall-Managements (§ 7a) und die Errichtung von Pflegestützpunkten (§ 92c) erreicht werden.

25a Mit dem **Pflege-Neuausrichtungsgesetz** (PNG, vom 23.10.2012, BGBl. I S. 2246) wurden die Leistungen für Personen mit erheblich eingeschränkter Alltagskompetenz (PEA) erheblich erweitert. Leistungsverbesserungen für diesen Personenkreis sind in den §§ 123, 124 allerdings ausdrücklich als Übergangsregelungen bis zur Umsetzung eines neuen Pflegebedürftigkeitsbegriffs ausgestaltet. Der vom Beirat zur Reform des Pflegebedürftigkeitsbegriffs vorgeschlagene neue Pflegebedürftigkeitsbegriff (nachfolgend Rn. 26) wurde mit dem PNG gerade nicht umgesetzt. Das SGB XI basiert auch in der Fassung des PNG weiter auf dem engen, verrichtungsbezogenen Pflegebedürftigkeitsbegriff.

25b Das PNG hat für den in § 45a festgelegten Personenkreis (PEA) häusliche Betreuungsleistungen nunmehr auch als Sachleistung eingeführt, wenn Grundpflege und hauswirtschaftliche Versorgung sichergestellt sind (§ 124 Abs. 1). Hierdurch fällt für ambulante Pflegedienste zugleich das bisherige Verbot weg, im Rahmen der häuslichen Versorgung nach § 36 SGB XI neben grundpflegerischen auch Betreuungsleistungen zu erbringen. Neben Leistungsausweitungen für PEA enthält das PNG noch Verbesserungen der Beratungsansprüche der Versicherten (§ 7 Abs. 2) sowie die Möglichkeit über Beratungsgutscheine „neutrale Beratungsstellen" in Anspruch nehmen zu können. Daneben wurde die Kombination von Pflegegeld mit Kurzzeit- und Verhinderungspflege weiter ausgebaut (§ 38 Sätze 4 und 5). Das PNG führt in § 82b Abs. 2 erstmals eine Regelung ein, mit der ehrenamtliches Engagement in stationären Pflegeeinrichtungen durch Aufwandsentschädigungen honoriert werden kann. Grundlegend neu geregelt wurde im PNG zudem die Begutachtung zur Feststellung von Pflegebedürftigkeit in den §§ 18 ff.; insbesondere können die PK jetzt neben dem MDK auch unabhängige Gutachter beauftragen; die Dauer des Begutachtungsverfah-

Einleitung

rens soll durch den Einsatz von Strafgeldern zulasten der PK beschleunigt werden. Durch zusätzliche Leistungen (§ 38a und § 45e) sollen neue Wohnformen von Pflegebedürftigen gefördert werden. Unter bestimmten Umständen (vgl. § 38a Abs. 1) gibt es für Wohngruppen je Pflegebedürftigen 200 Euro zusätzlich, um dem höheren Organisationsaufwand gerecht werden zu können; für notwendige Umbaumaßnahmen in der gemeinsamen Wohnung werden zusätzliche Mittel bereitgestellt (§ 45e).

Ein weiterer Schwerpunkt des PNG ist die **Einführung** von Leistungen für eine **kapitalgedeckte private Zusatz-Versicherung** (§ 126ff.), die der Gesetzgeber auch damit begründet, dass die soziale PV als umlagefinanziertes System angesichts des demografischen Wandels künftig zunehmenden Belastungen ausgesetzt sein werde. Um die Bürgerinnen und Bürger beim Aufbau einer ergänzenden, eigenständigen Pflegevorsorge zu unterstützen, solle der Aufbau einer kapitalgedeckten Zusatzversicherung durch Zuschüsse unterstützt werden (Begr. in BT-Drucks. 17/10170, S. 20ff.). Der Abschluss einer privaten Zusatzversicherung bleibt allerdings freiwillig. Die Gewährung einer staatlichen Zulage von fünf Euro im Monat bzw. 60 Euro im Jahr setzt voraus, dass eine Monatsprämie von mindestens zehn Euro (bzw. 120 Euro im Jahr) zu zahlen ist, im Pflegefall müssen in Pflegestufe III mindestens 600 Euro als Monatsbetrag ausgezahlt werden, das private Versicherungsunternehmen unterliegt einem Kontrahierungszwang und muss auf Risikozuschläge und Leistungsausschlüsse verzichten, eine Prämiendifferenzierung nach Alter ist aber möglich, bereits pflegebedürftige Personen können keine Versicherung abschließen. Leistungen aus der Zusatzversicherung können erst nach einer Wartezeit von fünf Jahren gewährt werden.

Mit dem **Ersten Pflegestärkungsgesetz** (PSG I vom 17.12.2014, BGBl. I S. 2222) wurden die in § 123 als Übergangsregelung vorgesehenen erhöhten Leistungen für Personen mit erheblich eingeschränkter Alltagskompetenz (mit und ohne Pflegestufe) erneut angehoben. Ein Schwerpunkt des PSG I sind Leistungsverbesserungen bei der häuslichen Pflege durch eine Flexibilisierung der Inanspruchnahme von Kurzzeit- und Verhinderungspflege sowie Leistungsausweitungen bei der Kombination von Pflegesachleistung und Tages- bzw. Nachtpflege; hierzu zählt auch die Öffnung der niedrigschwelligen Betreuungsleistungen für Pflegebedürftige, die nicht zum Kreis der Personen mit eingeschränkter Alltagskompetenz gehören. Die Höchstbeträge für Sach- und Geldleistungen wurden erstmals umfassend dynamisiert. Zugleich wurde zur Absicherung der demographiebedingt steigenden Leistungsausgaben ein Vorsorgefonds eingerichtet (§§ 131ff.); zugleich wurde der Beitragssatz um 0,3 Beitragssatzpunkte angehoben. Zeitgleich wurde mWv 1.1.2015 durch das **Gesetz zur besseren Vereinbarkeit von Familie, Beruf und Pflege** (vom 23.12.2014, BGBl. I S. 2462) in § 2 PflegeZG ein Rechtsanspruch auf Familienpflegezeit eingeführt. Angehörige, die kurzfristig für die Organisation einer neuen Pflegesituation Zeit benötigen, können als Ausgleich für entgangenes Arbeitsentgelt Pflegeunterstützungsgeld für bis zu zehn Arbeitstage beanspruchen (§ 44a Abs. 3), soweit weder eine Entgeltfortzahlung durch den Arbeitgeber noch eine Lohnersatzleistung (Kranken- oder Verletztengeld) eingreift; zugleich erhalten sie auf Antrag Zuschüsse zur Krankenversicherung. Landwirtschaftliche Unternehmer können während einer kurzzeitigen Arbeitsverhinderung zur Sicherstellung von häuslicher Pflege einen Betriebshelfer in Anspruch nehmen.

X. Neuer Pflegebedürftigkeitsbegriff

Der vom BMG eingesetzte Beirat zur Reform des Pflegebedürftigkeitsbegriffs hat im Dezember 2008 eine Empfehlung für einen neuen Pflegebedürftigkeitsbegriff abgegeben. Dieser erfährt in der pflegewissenschaftlichen Fachwelt zwar hohe Wertschätzung; der Gesetzgeber hat ihn allerdings sowohl im PNG als auch im PSG I unberücksichtigt gelassen. Da seine baldige Umsetzung vom BMG angekündigt wird, soll er an dieser Stelle, wie in der Vorauflage, kurz vorgestellt werden. Die neue Definition von Pflegebedürftigkeit als Leistungsvoraussetzung für die Pflegeversicherung soll eine umfassende Berücksichtigung von krankheits- oder behinderungsbedingten Einschränkungen jenseits der medizinischen Interventionen, die der Krankenversicherung zuzuordnen sind, sicherstellen. Aufgegeben werden soll die enge Bindung des Begriffs der Pflegebedürftigkeit an den **Hilfebedarf bei Alltagsverrichtungen,** wie sie zurzeit in § 14 SGB XI normiert ist. Dies erfordert nach Auffassung der pflegewissenschaftlichen und medizinischen Sachverständigen, die ein umfassendes Gutachten zur Entwicklung eines neuen Begutachtungsinstruments erstellt haben („Das neue Begutachtungsassessment zur Feststellung von Pflegebedürftigkeit", erstellt vom Institut für Pflegewissenschaft an der Universität Bielefeld und dem Medizinischen Dienst der Krankenversicherung Westfalen-Lippe, Bielefeld/Münster, 29.2.2008) einen Paradigmenwechsel bei der Bemessung des Unterstützungsbedarfs auf der Grundlage einer umfassenden Bewertung von Selbstständigkeit und kognitiven (bzw. psychischen) Defizite. Maßgebend sein soll **nicht mehr** die erforderliche **Pflegezeit** oder die Häufigkeit bzw der Rhythmus von Hilfeleistungen, wie dies zurzeit nach § 15 SGB XI der Fall ist. Abgestellt wird vielmehr allein auf den **Grad der Selbstständigkeit** bzw. den Verlust an Selbstständigkeit bei der Durchführung von Aktivitäten oder bei der Gestaltung von Lebensbereichen. Pflegebedürftigkeit wird dargestellt als Beeinträchtigung der Selbstständigkeit; dies wird gleichgestellt mit der Abhängigkeit von personeller Hilfe. In diesem Zusammenhang spielt der Zeitaufwand, den eine Pflegeperson für Hilfeleistungen benötigt, keine Rolle mehr.

27 **Grundsätze des neuen Bewertungssystems:** An die Stelle des Kriteriums Zeit soll eine detaillierten Analyse menschlicher Fähigkeiten und Verhaltensweisen treten, deren Gesamtergebnis das Ausmaß der Beeinträchtigung von Selbstständigkeit bei der Durchführung von Aktivitäten bzw. bei der Gestaltung von Lebensbereichen und damit zugleich das Ausmaß des Angewiesenseins auf fremde personelle Hilfe aufzeigen soll. Das Ausmaß des Hilfebedarfs soll weiterhin für die Höhe der wesentlichen Leistungen der PV maßgebend sein. Der Beirat schlägt vor, den für die Differenzierung bislang benutzten Begriff der **Pflegestufe** durch den den **Pflegegrades** zu ersetzen.

28 Das vorgeschlagene Begutachtungsassessment gibt zwar den bisher praktizierten engen Verrichtungsbezug auf, verzichtet aber nicht auf einen Orientierungsrahmen, der die für die menschliche Existenz maßgebenden Aktivitäten und Lebensbereiche katalogmäßig erfasst. Hierbei werden teilweise aus dem bisherigen System bekannte Lebensbereiche erfasst, wie etwa die Mobilität und die sogenannte Selbstversorgung. Unter dem Begriff **„Selbstversorgung"** sind, mit Ausnahme der gesondert aufgeführten Mobilität, alle Fähigkeiten zu verstehen, die bislang in § 14 Abs. 4 SGB XI erfasst werden. Der Katalog der einzelnen Aktivitäten ist aus dem bisherigen System bekannt. Er umfasst die Bereiche Körperpflege, An- und Auskleiden, Ernährung und Ausscheiden. Eine grundlegende Änderung soll dagegen durch die **Einbeziehung von Einschränkungen bei kognitiven und kommunikativen Fähigkeiten,** von Verhaltensweisen und psychischen Problemlagen sowie bei der Gestaltung des Alltagslebens und sozialer Kontakte erreicht werden. Kognitive Einbussen können einen umfangreichen Unterstützungsbedarf nach sich ziehen, der die Begleitung in der gesamten Lebensführung umfasst. Sie sind insbesondere für die Berücksichtigung des Bedarfs an psychosozialer Unterstützung von Bedeutung, der bislang unter dem Stichwort „allgemeine Beaufsichtigung und Betreuung" beschrieben wurde. Im Detail zählt hierzu etwa die örtliche und zeitliche Orientierung, das Erkennen-Können von Personen aus dem persönlichen Umfeld sowie von Risiken und Gefahren, ferner die Fähigkeit, Sachverhalte und Informationen zu verstehen und im Alltagsleben Entscheidungen treffen zu können. Unter „Verhaltensweisen und psychische Problemlagen" sind vor allem Auffälligkeiten bei demenziell erkrankten Personen zu verstehen, etwa das ziellose Umhergehen, nächtliche Unruhe, selbstschädigendes und autoaggressives Verhalten sowie Wahnvorstellungen und Ängste.

29 Neu ist auch die Berücksichtigung der (noch) vorhandenen oder verlorenen **Fähigkeiten bei der Bewältigung von Krankheitserscheinungen** und beim Umgang

Einleitung

mit krankheits- und therapiebedingten Anforderungen. Letzteres soll keine neue Schnittstelle zur Leistungspflicht der GKV nach § 37 Abs. 2 SGB V im Rahmen der häuslichen Krankenpflege begründen. Es wird vielmehr nur der Erkenntnis Rechnung getragen, dass der Aufwand an personeller Hilfe in diesem Bereich maßgebend von den noch vorhandenen kognitiven und kommunikativen Fähigkeiten des Hilfebedürftigen abhängt. Unter „Selbstständigkeit im Umgang mit krankheits- und therapiebedingten Anforderungen und Belastungen" ist daher nicht der Bedarf an behandlungspflegerischen Maßnahmen zu verstehen. Diese verbleiben im Zuständigkeitsbereich der GKV. Es geht hier vielmehr um Maßnahmen und Handlungen, die prinzipiell von erkrankten Personen eigenständig durchgeführt werden, sofern sie über die dazu nötigen Ressourcen verfügen, dh über körperliche und kognitive Fähigkeiten, spezifische Fertigkeiten, Motivation, Kenntnisse und anderes mehr. Konkret geht es etwa um Injektionen, Verbandwechsel, Medikation, Einreibungen, Messung und Deutung von Körperzuständen sowie den Umgang mit Hilfsmitteln.

Die Erfassung der Selbstständigkeit im **Umgang mit krankheits- und therapiebedingten Anforderungen** und Belastungen kann eine im bisherigen System bestehende Lücke im Bereich der Schnittstelle von Kranken- und Pflegeversicherung schließen, die vor allem zu einer Benachteiligung langzeitkranker und behinderter Kinder führte: bei ihnen wurden die im Zusammenhang mit behandlungspflegerischen Maßnahmen erforderlichen Pflege- und Unterstützungsleistungen der Angehörigen vom bisherigen System gänzlich negiert. Durch die Berücksichtigung der (noch) vorhandenen oder der verlorenen Fähigkeiten bei der Bewältigung von Krankheitserscheinungen und beim Umgang mit krankheits- und therapiebedingten Anforderungen kann daggen dem Umstand Rechnung getragen werden, dass der Umfang an personeller Hilfe in diesem Bereich maßgebend davon abhängt, ob und ggf. über welche Fähigkeiten der Hilfebedürftige verfügt. Defizite bei der Gestaltung des Alltagslebens und von sozialen Kontakten wurden vom bisherigen System der Erfassung des Pflegebedarfs ebenfalls weitgehend ausgeklammert. Zu fragen ist in diesem Bereich nach individuellen Möglichkeiten, den Tagesablauf bewusst zu gestalten, nach der Fähigkeit, einen Tag-Nacht-Rhythmus einzuhalten, die tägliche Routine und andere Aktivitäten sowie über den Tag hinaus in die Zukunft zu planen. Ergänzend soll die Gestaltung sozialer Kontakte berücksichtigt werden. Erfasst wird etwa die Fähigkeit, mit Angehörigen, Pflegepersonen oder Besuchern in Kontakt zu treten sowie die Kontaktpflege außerhalb des direkten Umfeldes.

Die zusammen gefassten Bewertungen aller Bereiche sollen allerdings nicht ungefiltert in eine Tabelle der Bedarfsgrade einfließen. Ausgehend von empirischen Erkenntnissen, die etwa bei der Untersuchung des Pflegebedarfs von Heimbewohnern gewonnen wurden, wird eine Gewichtung befürwortet, die insbesondere das Ziel hat, den Pflege- und Betreuungsaufwand bei Personen mit körperlichen Einschränkungen einerseits und mit geistig/seelischen Defiziten andererseits sachgerecht und angemessen zu berücksichtigen. So wird auch der Tatsache Rechnung getragen, dass die Module „Selbstversorgung" und „Mobilität" in etwa die heutigen Aktivitäten abdecken, die im Sinne des SGB XI für die Bemessung von Leistungsansprüchen relevant sind. Sie haben für die Ausprägung von Pflegebedürftigkeit weiterhin zentrale Bedeutung und sollen insgesamt ein Gewicht von 50% (Selbstversorgung 40% und Mobilität 10%) haben. Den Bereichen „Kognition und Verhalten" einerseits und „Gestaltung des Alltagslebens und soziale Kontakte" andererseits wird ein Anteil von zusammen 30% zugeschrieben. Die Gewichtung der Selbstständigkeit im Umgang mit krankheits- und therapiebedingten Anforderungen wird mit 20% vorgeschlagen. Die anvisierte Ausweitung der für die Bewertung von Pflegebedürftigkeit maßgebenden Lebensbereiche verspricht eine realistischere Abgrenzung des leistungsberechtigten Personenkreises. Zugleich wird hierdurch eine Gerechtigkeitslücke gegenüber kognitiv beeinträchtigten Menschen geschlossen.

Udsching

# **Erstes Kapitel. Allgemeine Vorschriften**

Vorbemerkungen zu §§ 1 bis 13

I. Allgemeines

1 Die §§ 1 bis 13 enthalten in weiten Bereichen reine Programmsätze ohne normativen Gehalt. Die Vorschriften beschreiben die Aufgaben der PV (§ 1 Abs. 4), ihre Organisation (§ 1), Leistungsstruktur (§§ 3 und 4), Stellung im Gesamtsystem der sozialen Sicherheit (§§ 5 und 13), Pflichten und Rechte der Pflegebedürftigen (§§ 2 und 6) sowie die Aufgaben der PKen (§§ 7 und 12) und die Rechte und Pflichten der Pflegeeinrichtungen (§ 11). Die §§ 8 bis 10 wenden sich vornehmlich an die Gebietskörperschaften (Bund, Länder und Kommunen), die am eigentlichen PV-Verhältnis nicht beteiligt sind, die aber übergreifende Aufgaben vor allem im Hinblick auf eine ausreichende Pflege-Infrastruktur zu erfüllen haben. Die §§ 1, 2, 4 und 6 weisen Parallelen zu den §§ 1 bis 3 SGB V auf.

II. Übersicht

2 § 1 enthält eine vielschichtige Einweisungsvorschrift, die ua den verpflichtigen Personenkreis, die Träger der Vers, die Aufgaben und die Finanzierung der PV beschreibt und daneben auf die stufenweise Einführung des Leistungsrechts hinweist, die im Einzelnen in den Art. 68, 69 PflegeVG geregelt ist. § 2 weist mit einer programmatischen Beschreibung des Ziels des Leistungsrechts der PV und der Einräumung von Wahlrechten auf die elementarsten Grundsätze des Leistungsrechts hin. Die Einweisungsvorschriften sind jedoch nicht geeignet, die Bemessung des Pflegebedarf, der für die Zuordnung zu den Pflegestufen (§ 15 Abs. 1 und 3) maßgebend ist, über den Wortlaut der einschlägigen Vorschriften (§§ 14, 15) hinaus auszudehnen (st. Rspr. des BSG, BSGE 82, 27, 31 = SozR 3-3300 § 14 Nr. 2; vgl. hierzu § 14 Rn. 4). Die §§ 3 bis 5 enthalten mit dem Vorrang der häuslichen Pflege, mit Aufbau und System der Pflegeleistungen sowie dem Grundsatz des Vorrangs von Prävention und Reha weitere Grundzüge des Leistungsrechts. § 6 appelliert an die Eigenverantwortung des Versicherten im Hinblick auf die Vermeidung von Pflegebedürftigkeit; § 7 überträgt den PKen die Verpflichtung, den Versicherten hierbei durch Aufklärung und Beratung zu unterstützen; bei Verwirklichung des Pflegerisikos haben sie ihn und seine Angehörigen über die in Betracht kommenden Leistungen zu unterrichten. Durch den mit dem PflegeWEG neu eingefügten § 7a wird der bislang schon bestehende Anspruch auf Pflegeberatung inhaltlich detaillierter ausgeformt; der mit dem PNG hinzugefügte § 7b soll das Beratungsprocedere beschleunigen. § 8 beschreibt die pflegerische Versorgung als gesamtgesellschaftliche Aufgabe, die insbesondere auch den weiteren Ausbau der pflegerischen Infrastruktur umfasst. Die §§ 9 und 10 grenzen die Zuständigkeiten und Verantwortlichkeiten der beteiligten Gebietskörperschaften ab. § 11 legt die Grundzüge des Leistungserbringerrechts fest, das im Einzelnen im siebten und achten Kapitel (§§ 69 bis 92) geregelt ist. § 12 enthält eine Beschreibung der Pflichten und Aufgaben der PKen im Hinblick auf die Organisation und Durchführung der PV. § 13 trägt dem Umstand Rechnung, dass Pflegeleistungen auch in anderen Bereichen des Systems der sozialen Sicherheit erbracht werden und das Leistungssystem der PV mit anderen Leistungsbereichen abgestimmt werden muss.

§ 1 Soziale Pflegeversicherung

(1) Zur sozialen Absicherung des Risikos der Pflegebedürftigkeit wird als neuer eigenständiger Zweig der Sozialversicherung eine soziale Pflegeversicherung geschaffen.

(2) ¹In den Schutz der sozialen Pflegeversicherung sind kraft Gesetzes alle einbezogen, die in der gesetzlichen Krankenversicherung versichert sind. ²Wer gegen Krankheit bei einem privaten Krankenversicherungsunternehmen versichert ist, muß eine private Pflegeversicherung abschließen.

(3) Träger der sozialen Pflegeversicherung sind die Pflegekassen; ihre Aufgaben werden von den Krankenkassen (§ 4 des Fünften Buches) wahrgenommen.

(4) Die Pflegeversicherung hat die Aufgabe, Pflegebedürftigen Hilfe zu leisten, die wegen der Schwere der Pflegebedürftigkeit auf solidarische Unterstützung angewiesen sind.

(4a) In der Pflegeversicherung sollen geschlechtsspezifische Unterschiede bezüglich der Pflegebedürftigkeit von Männern und Frauen und ihrer Bedarfe an Leistungen berücksichtigt und den Bedürfnissen nach einer kultursensiblen Pflege nach Möglichkeit Rechnung getragen werden.

(5) Die Leistungen der Pflegeversicherung werden in Stufen eingeführt: die Leistungen bei häuslicher Pflege vom 1. April 1995, die Leistungen bei stationärer Pflege vom 1. Juli 1996 an.

(6) ¹Die Ausgaben der Pflegeversicherung werden durch Beiträge der Mitglieder und der Arbeitgeber finanziert. ²Die Beiträge richten sich nach den beitragspflichtigen Einnahmen der Mitglieder. ³Für versicherte Familienangehörige und eingetragene Lebenspartner (Lebenspartner) werden Beiträge nicht erhoben.

Inhaltsübersicht

	Rn.
I. Geltende Fassung	1
II. Normzweck und Übersicht	2
III. Eigenständiger Zweig der Sozialversicherung (Abs. 1)	3
IV. Versicherter Personenkreis (Abs. 2)	4
V. Pflegekassen als Träger der Sozialen Pflegeversicherung (Abs. 3)	5
VI. Aufgabe der Pflegeversicherung (Abs. 4)	6
VII. Berücksichtigung geschlechtsspezifischer Unterschiede (Abs. 4a)	7
VIII. Stufenweise Einführung der Pflegeversicherung (Abs. 5)	8
IX. Finanzierung der Pflegeversicherung (Abs. 6)	9

I. Geltende Fassung

Die Vorschrift ist mWv 1.1.1995 durch Art. 1 PflegeVG eingeführt worden. Sie hat weitgehend die Fassung des RegE (dort § 1). Während die Abs. 1–4 unverändert blieben, ist Abs. 5 im Vermittlungsverfahren hinsichtlich der Zeitpunkte des Inkrafttretens (vgl. Rn. 7) und Abs. 6 durch den AuS-Ausschuss (vgl. Rn. 8f.) geändert worden. In Abs. 6 Satz 3 wurde durch G vom 16.2.2001 (BGBl. I S. 266) nach „Familienangehörige" „und eingetragene Lebenspartner" eingefügt. Abs. 4a wurde durch das PflegeWEG vom 28.5.2008 (BGBl. I S. 874) eingefügt; die Vorschrift war im RegE (BT-Drucks. 16/7439) noch nicht enthalten.

II. Normzweck und Übersicht

2   Es handelt sich um eine **Einweisungsvorschrift in die Grundstrukturen** der PV; die Überschrift „Soziale Pflegeversicherung" ist zu kurz gegriffen, denn sie regelt auch Fragen der PPV (vgl. *Krahmer,* in: LPK-SGB XI § 1 Rn. 2; *Trenk-Hinterberger,* in: Wannagat § 1 Rn. 15). Die Vorschrift kennzeichnet die SPV als neuen Zweig der Sozialversicherung (Abs. 1), legt den verspflichtigen Personenkreis (Abs. 2) und die Träger der Vers fest (Abs. 3), begründet eine Versicherungspflicht auch für Personen, die der SPV nicht angehören, sondern bei einem privaten Versicherungsunternehmen eine PV abschließen müssen (Abs. 2 Satz 2), legt die Grundzüge der Finanzierung fest (Abs. 6) und beschreibt die Aufgabe der PV. Darüber hinaus ordnet Abs. 5 bereits an, dass die Leistungen der PV von unterschiedlichen Zeitpunkten an zur Verfügung stehen.

III. Eigenständiger Zweig der Sozialversicherung (Abs. 1)

3   Die SPV bildet einen **eigenständigen Zweig der Sozialversicherung,** zu der daneben die GKV, die GUV und die GRV gehören; die Arbeitslosenversicherung zählt nicht zur Sozialversicherung im engeren Sinn (vgl. § 51 Abs. 1 SGG). Zwar werden die Aufgaben der SPV von den KKen in Personalunion wahrgenommen (vgl. Abs. 3 und § 46); bei den PKen handelt es sich jedoch um rechtsfähige Körperschaften des öffentlichen Rechts, die unabhängig von der KK selbst Träger von Rechten und Pflichten sind. Im Gegensatz zu den anderen Zweigen der Sozialversicherung hat der Gesetzgeber bei der PV anstelle des Begriffs „gesetzlich" die Bezeichnung **„sozial"** gewählt. Dies bringt zum einen zum Ausdruck, dass es sich um eine auf sozialen Ausgleich und solidarische Umverteilung ausgerichtete Versicherungsform handelt (vgl. *Schulin,* NZS 1994, 434). Der Begriff „gesetzlich", der in erster Linie den Zwangscharakter der Vers, die Versicherungspflicht, kennzeichnet, wäre schon deshalb verfehlt, weil nicht nur in der öffentlich-rechtlichen sozialen PV, sondern auch in der privaten PV **Versicherungspflicht** besteht. Die soziale Absicherung kommt darin zum Ausdruck, dass – wie in der GKV – die Beiträge nicht risiko-, sondern einkommensbezogen ausgestaltet sind (vgl. *Peters,* in: KassKomm, SGB XI, § 1 Rn. 6). Abgesichert wird das **Risiko der Pflegebedürftigkeit,** das in den §§ 14, 15 im Einzelnen definiert wird.

IV. Versicherter Personenkreis (Abs. 2)

4   Die Vorschrift legt in Grundzügen den in der SPV (Satz 1) und in der PPV (Satz 2) versicherten Personenkreis fest (vgl. *Krasney,* VSSR 1994, 265). In beiden Bereichen besteht Versicherungspflicht, die im Einzelnen in den §§ 20 bis 27 geregelt ist. Die in der GKV Versicherten (Mitglieder und Familienversicherte) werden der SPV zugeordnet; dieser Grundsatz wird durch die Befreiungsmöglichkeit der freiwillig Krankenversicherten allerdings durchbrochen (vgl. § 22). Wer privat gegen das Risiko Krankheit versichert ist, ist verpflichtet, bei einem privaten Versicherungsunternehmen eine private PV abzuschließen (vgl. hierzu § 23 und § 110).

V. Pflegekassen als Träger der Sozialen Pflegeversicherung (Abs. 3)

Die PKen haben den Auftrag, die pflegerische Versorgung ihrer Versicherten 5 sicher zu stellen; dies wird im Einzelnen in den §§ 12, 69 geregelt. Zur Organisation der PKen vgl. die Kommentierung zu § 46.

VI. Aufgabe der Pflegeversicherung (Abs. 4)

Die Vorschrift stellt klar, dass die PV Leistungen nur für solche Versicherten zur 6 Verfügung stellt, bei denen die Pflegebedürftigkeit ein bestimmtes Ausmaß erreicht, das im Einzelnen in §§ 14, 15 umschrieben wird. Abs. 4 erweckt zu Unrecht den Anschein, als schaffe die PV für diesen Personenkreis erstmals und originär die Grundlage für die notwendige Versorgung mit pflegerischen Leistungen, was nicht zutrifft, weil hierfür zumindest unter der Geltung des GG (Art. 1 Abs. 1) die Sozialhilfe einzutreten hat. Die Bestimmung ist deshalb von *Schulin* zu Recht als gänzlich verfehlt kritisiert worden (NZS 1994, 435f.). Sie beschreibt die Aufgaben der PV auch insoweit *unzutreffend,* als deren Leistungspflicht gerade nicht davon abhängt, dass der Versicherte „wegen der Schwere der Pflegebedürftigkeit" nicht in der Lage ist, deren (wirtschaftliche) Folgen allein zu tragen. Leistungsberechtigt ist auch derjenige, der auf solidarische Unterstützung nicht angewiesen ist, weil er eine umfassende Pflege ohne Weiteres aus eigenen Mitteln organisieren kann. Der Solidarität kommt allenfalls im Hinblick auf die Finanzierung der SPV Bedeutung zu (s. oben Rn. 3).

VII. Berücksichtigung geschlechtsspezifischer Unterschiede (Abs. 4a)

Die auf Veranlassung des Bundesrates im PflegeWEG eingefügte Vorschrift (BR- 7 Drucks. 718/1/07, Nr. 1) wurde damit begründet, dass in der sozialen PV (warum nicht in der privaten?) geschlechtsspezifische Unterschiede bezüglich der Pflegebedürftigkeit von Männern und Frauen und ihrer Bedarfe an Leistungen zu verzeichnen seien, die die Verankerung einer geschlechtsspezifischen Sichtweise erforderlich mache. Damit sollte das „Gender Mainstreaming" als programmatisches Ziel in das SGB XI aufgenommen werden. Die Vorschrift steht in engem Zusammenhang mit § 2 Abs. 2 Satz 3, der ebenfalls mit dem PflegeWEG ins SGB XI aufgenommen wurde und die Berücksichtigung des Wunsches nach gleichgeschlechtlicher Pflege regelt. Bei Abs. 4a handelt es sich nicht nur um einen Programmsatz. Unmittelbare Auswirkungen ergeben sich zunächst auf die Auswahl des Leistungserbringers; PKen müssen einem entsprechenden Antrag des Pflegebedürftigen auch dann stattgeben, wenn hierdurch Mehrkosten entstehen; ambulante und stationäre Pflegeeinrichtungen sind verpflichtet, ihre Personalauswahl entsprechend zu gestalten (s. unten § 2 Rn. 5). UU können sich auch Auswirkungen auf die Bemessung des Pflegebedarfs als Voraussetzung für die Zuordnung zu einer Pflegestufe ergeben oder auch auf den Anspruch auf Pflegehilfsmittel (§ 40). Zudem wird die Verpflichtung, geschlechtsspezifische Unterschiede zu berücksichtigen, auch bei der Festlegung von Qualitätsstandards (§ 113) zu beachten sein (vgl. *Igl/Dünnes,* Das Recht auf Pflegekräfte des eigenen Geschlechts unter besonderer Berücksichtigung der Situation pflegebedürftiger Frauen, RsDE Nr. 56 (2004), 17–23; *Boecken,* Zur Frage eines Anspruchs von Pflegebedürftigen auf gleichgeschlechtliche Pflege, SGb 2008, 698–704).

§ 2 Erstes Kapitel. Allgemeine Vorschriften

VIII. Stufenweise Einführung der Pflegeversicherung (Abs. 5)

8 Die Vorschrift wird durch Art. 68, 69 PflegeVG ausgefüllt. Das frühere Inkrafttreten der Vorschriften über Leistungen bei häuslicher Pflege (1. April 1995) gegenüber denjenigen bei stationärer Pflege (1. Juni 1996) entspricht dem Grundsatz „ambulant vor stationär", das der Gesetzgeber als eines der wichtigsten Ziele bei der Einführung der PV angesehen hat.

IX. Finanzierung der Pflegeversicherung (Abs. 6)

9 Die Vorschrift ist im Verlauf des Gesetzgebungsverfahrens gravierend geändert worden: Der RegE sah noch eine Mitfinanzierung durch einen **Bundeszuschuss** vor, der von den Bundesländern durch Einsparungen bei der Sozialhilfe finanziert werden sollte. Dieses Vorhaben wurde bereits im AuS-Ausschuss zugunsten einer Zahlung der Länder an das Bundesversicherungsamt aufgegeben (§ 69 E idF. der Beschlussempfehlung des AuS-Ausschusses, BT-Drucks. 12/5920, S. 65). Nachdem die Bundesländer der ursprünglich geplanten monistischen Finanzierung der Pflegeeinrichtungen (vgl. hierzu § 9 Rn. 4 und Rn. 4 vor § 82) nicht zugestimmt hatten, wurde im Vermittlungsverfahren anstelle des Bundeszuschusses in den § 9 als Satz 3 eine weitgehend unverbindliche Verpflichtung der Bundesländer zur Förderung der Investitionskosten aufgenommen.

10 Die **anteilige Beitragsfinanzierung** durch Mitglieder und Arbeitgeber (bzw. die an deren Stelle Tretenden, vgl. § 59) gilt sowohl für die SPV als auch für die PPV. Bei einer Vers in der PPV hat der Arbeitnehmer Anspruch auf einen Beitragszuschuss (§ 61 Abs. 2). Satz 2 gilt dagegen, obwohl der Wortlaut dies nicht deutlich macht, ausschließlich für die SPV. Dasselbe gilt für Satz 3. § 110 sieht eine Beitragsbefreiung nur für Kinder des Versicherungsnehmers vor (§ 110 Abs. 1 Nr. 2f.), Ehegatten können nach Maßgabe von § 110 Abs. 1 Nr. 2g eine Beitragsermäßigung in Anspruch nehmen.

§ 2 Selbstbestimmung

(1) ¹Die Leistungen der Pflegeversicherung sollen den Pflegebedürftigen helfen, trotz ihres Hilfebedarfs ein möglichst selbständiges und selbstbestimmtes Leben zu führen, das der Würde des Menschen entspricht. ²Die Hilfen sind darauf auszurichten, die körperlichen, geistigen und seelischen Kräfte der Pflegebedürftigen wiederzugewinnen oder zu erhalten.

(2) ¹Die Pflegebedürftigen können zwischen Einrichtungen und Diensten verschiedener Träger wählen. ²Ihren Wünschen zur Gestaltung der Hilfe soll, soweit sie angemessen sind, im Rahmen des Leistungsrechts entsprochen werden. ³Wünsche der Pflegebedürftigen nach gleichgeschlechtlicher Pflege haben nach Möglichkeit Berücksichtigung zu finden.

(3) ¹Auf die religiösen Bedürfnisse der Pflegebedürftigen ist Rücksicht zu nehmen. ²Auf ihren Wunsch hin sollen sie stationäre Leistungen in einer Einrichtung erhalten, in der sie durch Geistliche ihres Bekenntnisses betreut werden können.

(4) Die Pflegebedürftigen sind auf die Rechte nach den Absätzen 2 und 3 hinzuweisen.

Selbstbestimmung § 2

Inhaltsübersicht

	Rn.
I. Geltende Fassung	1
II. Normzweck	2
III. Ziel der Hilfen durch die Pflegeversicherung (Abs. 1)	3
IV. Wahlrecht des Pflegebedürftigen (Abs. 2)	4
V. Rücksichtnahme auf religiöse Bekenntnisse (Abs. 3)	6
VI. Hinweispflicht (Abs. 4)	7

I. Geltende Fassung

Die Vorschrift ist mWv 1.1.1995 durch Art. 1 PflegeVG eingeführt worden. Sie 1
hat unverändert die Fassung des RegE (dort § 2), vgl. Begr. des RegE S. 89. Abs. 2
Satz 3 wurde durch das PflegeWEG vom 28.5.2008 (BGBl. I S. 874) eingefügt.

II. Normzweck

§ 2 enthält in erster Linie programmatische Aussagen über die Rechte des Pflege- 2
bedürftigen, die teilweise als Auslegungsmaßstab zur Konkretisierung des Inhalts der
Leistungsansprüche herangezogen werden müssen. In Teilbereichen ergibt sich der
elementare Gehalt der Vorschrift schon aus Art. 1 Abs. 1 und (in Bezug auf Abs. 3)
aus Art. 4 GG.

III. Ziel der Hilfen durch die Pflegeversicherung (Abs. 1)

Die Leistungen der PV sind so einzusetzen, dass alle Möglichkeiten zu einer selbst- 3
bestimmten Lebensführung ausgenutzt werden, soweit der körperliche und geistige
Zustand des Pflegebedürftigen dies zulässt. Hieraus folgt, dass aktivierende Pflegemaßnahmen gegenüber der bloßen Ersetzung von Verrichtungen durch die Pflegeperson
den Vorrang haben, wie dies auch in § 14 Abs. 3 anklingt. Dies wirkt sich auch auf den
für Pflegemaßnahmen erforderlichen Zeitaufwand aus (vgl. § 14 Rn. 12). Die Zielbe-
stimmungen des Abs. 1 legen für Pflegeleistungen einen Qualitätsmaßstab fest, der
insbesondere bei der Umsetzung des § 80 durch Vereinbarung von Grundsätzen und
Maßstäben zur Qualität und Qualitätssicherung zu beachten ist (*Klie,* in: LPK-SGB
XI, § 2 Rn. 2). Zur Verpflichtung, bei den Leistungen der PV die Menschenwürde zu
beachten, vgl. *Neumann,* in: HS-PV, § 20 Rn. 42. Die in Abs. 1 aufgestellten Grundsätze sind allerdings nicht geeignet, die **Bemessung des Pflegebedarfs,** der für die
Zuordnung zu den Pflegestufen (§ 15 Abs. 1 und 3) maßgeblich ist, über den Wortlaut
der einschlägigen Vorschriften (§§ 14, 15) hinaus auszudehnen (st. Rspr. des BSG,
BSGE 82, 27, 31 = SozR 3-3300 § 14 Nr. 2; vgl. hierzu § 14 Rn. 4).

IV. Wahlrecht des Pflegebedürftigen (Abs. 2)

Die Vorschrift soll deutlich machen, dass der Pflegebedürftige bei der Leistungsge- 4
währung nicht bevormundet werden darf (BT-Drucks. 12/5262, S. 89). Satz 1 bezieht sich auf die Wahl zwischen verschiedenen Leistungserbringern bei einer Leistungsart (zu Auswirkungen auf den zivilrechtlichen Pflege- oder Heimvertrag vgl.
Klie, in: LPK-SGB XI, § 2 Rn. 8). Nach Satz 2 ist auch für die Wahl der Leistungen
der Wunsch des Pflegebedürftigen maßgebend. Dies gilt auch für die Alternative
häusliche oder stationäre Pflege; was auch im Gesetzgebungsverfahren unstreitig war

§ 2 Erstes Kapitel. Allgemeine Vorschriften

(BT-Drucks. 12/5262, S. 115, zu § 39 Abs. 3 E); vgl. hierzu im Einzelnen § 43 Rn. 4. Wählt der Pflegebedürftige häusliche Pflegehilfe, so kann er Pflegegeld (§ 37) nur beanspruchen, wenn er die erforderliche Grundpflege und hauswirtschaftliche Versorgung (vgl. hierzu § 14 Rn. 14) durch selbstbeschaffte Pflegekräfte sicherstellen kann (vgl. § 37 Rn. 5f.). Ist dies nicht der Fall, kann er nur Pflegesachleistung nach § 36 oder stationäre Pflegeleistungen in Anspruch nehmen. Im Übrigen kann der Wunsch des Pflegebedürftigen nur berücksichtigt werden, wenn er dem Wirtschaftlichkeitsgebot („angemessen") entspricht (vgl. hierzu § 29). Dies bedeutet jedoch nicht, dass er bei der Inanspruchnahme von Pflegeleistungen jeweils auf den preiswertesten Leistungserbringer angewiesen ist. Wegen der Leistungsbegrenzung bei Inanspruchnahme einer zugelassenen Pflegeeinrichtung, mit der keine vertragliche Regelung der Pflegevergütung besteht vgl. § 91 Abs. 2. Weiterhin ungeklärt ist die Frage, ob das **Wahlrecht** des Pflegebedürftigen **eingeschränkt** ist, wenn dieser neben den Leistungen der SPV weiterhin Pflegeleistungen des Sozialhilfeträgers in Anspruch nimmt. Die Auffassung von Schellhorn (NDV 1995, 54), in diesem Fall müsse der Pflegebedürftige sein Wahlrecht in einer Weise ausüben, die den Sozialhilfeträger möglichst schone, lässt sich nicht schon aus dem sozialhilferechtlichen Subsidiaritätsgrundsatz (§ 2 SGB XII) ableiten (vgl. hierzu im einzelnen *Lachwitz*, in: HS-PV, § 9 Rn. 172ff.). Zum Wunsch- und Wahlrecht vgl. *Sans*, RsDE 21 (1993), 1, 2f.; *Neumann*, Freiheitsgefährdung im kooperativen Sozialstaat, S. 113f.; *ders.*, in: HS-PV, § 20 Rn. 43ff.; *Giese*, RsDE 4 (1989), 39. Vgl. zum Ganzen auch § 13 Rn. 10ff.

5   **Abs. 2 Satz 3** wurde mit dem PflegeWEG eingefügt. Die Vorschrift soll dem Anliegen Ausdruck verleihen, Hilfeleistungen möglichst von **gleichgeschlechtlichen Pflegepersonen** durchführen zu lassen, soweit der Pflegebedürftige hierauf Wert legt und dies ohne unverhältnismäßigen Aufwand realisierbar ist. Ein gegen die Pflegekasse oder den Einrichtungsträger gerichteter durchsetzbarer Anspruch auf gleichgeschlechtliche Pflege soll nach der Begr. des RegE (BT-Drucks. 16/7439, S. 45) hierdurch allerdings nicht begründet werden, die Regelung verpflichte Pflegeeinrichtungen aber dazu, wo immer möglich, dem Wunsch von Pflegebedürftigen nach gleichgeschlechtlicher Pflege Rechnung zu tragen. Im Hinblick auf die Zusammensetzung des Pflegepersonals, das weit überwiegend aus Frauen besteht, erschien im Gesetzgebungsverfahren ein durchsetzbarer Anspruch auf gleichgeschlechtliche Pflege als unrealistisch. Dem widerspricht *Boecken* (SGb 2008, 698) unter Berufung auf verfassungsrechtliche Vorgaben. Die Verpflichtung zu gleichgeschlechtlicher Pflege ergebe sich angesichts der Notwendigkeit des Schutzes der Intimsphäre unmittelbar aus dem allgemeinen Persönlichkeitsrecht; sie könne durch Berufung auf die Personalstruktur oder organisatorische Aspekte nicht aufgehoben werden; selbst wenn eine öffentlich-rechtliche Verpflichtung der Erbringer von Pflegeleistungen nicht bestehe, ergebe sich eine privatrechtlich begründete Verpflichtung zur gleichgeschlechtlichen Pflege aus § 241 Abs. 2 BGB (aaO., S. 701). Um sie zu überwinden, bedürfe es einer ausdrücklichen Einwilligung des Pflegebedürftigen.

V. Rücksichtnahme auf religiöse Bekenntnisse (Abs. 3)

6   Die Vorschrift trägt dem Umstand Rechnung, dass Pflegeeinrichtungen in großer Zahl von kirchlichen Wohlfahrtsverbänden betrieben werden. Das Wahlrecht des Pflegebedürftigen ist vor allem bei stationärer Unterbringung von Bedeutung. Aus Abs. 3 kann jedoch kein Anspruch auf privilegierte Zulassung von konfessionellen Pflegeeinrichtungen abgeleitet werden (*Klie*, in: LPK-SGB XI, § 2 Rn. 12); auch konfessionelle Einrichtungen müssen die Mindeststandards erfüllen, die als Zulassungsvoraussetzungen in den §§ 71, 72 sowie in Rahmenverträgen nach § 75 und Qualitätsrichtlinien nach § 113 festgelegt sind (vgl. BSGE 82, 252 = SozR 3-3300 § 73 Nr. 1 = NZS 1999, 298).

Vorrang der häuslichen Pflege § 3

VI. Hinweispflicht (Abs. 4)

Abs. 4 enthält die Verpflichtung der PKen zur Aufklärung der Pflegebedürftigen 7
über ihre Wahlrechte. Es handelt sich um eine spezielle Ausformung der allgemeinen
Aufklärungs- und Beratungspflicht der PK, die sich aus § 7 Abs. 2 und §§ 13f. SGB I
ergibt.

§ 3 Vorrang der häuslichen Pflege

¹Die Pflegeversicherung soll mit ihren Leistungen vorrangig die häusliche Pflege und die Pflegebereitschaft der Angehörigen und Nachbarn unterstützen, damit die Pflegebedürftigen möglichst lange in ihrer häuslichen Umgebung bleiben können. ²Leistungen der teilstationären Pflege und der Kurzzeitpflege gehen den Leistungen der vollstationären Pflege vor.

Inhaltsübersicht

		Rn.
I.	Geltende Fassung	1
II.	Normzweck	2
III.	Allgemeines	3
IV.	Vorrang der teilstationären und der Kurzzeitpflege (Satz 2)	5

I. Geltende Fassung

Die Vorschrift ist mWv 1.1.1995 durch Art. 1 PflegeVG eingeführt worden. Sie 1
hat unverändert die Fassung des RegE (dort § 3); vgl. Begr. des RegE S. 89f.

II. Normzweck

§ 3 enthält eines der wesentlichen Ziele der PV. Der Gesetzgeber hat den Vorrang 2
der häuslichen vor der stationären Pflege als Sachprogramm der Ausgestaltung des
Leistungsrechts zugrunde gelegt. In der Begr. des RegE (S. 89f.) wird die Bevorzugung der häuslichen Pflege damit gerechtfertigt, dass dies vor allem dem Wunsch der
weit überwiegenden Zahl pflegebedürftiger Menschen Rechnung trage, Pflege und
Betreuung so lange wie möglich in vertrauter Umgebung zu erhalten. Um dies zu erreichen soll die PV dazu beitragen, die Pflegebedingungen im häuslichen Bereich zu
verbessern und hierdurch die Bereitschaft der Familien zu unterstützen und zu fördern, Angehörige zu Hause zu pflegen. Ein wesentlicher Grund für die Förderung
der häuslichen Pflege ist darüber hinaus die unterschiedliche Kostensituation. Auch
die Begr. des RegE (S. 90) weist darauf hin, dass die stationäre Pflege und Betreuung
auf Dauer erheblich höhere Kosten verursacht als die ambulante Versorgung; dies gilt
nicht nur im Hinblick auf die finanzielle Situation der PV, sondern allgemein in Bezug auf die Belastung der öffentlichen Haushalte. Diese waren vor der Einführung der
PV zunehmend gezwungen, die stationäre Pflege über Leistungen der Sozialhilfe zu
finanzieren, da die Pflegebedürftigen bei Pflegesätzen von bis zu 6000 DM mtl. (vgl.
BT-Drucks. 12/5262, S. 66) zunehmend nicht in der Lage waren, ihre Unterbringung aus eigenen Mitteln zu bestreiten. Angesichts der sich abzeichnenden demographischen Entwicklung der Bevölkerung soll die mit der PV eingeleitete Förderung der
häuslichen Pflege vor allem dazu beitragen, eine Überforderung der öffentlichen
Haushalte durch Pflegekosten zu vermeiden. Der Grundsatz des Vorrangs der häusli-

Udsching 23

chen Pflege rechtfertig damit auch einen im Vergleich zur stationären Pflege höheren Leistungsrahmen. Der Vorrang der häuslichen Pflege rechtfertigt es auch, den für die Zuordnung zu den Pflegestufen maßgebenden Pflegebedarf auch bei stationärer Pflege nach den Kriterien zu bemessen, die für die häusliche Pflege maßgebend sind (nach Ziff. 6.1 der PflRL ist auf eine durchschnittliche häusliche Wohnsituation abzustellen). Hieraus resultieren allerdings Ergebnisse, die mit dem tatsächlichen Pflegeaufwand in der stationären Einrichtung nicht korrespondieren. Dieser ist jedoch für den Anspruch der Pflegeeinrichtung auf leistungsgerechte Vergütung maßgebend (vgl. § 84 Rn. 18).

III. Allgemeines

3   Der Vorrang der häuslichen Pflege gegenüber der stationären ist sowohl für die SPV wie auch für die PPV maßgebend und rechtfertigt einen unterschiedlichen Leistungsumfang. Der Vorrang kann im Einzelfall jedoch von der PK oder der PPV nicht gegen den Willen der Pflegebedürftigen oder potentieller Pflegepersonen durchgesetzt werden. Das in § 2 Abs. 2 festgelegte und letztlich durch Art. 1 Abs. 1 GG garantierte **Selbstbestimmungsrecht** geht in jedem Fall vor. Allein die objektive Pflegemöglichkeit im häuslichen Bereich reicht deshalb nicht aus, Leistungen der stationären Pflege zu versagen, wenn der Pflegebedürftige selbst oder die als Pflegepersonen in Betracht kommenden Angehörigen eine Pflege im ambulanten Bereich ablehnen (vgl. hierzu § 43 Rn. 6 und 22 ff.). Eine Mitwirkungspflicht der Angehörigen oder des Pflegebedürftigen, deren Verletzung zu einer Leistungskürzung führen könnte, sieht das Gesetz insoweit nicht vor. Allerdings lässt § 43 Abs. 3 eine Leistungskürzung zu, wenn die stationäre Versorgung nach der Feststellung der PK nicht erforderlich ist. Der Vorrang der häuslichen Pflege ist nicht maßgebend, wenn die **erforderliche Grundpflege und hauswirtschaftliche Versorgung** im häuslichen Umfeld *nicht* sichergestellt ist. Gegen den Willen des Pflegebedürftigen ist eine Heimunterbringung jedoch nur zulässig, wenn das Aufenthaltsbestimmungsrecht von einer anderen Person ausgeübt wird.

4   Die nach § 43 Abs. 2 bei stationärer Pflege von den PKen zu tragenden pauschalen Leistungsbeträge sind mit dem Grundsatz des Vorrangs der häuslichen Pflege nicht vereinbar, weil sie ganz überwiegend erheblich höher liegen als die vergleichbaren Höchstgrenzen für Pflege-Sachleistungen in der häuslichen Pflege. Die Rürup-Kommission (vgl. deren Bericht „Nachhaltigkeit in der Finanzierung der sozialen Sicherungssysteme", hrsg. vom Bundesministerium für Gesundheit und soziale Sicherung, August 2003, S. 202) hatte deshalb empfohlen, die Leistungssätze der Pflegestufen II und III zu reduzieren, was politisch aber wohl nicht umsetzbar erschien. Die erheblich geringere Erhöhung der Leistungen bei stationärer Versorgung im Vergleich zur Anpassung der Leistungen bei häuslicher Pflege im PflegeWEG vom 1.7.2008 sowie die Erhöhung der Leistungen bei häuslicher Pflege für Personen mit eingeschränkter Alltagskompetenz gerade für die Pflegestufen I und II (§ 123 Abs. 3) lässt zumindest erkennen, dass der Gesetzgeber die Vorgabe des § 3 nicht gänzlich aus dem Blick verloren hat.

IV. Vorrang der teilstationären und der Kurzzeitpflege (Satz 2)

5   Die in den §§ 41, 42 geregelten Leistungen, die eine zeitweise stationäre Versorgung des Pflegeberechtigten vorsehen, sind als ergänzende Leistungen neben der häuslichen Pflege konzipiert. Sie greifen ein, wenn die Versorgung im Haushalt allein nicht ausreicht. Zugleich sollen sie die Notwendigkeit einer dauerhaften stationären Unterbringung vermeiden. Bei einer Beratung des Pflegebedürftigen und seiner An-

Art und Umfang der Leistungen §4

gehörigen über die zur Verfügung stehenden Möglichkeiten der pflegerischen Versorgung nach § 7 Abs. 2 sind sie im Verhältnis zur vollstationären Unterbringung vorrangig zu empfehlen. Eine weitergehende Bedeutung kommt dem in Satz 2 beschriebenen Vorrang nicht zu.

§4 Art und Umfang der Leistungen

(1) ¹Die Leistungen der Pflegeversicherung sind Dienst-, Sach- und Geldleistungen für den Bedarf an Grundpflege und hauswirtschaftlicher Versorgung sowie Kostenerstattung, soweit es dieses Buch vorsieht. ²Art und Umfang der Leistungen richten sich nach der Schwere der Pflegebedürftigkeit und danach, ob häusliche, teilstationäre oder vollstationäre Pflege in Anspruch genommen wird.

(2) ¹Bei häuslicher und teilstationärer Pflege ergänzen die Leistungen der Pflegeversicherung die familiäre, nachbarschaftliche oder sonstige ehrenamtliche Pflege und Betreuung. ²Bei teil- und vollstationärer Pflege werden die Pflegebedürftigen von Aufwendungen entlastet, die für ihre Versorgung nach Art und Schwere der Pflegebedürftigkeit erforderlich sind (pflegebedingte Aufwendungen), die Aufwendungen für Unterkunft und Verpflegung tragen die Pflegebedürftigen selbst.

(3) Pflegekassen, Pflegeeinrichtungen und Pflegebedürftige haben darauf hinzuwirken, daß die Leistungen wirksam und wirtschaftlich erbracht und nur im notwendigen Umfang in Anspruch genommen werden.

Inhaltsübersicht

	Rn.
I. Geltende Fassung	1
II. Normzweck	2
III. Leistungsformen, Leistungsinhalt und Leistungsumfang (Abs. 1)	3
IV. Art und Umfang der Leistungen (Abs. 1 Satz 2)	5
V. Ergänzungsfunktion der Leistungen der Pflegeversicherung (Abs. 2 Satz 1)	6
VI. Leistungsgrenzen bei vollstationärer Pflege (Abs. 2 Satz 2)	7
VII. Wirtschaftlichkeitsgebot (Abs. 3)	8

I. Geltende Fassung

Die Vorschrift ist mWv 1.1.1995 durch Art. 1 PflegeVG eingeführt worden. Sie 1 hatte ursprünglich die Fassung des RegE (dort § 4); vgl. Begr. des RegE S. 90f. Durch das 1. SGB XI-ÄndG wurde in Abs. 2 der erste Halbsatz von Satz 2 neu formuliert.

II. Normzweck

§ 4 enthält die Grundsätze des Leistungsrechts der PV; die Einzelheiten finden sich 2 in den allgemeinen Regelungen des Leistungsrechts (§§ 28–35) sowie in den die verschiedenen Leistungsarten betreffenden Vorschriften (§§ 36–43); eine Übersicht über die Leistungsarten der PV gibt § 28 Abs. 1. Die Unterscheidung der Leistungsformen in Dienst-, Sach- und Geldleistungen geht auf § 11 SGB I zurück. Zu den Leistungen der PV vgl. Vorbem. zu §§ 28–45.

§ 4 Erstes Kapitel. Allgemeine Vorschriften

III. Leistungsformen, Leistungsinhalt und Leistungsumfang (Abs. 1)

3   **Dienstleistungen** sind alle Formen persönlicher Betreuung und Hilfe (vgl. *Schmitt*, in: Schulin, HS-KV, § 28 Rn. 3); in der PV speziell die von Pflegekräften erbrachten Pflegeleistungen. **Sachleistungen** bestehen im Zurverfügungstellen von Sachen mit Ausnahme von Geld; hierzu gehören Pflegehilfsmittel und technische Hilfen. Beide Leistungsformen werden auch unter dem Begriff **Naturalleistungen** zusammengefasst. Die SPV geht wie die GKV vom Naturalleistungs- bzw. Sachleistungsprinzip (hiermit sind nach traditioneller Definition beide Leistungsformen gemeint) aus; dh die Naturalleistungen werden von der PK beschafft und dem Versicherten zur Verfügung gestellt (vgl. hierzu im einzelnen Vorbem zu §§ 28–45 Rn. 2). Die häusliche Pflege durch ehrenamtliche bzw. nicht erwerbsmäßig tätige Pflegepersonen wird von der PK nicht als Naturalleistung verschafft; sie zahlt hierfür (gem. § 37) ein **Pflegegeld**. Dieses wurde im Gesetzgebungsverfahren nicht als Geldleistung angesehen, sondern als Naturalleistungssurrogat (BT-Drucks. 12/5262, S. 110, zu § 30 Abs. 1 Nr. 1 E). Diese Auffassung lässt sich sowohl im Hinblick auf die Rechtsprechung zur Geldleistung iSd. § 11 SGB I (BSG, SozR 3-2500 § 57 Nr. 6 = NZS 1997, 472; SozR 1200 § 44 Nr. 1; *Mrozynski*, SGB I, § 11 Rn. 18 mwN.) als auch im Hinblick auf die Qualifizierung des Pflegegeldes als Geldleistung durch den EuGH (NZS 1998, 240 = NJW 1998, 1767) nicht aufrecht erhalten; vgl. hierzu auch *Krasney*, SGb 1996, 253. **Kostenerstattung** sieht das SGB XI nur iR von § 91 Abs. 2 vor, wenn der Pflegebedürftige Leistungen einer zugelassenen Pflegeeinrichtung in Anspruch nimmt, mit der keine Vergütungsvereinbarung besteht sowie bei zusätzlichen Betreuungsleistungen nach § 45b Abs. 1.

4   Zu den Begriffen **Grundpflege und hauswirtschaftliche Versorgung** vgl. § 14 Rn. 25.

IV. Art und Umfang der Leistungen (Abs. 1 Satz 2)

5   Die Leistungsart (häusliche Pflege als Sachleistung oder Pflegegeld/teil- oder vollstationäre Pflege) hängt vor allem von der Entscheidung des Pflegebedürftigen ab, ob er sich im Haushalt (durch ehrenamtliche oder professionelle Kräfte) oder (ganz oder teilweise) in einem Pflegeheim pflegen lässt (vgl. § 2 Rn. 4). Die Leistungsart hängt *nicht* von der Pflegestufe ab, der er nach § 15 zugeordnet ist. Vollstationäre Pflege kann auch beanspruchen, wer lediglich der Pflegestufe I angehört; nach § 43 Abs. 3 ist eine Leistungskürzung vorgesehen, wenn die stationäre Pflege nicht erforderlich ist (vgl. § 43 Rn. 3). Für den **Umfang der Leistungen** ist in erster Linie die Pflegestufe maßgebend, der der Pflegebedürftige angehört; dies gilt uneingeschränkt jedoch nur für die häusliche Pflege in der Form der Pflegesachleistung (§ 36) und des Pflegegeldes (§ 37) sowie für die teilstationäre Leistung nach § 41 Abs. 2. Kurzzeitpflege (§ 42) und Verhinderungspflege (§ 39) sehen eine Differenzierung nach Pflegestufen nicht vor. Bei der vollstationären Pflege war nach der ursprünglichen Fassung des Gesetzes eine solche Differenzierung für den Leistungsanspruch des Pflegebedürftigen ebenfalls nicht vorgesehen (vgl. § 43 Abs. 2); die Pflegeeinrichtungen müssen allerdings bei der Bemessung ihrer Pflegesätze eine entsprechende Abstufung vorsehen (vgl. § 84 Abs. 2 Satz 3). Aufgrund der im 1. SGB XI-ÄndG eingeführten Übergangsvorschriften in Art. 49a PflegeVG (dort § 1) wurde auch die Höhe des Anspruchs bei vollstationärer Pflege von der Pflegestufe abhängig gemacht, der der Pflegebedürftige zugeordnet ist. Die Regelung wurde im 3. SGB XI-ÄndG als Abs. 5 in den § 43 übernommen; das PflegeWEG hat die Regelung in den § 43 Abs. 2 integriert. Wegen weiterer Einzelheiten vgl. den Überblick vor §§ 28–45 Rn. 4ff.

V. Ergänzungsfunktion der Leistungen der Pflegeversicherung (Abs. 2 Satz 1)

Die Vorschrift stellt klar, dass die PV keine Vollversorgung der Pflegebedürftigen 6 sicherstellt, wie dies im Grundsatz in Bezug auf die Gesundheitsversorgung in der GKV gewährleistet ist. Die Pflegeleistungen sind grundsätzlich auf einen monatlichen Höchstbetrag begrenzt und nehmen auf den im Einzelfall bestehenden Bedarf keine Rücksicht. Die Leistungen bei häuslicher und teilstationärer Pflege haben von daher gegenüber der fortbestehenden Notwendigkeit von Pflegeleistungen durch Familienangehörige, Nachbarn oder sonstige ehrenamtliche Pflegekräfte nur ergänzende Funktion. Den ehrenamtlichen Pflegepersonen obliegt im häuslichen Bereich auch **die Betreuung** des Pflegebedürftigen; z. B. die Förderung des psychischen Wohlergehens (vgl. *Trenk-Hinterberger,* in: Wannagat, § 4 Rn. 15). Diese Aufgabe („soziale Betreuung") gehört in der stationären Pflege zur Leistungspflicht der PV (§ 43 Abs. 2 Satz 1). Bei der Pflegesachleistung nach § 36 und der teilstationären Pflege nach § 41 besteht die Besonderheit, dass auch bei Ausschöpfung der jeweils vorgesehenen Höchstgrenzen durch Sachleistungen der PK eine darüber hinaus notwendige Pflege durch ehrenamtliche Pflegekräfte zumindest deren soziale Absicherung nach § 44 begründet (vgl. § 44 Rn. 14). Das BSG hat entscheidend auf die in § 4 Abs. 2 zum Ausdruck kommende Ergänzungsfunktion der PV abgestellt, um die **Verfassungsmäßigkeit der Begrenzung** der für die Bemessung des Hilfebedarfs maßgebenden Verrichtungen **auf** die in **§ 14 Abs. 4** aufgeführten und den hierdurch verursachten Ausschluss von Pflegebedürftigen mit Hilfebedarf in anderen Bereichen aus dem Leistungsrecht der PV zu begründen (BSGE 82, 27, 31 = SozR 3-3300 § 14 Nr. 2; ähnlich BVerfG FamRZ 2003, 1084; NZS 2003, 53; krit. hierzu *Baumeister,* NZS 2004, 191).

VI. Leistungsgrenzen bei vollstationärer Pflege (Abs. 2 Satz 2)

Die Vorschrift wurde im 1. SGB XI-ÄndG neu formuliert und um die Definition 7 des Begriffs „pflegebedingte Aufwendungen" erweitert, der sich zuvor in § 43 Abs. 2 Satz 2 befand und dort gestrichen wurde. Die Änderung war erforderlich, um deutlich zu machen, dass die Begrenzung des Leistungsrahmens für alle Formen der stationären Pflege gilt, auch für die Kurzzeit- (§ 42) und die teilstationäre Pflege (§ 41), wo zuvor eine ausdrückliche Beschränkung auf die pflegebedingten Aufwendungen fehlte, aber durch Auslegung angenommen wurde (vgl. 1. Aufl. § 42 Rn. 6). Die sog. Pensionskosten (Unterbringung und Verpflegung) muss der Pflegebedürftige aus eigenen Mitteln bestreiten bzw. Leistungen der Sozialhilfe in Anspruch nehmen. § 43 Abs. 2 bis 5 begrenzen auch die Leistungspflicht der PK für pflegebedingte Aufwendungen.

VII. Wirtschaftlichkeitsgebot (Abs. 3)

Die Vorschrift enthält als Programmsatz die Verpflichtung der an der Leistungser- 8 bringung Beteiligten auf die Beachtung des Wirtschaftlichkeitsgebotes hinzuwirken, das im Einzelnen in **§ 29** geregelt ist.

§ 5 Vorrang von Prävention und medizinischer Rehabilitation

(1) **Die Pflegekassen wirken bei den zuständigen Leistungsträgern darauf hin, daß frühzeitig alle geeigneten Leistungen der Prävention, der Krankenbehandlung und zur medizinischen Rehabilitation eingeleitet werden, um den Eintritt von Pflegebedürftigkeit zu vermeiden.**

(2) **Die Leistungsträger haben im Rahmen ihres Leistungsrechts auch nach Eintritt der Pflegebedürftigkeit ihre Leistungen zur medizinischen Rehabilitation und ergänzenden Leistungen in vollem Umfang einzusetzen und darauf hinzuwirken, die Pflegebedürftigkeit zu überwinden, zu mindern sowie eine Verschlimmerung zu verhindern.**

Inhaltsübersicht

	Rn.
I. Geltende Fassung	1
II. Normzweck	2
III. Aufgaben der Pflegekassen bei Prävention und Rehabilitation (Abs. 1)	3
IV. Rehabilitation nach Eintritt von Pflegebedürftigkeit (Abs. 2)	4

I. Geltende Fassung

1   Die Vorschrift ist mWv 1.1.1995 durch Art. 1 PflegeVG eingeführt worden. Sie hat unverändert die Fassung des RegE (dort § 5); vgl. Begr. des RegE S. 91. Durch Art. 10 Nr. 2 des G v 19.6.2001 (BGBl. I S. 1046) wurde die Formulierung der Vorschrift an die Diktion des SGB IX angepasst (vgl. hierzu BT-Drucks. 14/5074).

II. Normzweck

2   Das SGB XI betont den Vorrang von Prävention und Reha vor der Inanspruchnahme von Pflegeleistungen nicht nur aus humanen Gründen, sondern auch wegen der gesamtwirtschaftlichen Auswirkungen, die sich aus einer Vermeidung von Pflegebedürftigkeit ergeben. Abs. 1 wird durch § 31 konkretisiert. Die **PKen** sind allerdings für präventive und rehabilitative Maßnahmen *nicht* zuständig. Sie können medizinische Leistungen zur Reha lediglich vorläufig erbringen, wenn eine sofortige Leistungserbringung erforderlich ist, um eine unmittelbar drohende Pflegebedürftigkeit zu vermeiden bzw. eine Verschlimmerung der Pflegebedürftigkeit zu verhindern (§ 32). Als Reha-Träger kommen insbesondere die in § 6 Abs. 1 SGB IX aufgeführten Sozialleistungsträger in Betracht.

III. Aufgaben der Pflegekassen bei Prävention und Rehabilitation (Abs. 1)

3   Wegen der fehlenden eigenen Zuständigkeit haben die PKen grundsätzlich nur die Pflicht, bei dem jeweils zuständigen Reha-Träger bzw. dem für Gesundheitsmaßnahmen zuständigen Leistungsträger auf die Durchführung einer Maßnahme zu dringen, wenn eine solche angezeigt ist. Bei den Versicherten der SPV ist regelmäßig die KK der zuständige Leistungsträger; vgl. § 11 Abs. 2 SGB V, wo die Abwendung bzw. Minderung von Pflegebedürftigkeit ausdrücklich als ein den Anspruch auf Reha-Leistungen gegen die Krankenkasse auslösender Tatbestand aufgeführt wird. Die Zuständigkeit anderer Leistungsträger als der PK für Präventions- und Reha-Maßnah-

Eigenverantwortung §6

men, bei denen durch eine Vermeidung oder Verminderung von Pflegebedürftigkeit keine wirtschaftlichen Vorteile eintreten, wird zu Recht als kontraproduktiv kritisiert (vgl. *Kesselheim/Tophoven*, DOK 1994, 489). Die Nachteile dieser Zuständigkeitsverteilung sind auch im Gesetzgebungsverfahren erkannt, aber aus Rücksicht auf den begrenzten Finanzrahmen der PV nicht beseitigt worden. Zum Ausgleich ist auf Veranlassung des Vermittlungsausschusses (BT-Drucks. 12/7323, S. 2) in § 18 Abs. 1 Satz 2 (jetzt Satz 3), 2. Hs ein Anspruch des Versicherten gegen den zuständigen Reha-Träger eingefügt worden (vgl. hierzu § 18 Rn. 13); der MD hat im Verfahren zur Feststellung der Pflegebedürftigkeit die Reha-Möglichkeiten zu prüfen (§ 18 Abs. 1 Satz 3 und Abs. 6); die PK ist verpflichtet, dem Versicherten, der einen Antrag auf Pflegeleistungen gestellt hat, spätestens mit dem hierzu ergehenden Bescheid die Reha-Empfehlung des Gutachters zu übersenden und diese für den Betroffenen verständlich zu erläutern (§ 18a Abs. 1 Satz 1). Mit der Zuleitung der Empfehlung an den zuständigen Reha-Träger, die allerdings der Einwilligung des Versicherten bedarf, wird bei diesem ein Antragsverfahren auf medizinische Reha-Leistungen eingeleitet (§ 18a Abs. 1 Satz 2). Eine vergleichbare Regelung war zuvor bereits mit § 31 Abs. 3 im PflegeWEG eingeführt worden.

IV. Rehabilitation nach Eintritt von Pflegebedürftigkeit (Abs. 2)

Die Vorschrift stellt klar, dass die für Reha-Maßnahmen zuständigen Leistungsträ- **4** ger iR der für sie maßgebenden leistungsrechtlichen Vorschriften auch nach dem Eintritt von Pflegebedürftigkeit medizinische und ergänzende Leistungen zur Reha zu erbringen haben. Dieser Verpflichtung trägt für die GKV die Regelung in § 11 Abs. 2 SGB V Rechnung.

Führen rehabilitative oder aktivierende Maßnahmen, die von Pflegeeinrichtungen **5** im Verlauf der pflegerischen Versorgung durchgeführt werden, zu einer Verbesserung des Zustandes des Pflegebedürftigen und einer hieraus resultierenden Zuordnung zu einer niedrigeren Pflegestufe, so erhält die Pflegeeinrichtung gem. **§ 87a Abs. 4** einmalig einen Betrag von 1597 Euro. Mit der zum 1.4.2007 in Kraft getretenen Ergänzung des § 40 Abs. 1 SGB V um einen Satz 2 wurden die KKen verpflichtet, ambulante medizinische Reha-Leistungen auch in stationären Pflegeeinrichtungen iSv. § 72 zu erbringen.

§6 Eigenverantwortung

(1) **Die Versicherten sollen durch gesundheitsbewußte Lebensführung, durch frühzeitige Beteiligung an Vorsorgemaßnahmen und durch aktive Mitwirkung an Krankenbehandlung und Leistungen zur medizinischen Rehabilitation dazu beitragen, Pflegebedürftigkeit zu vermeiden.**

(2) **Nach Eintritt der Pflegebedürftigkeit haben die Pflegebedürftigen an Leistungen zur medizinischen Rehabilitation und der aktivierenden Pflege mitzuwirken, um die Pflegebedürftigkeit zu überwinden, zu mindern oder eine Verschlimmerung zu verhindern.**

Inhaltsübersicht

	Rn.
I. Geltende Fassung	1
II. Normzweck	2
III. Pflicht zur Vermeidung von Pflegebedürftigkeit (Abs. 1)	3
IV. Mitwirkungspflicht bei Pflegebedürftigkeit (Abs. 2)	4

I. Geltende Fassung

1 Die Vorschrift ist mWv 1.1.1995 durch Art. 1 PflegeVG eingeführt worden. Sie hat unverändert die Fassung des RegE (dort § 6); vgl. Begr. des RegE S. 91. Durch Art. 10 Nr. 2 SGB XI (vom 19.6.2001, BGBl. I S. 1046) wurde die Formulierung der Vorschrift an die Begrifflichkeiten des SGB IX angepasst.

II. Normzweck

2 Die Vorschrift lässt nicht Weiteres erkennen, ob es sich lediglich um einen **Appell an die Versicherten** handelt, oder ob ihr ein unmittelbarer Regelungsgehalt zu entnehmen ist (vgl. *Schulin,* NZS 1994, 438). Abs. 1 ist § 1 Satz 2 SGB V nachgebildet, dessen praktische Tragweite ebenfalls noch unklar ist (vgl. *Peters,* in: KassKomm, SGB V, § 1 Rn. 2).

III. Pflicht zur Vermeidung von Pflegebedürftigkeit (Abs. 1)

3 Nach der Gesetzesbegründung fordert die Vorschrift von den Versicherten, dass sie Pflegebedürftigkeit durch eine entsprechende Lebensweise vermeiden. Jeder habe sich so zu verhalten, dass die Solidargemeinschaft so wenig wie möglich in Anspruch genommen werden müsse; dies gelte insbesondere für die Pflicht, an Reha-Maßnahmen mitzuwirken. Warum diese Verpflichtung nur für Versicherte gegenüber der Solidargemeinschaft der SPV gilt, nicht aber für die Gesamtbevölkerung gegenüber der Gemeinschaft der Steuerzahler wird nicht deutlich. Immerhin sorgt der Versicherte über die Entrichtung von Beiträgen für den Pflegefall vor, während der Nichtversicherte ohne jede Vorsorge die erforderlichen Pflegeleistungen vom Sozialhilfeträger beanspruchen kann. Leistungsrechtliche Folgen bei Verstößen gegen die Verpflichtung zu gesundheitsbewusster Lebensführung sieht das Gesetz nicht vor. An Sanktionen hat man, wie die Materialien zeigen, auch im Gesetzgebungsverfahren nicht gedacht. Zum Begriff „Eigenverantwortung" vgl. *Trenk-Hinterberger,* in: Wannagat, § 6 Rn. 1; *ders.,* in: FS für Zacher, S. 1115.

IV. Mitwirkungspflicht bei Pflegebedürftigkeit (Abs. 2)

4 Die Vorschrift begründet für Pflegebedürftige Mitwirkungspflichten. Leistungsrechtliche Folgen sind auch hier nicht vorgesehen. Sie ergeben sich nur aus den **allgemeinen Mitwirkungsbestimmungen** in den §§ 60 ff. SGB I, insbes. § 66 Abs. 2 SGB I. Zu möglichen Sanktionen und ihren Voraussetzungen vgl. *Vogl,* in: HSP, § 6 Rn. 1 ff.

§ 7 Aufklärung, Beratung

(1) **Die Pflegekassen haben die Eigenverantwortung der Versicherten durch Aufklärung und Beratung über eine gesunde, der Pflegebedürftigkeit vorbeugende Lebensführung zu unterstützen und auf die Teilnahme an gesundheitsfördernden Maßnahmen hinzuwirken.**

(2) [1]**Die Pflegekassen haben die Versicherten und ihre Angehörigen und Lebenspartner in den mit der Pflegebedürftigkeit zusammenhängenden Fragen, insbesondere über die Leistungen der Pflegekassen sowie über die**

Aufklärung, Beratung § 7

Leistungen und Hilfen anderer Träger, in für sie verständlicher Weise zu unterrichten, zu beraten und darüber aufzuklären, dass ein Anspruch besteht auf die Übermittlung
1. des Gutachtens des Medizinischen Dienstes der Krankenversicherung oder eines anderen von der Pflegekasse beauftragten Gutachters sowie
2. der gesonderten Rehabilitationsempfehlung gemäß § 18a Absatz 1.

²Mit Einwilligung des Versicherten haben der behandelnde Arzt, das Krankenhaus, die Rehabilitations- und Vorsorgeeinrichtungen sowie die Sozialleistungsträger unverzüglich die zuständige Pflegekasse zu benachrichtigen, wenn sich der Eintritt von Pflegebedürftigkeit abzeichnet oder wenn Pflegebedürftigkeit festgestellt wird. ³Für die Beratung erforderliche personenbezogene Daten dürfen nur mit Einwilligung des Versicherten erhoben, verarbeitet und genutzt werden.

(3) ¹Zur Unterstützung des Pflegebedürftigen bei der Ausübung seines Wahlrechts nach § 2 Abs. 2 sowie zur Förderung des Wettbewerbs und der Überschaubarkeit des vorhandenen Angebots hat die zuständige Pflegekasse dem Pflegebedürftigen unverzüglich nach Eingang seines Antrags auf Leistungen nach diesem Buch eine Vergleichsliste über die Leistungen und Vergütungen der zugelassenen Pflegeeinrichtungen zu übermitteln, in deren Einzugsbereich die pflegerische Versorgung gewährleistet werden soll (Leistungs- und Preisvergleichsliste). ²Gleichzeitig ist der Pflegebedürftige über den nächstgelegenen Pflegestützpunkt (§ 92c), die Pflegeberatung (§ 7a) und darüber zu unterrichten, dass die Beratung und Unterstützung durch den Pflegestützpunkt sowie die Pflegeberatung unentgeltlich sind. ³Die Leistungs- und Preisvergleichsliste ist der Pflegekasse vom Landesverband der Pflegekassen zur Verfügung zu stellen und zeitnah fortzuschreiben; sie hat zumindest die für die Pflegeeinrichtungen jeweils geltenden Festlegungen der Vergütungsvereinbarungen nach dem Achten Kapitel und zur wohnortnahen Versorgung nach § 92c zu enthalten und ist von der Pflegekasse um die Festlegungen in den Verträgen zur integrierten Versorgung nach § 92b, an denen sie beteiligt ist, zu ergänzen. ⁴Zugleich ist dem Pflegebedürftigen eine Beratung darüber anzubieten, welche Pflegeleistungen für ihn in seiner persönlichen Situation in Betracht kommen. ⁵Ferner ist der Pflegebedürftige auf die Veröffentlichung der Ergebnisse von Qualitätsprüfungen hinzuweisen. ⁶Versicherte mit erheblichem allgemeinem Betreuungsbedarf und Pflegebedürftige sind in gleicher Weise, insbesondere über anerkannte niedrigschwellige Betreuungs- und Entlastungsangebote, zu unterrichten und zu beraten.

(4) Die Pflegekassen können sich zur Wahrnehmung ihrer Beratungsaufgaben nach diesem Buch aus ihren Verwaltungsmitteln an der Finanzierung und arbeitsteiligen Organisation von Beratungsangeboten anderer Träger beteiligen; die Neutralität und Unabhängigkeit der Beratung ist zu gewährleisten.

Inhaltsübersicht

	Rn.
I. Geltende Fassung	1
II. Normzweck	2
III. Allgemeine Aufklärung und Beratung (Abs. 1)	3
IV. Unterrichtung und Beratung bei drohender oder eingetretener Pflegebedürftigkeit (Abs. 2 Satz 1)	4
1. Eintritt der Beratungspflicht	4
2. Inhalt der Beratungsverpflichtung	5
V. Benachrichtigungspflicht (Abs. 2 Sätze 2, 3)	6

§ 7 Erstes Kapitel. Allgemeine Vorschriften

Rn.
1. Adressaten der Benachrichtigungspflicht 6
2. Einwilligung des Pflegebedürftigen 7
VI. Übermittlung einer Leistungs- und Preisvergleichsliste nach Eingang des
Antrags auf Leistungen nach dem SGB XI (Abs. 3 Sätze 1 und 3) 8
VII. Weitere Unterrichtungs- und Beratungspflichten der Pflegekassen nach
Antragseingang (Abs. 3 Satz 2, Sätze 4 bis 6) 9
VIII. Arbeitsteilige Organisation von Betreuungsangeboten (Abs. 4) 10

I. Geltende Fassung

1   Die Vorschrift ist mWv 1.1.1995 durch Art. 1 PflegeVG eingeführt worden; vgl. die Begr. des RegE S. 91. Durch das LPartG sind mWv 1.8.2001 auch Lebenspartner beratungsberechtigt; zur Begr. vgl. BT-Drucks. 14/4550, S. 9. Mit dem PQsG sind mWv 1.1.2002 die Absätze 3 und 4 angefügt worden, die eine **Erweiterung der Beratungspflichten** um **Leistungs- und Preisvergleichslisten** enthalten. Weiter wurde den Pflegekassen ermöglicht, sich zur Wahrnehmung ihrer Beratungsaufgaben an den entsprechenden **Angeboten anderer Träger zu beteiligen** (Abs. 4); zur Begr. vgl. BT-Drucks. 14/5395, S. 24f., 26f. Durch das PflegeWEG ist mWv 1.7.2008 Abs. 3 neu gefasst (Art. 1 Nr. 3) und die Verpflichtung der PK zur **Übermittlung einer Vergleichsliste über Leistungen und Vergütungen zugelassener Pflegeeinrichtungen** zeitlich vorverlegt worden. Weiter ist klargestellt worden, dass die – um **Festlegungen der wohnortnahen Versorgung in Form der Pflegestützpunkte** (§ 92c) und **Verträge zur integrierten Versorgung** (§ 92b) erweiterte – Leistungs- und Preisvergleichsliste von den Landesverbänden der PKen erstellt, fortgeschrieben und den PKen im Land jeweils zur Verfügung zu stellen ist (Abs. 3 Satz 3). In § 7 Abs. 3 Sätze 5 und 6 sind **weitere Hinweispflichten** geschaffen worden. Mit der Einrichtung der **Pflegestützpunkte** (§ 92c) und der Einführung der Pflegeberatung (§ 7a) durch das PflegeWEG ist nunmehr auch eine entsprechende **Unterrichtungspflicht der PKen** über diese Leistungen verbunden (Abs. 3 Satz 2); zur Begr. vgl. BT-Drucks. 16/7439, S. 45. Die geänderte Fassung des Abs. 2 Satz 2 durch das PNG vom 23.10.2012 (BGBl. I S. 2246) beinhaltet eine Stärkung der Rechte der Pflegebedürftigen auf eine **umfassende und zielgerichtete Beratung durch die Pflegekassen;** vgl. zur Begr. BT-Drucks. 17/9369, S. 34. Mit dem PSG I wurden die Aufklärungs- und Beratungspflichten mWv 1.1.2015 im Hinblick auf die neu geschaffenen niedrigschwelligen Beratungs- und Entlastungsmöglichkeiten erweitert.

II. Normzweck

2   Abs. 1 begründet die Pflicht der PKen, die Eigenverantwortung der Versicherten (§ 6) durch **Aufklärung und Beratung** zu unterstützen und gibt in erster Linie eine Rechtfertigung für **vorbeugende gesundheitspolitische Aufklärungskampagnen** und **gesundheitsfördernde Maßnahmen**. Soweit die Unterstützungsmaßnahmen eine gesunde Lebensführung und gesundheitsfördernde Maßnahmen betreffen, entspricht die Vorschrift **§ 1 Satz 3 SGB V**; PK und KK haben insoweit deckungsgleiche Aufgaben. Abs. 2 soll mit der Einbeziehung der behandelnden Ärzte, Krankenhäuser, Rehabilitations- und Vorsorgeeinrichtungen sowie der Sozialleistungsträger in eine **Benachrichtigungspflicht** bei konkret zu erwartender oder eingetretener Pflegebedürftigkeit eine **möglichst frühzeitige Aufklärung und Beratung** und den **nahtlosen Übergang zur Pflege** (BT-Drucks. 12/5262, S. 91 f.) sicherstellen. Abs. 3 bezweckt, die Pflegebedürftigen bei der **Ausübung ihres Wahlrechts (§ 2**

Aufklärung, Beratung § 7

Abs. 2) zwischen Einrichtungen und Diensten verschiedener Träger durch **Leistungs- und Preisvergleichslisten** zu unterstützen und macht inhaltliche Vorgaben zu deren Erstellung und Fortschreibung durch die Landesverbände der PKen. Abs. 4 ermöglicht eine **arbeitsteilige Organisation von Beratungsangeboten**. Die Beratungspflichten aus den §§ 7, 7a, 7b SGB XI stehen in engem Zusammenhang mit § 92c SGB XI **(Pflegestützpunkte).**

III. Allgemeine Aufklärung und Beratung (Abs. 1)

Abs. 1 begründet eine Verantwortung der Pflegekassen auch schon **vor Eintritt** 3 **einer Pflegebedürftigkeit**, also ohne konkreten Anlass, durch Aufklärung und Beratung über eine gesunde, der Pflegebedürftigkeit vorbeugende Lebensführung die Versicherten zu unterstützen. Auf der Grundlage dieser Regelungen können **Aufklärungskampagnen** und **gesundheitsfördernde Maßnahmen** durchgeführt werden.

IV. Unterrichtung und Beratung bei drohender oder eingetretener Pflegebedürftigkeit (Abs. 2 Satz 1)

1. Eintritt der Beratungspflicht

Dem Wortlaut des § 7 Abs. 2 Satz 1 ist zu entnehmen, dass der individuelle An- 4 spruch auf Beratung, Unterrichtung und Aufklärung **bei drohender oder eingetretener Pflegebedürftigkeit** besteht und **keinen Antrag auf Pflegeleistungen** voraussetzt. Anders als bei der Verpflichtung der PK zur Übermittlung von Leistungs- und Vergleichslisten nach Abs. 3 wird nicht ausdrücklich an das Vorliegen eines Antrags (§ 33 Abs. 1 Satz 1 SGB XI) auf Pflegeleistungen nach dem SGB XI anknüpft. Aus dem systematischen Zusammenhang von Abs. 2 Satz 1 mit Abs. 2 Satz 2 ist zu schließen, dass der Eintritt der Beratungspflicht an einen **konkreten, die (zumindest potentielle) Pflegebedürftigkeit betreffenden Anlass** anknüpft (vgl. zur fehlenden Kenntnis der Pflegekasse LSG Bayern vom 31.1.2013, L 2 P 61/12). Insoweit handelt es sich um eine **Konkretisierung der Aufklärungs-, Beratungs- und Auskunftspflichten nach den §§ 13 bis 15 SGB I**, die auf die Rechte und Pflichten nach dem SGB ausgerichtet sind und auch für die PKen gelten (so auch *Koch,* in: KassKomm § 7 Rn. 3, Stand 3/2013). Nach den §§ 14, 15 SGB I wird eine umfassendere Beratungs- und Betreuungspflicht des Sozialleistungsträgers regelmäßig nur bei einem entsprechenden **Beratungs- und Auskunftsbegehren der Versicherten** angenommen (vgl. z. B. BSG, SozR 3-2600 § 115 Nr. 9 S. 59). § 7 Abs. 2 geht hierüber hinaus, indem eine allgemeine Beratungs- und Betreuungspflicht der Pflegekassen auch **ohne ein solches ausdrückliches Begehren** festgeschrieben wird. Mit der Neufassung des Abs. 2 Satz 1 durch das PNG vom 23.10.2012 (BGBl. I S. 2246) kommt zum Ausdruck, dass sich eine den Anforderungen des Gesetzes entsprechende Pflegeberatung daran messen lassen muss, ob diese **von dem Betroffenen verstanden** wird. Auf **sprachliche** sowie **krankheits- oder behinderungsbedingte Defizite** muss entsprechend Rücksicht genommen werden. Unter Berücksichtigung dieser Besonderheiten des SGB XI sind die allgemeinen **Grundsätze über den sozialrechtlichen Herstellungsanspruch** anwendbar, wonach ein Sozialleistungsträger durch Verletzung einer ihm aus dem Sozialrechtsverhältnis obliegenden Pflicht, insbesondere zur Beratung und Betreuung, nachteilige Folgen für die Rechtsposition des Betroffenen herbeigeführt hat und diese Folgen durch ein rechtmäßiges Verwaltungshandeln wieder beseitigt werden können (vgl. z. B. BSG, SozR 4-4300 § 28a Nr. 5; BSG, SozR 4-4300 § 28a Nr. 3; BSG, SozR 4-1200 § 14 Nr. 15).

2. Inhalt der Beratungsverpflichtung

5   Die **Pflicht zur Unterrichtung und Beratung** nach § 7 SGB XI umfasst die Art, den Umfang und die Formen der Leistungen der PV. Im Gesetz nunmehr ausdrücklich verankert ist ein Anspruch auf **Übermittlung der angeforderten Gutachten** und der **gesonderten Rehabilitationsempfehlung** gemäß § 18a Abs. 1 SGB XI. Die PKen haben sicherzustellen, dass im Einzelfall ärztliche Behandlung, Behandlungspflege, Leistungen zur medizinischen Rehabilitation, Grundpflege und hauswirtschaftliche Versorgung nahtlos und störungsfrei ineinandergreifen. Aus Abs. 2 Satz 1 ergibt sich weiter eine Verpflichtung der PKen, den Versicherten erforderlichenfalls auf einen seinen Pflegebedürfnissen gerecht werdenden **Pflegeheimplatz** hinzuweisen (BSGE 89, 50, 55 = SozR 3-3300 § 12 Nr. 1). Die Vorschrift zur Beratung steht im Kontext mit weiteren Regelungen zu Beratung, insb. mit § 37 Abs. 3 SGB XI, der eine **regelmäßige Pflegeberatung** für alle Bezieher von Pflegegeld ua mit dem Ziel der Sicherung der Qualität häuslicher Versorgung beinhaltet. Beratung ist auch Teil des **Versorgungsmanagement der Krankenkassen nach § 11 Abs. 4 SGB V** beim Übergang in die verschiedenen Versorgungsbereiche. Die Beratung, Unterstützung und Aktivierung von Sozialhilfeempfänger ist in § 11 SGB XII geregelt. Auch **versicherungsrechtliche Angelegenheiten**, z. B. die Möglichkeit einer Weiterversicherung beim Ausscheiden aus der Versicherungspflicht (§ 26 Abs. 1 SGB XI) sind umfasst (vgl. Thüringer LSG, Urteil vom 21. 2. 2005 – L 6 KR 665/03). Nach den Umständen des Einzelfalls ist ggf. auch auf **Leistungen anderer Sozialleistungsträger,** deren eigenständige Beratungs- und Aufklärungspflichten nach den §§ 13, 14 SGB I allerdings weiterbestehen, hinzuweisen. Da sich die Beratungspflichten der PKen ausdrücklich auch auf die **Angehörigen und Lebenspartner** pflegebedürftiger Personen erstrecken, ist besonderes Augenmerk auch auf die Leistungen zur **sozialen Sicherung der Pflegepersonen** (§ 44ff. SGB XI) zu richten. Dies umfasst insb. deren soziale Absicherung in der Rentenversicherung (§ 44 Abs. 1 SGB XI), deren Einbeziehung in die Unfallversicherung (§ 44 Abs. 1 Satz 6 SGB XI), als arbeitsförderungsrechtliche Möglichkeiten für Pflegepersonen die Versicherungspflicht nach § 26 Abs. 2b SGB III und das Versicherungspflichtverhältnis auf Antrag für Pflegepersonen nach § 28a SGB III.

V. Benachrichtigungspflicht (Abs. 2 Sätze 2,3)

1. Adressaten der Benachrichtigungspflicht

6   § 7 Abs. 2 Satz 2 beinhaltet eine **Verpflichtung von Ärzten, Krankenhäusern und ähnlichen Einrichtungen sowie anderen Sozialleistungsträgern,** die zuständigen Pflegekassen zu benachrichtigen, wenn sich der Eintritt von Pflegebedürftigkeit abzeichnet oder Pflegebedürftigkeit festgestellt wird. Die **Benachrichtigungspflicht der Krankenhäuser** korrespondiert mit deren Verpflichtung, durch geeignete Maßnahmen darauf hinzuwirken, dass bei Abrechnung von tagesbezogenen Pflegesätzen keine Patienten im Krankenhaus verbleiben, die nicht mehr der stationären Krankenhausbehandlung bedürfen (§ 17c Abs. 1 Nr. 1 KHG idF von Art. 2 Nr. 5 FPG). Auch § 7 Abs. 2 Satz 2 konkretisiert die §§ 13ff. SGB I, indem gesetzlich festgelegt wird, welche Personen/Behörden **in den Prozess der Vermeidung bzw. Begrenzung von Pflegebedürftigkeit** und den **Beratungsprozess** eingebunden werden. Der Pflegekasse kann daher ggf. unter dem Gesichtspunkt einer sog „Funktionseinheit zwischen Leistungsträgern" ein fehlerhaftes Handeln dieser Personen bzw Behörden zuzurechnen sein (vgl. z. B. BSG, SozR 4-1200 § 14 Nr. 13; bejaht vom LSG Berlin-Brandenburg vom 23. 9. 2010 – L 27 P 5/09 für den Fall eines verspäteten Antrags auf Leistungen bei Pflegebedürftigkeit wg. nicht ausreichender Unterrichtung durch den Arzt; verneint von LSG Bayern vom 23.1.2013, L 2 P 61/12, bei grundsätzlicher Kenntnis des SGB-XI-Leistungen).

Aufklärung, Beratung **§ 7**

2. Einwilligung des Pflegebedürftigen

Die Benachrichtigung der PK ist nur mit **Einwilligung des Pflegebedürftigen** 7
zulässig. Dies gilt auch für die Erhebung, Verarbeitung und Nutzung personenbezogener Daten für Beratungszwecke. Die – aus Datenschutzgründen – regelmäßig schriftlich zu erteilende Einwilligung ist eine **Willenserklärung nach § 133 BGB**, die der Auslegung zugänglich ist. Ggf. liegt hierin zugleich ein Begehren des Pflegebedürftigen auf Tätigwerden der PK. Für die PK besteht bei Vorliegen einer Benachrichtigung i. S. des § 7 Abs. 2 regelmäßig ein **Anlass, Pflegebedürftige** und ggf. ihre **Angehörigen auf mögliche Pflegeleistungen** und deren **Beantragung** hinzuweisen. In dem gemeinsamen Rundschreiben der GKV-SpV/Verbände der Pflegekassen auf Bundesebene zu den leistungsrechtlichen Vorschriften vom 17.4.2013 (zu § 7 Nr. 2) besteht nach Eingang der Benachrichtigung außerdem eine Verpflichtung, den Versicherten, seine Angehörigen und seinen Lebenspartner auf die in Frage kommenden Leistungen anderer Leistungsträger hinzuweisen, die anderen Leistungsträger entsprechend zu unterrichten und auf Leistungsanträge auch bei anderen Leistungsträgern hinzuwirken (§§ 5, 18 Abs. 1 letzter Hs, 31, 32 SGB XI).

VI. Übermittlung einer Leistungs- und Preisvergleichsliste nach Eingang des Antrags auf Leistungen nach dem SGB XI (Abs. 3 Sätze 1 und 3)

§ 7 Abs. 3 Satz 1 enthält eine Verpflichtung der PK, dem Pflegebedürftigen zur 8
Ausübung seines Wahlrechts sowie zur Förderung des Wettbewerbs und der Überschaubarkeit des vorhandenen Angebots unverzüglich nach Antragseingang eine näher umschriebene **„Leistungs- und Preisvergleichsliste"** zu übermitteln. Dies ist eine Vergleichsliste über die Leistungen und Vergütungen der zugelassenen Pflegeeinrichtungen, in deren Einzugsbereich die pflegerische Versorgung gewährleistet werden soll. Sie muss – so Abs. 3 Satz 3 Hs 2 – zumindest die geltenden Festlegungen der **Vergütungsvereinbarungen mit zugelassenen Pflegeeinrichtungen** (§§ 82ff.), Angaben zu den jeweils bestehenden **Pflegestützpunkten nach § 92 c** und zur ggf. vorhandenen **wohnortnahen integrierten Versorgung nach § 92b**, an denen die Pflegekasse beteiligt ist, enthalten. Gleichzeitig werden die Landesverbände der Pflegekassen verpflichtet, den Pflegekassen die Leistungs- und Preisvergleichslisten auf aktuellem Stand zur Verfügung zu stellen (Abs. 3 Satz 3).

VII. Weitere Unterrichtungs- und Beratungspflichten der Pflegekassen nach Antragseingang (Abs. 3 Satz 2, Sätze 4 bis 6)

Neben der Bereitstellung von Leistungs- und Preisvergleichslisten trifft die PK – nach 9
Antragseingang – die Pflicht, den Pflegebedürftigen über den **Rechtsanspruch auf Pflegeberatung** (§ 7a SGB XI), mögliche **Pflegestützpunkte** (§ 92c SGB XI) sowie die **Unentgeltlichkeit** der Inanspruchnahme von Pflegestützpunkten und Pflegeberatung zu unterrichten. Die in Abs. 3 Satz 4 bereits durch das PQsG eingeführte Pflicht der PK zur Beratung darüber, welche Pflegeleistungen für den Pflegebedürftigen in seiner persönlichen Situation in Betracht kommen, dürfte nach Schaffung des individuellen Rechtsanspruchs auf Pflegeberatung in § 7a SGB XI durch das PflegeWEG, der ebenfalls bereits mit dem Antrag auf Leistungen nach dem SGB XI einsetzen kann (vgl. § 7a Abs. 1 Satz 8 SGB XI), kaum noch eigenständige Bedeutung haben. Mit den Aufklärungspflichten und Hinweispflichten der PK hinsichtlich der **Ergebnisse von Qualitätsprüfungen in Pflegeeinrichtungen** (§ 115 SGB XI) nach Abs. 3 Satz 5 soll die

§ 7a Erstes Kapitel. Allgemeine Vorschriften

Ausübung des **Wahlrechts des Pflegebedürftigen** nach § 2 Abs. 2 unterstützt werden. Die in Abs. 3 Satz 6 geregelte **eigenständige** Unterrichtungspflicht der PK über **anerkannte niedrigschwellige Betreuungsangebote** (§ 45 c SGB XI) und besondere Beratung betrifft den von § 45 a SGB XI zunächst erfassten Personenkreis der **Versicherten mit erheblichem allgemeinen Betreuungsbedarf,** insb. also Personen mit demenzbedingten Fähigkeitsstörungen, geistigen Behinderungen oder psychischen Erkrankungen. Durch das Erste Pflegestärkungsgesetz – PSG I – vom 17. 12. 2014 (BGBl. I S. 2222) wurde die Aufklärungs- und Beratungspflicht auch auf die 1. 1. 2015 neu eingeführten **niedrigschwelligen Entlastungsangebote** für Versicherte – auch ohne Pflegestufe 1 – mit erheblich eingeschränkter Alltagskompetenz und auf die **zusätzlichen Betreuungs- und Entlastungsleistungen** für Pflegebedürftige ohne erheblich eingeschränkte Alltagskompetenz erstreckt (BT-Drucks. 18/1798, S. 25).

VIII. Arbeitsteilige Organisation von Betreuungsangeboten (Abs. 4)

10   Ohne die Form der Zusammenarbeit im Einzelnen festzulegen (vgl. BT-Drucks. 14/5395) hat der Gesetzgeber mit dem **Ziel der Bereitstellung ortsnaher Beratungsangebote** die Möglichkeit der Beteiligung der PK an gemeinsamen Beratungsangeboten geschaffen. Mit dem in Abs. 4 gleichfalls enthaltenen **Neutralitäts- und Unabhängigkeitsgebot** will der Gesetzgeber sicherstellen, dass die PKen sich nur an solchen Angeboten beteiligen können, die dies, insb. als Anbietern von Pflegeleistungen, gewährleisten (BT-Drucks. 14/5395, S. 27). Gesetzlich bereits vorgesehen ist eine Beteiligung der PKen an der Beratung und Unterstützung durch die **gemeinsamen örtlichen Servicestellen der Rehabilitationsträger** nach § 22 Abs. 1 Satz 4 SGB IX.

§ 7a Pflegeberatung

(1) ¹**Personen, die Leistungen nach diesem Buch erhalten, haben ab dem 1. Januar 2009 Anspruch auf individuelle Beratung und Hilfestellung durch einen Pflegeberater oder eine Pflegeberaterin bei der Auswahl und Inanspruchnahme von bundes- oder landesrechtlich vorgesehenen Sozialleistungen sowie sonstigen Hilfsangeboten, die auf die Unterstützung von Menschen mit Pflege-, Versorgungs- oder Betreuungsbedarf ausgerichtet sind (Pflegeberatung).** ²Aufgabe der Pflegeberatung ist es insbesondere,
1. den Hilfebedarf unter Berücksichtigung der Feststellungen der Begutachtung durch den Medizinischen Dienst der Krankenversicherung systematisch zu erfassen und zu analysieren,
2. einen individuellen Versorgungsplan mit den im Einzelfall erforderlichen Sozialleistungen und gesundheitsfördernden, präventiven, kurativen, rehabilitativen oder sonstigen medizinischen sowie pflegerischen und sozialen Hilfen zu erstellen,
3. auf die für die Durchführung des Versorgungsplans erforderlichen Maßnahmen einschließlich deren Genehmigung durch den jeweiligen Leistungsträger hinzuwirken,
4. die Durchführung des Versorgungsplans zu überwachen und erforderlichenfalls einer veränderten Bedarfslage anzupassen sowie
5. bei besonders komplexen Fallgestaltungen den Hilfeprozess auszuwerten und zu dokumentieren.

³Der Versorgungsplan beinhaltet insbesondere Empfehlungen zu den im Einzelfall erforderlichen Maßnahmen nach Satz 2 Nr. 3, Hinweise zu dem dazu vorhandenen örtlichen Leistungsangebot sowie zur Überprüfung und

Anpassung der empfohlenen Maßnahmen. ⁴Bei Erstellung und Umsetzung des Versorgungsplans ist Einvernehmen mit dem Hilfesuchenden und allen an der Pflege, Versorgung und Betreuung Beteiligten anzustreben. ⁵Soweit Leistungen nach sonstigen bundes- oder landesrechtlichen Vorschriften erforderlich sind, sind die zuständigen Leistungsträger frühzeitig mit dem Ziel der Abstimmung einzubeziehen. ⁶Eine enge Zusammenarbeit mit anderen Koordinierungsstellen, insbesondere den gemeinsamen Servicestellen nach § 23 des Neunten Buches, ist sicherzustellen. ⁷Ihnen obliegende Aufgaben der Pflegeberatung können die Pflegekassen ganz oder teilweise auf Dritte übertragen; § 80 des Zehnten Buches bleibt unberührt. ⁸Ein Anspruch auf Pflegeberatung besteht auch dann, wenn ein Antrag auf Leistungen nach diesem Buch gestellt wurde und erkennbar ein Hilfe- und Beratungsbedarf besteht. ⁹Vor dem 1. Januar 2009 kann Pflegeberatung gewährt werden, wenn und soweit eine Pflegekasse eine entsprechende Struktur aufgebaut hat. ¹⁰Es ist sicherzustellen, dass im jeweiligen Pflegestützpunkt nach § 92c Pflegeberatung im Sinne dieser Vorschrift in Anspruch genommen werden kann und die Unabhängigkeit der Beratung gewährleistet ist.

(2) ¹Auf Wunsch erfolgt die Pflegeberatung unter Einbeziehung von Dritten, insbesondere Angehörigen und Lebenspartnern, und in der häuslichen Umgebung oder in der Einrichtung, in der der Anspruchsberechtigte lebt. ²Ein Versicherter kann einen Leistungsantrag nach diesem oder dem Fünften Buch auch gegenüber dem Pflegeberater oder der Pflegeberaterin stellen. ³Der Antrag ist unverzüglich der zuständigen Pflege- oder Krankenkasse zu übermitteln, die den Leistungsbescheid unverzüglich dem Antragsteller und zeitgleich dem Pflegeberater oder der Pflegeberaterin zuleitet.

(3) ¹Die Anzahl von Pflegeberatern und Pflegeberaterinnen ist so zu bemessen, dass die Aufgaben nach Absatz 1 im Interesse der Hilfesuchenden zeitnah und umfassend wahrgenommen werden können. ²Die Pflegekassen setzen für die persönliche Beratung und Betreuung durch Pflegeberater und Pflegeberaterinnen entsprechend qualifiziertes Personal ein, insbesondere Pflegefachkräfte, Sozialversicherungsfachangestellte oder Sozialarbeiter mit der jeweils erforderlichen Zusatzqualifikation. ³Zur erforderlichen Anzahl und Qualifikation von Pflegeberatern und Pflegeberaterinnen gibt der Spitzenverband Bund der Pflegekassen bis zum 31. August 2008 Empfehlungen ab. ⁴Die Qualifikationsanforderungen nach Satz 2 müssen spätestens zum 30. Juni 2011 erfüllt sein.

(4) ¹Die Pflegekassen im Land haben Pflegeberater und Pflegeberaterinnen zur Sicherstellung einer wirtschaftlichen Aufgabenwahrnehmung in den Pflegestützpunkten nach Anzahl und örtlicher Zuständigkeit aufeinander abgestimmt bereitzustellen und hierüber einheitlich und gemeinsam Vereinbarungen bis zum 31. Oktober 2008 zu treffen. ²Die Pflegekassen können diese Aufgabe auf die Landesverbände der Pflegekassen übertragen. ³Kommt eine Einigung bis zu dem in Satz 1 genannten Zeitpunkt ganz oder teilweise nicht zustande, haben die Landesverbände der Pflegekassen innerhalb eines Monats zu entscheiden; § 81 Abs. 1 Satz 2 gilt entsprechend. ⁴Die Pflegekassen und die gesetzlichen Krankenkassen können zur Aufgabenwahrnehmung durch Pflegeberater und Pflegeberaterinnen von der Möglichkeit der Beauftragung nach Maßgabe der §§ 88 bis 92 des Zehnten Buches Gebrauch machen. ⁵Die durch die Tätigkeit von Pflegeberatern und Pflegeberaterinnen entstehenden Aufwendungen werden von den Pflegekassen getragen und zur Hälfte auf die Verwaltungskostenpauschale nach § 46 Abs. 3 Satz 1 angerechnet.

(5) ¹Zur Durchführung der Pflegeberatung können die privaten Versicherungsunternehmen, die die private Pflege-Pflichtversicherung durchführen, Pflegeberater und Pflegeberaterinnen der Pflegekassen für die bei ihnen ver-

§ 7a Erstes Kapitel. Allgemeine Vorschriften

sicherten Personen nutzen. ²Dies setzt eine vertragliche Vereinbarung mit den Pflegekassen über Art, Inhalt und Umfang der Inanspruchnahme sowie über die Vergütung der hierfür je Fall entstehenden Aufwendungen voraus. ³Soweit Vereinbarungen mit den Pflegekassen nicht zustande kommen, können die privaten Versicherungsunternehmen, die die private Pflege-Pflichtversicherung durchführen, untereinander Vereinbarungen über eine abgestimmte Bereitstellung von Pflegeberatern und Pflegeberaterinnen treffen.

(6) Pflegeberater und Pflegeberaterinnen sowie sonstige mit der Wahrnehmung von Aufgaben nach Absatz 1 befasste Stellen, insbesondere
1. nach Landesrecht für die wohnortnahe Betreuung im Rahmen der örtlichen Altenhilfe und für die Gewährung der Hilfe zur Pflege nach dem Zwölften Buch zu bestimmende Stellen,
2. Unternehmen der privaten Kranken- und Pflegeversicherung,
3. Pflegeeinrichtungen und Einzelpersonen nach § 77,
4. Mitglieder von Selbsthilfegruppen, ehrenamtliche und sonstige zum bürgerschaftlichen Engagement bereite Personen und Organisationen sowie
5. Agenturen für Arbeit und Träger der Grundsicherung für Arbeitsuchende,

dürfen Sozialdaten für Zwecke der Pflegeberatung nur erheben, verarbeiten und nutzen, soweit dies zur Erfüllung der Aufgaben nach diesem Buch erforderlich oder durch Rechtsvorschriften des Sozialgesetzbuches oder Regelungen des Versicherungsvertrags- oder des Versicherungsaufsichtsgesetzes angeordnet oder erlaubt ist.

(7) ¹Über die Erfahrungen mit der Pflegeberatung legt der Spitzenverband Bund der Pflegekassen dem Bundesministerium für Gesundheit bis zum 30. Juni 2011 einen unter wissenschaftlicher Begleitung zu erstellenden Bericht vor. ²Er kann hierzu Mittel nach § 8 Abs. 3 einsetzen.

Inhaltsübersicht

	Rn.
I. Geltende Fassung	1
II. Normzweck	2
III. Rechtsanspruch auf Pflegeberatung	3
IV. Entstehen des Anspruchs auf Pflegeberatung	4
V. Aufgaben der Pflegeberatung (Abs. 1 Satz 1, 2 und 6, Abs. 2 Satz 1)	5
VI. Individueller Versorgungsplan (Abs. 1 Satz 2 Nr. 2 bis 4, Sätze 3 bis 5)	6
VII. Pflegeberatung	7
1. Sicherstellung der Beratung innerhalb von Pflegestützpunkten (Abs. 1 Satz 10, Abs. 4)	7
2. Unabhängigkeit der Pflegeberatung	8
3. Pflegeberatung außerhalb von Pflegestützpunkten (Abs. 1 Satz 7)	9
VIII. Leistungsanträge bei Pflegeberatern (Abs. 2 Satz 2 und 3)	10
IX. Qualifikation und Anzahl der Pflegeberater (Abs. 3)	11
X. Pflegeberatung durch private Versicherungsunternehmen (Abs. 5)	12
XI. Datenschutzregelung (Abs. 6)	13
XII. Erfahrungsbericht (Abs. 7)	14

I. Geltende Fassung

1 Die Vorschrift ist mWv 1.7.2008 durch Art. 1 Nr. 4 PflegeWEG eingeführt worden. Sie hat weitgehend die Fassung des Entwurfs (vgl. Begr. BT-Drucks. 16/7439, S. 7–9, 45–49). Im Gesetzgebungsverfahren wurden zur **Verdeutlichung des Inhalts des Versorgungsplans** Abs. 1 Satz 3 (vgl. BT-Drucks. 16/8525, S. 13, 95), zur

Pflegeberatung § 7 a

Entgegennahme von Leistungsanträgen durch die Pflegeberater und Pflegeberaterinnen Abs. 2 Sätze 2 und 3 (vgl. BT-Drucks. 16/8525, S. 13 mit Begr. S. 95) und **zur Einbeziehung der Pflegeberatung in die Pflegestützpunkte** Abs. 1 Satz 7 eingefügt (BT-Drucks. 16/8525, S. 13, 95). Geändert worden ist Abs. 1 Satz 2 Nr. 3, nach dessen Inhalt die Pflegeberatung nunmehr nur (noch) auf die Genehmigung der Maßnahmen und Leistungen anderer Träger zur Umsetzung des Versorgungsplans hinwirken, sie aber nicht selbst wirksam auslösen kann (BT-Drucks. 16/8525, S. 13, 95).

II. Normzweck

Die Vorschrift regelt die Inhalte des **„einklagbaren Individualanspruchs auf Pflegeberatung"** (BT-Drucks. 16/7439, S. 46) als Bestandteil eines **personenbezogenen Fallmanagements** in der Pflege (BT-Drucks. 16/7439, S. 45). Es besteht ein enger Zusammenhang des § 7a SGB XI mit der Einrichtung von **Pflegestützpunkten zur wohnortnahen Versorgung** nach § 92c SGB XI, deren Aufgaben ua eine umfassende sowie unabhängige Auskunft und Beratung zu den Rechten und Pflichten nach dem SGB und zur Auswahl und Inanspruchnahme der bundes- und landesrechtlich vorgesehenen Sozialleistungen oder sonstigen Hilfsangebote sind (§ 92c Abs. 2 Satz 1 Nr. 1 SGB XI). Mit dem durch das PNG eingeführten **Beratungsgutschein** (§ 7b SGB XI) ist eine weitere Regelung zur Umsetzung des Anspruchs auf Pflegeberatung geschaffen worden. § 7a Abs. 1 Sätze 1–3, 8 und 9 SGB XI konkretisieren die Inhalte der Pflegeberatung ua durch eine **Legaldefinition des Begriffs der Pflegeberatung** und eine detaillierte, nicht abschließende („insbesondere") Aufzählung der Aufgaben der Pflegeberatung. Im Zentrum steht die Erstellung eines **individuellen Versorgungsplans** (Abs. 1 Satz 2 Nr. 2, Sätze 3 bis 5). Die Norm enthält weitere **verfahrensrechtliche** sowie **organisatorische Vorgaben** im Zusammenhang mit der Pflegeberatung, insb. die Einbeziehung Dritter in die Pflegeberatung (Abs. 2 Satz 1), die Entgegennahme von Anträgen durch die Pflegeberater (Abs. 2 Satz 2 und 3), die Anzahl und Qualifikation der Pflegeberater (Abs. 3), die Sicherstellung der Pflegeberatung in den Pflegestützpunkten (Abs. 4) und zur Durchführung von Pflegeberatung durch private Versicherungsunternehmen (Abs. 5). Abs. 6 regelt den Datenschutz. Abs. 7 sieht einen Bericht über die Erfahrungen mit der Pflegeberatung vor.

III. Rechtsanspruch auf Pflegeberatung

Während § 7 einen Anspruch des Pflegebedürftigen und seiner Angehörigen auf umfassende Unterrichtung und Beratung festschreibt, beinhaltet § 7a einen **(weitergehenden) Rechtsanspruch auf individuelle Pflegeberatung** und Ausarbeitung eines auf den einzelnen Pflegebedürftigen bezogenen **Versorgungsplans**. Der Anspruch richtet sich gegen die PKen (vgl. Abs. 1 Satz 7 „Ihnen obliegende Aufgaben der Pflegeberatung"; § 92c Abs. 1 Satz 1 SGB XI; vgl. BT-Drucks. 16/7439, S. 46). Nach der **gesetzlichen Definition des Begriffs der Pflegeberatung** in § 7a Abs. 1 Satz 1 SGB XI orientiert sich der Anspruch auf individuelle Beratung und Hilfestellung durch Pflegeberater bei der Auswahl und Inanspruchnahme von bundes- oder landesrechtlich vorgesehenen Sozialleistungen bzw. sonstigen Hilfsangeboten nicht nur an dem **Pflege-, sondern auch an dem Versorgungs- und Betreuungsbedarf** der Betroffenen. Erfasst werden soll damit die gesamte Bedarfs- und Lebenssituation. Konkret kann sich die Beratung auf die Information über mögliche Sozialleistungen anderer Träger sowie Hilfestellungen bei dem Ausfüllen und Einreichen von Anträgen und bei der Zusammenstellung notwendiger Unterlagen beziehen. Im Rahmen der Pflegeberatung werden **keine verbindlichen Entscheidungen über Maßnahmen**

§ 7a
Erstes Kapitel. Allgemeine Vorschriften

und **Leistungen anderer Träger** getroffen. Vielmehr wird nur auf deren Tätigwerden hingewirkt (vgl. hierzu im Einzelnen § 92c Rn. 3).

IV. Entstehen des Anspruchs auf Pflegeberatung

4 Der **Anspruch auf Pflegeberatung** entsteht nach § 7a, wenn der Pflegebedürftige Leistungen nach dem SGB XI erhält (Abs. 1 Satz 1) oder einen Antrag auf Leistungen nach dem SGB XI gestellt hat und erkennbar ein Hilfe- und Beratungsbedarf besteht (Abs. 1 Satz 8). Um Beratungsleistungen in Anspruch nehmen zu können, ist es nicht erforderlich, dass die Pflegestufe 1 erreicht wird (*Schubert/Schaumberg*, NZS 2009, 353). Im **Anschluss an einen Aufenthalt in einem Krankenhaus** oder in einer Rehabilitationseinrichtung wird häufig ein Anspruch auf Pflegeberatung entstehen (vgl. die Benachrichtigungspflicht in § 7 Abs. 2 Satz 2 SGB XI). Dem Einsetzen der Pflegeberatung bereits mit der **Erkennbarkeit des Hilfe- und Beratungsbedarfs** entspricht es, dass Sozialhilfeleistungen (insb. die Hilfe zur Pflege nach den §§ 61 ff. SGB XII) mit Ausnahme der Leistungen der Grundsicherung im Alter und bei Erwerbsminderung auch ohne Antrag einsetzen, sobald dem **Träger der Sozialhilfe** oder den von ihm beauftragten Stellen bekannt wird, dass die Voraussetzungen für die Leistung vorliegen (§ 18 Abs. 1 SGB XII). Da § 18 SGB XII zum Schutz des Hilfebedürftigen einen niedrigschwelligen Zugang zum Sozialhilfesystem sicherstellen will (BSG, Urteil v. 26.8.2008 – B 8/9b SO 18/07 R), ist es für die Annahme einer **Kenntnis i. S. des § 18 SGB XII** ausreichend, dass die Notwendigkeit der Hilfe dargetan oder sonst wie erkennbar ist (BVerwG, Beschluss v. 9.11.1976 – V B 80.76 – FEVS 25, 133, 135). Die zu dieser Norm entwickelten Grundsätze können auf die **Erkennbarkeit eines Hilfe- und Beratungsbedarfs i. S. des § 7a Abs. 1 Satz 8 SGB XI** übertragen werden. Nach Abs. 1 Satz 9 konnte die Pflegeberatung bereits vor dem 1.1.2009 gewährt werden, wenn und soweit eine PK eine entsprechende Struktur aufgebaut hat.

V. Aufgaben der Pflegeberatung (Abs. 1 Satz 1, 2 und 6, Abs. 2 Satz 1)

5 Im Anschluss an die Legaldefinition der Pflegeberatung in Abs. 1 Satz 1 sind deren Aufgaben – nicht abschließend („insbesondere") – in Abs. 1 Satz 2 aufgeführt. Die **Erfassung und Analyse des Hilfebedarfs** nach Abs. 1 Satz 2 Nr. 1 muss sich auf die Erarbeitung eines individuellen Versorgungsplans mit Hinblick auf gesundheitsfördernde, präventive, kurative, rehabilitative und sonstige medizinische sowie pflegerische und soziale Aspekte beziehen. Bei der Ermittlung des Hilfebedarfs sind die Feststellungen der Begutachtung durch den **Medizinischen Dienst der Krankenversicherung** (§ 18 Abs. 6 SGB XI) zu berücksichtigen. Abs. 1 Satz 2 Nr. 2 bis 4 enthalten **Vorgaben zur Erstellung und Durchführung eines individuellen Versorgungsplans**. In Abs. 1 Satz 2 Nr. 5 ist vorgesehen, dass bei besonders komplexen Fallgestaltungen der Hilfeprozess auszuwerten und zu dokumentieren ist, um die Erfahrungen für künftige Fallbearbeitungen nutzbar zu machen. Soweit Abs. 1 Satz 6 die Verpflichtung zur engen Zusammenarbeit mit anderen Koordinierungsstellen (insbesondere den gemeinsamen Servicestellen nach § 23 SGB IX) enthält, sollen deren Erfahrungen zur Beratung und Unterstützung der Pflegeberatung eingebunden werden (BT-Drucks. 16/7439, S. 47). Nur auf Wunsch des Pflegebedürftigen erfolgt die **Pflegeberatung in der häuslichen Umgebung**, ggf. unter Einbeziehung von Dritten, insb. Angehörigen und Lebenspartnern oder in der Einrichtung, in der der Anspruchsberechtigte lebt (Abs. 2 Satz 1). Hierüber müssen die Pflegekassen aufklären (*Krahmer/Nordmann*, ZFSH/SGB 2013, 193 ff., 195).

Pflegeberatung § 7a

VI. Individueller Versorgungsplan (Abs. 1 Satz 2 Nr. 2 bis 4, Sätze 3 bis 5)

§ 7a Abs. 1 Satz 2 Nr. 2 SGB XI beinhaltet einen **Rechtsanspruch auf Erstellung** 6 **eines individuellen Versorgungsplans,** der im Wege der allgemeinen Leistungsklage verfolgt werden kann. Im Versorgungsplan sollen die Ergebnisse aus der Erfassung und Analyse des Hilfebedarfs des Pflegebedürftigen festgeschrieben und alle im Einzelfall erforderlichen Sozialleistungen sowie gesundheitsfördernden, präventiven, kurativen, rehabilitativen oder sonstigen medizinischen sowie pflegerischen und sozialen Hilfen aufgeführt werden. Gemeint sind damit alle notwendigen Leistungsangebote, die sich auf die Förderung und Erhaltung der Gesundheit, die Pflege und die soziale Integration beziehen. Soweit § 7a Abs. 1 Satz 4 SGB XI in diesem Zusammenhang vorsieht, dass bei der Erstellung und Umsetzung des Versorgungsplans **Einvernehmen mit dem Hilfesuchenden** und allen an der Pflege, Versorgung und Betreuung Beteiligten anzustreben ist, wird auf die **Umsetzung des Wunsch- und Wahlrechts der Pflegebedürftigen** (§ 2 Abs. 2 SGB XI), die Berücksichtigung des Wohnumfeldes und die Situation der Pflegepersonen abgestellt. **Mitwirkungspflichten** dürfen dem Pflegebedürftigen nur nach dem Verfahren und mit den Inhalten der §§ 60 ff. SGB I auferlegt werden. Ist für die im Versorgungsplan festzuschreibenden bundes- oder landesrechtlich vorgesehenen Sozialleistungen sowie sonstige Hilfsangebote die Zuständigkeit eines anderen Leistungsträgers als diejenige der PK gegeben, kommt den PKen eine **Koordinierungsaufgabe** zu, die ein sinnvolles Ineinandergreifen aufeinander aufbauender Maßnahmen verschiedener Leistungsträger sicherstellen soll. Anders als etwa bei der Regelung zum Gesamtplan bei der Eingliederungshilfe (§ 58 SGB XII) enthält § 7a Abs. 1 SGB XI **keine (abschließende) Aufzählung** der an der Aufstellung des Versorgungsplans zu beteiligenden Leistungsträger. In Betracht kommen insb. der Sozialhilfeträger, die Krankenkasse sowie der Renten- und Unfallversicherungsträger. Die PK müssen die **zuständigen Leistungsträger** frühzeitig mit dem Ziel der Abstimmung einbeziehen (Abs. 1 Satz 5) und sollen im weiteren Verlauf auf die Genehmigung der im Versorgungsplan vorgesehenen Maßnahmen durch den jeweils zuständigen Leistungsträger hinwirken (Abs. 1 Satz 2 Nr. 3). Allerdings begründet die Aufnahme einer Leistung oder Maßnahme in den Versorgungsplan keinen Anspruch darauf, dass die geplante Maßnahme auch durchgeführt wird. Erforderlich sind vielmehr **gesonderte Bewilligungsentscheidungen der jeweils zuständigen Leistungsträger,** weil die Aufnahme vorgesehener Maßnahmen in den Versorgungsplan **keinen rechtsverbindlichen, sondern nur empfehlenden Charakter** hat (vgl. BT-Drucks. 16/7439, S. 47; BT-Drucks. 16/852, S. 95). Möglich ist die **Erteilung von Zusagen** durch den zuständigen Leistungsträger (§ 34 SGB X). Die weiteren Regelungen zum Versorgungsplan in Abs. 1 Satz 2 Nr. 4 sollen bewirken, dass der Versorgungsplan nicht nur erstellt, sondern wegen möglicher **Änderungen der Bedarfe im Zeitablauf** auch überwacht sowie den veränderten Bedarfen und tatsächlichen Gegebenheiten angepasst wird.

VII. Pflegeberatung

1. Sicherstellung der Beratung innerhalb von Pflegestützpunkten (Abs. 1 Satz 10, Abs. 4)

Als **Aufgabe der Pflegestützpunkte** benennt der mit § 7a SGB XI in **engem** 7 **Zusammenhang stehende** § 92c Abs. 2 Satz 1 Nr. 1 SGB XI die umfassende sowie unabhängige Auskunft und Beratung zu den Rechten und Pflichten nach dem

§ 7a   Erstes Kapitel. Allgemeine Vorschriften

SGB und zur Auswahl und Inanspruchnahme der bundes- oder landesrechtlich vorgesehenen Sozialleistungen und sonstigen Hilfsangeboten, wobei an **vorhandene vernetzte Beratungsstrukturen** (§ 92 c Abs. 2 Satz 2 SGB XI) angeknüpft werden soll (BT-Drucks. 16/7439, S. 46). Je nach Trägerform der bisher existierenden Einrichtungen zur Pflegeberatung in den Bundesländern und Binnenstruktur der Pflegestützpunkte nach § 92 c SGB XI (vgl. allg. *Klie/Ziller,* NDV 2009, 173 ff.) kann die Pflegeberatung in die Pflegestützpunkte integriert oder auf Dritte übertragen werden (vgl. im Einzelnen § 92 c Rn. 6 f.). Vorschriften zur **Sicherstellung der Pflegeberatung innerhalb der Pflegestützpunkte** enthalten § 7 a Abs. 1 Satz 10 und Abs. 4 SGB XI. Für den Fall, dass die zuständige oberste Landesbehörde die Einrichtung von Pflegestützpunkten nach § 92 c Abs. 1 Satz 1 SGB XI bestimmt hat, ist nach § 7 a Abs. 1 Satz 10 SGB XI (durch von den Beteiligten vertraglich vereinbarte Regularien) sicherzustellen, dass in dem jeweiligen Pflegestützpunkt nach § 92 c SGB XI Pflegeberatung im Sinne des § 7 a SGB XI in Anspruch genommen werden kann. Die Regelung des § 7 a Abs. 4 Satz 1 SGB XI, nach der die PKen im Land Pflegeberater und Pflegeberaterinnen zur Sicherung einer wirtschaftlichen Aufgabenwahrnehmung in den Pflegestützpunkten nach Anzahl und örtlicher Zuständigkeit aufeinander abgestimmt bereitstellen müssen, verfolgt das Ziel, die Pflegeberatung möglichst wirtschaftlich zu erbringen (BT-Drucks. 16/7439, S. 48; BT-Drucks. 16/8525, S. 95). Diese Aufgabe kann auf die Landesverbände übertragen werden (Abs. 4 Satz 2). Abs. 4 Satz 3 regelt die Ersatzvornahme. Da mit der **Einführung der Pflegestützpunkte keine neuen Verwaltungsträger** geschaffen werden (vgl. § 92 c Rn. 3), wird den PKen und den KKen nach § 7 a Abs. 4 Satz 4 SGB XI ermöglicht, eine in dem jeweiligen Pflegestützpunkt konkret Pflegeberatung erbringende PK oder KK nach Maßgabe der §§ 88 ff. SGB X zu beauftragen. Durch den Auftrag wird der Auftraggeber nicht von seiner Verantwortung gegenüber dem Betroffenen entbunden. Auftragnehmer können nur andere Leistungsträger und ihre Verbände sein (§ 88 Abs. 1 Satz 1 SGB X), wobei der Auftrag für Einzelfälle sowie für gleichartige Fälle erteilt werden kann (§ 88 Abs. 2 SGB X).

2. Unabhängigkeit der Pflegeberatung

8   Hinsichtlich der von Abs. 1 Satz 10 geforderten **Neutralität der Pflegeberatung** wird in der Lit bezweifelt, dass diese ausreichend gewährleistet werden kann, wenn gleichzeitig – wie dies § 92 c Abs. 1 Satz 1 SGB XI bzw. § 92 c Abs. 1 Satz 5 SGB XI vorsehen – die Pflegeberatung von der PK und KK teilweise in Kooperation mit weiteren Trägern nach Landesrecht organisiert und die in den Pflegestützpunkten tätigen Mitarbeiter von diesen Trägern ausgewählt und finanziert werden (*Schiffer-Werneburg,* in: LPK-SGB XI, 4. Aufl. 2014, § 92 c Rn. 18). Dieser Konflikt kann nur teilweise durch Anerkennung einer (weitgehenden) Weisungsfreiheit der Pflegeberater entschärft werden (vgl. *Schubert/Schaumberg,* NZS 2009, 353, 357). Im Zusammenhang mit § 7 Abs. 4 SGB XI – eingeführt durch das PQsG – hat der Gesetzgeber die Unabhängigkeit der Beratung so verstanden, dass diese insbesondere **unabhängig von den Anbietern der Pflegeleistungen** gewährleistet sein solle (BT-Drucks. 14/5395, S. 27). Dies ist fraglich, wenn der Pflegestützpunkt – wie dies § 92 c Abs. 4 SGB XI ermöglicht – bei einer im Land zugelassenen und tätigen Pflegeeinrichtung errichtet wird (vgl. im Einzelnen § 92 c Rn. 10; krit. *Krahmer/Nordmann,* ZFSH/SGB 2013, 193 ff., 198).

3. Pflegeberatung außerhalb von Pflegestützpunkten (Abs. 1 Satz 7)

9   Besteht in dem jeweiligen Bundesland z. B. eine funktionsfähige Angebotsstruktur in kommunaler Trägerschaft und wird von der zuständigen obersten Landesbehörde auf die Einrichtung von Pflegestützpunkten verzichtet, kann nach § 7 a Abs. 1 Satz 7 SGB XI die Aufgabe der Pflegeberatung auf Dritte übertragen werden **(sog. Dele-**

gationsmodell), bei denen es sich auch um gemeinnützige und freie Einrichtungen und Organisationen (§ 17 Abs. 3 SGB I) handeln kann (*Roos*, in: von Wulffen, SGB X, 8. Aufl. 2014, § 97 Rn. 5). Nach den Vorstellungen des Gesetzgebers sollen hierfür insb. Stellen infrage kommen, die bisher **auf regionaler Ebene Beratungs- oder Koordinierungsaufgaben** wahrnehmen (BT-Drucks. 16/7439, S. 47: u. a. nach Landesrecht zu bestimmende Stellen für die wohnortnahe Betreuung im Rahmen der Altenhilfe und für die Gewährung der Hilfe zur Pflege, wenn sie nicht als Vertragspartner in den Pflegestützpunkt eingebunden sein wollen). **Dritte iSv. § 97 Abs. 1 Satz 1 SGB X** sind alle, die die Gewähr für eine sachgerechte, und Interessen der Betroffenen wahrende Erfüllung der Aufgaben bieten. Nach § 7a Abs. 1 Satz 7 SGB XI kann die Pflegeberatung auch gänzlich auf Dritte übertragen werden. Eine Entscheidungsbefugnis über Leistungen nach dem SGB XI oder – bei entsprechender Beauftragung – nach dem SGB V können aber nur Pflegeberater haben, die gleichzeitig als Mitarbeiter der zuständigen PK oder KK handeln.

VIII. Leistungsanträge bei Pflegeberatern (Abs. 2 Satz 2 und 3)

Die im Gesetzgebungsverfahren eingefügte Regelung zu **Leistungsanträgen bei** 10
Pflegeberatern nach dem SGB XI oder dem SGB V (vgl. BT-Drucks. 16/8525, S. 95) sieht vor, dass ein Versicherter einen Leistungsantrag bezogen auf Leistungen nach dem SGB V oder dem SGB XI auch gegenüber dem Pflegeberater oder der Pflegeberaterin stellen kann (Abs. 2 Satz 2). Der Antrag ist unverzüglich der zuständigen PK oder KK zu übermitteln, die den **Leistungsbescheid** unverzüglich dem Antragsteller und zeitgleich dem Pflegeberater oder der Pflegeberaterin zuleitet (Abs. 2 Satz 3). Mit dieser Regelung wird zur Sicherstellung einer zügigen Umsetzung der Ergebnisse der Pflegeberatung, der Ermittlung des Hilfebedarfs und der Erstellung eines Versorgungsplans eine **persönliche Pflicht der Pflegeberater** zur Entgegennahme von Anträgen unabhängig davon geschaffen, ob sie als Mitarbeiter der für den jeweiligen Antrag zuständigen PK bzw. KK, als Mitarbeiter einer beauftragten PK in den Pflegestützpunkten tätig werden (§ 7a Abs. 4 SGB XI) oder in den Fallgestaltungen des § 7a Abs. 1 Satz 7 SGB XI als Dritte beauftragt worden sind. Soweit die Pflegeberater als Mitarbeiter der PK oder KK handeln, ergibt sich bereits aus § 16 Abs. 1 Satz 2 und Abs. 2 SGB I, dass Anträge auf Sozialleistungen auch von allen anderen Leistungsträgern entgegenzunehmen und unverzüglich an den zuständigen Leistungsträger weiterzuleiten sind. Ist die Sozialleistung von einem Antrag abhängig, gilt der Antrag als zu dem Zeitpunkt gestellt, in dem er bei einer der in Satz 1 genannten Stellen eingegangen ist (§ 16 Abs. 2 Satz 2 SGB XI). Bei Anträgen auf Leistungen nach dem SGB V ist regelmäßig weiter eine ärztliche Verordnung der begehrten Leistung erforderlich. Wegen der in § 7a Abs. 2 Satz 2 SGB XI vorgesehenen (persönlichen) Pflicht des Pflegeberaters zur Entgegennahme von Leistungsanträgen nach dem SGB XI und dem SGB V gilt auch bei **Antragseingang bei einem nicht bei einem Sozialleistungsträger beschäftigten Pflegeberater,** also bei einem Dritten i. S. des § 7a Abs. 1 Satz 7 SGB XI, der Antrag ab dem Zeitpunkt als eingegangen, zu dem er bei dem Pflegeberater oder der Pflegeberaterin gestellt worden ist. Mit der Regelung des § 7a Abs. 2 Satz 2 und 3 SGB XI wird eine **Funktionseinheit mit spezifischen Handlungs- und Beratungsanforderungen** geschaffen, die bewirkt, dass sich auch die KK eine im Zusammenhang mit der Antragsannahme und unverzüglichen Weiterleitung durch den Pflegeberater oder die Pflegeberaterin **eingetretene Pflichtverletzung** im Wege des sozialrechtlichen Herstellungsanspruchs zurechnen lassen muss (vgl. z. B. BSGE 73, 56, 60 = SozR 3-1200 § 14 Nr. 9). Eine **Weiterleitung des Antrags** an die zuständige PK oder KK soll nach den Gesetzesmaterialien allerdings nur erfolgen, sofern nicht der Pflegeberater oder die Pflegeberaterin selbst zur Entscheidung über die Leistung berufen ist (BT-Drucks. 16/8525,

S. 95). Eine **eigene Entscheidungsbefugnis der Pflegeberater** liegt aber idR nur vor, wenn sie zugleich Mitarbeiter der zuständigen PK und KK sind. Auch bei gemeinsamer Pflegeberatung in den Pflegestützpunkten nach § 7a Abs. 4 SGB XI und gegenseitiger Beauftragung nach den § 88 SGB X bleibt die Entscheidungsbefugnis in der Sache bei der zuständigen Pflege- bzw. Krankenkasse, weil der (beauftragte) Pflegeberater oder die Pflegeberaterin in diesen Fallgestaltungen in deren Auftrag handelt und nach Maßgabe des § 89 SGB X in deren Namen Verfahrenshandlungen einschließlich des Erlasses von Verwaltungsakten (§ 89 Abs. 1 SGB X) vornimmt. § 7a Abs. 2 Satz 3 SGB XI sieht vor, dass der **Leistungsbescheid** unverzüglich dem **Antragsteller und zeitgleich dem Pflegeberater** oder der Pflegeberaterin zugeleitet werden soll, der als Mitarbeiter der zuständigen oder einer anderen Pflegekasse oder als Beauftragter tätig wird.

IX. Qualifikation und Anzahl der Pflegeberater (Abs. 3)

11   Nach Abs. 3 Satz 1 ist die Anzahl von Pflegeberatern und Pflegeberaterinnen so zu bemessen, dass die Aufgaben der Pflegeberatung im Interesse der Hilfsuchenden zeitnah und umfassend wahrgenommen werden. In der Gesetzesbegründung wird hierzu ein **Betreuungsschlüssel** von etwa 100 zu betreuenden pflegebedürftigen Menschen pro Berater als Orientierungsgröße genannt (BT-Drucks. 16/7439, S. 48). Soweit die **Qualifikation der Pflegeberater** betroffen ist, sind insb. die in § 7a Abs. 3 genannten Berufsgruppen einzusetzen. Die Empfehlungen des Spitzenverbandes Bund der PK zu Anzahl und Qualifikation der Pflegeberaterinnen und Pflegeberater vom 29. August 2008 enthalten detaillierte Regelungen zur Weiterbildung und den Qualifikationsnachweisen, verzichtet wegen fehlender Erfahrungen aber auf Vorgaben zum Betreuungsschlüssel für die Pflegeberatung.

X. Pflegeberatung durch private Versicherungsunternehmen (Abs. 5)

12   Abs. 5, der die Umsetzung der Pflegeberatung durch private Versicherungsunternehmen regelt, ermöglicht die **Einbeziehung der Träger der privaten Pflege-Pflichtversicherung** in das System der Pflegeberatung durch vertragliche Kooperation mit den Pflegekassen (BT-Drucks. 16/7439, S. 49). Die Einbeziehung der privat Pflegeversicherten berücksichtigt nach der Gesetzesbegründung den Grundsatz, dass das Leistungsangebot der privaten Pflegeversicherung nach Art und Umfang gleichwertig mit den Leistungen der PK sein muss und weiter die Vorgaben des Abs. 1, wonach alle Leistungsbezieher nach dem SGB XI sowie Personen einbezogen sind, die einen Antrag auf Leistungen gestellt und erkennbar einen Hilfebedarf haben (BT-Drucks. 16/7439, S. 49).

XI. Datenschutzregelung (Abs. 6)

13   Abs. 6 ermöglicht Pflegeberatern und Pflegeberaterinnen sowie sonstigen mit der Wahrnehmung von Aufgaben nach Abs. 1 befassten Stellen die Erhebung, Verarbeitung und Nutzung von Sozialdaten für Zwecke der Pflegeberatung mit den gesetzlich festgelegten Einschränkungen und jeweils **erforderlicher Zustimmung des Pflegebedürftigen** bzw. Betreuten oder ihres gesetzlichen Vertreters (vgl. § 92c Rn. 9).

Beratungsgutscheine § 7b

XII. Erfahrungsbericht (Abs. 7)

Mit dem in Abs. 7 vorgesehenen Bericht des Spitzenverbandes Bund der Pflege- 14
kassen über die Erfahrungen mit der Pflegeberatung sollen aus den **praktischen Erfahrungen mit der Pflegeberatung** und deren **Organisation in den Pflegestützpunkten** Hinweise für mögliche Änderungen in der Ausgestaltung der Pflegeberatung, insb. bezogen auf die Frage des erforderlichen und notwendigen Personaleinsatzes, gewonnen werden (BT-Drucks. 16/7439, S. 49). Entsprechend der Verpflichtung zur Vorlage bis zum 30.6.2011 (Abs. 7 Satz 1), sind der Bericht des GKV-Spitzenverbandes „**Evaluation der Pflegeberatung nach § 7a Absatz 7 Satz 1 SGB XI**" vom Juli 2011 (http://www.gkv-spitzenverband.de") sowie die Infratest-Studie „Wirkungen des Pflege-Weiterentwicklungsgesetzes" vom Juni 2011 (https://www.bundesgesundheitsministerium.de) erstellt worden, die Anlass für die Schaffung des § 7b durch das PNG vom 23.10.2012 (BGBl. I S. 2246) waren.

§ 7b Beratungsgutscheine

(1) ¹Die Pflegekasse hat dem Antragsteller unmittelbar nach Eingang eines erstmaligen Antrags auf Leistungen nach diesem Buch entweder
1. unter Angabe einer Kontaktperson einen konkreten Beratungstermin anzubieten, der spätestens innerhalb von zwei Wochen nach Antragseingang durchzuführen ist, oder
2. einen Beratungsgutschein auszustellen, in dem Beratungsstellen benannt sind, bei denen er zu Lasten der Pflegekasse innerhalb von zwei Wochen nach Antragseingang eingelöst werden kann; § 7a Absatz 4 Satz 5 ist entsprechend anzuwenden.

²Die Beratung richtet sich nach den §§ 7 und 7a. ³Auf Wunsch des Versicherten hat die Beratung in der häuslichen Umgebung stattzufinden und kann auch nach Ablauf der in Satz 1 genannten Frist durchgeführt werden; über diese Möglichkeiten hat ihn die Pflegekasse aufzuklären.

(2) ¹Die Pflegekasse hat sicherzustellen, dass die Beratungsstellen die Anforderungen an die Beratung nach §§ 7 und 7a.1 einhalten. ²Die Pflegekasse schließt hierzu allein oder gemeinsam mit anderen Pflegekassen vertragliche Vereinbarungen mit unabhängigen und neutralen Beratungsstellen, die insbesondere Regelungen treffen für
1. die Anforderungen an die Beratungsleistung und die Beratungspersonen,
2. die Haftung für Schäden, die der Pflegekasse durch fehlerhafte Beratung entstehen, und
3. die Vergütung.

(3) ¹Stellen nach Absatz 1 Satz 1 Nummer 2 dürfen personenbezogene Daten nur erheben, verarbeiten und nutzen, soweit dies für Zwecke der Beratung nach den §§ 7 und 7a erforderlich ist und der Versicherte oder sein gesetzlicher Vertreter eingewilligt hat. ²Zudem ist der Versicherte oder sein gesetzlicher Vertreter zu Beginn der Beratung darauf hinzuweisen, dass die Einwilligung jederzeit widerrufen werden kann.

(4) Die Absätze 1 bis 3 gelten für private Versicherungsunternehmen, die die private Pflege-Pflichtversicherung durchführen, entsprechend.

Inhaltsübersicht

	Rn.
I. Geltende Fassung	1
II. Normzweck	2
III. Sicherstellung der Pflegeberatung durch Beratungstermin innerhalb einer 2-Wochen-Frist (Abs. 1)	3
IV. Beratungsgutschein, Beratungsstelle	4
V. Vereinbarungen zur Sicherstellung der Pflegeberatung durch eine Beratungsstelle (Abs. 2)	5
VI. Datenschutzrechtliche Bestimmungen für Beratungsstellen (Abs. 3)	6
VII. Beschleunigte Beratungspflicht auch für private Versicherungsunternehmen (Abs. 4)	7

I. Geltende Fassung

1   Die in engem Zusammenhang mit den §§ 7a, 92c stehende Regelung des § 7b ist durch das PNG vom 23.10.2012 (BGBl. I S. 2246) mit Wirkung vom 30.10.2012 eingeführt worden. Die Neuregelung ist vor dem Hintergrund des Berichts des GKV-Spitzenverbandes **„Evaluation der Pflegeberatung nach § 7a Absatz 7 Satz 1 SGB XI"** vom Juli 2011 sowie der Infratest-Studie „Wirkungen des Pflege-Weiterentwicklungsgesetzes" vom Juni 2011 zu sehen, denen der Gesetzgeber entnommen hatte, dass eine **frühzeitige Beratung nicht in dem erforderlichen Maße** gewährleistet sei (BT-Drucks. 17/9369, S. 35).

II. Normzweck

2   § 7b verfolgt das Ziel, eine möglichst **frühzeitige Beratung** sicherzustellen. Mehrere Jahre nach Einführung des § 7a mit Wirkung zum 1.1.2009 soll § 7b eine bessere Umsetzung und Anwendung der bereits bestehenden Beratungsverpflichtungen gewährleisten (BT-Drucks. 17/9369, S. 35). Absatz 1 beinhaltet keine Erweiterung des Beratungsangebots, sondern eine **Konkretisierung zu den §§ 7, 7a,** indem eine **zeitliche Vorgabe** für die Durchführung der Beratung – entweder durch die Pflegekasse in den Pflegestützpunkten (§ 92c) oder mittels Beratungsgutschein – bei einer Beratungsstelle festgelegt wird. Es kann sich dabei aber nur um eine erste Beratung handeln, weil die Pflegeberatung regelmäßig ein **mehrschrittiger Prozess** ist (*Fahlbusch,* in: Hauck/Noftz, SGB XI, § 7b Rn. 6, Stand 6/2013) und im Zusammenhang mit der Erstellung oder Vorlage des Gutachtens des medizinischen Dienstes weitere Beratungsverpflichtungen bestehen. Die von den Bedürfnissen und Wünschen des Versicherten abhängige **Erstberatung innerhalb der 2-Wochen-Frist** kann mit dessen Zustimmung in eine **Pflegeberatung nach § 7a** überführt werden, wenn ein umfassender und/oder fortbestehender Beratungsbedarf unter Einbeziehung auch der Pflegeperson besteht (Gemeinsames Rundschreiben der GKV-Spv/Verbände der Pflegekassen auf Bundesebene vom 17.4.2013, S. 2 zu § 7b). Absatz 2 enthält **inhaltliche Vorgaben für eine Pflegeberatung durch Beratungsstellen** und für entsprechende **Vereinbarungen zwischen diesen und den Pflegekassen,** die eine qualifizierte Beratung garantieren sollen.

Beratungsgutscheine § 7b

III. Sicherstellung der Pflegeberatung durch Beratungstermin innerhalb einer 2-Wochen-Frist (Abs. 1)

§ 7b Abs. 1 bezieht sich ohne Einschränkung auf die **Pflegeberatung nach den §§ 7 und 7a** (Satz 2) und konkretisiert diese, indem bestimmt wird, dass sie dem **Antragsteller** angeboten und binnen zwei Wochen realisiert werden muss. Erforderlich ist also ausdrücklich ein **Antrag** des Versicherten (§ 16 SGB I, § 33 Abs. 1 Satz 1). Das **Sofortangebot der Beratung** (*Fahlbusch*, in: Hauck/Noftz, SGB XI, § 7b Rn. 6, Stand 6/2013) kann mittels einer Beratung durch die Pflegekasse bzw. in einem Pflegestützpunkt nach § 92c (BT-Drucks. 17/9369, S. 34/35) oder durch Ausgabe eines Beratungsgutscheins bei einem „Dritten" erfolgen. Auch wenn die Beratung nach § 7b Abs. 1 Satz 3 SGB XI auf Wunsch des **Versicherten in häuslichen Umgebung** durchgeführt wird, gilt die enge Zeitvorgabe des § 7b (BT-Drucks. 17/9369, S. 35). Da es sich um einen Anspruch des Versicherten auf eine **frühestmögliche Beratung** handelt, ist auch über die Möglichkeit zu belehren, die Beratung zu einem späteren Zeitpunkt durchzuführen (Satz 3). 3

IV. Beratungsgutschein, Beratungsstelle

Ist die Pflegekasse nicht in der Lage, binnen der 2-Wochen-Frist den Beratungsanspruch zu erfüllen, ist ein **Beratungsgutschein** auszustellen. Dieser berechtigt nur zur Inanspruchnahme einer Pflegeberatung bei derjenigen **Beratungsstelle,** die ausdrücklich in dem Beratungsgutschein benannt wird. Es handelt sich um eine **Inanspruchnahme Dritter,** wie sie bereits in § 7a Abs. 1 Satz 7 vorgesehen ist. Die **Vorgabe einer konkreten Beratungsstelle** erfolgt vor dem Hintergrund, dass nur „**unabhängige und neutrale Beratungsstellen**" (Abs. 2) in Anspruch genommen werden sollen, mit denen Vereinbarungen bestehen und diese ein **Sofortangebot** bereithalten müssen (Abs. 1 „2-Wochen-Frist"). Im Gesetzgebungsverfahren hat sich das in anderen Sozialleistungsbereichen **übliche Wahlrecht der Versicherten** bei Inanspruchnahme eines Beratungsangebots im Gutscheinverfahren nicht durchgesetzt. Dies steht der **Entwicklung einer eigenständigen „Beratungskultur" durch Dritte** iSd. § 7a Abs. 1 Satz 7 entgegen und unterstreicht die Bedeutung der Pflegestützpunkte nach § 92c, die sich zumindest mittel- bis langfristig als zentrale Anlaufstelle für die Pflegeberatung etablieren sollen (vgl. BT-Drucks. 17/9369, S. 35: „primäre Beratung durch die Pflegekassen und Pflegestützpunkte"). Die Beratung in den Pflegestützpunkten gilt ausdrücklich nicht als „Beratung durch Dritte" (*Krahmer/ Nordmann,* ZFSH/SGB 2013, 193ff., 194; BT-Drucks. 17/9669, S. 19f.). Auch bei Inanspruchnahme einer Beratungsstelle besteht die **Verantwortung der Pflegekasse** gegenüber dem Versicherten für die **Qualität und Rechtmäßigkeit der Beratung** fort (§ 7b Abs. 2 Satz 1). § 7b Abs. 1 Satz 1 Hs 2 verweist für die Übernahme der entstehenden Aufwendungen und die Kostentragung auf § 7a Abs. 4 Satz 5. 4

V. Vereinbarungen zur Sicherstellung der Pflegeberatung durch eine Beratungsstelle (Abs. 2)

Allein oder gemeinsam mit anderen Pflegekassen müssen die jeweiligen Pflegekassen **Vereinbarungen** mit unabhängigen und neutralen Beratungsstellen abschließen, die insbesondere die Anforderungen an die **Beratungsleistung** und die **Beratungsperson** sowie **Haftungsfragen** betreffend die Verantwortlichkeit für eine fehlerhafte Beratung im Innenverhältnis zwischen der Pflegekasse und der Beratungsstelle und die Vergütung regeln. In den Vereinbarungen muss sichergestellt werden, dass die Be- 5

§ 8　　Erstes Kapitel. Allgemeine Vorschriften

ratungsstellen die Qualitätsanforderungen an die Beratung entsprechend der **Empfehlung des GKV-Spitzenverbandes nach § 7a Abs. 3 zur Anzahl und Qualifikation der Pflegeberaterinnen und Pflegeberater vom 29.8.2008** erfüllen (Gemeinsames Rundschreiben des GKV-Spv/Verbände der Pflegekassen auf Bundesebene vom 17.4.2013, S. 3 zu § 7b). Zur Sicherstellung einer **unabhängigen und neutralen Beratung** sollen nur finanziell und organisatorisch unabhängige Beratungsstellen herangezogen werden (Gemeinsames Rundschreiben des GKV-Spv/Verbände der Pflegekassen auf Bundesebene vom 17.4.2013, S. 4). Ausweislich der Gesetzesmaterialien ging der Gesetzgeber von **drei Organisationen auf Anbieterseite** aus, die den Abschluss einer Vereinbarung für die 16 Bundesländer beabsichtigten (BT-Drucks. 17/9369, S. 25).

VI. Datenschutzrechtliche Bestimmungen für Beratungsstellen (Abs. 3)

6　　Die Bestimmungen des 9. Kapitels, welche die für die Pflegeversicherung **spezifischen Fragen der Datenerhebung, Datenverarbeitung und Datennutzung** regeln, werden durch § 7b Abs. 3 ergänzt. Die Regelung erteilt auch Dritten iSd § 7a Abs. 1 Satz 7 SGB XI, bei denen die Beratungsgutscheine eingelöst werden, die datenschutzrechtlich erforderliche Erlaubnis, für Zwecke der Pflegeberatung Sozialdaten zu erheben, zu verarbeiten und zu nutzen, soweit dies zur Erfüllung der Aufgaben nach dem SGB XI erforderlich ist und der Versicherte eingewilligt hat.

VII. Beschleunigte Beratungspflicht auch für private Versicherungsunternehmen (Abs. 4)

7　　Die Anordnung der entsprechenden Anwendbarkeit des § 7b Abs. 1 bis 3 berücksichtigt, dass auch die **privaten Versicherungsunternehmen** zur Durchführung einer Pflegeberatung (§ 7a Abs. 5 SGB XI) verpflichtet sind. Erbringen die privaten Versicherungsunternehmen die Beratung nach den §§ 7, 7a eigenständig besteht keine Verpflichtung zur Einschaltung von Beratungsstellen.

§ 8　Gemeinsame Verantwortung

(1) **Die pflegerische Versorgung der Bevölkerung ist eine gesamtgesellschaftliche Aufgabe.**

(2) ¹**Die Länder, die Kommunen, die Pflegeeinrichtungen und die Pflegekassen wirken unter Beteiligung des Medizinischen Dienstes eng zusammen, um eine leistungsfähige, regional gegliederte, ortsnahe und aufeinander abgestimmte ambulante und stationäre pflegerische Versorgung der Bevölkerung zu gewährleisten.** ²**Sie tragen zum Ausbau und zur Weiterentwicklung der notwendigen pflegerischen Versorgungsstrukturen bei; das gilt insbesondere für die Ergänzung des Angebots an häuslicher und stationärer Pflege durch neue Formen der teilstationären Pflege und Kurzzeitpflege sowie für die Vorhaltung eines Angebots von die Pflege ergänzenden Leistungen zur medizinischen Rehabilitation.** ³**Sie unterstützen und fördern darüber hinaus die Bereitschaft zu einer humanen Pflege und Betreuung durch hauptberufliche und ehrenamtliche Pflegekräfte sowie durch Angehörige, Nachbarn und Selbsthilfegruppen und wirken so auf eine neue Kultur des Helfens und der mitmenschlichen Zuwendung hin.**

Gemeinsame Verantwortung § 8

(3) ¹Der Spitzenverband Bund der Pflegekassen kann aus Mitteln des Ausgleichsfonds der Pflegeversicherung mit 5 Millionen Euro im Kalenderjahr Maßnahmen wie Modellvorhaben, Studien, wissenschaftliche Expertisen und Fachtagungen zur Weiterentwicklung der Pflegeversicherung, insbesondere zur Entwicklung neuer qualitätsgesicherter Versorgungsformen für Pflegebedürftige, durchführen und mit Leistungserbringern vereinbaren. ²Dabei sind vorrangig modellhaft in einer Region Möglichkeiten eines personenbezogenen Budgets sowie neue Wohnkonzepte für Pflegebedürftige zu erproben. ³Bei der Vereinbarung und Durchführung von Modellvorhaben kann im Einzelfall von den Regelungen des Siebten Kapitels sowie von § 36 und zur Entwicklung besonders pauschalierter Pflegesätze von § 84 Abs. 2 Satz 2 abgewichen werden. ⁴Mehrbelastungen der Pflegeversicherung, die dadurch entstehen, dass Pflegebedürftige, die Pflegegeld beziehen, durch Einbeziehung in ein Modellvorhaben höhere Leistungen als das Pflegegeld erhalten, sind in das nach Satz 1 vorgesehene Fördervolumen einzubeziehen. ⁵Soweit die in Satz 1 genannten Mittel im jeweiligen Haushaltsjahr nicht verbraucht wurden, können sie in das Folgejahr übertragen werden. ⁶Die Modellvorhaben sind auf längstens fünf Jahre zu befristen. ⁷Der Spitzenverband Bund der Pflegekassen bestimmt Ziele, Dauer, Inhalte und Durchführung der Maßnahmen; dabei sind auch regionale Modellvorhaben einzelner Länder zu berücksichtigen. ⁸Die Maßnahmen sind mit dem Bundesministerium für Gesundheit abzustimmen. ⁹Soweit finanzielle Interessen einzelner Länder berührt werden, sind diese zu beteiligen. ¹⁰Näheres über das Verfahren zur Auszahlung der aus dem Ausgleichsfonds zu finanzierenden Fördermittel regeln der Spitzenverband Bund der Pflegekassen und das Bundesversicherungsamt durch Vereinbarung. ¹¹Für die Modellvorhaben ist eine wissenschaftliche Begleitung und Auswertung vorzusehen. ¹²§ 45c Abs. 4 Satz 6 gilt entsprechend.

Inhaltsübersicht

	Rn.
I. Geltende Fassung	1
II. Normzweck, gesamtgesellschaftliche Aufgabe (Abs. 1)	2
III. Zusammenwirken (Abs. 2)	3
IV. Modellvorhaben und Maßnahmen zur Weiterentwicklung der Pflegeversicherung (Abs. 3)	4

I. Geltende Fassung

Die Vorschrift ist mWv 1.1.1995 durch Art. 1 PflegeVG eingeführt worden. Sie 1
hat weitgehend die Fassung des RegE (dort § 8); vgl. Begr. des RegE S. 92. Geändert wurde lediglich Abs. 2 Satz 1. Aufgrund der Beschlussempfehlung des AuS-Ausschusses wurden die Kommunen in den Kreis der zusammenwirkenden Institutionen einbezogen und die Beteiligung des MD hinzugefügt, vgl. BT-Drucks. 12/5952, S. 34. In Abs. 2 Satz 3 wurden durch das SGB IX mWv 1.7.2001 die Wörter „Maßnahmen der" durch die Wörter „Leistungen zur" ersetzt. Abs. 3 ist durch das PflEG mWv 1.1.2002 eingeführt worden; zur Begr. vgl. BT-Drucks. 14/7374, S. 5, 19. Durch das GKV-WSG ist in Abs. 3 Sätze 1, 6 und 9 der Spitzenverband Bund der Pflegekassen an die Stelle der Spitzenverbände der PK getreten. Durch das PflegeWEG ist Satz 3 um weitere Modellvorhaben erweitert und Satz 5 eingefügt worden; zur Begr. vgl. BT-Drucks. 16/7439, S. 49f. Durch das PSG I ist mWv 1.1.2015 (BGBl. I S. 2222, 2230) klargestellt, dass auch Maßnahmen wie zB Studien, wissenschaftliche Expertisen und Tagungen zur Weiterentwicklung der pflegerischen Versorgung zu fördern sind (BT-Drucks. 18/1798, S. 26; BT-Drucks. 18/2909, S. 8, 40f.).

II. Normzweck, gesamtgesellschaftliche Aufgabe (Abs. 1)

2 Abs. 1 enthält einen **Appell an die Gesamtbevölkerung,** der deutlich machen soll, dass die Einführung der PV die bislang bestehenden Verantwortlichkeiten für Pflegemaßnahmen – ungeachtet des **Sicherstellungsauftrags der Pflegekassen** (§ 12 Abs. 1 Satz 1, § 69) – nicht in vollem Umfang ablösen will. Er bezieht sich damit auch auf die Programmsätze in den §§ 2 Abs. 1 und § 4 Abs. 2. § 8 Abs. 2 steht im Zusammenhang mit § 9, der eine Verpflichtung der Länder im Rahmen der pflegerischen Versorgung beinhaltet. Beide Vorschriften befassen sich mit den **strukturellen Rahmenbedingungen der pflegerischen Versorgung.** Weitere, konkrete Verpflichtungen zur Sicherstellung der pflegerischen Versorgung ergeben sich aus § 11 (Pflegedienste und –einrichtungen) sowie § 12 (Pflegekassen). § 8 Abs. 3 schafft die Möglichkeit für **Modellvorhaben und Maßnahmen** zur **Weiterentwicklung der Pflegeversicherung,** insbesondere auch in Abweichung von der geltenden Pflegesatzstruktur und der Regelung zur Pflegesachleistung in § 36. Zentrale Vorschrift zur **Weiterentwicklung der Versorgungsstrukturen** ist § 45 c.

III. Zusammenwirken (Abs. 2)

3 Abs. 2 weist den an der Durchführung der Pflege beteiligten Institutionen die Aufgabe zu, bei der **Gewährleistung der erforderlichen Pflege-Infrastruktur** eng zusammen zu arbeiten. Soweit die für die Umsetzung der PV erforderliche pflegerische Versorgungsstruktur Defizite aufweist, haben sie das bestehende Angebot zu ergänzen; dies gilt etwa im Hinblick auf Einrichtungen, die teilstationäre Pflege und Kurzzeitpflege anbieten (Satz 2). Weiter obliegt es ihnen, Maßnahmen zu ergreifen, um hauptberufliche und ehrenamtliche Pflegekräfte in ausreichender Zahl zu gewinnen, zu unterstützen und zu fördern. Für die PKen wird diese Aufgabe durch § 45 (Pflegekurse für Angehörige und ehrenamtliche Pflegepersonen) konkretisiert. Die Verantwortlichkeiten der in Abs. 2 genannten Adressaten ergeben sich aber erst aus den §§ 9, 11 und 12, den Landespflegegesetzen oder den die Pflegeleistungen anderer Sozialleistungsträger regelnden Vorschriften des SGB.

IV. Modellvorhaben und Maßnahmen zur Weiterentwicklung der Pflegeversicherung (Abs. 3)

4 **Modellvorhaben und Maßnahmen** zur Weiterentwicklung der Pflegeversicherung kann der Spitzenverband Bund der Pflegekassen aus **Mitteln des vom Bundesversicherungsamt verwalteten Ausgleichsfonds der Pflegeversicherung** (§ 65) fördern (vgl. zum Verfahren der Auszahlung Abs. 3 Satz 10). Diese sollen insbesondere die **Entwicklung neuer qualitätsgesicherter Versorgungsformen** für Pflegebedürftige betreffen (Satz 1). Hiervon sind auch Studien, wissenschaftliche Expertisen und Fachtagungen erfasst (BT-Drucks. 18/1798, S. 26). Als vorrangig in der Region zu erprobende Modellvorhaben nennt Abs. 3 Satz 2 Möglichkeiten eines **personenbezogenen Budgets** sowie **neue Wohnkonzepte für Pflegebedürftige.** Insofern ist durch das PNG mit Wirkung vom 30.10.2012 eingeführte Anschubfinanzierung zur Gründung von **ambulant betreuten Wohngruppen** in § 45 e SGB XI hervorzuheben. Zur Unterstützung von Modellvorhaben zur Weiterentwicklung der gegenwärtigen Vergütungsstrukturen (Abs. 3 Satz 3) wird es den Pflegekassen weiter ermöglicht, von den **Vorgaben zur Pflegesatzbemessung in § 84 Abs. 2 Satz 2** abzuweichen, die eine Einteilung der Pflegebedürftigen in drei Pflegestufen und eine ergänzende Berücksichtigung von Zuschlägen zu den Pflegesätzen für besondere Härtefälle vorsieht. Dadurch sollen Modellvorhaben zulässig werden, mit denen ein einheitlicher und pflegestufenunabhängiger Pflegesatz, stationsbezogene Pflegesätze oder auch stärker untergliederte Pflegesätze erprobt werden können (BT-Drucks. 16/7439, S. 50). Die **Abkoppelung des Pflegesatzes von den Pflegestufen** soll – so der Gesetzgeber des PflegeWEG – nicht nur für Bewohner interessant sein, sondern in den Pflegeheimen stärkere Anreize schaffen, aktiver einer Verschlechterung der Pflegebedürftigkeit entgegenzuwirken (BT-Drucks. 16/7439, S. 50). Zur **organisatorischen Abwicklung der Modellvorhaben** enthalten Abs. 3 Sätze 5 bis 12 weitere Regelungen. Abs. 3 Satz 7 bestimmt, dass der Spitzenverband Bund der Pflegekassen einheitlich und gemeinsam Ziele, Dauer, Inhalte und Durchführung der Modellvorhaben und Maßnahmen vorgibt. Eine Abstimmung mit dem Bundesministerium für Gesundheit muss erfolgen (Abs. 3 Satz 8); dabei sind auch die von den Ländern eingebrachten Vorschläge zu **regionalen Modellvorhaben** angemessen zu berücksichtigen (BT-Drucks. 18/2909, S. 40). Eine **Beteiligung der Länder** ist vorgesehen, soweit deren finanzielle Interessen berührt werden (Abs. 3 Satz 9). Abs. 3 Satz 12 nimmt auf § 45c SGB XI Bezug, der eine spezialgesetzliche Regelung für Modellvorhaben zur Weiterentwicklung der Versorgungsstrukturen insbesondere bei Demenzkranken, allerdings in Cofinanzierung mit den Ländern und Kommunen, beinhaltet.

§ 9 Aufgaben der Länder

¹**Die Länder sind verantwortlich für die Vorhaltung einer leistungsfähigen, zahlenmäßig ausreichenden und wirtschaftlichen pflegerischen Versorgungsstruktur.** ²**Das Nähere zur Planung und zur Förderung der Pflegeeinrichtungen wird durch Landesrecht bestimmt; durch Landesrecht kann auch bestimmt werden, ob und in welchem Umfang eine im Landesrecht vorgesehene und an der wirtschaftlichen Leistungsfähigkeit der Pflegebedürftigen orientierte finanzielle Unterstützung**
1. **der Pflegebedürftigen bei der Tragung der ihnen von den Pflegeeinrichtungen berechneten betriebsnotwendigen Investitionsaufwendungen oder**
2. **der Pflegeeinrichtungen bei der Tragung ihrer betriebsnotwendigen Investitionsaufwendungen**

als Förderung der Pflegeeinrichtungen gilt. ³**Zur finanziellen Förderung der Investitionskosten der Pflegeeinrichtungen sollen Einsparungen eingesetzt werden, die den Trägern der Sozialhilfe durch die Einführung der Pflegeversicherung entstehen.**

Inhaltsübersicht

	Rn.
I. Geltende Fassung	1
II. Normzweck	2
III. Allgemeines	3
IV. Verantwortung der Länder für die pflegerische Versorgungsstruktur (Satz 1)	4
V. Nähere Ausgestaltung der Förderung (Satz 2)	5
VI. Finanzielle Beteiligung der Sozialhilfeträger (Satz 3)	6
VII. Landesgesetze zur Ausführung der Pflegeversicherung	7

I. Geltende Fassung

Die Vorschrift ist mWv 1.1.1995 durch Art. 1 PflegeVG eingeführt und im Gesetzgebungsverfahren mehrfach geändert worden. Der RegE enthielt in § 9 Abs. 1 Regelungen über die Aufgaben der Länder und in § 9 Abs. 2 über die Aufgaben des

1

§ 9 Erstes Kapitel. Allgemeine Vorschriften

Bundes (BT-Drucks. 12/5262, S. 12, 92). Die Vorschrift wurde geteilt. Aus Abs. 2 wurde § 10 Abs. 1 bis 3, der durch das PflegeWEG gestrichen worden ist. Satz 1 und 2 sind im ersten (BT-Drucks. 12/6424, S. 2), Satz 3 im zweiten Vermittlungsverfahren (BT-Drucks. 12/7323, S. 2) entstanden. § 9 Satz 2 2. Hs ist mWv 1.7.2008 auf Veranlassung des BR durch das PflegeWEG eingeführt worden; vgl. zur Begr. BT-Drucks. 16/7439, S. 50 und BR-Drucks. 718/07, Beschluss S. 7.

II. Normzweck

2   Die Vorschrift legt fest, dass die Länder für die **Vorhaltung einer leistungsstarken, zahlenmäßig ausreichenden und wirtschaftlichen pflegerischen Versorgungsstruktur** verantwortlich sind. Dies ergibt sich bereits aus der originären Gesetzgebungskompetenz der Länder für Angelegenheiten der Daseinsvorsorge auf dem Gebiet der Pflege aus Art. 30 und Art. 70 Abs. 1 GG (BSGE 96, 28, 35 = SozR 4-3300 § 9 Nr. 2). Die nähere **Ausgestaltung** wird dem **Landesrecht** überlassen. Die Länder sollen die durch die Einführung der PV bei der Sozialhilfe eingesparten Finanzmittel zur Förderung der Investitionskosten der Pflegeeinrichtungen einsetzen (Satz 3). Eine **verbindliche Festlegung** des **Umfangs der Investitionsförderung** ist jedoch unterblieben. Der durch das PflegeWEG eingefügte Satz 2 2. Hs bestimmt, dass die Förderung der Investitionskosten entweder durch finanzielle Leistungen an den Pflegebedürftigen (Nr. 1 „**Subjektförderung**") oder durch direkte Zahlungen an die Pflegeeinrichtung (Nr. 2 „**Objektförderung**") als Leistung der Länder zur Förderung der Pflegeeinrichtungen gilt. Den Ländern ist also ein **Wahlrecht zwischen beiden Förderungsalternativen** eingeräumt worden. Die Regelung hat Rückwirkung auf die Höhe der **betriebsnotwendigen Investitionsaufwendungen nach § 82 Abs. 3 SGB XI,** welche dem Pflegebedürftigen und ggf. dem Sozialhilfeträger von der Pflegeeinrichtung in Rechnung gestellt werden dürfen, wenn die Einrichtung keine oder nur eine anteilige öffentliche Förderung erhalten hat (BSG, SozR 4-3300 § 82 Nr. 4; BSG, SozR 4-3300 § 9 Nr. 3; vgl. zur gesonderten Berechnung der betriebsnotwendigen Aufwendungen gegenüber Bewohnern einer Pflegeeinrichtung BSG, SozR 4-3300 § 82 Nr. 5).

III. Allgemeines

3   Die Entstehungsgeschichte des § 9 verdeutlicht den **Interessengegensatz zwischen Bund und Ländern** bei der Festlegung von Grundsätzen über die öffentliche Förderung der Investitionskosten der Pflegeeinrichtungen. Der RegE zum PflegeVG war noch von einer einheitlichen (monistischen) Finanzierung durch die PKen ausgegangen, wobei die Länder Zuschüsse zur Investitionsförderung an die PKen zahlen sollten. Die Länder haben jedoch im Vermittlungsverfahren eine zweigeteilte (duale) Finanzierung durchgesetzt: Die PKen übernehmen allein die **Pflegevergütung,** in deren Bemessung **grundsätzlich keine investen Kosten** einfließen dürfen (vgl. § 82 Abs. 2); die Länder sind für die Zahlung von Investitionskostenzuschüssen zuständig, deren Höhe jedoch im Ermessen der Länder steht und in den jeweiligen Landespflegegesetzen festgelegt wird (vgl. im Einzelnen § 82 Rn. 1ff.); vgl. die Übersicht über die Landespflegegesetze unter Rn. 7. Soweit **betriebsnotwendige Investitionsaufwendungen** nicht durch öffentliche Förderung gedeckt sind, kann die Pflegeeinrichtung den Pflegebedürftigen direkt in Anspruch nehmen (vgl. § 82 Abs. 3). Das SGB XI enthält allerdings **keine genaue Definition der zu fördernden Investitionen.** Der Gesetzgeber ist in § 9 und § 82 offensichtlich vom Investitionsbegriff des § 2 Nr. 2 KHG ausgegangen (vgl. *Höfer,* in: LPK-SGB XI, 4. Aufl. 2014, § 9 Rn. 10). § 82 unterscheidet vor allem zwischen betriebsnotwendigen Aufwendungen (§ 82 Abs. 2 Nr. 1) und Aufwendungen für die Nutzung von Grundstücken, Gebäu-

den und sonstigen Anlagegütern (§ 82 Abs. 2 Nr. 3). Legt man die Systematik des KHG zugrunde (dort § 9 Abs. 1 und 2 KHG), so gehören die Aufwendungen für den Erwerb und die Erschließung von Grundstücken (§ 82 Abs. 2 Nr. 2) nicht zu den Investitionskosten, sondern zu den Fördermitteln (§ 9 Abs. 2 Nr. 2 KHG). Zur **Abgrenzung der als Investitionen anzusehenden Anlagegüter** von den **Verbrauchsgütern** sollte – wie im Krankenhausbereich – eine AbgrenzungsVO erlassen werden (vgl. § 83 Abs. 1 Nr. 5), die jedoch über ein Entwurfstadium (vgl. BR-Drucks. 289/95) nicht hinaus gekommen ist.

IV. Verantwortung der Länder für die pflegerische Versorgungsstruktur (Satz 1)

§ 9 Satz 1 überträgt den Ländern die **Verantwortung für die pflegerische Versorgungsstruktur.** Die pflegerische Versorgungsstruktur besteht aus ambulanten Pflegeeinrichtungen (Pflegedienste) und stationären Pflegeeinrichtungen (Pflegeheime), die sämtlich in die Investitionsförderung der Länder einzubeziehen sind. Nach dem **sog. dualen Finanzierungsmodell** (vgl. BVerfG, SozR 4-3300 § 9 Nr. 4) wird nur die Pflegevergütung, welche die allgemeinen Pflegeleistungen, die medizinische Behandlungspflege und die soziale Betreuung umfasst, von den Trägern der Einrichtungen mit den Pflegekassen bzw Sozialhilfeträgern vereinbart und getragen. Die Betriebs- und Investitionsaufwendungen für die pflegerische Versorgungsstruktur sind dagegen grundsätzlich von den Ländern zumindest teilweise zu übernehmen. Bei der **Planung** und **Förderung der Errichtung von Pflegeeinrichtungen** sind die Grundsätze der Leistungsfähigkeit, Erforderlichkeit und Wirtschaftlichkeit zu beachten. Zur Beratung der Länder sind **Landespflegeausschüsse** gebildet (§ 92). Die Planungshoheit der Länder für Pflegeeinrichtungen und der Form ihrer Förderung birgt die Gefahr, dass die **Pflicht zur Investitionsförderung** bedarfsorientiert eingesetzt wird, was mit dem Leitbild des SGB XI von einem freien, den Regeln des Wettbewerbs unterworfenen Pflegemarkt, wie es insb. in § 72 zum Ausdruck kommt, nicht zu vereinbaren ist (vgl. *Höfer*, in: LPK-SGB XI, 4. Aufl. 2014, § 9 Rn. 9). **Wettbewerbsneutral** und damit mit den Vorgaben des SGB XI vereinbar dürfte bei knappen Finanzierungsmitteln nur eine **objektbezogene Förderung**, d. h. die Förderung der Einrichtung ohne konkrete Anknüpfung an die Person des Pflegebedürftigen sein, wie sie etwa in den Landespflegegesetzen von Hamburg und Nordrhein-Westfalen vorgesehen ist (vgl. hierzu den Disput zwischen *Ludwig* und *Gritschmann,* SGb 1997, 623, 625; SGb 1998, 640). Diese Form der Förderung berücksichtigt zugleich, dass die Fördermaßnahmen allen Pflegebedürftigen unabhängig von deren sozialer Lage zukommen sollen (*Dalichau*, SGB XI, 2014, § 9 Rn. 34f.).

V. Nähere Ausgestaltung der Förderung (Satz 2)

Nach Satz 2 1. **Hs** ist die nähere Ausgestaltung der Planung und Förderung von Pflegeeinrichtungen in jedem Land durch **(formelles) Landesgesetz** zu regeln. § 9 wird ergänzt durch die Regelung zur Finanzierung der Pflegeeinrichtungen in § 82 SGB XI, in der vorgesehen ist, dass **Heimträger den Pflegebedürftigen Investitionskosten auferlegen** können (§ 82 Abs. 2, 3 und 4 SGB XI), soweit eine Investitionsförderung durch die Länder nicht stattfinden. Auch insofern erfolgt die nähere Konkretisierung durch Landesrecht (§ 82 Abs. 3 Satz 3 2. Hs SGB XI). Die anteilige Finanzierung der betriebsnotwendigen Investitionen einer Pflegeeinrichtung ist subsidiär auf die Heimbewohner oder ggf. den Sozialhilfeträger verlagert worden (vgl. hierzu näher § 82 Rn. 14ff.), soweit **öffentliche Mittel zur Finanzierung der Pfle-**

geinfrastruktur nicht ausreichend zur Verfügung gestellt werden (BSGE 99, 5 ff. = SozR 4-3300 § 82 Nr. 4). Ein Rechtsanspruch der Einrichtungen auf die Landesförderung besteht – anders als im Krankenhausbereich – nicht (BSG, SozR 4-3300 § 82 Nr. 4). Die Länder haben **Ausführungsgesetze zum PflegeVG** zu erlassen. Eine Verordnung genügt mangels einschlägiger Verordnungsermächtigung nicht; zu den Landesgesetzen vgl. unten Rn. 7. Der mWv 1.7.2008 eingefügte **Satz 2 Hs 2** steht im Zusammenhang mit der Regelung des § 82 Abs. 3 SGB XI, die vorsieht, dass nach Zustimmung der zuständigen Landesbehörde den Pflegebedürftigen Investitionsaufwendungen der Pflegeeinrichtung nur gesondert berechnet werden dürfen, wenn eine öffentliche Förderung gem. § 9 gegeben ist. Bei **Fehlen einer öffentlichen (Landes-)förderung** bedarf es keiner Zustimmung der zuständigen Landesbehörde (§ 82 Abs. 4). Bis zu der gesetzlichen Neuregelung galt das an den pflegebedürftigen Heimbewohner geleistete **Pflegewohngeld (Subjektförderung)** nicht als öffentliche Förderung i. S. des § 82 Abs. 3 und 4 SGB XI (BSGE 91, 182, 184 = SozR 4-3300 § 82 Nr. 1). Nunmehr ist vorgesehen, dass neben der **bisherigen Objektförderung,** die eine auf den Heimplatz bezogene Förderung der Pflegeeinrichtung beinhaltet, auch eine **Subjektförderung** als öffentliche Förderung gilt. Da es im Ermessen der Länder liegt, zu bestimmen, ob und in welchem Umfang eine im Landesrecht vorgesehene und an der wirtschaftlichen Leistungsfähigkeit der Pflegebedürftigen orientierte finanzielle Unterstützung als Förderung der Pflegeeinrichtung gilt, bestehen **erhebliche Gestaltungsspielräume der Länder.**

VI. Finanzielle Beteiligung der Sozialhilfeträger (Satz 3)

6   Satz 3 enthält eine **weitgehend unverbindliche Verpflichtung der Länder,** die bei den Trägern der Sozialhilfe durch die Einführung der PV eingesparten Mittel zur finanziellen Förderung der Investitionskosten der Pflegeeinrichtungen einzusetzen.

VII. Landesgesetze zur Ausführung der Pflegeversicherung

7   Im Einzelnen existieren folgende Ländergesetze (vgl. auch die Darstellung der Rechtsprechung zu den verschiedenen Landesgesetzen bei *Dalichau*, SGB XI, 2014, § 9 Rn. 47 ff.): *Baden-Württemberg:* Gesetz zur Umsetzung der Pflegeversicherung in Baden-Württemberg (Landespflegegesetz – LPflG) vom 11.9.1995 (GBl. S. 665), zuletzt geändert durch Art. 1 ÄndG v. 15.6.2010 (GBl. S. 427). *Bayern:* Gesetz zur Ausführung der Sozialgesetze (AGSG) vom 8.12.2006 (GVBl. 2006, 942), zuletzt geändert durch Art. 10 Abs. 2 Nr. 16 Zuständigkeitsgesetz vom 7.5.2013 (GVBl. S. 246). *Berlin:* Gesetz zur Planung und Finanzierung von Pflegeeinrichtungen (Landespflegeeinrichtungsgesetz – LPflegeEG) vom 19.7.2002 (GVBl. S. 199), geändert durch Art. 1 Erstes ÄndG vom 19.12.2005 (GVBl. S. 7). *Brandenburg:* Gesetz zur Umsetzung des Elften Buches Sozialgesetzbuch (Landespflegegesetz – LPflegeG vom 29.6.2004 (GVBl. I S. 339), geändert durch Gesetz vom 23.9.2008 (GVBl. I S. 202, 209). *Bremen:* Bremisches Ausführungsgesetz zum Pflege-Versicherungsgesetz (BremAGPflegeVG) vom 26.3.1996 (GBl. S. 85), zuletzt geändert durch Art. 1 des Gesetzes vom 28.2.2012 (BremGBl. 96). *Hamburg:* Hamburgisches Landespflegegesetz (HambLPG) vom 18.9.2007 (GVBl. S. 296), geändert durch Gesetz vom 22.6.2010 (GVBl. 440), *Hessen:* Hessisches Ausführungsgesetz zum Pflege-Versicherungsgesetz vom 19.12.1994 (GVBl. S. 794), geändert durch Gesetz vom 30.4.1997 (GVBl. S. 74); Verordnung über die Planung und Förderung von Pflegeeinrichtungen vom 2.5.1996 (GVBl. S. 170) in der Fassung vom 31.5.2006 (GVBl. S. 40). *Mecklenburg-Vorpommern:* Landespflegegesetz – (LPflegeG M-V) vom 16.12.2003 (GVBl. S. 675), zuletzt geändert durch Art. 1 Landespflegerecht-ÄndG v. 10.12.2012 (GVBl. S. 532). *Niedersachsen:*

Gesetz zur Planung und Förderung von Pflegeeinrichtungen nach dem Elften Buch Sozialgesetzbuch (Niedersächsisches Pflegegesetz – NPflegeG –) vom 26.5.2004 (GVBl. S. 157), zuletzt geändert durch Art. 4 Haushaltsbegleitgesetz vom 17.12.2010 (GVBl. S. 631). *Nordrhein-Westfalen:* Gesetz zur Umsetzung des Pflege-Versicherungsgesetzes (Landespflegegesetz Nordrhein-Westfalen – PfG NW) vom 19.3.1996 (GVBl. S. 137), geändert durch Gesetz vom 3.5.2005 (GVBl. 498). *Rheinland-Pfalz:* Landesgesetz zur Umsetzung des Pflege-Versicherungsgesetzes vom 28.3.1995 (GVBl. S. 55), geändert durch Gesetz vom 10.4.2003 (GVBl. S. 55). *Saarland:* Gesetz Nr. 1694 zur Planung und Förderung von Angeboten für hilfe-, betreuungs- oder pflegebedürftige Menschen im Saarland (Saarländisches Pflegegesetz) vom 1.7.2009 (ABl. 1217); *Sachsen:* Sächsisches Pflegegesetz (SächsPflegeG) vom 25.3.1996 (GVBl. S. 106, ber. S. 365) bis 2002; *Sachsen-Anhalt:* Ausführungsgesetz zum Pflege-Versicherungsgesetz (PflegeV-AG) vom 7.8.1996 (GVBl. S. 254), geändert durch Gesetz vom 10.8.2007 (GVBl. S. 306). *Schleswig-Holstein:* Ausführungsgesetz zum Pflege-Versicherungsgesetz (Landespflegegesetz – LPflegeG) vom 10.2.1996 (GVBl. S. 227), geändert durch Gesetz vom 15.12.2005 (GVBl. S. 568, 597). *Thüringen:* Thüringer Gesetz zur Ausführung des Pflege-Versicherungsgesetzes (ThürAGPflegeVG) vom 20.7.2005 (GVBl. S. 293).

§ 10 Pflegebericht der Bundesregierung

Die Bundesregierung berichtet den gesetzgebenden Körperschaften des Bundes ab 2011 im Abstand von vier Jahren über die Entwicklung der Pflegeversicherung und den Stand der pflegerischen Versorgung in der Bundesrepublik Deutschland.

Inhaltsübersicht

	Rn.
I. Geltende Fassung	1
II. Normzweck	2
III. Verpflichtung zur Erstellung eines Pflegeberichts	3

I. Geltende Fassung

Die Vorschrift ist mWv 1.7.2008 durch Art. 1 Nr. 7 des PflegeWEG neu gefasst worden; gleichzeitig sind die vormals in § 10 enthaltenen Regelungen zum Bundespflegeausschuss als Aufgabe des Bundes komplett entfallen; zur Begr. vgl. BT-Drucks. 16/7439, S. 50. **1**

II. Normzweck

Durch eine **regelmäßige Berichtspflicht** der Bundesregierung über die Entwicklung und den Stand der pflegerischen Versorgung sollen die **Erfahrungen mit Neuregelungen der Pflegeversicherung** sowie **tatsächliche Entwicklungen im Bereich Pflegebedürftigkeit und pflegerischer Versorgung** erfasst werden (vgl. BT-Drucks. 16/7439, S. 50). Bis zum 30.6.2008 regelte die Vorschrift in § 10 SGB XI aF die Bildung eines Bundespflegeausschusses, der mit der Neufassung der Vorschrift wegen der allgemeinen Zielsetzung, den Verwaltungsaufwand zu minimieren, abgeschafft wurde (vgl. BT-Drucks. 16/7439, S. 50). **2**

III. Verpflichtung zur Erstellung eines Pflegeberichts

3 Im Unterschied zur bisherigen Regelung (vgl. § 10 Abs. 4 Satz 2 SGB XI aF) ist berichtspflichtig nicht mehr das BMG, sondern nunmehr die Bundesregierung zuständig. Der **Berichtsturnus** wurde von drei auf vier Jahre erweitert. Nachdem im Jahre 2008 der vierte Bericht über die Entwicklung der Pflegeversicherung veröffentlicht wurde (BT-Drucks. 16/7772), erschien **im Jahre 2011** der **fünfte Bericht der Bundesregierung über die Entwicklung der Pflegeversicherung und den Stand der pflegerischen Versorgung** in der Bundesrepublik Deutschland. Er gibt einen Überblick und Detailinformationen über die Situation der Pflegeversicherung, insbesondere über die Zahl der Leistungsbezieher sowie die Auswirkungen der Pflegeversicherung auf die Pflegeinfrastruktur und sonstige Bereiche der pflegerischen Versorgung und Betreuung in den Jahren 2007 bis 2010. Wie auch die Vorberichte ist er auf der Internetseite des BMG abrufbar.

§ 11 Rechte und Pflichten der Pflegeeinrichtungen

(1) ¹Die Pflegeeinrichtungen pflegen, versorgen und betreuen die Pflegebedürftigen, die ihre Leistungen in Anspruch nehmen, entsprechend dem allgemein anerkannten Stand medizinisch-pflegerischer Erkenntnisse. ²**Inhalt und Organisation der Leistungen haben eine humane und aktivierende Pflege unter Achtung der Menschenwürde zu gewährleisten.**

(2) ¹Bei der Durchführung dieses Buches sind die Vielfalt der Träger von Pflegeeinrichtungen zu wahren sowie deren Selbständigkeit, Selbstverständnis und Unabhängigkeit zu achten. ²Dem Auftrag kirchlicher und sonstiger Träger der freien Wohlfahrtspflege, kranke, gebrechliche und pflegebedürftige Menschen zu pflegen, zu betreuen, zu trösten und sie im Sterben zu begleiten, ist Rechnung zu tragen. ³**Freigemeinnützige und private Träger haben Vorrang gegenüber öffentlichen Trägern.**

(3) **Die Bestimmungen des Wohn- und Betreuungsvertragsgesetzes bleiben unberührt.**

Inhaltsübersicht

		Rn.
I.	Geltende Fassung	1
II.	Normzweck	2
III.	Aufgaben der Pflegeeinrichtungen (Abs. 1 Satz 1)	3
IV.	Leitbilder (Abs. 1 Satz 2)	4
V.	Trägervielfalt (Abs. 2 Satz 1)	5
VI.	Vorrang der freigemeinnützigen und privaten Träger (Abs. 2 Satz 2)	6
VII.	Schutz der heimrechtlichen Vorschriften (Abs. 3)	7

I. Geltende Fassung

1 Die Vorschrift ist mWv 1.1.1995 durch Art. 1 PflegeVG eingeführt worden. Sie hat weitgehend die Fassung des RegE (dort § 10); vgl. Begr. des RegE, S. 92 f. Aufgrund der Beschlussempfehlung des AuS-Ausschusses wurde in Abs. 1 Satz 2 der Begriff „aktivierend" hinzugefügt; außerdem wurde in Abs. 2 Satz 3 angefügt (BT-Drucks. 12/5920, S. 20 f.); zur Begr. vgl. BT-Drucks. 12/5952, S. 34 f. Durch Art. 2 Nr. 2 des Gesetzes zur Neuregelung der zivilrechtlichen Vorschriften des Heimgesetzes nach der Föderalismusreform vom 29.7.2009 wurde das Wort „Heimgesetzes"

mWv 1.10.2009 durch die Wörter „Wohn- und Betreuungsvertragsgesetzes" ersetzt (BGBl. I S. 2319, 2324); zur Begr. vgl. BT-Drucks. 16/12409, S. 30.

II. Normzweck

Die Vorschrift beschreibt in allgemeiner Form **Pflichten** (Abs. 1) und **Rechte** (Abs. 2) **der Pflegeeinrichtungen.** Die Definition der Pflegeeinrichtung findet sich in § 71. Abs. 1 legt in qualitativer Hinsicht den von den Pflegeeinrichtungen einzuhaltenden Standard fest. Hierzu finden sich vor allem in den §§ 72 Abs. 3 und 115 verschiedene Detailregelungen. Abs. 2 stellt klar, dass die PV die **traditionelle Vielfalt der Träger von Pflegeeinrichtungen** respektiert. Der **Grundsatz der Trägervielfalt** findet sich auch in den Bereichen der gesetzlichen Krankenversicherung (§§ 2 Abs. 3 S. 1, 109 Abs. 2 S. 2, 132 Abs. 2 S. 2 SGB V) sowie im Sozialhilfe- und Jugendhilferecht (§ 5 Abs. 2 SGB XII, § 4 Abs. 1 S. 2 SGB VIII).

2

III. Aufgaben der Pflegeeinrichtungen (Abs. 1 Satz 1)

Abs. 1 Satz 1 verpflichtet die Pflegeeinrichtungen, Pflege, Versorgung und Betreuung der Pflegebedürftigen am jeweiligen Stand der **medizinisch-pflegerischen Erkenntnisse** auszurichten. Der **Mindeststandard** ist damit **dynamisch festgelegt**: die Pflegeeinrichtungen müssen den jeweils aktuellen Pflegestandard beachten. Der Vorschrift entspricht in der **GKV § 2 Abs. 1 Satz 3 SGB V.** Die Verpflichtung auf den aktuellen Standard medizinisch-pflegerischer Erkenntnisse wird im **Leistungsrecht** in § 28 Abs. 3 (vgl. § 28 Rn. 8 ff.) und – bezogen auf die **Beziehungen der PK zu den Leistungserbringern** – in § 69 Satz 1 wiederholt. Die Begr. zum RegE weist ausdrücklich darauf hin, dass auch die Grundsätze der Wirtschaftlichkeit und der Beitragssatzstabilität ein Verharren auf überholten Pflegestandards nicht rechtfertigen können (BT-Drucks. 12/5262, S. 92). Der mit dem PQSG mWv 1.1.2002 neu eingeführte § 115 Abs. 3 eröffnet die Möglichkeit, bei **nicht qualitätsgerechter Leistungserbringung** die Pflegevergütung der Betroffenen einer Pflegeeinrichtung entsprechend zu kürzen (BT-Drucks. 14/5395, S. 43 f.), wobei der von dem Mangel betroffene Pflegebedürftige den Kürzungsbetrag bis zur Höhe seines Eigenanteils erhalten kann. Der von § 11 Abs. 1 S. 1 vorausgesetzte **(hohe) Qualitätsmaßstab** setzt eine entsprechende **personelle (fachliche) und sachliche Ausstattung der Pflegedienste** (sog. Strukturqualität) voraus (vgl. hierzu die Vorgaben des § 71 SGB XI).

3

IV. Leitbilder (Abs. 1 Satz 2)

Die Vorschrift legt die **wesentlichen Leitbilder** fest, an denen sich die Organisation und der Inhalt der Pflegeleistungen ausrichten sollen. Die Verpflichtung zur **Achtung der Menschenwürde** ergibt sich bereits aus Art. 1 Abs. 1 GG. Wichtig ist die **Verpflichtung zur aktivierenden Pflege,** die auch im Rahmen des Leistungsrechts (§ 28 Abs. 4) hervorgehoben wird. Zur Frage, ob der zeitliche Mehraufwand von aktivierenden Pflegemaßnahmen bei der Zuordnung zu einer Pflegestufe iR des § 15 zu berücksichtigen ist vgl. Kommentierung zu § 28.

4

V. Trägervielfalt (Abs. 2 Satz 1)

5   Abs. 2 Satz 1 enthält eine wesentliche Vorgabe für das **Leistungserbringerrecht,** das im Einzelnen im Siebten und Achten Kapitel (§§ 69–92) geregelt ist: die traditionell gewachsene **Vielfalt der Träger von Pflegeeinrichtungen** soll durch die PV nicht beseitigt werden. Es bleibt beim Nebeneinander von freigemeinnützigen, kirchlichen, privaten und öffentlichen Trägern. Das in Satz 1 enthaltene Gebot, bei der Durchführung der PV die Trägervielfalt zu wahren und die Selbstständigkeit, das Selbstverständnis und die Unabhängigkeit der Träger zu achten, das in § 69 Satz 3 wiederholt wird, kann beim Abschluss von Versorgungsverträgen (gem. § 72) von Bedeutung sein. Eine Freistellung von den nach den §§ 11ff. SGB XI zu beachtenden **Qualitätsanforderungen** oder vom **Wirtschaftlichkeitsgebot** (§ 29 Abs. 1 und 72 Abs. 3) kann hiermit jedoch nicht begründet werden (BSGE 82, 252, 260 = SozR 3-3300 § 73 Nr. 1). Allein die Berufung auf die Wahrung der Trägervielfalt kann daher regelmäßig auch keine höhere Pflegevergütung rechtfertigen. Bei der **Vergabe von Investitionsmitteln** durch die zuständigen Länderbehörden (nach § 9 iVm. dem jeweiligen Landesausführungsgesetz) kann das in Abs. 2 Satz 1 enthaltene Gebot dagegen eher Bedeutung erlangen. Nach den **Erhebungen des Statistischen Bundesamtes** befand sich 2011 die Mehrzahl – von den insgesamt **12 349 zugelassenen ambulanten Pflegediensten** – in privater Trägerschaft (7 772); der Anteil der freigemeinnützigen Träger war mit 4 406 deutlich niedriger. Öffentliche Träger hatten – entsprechend dem Vorrang der anderen Träger nach dem SGB XI – einen geringen Anteil (1,71%). Von den 2011 nach dem SGB XI **zugelassenen voll- bzw. teilstationären Pflegeheimen** (insges. 12 354) befand sich die Mehrzahl (6 721) in freigemeinnütziger Trägerschaft. Der Anteil der Privaten lag mit 4 998 Einrichtungen niedriger. Öffentliche Träger hatten mit 635 Pflegeheimen den geringsten Anteil.

VI. Vorrang der freigemeinnützigen und privaten Träger (Abs. 2 Satz 2)

6   Abs. 2 Satz 2 verpflichtet die an der Durchführung der PV beteiligten staatlichen Institutionen einschließlich der PKen zur Rücksichtnahme auf die **internen Vorgaben der Träger im pflegerischen und seelsorgischen Bereich.** Erwähnt werden hier neben den kirchlichen auch die sonstigen Träger der freien Wohlfahrtspflege, nicht dagegen sonstige private und öffentliche Träger. Abs. 2 Satz 3 begründet einen Vorrang der freigemeinnützigen und der privaten gegenüber den öffentlichen Trägern **(Subsidiaritätsprinzip).** Eine vergleichbare Regelung findet sich für den **Krankenhausbereich** in § 1 Abs. 2 Satz 2 KHG. Nach § 5 Abs. 4 SGB XII sollen die Träger der Sozialhilfe von der Durchführung eigener Maßnahmen absehen, wenn die Leistung im Einzelfall durch die freie Wohlfahrtspflege erbracht wird. Relativiert wird dieser **Grundsatz im Sozialhilferecht** allerdings dadurch, dass die Träger der Sozialhilfe zur Erfüllung der Aufgaben der Sozialhilfe eigene Einrichtungen nicht mehr schaffen sollen, soweit geeignete Einrichtungen anderer Träger vorhanden sind, ausgebaut oder geschaffen werden können (§ 75 Abs. 2 Satz 1 SGB XII), ohne insofern einen Vorrang der Träger der freien Wohlfahrtspflege vorzusehen (vgl. *Rabe,* in: Fichtner/Wenzel, SGB XII, 4. Aufl. 2009, § 75 Rn. 4). Unklar ist das Verhältnis von § 11 Abs. 2 Satz 3 SGB XI zu § 72 Abs. 3 Satz 2, der den Vorrang der freigemeinnützigen und der privaten Träger nur als Sollbestimmung vorsieht (vgl. *Schulin,* NZS 1994, 434, 438). Ob dem **Vorrang in der Praxis** erhebliche Bedeutung zukommen wird, erscheint zweifelhaft. Denn nach § 72 Abs. 3 hängt die **Zulassung** (im Gegensatz zum Krankenhausbereich, § 109 Abs. 3 SGB V) nicht von der **be-**

Aufgaben der Pflegekassen §12

darfsgerechten Versorgung ab. Den Landesverbänden der PKen sollte gerade die Möglichkeit eingeräumt werden, Pflegeeinrichtungen, die die Gewähr für eine leistungsfähige und wirtschaftliche pflegerische Versorgung bieten, auch **über den aktuellen Versorgungsbedarf** hinaus zuzulassen (BT-Drucks. 12/5262, S. 136; *Quaas*, NZS 1995, 197, 200).

VII. Schutz der heimrechtlichen Vorschriften (Abs. 3)

Abs. 3 stellt klar, dass die **Schutzvorschriften des Wohn- und Betreuungs-** 7
vertragsgesetzes (WBVG) vom 29. Juli 2009 (BGBl. I S. 2319) von den Bestimmungen des SGB XI nicht berührt werden. Obwohl nicht ausdrücklich erwähnt, gilt dies auch für die heimrechtlichen Bestimmungen des SGB VIII (§§ 45ff.). Das WBVG stärkt die Rechte älterer, pflegebedürftiger und behinderter Menschen, wenn sie Verträge abschließen, in denen die Überlassung von Wohnraum mit der Erbringung von Pflege- oder Betreuungsleistungen verknüpft ist. Sie haben Anspruch darauf, rechtzeitig vor Vertragsschluss von der Einrichtung über den **wesentlichen Inhalt des Leistungsangebots** in leicht verständlicher Sprache mündlich und schriftlich informiert zu werden. Ist dies nicht der Fall, können sie den Vertrag jederzeit ohne Einhaltung einer Frist kündigen. Außerdem ist ein sogenanntes **Probewohnen** möglich. Innerhalb der ersten zwei Wochen können die Verbraucher jederzeit kündigen. Auch muss die Einrichtung **eine Anpassung des Vertrags** anbieten, wenn sich der Pflege- und/oder Betreuungsbedarf ändert.

§ 12 Aufgaben der Pflegekassen

(1) ¹**Die Pflegekassen sind für die Sicherstellung der pflegerischen Versorgung ihrer Versicherten verantwortlich.** ²**Sie arbeiten dabei mit allen an der pflegerischen, gesundheitlichen und sozialen Versorgung Beteiligten eng zusammen und wirken, insbesondere durch Pflegestützpunkte nach § 92c, auf eine Vernetzung der regionalen und kommunalen Versorgungsstrukturen hin, um eine Verbesserung der wohnortnahen Versorgung pflege- und betreuungsbedürftiger Menschen zu ermöglichen.** ³Die Pflegekassen sollen zur Durchführung der ihnen gesetzlich übertragenen Aufgaben örtliche und regionale Arbeitsgemeinschaften bilden. ⁴§ 94 Abs. 2 bis 4 des Zehnten Buches gilt entsprechend.

(2) ¹Die Pflegekassen wirken mit den Trägern der ambulanten und der stationären gesundheitlichen und sozialen Versorgung partnerschaftlich zusammen, um die für den Pflegebedürftigen zur Verfügung stehenden Hilfen zu koordinieren. ²Sie stellen insbesondere über die Pflegeberatung nach § 7a sicher, dass im Einzelfall Grundpflege, Behandlungspflege, ärztliche Behandlung, spezialisierte Palliativversorgung, Leistungen zur Prävention, zur medizinischen Rehabilitation und zur Teilhabe sowie hauswirtschaftliche Versorgung nahtlos und störungsfrei ineinander greifen. ³Die Pflegekassen nutzen darüber hinaus das Instrument der integrierten Versorgung nach § 92b und wirken zur Sicherstellung der haus-, fach- und zahnärztlichen Versorgung der Pflegebedürftigen darauf hin, dass die stationären Pflegeeinrichtungen Kooperationen mit niedergelassenen Ärzten eingehen oder § 119b des Fünften Buches anwenden.

§ 12 Erstes Kapitel. Allgemeine Vorschriften

Inhaltsübersicht

	Rn.
I. Geltende Fassung	1
II. Normzweck	2
III. Sicherstellungsauftrag (Abs. 1 Satz 1)	3
IV. Zusammenarbeit mit anderen Einrichtungen (Abs. 1 Satz 2)	4
V. Arbeitsgemeinschaften (Abs. 1 Satz 3 und 4)	5
VI. Betreuung des Pflegebedürftigen durch Koordinierung (Abs. 2)	6
VII. Teilnahme an der integrierten Versorgung (Abs. 2 Satz 3)	7

I. Geltende Fassung

1 Die Vorschrift ist mWv 1.1.1995 durch Art. 1 PflegeVG eingeführt worden. Der Fassung des RegE (dort § 1; vgl. Begr. des RegE, S. 93) wurde aufgrund der Beschlussempfehlung des AuS-Ausschusses lediglich der 2. Hs von Abs. 1 Satz 2 hinzugefügt (BT-Drucks. 12/5920, S. 21). Nach dessen Inhalt sollten **Mängel der pflegerischen Versorgungsstruktur** beseitigt werden, um regional bestehende Unterversorgungen bei einzelnen Formen der Pflege abzubauen. Die Regelung ist durch Art. 1 Nr. 8 des PflegeWEG mWv 1.7.2008 durch die jetzige Fassung des Abs. 1 Satz 2 2. Hs ersetzt worden. Durch das PflegeWEG wurden mWv 1.7.2008 auch Abs. 2 Satz 2 geändert und Abs. 2 Satz 3 angefügt (Art. 1 Nr. 8); zur Begr. vgl. BT-Drucks. 16/7439, S. 50.

II. Normzweck

2 Die Vorschrift beschreibt allgemein den **in § 69 näher konkretisierten Sicherstellungsauftrag der PKen**. In diesem Zusammenhang werden die PKen zur Kooperation mit anderen Sozialleistungsträgern, zur Koordination von Leistungen, die die Pflegebedürftigen benötigen sowie zur Bildung von Arbeitsgemeinschaften verpflichtet.

III. Sicherstellungsauftrag (Abs. 1 Satz 1)

3 Die Regelung überträgt den PKen den Auftrag, die pflegerische Versorgung der Versicherten sicherzustellen. Dieser **Sicherstellungsauftrag der PKen,** zu dem auch die Gewährleistung einer dem „allgemein anerkannten Stand medizinisch-pflegerischer Erkenntnisse entsprechende pflegerische Versorgung" gehört, wird durch § 69 ausgefüllt und konkretisiert. Die PKen erfüllen den Sicherstellungsauftrag durch den **Abschluss von Versorgungsverträgen** und **Vergütungsvereinbarungen** mit den Trägern von Pflegeeinrichtungen oder sonstigen Leistungserbringern. Soweit dies im ambulanten Bereich nicht möglich ist, müssen sie u. U. einzelne Pflegekräfte anstellen (§ 77 Abs. 2), um die Versorgung zu gewährleisten. Anders als in der GKV, wo der Sicherstellungsauftrag für den Bereich der ambulanten vertragsärztlichen Behandlung auf eine Selbstverwaltungseinrichtung der Ärzte, die KÄV, übertragen worden ist (§ 75 SGB V), sind die **Pflegeeinrichtungen** in dem SPV in Ermangelung einer entsprechenden öffentlich-rechtlichen Organisationsstruktur **nicht direkte Adressaten des Sicherstellungsauftrags.** Die Reichweite des Sicherstellungsauftrages der Pflegekassen wird durch die **Verantwortlichkeit der Länder** nach § 9 für die **pflegerische Infrastruktur** eingeschränkt.

Aufgaben der Pflegekassen **§ 12**

IV. Zusammenarbeit mit anderen Einrichtungen (Abs. 1 Satz 2)

Die Pflicht zur Zusammenarbeit bezieht sich nicht nur auf andere Einrichtungen 4
im pflegerischen, sondern auch auf den Bereich der gesundheitlichen und sozialen
Versorgung der Pflegebedürftigen. Die Einflussmöglichkeiten der PKen sind allerdings beschränkt. Sie können **keine eigenen Pflegeeinrichtungen** unterhalten. Soweit der Aufbau neuer Pflegeeinrichtungen von Investitionskostenzuschüssen abhängt, können sie nur auf eine entsprechende Entscheidung des zuständigen Landes
hinwirken. Nach der Neufassung des Abs. 1 Satz 2 durch das PflegeWEG sollen
PKen insb. durch **Pflegestützpunkte nach § 92c**, auf eine Vernetzung der regionalen und kommunalen Versorgungsstrukturen hinwirken, um eine Verbesserung der
wohnortnahen Versorgung pflege- und betreuungsbedürftiger Menschen zu ermöglichen. Nach der Gesetzesbegründung sollen insb. **auf kommunaler Ebene vorhandene Versorgungsangebote** so vernetzt werden, dass eine **abgestimmte und
wohnortnahe Versorgung** pflegebedürftiger Personen und die Entwicklung und
Umsetzung eines Gesamtkonzepts der Versorgung pflegebedürftiger und älterer
Menschen ermöglicht wird (BT-Drucks. 16/7439, S. 50).

V. Arbeitsgemeinschaften (Abs. 1 Satz 3 und 4)

Die Regelungen sind dem für die **Bildung von Arbeitsgemeinschaften** im Be- 5
reich der GKV geltenden § 219 SGB V nachgebildet. Arbeitsgemeinschaften können
im örtlichen und regionalen Bereich gebildet werden. Die Form der Zusammenarbeit sollte insofern bewusst offengelassen werden, um örtlichen Besonderheiten besser Rechnung tragen zu können (BT-Drucks. 12/5262, S. 93). **Satz 4** verweist auf die
für Arbeitsgemeinschaften im Bereich des SGB allgemein geltenden Regelungen in
§ 94 Abs. 2 bis 4 SGB X (zu Aufsicht, Haushalt und Auftrag).

VI. Betreuung des Pflegebedürftigen durch Koordinierung (Abs. 2)

Die Vorschrift verpflichtet die PKen über die Gewährung von Pflegeleistungen hi- 6
naus, die für den Pflegebedürftigen **erforderlichen Hilfen im gesundheitlichen
und sozialen Bereich** durch Zusammenarbeit mit den hierfür zuständigen Trägern
zu koordinieren. Die PKen haben sicherzustellen, dass im Einzelfall ärztliche Behandlung, Behandlungspflege, Leistungen zur medizinischen Rehabilitation, Grundpflege
und hauswirtschaftliche Versorgung nahtlos und störungsfrei ineinander greifen. Bei
vorübergehender Unterbrechung der häuslichen Pflege sollen durch eine **reibungslose Zusammenarbeit** zwischen Trägern vollstationärer, teilstationärer und ambulanter Pflege und den Einsatz ortsnaher Pflegeeinrichtungen unnötige Wartezeiten vermieden werden. Bei einem Pflegebedürftigen, der sowohl Maßnahmen der
Behandlungspflege (zu Lasten der KK) als auch Grundpflege (zu Lasten der PK) benötigt, sollen nicht mehrere Pflegekräfte zum Einsatz kommen, sondern alle Leistungen nach Möglichkeit von einer Pflegekraft bzw. einer Sozialstation erbracht werden
(BT-Drucks. 12/5262, S. 92). Mit der Ergänzung um die **spezialisierte ambulante
Palliativversorgung** (vgl. auch § 37b SGB V), die **Prävention** (§ 5 SGB XI) und der
Leistungen zur Teilhabe durch das PflegeWEG werden wesentliche Versorgungsbereiche in den bestehenden **Koordinierungsauftrag** einbezogen (BT-Drucks. 16/
7439, S. 51).

VII. Teilnahme an der integrierten Versorgung (Abs. 2 Satz 3)

7 Mit dem durch das PflegeWEG angefügten Satz 3 werden die PKen verpflichtet, die bereits durch das GKV-WSG in § 92b geschaffene Regelung der Teilnahme an Pflegeeinrichtungen und Pflegekassen an der **integrierten Versorgung** intensiv zu nutzen, um damit eine die Versicherungszweige übergreifende Leistungserbringung zu ermöglichen (BT-Drucks. 16/7439). Durch **verstärkte Kooperationen mit niedergelassenen Ärzten** soll nach Abs. 2 Satz 3 eine umfassende haus-, fach- und zahnärztliche Versorgung der Pflegebedürftigen in den Pflegeheimen sichergestellt werden. Die PKen sollen die Möglichkeiten der Kooperationen mit niedergelassenen Ärzten oder Anstellung von Ärzten bei Pflegeeinrichtungen (§ 119b SGB V) unterstützen (BT-Drucks. 16/7439, S. 51).

§ 13 Verhältnis der Leistungen der Pflegeversicherung zu anderen Sozialleistungen

(1) Den Leistungen der Pflegeversicherung gehen die Entschädigungsleistungen wegen Pflegebedürftigkeit
1. nach dem Bundesversorgungsgesetz und nach den Gesetzen, die eine entsprechende Anwendung des Bundesversorgungsgesetzes vorsehen,
2. aus der gesetzlichen Unfallversicherung und
3. aus öffentlichen Kassen auf Grund gesetzlich geregelter Unfallversorgung oder Unfallfürsorge

vor.

(2) Die Leistungen der häuslichen Krankenpflege nach § 37 des Fünften Buches bleiben unberührt.

(3) ¹Die Leistungen der Pflegeversicherung gehen den Fürsorgeleistungen zur Pflege
1. nach dem Zwölften Buch,
2. nach dem Lastenausgleichsgesetz, dem Reparationsschädengesetz und dem Flüchtlingshilfegesetz,
3. nach dem Bundesversorgungsgesetz (Kriegsopferfürsorge) und nach den Gesetzen, die eine entsprechende Anwendung des Bundesversorgungsgesetzes vorsehen,

vor. ²Leistungen zur Pflege nach diesen Gesetzen sind zu gewähren, wenn und soweit Leistungen der Pflegeversicherung nicht erbracht werden oder diese Gesetze dem Grunde oder der Höhe nach weitergehende Leistungen als die Pflegeversicherung vorsehen. ³Die Leistungen der Eingliederungshilfe für behinderte Menschen nach dem Zwölften Buch, dem Bundesversorgungsgesetz und dem Achten Buch bleiben unberührt, sie sind im Verhältnis zur Pflegeversicherung nicht nachrangig; die notwendige Hilfe in den Einrichtungen nach § 71 Abs. 4 ist einschließlich der Pflegeleistungen zu gewähren.

(3a) Die Leistungen nach § 45b finden bei den Fürsorgeleistungen zur Pflege nach Absatz 3 Satz 1 keine Berücksichtigung.

(4) Treffen Pflegeleistungen mit Leistungen der Eingliederungshilfe oder mit weitergehenden Pflegeleistungen nach dem Zwölften Buch zusammen, sollen die Pflegekassen und der Träger der Sozialhilfe vereinbaren, daß im Verhältnis zum Pflegebedürftigen nur eine Stelle die Leistungen übernimmt und die andere Stelle die Kosten der von ihr zu tragenden Leistungen erstattet.

(5) ¹Die Leistungen der Pflegeversicherung bleiben als Einkommen bei Sozialleistungen und bei Leistungen nach dem Asylbewerberleistungsgesetz, deren Gewährung von anderen Einkommen abhängig ist, unberücksichtigt. ²Satz 1 gilt entsprechend bei Vertragsleistungen aus privaten Pflegeversicherungen, die der Art und dem Umfang nach den Leistungen der sozialen Pflegeversicherung gleichwertig sind. ³Rechtsvorschriften, die weitergehende oder ergänzende Leistungen aus einer privaten Pflegeversicherung von der Einkommensermittlung ausschließen, bleiben unberührt.

(6) ¹Wird Pflegegeld nach § 37 oder eine vergleichbare Geldleistung an eine Pflegeperson (§ 19) weitergeleitet, bleibt dies bei der Ermittlung von Unterhaltsansprüchen und Unterhaltsverpflichtungen der Pflegeperson unberücksichtigt. ²Dies gilt nicht
1. in den Fällen des § 1361 Abs. 3, der §§ 1579, 1603 Abs. 2 und des § 1611 Abs. 1 des Bürgerlichen Gesetzbuchs,
2. für Unterhaltsansprüche der Pflegeperson, wenn von dieser erwartet werden kann, ihren Unterhaltsbedarf ganz oder teilweise durch eigene Einkünfte zu decken und der Pflegebedürftige mit dem Unterhaltspflichtigen nicht in gerader Linie verwandt ist.

Inhaltsübersicht

	Rn.
I. Geltende Fassung	1
II. Normzweck	2
III. Vorrang von Entschädigungsleistungen (Abs. 1)	3
1. Entschädigungsleistungen nach dem BVG (Nr. 1)	4
2. Entschädigungsleistungen aus der GUV (Nr. 2)	6
3. Entschädigungsleistungen aus öffentlichen Kassen (Nr. 3)	7
IV. Leistungen der häuslichen Krankenpflege (Abs. 2)	8
V. Fürsorgeleistungen zur Pflege (Abs. 3, 3a)	10
1. Verhältnis von Pflegeversicherung und Fürsorgeleistungen	11
2. Fürsorgeleistungen im Einzelnen:	15
a) Pflegeleistungen nach dem SGB XII (Abs. 3 Satz 1 Nr. 1)	15
b) Pflegeleistungen nach Abs. 3 Satz 1 Nr. 2	18
c) Leistungen der Kriegsopferfürsorge (Abs. 3 Satz 1 Nr. 3)	19
3. Leistungen der Eingliederungshilfe (Abs. 3. Satz 3)	20
4. Verhältnis zu den Leistungen nach § 45b (Abs. 3a)	22
VI. Pflegeleistungen nach anderen Rechtsgrundlagen	23
VII. Pflegeleistungen durch eine Stelle (Abs. 4)	24
VIII. Keine Berücksichtigung als Einkommen (Abs. 5)	25
1. Einkommensabhängige Sozialleistungen	26
2. Pflegegeld als Einkommen der Pflegeperson	27
3. Pflegegeld als Einnahme i. S. des EStG	29
IX. Pflegegeld und Unterhaltsrecht (Abs. 6)	30

I. Geltende Fassung

Die Vorschrift ist mWv 1.1.1995 durch Art. 1 PflegeVG eingeführt worden. **1** Abs. 1 und 2 entsprechen unverändert dem RegE (dort § 11a); vgl. Begr. des RegE S. 93f. Abs. 3 Satz 2 und Abs. 5 Satz 2 wurden auf Veranlassung des AuS-Ausschusses geändert (vgl. Beschlussempfehlung BT-Drucks. 12/5920, S. 21f.). Abs. 4 wurde im ersten Vermittlungsverfahren eingefügt (BT-Drucks. 12/6424) und im zweiten Vermittlungsverfahren geändert (BT-Drucks. 12/7323). Durch Art. 1 Nr. 4 des

§ 13 Erstes Kapitel. Allgemeine Vorschriften

1. SGB XI-ÄndG wurde in Abs. 3 Satz 2 neu gefasst und Satz 3 angefügt (vgl. Begr. in BT-Drucks. 13/3696, S. 3). Durch Art. 1 Nr. 1 des 4. SGB XI-ÄndG wurde mWv 1.8.1999 Abs. 6 angefügt. Abs. 3 S. 3 wurde durch das SGB IX (vom 19.6.2001, BGBl. I S. 1046) an den Sprachgebrauch des SGB IX angepasst. Durch das PflEG (vom 14.12.2001, BGBl. I S. 3728) wurde Abs. 3a eingefügt. Durch Art. 10 Nr. 2 des G zur Einordnung des Sozialhilferechts in das SGB (vom 27.12.2003, BGBl. I S. 3022) wurden die zuvor in Abs. 3 und 4 enthaltenen Bezugnahmen auf das BSHG durch solche auf das SGB XII ersetzt; Abs. 5 wurde nach dem Wort „Sozialleistungen" ergänzt um „und bei Leistungen nach dem Asylbewerberleistungsgesetz".

II. Normzweck

2   Die Vorschrift regelt in Abs. 1 und 3 das Verhältnis der Leistungen der PV zu Pflegeleistungen nach anderen Gesetzen. Sie ist insoweit allerdings nicht erschöpfend (vgl. unten Rn. 19). Abs. 1 stellt den Grundsatz auf, dass Pflegeleistungen aus öffentlich-rechtlichen Entschädigungssystemen den Leistungen der Pflegeversicherung vorgehen. Diese Regelung steht in **engem Zusammenhang** mit der Ruhensvorschrift in § 34 Abs. 1 Nr. 2. Im Gegensatz hierzu sind die Pflegeleistungen nach sozialhilferechtlichen oder vergleichbar subsidiären Anspruchsgrundlagen i. S. von Abs. 3 gegenüber den Leistungen der PV nachrangig, weitergehende Leistungen sowie Leistungen der Eingliederungshilfe nach SGB VIII und SGB XII bleiben allerdings unberührt. Durch die Einfügung von Abs. 3 Satz 2 und 3 im 1. SGB XI-ÄndG wurde dies noch einmal ausdrücklich klargestellt. Bei einem Zusammentreffen von Pflegeleistungen mit weitergehenden Leistungen aus an sich subsidiären Systemen soll im Verhältnis zum Pflegebedürftigen nur eine Stelle leisten (Abs. 4). Für den Anspruch auf häusliche Krankenpflege bleibt die GKV zuständig (Abs. 2). Die Abs. 5 und 6 legen fest, inwieweit Leistungen der Pflegeversicherung bei der Festsetzung anderer einkommensabhängiger Sozialleistungen nicht als Einkommen (Abs. 5) zu berücksichtigen sind bzw. bei der Ermittlung von Unterhaltsansprüchen bzw. -verpflichtungen der Pflegepersonen außen vor bleiben (Abs. 6).

III. Vorrang von Entschädigungsleistungen (Abs. 1)

3   Leistungen wegen Pflegebedürftigkeit aus Entschädigungssystemen gehen den Leistungen nach dem SGB XI vor. Hierzu zählen: a) die Pflegezulage nach § 35 Abs. 1 BVG und die Kostenübernahme für stationäre Pflege gem. § 35 Abs. 6 BVG (idF von Art. 9 Nr. 12c PflegeVG), b) die Gewährung von Pflege als Teil des unfallversicherungsrechtlichen Heilbehandlungsanspruchs (§ 44 SGB VII) und c) Leistungen aus öffentlichen Kassen auf Grund gesetzlich geregelter Unfallversorgung oder -fürsorge; hierzu zählt insbesondere die Unfallfürsorge nach § 34 BeamtVG und vergleichbare Leistungen anderer Hoheitsträger. Der Anspruch auf Leistungen der PV ruht, soweit Versicherte diese Leistungen erhalten (§ 34 Abs. 1 Nr. 2 Satz 1); dh ein Anspruch hierauf reicht nicht aus; vgl. im Einzelnen § 34 Rn. 3. Der Vorrang von Entschädigungsleistungen greift nur ein, soweit sie den Leistungen nach dem SGB XI entsprechen. **Weitergehende Leistungen aus der SPV** werden hierdurch nicht ausgeschlossen. Dies gilt sowohl für Leistungsarten, die in den Entschädigungssystemen nicht vorgesehen sind (Beispiel: Leistungen zur sozialen Sicherung der Pflegeperson nach § 44) als auch für die Höhe der Leistungen (z. B. unterschiedliche Höhe des Pflegegeldes), vgl. § 34 Rn. 7.

Verhältnis der Leistungen der Pflegeversicherung zu anderen Sozialleistungen **§ 13**

1. Entschädigungsleistungen nach dem BVG (Nr. 1)

Maßgebende Grundlage für Leistungen wegen Pflegebedürftigkeit ist § 35 BVG; **4**
zu den Voraussetzungen und zum Verhältnis zu den Leistungen der PV eingehend:
Trenk-Hinterberger, in: Wannagat, § 13 Rn. 8–39; *ders.,* in: Schulin, HS-PV, § 7. Pflegeleistungen nach § 26 c BVG sind keine Entschädigungsleistungen iSv. Nr. 1, sondern Fürsorgeleistungen zur Pflege iSv Abs. 2 Nr. 3. Die Pflegezulage nach § 35 BVG ist je nach Art und Umfang des Pflegebedarfs unterschiedlich ausgestaltet. Neben einer pauschalen Pflegezulage (§ 35 Abs. 1 BVG), deren Höhe von der Pflegestufe abhängt, werden die Kosten für eine externe Pflegekraft übernommen, die die Pflege auf Grund eines Arbeitsvertrages ausübt, wenn sie die pauschale Pflegezulage übersteigen (§ 35 Abs. 2 BVG). Leistungen zur sozialen Sicherung nicht berufsmäßiger Pflegepersonen, insbesondere von Familienangehörigen (wie in § 44), sind im Rahmen von § 35 BVG nicht vorgesehen. Dafür wird die pauschale Pflegezulage zumindest anteilig auch dann gewährt, wenn der Beschädigte Pflegeleistungen auf Grund eines Arbeitsvertrages in Anspruch nimmt. Witwen oder ein pflegender Elternteil haben nach dem Tod des Beschädigten Anspruch auf einen Pflegeausgleich (§ 40 b BVG idF. von Art. 9 Nr. 13 PflegeVG). Eine Kürzung der Beitragspflicht zur GRV für die Pflegeperson im Rahmen von § 44 kann hiermit wegen des unterschiedlichen Sicherungsziels (der Pflegeausgleich deckt die von der GRV erfassten Risiken nicht ab) nicht begründet werden. Anders als bei § 15 Abs. 1 Satz 1 ist für die Pflegezulage nach § 35 BVG ein **Bedarf an hauswirtschaftlicher Versorgung** nicht erforderlich. Hieran hat sich durch die Einführung der PV nichts geändert (vgl. BSG, SozR 3-3100 § 35 Nr. 6). Daraus kann jedoch nicht der Schluss gezogen werden, dass der Vorrang der Pflegezulage hinsichtlich eines in den Leistungen der PV enthaltenen Anteils für den hauswirtschaftlichen Versorgungsbedarf nicht durchgreife und insoweit eine Anrechnung nicht in Betracht komme (vgl. *Trenk-Hinterberger,* in: Wannagat, § 13 Rn. 23; a. A. *Zehentbauer,* Behindertenrecht 1995, 111). In den Leistungen der PV ist kein abtrennbarer Anteil enthalten, der auf die hauswirtschaftliche Versorgung entfällt (BSG, SozR 3-3300 § 34 Nr. 1 und BSG, Urteil vom 29.4.1998, B 3 P 14/98 R).

Die Pflegezulage nach § 35 BVG zählt auch dann zu den gegenüber den Leistun- **5**
gen der Pflegeversicherung vorrangigen Entschädigungsleistungen wegen Pflegebedürftigkeit, wenn **nach anderen Gesetzen** des sozialen Entschädigungsrechts Versorgungsleistungen **in entsprechender Anwendung des BVG** gewährt werden.
Zu diesen Gesetzen zählen: Infektionsschutzgesetz (§ 60), OEG, HHiG, SVG, ZDG, BerRehaG.

2. Entschädigungsleistungen aus der GUV (Nr. 2)

Leistungen wegen Pflegebedürftigkeit sind in § 44 SGB VII geregelt. Die Leis- **6**
tungspflicht der GUV hängt davon ab, dass die Folgen eines von ihr zu entschädigenden Arbeitsunfalls die wesentliche Ursache der Hilflosigkeit darstellen. Die Leistungen der GUV bei Pflegebedürftigkeit sind mit dem Inkrafttreten des SGB VII am 1.1.1997 geändert worden; bis zu diesem Zeitpunkt galt § 558 RVO. § 44 SGB VII sieht mit den Leistungsarten Pflegegeld, Gestellung einer Pflegekraft (Hauspflege, § 44 Abs. 5 SGB VII) und stationäre Pflege in einer geeigneten Einrichtung (einschließlich Unterkunft und Verpflegung, sog. Heimpflege, § 44 Abs. 5 SGB VII) Leistungen vor, die mit denen der PV vergleichbar sind, deren Umfang jedoch häufig weiter geht. Die Höhe des Pflegegeldes hängt u. a. auch vom Umfang der erforderlichen Hilfe ab; eine Zuordnung zu verschiedenen Pflegestufen sieht § 44 Abs. 2 jedoch nicht vor. Die Festsetzung der Höhe des Pflegegeldes steht vielmehr im Ermessen der BG. Bei ihrer Ermessensentscheidung hat die BG auch Aufwendungen für die Absicherung des pflegenden Angehörigen in der GRV zu berücksichtigen (BSG,

Udsching 65

SozR 3-2200 § 558 Nr. 1). Durch die Einführung der PV ist die Pflicht des UV-Trägers, für die Pflegeperson RV-Beiträge zu entrichten, nicht entfallen (BSG, Urteil vom 14.12.1999, B 2 U 37/98 R).

3. Entschädigungsleistungen aus öffentlichen Kassen (Nr. 3)

7   Leistungen wegen Pflegebedürftigkeit werden auf Grund der vom jeweiligen Hoheitsträger erlassenen Vorschriften über die Versorgung nach Dienstunfällen gewährt. Bei Beamten kommt grundsätzlich **§ 34 BeamtVG** zur Anwendung. Danach sind die Kosten einer notwendigen Pflege in angemessenem Umfang zu erstatten, wenn der Verletzte infolge eines Dienstunfalls so hilflos ist, dass er nicht ohne fremde Hilfe und Wartung auskommen kann; zu Einzelheiten der Leistungen nach § 34 BeamtVG vgl. *Trenk-Hinterberger,* in: Wannagat, § 13 Rn. 67–79; zum Zusammentreffen mit Leistungen der PV dort Rn. 82–91. Die Entschädigungsleistung nach Dienstunfall darf nicht mit der Beihilfe des Dienstherrn bei allgemeiner, nicht durch einen Dienstunfall verursachten Pflegebedürftigkeit (vgl. hierzu § 23 Abs. 3) verwechselt werden.

IV. Leistungen der häuslichen Krankenpflege (Abs. 2)

8   Leistungen der häuslichen Krankenpflege nach § 37 SGB V bleiben unberührt **(Abs. 2).** Nach § 37 Abs. 1 SGB V erhalten Versicherte in ihrem Haushalt oder ihrer Familie oder sonst an einem geeigneten Ort, insbesondere in betreuten Wohnformen, Schulen und Kindergärten, bei besonders hohem Pflegebedarf auch in Werkstätten für behinderte Menschen neben der ärztlichen Behandlung häusliche Krankenpflege durch geeignete Pflegekräfte, wenn Krankenhausbehandlung geboten, aber nicht ausführbar ist, oder wenn sie durch die häusliche Krankenpflege vermieden oder verkürzt wird (eingehend hierzu BSGE 83, 254, 258 = SozR 3-2500 § 37 Nr. 1). Die häusliche Krankenpflege umfasst neben der Behandlungspflege auch die im Einzelfall notwendige Grundpflege und hauswirtschaftliche Versorgung. Besteht ein Anspruch auf häusliche Krankenpflege nach § 37 Abs. 1 SGB V, ruht gem. § 34 Abs. 2 der Anspruch auf Leistungen bei häuslicher Pflege nach den §§ 36–39. § 37 Abs. 2 Satz 1 SGB V sieht einen Anspruch auf Behandlungspflege als häusliche Krankenpflege auch in Fällen vor, in denen die Notwendigkeit einer Krankenhausbehandlung nicht besteht, sondern die Behandlungspflege zur Sicherung des Ziels der ärztlichen Behandlung notwendig ist. Grundpflege und hauswirtschaftliche Versorgung werden in diesem Fall nur dann gewährt, wenn die Satzung der KK dies vorsieht (§ 37 Abs. 2 Satz 2 und 3 SGB V). Dieser satzungsmäßige Leistungsanspruch endet nach § 37 Abs. 2 Satz 4 SGB V (eingefügt durch Art. 4 Nr. 2 PflegeVG) mit dem Eintritt von Pflegebedürftigkeit i. S. des SGB XI. Zu einem Zusammentreffen von Leistungen der KK mit solchen der PK kann es somit nicht kommen. Die Behandlungspflege nach § 37 Abs. 2 Satz 1 SGB V wird dagegen neben den Leistungen der PV bei häuslicher Pflege gewährt, weil sie mit diesen prinzipiell nicht deckungsgleich ist.

9   Eine Definition des Begriffs **Behandlungspflege** findet sich weder im SGB V noch im SGB XI; zur Entstehungsgeschichte dieses Begriffs vgl. BSG, SozR 3-2500 § 53 Nr. 10 sowie *Igl,* SGb 1999, 111, 112 ff. Allgemein werden hierunter krankheitsspezifische Hilfeleistungen verstanden, die nicht von Ärzten, sondern entweder von fachlich qualifizierten Krankenpflegekräften oder auch ohne besondere Fachkunde (sog. einfache Behandlungspflege, vgl. BSG, SozR 3-2500 § 53 Nr. 10) erbracht werden, etwa Injektionen, Spülungen, Inhalationen, Verbandwechsel oder die Verabreichung von Medikamenten. Über den Inhalt der Behandlungspflege (vgl. hierzu insbes. *Igl/Welti,* VSSR 1995, 117; *Vogel/Schaaf,* SGb 1997, 560) bestand auch im Gesetzgebungsverfahren (vgl. auch BT-Drucks. 12/5262, S. 90) keine klare Vorstellung (vgl. BSGE 82, 27, 30 f. = SozR 3-3300 § 14 Nr. 2 = NZS 1998, 525). So wurde etwa die

Sondenernährung zur Grundpflege gezählt (BT-Drucks. 12/5262, S. 97), obwohl es sich nach pflegewissenschaftlichem Verständnis um eine Maßnahme der Behandlungspflege handelt, die zudem nur unter ständiger ärztlicher Kontrolle durchgeführt werden darf. Auch im medizinisch-pflegewissenschaftlichen Schrifttum besteht kein Konsens darüber, welche Maßnahmen zur Behandlungspflege zu zählen sind (vgl. *Vogel/ Schaaf,* SGb 1997, 562; *Igl,* SGb 1999, 11 f. mwN.). Trotz dieser unklaren Vorstellung über den Inhalt des Begriffs sollte die Behandlungspflege weiterhin in die Zuständigkeit der GKV fallen (vgl. § 12 Abs. 2 S. 2 und BT-Drucks. 12/5262, S. 90) und bei der Bemessung des Pflegebedarfs nicht berücksichtigt werden (vgl. Antwort auf schriftliche Anfrage in BT-Drucks. 13/6447, S. 18); *Igl* (SGb 1999, 113) bezeichnet dies als „klare Abgrenzung mit unklaren Begriffen". Hierbei wurde zu Unrecht der Eindruck erweckt, die Behandlungspflege werde stets von der GKV sichergestellt. Tatsächlich kommt eine Leistungspflicht der GKV nur in Betracht, soweit die erforderlichen Maßnahmen von einer im Haushalt lebenden Person nicht erbracht werden können (vgl. § 37 Abs. 3 SGB V). Zur Berücksichtigung der verrichtungsbezogenen Behandlungspflege bei der Bemessung des Pflegebedarfs vgl. § 14 Rn. 15.

Die Abgrenzung der Leistungszuständigkeit von SPV und GKV ist vor allem in den Fällen problematisch, in denen eine pflegerische Versorgung zur Erhaltung der Vitalfunktionen rund um die Uhr erforderlich ist. Für diese Fälle hatte das BSG im sog. Drachenflieger-Urteil (Urteil vom 28.1.1999, B 3 KR 4/98 R, BSGE 83, 254 = NZS 2000, 27) ursprünglich in Bezug auf die Grundpflege einen Vorrang der Leistungspflicht der PK angenommen, weil der Anspruch eines Pflegebedürftigen auf häusliche Krankenpflege auch dann, wenn die Behandlungspflege ununterbrochen rund um die Uhr geleistet werden müsse, die Grundpflege nicht umfasse. Diese Rechtsprechung hat das BSG mit Urteil vom 17.6.2010 (B 3 KR 7/09 R, BSGE 106, 173 = SGb 2011, 527) aufgegeben, weil der Gesetzgeber durch die zwischenzeitlichen Änderungen des § 37 Abs. 2 SGB V (im GMG und GKV-WSG) deutlich gemacht habe, dass der Anspruch auf häusliche Krankenpflege durch den gleichzeitigen Bezug von Leistungen nach SGB XI grundsätzlich nicht eingeschränkt werden solle und im Einzelfall auch Doppelansprüche in Kauf genommen werden sollten (BSGE 106, 173, 178 Rn. 18). Insbesondere durch die Änderung des § 37 Abs. 2 SGB V im GKV-WSG sei für die Fälle der „Behandlungssicherungspflege" nach § 37 Abs. 2 SGB V eine Doppelzuständigkeit von KK und PK geschaffen worden, die den Anspruch auf häusliche Krankenpflege auch bei Bezug von Leistungen der häuslichen Pflege nach dem SGB XI möglichst ungeschmälert aufrecht erhalte. Hieraus kann jedoch nicht der Schluss gezogen werden, dass die PK von den Gesamtkosten bis zur Höchstgrenze der Pflegesachleistung (§ 36) einen Anteil für die Grundpflege zu übernehmen hat und der Rest von der KK zu tragen ist; dies widerspräche dem Verbot aus § 37 Abs. 2 Satz 6 SGB V; insofern wird die Entscheidung aus 1999 (BSG; Urteil vom 28.1.1999, B 3 KR 4/98 R, BSGE 83, 254 = NZS 2000, 27) bestätigt. Das BSG (BSGE 106, 173, 183 Rn. 28) schlägt vor, die „reine" Grundpflege (d. h. ohne verrichtungsbezogene Behandlungspflege) zu ermitteln, und die Hälfte des ermittelten Zeitwerts vom Gesamtaufwand an Behandlungspflege abzuziehen. Aus der Differenz zwischen dem verordneten zeitlichen Umfang der häuslichen Krankenpflege und der Hälfte des Zeitaufwands der „reinen" Grundpflege ergebe sich der zeitliche Umfang der häuslichen Krankenpflege, für den die KK einzutreten habe. Die PK habe die Kosten der Hälfte des Zeitaufwands der reinen Grundpflege zu tragen, begrenzt auf den Höchstbetrag für Pflegesachleistungen nach § 36.

V. Fürsorgeleistungen zur Pflege (Abs. 3, 3 a)

Fürsorgeleistungen zur Pflege (Abs. 3) nach dem SGB XII, dem LAG, dem Reparationsschäden G und dem Flüchtlingshilfe G sowie der Kriegsopferfürsorge nach dem

§ 13 Erstes Kapitel. Allgemeine Vorschriften

BVG und den Gesetzen, die eine entsprechende Anwendung des BVG vorsehen (s. oben Rn. 5), sind gegenüber den Leistungen der Pflegeversicherung subsidiär, soweit sie im Einzelfall nicht über die im SGB XI vorgesehenen Leistungen hinausgehen. Die Terminologie wirkt insoweit befremdlich, als der Begriff „Fürsorge" seit dem Inkrafttreten des BSHG erstmals wieder in der Gesetzessprache auftaucht. Den Fürsorgeleistungen zur Pflege ist gemeinsam, dass sie voraussetzen, dass der Pflegebedürftige nicht in der Lage ist, sich die erforderlichen Hilfeleistungen aus eigenen Mitteln zu beschaffen. Abs. 3 Satz 2, der im 1. SGB XI-ÄndG neu gefasst wurde, stellt klar, dass der Subsidiaritätsgrundsatz nicht gilt, wenn und soweit Leistungen der PV nicht erbracht werden oder die in Satz 1 aufgeführten fürsorgerechtlichen Gesetze andere oder höhere Leistungen vorsehen (vgl. *Löcher/vom Rath,* ZfS 2006, 129, 135), d. h. die Leistungen mit denen der PV nicht kongruent sind. Zu einer besonderen Klarstellung sah sich der Gesetzgeber in Bezug auf die Eingliederungshilfe nach dem SGB XII (sowie dem BVG und dem SGB VIII) veranlasst, deren Eigenständigkeit im Verhältnis zur PV in Satz 3 betont wird, der ebenfalls im 1. SGB XI-ÄndG eingefügt wurde. In Einrichtungen der Behindertenhilfe (vgl. die Bezugnahme auf § 71 Abs. 4) ist die notwendige Hilfe einschließlich der Pflegeleistungen zu erbringen. An der Finanzierung dieser Pflegeleistungen beteiligt sich die PV nach § 43a.

1. Verhältnis von Pflegeversicherung und Fürsorgeleistungen

11 Vgl. hierzu eingehend *Lachwitz,* in: Schulin, HS-PV, § 9 Rn. 75 bis 298; *Wienand,* NZS 1996, 1; *Schellhorn,* NDV 1995, 54; *Krahmer/Manns,* Hilfe zur Pflege nach dem SGB XII, 3. Aufl. 2005. Die nur subsidiäre Leistungspflicht der Sozialhilfe ergibt sich bereits aus § 2 Abs. 1 SGB XII. Der Nachrang wirkt sich nur aus, wenn die Leistungsvoraussetzungen des SGB XI erfüllt sind. Liegt der **Pflegebedarf unterhalb** der Anforderungen der **Pflegestufe 1** oder ist Hilfe bei anderen als den in § 14 Abs. 4 aufgeführten Verrichtungen erforderlich bzw. besteht der Pflegebedarf für weniger als sechs Monate (§ 14 Abs. 1), so ist ein Anspruch auf Leistungen der in Abs. 3 aufgeführten Fürsorgesysteme nicht ausgeschlossen. § 61 Abs. 1 Satz 2 SGB XII enthält insoweit einen **eigenständigen sozialhilferechtlichen Pflegebedürftigkeitsbegriff,** der über denjenigen des § 14 Abs. 1 hinausgeht. Danach ist auch ein Hilfebedarf bei anderen als den in § 14 Abs. 4 aufgeführten Verrichtungen beachtlich. Hierzu gehört etwa ein Hilfebedarf bei der Kommunikation (vgl. *Lachwitz,* in: Schulin, HS-PV § 9 Rn. 142–144, 295; *Meßling,* in: juris PK-SGB XII, § 61 Rn. 88; *Krahmer,* ZfSH/SGB 1997, 278); speziell zum Kommunikationsbedarf bei Sprachbehinderten und Gehörlosen: *Jürgens,* ZfSH/SGB 1997, 24. Zudem sind nach § 61 Abs. 1 Satz 2 SGB XII auch solche Verrichtungen zu beachten, die einem der in § 14 Abs. 4 (wortgleich in § 61 Abs. 5 SGB XII) genannten Bereiche (Körperpflege, Mobilität, Ernährung und Hauswirtschaft) zugeordnet werden können, dort aber nicht speziell aufgeführt sind; z. B. Haar- und Nagelpflege, Monatshygiene bei Frauen (dafür: *Meßling,* in: juris PK-SGB XII, § 61 Rn. 87).

12 Die **Begrenzung auf „andere Verrichtungen** als nach Abs. 5" ist jedoch sozialhilferechtlich problematisch; denn der Sozialhilfeträger hat unabhängig von der Ursache der Hilfebedürftigkeit alles zu unternehmen, um eine menschwürdige Versorgung des Pflegebedürftigen sicherzustellen, soweit dieser dazu aus eigenen Kräften nicht in der Lage ist. Es kann deshalb nicht darauf abgestellt werden, dass der Hilfebedarf bei Verrichtungen entsteht (so wohl auch *Lachwitz,* in: Fichtner/Wenzel, SGB XII, § 61 Rn. 38). Eine entsprechende verfassungskonforme Auslegung des zu eng gefassten Wortlauts im Hinblick auf Art. 1 Abs. 1 GG zwingend geboten. Anders wäre auch die bedarfsgerechte Versorgung dementiell Erkrankter, die weitgehend unabhängig von verrichtungsbezogenen Hilfebedarfen besteht, nicht zu begründen. Im Übrigen ist der Sozialhilfeträger jedoch an die Entscheidung der PK über das Ausmaß der Pflegebedürftigkeit gebunden (Bindungswirkung gem. § 62 SGB XII). Die Bin-

dungswirkung setzt eine bestandskräftige Entscheidung der PK voraus (vgl. OVG Niedersachsen, FEVS 46, 370 und 457). Die Bindung erstreckt sich auch auf den der Zuordnung zu einer Pflegestufe zugrundeliegenden zeitlichen Hilfebedarf (so mit überzeugender Begründung: *Meßling,* in: jurisPK-SGB XII, § 62 Rn. 14). Ob die **Bindungswirkung** auch den Zeitpunkt des Beginns einer Erhöhung des Leistungsanspruchs wegen einer Erhöhung des Pflegebedarfs umfasst oder ob auch insoweit allein auf den sozialhilferechtlichen Kenntnisgrundsatz abzustellen ist, wird von BVerwG und BSG unterschiedlich beurteilt (BSG, Urteil vom 2.2.2012, B 8 SO 5/ 10 R, SozR 4-3500 § 62 Nr. 1 = NJW 2012, 2540; BVerwG, Urteil vom 12.12.2002, 5 C 62/01, BVerwGE 117, 272 = NJW 2003, 1961). Eine Bindung der PK an Feststellungen des Sozialhilfeträgers zur Pflegebedürftigkeit besteht dagegen nicht.

Weitergehende Leistungen nach dem SGB XII (Satz 2) und den anderen Gesetzen mit einkommensabhängigen Pflegeleistungen kommen in Betracht, wenn der Leistungsrahmen des SGB XI (§§ 36 und 39 bis 43) nicht ausreicht, um den Pflegebedarf sicherzustellen. Zu beachten ist in diesem Zusammenhang § 91 Abs. 2 Satz 3; danach darf der Sozialhilfeträger weitergehende Kosten dann nicht übernehmen, wenn sie auf der Leistungsbegrenzung bei Inanspruchnahme einer Pflegeeinrichtung ohne Vergütungsvereinbarung mit den PK beruhen. Im Übrigen konnte der **Grundsatz der Subsidiarität** sozialhilferechtlicher gegenüber sozialversicherungsrechtlichen Leistungsansprüchen im PflegeVG wegen der bei allen Leistungen nach dem SGB XI vorgesehenen Obergrenzen **nicht konsequent verfolgt** werden. Der Umfang der Leistungen bemisst sich zwar nach einem pauschalierten Pflegebedarf (§ 15), ist der Höhe nach jedoch begrenzt und nimmt auf das konkrete Ausmaß der notwendigen Hilfe letztlich keine Rücksicht. Maßstab der Leistungspflicht der **Sozialhilfe** ist demgegenüber der individuelle Hilfebedarf **ohne Beschränkung durch Höchstgrenzen,** dafür allerdings abhängig vom vorrangigen Einsatz des Einkommens und Vermögens des Pflegebedürftigen sowie seiner unterhaltspflichtigen Angehörigen. Trotz der grundsätzlichen Subsidiarität können sozialhilferechtliche Pflegeleistungen daher auch dem nach dem SGB XI leistungsberechtigten Personenkreis insoweit nicht vorenthalten werden, als sie über den Leistungsrahmen dieses Gesetzes hinausgehen.

Wahlrecht des Pflegebedürftigen: Allein der Grundsatz des Nachrangs der Sozialhilfe (§ 2 SGB XII) schränkt Wahlmöglichkeiten des Pflegebedürftigen (§ 2 Abs. 2) bei der Inanspruchnahme von Leistungen der PV auch dann nicht ein, wenn dieser durch eine bestimmte Wahl zusätzliche Leistungen der Sozialhilfe benötigt (*Lachwitz,* so Rn. 11, Rn. 173ff.; *Wagner,* in: H/N § 13 Rn. 17; a. A.: *Schellhorn,* NDV 1995, 55f.). Allgemein wird der Nachrang der Sozialhilfe dadurch sichergestellt, dass der Sozialhilfeträger anstelle des Hilfesuchenden die Feststellung von Sozialleistungen betreiben kann (§ 95 SGB XII), im Übrigen steht ihm ein Erstattungsanspruch nach § 104 SGB X zu, wenn er Sozialleistungen erbracht hat, die vorrangig in die Leistungspflicht eines Sozialversicherungsträgers fielen. Der Nachranggrundsatz begründet jedoch keine Pflicht des Versicherten, Leistungen der Sozialversicherung (hier der SPV) so auszuwählen, dass eine Inanspruchnahme der Sozialhilfe nicht bzw. nur in möglichst eingeschränktem Umfang erforderlich wird. § 66 SGB XII knüpft den Nachrang an die tatsächliche Wahl der Leistungen der PV an: Pflegegeld und Pflegesachleistungen sind dem Pflegebedürftigen von dem Sozialhilfeträger nur in dem Umfang zu währen, in dem er nicht schon gleichartige Leistungen nach anderen Rechtsvorschriften erhält oder beanspruchen könnte. § 66 SGB XII ist im Wesentlichen inhaltsgleich mit dem zuvor geltenden § 69c BSHG. Zur Anrechnung des Pflegegeldes bei Beschäftigung von besonderen Pflegekräften (sog. Assistenzmodell) vgl. BVerwG 118, 297; *Grote-Seifert,* jurisPR-SozR 12/2008 Anm. 5.

§ 13 Erstes Kapitel. Allgemeine Vorschriften

2. Fürsorgeleistungen im Einzelnen:

15 **a) Pflegeleistungen nach dem SGB XII (Abs. 3 Satz 1 Nr. 1).** Eigenständige leistungsrechtliche Vorschriften enthält das SGB XII in den §§ 61 bis 66 für die häusliche Pflege. Bezüglich der stationären Pflege sowie der Kurzzeitpflege verweist § 61 Abs. 2 Satz 2 SGB XII auf § 28 Abs. 1 Nrn. 1 und 5 bis 8; wegen des Bedarfsdeckungsprinzips sind im Sozialhilferecht die Höchstgrenzen der PV nicht anwendbar. Bei fehlender finanzieller Leistungsfähigkeit (vgl. hierzu §§ 19 Abs. 3, 85 sowie 87 bis 90 SGB XII) ist der Sozialhilfeträger auch zur Übernahme der Kosten für Unterkunft und Verpflegung verpflichtet. Wie im SGB XI (§ 3) gilt der **Vorrang der häuslichen Pflege** (§ 63 SGB XII). Der Sozialhilfeträger kann sich der Übernahme von Kosten einer Heimunterbringung jedoch auch dann nicht entziehen, wenn der Pflegebedürftige aus zwingendem Grund stationäre Pflege in Anspruch nimmt. Andererseits kann der Vorrang der häuslichen Pflege mit dem Grundsatz der Angemessenheit der Kosten kollidieren (§ 9 Abs. 2 SGB XII); bei extrem kostspieliger häuslicher Pflege muss sich der Hilfeempfänger u. U. auf Heimpflege verweisen lassen (vgl. § 13 Abs. 1 Satz 3 ff SGB XII; Schellhorn, NDV 1995, 54, 55). Diese muss dem Betroffenen jedoch unter Berücksichtigung seiner gesamten Lebenssituation zumutbar sein (vgl. *Meßling,* in: jurPK-SGB XII § 63 Rn. 5; a. A. *Lachwitz,* in: Fichtner/Wenzel SGB XII, § 63 Rn. 2).

16 Ein **Anspruch auf Pflegegeld** besteht bei häuslicher Pflege, wie in der PV, wenn der Pflegebedürftige die erforderliche Pflege selbst sicherstellt (§ 64 Abs. 5 S. 1 SGB XII); Voraussetzungen und Höhe des Anspruchs entsprechen § 37. Stellt die PK die Gewährung von Pflegegeld aus der PV ein, weil der Pflegebedürftige die nach § 37 Abs. 3 Satz 1 erforderlichen Pflichteinsätze von Pflegediensten nicht abgerufen hat, so entfällt auch die Leistungspflicht des Sozialhilfeträgers. Erhält der Pflegebedürftige Pflegegeld nach § 37, so scheidet ein Anspruch auf das sozialhilferechtliche Pflegegeld aus, weil Ersteres in voller Höhe anzurechnen ist (§ 66 Abs. 1 Satz 2 SGB XII). Nur mit 70% auf das Pflegegeld angerechnet werden dagegen das Pflegegeld nach § 72 SGB XII und Geldleistungen nach den Landesblindengeld- und Landespfleggeldgesetzen. Die Inanspruchnahme von Pflegesachleistungen nach § 36 schließt das sozialhilferechtliche Pflegegeld nicht gänzlich aus; es kann jedoch um bis zu zwei Drittel gekürzt werden (§ 66 Abs. 2 S. 2 SGB XII). Bei Kombinationsleistungen nach § 38 wird das darin enthaltene Pflegegeld voll angerechnet (zu Berechnungsmodalitäten vgl. *Lachwitz,* in: Schulin, HS-PV, § 9 Rn. 203 ff.).

17 § 65 Abs. 1 SGB XII sieht daneben für die häusliche Pflege **weitere Leistungen** vor, die das SGB XI nicht kennt: so werden (nach Satz 1) – bei nicht erwerbsmäßig tätigen Pflegepersonen – die angemessenen Aufwendungen (Fahrtkosten, Mehraufwendungen für Verpflegung, Kosten der Unterbringung von Kindern etc.; vgl. hierzu *Meßling,* in: jurPK-SGB XII, § 65 Rn. 11 ff.) sowie angemessene Beihilfen gewährt und die Beiträge der Pflegeperson für eine angemessene Alterssicherung übernommen, wenn diese nicht anderweitig sichergestellt ist; d. h. der Anspruch nach § 44 geht grundsätzlich vor. Wird hierdurch der individuelle Pflegebedarf nicht gedeckt, so hat der Sozialhilfeträger gem. § 65 Abs. 1 Satz 2 SGB XII die Kosten für eine besondere Pflegekraft (d. h. eine erwerbsmäßig tätige) zu übernehmen (vgl. hierzu *Meßling,* in: jurPK-SGB XII, § 65 Rn. 31 ff.). Dies wird durch § 66 Abs. 4 S. 1 SGB XII jedoch insoweit ausgeschlossen, als der Pflegebedürftige in der Lage ist, Pflegesachleistungen der PV in Anspruch zu nehmen. Diese Regelung schließt jedoch die nach dem SGB XI bestehenden Wahlmöglichkeiten des Pflegeversicherten nicht aus (vgl. oben Rn. 12). Im 1. SGB XI-ÄndG ist § 69c Abs. 4 BSHG (heute § 66 Abs. 4 SGB XII) zudem um einen Satz 2 ergänzt worden, der die Beibehaltung des sog. Arbeitgeber- oder Assistenzmodells sicherstellen soll: Stellt der Pflegebedürftige seine Pflege durch besondere Pflegekräfte sicher, mit denen er ein Beschäftigungsverhältnis abgeschlossen hat, so kann er nicht auf die Inanspruchnahme von Sachleistungen verwie-

sen werden (hierzu eingehend *Meßling,* in: jurPK-SGB XII, § 66 Rn. 44 ff.). Dies war eine Konsequenz aus § 77 Abs. 1 Satz 3 idF. des 1. SGB XI-ÄndG, wonach die PK die Pflege nicht durch einen Vertrag mit einer einzelnen Pflegekraft sicherstellen darf, wenn diese mit dem Pflegebedürftigen ein Beschäftigungsverhältnis geschlossen hat; in diesem Fall verbleibt nur die Gewährung von Pflegegeld (zu Ausnahmen s. § 77 Rn. 9).

b) Pflegeleistungen nach Abs. 3 Satz 1 Nr. 2. Pflegeleistungen nach dem LAG (§ 267), dem ReparationsschädenG und dem FlüchtlingshilfeG haben grundsätzlich subsidiären Charakter; zu den Voraussetzungen von Pflegeleistungen nach diesen Gesetzen vgl. *Trenk-Hinterberger,* in: Wannagat, § 13 Rn. 117ff. 18

c) Leistungen der Kriegsopferfürsorge (Abs. 3 Satz 1 Nr. 3). Leistungen der Kriegsopferfürsorge (§§ 25–27j BVG iVm. der VO zur Kriegsopferfürsorge): Sie ergänzen die übrigen Leistungen nach dem BVG, wenn der nach den §§ 2ff. BVG anzuerkennende Bedarf schädigungsbedingt aus den übrigen Leistungen des BVG und dem Einkommen und Vermögen nicht gedeckt werden kann. Der die Pflegeleistungen regelnde § 26c BVG ist weitgehend den §§ 61–66 SGB XII nachgebildet (zu Einzelheiten vgl. *Trenk-Hinterberger,* in: Wannagat § 13 Rn. 137ff.; speziell zur Besitzstandsklausel in § 27j BVG: *Neubig,* Behindertenrecht 1995, 33, 38). Die Regelung kommt auch dann zur Anwendung, wenn in anderen Gesetzen (vgl. oben Rn. 5) eine entsprechende Anwendung des BVG vorgesehen ist. 19

3. Leistungen der Eingliederungshilfe (Abs. 3. Satz 3)

Leistungen der Eingliederungshilfe (Abs. 3 Satz 3) nach den §§ 53 ff. SGB XII, nach § 27d Abs. 1 Nr. 6 iVm. § 27d Abs. 3 BVG (auf die Eingliederungshilfe iR der Kriegsopferfürsorge finden die §§ 53 ff. SGB XII entsprechend Anwendung) sowie nach dem SGB VIII (Kinder- und Jugendhilfe) bleiben unberührt (eingehend hierzu: *Lachwitz,* HS-PV, § 9 Rn. 329ff.; *Jürgens,* NDV 1995, 323; *Mrozynski,* ZfSH/SGB 1999, 333). Auch die Eingliederungshilfe ist sich eine nachrangige Sozialhilfeleistung; der durch das 1. SGB XI-ÄndG eingefügte Satz 3 hebt den Vorrang der PV jedoch ausdrücklich auf. Dies folgt zum einen aus der Formulierung, die Leistungen der Eingliederungshilfe seien im Verhältnis zur PV „nicht nachrangig"; zum anderen daraus, dass in den Einrichtungen nach § 71 Abs. 4 (hierzu zählen insbesondere auch Einrichtungen für behinderte Menschen, vgl. § 71 Rn. 15) auch Pflegeleistungen zu erbringen sind (zum Meinungsstreit zur ursprünglichen Fassung von Abs. 3 Satz 2 vgl. *Lachwitz,* HS-PV, § 9 Rn. 350ff.; *Mrozynski,* SGb 1995, 104, 106ff.). Die PK übernehmen im Gegenzug nach § 43a für Pflegebedürftige in vollstationären Einrichtungen der Behindertenhilfe zur Abgeltung der in § 43 Abs. 2 genannten Aufwendungen (pflegebedingte Aufwendungen, Aufwendungen der sozialen Betreuung und Aufwendungen der Behandlungspflege) zehn vH. des nach § 75 Abs. 3 SGB XII vereinbarten Heimentgelts, höchstens bis zu 256 € monatlich. Dies gilt nicht, soweit Teile derartiger Einrichtungen die Voraussetzungen von § 71 Abs. 2 (selbstständig wirtschaftende Einrichtungen unter ständiger Verantwortung einer Pflegefachkraft) erfüllen und einen Versorgungsvertrag nach § 72 abgeschlossen haben. 20

Bei der Eingliederungshilfe stehen jedoch Leistungen im Vordergrund, die der Integration des behinderten Menschen in die Gesellschaft und der Rehabilitation dienen. Hieran knüpft § 71 Abs. 4 an, wonach Einrichtungen, in denen die berufliche oder soziale Eingliederung, die schulische Ausbildung oder die Erziehung Kranker oder behinderter Menschen im Vordergrund steht, keine Pflegeeinrichtungen sind, die Leistungen der PV erbringen können. Satz 3. HS stellt nunmehr klar, dass die Pflege in diesen Einrichtungen als Bestandteil der Eingliederungshilfe zu Lasten des Sozialhilfeträgers zu erbringen ist. Zur Frage der Vereinbarung dieser Regelung mit Art. 3 Abs. 3 Satz 2 GG vgl. *Lachwitz,* HS-PV, § 9 Anhang Rn. 329 (5), unter Beru- 21

§ 13 Erstes Kapitel. Allgemeine Vorschriften

fung auf ein Gutachten von *Pieroth* (RdLh 1996, 59). Wird neben einer teil- oder vollstationären Versorgung iR der Eingliederungshilfe in einer unter § 71 Abs. 4 fallenden Einrichtung **Pflege im häuslichen Bereich** durchgeführt, so können hierfür Leistungen der PV nach den §§ 36–39 beansprucht werden (vgl. § 43a Rn. 5). Die Aufhebung des Nachrangs umfasst solche Leistungen der Eingliederungshilfe nicht, die mit der Hilfe in einer Einrichtung nach § 71 Abs. 4 nicht im Zusammenhang stehen, wie dies bei der Versorgung mit Hilfsmitteln (§ 54 Abs. 1 SGB XII) der Fall ist. Hierfür spricht vor allem der 2. HS von Abs. 3 Satz 3, der den weiten Anwendungsbereich des 1. HS („die Leistungen der Eingliederungshilfe … sind im Verhältnis zur PV nicht nachrangig") insoweit begrenzt.

4. Verhältnis zu den Leistungen nach § 45 b (Abs. 3 a)

22 Die mit dem PflEG mWv 1.1.2002 eingeführten niedrigschwelligen zusätzlichen Betreuungsleistungen für Pflegebedürftige mit erheblichem allgemeinem Betreuungsbedarf sollten für pflegende Angehörige eine zusätzliche Entlastung bewirken. Mit dem gleichzeitig eingefügten Abs. 3a soll erreicht werden, dass die zusätzlichen Leistungen dem Pflegebedürftigen und seinen Angehörigen möglichst ungeschmälert zukommen. Dies schließt eine Anrechnung dieser Leistungen auf Pflegeleistungen nach dem SGB XII und anderen Gesetzen, die Fürsorgeleistungen zur Pflege vorsehen, aus.

VI. Pflegeleistungen nach anderen Rechtsgrundlagen

23 § 13 erfasst nicht alle Fälle des Zusammentreffens von Pflegeleistungen nach dem SGB XI und anderen Rechtsgrundlagen. Pflegeleistungen, die während eines **stationären Aufenthalts** im Krankenhaus (nach § 39 SGB V) oder einer anderen stationären Einrichtung i. S. des § 71 Abs. 4 erbracht werden, führen zum Ruhen der Leistungen bei häuslicher Pflege nach § 34 Abs. 2 Satz 1 2. Halbsatz. Beim Bezug **ausländischer Pflegeleistungen** ist § 34 Abs. 1 Nr. 2 Satz 2 heranzuziehen. Bei **Pflegehilfsmitteln** richtet sich die Zuständigkeit des Leistungsträgers nach § 40 Abs. 1 Satz 1. Für Maßnahmen zur Förderung der **Verbesserung des individuellen Wohnumfeldes** des Pflegebedürftigen kommen neben Leistungen der PV nach § 40 Abs. 4 auch Hilfen zur Beschaffung, Ausstattung und Erhaltung einer behindertengerechten Wohnung nach § 22 SchwbAV in Betracht, für die die Hauptfürsorgestellen zuständig sind. Zwar enthält auch § 22 Abs. 3 SchwbAV eine Subsidiaritätsklausel; sie greift jedoch nur ein, soweit auf die von anderer Seite zu erbringende Leistung ein Rechtsanspruch besteht oder diese tatsächlich erbracht wird. Wegen der in § 40 Abs. 4 angeordneten subsidiären Leistungspflicht der PV dürfte die Leistung nach § 22 Abs. 3 SchwbAV vorgehen. Das Verhältnis **landesrechtlicher Pflegeleistungen** zu den Leistungen der PV wird durch Ruhens- oder Anrechnungsregelungen in Landespflegegeld- bzw. Landesblindengeld-Gesetzen geregelt. Zu den Rechtsgrundlagen und Leistungsvoraussetzungen vgl. *Trenk-Hinterberger*, in: Wannagat, § 13 Rn. 173–189. Auf die Gewährung von Leistungen nach dem SGB XI wirken sich Leistungen nach landesrechtlichen Vorschriften nicht aus. Leistungen der häuslichen Pflege nach den §§ 36, 37, 38 und 39 sind auf die **Blindenhilfe** (Blindenpflegegeld) nach § 72 SGB XII mit bis zu 70 vH. anzurechnen (vgl. hierzu *Schellhorn*, § 72 SGB XII Rn. 12a). Zur Anrechnung der Blindenhilfe nach § 72 SGB XII auf das Pflegegeld nach § 64 SGB XII vgl. § 66 Abs. 1 Satz 2 SGB XII. Zum Verhältnis der Leistungen der PV zu **beihilferechtlichen Leistungen** wegen Pflegebedürftigkeit finden sich im SGB XI folgende Regelungen: nach § 28 Abs. 2 erhalten Personen, die einen Anspruch auf Beihilfe haben und in der SPV versichert sind (vgl. § 22 Rn. 4) die ihnen jeweils zustehenden Leistungen zur Hälfte (vgl. hierzu § 28 Rn. 4).

Verhältnis der Leistungen der Pflegeversicherung zu anderen Sozialleistungen § 13

VII. Pflegeleistungen durch eine Stelle (Abs. 4)

Die Vorschrift wurde im Vermittlungsverfahren (BT-Drucks. 12/6424, S. 2; BR- 24
Drucks. 910/93, S. 3) eingeführt, um Pflegebedürftigen, die sowohl aus der PV als
auch nach BSHG (jetzt SGB XII) bzw. SGB VIII Pflegeleistungen beanspruchen können, eine Auseinandersetzung mit mehreren Leistungsträgern zu ersparen. Die dem
Pflegebedürftigen insgesamt zustehenden Leistungen sollen von einem Leistungsträger erbracht werden; diesem steht gegenüber dem nicht leistenden Träger ein **Erstattungsanspruch** zu. Die Regelung ist von *Schulin* (NZS 1994, 433, 435) heftig kritisiert worden, weil eine Gesamtzuständigkeit des Sozialhilfeträgers auch gegen den
Willen des Pflegebedürftigen begründet werden könne und dies dem Antragserfordernis bei Sozialhilfeleistungen widerspreche. Dem kann nicht zugestimmt werden. Denn
eine Zuständigkeit des Sozialhilfeträgers kann nur eintreten, wenn der Pflegebedürftige entsprechende Leistungen beantragt. Berührungsängste gegenüber der Sozialhilfe
können nicht maßgebend sein, solange aus einer umfassenden Zuständigkeit des Sozialhilfeträgers keine Ausweitung des Rückgriffs auf eigenes Einkommen oder solches
des Pflegebedürftigen gegenüber Unterhaltspflichtigen (§§ 93, 94 SGB XII) resultiert, was Abs. 4 durch die Erstattungspflicht der PK ausschließt. Zu einer Verlagerung der Zuständigkeit kann es nur im Bereich der Leistungsgewährung kommen,
nachdem die Grundlagen des Anspruchs auf Pflegeleistungen nach dem SGB XI zuvor
von der PK festgestellt worden sind. Für die von *Schulin* (NZS 1994, 433, 435) insoweit
geäußerten Zweifel geben Wortlaut sowie Sinn und Zweck der Regelung keine Veranlassung (vgl. *Wagner*, in: H/N, § 13 Rn. 55). Abs. 4 hat keine Auswirkungen auf das
Leistungs- und das Verwaltungsverfahrensrecht. Der Bescheid über die Leistungsbewilligung ist von dem jeweils zuständigen Träger nach den für ihn geltenden Vorschriften zu erteilen (vgl. *Wagner*, in: H/N § 13 Rn. 54). Eine Zustimmung des Pflegebedürftigen zur Vereinbarung nach Abs. 4 ist nicht erforderlich (*Wagner*, in: H/N, § 13
Rn. 55; a. A. *Schulin*, NZS 1994, 433, 435). Auf Leistungen der PPV ist Abs. 4 nicht
anwendbar.

VIII. Keine Berücksichtigung als Einkommen (Abs. 5)

Leistungen der PV werden bei der Gewährung einkommensabhängiger Sozialleis- 25
tungen nicht als Einkommen berücksichtigt. Gemeint ist in erster Linie das Pflegegeld
nach § 37. Soweit die PPV Pflegegeld als Vertragsleistung in einer Höhe gewährt, die
die für die einzelnen Pflegestufen vorgesehenen Beträge nicht übersteigt, bleibt es
ebenfalls unberücksichtigt (Satz 2). Die Einkommensanrechnung von Leistungen der
PPV, die über das Leistungsniveau der SPV hinausgehen oder von anderer Art sind als
die dort vorgesehenen Leistungen, richtet sich nach den Bestimmungen des jeweiligen Sozialleistungsbereichs (Satz 3).

1. Einkommensabhängige Sozialleistungen

Sozialleistungen, deren Gewährung von anderen Einkommen abhängig ist: dies 26
sind vor allem Sozialhilfe, Arbeitslosengeld II, Wohngeld, BAföG-Leistungen und Erziehungsgeld; aber auch sozialversicherungsrechtliche Positionen, deren Erlangung
von der Höhe des Einkommens abhängt: Familienversicherung in der GKV und in
der SPV, Anwendung von Härtefall- oder Überforderungsklauseln nach §§ 61, 62
SGB V, Einkommensanrechnung auf Renten wegen Todes (§§ 97 SGB VI, §§ 65
Abs. 3, 68 Abs. 2 SGB VII) sowie die einkommensabhängigen Sozialleistungen im sozialen Entschädigungsrecht; wie z. B. die Ausgleichsrente, die nach § 33 BVG um anzurechnendes Einkommen zu mindern ist.

2. Pflegegeld als Einkommen der Pflegeperson

27 Die **Freistellung bezieht sich** nach dem Wortlaut von Abs. 5 zunächst nur **auf den Pflegebedürftigen** selbst. Denn Leistungen der PV erhält nur er, nicht aber die Pflegeperson, die ihn nicht erwerbsmäßig pflegt. Ob er das Pflegegeld ganz oder teilweise an Pflegepersonen weiterleitet, bleibt ihm überlassen. Die Spitzenverbände der KK haben bereits zum Pflegegeld nach § 57 SGB V die Auffassung vertreten, dieses sei auch bei der Pflegeperson nicht als Einkommen zu berücksichtigen (Gemeinsames Rundschreiben der Spitzenverbände der KK vom 23.8.1989, Ziffer 1 Abs. 2, Ziffer 5; s. a. *Lutter*, BArBl. 1994, 28, 30 in Bezug auf das Pflegegeld nach § 37). Etwas anderes sollte nur gelten, wenn die Pflege im Rahmen eines zwischen dem Pflegebedürftigen und der Pflegeperson bestehenden Beschäftigungsverhältnisses erbracht werde. Diese Auffassung lässt sich aus Abs. 5 nicht ableiten. Eine allgemeine Freistellung kann insoweit auch den §§ 1 ff. SGB IV nicht entnommen werden.

28 Sinn und Zweck der Freistellungsregelung sprechen für eine **Ausdehnung auf das** an die nicht erwerbsmäßig tätige Pflegeperson **weitergereichte Pflegegeld** (*Trenk-Hinterberger*, in: Wannagat, § 13 Rn. 170 f.; *Kruse*, in: LPK-SGB XI, § 13 Rn. 38; *Jung*, Rn. 155). Die gegenteilige Auffassung (*Schellhorn*, NDV 1995, 54, 58 f.; 1. Aufl. § 13 Rn. 19 f.) kann sich allerdings neben der Gesetzesbegründung („Leistungen der PV sind kein Einkommen des Pflegebedürftigen", vgl. BT-Drucks. 12/5262, S. 94) auch auf die Tatsache berufen, dass der Gesetzgeber sich veranlasst sah, diese Frage für den speziellen Bereich der Arbeitslosenhilfe ausdrücklich zu regeln (so auch *Trenk-Hinterberger*, in: Wannagat, § 13 Rn. 171). Nach § 11 Satz 1 Nr. 7 AlhiVO (vom 27.6.1995, BGBl. I S. 902) galten die nicht steuerpflichtigen Einnahmen einer Pflegeperson für Leistungen zur Grundpflege oder hauswirtschaftlichen Versorgung nicht als Einkommen. Dieser Regelung hätte es nicht bedurft, wenn man von einer Einbeziehung des weitergereichten Pflegegeldes ausgegangen wäre (s. a. *Wagner*, in: H/N, § 13 Rn. 57). Andererseits hat die verwaltungsgerichtliche Rechtsprechung das an Angehörige weitergereichte Pflegegeld nach § 69 BSHG aF stets nicht als Einkommen berücksichtigt (vgl. BVerwG 90, 217, 219), weil der Pflegebedürftige durch die Weiterleitung an die grundsätzlich unentgeltlich tätigen Pflegepersonen aus seinem unmittelbaren Umfeld diesen gegenüber lediglich seinen Dank für die geleistete Hilfe ausdrücke. Diese Erwägung trifft auch auf das Pflegegeld nach § 37 zu, das nach der Vorstellung des Gesetzgebers in erster Linie als Anerkennung der ehrenamtlich geleisteten Hilfe anzusehen ist und zugleich die Motivation der pflegenden Angehörigen steigern soll. Für das Sozialhilferecht ist die Überlegung durchschlagend, dass von einer Anrechnung des weitergeleiteten Pflegegeldes als Einkommen der Pflegeperson in den Fällen, in denen der Pflegebedürftige mit der Pflegeperson eine Einsatzgemeinschaft i. S. des § 19 SGB XII bildet, letztlich auch der Pflegebedürftige getroffen würde, weil die Anrechnung den sozialhilferechtlichen Bedarf der Gemeinschaft minderte.

3. Pflegegeld als Einnahme i. S. des EStG

29 Für den Pflegebedürftigen selbst sind einkommensteuerrechtlich Einnahmen für Leistungen zur Grundpflege oder hauswirtschaftlichen Versorgung gem. § 3 Nr. 36 EStG bis zur Höhe des Pflegegeldes nach § 37 steuerfrei, wenn diese Leistungen von Angehörigen oder von Personen erbracht werden, die damit eine sittliche Pflicht i. S. des § 33 Abs. 2 EStG gegenüber dem Pflegebedürftigen erfüllen (*Wagner*, in: H/N, § 13 Rn. 57 c). Bei pflegenden Angehörigen ist nach der ständigen Rechtsprechung des BFH (BStBl. II 2002, S. 417 sowie Urteil vom 17.7.2008, III R 98/06) zu differenzieren: verwendet die Pflegeperson an sie weiter geleitetes Pflegegeld ausschließlich dazu, Aufwendungen des Pflegebedürftigen zu bestreiten, so stellt das Pflegegeld bei ihr keine Einnahme dar. Verwendet sie das Pflegegeld dagegen auch für eigene Zwecke, so hat sie insoweit Einnahmen.

IX. Pflegegeld und Unterhaltsrecht (Abs. 6)

Die Berücksichtigung des an eine Pflegeperson weitergeleiteten Pflegegeldes bei **30** Unterhaltsansprüchen und -verpflichtungen der Pflegeperson ist durch die Anfügung von Abs. 6 im 4. SGB XI-ÄndG neu geregelt worden. Die zivilrechtliche Rechtsprechung war zuvor überwiegend davon ausgegangen, dass das vom Pflegebedürftigen an die Pflegeperson weiter geleitete Pflegegeld im Rahmen unterhaltsrechtlicher Beziehungen stets zu Lasten der Pflegeperson zu berücksichtigen sei; dh ihre Unterhaltsfähigkeit steigerte bzw. ihren Unterhaltsbedarf minderte. Nach Auffassung des Gesetzgebers war dies mit dem sozialpolitischen Anliegen, die häusliche Pflege zu fördern und die Pflegebereitschaft und -fähigkeit im häuslichen Bereich zu stärken, nicht vereinbar (BT-Drucks. 14/407, S. 4). Das Pflegegeld bleibt jedoch nicht generell bei der Bemessung des Unterhaltsbedarfs bzw. der Unterhaltsfähigkeit unberücksichtigt. Der Gesetzgeber hatte vor allem folgende Fälle im Blick: der Unterhaltsanspruch der getrennt lebenden oder geschiedenen Ehefrau, die ein gemeinsames behindertes Kind pflegt, gegen ihren (früheren) Ehemann soll nicht deshalb gemindert werden, weil sie wegen der Pflege des Kindes Pflegegeld erhält. Das Pflegegeld soll auch dann nicht als Einkommen berücksichtigt werden, wenn der Pflegeperson eine Erwerbstätigkeit nicht zumutbar ist oder die Pflege neben einer Erwerbstätigkeit geleistet wird, zu der die Pflegeperson unterhaltsrechtlich nur dann verpflichtet wäre, wenn die Pflegetätigkeit unberücksichtigt bliebe (vgl. BT-Drucks. 14/407, S. 4). Abs. 6 beschränkt sich jedoch nicht auf diese Fälle und schließt sie andererseits auch nicht generell aus. Der Ausschluss der Anrechnung gilt insbesondere nicht für Fälle, in denen der Unterhaltsanspruch aus anderen Gründen ganz oder teilweise ausgeschlossen ist (Verweisung auf §§ 1361 Abs. 2, 1579 und 1611 Abs. 1 BGB).

Abs. 6 Satz 2 enthält eine sehr differenzierte Lösung, die entweder auf Besonder- **31** heiten der Unterhaltsbeziehung (Nr. 1) oder auf die Zumutbarkeit der Deckung des Unterhaltsbedarfs durch eigene Einkünfte (Nr. 2) abstellt. Der Ausschluss der Berücksichtigung des Pflegegeldes gilt nicht für die Unterhaltsverpflichtung einer Pflegeperson gegenüber ihren minderjährigen unverheirateten Kindern (§ 1603 Abs. 2 BGB) sowie für Unterhaltsansprüche von Pflegepersonen, die aus Billigkeitsgründen beschränkt oder ausgeschlossen sind. § 1361 Abs. 3 BGB betrifft den Unterhaltsanspruch der getrennt lebenden Ehegatten, § 1579 BGB den Unterhaltsanspruch unter geschiedenen Ehegatten, § 1611 Abs. 1 BGB allgemein die Beschränkung bzw. den Wegfall des Unterhaltsanspruchs aus Billigkeitsgründen. Satz 2 Nr. 2 stellt allgemein darauf ab, ob es der Pflegeperson zuzumuten ist, ihren Unterhaltsbedarf ganz oder teilweise durch eigene Einkünfte zu decken. Dies gilt allerdings nicht, wenn der Unterhaltsverpflichtete mit dem Pflegebedürftigen in gerader Linie verwandt ist. Die in Abs. 6 in Bezug genommenen unterhaltsrechtlichen Regelungen normieren abschließend die Voraussetzungen, unter denen ein weitergeleitetes Pflegegeld zulasten der Pflegeperson unterhaltsrechtlich anzurechnen ist (BGH, Urteil vom 1.3.2006 – XII ZR 157/03 = NJW 2006, 2182).

Die Sonderbehandlung im Rahmen unterhaltsrechtlicher Beziehungen erfasst das **32** Pflegegeld nach § 37 und **vergleichbare Geldleistungen,** die an die Pflegeperson weitergeleitet werden. Die Regelung bezieht sich damit auf alle Geldleistungen, die dem Pflegebedürftigen für pflegebedingten Mehraufwand gewährt werden. Hierzu zählen vor allem das Pflegegeld nach § 64 SGB XII und Geldleistungen, die nach § 65 SGB XII als andere Leistungen gewährt werden; ferner die Pflegezulage nach § 35 BVG und Pflegegeld nach § 44 Abs. 2 SGB VII.

Zweites Kapitel. Leistungsberechtigter Personenkreis

Vorbemerkungen zu §§ 14 bis 19

Inhaltsübersicht

	Rn.
I. Leistungsberechtigter Personenkreis	1
II. Pflegebedürftiger Personenkreis	2
III. Vorliegen der Pflegebedürftigkeit	3
IV. Verordnungsermächtigung	4
V. Verfahren zur Feststellung der Pflegebedürftigkeit	5
VI. Begriff der Pflegepersonen	6

I. Leistungsberechtigter Personenkreis

1 Das Zweite Kapitel (§§ 14 bis 19) regelt den leistungsberechtigten Personenkreis. Der Sache nach handelt es sich um Vorschriften über den Versicherungsfall der Pflegebedürftigkeit. Dieser wird vor allem in den §§ 14 und 15 festgelegt, die den Kern des SGB XI – und wegen der Bindung der PPV an die dort aufgestellten Vorgaben (§ 23 Abs. 6 Nr. 1) – der gesamten PV bilden.

II. Pflegebedürftiger Personenkreis

2 § 14 bestimmt den Personenkreis, der als pflegebedürftig anzusehen ist. Maßgebend ist ein krankheits- oder behinderungsbedingter Hilfebedarf (bzw. Pflegebedarf) bei den gewöhnlichen und regelmäßig wiederkehrenden Verrichtungen im Ablauf des täglichen Lebens (§ 14 Abs. 1), wobei das Gesetz die Verrichtungen im Einzelnen festlegt, die für die Beurteilung des Hilfebedarfs maßgebend sein sollen (§ 14 Abs. 4). Die Erforderlichkeit von Hilfeleistungen bei anderen Gelegenheiten kann Pflegebedürftigkeit nicht begründen. Das BSG sieht den Katalog der maßgebenden Verrichtungen in § 14 Abs. 4 als abschließend an und hält die Beschränkung auf die aus dem Lebensrhythmus eines Gesunden stammenden Verrichtungen des § 14 Abs. 4 auch im Hinblick auf unberücksichtigt gebliebene lebenswichtige Maßnahmen als verfassungsgemäß an, weil sie innerhalb der Gestaltungsfreiheit des Gesetzgebers liege (BSGE 82, 27 = SozR 3-300 § 14 Nr. 2 = NZS 1998, 525). Dieser Auffassung hat sich das BVerfG uneingeschränkt angeschlossen und entsprechende Verfassungsbeschwerden nicht zur Senatsentscheidung zugelassen (BVerfG, Beschlüsse vom 22.5.2003, 1 BvR 452/99, FamRZ 2003, 1084 und 1 BvR 1099/00, SozR 4-3300 § 14 Nr. 1; NZS 2003, 535; krit. hierzu *Baumeister*, NZS 2004, 191). Die Begrenzung des Hilfebedarfs auf die Verrichtungen in § 14 Abs. 4 ist auch für die soziale Sicherung von Pflegepersonen (etwa die Versicherungspflicht in der GRV) maßgebend (BSG, Urteil 5.5.2010, B 12 R 6/09 R, BSGE 106, 126). Zur ausstehenden **Reform des Begriffs der Pflegebedürftigkeit** vgl. Einleitung Rn. 26–31.

Vorbemerkungen **Vor §§ 14–19**

III. Vorliegen der Pflegebedürftigkeit

Pflegebedürftigkeit kann nur angenommen werden, wenn **auf Dauer** (§ 14 **3**
Abs. 1) ein Hilfebedarf in dem Umfang besteht, der in § 15 (ergänzt durch die nach
§ 17 Abs. 1 erlassenen Richtlinien) vorausgesetzt wird. Je nach dem Ausmaß des Hilfebedarfs wird der Pflegebedürftige einer von **drei Pflegestufen** zugeordnet (§ 15
Abs. 1). Die Zuordnung ist sowohl bei häuslicher wie bei stationärer Pflege maßgebend für den Umfang der Leistungen, die der Pflegebedürftige nach den §§ 3 ff. beanspruchen kann. Leistungen der PV kommen prinzipiell nur in Betracht, wenn der
Versicherte zumindest die Voraussetzungen der Pflegestufe I (§ 15 Abs. 1 Satz 1 Nr. 1
iVm. Abs. 3) erfüllt. Mit dem Inkrafttreten des PflegeWEG zum 1.7.2008 wurde
hiervon eine Ausnahme eingeführt: Personen mit erheblich eingeschränkter Alltagskompetenz iSd. § 45 a können Betreuungsleistungen nach § 45 b auch dann beanspruchen, wenn sie die Voraussetzungen für eine Zuordnung zur Pflegestufe I nicht erfüllen. Mit dem PNG hat der Gesetzgeber mWv 1.1.2013 in den §§ 123, 124 für diesen
Personenkreis auch Ansprüche auf Pflegesachleistungen sowie Pflegegeld begründet.
Einstufungen auf der Grundlage anderer Gesetze lassen keine zwingenden Rückschlüsse auf die Zuordnung zu einer Pflegestufe zu. So lässt etwa eine nach § 69
Abs. 1 SGB IX getroffene Feststellung über einen Grad der Behinderung keinen
Rückschluss darauf zu, ob und ggf welcher Pflegestufe der behinderte Mensch zuzuordnen ist (LSG Baden-Württemberg, Urteil vom 18.8.2006 – L 4 P 2378/06). Entsprechendes gilt für eine steuerrechtliche Anerkennung einer Hilflosigkeit im Sinne
des § 33 b Abs. 6 EStG (BSG, SozR 3-3300 § 14 Nr. 9).

IV. Verordnungsermächtigung

§ 16 enthält eine Verordnungsermächtigung des BMA, von der nur Gebrauch ge- **4**
macht werden soll, wenn die unter Beteiligung der in § 17 Abs. 1 Satz 2 aufgeführten
sachkundigen Institutionen von den Spitzenverbänden der PK beschlossenen Richtlinien die Aufgabe, den leistungsberechtigten Personenkreis sachgerecht abzugrenzen
und den verschiedenen Pflegestufen zuzuordnen sowie das Verfahren zur Feststellung
der Pflegebedürftigkeit im Detail zu regeln, nicht zufriedenstellend lösen; wobei auch
die Richtlinien schon der Genehmigung durch das für die PV zuständige Bundesministerium bedürfen. Eine Verordnung nach § 16 ist nicht erlassen worden. Zur Sicherstellung einer einheitlichen Begutachtung, der Grundvoraussetzung für einen
am Gleichheitssatz orientierten Gesetzesvollzug, wurde den Spitzenverbänden der
PKen im 1. SGB-ÄndG ein weiterer Richtlinien-Auftrag erteilt, vgl. § 53 a.

V. Verfahren zur Feststellung der Pflegebedürftigkeit

Das in seinen Grundzügen in § 18 geregelte Verfahren zur Pflegebedürftigkeit **5**
weist dem Medizinischen Dienst (MD) bzw. anderen Gutachtern, die von der PK beauftragt werden können, eine zentrale Stellung zu. Ohne Einschaltung eines Gutachters darf die PK grundsätzlich nicht entscheiden, ob die Voraussetzungen der Pflegebedürftigkeit erfüllt sind; vorrangig hat der Gutachter über Reha-Möglichkeiten zu
befinden (§ 18 Abs. 1 und 5).

§ 14　　　　Zweites Kapitel. Leistungsberechtigter Personenkreis

VI. Begriff der Pflegepersonen

6　Die Stellung von § 19 ist nach dem systematischen Aufbau des SGB XI verfehlt. Die Vorschrift definiert den Begriff der Pflegeperson, der in verschiedenen Vorschriften des PflegeVG verwandt wird und stellt klar, dass darunter nur die nichterwerbsmäßige Pflegekraft zu verstehen ist, nicht dagegen die bei einer Pflegeeinrichtung i. S. von § 71 angestellte Pflegekraft.

§ 14 Begriff der Pflegebedürftigkeit

(1) ¹**Pflegebedürftig im Sinne dieses Buches sind Personen, die wegen einer körperlichen, geistigen oder seelischen Krankheit oder Behinderung für die gewöhnlichen und regelmäßig wiederkehrenden Verrichtungen im Ablauf des täglichen Lebens auf Dauer, voraussichtlich für mindestens sechs Monate, in erheblichem oder höherem Maße (§ 15) der Hilfe bedürfen.**

(2) **Krankheiten oder Behinderungen im Sinne des Absatzes 1 sind:**
1. **Verluste, Lähmungen oder andere Funktionsstörungen am Stütz- und Bewegungsapparat,**
2. **Funktionsstörungen der inneren Organe oder der Sinnesorgane,**
3. **Störungen des Zentralnervensystems wie Antriebs-, Gedächtnis- oder Orientierungsstörungen sowie endogene Psychosen, Neurosen oder geistige Behinderungen.**

(3) **Die Hilfe im Sinne des Absatzes 1 besteht in der Unterstützung, in der teilweisen oder vollständigen Übernahme der Verrichtungen im Ablauf des täglichen Lebens oder in Beaufsichtigung oder Anleitung mit dem Ziel der eigenständigen Übernahme dieser Verrichtungen.**

(4) **Gewöhnliche und regelmäßig wiederkehrende Verrichtungen im Sinne des Absatzes 1 sind:**
1. **im Bereich der Körperpflege das Waschen, Duschen, Baden, die Zahnpflege, das Kämmen, Rasieren, die Darm- oder Blasenentleerung,**
2. **im Bereich der Ernährung das mundgerechte Zubereiten oder die Aufnahme der Nahrung,**
3. **im Bereich der Mobilität das selbständige Aufstehen und Zu-Bett-Gehen, An- und Auskleiden, Gehen, Stehen, Treppensteigen oder das Verlassen und Wiederaufsuchen der Wohnung,**
4. **im Bereich der hauswirtschaftlichen Versorgung das Einkaufen, Kochen, Reinigen der Wohnung, Spülen, Wechseln und Waschen der Wäsche und Kleidung oder das Beheizen.**

Inhaltsübersicht

	Rn.
I. Geltende Fassung	1
II. Normzweck	2
III. Allgemeines	3
IV. Pflegebedürftigkeit auf Dauer (Abs. 1)	7
V. Krankheiten oder Behinderungen (Abs. 2)	9
VI. Arten der Hilfeleistungen	11
1. Hilfeleistung bei organischen Erkrankungen und Behinderungen	12
2. Pflegeunterstützende Maßnahmen	13
3. Personen mit eingeschränkter Alltagskompetenz	20
4. Beaufsichtigung oder Anleitung mit dem Ziel der eigenständigen Übernahme von Verrichtungen	23

Begriff der Pflegebedürftigkeit **§ 14**

	Rn.
VII. Katalog von Verrichtungen (Abs. 4)	24
1. Körperpflege (Nr. 1)	29
2. Ernährung (Nr. 2)	30
3. Mobilität (Nr. 3)	34
4. Hauswirtschaftlicher Versorgungsbereich (Nr. 4)	41

I. Geltende Fassung

Die Vorschrift ist mWv 1.1.1995 durch Art. 1 PflegeVG eingeführt worden. Die 1
entsprechende Vorschrift im RegE (dort § 12; vgl. Begr. des RegE S. 94–97) wurde
aufgrund der Beschlussempfehlung des AuS-Ausschusses (BT-Drucks. 12/5920,
S. 22f.) wie folgt geändert: In Abs. 1 wurden dem Wort Krankheit die Begriffe körperlich, geistig oder seelisch hinzugefügt; in Abs. 2 wurde Nr. 3 sprachlich neu gefasst
und um den Satzteil „sowie endogene Psychosen, Neurosen oder geistige Behinderungen" erweitert; in Abs. 3 wurde die Unterstützung als weitere Hilfeart hinzugefügt; in Abs. 4 Nr. 1 wurden Haarewaschen und Nagelpflege gestrichen, Zähneputzen wurde durch Zahnpflege ersetzt, den Begriffen Zahnpflege und Kämmen
wurden jeweils Artikel vorangesetzt; bei Darm-/Blasenentleerung wurde das „und"
durch ein „oder" ersetzt (zur Begr. vgl. BT-Drucks. 12/5952, S. 35).

II. Normzweck

Die Vorschrift enthält die für die PV maßgebende Definition des Begriffs Pflege- 2
bedürftigkeit (Abs. 1), die mit Definitionen in anderen Gesetzen nicht übereinstimmt
(vgl. die Übersicht bei *Wagner*, in: H/N, § 14 Rn. 6ff.). Eine Vereinheitlichung wurde
lediglich mit der sozialhilferechtlichen „Hilfe zur Pflege" (§ 61 SGB XII) angestrebt.
In den Abs. 2 bis 4 werden die zur Definition benutzten Begriffe Krankheit oder Behinderung (Abs. 2), Hilfe (Abs. 3) sowie gewöhnliche und regelmäßig wiederkehrende Verrichtungen (Abs. 4) erläutert. Das Gesetz legt damit die Voraussetzungen
für die Annahme von Pflegebedürftigkeit im Gegensatz zu den Vorschriften über die
Leistungen bei Schwerpflegebedürftigkeit in den §§ 53 bis 57 SGB V (vgl. hierzu im
einzelnen Einleitung Rn. 13) weitgehend selbst fest. Einer Ergänzung durch Richtlinien, wie sie in § 17 Abs. 1 Satz 1 hinsichtlich der näheren Abgrenzung der in § 14
genannten Merkmale der Pflegebedürftigkeit vorgesehen ist, bedurfte es deshalb
kaum (vgl. *Udsching*, FS für Krasney, S. 677, 679ff.). Die PflRi haben insoweit nur erläuternden Charakter. Hinsichtlich des notwendigen Umfangs der Pflegebedürftigkeit legt § 14 Abs. 1 nur die Mindestanforderungen (in erheblichem oder höherem
Maße) fest und verweist im Übrigen auf die Regelungen in § 15.

III. Allgemeines

Ob Pflegebedürftigkeit vorliegt, richtet sich danach, inwieweit die Ausführung der 3
gewöhnlichen und wiederkehrenden Verrichtungen im Ablauf des täglichen Lebens
krankheits- oder behinderungsbedingt eingeschränkt oder aufgehoben ist und ein
Bedarf an Hilfeleistungen besteht. Aus dem Vorliegen bestimmter Krankheiten oder
Behinderungen kann nicht auf Pflegebedürftigkeit geschlossen werden (vgl. Rn. 8);
ebenso wenig kann Pflegebedürftigkeit daraus abgeleitet werden, dass die **Schwerbehinderteneigenschaft** (§ 69 SGB IX) oder die Voraussetzungen von **Hilflosigkeit**
i. S. des Schwerbehinderten-, Versorgungs- oder Einkommensteuerrechts festgestellt
sind (vgl. hierzu BSG, SozR 3-2500 § 53 Nr. 8). Für die Beurteilung von Pflegebe-

§ 14 Zweites Kapitel. Leistungsberechtigter Personenkreis

dürftigkeit sind allein die in Abs. 4 im Einzelnen festgelegten Verrichtungen maßgebend. Hilfeleistungen sind nur dann zu berücksichtigen, wenn sie bei diesen Verrichtungen erforderlich sind (vgl. hierzu im einzelnen Rn. 18). Die Aufzählung der maßgebenden Verrichtungen soll vor allem deutlich machen, dass für die Beurteilung von Pflegebedürftigkeit nur bestimmte **elementare Lebensbereiche** ausschlaggebend sind. Lebensbereiche wie Erholung, Unterhaltung, Bildung und auch Kommunikation sollten ausgeklammert werden. Mit der bewussten Ausklammerung des kommunikativen Bereichs hat der Gesetzgeber die Anforderungen gegenüber dem vorhergehenden Rechtszustand verschärft. Nach den von der Rspr insoweit bestätigten Richtlinien der Spitzenverbände der KK zu den §§ 53 ff. SGB V (BABl. 1989, 43, vgl. hierzu BSGE 73, 146, 14 f. = SozR 3-2500 § 53 Nr. 4) zählte das Sehen, Hören und Sprechen zu den Verrichtungen des Grundbedarfs. Aus der Begrenzung auf die elementaren Lebensbereiche kann jedoch nicht der Schluss gezogen werden, dass Hilfeleistungen bei einer der in Abs. 4 aufgeführten Verrichtungen nur zu berücksichtigen sind, soweit sie im Wohnumfeld des Pflegebedürftigen (eigene Wohnung oder stationäre Pflegeeinrichtung) erbracht werden. Die §§ 14 und 15 legen nicht fest, **wo der Hilfebedarf** anfallen muss. Dies kann auch an einem Ort sein, an dem sich der Betroffene nur zeitweise aufhält. Ein hierdurch entstehender zeitlicher Mehraufwand, etwa Transferzeiten für den Weg zur Wohnung der Pflegeperson, sind nicht zu berücksichtigen (BSG, SozR 3-3300 § 14 Nr. 19 = NZS 2003, 37).

4   Das Gesetz geht jedoch, ohne dass dies ausdrücklich erwähnt wird, davon aus, dass ein Hilfebedarf bei den in Abs. 4 aufgeführten Verrichtungen generell nur dann zu berücksichtigen ist, wenn die **Verrichtungen im Rahmen der elementaren Lebensführung** anfallen. Soweit ein Hilfebedarf nur erforderlich ist, um die Ausübung einer Erwerbstätigkeit zu ermöglichen, kann er nicht berücksichtigt werden (BSG, SozR 3-3300 § 14 Nr. 6). Das Gleiche gilt im Hinblick auf die Ermöglichung des Besuchs von Schule und Kindergarten; z. B. Begleitung zur Schule oder zum Schulbus (BSG, SozR 3-3300 § 14 Nr. 5). Berücksichtigungsfähig ist dagegen die Begleitung als Hilfeleistung beim Besuch eines Arztes, Physiotherapeuten etc. (SozR 3-3300 § 14 Nr. 5, 6 und 8 und SozR 4-3300 § 15 Nr. 1 = NZS 2004, 206).

5   **Abgeschlossenheit des Verrichtungskatalogs.** Die Rspr sieht nicht nur die in Abs. 4 genannten elementaren Bedarfsbereiche Körperpflege, Ernährung, Mobilität und hauswirtschaftliche Versorgung, sondern auch den hierzu aufgeführten Katalog einzelner Verrichtungen grundsätzlich als abschließend an (BSGE 82, 27, 3 ff. = SozR 3-3300 § 14 Nr. 2 = NZS 1998, 525; zur Kritik an dieser Grundentscheidung vgl. *Igl,* SGb 1999, 111, 117; *Pfitzner,* NZS 1999, 222), zu Ausnahmen vgl. Rn. 24. Das BVerfG hat die gegen diese Rechtsprechung gerichteten Verfassungsbeschwerden nicht zur Entscheidung angenommen und insbesondere einen Verstoß gegen den Gleichheitssatz in Bezug auf den Ausschluss des Betreuungsbedarfs bei geistiger Behinderung bzw. Demenz verneint (BVerfG, SozR 4-3300 § 14 Nr. 1 = NJW 2003, 3044; mit abl. Anm. von *Baumeister,* NZS 2004, 191).

6   Die Gesetzesbegründung ist in Bezug auf die Abgeschlossenheit des Verrichtungskatalogs widersprüchlich (*Igl,* SGb 1999, 111, 116, 118). Einerseits wird betont, dass nur der verrichtungsbezogene Hilfebedarf zu berücksichtigen sei (BT-Drucks. 12/5262, S. 96); andererseits werden zur Erläuterung der in den §§ 14, 18 enthaltenen Definitionsbeispiele aufgeführt, die – vor allem im Hinblick auf Maßnahmen der Behandlungspflege (vgl. unten Rn. 13 f.) und die Beaufsichtigung von geistig behinderten Menschen (vgl. unten Rn. 20) – mit der Verrichtungsbezogenheit des Hilfebedarfs nicht zu vereinbaren sind (BT-Drucks. 12/5262, S. 98; vgl. hierzu BSGE 82, 27, 31 = SozR 3-3000 § 14 Nr. 2 = NZS 1998, 525). Der Wortlaut von § 14 Abs. 1 und 4 SGB XI spricht jedoch nach Auffassung des BSG (NZS 1998, 525) dafür, dass der Gesetzgeber den Verrichtungskatalog als abschließend ansieht. Trotz der Widersprüche aus dem Gesetzgebungsverfahren fehle es im Hinblick auf die Berücksichtigung des allgemeinen (dh nicht mit einer Verrichtung zusammenhängenden) Auf-

Begriff der Pflegebedürftigkeit   § 14

sichtsbedarfs und von Maßnahmen der Behandlungspflege an einer unbewussten Regelungslücke, die durch eine erweiternde Gesetzesauslegung ausgefüllt werden könne. Dies gilt auch in Bezug auf die stationäre Pflege (BSGE 85, 278 = SozR 3-3300 § 43 Nr. 1 = NZS 2000, 555). Etwas Anderes folgt auch nicht daraus, dass die soziale Betreuung und (zumindest vorübergehend) die Behandlungspflege (unten Rn. 11 ff.) Inhalt des Leistungsanspruchs bei Versorgung in stationären Pflegeeinrichtungen ist (z. B. § 43 Abs. 2), die stationären Einrichtungen diese Leistungen erbringen müssen und sie in die Bemessung der Pflegesätze einfließen (§ 82 Abs. 1 Satz 2).

IV. Pflegebedürftigkeit auf Dauer (Abs. 1)

Der Eintritt des Verfalls setzt voraus, dass auf Dauer ein zumindest erheblicher 7 Hilfebedarf besteht. Als dauerhaft sieht das Gesetz einen Zeitraum von voraussichtlich mindestens 6 Monaten. Dies bedeutet jedoch nicht, dass eine Entscheidung über das Bestehen von Leistungsansprüchen erst nach Ablauf von 6 Monaten getroffen werden kann. Die PK hat über diese Voraussetzung vielmehr auf der Grundlage einer **Prognose** des medizinischen Dienstes zu entscheiden. Das Merkmal der Dauerhaftigkeit ist auch dann erfüllt, wenn der Pflegebedarf nur deshalb nicht über 6 Monate hinaus besteht, weil der Betroffene nur noch eine **geringere Lebenserwartung** hat. Die Sechs-Monatsfrist beginnt mit dem Eintritt von Hilfebedürftigkeit; der Zeitpunkt der Antragstellung oder der Begutachtung ist dagegen unerheblich. Der Anspruch besteht auch dann, wenn sich entgegen der ursprünglichen Prognose bei Antragstellung nachfolgend heraus stellt, dass Pflegebedürftigkeit bereits nach weniger als sechs Monaten nicht mehr besteht. Ein zwischenzeitlich ergangener Leistungsbescheid wird jedenfalls nicht rückwirkend rechtswidrig; maßgebend bleibt insoweit die ursprüngliche Prognose (BSG, SozR 4-3300 § 14 Nr. 6 = NZS 2006, 40).

Pflegebedarf auf Dauer bei Änderung des Pflegeaufwandes. Nach Auffas- 8 sung des BSG (SozR 3-3300 § 15 Nr. 1 = NZS 1998, 479) wirkt sich das Erfordernis der Dauerhaftigkeit auch auf die **Zuordnung zu einer der Pflegestufen** des § 15 Abs. 1 aus. Zwar verlange das Gesetz die Dauerhaftigkeit ausdrücklich nur für die Annahme, dass überhaupt Pflegebedürftigkeit besteht, wenn auch auf niedrigster Stufe. Es bestehe jedoch kein sachlicher Grund, für die Einstufung in die Pflegestufe I Dauerhaftigkeit der erforderlichen Pflegebedarfs zu fordern, für die Einstufung in eine höhere Pflegestufe hingegen nicht (a. A. *Trenk-Hinterberger,* in: Wannagat, § 15 Rn. 27). Diese Auffassung war bereits im Gesetzgebungsverfahren vertreten worden (vgl. BT-Drucks. 12/5262, S. 96 – zu § 12 E; *Petrich,* BArbl. 1994, 21). Für sie sprechen vor allem Gründe der Verwaltungspraktikabilität, da andernfalls bei prognostizierter kurzfristiger Besserung aufwändige Kontrollen erforderlich wären. Das Gesetz fordert auch in anderem Zusammenhang (§ 38 Satz 3) zur Vermeidung von unverhältnismäßigem Verwaltungsaufwand eine Dauerhaftigkeit von sechs Monaten. Tritt die Prognose nicht ein, so besteht für die Vergangenheit ein Anspruch auf Zugunstenbescheid gem. § 44 Abs. 1 SGB X nur dann, wenn **Prognose** unrichtige Tatsachen zugrunde gelegt wurden oder die Prognose aus medizinisch-pflegewissenschaftlicher Sicht nicht haltbar war. Es genügt dagegen nicht, wenn sich lediglich die jeder Prognose innewohnende Unsicherheit über den künftigen Geschehensablauf realisiert (vgl. *Kummer,* in: Schulin, HS-PV, § 13 Rn. 49). Dies gilt auch für den umgekehrten Fall, dass entgegen der Prognose bei Antragstellung die Voraussetzungen einer höheren Pflegestufe nur für weniger als sechs Monate bestehen. Ein entsprechender Leistungsbescheid ist nur dann gem. § 45 SGB X aufzuheben, wenn bei der Prognose von einem unzutreffenden Sachverhalt ausgegangen wurde (BSG, SozR 4-3300 § 14 Nr. 6; vgl. auch SozR 3-3300 § 15 Nr. 1). Prognostiziert der Sachverständige einen abnehmenden Pflegebedarf für den Fall, dass der Pflegebedürftige bestimmte Therapien durchführt, so fehlt es an der Dauerhaftigkeit nur dann, wenn die Durchführung der empfohlenen Therapie zu-

Udsching

§ 14 Zweites Kapitel. Leistungsberechtigter Personenkreis

mutbar ist. Dies dürfte etwa zweifelhaft sein, wenn zur Vermeidung von Inkontinenz ein sog. Stuhltraining empfohlen wird.

V. Krankheiten oder Behinderungen (Abs. 2)

9   Diese müssen die wesentliche Ursache der Pflegebedürftigkeit sein. Hat der Hilfebedarf andere, z. B. nicht-medizinische Ursachen, so ist er nicht zu berücksichtigen. Hieraus folgt bereits, dass bei Säuglingen und Kleinkindern der entwicklungsbedingt bestehende übliche Pflegebedarf nicht zu berücksichtigen ist (vgl. die spezielle Regelung in § 15 Abs. 2). Die Aufzählung der in Betracht kommenden Krankheiten und Behinderungen in Abs. 2 Nr. 1 bis 3 soll lediglich deutlich machen, dass nicht-medizinische Ursachen nicht ausreichen, um Pflegebedürftigkeit i. S. des SGB XI zu begründen. Der Gesetzgeber wollte zudem deutlich machen, dass organische und psychische Krankheiten bzw. geistige Behinderungen gleichberechtigt zu berücksichtigen sind. Der AuS-Ausschuss hat Nr. 3 aus diesem Grund neu formuliert (BT-Drucks. 12/5952, S. 35, Begr. zu § 12 E). Die Ursache einer die Pflegebedürftigkeit begründenden Krankheit oder Behinderung ist nur dann von Bedeutung, wenn sie die Leistungspflicht eines anderen, vorrangig leistungspflichtigen Sozialleistungsträgers auslöst, vgl. § 13 Rn. 3.

10   Aus dem **Vorliegen bestimmter Krankheiten oder Behinderungen** kann nicht auf Pflegebedürftigkeit geschlossen werden. Das SGB XI folgt insoweit nicht der **Systematik des § 35 BVG**, wonach bestimmte Gruppen von Behinderungen stets einer bestimmten Pflegestufe zugeordnet werden (vgl. § 35 Abs. 1 Satz 3 und 4 BVG sowie Verwaltungsvorschriften zu § 35 BVG Ziff. 5 ff.). Soweit die Rspr. bei der Feststellung von Schwerpflegebedürftigkeit nach § 53 Abs. 1 SGB V in der Zugehörigkeit zu einer bestimmten behinderten Menschengruppe ein Anzeichen für das Vorliegen von Schwerpflegebedürftigkeit gesehen hat (BSG, SozR 3-2500 § 53 Nr. 2), ist sie in nachfolgenden Entscheidungen abgerückt worden (BSGE 73, 146 = SozR 3-2500 § 53 Nr. 4; ausdrücklich in SozR 3-2500 § 53 Nr. 5). Auch bei Behinderungen, die nach § 35 BVG den Pflegestufen 4 bis 6 zuzuordnen sind, sollte der tatsächliche Hilfebedarf maßgebend sein. Die Zugehörigkeit zu diesen Pflegestufen konnte allerdings als sog. Gleichstellungssachverhalt (vgl. hierzu BSGE 73, 146, 155 f.) Berücksichtigung finden. Diese Hilfskonstruktion der Rspr zur Präzisierung des seinerzeit gänzlich unbestimmten Rechtsbegriffs der Schwerpflegebedürftigkeit lässt sich auf die Systematik des SGB XI nicht übertragen.

VI. Arten der Hilfeleistungen

11   Abs. 3 umschreibt die **Arten der Hilfeleistung,** die als Pflegemaßnahmen in Betracht kommen. Zu unterscheiden sind vor allem Hilfen bei organischen Erkrankungen und Behinderungen einerseits und Hilfen für psychisch Kranke und geistig behinderte Menschen andererseits.

1. Hilfeleistung bei organischen Erkrankungen und Behinderungen

12   Die **Hilfe bei organischen Erkrankungen und Behinderungen** besteht zumeist darin, dass die Pflegeperson die Verrichtung entweder selbst vornimmt oder den Pflegebedürftigen hierbei unterstützt. Die Anleitung hat dagegen bei der Betreuung von geistig behinderten Menschen größerer Bedeutung. Das SGB XI geht vom Leitbild der aktivierenden Pflege aus (vgl. *Klie,* in: LPK-SGB XI, § 15 Rn. 7). Dies verdeutlicht vor allem § 6 Abs. 2, wonach der Pflegebedürftige verpflichtet ist, an Maßnahmen der **aktivierenden Pflege** mitzuwirken; Pflegeeinrichtungen haben gem. § 11 Abs. 2 bei

der Erbringung von Pflegeleistungen eine humane und aktivierende Pflege unter Achtung der Menschenwürde zu gewährleisten; Abs. 3 nennt selbst die eigenständige Übernahme der Verrichtung durch den Pflegebedürftigen als Ziel der Hilfearten Aufsicht und Anleitung (vgl. unten Rn. 17). Aus dem Bekenntnis zur aktivierenden Pflege ergibt sich ein Vorrang derjenigen Formen von Hilfe, die eine eigenständige Vornahme der Verrichtungen durch den Pflegebedürftigen zum Ziel haben; zu den Auswirkungen auf den berücksichtigungsfähigen Zeitbedarf vgl. § 15 Rn. 17. Aktivierende Pflege hat das Ziel, die Möglichkeiten des Einsatzes verbliebener Teilfunktionen zu vermitteln (so BT-Drucks. 12/5262, S. 96, Begr. zu § 12 Abs. 3 E), bzw. diese zu erhalten und dem Pflegebedürftigen zu helfen, verlorengegangene Fähigkeiten wieder zu erlernen bzw. zu entwickeln. Zur **Unterstützung** zählt auch die Anleitung im richtigen Gebrauch von Pflegehilfsmitteln (§ 40).

2. Pflegeunterstützende Maßnahmen

Pflegeunterstützende Maßnahmen (bzw. therapieunterstützende Maßnahmen): 13 Nach den PflRi (Ziff. 3. 5.1) handelt es sich um eine besondere Form der unterstützenden Maßnahmen. Als Anwendungsfall wird jedoch nur das Abklopfen bei „Mukoviszidose-Kindern" genannt, obwohl es hierbei an einem Bezug zu einer Verrichtung i. S. von Abs. 4 fehlen dürfte (vgl. unten Rn. 12). Zugleich betonen die PflRi, dass Maßnahmen der Krankenbehandlung, der medizinischen Reha oder der Behandlungspflege nicht als Pflegemaßnahmen berücksichtigt werden können. Schwierig ist vor allem die **Abgrenzung zur Behandlungspflege,** die bei einer Versorgung im häuslichen Bereich unter den einschränkenden Voraussetzungen des § 37 Abs. 3 SGB V (Fehlen einer Pflegeperson im Haushalt) weiterhin zu den Leistungen der GKV zählt und daher bei der Ermittlung des für die PV maßgebenden Pflegebedarfs nicht berücksichtigt werden soll. Der Begriff der Behandlungspflege wird jedoch weder im SGB V noch im SGB XI definiert (vgl. hierzu § 13 Rn. 8), obwohl er dort in § 12 Abs. 2 Satz 2 genannt wird. Im Gesetzgebungsverfahren wurden als typische Beispiele der Behandlungspflege genannt: **medizinische Hilfeleistungen** wie Injektionen, Verbandwechsel oder Verabreichung von Medikamenten (BT-Drucks. 12/5262, S. 90). Im Einzelnen bestand über den Inhalt der Behandlungspflege (vgl. hierzu insbes. *Igl/Welti,* VSSR 1995, 117; *Vogel/Schaaf,* SGb 1997, 560) im Gesetzgebungsverfahren keine klare Vorstellung, vgl. hierzu § 13 Rn. 8. Während die Rspr der Behandlungspflege als Teil der häuslichen Krankenpflege stets vorausgesetzt hatte, dass es sich um Maßnahmen handelte, die Bestandteil der ärztlichen Heilbehandlung und in diese eingebunden, also vom behandelnden Arzt verordnet waren (vgl. BSGE 50, 73, 76 = SozR 2200 § 185 Nr. 4; BSGE 63, 140, 142 = SozR 2200 § 185 Nr. 5; vgl. hierzu auch Igl/Welti, VSSR 1995, 117, 136; zur historischen Entwicklung der Behandlungspflege als Leistung der KV: Igl, SGb 1999, 111), liegt den **PflRi** und BRi offensichtlich ein ganz anderes Verständnis des Begriffs Behandlungspflege zugrunde. Danach zählen auch solche Hilfeleistungen zur Behandlungspflege und werden damit aus der Bemessung des Pflegebedarfs generell ausgeschlossen, die unabhängig von einer ärztlichen Behandlung und ohne konkrete Einwirkung eines Arztes von Personen ohne spezielle pflegerische Qualifikation, etwa bei der Pflege durch Angehörige, erbracht werden, soweit sie einen Bezug zur Heilbehandlung haben. Soweit krankheitsspezifische Pflegemaßnahmen isoliert, das heißt nicht im Zusammenhang mit einer in Abs. 4 aufgeführten Verrichtung, erbracht werden, hat sich die Rspr dieser Auffassung wegen des abgeschlossenen Charakters des Verrichtungskatalogs angeschlossen (grundlegend: BSGE 82, 27 = SozR 3-3300 § 14 Nr. 2; BSGE 82, 276 = SozR 3-3300 § 14 Nr. 7).

Berücksichtigung verrichtungsbezogener Behandlungspflege. Maßnah- 14 men der Behandlungspflege werden auch in den BRi teilweise ausdrücklich als „integrale Bestandteile" verrichtungsbezogener Hilfeleistungen bezeichnet; z. B. beim

§ 14 Zweites Kapitel. Leistungsberechtigter Personenkreis

Umlagern, das bei den Hilfen beim Aufstehen und Zu-Bett-Gehen als Dekubitus-Prophylaxe aufgeführt ist (BRi, Abschnitt D 4.0/III/4) und bei dem als „pflegeunterstützende Maßnahme" bezeichneten Abklopfen eines an Mukoviszidose erkrankten Kindes (BRi aF, Abschnitt D 5.0 II, S. 35). Darüber hinaus werden die folgenden Maßnahmen der Behandlungspflege ohne weiteres der Grundpflege zugeordnet: Sondenernährung als Sonderform der Nahrungsaufnahme, Stomaversorgung als Bestandteil der Maßnahmen, die bei der Darmentleerung anfallen können. Die in den Pflegerichtlinien ursprünglich enthaltene völlige Ausklammerung anderer krankheitsspezifischer Pflegemaßnahmen aus dem berücksichtigungsfähigen Pflegebedarf, auch wenn sie im Zusammenhang mit einer Verrichtung stehen, allein unter dem Aspekt, dass es sich um der Krankenversicherung zuzuordnende Behandlungspflege handele, ist nach Auffassung der Rspr mit den Vorgaben von § 14 nicht vereinbar.

15 **Maßnahmen der Behandlungspflege** sind bei der Ermittlung des Pflegebedarfs insoweit **als Grundpflege** zu berücksichtigen, als sie Bestandteil der Hilfe bei einer Verrichtung aus dem Katalog des § 14 Abs. 4 sind oder im unmittelbaren zeitlichen und sachlichen Zusammenhang mit einer Katalogverrichtung erforderlich werden (BSGE 82, 276 = SozR 3-3300 § 14 Nr. 7); der Gesetzgeber hat diese Rspr durch Einfügung des § 15 Abs. 3 S. 2 und 3 (durch Art. 8 Nr. 4 G vom 26.3.2007, BGBl. I S. 378 mWv 1.4.2007) umgesetzt. § 14 stellt nur darauf ab, ob bei den in Abs. 4 aufgeführten Verrichtungen überhaupt Hilfebedarf besteht, ohne nach dessen Ursache, nach der Art der benötigten Hilfeleistungen und deren finaler Ausrichtung zu differenzieren (BSGE 82, 27, 34 = SozR 3-3000 § 14 Nr. 2; BSG, SozR 3-3300 § 14 Nr. 9 = NZS 1999, 343). Dieser Rechtsprechung des 3. Senats hat sich der 10. Senat des BSG angeschlossen (BSGE 82, 276 = SozR 3-3300 § 14 Nr. 7). Krankheitsspezifische Pflegemaßnahmen sind danach dann **Bestandteil einer Verrichtung,** wenn sie mit ihr untrennbar verbunden sind, wie dies etwa bei der Sondenernährung und der Stomaversorgung (Darmentleerung) der Fall ist. Ein **zeitlicher Zusammenhang** mit einer Verrichtung reicht nur dann aus, wenn die zeitgleiche Durchführung der krankheitsspezifischen Maßnahme mit der Verrichtung objektiv erforderlich ist, wie dies etwa bei einem Pflegebad anstelle eines normalen Bades und anschließender Hautbehandlung bei einem Neurodermitis-Patienten der Fall ist (so BSG, SozR 3-3300 § 14 Nr. 9). Der erforderliche zeitliche Zusammenhang mit einer Verrichtung kann allerdings nicht mit einer entsprechenden Pflegepraxis im konkreten Fall begründet werden. Es reicht auch nicht, dass eine Maßnahme der Behandlungspflege im Bestreben, eine ungestörte Nachtruhe zu gewährleisten, im zeitlichen Zusammenhang mit dem Zu-Bett-Gehen vorgenommen wird oder aber am Morgen im Zusammenhang mit dem Aufstehen, um krankheitsbedingte Beeinträchtigungen infolge der Nachtruhe zu beseitigen, wie dies etwa bei der Behandlung der Auswirkungen von Mukoviszidose der Fall sein kann (so aber der 10. Senat des BSG in BSGE 82, 276, 281 = SozR 3-3300 § 14 Nr. 7). Vorauszusetzen ist vielmehr, dass sich die Durchführung der Behandlungspflege auf den Vorgang des Aufstehens bezieht und aus medizinischen Gründen nicht auf einen späteren Zeitpunkt verschoben werden kann (Beispiel: durchblutungsfördernde Massage der Beine). Entgegen dem noch zu den §§ 53 ff. SGB V aF ergangenen Urteil des BSG vom 17.4.1996 (3 RK 28/95 = SozR 3-2500 § 53 Nr. 10) kann allein die Tatsache, dass zur **Aufrechterhaltung von Vitalfunktionen** ein Hilfebedarf besteht, die Berücksichtigungsfähigkeit als Pflegebedarf nicht begründen; auch insoweit muss ein Zusammenhang mit einer der im Katalog des Abs. 4 aufgeführten Verrichtungen bestehen (BSG, SozR 3-3300 § 14 Nr. 11).

16 Bei vielen Krankheiten oder Behinderungen kann die Frage, ob „verrichtungsbezogen" krankheitsspezifische Hilfeleistungen erforderlich sind und als Pflegebedarf i. S. des § 14 SGB XI zu berücksichtigen sind, nicht einheitlich beantwortet werden. Die Antwort hängt nicht nur vom Schweregrad der Erkrankung, sondern vor allem vom **Lebensalter der Betroffenen** ab (zur Mukoviszidose vgl. BSG, SozR 3-3300 § 14 Nr. 11). Häufig ist der Hilfebedarf von der Einsichtsfähigkeit des Erkrankten für die

Begriff der Pflegebedürftigkeit **§ 14**

Beachtung krankheitsbedingter Besonderheiten bei einer Verrichtung abhängig. So benötigt etwa ein Kleinkind, das an einer Stoffwechselstörung leidet, im Bereich der Ernährung (Abs. 4 Nr. 2 – mundgerechtes Zubereiten und Aufnahme der Nahrung) Hilfen in Form von Aufsicht und Anleitung, weil es die krankheitsbedingten Auswirkungen einer falschen Ernährung noch nicht beurteilen kann und ihm die Einsicht dafür fehlt, dass es aus Gesundheitsgründen notwendig sein kann, Widerwillen erregende Speisen oder Speisen in großen Mengen – über den Appetit hinaus – einzunehmen (BSG, SozR 3-3300 § 14 Nr. 7). Das Gleiche gilt für die krankheitsbedingt erforderlichen Kontrollen.

Der im Schrifttum unternommene Versuch, aus der bisherigen Rechtsprechung **17** des BSG einen Katalog der nicht als Pflegebedarf berücksichtigungsfähigen Maßnahmen der Behandlungspflege abzuleiten (vgl. *Trenk-Hinterberger*, in: Wannagat, § 14 Rn. 28; *Klie/Steppe,* in: LPK-SGB XI, Vor §§ 14–19 Rn. 8), ist irreführend, weil er den Eindruck erweckt, dass losgelöst von der individuell konkreten Versorgungssituation festgestellt werden könne, dass bestimmte krankheitsspezifische Maßnahmen nie einen Bezug zu einer der maßgebenden Verrichtungen haben können.

Konkurrierende Leistungspflicht von Pflegeversicherung und Kranken- 18 versicherung: Die Einbeziehung der verrichtungsbezogenen Behandlungspflege in die Bemessung des Pflegebedarfs führt teilweise zu einer konkurrierenden Zuständigkeit von KV und PV. Die Regelungen in § 13 Abs. 2 und § 34 Abs. 2 sollten dies an sich verhindern. Da sich einheitliche Lebensvorgänge jedoch nicht künstlich aufspalten lassen, bewirkt § 13 Abs. 2 keinen umfassenden Ausschluss der PV bei Maßnahmen der Behandlungspflege. Der Regelung sollte dann jedoch zumindest das Verbot der doppelten Leistungsinanspruchnahme entnommen werden. Behandlungspflege, die als Pflegebedarf berücksichtigt wird und damit in die Zuordnung zu einer Pflegestufe einfließt, sollte nicht gleichzeitig auch noch als Sachleistung der KV in Anspruch genommen werden können. Der Gesetzgeber hat diese systematischen Aspekte im Zuge der neueren Rechtsentwicklung außer Acht gelassen und durch die Neuregelungen in § 37 Abs. 2 SGB V (im GKV-WSG) sowie die Einfügung des Satzes 2 in den § 15 Abs. 3 SGB XI Kumulationen ausdrücklich zugelassen (s. auch Rn. 19). Bei der Gewährung von Pflegesachleistung (nach § 36) können Doppelleistungen dadurch vermieden werden, dass die einschlägigen Maßnahmen der Behandlungspflege in eine verrichtungsbezogene Komplexgebühr einbezogen werden. Zur Abgrenzung der Leistungszuständigkeit von SPV und GKV in Fällen, in denen eine pflegerische Versorgung zur Erhaltung der Vitalfunktionen rund um die Uhr erforderlich ist, vgl. BSG, Urteil vom 17. 6. 2010 (B 3 KR 7/09 R, BSGE 106, 173), s. hierzu § 13 Rn. 9a.

Das **Spannungsverhältnis** aus der Berücksichtigung verrichtungsbezogener Be- **19** handlungspflege als Grundpflege bei der Bemessung des Pflegebedarfs und dem gegen die KK gerichteten **Anspruch auf häusliche Krankenpflege** nach § 37 SGB V ist in der Rechtsprechung vor allem bei der sog. Stützstrumpfentscheidung (SozR 3-3300 § 18 Nr. 2 = NZS 2001, 538) zum Ausdruck gekommen. Das BSG ist davon ausgegangen, dass dieselbe Maßnahme nicht gleichzeitig aus beiden betroffenen Sozialversicherungszweigen beansprucht werden kann. Die Berücksichtigung einer Maßnahme der verrichtungsbezogenen Behandlungspflege bei der Feststellung des Pflegebedarfs bedeute, dass häusliche Krankenpflege als Leistung der GKV in diesem Fall ausscheide. Dies wollte der Gesetzgeber durch Einfügung eines 2. Halbsatzes in § 37 Abs. 2 Satz 1 SGB V begrenzt auf die Versorgung mit Kompressionsstrümpfen korrigieren (Gesetz vom 14.11.2003, BGBl. I S. 2190). Diese Korrektur hielt das BSG wiederum wegen Verletzung des Gleichheitssatzes für verfassungswidrig und schuf – vermittelt über eine verfassungskonforme Auslegung – ein allgemeines Wahlrecht des Versicherten, sich bei einem Bedarf an verrichtungsbezogener Behandlungspflege für die Zuordnung zur Kranken- oder zur Pflegeversicherung zu entscheiden (BSGE 94, 192 = SozR 4-2500 § 37 Nr. 3 = NZS 2006, 91). Mit der Gesundheitsreform 2007 (G v 26.3.2007, BGBl. I S. 378) ist der Gesetzgeber über diese

Udsching

Lösung noch hinaus gegangen: nach § 37 Abs. 2 Satz 1, 2. HS SGB V nF können nunmehr Leistungen der häuslichen Krankenpflege und ein Hilfebedarf im Rahmen der Grundpflege der mit Behandlungspflege untrennbar verbunden ist, auch kumulativ gegenüber der Krankenkasse und bei der Bemessung des Pflegebedarfs geltend gemacht werden (*Knispel*, in: BeckOK, SGB V § 37 Rn. 35); hinsichtlich der Bemessung des Pflegebedarfs vgl. § 15 Abs. 3 Sätze 2 und 3 (eingefügt durch G v 26.3.2007 BGBl. I S. 378 mWv 1.4.2007). Nicht verwechselt werden darf damit die leistungsrechtliche Vorschrift in § 36 Abs. 2, wonach verrichtungsbezogene krankheitsspezifische Pflegemaßnahmen als Pflegesachleistung nicht in Betracht kommen, soweit diese im Rahmen der häuslichen Krankenpflege nach § 37 SGB V zu leisten sind.

3. Personen mit eingeschränkter Alltagskompetenz

20   Anleitung und Beaufsichtigung haben bei der Betreuung geistig behinderter Menschen und psychisch Kranker als Hilfeleistungen erheblich größere Bedeutung als die Übernahme oder die Unterstützung bei einer Verrichtung. Sie sind häufig in der Lage, die zur Grundpflege zählenden Verrichtungen motorisch auszuführen. Intensive und oft ununterbrochene Beaufsichtigung ist jedoch erforderlich, um Fremd- und/oder Eigengefährdung auszuschließen. Die Beaufsichtigung kann jedoch zumeist keiner Verrichtung zugeordnet werden. Die Entscheidung der Rspr., Pflegebedarf nur bei den in Abs. 4 aufgeführten Verrichtungen zu berücksichtigen, hat zur Folge, dass der nicht verrichtungsbezogene Aufsichtsbedarf (**„allgemeiner Aufsichts- und Betreuungsbedarf"**) bei der Ermittlung des Pflegebedarfs außer Ansatz bleibt (BSG, SozR 3-3300 § 14 Nr. 8). Die Gesetzesbegründung ist allerdings gerade im Hinblick auf den Aufsichtsbedarf von Dementen äußerst widersprüchlich (vgl. insbesondere das Beispiel des Alzheimer-Patienten, BT-Drucks. 12/5262, S. 98 und andererseits die Betonung der Verrichtungsbezogenheit auch bei der Beaufsichtigung, BT-Drucks. 12/5262, S. 96). Die Begrenzung auf den verrichtungsbezogenen Aufsichtsbedarf kann auch nicht durch eine weite Auslegung der Verrichtungen im Bereich Mobilität ausgeglichen werden (vgl. unten Rn. 20 und 26). Unberücksichtigt bleibt in jedem Fall die örtliche Bindung von Pflegepersonen in der Nähe des geistig behinderten Menschen, die erforderlich ist, um jederzeit eingreifen zu können („prophylaktische Anwesenheit"). Das BSG (SozR 3-3300 § 14 Nr. 8) hat dies als schwerwiegenden Mangel der PV beschrieben, weil der Verrichtungskatalog bei geistig behinderten Menschen ungeeignet sei, den tatsächlich bestehenden Hilfebedarf realitätsbezogen zu ermitteln. Das BVerfG hat diese Kritik nicht aufgenommen, vgl. SozR 4-3300 § 14 Nr. 1 = NJW 2003, 3044. Zur Einbeziehung der Fähigkeitsstörungen kognitiv und psychisch beeinträchtigter Menschen im zukünftig maßgebenden Pflegebedürftigkeitsbegriff vgl. Einleitung Rn. 25 ff.

21   Die **Begrenzung auf den verrichtungsbezogenen Aufsichtsbedarf** führt vor allem bei leichteren und mittelschweren Formen geistiger Behinderung, bei denen überwiegend nur ein allgemeiner, keiner speziellen Verrichtung zuzuordnender Hilfebedarf besteht, zu Ungleichbehandlungen gegenüber Personen mit somatischen Krankheiten oder Behinderungen, bei denen ein vergleichbarer Hilfebedarf zumindest eine Zuordnung zur Pflegestufe I bewirkt. Soweit in den Pflegeberichten der BReg (1. Pflegebericht, BT-Drucks. 13/9528, S. 49 ff.) der Eindruck erweckt wird, den statistischen Ergebnissen der MD könne entnommen werden, dass geistig behinderte Menschen bei der Feststellung von Pflegebedürftigkeit und der Zuordnung zu den Pflegestufen gegenüber somatisch Kranken und behinderten Menschen nicht benachteiligt würden, kann sich dies nicht auf die Vorschriften des SGB XI zur Bemessung des Pflegebedarfs stützen. Andererseits kommt auch eine uneingeschränkte Einbeziehung des allgemeinen Aufsichts- und Betreuungsbedarfs nicht in Betracht, weil dann (iR. von § 15 Abs. 3) auch die gesamte hierfür erforderliche Zeit berücksichtigt werden müsste, was letztlich wieder zu einer Überbewertung der tatsächlich erfor-

Begriff der Pflegebedürftigkeit **§ 14**

lichen Pflegeleistung führte, da der Bedarf zumeist rund um die Uhr besteht, die tatsächliche Belastung der Pflegepersonen jedoch das Ausmaß, das eine Zuordnung zu einer der höheren Pflegestufen rechtfertigen könnte, in aller Regel nicht erreicht. Mit dem PflEG wurden die §§ 45a bis c eingefügt, die zusätzliche Leistungen für geistig behinderte Menschen, psychisch Kranke und Demente regeln. Sie kamen zunächst nur denjenigen zugute, die schon ohne Berücksichtigung des allgemeinen Aufsichtsbedarfs zumindest die Grenze der erheblichen Pflegebedürftigkeit (Pflegestufe I) erreichten. Mit dem PflegeWEG (§ 45a Abs. 1 Satz 2 Nr. 2) wurden auch Personen unterhalb der Pflegestufe I in den Kreis der Leistungsberechtigten einbezogen.

Mindestumfang einer Hilfeleistung. Das BSG hatte bereits zu den §§ 53ff. 22 SGB V aF entschieden, dass Hilfeleistungen in der Form von Aufforderung, Anleitung und Kontrolle nur dann als Pflegebedarf zu berücksichtigen sind, wenn sie mit einem nennenswerten zeitlichen Aufwand verbunden sind (SozR 3-2500 § 53 Nr. 6 und 8). Die Pflegeperson müsse in ähnlicher Weise und in vergleichbarem Ausmaß wie bei einer körperlichen Behinderung zeitlich und örtlich gebunden sein. Dies war in erster Linie vor dem Hintergrund von Bedeutung, dass seinerzeit bei der Erfassung des Pflegebedarfs zunächst jede hilfebedürftige Verrichtung gleichgewichtig berücksichtigt wurde (vgl. Einleitung Rn. 13). Nach der Systematik des SGB XI kommt es nur bei der Pflegestufe I (§ 15 Abs. 1 Satz 1 Nr. 1) auf die Anzahl der Verrichtungen an. Auch hier kann nicht jedes Verhalten, das im weitesten Sinn einem anderen zugutekommt, als Hilfe angesehen werden. Die Pflegeperson muss nicht nur zeitlich in Anspruch genommen werden, sondern auch ein bestimmtes Maß an pflegerischer Aktivität entwickeln. Eine passive Hilfe durch schlichte Anwesenheit und Ansprechbarkeit ist nicht ausreichend (BSG, SozR 3-2500 § 53 Nr. 11). Soweit sich die Aufsicht darin erschöpft zu überwachen, ob die erforderlichen Verrichtungen des täglichen Lebens ausgeführt werden und sie lediglich dazu führt, dass die zu beaufsichtigende Person gelegentlich zu bestimmten Handlungen aufgefordert wird, handelt es sich nach Auffassung des BSG (SozR 3-3300 § 14 Nr. 8) nicht um eine berücksichtigungsfähige Hilfeleistung.

4. Beaufsichtigung oder Anleitung mit dem Ziel der eigenständigen Übernahme von Verrichtungen

Diese Hilfen sind auch dann zu berücksichtigen, wenn sie allein aus dem Grund 23 erbracht werden, den Pflegebedürftigen zur eigenständigen Ausführung der betroffenen Verrichtungen zu veranlassen. Häufig ist die vollständige oder zumindest teilweise Übernahme einer Verrichtung für die Pflegeperson mit einem geringeren Aufwand verbunden als die Anleitung zur eigenständigen Vornahme. Beispiele: Beaufsichtigung und Anleitung bei der Nahrungsaufnahme bei gebrechlichen Menschen anstelle des Fütterns; Anleitung und Beaufsichtigung bei der Körperpflege bei geistig behinderten Menschen. Hier ist auch der durch die **aktivierende Pflege** entstehende **höhere Zeitaufwand** zu berücksichtigen. Dies bedeutet jedoch nicht, dass Anleitung oder Beaufsichtigung nur dann zu berücksichtigen sind, wenn die Maßnahmen mit dem Ziel der eigenständigen Übernahme der Verrichtung durch den Pflegebedürftigen vorgenommen werden. Dieses Ziel spielt zwangsläufig dann keine Rolle, wenn es wegen der Art der Erkrankung oder Behinderung nicht erreicht werden kann.

VII. Katalog von Verrichtungen (Abs. 4)

Abs. 4 enthält einen Katalog der gewöhnlichen und regelmäßig wiederkehrenden 24 **Verrichtungen** im Ablauf des täglichen Lebens, die für die Bemessung des Pflegebedarfs maßgebend sind. Hieraus wird deutlich, dass der Gesetzgeber das Vorliegen von

§ 14 *Zweites Kapitel. Leistungsberechtigter Personenkreis*

Pflegebedürftigkeit nur an Hand des Hilfebedarfs in bestimmten elementaren Lebensbereichen beurteilt wissen will. Ein Hilfebedarf in anderen Bereichen, etwa der Erholung, Unterhaltung, Bildung und Kommunikation, findet bei der Feststellung von Pflegebedürftigkeit keine Berücksichtigung. Außen vor bleiben auch solche Verrichtungen, die zwar zu den elementaren Grundbedürfnissen zählen, aber nur in **größeren Zeitabständen** anfallen. Hierzu gehört etwa das Schneiden der Finger- und Fußnägel (a. A. *Kummer*, in: Schulin, HS-PV, § 13 Rn. 62). Zu dieser Kategorie nicht berücksichtigungsfähiger Verrichtungen wurde in der Vorauflage auch das **Haarewaschen** – und die damit zusammenhängenden Maßnahmen zur Haarpflege (z. B. Einlegen und Föhnen der Haare) – gezählt. Das BSG (SozR 3-3300 § 14 Nr. 15 = NZS 2001, 120) hat in der Zwischenzeit jedoch, entgegen dem hier vertretenen systematischen Ansatz, das Haarewaschen als Teil der Verrichtung „Waschen/Duschen/Baden" angesehen. Die Verrichtung Haarewaschen sei in § 14 Abs. 4 zwar nicht gesondert aufgeführt; dies sei jedoch unerheblich, weil sie als Bestandteil dieser Verrichtungen anzusehen sei. Dies entspreche dem Wortlaut der Vorschrift, dem Sprachgebrauch und der Verkehrsauffassung. Das Gesetz umschreibe den Grundpflegebereich der Körperreinigung ganz allgemein mit den Verrichtungen Waschen/Duschen/Baden. Eine Einschränkung dieser Verrichtungen auf bestimmte Körperteile (z. B. Rumpf, Gliedmaßen, Gesicht) bzw. eine Ausklammerung bestimmter Körperteile (z. B. Haare) enthalte die Regelung nicht. In gleicher Weise ist mit den mit der Haarpflege zusammenhängenden Maßnahmen zu verfahren (z. B. Einlegen und Föhnen der Haare) sowie mit anderen Maßnahmen der Körperpflege (z. B. Schneiden der Finger- und Fußnägel). Auch die im Katalog enthaltenen Verrichtungen können nur dann berücksichtigt werden, wenn sie mit einer gewissen **Regelmäßigkeit** anfallen. Verrichtungen, die seltener als zumindest **einmal pro Woche** vorkommen, bleiben danach außen vor, auch wenn sie einen hohen Zeitaufwand verursachen. Beispiel: Fahrt zu einer weit entfernten Klinik einmal im Monat (vgl. BSG, Urteil vom 29. 4. 1999, B 3 P 12/98). Die Woche als maßgebende Zeiteinheit ergibt sich insoweit aus § 15 Abs. 3. Nicht zu berücksichtigen sind Verrichtungen, bei denen ein Hilfebedarf durch die **Benutzung eines Hilfsmittels** oder durch Maßnahmen vermieden werden kann, die, die Ausführung der Verrichtung erleichtern. Beispiele: Rasieren mit einem elektrischen Rasierapparat, wenn nur die Fähigkeit zum Nassrasieren ausgefallen ist; Benutzung eines behindertengerechten Bestecks bei der Nahrungsaufnahme oder der Benutzung einer Gehhilfe. Die Notwendigkeit, pflegevermeidende Maßnahmen einzusetzen, findet allerdings dort Grenzen, wo derartige Maßnahmen die Menschenwürde tangieren. So kann von jemandem, der nicht in der Lage ist, Knöpfe zu öffnen oder zu schließen, nicht erwartet werden, nur noch Kleidungsstücke mit Reißverschluss oder Gummizug zu benutzen.

25   Hilfeleistungen bei den in Nr. 1 bis 3 aufgeführten Verrichtungen werden als **Grundpflege** bezeichnet; hiervon ist, im Hinblick auf die Pflegestufen nach § 15 Abs. 1 Nr. 1 bis 3, die in Nr. 4 aufgeführte **Hilfe im hauswirtschaftlichen Versorgungsbereich** abzugrenzen. Zu den allgemeinen Grundlagen der Bemessung des Pflegebedarfs vgl. auch § 15 Rn. 4.

26   **Allgemeines zur Auslegung des Inhalts der Verrichtungen:** Die Verrichtungen sind „lebensnah" auszulegen (so BSG, SozR 3-3300 § 14 Nr. 10); dh maßgebend ist das allgemeine Sprachverständnis vom Inhalt der in Abs. 4 verwendeten Begriffe. Vgl. auch die in den Begutachtungsrichtlinien enthaltenen detaillierten Beschreibungen der einzelnen Verrichtungen (dort Abschnitt D 4.0/V, 4.1–4.4, Nr. 1–21), die das BSG bislang überwiegend als sachgerecht akzeptiert hat (zum Inhalt der Verrichtung „Ernährung" vgl. BSGE 82, 27, 28f. = SozR 3-3300 § 14 Nr. 2). Für die Frage, welche Einzelbetätigungen vom Verrichtungsbegriff erfasst werden, kommt es allein auf den äußeren Ablauf einer Verrichtung an; die Vorschrift knüpft nicht an das mit der Verrichtung angestrebte Ziel an (BSGE 82, 27, 29 = SozR 3-3300 § 14 Nr. 2). Beispiele: im Bedarfsbereich Ernährung werden mit der Einzelverrichtung Aufnahme

Begriff der Pflegebedürftigkeit **§ 14**

der Nahrung diejenigen Maßnahmen nicht erfasst, die nicht im zeitlichen Zusammenhang mit der Nahrungszufuhr durchgeführt werden, aber wegen der Krankheit des Pflegebedürftigen erforderlich sind, um die Verträglichkeit der Nahrung sicherzustellen (Beispiel: Insulinversorgung und -kontrolle bei einem Diabetespatienten sowie Berechnen und Abwiegen der Nahrungsbestandteile; a. A. SG Hamburg, Breithaupt 1997, 134). Zu einer Verrichtung zählen grundsätzlich auch die erforderlichen vor- und nachbereitenden Tätigkeiten, soweit diese nicht zur allgemeinen hauswirtschaftlichen Versorgung zählen. Der **Umfang des Hilfebedarfs** bei einer Verrichtung richtet sich jeweils nach den individuellen Bedürfnissen des zu Pflegenden, soweit diese sachlich begründet sind (hinsichtlich des zeitlichen Pflegebedarfs vgl. auch § 15 Rn. 14 ff.). Einzelne Hilfeleistungen bei einer Verrichtung können nicht deshalb unter dem Gesichtspunkt der Behandlungspflege außer Betracht bleiben, weil sie nur wegen einer Erkrankung erforderlich sind. Kann eine Verrichtung krankheits- oder behinderungsbedingt nicht in üblicher Form oder muss sie häufiger als sonst üblich durchgeführt werden, so ist auch der krankheitsbedingt erforderliche zusätzliche Aufwand zu berücksichtigen (Beispiele: Verwendung von Zusatzstoffen zum Badewasser und nachfolgendes Eincremen bei Neurodermitispatienten, vgl. BSG, SozR 3-3300 § 14 Nr. 9).

Die Zuordnung **rehabilitativer Maßnahmen** zum berücksichtigungsfähigen 27 Pflegebedarf kann nicht einheitlich beurteilt werden. Dienen sie vorrangig dem Ziel, den Pflegebedarf in der Zukunft zu mindern, bleiben sie bei der Bemessung des aktuellen Bedarfs außen vor. Dieser Gesichtspunkt gewinnt vor allem Bedeutung bei der Förderung geistig behinderter Kinder. Hier müssen Maßnahmen der Rehabilitation abgegrenzt werden von solchen Hilfeleistungen, die den Charakter einer verrichtungsbezogenen Anleitung haben. Eine Anleitung, die das Ziel hat, den Pflegebedürftigen zu motivieren, eine täglich wiederkehrende Verrichtung eigenständig durchzuführen, ist als aktivierende Pflege grundsätzlich berücksichtigungsfähig, und zwar auch dann, wenn der Zeitaufwand für die aktivierende Maßnahme erheblich höher ist als bei einer Übernahme der Verrichtung durch die Pflegeperson (vgl. § 15 Rn. 17). Dies gilt etwa für die Anleitung eines behinderten Kindes zur eigenständigen Ausführung einer konkreten Verrichtung, die von gleichaltrigen gesunden Kindern bereits ohne fremde Hilfe erbracht werden. Unberücksichtigt bleiben dagegen allgemeine Frühförderungs- oder krankengymnastische Maßnahmen, soweit sie nicht in einem unmittelbaren Zusammenhang mit einer konkreten Verrichtung stehen (vgl. oben Rn. 12). Die Ausgrenzung rehabilitativer Maßnahmen hat auch bei der Verrichtung „Verlassen und Wiederaufsuchen der Wohnung" (vgl. unten Rn. 29) Bedeutung.

In den Pflegebedarf einzubeziehen sind dagegen solche rehabilitativen Maßnah- 28 men, die zur **Behandlung einer aktuellen Krankheit** ärztlich verordnet worden sind, und die damit für die Aufrechterhaltung der Lebensführung zu Hause unerlässlich sind (BSG, SozR 4-3300 § 15 Nr. 1 = NZS 2004, 2069). Dazu zählen neben dem Arztbesuch selbst auch Wege zur Krankengymnastik oder zum Logopäden, soweit sie der Behandlung einer Krankheit dienen und nicht die Stärkung oder Verbesserung der Fähigkeit zu eigenständiger Lebensführung im Vordergrund steht (hierzu: BSG, SozR 3-3300 § 14 Nr. 5, 6 und 8). Maßnahmen der sozialen oder beruflichen Rehabilitation sind danach grundsätzlich nicht zu berücksichtigen; bei Maßnahmen der medizinischen Rehabilitation kommt es darauf an, dass sie der Behandlung einer aktuellen Krankheit dienen. Die Abgrenzung zwischen Krankenbehandlung durch nichtärztliche Heilmittelerbringer und zukunftsorientierter Rehabilitation kann im Einzelfall schwierig sein, weil die Behandlung häufig mehreren Zwecken dient: der Besserung des aktuellen Gesundheitszustandes sowie der Verbesserung der körperlichen und geistigen Fähigkeiten für die Zukunft. In solchen Fällen muss es ausreichen, dass die Behandlung auch zur Behebung oder Besserung einer Krankheit führen soll (BSG, SozR 4-3300 § 15 Nr. 1 = NZS 2004, 2069).

Udsching

§ 14 Zweites Kapitel. Leistungsberechtigter Personenkreis

1. Körperpflege (Nr. 1)

29 Nr. 1 führt die zur **Körperpflege** zählenden Verrichtungen auf. Die Zahnpflege umfasst die gesamte Mundpflege, das Rasieren auch die damit zusammenhängende Haut- und Gesichtspflege beim Mann (so PflRi, Ziff. 3.4.2.). Entsprechend ist bei Frauen die Haut- und Gesichtspflege gesondert zu berücksichtigen. Vor allem bei der Darm- oder Blasenentleerung sind häufig krankheitsspezifische Hilfeleistungen mit zu berücksichtigen; z. b. nachfolgende Hautpflege, besondere Pflegemaßnahmen bei Katheterversorgung, eine ggf erforderliche Kontrolle von Harn und Stuhlgang (altersabhängig). Der Weg von und zur Toilette gehört zur Verrichtung „Gehen".

2. Ernährung (Nr. 2)

30 Nr. 2 erwähnt als maßgebende Verrichtungen im Bereich der **Ernährung** das mundgerechte Zubereiten und die Aufnahme der Nahrung. Die Abgrenzung zum Kochen, das der hauswirtschaftlichen Versorgung (Nr. 4) zugerechnet und im Rahmen von § 15 Abs. 1 anders behandelt wird als die Verrichtungen des Grundbedarfs in den Nrn. 1 bis 3, bereitet in manchen Fällen Schwierigkeiten. Abs. 4 differenziert insoweit allein nach dem **äußeren Ablauf der Verrichtungen** und knüpft nicht an das mit der Verrichtung angestrebte Ziel an (BSGE 82, 27 = SozR 3-3300 § 14 Nr. 2). Das BSG hat die PflRi (Ziff. 3.4.2, 3. Abs) insoweit als sachgerecht angesehen. Deshalb können nicht umfassend alle Maßnahmen der Grundpflege zugeordnet werden, die im konkreten Einzelfall im weitesten Sinn zum Ernährungsvorgang gehören (zum einschlägigen Pflegebedarf eines Diabeteskranken vgl. BSGE 82, 27 = SozR 3-3300 § 14 Nr. 2). Nr. 2 erfasst vielmehr nur die Hilfe bei der Nahrungsaufnahme selbst sowie die letzte Vorbereitungsmaßnahme, soweit eine solche nach der Fertigstellung der Mahlzeit krankheits- oder behinderungsbedingt noch erforderlich wird (BT-Drucks. 12/5262, S. 96, 97; *Wagner*, in: H/N, SGB XI, § 14 Rn. 43 ff.). **Portionieren** (Ziff. 3.4.2, 3. Abs. der PflRi) zählt nur insoweit zur mundgerechten Zubereitung der Nahrung, als es sich um das Zerkleinern unmittelbar vor der Nahrungsaufnahme handelt. Versteht man unter Portionieren dagegen das richtige Einteilen der Bestandteile der Mahlzeit im Zuge der Essensvorbereitung, so handelt es sich um eine Verrichtung, die zum Kochen und damit zur Hauswirtschaft gehört. Mundgerechte Zubereitung und Hilfeleistungen bei der Nahrungsaufnahme sind nur solche Maßnahmen, die dazu dienen, die bereits zubereitete Nahrung so „aufzubereiten", dass eine abschließende Aufnahme der aufbereiteten Nahrung durch den Pflegebedürftigen erfolgen kann (z. B. Zerkleinern der Nahrung; Trennung nicht essbarer Bestandteile der zubereiteten Nahrung wie etwa Heraustrennen eines Knochens und Entfernen von Gräten; Einfüllen von Getränken in Trinkgefäße; Einweichen von harter Nahrung bei Kaustörungen). Im Schrifttum (*Pfitzner*, in: BeckOK SozR, § 14 Rn. 94; *Wagner*, in: H/N, SGB XI, § 14 Rn. 43) wird diese Abgrenzung vor allem deshalb infrage gestellt, weil aus dem Wortlaut des Abs. 4 Nr. 2 nicht deutlich werde, nach welchen Maßstäben die „Fertigstellung" einer Mahlzeit zu beurteilen sein soll; hiervon aber die Abgrenzung von Grundpflege und hauswirtschaftlicher Versorgung abhängig gemacht werde.

31 Ein berücksichtigungsfähiger Hilfebedarf bei der Nahrungsaufnahme kann nicht angenommen werden, wenn jemand aufgrund seiner Behinderung nicht in der Lage ist, trotz ausreichender Einsichtsfähigkeit in die Notwendigkeit regelmäßiger Nahrungsaufnahme entsprechend zu handeln; hierbei handelt es sich vielmehr um allgemeinen Aufsichts- und Betreuungsbedarf, der iR. des § 14 nicht berücksichtigungsfähig ist (BSG, Urteil vom 1.9.2005, B 3 P 5/04 R; a. A. *Pfitzner*, in: BeckOK SozR, § 14 Rn. 97). Auch die Aufsicht zur Verhinderung übermäßigen Essens ist keine Maßnahme der Grundpflege; selbst wenn bei dem zu Beaufsichtigenden insoweit ein pathologischer Defekt vorliegt, der in einer fehlenden Steuerungsfähigkeit im Hin-

Begriff der Pflegebedürftigkeit **§ 14**

blick auf eine sachgerechte Nahrungsaufnahme zum Ausdruck kommt (BSG, SozR 3-3300 § 43a Nr. 5).

Sondenernährung ist Behandlungspflege und darf grundsätzlich nur unter stän- 32 diger ärztlicher Kontrolle von ausgebildeten Pflegekräften verabreicht werden (vgl. *Igl/Welti*, VSSR 1995, 117, 136; *Vogel/Schaaf*, SGb 1997, 560, 566). Von daher gehört sie zum Kernbereich der Leistungen der KV nach § 37 SGB V. Andererseits ist sie Bestandteil der Verrichtung Nahrungsaufnahme und daher wegen der Einbeziehung der verrichtungsbezogenen Behandlungspflege als Pflegebedarf zu berücksichtigen; wegen konkurrierender Leistungspflichten vgl. oben Rn. 14.

Die gesamte **Vorbereitung der Nahrungsaufnahme** gehört demgegenüber 33 nicht zur Grundpflege, sondern zur hauswirtschaftlichen Versorgung. Der Begriff „Kochen" i. S. der Nr. 4 umfasst die gesamte Zubereitung der Nahrung, ist also nicht auf die Herstellung warmer Speisen durch Kochen beschränkt, sondern umschließt auch die Zubereitung kalter Speisen (z. B. auch das Zubereiten belegter Brote). Mundgerecht zubereitet wird ein belegtes Brot erst dann, wenn es weiter aufbereitet wird, um eine Aufnahme durch den Pflegebedürftigen erst zu ermöglichen, z. B. Zerkleinern in mundgerechte Stücke (so BSG, Urteil vom 17.6.1999, B 3 P 10/98 R = SozR 3-3300 § 15 Nr. 7); das BSG (SozR 3-3300 § 15 Nr. 7) hat die hiervon abweichende Zuordnung des Zubereitens belegter Brote zur mundgerechten Zubereitung in der Gesetzesbegründung (BT-Drucks. 12/5262, S. 96) ausdrücklich abgelehnt.

3. Mobilität (Nr. 3)

Die im Bedarfsbereich **Mobilität (Nr. 3)** aufgeführten Einzelverrichtungen sind 34 in Randbereichen lückenhaft. Da die Hilfeleistung Umlagern zunächst unter keine der aufgeführten Einzelverrichtungen subsumiert werden konnte, sie andererseits aber einen bei Gesunden unbewusst durchgeführten physiologisch notwendigen Lagewechsel im Liegen oder Sitzen ersetzt (vgl. BSG, SozR 3-2500 § 53 Nr. 5), der nach der Systematik des § 14 in den Katalog des Abs. 4 hätte aufgenommen werden müssen, wurde das Umlagern in den BRi (Abschnitt D 5.3 Ziff. 10) als Hilfeleistung den Verrichtungen Aufstehen und Zu-Bett-Gehen zugeordnet. Diese Hilfslösung ist im Ergebnis zwar zutreffend, lässt sich jedoch mit einer lebensnahen, das allgemeine Sprachverständnis berücksichtigenden Auslegung nicht mehr vereinbaren. Tatsächlich handelt es sich beim Umlagern um **Hilfe beim Liegen oder Sitzen;** beide Verrichtungen sind vom Gesetzgeber eindeutig übersehen worden (BSG, SozR 3-3300 § 14 Nr. 14 = NZS 2001, 39). Es finden sich auch in den Gesetzesmaterialien keine Anhaltspunkte, dass es sich um einen bewussten Ausschluss handelt. Im Bereich der Mobilität gibt es zahlreiche Anwendungsmöglichkeiten für **aktivierende Pflege,** die bei der Bemessung des Umfangs des Pflegebedarfs zu berücksichtigen ist (BRi, Abschnitt D. 5.5).

Mobilitätsdefizite, die sich wegen der **Ausgestaltung des Wohnumfeldes** des 35 Pflegebedürftigen in dem genannten, für die PV maßgebenden Bereich nicht auswirken, können bei der Ermittlung des Hilfebedarfs nicht berücksichtigt werden. So spielt das Fehlen der Fähigkeit zum Treppensteigen keine Rolle, wenn der Pflegebedürftige in einem Haus mit Fahrstühlen wohnt, auch auch zum Einkaufen nicht auf die Benutzung einer Treppe angewiesen ist.

Aufstehen und Zu-Bett-Gehen. Unter Berücksichtigung der allgemeinen Aus- 36 legungsgrundsätze (vgl. oben Rn. 20) können nur Hilfeleistungen berücksichtigt werden, die sich auf den physiologischen Vorgang beim Aufsuchen bzw. Verlassen des Bettes beziehen; einschließlich der notwendigen vor- und nachbereitenden Handlungen. Es reicht dagegen nicht aus, dass eine Maßnahme am Abend in zeitlichen Zusammenhang mit dem Zu-Bett-Gehen vorgenommen wird, um eine ungestörte Nachtruhe zu gewährleisten, oder aber am Morgen im Zusammenhang mit dem Aufstehen, um krankheitsbedingte Beeinträchtigungen infolge der Nachtruhe zu beseitigen. Andererseits ist die Verrichtung nicht auf das erstmalige Aufstehen am Morgen bzw. das erstmalige Hinlegen am Abend begrenzt. Einzubeziehen sind alle Hilfen, die notwendig sind, um das Liegen bzw. Schlafen zu ermöglichen. Hierzu zählt nicht nur das Umlagern bei Personen, die krankheitsbedingt einen Lagerungswechsel nicht eigenständig durchführen können (vgl. oben Rn. 24), sondern auch das (u. U. häufige) Zu-Bett-Bringen eines Altersverwirrten oder das Hinlegen eines geistig behinderten Kindes (vgl. BSG, SozR 3-3300 § 14 Nr. 10).

37 **Zum An- und Auskleiden** gehören neben den notwendigen Handgriffen (z. B. Öffnen und Schließen von Verschlüssen, Auf- und Zuknöpfen, Aus- und Anziehen von Schuhen) die Entnahme der Kleidungsstücke aus den Aufbewahrungsbehältnissen und das Zurücklegen der Kleidungsstücke, wenn der Pflegebedürftige das Anziehen selbst vornimmt. Einzubeziehen ist auch krankheits- oder behinderungsbedingter Mehraufwand (z. B. An- und Ablegen von Prothesen und Stützstrümpfen). Zum Problem der Abgrenzung von häuslicher Krankenpflege als Leistung der KV und Maßnahmen der Behandlungspflege, die wegen ihrer Verrichtungsbezogenheit als Pflegebedarf zu berücksichtigen sind vgl. oben Rn. 14, 14a. Bei geistig behinderten Menschen kommt das Zurechtlegen der Kleidungsstücke sowie die Anleitung beim Anziehen und die nachfolgende Kontrolle hinzu. Zur Zumutbarkeit der Verwendung von Kleidungsstücken, die den Pflegeaufwand gering halten vgl. oben Rn. 18.

38 **Gehen, Stehen, Treppensteigen.** Unter „Gehen" ist nur die Bewegung innerhalb der Wohnung zu verstehen; hierzu gehört bei Rollstuhlfahrern auch die Benutzung des Rollstuhls. Die Fortbewegung außerhalb der Wohnung wird von der Verrichtung „Verlassen und Wiederaufsuchen der Wohnung" in dem dort beschriebenen Umfang erfasst. Abs. 4 Nr. 4 führt das Gehen als **eigenständige Verrichtung** auf (*Mrozynski,* SGb 1995, 565, 567). Die PflRi (Ziff. 3.4.2) und BRi (Abschnitt D 5 V 5.3 Ziff. 12) enthalten jedoch die Einschränkung, dass das Gehen nur insoweit zu berücksichtigen sei, als es im Zusammenhang mit einer anderen Verrichtung erfolge (bestätigt durch BSG, Urteil vom 10.3.2010, B 3 P 10/08 R, SozR 4-3300 § 15 Nr. 4 = NZS 2011, 181; s. a. *Wagner,* in: H/N § 14 Rn. 47, der die Aufnahme des Gehens als eigenständige Verrichtung insgesamt als verfehlt ansieht). Dies bedeutet jedoch keinen Gegensatz. Für die einschränkende Auslegung der Richtlinien spricht, dass im Katalog des Abs. 4 grundsätzlich nur Verrichtungen berücksichtigt werden, die der Aufrechterhaltung der elementaren Lebensführung dienen. Wenn danach etwa der Freizeit-, Unterhaltungs- und Bildungsbereich unberücksichtigt bleiben, so wäre es systemwidrig, das im Zusammenhang mit derartigen Aktivitäten erfolgende Gehen einzubeziehen. Gegen eine Begrenzung auf Wege, die der Durchführung anderer Verrichtungen dienen, spricht nicht, dass hierdurch die Verrichtungen Gehen, Stehen und Treppensteigen ihre Bedeutung als eigenständige Verrichtungen verlören, weil zur Erfassung der mit einer Verrichtung zwangsläufig verbundenen Wege (etwa zur Toilette, zum Bett etc.) die Aufnahme des Gehens etc in den Verrichtungskatalog nicht erforderlich gewesen wäre. Dies trifft nur zu, wenn bei den sonstigen Verrichtungen, zu deren Durchführung Wege zurückgelegt werden, selbst ein Hilfebedarf besteht. Eine eigenständige Bedeutung haben die hier behandelten Mobilitätsverrichtungen jedoch dann, wenn die sonstigen Verrichtungen jeweils ohne fremde Hilfe durchgeführt werden können; wenn also der Betroffene selbstständig essen oder die Toilette benutzen kann und allein für die Zurücklegung der erforderlichen Wege auf fremde Hilfe angewiesen ist. Die Einbeziehung von Hilfen auf sonstigen Wegen kann auch nicht damit begründet werden, dass im Hinblick auf das Gehen der Mobilisation des Pflegebedürftigen ein eigenständiges Gewicht zukomme, weil dieser gem. § 6 Abs. 2 verpflichtet sei, an Maßnahmen der aktivierenden Pflege mitzuwirken, um Pflegebedürftigkeit zu überwinden, zu mindern oder eine Verschlimmerung zu verhindern (so *Klie,* LPK-SGB XI, § 14 Rn. 12, der sich jedoch zu Unrecht auf das Präventionsgebot des § 5 beruft). Zur Ermittlung des Zeitaufwands für die Hilfe zum Gehen vgl. BSG, Urteil vom 10.3.2010, B 3 P 10/08 R, SozR 4-3300 § 15 Nr. 4 = NZS 2011, 181.

Begriff der Pflegebedürftigkeit **§ 14**

Soweit eine **Mobilisation** durch Maßnahmen der aktivierenden Pflege bei den 39
einzelnen Verrichtungen erfolgt, wirkt sich dies auf den jeweils anzusetzenden Zeitbedarf aus. Hieraus kann jedoch nicht der Schluss gezogen werden, dass die Mobilisation selbst eine berücksichtigungsfähige Verrichtung darstellt. Das BSG hat die Mobilisation unter bestimmten Umständen als Behandlungspflege angesehen und damit der Leistungspflicht der KV zugeordnet (BSGE 94, 205, 209 Rn. 14 = BSG, SozR 4-2500 § 37 Nr. 4; unzutreffend: *Pfitzner*, in: BeckOK SozR, § 14 Rn. 107 a). Problematisch ist daneben, inwieweit Hilfen beim **Gehen bei geistig behinderten Menschen** oder Altersverwirrten berücksichtigt werden können. Die Auffassung, dass jede konkrete Hilfe, die plan- und orientierungslose Motorik eines geistig behinderten Menschen steuere, zu berücksichtigen sei (so *Wagner*, in: H/N, § 14 Rn. 47; *Lachwitz*, RdLh 1996, 155, 159), lässt sich zum einen mit der Notwendigkeit, dass es sich um verrichtungsbezogenes Gehen handeln muss, nicht vereinbaren. Zum anderen widerspricht sie auch einer lebensnahen Auslegung des Begriffs „Hilfe beim Gehen". Hierunter fallen nur solche Hilfen, die das Gehen erst ermöglichen oder es in die richtige Richtung lenken, nicht aber solche, die es unterbinden sollen (so zutreffend LSG Thüringen, RdLh 1997, 66). Die Hilfe auf Wegen, die der hauswirtschaftlichen Versorgung dienen, ist im Rahmen der dort aufgeführten Verrichtungen zu berücksichtigen.

Verlassen und Wiederaufsuchen der Wohnung: Bereits im Gesetzgebungsverfahren wurde klargestellt, dass Hilfeleistungen auf Wegen außerhalb der Wohnung 40
nicht einzubeziehen sind, wenn sie in Lebensbereiche fallen, die im Rahmen der PV unberücksichtigt bleiben. Hierzu zählen etwa Wege, die zur Erholung oder aus kulturellen Gründen unternommen werden. Das BSG (SozR 3-3300 § 14 Nr. 5 und 6) hat sich dieser einschränkenden Auslegung angeschlossen; danach sind außerhalb der Wohnung nur solche Wege beachtlich, die für die Aufrechterhaltung der Lebensführung zu Hause unumgänglich sind und bei denen das persönliche Erscheinen des Pflegebedürftigen notwendig ist. Dies ist etwa beim Besuch der Arztpraxis immer der Fall, wenn vom behandelnden Arzt ein Hausbesuch nicht erwartet werden kann. Beim Besuch von Praxen so genannter Heilhilfsberufe – etwa Krankengymnasten oder Logopäden – muss differenziert werden. Wird etwa der Krankengymnast aufgesucht, um die aktuelle Mobilität zu erhalten, so handelt es sich um einen für die Aufrechterhaltung der Lebensführung zu Hause unerlässlichen Weg (BSG, SozR 4-3300 § 15 Nr. 1 = NZS 2004, 2069). Dient die krankengymnastische Behandlung dagegen überwiegend einer für die Zukunft angestrebten Besserung des Gesundheitszustandes, so ist die Verrichtung insgesamt dem Bereich der Rehabilitation zuzuordnen und kann nicht berücksichtigt werden. Denn der Bereich der Rehabilitation kann insgesamt nicht der PV zugeordnet werden (so bereits BSG, SozR 3-2500 § 53 Nr. 6). Nicht zu berücksichtigen ist die Begleitung auf Wegen, die der Ausübung einer Erwerbstätigkeit dienen (BSG, SozR 3-3300 § 14 Nr. 5). Das Gleiche gilt für die Begleitung zur Schule und zum Kindergarten; auch wenn es sich hierbei um spezielle Einrichtungen für Behinderte Menschen handelt. Unberücksichtigt bleibt auch die Begleitung eines Gehbehinderten bei ärztlich empfohlenen täglichen Spaziergängen und beim sonntäglichen Gottesdienstbesuch, auch wenn letzterem eine religiöse Pflicht zugrunde liegt (SozR 3-3300 § 14 Nr. 16 = NJW 2001, 2197). Die Gesetzesbegründung dürfte zu weit gehen, soweit sie allgemein auch die Begleitung bei Behördengängen einschließt (BT-Drucks. 12/5262, S. 97). Erfasst werden können nur die relativ seltenen Fälle, in denen eine persönliche Anwesenheit des Betroffenen erforderlich ist. Erfolgt die Pflege in der Wohnung der Pflegeperson, so kann der Transfer des Pflegebedürftigen zu deren Wohnung bei der Feststellung des Pflegebedarfs nicht als Hilfe beim Verlassen und Wiederaufsuchen der Wohnung berücksichtigt werden (SozR 3-3300 § 14 Nr. 19 = NZS 2003, 37).

Udsching

4. Hauswirtschaftlicher Versorgungsbereich (Nr. 4)

41 Im **hauswirtschaftlichen Versorgungsbereich (Nr. 4)** können nur solche Verrichtungen berücksichtigt werden, die für eine angemessene Lebensführung unumgänglich sind. Umfassende Reinigungsarbeiten zählen hierzu ebenso wenig wie die Vorbereitung eines Festmahls. Zu berücksichtigen sind nur Defizite, die bei der hauswirtschaftlichen Versorgung des Pflegebedürftigen selbst auftreten; unerheblich ist dagegen, ob dieser zur hauswirtschaftlichen Versorgung seiner Familie beitragen kann. Einkaufen umfasst z. B. auch den Überblick, welche Lebensmittel wo eingekauft werden müssen sowie die Kenntnis der Genieß- bzw. Haltbarkeit von Lebensmitteln; zum ebenfalls erwähnten Kochen gehört auch das Vor- und Zubereiten der Bestandteile der Mahlzeiten. Die PflRi (Ziff. 3.4.2) gehen zutreffend davon aus, dass der Begriff „Kochen" den gesamten Vorgang der Nahrungszubereitung umfasst. Hierzu zählen somit auch Vorbereitungsmaßnahmen wie die Erstellung eines Speiseplans unter Berücksichtigung individueller, unter Umständen auch krankheitsbedingter Besonderheiten. Daraus folgt, dass die Tätigkeiten des Berechnens, Abwiegens, Zusammenstellens und Zubereitens der Speisen (etwa bei Personen, die an einer Stoffwechselstörung leiden) zur Herstellung einer erforderlichen Diät zur Nahrungszubereitung zählen und damit der Verrichtung „Kochen" im Bereich der hauswirtschaftlichen Versorgung zuzuordnen sind. Aus der Definition der Pflegestufen in § 15 Abs. 1 ergibt sich, dass ein Hilfebedarf im hauswirtschaftlichen Versorgungsbereich allein Pflegebedürftigkeit nicht begründen kann. Ein Hilfebedarf in diesem Bereich, der zusätzlich zu Hilfen im Bereich der Grundversorgung besteht, wird dagegen bei allen Pflegestufen vorausgesetzt. Zur Frage, ob der hauswirtschaftliche Versorgungsbedarf bei Kindern zu berücksichtigen ist, vgl. § 15 Rn. 10.

§ 15 Stufen der Pflegebedürftigkeit

(1) ¹Für die Gewährung von Leistungen nach diesem Gesetz sind pflegebedürftige Personen (§ 14) einer der folgenden drei Pflegestufen zuzuordnen:
1. **Pflegebedürftige der Pflegestufe I (erheblich Pflegebedürftige)** sind Personen, die bei der Körperpflege, der Ernährung oder der Mobilität für wenigstens zwei Verrichtungen aus einem oder mehreren Bereichen mindestens einmal täglich der Hilfe bedürfen und zusätzlich mehrfach in der Woche Hilfen bei der hauswirtschaftlichen Versorgung benötigen.
2. **Pflegebedürftige der Pflegestufe II (Schwerpflegebedürftige)** sind Personen, die bei der Körperpflege, der Ernährung oder der Mobilität mindestens dreimal täglich zu verschiedenen Tageszeiten der Hilfe bedürfen und zusätzlich mehrfach in der Woche Hilfen bei der hauswirtschaftlichen Versorgung benötigen.
3. **Pflegebedürftige der Pflegestufe III (Schwerstpflegebedürftige)** sind Personen, die bei der Körperpflege, der Ernährung oder der Mobilität täglich rund um die Uhr, auch nachts, der Hilfe bedürfen und zusätzlich mehrfach in der Woche Hilfen bei der hauswirtschaftlichen Versorgung benötigen.

²Für die Gewährung von Leistungen nach § 43a reicht die Feststellung, daß die Voraussetzungen der Pflegestufe I erfüllt sind.

(2) Bei Kindern ist für die Zuordnung der zusätzliche Hilfebedarf gegenüber einem gesunden gleichaltrigen Kind maßgebend.

(3) ¹Der Zeitaufwand, den ein Familienangehöriger oder eine andere nicht als Pflegekraft ausgebildete Pflegeperson für die erforderlichen Leistungen der Grundpflege und hauswirtschaftlichen Versorgung benötigt, muß wöchentlich im Tagesdurchschnitt

Stufen der Pflegebedürftigkeit **§ 15**

1. in der Pflegestufe I mindestens 90 Minuten betragen; hierbei müssen auf die Grundpflege mehr als 45 Minuten entfallen,
2. in der Pflegestufe II mindestens drei Stunden betragen; hierbei müssen auf die Grundpflege mindestens zwei Stunden entfallen,
3. in der Pflegestufe III mindestens fünf Stunden betragen; hierbei müssen auf die Grundpflege mindestens vier Stunden entfallen.

²Bei der Feststellung des Zeitaufwandes ist ein Zeitaufwand für erforderliche verrichtungsbezogene krankheitsspezifische Pflegemaßnahmen zu berücksichtigen; dies gilt auch dann, wenn der Hilfebedarf zu Leistungen nach dem Fünften Buch führt. ³Verrichtungsbezogene krankheitsspezifische Pflegemaßnahmen sind Maßnahmen der Behandlungspflege, bei denen der behandlungspflegerische Hilfebedarf untrennbarer Bestandteil einer Verrichtung nach § 14 Abs. 4 ist oder mit einer solchen Verrichtung notwendig in einem unmittelbaren zeitlichen und sachlichen Zusammenhang steht.

Inhaltsübersicht

	Rn.
I. Geltende Fassung	1
II. Normzweck und Überblick	2
III. Einordnung in Pflegestufen	3
IV. Minderung oder Erhöhung des Pflegebedarfs	5
V. Die einzelnen Pflegestufen	6
1. Pflegestufe I	6
2. Pflegestufe II	7
3. Pflegestufe III	8
VI. Voraussetzung der Leistung nach § 43a (Abs. 1 Satz 2)	9
VII. Besonderheiten bei Kindern (Abs. 2)	10
1. Zeitaufwand bei Kindern	11
2. Geistig behinderte Kinder	13
VIII. Ermittlung des Zeitaufwands (Abs. 3)	14
1. Maßstab Laienpflege	15
2. Allgemeine Grundsätze für die Ermittlung des Zeitbedarfs	16
3. Ermittlung des Zeitaufwands	18
4. Ermittlung des Zeitaufwands bei psychisch kranken und behinderten Menschen	19
5. Zeitaufwand für verrichtungsbezogene Behandlungspflege (Abs. 3 Satz 2 und 3)	20
IX. Verfahrensfragen	21

I. Geltende Fassung

Die Vorschrift ist mWv 1.1.1995 durch Art. 1 PflegeVG eingeführt worden. Sie entspricht weitgehend der Fassung des RegE (dort § 13), vgl. Begr. des RegE, S. 97 ff. Aufgrund der Beschlussempfehlung des AuS-Ausschusses (BT-Drucks. 12/5920, S. 23) wurde in Abs. 1 Nr. 1 der Satzteil „für wenigstens drei Verrichtungen aus einem oder mehreren Bereichen" ein- und Abs. 3 angefügt (vgl. Begr. in BT-Drucks. 12/5952, S. 35). Im Vermittlungsverfahren wurde die Zahl drei in Abs. 1 Nr. 1 durch die Zahl zwei ersetzt (BT-Drucks. 12/6424, S. 2). Im 1. SGB XI-ÄndG wurden folgende Änderungen vorgenommen: Auf Veranlassung des Vermittlungsausschusses (BR-Drucks. 399/96) wurde in Abs. 1 der Satz 2 eingefügt; Abs. 3 wurde neu gefasst (BT-Drucks. 13/4091, S. 41). Durch Art. 8 Nr. 4 G vom 26.3.2007, BGBl. I S. 378, wurden mWv 1.4.2007 in Abs. 3 die Sätze 2 und 3 eingefügt.

1

§ 15   Zweites Kapitel. Leistungsberechtigter Personenkreis

II. Normzweck und Überblick

2   Die Vorschrift trägt dem Umstand Rechnung, dass Pflegebedürftigkeit in unterschiedlicher Intensität auftritt. Je nach dem Ausmaß der Pflegebedürftigkeit wird der Pflegebedürftige einer von **drei Pflegestufen** zugeordnet. Die **Einstufung** ist maßgebend für den **Umfang der Leistungen** nach den §§ 36 bis 38, 41 und 43; die Wahl der Leistungsart (häusliche Pflege als Sachleistung oder Pflegegeld bzw. stationäre Pflege) ist dagegen ohne Bedeutung: sie wirkt sich weder auf die Einstufung aus, noch hängt die Wahl der Leistungsart von der Einstufung ab. Die Pflegestufen unterscheiden sich nach dem Umfang, der Häufigkeit und dem Zeitaufwand der erforderlichen Hilfeleistungen des Grundbedarfs. Zusätzlich wird in jeder Pflegestufe vorausgesetzt, dass mehrfach in der Woche Hilfen bei der hauswirtschaftlichen Versorgung benötigt werden. Die Zulässigkeit der Unterscheidung zwischen dem Hilfebedarf bei der Grundpflege und demjenigen bei hauswirtschaftlichen Verrichtungen ist von der Rspr. nicht in Zweifel gezogen worden (BSG, Beschluss vom 15.7.2009, B 3 P 17/09 B, juris). Ist der Hilfebedarf geringer, als in der Pflegestufe I (Nr. 1) vorausgesetzt wird, bestehen keine Leistungsansprüche nach den §§ 36–43; Personen mit eingeschränkter Alltagskompetenz, deren Hilfebedarf nach den Kriterien des § 14 IV nicht oder nur unzulänglich erfasst wird, können Leistungen nach § 45b bzw. § 123 geltend machen. Pflegebedürftige der Pflegestufe III können in besonders gelagerten Einzelfällen zur Vermeidung von Härten **Mehrleistungen** erhalten (§§ 36 Abs. 4 und 43 Abs. 2 Satz 4). Die Voraussetzungen sind in den nach § 17 Abs. 1 Satz 3 erlassenen Härtefall-RL festgelegt (vgl. § 17 Rn. 7). Zur Besitzstandsregelung in Art. 45 Abs. 1 PflegVG bei bis zum 31.3.1995 bezogenen Leistungen bei Schwerpflegebedürftigkeit nach den **§§ 53 bis 57 SGB V,** vgl. Vorbem. zu §§ 28 bis 45 Rn. 12.

III. Einordnung in Pflegestufen

3   Die wichtigsten Abgrenzungskriterien, auf die es bei allen Pflegestufen ankommt, sind: Die **Häufigkeit der Pflegeeinsätze** und der für Pflegemaßnahmen **erforderliche Zeitaufwand.** Nur in der Pflegestufe I wird zusätzlich vorausgesetzt, dass ein Pflegebedarf für wenigstens zwei Verrichtungen i. S. von § 14 Abs. 4 besteht. Die Anzahl der hilfebedürftigen Verrichtungen bei der Pflegestufe I war im Gesetzgebungsverfahren umstritten. Während der RegE keine Mindestzahl enthielt, hielt der AuS-Ausschuss mindestens drei Verrichtungen für erforderlich, um dem Eindruck entgegenzuwirken, dass bereits geringfügiger Hilfebedarf, wie z. B. beim Zähneputzen, ausreiche, um Pflegebedürftigkeit annehmen zu können (BT-Drucks. 12/5952, S. 35). Im Vermittlungsverfahren (oben Rn. 1) wurde die Mindestzahl auf zwei reduziert. Das Festhalten an einer Mindestzahl hilfebedürftiger Verrichtungen für die Pflegestufe I ist deshalb bemerkenswert, weil in diesem Stadium des Gesetzgebungsverfahrens – entgegen der ursprünglichen Planung im RegE – durch die Einfügung von Abs. 3 (seinerzeit unter Verweisung auf die PflRi) auf Veranlassung des AuS-Ausschusses (BT-Drucks. 12/5952, S. 35) zur Festlegung der Geringfügigkeitsgrenze bereits ein zeitlicher Mindestumfang an Pflegebedarf gefordert wurde. Die Dominanz des Zeitfaktors als maßgebender Grenzwert des Pflegebedarfs wurde durch die Neufassung von Abs. 3 im 1. SGB XI-ÄndG mit der Festschreibung von Mindestzeiten für die einzelnen Pflegestufen im Gesetz noch verstärkt. Aus der Tatsache, dass die Mindestzahl an Verrichtungen bei der Pflegestufe I dennoch nicht gestrichen wurde, wird man ableiten müssen, dass der Gesetzgeber bewusst beide Grenzwerte nebeneinander erfüllt wissen will und die Voraussetzungen der Pflegestufe I demnach nicht vorliegen, wenn nur bei einer Verrichtung Hilfebedarf besteht; auch wenn der Zeitbedarf die Grenzwerte in Abs. 3 Nr. 1 übersteigt (BSG, SozR 3-3300 § 15 Nr. 7). Dies

Stufen der Pflegebedürftigkeit **§ 15**

gilt auch für die Beurteilung von Pflegebedürftigkeit bei Kindern (vgl. BSG, SozR 3-3300 § 14 Nr. 4 = NJWE-FER 1999, 23).

Der für die Zuordnung zu einer Pflegestufe maßgebende **Pflegebedarf** kann nur 4 nach seinem **objektiven Ausmaß** und damit unabhängig von den Lebensumständen der Pflegeperson beurteilt werden. Es ist deshalb nicht maßgebend, ob die Pflegetätigkeit die Ausübung einer Erwerbstätigkeit der Pflegeperson ganz oder teilweise ausschließt (vgl. BSG, SozR 3-2500 § 53 Nr. 7). Nicht maßgebend ist, **wo der Hilfebedarf anfällt** und wer die Hilfeleistungen erbringt. Die Zuordnung zu einer Pflegestufe hängt allein vom Gesamtumfang des Hilfebedarfs ab (soweit dieser berücksichtigungsfähig ist, vgl. hierzu insbesondere § 14 Rn. 3). Werden Leistungen bei **häuslicher Pflege** beantragt, so ist es im Hinblick auf die Zuordnung unerheblich, ob und in welchem Umfang die erforderliche Pflege von einer selbstbeschafften Pflegeperson oder von einem Pflegedienst in der häuslichen Wohnung erbracht wird; auch wenn die Pflege daneben teilweise in einer teilstationären Einrichtung geleistet wird. Nach Ziff. 6.1 der PflRi soll auch der Bemessung des zeitlichen **Pflegebedarfs bei stationärer Pflege** eine durchschnittliche häusliche Wohnsituation zugrunde gelegt werden. Der Umfang des Hilfebedarfs bei einer Verrichtung richtet sich nach den **individuellen Bedürfnissen** des zu Pflegenden (zu Abweichungen bei der stationären Pflege vgl. Ziff. 6.1 der Pflegerichtlinien), soweit diese sachlich begründet sind (§ 14 Rn. 19). Dieser Grundsatz kann allerdings nicht konsequent angewandt werden, weil andernfalls Personen mit identischen Defiziten bei den maßgebenden Verrichtungen je nach ihren unterschiedlichen Lebensgewohnheiten verschiedenen Pflegestufen zuzuordnen wären. Der Gleichbehandlungsgesichtspunkt verlangt deshalb eine gewisse Standardisierung des Pflegebedarfs, die am Maßstab des allgemein Üblichen auszurichten ist (vgl. *Udsching*, VSSR 1996, 271, 284). Hiergegen spricht auch nicht der Aspekt der Bedarfsgerechtigkeit (so aber *Klie*, in: LPK-SGB XI, § 15 Rn. 5). Dem SGB XI, insbesondere § 2 Abs. 1, ist nicht zu entnehmen, dass sich der Bedarf jeweils nach den individuellen Lebensgewohnheiten und Wünschen des Betroffenen richtet. Zur Frage, ob und inwieweit sich die Leistungsfähigkeit der Pflegeperson und die Beschaffenheit des Wohnumfeldes auf den Umfang des zeitlichen Pflegebedarfs auswirken vgl. unten Rn. 16.

IV. Minderung oder Erhöhung des Pflegebedarfs

Eine **Minderung oder Erhöhung des Pflegebedarfs,** die die Zuordnung zu 5 einer anderen Pflegestufe begründet, stellt eine **wesentliche Änderung** der Verhältnisse i. S. von § 48 Abs. 1 SGB X dar. Vergrößert sich der Pflegeaufwand derart, dass die Voraussetzungen einer höheren Pflegestufe vorliegen, kann der Pflegebedürftige ab dem Zeitpunkt der Änderung Leistungen nach der höheren Pflegestufe beanspruchen, sofern er dies rechtzeitig beantragt (§ 33 Abs. 1). Das BSG hat die in § 14 Abs. 1 enthaltene Voraussetzung der **Dauerhaftigkeit** von Pflegebedürftigkeit (sechs Monate) auch auf den für die einzelnen Pflegestufen erforderlichen Umfang des Pflegebedarfs erstreckt, obgleich dies dem Wortlaut des § 15 nicht zu entnehmen ist (SozR 3-3300 § 15 Nr. 1; anders die Vorauflage; vgl. hierzu auch § 14 Rn. 5). Die **Prognose des Gutachters,** dass der Umfang des Pflegebedarfs werde sich bei einem bestimmten Verhalten des Pflegebedürftigen (z. B. Durchführung einer Therapie, eines bestimmten Trainings etc) vor Ablauf von sechs Monaten mindern, kann sich auf die Zuordnung zu einer Pflegestufe nur dann auswirken, wenn die Mitwirkung dem Pflegebedürftigen ohne weiteres zumutbar ist und der Erfolg der Maßnahme (etwa aufgrund medizinischer Erfahrung) eindeutig ist. An dieser Voraussetzung fehlt es etwa bei einem Querschnittsgelähmten, der nach ärztlicher Auffassung eine bestehende Stuhlinkontinenz durch ein entsprechendes Training beheben können soll. Kann der Gutachter noch keine sichere Prognose abgeben, etwa weil durch RehaMaßnahmen noch eine Besserung und damit eine Minderung des Pflegebedarfs erreicht werden kann, so steht der PK seit dem Inkrafttreten des PflegeWEG die Möglichkeit zur Verfügung, die Leistungsbewilligung zu befristen (§ 33 Abs. 1 Satz 4; vgl. dort Rn. 6).

V. Die einzelnen Pflegestufen

1. Pflegestufe I

6   Zur Pflegestufe I zählen **erheblich Pflegebedürftige**. Das sind Personen, die mindestens einmal täglich einen Hilfebedarf bei wenigstens zwei Verrichtungen des Grundbedarfs haben; das sind die Bereiche Körperpflege, Ernährung und Mobilität (§ 14 Abs. 4); wobei es unerheblich ist, ob die Verrichtungen, bei denen Hilfebedarf besteht, zu einem oder mehreren Bereichen des Grundbedarfs gehören. Zusätzlich muss mehrfach in der Woche Hilfe bei der hauswirtschaftlichen Versorgung benötigt werden. Der Zeitaufwand muss im Tagesdurchschnitt eineinhalb Stunden betragen (Abs. 3 Nr. 1).

2. Pflegestufe II

7   Zur Pflegestufen II zählen **Schwerpflegebedürftige**. Das sind Personen, die mindestens dreimal täglich zu verschiedenen Tageszeiten bei den Verrichtungen des Grundbedarfs (Körperpflege, Ernährung und Mobilität) Hilfe benötigen. Zusätzlich muss mehrfach in der Woche Hilfe bei der hauswirtschaftlichen Versorgung erforderlich sein. Im Tagesdurchschnitt wird ein Zeitaufwand von mindestens drei Stunden vorausgesetzt (gemeint ist der tägliche Aufwand im Wochendurchschnitt, vgl. BSG, SozR 3-3300 § 15 Nr. 7); wobei auf die Grundpflege mindestens zwei Stunden entfallen müssen (Abs. 3 Nr. 2). **Übergangsrecht:** Versicherte, die bis zum 31.3.1995 Leistungen bei Schwerpflegebedürftigkeit nach den §§ 53 bis 57 SGB V erhalten haben, waren mit Wirkung vom 1.4.1995 ohne Antragstellung in die Pflegestufe II einzustufen (vgl. hierzu im Einzelnen die Übergangsregelung in Art. 45 PflegeVG).

3. Pflegestufe III

8   Zur Pflegestufe III zählen **Schwerstpflegebedürftige**. Das sind Personen, die bei den Verrichtungen des Grundbedarfs täglich rund um die Uhr, auch nachts, der Hilfe bedürfen. Zusätzlich muss mehrfach in der Woche Hilfe bei der hauswirtschaftlichen Versorgung erforderlich sein. Der Zeitbedarf muss mindestens fünf Stunden betragen, wovon auf die Grundpflege mindestens vier Stunden entfallen müssen (Abs. 3 Nr. 3). Ausschlaggebend für die Zuordnung zur Pflegestufe III ist zumeist das **Vorliegen von nächtlichem Hilfebedarf.** Die Anforderungen an diese Voraussetzung werden im Gesetz nicht näher erläutert. Umstritten war zunächst vor allem, ob ein nächtlicher Hilfebedarf auch dann vorliegt, wenn die krankheits- oder behinderungsbedingten Defizite eine **ständige Einsatzbereitschaft** von Pflegepersonen (im Sinne einer Rufbereitschaft) auch nachts erforderlich machen, oder ob es tatsächlich zu einem Hilfeeinsatz kommen muss. In der Begründung des RegE sprach eher dafür, dass die Notwendigkeit einer Rufbereitschaft ausreichen sollte (BT-Drucks. 12/5262, S. 98 zu Nr. 3). Auch die ursprüngliche Fassung der PflRi begnügte sich mit dieser Anforderung, während die PflRi idF vom 21.12.1995 (Ziff. 4. 1.3) verlangen, dass tatsächlich auch nachts ein Hilfebedarf besteht; nach den BRi (Abschnitt D 1.4) ist es unschädlich, wenn bis zur zwei Tage pro Woche tatsächlich keine Hilfe erforderlich ist. Nach Auffassung des BSG (SozR 3-3300 § 15 Nr. 1) ist die aktuelle Fassung der PflRi, die höhere Anforderungen an den nächtlichen Pflegebedarf stellt, am ehesten mit dem Wortlaut des Gesetzes zu vereinbaren (vgl. hierzu *Lachwitz,* SGb 1999, 306).

Stufen der Pflegebedürftigkeit **§ 15**

Pfitzner (BeckOK SozR, SGB XI, § 15 Rn. 13) hält es für problematisch, dass die Rspr reine Kontrollbesuche, ohne aktive Hilfeleistung, ausreichen lässt. Für das Tatbestandsmerkmal „nachts" legen die BRi (Abschnitt D 1.4) eine feste Zeitspanne fest. Danach liegt ein nächtlicher Hilfebedarf vor, wenn er zwischen 22 und 6 Uhr anfällt und durch die nächtliche Hilfeleistung die Nachtruhe der Pflegeperson unterbrochen wird. Das BSG (Urteil vom 18.3.1999, B 3 P 3/98 R = SozR 3-3300 § 15 Nr. 5) hat die Zeitspanne von 22 Uhr bis 6 Uhr als sachgerecht angesehen; die weitergehende Forderung, dass die Pflegeperson zusätzlich ihren Nachtschlaf unterbrechen müsse, jedoch verworfen; zugleich ist dem Vorschlag, auf den Lebensrhythmus des Pflegebedürftigen (so *Sattler,* SGb 1996, 530) abzustellen, nicht gefolgt. Die Zeitspanne von 22 bis 6 Uhr ist nur dann nicht maßgebend, wenn die für die Abgrenzung des Nachtschlafs relevanten Verrichtungen „Aufstehen" und „Zu-Bett-Gehen" wegen der Lebensgewohnheiten des Pflegebedürftigen regelmäßig innerhalb dieses Zeitrahmens vorgenommen werden (BSG, Urteil vom 18.3.1999, B 3 P 3/98 R = SozR 3-3300 § 15 Nr. 5).

VI. Voraussetzung der Leistung nach § 43a (Abs. 1 Satz 2)

Die durch das 1. SGB XI-ÄndG eingefügte Vorschrift legt die Voraussetzungen für 9 die Gewährung von Leistungen nach § 43a fest. Nach dieser ebenfalls im 1. SGB XI-ÄndG eingefügten Vorschrift gewährt die PK eine pauschale Geldleistung für die in stationären Behinderteneinrichtungen (die gem. § 71 Abs. 4 nicht als Pflegeeinrichtung zugelassen werden können) erbrachten Pflegeleistungen. Der stationär versorgte behinderte Menschen muss zumindest die Voraussetzungen der Pflegestufe I erfüllen.

VII. Besonderheiten bei Kindern (Abs. 2)

Leistungen der PV können auch pflegebedürftige Kinder in Anspruch nehmen. 10 Bei ihnen kann für die Zuordnung zu einer der drei Pflegestufen nur der Hilfebedarf berücksichtigt werden, der über den Pflegeaufwand eines gesunden gleichaltrigen Kindes hinausgeht (vgl. BSG, SozR 3-2500 § 53 Nr. 7 und 8). Auch bei Säuglingen und Kleinkindern kann Pflegebedürftigkeit jedoch nicht allein deshalb verneint werden, weil bei ihnen Hilfebedürftigkeit ohne Rücksicht auf das Bestehen einer Krankheit oder Behinderung schon durch den Entwicklungsstand begründet ist. Die Regelung bewirkt keine Schlechterstellung hilfebedürftiger Kinder gegenüber Erwachsenen (BSG, SozR 3-3300 § 14 Nr. 4). Sie stellt lediglich klar, dass der natürliche, altersentsprechende Pflegebedarf von Kindern unberücksichtigt bleibt und allein auf das altersübliche Maß hinausgehende Aufwand abzustellen ist (zur Bemessung des altersentsprechenden Pflegebedarfs vgl. BSG, Urteil vom 15.3.2012, B 3 P 1/11 R, BSGE 110, 214 = SozR 4-3300 § 15 Nr. 5 = NZS 2012, 622). Dies entspricht der Vorgabe in § 14 Abs. 1, wonach der Pflegebedarf krankheits- oder behinderungsbedingt sein muss. Die für die Zuordnung zu einer Pflegestufe nach Abs. 1 und 3 grundlegende **Unterscheidung zwischen** einem Hilfebedarf bei der **Grundpflege und** einem solchen bei **der hauswirtschaftlichen Versorgung** ist auch bei Kinder anzuwenden (BSG, SozR 3-3300 § 14 Nr. 2 und 4). Hieraus folgt, dass auch bei Kindern allein ein umfangreicher Mehrbedarf im hauswirtschaftlichen Bereich nicht ausreicht bzw. ein die Grenzwerte nicht erreichender Bedarf im Bereich der Grundpflege nicht durch einen besonders hohen Bedarf im hauswirtschaftlichen Bereich kompensiert werden kann (BSG, SozR 3-3300 § 14 Nr. 3). Die Tatsache, dass auch ein gesundes altersentsprechend entwickeltes Kind sich bis zu einem bestimmten Alter nicht an den hauswirtschaftlichen Verrichtungen beteiligt, hat allerdings zur Folge, dass bei Kindern auf das Vorliegen von hauswirtschaftlichem Mehrbedarf verzichtet werden kann und für die Zuordnung zu den Pflegestufen allein der Aufwand bei der Grundpflege maßgebend ist (BSG, SozR 3-3300 § 14 Nr. 3; *Gürtner*, in: Kass-Komm, § 15 Rn. 11); zur Bemessung des Zeitaufwandes für die hauswirtschaftliche Versorgung bei Kindern vgl. unten Rn. 12.

1. Zeitaufwand bei Kindern

11   Maßgebend ist allein der das altersübliche Maß übersteigende Zeitaufwand. Der altersübliche Pflegeaufwand ist jedoch keine feste Größe. Der Zeitbedarf für die Pflege eines Kindes variiert innerhalb einer Altersstufe, ohne dass hierfür Krankheiten oder Behinderungen ursächlich sind. Innerhalb üblicher Schwankungsbreiten kann ein Pflegebedarf der PV nicht zugerechnet werden. Ausgangspunkt der Ermittlung des zusätzlichen Zeitaufwandes ist deshalb nicht der durchschnittliche Pflegebedarf eines gesunden gleichaltrigen Kindes, sondern der höchstmögliche Aufwand (so auch *Wagner*, in: H/N, § 15 Rn. 24). Die BRi (Abschnitt D 4.0 III 9) enthalten als Orientierungsgrößen standardisierte Erfahrungswerte, von welchem Lebensalter an die Katalogverrichtungen des § 14 Abs. 4 von Kindern ohne fremde Hilfe durchgeführt werden können. Ein krankheits- oder behinderungsbedingter Mehrbedarf kann jedoch auch schon in einem Alter vorliegen, in dem die Verrichtung auch von einem gesunden Kind noch nicht völlig ohne fremde Hilfe durchgeführt wird, die Versorgung des kranken Kindes jedoch wesentlich zeitaufwändiger ist. Ob die Zeitdifferenz, wie in den BRi, tabellarisch differenziert nach dem Lebensalter festgelegt werden kann, ist dagegen problematisch. Die Daten, die der aktuellen Tabelle in den BRi zugrunde liegen, sind differenzierter als dies in früheren Fassungen der Fall war. Angesichts der Tatsache, dass die ursprünglich eingesetzte Tabelle nicht auf wissenschaftlich fundiertem Datenmaterial basierte, hatte sich das BSG (Urteil vom 26. 11. 1998, B 3 P 20/97 = SozR 3-3300 § 14 Nr. 9) zunächst gegen die Empfehlung der BRi ausgesprochen, bei Kindern in jedem Fall zunächst den Gesamtpflegeaufwand zu ermitteln, und anschließend hiervon den Tabellenwert, der den Hilfebedarf eines gesunden Kindes bei den einzelnen Verrichtungen wiedergeben soll, abzuziehen. Zumindest bei einem Kind, das an somatischen Krankheiten oder Behinderungen leidet, aber im Übrigen normal entwickelt ist, kann der konkret bestehende Mehraufwand ohne Weiteres individuell ohne Rückgriff auf standardisierte Durchschnittswerte ermittelt werden. Bei Kindern mit geistiger Behinderung, bei denen zumeist der gesamte Entwicklungsstand von demjenigen eines gesunden Kindes abweicht, sollte auch nach der älteren Rspr. des BSG bei der Schätzung des Mehraufwandes mangels besserer Erkenntnisse von den (unzulänglich erhobenen) Erfahrungswerten der ursprünglich verwandten Tabelle ausgegangen werden (vgl. BSG, Urteil vom 29. 4. 1999, B 3 P 7/98 R = SozR 3-3300 § 14 Nr. 10). Nachdem die in den aktuellen BRi enthaltene Tabelle (Abschnitt D 4.0 III 9) auf erheblich differenzierteren Grundlagen beruht, bestehen gegenüber der Verwendung der Differenzmethode (Gesamthilfebedarf abzüglich altersentsprechender Bedarf nach Tabellenwerten) keine grundsätzlichen Bedenken mehr (vgl. BSG, Urteil vom 15. 3. 2012, B 3 P 1/11 R, BSGE 110, 214 = NZS 2012, 622 Rn. 13).

12   Zur Ermittlung des Zeitbedarfs für die **hauswirtschaftlichen Verrichtungen bei Kindern** enthalten die BRi den Vorschlag, von pauschalierten Zeitwerten auszugehen. Danach gilt bei kranken oder behinderten Kindern bis zum 8. Lebensjahr der in den einzelnen Pflegestufen geforderte Zeitbedarf für die hauswirtschaftliche Versorgung als erfüllt, wenn neben dem jeweils erforderlichen Bedarf an Grundpflege überhaupt ein Mehrbedarf für die hauswirtschaftliche Versorgung im Vergleich zu einem gesunden gleichaltrigen Kind nachgewiesen ist (BRi Abschnitt D 4.0 III 9). Bei Kindern nach dem vollendeten 8. Lebensjahr ist nach der BRi (Abschnitt D 4.0 III 9) der hauswirtschaftliche Mehrbedarf spezifiziert zu erfassen. Dh auch bei dieser Altersgruppe muss ein hauswirtschaftlicher Mehrbedarf nachgewiesen sein. Nur in

Fällen, in denen eine konkrete Erfassung nicht möglich ist, können ausgehend von Erfahrungswerten bei dem festgestellten Grundpflegebedarf Bedarfe für Hauswirtschaft pauschaliert zugrunde gelegt werden. Als Pauschalen sind zu berücksichtigen: in der Pflegestufe I 45 Minuten, in der Pflegestufe II und III jeweils 60 Minuten.

2. Geistig behinderte Kinder

Spezielle Zuordnungsprobleme bestehen **bei geistig behinderten Kindern**, die zusätzlicher Förderung bedürfen. Förderungsmaßnahmen, die in unmittelbarem Zusammenhang mit einer Verrichtung i. S. von § 14 Abs. 4 erbracht werden, zählen auch dann zu dem nach § 15 zu berücksichtigenden Hilfebedarf, wenn sie rehabilitative Elemente (Anleitung zur eigenständigen Ausführung einer Verrichtung) enthalten, da eine Differenzierung gegenüber den in § 14 Abs. 3 aufgeführten Hilfeleistungen kaum möglich ist (BSG, Urteil vom 14.12.1994, 3/1 RK 65/93 = DOK 1995, 113; vgl. hierzu auch § 14 Rn. 20). Die Zuordnung zu einer Pflegestufe kann nicht allein nach dem Ausmaß der Differenz zwischen dem **Entwicklungsstand des Kindes** und seinem kalendarischen Alter vorgenommen werden. Zur Bedeutung von **Zeitkorridoren** bei der Ermittlung des Pflegebedarfs von Kindern vgl. BSG, SozR 4-3300 § 23 Nr. 4, Rn. 20 und 24.

13

VIII. Ermittlung des Zeitaufwands (Abs. 3)

Die Vorschrift wurde erst durch das 1. SGB XI-ÄndG eingefügt. Der RegE zum SGB XI enthielt einen Mindestzeitbedarf als Voraussetzung für die Zuordnung zu einer der drei Pflegestufen noch gar nicht. Auf Veranlassung des AuS-Ausschusses (BT-Drucks. 12/5920, S. 23, 12/5952, S. 35) wurde in Abs. 3 eine Ermächtigung für den Verordnungsgeber bzw. die Spitzenverbände im Rahmen ihrer Richtlinienkompetenz nach § 17 aufgenommen, Mindestzeitwerte für die einzelnen Pflegestufen festzulegen. Hierdurch sollte verhindert werden, dass geringfügige Hilfeleistungen bei den Grundverrichtungen bereits die Anerkennung von Pflegebedürftigkeit begründen (BT-Drucks. 12/5952, S. 35). Durch die Neuregelung wurde die verfassungsrechtlich bedenkliche Festlegung von Mindestzeitwerten in Richtlinien abgelöst (vgl. hierzu die Vorauflage § 17 Rn. 5); wobei die Zeitwerte, ergänzt um präzisere Werte für den hauswirtschaftlichen Anteil, aus den Richtlinien übernommen wurden. Die Mindestzeitwerte sind Ausdruck der Ergänzungsfunktion der PV (vgl. § 4 Abs. 2). Der Leistungsumfang der PV orientiert sich vorrangig nicht am Ausmaß des individuellen Pflegebedarfs, sondern nach typisierten Bedarfsgruppen (Pflegestufen), für deren Bildung der zeitliche Pflegebedarf ausschlaggebende Bedeutung hat.

14

1. Maßstab Laienpflege

Der bei den einzelnen Pflegestufen vorausgesetzte Zeitaufwand bezieht sich nicht auf berufsmäßige Pflegekräfte. Abzustellen ist vielmehr auf den Zeitaufwand, den ein Familienangehöriger, Nachbar oder eine andere nicht als Pflegekraft ausgebildete Pflegeperson für die Leistungen der Grundpflege, der hauswirtschaftlichen Versorgung und für pflegeunterstützende Maßnahmen benötigt; deren Zeitbedarf allerdings nicht in jedem Fall höher ist als derjenige von Fachkräften (vgl. hierzu *Klie*, in: LPK-SGB XI, § 15 Rn. 6). Hierbei ist der wöchentliche Zeitaufwand zu ermitteln und auf den Tagesdurchschnitt umzurechnen, wobei der Aufwand für Grundpflege gegenüber dem hauswirtschaftlichem Aufwand vor allem bei den Pflegestufen II und III im Vordergrund stehen muss.

15

2. Allgemeine Grundsätze für die Ermittlung des Zeitbedarfs

16 Die Bemessung der zeitlichen Dauer des Hilfebedarfs hat nach den BRi (D 4.0/III./4.) immer individuell nach den Gegebenheiten und Lebensgewohnheiten des Betroffenen zu erfolgen (Ausnahme: bei vollstationärer Pflege ist gem. Ziff. 6.1 der PflRi fiktiv „eine durchschnittliche häusliche Wohnsituation" zugrunde zu legen). Der Grundsatz, dass die **tatsächlich bestehende Pflegesituation** maßgebend ist, kann jedoch nur begrenzt umgesetzt werden, weil anderenfalls Personen mit identischen Defiziten bei den maßgebenden Verrichtungen unterschiedlichen Pflegestufen zuzuordnen wären. Der Leistungsanspruch würde dann insgesamt oder zumindest der Höhe nach nicht vom Ausmaß der Hilflosigkeit des Pflegebedürftigen, sondern von der Leistungsfähigkeit der Pflegeperson oder der Beschaffenheit des Wohnumfeldes abhängig gemacht. § 14 stellt jedoch allein auf den „Bedarf" an Pflege und nicht auf die unterschiedliche Art der Deckung dieses Bedarfs ab (so zutreffend *Wagner,* in: H/N, § 15 Rn. 28; ferner *Klie,* in: LPK-SGB XI, § 15 Rn. 6). Außerdem führte eine maßgebende Berücksichtigung der individuellen Pflegesituation zwangsläufig zu Ungleichbehandlungen, die mit der Intention der PV nicht zu vereinbaren sind; denn der konkret individuelle Maßstab kann zwangsläufig nicht bei allen Antragstellern angelegt werden. Er scheidet von vornherein aus, wenn eine konkrete Pflegeperson im häuslichen Umfeld nicht vorhanden ist oder die Pflege nur zeitweise übernehmen kann und die Pflegeleistungen ganz oder größtenteils von professionellen Kräften erbracht werden müssen oder wenn der Pflegebedarf für die vollstationäre Pflege nach Auflösung des eigenen Haushalts zu beurteilen ist. Bei einem Wechsel der Pflegeperson müsste zudem eine Neueinstufung vorgenommen werden. Grundsätzlich ist deshalb auf das objektive Ausmaß des Pflegebedarfs abzustellen (so tendenziell bereits BSG, SozR 3-2500 § 53 Nr. 7). Da das SGB XI in seinem § 3 jedoch einen Vorrang der häuslichen vor der stationären Pflege postuliert, kann die konkrete Ausgestaltung des Wohnumfeldes nicht unberücksichtigt bleiben. Bei der Ermittlung des Zeitbedarfs für die Hilfe bei einzelnen Verrichtungen ist die Ausgestaltung des Wohnumfeldes deshalb unter Umständen als erschwerender oder – z. B. bei einer optimal behindertengerecht ausgestalteten Wohnung (vgl. Urteil des BSG vom 19.2.1998, B 3 P 2/97 R) – auch als erleichternder Faktor (vgl. zu diesen Begriffen unten Rn. 18) zu berücksichtigen. Die tatsächlich bestehende Pflegesituation ist auch dann maßgebend, wenn im konkreten Fall der Pflegeaufwand durch Maßnahmen gemindert wird, deren Einsatz vom Pflegebedürftigen nach medizinisch-pflegerischen Grundsätzen nicht ohne Weiteres verlangt werden kann. Dies gilt etwa im Hinblick auf eine tatsächlich durchgeführte, nach ärztlicher Einschätzung vertretbare Sedierung oder eine Dauer-Katheterisierung. Nicht zu berücksichtigen sind dagegen tatsächlich durchgeführte Pflegeleistungen, die ohne Weiteres durch den Einsatz von Hilfsmitteln oder durch andere Maßnahmen, wie etwa die Organisation des Wohnumfeldes, vermieden werden können, wenn dies den Betroffenen zuzumuten ist (vgl. *Udsching,* VSSR 1996, 271, 285f.).

17 Beim Zeitbedarf werden nur solche **Verrichtungen** berücksichtigt, bei denen zumindest **einmal pro Woche** ein Hilfebedarf anfällt (BSG, Urteil vom 29.4.1999, Az.: B 3 P 12/98 R). Tritt der Hilfebedarf seltener auf, kommt eine Umrechnung auf den Tagesdurchschnitt nicht in Betracht. Die Woche als Bemessungsgröße ergibt sich aus § 15 Abs. 3 („wöchentlich im Tagesdurchschnitt"); auch in § 15 Abs. 1 wird, bezüglich des hauswirtschaftlichen Versorgungsbedarfs, auf die Woche abgestellt. Ist für die Hilfe bei einer Verrichtung aus besonderen Gründen (z. B. Gewicht oder gesundheitlicher Zustand des Pflegebedürftigen oder gesundheitliche Gefahren für die Pflegeperson) der **Einsatz von zwei Pflegepersonen** erforderlich, so ist der Zeitansatz zu verdoppeln (*Klie,* in: LPK-SGB XI § 15 Rn. 12). Zur Frage, in welchem Umfang ein Hilfebedarf bei den einzelnen Verrichtungen zu berücksichtigen ist, vgl. § 14 Rn. 19f. Auf den Zeitbedarf wirkt sich der Umstand maßgebend aus, dass das SGB XI vom Leitbild der **aktivierenden Pflege** ausgeht (vgl. hierzu § 14 Rn. 8). Hieraus folgt, dass der für

Stufen der Pflegebedürftigkeit **§ 15**

aktivierende Maßnahmen erforderliche Zeitaufwand (z. B. Anleitung zur bzw. Beaufsichtigung bei der eigenständigen Vornahme einer Verrichtung) auch dann zu berücksichtigen ist, wenn er erheblich höher ist als bei der vollständigen oder teilweisen Übernahme der Verrichtung durch die Pflegeperson. Besteht die Hilfeleistung der Pflegeperson in der Begleitung des Pflegebedürftigen beim Gehen (innerhalb oder außerhalb der Wohnung), so sind auch **Warte- bzw. Aufenthaltszeiten** zu berücksichtigen, die die Pflegeperson nicht zur Erledigung anderer Aufgaben sinnvoll nutzen kann; etwa während des Aufenthaltes in der Praxis des Arztes oder Krankengymnasten (vgl. BSG, SozR 3-3300 § 14 Nr. 6).

3. Ermittlung des Zeitaufwands

Schätzung des Zeitbedarfs auf der Grundlage von Zeitkorridoren: Die **Ermittlung des Zeitaufwands** beruht im Wesentlichen auf einer Schätzung durch die PK auf der Grundlage der Feststellungen der MD zum gesamten Pflegebedarf; zur Feststellung der Schätzungsgrundlagen durch den MD vgl. § 18 Rn. 4. Das BSG hat bereits zu den §§ 53ff. SGB V eine Schätzung des zeitlichen Aufwands für Hilfen bei einzelnen Verrichtungen entsprechend dem Rechtsgedanken aus § 287 ZPO zugelassen (SozR 3-2500 § 53 Nr. 7; bestätigt von SozR 4-3300 § 15 Nr. 1 Rn. 12 = NZS 2004, 206), wenn die Tatsachen, auf denen die Schätzung beruht, sachgerecht ausgewählt und vollständig ermittelt worden sind. Schätzungen des Zeitaufwandes, die nicht erkennen lassen, von welchen tatsächlichen Umständen die PK ausgegangen ist, sind danach ebenso unzulässig wie das Abstellen auf Tatsachen, die zur Beurteilung des Zeitaufwandes ungeeignet sind. Die Grundlagen der Schätzung sind ohne Weiteres gerichtlich überprüfbar, die Schätzung selbst dagegen nur sehr eingeschränkt (z. B. Verstoß gegen Denkgesetze, Lebenserfahrung etc.) und revisionsgerichtlich grundsätzlich gar nicht. An den **zeitlichen Schnittstellen** der Pflegestufen hält das BSG die Anwendung eines großzügigen Maßstabs bei der Schätzung für angemessen (BSGE 95, 57, 62 Rn. 19 = SozR 4-1300 § 48 Nr. 6). Im Interesse der Gleichbehandlung und einer rechtsstaatlich gebotenen Nachprüfbarkeit wurden in die Begutachtungsrichtlinien für einzelne Verrichtungen sogenannte **Zeitkorridore** eingeführt (Anhang 1 der BRi), die von der völligen Übernahme einer Verrichtung durch die Pflegeperson ausgehen, als Orientierungswerte aber auch bei anderen Formen der Hilfe – wie etwa der Anleitung oder Unterstützung – herangezogen werden können (zur Erforderlichkeit von Leitlinien zur Ermittlung des Zeitbedarfs vgl. eingehend *Udsching,* VSSR 1996, 271, 275f.). Bei den Zeitkorridoren handelt es sich um Erfahrungswerte aus der Gutachterpraxis. Die hiergegen vorgebrachten Bedenken (*Klie,* in: LPK-SGB XI, § 15 Rn. 11) im Hinblick auf die Vereinbarkeit mit pflegefachlichen Erkenntnissen erscheinen unbegründet, weil sie die Funktion der Zeitvorgaben, eine Nachprüfbarkeit von Gutachten und eine Vergleichbarkeit ihrer Ergebnisse zu ermöglichen, verkennen. Im Einzelfall können Faktoren vorliegen, die sich erschwerend oder auch erleichternd auf die Hilfeleistung bei einzelnen Verrichtungen auswirken und auch den Zeitbedarf beeinflussen. Ist dies der Fall, kann von den Zeitvorgaben abgewichen werden. Abweichungen bedürfen jedoch besonderer Begründung. Im Streitfall müssen sie von demjenigen, der aus ihrem Vorliegen eine für ihn günstige Rechtsfolge ableiten will, bewiesen werden. Eine wichtige Funktion kommt den Zeitkorridoren bei der Überprüfung von **Pflegetagebüchern** zu, die sich zwischenzeitlich in der Verwaltungspraxis der PKn als erster Schritt zur Ermittlung des Pflegebedarfs durchgesetzt haben. Das BSG hat die Zeitkorridore ausdrücklich sanktioniert (BSGE 95, 57, 62, Rn. 17 = SozR 4-1300 § 48 Nr. 6 = SGb 2006, 320). Danach unterstützen die in den Begutachtungsrichtlinien enthaltenen Richtzeitwerte und Zeitkorridore den Gutachter bei seiner Schätzung. Zur Bedeutung von Zeitkorridoren bei der Ermittlung des **Pflegebedarfs von Kindern** vgl. BSG, SozR 4-3300 § 23 Nr. 4, Rn. 20 und 24.

§ 15 Zweites Kapitel. Leistungsberechtigter Personenkreis

4. Ermittlung des Zeitaufwands bei psychisch kranken und behinderten Menschen

19 Bei psychisch Kranken und geistig behinderten Menschen wird der Zeitaufwand wesentlich durch die Dauer der erforderlichen Beaufsichtigung bestimmt. Da auch bei diesem Personenkreis die Förderung der eigenständigen Vornahme einer Verrichtung Vorrang hat (vgl. § 14 Rn. 10) ist auch der Zeitaufwand zu berücksichtigen, der auf die Verwirrtheit des Pflegebedürftigen zurückzuführen ist (z. B. Unterbrechungen im Ablauf einer Verrichtung). Der Zeitaufwand, der auf die allgemeine, nicht verrichtungsbezogenen Beaufsichtigung entfällt, kann – nach der Rspr des BSG (vgl. § 14 Rn. 15) – auch dann nicht berücksichtigt werden, wenn er zur Vermeidung einer eigenen Gefährdung erforderlich ist (a. A. *Klie*, in: LPK-SBG XI, § 15 Rn. 8). Zu Besonderheiten des Hilfebedarfs bei Personen mit psychischen Erkrankungen oder geistigen Behinderungen vgl. auch BRi Abschnitt D 4.0/III 8.

5. Zeitaufwand für verrichtungsbezogene Behandlungspflege (Abs. 3 Satz 2 und 3)

20 Die mit der Gesundheitsreform 2007 zum 1.4.2007 eingeführte Regelung hängt unmittelbar zusammen mit der Rspr des BSG zur Berücksichtigung der verrichtungsbezogenen Behandlungspflege als Pflegebedarf iR des § 15 und der Abgrenzung zu dem gegen die KK gerichteten Anspruch auf häusliche Krankenpflege nach § 37 Abs. 2 SGB V (vgl. § 14 Rn. 14a). Nach § 37 Abs. 2 Satz 1, 2. HS SGB V nF können nunmehr Leistungen der häuslichen Krankenpflege auch dann zulasten der GKV beansprucht werden, wenn sie verrichtungsbezogene Behandlungspflege betreffen und der Hilfebedarf bereits (oder gleichzeitig) bei der Bemessung des Pflegebedarfs geltend gemacht wurde. Abs. 3 Sätze 2 und 3 bilden parallele Regelungen hierzu für die PV. Sie lassen bewusst kumulative Leistungspflichten von GKV und PV zu (zum Ganzen eingehend: *Udsching,* FS 50 Jahre BSG, S. 691, 694 ff.).

IX. Verfahrensfragen

21 Das Sozialgericht kann sich bei der gerichtlichen Überprüfung des Bescheides der PK über die Feststellung von Pflegebedürftigkeit und der Zuordnung zu einer Pflegestufe allein auf das im Verwaltungsverfahren gem. § 18 eingeholte **Gutachten des MD** stützen, wenn dies schlüssig ist. Der im sozialgerichtlichen Verfahren geltende Untersuchungsgrundsatz (§ 103 SGG) macht nicht ohne Weiteres ein gerichtliches Sachverständigengutachten erforderlich (BSG, SozR 3-3300 § 15 Nr. 11 = NJW 2001, 3431). Einwände gegen die Schlüssigkeit des Verwaltungsgutachtens, die medizinische oder pflegefachliche Fragen betreffen, müssen allerdings im Regelfall durch Einschaltung von Sachverständigen geklärt werden. Ob das Gericht ein schriftliches Gutachten einholt oder den **Sachverständigen** lediglich **im Termin** mündlich befragt, steht grundsätzlich in seinem Ermessen; geht es allerdings, wie bei der Feststellung des täglichen Pflegebedarfs anhand des Verrichtungskatalogs um zahlreiche Einzelfeststellungen, so muss sichergestellt werden, dass auch der nicht fachkundigen Beteiligten komplexe Tatsachendarstellungen nachvollziehen können. Hierfür wird regelmäßig ein schriftliches Gutachten erforderlich sein, das den Beteiligten vor dem Termin zur mündlichen Verhandlung und Entscheidung zur Kenntnis gebracht wird (BSG, Beschluss vom 25.8.2005 – B 3 P 16/05 B). Zur Schätzung des zeitlichen Umfangs des Hilfebedarfs vgl. § 15 Rn. 18.

22 Die Vorschriften über die Feststellung von Pflegebedürftigkeit und die Zuordnung zu einer Pflegestufe dienen allein dem Interesse des Versicherten. Rechtspositionen der Einrichtungsträger werden durch sie nicht geschützt. Der Antrag auf Zuordnung

Verordnungsermächtigung **§ 16**

zu einer höheren Pflegestufe kann daher nicht von der Pflegeeinrichtung im eigenen Namen gestellt werden; die Pflegeeinrichtung ist insoweit auch nicht klagebefugt (BSGE 95, 102, 108 = SozR 4-3300 § 43 Nr. 1 = NZS 2006, 426).

§ 16 Verordnungsermächtigung

Das Bundesministerium für Gesundheit wird ermächtigt, im Einvernehmen mit dem Bundesministerium für Familie, Senioren, Frauen und Jugend und dem Bundesministerium für Arbeit und Soziales durch Rechtsverordnung mit Zustimmung des Bundesrates Vorschriften zur näheren Abgrenzung der in § 14 genannten Merkmale der Pflegebedürftigkeit, der Pflegestufen nach § 15 sowie zur Anwendung der Härtefallregelung des § 36 Abs. 4 und des § 43 Abs. 3 zu erlassen.

Inhaltsübersicht

	Rn.
I. Geltende Fassung	1
II. Ermächtigungsgrundlage	2

I. Geltende Fassung

Die Vorschrift ist mWv 1.1.1995 durch Art. 1 PflegeVG eingeführt worden, vgl. **1** Begr. des RegE, S. 99. Die Ermächtigung wurde durch das 1. SGB XI-ÄndG auf die §§ 36 Abs. 4 und 43 Abs. 3 erweitert. Die ursprüngliche Zuständigkeit des BMA wurde zunächst durch den Organisationserlass des Bundeskanzlers vom 27.10.1998 (BGBl. I S. 3288) auf das Bundesministerium für Gesundheit übertragen; durch Art. 219 Nr. 2 der siebten Zuständigkeitsanpassungsverordnung (vom 29.10.2001, BGBl. I S. 2785) wurde diese Änderung im Gesetzestext umgesetzt. Die Bezeichnungen der zuständigen Ministerien sind im Übrigen mehrmals angepasst worden.

II. Ermächtigungsgrundlage

Die Vorschrift ermächtigt das für die PV zuständige Ministerium (beim Inkraft- **2** treten des SGB XI war dies das BMA, seit 2001 das BMG), durch Rechtsverordnung mit Zustimmung des Bundesrates Vorschriften zur näheren Abgrenzung der in § 14 geregelten Merkmale der Pflegebedürftigkeit, der Pflegestufen nach § 15 sowie (seit dem 1. SGB XI-ÄndG) zur Anwendung der Härtefallregelungen in den §§ 36 Abs. 4 und 43 Abs. 3 zu erlassen. Wegen der Auswirkungen auf Pflegeleistungen nach anderen Gesetzen ist ein Einvernehmen mit dem Bundesministerium für Familie und Senioren und dem BMA herzustellen. Durch die Verordnungsermächtigung soll die Möglichkeit eröffnet werden, Entwicklungen in der Praxis zu korrigieren und ggf durch weitere Konkretisierungen steuernd einzugreifen. Die Verordnungsermächtigung steht in Konkurrenz zu dem an den Spitzenverband Bund der PKen gerichteten RL-Auftrag nach § 17. Nach der Vorstellung des Gesetzgebers (BT-Drucks. 12/5262, S. 99 zu § 14 E) kommt ihr nur für den Fall Bedeutung zu, dass die Spitzenverbände der PKen dem ihnen in § 17 erteilten Auftrag nicht zufriedenstellend nachkommen; vgl. BSGE 89, 44, 46 (NZS 2002, 429) in Bezug auf das Verhältnis von RL und VO bei der Anwendung der Härtefallregelung. Da die RL auf Veranlassung des AuS-Ausschusses (BT-Drucks. 12/5952, S. 35f.) gem. § 17 Abs. 2 zusätzlich unter Genehmigungsvorbehalt gestellt worden sind, ist der Erlass einer Verordnung nach § 16 eher unwahrscheinlich.

§ 17 Richtlinien der Pflegekassen

(1) ¹Der Spitzenverband Bund der Pflegekassen erlässt mit dem Ziel, eine einheitliche Rechtsanwendung zu fördern, unter Beteiligung des Medizinischen Dienstes des Spitzenverbandes Bund der Krankenkassen Richtlinien zur näheren Abgrenzung der in § 14 genannten Merkmale der Pflegebedürftigkeit, der Pflegestufen nach § 15 und zum Verfahren der Feststellung der Pflegebedürftigkeit. ²Er hat die Kassenärztliche Bundesvereinigung, die Bundesverbände der Pflegeberufe und der behinderten Menschen, die Bundesarbeitsgemeinschaft der Freien Wohlfahrtspflege, die Bundesarbeitsgemeinschaft der überörtlichen Träger der Sozialhilfe, die kommunalen Spitzenverbände auf Bundesebene, die Bundesverbände privater Alten- und Pflegeheime sowie die Verbände der privaten ambulanten Dienste zu beteiligen. ³Der Spitzenverband Bund der Pflegekassen erlässt unter Beteiligung des Medizinischen Dienstes des Spitzenverbandes Bund der Krankenkassen Richtlinien zur Anwendung der Härtefallregelungen des § 36 Abs. 4 und des § 43 Abs. 3.

(2) ¹Die Richtlinien nach Absatz 1 werden erst wirksam, wenn das Bundesministerium für Gesundheit sie genehmigt. ²Die Genehmigung gilt als erteilt, wenn die Richtlinien nicht innerhalb eines Monats, nachdem sie dem Bundesministerium für Gesundheit vorgelegt worden sind, beanstandet werden. ³Beanstandungen des Bundesministeriums für Gesundheit sind innerhalb der von ihm gesetzten Frist zu beheben.

Inhaltsübersicht

	Rn.
I. Geltende Fassung	1
II. Richtlinien zum Leistungsrecht der Pflegeversicherung	2
III. Normzweck	3
IV. Allgemeines	4
V. Anwendung der Richtlinien	6
VI. Katalog von sachkundigen Institutionen (Abs. 1 Satz 2)	7
VII. Härtefall-Richtlinien (Abs. 1 Satz 3)	8
VIII. Genehmigungsvorbehalt (Abs. 2)	9

I. Geltende Fassung

1   Die Vorschrift ist mWv 1.1.1995 durch Art. 1 PflegeVG eingeführt worden. Abs. 1 Satz 2 und 3 waren bereits im RegE (dort § 15) enthalten; vgl. Begr. des RegE, S. 99. Aufgrund der Beschlussempfehlung des AuS-Ausschusses wurden der gesamte Abs. 2 sowie in Abs. 1 Satz 1 die Beteiligung des MD der Spitzenverbände der KKen und am Ende von Abs. 1 Satz 2 die Beteiligung der Bundesverbände privater Alten- und Pflegeheime sowie der Verbände der privaten ambulanten Dienste hinzugefügt (BT-Drucks. 12/5920, S. 23f.); zur Begr. vgl. BT-Drucks. 12/5952, S. 35f. Abs. 1 Satz 1 wurde im Vermittlungsverfahren angefügt (BT-Drucks. 12/6424, S. 2). Im 1. SGB XI-ÄndG erfolgte lediglich eine redaktionelle Änderung: Wegen der Umgestaltung des § 43 musste in Abs. 1 Satz 3 die Angabe § 43 Abs. 2 durch § 43 Abs. 3 ersetzt werden. Durch den Organisationserlass des Bundeskanzlers vom 27.10.1998 (BGBl. I S. 3288) ist das Bundesministerium für Gesundheit als Genehmigungsbehörde an die Stelle des BMA getreten; diese Änderung wurde durch Art. 219 Nr. 3 der siebten Zuständigkeitsanpassungsverordnung (vom 29.10.2001, BGBl. I S. 2785) im Gesetzestext umgesetzt. Die Bezeichnungen der zuständigen Ministerien sind im Übrigen mehrmals angepasst worden.

Richtlinien der Pflegekassen **§ 17**

II. Richtlinien zum Leistungsrecht der Pflegeversicherung

Für die Feststellung von Pflegebedürftigkeit und die Zuordnung zu einer Pflegestufe **2** sind folgende Richtlinien zu beachten: Richtlinien der Spitzenverbände der Pflegekassen über die Abgrenzung der Merkmale der Pflegebedürftigkeit und der Pflegestufen sowie zum Verfahren der Feststellung der Pflegebedürftigkeit (Pflegebedürftigkeits-Richtlinien, PflRi vom 7.11.1994 idF des Beschlusses vom 11.5.2006). Die PflRi werden ergänzt durch die Begutachtungs-Richtlinien (BRi idF vom 16.4.2013) und die Härtefall-Richtlinien (vom 8.11.1994 idF des Beschlusses vom 28.10.2005). Zur Feststellung der Voraussetzungen der Leistungen nach § 45a, b vgl. die Richtlinie zur Feststellung von Personen mit erheblich eingeschränkter Alltagskompetenz und zur Feststellung des Hilfebedarfs (vom 10.6.2008). Die genannten Richtlinien sind veröffentlicht unter www.gkv-spitzenverband.de/pflegeversicherung → Richtlinien, Vereinbarungen, Formulare → Richtlinien zu Pflegeberatung und Pflegebedürftigkeit. Die Auslegungsempfehlungen des Spitzenverbandes der Pflegekassen zum Leistungsrecht der Pflegeversicherung (= Gemeinsames Rundschreiben des GKV-Spitzenverbandes und der Verbände der Pflegekassen auf Bundesebene, Stand: 9.7.2014) sind dagegen keine Richtlinien i. S. von § 17; das Rundschreiben ist veröffentlicht unter www.gkv-spitzenverband.de/pflegeversicherung → Richtlinien, Vereinbarungen, Formulare → Empfehlungen zum Leistungsrecht.

III. Normzweck

Zur **Vereinheitlichung des Verwaltungsvollzugs** sollen die Merkmale, die nach **3** § 14 Pflegebedürftigkeit begründen und die Voraussetzungen für die Zuordnung zu den einzelnen Pflegestufen durch Richtlinien des Spitzenverbandes der PK näher abgegrenzt werden; zugleich sollen die Richtlinien das Verfahren der Feststellung der Pflegebedürftigkeit regeln. Zusätzlich sind (gem. Abs. 1 Satz 3) Richtlinien zur Ausfüllung des in §§ 36 Abs. 4 und 43 Abs. 2 verwandten unbestimmten Rechtsbegriffs Härtefall aufzustellen. Bei der Fassung der Richtlinien haben die Spitzenverbände die in Abs. 1 S. 2 aufgeführten sachkundigen Institutionen zu beteiligen; dh diese sind anzuhören. Eine Zustimmung ist nicht erforderlich (*Schiller*, NZS 1994, 401, 402). Im 1. SGB XI-ÄndG ist mit § 53a eine weitere Ermächtigungsgrundlage zum Erlass von Richtlinien begründet worden, die sich ebenfalls an die Spitzenverbände der PK wendet und sich mit dem in § 17 enthaltenen Auftrag teilweise überschneidet. Vor allem im Hinblick auf eine Vereinheitlichung der Begutachtungspraxis hielt der Gesetzgeber den Auftrag in § 17 offensichtlich für unzureichend. Die aufgrund von § 53a erlassenen BRi enthalten detaillierte Vorgaben für die Begutachtung durch den MD.

IV. Allgemeines

§ 17 enthält keine normative Ermächtigung des Spitzenverbandes, die gesetzlichen **4** Regelungen zu den Voraussetzungen von Pflegebedürftigkeit bzw. der Zuordnung zu den Pflegestufen mit bindender Wirkung für Versicherte (und Gerichte) zu ergänzen (BSG, SozR 3-3300 § 15 Nr. 1). Die Richtlinien sind **Verwaltungsbinnenrecht.** Sie haben weder die Rechtsqualität einer Rechtsverordnung noch die einer Satzung (eingehend hierzu: *Udsching*, in FS für Krasney, S. 677). Sie richten sich unmittelbar ausschließlich an die zuständigen Hoheitsträger; mittelbar stellen sie über § 23 Abs. 6 Nr. 1 auch für die private PV Mindeststandards auf. Unmittelbare Rechtswirkungen gegenüber den Versicherten kommen ihnen nicht zu (BSGE 73, 146, 149 = SozR 3-2500 § 53 Nr. 4 – zu den PflRi nach § 53 SGB V; SozR 3-3300 § 15 Nr. 1 – zu den Richtlinien nach den

Udsching 107

§§ 17 und 53a; BSGE 89, 44 = SozR 3-3300 § 36 Nr. 3 = NZS 2002, 429 – zu den HärtefallRi). Hieran ändert auch der in Abs. 3 enthaltene Genehmigungsvorbehalt nichts. Soweit die RL mit dem Gesetz und der Verfassung vereinbar sind, haben sie nur insoweit unmittelbare Auswirkungen, als sie als verwaltungsinterne Gesetzeskonkretisierung der Verwirklichung des Gleichbehandlungsgrundsatzes bei der Anwendung des SGB XI dienen (BSG, SozR 3-3300 § 15 Nr. 1). Sie sind deshalb als Anhaltspunkte bei der Auslegung der in §§ 14, 15 enthaltenen Voraussetzungen für die Annahme von Pflegebedürftigkeit und die Zuordnung zu den Pflegestufen mit heranzuziehen. **Gerichte** sind an den Inhalt der RL nicht gebunden; sie haben ggf ihre Vereinbarkeit mit Gesetz und Verfassung sowie ihre sachliche Vertretbarkeit (umstritten vgl. *Bieback,* SGb 1995, 569, 574; *Schulin,* SGb 1994, 585, 587; eingehend zur Rechtsqualität und Bindungswirkung der RL in der PV: *Roller,* Pflegebedürftigkeit, S. 47ff.) zu prüfen. Die im Kassenarztrecht bedeutsamen Richtlinien der Bundesausschüsse (§ 92 SGB V) sind für die an den kassenärztlichen Versorgung teilnehmenden Ärzte nur deshalb verbindlich, weil sie Bestandteil der Bundesmantelverträge sind (§ 92 Abs. 7 SGB V). Hieraus ergeben sich auch für die Leistungsansprüche der Versicherten in der GKV mittelbare Auswirkungen; wenngleich die durch ein Gesetz begründeten Ansprüche durch Richtlinien nicht ausgeschlossen werden können (vgl. BSGE 63, 163, 165 = SozR 2200 § 368p Nr. 2; BSGE 73, 66, 70 = SozR 3-2500 § 2 Nr. 2). Im SGB XI fehlt eine vergleichbare Umsetzung der Richtlinien im Leistungserbringerrecht.

5   Bis zum Inkrafttreten des 1. SGB XI-ÄndG war die Richtlinien-Kompetenz der Spitzenverbände vor allem deshalb problematisch, weil sie nach § 15 Abs. 3 auch die Festlegung von Mindestvoraussetzungen für den **zeitlichen Pflegeaufwand** umfasste und die Spitzenverbände damit ermächtigte, elementare Tatbestandsvoraussetzungen festzulegen, was unter rechtsstaatlichen Aspekten bedenklich war (vgl. im einzelnen Vorauflage § 17 Rn. 5). Dieser Mangel wurde durch die Aufnahme detaillierter zeitlicher Grenzwerte für die einzelnen Pflegestufen in § 15 Abs. 3 geheilt.

V. Anwendung der Richtlinien

6   Zur **Anwendung der Richtlinien im Einzelnen:** Die Rspr hat die Richtlinien nur teilweise als sachlich vertretbar angesehen. Beispiele (angegeben ist jeweils die für die Entscheidung maßgebende Fassung der RL): Abgrenzung von Nahrungsvorbereitung und Nahrungsaufnahme in PflRi Ziff. 3.4: BSGE 82, 27, 29 = SozR 3-3300 § 14 Nr. 2; NZS 1998, 525; Pflegebedarf „rund um die Uhr" gem. § 15 Abs. 1 Nr. 3 = PflRi Ziff. 4.1.3 = BRi Ziff. 1.4: BSG, SozR 3-3300 § 15 Nr. 1, NZS 1998, 479; Hilfebedarf bei der Verrichtung „Verlassen und Wiederaufsuchen der Wohnung" = PflRi Ziff. 3.4.2, 5. Abs: BSG, SozR 3-3300 § 14 Nrn. 5 und 6; Hilfebedarf bei der Verrichtung „Gehen" = PflRi Ziff. 3.4.2, 4. Abs: BSG, SozR 3-3300 § 14 Nr. 10. In folgenden Fällen wurden die Vorgaben der Richtlinien als sachlich nicht vertretbar verworfen: Ausschluss jeder Form von Behandlungspflege (auch der verrichtungsbezogenen) aus dem berücksichtigungsfähigen Pflegebedarf = PflRi Ziff. 3.5.1: BSGE 82, 27, 32 = SozR 3-3300 § 14 Nr. 2; Einbeziehung des Abklopfens bei an Mukoviszidose erkrankten Kindern = PflRi Ziff. 3.5.1, 2. Abs: BSG, SozR 3-3300 § 14 Nr. 1; Bewertung des Pflegemehrbedarfs bei kranken bzw. behinderten Kindern ausschließlich nach der sog. Differenzmethode – BRi Abschnitt D 5 III 7: BSG, SozR 3-3300 § 14 Nr. 9 und 10; die HärtefallRi idF vom 3.7.1996 wurden den gesetzlichen Vorgaben nicht gerecht, weil sie nicht geeignet waren, die im Gesetz vorgesehenen Quoten zu erreichen: BSGE 89, 44 = SozR 3-3300 § 36 Nr. 3 = NZS 2002, 429. Umstritten war zunächst die sachliche Vertretbarkeit sog. Zeitkorridore, wie sie die BRi als Anhang 1 vorsehen; zur Forderung nach Zeitvorgaben vgl. *Udsching,* VSSR 1996, 271, 275; *Spinnarke,* in: LPK-SGB XI § 17 Rn. 14. Die Rspr. hat die Verwendung von Zeitkorridoren in den BRi zwischenzeitlich ausdrücklich gebilligt (BSGE 95, 57, 62, Rn. 17 = SozR 4-1300 § 48 Nr. 6).

VI. Katalog von sachkundigen Institutionen (Abs. 1 Satz 2)

Abs. 1 Satz 2 enthält einen **Katalog von sachkundigen Institutionen**, die an 7
der Ausgestaltung der RL zu beteiligen sind. Auf Veranlassung des AuS-Ausschusses
wurde die Liste um die Verbände der privaten ambulanten Dienste erweitert. Es fehlt
jedoch der Verband der privaten KV-Unternehmen. Angesichts der Tatsache, dass
sich die RL gem. § 23 Abs. 6 Nr. 1 auch auf die PPV auswirken (vgl. *Lutter*, BArBl.
1994, 51, 52), erscheint dies bedenklich. Auch § 23 Abs. 6 Nr. 1 ist erst auf Veranlassung des AuS-Ausschusses eingefügt worden (BT-Drucks. 12/5920, S. 30ff.). Die in
Satz 2 aufgeführten Einrichtungen haben ein Recht auf Anhörung. Die von ihnen
vorgebrachten Anregungen und Einwände sind von den Spitzenverbänden abzuwägen, müssen jedoch nicht übernommen werden.

VII. Härtefall-Richtlinien (Abs. 1 Satz 3)

Nach **Abs. 1 Satz 3** beschließen die Spitzenverbände unter Beteiligung des Medi- 8
zinischen Dienstes **RL zur Anwendung der Härtefallregelungen** in den §§ 36
Abs. 4 und 43 Abs. 3. Die Regelung ist im Vermittlungsausschuss, parallel zu den in
Bezug genommenen Härtefallregelungen, eingefügt worden (BT-Drucks. 12/6424,
S. 2). § 36 Abs. 4 (für die Pflegesachleistung bei häuslicher Pflege) und § 43 Abs. 3
(für die stationäre Pflege) umschreiben den Härtefall wie folgt: Vorliegen eines außergewöhnlich hohen (und – nur bei der stationären Pflege – intensiven) Pflegeaufwands, der das übliche Maß der Pflegestufe III weit übersteigt. Die §§ 36 Abs. 4 und
43 Abs. 3 verdeutlichen die an einen Härtefall zu stellenden Anforderungen zusätzlich
durch Hinweise auf typische Beispiele. Hieran knüpfen die **Härtefall-Ri** an, die zurzeit in der durch Beschluss vom 28. 10. 2005 geänderten Fassung gelten.

VIII. Genehmigungsvorbehalt (Abs. 2)

Abs. 2 verdeutlicht, dass die PflRi der Rechtsqualität einer VO schon nahekommen. 9
Ihre Wirksamkeit hängt von der **Genehmigung durch das BMA** (jetzt BMG, s. § 16
Rn. 2) ab; dessen Beanstandungen müssen von den Spitzenverbänden innerhalb einer
vom BMA gesetzten Frist behoben werden und obgleich das Ministerium schon in dieser Phase die eigenen Vorstellungen in vollem Umfang durchsetzen kann, ist zusätzlich
noch die völlige Ausschaltung der Spitzenverbände durch Selbstvornahme, dann auch
formell in der Form der Rechtsverordnung (§ 16) vorgesehen. Dies geht noch erheblich
über die Einflussnahme hinaus, die das BMG beim Erlass der RL der Bundesausschüsse
(§ 94 SGB V) ausübt. Es darf allerdings nicht übersehen werden, dass eine nach § 16
mögliche Rechtsverordnung der Zustimmung des Bundesrates bedarf. Das Fehlen einer
Beteiligung des Bundesrates am Zustandekommen der Richtlinien hat nach *Ebsen* (in:
HS-KV, § 7 Rn. 22ff.) deren Verfassungswidrigkeit zur Folge; in diese Richtung auch:
Anrufung des Vermittlungsausschusses durch den BR iR des 1. SGB XI-ÄndG, BR-Drucks. 228/96, S. 6f.; vgl. hierzu *Udsching*, FS Krasney, S. 686 f.

§ 18 Verfahren zur Feststellung der Pflegebedürftigkeit

(1) ¹**Die Pflegekassen beauftragen den Medizinischen Dienst der Krankenversicherung oder andere unabhängige Gutachter mit der Prüfung, ob die Voraussetzungen der Pflegebedürftigkeit erfüllt sind und welche Stufe der Pflegebedürftigkeit vorliegt.** ²**Im Rahmen dieser Prüfungen haben der Medizinische**

§ 18

Zweites Kapitel. Leistungsberechtigter Personenkreis

Dienst oder die von der Pflegekasse beauftragten Gutachter durch eine Untersuchung des Antragstellers die Einschränkungen bei den Verrichtungen im Sinne des § 14 Abs. 4 festzustellen sowie Art, Umfang und voraussichtliche Dauer der Hilfebedürftigkeit und das Vorliegen einer erheblich eingeschränkten Alltagskompetenz nach § 45a zu ermitteln. ³Darüber hinaus sind auch Feststellungen darüber zu treffen, ob und in welchem Umfang Maßnahmen zur Beseitigung, Minderung oder Verhütung einer Verschlimmerung der Pflegebedürftigkeit einschließlich der Leistungen zur medizinischen Rehabilitation geeignet, notwendig und zumutbar sind; insoweit haben Versicherte einen Anspruch gegen den zuständigen Träger auf Leistungen zur medizinischen Rehabilitation.

(2) ¹Der Medizinische Dienst oder die von der Pflegekasse beauftragten Gutachter haben den Versicherten in seinem Wohnbereich zu untersuchen. ²Erteilt der Versicherte dazu nicht sein Einverständnis, kann die Pflegekasse die beantragten Leistungen verweigern. ³Die §§ 65, 66 des Ersten Buches bleiben unberührt. ⁴Die Untersuchung im Wohnbereich des Pflegebedürftigen kann ausnahmsweise unterbleiben, wenn auf Grund einer eindeutigen Aktenlage das Ergebnis der medizinischen Untersuchung bereits feststeht. ⁵Die Untersuchung ist in angemessenen Zeitabständen zu wiederholen.

(3) ¹Die Pflegekasse leitet die Anträge zur Feststellung von Pflegebedürftigkeit unverzüglich an den Medizinischen Dienst der Krankenversicherung oder die von der Pflegekasse beauftragten Gutachter weiter. ²Dem Antragsteller ist spätestens fünf Wochen nach Eingang des Antrags bei der zuständigen Pflegekasse die Entscheidung der Pflegekasse schriftlich mitzuteilen. ³Befindet sich der Antragsteller im Krankenhaus oder in einer stationären Rehabilitationseinrichtung und
1. liegen Hinweise vor, dass zur Sicherstellung der ambulanten oder stationären Weiterversorgung und Betreuung eine Begutachtung in der Einrichtung erforderlich ist, oder
2. wurde die Inanspruchnahme von Pflegezeit nach dem Pflegezeitgesetz gegenüber dem Arbeitgeber der pflegenden Person angekündigt oder
3. wurde mit dem Arbeitgeber der pflegenden Person eine Familienpflegezeit nach § 2 Absatz 1 des Familienpflegezeitgesetzes vereinbart,

ist die Begutachtung dort unverzüglich, spätestens innerhalb einer Woche nach Eingang des Antrags bei der zuständigen Pflegekasse durchzuführen; die Frist kann durch regionale Vereinbarungen verkürzt werden. ⁴Die verkürzte Begutachtungsfrist gilt auch dann, wenn der Antragsteller sich in einem Hospiz befindet oder ambulant palliativ versorgt wird. ⁵Befindet sich der Antragsteller in häuslicher Umgebung, ohne palliativ versorgt zu werden, und wurde die Inanspruchnahme von Pflegezeit nach dem Pflegezeitgesetz gegenüber dem Arbeitgeber der pflegenden Person angekündigt oder mit dem Arbeitgeber der pflegenden Person eine Familienpflegezeit nach § 2 Absatz 1 des Familienpflegezeitgesetzes vereinbart, ist eine Begutachtung durch den Medizinischen Dienst der Krankenversicherung oder die von der Pflegekasse beauftragten Gutachter spätestens innerhalb von zwei Wochen nach Eingang des Antrags bei der zuständigen Pflegekasse durchzuführen und der Antragsteller seitens des Medizinischen Dienstes oder der von der Pflegekasse beauftragten Gutachter unverzüglich schriftlich darüber zu informieren, welche Empfehlung der Medizinische Dienst oder die von der Pflegekasse beauftragten Gutachter an die Pflegekasse weiterleiten. ⁶In den Fällen der Sätze 3 bis 5 muss die Empfehlung nur die Feststellung beinhalten, ob Pflegebedürftigkeit im Sinne der §§ 14 und 15 vorliegt. ⁷Die Entscheidung der Pflegekasse ist dem Antragsteller unverzüglich nach Eingang der Empfehlung des Medizinischen Dienstes oder der beauftragten Gutachter bei der Pflegekasse schriftlich mitzuteilen. ⁸Der

Verfahren zur Feststellung der Pflegebedürftigkeit § 18

Antragsteller hat ein Recht darauf, dass mit dem Bescheid das Gutachten übermittelt wird. ⁹Bei der Begutachtung ist zu erfassen, ob der Antragsteller von diesem Recht Gebrauch machen will. ¹⁰Der Antragsteller kann die Übermittlung des Gutachtens auch zu einem späteren Zeitpunkt verlangen.

(3a) ¹Die Pflegekasse ist verpflichtet, dem Antragsteller mindestens drei unabhängige Gutachter zur Auswahl zu benennen,
1. soweit nach Absatz 1 unabhängige Gutachter mit der Prüfung beauftragt werden sollen oder
2. wenn innerhalb von vier Wochen ab Antragstellung keine Begutachtung erfolgt ist.

²Auf die Qualifikation und Unabhängigkeit des Gutachters ist der Versicherte hinzuweisen. ³Hat sich der Antragsteller für einen benannten Gutachter entschieden, wird dem Wunsch Rechnung getragen. ⁴Der Antragsteller hat der Pflegekasse seine Entscheidung innerhalb einer Woche ab Kenntnis der Namen der Gutachter mitzuteilen, ansonsten kann die Pflegekasse einen Gutachter aus der übersandten Liste beauftragen. ⁵Die Gutachter sind bei der Wahrnehmung ihrer Aufgaben nur ihrem Gewissen unterworfen. ⁶Satz 1 Nummer 2 gilt nicht, wenn die Pflegekasse die Verzögerung nicht zu vertreten hat.

(3b) ¹Erteilt die Pflegekasse den schriftlichen Bescheid über den Antrag nicht innerhalb von fünf Wochen nach Eingang des Antrags oder wird eine der in Absatz 3 genannten verkürzten Begutachtungsfristen nicht eingehalten, hat die Pflegekasse nach Fristablauf für jede begonnene Woche der Fristüberschreitung unverzüglich 70 Euro an den Antragsteller zu zahlen. ²Dies gilt nicht, wenn die Pflegekasse die Verzögerung nicht zu vertreten hat oder wenn sich der Antragsteller in stationärer Pflege befindet und bereits als mindestens erheblich pflegebedürftig (mindestens Pflegestufe I) anerkannt ist. ³Entsprechendes gilt für die privaten Versicherungsunternehmen, die die private Pflege-Pflichtversicherung durchführen. ⁴Die Träger der Pflegeversicherung und die privaten Versicherungsunternehmen veröffentlichen jährlich jeweils bis zum 31. März des dem Berichtsjahr folgenden Jahres eine Statistik über die Einhaltung der Fristen nach Absatz 3.

(4) ¹Der Medizinische Dienst oder die von der Pflegekasse beauftragten Gutachter sollen, soweit der Versicherte einwilligt, die behandelnden Ärzte des Versicherten, insbesondere die Hausärzte, in die Begutachtung einbeziehen und ärztliche Auskünfte und Unterlagen über die für die Begutachtung der Pflegebedürftigkeit wichtigen Vorerkrankungen sowie Art, Umfang und Dauer der Hilfebedürftigkeit einholen. ²Mit Einverständnis des Versicherten sollen auch pflegende Angehörige oder sonstige Personen oder Dienste, die an der Pflege des Versicherten beteiligt sind, befragt werden.

(5) ¹Die Pflege- und Krankenkassen sowie die Leistungserbringer sind verpflichtet, dem Medizinischen Dienst oder den von der Pflegekasse beauftragten Gutachtern die für die Begutachtung erforderlichen Unterlagen vorzulegen und Auskünfte zu erteilen. ²§ 276 Abs. 1 Satz 2 und 3 des Fünften Buches gilt entsprechend.

(6) ¹Der Medizinische Dienst der Krankenversicherung oder die von der Pflegekasse beauftragten Gutachter haben der Pflegekasse das Ergebnis seiner oder ihrer Prüfung zur Feststellung der Pflegebedürftigkeit unverzüglich zu übermitteln. ²In seiner oder ihrer Stellungnahme haben der Medizinische Dienst oder die von der Pflegekasse beauftragten Gutachter auch das Ergebnis der Prüfung, ob und gegebenenfalls welche Maßnahmen der Prävention und der medizinischen Rehabilitation geeignet, notwendig und zumutbar sind, mitzuteilen und Art und Umfang von Pflegeleistungen sowie einen in-

Udsching

dividuellen Pflegeplan zu empfehlen. ³Die Feststellungen zur medizinischen Rehabilitation sind durch den Medizinischen Dienst oder die von der Pflegekasse beauftragten Gutachter in einer gesonderten Rehabilitationsempfehlung zu dokumentieren. ⁴Beantragt der Pflegebedürftige Pflegegeld, hat sich die Stellungnahme auch darauf zu erstrecken, ob die häusliche Pflege in geeigneter Weise sichergestellt ist.

(7) ¹Die Aufgaben des Medizinischen Dienstes werden durch Ärzte in enger Zusammenarbeit mit Pflegefachkräften und anderen geeigneten Fachkräften wahrgenommen. ²Die Prüfung der Pflegebedürftigkeit von Kindern ist in der Regel durch besonders geschulte Gutachter mit einer Qualifikation als Gesundheits- und Kinderkrankenpflegerin oder Gesundheits- und Kinderkrankenpfleger oder als Kinderärztin oder Kinderarzt vorzunehmen. ³Der Medizinische Dienst ist befugt, den Pflegefachkräften oder sonstigen geeigneten Fachkräften, die nicht dem Medizinischen Dienst angehören, die für deren jeweilige Beteiligung erforderlichen personenbezogenen Daten zu übermitteln. ⁴Für andere unabhängige Gutachter gelten die Sätze 1 bis 3 entsprechend.

Inhaltsübersicht

	Rn.
I. Geltende Fassung	1
II. Normzweck und Aufbau	2
III. Allgemeines	3
IV. Untersuchung im Wohnbereich (Abs. 2)	6
1. Ausnahme von der Untersuchung im Wohnbereich	7
2. Verweigerung des Einverständnisses zur Untersuchung im Wohnbereich	8
3. Grenzen der Mitwirkung	9
V. Beschleunigung des Verwaltungsverfahrens und Begutachtung (Abs. 3 bis 3b)	10
VI. Beiziehung ärztlicher Unterlagen (Abs. 4)	11
VII. Zusammenwirken von PK, KK und Gutachtern (Abs. 5)	12
VIII. Inhalt der Stellungnahme des MD (Abs. 6)	13
IX. Stellungnahme zum Reha-Bedarf	14
X. Anspruch auf Reha-Maßnahmen	15
XI. Zusammensetzung der Gutachter (Abs. 7)	16

I. Geltende Fassung

1 Die Vorschrift ist mWv 1.1.1995 durch Art. 1 PflegeVG eingeführt worden. Ihr entsprach im RegE § 16, vgl. Begr. des RegE, S. 99f. Aufgrund der Beschlussempfehlung des AuS-Ausschusses wurden folgende Änderungen vorgenommen (BT-Drucks. 12/5920, S. 24f.): in Abs. 2 wurde Satz 3 eingefügt; Abs. 3, 5 und 6 wurden inhaltlich geändert; zur Begr. vgl. BT-Drucks. 12/5952, S. 36. Im Vermittlungsverfahren wurde in Abs. 1 Satz 2 angefügt; die Vorschrift war mit nur unwesentlich abweichendem Inhalt zuvor in Abs. 2 als Satz 5. Abs. 1 der Vorschrift wurde durch das SGB IX geändert; zugleich wurde Abs. 3 eingefügt; die Abs. 3, 4, 5 und 6 wurden zu 4, 5, 6 und 7. Soweit die Änderungen Abs. 1 Satz 2 betrafen, sind sie durch Art. 1 Nr. 2a PQsG wieder aufgehoben und die jetzigen Sätze 2 und 3 eingefügt worden. Im PflegeWEG wurde in Abs. 1 Satz 2 zusätzlich die Verpflichtung des MD eingefügt, auch das Vorliegen einer erheblich eingeschränkten Alltagskompetenz zu ermitteln. In Abs. 3 wurde durch das PQsG die Formulierung geändert; im PflegeWEG wurde der Regelungsinhalt von Abs. 3 weitgehend neu gefasst. Die Abs. 6 und 7 wurden durch das PflegeWEG geändert. In Abs. 3 Satz 3 wurde durch G vom 6.12.2011 (BGBl. I S. 2564) Nr. 3 angefügt. Durch das PNG wurden alle Absätze der Vorschrift um die Möglichkeit ergänzt, anstelle des Medizinischen Dienstes andere unabhängige Gutachter zu beauftragen; gleichzeitig wurde Abs. 3 um die Sätze 8 bis 10 ergänzt und die Abs. 3a und 3b angefügt; in Abs. 6 wurde Satz 3 eingefügt. Zu den Änderungen durch das PNG vgl. BT-Drucks. 17/9369 (RegE) sowie BT-Drucks. 17/10157 und 10170 (Bericht und Beschluss des Ausschusses). Mit dem PSG I wurde in Abs. 3a Satz 6 angefügt.

II. Normzweck und Aufbau

Die Vorschrift regelt **Besonderheiten des Verwaltungsverfahrens,** das der Entscheidung der PK über das Vorliegen von Pflegebedürftigkeit und die Zuordnung zu einer Pflegestufe vorausgeht. Innerhalb dieses Verfahrens wurde dem **MD bis 2013** (Inkrafttreten des PNG) eine **zentrale Stellung** eingeräumt; mit dem PNG wurde die Möglichkeit eröffnet, **andere unabhängige Gutachter** einzuschalten. Die Gutachter haben nicht nur zu prüfen, ob die medizinisch-pflegerischen Voraussetzungen für die Annahme von Pflegebedürftigkeit und für die Zuordnung zu einer bestimmten Pflegestufe vorliegen, sondern auch Feststellungen über RehaMöglichkeiten zu treffen, die u. U. auch für andere Leistungsträger von Bedeutung sind. Abs. 2 sowie 4 bis 6 regeln das Vorgehen der Gutachter bei der Ermittlung des Sachverhaltes, Mitwirkungspflichten des Versicherten (Abs. 2 Satz 2 und 3) sowie Auskunfts- und Amtshilfepflichten der behandelnden Ärzte, der PK und KK sowie der Leistungserbringer (Abs. 4 und 5). Abs. 3 regelt das Zusammenwirken von PK und MD bzw. anderen Gutachtern sowie das Procedere eines beschleunigten Begutachtungsverfahrens, wenn die Feststellung von Pflegebedürftigkeit wegen des Vorliegens besonderer Umstände eilbedürftig erscheint. Mit dem PNG wurde die Rechtsstellung des Antragstellers erheblich gestärkt: er kann eine Übermittlung des Gutachtens verlangen (Abs. 3 Satz 8 bis 10), unter bestimmten Voraussetzungen müssen drei Gutachter zur Auswahl benannt werden (Abs. 3a) und bei verspäteter Bescheiderteilung bzw. Begutachtung hat die PK dem Antragsteller einen Entschädigung zu zahlen (Abs. 3b). Abs. 6 legt fest, zu welchen Fragen der MD im Einzelnen Stellung zu nehmen hat. Abs. 7 beschäftigt sich mit der fachlichen Zusammensetzung des MD und Fragen des Datenschutzes bei der Einschaltung externer Fachkräfte. Weitere Einzelheiten des Verfahrens zur Feststellung der Pflegebedürftigkeit sind von den Spitzenverbänden der PK in Ziff. 5 der PflRi sowie in den BRi festgelegt worden.

III. Allgemeines

Die Überschrift der Vorschrift gibt zu Missverständnissen Anlass, soweit dort von „Feststellung der Pflegebedürftigkeit" die Rede ist. Eine **Feststellung der Pflegebedürftigkeit als eigenständiger Rechtsstatus,** vergleichbar etwa der selbstständigen Feststellung einer Behinderung und des Grades der Behinderung nach § 69 SGB IX ist nicht vorgesehen. § 18 regelt deshalb kein formelles Feststellungsverfahren. Das SGB XI sieht eine isolierte Feststellung der Pflegebedürftigkeit bzw. der Zugehörigkeit zu einer bestimmten Pflegestufe nicht vor (*Wagner*, in: H/N, § 18 Rn. 6). Pflegebedürftigkeit ist lediglich eine Tatbestandsvoraussetzung der in den §§ 36 ff. vorgesehenen Leistungen, über deren Vorliegen allein die PK und nicht der MD bzw. andere Gutachter zu befinden haben. Abs. 1 schreibt der PK lediglich (abweichend von § 20 Abs. 1 Satz 2 SGB X) zwingend vor, dass sie zur Frage, ob die Voraussetzungen der Pflegebedürftigkeit erfüllt sind und welche Stufe der Pflegebedürftigkeit vorliegt, ein Sachverständigengutachten des MD bzw. eines anderen Gutachters einholen müssen; zum Anspruch auf Gleichbehandlung bei der Begutachtung vgl. *Udsching*, VSSR 1996, 271, 273. Die Feststellung derjenigen Leistungsvoraussetzungen, für die medizinischer Sachverstand nicht erforderlich ist, unterliegt dieser Beweiserhebungspflicht von vornherein nicht. Im Übrigen kann sich die PK nicht mit der Einschaltung des MD begnügen, wenn im Einzelfall zur Feststellung der Voraussetzungen des geltend

§ 18 Zweites Kapitel. Leistungsberechtigter Personenkreis

gemachten Anspruchs weitergehende Ermittlungen erforderlich sind. Die PK muss sich dann auch anderer geeigneter Beweismittel bedienen. Dies ist vor allem dann von Bedeutung, wenn der Versicherte einen Hilfebedarf geltend macht, der vom MD nicht bestätigt wird. Beruft sich der Versicherte etwa zum Nachweis seiner Angaben auf Zeugen, so sind diese von der PK zu hören, bevor eine erneute Würdigung des Sachverhaltes durch einen Gutachter vorgenommen wird.

4 Für die Einschätzung des für Pflegemaßnahmen notwendigen Zeitaufwands liefert der Hausbesuch eines Arztes bzw. einer Pflegefachkraft zumeist nur unzureichende Beurteilungsgrundlagen. Ob der Gutachter von zutreffenden Schätzungsgrundlagen ausgegangen ist, lässt sich regelmäßig nur beurteilen, wenn auch die Angaben des Pflegebedürftigen und seiner Pflegeperson berücksichtigt und ihre Schlüssigkeit durch medizinisch-pflegerischen Sachverstand überprüft worden sind. Dies kann in der Weise geschehen, dass die Pflegeperson während eines bestimmten Zeitraums (z. B. ein Monat) über sämtliche pflegerischen Maßnahmen Buch führt und ihre Aufzeichnungen (**Pflege-Tagebuch**) dem Gutachter zur Auswertung überlässt. Mit dem SGB IX (G. vom 19.6.2001, BGBl. I S. 1046, Art. 10 Nr. 9a) war in Abs. 1 Satz 2 eine Befragung des Versicherten und seiner pflegenden Angehörigen zwingend angeordnet worden, die bereits wenige Monate später im PQsG wieder gestrichen und durch die schwächere Verpflichtung in Abs. 4 Satz 2 ersetzt worden ist (zur Notwendigkeit einer Befragung von Personen, die den Pflegebedürftigen versorgen vgl. eingehend *Wagner*, in: H/N, § 18 Rn. 13). Zur Schätzung des Zeitbedarfs vgl. auch § 15 Rn. 18 sowie BSG, SozR 4-3300 § 15 Nr. 1 Rn. 12 = NZS 2004, 206. Zur Überprüfung des Verwaltungs-Gutachtens im sozialgerichtlichen Verfahren vgl. § 15 Rn. 21.

5 Mit dem PflegeWEG wurde der Prüfungsauftrag des MD erweitert. Neben den Voraussetzungen von Pflegebedürftigkeit und den für die Zuordnung zu einer Pflegestufe maßgebenden Kriterien hat der MD auch das Vorliegen einer **erheblich eingeschränkten Alltagskompetenz** (Abs. 1 Satz 2 a. E.) zu prüfen; und zwar auch dann, wenn der Antragsteller die Voraussetzungen für die Feststellung von Pflegebedürftigkeit, dh die Grenzwerte der Pflegestufe I nicht erfüllt. Ursache dieser Änderung ist die Begründung eines Leistungsanspruchs nach §§ 45a und b auch für Personen, die nicht pflegebedürftig i. S. von § 15 sind. Die vom MD zu überprüfenden Kriterien finden sich im Katalog des § 45a Abs. 2. Der Vorrang von Reha vor Pflege, der bislang schon in Abs. 1 Satz 3 zum Ausdruck kam, wurde mit dem PNG nochmals verstärkt; die Gutachter haben die Feststellungen zur medizinischen Reha in einer gesonderten Rehabilitationsempfehlung zu dokumentieren (Abs. 6 Satz 3) s. Rn. 15.

5a Die PK können nach der Neufassung des § 18 durch das PNG neben dem MD auch andere unabhängige Gutachter mit der Prüfung beauftragen, ob die Voraussetzungen der §§ 14, 15 bzw. von § 45a vorliegen und welche Maßnahmen zur medizinischen Rehabilitation erforderlich sind. Die Wahl zwischen einer Beauftragung des MD oder derjenigen eines anderen unabhängigen Gutachters steht im Ermessen der PK. Die Qualifikationsanforderungen an die von den PK beauftragten unabhängigen Gutachter und die Maßnahmen zur Qualitätssicherung bei der Heranziehung externer Gutachter werden nach § 53b durch eine Richtlinie des Spitzenverbandes Bund der PK geregelt. Damit soll vor allem sichergestellt werden, dass die unabhängigen Gutachter bei der Feststellung von Pflegebedürftigkeit und bei der Zuordnung zu einer Pflegestufe dieselben Maßstäbe anlegen wie der MD. Die unabhängigen Gutachter sind auch an die Richtlinien zur Sicherstellung der Dienstleistungsorientierung nach § 18b zu binden (§ 53b Abs. 2 Nr. 3). Abs. 3a Satz 2 verpflichtet die PK ausdrücklich, Antragsteller auf die Unabhängigkeit und Qualifikation des Gutachters hinzuweisen.

IV. Untersuchung im Wohnbereich (Abs. 2)

Der Versicherte ist in seinem Wohnbereich zu untersuchen (Satz 1). Der Hilfebe- 6
darf des Pflegebedürftigen hängt in hohem Masse von der Ausgestaltung seines
Wohnumfeldes und der Pflegesituation ab. Vordringlich hat die PK zudem zu prüfen,
ob Reha-Möglichkeiten bestehen (Abs. 1 Satz 3 und Abs. 6 Satz 2 und 3). Der Gutachter kann sich deshalb nicht allein auf die Beurteilung des gesundheitlichen Zustandes des Versicherten und die Prüfung des ursächlichen Zusammenhangs zwischen
dem bestehenden Hilfebedarf und einer Krankheit oder Behinderung beschränken.
Die PK benötigt für ihre Entscheidung, je nach der Art der beantragten Pflegeleistung, u. U. weitere Angaben, die vor allem folgende Bereiche betreffen:
Sicherstellung der häuslichen Pflege durch geeignete Pflegepersonen, soweit Pfle- 6a
gegeld beantragt wird (Abs. 6 Satz 3),
– Notwendigkeit des Einsatzes von Hilfsmitteln oder technischen Hilfen,
– Prognosen über die weitere Entwicklung der Pflegebedürftigkeit (um ggf den
  Zeitpunkt der Nachuntersuchungen festzulegen, vgl. Abs. 2 Satz 5).
– Die Pflicht zur Untersuchung im Wohnbereich des Versicherten besteht sowohl
  bei einer Erst- als auch bei notwendig werdenden Wiederholungsuntersuchungen.

1. Ausnahme von der Untersuchung im Wohnbereich

Eine **Untersuchung** des Pflegebedürftigen in dessen Wohnbereich kann nur **aus-** 7
nahmsweise entfallen (Abs. 2 Satz 4). Das Gesetz erwähnt als Ausnahme nur den
Fall, dass das Ergebnis der medizinischen Untersuchung aufgrund einer **eindeutigen
Aktenlage** feststeht. Beantragt der Pflegebedürftige die Gewährung von Pflegegeld, so
kann auch in diesen Fällen ein Hausbesuch durch Mitarbeiter des MD oder andere Gutachter nur dann unterbleiben, wenn zugleich der pflegerische Versorgung, die Versorgung mit Pflegehilfsmitteln oder Möglichkeiten zur Verbesserung des Wohnumfeldes
geklärt sind. Ist im Verlauf einer **Akuterkrankung** erkennbar, dass der Versicherte auf
Dauer pflegebedürftig bleibt, so ist eine Begutachtung im Krankenhaus oder in einer
Reha-Einrichtung geboten, ohne dass es eines Leistungsantrages des Versicherten bedarf
(§ 7 Abs. 2 Satz 2); Abs. 3 schreibt für diese Fälle die Einhaltung kurzer Bearbeitungsfristen vor. In diesem Fall kann auf eine erneute Untersuchung im eigenen Wohnbereich
ebenfalls verzichtet werden, soweit die dort bestehende pflegerische Situation keiner
Klärung bedarf. Ein Hausbesuch kommt zudem dann nicht in Betracht, wenn Pflegebedürftigkeit (aufgrund eindeutiger Aktenlage oder extern erhobener Anamnese) feststeht,
der Pflegebedürftige aber die **Gewährung häuslicher Pflege oder von Pflegegeld
ablehnt** und stattdessen vollstationäre Pflege (§ 43) wünscht (vgl. unten Rn. 8).

2. Verweigerung des Einverständnisses zur Untersuchung im Wohnbereich

Abs. 2 Satz 2 sieht bei einer **Verweigerung des Einverständnisses** zur Untersu- 8
chung im Wohnbereich die Möglichkeit einer Verweigerung der beantragten Leistungen
vor. Die Pflicht, sich auf Verlangen der PK ärztlichen Untersuchungsmaßnahmen zu unterziehen, ergibt sich bereits aus § 62 SGB I. Diese Vorschrift enthält zugleich jedoch eine
Einschränkung, die auch für Satz 2 gilt: Der Versicherte kann sein Einverständnis sanktionslos verweigern, soweit die Untersuchung im eigenen Wohnbereich für die Entscheidung über die beantragte Leistung nicht erforderlich ist. Dies folgt zum aus dem rechtsstaatlichen Übermaßverbot. Hinzu kommt, dass die Verweigerung von Leistungen bei
fehlendem Einverständnis im **Ermessen der PK** steht. Eine Leistungsverweigerung ist
dann regelmäßig ermessensfehlerhaft, wenn eine Untersuchung im eigenen Wohnbereich in Anbetracht der konkret beantragten Leistungen nicht erforderlich war. Danach

Udsching

kommt der Verpflichtung, eine Untersuchung im eigenen Wohnbereich zuzulassen, grundsätzlich nur dann Bedeutung zu, wenn der Pflegebedürftige Pflegegeld beantragt, da hier eine Sicherstellung der Pflege im häuslichen Umfeld durch selbst beschaffte Pflegepersonen Leistungsvoraussetzung ist. Ein Hausbesuch des Gutachters dürfte zudem auch erforderlich sein, wenn es um die Gewährung von Pflegehilfsmitteln, technischen Hilfen oder Maßnahmen zur Verbesserung des Wohnumfeldes geht. Schon bei der Gewährung von häuslicher Pflegehilfe in der Form der Pflegesachleistung (§ 36) wäre eine Untersuchung im Wohnbereich des Pflegebedürftigen nicht in jedem Fall zwingend erforderlich sein. Erst recht ist der Pflegebedürftige nicht verpflichtet, sich im eigenen Wohnbereich untersuchen zu lassen, wenn er **stationäre Pflege** in Anspruch nehmen will. Die PK kann dem Pflegebedürftigen gegen seinen Willen Leistungen der häuslichen Pflege nicht aufdrängen, auch wenn eine Pflege im häuslichen Bereich objektiv durchführbar wäre. Dies ergibt sich aus § 2 Abs. 2; ist im Grundsatz aber schon durch Art. 1 Abs. 1 GG sichergestellt.

3. Grenzen der Mitwirkung

9   Die **allgemeinen Grundsätze über die Grenzen der Mitwirkung (§ 65 SGB I)** und die Folgen fehlender Mitwirkung **(§ 66 SGB I)** gelten auch in Bezug auf die Weigerung des Versicherten, einer Untersuchung durch den MD bzw. andere unabhängige Gutachter im eigenen Wohnbereich zuzustimmen (*Wagner*, in: H/N, § 18 Rn. 20). Zu beachten sind vor allem die in § 65 Abs. 1 SGB I aufgeführten **Grenzen der Mitwirkungspflicht,** die die Beachtung des Verhältnismäßigkeitsgrundsatzes (Nr. 1) und speziell des Zumutbarkeitserfordernisses (Nr. 2) sicherstellen und eine Mitwirkungspflicht für den Fall ausschließen, dass sich der Leistungsträger die erforderlichen Kenntnisse durch geringeren Aufwand als der Antragsteller selbst beschaffen kann (Nr. 3). § 66 Abs. 1 Satz 1 SGB I schränkt die Wirkung der Leistungsverweigerung durch die PK ein: Eine **Nachholung der Mitwirkung** durch den Versicherten lässt die Grundlage der Leistungsverweigerung entfallen. Erhebliche Bedeutung hat die Anwendbarkeit von **§ 66 Abs. 3 SGB I**. Danach dürfen Sozialleistungen wegen fehlender Mitwirkung nur versagt oder entzogen werden, nachdem der Leistungsberechtigte auf diese Folge **schriftlich hingewiesen** worden ist und seiner Mitwirkungspflicht nicht innerhalb einer ihm gesetzten **angemessenen Frist** nachgekommen ist. Vor allem diese Regelung, aber auch die übrigen allgemeinen Vorschriften über die Mitwirkung des Leistungsberechtigten (§§ 60 bis 67 SGB I) kommen auch dann zur Anwendung, wenn das SGB XI an anderer Stelle Leistungsentziehungen oder ein Ruhen von Leistungen von einem Verhalten des Versicherten abhängig macht, wie dies etwa bei § 37 Abs. 3 der Fall sein könnte.

V. Beschleunigung des Verwaltungsverfahrens und Begutachtung (Abs. 3 bis 3 b)

10 Die mit dem PflegeWEG völlig umgestaltete Regelung soll der Tatsache Rechnung tragen, dass pflegebedürftige Menschen und ihre Angehörigen darauf angewiesen sind, möglichst schnell Klarheit darüber zu gewinnen, ob ihnen die beantragten Leistungen gewährt werden, weil sie die Durchführung der Pflege zeitnah organisieren und planen können müssen. Die Entscheidung der PK ist (so die Fassung des PNG; zuvor hieß es „soll") dem Versicherten spätestens fünf Wochen nach Eingang des Antrags bei der PK mitzuteilen. Die Bearbeitungsdauer durch den MD fällt damit in den Verantwortungsbereich der PK. Besondere Eilbedürftigkeit sieht der Gesetzgeber, wenn sich der Antragsteller in stationärer Behandlung befindet und zur Sicherstellung der Weiterversorgung eine Begutachtung in der stationären Einrichtung erforderlich erscheint oder wenn die Pflegeperson gegenüber ihrem Arbeitgeber die Inanspruchnahme von Pflegezeit nach dem PfZG angekündigt hat (Abs. 3 Satz 3 Nr. 2) oder mit dem Arbeitgeber der Pflege-

Verfahren zur Feststellung der Pflegebedürftigkeit §18

person eine Familienpflegezeit nach § 2 Abs. 1 FPfZG (vom 6.12.2011, BGBl. I S. 2564) vereinbart wurde. Für diese Fälle wird eine Frist von höchstens einer Woche für die Durchführung der Begutachtung in der Einrichtung festgelegt. Bei häuslicher Versorgung und Ankündigung der Inanspruchnahme von Pflegezeit beträgt die Frist für die Begutachtung zwei Wochen (es sei denn, der Betroffene wird im häuslichen Bereich palliativ versorgt; dann gilt die kurze Frist). Außer der kurzen Bearbeitungsfrist trifft den MD bzw. einen anderen von der PK beauftragten Gutachter auch die Verpflichtung, in den genannten Eilfällen den Antragsteller vorab darüber zu informieren, welche Empfehlung er gegenüber der PK ausspricht (Abs. 3 Satz 5).

Mit dem PNG hat der Gesetzgeber in Abs. 3 Satz 8 bis 10 einen Anspruch des Antragstellers auf Übermittlung des Gutachtens kodifiziert. Ein Einsichtsrecht hatte der Antragsteller allerdings auch bereits nach § 25 SGB X. Danach muss jeder Sozialleistungsträger den Beteiligten Einsicht in die das Verfahren betreffenden Akten gewähren, soweit deren Kenntnis zur Geltendmachung oder Verteidigung ihrer rechtlichen Interessen erforderlich ist. Der Gesetzgeber will durch die ausdrückliche Regelung im SGB XI ein höheres Maß an Transparenz und Nachvollziehbarkeit erreichen (BT-Drucks. 17/9369, S. 37). Der Wunsch nach Übermittlung des Gutachtens soll schon bei der Begutachtung erfasst werden; er kann allerdings auch zu einem späteren Zeitpunkt geltend gemacht werden (Abs. 3 Satz 10). **10a**

Abs. 3a, der ebenfalls durch das PNG eingefügt wurde, begründet bei der Begutachtung zur Feststellung von Pflegebedürftigkeit erstmals ein Recht des Antragstellers unter mehreren Gutachtern auszuwählen. Diese Möglichkeit besteht u. a. bei der Begutachtung in der Gesetzlichen Unfallversicherung schon lange (§ 200 Abs. 2 SGB VII). Die PK ist allerdings nur dann verpflichtet, dem Antragsteller mindestens drei Gutachter zur Auswahl zu benennen, soweit nicht der MD, sondern andere unabhängige Gutachter beauftragt werden sollen oder wenn, bei Beauftragung des MD, innerhalb von vier Wochen ab Antragstellung keine Begutachtung erfolgt ist. Dies gilt nicht, wenn die PK die Verzögerung nicht zu vertreten hat. Die Auswahlentscheidung muss dann zeitnah getroffen werden; benennt der Antragsteller innerhalb einer Woche keinen der vorgeschlagenen Gutachter, kann die PK einen aus der dem Antragsteller übersandten Liste beauftragen. Satz 5 des Abs. 3a betont nunmehr noch einmal ausdrücklich, dass die Gutachter gegenüber der PK nicht weisungsgebunden, sondern bei der Begutachtung nur ihrem Gewissen unterworfen sind. Eine entsprechende Regelung findet sich für die Ärzte des MD schon in § 275 Abs. 5 SGB V. Zu den Anforderungen an die Qualität der Gutachter vgl. oben Rn. 5a. **10b**

Abs. 3b enthält zum Zwecke der Beschleunigung des Verwaltungsverfahrens eine neuartige Sanktion zulasten der PK. Wird der Antrag nicht innerhalb von fünf Wochen schriftlich beschieden oder wird eine der in Abs. 3 aufgeführten verkürzten Begutachtungsfristen nicht eingehalten, hat die PK für jede begonnene Woche der Fristüberschreitung 70 Euro an den Antragsteller zu zahlen. Der Gesetzgeber hielt eine derartige Regelung vor allem deshalb für erforderlich, weil gerichtlicher Rechtsschutz gegen Verzögerungen im Verwaltungsverfahren in Form der Untätigkeitsklage (§ 88 SGG) erst nach Ablauf von sechs Monaten nach Antragstellung erreicht werden kann. Die Zahlung hat „unverzüglich" zu erfolgen, dh nicht erst nach Beendigung des Verwaltungsverfahrens. Erteilt ist der Bescheid in dem Zeitpunkt, in dem er wirksam wird; wirksam wird er mit der Bekanntgabe gegenüber dem Antragsteller (§ 39 Abs. 1 SGB X); wobei allerdings wegen der besonderen Erwähnung in Abs. 3b Satz 1 auf die Bekanntgabe durch schriftlichen Bescheid abzustellen ist, die nach § 39 Abs. 1 SGB X an sich nicht erforderlich ist. Die Zahlungspflicht entsteht nicht, wenn die PK die Verzögerung nicht zu vertreten hat. Verzögerungen hat die PK nicht nur zu vertreten, wenn sie auf die Bearbeitungsdauer innerhalb der PK selbst zurückzuführen sind, sondern auch wenn das Begutachtungsverfahren zu lange gedauert hat. Die PK hat für die Bearbeitungsdauer sowohl des MD als auch von unabhängigen Gutachtern einzustehen. Eine Zahlungspflicht entsteht auch dann nicht, wenn sich der Antragsteller in stationärer Pflege befindet und bereits als mindestens **10c** erheblich pflegebedürftig anerkannt ist. In diesem Fall kann dem Antragsteller nach Auffassung des Gesetzgebers (BT-Drucks. 17/9369, S. 37, zu Buchst. b) durch die Verzögerung kein Nachteil entstehen, weil er unabhängig von der Pflegestufe umfassend versorgt werden muss. Die Zahlungspflicht trifft die privaten Versicherungsunternehmen in gleicher Weise (Abs. 3b Satz 3). Der Gesundheitsausschuss hat zusätzlich Satz 4 eingefügt, wonach PK und private Versicherungsunternehmen jährlich eine Statistik über die Einhaltung der Fristen nach Abs. 3 „in einer gut zugänglichen Form" veröffentlichen müssen (BT-Drucks. 17/10170, S. 15).

VI. Beiziehung ärztlicher Unterlagen (Abs. 4)

11   Die Vorschrift enthält eine besondere Ausformung des Amtsermittlungsgrundsatzes. Die Pflicht, bei der Aufklärung eines medizinischen Sachverhaltes alle verfügbaren Unterlagen beizuziehen, die in Bezug auf Leistungen wegen Pflegebedürftigkeit Aussagekraft haben, ergibt sich für die PK schon aus §§ 20, 21 SGB X. Die Einwilligung des Versicherten bedarf der Schriftform, soweit nicht wegen besonderer Umstände eine andere Form angemessen ist (§ 100 Abs. 1 Satz 2 SGB X). Verweigert der Versicherte seine Einwilligung, so hat er grundsätzlich die Folgen der Beweislosigkeit der anspruchsbegründenden Tatsachen zu tragen. Willigt der Versicherte ein, so ist der behandelnde Arzt grundsätzlich zur Auskunftserteilung verpflichtet (*Spinnarke,* in: LPK-SGB XI, § 18 Rn. 25).

VII. Zusammenwirken von PK, KK und Gutachtern (Abs. 5)

12   Auch die KK und die PK sowie die Erbringer von Pflegeleistungen sind verpflichtet, dem MD bzw. den von der PK beauftragten Gutachtern die für ihre Tätigkeit erforderlichen Unterlagen vorzulegen und Auskünfte zu erteilen. Die Vorschrift ist § 276 Abs. 1 Satz 1 SGB V nachgebildet, der die Zusammenarbeit von MD und KK regelt. Der Verweis auf § 276 Abs. 1 Satz 2 und 3 SGB V bedeutet, dass die PK vor der Weiterleitung von Unterlagen, die ihr der Versicherte zur Verfügung gestellt hat, ohne hierzu nach den Mitwirkungsregelungen in den §§ 60, 65 SGB I verpflichtet gewesen zu sein, dessen Einverständnis einholen muss. Für die Einwilligung gilt § 67b Abs. 2 SGB X. Hieraus folgt insbesondere, dass der Versicherte auf den Zweck der vorgesehenen Übermittlung der Daten und auf die Folgen einer Verweigerung der Einwilligung hinzuweisen ist. In diesem Zusammenhang kommt auch § 25 SGB X Bedeutung zu, der dem Versicherten ein Akteneinsichtsrecht garantiert.

VIII. Inhalt der Stellungnahme des MD (Abs. 6)

13   Die Stellungnahme des MD bzw. diejenige des von der PK beauftragten Gutachters erfolgt gegenüber der PK, soll aber auch Auswirkungen für andere Sozialleistungsträger haben, wie sich aus Abs. 1 Satz 3 ergibt. **Gegenstand der Stellungnahme** sind:
– Die Befunderhebung sowie die Beurteilung der erhobenen und der beigezogenen Fremdbefunde in Bezug auf Krankheiten und Behinderungen,
– Beschreibung der funktionellen Einschränkungen (vor allem im Hinblick auf die Verrichtungen nach § 14 Abs. 4) sowie der Voraussetzungen für die Leistungen nach § 45b,
– pflegerelevante Befunde (Art und Umfang des Hilfebedarfs, Erforderlichkeit von Hilfsmitteln, technischen Hilfen etc.) einschließlich eines Pflegeplans.
– evtl. erforderliche Reha-Maßnahmen,
– Pflegesituation im häuslichen Bereich (zwingend bei Beantragung von Pflegegeld, vgl. Abs. 6 Satz 3).

IX. Stellungnahme zum Reha-Bedarf

Das SGB XI betont an mehreren Stellen (§§ 5, 31 und 32), dass Prävention und **14** Reha gegenüber der Gewährung von reinen Pflegeleistungen absoluten Vorrang genießen. Dieses Anliegen hielt der Gesetzgeber offenbar für so wichtig, dass er die Notwendigkeit einer Stellungnahme des Gutachters zum Reha-Bedarf innerhalb der Verfahrensvorschrift gleich an zwei Stellen hervorhebt **(Abs. 1 Satz 3 und Abs. 6).** Die Feststellung eines Reha-Bedarfs und der Reha-Fähigkeit des Versicherten anlässlich eines Hausbesuchs zählen daher zu den wesentlichen Aufgaben des Gutachters. Die Frage einer möglichen Prävention stellt sich vor allem, wenn der Gutachter im Rahmen der Behandlung einer Akuterkrankung nach § 7 Abs. 2 zur Begutachtung eingeschaltet wird; weniger, wenn es bei einem Antrag auf Pflegeleistungen um die Beurteilung von Leistungsvoraussetzungen geht. Im PflegeWEG wurden zudem die zuvor in Abs. 1 Satz 3 letzter HS genannten Einschränkungen des Reha-Anspruchs (nur Leistungen der ambulanten medizinischen Reha mit Ausnahme von Kuren) gestrichen. Außerdem wurde in Abs. 6 ein Satz 2 eingefügt, der die Pflicht des Gutachters verdeutlichen soll, zum Reha- und Präventionsbedarf dezidiert Stellung zu nehmen. Mit dem PNG führte der Gesetzgeber zudem die Verpflichtung des Gutachters ein, die Reha-Empfehlung gesondert zu dokumentieren (Abs. 6 Satz 3).

X. Anspruch auf Reha-Maßnahmen

Abs. 1 Satz 3, 2. Halbs ist erst im Vermittlungsverfahren eingefügt worden (BT- **15** Drucks. 12/7323, S. 2); der erste HS befand sich im RegE als Satz 4 in Abs. 2 (BT-Drucks. 12/5262, § 16 E). Die parlamentarischen Äußerungen aus der Endphase des Gesetzgebungsverfahrens machen deutlich, dass ein Rechtsanspruch des Versicherten auf Reha begründet werden sollte, um bei drohender Pflegebedürftigkeit oder befürchteter Verschlimmerung ein Abschieben kranker Menschen in die PV zu verhindern (BT-Protokoll 12/223, S. 19280 B, BR-Protokoll 668, S. 131 A). Diese Befürchtung hat ihren Grund in der fortbestehenden Zuständigkeit der KK für die Reha auch bei drohender Pflegebedürftigkeit. Dem soll die in Satz 3 zum Ausdruck kommende **Bindung des zuständigen Reha-Trägers** (zumeist der KK – §§ 11 Abs. 2, 23 Abs. 1 Nr. 3 SGB V) an die Feststellungen des Gutachters entgegenwirken. Es handelt sich nicht um eine verunglückte Formulierung, der keine Rechtswirkung zukommt (wie *Schulin,* NZS 1994, 433, 440 annimmt). Die mit einer solchen Bindung bislang nicht zusammen passende Regelung in § 31 Abs. 4, der nur eine Hilfe der PK bei der Antragstellung gegenüber dem zuständigen Reha-Träger vorsah, wurde durch das PflegeWEG gestrichen. Es ist zwar grundsätzlich nicht Sache des MD bzw. eines anderen Gutachters, Ansprüche des Versicherten gegenüber ihrer KK zu begründen (*Schulin,* NZS 1994, 440), dennoch stehen einer Bindung des Reha-Trägers an die **medizinischen Feststellungen** des Gutachters keine übergeordneten Rechtsgrundsätze entgegen (so auch *Plantholz,* in: LPK-SGB XI, § 18 Rn. 13; *Philipp,* in: KSW, § 18 SGB XI, Rn. 12); diesem bleibt es allerdings unbenommen, die Gewährung einer Reha-Maßnahme aus anderen Gründen abzulehnen.

XI. Zusammensetzung der Gutachter(Abs. 7)

Die gutachtlichen Aufgaben sollen nicht nur von Ärzten wahrgenommen werden, **16** sondern auch von Pflege- und anderen Fachkräften, die im Einzelfall über besondere Sachkunde verfügen. Als spezielle Fachkräfte kommen hier in Betracht: Heil- und Sonderpädagogen, Sozialarbeiter, Psychologen oder spezielle Fachärzte. Verfügt der

§ 18a Zweites Kapitel. Leistungsberechtigter Personenkreis

MD nicht über Mitarbeiter mit entsprechenden Fachkenntnissen, so kann er auch externe Kräfte mit der Begutachtung oder Stellungnahmen zu Einzelfragen beauftragen. Dasselbe galt bislang schon, wenn die eigenen Kräfte zur Bewältigung von Antragsspitzen nicht ausreichten. Bei einer Einschaltung externer Fachkräfte dürfen auch die für deren jeweilige Beteiligung erforderlichen personenbezogenen Daten übermittelt werden. Die Verantwortung für die Einhaltung des Datenschutzes trägt der MD bzw. andere unabhängige Gutachter, wenn diese unmittelbar ohne Beauftragung des MD eingeschaltet werden (§ 11 Abs. 1 BDSG). Die Vorschrift legt nicht fest, ob und ggf. in welchen Fällen der beauftragte Gutachter verpflichtet ist, **nichtärztliche Fachkräfte** (vor allem Pflegefachkräfte) an der Ermittlung des Sachverhalts zu beteiligen. Nach den BRi legen Arzt und Pflegefachkraft gemeinsam fest, welcher Gutachter einen Besuch durchführt. Das BSG hat im Urteil vom 18.3.1999 (B 3P 3/98 R = SozR 3-3300 § 15 Nr. 5) angedeutet, dass dann, wenn es um die Beurteilung spezieller pflegerischer Belange geht, Pflegefachkräfte zu beteiligen sind (so auch LSG Niedersachsen, RdLH 1999, 72). Da die Begutachtung von Kindern besondere Kenntnisse und Erfahrungen voraussetzt, wurde im PflegeWEG zusätzlich die Regelung in Satz 2 aufgenommen.

§ 18a Weiterleitung der Rehabilitationsempfehlung, Berichtspflichten

(1) ¹Spätestens mit der Mitteilung der Entscheidung über die Pflegebedürftigkeit leitet die Pflegekasse dem Antragsteller die gesonderte Rehabilitationsempfehlung des Medizinischen Dienstes oder der von der Pflegekasse beauftragten Gutachter zu und nimmt umfassend und begründet dazu Stellung, inwieweit auf der Grundlage der Empfehlung die Durchführung einer Maßnahme zur medizinischen Rehabilitation angezeigt ist. ²Die Pflegekasse hat den Antragsteller zusätzlich darüber zu informieren, dass mit der Zuleitung einer Mitteilung über den Rehabilitationsbedarf an den zuständigen Rehabilitationsträger ein Antragsverfahren auf Leistungen zur medizinischen Rehabilitation entsprechend den Vorschriften des Neunten Buches ausgelöst wird, sofern der Antragsteller in dieses Verfahren einwilligt.

(2) ¹Die Pflegekassen berichten für die Geschäftsjahre 2013 bis 2015 jährlich über die Erfahrungen mit der Umsetzung der Empfehlungen der Medizinischen Dienste der Krankenversicherung oder der beauftragten Gutachter zur medizinischen Rehabilitation. ²Hierzu wird insbesondere Folgendes gemeldet:
1. **die Anzahl der Empfehlungen der Medizinischen Dienste der Krankenversicherung und der beauftragten Gutachter für Leistungen der medizinischen Rehabilitation im Rahmen der Begutachtung zur Feststellung der Pflegebedürftigkeit,**
2. **die Anzahl der Anträge an den zuständigen Rehabilitationsträger gemäß § 31 Absatz 3 in Verbindung mit § 14 des Neunten Buches,**
3. **die Anzahl der genehmigten und die Anzahl der abgelehnten Leistungsentscheidungen der zuständigen Rehabilitationsträger einschließlich der Gründe für Ablehnungen sowie die Anzahl der Widersprüche und**
4. **die Anzahl der durchgeführten medizinischen Rehabilitationsmaßnahmen.**

³Die Meldung durch die Pflegekassen erfolgt bis zum 31. März des dem Berichtsjahr folgenden Jahres an den Spitzenverband Bund der Pflegekassen. ⁴Näheres über das Meldeverfahren und die Inhalte entwickelt der Spitzenverband Bund der Pflegekassen im Einvernehmen mit dem Bundesministerium für Gesundheit.

(3) ¹Der Spitzenverband Bund der Pflegekassen bereitet die Daten auf und leitet die aufbereiteten und auf Plausibilität geprüften Daten bis zum

Weiterleitung der Rehabilitationsempfehlung, Berichtspflichten § 18a

30. Juni des dem Berichtsjahr folgenden Jahres dem Bundesministerium für Gesundheit zu. ²Der Verband hat die aufbereiteten Daten der landesunmittelbaren Versicherungsträger auch den für die Sozialversicherung zuständigen obersten Verwaltungsbehörden der Länder oder den von diesen bestimmten Stellen auf Verlangen zuzuleiten. ³Der Spitzenverband Bund der Pflegekassen veröffentlicht auf Basis der gemeldeten Daten sowie sonstiger Erkenntnisse jährlich einen Bericht bis zum 1. September des dem Berichtsjahr folgenden Jahres.

Inhaltsübersicht

	Rn.
I. Geltende Fassung	1
II. Normzweck	2
III. Informations- und Berichtspflichten der Pflegekassen	3

I. Geltende Fassung

Die Vorschrift ist mWv 30.10.2012 durch Art. 1 Nr. 5 PNG eingeführt worden; vgl. Begr. des RegE (BT-Drucks. 17/9369, S. 37f.), geändert aufgrund der Beschlussempfehlung des Gesundheitsausschusses, BT-Drucks. 17/10157, Begr. BT-Drucks. 17/10170, S. 15. **1**

II. Normzweck

Die Vorschrift soll dazu beitragen, Pflegebedürftige in die Lage zu versetzen, ihre Ansprüche auf Leistungen der medizinischen Reha besser wahrnehmen zu können. Darüber hinaus werden für die PK und den Spitzenverband Bund der PK Berichtspflichten festgelegt, um auf der Grundlage gesicherter Daten die Durchsetzung des Grundsatzes „Rehabilitation vor Pflege" gezielt fördern zu können. Die in Abs. 2 aufgeführten dezidierten Meldepflichten und die in Abs. 3 normierte Pflicht des Spitzenverbandes zur Aufbereitung der Daten dienen offensichtlich dem Ziel, einen Rechtfertigungsdruck vor allem bei den für rehabilitative Maßnahmen in erster Linie zuständigen KK auszulösen, weil deren Engagement in diesem Bereich die Erwartungen des Gesetzgebers und des BMG weit verfehlt haben. **2**

III. Informations- und Berichtspflichten der Pflegekassen

Abs. 1 normiert Informationspflichten der PK zum Reha-Bedarf des Antragstellers. Die durch das PNG neu eingeführte Vorschrift steht in engem Zusammenhang mit den leistungsrechtlichen Regelungen der §§ 31, 32, durch die die PK schon verpflichtet werden, den Vorrang von Reha vor Pflege umzusetzen. Spätestens, wenn der Antragsteller die Entscheidung der PK über seinen Antrag auf Leistungen der PV erhält, muss ihm die PK auch die gesonderte Reha-Empfehlung der MD bzw. eines anderen beauftragten Gutachters zuleiten und diese in einer für den Antragsteller verständlichen Form erläutern. Satz 2 verpflichtet die PK zusätzlich, den Antragsteller darüber zu informieren, dass durch die Weiterleitung der Mitteilung über den Reha-Bedarf an den zuständigen Reha-Träger (Rechtsgrundlage: § 31 Abs. 3) bei diesem ein Antragsverfahren auf Gewährung von Reha-Leistungen nach § 14 SGB IX ausgelöst wird. Hierzu bedarf es jedoch der Einwilligung des Betroffenen. Nach § 14 Abs. 2 Satz 2 SGB IX entscheidet der Reha-Träger innerhalb von drei Wochen über den Reha-Bedarf, sofern eine weitere Begutachtung nicht erforderlich ist. § 31 Abs. 3 **3**

Satz 5 verpflichtet die PK, in einem angemessenen zeitlichen Abstand zu prüfen, ob der zuständige Reha-Träger entsprechende Maßnahmen durchgeführt hat; ggf. hat sie danach selbst vorläufige Reha-Leistungen zu erbringen. Die Informationspflichten gem. § 18a Abs. 1 sollen nach der Vorstellung des Gesetzgebers die Pflegeberatung durch die PK nach § 7a ergänzen (BT-Drucks. 17/9369, S. 38). Die Begründung des Gesetzentwurfs zum PNG (BT-Drucks. 17/9369, S. 38) geht davon aus, dass „das Verfahren" auch bei Begutachtungen von Versicherten der privaten Pflege-Pflichtversicherung anzuwenden sei. Hierfür fehlt es jedoch an einer Rechtsgrundlage, wie sie vergleichbar in § 18 Abs. 3b für die Sanktion bei verzögerter Entscheidung über das Vorliegen von Pflegebedürftigkeit eingefügt worden ist.

4 Abs. 2 und 3 regeln Berichtspflichten der PK und des Spitzenverbandes Bund der PK. Hierdurch soll das Rehabilitationspotential von Pflegebedürftigen und von Personen, denen Pflegebedürftigkeit droht transparenter gemacht werden. Die Verpflichtung des Spitzenverbandes, die von der PK gemeldeten Daten aufzubereiten, auf Plausibilität zu prüfen und hierüber zu berichten, dient offensichtlich dem Zweck, die Kontrolle durch das BMG und die Aufsichtsbehörden der Länder, denen die aufbereiteten Daten zuzuleiten sind, zu verbessern.

§ 18b Dienstleistungsorientierung im Begutachtungsverfahren

(1) ¹Der **Spitzenverband Bund der Pflegekassen erlässt mit dem Ziel, die Dienstleistungsorientierung für die Versicherten im Begutachtungsverfahren zu stärken, bis zum 31. März 2013 für alle Medizinischen Dienste verbindliche Richtlinien.** ²**Der Medizinische Dienst des Spitzenverbandes Bund der Krankenkassen und die für die Wahrnehmung der Interessen und der Selbsthilfe der pflegebedürftigen und behinderten Menschen auf Bundesebene maßgeblichen Organisationen sind zu beteiligen.**

(2) **Die Richtlinien regeln insbesondere**
1. **allgemeine Verhaltensgrundsätze für alle unter der Verantwortung der Medizinischen Dienste am Begutachtungsverfahren Beteiligten,**
2. **die Pflicht der Medizinischen Dienste zur individuellen und umfassenden Information des Versicherten über das Begutachtungsverfahren, insbesondere über den Ablauf, die Rechtsgrundlagen und Beschwerdemöglichkeiten,**
3. **die regelhafte Durchführung von Versichertenbefragungen und**
4. **ein einheitliches Verfahren zum Umgang mit Beschwerden, die das Verhalten der Mitarbeiter der Medizinischen Dienste oder das Verfahren bei der Begutachtung betreffen.**

(3) ¹Die Richtlinien werden erst wirksam, wenn das Bundesministerium für Gesundheit sie genehmigt. ²Die Genehmigung gilt als erteilt, wenn die Richtlinien nicht innerhalb eines Monats, nachdem sie dem Bundesministerium für Gesundheit vorgelegt worden sind, beanstandet werden. ³Beanstandungen des Bundesministeriums für Gesundheit sind innerhalb der von ihm gesetzten Frist zu beheben.

Inhaltsübersicht

	Rn.
I. Geltende Fassung	1
II. Normzweck	2
III. Regelungsgegenstände der Richtlinien (Abs. 2)	3

Begriff der Pflegepersonen **§ 19**

I. Geltende Fassung

Die Vorschrift ist mWv 30.10.2012 durch Art. 1 Nr. 5 PNG eingeführt worden; **1**
vgl. Begr. des RegE, BT-Drucks. 17/9369, S. 39f.

II. Normzweck

Der Gesetzgeber hat den Spitzenverband Bund der PK mit § 18b verpflichtet, in **2**
Richtlinien einen Verhaltenskodex für alle Gutachter und sonstigen Mitarbeiter der
Medizinischen Dienste aufzustellen, der sie „ zu einem respektvollen Verhalten gegenüber den Versicherten und deren Angehörigen verpflichtet" (BT-Drucks. 17/
9369, S. 39). Die Richtlinien sind in die neueste Fassung der BegutachtungsRL unter
C 2 eingearbeitet. Durch die Regelung in § 53b Abs. 2 Nr. 3 werden auch andere von
den PK beauftragte Gutachter der Richtlinie zur Sicherstellung der Dienstleistungsorientierung unterworfen. Der Spitzenverband Bund hat dies in den Richtlinien zur
Zusammenarbeit der PK mit anderen unabhängigen Gutachtern im Verfahren zur
Feststellung der Pflegebedürftigkeit zu regeln.

III. Regelungsgegenstände der Richtlinien (Abs. 2)

Abs. 2 führt vier Regelungsgegenstände auf, die in den Richtlinien zur Stärkung **3**
der Dienstleistungsorientierung zu regeln sind; der Katalog ist nicht abschließend.
Nr. 1 schreibt die Aufstellung von allgemeinen Verhaltensgrundsätzen für alle unter
der Verantwortung des MD am Begutachtungsverfahren Beteiligten vor. Hierzu zählen nicht nur Mitarbeiter des MD, sondern auch externe Kräfte, die zur Erstellung
von Gutachten herangezogen werden, Bei ihnen muss der MD im Rahmen der Beauftragung sicherstellen, dass sie die Richtlinien beachten. Nr. 2 enthält Informationspflichten des MD gegenüber den Versicherten, die diesen und seine Angehörigen in den Stand versetzen sollen, sich auf die Begutachtung einzustellen. Nr. 3 und
4 dienen der Qualitätssicherung des Begutachtungsverfahrens. Die Wirksamkeit der
Richtlinien hängt von der Genehmigung durch das BMG ab.

§ 19 Begriff der Pflegepersonen

¹**Pflegepersonen im Sinne dieses Buches sind Personen, die nicht erwerbsmäßig einen Pflegebedürftigen im Sinne des § 14 in seiner häuslichen Umgebung pflegen.** ²**Leistungen zur sozialen Sicherung nach § 44 erhält eine Pflegeperson nur dann, wenn sie eine oder mehrere pflegebedürftige Personen wenigstens 14 Stunden wöchentlich pflegt.**

Inhaltsübersicht

	Rn.
I. Geltende Fassung	1
II. Normzweck	2
III. Allgemeines	5
IV. Pflegeperson trotz Ausübung einer Erwerbstätigkeit	7
V. Nichterwerbsmäßige Pflegepersonen	8
1. Fehlende Erwerbsmäßigkeit i. S. von § 3 Satz 2 SGB VI	10
2. Entgelt über den Sätzen des Pflegegeldes (§ 37 Abs. 3)	11
3. Pflege eines Pflegebedürftigen mit Pflegegeldbezug	12

§ 19 Zweites Kapitel. Leistungsberechtigter Personenkreis

	Rn.
4. Pflege eines Pflegebedürftigen als Beschäftigungsverhältnis	13
5. Erwerbsmäßige selbstständige Pflege	14
VI. Mindestpflegezeit (Satz 2)	15
VII. Weitergeleitetes Pflegegeld	17

I. Geltende Fassung

1 Die Vorschrift ist mWv 1.1.1995 durch Art. 1 PflegeVG eingeführt worden; vgl. Begr. des RegE S. 100f. Im 1. SGB XI-ÄndG wurden die im jetzigen Satz 1 ursprünglich hinter „§ 14" stehenden Worte „wenigstens 14 Stunden wöchentlich" gestrichen und der Satz 2 angefügt (vgl. hierzu BT-Drucks. 13/3696, S. 4 und 24). Durch Art. 1 Nr. 6 PNG wurde Satz 2, 2. Halbsatz geändert.

II. Normzweck

2 Die Vorschrift definiert den Begriff der Pflegeperson, auf den andere Vorschriften des SGB XI (§§ 13 Abs. 6, 39 und 44) und des PflegeVG (Art. 3 Nr. 2; Art. 5 Nr. 2, 11 bis 13 und 20; Art. 7 Nrn. 1 und 3 sowie Art. 18 Nr. 6) Bezug nehmen. Die soziale Sicherung der nicht erwerbsmäßig tätigen Pflegepersonen, insbesondere von Familienangehörigen oder Nachbarn, ist eines der wesentlichen Ziele des PflegeVG, um die Situation der häuslichen Pflege zu verbessern. Sie ergibt sich zwangsläufig aus dem vom Gesetz verfolgten Vorrang der häuslichen gegenüber der stationären Pflege. Die Übernahme der Kosten für die soziale Sicherung der nicht erwerbsmäßig tätigen Pflegepersonen durch die PK bzw. die PPV (§ 44) rechtfertigt zugleich die erheblichen Unterschiede in der Leistungshöhe bei der häuslichen Pflege nach § 36 (Pflegesachleistung) und § 37 (Pflegegeld).

3 Die **soziale Sicherung der Pflegepersonen** wird in der GRV und der GUV dadurch sichergestellt, dass die PK bzw. das für den Pflegebedürftigen zuständige Unternehmen der PPV die Pflegeperson bei dem zuständigen Träger anmelden (vgl. § 44 Abs. 2) und die Beitragslast übernehmen. Hinsichtlich des KV-Schutzes sieht das PflegeVG insgesamt keine Änderung vor; dh durch die nicht erwerbsmäßige Pflege wird kein (beitragsfreier) **KV-Schutz** begründet. Der Begründung des RegE ist zu entnehmen, dass der Gesetzgeber davon ausgegangen ist, dass pflegende Familienangehörige in den Genuss der beitragsfreien Familienversicherung (§ 10 SGB V) kommen (BT-Drucks. 12/5262, S. 101 zu § 117 E). Dies betrifft jedoch nur solche Angehörigen, die über einen Stammversicherten mit der GKV verbunden sind.

4 Eine partielle Änderung ist mit der Einfügung von § 44a durch das PflegeWEG verbunden: Pflegepersonen, die wegen der Erbringung von Pflegeleistungen nach § 3 PflegeZG vollständig freigestellt werden oder deren Beschäftigung durch Reduzierung der Arbeitszeit zu einer geringfügigen Beschäftigung i. S. von § 8 Abs. 1 Nr. 1 SGB IV wird, erhalten auf Antrag **Zuschüsse zur Kranken- und Pflegeversicherung.** Nach § 3 Abs. 1 PflegeZG sind Beschäftigte von der Arbeitsleistung vollständig oder teilweise freizustellen, wenn sie einen pflegebedürftigen nahen Angehörigen in häuslicher Umgebung pflegen. Der Anspruch besteht allerdings nicht gegenüber Arbeitgebern mit in der Regel 15 oder weniger Beschäftigten. Während der Inanspruchnahme der Pflegezeit sind Pflegepersonen zudem nach dem SGB III versichert (§ 44a Abs. 2). Bei kurzzeitiger Arbeitsverhinderung nach § 2 PflegeZG besteht ein Anspruch auf Pflegeunterstützungsgeld (§ 44a Abs. 3 ff.).

Begriff der Pflegepersonen **§ 19**

III. Allgemeines

Pflegeperson ist nur, wer einen Pflegebedürftigen i. S. von § 14 in häuslicher Um- 5
gebung (vgl. zu diesem Begriff § 36 Rn. 4) pflegt, ohne hierzu aufgrund eines Arbeitsverhältnisses verpflichtet zu sein. Die Gesetzesmaterialien sprechen teilweise auch von
„ehrenamtlicher" Pflege mit finanzieller Anerkennung (BT-Drucks. 12/5262,
S. 101), wobei auf die Weiterleitung der Pflegebedürftigen zustehenden Pflegegeldes an die Pflegeperson abgestellt wird. Zum Begriff „nichterwerbsmäßig" s.
Rn. 7 ff. Die **Zahlung eines Entgelts** steht der Stellung als Pflegeperson zumindest
solange nicht entgegen, wie dieses das dem Umfang der Pflegetätigkeit entsprechende
Pflegegeld (§ 37) nicht übersteigt (§ 3 Abs. 2 SGB VI idF. von Art. 5 Nr. 2b PflegeVG);
vgl. hierzu im Einzelnen unten Rn. 8. Die in der ursprünglichen Fassung des § 19 enthaltene Begrenzung der Definition auf Personen, die „wenigstens 14 Stunden wöchentlich" pflegen, wurde durch das 1. SGB XI-ÄndG (so Rn. 1) aufgehoben. Als
(nicht erwerbsmäßig tätige = ehrenamtliche) Pflegeperson ist deshalb auch anzusehen,
wer weniger als 14 Stunden wöchentlich pflegt (s. a. BSG, SozR 4-2700 § 2 Nr. 3 =
NJW 2005, 1148). Dies hat Auswirkungen z. B. auf den Anspruch nach § 39 bei einer
Verhinderung der Pflegeperson (*Gallon*, in: LPK-SGB XI, § 19 Rn. 16). Der neu angefügte Satz 2 stellt klar, dass die Mindestpflegezeit von 14 Stunden wöchentlich nur
im Hinblick auf die soziale Sicherung nach § 44 von Bedeutung ist (s. a. BSG, SozR 4-
2700 § 2 Nr. 3 = NJW 2005, 1148). Im Übrigen gilt die Definition der Pflegeperson
für das SGB XI insgesamt (s. a. *Gallon*, in: LPK-SGB XI, § 19 Rn. 14f.) und nicht nur
für das Leistungsrecht (a. A. *Trenk-Hinterberger*, in: Wannagat, § 19 Rn. 3).

Jugendliche im **freiwilligen sozialen Jahr** und **Zivildienstleistende,** die eine 6
Pflegetätigkeit ausüben, sind keine Pflegepersonen i. S. des § 19 (BT-Drucks. 12/
5262, S. 101 zu § 17 E).

IV. Pflegeperson trotz Ausübung einer Erwerbstätigkeit

Die Stellung als Pflegeperson wird nicht durch die Ausübung einer Erwerbstätig- 7
keit ausgeschlossen. Für Satz 2 ist allein erforderlich, dass der Betroffene im zeitlichen
Mindestumfang der Betreuung des Pflegebedürftigen mitwirkt. Soweit die Begründung zum RegE (oben Rn. 1) zusätzlich die Voraussetzung aufstellt, trotz der
Berufstätigkeit müsse eine angemessene Versorgung und Betreuung des Pflegebedürftigen sichergestellt sein und dies mit einem Hinweis auf die entsprechende Voraussetzung beim Anspruch auf Pflegegeld (§ 37 Abs. 1) begründet, wird übersehen, dass
auch die Hilfeleistungen von § 19 erfasst werden, die von einer nichterwerbsmäßig
tätigen Pflegeperson neben einer Pflegesachleistung, etwa in den Abend- und Nachtstunden oder am Wochenende, erbracht werden. Bei Erwerbstätigen führt die zusätzliche Übernahme einer Pflegetätigkeit jedoch nur dann zur Verbesserung der Alterssicherung, wenn keine **Erwerbstätigkeit von mehr als 30 Stunden** wöchentlich
ausgeübt wird (§ 44 Abs. 1 Satz 1); auch die hauptberufliche Ausübung einer selbstständigen Tätigkeit schließt eine Versicherungspflicht in der GRV auf Kosten der PV
aus (§ 3 Abs. 1 Satz 3 SGB VI idF von Art. 5 Nr. 2b PflegeVG).

V. Nichterwerbsmäßige Pflegepersonen

Die bei einer Pflegeeinrichtung i. S. von § 71 oder bei einer PK (§ 77 Abs. 2) ange- 8
stellten Pflegekräfte sowie diejenigen, mit denen die PK Verträge zur Betreuung einzelner Pflegebedürftiger nach § 77 Abs. 1 geschlossen hat, sind erwerbsmäßig tätig
und fallen von vornherein nicht unter § 19; auch wenn es sich um eine geringfügige

Beschäftigung i. S. von § 8 SGB IV handelt, die Versicherungsfreiheit begründet (§ 5 Abs. 2 SGB VI). Ansonsten ist die Abgrenzung häufig problematisch.

9   Die **Erwerbsmäßigkeit der Pflegetätigkeit** bzw. ihr Fehlen ist ein unscharfes Abgrenzungskriterium, weil eine allgemein gültige Definition dieses Begriffs fehlt. Sowohl selbstständige Tätigkeiten als auch abhängige Beschäftigungen werden erwerbsmäßig ausgeübt, solange die Absicht der Einkommenserzielung nicht nur eine völlig untergeordnete Bedeutung hat (Abgrenzung zur Liebhaberei). Die Absicht, Einkommen und nicht nur Aufwendungsersatz zu erzielen sowie die Höhe des Entgelts sind keine verlässlichen Abgrenzungskriterien. Bei selbstständiger Tätigkeit wird in anderen Bereichen des Sozialrechts, etwa im KSVG (dort § 1 Nr. 1 – erwerbsmäßige Ausübung einer künstlerischen oder publizistischen Tätigkeit), als ausreichend angesehen, dass aus der Tätigkeit ein mehr als unbedeutender Beitrag zur Bestreitung des Lebensunterhalts erzielt werden soll; der Ertrag kann somit durchaus unterhalb der Geringfügigkeitsgrenze (§ 8 SGB IV) liegen.

1. Fehlende Erwerbsmäßigkeit i. S. von § 3 Satz 2 SGB VI

10   Für das Entgelt aus einer Pflegetätigkeit bildet § 3 Satz 2 SGB VI (idF. von Art. 5 Nr. 2 b PflegeVG) eine Sonderregelung. Nach dieser Vorschrift gelten Pflegepersonen dann als nichterwerbsmäßig tätig, wenn sie von dem Pflegebedürftigen ein Arbeitsentgelt erhalten, welches das dem Umfang der Pflegetätigkeit entsprechende **Pflegegeld** i. S. des § 37 **nicht übersteigt.** Das Bestehen eines Beschäftigungsverhältnisses ist hiernach unschädlich. Maßgebend ist allein die Höhe des Entgelts.

2. Entgelt über den Sätzen des Pflegegeldes (§ 37 Abs. 3)

11   Überschreitet das Entgelt die Höhe des für die jeweilige Pflegestufe maßgebenden Pflegegeldes, so ist regelmäßig Erwerbsmäßigkeit anzunehmen. Das Bestehen eines Beschäftigungsverhältnisses (zu den wesentlichen Kriterien vgl. *Seewald,* in: Kass-Komm, SGB IV, § 7 Rn. 50 ff.) zwischen dem Pflegebedürftigen und der Pflegeperson ist auch dann nicht allein maßgebend (anders wohl die Begr. zum RegE S. 101 zu § 17 E). Zwar kann aus der Existenz eines Beschäftigungsverhältnisses ohne Weiteres auf die Erwerbsmäßigkeit geschlossen werden; umgekehrt schließt das **Fehlen eines Beschäftigungsverhältnisses** jedoch Erwerbsmäßigkeit nicht aus. Liegt das Entgelt über den Sätzen des Pflegegeldes, so ist das wesentliche Kriterium der Erwerbsmäßigkeit, die Erzielung eines mehr als unbedeutenden Beitrages zur Bestreitung des Lebensunterhaltes regelmäßig gegeben.

3. Pflege eines Pflegebedürftigen mit Pflegegeldbezug

12   Der Anspruch auf Pflegegeld nach § 37 setzt voraus, dass der Pflegebedürftige die notwendige Pflege durch die selbstbeschaffte Pflegeperson sicherstellen kann. Dies erfordert zwangsläufig **langfristige Vereinbarungen** mit der Pflegeperson **über die Ausgestaltung der** von dieser zu erbringenden **Pflegemaßnahmen.** Die Pflege muss grundsätzlich iR eines Pflegeplanes durchgeführt werden, der vor allem die Einsatzzeiten der Pflegeperson festlegt. Wird auf dieser Grundlage für eine wöchentlich zumindest 14-stündige Pflegetätigkeit ein Entgelt in Höhe des Pflegegeldes gezahlt, so wird **regelmäßig ein Beschäftigungsverhältnis** i. S. von § 7 SGB IV anzunehmen sein. Für das Vorliegen eines Beschäftigungsverhältnisses sind in erster Linie die **objektiven Umstände** maßgebend (BSGE 13, 130, 132 = SozR Nr. 20 zu § 165 RVO; BSGE 36, 7, 8 = SozR Nr. 72 zu § 165 RVO; BSG, SozR 3-2200 § 539 Nr. 6). Ob die Pflege in einem Beschäftigungsverhältnis oder ehrenamtlich erfolgt, hängt deshalb nicht nur von der Absprache zwischen dem Pflegebedürftigen und der Pflegeperson ab.

4. Pflege eines Pflegebedürftigen als Beschäftigungsverhältnis

Pflege durch Familienangehörige schließt die Annahme eines Beschäftigungsverhältnisses nicht in jedem Fall aus (vgl. hierzu insbes. BSG, SozR 2200 § 165 Nr. 90). Ein Beschäftigungsverhältnis liegt jedoch nicht vor, wenn der Umfang der Pflegetätigkeit sich noch innerhalb der Grenzen bewegt, die durch **familienrechtliche Pflichten** geprägt wird. § 1353 BGB begründet für die eheliche Lebensgemeinschaft, § 1618a BGB für das Eltern-Kind-Verhältnis gegenseitige **Beistandspflichten,** die u. U. auch die Pflicht zur Pflege umschließen (BSG, SozR 2200 § 539 Nr. 134). Die Annahme eines Beschäftigungsverhältnisses kommt deshalb bei der Pflege von Familienangehörigen nur in Betracht, wenn entweder eine familienrechtliche Beistandspflicht nicht besteht oder die Pflegeanforderungen so hoch sind, dass sie eine berufsmäßige Pflegekraft erfordern (vgl. hierzu BSG, SozR 3-2200 § 539 Nr. 6). Entscheidend dürfte häufig auch sein, ob das **gezahlte Entgelt** im Verhältnis zum Umfang der Pflegetätigkeit als Gegenleistung anzusehen ist oder ob es den vergleichbaren tariflichen Lohn erheblich unterschreitet (vgl. *Maschmann,* SGb 1996, 381); wobei die Beitragsentrichtung der PK zur GRV mit zu berücksichtigen ist (§ 44 Abs. 1).

13

5. Erwerbsmäßige selbstständige Pflege

Die Abgrenzung zwischen selbstständiger erwerbsmäßiger und ehrenamtlicher nicht erwerbsmäßiger Pflege dürfte sich kaum stellen. Bei einem Entgelt in den Grenzen des Pflegegeldes liegt Erwerbsmäßigkeit nicht vor (vgl. Rn. 9). Bei einem höheren Entgelt ist grundsätzlich Erwerbsmäßigkeit anzunehmen; wegen der Besonderheiten der Pflegetätigkeit wird aber zumindest dann, wenn eine einzelne Pflegeperson einen Pflegebedürftigen betreut, regelmäßig ein Beschäftigungsverhältnis mit dem Pflegebedürftigen vorliegen (vgl. oben Rn. 10). Selbstständig tätige Pflegepersonen unterliegen nach § 2 Nr. 2 SGB VI der (beitragspflichtigen) Versicherungspflicht in der GRV. Zur Abgrenzung zwischen nichtselbstständiger und selbstständiger Tätigkeit vgl. allg. *Seewald,* in: KassKomm, SGB IV, § 7 Rn. 45 ff.

14

VI. Mindestpflegezeit (Satz 2)

Der zeitliche Mindestumfang der Pflege von wenigstens 14 Stunden wöchentlich, gehört seit der Änderung der Vorschrift im 1. SGB XI-ÄndG (so Rn. 1) nicht mehr zur Definition der Pflegeperson (so Rn. 4). Nach Satz 2 muss eine Mindestpflegezeit von 14 Stunden wöchentlich erfüllt sein, damit die Pflegeperson Leistungen der sozialen Sicherung nach § 44 beanspruchen kann. Maßgebend war ursprünglich der Zeitbedarf für die Pflege eines Pflegebedürftigen (zum Rechtszustand bis Ende 2012: LSG Mecklenburg-Vorpommern, Urteil vom 20.10.2011, L 4 R 163/11). Im PNG wurde Satz 2 dahingehend geändert, dass die Mindestzeit durch die Pflege „eines oder mehrerer" pflegebedürftiger Personen erreicht werden kann. Wird die Pflege gemeinsam mit einer **weiteren Pflegeperson** durchgeführt, so kann die zeitliche Voraussetzung von beiden nur dann erfüllt werden, wenn wegen der Schwere der Pflegebedürftigkeit ein Zeitbedarf von wenigstens 28 Stunden besteht (vgl. § 44 Rn. 9f.), der sich auf beide Pflegepersonen gleichmäßig verteilt. Die zeitliche Mindestvoraussetzung ist auch dann erfüllt, wenn der Pflegebedürftige Pflegesachleistungen nach § 36 bzw. § 38 oder Tages- bzw. Nachpflege (§ 41) in Anspruch nimmt, diese Sachleistungen den Pflegebedarf jedoch nicht decken und zusätzlich die Hilfe einer nichterwerbsmäßig tätigen Pflegeperson im zeitlichen Mindestumfang erforderlich ist. Die soziale Sicherung als Pflegeperson ist somit nicht an die Inanspruchnahme von Pflegegeld gebunden. Ob die Mindestzeit von 14 Stunden nur mit Hilfeleistungen bei den in § 14 Abs. 4 aufgeführten Verrichtungen erfüllt werden kann

15

§ 19 Zweites Kapitel. Leistungsberechtigter Personenkreis

oder ob auch die für ergänzende Pflege und Betreuung benötigte Zeit mitzurechnen ist, ist umstritten. Der ganz überwiegende Teil der Kommentarliteratur spricht sich unter Bezugnahme auf die Begründung des RegE (BT-Drucks. 12/5262, S. 101) dafür aus, § 19 im Zusammenhang mit der Einweisungsvorschrift in § 4 Abs. 2 Satz 1 zu sehen, wonach die Leistungen der PV bei häuslicher und teilstationärer Pflege die familiäre, nachbarschaftliche und sonstige ehrenamtliche Hilfe ergänzen. Auch soweit diese Hilfe Pflegesachleistungen der PV nicht ersetze, sondern darüber hinausgehe, sei der hierdurch verursachte Zeitaufwand im Rahmen von § 19 zu berücksichtigen (*Wagner*, in: H/N, § 19 Rn. 27; *Gürtner*, in: KassKomm, SGB XI, § 19 Rn. 8; *Leitherer*, in: HS-PV, § 19 Rn. 36; *Maschmann*, SGb 1995, 325, 326; *Gallon*, in: LPK-SGB XI, § 19 Rn. 10). Das BSG (BSGE 106, 126, 134, Rn. 23 = SozR 4-2600 § 3 Nr. 5; BSG, SozR 4-2600 § 3 Nr. 6) ist dieser Auffassung nicht gefolgt, weil die in der Gesetzesbegründung enthaltenen Vorstellungen der Verfasser des Gesetzentwurfs im Text des § 19 keinen Niederschlag gefunden hätten. Maßgebend war für das BSG aber offensichtlich, dass es für die Erfassung ergänzender pflegerischer und betreuender Maßnahmen an eindeutigen und praxistauglichen Kriterien fehlt (so bereits *Pfitzner*, BeckOK SozR, SGB XI, § 15 Rn. 4a, b).

15a Der Ermittlung des Zeitbedarfs für die zu berücksichtigenden pflegerischen Maßnahmen ist ein an den Gegebenheiten der Laienpflege orientierter objektiver Maßstab zugrunde zu legen (BSG, SozR 4-2600 § 3 Nr. 6); die individuelle Pflegesituation kann jedenfalls nur begrenzt Berücksichtigung finden (vgl. hierzu § 15 Rn. 16 ff).

16 Der **Unfallversicherungsschutz von Pflegepersonen** in der GUV hängt nicht von der Erfüllung der Mindestpflegezeit ab. Nach § 2 Abs. 1 Nr. 17 SGB VII sind Pflegepersonen i. S. des § 19 SGB XI bei der Pflege eines Pflegebedürftigen iSd. § 14 SGB XI kraft Gesetzes in der GUV versichert; die versicherte Tätigkeit umfasst allerdings nur Hilfeleistungen im Zusammenhang mit den Verrichtungen des § 14 Abs. 4; es ist dagegen nicht erforderlich, dass die Hilfeleistung auch die Kriterien des § 15 erfüllt (etwa täglicher Hilfebedarf: BSG, 4–2700 § 2 Nr. 16 = NZS 2011, 710). Nach Auffassung des BSG (SozR 4-2700 § 2 Nr. 3 = NJW 2005, 1148) bezieht sich der Verweis auf § 19 auf alle Pflegepersonen i. S. des Satzes 1 und wird nicht durch die Zeitvorgabe in Satz 2 eingeschränkt. Das BSG hat sich damit der oben, Rn. 4, vertretenen Auslegung angeschlossen, dass sich die Definition des Begriffs „Pflegeperson" allein aus Satz 1 ergibt.

VII. Weitergeleitetes Pflegegeld

17 Zur **Berücksichtigung des** aus dem Pflegegeld gezahlten **Entgelts als Einkommen** der Pflegeperson vgl. § 13 Rn. 19 f. Zur rentenrechtlichen Situation von nichterwerbsmäßigen Pflegepersonen vgl. § 44 Rn. 3 ff. und *Petersen*, DAngVers 1994, 260; *Krauthausen/Schmidt*, DRV 1994, 379, 386 ff.

Drittes Kapitel. Versicherungspflichtiger Personenkreis

Vorbemerkungen zu §§ 20 bis 27

Inhaltsübersicht
		Rn.
I.	Allgemeines	1
II.	Versicherungspflicht	2
III.	Familienversicherung	3
IV.	Anspruch auf Weiterversicherung	4
V.	Private Pflegeversicherung	5

I. Allgemeines

In den Vorschriften des Dritten Kapitels (§§ 20–27) wird die **Versicherungs-** 1
pflicht – sowohl in der SPV als auch in der PPV – geregelt. Im Gegensatz zu den anderen Zweigen der Sozialversicherung strebt das SGB XI eine nahezu die gesamte Bevölkerung umfassende Versicherungspflicht an. Hierfür sollen die bestehenden Strukturen der öffentlich-rechtlichen und privat-rechtlichen KV-Einrichtungen genutzt werden. Entsprechend der tradierten Zuordnung werden die Mitglieder der GKV der SPV und die privat Krankenversicherten der PPV zugeordnet. Personen, die weder gesetzlich noch privat krankenversichert sind, werden von der Versicherungspflicht nur dann erfasst, wenn sie staatliche Leistungen beziehen, die zugleich eine Absicherung im Krankheitsfall vorsehen (§§ 21 und 23 Abs. 3). Der Gesetzgeber hat davon abgesehen, die Gesamtbevölkerung lückenlos zu erfassen. Der Aufwand, der erforderlich gewesen wäre, um den verbliebenen Kreis von ca. 320 000 Personen zu ermitteln, der über keinerlei KV-Schutz verfügt, wäre zu groß und von bestehenden Organisationen nicht ohne Weiteres zu leisten gewesen. Der Einführung einer generellen Volksversicherung für alle Personen mit Wohnsitz oder gewöhnlichem Aufenthalt in der Bundesrepublik Deutschland standen auch kompetenzrechtliche Erwägungen entgegen. Ein Verzicht auf die in anderen Zweigen der Sozialversicherung bestehenden Befreiungsmöglichkeiten der Bevölkerungsgruppen mit geringerer sozialer Schutzbedürftigkeit zugunsten einer privaten Absicherung hätte den überkommenen Strukturen der Sozialversicherung wohl nicht entsprochen; weshalb die Regelungskompetenz des Bundes aus Artikel 74 Nr. 12 GG fraglich gewesen wäre. Das BVerfG hat diese Bedenken nicht als durchschlagend angesehen und selbst sogar (BVerfGE 103, 225 = NJW 2001, 1716) die Einbeziehung von Personen ohne Bindung an die GKV in die SPV gefordert. Die Verpflichtung privat Krankenversicherter zum Abschluss und zur Aufrechterhaltung privater Pflegeversicherungsverträge und die Regelungen über deren nähere inhaltliche Ausgestaltung hat es als durch die Gesetzgebungskompetenz des Art. 74 Abs. 1 Nr. 11 GG („privatrechtliches Versicherungswesen") gedeckt angesehen (BVerfGE 103, 197 = NJW 2001, 1709).

II. Versicherungspflicht

Wegen der Indienstnahme der bestehenden Organisationsstrukturen der KV **folgt** 2
die Versicherungspflicht weitgehend **dem Grundsatz „PV folgt KV"** (BT-

§ 20 Drittes Kapitel. Versicherungspflichtiger Personenkreis

Drucks. 12/5262, S. 102). Hieraus folgt: Die Mitglieder der GKV werden der SPV zugewiesen und gehören der PK an, die bei ihrer KK errichtet ist (§ 48 Abs. 1). Auch die freiwilligen Mitglieder der GKV werden der SPV zugeordnet (§ 20 Abs. 3), können sich dort jedoch auf Antrag befreien lassen, wenn sie ausreichenden Versicherungsschutz bei einem privaten Versicherungsunternehmen nachweisen (§ 22). Von der Versicherungspflicht erfasst werden auch die **privat Krankenversicherten,** soweit sie mit Anspruch auf allgemeine Krankenhausleistungen versichert sind. Eine private Zusatz-KV, die häufig auch von Mitgliedern der GKV abgeschlossen wird, löst dagegen keine Pflicht zum Abschluss eines privaten PV-Vertrages aus. Der Versicherungspflicht in der PPV unterliegen auch Beamte und andere Beihilfeberechtigte hinsichtlich des von der Beihilfe nicht abgedeckten Leistungsrahmens und Heilfürsorgeberechtigte, soweit sie nicht in der SPV verspflichtig sind (vgl. hierzu im Einzelnen § 23 Rn. 7f.).

III. Familienversicherung

3   Die SPV sieht unter den gleichen Voraussetzungen wie die GKV einen Anspruch auf **beitragsfreie Familienversicherung** vor (§ 25). Vorausgesetzt wird vor allem, dass die Ehegatte und die Kinder kein oder nur ein unwesentliches eigenes Einkommen haben und die Kinder bestimmte Altersgrenzen nicht überschreiten. Anders als in der GKV bleibt die Familienversicherung in der SPV auch während der Dauer der Ableistung des gesetzlichen Wehr- oder Zivildienstes erhalten. Eine Familienversicherung besteht auch in der PPV. Beitragsfrei mitversichert sind dort allerdings nur die Kinder des Versicherungsnehmers bis zu einer bestimmten Altersgrenze (§ 110 Abs. 1 Nr. 2 Buchst. f). Für den Ehegatten eines Versicherungsnehmers, der mit dem Inkrafttreten des SGB XI versicherungspflichtig geworden ist, gibt es nur eine Prämienvergünstigung, sofern der Ehegatte regelmäßig nicht über ein mehr als geringfügiges eigenes Einkommen verfügt (§ 110 Abs. 1 Nr. 2 Buchst. g).

IV. Anspruch auf Weiterversicherung

4   Für Personen, die – vor allem wegen Überschreitens der Jahresarbeitsentgeltgrenze (Versicherungspflichtgrenze) – aus der Versicherungspflicht in der SPV ausscheiden, besteht unter bestimmten Voraussetzungen (§ 26) ein **Anspruch auf Weiterversicherung.** Eine Weiterversicherung kann vor allem im Hinblick auf die für Leistungsansprüche erforderliche Vorversicherungszeit (§ 33) bedeutsam sein. Teilweise wird hier jedoch auch die in der PPV zurückgelegte Zeit angerechnet (§ 33 Abs. 3).

V. Private Pflegeversicherung

5   Einzelheiten der **Versicherungsbedingungen in der PPV** sind in § 110 geregelt.

§ 20 Versicherungspflicht in der sozialen Pflegeversicherung für Mitglieder der gesetzlichen Krankenversicherung

[Fassung des § 20 bis 31.12.2015]:

(1) ¹Versicherungspflichtig in der sozialen Pflegeversicherung sind die versicherungspflichtigen Mitglieder der gesetzlichen Krankenversicherung. ²Dies sind:
1. Arbeiter, Angestellte und zu ihrer Berufsausbildung Beschäftigte, die gegen Arbeitsentgelt beschäftigt sind; für die Zeit des Bezugs von Kurz-

Versicherungspflicht für Mitglieder der gesetzlichen Krankenversicherung § 20

arbeitergeld nach dem Dritten Buch bleibt die Versicherungspflicht unberührt,
2. Personen in der Zeit, für die sie Arbeitslosengeld nach dem Dritten Buch beziehen, auch wenn die Entscheidung, die zum Bezug der Leistung geführt hat, rückwirkend aufgehoben oder die Leistung zurückgefordert oder zurückgezahlt worden ist; ab Beginn des zweiten Monats bis zur zwölften Woche einer Sperrzeit (§ 159 des Dritten Buches) oder ab Beginn des zweiten Monats der Ruhenszeit wegen einer Urlaubsabgeltung (§ 157 Absatz 2 des Dritten Buches) gelten die Leistungen als bezogen,
2a. Personen in der Zeit, für die sie Arbeitslosengeld II nach dem Zweiten Buch beziehen, soweit sie in der gesetzlichen Krankenversicherung nicht familienversichert sind, es sei denn, dass diese Leistung nur darlehensweise gewährt wird oder nur Leistungen nach § 24 Absatz 3 Satz 1 des Zweiten Buches bezogen werden,
3. Landwirte, ihre mitarbeitenden Familienangehörigen und Altenteiler, die nach § 2 des Zweiten Gesetzes über die Krankenversicherung der Landwirte versicherungspflichtig sind,
4. selbständige Künstler und Publizisten nach näherer Bestimmung des Künstlersozialversicherungsgesetzes,
5. Personen, die in Einrichtungen der Jugendhilfe, in Berufsbildungswerken oder in ähnlichen Einrichtungen für behinderte Menschen für eine Erwerbstätigkeit befähigt werden sollen,
6. Teilnehmer an Leistungen zur Teilhabe am Arbeitsleben sowie an Berufsfindung oder Arbeitserprobung, es sei denn, die Leistungen werden nach den Vorschriften des Bundesversorgungsgesetzes erbracht,
7. Behinderte Menschen, die in anerkannten Werkstätten für Behinderte Menschen oder in Blindenwerkstätten im Sinne des § 143 des Neunten Buches oder für diese Einrichtungen in Heimarbeit tätig sind,
8. Behinderte Menschen, die in Anstalten, Heimen oder gleichartigen Einrichtungen in gewisser Regelmäßigkeit eine Leistung erbringen, die einem Fünftel der Leistung eines voll erwerbsfähigen Beschäftigten in gleichartiger Beschäftigung entspricht; hierzu zählen auch Dienstleistungen für den Träger der Einrichtung,
9. Studenten, die an staatlichen oder staatlich anerkannten Hochschulen eingeschrieben sind, soweit sie nach § 5 Abs. 1 Nr. 9 des Fünften Buches der Krankenversicherungspflicht unterliegen,
10. Personen, die zu ihrer Berufsausbildung ohne Arbeitsentgelt beschäftigt sind oder die eine Fachschule oder Berufsfachschule besuchen oder eine in Studien- oder Prüfungsordnungen vorgeschriebene berufspraktische Tätigkeit ohne Arbeitsentgelt verrichten (Praktikanten); Auszubildende des Zweiten Bildungsweges, die sich in einem nach dem Bundesausbildungsförderungsgesetz förderungsfähigen Teil eines Ausbildungsabschnittes befinden, sind Praktikanten gleichgestellt,
11. Personen, die die Voraussetzungen für den Anspruch auf eine Rente aus der gesetzlichen Rentenversicherung erfüllen und diese Rente beantragt haben, soweit sie nach § 5 Abs. 1 Nr. 11, 11a oder 12 des Fünften Buches der Krankenversicherungspflicht unterliegen,
12. Personen, die, weil sie bisher keinen Anspruch auf Absicherung im Krankheitsfall hatten, nach § 5 Abs. 1 Nr. 13 des Fünften Buches oder nach § 2 Abs. 1 Nr. 7 des Zweiten Gesetzes über die Krankenversicherung der Landwirte der Krankenversicherungspflicht unterliegen.

(2) ¹Als gegen Arbeitsentgelt beschäftigte Arbeiter und Angestellte im Sinne des Absatzes 1 Nr. 1 gelten Bezieher von Vorruhestandsgeld, wenn sie

§ 20
Drittes Kapitel. Versicherungspflichtiger Personenkreis

unmittelbar vor Bezug des Vorruhestandsgeldes versicherungspflichtig waren und das Vorruhestandsgeld mindestens in Höhe von 65 vom Hundert des Bruttoarbeitsentgelts im Sinne des § 3 Abs. 2 des Vorruhestandsgesetzes gezahlt wird. ²Satz 1 gilt nicht für Personen, die im Ausland ihren Wohnsitz oder gewöhnlichen Aufenthalt in einem Staat haben, mit dem für Arbeitnehmer mit Wohnsitz oder gewöhnlichem Aufenthalt in diesem Staat keine über- oder zwischenstaatlichen Regelungen über Sachleistungen bei Krankheit bestehen.

(2a) Als zu ihrer Berufsausbildung Beschäftigte im Sinne des Absatzes 1 Satz 2 Nr. 1 gelten Personen, die als nicht satzungsmäßige Mitglieder geistlicher Genossenschaften oder ähnlicher religiöser Gemeinschaften für den Dienst in einer solchen Genossenschaft oder ähnlichen religiösen Gemeinschaft außerschulisch ausgebildet werden.

(3) Freiwillige Mitglieder der gesetzlichen Krankenversicherung sind versicherungspflichtig in der sozialen Pflegeversicherung.

(4) ¹Nehmen Personen, die mindestens zehn Jahre nicht in der sozialen Pflegeversicherung oder der gesetzlichen Krankenversicherung versicherungspflichtig waren, eine dem äußeren Anschein nach versicherungspflichtige Beschäftigung oder selbständige Tätigkeit von untergeordneter wirtschaftlicher Bedeutung auf, besteht die widerlegbare Vermutung, daß eine die Versicherungspflicht begründende Beschäftigung nach Absatz 1 Nr. 1 oder eine versicherungspflichtige selbständige Tätigkeit nach Absatz 1 Nr. 3 oder 4 tatsächlich nicht ausgeübt wird. ²Dies gilt insbesondere für eine Beschäftigung bei Familienangehörigen oder Lebenspartnern.

[Fassung des § 20 ab 1.1.2016]:

(1) ¹Versicherungspflichtig in der sozialen Pflegeversicherung sind die versicherungspflichtigen Mitglieder der gesetzlichen Krankenversicherung. ²Dies sind:
1. *Arbeiter, Angestellte und zu ihrer Berufsausbildung Beschäftigte, die gegen Arbeitsentgelt beschäftigt sind; für die Zeit des Bezugs von Kurzarbeitergeld nach dem Dritten Buch bleibt die Versicherungspflicht unberührt,*
2. *Personen in der Zeit, für die sie Arbeitslosengeld nach dem Dritten Buch beziehen, auch wenn die Entscheidung, die zum Bezug der Leistung geführt hat, rückwirkend aufgehoben oder die Leistung zurückgefordert oder zurückgezahlt worden ist; ab Beginn des zweiten Monats bis zur zwölften Woche einer Sperrzeit (§ 159 des Dritten Buches) oder ab Beginn des zweiten Monats der Ruhenszeit wegen einer Urlaubsabgeltung (§ 157 Absatz 2 des Dritten Buches) gelten die Leistungen als bezogen,*
2a. *Personen in der Zeit, für die sie Arbeitslosengeld II nach dem Zweiten Buch beziehen, auch wenn die Entscheidung, die zum Bezug der Leistung geführt hat, rückwirkend aufgehoben oder die Leistung zurückgefordert oder zurückgezahlt worden ist, es sei denn, dass diese Leistung nur darlehensweise gewährt wird oder nur Leistungen nach § 24 Absatz 3 Satz 1 des Zweiten Buches bezogen werden,*
3. *Landwirte, ihre mitarbeitenden Familienangehörigen und Altenteiler, die nach § 2 des Zweiten Gesetzes über die Krankenversicherung der Landwirte versicherungspflichtig sind,*
4. *selbständige Künstler und Publizisten nach näherer Bestimmung des Künstlersozialversicherungsgesetzes,*
5. *Personen, die in Einrichtungen der Jugendhilfe, in Berufsbildungswerken oder in ähnlichen Einrichtungen für behinderte Menschen für eine Erwerbstätigkeit befähigt werden sollen,*
6. *Teilnehmer an Leistungen zur Teilhabe am Arbeitsleben sowie an Berufsfindung oder Arbeitserprobung, es sei denn, die Leistungen werden nach den Vorschriften des Bundesversorgungsgesetzes erbracht,*

Versicherungspflicht für Mitglieder der gesetzlichen Krankenversicherung **§ 20**

7. *Behinderte Menschen, die in anerkannten Werkstätten für Behinderte Menschen oder in Blindenwerkstätten im Sinne des § 143 des Neunten Buches oder für diese Einrichtungen in Heimarbeit tätig sind,*
8. *Behinderte Menschen, die in Anstalten, Heimen oder gleichartigen Einrichtungen in gewisser Regelmäßigkeit eine Leistung erbringen, die einem Fünftel der Leistung eines voll erwerbsfähigen Beschäftigten in gleichartiger Beschäftigung entspricht; hierzu zählen auch Dienstleistungen für den Träger der Einrichtung,*
9. *Studenten, die an staatlichen oder staatlich anerkannten Hochschulen eingeschrieben sind, soweit sie nach § 5 Abs. 1 Nr. 9 des Fünften Buches der Krankenversicherungspflicht unterliegen,*
10. *Personen, die zu ihrer Berufsausbildung ohne Arbeitsentgelt beschäftigt sind oder die eine Fachschule oder Berufsfachschule besuchen oder eine in Studien- oder Prüfungsordnungen vorgeschriebene berufspraktische Tätigkeit ohne Arbeitsentgelt verrichten (Praktikanten); Auszubildende des Zweiten Bildungsweges, die sich in einem nach dem Bundesausbildungsförderungsgesetz förderungsfähigen Teil eines Ausbildungsabschnittes befinden, sind Praktikanten gleichgestellt,*
11. *Personen, die die Voraussetzungen für den Anspruch auf eine Rente aus der gesetzlichen Rentenversicherung erfüllen und diese Rente beantragt haben, soweit sie nach § 5 Abs. 1 Nr. 11, 11a oder 12 des Fünften Buches der Krankenversicherungspflicht unterliegen,*
12. *Personen, die, weil sie bisher keinen Anspruch auf Absicherung im Krankheitsfall hatten, nach § 5 Abs. 1 Nr. 13 des Fünften Buches oder nach § 2 Abs. 1 Nr. 7 des Zweiten Gesetzes über die Krankenversicherung der Landwirte der Krankenversicherungspflicht unterliegen.*

(2) ¹Als gegen Arbeitsentgelt beschäftigte Arbeiter und Angestellte im Sinne des Absatzes 1 Nr. 1 gelten Bezieher von Vorruhestandsgeld, wenn sie unmittelbar vor Bezug des Vorruhestandsgeldes versicherungspflichtig waren und das Vorruhestandsgeld mindestens in Höhe von 65 vom Hundert des Bruttoarbeitsentgelts im Sinne des § 3 Abs. 2 des Vorruhestandsgesetzes gezahlt wird. ²Satz 1 gilt nicht für Personen, die im Ausland ihren Wohnsitz oder gewöhnlichen Aufenthalt in einem Staat haben, mit dem für Arbeitnehmer mit Wohnsitz oder gewöhnlichem Aufenthalt in diesem Staat keine über- oder zwischenstaatlichen Regelungen über Sachleistungen bei Krankheit bestehen.

(2a) Als zu ihrer Berufsausbildung Beschäftigte im Sinne des Absatzes 1 Satz 2 Nr. 1 gelten Personen, die als nicht satzungsmäßige Mitglieder geistlicher Genossenschaften oder ähnlicher religiöser Gemeinschaften für den Dienst in einer solchen Genossenschaft oder ähnlichen religiösen Gemeinschaft außerschulisch ausgebildet werden.

(3) Freiwillige Mitglieder der gesetzlichen Krankenversicherung sind versicherungspflichtig in der sozialen Pflegeversicherung.

(4) ¹Nehmen Personen, die mindestens zehn Jahre nicht in der sozialen Pflegeversicherung oder der gesetzlichen Krankenversicherung versicherungspflichtig waren, eine dem äußeren Anschein nach versicherungspflichtige Beschäftigung oder selbständige Tätigkeit von untergeordneter wirtschaftlicher Bedeutung auf, besteht die widerlegbare Vermutung, daß eine die Versicherungspflicht begründende Beschäftigung nach Absatz 1 Nr. 1 oder eine versicherungspflichtige selbständige Tätigkeit nach Absatz 1 Nr. 3 oder 4 tatsächlich nicht ausgeübt wird. ²Dies gilt insbesondere für eine Beschäftigung bei Familienangehörigen oder Lebenspartnern.

Inhaltsübersicht

	Rn.
I. Geltende Fassung	1
II. Normzweck und Aufbau	2
III. Allgemeines	3

Udsching 133

§ 20 Drittes Kapitel. Versicherungspflichtiger Personenkreis

	Rn.
1. Erfasster Personenkreis	4
2. Auswirkungen der Versicherungspflicht	5
IV. Der in der SPV versicherungspflichtige Personenkreis	6
1. Gegen Entgelt versicherte Arbeitnehmer (Nr. 1)	7
a) Beginn, Ende und Unterbrechung der Beschäftigung	8
b) Beschäftigung gegen Arbeitsentgelt	9
c) Ausnahmen von der Versicherungspflicht	10
d) Allgemeine Grundsätze zur Versicherungspflicht	11
e) Besonderheiten bei bestimmten Gruppen von Beschäftigten	12
f) Unständig Beschäftigte	13
g) Wehr- und Zivildienst	14
h) Freiwilligendienstleistende	15
i) Weitere Besonderheiten	16
2. Empfänger von Leistungen der Arbeitsförderung (Nr. 1)	17
3. Bezieher von Alg II (Nr. 2)	18
4. Landwirte (Nr. 3)	19
5. Selbstständige Künstler und Publizisten (Nr. 4)	20
6. Personen in Behinderteneinrichtungen (Nr. 5)	21
7. Behinderte und von Behinderung bedrohte Menschen (Nr. 6)	23
8. Werkstätten für behinderte Menschen, Blindenwerkstätten (Nr. 7, 8)	24
9. Studenten (Nr. 9)	25
10. Spezielle Ausbildungsverhältnisse (Nr. 10)	26
11. Rentner (Nr. 11)	27
12. Personen ohne bisherige Absicherung im Krankheitsfall (Nr. 12)	29
13. Bezieher von Vorruhestandsgeld (Abs. 2)	30
V. Sozialhilfempfänger	31
VI. Freiwillige Mitglieder der GKV	32
VII. Schutz der Solidargemeinschaft vor Missbrauch der SPV	33
VIII. Übergangsrecht	34

I. Geltende Fassung

1 Die Vorschrift ist mWv 1.1.1995 durch Art. 1 PflegeVG eingeführt worden. Ihr entsprach im RegE § 18, vgl. Begr. des RegE, S. 102 ff. Aufgrund der Beschlussempfehlung des AuS-Ausschusses wurde die Vorschrift inhaltlich geändert und ganz neu formuliert (BT-Drucks. 12/5920, S. 25 ff.). Wesentliches Ziel der Änderung im Gesetzgebungsverfahren war eine möglichst weitgehende Anpassung des versicherten Personenkreises an denjenigen der GKV (vgl. BT-Drucks. 12/5952, S. 36f.). Die im RegE vorgesehene Vorschrift über die Behandlung konkurrierender Versicherungspflicht-Tatbestände (dort § 19) erschien danach entbehrlich. Durch Art. 10 Nr. 1 AFRG vom 24.3.1997 (BGBl. I S. 594) wurden Abs. 1 Satz 2 Nr. 1 und 2 mWv 1.1.1998 und durch Art. 3 GKV GesundheitsreformG 2000 vom 22.12.1999 (BGBl. I S. 2626) wurde Abs. 1 Satz 2 Nr. 10 geändert und Abs. 2a eingefügt. In der Folgezeit sind nachfolgende Änderungen von Gewicht eingetreten: durch Art. 10 Nr. 10 SGB IX wurde in der Formulierung der Nrn. 5 bis 8 die Terminologie des SGB IX umgesetzt; Abs. 1 Satz 2 Nr. 2 wurde um die Aufrechterhaltung des Versicherungsschutzes bei fehlendem Bezug von Alg wegen einer Urlaubsabgeltung (§ 143 Abs. 2 SGB III) erweitert; durch Art. 10 Nr. 1 des Dritten Gesetzes für moderne Dienstleistungen am Arbeitsmarkt (vom 23.12.2003, BGBl. I S. 2848) wurde in Abs. 1 Satz 2 Nr. 2 der Begriff „Unterhaltsgeld" gestrichen, weil das Unterhalts- und das Arbeitslosengeld im SGB III zusammengeführt wurden; durch Art. 11 Nr. 1 und 2 des Vierten G für moderne Dienstleistungen am Arbeitsmarkt (vom 24.12.2003,

BGBl. I S. 2954) wurde in Abs. 1 Satz 2 Nr. 2 der Begriff Arbeitslosenhilfe gestrichen und die Nr. 2a eingefügt; durch Art. 8 Nr. 1 des G vom 24. 4. 2006 (BGBl. I S. 926) wurde in Abs. 1 Satz 2 Nr. 1 das Winterausfallgeld gestrichen; durch das GKV-WSG (vom 26. 3. 2007, BGBl. I S. 378) wurde Abs. 1 Satz 2 Nr. 12 angefügt. Abs. 1 Satz 2 Nr. 2a wurde durch G vom 24. 3. 2011 an die Neufassung des SGB II angepasst. In Abs. 1 Satz 2 Nr. 2 wurden durch Art. 11 des G vom 20. 12. 2011 die in Bezug genommenen Vorschriften des SGB III an die Neufassung dieses G angepasst.

II. Normzweck und Aufbau

§ 20 legt den in der SPV versicherungspflichtigen Personenkreis durch eine pau- 2 schale Bezugnahme auf den Kreis der versicherungspflichtigen Mitglieder der GKV fest. **Verspflichtig wird nur, wer auch** – versicherungspflichtiges (Abs. 1 und 2) oder freiwilliges (Abs. 3) – **Mitglied der GKV ist**. Die detaillierte Aufzählung der versicherungspflichtigen Personengruppen hat für die Begründung der Versicherungspflicht selbst keine normative Bedeutung und hätte durch eine generelle Verweisung auf die Regelung in § 5 SGB V ersetzt werden können; zu abweichenden Definitionen in Nr. 5 und 10 vgl. unten Rn. 4, 20 und 25. Der Katalog in Abs. 1 bis 3 soll lediglich diejenigen Personengruppen kennzeichnen, die der SPV zugeordnet werden. Die Zuordnung zu bestimmten Gruppen hat zudem Bedeutung für die Beitragstragung (§§ 58, 59) und bei Nr. 9 und 10 für den Vorrang der Familienversicherung. Bei Studenten und Rentnern, deren Versicherungspflicht-Voraussetzungen in der GKV infolge der durch GRG und GSG eingeführten Restriktionen in § 5 SGB V höchst differenziert geregelt sind (§ 5 Abs. 1 Nr. 9 – Studenten; Abs. 1 Nr. 11 und 12 – Rentner), begnügt sich das Gesetz mit einer globalen Verweisung. § 20 erfasst zwar den weitaus größten Teil der in der SPV Versicherungspflichtigen, regelt aber die Versicherungspflicht nicht abschließend, sondern wird durch § 21, der zahlenmäßig nur unbedeutende Randgruppen erfasst, ergänzt. **Pflegepersonen** i. S. des § 19 werden von § 20 nicht erfasst und sind als solche weder in der GKV noch in der SPV verspflichtig; zum Beitragszuschuss bei Pflegezeit vgl. § 44a. Zum Übergangsrecht vgl. unten Rn. 34.

III. Allgemeines

Grundvoraussetzung für die Versicherungspflicht in der SPV ist die **Mit-** 3 **gliedschaft in der GKV**. Wer einen die Versicherungspflicht begründenden Tatbestand erfüllt, in der GKV jedoch von einem Befreiungsrecht (§ 8 SGB V) Gebrauch gemacht hat und zur PKV übergewechselt ist oder einen Tatbestand erfüllt, der Versicherungsfreiheit begründet (§§ 7 und 8 SGB V), ist in der SPV nicht versicherungspflichtig. Arbeitnehmer, die grundsätzlich unter Nr. 1 fallen, unterliegen deshalb nicht der Versicherungspflicht in der SPV, wenn ihr regelmäßiges Jahresarbeitsentgelt die Versicherungspflichtgrenze in der GKV übersteigt (§ 6 Abs. 1 SGB V) oder sie nur eine geringfügige Beschäftigung i. S. von § 8 SGB IV ausüben (§ 7 SGB V); es sei denn, sie sind freiwillig Mitglied der GKV.

1. Erfasster Personenkreis

Zur Auslegung des Kataloges in Abs. 1 bis 3 kann im Einzelnen auf Rspr. und 4 Schrifttum zu **§ 5 SGB V** zurückgegriffen werden. Die Bezeichnung der erfassten Personenkreise ist nicht in allen Bereichen mit § 5 SGB V identisch. Eine Erweiterung der Versicherungspflicht in der GKV kann durch eine Erweiterung des in § 20 bezeichneten Personenkreises nicht eintreten (vgl. *Peters,* in: KassKomm, SGB XI,

§ 20 Drittes Kapitel. Versicherungspflichtiger Personenkreis

§ 20 Rn. 36). Ohne Versicherungspflicht in der GKV tritt aber auch in der SPV keine Versicherungspflicht ein. Neben den globalen Verweisungen bei Studenten (Abs. 1 Nr. 9) und Rentnern (Abs. 1 Nr. 11) bestehen bei der Bezeichnung des von Abs. 1 Satz 2 Nr. 5 und 10 erfassten Personenkreises Divergenzen gegenüber den entsprechenden Regelungen in § 5 SGB V. In Nr. 5 und 10 sind Personengruppen bezeichnet, die im Katalog des § 5 Abs. 1 fehlen, dort aber u. U. von anderen Regelungen erfasst werden. Eine Erweiterung des versicherungspflichtigen Personenkreises kann wegen der erforderlichen Zugehörigkeit zur GKV nicht eintreten.

2. Auswirkungen der Versicherungspflicht

5   Mit der Versicherungspflicht in der SPV hängen eng zusammen: Die Vorschriften über die zuständige PK (§ 48), über Beginn und Ende der Mitgliedschaft (§ 49), die Melde- und Auskunftspflichten bei Mitgliedern der SPV (§ 50) und der PPV (§ 51) sowie das Beitragsrecht der SPV (§§ 54 bis 60).

IV. Der in der SPV versicherungspflichtige Personenkreis

6   Wegen weiterer Einzelheiten wird, soweit keine Besonderheiten der SPV bestehen, auf die Kommentierungen von *Peters,* in: KassKomm, sowie *Ulmer,* in: BeckOK SozR, jeweils zu § 20 SGB XI und § 5 SGB V verwiesen.

1. Gegen Entgelt versicherte Arbeitnehmer (Nr. 1)

7   **Nr. 1** erfasst Arbeitnehmer, die **gegen Entgelt beschäftigt** sind, auch soweit die Beschäftigung zu ihrer Berufsausbildung erfolgt. Arbeitnehmer ist, wer in Erwerbstätigkeit in persönlicher Abhängigkeit ausübt, wobei sich die persönliche Abhängigkeit vor allem in der Eingliederung in einen Betrieb oder einer Verwaltung ausdrückt. Die persönliche Abhängigkeit ist regelmäßig mit einem Weisungsrecht des Arbeitgebers verbunden, das die zeitliche Dauer und den Ort der Arbeitsausführung umfasst (BSG, SozR 2200 § 1227 Nr. 4 und 8, zu Besonderheiten bei längeren höherer Art vgl. BSG, SozR 2200 § 1227 Nr. 19). Nach der Definition in § 7 Abs. 1 SGB IV ist Beschäftigung die nichtselbstständige Arbeit, insbesondere in einem Arbeitsverhältnis. Die Abgrenzung zwischen Arbeitern und Angestellten hat im Hinblick auf die Versicherungspflicht in der GKV und der SPV keine Bedeutung (seit dem GRG sind auch Arbeiter in der GKV versfrei, wenn ihr regelmäßiges Arbeitsentgelt die Jahresarbeitsentgeltgrenze überschreitet – § 6 Abs. 1 Nr. 1). Bedeutung hatte die Zugehörigkeit zu einer der beiden Arbeitnehmergruppen nur noch bis 31.12.1995 für die Kassenzugehörigkeit (vgl. Art. 1 Nr. 116 iVm. Art. 35 Abs. 6 GSG). Der mit Wirkung vom 1.1.1998 in Nr. 1 angefügte 2. HS bestimmt, dass die Versicherungspflicht für die Zeit des Bezugs von Kurzarbeiter- oder Winterausfallgeld nach dem SGB III unberührt bleibt (das Winterausfallgeld wurde zwischenzeitlich gestrichen, so Rn. 1). Eine entsprechende Regelung fehlt in § 5 Abs. 1 Nr. 1 SGB V. In der GKV bleibt die Mitgliedschaft beim Bezug dieser Leistungen jedoch nach § 192 Abs. 1 Nr. 4 SGB V erhalten.

8   **a) Beginn, Ende und Unterbrechung der Beschäftigung.** Der Beginn der Beschäftigung – und damit auch der Mitgliedschaft nach § 46 – ist regelmäßig die tatsächliche Aufnahme der Tätigkeit. Zu Besonderheiten bei krankheits- oder urlaubsbedingter Verhinderung einer Arbeitnahme vgl. BSGE 26, 124; 29, 30. Das Beschäftigungsverhältnis endet grundsätzlich mit der tatsächlichen Niederlegung der Arbeit und dem Fortfall des Entgeltanspruchs. Bei Arbeitsunterbrechungen mit Entgeltfortzahlungen besteht das Beschäftigungsverhältnis grundsätzlich fort. Auch ohne Entgeltfortzahlung ist das Fortbestehen des Beschäftigungsverhältnisses nicht ausge-

Versicherungspflicht für Mitglieder der gesetzlichen Krankenversicherung § 20

schlossen. Das in diesen Fällen wesentliche Fortbestehen der Mitgliedschaft in der GKV wird in § 192 SGB V geregelt. Zum Erhalt von Mitgliedschaften sowie zu Formalmitgliedschaften (z. B. bei Rentenantragstellern) vgl. *Peters,* in: KassKomm, SGB XI, § 20 Rn. 51f.

b) Beschäftigung gegen Arbeitsentgelt. Nr. 1 erfasst nur die **Beschäftigung** 9 **„gegen Arbeitsentgelt"**. Zur Definition des Arbeitsentgelts vgl. § 14 SGB IV. Diese Voraussetzung schließt unentgeltliche Gefälligkeitsverhältnisse aus. Insbesondere bei der Mitarbeit von Familienangehörigen stellt die Höhe des Arbeitsentgelts ein maßgebendes Indiz dafür dar, ob überhaupt ein Beschäftigungsverhältnis oder lediglich familienhafte Mithilfe vorliegt.

c) Ausnahmen von der Versicherungspflicht. Die Ausnahmen von der für alle 10 Arbeitnehmer grundsätzlich bestehenden **Versicherungspflicht** in der GKV wirken sich auch auf die Versicherungspflicht in der SPV aus: (1) **Versicherungsfreiheit kraft Gesetzes** besteht in der GKV gem. § 6 SGB V bei folgenden Personengruppen: Arbeiter und Angestellte mit einem die Versicherungspflichtgrenze übersteigenden Jahresarbeitsentgelt (Nr. 1); Beamte, Richter und Soldaten sowie vergleichbare Beschäftigte öffentlich-rechtlicher Institutionen mit Anspruch auf Entgeltfortzahlung im Krankheitsfall und auf Beihilfe oder Heilfürsorge (Nr. 2); Werkstudenten (Nr. 3); Geistliche (Nr. 4); Lehrer an Ersatzschulen (Nr. 5); Pensionäre (Nr. 6); Mitglieder geistlicher Genossenschaften (Nr. 7) und Personen, die nach dem Krankheitsfürsorgesystem der EG bei Krankheit geschützt sind (Nr. 8). Die Versicherungsfreiheit bleibt auch bestehen, wenn daneben (z. B. aufgrund einer weiteren Tätigkeit) ein Versicherungspflicht-Tatbestand erfüllt wird (§ 6 Abs. 3 SGB V). Unter bestimmten Voraussetzungen sind auch Hinterbliebenenrentner mit Beihilfeanspruch versfrei (§ 6 Abs. 2 SGB V). Nach § 7 SGB V ist versfrei, wer eine geringfügige Beschäftigung nach § 8 SGB IV ausübt. Dies gilt allerdings nicht für eine Beschäftigung im Rahmen betrieblicher Berufsbildung oder für Beschäftigung nach den Gesetzen zur Förderung eines freiwilligen sozialen bzw. ökologischen Jahres. (2) In bestimmten Fällen können nach § 8 SGB V andere als die unter (1) genannten Personen **auf Antrag von der Versicherungspflicht befreit** werden, wenn der Eintritt von Versicherungspflicht auf einem der in § 8 Abs. 1 Nr. 1 bis 7 SGB V genannten Umstände beruht. Von größerer Bedeutung sind vor allem: Der Eintritt von Versicherungspflicht wegen Erhöhung der Jahresarbeitsentgeltgrenze (Nr. 1) oder wegen Herabsetzens der Wochenarbeitszeit auf wenigstens die Hälfte der regelmäßigen Wochenarbeitszeit (Nr. 2) sowie der Eintritt von Versicherungspflicht durch die Beantragung oder den Bezug einer Rente (Nr. 4) oder durch die Einschreibung als Student (Nr. 5). (3) Von der Versicherungspflicht in der GKV ausgenommen sind des Weiteren: **hauptberuflich Selbstständige** (§ 5 Abs. 5 SGB V). Wird neben der gegen Arbeitsentgelt ausgeübten abhängigen Beschäftigung hauptberuflich eine selbstständige Erwerbstätigkeit verrichtet, so wird durch die abhängige Beschäftigung gegen Arbeitsentgelt die Versicherungspflicht nicht begründet. Durch diese mit dem GRG eingeführte Ausnahmeregelung soll vermieden werden, dass sich Selbstständige durch eine Nebenbeschäftigung als Arbeitnehmer einen beitragsgünstigen KV-Schutz erkaufen. Die Abgrenzung ist im Einzelnen schwierig; vgl. hierzu insbesondere das Besprechungsergebnis der Spitzenverbände der KKen (DOK 1990, 154 = BB 1990, 216).

d) Allgemeine Grundsätze zur Versicherungspflicht. Allgemeine Grund- 11 sätze zur Versicherungspflicht von Arbeitnehmern: Der persönliche und räumliche **Geltungsbereich** richtet sich nach den allgemeinen Regelungen in den **§§ 3 ff. SGB IV.** Danach werden alle Personen erfasst, die in Deutschland beschäftigt sind. Bei grenzüberschreitenden Beschäftigungsverhältnissen sind die Grundsätze der Aus- und Einstrahlung (§§ 3 und 4 SGB IV) zu beachten. Die Ablehnung eines verspflichtigen Beschäftigungsverhältnisses wegen eines missglückten Arbeitsversuchs (zu den

§ 20 Drittes Kapitel. Versicherungspflichtiger Personenkreis

Voraussetzungen vgl. BSG, SozR 2200 § 165 Nr. 34) kommt nach der Änderung der Rspr. (vgl. BSGE 81, 231 = SozR 3-2500 § 5 Nr. 37) nicht mehr in Betracht.

12 **e) Besonderheiten bei bestimmten Gruppen von Beschäftigten. Mehrfach Beschäftigte** – hierbei handelt es sich um Personen, die gleichzeitig in mehreren Beschäftigungsverhältnissen stehen. Sie unterliegen der Versicherungspflicht auch dann, wenn die einzelnen Beschäftigungsverhältnisse wegen Geringfügigkeit an sich versfrei sind. Nach § 8 Abs. 2 Satz 1 SGB IV sind mehrere geringfügige Beschäftigungen zusammenzurechnen. Entfallen danach die Voraussetzungen der Geringfügigkeit i. S. von § 8 Abs. 1 SGB IV, so kann keine der betroffenen Beschäftigungen als geringfügig angesehen werden. Übersteigt das Arbeitsentgelt aus mehreren Beschäftigungsverhältnissen die Versicherungspflicht-Grenze, so liegt Versicherungsfreiheit nach § 6 Abs. 1 Nr. 1 SGB V vor. Dies gilt allerdings nicht, wenn zu einem Beschäftigungsverhältnis mit einem Einkommen unterhalb der Jahresarbeitsentgeltgrenze ein Entgelt aus einer wegen Geringfügigkeit versfreien Beschäftigung hinzutritt. Eine Mehrfachbeschäftigung liegt nicht vor, wenn neben einer abhängigen Beschäftigung eine selbstständige Tätigkeit ausgeübt wird.

13 **f) Unständig Beschäftigte.** Unständig Beschäftigte – dies sind Personen, die berufsmäßig Beschäftigungen nachgehen, die auf weniger als eine Woche befristet sind (zur Definition vgl. im Einzelnen § 179 SGB V). Die besonderen Regelungen des SGB V für versicherungspflichtig unständig Beschäftigte über Beginn und Ende der Mitgliedschaft (§§ 186 Abs. 2, 190 Abs. 4 SGB V), zur Kassenzuständigkeit (§ 179 SGB V), zur Meldepflicht (§ 199 SGB V) und zur Beitragsbemessung (§ 232 SGB V) sind entsprechend heranzuziehen.

14 **g) Wehr- und Zivildienst.** Für Wehr- und Zivildienstleistende enthalten die §§ 20 ff. (mit Ausnahme von § 25 Abs. 4 zur Familienversicherung) keine besondere Regelung. Soldaten auf Zeit werden demgegenüber durch eine Sonderregelung (§ 21 Nr. 6) der SPV zugewiesen; Berufssoldaten gehören zum Personenkreis, der nach § 23 Abs. 4 der Versicherungspflicht in der PPV unterliegt. Nach § 193 SGB V berühren Wehr- und Zivildienst die Mitgliedschaft in der GKV nicht. Wehr- oder Zivildienstleistende bleiben daher mit dem Status (freiwilliges oder versicherungspflichtiges Mitglied), den sie bei Beginn des Wehr- oder Zivildienstes hatten, Mitglied der GKV. Hieraus folgt zugleich ihre Versicherungspflicht in der SPV.

15 **h) Freiwilligendienstleistende.** Personen, die ein freiwilliges soziales oder ökologisches Jahr aufgrund des Gesetzes zur Förderung eines freiwilligen sozialen Jahres oder des Gesetzes zur Förderung eines freiwilligen ökologischen Jahres leisten, sind in der GKV auch dann versicherungspflichtig, wenn ihr Entgelt die Geringfügigkeitsgrenze nicht übersteigt (§ 7 HS 2 Nr. 2). Erfolgt die Beschäftigung ohne Entgelt, so greift Versicherungspflicht nach Nr. 1 nicht ein. Unter den Voraussetzungen von § 25 Abs. 2 Nr. 3 sind Kinder und Ehegatten von Mitgliedern während dieser Zeit familienversichert.

16 **i) Weitere Besonderheiten.** Zu Besonderheiten bei weiteren Gruppen von Beschäftigten vgl. im Einzelnen *Peters,* in: KassKomm, § 20 SGB XI Rn. 2ff. und § 5 SGB V Rn. 20ff.

2. Empfänger von Leistungen der Arbeitsförderung (Nr. 1)

17 Die Regelung in **Nr. 2** erfasste in ihrer ursprünglichen Fassung nur die Empfänger bestimmter **Leistungen nach dem AFG**; durch das AFRG wurde mWv 1.1.1998 die Diskrepanz gegenüber § 5 Abs. 1 Nr. 2 SGB V beseitigt. Die Versicherungspflicht besteht auch dann, wenn die SGB III-Leistungen auf Grund von Anrechnungen oder Kürzungen nicht voll zur Auszahlung kommen. Bei Empfängern von Alhi schloss ein völliger Leistungsverlust wegen Einkommensanrechnung die Versicherungspflicht nach Nr. 2 aus. Da es einen nachwirkenden Versicherungsschutz für vier Wochen nach Beendigung des die Versicherungspflicht begründenden Beschäftigungsverhältnisses wie in der GKV in der SPV nicht gibt, ist zweifelhaft, ob im ersten Monat einer Sperrzeit Versicherungsschutz in der SPV besteht (Peters in KassKomm § 20 Rn. 25). Wird die Bewilligung von Alg aufgehoben und die gewährte Leistung erstattet, so wird das Versicherungsverhältnis in der SPV nicht rückabgewickelt; der Versicherte hat die von der BA gezahlten Beiträge aber zu erstatten (§ 335 SGB III).

3. Bezieher von Alg II (Nr. 2)

Bezieher von Arbeitslosengeld II (Alg II) nach dem SGB II sind ebenfalls nur in der Zeit in der SPV versicherungspflichtig, in der sie Leistungen beziehen; Versicherungspflicht besteht nicht, wenn Leistungen nur darlehensweise gewährt werden (§ 24 Abs. 4 und 5 SGB II). Auch die einmaligen Leistungen für Erstausstattung und Klassenfahrten (§ 24 Abs. 3 S. 1 SGB II) begründen keine Versicherungspflicht. Dieselben Einschränkungen finden sich auch bei der Versicherungspflicht in der GKV (§ 5 Abs. 1 Nr. 2a SGB V). Wie in der GKV wird Versicherungspflicht auch für den Fall ausgeschlossen, dass für die Alg II-Bezieher eine Familienversicherung besteht. Die Folgen einer nachträglichen Aufhebung der Bewilligung von Alg II sind nicht geregelt. Alg II-Bezieher, die in der SPV weder verspflichtet noch familienversichert sind, werden für die Dauer des Leistungsbezugs die Aufwendungen für eine angemessene private PV im notwendigen Umfang übernommen, § 26 Abs. 2 SGB II (zur Auslegung dieser unbestimmten Rechtsbegriffe vgl. BSG, Urteil vom 18.1.2011, B 4 AS 108/10 R, BSGE 107, 217; BSG, Urteil vom 16.10.2012, B 14 AS 11/12 R, SozR 4-4200 § 26 Nr. 3 = NZS 2013, 311).

4. Landwirte (Nr. 3)

Landwirte, ihre mitarbeitenden Familienangehörigen und Altenteiler sind in der SPV versicherungspflichtig, wenn sie nach § 2 des Zweiten Gesetzes über die KVdL (KVLG 1989) versicherungspflichtig sind. Der Wortlaut von Nr. 3 weicht von der entsprechenden Regelung der Versicherungspflicht in der GKV in § 5 Abs. 1 Nr. 3 SGB V ab, der pauschal auf die Vorschriften des KVLG 1989 über die Versicherungspflicht verweist. Wenn Nr. 3 allein auf die Regelung der Versicherungspflicht in § 2 KVLG 1989 abstellt, kann daraus nicht der Schluss gezogen werden, dass die Ausnahmen von der Versicherungspflicht nach dem KVLG in § 3 KVLG 1989 (z. B. Versicherungspflicht nach anderen Vorschriften und Versicherungsfreiheit) und §§ 4 und 5 KVLG 1989 (Befreiung von der Versicherungspflicht) unbeachtlich sind. Ist ein Landwirt aufgrund einer Ausnahmeregelung in der allgemeinen GKV oder aber privat krankenversichert, so wirkt sich dies auf die Zuordnung der Versicherungspflicht in der PV aus. Eine andere Auslegung von Nr. 3 verstieße gegen den übergeordneten Grundsatz „PV folgt KV". Hinsichtlich der SPV folgt dies bei einer Mitgliedschaft in einer anderen KK als der KVdL bereits aus § 48 Abs. 1. Zu Grenzfällen der Versicherungspflicht in der KVdL vgl. die umfangreiche Rspr des BSG in SozR 5420 (§§ 2 bis 4). Zu Besonderheiten bei Beziehern von Produktionsaufgaberente oder Ausgleichsgeld vgl. Peters in KassKomm § 20 Rn. 30.

5. Selbstständige Künstler und Publizisten (Nr. 4)

Nr. 4 betrifft die Versicherungspflicht von **selbstständigen Künstlern und Publizisten** in der SPV. Sie richtet sich nach den Bestimmungen des KSVG. Für die Durchführung der KV sind die KKen des SGB V zuständig. Über die Versicherungspflicht entscheidet allerdings die Künstlersozialkasse, die auch für den Einzug des Bei-

§ 20 Drittes Kapitel. Versicherungspflichtiger Personenkreis

trages und der von den Verwertern von Kunst zu erbringenden Künstlersozialabgabe zuständig ist. Versicherungspflicht besteht nach § 1 KSVG nur für selbstständige Künstler und Publizisten i. S. von § 2 KSVG. Sie dürfen höchstens einen Arbeitnehmer beschäftigen. Werden mehr Arbeitnehmer beschäftigt, liegt Versicherungspflicht nicht vor. Abhängig beschäftigte Künstler und Publizisten sind nicht nach dem KSVG, sondern nach Nr. 1 versicherungspflichtig. Das KSVG enthält in den §§ 3, 5 bis 7 Regelungen über Ausnahmen von der Versicherungspflicht.

6. Personen in Behinderteneinrichtungen (Nr. 5)

21   Nr. 5 erfasst Personen, die in Einrichtungen der Jugendhilfe, in Berufsbildungswerken oder in ähnlichen **Einrichtungen für behinderte Menschen** für eine Erwerbstätigkeit befähigt werden sollen. Anders als die entsprechende Regelung über die Versicherungspflicht in der GKV (§ 5 Abs. 1 Nr. 5 SGB V) werden auch Personen in Berufsbildungswerken oder in ähnlichen Einrichtungen für behinderte Menschen einbezogen. Dies knüpft an die frühere Regelung in § 165 Abs. 1 Nr. 2a Buchst. b RVO an. Eine Erweiterung des Kreises der Versicherungspflichtigen ergibt sich hieraus nur, soweit die Betroffenen in der GKV nach § 5 Nr. 6 bis 8 SGB V versicherungspflichtig sind. Maßgebend für die Zugehörigkeit zu dem von Nr. 5 erfassten Personenkreis ist vor allem die Zielrichtung der Beschäftigung in einer der genannten Einrichtungen. Sie muss auf die Befähigung für eine Erwerbstätigkeit gerichtet sein. Ob während der Befähigungsmaßnahme ein Entgelt gezahlt wird, ist für die Versicherungspflicht unerheblich.

22   **Konkurrenz** der Versicherungspflicht nach Nr. 5 bis 8 **zur Familienversicherung:** Die Versicherungspflicht nach Nr. 5 bis 8 geht der beitragsfreien Familienversicherung nach § 25 vor, vgl. § 25 Abs. 1 Nr. 2. Zur Frage, wer für die nach Nr. 5 bis 8 Versicherten die Beiträge zu tragen hat, vgl. § 59 Abs. 1 iVm. § 251 Abs. 1 und 2 SGB V.

7. Behinderte und von Behinderung bedrohte Menschen (Nr. 6)

23   Nr. 6 erfasst behinderte oder von Behinderung bedrohte Menschen, die an Leistungen zur Teilhabe am Arbeitsleben nach § 4 Abs. 1 Nr. 3, § 5 Nr. 2 SGB IX teilnehmen. Die Leistungen zur Teilhabe am Arbeitsleben sind im Einzelnen in den §§ 33ff. SGB IX geregelt. Als Träger der Versicherungspflicht begründenden Leistungen kommen die Bundesagentur für Arbeit, die Renten- und Unfallversicherungsträger, die Sozialhilfeträger sowie die Träger der öffentlichen Jugendhilfe in Betracht. Zu Konkurrenzen gegenüber der Versicherungspflicht nach anderen Tatbeständen vgl. *Peters,* in: KassKomm, SGB V, § 5 Rn. 74. Ausgenommen sind berufsfördernde Maßnahmen, die nach den Vorschriften des BVG erbracht werden, insbes. § 26 BVG.

8. Werkstätten für behinderte Menschen, Blindenwerkstätten (Nr. 7, 8)

24   Die Regelungen in **Nr. 7 und 8** sind wortgleich aus § 5 Abs. 1 Nr. 7 und 8 SGB V übernommen worden. Es handelt sich um Nachfolgeregelungen der §§ 1 und 2 des Gesetzes über die Sozialversicherung behinderter Menschen. Während nach Nr. 7 die Aufnahme des behinderten Menschen in eine anerkannte Werkstätte für behinderte Menschen oder eine Blindenwerkstätte i. S. des § 143 SGB IX ausreicht, ohne dass es darauf ankommt, ob die Tätigkeit in dieser Einrichtung wirtschaftlich verwertbar ist oder regelmäßig ausgeübt wird, setzt Nr. 8 Mindestanforderungen hinsichtlich der in der Behinderteneinrichtung erbrachten Leistung voraus. Eine Aufnahme in eine anerkannte Behindertenwerkstatt liegt noch nicht vor, wenn ein nicht werkstattfähiger behinderter Menschen in eine der Werkstatt angegliederte Tagesförderstätte aufgenommen wird (BSG, SozR 5085 § 1 Nr. 2).

Versicherungspflicht für Mitglieder der gesetzlichen Krankenversicherung § 20

9. Studenten (Nr. 9)

Bei der **Versicherungspflicht von Studenten** begnügt sich **Nr. 9** mit einer globalen Verweisung auf die Regelung der KV-Pflicht von Studenten in § 5 Abs. 1 Nr. 9 SGB V. Danach sind die an staatlichen oder staatlich-anerkannten Hochschulen eingeschriebenen Studenten unabhängig davon versicherungspflichtig, ob sie ihren Wohnsitz oder gewöhnlichen Aufenthalt im Inland haben, wenn für sie auf Grund über- oder zwischenstaatlichen Rechts kein Anspruch auf Sachleistungen besteht; zeitlich ist die Versicherungspflicht begrenzt bis zum Abschluss des 14. Fachsemesters, längstens bis zur Vollendung des 30. Lebensjahres. Studenten nach Abschluss des 14. Fachsemesters oder nach Vollendung des 30. Lebensjahres sind nur versicherungspflichtig, wenn die Art der Ausbildung und familiäre oder persönliche Gründe, insbesondere der Erwerb der Zugangsvoraussetzungen in einer Ausbildungsstätte des Zweiten Bildungsweges, die Überschreitung der Altersgrenze oder längere Fachstudienzeit rechtfertigen. Zum Kreis der versicherungspflichtig Studenten gehört noch nicht, wer an studienvorbereitenden Sprachkursen (BSG, SozR 3-2500 § 5 Nr. 2) oder an Eignungsverfahren (BSG, SozR 3-2500 § 5 Nr. 3) teilnimmt, auch wenn er bereits eingeschrieben ist. Während Erweiterungs- und Aufbaustudien als versicherungspflichtig Studienzeit anzusehen sind (vgl. BSGE 71, 144 = SozR 3-2200 § 172 Nr. 2), soweit die zulässige Fachstudienzeit oder das Höchstalter nicht überschritten werden, gehören Doktoranden und Promotionsstudenten nicht mehr zum Kreis der versicherungspflichtig Studenten (BSG, SozR 3-2500 § 5 Nr. 10). Zu der mit dem GRG eingeführten zeitlichen Begrenzung der Versicherungspflicht von Studenten sowie zu den Ausnahmen beim Vorliegen besonderer Gründe vgl. BSGE 71, 150 = SozR 3-2500 § 5 Nr. 4 = NJW 1993, 957 = NZS 1993, 111; BSG, SozR 3-2500 § 5 Nr. 6 bis 8 sowie *Peters*, in: KassKomm, SGB V, § 5 Rn. 68 bis 87. Die Verweisung auf die Voraussetzungen der KV-Pflicht als Student schließt auch die Beachtung der im SGB V geregelten **Ausnahmen von der Versicherungspflicht** ein: Auch wenn die Voraussetzungen nach § 5 Abs. 1 Nr. 9 SGB V vorliegen, besteht keine Versicherungspflicht, wenn hauptberuflich eine selbstständige Erwerbstätigkeit ausgeübt wird (§ 5 Abs. 5 SGB V), wenn die Voraussetzungen von Versicherungsfreiheit nach § 6 vorliegen (hier wirkt sich vor allem § 6 Abs. 3 SGB V aus) oder wenn sich der Student nach § 8 Abs. 1 Nr. 5 SGB V befreien lässt. **Konkurrenzen** zur Versicherungspflicht nach anderen Vorschriften: Im SGB XI ist nur die Konkurrenz zur Familienversicherung geregelt. Nach § 25 Abs. 1 Nr. 2 geht die Versicherungspflicht als Student der Familienversicherung nicht vor. Die Bezugnahme auf § 5 Abs. 1 Nr. 9 SGB V schließt auch die Anwendbarkeit von § 5 Abs. 7 SGB V ein, wo die Konkurrenz der Versicherungsplicht als Student mit anderen die Versicherungspflicht begründenden Tatbeständen geregelt ist. Danach geht die Versicherungspflicht nach den Nr. 1 bis 8 sowie Nr. 11 der Versicherungspflicht nach Nr. 9 vor.

10. Spezielle Ausbildungsverhältnisse (Nr. 10)

Nr. 10 schließt Lücken im Versicherungsschutz bei bestimmten **Ausbildungsverhältnissen**, die sich nicht unter die Regelungen in Nr. 1 bis 9 subsumieren lassen. Im Gegensatz zur entsprechenden Regelung in § 5 Abs. 1 Nr. 10 SGB V werden auch Besucher einer Fachschule oder Berufsfachschule aufgeführt. Dies bleibt ohne Auswirkung auf die Versicherungspflicht in der SPV, soweit die Betroffenen nicht unter einen der Versicherungspflicht-Tatbestände von § 5 Abs. 1 SGB V fallen (so auch *Peters*, in: KassKomm, SGB XI, § 20 Rn. 11 f. Die Versicherungspflicht als Praktikant hat vor allem dann Bedeutung, wenn das Praktikum außerhalb eines aus anderen Gründen versicherungspflichtig Ausbildungsabschnitts liegt. Notwendig ist jedoch, dass die berufspraktische Tätigkeit in der jeweiligen Studien- oder Prüfungsordnung vorgeschrieben ist. Eine Versicherungspflicht als Praktikant wird nicht dadurch ausge-

§ 20 Drittes Kapitel. Versicherungspflichtiger Personenkreis

schlossen, dass während des Praktikums ein Entgelt gezahlt wird (BSGE 66, 211 = SozR 3-2940 § 2 Nr. 1). Zu den Auszubildenden des Zweiten Bildungsweges, die sich in einem nach dem BAföG förderungsfähigen Teil eines Ausbildungsabschnitts befinden, gehören z. B. Schüler von Abendschulen, Abendrealschulen, Abendgymnasien und Kollegiaten. Vorausgesetzt wird bei ihnen nur, dass der Ausbildungsabschnitt förderungsfähig ist, nicht dagegen, dass er tatsächlich gefördert wird. Die Ausnahmen von der Versicherungspflicht und die Konkurrenzen gegenüber anderen Versicherungspflicht begründenden Tatbeständen entsprechen denen nach Nr. 9.

11. Rentner (Nr. 11)

27 Nr. 11 regelt die **Versicherungspflicht der Rentner,** indem auf die Voraussetzungen für die Versicherungspflicht in der KVdR (§ 5 Abs. 1 Nr. 11 und 12 SGB V) verwiesen wird. Die Voraussetzungen für die Versicherungspflicht in der KVdR sind durch GRG und GSG in wesentlichen Bereichen geändert worden (vgl. hierzu *Peters,* in: KassKomm, SGB V, § 5 Rn. 101 ff.). Die Regelung erfasst Rentner oder Antragsteller der GRV, die ihren Wohnsitz oder gewöhnlichen Aufenthalt im Inland haben (Ausnahmen sind auf Grund über- oder zwischenstaatlicher Regelungen möglich). Die ursprüngliche Absicht, auch Bezieher einer Rente aus der GUV oder einer Rente nach dem BVG einzubeziehen, wurde nicht verwirklicht. Als Rente i. S. von Nr. 11 kommt jede der in § 33 SGB VI aufgeführten Rentenarten in Betracht; das sind: Renten wegen Alters, wegen verminderter Erwerbsfähigkeit oder wegen Todes (Witwen-, Witwer-, Waisen- und Erziehungsrenten). Die Versicherungspflicht beginnt mit der Stellung des Rentenantrages. Der RV-Träger entscheidet mit Tatbestandswirkung für die KK und die PK über das Bestehen eines Rentenanspruchs. Wird der Rentenantrag abgelehnt, so gilt der Antragsteller während der Zeit des Verfahrens als Mitglied (Formalmitgliedschaft, § 189 SGB V, der über § 49 Abs. 2 Satz 1 auch für die Mitgliedschaft in der PV gilt; zu Einzelheiten vgl. *Peters,* in: KassKomm, SGB XI, § 20 Rn. 51). Hinsichtlich der **Vorversicherungszeit für die KVdR** ist zu unterscheiden zwischen a) Rentnern mit Rentenbeginn oder Rentenantragstellung ab 1. 1. 1994; für sie gelten uneingeschränkt die Voraussetzungen von § 5 Abs. 1 Nr. 11 SGB V idF des GSG. Danach besteht eine Versicherungspflicht als Rentner nur dann, wenn der Rentner seit der erstmaligen Aufnahme einer Erwerbstätigkeit bis zum Rentenantrag mindestens neun Zehntel in der zweiten Hälfte des Zeitraums auf Grund einer Pflichtversicherung Mitglied der GKV war oder eine nach Nr. 11 gleichgestellte Zeit vorgelegen hat; die Zeiten einer freiwilligen Vers reichen nicht aus; b) Rentner mit einem Rentenbeginn oder einer Rentenantragstellung im Jahre 1993; bei ihnen reicht anstelle einer Neun-Zehntel-Belegung eine Halb-Belegung allerdings nur mit Pflichtversicherungszeiten aus (Art. 56 Abs. 3 GRG idF von Art. 25 Nr. 1 GSG); c) Rentner, die am 31. 12. 1992 auf Grund des Bezugs einer Rente versicherungspflichtig waren oder wegen Beantragung einer Rente als Mitglied galten: Sie bleiben während der Dauer des Rentenbezuges (bzw. bei Formalmitgliedern bis zur Ablehnung des Antrages) versicherungspflichtig, auch wenn sie die Voraussetzungen von § 5 Abs. 1 Nr. 11 SGB V nF nicht erfüllen. Als Vorversicherungszeit werden neben den Zeiten einer eigenen Mitgliedschaft auch Zeiten der Ehe mit einem Mitglied bzw. Zeiten einer Familienversicherung nach § 10 SGB V (seit Inkrafttreten des SGB V) berücksichtigt und bei abgeleiteten Renten Zeiten der Mitgliedschaft desjenigen, von dem die Rente abgeleitet wird. Als Rentner bzw. Rentenantragsteller sind auch solche Personen versicherungspflichtig, die zu den in §§ 1 oder 10a FRG oder zu den in § 20 WGSVG genannten Personen gehören und ihren Wohnsitz innerhalb der Letzten zehn Jahre vor der Stellung des Rentenantrags in das Inland verlegt haben (§ 5 Abs. 1 Nr. 12 SGB V). Ausnahmen von der Versicherungspflicht als Rentner kommen bei einem Rentenbezug seit dem Inkrafttreten des GRG (1. 1. 1989) aufgrund von § 5 Abs. 5 SGB V (hauptberuflich selbstständige Tätigkeit), § 6 Abs. 2 SGB V (Hinterbliebenenrentner mit Beihilfeanspruch), § 6 Abs. 3

Versicherungspflicht für Mitglieder der gesetzlichen Krankenversicherung § 20

SGB V Satz 1 iVm. § 6 Abs. 1 SGB V (Versicherungsfreiheit aus anderen Gründen, die eine Versicherungspflicht als Rentner verdrängt) und nach § 8 Abs. 1 Nr. 4 SGB V in Betracht. Bei einem Rentenbezug vor dem 1.1.1989 kam eine zeitlich befristete Befreiung nach Art. 56 Abs. 4 GRG in Betracht.

Konkurrenzen gegenüber der Versicherungspflicht nach anderen Tatbeständen: 28 Die Versicherungspflicht als Rentner geht der Versicherungspflicht nach Nr. 1 bis 8 nach; vorrangig ist sie lediglich gegenüber der Versicherungspflicht als Student oder Praktikant (Nr. 9 und 10). Diese Rangfolge ergibt sich aus § 5 Abs. 7 und 8 SGB V.

12. Personen ohne bisherige Absicherung im Krankheitsfall (Nr. 12)

Mit dem GKV-WSG wurde zum 1.4.2007 in der GKV eine Versicherungspflicht 29 von Personen eingeführt, die bisher keinen Anspruch auf Absicherung im Krankheitsfall hatten (sog. verspflichtige Rückkehrer in die GKV – § 5 Abs. 1 S. 1 Nr. 13 SGB V, zur Berechnung der beitragspflichtigen Einnahmen vgl. § 227). Für sie begründet Nr. 12 auch in der SPV Versicherungspflicht. Für diesen Personenkreis kommt auch Versicherungsschutz in der PPV in Betracht. Nach § 315 SGB V konnten sie bis Ende Dezember 2008 Versicherungsschutz im Standardtarif der PKV verlangen und wurden so beitrittsberechtigt zur PPV. § 193 Abs. 3 VVG begründet ab 1.1.2009 für alle Personen mit Wohnsitz im Inland die Verpflichtung zum Abschluss eine privaten KV-Vertrages, soweit anderweitig kein adäquater KV-Schutz (etwa in der GKV, über die Beihilfe oder freie Heilfürsorge) besteht.

13. Bezieher von Vorruhestandsgeld (Abs. 2)

Abs. 2, der wortgleich aus § 5 Abs. 3 (= Satz 1) und Abs. 4 (= Satz 2) SGB V über- 30 nommen worden ist, stellt die Bezieher von Vorruhestandsgeld unter den im Einzelnen aufgeführten Voraussetzungen den gegen Arbeitsentgelt beschäftigten Arbeitnehmern i. S. des Abs. 1 Nr. 1 gleich. Die Gleichstellung des Vorruhestandsgeld mit dem Arbeitsentgelt als beitragspflichtige Einnahmen ergibt sich aus § 57 Abs. 1 iVm. § 226 Abs. 1 Satz 2 SGB V.

V. Sozialhilfeempfänger

Der Sozialhilfeträger ist lediglich verpflichtet, für sog. Weiterversicherte, die 31 nach § 9 Abs. 1 Nr. 1 SGB V (oder § 6 Abs. 1 KVLG 1989) ihre Mitgliedschaft in der GKV freiwillig fortführen und bedürftig sind, die Beiträge zu übernehmen. Im Übrigen stehen die Finanzierung des KV-Schutzes und die Übernahme der Beitragszahlungen an die PV für Leistungsempfänger im Ermessen des Sozialhilfeträgers. Er kann sich auch dafür entscheiden, nach Eintritt eines entsprechenden Risikos, Hilfe zur Gesundheit (§§ 47 SGB XII ff) und Hilfe zur Pflege (§ 61 SGB XII) zu leisten, ohne die entsprechenden Risiken zuvor versicherungsmäßig abzusichern. Soweit Sozialhilfeempfänger als freiwillige Mitglieder der GKV angehören, gilt für sie Abs. 3.

VI. Freiwillige Mitglieder der GKV

Nach Abs. 3 werden auch die **freiwilligen Mitglieder** der GKV in die Versiche- 32 rungspflicht der SPV einbezogen. Für die Durchführung der PV ist auch bei ihnen die Kasse zuständig, die bei der KK errichtet ist, bei der ihre freiwillige Mitgliedschaft besteht (§ 48 Abs. 1 Satz 1 SGB V). Ein Wechsel zu einer anderen PK ohne

Udsching

Wechsel zur entsprechenden KK ist nicht möglich. Den freiwillig in der GKV Versicherten eröffnet § 22 allerdings die **Möglichkeit zur PPV** überzuwechseln. Dies wird damit begründet, dass es diesem Personenkreis auch freistünde, den KV-Schutz innerhalb der PKV sicherzustellen (BT-Drucks. 12/5952, S. 37). Der Antrag auf Befreiung von der Versicherungspflicht kann allerdings nur innerhalb von drei Monaten nach deren Beginn bei der zuständigen PK gestellt werden (§ 22 Abs. 2 Satz 1). Danach ist eine Beendigung der Pflichtmitgliedschaft in der SPV nur noch durch Austritt aus der freiwilligen KV (§ 191 Nr. 4 SGB V) möglich. Zum **Übergangsrecht** vgl. Art. 41 PflegeVG. Die Voraussetzungen für die Berechtigung zur freiwilligen Vers in der GKV sind durch das GRG in § 9 SGB V gegenüber dem vorhergehenden Rechtszustand erheblich eingeschränkt worden (vgl. *Peters,* in: KassKomm, SGB V, § 9 Rn. 5). Zum Kreis der freiwillig Beitrittsberechtigten zählen nach § 9 Abs. 1 SGB V: 1. Personen, die als Mitglieder aus der Versicherungspflicht ausgeschieden sind und in den letzten fünf Jahren vor dem Ausscheiden für eine bestimmte Zeit versichert waren; 2. Personen, deren (beitragsfreie) Familienversicherung erlischt; 3. Personen, die erstmals eine Beschäftigung aufnehmen und wegen Überschreitens der Jahresarbeitsentgeltgrenze versfrei sind; 4. Schwerbehinderte unter bestimmten Voraussetzungen; 5. Arbeitnehmer nach Rückkehr von einer Auslandsbeschäftigung. Gem. § 9 Abs. 2 SGB V muss der Beitritt der KK innerhalb von drei Monaten nach Eintritt bzw. Ablauf des Ereignisses angezeigt werden, an das die Versicherungsberechtigung anknüpft.

VII. Schutz der Solidargemeinschaft vor Missbrauch der SPV

33 **Abs. 4** soll den Schutz der Solidargemeinschaft vor einem **Missbrauch der SPV** sicherstellen. Der Gesetzgeber wollte mit dieser Regelung ausschließen, dass nichtversicherungspflichtige Personen erst in fortgeschrittenem Lebensalter den Schutz der SPV suchen, indem sie die Voraussetzungen eines die Versicherungspflicht begründenden Tatbestandes nur dem äußeren Anschein nach erfüllen. Nicht nachvollziehbar ist die im Gesetzgebungsverfahren geäußerte Befürchtung, zu Manipulationen könne es auch bei denjenigen kommen, die zuvor privat pflegeversichert gewesen seien. Ein Überwechseln aus der PPV zur SPV sollte gerade nicht unterbunden werden (vgl. § 33 Abs. 3 und § 110 Abs. 1 Nr. 2 Buchst. c). Bestand in den letzten zehn Jahren keine Versicherungspflicht in der SPV oder der GKV und hat die dem äußeren Anschein nach versicherungspflichtige Beschäftigung oder selbstständige Tätigkeit nur untergeordnete Bedeutung, so begründet dies die widerlegbare Vermutung, dass die Versicherungspflicht begründenden Tatbestände nach Abs. 1 Nr. 1 (Aufnahme eines entgeltlichen Beschäftigungsverhältnisses), Nr. 3 (Tätigkeit als Landwirt) oder Nr. 4 (Tätigkeit als selbstständiger Künstler oder Publizist) tatsächlich nicht vorliegen. Den wirtschaftlichen Stellenwert der Beschäftigung oder Tätigkeit wird man nach dem Sinnzusammenhang der Regelung in erster Linie aus der Sicht des Betroffenen beurteilen müssen (zur Bedeutung dieses Kriteriums vgl. *Baier,* in: Krauskopf, § 20 Rn. 22). Als ausschlaggebend ist auch anzusehen, ob und in welchem Umfang die die Versicherungspflicht begründende Beschäftigung oder selbstständige Tätigkeit tatsächlich ausgeübt wird. Vor allem bei einer Beschäftigung bei Familienangehörigen soll nach der im Gesetzgebungsverfahren geäußerten Vorstellung eine untergeordnete wirtschaftliche Bedeutung dann anzunehmen sein, wenn die Höhe des Arbeitsentgelts nicht in einem angemessenen Verhältnis zur Arbeitsleistung steht oder die Hälfte der monatlichen Bezugsgröße (vgl. § 18 SGB IV) nicht übersteigt (BT-Drucks. 12/5262, S. 103/104, zu § 18 Abs. 4 E). Zu Umgehungsmöglichkeiten über den Bezug von Alg bzw. Alg II vgl. *Ulmer,* in: BeckOK SozR, SGB XI, § 20 Rn. 16.

VIII. Übergangsrecht

Art. 42 PflegeVG sieht die Möglichkeit der Befreiung von der Versicherungspflicht in 34
der SPV vor, wenn bei Inkrafttreten des PflegeVG eine private Pflegeversicherung bestand; auch wenn diese den Anforderungen des SGB XI nicht entsprach. Der Versicherungsvertrag musste vor dem 23. Juni 1993, dem Zeitpunkt der Kabinettsentscheidung über den Entwurf des PflegeVG, abgeschlossen worden sein. Die Befreiung setzte einen Antrag des Versicherungspflichtigen bei der für ihn zuständigen PK voraus, der bis zum 31.3.1995 (Art. 42 Abs. 2 PflegeVG) gestellt werden musste. Personen, die mit dem Inkrafttreten der §§ 20, 21 in der SPV versicherungspflichtig geworden sind oder für die nach § 25 eine Familienversicherung eingetreten ist und die keinen Befreiungsantrag gestellt haben, konnten den Versicherungsvertrag mit Wirkung vom Eintritt der Versicherungspflicht an kündigen (Art. 42 Abs. 3 PflegeVG). Versicherungsverträge, die den Anforderungen des § 23 nicht genügten, mussten bis zum 31.12.1995 angepasst werden (Art. 42 Abs. 1 Satz 3 und 4 PflegeVG); andernfalls trat bei den Betroffenen ab 1.1.1996 wieder Versicherungspflicht in der SPV ein, wenn die Voraussetzungen der §§ 20, 21 zu diesem Zeitpunkt vorlagen. Außerdem haben die privaten Versicherungsunternehmen die Betroffenen dem Bundesversicherungsamt zu melden (Art. 42 Abs. 4 PflegeVG; vgl. auch die Bußgeldvorschrift in § 121 Abs. 1 Nr. 5).

§ 21 Versicherungspflicht in der sozialen Pflegeversicherung für sonstige Personen

Versicherungspflicht in der sozialen Pflegeversicherung besteht auch für Personen mit Wohnsitz oder gewöhnlichem Aufenthalt im Inland, die
1. **nach dem Bundesversorgungsgesetz oder nach Gesetzen, die eine entsprechende Anwendung des Bundesversorgungsgesetzes vorsehen, einen Anspruch auf Heilbehandlung oder Krankenbehandlung haben,**
2. **Kriegsschadenrente oder vergleichbare Leistungen nach dem Lastenausgleichsgesetz oder dem Reparationsschädengesetz oder laufende Beihilfe nach dem Flüchtlingshilfegesetz beziehen,**
3. **ergänzende Hilfe zum Lebensunterhalt im Rahmen der Kriegsopferfürsorge nach dem Bundesversorgungsgesetz oder nach Gesetzen beziehen, die eine entsprechende Anwendung des Bundesversorgungsgesetzes vorsehen,**
4. **laufende Leistungen zum Unterhalt und Leistungen der Krankenhilfe nach dem Achten Buch beziehen,**
5. **krankenversorgungsberechtigt nach dem Bundesentschädigungsgesetz sind,**
6. **in das Dienstverhältnis eines Soldaten auf Zeit berufen worden sind,**

wenn sie gegen das Risiko Krankheit weder in der gesetzlichen Krankenversicherung noch bei einem privaten Krankenversicherungsunternehmen versichert sind.

Inhaltsübersicht

	Rn.
I. Geltende Fassung	1
II. Normzweck	2
III. Allgemeines	3
IV. Verpflichtiger Personenkreis (Nr. 1 bis 6)	5
1. Anspruch auf Heilbehandlung nach dem BVG (Nr. 1)	6
2. Bezug laufender Leistungen nach besonderen Vorschriften (Nr. 2)	8

§ 21 Drittes Kapitel. Versicherungspflichtiger Personenkreis

Rn.
3. Bezug von Hilfen im Rahmen der Kriegsopferfürsorge (Nr. 3) 9
4. Bezug von Leistungen der Kinder- und Jugendhilfe (Nr. 4) 10
5. Berechtigte nach dem Bundesentschädigungsgesetz (Nr. 5) 11
6. Soldaten auf Zeit (Nr. 6) 12
V. Übergangsrecht 13

I. Geltende Fassung

1 Die Vorschrift ist mWv 1.1.1995 durch Art. 1 PflegeVG eingeführt worden. Sie war im RegE nicht enthalten und ist auf Grund der Beschlussempfehlung des AuS-Ausschusses eingefügt worden (BT-Drucks. 12/5920, S. 28 ff.); zur Begründung vgl. BT-Drucks. 12/5952, S. 37.

II. Normzweck

2 § 21 begründet Versicherungspflicht in der SPV für einen zahlenmäßig relativ unbedeutenden Personenkreis, der **weder der GKV noch der PKV** angehört. Die Regelung weicht damit von dem die Versicherungspflicht in der PV sonst beherrschenden Grundsatz PV folgt KV ab. Dies wurde damit gerechtfertigt, dass das Ziel, möglichst die gesamte Bevölkerung in den Versicherungsschutz einzubeziehen weitgehend verwirklicht werden sollte, soweit dies nicht mit übermäßigen organisatorischen Schwierigkeiten verbunden ist (BT-Drucks. 12/5952, S. 37). Erfasst wird daher ein Personenkreis, der zwar nicht in KV-Einrichtungen organisiert ist, aber aus anderen Gründen Leistungen im Krankheitsfall erhält und deshalb vom jeweiligen Leistungsträger ohne großen Aufwand ermittelt werden kann (zu den speziellen Meldepflichten dieser Träger vgl. § 50 Abs. 2). Der Gesetzgeber sah einen weiteren Anknüpfungspunkt für die Begründung einer Versicherungspflicht darin, dass der erfasste Personenkreis nach in der Vorschrift genannten speziellen Regelungen zwar im Krankheitsfall, nicht aber für den Pflegefall gesichert sei (BT-Drucks. 12/5952, S. 37). Dies vermag zwar die Versicherungspflicht im Grundsatz zu rechtfertigen; zweifelhaft dürfte jedoch sein, ob es bei diesem Personenkreis der zwangsweisen Zuordnung zur SPV bedurfte. Wenn schon den freiwilligen Mitgliedern der GKV trotz ihrer Bindung an die Sozialversicherung eine **Befreiungsmöglichkeit** eingeräumt wurde (§ 22), ist der Ausschluss einer Wahlmöglichkeit für den in § 21 genannten Personenkreis zugunsten der PPV nicht zu begründen. Der letzte HS der Vorschrift räumt der Versicherungspflicht nach § 20 Abs. 1 und 3 sowie nach § 23 den Vorrang ein: Versicherungspflicht nach § 21 tritt nur ein, wenn weder in der GKV noch in der PKV Versicherungsschutz besteht. Zum Konkurrenzverhältnis, wenn eine Person mehrere Tatbestände nach Nr. 1–6 erfüllt vgl. *Peters,* in: KassKomm, SGB XI, § 21 Rn. 17.

III. Allgemeines

3 Erfasst werden nur Personen, die ihren **Wohnsitz oder ständigen Aufenthalt** im Bundesgebiet haben (vgl. § 30 SGB I). Anders als beim Rentenbezug, der bei entsprechenden zwischenstaatlichen oder supranationalen Regelungen unabhängig vom Inlandswohnsitz Versicherungspflicht begründet, ist damit bei einem Bezug der in § 21 genannten Leistungen eine mögliche Diskrepanz zwischen Versicherungspflicht und Leistungsberechtigung vermieden worden. Gehören beide Ehegatten einer der in § 21 aufgeführten Gruppe von Leistungsbeziehern an, so kann einer von beiden unter den Voraussetzungen von § 25 familienversichert sein. Erfüllen mehrere Fami-

Versicherungspflicht in der sozialen Pflegeversicherung für sonstige Personen § 21

lienangehörige einen der in § 21 aufgeführten Tatbestände, so sind sie jeweils nach dieser Vorschrift pflichtversichert und nicht familienversichert; zu der hiervon abweichenden Auffassung der Spitzenverbände (Die Beiträge 1994, 652; ebenso *Peters,* in: KassKomm, SGB XI, § 21 Rn. 18) vgl. *Baier,* in: Krauskopf, SGB XI, § 21 Rn. 5.

Zuständig ist die PK, die bei der KK errichtet ist, die von den Trägern der in § 22 **4** aufgeführten Sozialleistungen mit der Leistungserbringung im Krankheitsfall beauftragt ist (§ 48 Abs. 2 Satz 1). Soweit eine beauftragte KK nicht besteht, kann der Betroffene die PK nach Maßgabe von § 48 Abs. 3 selbst bestimmen (§ 48 Abs. 2 Satz 2). Die gleiche Wahlmöglichkeit hat der in § 21 Nr. 6 genannte Personenkreis (Soldaten auf Zeit), vgl. § 48 Abs. 3. Die Melde- und Auskunftspflichten für den von § 21 erfassten Personenkreis sind in § 50 Abs. 2 geregelt; zur Beitragstragung vgl. § 59 Abs. 3 und 4.

IV. Verspflichtiger Personenkreis (Nr. 1 bis 6)

Nach § 21 sind Personen, bei denen einer der in Nr. 1 bis 6 aufgeführten Tatbe- **5** stände eintritt, nur dann in der SPV verspflichtig, wenn sie weder in der GKV noch in der PKV gegen das Risiko Krankheit versichert sind (letzter HS).

1. Anspruch auf Heilbehandlung nach dem BVG (Nr. 1)

Nr. 1 begründet Versicherungspflicht für Personen, die (allein) nach dem BVG **6** einen Anspruch auf Kranken- oder Heilbehandlung haben. Der Anspruch auf Heilbehandlung oder Krankenbehandlung ist in den §§ 10–24a BVG geregelt. Beschädigten (und unter den Voraussetzungen von § 10 Abs. 4 BVG ihren Familienangehörigen) wird Heilbehandlung für Gesundheitsstörungen gewährt, die als Folge einer Schädigung i. S. des BVG anerkannt oder durch anerkannte Schädigungsfolgen verursacht worden sind. Schwerbeschädigte (Beschädigte mit einer MdE über 50 v. H. – vgl. § 31 Abs. 3 BVG) erhalten umfassende Heilbehandlung auch wegen solcher Gesundheitsstörungen, die nicht Folge einer anerkannten Schädigung sind. Der Heilbehandlungsanspruch besteht bei beiden Gruppen von Beschädigten unabhängig davon, ob sie Mitglied der GKV sind oder nicht. Für die Erbringung der Leistungen ist zumeist die KK zuständig, der der Berechtigte angehört. Fehlt es an einer Mitgliedschaft in der GKV, so ist hierfür die AOK des Wohnortes zuständig. Nr. 1 erfasst nur die Leistungsberechtigten, die nicht Mitglied der GKV sind; wobei kein Unterschied zwischen Schwerbeschädigten (mit umfassendem Heilbehandlungsanspruch) und anderen Beschädigten gemacht wird.

Nr. 1 bezieht auch den Personenkreis ein, dessen Heilbehandlungsanspruch nach dem **7** BVG **in anderen Gesetzen begründet** ist, die wegen der Heilbehandlung auf das BVG verweisen. Eine **entsprechende Anwendung des BVG** sehen vor: § 80 SVG; § 47 Abs. 1 ZDG; § 60 Abs. 4 InfSG, § 1 Abs. 1 HHG, § 1 Abs. 1 OEG, § 21 StRehaG.

2. Bezug laufender Leistungen nach besonderen Vorschriften (Nr. 2)

Nr. 2 stellt alternativ auf den Bezug folgender Leistungen ab: **Kriegsschadenrente** **8** oder vergleichbare Leistungen nach dem LAG (idF. der Bek. vom 2.6.1993, BGBl. I S. 845, zuletzt geändert durch Art. 20 PflegeVG) oder dem ReparationsschädenG (vom 12.2.1969, BGBl. I S. 105) oder laufende Beihilfe nach dem FlüchtlingshilfeG (vom 15.5.1971, BGBl. I S. 681). Kriegsschadenrente nach § 276 LAG wird in zwei Formen gewährt: in der Form der Unterhaltshilfe, die mit einem Anspruch auf Krankenversorgung verbunden ist und in der Form der Entschädigungsrente, die einen Anspruch auf Krankenversorgung nicht umfasst. Der AuS-Ausschuss (S. 37 zu § 19 E) ist davon ausgegangen, dass die Empfänger beider Rentenarten von Nr. 2 erfasst werden;

§ 21 Drittes Kapitel. Versicherungspflichtiger Personenkreis

obwohl die Entschädigungsrente nicht mit einem Krankenversorgungsanspruch verbunden ist und deshalb an sich das wesentliche Kriterium für die Einbeziehung nichtversicherter Personen in den nach § 21 verspflichtigen Personenkreis fehlt.

3. Bezug von Hilfen im Rahmen der Kriegsopferfürsorge (Nr. 3)

9 Ergänzende Hilfe zum Lebensunterhalt im Rahmen der **Kriegsopferfürsorge** nach dem BVG (dort § 27a) ist eine sozialhilfeähnliche Leistung, die Beschädigten und Hinterbliebenen in Ergänzung der übrigen Leistungen nach dem BVG gewährt wird. Sie ist wie die Sozialhilfe einkommensabhängig. Zu den Leistungen der Kriegsopferfürsorge zählt auch Krankenhilfe (§ 26b BVG). Zum Anspruch auf Pflegeleistungen iR der Kriegsopferfürsorge vgl. § 26c BVG idF. von Art. 9 Nr. 7 PflegeVG.

4. Bezug von Leistungen der Kinder- und Jugendhilfe (Nr. 4)

10 Nr. 4 begründet Versicherungspflicht für Personen, die laufende Leistungen zum Unterhalt und Leistungen der Krankenhilfe nach dem SGB VIII (Kinder- und Jugendhilfe) beziehen. Vgl im Einzelnen §§ 21, 39, 40 SGB VIII. Übernimmt das Jugendamt gem. § 40 Satz 2 SGB VIII die Beiträge für eine freiwillige Mitgliedschaft in der GKV, so wird die Versicherungspflicht bereits durch § 20 Abs. 3 begründet.

5. Berechtigte nach dem Bundesentschädigungsgesetz (Nr. 5)

11 Personen, die nach dem Bundesentschädigungsgesetz (dort §§ 41a ff.) krankenversorgungsberechtigt sind, unterliegen ebenfalls der Versicherungspflicht in der SPV **(Nr. 5)**.

6. Soldaten auf Zeit (Nr. 6)

12 Soldaten auf Zeit **(Nr. 6)** sind in der SPV versicherungspflichtig. Sie werden damit anders behandelt als Berufssoldaten und Wehrpflichtige. Berufssoldaten sind nach § 23 Abs. 4 Nr. 1 in der PPV versicherungspflichtig. Wehrpflichtige bleiben, obgleich ihre Leistungsansprüche wegen des Anspruchs auf freie Heilfürsorge ruhen (§ 16 Abs. 1 Nr. 2 SGB V), gem. § 193 SGB V Mitglied der GKV, wenn sie ihr bereits vor Antritt des Wehrdienstes angehört haben; ggf bleibt eine Familienversicherung in der SPV nach § 25 Abs. 4 bestehen. Zeitsoldaten haben während ihrer aktiven Dienstzeit einen Anspruch auf freie Heilfürsorge (dies wirkt sich gem. § 55 Abs. 1 Satz 2 iVm. § 28 Abs. 2 auf den Beitragssatz aus); sie bleiben dagegen nicht ohne weiteres Mitglied der GKV; es sei denn als freiwilliges Mitglied. Nr. 6 geht von dem Regelfall aus, dass der Zeitsoldat nach Abschluss seiner Dienstzeit wieder in ein verspflichtiges Beschäftigungsverhältnis eintritt und eine Zuordnung zur GKV/SPV deshalb sachgerecht ist. Besteht dagegen schon vor Dienstantritt ein privater KV-Vertrag, der während der Dienstzeit durch eine Anwartschafts- oder Ruhensversicherung aufrechterhalten wird, so ist das private Versicherungsunternehmen auch für die PV zuständig. Die an sich weitergehenden Voraussetzungen von § 23 Abs. 1 müssen in Anbetracht des Grundsatzes PV folgt KV mit dieser Bindung an die Privatversicherung als erfüllt angesehen werden (*Lutter*, BArBl. 1994, 24, 26).

V. Übergangsrecht

13 Art. 42 Abs. 1 PflegeVG räumt dem von § 21 erfassten Personenkreis nur dann ein Befreiungsrecht ein, wenn bei Inkrafttreten des PflegeVG eine private PV bestand, die vor dem 23.6.1993 abgeschlossen wurde. Der Antrag war bis zum 31.3.1995 zu stellen (Art. 42 Abs. 2 PflegeVG). Bei Eintritt von Versicherungspflicht auf Grund von § 21 kann der private PV-Vertrag gekündigt werden (Art. 42 Abs. 3 PflegeVG).

§ 22 Befreiung von der Versicherungspflicht

(1) ¹Personen, die nach § 20 Abs. 3 in der sozialen Pflegeversicherung versicherungspflichtig sind, können auf Antrag von der Versicherungspflicht befreit werden, wenn sie nachweisen, daß sie bei einem privaten Versicherungsunternehmen gegen Pflegebedürftigkeit versichert sind und für sich und ihre Angehörigen oder Lebenspartner, die bei Versicherungspflicht nach § 25 versichert wären, Leistungen beanspruchen können, die nach Art und Umfang den Leistungen des Vierten Kapitels gleichwertig sind. ²Die befreiten Personen sind verpflichtet, den Versicherungsvertrag aufrechtzuerhalten, solange sie krankenversichert sind. ³Personen, die bei Pflegebedürftigkeit Beihilfeleistungen erhalten, sind zum Abschluß einer entsprechenden anteiligen Versicherung im Sinne des Satzes 1 verpflichtet.

(2) ¹Der Antrag kann nur innerhalb von drei Monaten nach Beginn der Versicherungspflicht bei der Pflegekasse gestellt werden. ²Die Befreiung wirkt vom Beginn der Versicherungspflicht an, wenn seit diesem Zeitpunkt noch keine Leistungen in Anspruch genommen wurden, sonst vom Beginn des Kalendermonats an, der auf die Antragstellung folgt. ³Die Befreiung kann nicht widerrufen werden.

Inhaltsübersicht

	Rn.
I. Geltende Fassung	1
II. Normzweck	2
III. Voraussetzungen der Befreiung	3
IV. Versicherungsnachweis	4
V. Befreiungsverfahren und die Auswirkungen der Befreiungsentscheidung durch die PK (Abs. 2)	5
VI. Übergangsrecht (Art. 41 Abs. 1 PflegeVG)	6

I. Geltende Fassung

Die Vorschrift ist mWv 1.1.1995 durch Art. 1 PflegeVG eingeführt worden. Sie war im RegE noch nicht enthalten (vgl. Rn. 2) und beruht auf der Beschlussempfehlung des AuS-Ausschusses (dort § 20; § 20 des RegE wurde in der Ausschussfassung § 20a, BT-Drucks. 12/5920, S. 28f.). Zur Begr. vgl. BT-Drucks. 12/5952, S. 37f. Durch Art. 3 § 56 Nr. 4 des G vom 16.2.2001 (BGBl. I S. 266) wurde in Abs. 1 Satz 1 hinter „ihre Angehörige" die Worte „oder Lebenspartner" eingefügt. 1

II. Normzweck

§ 22 erlaubt eine Durchbrechung des Grundsatzes PV folgt KV für **freiwillige Mitglieder der GKV,** deren Versicherungspflicht in der SPV durch § 20 Abs. 3 begründet wird. Die Befreiungsmöglichkeit wurde offensichtlich aus verfassungsrechtlichen Gründen für geboten gehalten. Ein Personenkreis, dem es freisteht, ob er das Risiko Krankheit überhaupt versichert, soll in Bezug auf das Risiko Pflege nicht zwangsweise an die SPV gebunden werden. Pflichtvers Mitglieder der GKV konnten sich dagegen nur während einer Übergangszeit unter den Voraussetzungen von Art. 42 PflegeVG von der SPV befreien lassen. 2

III. Voraussetzungen der Befreiung

3 Der Antrag ist bei der zuständigen PK innerhalb von drei Monaten nach Beginn der Versicherungspflicht (Abs. 2 Satz 1) zu stellen; zum Übergangsrecht vgl. Rn. 6; weiter ist ein Nachweis einer PPV für den Antragsteller und ggf. für die Familienangehörigen oder Lebenspartner, die in der SPV gem. § 25 familienversichert wären, zu erbringen; zudem müssen auf Grund der PPV Leistungen beansprucht werden können, die nach Art und Umfang den Leistungen nach den §§ 28–45 gleichwertig sind. Hinsichtlich der **Gleichwertigkeit der Leistungsansprüche** hätte eine Bezugnahme auf § 23 Abs. 1 Satz 2 ausgereicht (zu den Anforderungen an die Gleichwertigkeit vgl. § 23 Rn. 13). Die Befreiung zur PPV ist mit der Verpflichtung verbunden, den Versicherungsvertrag dort so lange aufrecht zu erhalten, wie eine KV (privat oder gesetzlich) besteht. Eine Verletzung dieser Pflicht ist eine Ordnungswidrigkeit i. S. von § 121 Abs. 1 Nr. 1.

IV. Versicherungsnachweis

4 Beihilfeberechtigte Personen, die freiwillige Mitglied der GKV sind, müssen – entsprechend § 23 Abs. 3 – den Abschluss einer entsprechenden anteiligen Versicherung nachweisen (Abs. 1 Satz 3). Eine freiwillige Mitgliedschaft in der GKV ist beihilfeberechtigten Personen, sofern sie im Zeitpunkt des Beitritts die Voraussetzungen von § 9 SGB V erfüllen, nicht verwehrt; wirtschaftlich jedoch zumeist mit dem Nachteil der vollen Beitragstragung verbunden. In der Regel sind beihilfeberechtigte Personen daher in der PKV teilkostenversichert. Wegen weiterer Einzelheiten vgl. § 23 Rn. 7. Zur Beitragsbemessung von beihilfeberechtigten Mitgliedern der SPV vgl. § 55 Abs. 1 Satz 2, § 55 Rn. 5.

V. Befreiungsverfahren und die Auswirkungen der Befreiungsentscheidung durch die PK (Abs. 2)

5 Der Antrag auf Befreiung kann nur innerhalb einer Ausschlussfrist von drei Monaten nach Beginn der Versicherungspflicht bei der PK gestellt werden. Gemeint ist hiermit die Versicherungspflicht als freiwillige Mitglied der GKV. Endet eine Pflichtvers in der GKV, etwa wegen Überschreitens der Jahresarbeitsentgeltgrenze, und setzt der Betroffene die Mitgliedschaft freiwillige fort, so ist auf den Zeitpunkt der Änderung des Mitgliedsstatus abzustellen. Die von der zuständigen PK zu treffende Befreiungsentscheidung wirkt vom Beginn der Versicherungspflicht an, sofern seit diesem Zeitpunkt noch keine Leistungen der PV in Anspruch genommen wurden. Wurden in der Zwischenzeit bereits Leistungen beansprucht, tritt die Befreiung erst mit Beginn des Kalendermonats ein, der der Antragstellung folgt (Abs. 2 Satz 2). Nach Eintritt der Bestandskraft der Befreiungsentscheidung ist ein Widerruf ausgeschlossen (Abs. 2 Satz 3). Dies wirkt sich auch auf die Familienangehörigen oder Lebenspartner aus: solange ein Anspruch auf Familienversicherung in der SPV bestünde (§ 25), kann die Befreiung auch hinsichtlich der familienversicherten Angehörigen oder Lebenspartner nicht widerrufen werden. Versicherungspflicht in der SPV kann danach erst wieder eintreten, wenn einer der die Versicherungspflicht begründenden Tatbestände aus § 20 vorliegt.

VI. Übergangsrecht (Art. 41 Abs. 1 PflegeVG)

6 Verlängerung der Frist für die Befreiung von der Versicherungspflicht in der SPV bei Personen, die am 1.1.1995 in der GKV freiwillig versichert waren von drei auf sechs Monate.

§ 23 Versicherungspflicht für Versicherte der privaten Krankenversicherungsunternehmen

(1) ¹Personen, die gegen das Risiko Krankheit bei einem privaten Krankenversicherungsunternehmen mit Anspruch auf allgemeine Krankenhausleistungen oder im Rahmen von Versicherungsverträgen, die der Versicherungspflicht nach § 193 Abs. 3 des Versicherungsvertragsgesetzes genügen, versichert sind, sind vorbehaltlich des Absatzes 2 verpflichtet, bei diesem Unternehmen zur Absicherung des Risikos der Pflegebedürftigkeit einen Versicherungsvertrag abzuschließen und aufrechtzuerhalten. ²Der Vertrag muß ab dem Zeitpunkt des Eintritts der Versicherungspflicht für sie selbst und ihre Angehörigen oder Lebenspartner, für die in der sozialen Pflegeversicherung nach § 25 eine Familienversicherung bestünde, Vertragsleistungen vorsehen, die nach Art und Umfang den Leistungen des Vierten Kapitels gleichwertig sind. ³Dabei tritt an die Stelle der Sachleistungen eine der Höhe nach gleiche Kostenerstattung.

(2) ¹Der Vertrag nach Absatz 1 kann auch bei einem anderen privaten Versicherungsunternehmen abgeschlossen werden. ²Das Wahlrecht ist innerhalb von sechs Monaten auszuüben. ³Die Frist beginnt mit dem Eintritt der individuellen Versicherungspflicht. ⁴Das Recht zur Kündigung des Vertrages wird durch den Ablauf der Frist nicht berührt; bei fortbestehender Versicherungspflicht nach Absatz 1 wird eine Kündigung des Vertrages jedoch erst wirksam, wenn der Versicherungsnehmer nachweist, dass die versicherte Person bei einem neuen Versicherer ohne Unterbrechung versichert ist.

(3) ¹Personen, die nach beamtenrechtlichen Vorschriften oder Grundsätzen bei Pflegebedürftigkeit Anspruch auf Beihilfe haben, sind zum Abschluß einer entsprechenden anteiligen beihilfekonformen Versicherung im Sinne des Absatzes 1 verpflichtet, sofern sie nicht nach § 20 Abs. 3 versicherungspflichtig sind. ²Die beihilfekonforme Versicherung ist so auszugestalten, daß ihre Vertragsleistungen zusammen mit den Beihilfeleistungen, die sich bei Anwendung der in § 46 Absatz 2 und 3 der Bundesbeihilfeverordnung festgelegten Bemessungssätze ergeben, den in Absatz 1 Satz 2 vorgeschriebenen Versicherungsschutz gewährleisten.

(4) Die Absätze 1 bis 3 gelten entsprechend für
1. Heilfürsorgeberechtigte, die nicht in der sozialen Pflegeversicherung versicherungspflichtig sind,
2. Mitglieder der Postbeamtenkrankenkasse und
3. Mitglieder der Krankenversorgung der Bundesbahnbeamten.

(5) Die Absätze 1, 3 und 4 gelten nicht für Personen, die sich auf nicht absehbare Dauer in stationärer Pflege befinden und bereits Pflegeleistungen nach § 35 Abs. 6 des Bundesversorgungsgesetzes, nach § 44 des Siebten Buches, nach § 34 des Beamtenversorgungsgesetzes oder nach den Gesetzen erhalten, die eine entsprechende Anwendung des Bundesversorgungsgesetzes vorsehen, sofern sie keine Familienangehörigen oder Lebenspartner haben, für die in der sozialen Pflegeversicherung nach § 25 eine Familienversicherung bestünde.

(6) Das private Krankenversicherungsunternehmen oder ein anderes die Pflegeversicherung betreibendes Versicherungsunternehmen sind verpflichtet,
1. für die Feststellung der Pflegebedürftigkeit sowie für die Zuordnung zu einer Pflegestufe dieselben Maßstäbe wie in der sozialen Pflegeversicherung anzulegen und

§ 23 Drittes Kapitel. Versicherungspflichtiger Personenkreis

2. die in der sozialen Pflegeversicherung zurückgelegte Versicherungszeit des Mitglieds und seiner nach § 25 familienversicherten Angehörigen oder Lebenspartner auf die Wartezeit anzurechnen.

Inhaltsübersicht

	Rn.
I. Geltende Fassung	1
II. Normzweck	2
III. Vereinbarkeit der Norm mit dem Verfassungsrecht	3
IV. Verhältnis zum privaten Versicherungsrecht	4
V. Versicherungspflicht	5
1. Versicherungspflicht privat Krankenversicherter (Abs. 1 Satz 1, Satz 2)	6
2. Versicherungspflicht Beihilfeberechtigter (Abs. 3)	9
3. Versicherungspflicht Heilfürsorgeberechtigter, der Mitglieder der Postbeamtenkrankenkasse und der Krankenversorgung der Bundesbahnbeamten (Abs. 4)	13
4. Von der Versicherungspflicht ausgenommene Personen (Abs. 5)	15
VI. Versicherung in der PPV außerhalb des § 23	17
1. Freiwillig in der GKV Versicherte (§ 22)	17
2. Beitrittsrecht (§ 26a)	18
3. Fälle mit Auslandsbezug	19
VII. Zustandekommen des PPV-Vertrages	20
VIII. Wahlrecht (Abs. 2)	21
IX. Leistungsrechtliche Ausgestaltung der PPV	24
1. Gleichwertigkeitsgebot (Abs. 1 Satz 2)	25
2. Kostenerstattungsprinzip (Abs. 1 Satz 3)	28
3. Besonderheiten der beihilfekonformen Versicherung (Abs. 3 Satz 2)	29
4. Leistungsrecht in Fällen mit Auslandsbezug	31
X. Feststellung der Pflegebedürftigkeit (Abs. 6 Nr. 1)	32
XI. Verfahrensrecht	33
XII. Anrechnung von Versicherungszeit auf die Wartezeit	40
XIII. Rechtsweg	41

I. Geltende Fassung

1 Die Vorschrift wurde durch das PflegeVG vom 26.5.1994 (BGBl. I S. 1014) mWv 1.1.1995 eingeführt. Dem Abs. 3 wurde durch das 1. SGB XI-ÄndG vom 14.6.1996 (BGBl. I S. 830) mWv 25.6.1996 Satz 2 angefügt, der die Ausgestaltung der beihilfekonformen Versicherung hinsichtlich der Höhe der Vertragsleistungen näher konkretisiert. Durch das UVEG vom 7.8.1996 (BGBl. I S. 1254) wurde mWv 1.1.1997 in Abs. 5 als redaktionelle Änderung der Verweis auf die entsprechende Vorschrift zur gesetzlichen Unfallversicherung aktualisiert. Jeweils mWv 1.8.2001 wurde durch das LPartG vom 16.2.2001 (BGBl. I S. 266) der Geltungsbereich des Abs. 1 Satz 2, Abs. 5, Abs. 6 Nr. 2 auf Lebenspartner ausgeweitet. In Abs. 1 Satz 1 wurden durch das Pflege-WEG vom 28.5.2008 (BGBl. I S. 874) mWv 1.1.2009 auch PKV-Verträge iSd § 193 Abs. 3 VVG als Versicherungen aufgenommen, aus denen die VersPfl in der PPV nach Abs. 1 resultieren kann. Ebenfalls durch das PflegeWEG wurde mWv 1.7.2008 dem Abs. 2 Satz 4 ein Halbsatz angefügt, der die Wirksamkeit der Kündigung des PPV-Vertrages durch den Versicherungsnehmer bei fortbestehender VersPfl nach Abs. 1 regelt. In Abs. 3 Satz 2 wurde durch Art. 1 Nr. 7 des PNG vom 23.10.2012 (BGBl. I S. 2246) mWv 30.10.2012 als redaktionelle Änderung der aktuelle Verweis auf „§ 46 Absatz 2 und 3 der Bundesbeihilfeverordnung" aufgenommen.

II. Normzweck

Die Norm bestimmt, wann und für wen die VersPfl in der PPV eintritt und welche Rechte und Pflichten sich für den Versicherungspflichtigen daraus ergeben. Dabei geht ihr Regelungsgehalt weit über den Inhalt der Überschrift hinaus. So wird zum einen für Versicherte der privaten KV-Unternehmen die **Verpflichtung zum Abschluss eines PPV-Vertrages** entsprechend dem Grundsatz „Pflegeversicherung folgt Krankenversicherung" (vgl. § 1 Abs. 2 Satz 2; BT-Drucks. 12/5262, S. 79, 85) festgelegt (Absätze 1 und 2). Zum anderen verhält sich die Vorschrift über die VersPfl in der PPV für nach beamtenrechtlichen Vorschriften oder Grundsätzen Beihilfeberechtigte (Abs. 3), bestimmte Heilfürsorgeberechtigte und die Mitglieder der Postbeamtenkrankenkasse (PBeaKK), sowie der Krankenversorgung der Bundesbahnbeamten (KVB) (Abs. 4). Darüber hinaus werden **Regelungen zum Leistungsrecht** (Abs. 1 Satz 2, 3, Abs. 3 Satz 2, Abs. 6 Nr. 1), zum Verfahren, sofern es die Feststellung der Pflegebedürftigkeit betrifft (Abs. 6 Nr. 1), und zur Anrechnung von Versicherungszeiten auf die Wartezeit (Abs. 6 Nr. 2) getroffen. § 23 und § 110 sind die für die PPV-Verträge grundlegenden Vorschriften. Sie legen mittels Versicherungspflicht (§ 23) und Kontrahierungszwang (§ 110) die Vertragsparteien fest, regeln die mindestens einzuhaltenden Rahmenbedingungen hinsichtlich zulässiger Ausschlussgründe, der Prämiengestaltung und des Beginns und Umfangs des Versicherungsschutzes.

III. Vereinbarkeit der Norm mit dem Verfassungsrecht

Die private Pflegepflichtversicherung und auch ihre Ausgestaltung im SGB XI ist verfassungsgemäß. Zunächst ergibt sich die **Gesetzgebungskompetenz des Bundes** hinsichtlich der Einführung der PPV aus Art. 74 Abs. 1 Nr. 11 GG. Diese bezieht sich auch auf die damit verbundene gesetzliche Verpflichtung privat Krankenversicherter und anderer Personengruppen zum Abschluss und zur Aufrechterhaltung der PPV, sowie auf die Rahmenbedingungen und die leistungsrechtlichen Regelungen dieser Versicherungsart (so BVerfG, Urteil v. 3.4.2001, 1 BvR 2014/95 = BVerfGE 103, 197–225 = NJW 2001, 1709–1712). Die Verpflichtung gem. Abs. 1 Satz 1 und § 1 Abs. 2 Satz 2 zum Abschluss und zur Aufrechterhaltung des Versicherungsvertrages stellt zwar einen Eingriff in die von **Art. 2 Abs. 1 GG** geschützte allgemeine Handlungsfreiheit dar, ist aber verhältnismäßig und damit verfassungsgemäß (BVerfG, Urteil v. 3.4.2001, 1 BvR 2014/95 = BVerfGE 103, 197–225 = NJW 2001, 1709–1712; BVerfG, Urteil v. 3.4.2001, 1 BvR 1681/94, 1 BvR 2491/94, 1 BvR 24/95 = BVerfGE 103, 271–293 = NJW 2001, 1707–1709). Der Eingriff in die Handlungs- und Vertragsfreiheit (Art. 2 Abs. 1 GG) der Beamten und Heilfürsorgeberechtigten durch die auch für sie vorgesehene Verpflichtung zum Abschluss eines PPV-Vertrages nach Abs. 1, 3 und 4 ist ebenfalls verhältnismäßig (BVerfG, Kammerbeschluss v. 25.9.2001, 2 BvR 2442/94 = NZS 2002, 87). Denn nur durch die Einführung der gesetzlichen Pflegeversicherung als „im Grundsatz alle Bürger erfassende **Volksversicherung**" (BVerfG, Kammerbeschluss v. 25.9.2001, 2 BvR 2442/94 = NZS 2002, 87, Rn. 12) und die damit verbundene Verpflichtung, sich gegen das Risiko der Pflegebedürftigkeit zu versichern, war es möglich, einen teilweisen finanziellen Schutz möglichst aller Bürger gegen dieses Lebensrisiko sicherzustellen. Ohne eine solche Verpflichtung hätten weite Teile der Bevölkerung nicht selbst für einen entsprechenden Versicherungsschutz gesorgt (vgl. BVerfG, Kammerbeschluss v. 25.9.2001, 2 BvR 2442/94 = NZS 2002, 87, Rn. 18). Die Pflicht der Beamten zur Versicherung in der PPV stellt auch keinen Verstoß gegen den Grundsatz der Vorsorgefreiheit, das aus **Art. 33 Abs. 5 GG** resultierende Alimentationsprinzip und die Fürsorgepflicht des Dienstherrn dar (BVerfG ebenda). Insbesondere dient die gesetzliche Pflegeversiche-

§ 23 Drittes Kapitel. Versicherungspflichtiger Personenkreis

rung dem Gemeinwohl, und die VersPfl belastet die Bürger nicht unangemessen (BVerfG, Urteil v. 3.4.2001, 1 BvR 2014/95 = BVerfGE 103, 197–225 = NJW 2001, 1709–1712). Den privat Krankenversicherten nicht zu ermöglichen, sich in der SPV zu versichern, war dem Gesetzgeber im Rahmen seines Gestaltungsspielraums gestattet und verstößt nicht gegen den **allgemeinen Gleichheitssatz** oder das **Sozialstaatsprinzip** (BVerfG, Urteil v. 3.4.2001, 1 BvR 1681/94, 1 BvR 2491/94, 1 BvR 24/95 = BVerfGE 103, 271–293 = NJW 2001, 1707–1709; BSG, Urteil v. 6.11.1997, 12 RP 2/96 = SozR 3-3300 § 20 Nr. 3 = NZS 1998, 243–244). Dass das Bestehen der privaten KV den Versicherten zum Abschluss des PPV-Vertrages verpflichtet, verstößt nicht gegen **Art. 20 Abs. 3 GG,** weil ein Vertrauensschutz des Versicherten hier nicht entgegensteht (BVerfG, Urteil v. 3.4.2001, 1 BvR 1681/94, 1 BvR 2491/94, 1 BvR 24/95 = BVerfGE 103, 271–293 = NJW 2001, 1707–1709).

IV. Verhältnis zum privaten Versicherungsrecht

4   Die private Pflegepflichtversicherung ist eine **Pflegekrankenversicherung gem. § 192 Abs. 6 VVG.** Nach dem Versicherungsvertrag zusammen mit den allgemeinen Versicherungsbedingungen (MB/PPV) bestimmen sich Versicherungsleistungen, Rechte und Pflichten der Vertragsparteien. Die Vorschriften des **Versicherungsvertragsrechts** und des **Privatrechts** sind für das Versicherungsverhältnis maßgeblich. Die Vorgaben der §§ 23, 27, 110 müssen bei der Gestaltung des Versicherungsvertrages und insbesondere bei der Ausgestaltung der allgemeinen Versicherungsbedingungen einschließlich der Tarifbedingungen umgesetzt werden. Ob dies der Fall ist, kann Gegenstand und Beurteilungsmaßstab bei der Überprüfung der Wirksamkeit des Versicherungsvertrages mit den allgemeinen Versicherungsbedingungen sein. Dies beschreibt auch das Verhältnis der Normen des SGB XI über die PPV zu dem privaten Versicherungsrecht. Nach **§ 12f VAG** gelten für die PPV § 12 Abs. 1 Nr. 1–4, Abs. 2–4, §§ 12b, 12c VAG entsprechend, sodass die PPV nur nach Art der Lebensversicherung betrieben werden darf. Hinsichtlich der Prämienkalkulation und Berechnung der Alterungsrückstellungen sind nach § 19 Abs. 1 Kalkulationsverordnung nur die §§ 5 Abs. 2, 13a Abs. 6 und § 17 Abs. 1 Nr. 2 Buchst. f und g Kalkulationsverordnung auf die PPV anwendbar.

V. Versicherungspflicht

5   Die VersPfl in der PPV bezieht sich auf verschiedene Personengruppen und bestimmt sich nach den Absätzen 1, 3, 4 und 5. Zwar spricht das Gesetz von einer VersPfl, zutreffender ist allerdings die Bezeichnung „Pflicht zur Versicherung" (so *Besche,* in: Die Pflegeversicherung, 6. Aufl. 2013, S. 13).

1. Versicherungspflicht privat Krankenversicherter (Abs. 1 Satz 1, Satz 2)

6   Für privat Krankenversicherte sieht Abs. 1 Satz 1 die VersPfl in der PPV vor. Dies betrifft diejenigen, die bei einem privaten KV-Unternehmen eine Versicherung abgeschlossen haben und aufrechterhalten, die das Risiko Krankheit abdeckt und ihnen im Schadensfall einen Anspruch auf allgemeine Krankenhausleistungen gewährt. Ebenfalls verspfl sind Personen mit einer **Krankheitskostenversicherung,** die die Voraussetzungen des **§ 193 Abs. 3 VVG** erfüllt. Das ist der Fall, wenn diese bei einem in Deutschland zum Geschäftsbetrieb zugelassenen privaten VersUnternehmen abgeschlossene Versicherung mindestens VersLeistungen für ambulante und stationäre Heilbehandlung vorsieht, sowie eine Begrenzung der Selbstbehalte für jede zu versi-

chernde Person auf maximal 5 000 Euro pro Kalenderjahr. In der Regel wird es sich wohl um eine substitutive Krankenversicherung (§ 12 VAG) handeln. Die nunmehr in § 193 Abs. 3 VVG geregelte VersPfl in der PKV wird nach § 193 Abs. 3 Satz 3 VVG ebenfalls durch die Beibehaltung der vor dem 1. April 2007 abgeschlossenen Krankheitskostenversicherungen erfüllt. Dazu gehören die in Abs. 1 Satz 1, 1. Alt. genannten Versicherungen.

Um der VersPfl in der PPV nachzukommen, haben die betroffenen Personen eine 7 Versicherung gegen das Risiko der Pflegebedürftigkeit bei dem privaten KV-Unternehmen abzuschließen und aufrechtzuerhalten, bei dem auch die PKV besteht (Abs. 1 Satz 1). Dadurch kann die Absicherung gegen die Risiken Krankheit und Pflegebedürftigkeit bei einem Versicherer erfolgen, was im Interesse derjenigen liegt, die verpflichtet sind, eine PKV und PPV abzuschließen (vgl. BT-Drucks. 12/5262, S. 105). Eine Ausnahme hierzu sieht Abs. 2 bei Ausübung des Wahlrechts und im Fall der Kündigung vor (siehe Rn. 21–23). Ein Verstoß gegen die Pflicht zum Abschluss oder zur Aufrechterhaltung des PPV-Vertrages ist nach § 121 Abs. 1 Nr. 1 eine Ordnungswidrigkeit und kann gem. § 121 Abs. 2 mit einer Geldbuße geahndet werden (vgl. § 121 Rn. 4, 12). Die diesbezügliche Meldepflicht der privaten VersUnternehmen regelt § 51 Abs. 1 Satz 1, Abs. 3 (vgl. § 51 Rn. 3, 4, 7).

Nach Abs. 1 Satz 2 muss der PPV-Vertrag **Versicherungsschutz für den Versi-** 8 **cherungspflichtigen und dessen Angehörige oder Lebenspartner,** die in der SPV der Familienversicherung nach § 25 unterfallen würden, vorsehen. Die beitragsfreie Mitversicherung der Kinder des Versicherungsnehmers ist in § 110 Abs. 1 Nr. 2 Buchst. f, Abs. 2 Satz 1, 2, Abs. 3 Nr. 6 und in § 8 Abs. 2, 3, 4 MB/PPV geregelt. § 110 Abs. 1 Nr. 2 Buchst. g iVm Abs. 2 Satz 1 sieht für Versicherte des sog. Altbestandes eine Begrenzung der Prämienhöhe für Ehegatten oder Lebenspartner vor (zu den Einzelheiten siehe § 110 Rn. 16, 18–20).

2. Versicherungspflicht Beihilfeberechtigter (Abs. 3)

Nach Abs. 3 Satz 1 besteht für Beihilfeberechtigte eine **VersPfl in der PPV,** wenn 9 ihre Beihilfeberechtigung bei Pflegebedürftigkeit aus beamtenrechtlichen Vorschriften oder Grundsätzen resultiert (zur eigenständigen Versicherungspflicht nach Abs. 3 s. BSG, Urteil v. 12.2.2004, B 12 P 3/02 R = SozR 4-3300 § 23 Nr. 1 = Breith 2004, 503–508). Dieser VersPfl kommen sie nach durch den Abschluss und die Aufrechterhaltung einer **anteiligen beihilfekonformen PPV** iSv Abs. 1 bei einem privaten VersUnternehmen. Für diesen Personenkreis ist Abs. 3 im Verhältnis zu Abs. 1 die speziellere Vorschrift, die für die leistungsrechtliche Ausgestaltung dieses Teilkostentarifs maßgeblich ist. Hat also ein Beihilfeberechtigter iSd Abs. 3 einen PKV-Vertrag mit Anspruch auf allgemeine Krankenhausleistungen oder eine Krankheitskostenversicherung gem. § 193 Abs. 3 VVG abgeschlossen, tritt die VersPfl aus Abs. 1 zwar neben diejenige aus Abs. 3. Hinsichtlich der tariflichen Ausgestaltung ist allerdings Abs. 3 die speziellere Vorschrift und geht insoweit vor. Daher nimmt § 110 Abs. 1 Nr. 1, Nr. 2, Abs. 3 auf Abs. 3 jeweils gesondert Bezug.

Mit Einführung des § 193 Abs. 3 VVG mWv 1.1.2009 besteht nach § 193 Abs. 3 10 Satz 2 Nr. 2 VVG für Beihilfeberechtigte eine Pflicht zum Abschluss einer Krankheitskostenversicherung in dem tariflichen Umfang, der prozentual den Beihilfeberechtigung ergänzt. Auch wenn sich dadurch regelmäßig für die genannten Beihilfeberechtigten die Versicherungspflicht in der PPV sowohl aus Abs. 1 als auch aus Abs. 3 ergibt, ändert dies an dem beschriebenen Verhältnis zwischen Abs. 1 und Abs. 3 nichts. Abs. 3 ist die speziellere Vorschrift und geht auch § 193 Abs. 3 VVG vor. Insofern wird der Grundsatz „Pflegeversicherung folgt Krankenversicherung" hinsichtlich der tariflichen Ausgestaltung des beihilfekonformen PPV-Vertrages durchbrochen. Nach § 193 Abs. 3 Satz 2 Nr. 2 VVG muss die Krankheitskostenversicherung für Beihilfeberechtigte einen Versicherungsschutz in dem prozentualen Umfang gewähren, der den

Vieweg 155

§ 23 Drittes Kapitel. Versicherungspflichtiger Personenkreis

der Beihilfeberechtigung ergänzt und der somit gegebenenfalls von landesrechtlichen Besonderheiten abhängig ist. Aufgrund der Spezialität des Abs. 3 richtet sich der prozentuale Umfang der tariflichen Leistungen des PPV-Vertrages nicht nach dem des PKV-Vertrages. Denn die Vertragsleistungen der beihilfekonformen PPV müssen nach Abs. 3 Satz 2 zusammen mit den **Beihilfeleistungen,** die sich **unter Zugrundelegung der Bemessungssätze nach § 46 Abs. 2, Abs. 3 Bundesbeihilfeverordnung** ergeben, den Versicherungsschutz nach Abs. 1 Satz 2 sicherstellen. Der möglicherweise abweichende Umfang der tariflichen Beihilfeleistungen nach landesrechtlichen Beihilfevorschriften ist daher nicht zu berücksichtigen (vgl. BT-Drucks. 13/3696, S. 12). Eine daran orientierte Ausgestaltung der beihilfekonformen PPV wäre zudem nicht mit dem Risikoausgleich nach § 111 vereinbar. Das sollte bei der Ausgestaltung landesrechtlicher Regelungen berücksichtigt werden, um Versorgungslücken zu vermeiden.

11 Ein Verstoß gegen die Pflicht zum Abschluss des PPV-Vertrages nach Abs. 3 ist nicht ordnungswidrig gem. § 121. Eine Meldepflicht, z. B. des Dienstherrn, sieht § 51 für diese Fälle nicht vor. Aufgrund der für Beihilfeberechtigte nunmehr auch aus Abs. 1 resultierenden VersPfl liegt eine Ordnungswidrigkeit nach § 121 Abs. 1 Nr. 1 vor, wenn der PPV-Vertrag nicht abgeschlossen oder aufrechterhalten wird. Dies führt zudem zu einer Meldepflicht des privaten VersUnternehmens nach § 51 Abs. 1 Satz 1, Abs. 3, welche wiederum mit dem Ordnungswidrigkeitstatbestand des § 121 Abs. 1 Nr. 2 verbunden ist.

12 Abs. 3 Satz 1 a. E. weist auf die **Ausnahme von der VersPfl** in der PPV für Beihilfeberechtigte hin, die freiwillig gesetzlich krankenversichert sind. Diese sind nach **§ 20 Abs. 3** in der SPV verspfl, es sei denn, sie haben sich nach § 22 von der VersPfl in der SPV befreien lassen (s. auch Rn. 17, § 22 Rn. 3–5).

3. Versicherungspflicht Heilfürsorgeberechtigter, der Mitglieder der Postbeamtenkrankenkasse und der Krankenversorgung der Bundesbahnbeamten (Abs. 4)

13 Nach Abs. 4 Nr. 1 sind **Heilfürsorgeberechtigte,** für die keine VersPfl in der SPV besteht, in der PPV verspfl. Dies können z. B. sein: Berufssoldaten, Polizeivollzugsbeamte im Bundesgrenzschutz, Polizeibeamte, Feuerwehrbeamte. Die Abs. 1 und 3 sind entsprechend anzuwenden. Das Wahlrecht nach Abs. 2 (s. Rn. 21–23) steht auch diesen Versicherungspflichtigen zu.

14 Nach Abs. 4 Nr. 2, Nr. 3 sind die **Mitglieder der PBeaKK und der KVB** verspfl in der PPV. Den PPV-Vertrag müssen sie entsprechend Abs. 1 bis 3 bei einem privaten VersUnternehmen abschließen. Die PBeaKK und die KVB sind **Körperschaften des öffentlichen Rechts** und keine privaten VersUnternehmens. Sie sind deshalb nicht zum Betrieb der PPV befugt. Aus dem Grund wurde zwischen der „**Gemeinschaft privater Versicherungsunternehmen**" zur Durchführung der Pflegeversicherung nach dem PflegeVG vom 26. Mai 1994 für die Mitglieder der Postbeamtenkrankenkasse und der Krankenversorgung der Bundesbahnbeamten" (kurz: GPV), deren Geschäftsführer der Verband der Privaten Krankenversicherung e. V. ist, und der PBeaKK sowie der KVB noch vor Inkrafttreten des PflegeVG eine Vereinbarung geschlossen. Danach sind die als GPV zusammengeschlossenen privaten VersUnternehmen Mitversicherer und als solche Vertragspartner der Versicherten der PBeaKK und der KVB, die als Versicherungsnehmer einen PPV-Vertrag bei der GPV abschließen. Während die Mitversicherer gemeinschaftlich Risikoträger für diese Pflegeversicherung sind, führen die PBeaKK und die KVB für die GPV die PPV durch, was insbesondere die Leistungsbearbeitung einschließlich der Auszahlung der Tarifleistungen und das Beitragsinkasso umfasst. Die PBeaKK und die KVB treten vor Gericht als Kläger oder Beklagte in gewillkürter Prozessstandschaft für die GPV auf (vgl. BSG, Urteil

156 Vieweg

Versicherungspflicht f. Versicherte d. priv. Krankenversicherungsunternehmen § 23

v. 30.3.2000, B 3 P 21/99 R, Rn. 15 = BSGE 86, 94–101 = NZS 2001, 95–98; BSG, Urteil v. 22.8.2001, B 3 P 21/00 R, Rn. 13 = BSGE 88, 262–268 = SGb 2002, 333–335; BSG, Urteil v. 19.4.2007, B 3 P 6/06 R = BSGE 98, 205–213 = NZS 2008, 211–215). Anstatt einen PPV-Vertrag mit der GPV abzuschließen, können Versicherte der PBeaKK und der KVB ihr Wahlrecht nach Abs. 2 ausüben und sich bei einem anderen privaten VersUnternehmen pflegeversichern (vgl. Rn. 21–23).

4. Von der Versicherungspflicht ausgenommene Personen (Abs. 5)

Abs. 5 sieht eine Ausnahme von der in Abs. 1, 3 und 4 geregelten VersPfl vor für **15** Personen, die **stationär gepflegt** werden und folgende Voraussetzungen erfüllen: Die stationäre Pflege darf nicht für einen zeitlich klar begrenzten und bestimmbaren Zeitraum erfolgen, sodass von einem dauerhaften und nicht nur kurzfristigen Aufenthalt in der stationären Pflegeeinrichtung ausgegangen werden muss. Die betroffene Person muss zudem im Zeitpunkt des Eintritts der VersPfl nach Abs. 1, 3 oder 4 bereits **Pflegeleistungen nach** einer der folgenden in Abs. 5 abschließend aufgeführten Vorschriften erhalten. Dies kann eine Übernahme der Kosten für dauerhafte stationäre Pflege sein, die nach **§ 35 Abs. 6 Bundesversorgungsgesetz** Kriegsopfern gewährt wird. Ein Anspruch auf Pflegeleistungen kann ebenfalls nach Gesetzen bestehen, nach denen das Bundesversorgungsgesetz entsprechend anwendbar ist. Zu den Pflegeleistungen gehört desweiteren die Gewährung von Heimpflege nach **§ 44 SGB VII** aus der gesetzlichen Unfallversicherung für Versicherte, die aufgrund eines Arbeitsunfalls oder einer Berufskrankheit pflegebedürftig sind. Zudem sind die Kostenerstattung für notwendige Pflege oder ein Hilflosigkeitszuschlag wegen eines Dienstunfalls nach **§ 34 Beamtenversorgungsgesetz** für Beamte und Richter des Bundes mitumfasst.

Abs. 5 a. E. enthält eine **Rückausnahme** von dieser Ausnahmeregelung, wonach **16** die VersPfl nach den Absätzen 1, 3 oder 4 nicht entfällt, sofern Familienangehörige oder ein Lebenspartner vorhanden sind, sodass der PPV-Vertrag der Person, die ansonsten die Voraussetzungen des Abs. 5 erfüllt, nach Abs. 1 Satz 2 für jene Vertragsleistungen enthalten muss. Dadurch wird sichergestellt, dass Familienangehörige oder Lebenspartner auch in dieser Konstellation gegen das Risiko der Pflegebedürftigkeit versichert sind. Das Entstehen von Lücken der Absicherung soll so vermieden werden.

VI. Versicherung in der PPV außerhalb des § 23

1. Freiwillig in der GKV Versicherte (§ 22)

Für nach § 9 SGB V freiwillig in der GKV Versicherte besteht gem. § 22 die Mög- **17** lichkeit, sich von der VersPfl in der SPV, die grundsätzlich gem. § 20 Abs. 3 gegeben ist, befreien zu lassen. Neben der rechtzeitigen Antragstellung bei der Pflegekasse gem. § 22 Abs. 2 ist der Abschluss und die Aufrechterhaltung eines PPV-Vertrages iSv Abs. 1 oder Abs. 3 erforderlich (vgl. im Einzelnen § 22 Rn. 3–5).

2. Beitrittsrecht (§ 26a)

Nach § 26a haben nicht pflegeversicherte Personen mit Wohnsitz im Inland, die **18** nicht pflegeversicherungspflichtig sind, unter bestimmten Voraussetzungen ein Beitrittsrecht zur SPV oder PPV. Dabei haben § 26a Abs. 1 und 2 wegen Zeitablaufs an Relevanz verloren (vgl. zu den Einzelheiten § 26a Rn. 3–5).

Vieweg

§ 23 Drittes Kapitel. Versicherungspflichtiger Personenkreis

3. Fälle mit Auslandsbezug

19   Bei Verlegung des Wohnsitzes oder des gewöhnlichen Aufenthalts des Versicherungsnehmers oder der versicherten Person ins Ausland endet nach § 15 Abs. 3, 4 MB/PPV 2015 das Versicherungsverhältnis in der PPV. Aufgrund einer besonderen Vereinbarung kann das Versicherungsverhältnis gem. § 15 Abs. 3 Satz 1, Abs. 4 MB/PPV 2015 zu vollen Beiträgen fortgeführt werden. Dies muss der Versicherungsnehmer gem. § 15 Abs. 3 Satz 2 MB/PPV 2015 innerhalb eines Monats nach Verlegung des Wohnsitzes oder gewöhnlichen Aufenthalts bei seinem Versicherer beantragen, der bei Einhaltung dieser Frist gem. § 15 Abs. 3 Satz 3 MB/PPV 2015 verpflichtet ist, den Antrag anzunehmen. Statt dessen besteht die Möglichkeit, den Vertrag in Form einer großen Anwartschaftsversicherung zu reduzierten Beiträgen aufrechtzuerhalten. Etwas anderes gilt auch nicht bei der Verlegung des Wohnsitzes in das EU-/EWR-Ausland. Für PKV-Versicherte ist die VersPfl in der PPV an den Wohnsitz oder gewöhnlichen Aufenthalt in Deutschland gebunden (vgl. *Baumeister,* in: BeckOK-SozR, Stand: 1.12.2014, § 23 Rn. 12a; *Besche,* in: Die Pflegeversicherung, 6. Aufl. 2013, S. 21; aA LSG Berlin, Urteil v. 3.12.2004, L 1 RA 50/03 = juris; *Luthe,* in: H/N, Stand: Februar 2011, § 110 Rn. 35). Das ergibt sich u. a. aus § 23 Abs. 1, der auf § 193 Abs. 3 VVG verweist, der hinsichtlich der PKV an den Wohnsitz oder gewöhnlichen Aufenthalt in Deutschland anknüpft. Dass sich die VersPfl in der PPV nach der VO (EG) Nr. 883/2004 bestimmt, kann man aus den EuGH-Urteilen (vgl. EuGH, Urteil v. 5.3.1998, Rechtssache C-160/96 (Molenaar) = NZS 1998, 240f. = SGb 1999, 360; EuGH; Urteil v. 8.7.2004, Rechtssachen C-502/01, C-31/02 (Gaumain-Cerri/Barth) = EuGHE 2004 I, 6483, 6527; EuGH, Urteil v. 16.7.2009, Rechtssache C-208/07 (Chamier-Glisczinski) = SozR 4-6050 Art. 19 Nr. 3 = ZESAR 2009, 438–447) und dem BSG-Urteil vom 28.9.2006, B 3 P 3/05 R (= SozR 4-3300 § 23 Nr. 5 = VersR 2007, 1074–1076) nicht schließen. Denn aus diesen Urteilen lassen sich nur Rückschlüsse auf das Leistungsrecht in der PPV ziehen. Zur Frage der VersPfl in der PPV bei grenzüberschreitenden Sachverhalten ist noch keine EuGH-Rechtsprechung ergangen.

VII. Zustandekommen des PPV-Vertrages

20   Für den wirksamen Abschluss des PPV-Vertrages sind die **§§ 145 ff. BGB** maßgeblich. Daher kommt der Versicherungsvertrag durch zwei übereinstimmende Willenserklärungen, die auf den Vertragsabschluss gerichtet sind, zustande (so auch SG Koblenz, Urteil v. 21.8.1997, S 3 P 123/97 = VersR 1998, 1097ff.; Anm. von *Präve,* VersR 1998, 1097ff.). Zu dem Vertragsschluss kann es kommen, indem die verspfl Person einen Antrag zur Aufnahme in die PPV bei dem privaten VersUnternehmen stellt oder aufgrund des Abschlusses des PKV-Vertrages von diesem einen Aufnahmeantrag bekommt, ihn ausgefüllt zurücksendet und daraufhin die entsprechende Versicherungspolice erhält. Der PPV-Vertrag kann auch durch **konkludentes Verhalten** wirksam geschlossen werden. Wird also z. B. dem PKV-Versicherungsnehmer von seinem Versicherer zunächst die Police für den PPV-Vertrag zugesandt und in einem Anschreiben darauf hingewiesen, dass der Vertrag zustande kommt, sofern der PKV-Versicherungsnehmer sein Wahlrecht nicht ausübt und daher nicht widerspricht, ist dies ein Antrag auf Abschluss des PPV-Vertrages (vgl. LSG NRW, Urteil v. 12.6.2001, L 16 P 39/00 = juris; *Präve,* VersR 1998, 1097ff.). Widerspricht der Versicherungsnehmer nicht und entrichtet z. B. seine Prämien für den PPV-Vertrag oder macht Leistungen daraus geltend, kommt der Vertrag durch dieses schlüssige Verhalten zustande (so auch LSG Berlin-Brandenburg, Urteil v. 19.6.2008, L 27 P 6/08 (Rn. 29) = juris; *Präve,* VersR 1998, 1097ff.). Das bloße Schweigen kann in diesen Fällen hingegen nicht bereits als Annahmeerklärung gewertet werden (so SG Koblenz, Urteil v. 21.8.1997, S 3

Versicherungspflicht f. Versicherte d. priv. Krankenversicherungsunternehmen **§ 23**

P 123/97 = VersR 1998, 1097ff.; *Präve,* VersR 1998, 1097ff.; aA *Traupe,* Anm. zum Urteil SG Koblenz v. 27.3.1998, S 4 P 412/97 = NZS 1999, 89, 91). Fehlt es an einer ausdrücklichen Annahmeerklärung oder einem Widerspruch und erfolgt der Einzug der Prämien für die PPV durch den Versicherer aufgrund der nur für die PKV-Prämien erteilten Einzugsermächtigung über einen längeren Zeitraum hinweg (jedenfalls für mehr als sechs Monate), wobei der Versicherungspflichtige nicht widerspricht und ausreichende Kontodeckung besteht, ist der PPV-Vertrag ebenfalls wirksam durch konkludente Annahme zustande gekommen (so *Präve,* VersR 1998, 1097ff.; LSG NRW, Urteil v. 12.6.2001, L 16 P 39/00 = juris; SG Koblenz, Urteil v. 27.3.1998, S 4 P 412/97 = NZS 1999, 89ff.; aA SG Koblenz, Urteil v. 21.8.1997, S 3 P 123/97, VersR 1998, 1097ff.; *Gebhardt,* in: Krauskopf, Soziale Krankenversicherung, Pflegeversicherung Kommentar, Stand: 2014, § 51 SGB XI Rn. 3).

VIII. Wahlrecht (Abs. 2)

Nach Abs. 2 Satz 1 ist der PPV-Vertrag nicht zwingend bei dem privaten VersUnternehmen abzuschließen, bei dem auch die PKV besteht. Insoweit besteht ein Wahlrecht der verspfl Person, für dessen Schaffung als einzige Begründung EG-Recht angegeben wurde (vgl. BT-Drucks. 12/5952, S. 38). Gem. Abs. 2 Satz 3 beginnt mit dem Eintritt der individuellen VersPfl in der PPV die **sechsmonatige Frist,** innerhalb der das Wahlrecht nach Abs. 2 Satz 2 auszuüben ist. Mit dem wirksamen Abschluss des PKV-Vertrages tritt nach Abs. 1 diese individuelle VersPfl in der PPV ein. Wird innerhalb der sechs Monate das Wahlrecht durch Abschluss des PPV-Vertrages bei einem anderen privaten VersUnternehmen ausgeübt, werden die PPV und die PKV bei unterschiedlichen privaten VersUnternehmen genommen. 21

Wurde das Wahlrecht nicht wahrgenommen, besteht nach Abs. 2 Satz 4, 1. HS weiterhin die **Möglichkeit der Kündigung** des PPV-Vertrages. Besteht die VersPfl nach Abs. 1 aufgrund des PKV-Vertrages und kündigt der Versicherungsnehmer für sich und/oder eine andere versicherte Person den bei demselben privaten VersUnternehmen bestehenden PPV-Vertrag, ist die Kündigung gem. Abs. 2 Satz 4, 2. HS zunächst **schwebend unwirksam.** Sie wird erst wirksam, wenn der Versicherungsnehmer gegenüber dem bisherigen Versicherer nachweist, dass er bzw. die versicherte Person ohne Unterbrechung bei einem anderen Versicherer in der PPV versichert ist. Wurde das Wahlrecht bereits ausgeübt, sodass die PPV und PKV bei unterschiedlichen VersUnternehmen bestehen, und wird die PPV bei Bestehen der VersPfl nach Abs. 1 gekündigt, gilt für die Wirksamkeit der Kündigung ebenfalls Abs. 2 Satz 4, 2. HS (vgl. auch § 51 Abs. 3). 22

Die individuelle VersPfl nach Abs. 1 entfällt, wenn der PKV-Vertrag gekündigt oder anderweitig beendet wird. Wird danach ein PKV-Vertrag bei einem anderen privaten VersUnternehmen abgeschlossen, tritt mit dem Abschluss des PKV-Vertrages erneut die VersPfl in der PPV ein und damit ebenfalls das Wahlrecht nach Abs. 2. 23

IX. Leistungsrechtliche Ausgestaltung der PPV

Die leistungsrechtliche Ausgestaltung der PPV richtet sich nach den Abs. 1 Satz 2, 3, Abs. 3 Satz 2, Abs. 4. Diese Einordnung ist systematisch nicht gelungen, was sich daran zeigt, dass Regelungen zum Leistungsrecht in einer Vorschrift getroffen werden, die zum dritten Kapitel über den verspfl Personenkreis gehört und die VersPfl in der PPV bestimmt. Leistungsrechtliche Regelungen sind dem Vierten Kapitel zuzuordnen oder hätten ansonsten allenfalls im Zehnten Kapitel über die PPV aufgenommen werden müssen. Dort enthält § 110 Regelungen für die PPV und nimmt Bezug auf den leistungsrechtlichen Teil des § 23. Auch daran wird die wenig systematische 24

Vieweg

§ 23 Drittes Kapitel. Versicherungspflichtiger Personenkreis

Aufnahme der PPV im SGB XI deutlich. Unter Berücksichtigung des Rahmens, den § 23 für das Leistungsrecht vorgibt, werden im Verhältnis zwischen Versichertem und Versicherer die Leistungen aus der PPV verbindlich im Versicherungsvertrag festgelegt.

1. Gleichwertigkeitsgebot (Abs. 1 Satz 2)

25 Nach Abs. 1 Satz 2 muss die PPV ab dem Zeitpunkt des Eintritts der Versicherungspflicht **Leistungen** vorsehen, die denen des Vierten Kapitels **nach Art und Umfang gleichwertig** sind. Durch dieses Gleichwertigkeitsgebot stehen den in der PPV Versicherten Leistungen der Art zur Verfügung, die denen der §§ 36–45b gleichwertig sind. Die dort angegebenen Höchstbeträge gelten auch in der PPV. Die Anschubfinanzierung gem. § 45e, die nicht im Dritten bis Fünften Abschnitt über die Leistungen enthalten ist, ist in der PPV nach § 45e Abs. 1 Satz 5 entsprechend zu leisten. Die Leistungen nach §§ 123 und 124 sind nicht im Vierten Kapitel enthalten und zählen dennoch zu den Leistungen der PPV. Denn sie knüpfen jeweils an das Bestehen von Ansprüchen aus dem Vierten Kapitel an, z.B. an §§ 36, 37, 45b. Der Vergütungszuschlag nach § 87b ist auch aus der PPV zu erstatten (§ 87b Abs. 2 Satz 1). Die Gleichwertigkeit bezieht sich auch auf die Qualifikation der Pflegekräfte, die pflegerische Leistungen erbringen (vgl. § 71 Abs. 3) und mit den PPV-Versicherten abrechnen (vgl. § 4 Abs. 1 Satz 4, Abs. 8 Satz 4, Abs. 11 Satz 2 MB/PPV 2015; BSG, Urteil v. 30.3.2000, B 3 P 21/99 R = BSGE 86, 94–101 = NZS 2001, 95–98). Das Gleichwertigkeitsgebot bezieht sich allerdings nicht auf die Auslegung, die das Gemeinsame Rundschreiben des GKV-Spitzenverbandes und der Verbände der Pflegekassen auf Bundesebene zu den leistungsrechtlichen Vorschriften des Pflege-Versicherungsgesetzes in der jeweils gültigen Fassung enthält. Diese ist daher für die PPV nicht bindend.

26 Hilfsmittel, die vorwiegend dem Behinderungsausgleich und nicht mindestens schwerpunktmäßig der Pflege dienen, können nach § 4 Abs. 7 MB/PPV 2015, Nr. 4 Tarif PV nicht aus der PPV erstattet werden (z.B. eigenbedienbarer Elektrorollstuhl, so BSG, Urteil v. 10.11.2005, B 3 P 10/04 R = SGb 2006, 488–493). Sind solche Hilfsmittel nicht von den vertraglichen Leistungen der PKV abgedeckt, hat dies nicht die Leistungspflicht der PPV zur Folge (BSG, Urteil v. 10.11.2005, B 3 P 10/04 R = SGb 2006, 488–493).

27 Neben den in Rn. 25 aufgeführten Leistungen der PPV besteht für PPV-Versicherte nach § 28 Abs. 1a zudem ein Anspruch auf Pflegeberatung nach § 7a (vgl. § 4 Abs. 18 MB/PPV 2015). In der PPV versicherten Personen und ihren Angehörigen steht die COMPASS Private Pflegeberatung GmbH zur Verfügung, die unabhängige und bundesweite Pflegeberatung als aufsuchende Beratung im häuslichen Umfeld oder telefonisch anbietet. Damit hat sie einen Vorbildcharakter, was bei dem durch das PNG eingeführten § 7b deutlich wird. So sieht § 7b Abs. 1 Satz 3 die Durchführung der Beratung im häuslichen Umfeld vor, wenn der Versicherte es wünscht.

2. Kostenerstattungsprinzip (Abs. 1 Satz 3)

28 Nach Abs. 1 Satz 3 sind die privaten VersUnternehmen, die die PPV betreiben, nicht zur Sachleistung wie die Pflegekassen verpflichtet. Für sie kommt das ebenfalls in der PKV geltende Kostenerstattungsprinzip zur Anwendung. Daher erstatten sie den Versicherten die entstandenen Aufwendungen für entsprechende Leistungen bis zur Höhe der im Vierten Kapitel für diese Leistungen angegebenen Höchstbeträge. Der in § 69 geregelte Sicherstellungsauftrag der Pflegekassen gilt für die privaten VersUnternehmen nicht (vgl. BSG, Urteil v. 30.3.2000, B 3 P 21/99 R = BSGE 86, 94–101 = NZS 2001, 95–98).

3. Besonderheiten der beihilfekonformen Versicherung (Abs. 3 Satz 2)

Der Versicherungsschutz der PPV, der sich aus dem Gleichwertigkeitsgebot nach Abs. 1 Satz 2 ergibt, ist auch bei einer beihilfekonformen PPV unter Beachtung der für sie geltenden Besonderheiten zu gewähren. Das bedeutet, dass die Beihilfeleistungen, die in Höhe eines bestimmten Prozentsatzes erbracht werden, durch Versicherungsleistungen der beihilfekonformen PPV in Höhe des entsprechenden Prozentsatzes ergänzt werden (vgl. BT-Drucks. 12/5262, S. 85, 106). Maßgeblich für die prozentuale Höhe der Versicherungsleistungen ist dabei die Höhe der Beihilfeleistungen, die sich aus den Bemessungssätzen nach § 46 Abs. 2 und 3 der Bundesbeihilfeverordnung ergibt. 29

Die Versicherungsleistungen der beihilfekonformen PPV sind daher nur entsprechend der Bundesbeihilfeverordnung, nicht entsprechend den einzelnen Beihilfeverordnungen der Länder auszugestalten. Sieht die Beihilfeverordnung eines Bundeslandes andere Bemessungssätze als die Bundesbeihilfeverordnung vor, ist somit die Höhe des Prozentsatzes der Versicherungsleistungen nicht anzupassen (so auch BT-Drucks. 13/3696, S. 12). Das gilt ebenfalls, wenn die Beihilfeverordnung eines Bundeslandes im Gegensatz zur Bundesbeihilfeverordnung bestimmte Leistungen bei Pflege nicht enthält. Insofern bleibt es bei der Erstattung aus der PPV in der Höhe des festgelegten Prozentsatzes. Die in den Fällen fehlenden Leistungen der Beihilfe werden nicht durch Leistungen der PPV ersetzt (vgl. BT-Drucks. 13/3696, S. 12). 30

4. Leistungsrecht in Fällen mit Auslandsbezug

Nach § 5 Abs. 1a) MB/PPV 2015 ruht grundsätzlich die Leistungspflicht während des Auslandsaufenthalts. Ist dieser jedoch vorübergehend, werden nach § 5 Abs. 1a) Satz 2, 1. HS MB/PPV 2015 für bis zu insgesamt sechs Wochen im Kalenderjahr Pflegegeld oder anteiliges Pflegegeld und Leistungen nach § 44 und § 44a weitergezahlt. Gem. § 5 Abs. 1a) Satz 2, 2. HS MB/PPV 2015 wird wie nach § 34 Abs. 1a Pflegegeld oder anteiliges Pflegegeld auch an Versicherte gezahlt, die ihren Wohnsitz oder gewöhnlichen Aufenthalt in Mitgliedstaaten der EU, des EWR oder in der Schweiz haben (vgl. auch EuGH, Urteil v. 5.3.1998, Rechtssache C-160/96 (Molenaar) = NZS 1998, 240f. = SGb 1999, 360). Insofern greift in diesen Fällen eine Ausnahme gegenüber dem grundsätzlichen Ruhen der Leistungspflicht nach § 5 Abs. 1a) Satz 1 MB/PPV 2015. Der pauschale Wohngruppenzuschlag nach § 38a ist wie das Pflegegeld als eine zu exportierende Geldleistung iSd VO (EG) Nr. 883/2004 anzusehen. Er wird daher in der PPV von den VersUnternehmen im EU-/EWR-Ausland und der Schweiz freiwillig erbracht. Ebenfalls auf freiwilliger Basis erhalten beihilfeberechtigte Versicherte der Tarifstufe PVB aufgrund des BSG-Urteils vom 28.9.2006, B 3 P 3/05 R (= SozR 4-3300 § 23 Nr. 5 = VersR 2007, 1074–1076) bei Wohnsitz oder gewöhnlichem Aufenthalt im EU-/EWR-Ausland oder in der Schweiz die Leistungen der PPV. 31

X. Feststellung der Pflegebedürftigkeit (Abs. 6 Nr. 1)

Nach Abs. 6 Nr. 1 sind für die Feststellung der Pflegebedürftigkeit und für die Zuordnung zu einer Pflegestufe in der PPV **dieselben Maßstäbe wie in der SPV** anzulegen. Damit sind die §§ 14 und 15 auch in der PPV für den Begriff und die Stufen der Pflegebedürftigkeit maßgeblich (vgl. § 1 Abs. 2–8 MB/PPV 2015). Das Verfahren zur Feststellung der Pflegebedürftigkeit orientiert sich unter Berücksichtigung der Besonderheiten des privatrechtlichen Versicherungsverhältnisses an den Vorgaben des § 18 (vgl. § 6 Abs. 2, 2a MB/PPV 2015). Die in §§ 1 Abs. 2–8, 6 Abs. 2, 2a MB/PPV 2015 32

§ 23 Drittes Kapitel. Versicherungspflichtiger Personenkreis

getroffenen Regelungen stellen sicher, dass dieselben Maßstäbe wie in der SPV angelegt werden. Dies wird bei der Begutachtung zur Feststellung der Pflegebedürftigkeit, die in der PPV durch den medizinischen Dienst der Privaten Pflegepflichtversicherung, die Medicproof GmbH, erfolgt, beachtet. Mit dieser Vorgabe in Abs. 6 Nr. 1 ist allerdings nicht die Pflicht der privaten VersUnternehmen, die die PPV betreiben, und der Medicproof GmbH verbunden, die Pflegebedürftigkeits-, Härtefall- und Begutachtungs-Richtlinien der Spitzenverbände der Pflegekassen gem. § 17 anzuwenden. Zwar sind diese in der SPV zu beachten, jedoch nicht für die PPV verbindlich (ähnlich BSG, Urteil v. 13.5.2004, B 3 P 7/03 R (Rn. 32) = SozR 4-3300 § 23 Nr. 2 = Breith 2004, 863–874; *Besche,* in: Die Pflegeversicherung, 6. Aufl. 2013, S. 28; aA *Axer,* SGb 2012, 501, 506; *Schnapp/Kreutz,* GuP 2014, 14). Eine so weite Auslegung ist dem Abs. 6 Nr. 1 insbesondere deshalb nicht zu entnehmen, weil die Richtlinien nur von dem Spitzenverband Bund der Pflegekassen erlassen werden, nicht aber auch vom PKV-Verband, für den § 17 Abs. 1 nicht einmal ein Beteiligungsrecht vorsieht. Der Spitzenverband Bund der Pflegekassen ist nicht legitimiert, Vorgaben zu machen, die für private VersUnternehmen oder die Medicproof GmbH verbindlich sind. Die Begutachtungsrichtlinien sind Verwaltungsbinnenrecht (so BSG, Urteil v. 13.5.2004, B 3 P 7/03 R, Rn. 32 = SozR 4-3300 § 23 Nr. 2 = Breith 2004, 863–874). Auf dessen Anwendung kann sich die Anlegung derselben Maßstäbe nicht beziehen.

XI. Verfahrensrecht

33 Für die Ausgestaltung des Versicherungsverhältnisses in der PPV ist der Versicherungsvertrag mit den allgemeinen Versicherungsbedingungen (MB/PPV) maßgeblich, wonach sich die Leistungen, die Pflicht zur Prämienzahlung usw. bestimmen. Vorgaben zu den Rahmenbedingungen sind § 110 (vgl. § 110) und zu dem leistungsrechtlichen Umfang § 23 (vgl. Rn. 24 ff.) zu entnehmen. Auf das Verhältnis zwischen dem privaten VersUnternehmen und dem Versicherten sind die Vorschriften des **VVG** und des **Privatrechts** anzuwenden. Bei der PPV handelt es sich um eine Pflegekrankenversicherung gem. § 192 Abs. 6 VVG (BSG, Urteil v. 17.5.2000, B 3 P 8/99 R = SozR 3-3300 § 39 Nr. 2 = NZS 2001, 147–150). Das im **SGB X** geregelte Sozialverwaltungsverfahrensrecht ist hingegen auf die PPV **jedenfalls nicht unmittelbar anwendbar.** Auch die gemeinsamen Vorschriften für die Sozialversicherung nach dem SGB IV sind für die PPV nicht maßgeblich, was sich aus der Beschränkung des Geltungsbereiches des SGB IV nach § 1 Abs. 1 SGB IV auf die SPV ergibt (so auch LSG Berlin, Urteil v. 3.12.2004, L 1 RA 50/03 (Rn. 16) = juris). So sind die privaten VersUnternehmen, die die PPV betreiben, keine Sozialversicherungsträger (*Baier,* in: Krauskopf, Soziale Krankenversicherung, Pflegeversicherung Kommentar, Stand: 2014, § 23 SGB XI Rn. 5) und agieren auch nicht als Beliehene (BSG, Urteil v. 22.8.2001, B 3 P 21/00 R = BSGE 88, 262–268 = SGb 2002, 333–335).

34 Voraussetzung für die Auszahlung der Versicherungsleistungen ist nach § 6 Abs. 1 Satz 1 MB/PPV 2015 ein **Antrag des Versicherungsnehmers.** Anspruchsinhaber ist der Versicherungsnehmer, nicht die versicherte Person (vgl. BSG, Urteil v. 17.5.2000, B 3 P 8/99 R = SozR 3-3300 § 39 Nr. 2 = NZS 2001, 147–150). Allerdings ist nach §§ 44, 194 Abs. 3 VVG, § 6 Abs. 5 MB/PPV 2015 der Versicherer zur Leistung an die versicherte Person verpflichtet, wenn sie ihm von dem Versicherungsnehmer in Textform als Empfangsberechtigte benannt wurde. Vor der Prüfung der Anspruchsvoraussetzungen der jeweiligen Leistung aus dem PPV-Vertrag ist festzustellen, ob der **Versicherungsfall** gem. § 1 Abs. 2 MB/PPV 2015 eingetreten ist. Versicherungsfall ist zum einen die Pflegebedürftigkeit der versicherten Person. Zum anderen können Versicherte, bei denen zwar eine erheblich eingeschränkte Alltagskompetenz festgestellt wurde, deren Hilfebedarf im Bereich der Grundpflege und hauswirtschaftlichen Versorgung aber nicht das Ausmaß der Pflegestufe I erreicht

Versicherungspflicht f. Versicherte d. priv. Krankenversicherungsunternehmen **§ 23**

(§ 4 Abs. 16 Satz 1 Nr. 2, Abs. 17 MB/PPV 2015), bei Vorliegen der übrigen Anspruchsvoraussetzungen einen Anspruch auf Leistungen nach § 4 Abs. 16, 16 a MB/PPV 2015, Nr. 11, Nr. 15 Tarif PV haben. Der Versicherungsfall beginnt nach § 1 Abs. 9 Satz 1 MB/PPV 2015 mit der Feststellung der Pflegebedürftigkeit oder der Feststellung einer erheblich eingeschränkten Alltagskompetenz. Das **Verfahren zur Feststellung der Pflegebedürftigkeit** in der PPV bestimmt sich nach § 6 Abs. 2, 2 a MB/PPV 2015 (s. Rn. 32). Nach § 6 Abs. 2 MB/PPV 2015 werden auch die Voraussetzungen des zusätzlichen Betreuungsbedarfs aufgrund einer erheblich eingeschränkten Alltagskompetenz (§ 4 Abs. 17 MB/PPV 2015) festgestellt.

Ein **Antrag nach § 6 Abs. 1 Satz 1 MB/PPV 2015** ist zu stellen, um erstmals das 35 Vorliegen der Pflegebedürftigkeit festzustellen, und wenn die Einstufung in eine andere Pflegestufe begehrt wird. Nach der Rechtsprechung des BSG (vgl. BSG, Urteil v. 13. 5. 2004, B 3 P 7/03 R = SozR 4-3300 § 23 Nr. 2 = Breith 2004, 863–874; BSG, Urteil v. 22. 7. 2004, B 3 P 6/03 R = SozR 4-7690 § 64 Nr. 1 = Breith 2005, 634–642; BSG, Urteil v. 17. 12. 2009, B 3 P 5/08 R = SozR 4-3300 § 37 Nr. 3 = USK 2009–172) bedarf es eines neuen gesonderten Antrags des Versicherungsnehmers bei folgender Konstellation nicht: Die beantragten höheren Leistungen werden zunächst von dem Versicherer mangels Änderung der Pflegestufe zu Recht abgelehnt. Sodann macht der Versicherungsnehmer in einem Verfahren vor dem Sozialgericht seinen Anspruch auf die höheren Leistungen nach einer höheren Pflegestufe geltend. Währenddessen tritt eine Veränderung des Zustands des Versicherten ein und hat die Änderung der Pflegestufe zur Folge. Die Ablehnung des Antrags durch den Versicherer wird nun durch das Urteil des Gerichts ersetzt, weil für die Entscheidung des Gerichts alle Tatsachen bis zur letzten mündlichen Verhandlung maßgeblich sind.

Das von Medicproof erstellte **Gutachten zur Feststellung der Pflegebedürftig-** 36 **keit** ist nach der Rechtsprechung des BSG ein **Sachverständigengutachten nach § 84 VVG** (vgl. BSG, Urteil v. 22. 8. 2001, B 3 P 21/00 R = BSGE 88, 262–268 = SGb 2002, 333–335; BSG, Urteil v. 22. 8. 2001, B 3 P 4/01 R = BSGE 88, 268–274 = NZS 2002, 317–319; BSG Urteil v. 13. 5. 2004, B 3 P 7/03 R = SozR 4-3300 § 23 Nr. 2 = Breith 2004, 863–874; BSG, Urteil v. 22. 7. 2004, B 3 P 6/03 R = SozR 4-7690 § 64 Nr. 1 = Breith 2005, 634–642). Die Anwendbarkeit des § 84 VVG folgt aus § 194 Abs. 1 Satz 1 VVG, weil die PPV als Pflegekrankenversicherung (§ 192 Abs. 6 VVG) Versicherungsschutz nach den Grundsätzen der Schadensversicherung gewährt. Sowohl Versicherter als auch Versicherer sind daher an die im Gutachten getroffenen Feststellungen gebunden, es sei denn, sie weichen offenbar von der wirklichen Sachlage erheblich ab (§ 84 Abs. 1 Satz 1 VVG). In dem Fall oder sofern der Sachverständige die Feststellung nicht treffen kann, will oder sie verzögert (§ 84 Abs. 1 Satz 3 VVG), wird die Feststellung durch gerichtliche Entscheidung getroffen (§ 84 Abs. 1 Satz 2 VVG). Liegt keiner der Fälle nach § 84 Abs. 1 Satz 1, Satz 3 VVG vor, ist bei einer Klage des Versicherungsnehmers, mit der er die Feststellungen des Medicproof-Gutachtens angreift, das Gericht an diese Feststellungen gebunden, sodass sie der gerichtlichen Überprüfung entzogen sind (BSG, Urteil v. 22. 8. 2001, B 3 P 21/00 R = BSGE 88, 262–268 = SGb 2002, 333–335; BSG, Urteil v. 13. 5. 2004, B 3 P 7/03 R = SozR 4-3300 § 23 Nr. 2 = Breith 2004, 863–874; BSG, Urteil v. 22. 7. 2004, B 3 P 6/03 R = SozR 4-7690 § 64 Nr. 1 = Breith 2005, 634–642; anhängiges Verfahren zur Bindungswirkung der Medicproof-Gutachten: BSG, B 3 P 8/13 R). Bei einem offenbaren Abweichen der Feststellungen von der wirklichen Sachlage entscheidet das Gericht auf der Grundlage eigener Tatsachenfeststellungen und kann dazu auch ein gerichtliches Sachverständigengutachten einholen (ebenda). Dies ist ebenfalls hinsichtlich einzelner Teile des Gutachtens möglich (BSG, Urteil v. 13. 5. 2004, B 3 P 7/03 R = SozR 4-3300 § 23 Nr. 2 = Breith 2004, 863–874; BSG, Urteil v. 22. 7. 2004, B 3 P 6/03 R = SozR 4-7690 § 64 Nr. 1 = Breith 2005, 634–642). Diese werden durch die Entscheidung des Gerichts ersetzt, während die übrigen Feststellungen des Medicproof-Gutachtens weiterhin verbindlich bleiben (ebenda). Aus dieser BSG-Rechtsprechung folgt, dass das VersUnternehmen nicht verpflichtet ist, ein neues Gutachten einzuholen, wenn der Ver-

§ 23 Drittes Kapitel. Versicherungspflichtiger Personenkreis

sicherungsnehmer die Feststellungen des Medicproof-Gutachtens nicht anerkennen will, jedoch nicht darlegt, dass das Gutachten offenbar von der wirklichen Sachlage erheblich abweicht oder sich die tatsächlichen Verhältnisse geändert haben (BSG, Urteil v. 22.8.2001, B 3 P 4/01 R = BSGE 88, 268–274 = NZS 2002, 317–319). Gibt das VersUnternehmen dennoch ein neues Gutachten in Auftrag und ist der Versicherte damit einverstanden, gilt dies als ein Schiedsgutachten nach § 84 VVG (ebenda). Denn in diesem Vorgang ist eine Einigung der Parteien zu sehen, nach der das neue Gutachten das alte ersetzen soll und für beide Parteien bindend ist (BSG, Urteil v. 22.8.2001, B 3 P 4/01 R = BSGE 88, 268–274 = NZS 2002, 317–319).

37 Die **Leistungszusage des VersUnternehmens,** deren Grundlage das Medicproof-Gutachten ist, soll nach der BSG-Rechtsprechung ein **unwiderrufliches deklaratorisches Schuldanerkenntnis** sein (BSG, Urteil v. 22.8.2001, B 3 P 21/00 R = BSGE 88, 262–268; BSG, Urteil v. 22.8.2001, B 3 P 4/01 R = BSGE 88, 268–274 = NZS 2002, 317–319). An sich besteht kein Bedarf, die Leistungszusage als unwiderrufliches deklaratorisches Schuldanerkenntnis zu qualifizieren, weil bereits das Medicproof-Gutachten als Gutachten nach § 84 VVG für Versicherer und Versicherten bindend wäre. Diese Konstruktion bewirkt, dass der Versicherer durch seine Leistungszusage auch dann an die im Gutachten getroffenen Feststellungen gebunden ist, wenn diese gem. § 84 Abs. 1 Satz 1 VVG offenbar von der wirklichen Sachlage erheblich abweichen (vgl. ebenda). Das private VersUnternehmen ist jedoch insofern nicht an das deklaratorische Schuldanerkenntnis gebunden, als dass es Einwände geltend macht, denen Umstände zugrunde liegen, die es bei Abgabe des Schuldanerkenntnisses nicht kannte oder kennen musste (BSG, Urteil v. 19.4.2007, B 3 P 6/06 R = BSGE 98, 205–213 = NZS 2008, 211–215).

38 Konsequenz der dargestellten BSG-Rechtsprechung ist, dass das VersUnternehmen ein **neues Gutachten** nur in Auftrag geben kann, wenn sich die **tatsächlichen Verhältnisse geändert** haben (so BSG, Urteil v. 22.8.2001, B 3 P 21/00 R = BSGE 88, 262–268 = SGb 2002, 333–335). Dabei wird nicht ausreichend berücksichtigt, dass nach § 6 Abs. 2 Satz 3 MB/PPV 2015 die Feststellung der Pflegebedürftigkeit in angemessenen Abständen wiederholt wird (ebenso § 18 Abs. 2 Satz 5). Wann eine erneute Begutachtung angezeigt ist, richtet sich nach dem Wortlaut also nur danach, dass die Wiederholung der Begutachtung in zeitlich angemessenen Abständen erfolgt. Dass die Kenntnis oder begründete Annahme einer Veränderung der tatsächlichen Verhältnisse Voraussetzung für die Wiederholungsbegutachtung ist, lässt sich dem nicht entnehmen (so aber BSG, Urteil v. 22.8.2001, B 3 P 21/00 R = BSGE 88, 262–268 = SGb 2002, 333–335; BSG, Urteil v. 13.5.2004, B 3 P 7/03 R = SozR 4-3300 § 23 Nr. 2 = Breith 2004, 863–874). Mögliche künftige Veränderungen sind bei Erstellen des Gutachtens nicht immer prognostizierbar, weshalb die Empfehlung einer Wiederholungsbegutachtung im Gutachten unter Hinweis auf solche Veränderungen nicht regelhaft möglich sein wird. Aus den dargestellten Gründen und weil sonst § 6 Abs. 2 Satz 3 MB/PPV 2015 und § 18 Abs. 2 Satz 5 ins Leere liefen, sollte der Versicherer vielmehr in zeitlich angemessenen Abständen ohne Vorliegen weiterer Voraussetzungen ein Wiederholungsgutachten in Auftrag geben können (aA BSG, Urteil v. 22.8.2001, B 3 P 21/00 R = BSGE 88, 262–268 = SGb 2002, 333–335).

39 Nach der BSG-Rechtsprechung greifen – grundsätzlich zutreffend – in Bezug auf PPV-Verträge privatrechtliche und versicherungsvertragsrechtliche Regelungen. Die Vorschriften des SGB X und insbesondere §§ 45 ff. SGB X sollen weder unmittelbar noch mittelbar anwendbar sein (so BSG, Urteil v. 22.8.2001, B 3 P 21/00 R = BSGE 88, 262–268 = SGb 2002, 333–335; BSG, Urteil v. 22.8.2001, B 3 P 4/01 R = BSGE 88, 268–274 = NZS 2002, 317–319; *Bastian,* NZS 2004, 77; *Schnapp/Kreutz,* GuP 2014, 18, 21). Somit hat der Versicherungsnehmer keinen Anspruch auf die Erstellung eines Zweitgutachtens, welches das Erstgutachten ersetzt. Denn mangels Verwaltungsakts und mittelbarer Anwendbarkeit des SGB X kann er keinen Widerspruch einlegen. In der Praxis wird in solchen Fällen dennoch von den VersUnternehmen auf

freiwilliger Basis ein Zweitgutachten eingeholt, um eine außergerichtliche Klärung herbeizuführen, was mit einem schnelleren Ergebnis und Klarheit für den Versicherten verbunden ist. Nach der BSG-Rechtsprechung ist auch die **Rücknahme** einer auf einem fehlerhaften Gutachten beruhenden und daher **unrichtigen Leistungszusage** nach gegenwärtiger Rechtslage **ausgeschlossen** (folgt aus BSG Urteil v. 22.8.2001, B 3 P 21/00 R = BSGE 88, 262–268 = SGb 2002, 333–335), während dies nach den Vorschriften des SGB X den Pflegekassen möglich ist. Obwohl die Sachlage grundsätzlich identisch ist, erfolgt eine unterschiedliche Handhabung. Daher wäre hier jedenfalls die Berücksichtigung der Rechtsgedanken, die den Vorschriften des SGB X zugrunde liegen, unter Beachtung der Besonderheiten des Zivil- und Versicherungsvertragsrechts angemessen (ähnlich *Leube,* NZS 2003, 449, 454). Das BSG schließt eine entsprechende Anwendung der Vorschriften des SGB X hinsichtlich der Aufhebung von Leistungszusagen nicht gänzlich aus, macht diese jedoch von einer dahingehenden vertraglichen Vereinbarung zwischen Versicherungsnehmer und Versicherer abhängig, z. B. im Rahmen der MB/PPV (so BSG, Urteil v. 22.8.2001, B 3 P 4/01 R = BSGE 88, 268–274 = NZS 2002, 317–319).

XII. Anrechnung von Versicherungszeit auf die Wartezeit

Private VersUnternehmen, die die PPV betreiben, sind nach Abs. 6 Nr. 2 verpflichtet, die **Versicherungszeit der versicherten Person in der SPV auf die Wartezeit in der PPV anzurechnen.** Dies wird in § 3 Abs. 4 MB/PPV 2015 dahingehend konkretisiert, dass die in der SPV ununterbrochen zurückgelegte Versicherungszeit auf die Wartezeit anzurechnen ist. Das korrespondiert mit der entsprechenden Regelung für die SPV gem. § 33 Abs. 3. § 3 Abs. 4 MB/PPV 2015 sieht zudem eine entsprechende Anrechnung der Versicherungszeit auf die Wartezeit bei einem Wechsel innerhalb der PPV vor. Die Wartezeit nach § 110 Abs. 1 Nr. 2 Buchst. c, Abs. 3 Nr. 4 verkürzt sich also um diese Versicherungszeit in der SPV oder in einer anderen PPV. Abs. 6 Nr. 2 bezieht sich nur auf die Anrechnung der Versicherungszeit in der SPV auf diese Wartezeit, nicht jedoch auf die Vorversicherungszeit von mindestens fünf Jahren nach § 110 Abs. 3 Nr. 5, die zu einer Begrenzung der Prämienhöhe führt. Dies ergibt sich bereits aus dem Wortlaut des § 110 Abs. 3 Nr. 5, der sich nur auf die Vorversicherungszeit in der PPV oder PKV bezieht (aA *Gallon/Kuhn-Zuber,* in: LPK-SGB XI, 4. Aufl. 2013, § 110 Rn. 30).

40

XIII. Rechtsweg

Nach **§ 51 Abs. 1 Nr. 2, Abs. 2 Satz 2 SGG** ist die **Zuständigkeit der Sozialgerichte** über Streitigkeiten in Angelegenheiten der privaten Pflegeversicherung nach dem SGB XI gegeben (vgl. BSG, Beschluss v. 8.8.1996, 3 BS 1/96 = BSGE 79, 80–87 = VersR 1998, 486–488). Diese Streitigkeiten den Sozialgerichten zuzuordnen, ist verfassungsrechtlich nicht bedenklich (so BVerfG, Beschluss v. 31.1.2008, 1 BvR 1806/02 = SGb 2008, 532–539). Gerade durch den engen Bezug des Leistungsrechts in der PPV zu den leistungsrechtlichen Regelungen des SGB XI aufgrund des Gleichwertigkeitsgebots ist die Zuweisung zu den Sozialgerichten sinnvoll. Nur hinsichtlich der Fälle, die originär das private Versicherungsrecht betreffen, z. B. bei Fragen allein zum Versicherungsverhältnis, ist dies fraglich. Klagt ein PPV-Versicherungsnehmer gegen sein privates VersUnternehmen in einer Angelegenheit, die seinen PPV-Vertrag betrifft, so ist grundsätzlich nach § 57 Abs. 1 SGG das Sozialgericht örtlich zuständig, in dessen Bezirk der Kläger seinen Sitz, Wohnsitz, Aufenthaltsort oder Beschäftigungsort hat. Bei Sitz, Wohnsitz oder Aufenthaltsort des Klägers im Ausland bestimmt sich nach § 57 Abs. 3 SGG das örtlich zuständige Gericht

41

§ 24 Drittes Kapitel. Versicherungspflichtiger Personenkreis

nach dem Sitz, Wohnsitz oder Aufenthaltsort des Beklagten. **Statthafte Klagearten** sind dabei die Leistungsklage nach § 54 Abs. 5 SGG oder die Feststellungsklage nach § 55 SGG. Bei einem Zahlungsverzug des PPV-Versicherten ist im **Mahnverfahren nach §§ 182a Abs. 1 SGG, 689 Abs. 1, 2 ZPO** das **Amtsgericht zuständig,** bei dem der Antragsteller, d. h. das private VersUnternehmen, seinen allgemeinen Gerichtsstand hat. In einem anschließenden Klageverfahren ist das Sozialgericht sachlich zuständig. Die örtliche Zuständigkeit des Sozialgerichts richtet sich gem. § 57 Abs. 1 Satz 2 SGG nach dem Sitz, Wohnsitz oder Aufenthaltsort des Beklagten, d. h. des Versicherungsnehmers. § 57 Abs. 1 Satz 2 SGG greift nicht, wenn der Beklagte seinen Sitz, Wohnsitz oder Aufenthaltsort im Ausland hat. In dem Fall ist der Sitz, Wohnsitz oder Aufenthaltsort des Klägers, d. h. des privaten VersUnternehmens, maßgeblich (*Breitkreuz*, in: Breitkreuz/Fichte, SGG-Kommentar, 2. Aufl. 2014, § 57 Rn. 9).

42   **Für Versicherungsnehmer** der PPV als Kläger oder Beklagte ist das **Sozialgerichtsverfahren** grundsätzlich **kostenfrei.** Private **VersUnternehmen** haben hingegen bei Verfahren vor den Sozialgerichten gem. **§ 184 SGG** als Kläger oder Beklagte für jeden Rechtszug eine **Gebühr** zu zahlen. Dies verstößt nicht gegen den allgemeinen Justizgewährleistungsanspruch oder den allgemeinen Gleichheitssatz (BVerfG, Beschluss v. 31.1.2008, 1 BvR 1806/02 = SGb 2008, 532–539). Auf die Gebühr wird die Gebühr nach dem Gerichtskostengesetz für das Mahnverfahren nach §§ 182a SGG, 688ff. ZPO, das dem Klageverfahren wegen derselben Streitsache vorausgegangen ist, angerechnet (§ 184 Abs. 1 Satz 3 SGG). Sofern dem Klageverfahren ein Mahnverfahren vorausgegangen ist, entscheidet das Gericht nach § 193 Abs. 1 Satz 2 SGG, welche Partei die Gerichtskosten zu tragen hat. Die Aufwendungen, d. h. die **außergerichtlichen Kosten** der privaten VersUnternehmen, sind nach **§ 193 Abs. 4 SGG nicht erstattungsfähig.** Darin ist weder ein Verstoß gegen den allgemeinen Justizgewährleistungsanspruch, noch eine Verletzung der Grundrechte aus Art. 14 Abs. 1 GG, Art. 19 Abs. 4 Satz 1 GG oder Art. 3 Abs. 1 GG zu sehen (BVerfG, Beschluss v. 31.1.2008, 1 BvR 1806/02 = SGb 2008, 532–539). Vor den Sozialgerichten und Landessozialgerichten besteht nach § 73 Abs. 1 SGG kein Anwaltszwang. Die privaten Pflegeversicherungsunternehmen haben nach **§ 73 Abs. 4 Satz 4 SGG** die Möglichkeit, sich vor dem BSG durch eigene Beschäftigte mit Befähigung zum Richteramt vertreten zu lassen. Bei Streitigkeiten in Angelegenheiten der PPV ist die Zustellung gegen Empfangsbekenntnis durch das Gericht der Sozialgerichtsbarkeit gem. § 63 Abs. 2 SGG iVm § 174 ZPO auch an private VersUnternehmen, die die PPV betreiben, zulässig (BSG, Beschluss v. 1.10.2009, B 3 P 13/09 B = SGb 2010, 432–436).

§ 24 Versicherungspflicht der Abgeordneten

¹**Mitglieder des Bundestages, des Europäischen Parlaments und der Parlamente der Länder (Abgeordnete) sind unbeschadet einer bereits nach § 20 Abs. 3 oder § 23 Abs. 1 bestehenden Versicherungspflicht verpflichtet, gegenüber dem jeweiligen Parlamentspräsidenten nachzuweisen, daß sie sich gegen das Risiko der Pflegebedürftigkeit versichert haben.** ²**Das gleiche gilt für die Bezieher von Versorgungsleistungen nach den jeweiligen Abgeordnetengesetzen des Bundes und der Länder.**

Inhaltsübersicht

	Rn.
I. Geltende Fassung	1
II. Normzweck	2
III. Wahlmöglichkeit	3
IV. Versorgungsleistungen iSv Satz 2	4

Familienversicherung **§ 25**

I. Geltende Fassung

Die Vorschrift ist mWv 1.1.1995 durch Art. 1 PflegeVG eingeführt worden. Sie **1** war im RegE nicht enthalten und wurde aufgrund der Beschlussempfehlung des AuS-Ausschusses eingefügt (dort § 20a; BT-Drucks. 12/5920, S. 32); zur Begr. vgl. BT-Drucks. 12/5952, S. 38.

II. Normzweck

§ 24 unterwirft selbst die Abgeordneten des Bundestages, des Europäischen Parla- **2** ments und der Parlamente der Bundesländer der VersPflicht. Die Vorschrift hat eher subsidiären Charakter, denn sie bildet nur in den Fällen einen originären VersPflicht-Tatbestand, in denen nicht schon nach § 20 Abs. 3 VersPflicht in der SPV oder nach § 23 Abs. 1 in der PPV besteht. Satz 2 erstreckt die VersPflicht auch auf Bezieher von Versorgungsleistungen nach den jeweiligen Abgeordnetengesetzen, soweit für sie nicht schon aufgrund anderer Tatbestände VersPflicht besteht.

III. Wahlmöglichkeit

Abgeordnete haben grundsätzlich eine **Wahlmöglichkeit,** ob sie einen Zuschuss **3** zu den Krankheitskosten entsprechend den für Beamte geltenden Beihilferegelungen in Anspruch nehmen wollen oder einen Zuschuss zum KV-Beitrag, wenn ein Arbeitgeberanteil nach § 249 SGB V nicht gezahlt wird oder ein Anspruch auf einen Zuschuss bei freiwilliger Mitgliedschaft in der GKV nach § 257 SGB V nicht besteht (§ 27 AbgG). Je nachdem, für welche Regelung der Krankheitskosten der Abgeordnete sich entschieden hat, besteht VersPflicht in der SPV (bei freiwilliger Mitgliedschaft in der GKV) oder in der PPV (wenn er privat krankenversichert ist). Abgeordnete, die gar nicht oder über ein Sondersystem krankenversichert sind, sind ebenfalls in der PPV verspfl. Das Bestehen eines PV-Schutzes ist gegenüber dem jeweiligen Parlamentspräsidenten nachzuweisen; und zwar auch von den Abgeordneten, bei denen die VersPflicht auf Grund von § 20 Abs. 3 bzw. 23 Abs. 1 besteht. Für Abgeordnete des Europäischen Parlaments kommt eine VersPflicht entsprechend § 3 Nr. 2 SGB IV nur dann in Betracht, wenn sie ihren Wohnsitz oder gewöhnlichen Aufenthalt in Deutschland haben.

IV. Versorgungsleistungen iSv Satz 2

Als Versorgungsleistungen i. S. von Satz 2 kommen in Betracht: Die Altersentschä- **4** digung (bei Abgeordneten des BT: § 19 AbgG), die Hinterbliebenenversorgung (§§ 129, 25 AbgG) und auch das Übergangsgeld (§ 18 AbgG), nicht dagegen die Versorgungsabfindung (§ 23 AbgG).

§ 25 Familienversicherung

(1) ¹Versichert sind der Ehegatte, der Lebenspartner und die Kinder von Mitgliedern sowie die Kinder von familienversicherten Kindern, wenn diese Familienangehörigen
1. ihren Wohnsitz oder gewöhnlichen Aufenthalt im Inland haben,
2. nicht nach § 20 Abs. 1 Nr. 1 bis 8 oder 11 oder nach § 20 Abs. 3 versicherungspflichtig sind,

Udsching

§ 25 Drittes Kapitel. Versicherungspflichtiger Personenkreis

3. nicht nach § 22 von der Versicherungspflicht befreit oder nach § 23 in der privaten Pflegeversicherung pflichtversichert sind,
4. nicht hauptberuflich selbständig erwerbstätig sind und
5. kein Gesamteinkommen haben, das regelmäßig im Monat ein Siebtel der monatlichen Bezugsgröße nach § 18 des Vierten Buches, überschreitet; bei Renten wird der Zahlbetrag ohne den auf Entgeltpunkte für Kindererziehungszeiten entfallenden Teil berücksichtigt; für geringfügig Beschäftigte nach § 8 Abs. 1 Nr. 1, § 8a des Vierten Buches beträgt das zulässige Gesamteinkommen 450 Euro.

²§ 7 Abs. 1 Satz 3 und 4 und Abs. 2 des Zweiten Gesetzes über die Krankenversicherung der Landwirte sowie § 10 Abs. 1 Satz 2 bis 4 des Fünften Buches gelten entsprechend.

(2) ¹Kinder sind versichert:
1. bis zur Vollendung des 18. Lebensjahres,
2. bis zur Vollendung des 23. Lebensjahres, wenn sie nicht erwerbstätig sind,
3. bis zur Vollendung des 25. Lebensjahres, wenn sie sich in Schul- oder Berufsausbildung befinden oder ein freiwilliges soziales Jahr oder ein freiwilliges ökologisches Jahr im Sinne des Jugendfreiwilligendienstegesetzes oder Bundesfreiwilligendienst leisten; wird die Schul- oder Berufsausbildung durch Erfüllung einer gesetzlichen Dienstpflicht des Kindes unterbrochen oder verzögert, besteht die Versicherung auch für einen der Dauer dieses Dienstes entsprechenden Zeitraum über das 25. Lebensjahr hinaus; dies gilt ab dem 1. Juli 2011 auch bei einer Unterbrechung durch den freiwilligen Wehrdienst nach § 58b des Soldatengesetzes, einen Freiwilligendienst nach dem Bundesfreiwilligendienstgesetz, dem Jugendfreiwilligendienstegesetz oder einem vergleichbaren anerkannten Freiwilligendienst oder durch eine Tätigkeit als Entwicklungshelfer im Sinne des § 1 Absatz 1 des Entwicklungshelfer-Gesetzes für die Dauer von höchstens zwölf Monaten,
4. ohne Altersgrenze, wenn sie wegen körperlicher, geistiger oder seelischer Behinderung (§ 2 Abs. 1 des Neunten Buches) außerstande sind, sich selbst zu unterhalten; Voraussetzung ist, daß die Behinderung (§ 2 Abs. 1 des Neunten Buches) zu einem Zeitpunkt vorlag, in dem das Kind nach Nummer 1, 2 oder 3 versichert war.

²§ 10 Abs. 4 und 5 des Fünften Buches gilt entsprechend.

(3) Kinder sind nicht versichert, wenn der mit den Kindern verwandte Ehegatte oder Lebenspartner des Mitglieds nach § 22 von der Versicherungspflicht befreit oder nach § 23 in der privaten Pflegeversicherung pflichtversichert ist und sein Gesamteinkommen regelmäßig im Monat ein Zwölftel der Jahresarbeitsentgeltgrenze nach dem Fünften Buch übersteigt und regelmäßig höher als das Gesamteinkommen des Mitglieds ist; bei Renten wird der Zahlbetrag berücksichtigt.

(4) ¹Die Versicherung nach Absatz 2 Nr. 1, 2 und 3 bleibt bei Personen, die auf Grund gesetzlicher Pflicht Wehrdienst oder Zivildienst oder die Dienstleistungen oder Übungen nach dem Vierten Abschnitt des Soldatengesetzes leisten, für die Dauer des Dienstes bestehen. ²Dies gilt auch für Personen in einem Wehrdienstverhältnis besonderer Art nach § 6 des Einsatz-Weiterverwendungsgesetzes.

Familienversicherung **§ 25**

Inhaltsübersicht

	Rn.
I. Geltende Fassung	1
II. Normzweck	2
III. Aufbau der Vorschrift	3
IV. Familienversicherung von Ehegatten	4
V. Voraussetzungen der Familienversicherung nach Abs. 1	5
1. Wohnsitz des Familienangehörigen (Nr. 1)	6
2. Versicherungspflicht in SPV aufgrund anderer Tatbestände (Nr. 2)	7
3. Pflichtversicherung in der PPV (Nr. 3)	8
4. Hauptberuflich selbstständige Erwerbstätige (Nr. 4)	9
5. Gesamteinkommen oberhalb der Geringfügigkeitsgrenze (Nr. 5)	10
6. Landwirtschaftliche KV (Satz 2)	11
VI. Voraussetzungen der Familienversicherung von Kindern (Abs. 2)	12
VII. Ausschluss der Familienversicherung von Kindern (Abs. 3)	14
VIII. Familienversicherung für die Dauer des Wehr- oder Zivildienstes (Abs. 4)	15
IX. Übergangsrecht	16

I. Geltende Fassung

Die Vorschrift ist mWv 1.1.1995 durch Art. 1 PflegeVG eingeführt worden. Sie ent- **1** spricht weitgehend der Fassung des RegE (dort § 21), vgl. Begr. des RegE, S. 106. Aufgrund der Beschlussempfehlung des AuS-Ausschusses wurden in Abs. 1 Satz 1 Nr. 1 bis 5 sowie in Abs. 3 redaktionelle bzw. klarstellende Änderungen vorgenommen, Abs. 1 Satz 2 und Abs. 4 wurden hinzugefügt (BT-Drucks. 12/5920, S. 32). Auf Veranlassung des Vermittlungsausschusses wurde Abs. 2 Satz 1 Nr. 3 um die Gleichstellung des freiwilligen ökologischen Jahres mit dem freiwilligen sozialen Jahr ergänzt (BT-Drucks. 12/7323, S. 2). Abs. 4 wurde durch Gesetz vom 24.7.1995 (BGBl. I S. 961) geändert und Abs. 1 Nr. 5 neu gefasst sowie Satz 2 geändert durch Art. 3 GKV-GesundheitsreformG vom 22.12.1999 (BGBl. I S. 2626). Abs. 4 wurde durch G vom 19.12.2000 (BGBl. I S. 1815) neu gefasst, um auch Dienstleistungen von Frauen nach § 58a SoldatenG einzubeziehen; eine weitere Änderung von Abs. 4 erfolgte durch G vom 22.4.2005 (BGBl. I S. 1106); durch G vom 12.12.2007 (BGBl. I S. 2861) wurde in Abs. 4 der jetzige Satz 2 angefügt. In Abs. 1 Satz 1 und Abs. 3 wurde durch Art. 3 § 56 Nr. 6 des G vom 16.2.2001 (BGBl. I S. 266) der Begriff „Ehegatte" jeweils um den Begriff „Lebenspartner" ergänzt. In Abs. 1 Satz 1 Nr. 5 wurde der Betrag des zulässigen Gesamteinkommens mehrfach geändert, zuletzt durch Art. 6 Nr. 1 des zweiten G für moderne Dienstleistungen am Arbeitsmarkt (vom 23.12.2002, BGBl. I S. 4621). In Abs. 1 Satz 1 wurden durch G vom 21.3.2005 (BGBl. I S. 818) hinter dem Wort „Mitglieder" die Wörter „sowie die Kinder von familienversicherten Kindern" eingefügt. Die Formulierung von Abs. 2 Nr. 3 wurde durch Art. 2 Abs. 14 G zur Förderung von Jugendfreiwilligendiensten vom 16.5.2008 (BGBl. I S. 852) geändert. In Abs. 3 wurde durch das PflegeWEG (vom 28.5.2008, BGBl. I S. 874) das Wort „Beitragsbemessungsgrenze" durch das Wort „Jahresarbeitsentgeltgrenze nach dem Fünften Buch" ersetzt. In Abs. 1 Satz 1 Nr. 5 wurde durch Art. 5 des G v. 5.12.2012 (BGBl. I S. 2474) die Höhe des zulässigen Gesamteinkommens bei geringfügig Beschäftigten auf 450 Euro erhöht. Abs. 2 Satz 1 Nr. 3 wurde durch das G. v. 28.4.2011 (BGBl. I S. 687 – Bundesfreiwilligendienst), v. 22.12.2011 (BGBl. I S. 2983 – GKV-VStG) und v. 8.4.2013 (BGBl. I S. 730 – Änd. d. SoldatenG) geändert.

II. Normzweck

Die Vorschrift regelt die **beitragsfreie** (§ 56 Abs. 1) **Versicherung von Familien-** **2** **angehörigen** in der SPV. Sie entspricht weitestgehend § 10 SGB V über die Familien-

§ 25 Drittes Kapitel. Versicherungspflichtiger Personenkreis

versicherung in der GKV. Wer in der GKV familienversichert ist, hat diesen Status grds. auch in der SPV. Zusätzlich bleibt nach Abs. 4 die Familienversicherung während der Dauer des Wehr- oder Zivildienstes bzw. der gleichgestellten Auslandsverwendung (so Rn. 1) erhalten. Im Gegensatz zum Recht der RVO hat das GRG im SGB V eine eigenständige Versicherung der Familienangehörigen begründet. Diese ist in ihrem Bestand von der Mitgliedschaft des Hauptversicherten abhängig, der einen die Versicherungspflicht begründenden Tatbestand erfüllt oder freiwilliges Mitglied ist.

III. Aufbau der Vorschrift

3   Abs. 1 Nr. 1 bis 5 enthält allgemeine Voraussetzungen, die Ehegatten und Kinder erfüllen müssen, um familienversichert zu sein; Abs. 1 Satz 2 bezieht sich allein auf Besonderheiten bei Familienangehörigen von landwirtschaftlichen Unternehmern (vgl. Rn. 11). Abs. 2 und 3 regeln besondere Voraussetzungen der Familienversicherung von Kindern: Abs. 2 Satz 1 Nr. 1 bis 4 die Altersgrenzen, Satz 2 mit der Bezugnahme auf § 10 Abs. 4 SGB V die Erweiterung auf Stiefkinder, Enkel, Pflegekinder und Kinder im Adoptionsverfahren sowie mit der Bezugnahme auf § 10 Abs. 5 die Wahl der PK, wenn sich die Familienversicherung von mehreren Hauptversicherten ableitet, die bei unterschiedlichen PKen vers sind. Abs. 3 schließt, wie in der GKV, solche Kinder von der Familienversicherung in der SPV aus, bei denen der Elternteil mit dem höheren Einkommen von der Versicherungspflicht befreit oder in der PPV versicherungspflichtig ist. Zur FamVers in der PPV, die nur bei Kindern beitragsfrei ist, vgl. § 110 Abs. 1 Nr. 2 Buchst. f und g, Abs. 3 Nr. 6.

IV. Familienversicherung von Ehegatten

4   Als **Ehegatte** ist familienversichert, wer mit dem Hauptversicherten eine gültige Ehe geschlossen hat, die nicht geschieden, aufgelöst oder für nichtig erklärt ist. Partner eheähnlicher Lebensgemeinschaften sind nicht familienversichert (BSGE 67, 46 = SozR 3-2200 § 205 Nr. 1 = NJW 1991, 447); wohl aber eingetragene Lebenspartnerschaften (so Rn. 1). Ein Zusammenleben der Ehegatten ist ebenso wenig erforderlich wie eine Unterhaltsberechtigung. Die im Recht der KV früher (§ 205 Abs. 1 Satz 1 RVO) erforderliche Unterhaltsberechtigung ist vom GRG nicht übernommen worden. An ihre Stelle sind die Voraussetzungen in Abs. 1 Nr. 4 und 5 getreten. Als **Kinder** sind neben den leiblichen auch die in § 10 Abs. 4 SGB V (Bezugnahme in Abs. 2 Satz 2) genannten famversichert. Sie müssen nicht im Haushalt des Hauptversicherten leben oder von ihm unterhalten werden (Ausnahme: Stiefkinder und Enkel vgl. § 10 Abs. 4 Satz 1 SGB V). Auch verheiratete Kinder sind von der Familienversicherung nicht ausgeschlossen. In Zweifelsfällen kann vor der PK die Feststellung des Bestehens einer FamVers verlangt werden; zur Feststellungsklage des Hauptversicherten vgl. BSGE 72, 292 = SozR 3-2500 § 10 Nr. 2 = NZS 1994, 21).

V. Voraussetzungen der Familienversicherung nach Abs. 1

5   Die **Familienversicherung setzt** im Einzelnen **voraus:**

1. Wohnsitz des Familienangehörigen (Nr. 1)

6   Der Familienangehörige muss seinen Wohnsitz oder gewöhnlichen Aufenthalt im Inland haben – Nr. 1 (vgl. hierzu § 30 Abs. 3 SGB I). Dem Wohnsitz oder gewöhnlichen Aufenthalt im Inland steht ein ausländischer Wohnsitz oder Aufenthaltsort in

170   *Udsching*

Familienversicherung § 25

einem EG-Staat oder in einem Staat gleich, mit dem ein SozialVersAbkommen mit Gleichstellungsregelung besteht.

2. Versicherungspflicht in SPV aufgrund anderer Tatbestände (Nr. 2)

Nr. 2 schließt eine Familienversicherung aus, wenn aufgrund anderer Tatbestände Versicherungspflicht in der SPV besteht. Von den die Versicherungspflicht in der SPV begründenden Tatbeständen sind lediglich § 20 Abs. 1 Nr. 9 und 10 (Studenten sowie Auszubildende ohne Arbeitsentgelt und Praktikanten) ausgenommen. Wie in der GKV geht die Familienversicherung der Versicherungspflicht nach diesen Tatbeständen vor; im Übrigen ist sie nachrangig. Vorrangig ist auch die Versicherungspflicht als Rentenantragsteller (§ 20 Abs. 1 Nr. 11 iVm. § 5 Abs. 1 Nr. 11 und 12 SGB V); für diesen Personenkreis ist die Beitragsfreiheit in § 56 Abs. 2 gesondert geregelt. Ein Vorrang der Versicherungspflicht nach § 20 Abs. 3 greift nur ein, wenn tatsächlich eine freiwillige Vers in der GKV besteht. Es ist unerheblich, ob der Familienangehörige eine solche hätte begründen können (BSGE 63, 51 = SozR 2200 § 165 Nr. 93). Es ist auch nicht ausgeschlossen, dass ein freiwilliges Mitglied der GKV aus der freiwilligen Versicherung austritt und dadurch in den Schutz der Familienversicherung in der SPV gelangt (zur GKV vgl. BSGE 72, 292 = SozR 3-2500 § 10 Nr. 2 = NZS 1994, 21).

7

3. Pflichtversicherung in der PPV (Nr. 3)

Nr. 3 schließt eine Familienversicherung für Angehörige aus, die in der PPV pflichtversichert sind; hierzu zählen auch die nach § 22 von der Versicherungspflicht in der SPV befreiten freiwilligen Mitglieder der GKV.

8

4. Hauptberuflich selbstständige Erwerbstätige (Nr. 4)

Nr. 4 schließt die Familienversicherung für hauptberuflich selbstständig Erwerbstätige aus. Zur Abgrenzung von selbstständiger Tätigkeit und abhängiger Beschäftigung vgl. § 7 SGB IV. Auf die Höhe des aus der selbstständigen Tätigkeit erzielten Einkommens kommt es nicht an (s. a. *Luthe,* in: H/N, § 25 Rn. 22); der Ausschluss der Familienversicherung bei mehr als geringfügigem Einkommen wird schon durch Abs. 1 Nr. 5 begründet. Zu Divergenzen gegenüber § 10 Abs. 1 Satz 2 SGB V (hauptberufliche selbstständige Tätigkeit in der Landwirtschaft) vgl. *Peters,* in: KassKomm, § 25 Rn. 9; *Luthe,* in: H/N, § 25 Rn. 23.

9

5. Gesamteinkommen oberhalb der Geringfügigkeitsgrenze (Nr. 5)

Nr. 5 schließt die Familienversicherung bei einem Gesamteinkommen oberhalb der Geringfügigkeitsgrenze aus. Zur Bestimmung des Gesamteinkommens vgl. § 16 SGB IV. Danach ist Gesamteinkommen die Summe der Einkünfte i. S. des Einkommensteuerrechts. Bei Renten (Nr. 5, 2. Hs.) wird der Zahlbetrag berücksichtigt ohne Beitragszuschuss zur KVdR. Dieser ändert sich durch Abtretungen oder Pfändungen nicht. Zur Rspr zum Gesamteinkommen vgl. die Zusammenstellung bei *Peters,* in: KassKomm, SGB V, § 10 Rn. 18.

10

6. Landwirtschaftliche KV (Satz 2)

Satz 2 enthält Besonderheiten der Familienversicherung in der landwirtschaftlichen KV; die Regelung wurde durch den AuS-Ausschuss (S. 37, zu § 21 E) eingefügt. § 7 Abs. 1 Satz 3 KVLG 1989 trifft eine besondere Regelung zur Feststellung des Gesamteinkommens des Ehegatten, Satz 4 zur Feststellung des Gesamteinkommens eines Kindes. Nach § 7 Abs. 7 KVLG 1989 können die landwirtschaftlichen KKen die Familienversicherung auf sonstige Angehörige erstrecken. Satz 2 will dies auch in der SPV ermöglichen.

11

Udsching

VI. Voraussetzungen der Familienversicherung von Kindern (Abs. 2)

12 Abs. 2 macht die **Familienversicherung von Kindern** (zu denen auch die durch die Verweisung in Satz 2 einbezogenen zählen, vgl. Rn. 3) davon abhängig, dass bestimmte **Altersgrenzen** nicht überschritten werden. Von der Beschränkung auf Grund des Lebensalters sind nur **behinderte Kinder ausgenommen,** die außerstande sind, sich selbst zu unterhalten (Nr. 4). Dies gilt jedoch nur dann, wenn die Behinderung von Geburt an, oder jedenfalls bereits zu einem Zeitpunkt vorlag, in dem das Kind famvers war. Bestand die Behinderung bereits vor dem Inkrafttreten des SGB XI, greift die **Übergangsregelung** in Art. 40 ein. Ansonsten kommt eine Familienversicherung nicht in Betracht, wenn die Behinderung erst eintritt, nachdem die Altersgrenzen nach Nr. 1 bis 3 überschritten sind (vgl. BSGE 49, 159 = SozR 2200 § 205 Nr. 30).

13 Falls nicht einer der Ausschlussgründe des Abs. 1 eingreift, sind Kinder bis zur Vollendung des 18. Lebensjahres ohne weitere Voraussetzungen familienversichert (Nr. 1). Bei fehlender Erwerbstätigkeit verlängert sich die Familienversicherung bis zur Vollendung des 23. Lebensjahres. Eine Verlängerung bis zur Vollendung des 25. Lebensjahres des Kindes tritt ein, wenn sich das Kind in Schul- oder Berufsausbildung befindet oder ein freiwilliges soziales Jahr oder ein freiwilliges ökologisches Jahr i. S. des Gesetzes zur Förderung von Jugendfreiwilligendiensten vom 16. 5. 2008 (BGBl. I S. 852) leistet. Wird die Schul- oder Berufsausbildung durch einen freiwilligen Wehr- oder einen Freiwilligendienst unterbrochen oder verzögert, so verlängert sich die Familienversicherung um einen der Dauer des Dienstes entsprechenden Zeitraum über das 25. Lebensjahr hinaus.

VII. Ausschluss der Familienversicherung von Kindern (Abs. 3)

14 Abs. 3 schließt eine Familienversicherung für Kinder aus, wenn der **höher verdienende Elternteil in der PPV** versichert ist und sein Gesamteinkommen regelmäßig im Monat ein Zwölftel der Beitragsbemessungsgrenze übersteigt. Der höher verdienende Elternteil muss mit dem Kind verwandt sein. Dies richtet sich nach bürgerlichem Recht; bei einem Stiefkind liegt eine Verwandtschaft nicht vor. Zum Gesamteinkommen vgl. § 16 SGB IV; zur Beitragsbemessungsgrenze vgl. § 55 Abs. 2. Renten werden auch in diesem Zusammenhang mit ihrem Zahlbetrag berücksichtigt. Der Fall, dass der höher verdienende Elternteil weder in der SPV noch in der PPV versichert ist, wird in Abs. 3 nicht geregelt. Die von *Peters* (Peters, in: KassKomm, SGB XI, § 25 Rn. 18) vorgeschlagene entsprechende Anwendung von § 10 Abs. 3 SGB V, der beim Ausschluss der Familienversicherung nur darauf abstellt, dass der höher verdienende Elternteil nicht Mitglied einer KK ist, kann allein mit der Entstehungsgeschichte der Vorschrift nicht begründet werden (s. a. *Wagner,* in: H/N, SGB XI, § 25 Rn. 40). Der über den eindeutigen Wortlaut des Abs. 3 hinausgehende Ausschluss von der Familienversicherung lässt sich auch mit der Systematik der Familienversicherung im SGB XI nicht vereinbaren. Denn die von Abs. 3 erfassten Kinder von privat pflegevers Elternteilen können nach § 110 Abs. 1 Nr. 2 Buchst. f bzw. Abs. 3 Nr. 6 in der PPV beitragsfrei mitversichert werden. Ohne Versicherungsschutz dieses Elternteils in der PPV müsste für das Kind jedoch nach § 26 eine beitragspflichtige eigene Versicherung begründet werden. Es ist kein Grund zu erkennen, warum Kinder in derartigen Fällen beitragspflichtig versichert werden müssen, während sie bei einer Zugehörigkeit des Elternteils zur PPV beitragsfrei wären.

VIII. Familienversicherung für die Dauer des Wehr- oder Zivildienstes (Abs. 4)

Abs. 4 enthält eine Abweichung von § 10 SGB V. Anders als in der GKV bleibt in 15
der SPV die Familienversicherung für die Dauer des Wehr- oder Zivildienstes und
gleichgestellter Dienste bestehen. In der GKV ist die Familienversicherung während
der Dienstpflicht nicht erforderlich, weil ein Anspruch auf Heilfürsorge besteht. Eine
vor Beginn der Dienstpflicht bestehende VersPfl oder freiwillige Mitgliedschaft in der
GKV bleibt während des Wehr- oder Zivildienstes bestehen (§ 193 SGB V). Abs. 4 bezieht sich von daher nur auf die Fälle, in denen bei Antritt des Wehrdienstes eine Familienversicherung in der GKV besteht.

IX. Übergangsrecht

Art. 40 PflegeVG ergänzt § 25 Abs. 2 Satz 1 Nr. 4, 2. Hs. über die altersunabhän- 16
gige Familienversicherung behinderter Kinder. Die Vorschrift bezieht auch diejenigen Kinder in die Familienversicherung ein, deren Behinderung bereits vor dem Inkrafttreten des SGB XI bestanden hat (vgl. auch oben Rn. 12).

§ 26 Weiterversicherung

(1) ¹**Personen, die aus der Versicherungspflicht nach § 20 oder § 21 ausgeschieden sind und in den letzten fünf Jahren vor dem Ausscheiden mindestens 24 Monate oder unmittelbar vor dem Ausscheiden mindestens zwölf Monate versichert waren, können sich auf Antrag in der sozialen Pflegeversicherung weiterversichern, sofern für sie keine Versicherungspflicht nach § 23 Abs. 1 eintritt.** ²**Dies gilt auch für Personen, deren Familienversicherung nach § 25 erlischt oder deswegen nicht besteht, weil die Voraussetzungen des § 25 Abs. 3 vorliegen.** ³**Der Antrag ist in den Fällen des Satzes 1 innerhalb von drei Monaten nach Beendigung der Mitgliedschaft, in den Fällen des Satzes 2 nach Beendigung der Familienversicherung oder nach Geburt des Kindes bei der zuständigen Pflegekasse zu stellen.**

(2) ¹**Personen, die wegen der Verlegung ihres Wohnsitzes oder gewöhnlichen Aufenthaltes ins Ausland aus der Versicherungspflicht ausscheiden, können sich auf Antrag weiterversichern.** ²**Der Antrag ist bis spätestens einen Monat nach Ausscheiden aus der Versicherungspflicht bei der Pflegekasse zu stellen, bei der die Versicherung zuletzt bestand.** ³**Die Weiterversicherung erstreckt sich auch auf die nach § 25 versicherten Familienangehörigen oder Lebenspartner, die gemeinsam mit dem Mitglied ihren Wohnsitz oder gewöhnlichen Aufenthalt in das Ausland verlegen.** ⁴**Für Familienangehörige oder Lebenspartner, die im Inland verbleiben, endet die Familienversicherung nach § 25 mit dem Tag, an dem das Mitglied seinen Wohnsitz oder gewöhnlichen Aufenthalt ins Ausland verlegt.**

Inhaltsübersicht

	Rn.
I. Geltende Fassung	1
II. Normzweck	2
III. Vorversicherungszeiten	3
IV. Weiterversicherung nach Beendigung einer Familienversicherung (Abs. 1 Satz 2)	4
V. Beitrittsfristen	5
VI. Weiterversicherung bei Umzug ins Ausland	6

§ 26   Drittes Kapitel. Versicherungspflichtiger Personenkreis

I. Geltende Fassung

1   Die Vorschrift ist mWv 1.1.1995 durch Art. 1 PflegeVG eingeführt worden. Sie entspricht weitgehend dem RegE (dort § 22), vgl. Begr. des RegE, S. 106 f. Aufgrund der Beschlussempfehlung des AuS-Ausschusses wurden redaktionelle Anpassungen vorgenommen; in Abs. 1 Satz 1 wurden die erforderlichen Vorversicherungszeiten von 12 bzw. 6 auf 24 bzw. 12 Monate erhöht (zur Begr. vgl. BT-Drucks. 12/5952, S. 38). In Abs. 2 Satz 3 und 4 wurde durch Art. 3 § 56 Nr. 7 G vom 16.2.2001 (BGBl. I S. 266) hinter „Familienangehörige" die Wörter „oder Lebenspartner" eingefügt.

II. Normzweck

2   Personen, die aus der Versicherungspflicht in der SPV (geregelt in §§ 20, 21) ausscheiden oder deren Familienversicherung (§ 25) endet, können sich unter bestimmten Voraussetzungen (Abs. 1 Satz 1 und 2, Abs. 2 Satz 1) in der SPV freiwillig weiterversichern. Die Weiterversicherung hat neben der **Aufrechterhaltung des Versicherungsschutzes** für den Pflegefall vor allem Bedeutung für die ab 1.1.1996 wirksam gewordenen **Vorversicherungszeiten** als Voraussetzung für die Leistungsgewährung (§ 33). Die Abhängigkeit der Berechtigung zur Weiterversicherung von Vorversicherungszeiten (Abs. 1 Satz 1) soll Missbrauch vermeiden und einen Beitritt zur SPV erst im pflegenahen Lebensalter ausschließen. Eine freiwillige Weiterversicherung in der SPV kommt für privat Krankenversicherte nicht in Betracht, sie können sich allein in der PPV gegen das Pflegefallrisiko absichern. Tritt bei ihnen ein Tatbestand ein, der Versicherungspflicht in der SPV begründet, so stellt § 33 Abs. 2 sicher, dass die in der PPV zurückgelegten Zeiten in der SPV als Vorversicherungszeiten anerkannt werden. Abs. 2 regelt die Weiterversicherung in der SPV bei Auslandsaufenthalt.

III. Vorversicherungszeiten

3   Die Weiterversicherung ist bei Personen, die aus der Versicherungpflicht nach § 20 (Katalog der Versicherungspflicht begründenden Tatbestände) oder § 21 (Versicherungpflicht für Personen, die nicht der GKV angehören) ausscheiden, davon abhängig, dass sie in den letzten fünf Jahren vor dem Ausscheiden mindestens 24 Monate oder unmittelbar vor dem Ausscheiden ununterbrochen mindestens 12 Monate in der SPV vers waren. Die alternativ möglichen zeitlichen Voraussetzungen der Vorversicherungzeit sind aus § 9 Abs. 1 Nr. 1 SGB V übernommen worden. Zur Frage, ob auch Zeiten einer Formalmitgliedschaft als Rentenantragsteller als Vorversicherungszeit zu berücksichtigen sind, vgl. *Peters,* in: KassKomm, SGB XI, § 26 Rn. 8.

IV. Weiterversicherung nach Beendigung einer Familienversicherung (Abs. 1 Satz 2)

4   Weiterversicherung nach Beendigung einer Familienversicherung (Abs. 1 Satz 2) oder bei fehlender Einbeziehung in die Familienversicherung nach § 25 Abs. 3: Satz 2 übernimmt die entsprechende Regelung in § 9 Abs. 1 Nr. 2 SGB V. Eine Vorversicherungzeit ist hier nicht erforderlich (s. a. *Peters,* in: KassKomm, SGB XI, § 26 Rn. 12). Kinder, die in der Familienversicherung nicht einbezogen wurden, weil der höher verdienende Elternteil in der PPV pflichtversichert ist (§ 25 Abs. 3), können deshalb vom Zeitpunkt der Geburt an der SPV freiwillig beitreten (vgl. hierzu § 25 Rn. 14); in diesem Sonderfall besteht ein originäres Recht zur freiwilligen Versicherung (vgl. *Peters,* in: KassKomm, SGB XI, § 26 Rn. 11). Von Bedeutung ist das Recht zur Weiterver-

Beitrittsrecht § 26a

sicherung nach Satz 2 vor allem für Kinder, die die Altersgrenzen nach § 25 Abs. 2 überschreiten. Bei Ehegatten kann die Familienversicherung durch Tod des Mitglieds, Scheidung der Ehe oder Ausscheiden des Ehegatten aus der SPV erlöschen.

V. Beitrittsfristen

Abs. 1 Satz 3 regelt die Beitrittsfristen für die nach Satz 1 und 2 zur Weiterversiche- 5
rung Berechtigten. Auch hier lehnt sich die Vorschrift an die entsprechende Regelung der freiwilligen Versicherung in der GKV (§ 9 Abs. 2 SGB V) an. Der Antrag auf Weiterversicherung muss innerhalb von drei Monaten nach Beendigung der Mitgliedschaft bzw. bei den zuvor Familienversicherten nach dem Erlöschen der Famversicherung gestellt werden. Bei Kindern, die wegen § 25 Abs. 3 von Geburt an nicht famversichert sind, läuft die Antragsfrist vom Zeitpunkt der Geburt an.

VI. Weiterversicherung bei Umzug ins Ausland

Abs. 2 ermöglicht die Weiterversicherung in der SPV bei einer Verlegung des 6
Wohnsitzes oder gewöhnlichen Aufenthaltes ins Ausland. Da während des Auslandsaufenthaltes Leistungsansprüche nicht bestehen (§ 34 Abs. 1 Nr. 1; Ausnahme: Pflegegeld bei Wohnsitz in einem anderen Mitgliedsstaat der EU, vgl. EuGH, NJW 1998, 1767), handelt es sich um eine Anwartschaftsversicherung, für die ein ermäßigter Beitragssatz (§ 57 Abs. 5) vorgesehen ist. Verlegt das Mitglied seinen Wohnsitz ins Ausland, so endet damit auch die Familienversicherung der nach § 25 versicherten Angehörigen. Familienangehörige, die mit dem Mitglied ihren Wohnsitz ins Ausland verlegen, sind, soweit sie die Voraussetzungen des § 25 erfüllen, im Rahmen der Weiterversicherung auch familienversichert. Entfallen bei ihnen während des Auslandsaufenthaltes die Voraussetzungen der Familienversicherung, so muss innerhalb der Beitrittsfrist (Abs. 1 Satz 3) ein Antrag auf Weiterversicherung nach Abs. 1 Satz 2 gestellt werden. Familienangehörige, die im Inland verbleiben, müssen selbst einen Antrag auf Weiterversicherung stellen, in dem ihre Familienversicherung mit dem Tag endet, an dem das Mitglied seinen Wohnsitz oder gewöhnlichen Aufenthalt ins Ausland verlegt (Abs. 2 Satz 4). Die Vorschrift berücksichtigt nicht die sich aus § 3 SGB IV ergebenden Besonderheiten, die jedoch auch im Hinblick auf die Versicherungpflicht in der SPV zu beachten sind. Von der Weiterversicherung nach Abs. 2 kann nur Gebrauch machen, wer seinen Wohnsitz ins Ausland verlegt und gleichzeitig nicht auf Grund einer Beschäftigung im Inland der Versicherungspflicht unterliegt (vgl. hierzu *Peters,* in: KassKomm, SGB XI, § 26 Rn. 24). Ob die Regelung auch dann eingreift, wenn bei einem Wohnsitz im Ausland die inländische Beschäftigung aufgegeben wird, wie dies die Begr. des RegE im Hinblick auf Grenzgänger angenommen hat (BT-Drucks. 12/5262, S. 106), erscheint zweifelhaft, da der Wortlaut diese Konstellation nicht umfasst. Andererseits dürfte eine ausweitende Auslegung in diesem Sinn aus europarechtlichen Gründen (vgl. EuGH, NJW 1998, 1767 = NZS 1998, 240) geboten sein, wenn es sich um Bürger eines anderen Mitgliedsstaates der EU handelt.

§ 26a Beitrittsrecht

(1) ¹**Personen mit Wohnsitz im Inland, die nicht pflegeversichert sind, weil sie zum Zeitpunkt der Einführung der Pflegeversicherung am 1. Januar 1995 trotz Wohnsitz im Inland keinen Tatbestand der Versicherungspflicht oder der Mitversicherung in der sozialen oder privaten Pflegeversicherung erfüllten, sind berechtigt, die freiwillige Mitgliedschaft bei einer der nach § 48 Abs. 2 wählbaren sozialen Pflegekassen zu beantragen oder einen Pfle-**

§ 26a Drittes Kapitel. Versicherungspflichtiger Personenkreis

geversicherungsvertrag mit einem privaten Versicherungsunternehmen abzuschließen. ²Ausgenommen sind Personen, die laufende Hilfe zum Lebensunterhalt nach dem Zwölften Buch beziehen sowie Personen, die nicht selbst in der Lage sind, einen Beitrag zu zahlen. ³Der Beitritt ist gegenüber der gewählten Pflegekasse oder dem gewählten privaten Versicherungsunternehmen bis zum 30. Juni 2002 schriftlich zu erklären; er bewirkt einen Versicherungsbeginn rückwirkend zum 1. April 2001. ⁴Die Vorversicherungszeiten nach § 33 Abs. 2 gelten als erfüllt. ⁵Auf den privaten Versicherungsvertrag findet § 110 Abs. 1 Anwendung.

(2) ¹Personen mit Wohnsitz im Inland, die erst ab einem Zeitpunkt nach dem 1. Januar 1995 bis zum Inkrafttreten dieses Gesetzes nicht pflegeversichert sind und keinen Tatbestand der Versicherungspflicht nach diesem Buch erfüllen, sind berechtigt, die freiwillige Mitgliedschaft bei einer der nach § 48 Abs. 2 wählbaren sozialen Pflegekassen zu beantragen oder einen Pflegeversicherungsvertrag mit einem privaten Versicherungsunternehmen abzuschließen. ²Vom Beitrittsrecht ausgenommen sind die in Absatz 1 Satz 2 genannten Personen sowie Personen, die nur deswegen nicht pflegeversichert sind, weil sie nach dem 1. Januar 1995 ohne zwingenden Grund eine private Kranken- und Pflegeversicherung aufgegeben oder von einer möglichen Weiterversicherung in der gesetzlichen Krankenversicherung oder in der sozialen Pflegeversicherung keinen Gebrauch gemacht haben. ³Der Beitritt ist gegenüber der gewählten Pflegekasse oder dem gewählten privaten Versicherungsunternehmen bis zum 30. Juni 2002 schriftlich zu erklären. ⁴Er bewirkt einen Versicherungsbeginn zum 1. Januar 2002. ⁵Auf den privaten Versicherungsvertrag findet § 110 Abs. 3 Anwendung.

(3) ¹Ab dem 1. Juli 2002 besteht ein Beitrittsrecht zur sozialen oder privaten Pflegeversicherung nur für nicht pflegeversicherte Personen, die als Zuwanderer oder Auslandsrückkehrer bei Wohnsitznahme im Inland keinen Tatbestand der Versicherungspflicht nach diesem Buch erfüllen und das 65. Lebensjahr noch nicht vollendet haben, sowie für nicht versicherungspflichtige Personen mit Wohnsitz im Inland, bei denen die Ausschlussgründe nach Absatz 1 Satz 2 entfallen sind. ²Der Beitritt ist gegenüber der nach § 48 Abs. 2 gewählten Pflegekasse oder dem gewählten privaten Versicherungsunternehmen schriftlich innerhalb von drei Monaten nach Wohnsitznahme im Inland oder nach Wegfall der Ausschlussgründe nach Absatz 1 Satz 2 mit Wirkung vom 1. des Monats zu erklären, der auf die Beitrittserklärung folgt. ³Auf den privaten Versicherungsvertrag findet § 110 Abs. 3 Anwendung. ⁴Das Beitrittsrecht nach Satz 1 ist nicht gegeben in Fällen, in denen ohne zwingenden Grund von den in den Absätzen 1 und 2 geregelten Beitrittsrechten kein Gebrauch gemacht worden ist oder in denen die in Absatz 2 Satz 2 aufgeführten Ausschlussgründe vorliegen.

Inhaltsübersicht

	Rn.
I. Geltende Fassung	1
II. Normzweck	2
III. Beitrittsrecht nach Abs. 1	3
IV. Beitrittsrecht nach Abs. 2	4
V. Beitrittsrecht nach Abs. 3	5

Beitrittsrecht § 26a

I. Geltende Fassung

Die Vorschrift wurde eingefügt durch Art. 1 Nr. 1c PflEG (vom 14.12.2001, 1
BGBl. I S. 3728). Mit ihr hat der Gesetzgeber die Entscheidung des BVerfG vom
3.4.2001 (1 BvR 81/98, SozR 3-3300 § 20 Nr. 6) umgesetzt. Durch Art. 10 Nr. 3 G
vom 27.12.2003 (BGBl. I S. 3022) wurde das Wort „Bundessozialhilfegesetz" durch
„Zwölftes Buch" ersetzt.

II. Normzweck

Die Vorschrift schafft in einem sehr begrenzten Anwendungsbereich ein Beitritts- 2
recht zur SPV oder PPV, ohne dass zuvor die in § 26 geregelte Vorversicherung bestanden hat. Um eine negative Risikoselektion zu vermeiden, hatte der Gesetzgeber
ursprünglich auf eine originäre freiwillige Vers ganz verzichtet. Das BVerfG (BVerfGE
103, 225 = NJW 2001, 1716) hat es jedoch als verfassungswidrig angesehen, dass dadurch auch solche Personen von der PV ausgeschlossen wurden, die im Hinblick auf
das Risiko der Pflegebedürftigkeit ebenfalls schutzbedürftig sind, beim Inkrafttreten
des SGB XI jedoch nicht (gesetzlich oder privat) krankenversichert waren. Das
BVerfG gab dem Gesetzgeber zudem auf zu prüfen, ob im Hinblick auf Art. 3 Abs. 1
GG ein Beitrittsrecht zur „gesetzlichen Pflegeversicherung" auch solchen Personen
einzuräumen ist, die nach dem In-Kraft-Treten des SGB XI keinen den Zugang zur
PV begründenden Tatbestand erfüllen und im Pflegefall keinen Anspruch auf Hilfe
gegen einen Sozialleistungsträger haben.

III. Beitrittsrecht nach Abs. 1

Die Regelung in Abs. 1, deren zeitlicher Geltungsbereich bereits abgelaufen ist, 3
betraf nur Personen, die bei Einführung der PV am 1.1.1995 die Voraussetzungen
der VersPflicht oder Mitversicherung in der SPV oder PPV nicht erfüllten. Abs. 1
Satz 2 hat von vornherein Personen ausgenommen, die laufende Hilfe zum Lebensunterhalt nach dem BSHG (bzw. seit 1.1.2005 nach dem SGB XII) erhielten, weil
ihr Schutz durch die Sozialhilfe sicher gestellt wurde. Der Beitritt konnte durch bloße
Beitrittserklärung gegenüber einer PK oder einem VersUnternehmen der PKV bewirkt werden; diese unterlagen einem Kontrahierungszwang. Die Erklärung musste
schriftlich, spätestens bis zum 30.6.2002, erfolgen. Der VersBeginn trat dann rückwirkend zum 1.4.2001 ein. Bei einem Beitritt zu einem VersUnternehmen der PPV
kamen die (günstigeren) Konditionen des § 110 Abs. 1 zur Anwendung.

IV. Beitrittsrecht nach Abs. 2

Der von Abs. 2 erfasste Personenkreis unterscheidet sich von demjenigen des 4
Abs. 1 nur dadurch, dass bei ihm die Voraussetzungen der VersPflicht oder Mitversicherung in der SPV oder PPV nicht bei Einführung der PV fehlten, sondern in der
nachfolgenden Zeit bis zum Ende des Jahres (2001), in dem die Entscheidung des
BVerfG ergangen ist. Diejenigen, die in dieser Zeit ohne zwingenden Grund eine
private KV oder PV aufgegeben oder von einer möglichen WeiterVers in der GKV
oder SPV keinen Gebrauch gemacht haben, werden in Abs. 2 Satz 2 vom Beitrittsrecht ausgeschlossen. Im Übrigen galten die zu Abs. 1 beschriebenen Voraussetzungen und Rechtsfolgen; bei einem Beitritt zu einem VersUnternehmen der PPV kam

Udsching 177

§ 27 Drittes Kapitel. Versicherungspflichtiger Personenkreis

allerdings § 110 Abs. 3 zur Anwendung. Auch hier musste die Beitrittserklärung bis zum 30.6.2002 abgegeben werden.

V. Beitrittsrecht nach Abs. 3

5 Das in Abs. 3 geregelte Beitrittsrecht kann weiterhin ausgeübt werden. Beitrittsberechtigt sind zwei Personenkreise: Zuwanderer und Auslandsrückkehrer, die bei einer Wohnsitznahme im Inland keinen Versicherungspflicht-Tatbestand des SGB XI erfüllen und das 65. Lebensjahr noch nicht vollendet haben; die Staatsangehörigkeit ist nicht maßgebend. Daneben sind Personen beitrittsberechtigt, bei denen die Ausschlussgründe des Abs. 1 Satz 2 (Bezug von laufender Hilfe zum Lebensunterhalt nach SGB XII oder Unvermögen, Beiträge zur PV zu zahlen) nachträglich entfallen sind. Die in den Abs. 1 und 2 genannten Ausschlussgründe, vor allem eine nicht wahrgenommene Möglichkeit, der PV anzugehören, gelten auch für den von Abs. 3 erfassten Personenkreis. Nach Abs. 3 Satz 2 ist der Beitritt fristgebunden: drei Monate nach Wohnsitznahme oder Wegfall von Ausschlussgründen. Leistungsansprüche setzen auch bei einem Beitritt nach § 26a voraus, dass im Zeitpunkt der Antragstellung die in § 33 Abs. 2 festgesetzten Vorversicherungszeiten erfüllt sind.

§ 27 Kündigung eines privaten Pflegeversicherungsvertrages

¹Personen, die nach den §§ 20 oder 21 versicherungspflichtig werden und bei einem privaten Krankenversicherungsunternehmen gegen Pflegebedürftigkeit versichert sind, können ihren Versicherungsvertrag mit Wirkung vom Eintritt der Versicherungspflicht an kündigen. ²Das Kündigungsrecht gilt auch für Familienangehörige oder Lebenspartner, wenn für sie eine Familienversicherung nach § 25 eintritt. ³§ 5 Absatz 9 des Fünften Buches gilt entsprechend.

Inhaltsübersicht

	Rn.
I. Geltende Fassung	1
II. Entstehen des Kündigungsrechts und Normzweck	2
III. Ausüben des Kündigungsrechts	4
IV. Pflicht zum erneuten Abschluss eines PPV-Vertrages	6

I. Geltende Fassung

1 Die Vorschrift wurde mWv 1.1.1995 durch das PflegeVG vom 26.5.1994 (BGBl. I S. 1014) eingeführt. Die Fassung stimmte nahezu mit dem RegE überein (vgl. BT-Drucks. 12/5262, S. 18, 107; BT-Drucks. 12/5920, S. 34; BT-Drucks. 12/5952, S. 39). Satz 3 wurde durch das GKV-GesundheitsreformG vom 22.12.1999 mWv 1.1.2000 (BGBl. I S. 2626) neu angefügt. MWv 1.8.2001 wurde durch das LPartG vom 16.2.2001 (BGBl. I S. 266) Satz 2 um die Geltung des Kündigungsrechts auch für Lebenspartner erweitert. Durch Art. 1 Nr. 8 des PNG vom 23.10.2012 (BGBl. I S. 2246) wurde mWv 30.10.2012 in Satz 3 Abs. 10 durch Absatz 9 ersetzt. Dies ist eine bloße redaktionelle Änderung (vgl. BT-Drucks. 17/9369, S. 40).

II. Entstehen des Kündigungsrechts und Normzweck

Das Recht zur Kündigung eines PPV-Vertrages entsteht nach Satz 1 mit dem **Eintritt der VersPfl in der SPV** nach § 20 oder § 21 der bislang privat pflegeversicherten Person. § 20 Abs. 1 macht die VersPfl in der SPV von der VersPfl in der GKV abhängig. Die Tatbestände, die zu dem Eintritt der VersPfl führen, sind daher mit denen des § 5 Abs. 1 SGB V identisch. Auch die VersPfl nach § 20 Abs. 3 resultiert aus der freiwilligen Versicherung in der GKV nach § 9 SGB V. Der bei Eintritt dieser VersPfl bestehende PPV-Vertrag kann nach Satz 1 **außerordentlich gekündigt** werden. Das gilt auch, wenn eine Person einen der in § 21 Nr. 1–6 aufgeführten Tatbestände erfüllt und zu dem Zeitpunkt keine GKV- oder PKV-Versicherung hat, aber gem. § 23 Abs. 4 Nr. 1 in der PPV versichert ist.

Das Kündigungsrecht bezieht sich auf die private Pflegepflichtversicherung, nicht jedoch auf private Pflege-Zusatzversicherungen. Es steht dem Versicherungsnehmer zu (vgl. § 13 Abs. 1 MB/PPV). Nach Satz 2 entsteht ein solches Kündigungsrecht auch mit dem **Eintritt einer FamVers nach § 25** für FamAngehörige oder Lebenspartner. Durch die Einräumung des Kündigungsrechts haben die bislang in der PPV versicherten Personen die Möglichkeit, einer **Doppelversicherung** zu entgehen (so auch BT-Drucks. 12/5262, S. 107). Gem. § 14 Abs. 2 MB/PPV 2015 kann auch der Versicherer den PPV-Vertrag kündigen, wenn die Versicherungspflicht in der SPV nach § 20 oder § 21 eingetreten ist.

III. Ausüben des Kündigungsrechts

Mit Entstehen des Kündigungsrechts hat der Versicherungsnehmer die Möglichkeit, es für die versicherte Person auszuüben (s. § 13 Abs. 1 MB/PPV). Eine Pflicht zur Kündigung kann dem Wortlaut („können") nicht entnommen werden. Allerdings ist eine Doppelversicherung wegen der doppelten Prämien- bzw. Beitragsbelastung und des Bereicherungsverbots nach § 200 VVG, § 5 Abs. 4 MB/PPV 2015 für den Versicherungsnehmer eher nachteilig (so auch *Voit*, in: Prölss/Martin, Versicherungsvertragsgesetz, 28. Aufl. 2010, § 205 Rn. 16). Das Kündigungsrecht ist ein außerordentliches (vgl. BT-Drucks. 12/5262, S. 154). Erfolgt die Kündigung nach Eintritt der VersPfl bzw. FamVers, handelt es sich nach Satz 1, 2 um eine **rückwirkende Kündigung** zum Eintritt der VersPfl nach § 20 oder § 21 oder der FamVers nach § 25.

Die Ausübung des Kündigungsrechts ist **zeitlich nicht begrenzt**. Die Möglichkeit der rückwirkenden Kündigung kann jedoch nicht unbegrenzt gegeben sein. In dieser Hinsicht ist die Vorschrift zusammen mit **§ 205 Abs. 2 VVG** zu lesen (vgl. BSG, Urteil v. 29.11.2006, B 12 P 1/05 R = BSGE 97, 285 ff., Rn. 10). § 205 Abs. 2 VVG sieht die Möglichkeit der außerordentlichen Kündigung einer Krankenversicherung, einer Pflegekrankenversicherung nach § 192 Abs. 6 VVG, zu der auch die PPV gehört, oder einer entsprechenden Anwartschaftsversicherung vor, wenn für die versicherte Person die VersPfl in der GKV oder SPV eintritt. Nach § 205 Abs. 2 Satz 1, 2, 3, 5 VVG kann der Versicherungsnehmer binnen drei Monaten nach Eintritt der VersPfl der versicherten Person in der GKV oder SPV oder des Anspruchs der FamVers den PKV-Vertrag rückwirkend zum Eintritt der VersPfl kündigen. Wirksam ist diese Kündigung jedoch nur, wenn der Versicherungsnehmer innerhalb von zwei Monaten, nachdem ihn der Versicherer dazu in Textform aufgefordert hat, diesem den Eintritt der Versicherungspflicht nachweist (§ 205 Abs. 2 Satz 2 VVG). Eine **spätere Kündigung** ist nach § 205 Abs. 2 Satz 4 VVG **nicht mehr rückwirkend**, sondern wird zum Ende des Monats wirksam, in dem der Versicherungsnehmer den Eintritt der VersPfl nachweist. Dies sieht § 13 Abs. 1 MB/PPV entsprechend für die Kündigung des PPV-Vertrages vor.

IV. Pflicht zum erneuten Abschluss eines PPV-Vertrages

6   Durch die entsprechende Anwendbarkeit des § 5 Abs. 9 SGB V nach Satz 3 wird dem Grundsatz „Pflegeversicherung folgt Krankenversicherung" Rechnung getragen. § 5 Abs. 9 SGB V verpflichtet die privaten KV-Unternehmen in bestimmten Fallkonstellationen nach Kündigung des PKV-Vertrages durch den Versicherungsnehmer zum erneuten Abschluss eines KV-Vertrages zu den ursprünglich vereinbarten Bedingungen. Somit gilt nach Satz 3 bei Kündigung des PPV-Vertrages durch den Versicherungsnehmer nach Satz 1 oder 2: kommt die Versicherung in der SPV nach §§ 20, 21 oder 25 nicht zustande, besteht für das private VersUnternehmen, bei dem der gekündigte PPV-Vertrag bestand, eine **Pflicht zum erneuten Abschluss eines PPV-Vertrages.** Voraussetzung ist allerdings, dass der PPV-Vertrag vor seiner Kündigung mindestens fünf Jahre ununterbrochen bestanden hat (s. § 5 Abs. 9 Satz 1 SGB V). Wenn die Versicherung nach §§ 5 oder 10 SGB V endet, bevor die Vorversicherungszeit nach § 9 SGB V erfüllt ist, ist das PKV-Unternehmen verpflichtet, einen KV-Vertrag und dem folgend, einen PPV-Vertrag erneut abzuschließen. Aus dem Verweis auf § 5 Abs. 9 SGB V ergeben sich die einzelnen Voraussetzungen, der Vertragsbeginn des neuen PPV-Vertrages und die zeitliche Begrenzung der Pflicht zum erneuten Abschluss eines PPV-Vertrages.

Viertes Kapitel. Leistungen der Pflegeversicherung

Vorbemerkungen zu §§ 28 bis 45f

Inhaltsübersicht

	Rn.
I. Übersicht	1
II. Allgemeine Grundsätze des Leistungsrechts	2
1. Sachleistungsprinzip	2
2. Leistungsart	4
3. Kombinationsleistungen	5
4. Leistungshöhe	6
III. Dauer der Leistung	11
IV. Betreuungspflichten der Pflegekassen	13
V. Übergangsrecht	14
VI. Inkrafttreten des Leistungsrechts	15

I. Übersicht

Im 4. Kapitel des SGB XI (§§ 28 bis 45 f) sind die **Leistungen der PV** geregelt. § 28 **1** enthält eine **Übersicht** über die möglichen Leistungen und allgemeinen Grundsätze der Leistungserbringung. In den **§§ 29 bis 35** (Zweiter Abschnitt des Vierten Kapitels) sind die für alle Leistungen geltenden **allgemeinen Vorschriften** enthalten; insb. die Grundsätze, die die PKen bei der Leistungsgewährung zu beachten haben (z. B. das Wirtschaftlichkeitsgebot – § 29 und der Grundsatz des Vorrangs der Reha vor Pflege – § 31) sowie die formalen Leistungsvoraussetzungen (Antragsprinzip, VorVersZeiten – § 33) und das Ruhen bzw Erlöschen von Leistungsansprüchen (§§ 34, 35). In den **§§ 36 bis 43** sowie **45 a** und **b** wird der **Inhalt der Leistungen** an Pflegebedürftige im Einzelnen geregelt. Bei **häuslicher Pflege** kann der Pflegebedürftige alternativ Pflegesachleistung (§ 36) oder Pflegegeld für selbstbeschaffte Pflegehilfen (§ 37) oder eine Kombination beider Leistungsarten (§ 38) in Anspruch nehmen. **Pflegesachleistung** bedeutet, dass die häusliche Pflegehilfe auf Veranlassung der PK durch geeignete Pflegekräfte erbracht wird. Der **Umfang der Leistungen** ist wie beim Pflegegeld von der nach §§ 14, 15 zu ermittelnden Stufe der Pflegebedürftigkeit abhängig. Bei **Verhinderung** der selbst beschafften Pflegeperson kann der Pflegebedürftige die Kosten einer notwendigen Ersatzpflege beanspruchen (§ 39). Daneben erhält er bei Bedarf **Pflegehilfsmittel** sowie **technische Hilfen** in seinem Haushalt oder Zuschüsse für eine pflegegerechte **Verbesserung des Wohnumfeldes** (§ 40). In den **§§ 41 bis 43** sind unterschiedliche Formen der **stationären Pflege** vorgesehen. Hierzu zählen Tages- und Nachtpflege (§ 41), Kurzzeitpflege (§ 42) und vollstationäre Pflege (§ 43). Darüber hinaus sieht § 44 **Leistungen für nichterwerbsmäßige Pflegepersonen** (i. S. von § 19) vor. Für sie entrichten die Träger der PV Beiträge zur GRV und gewährleisten ihren UV-Schutz (§ 44). Schließlich müssen die PKen nach § 45 Pflegekurse für Angehörige und ehrenamtliche Pflegepersonen anbieten. Durch das PflegeWEG sind zusätzliche Leistungen an Pflegepersonen hinzu gekommen: Nach § 44a können Pflegepersonen, die nach dem PflegezeitG ihre Beschäftigung ganz oder erheblich einschränken und dadurch ihren KV-Schutz einbüßen, Zuschüsse zu ihrer KV und PV erhalten; darüber hinaus werden nunmehr ehrenamtliche Strukturen und Selbsthilfe aus

Vor §§ 28–45f Viertes Kapitel. Leistungen der Pflegeversicherung

Beitragsmitteln der PV gefördert (§ 45d). Bereits durch das PflEG war in § 45c die Grundlage für eine Förderung neuer Versorgungsstrukturen insbesondere für Demenzkranke geschaffen worden. Durch das PNG wurde in § 45e eine zeitlich befristete Anschubfinanzierung zur Gründung von ambulant betreuten Wohngruppen eingeführt. In Art. 8 Nr. 3 des Gesetzes zur besseren Vereinbarkeit von Familie, Pflege und Beruf (vom 23.12.2014, BGBl. I S. 2462) wurde durch § 44a Abs. 3 ein Pflegeunterstützungsgeld als Lohnersatzleistung bei kurzzeitiger Arbeitsverhinderung wegen Klärung der Pflegesituation von Angehörigen neu konzipiert.

II. Allgemeine Grundsätze des Leistungsrechts

1. Sachleistungsprinzip

2   Die Leistungen der SPV werden dem Versicherten grundsätzlich als Sach- oder Dienstleistungen (Naturalleistungen) zur Verfügung gestellt; nur bei der häuslichen Pflege erhält er auf Antrag anstelle der Dienstleistung einen Geldbetrag (Pflegegeld), wenn er die erforderlichen Dienstleistungen selbst organisiert (§ 37). Im Grundsatz entspricht dies dem in der GKV seit jeher geltenden Sachleistungsprinzip (vgl. Schmitt in: Schulin, HS-KV, § 28 Rn. 1ff.). Die Pflegeleistungen werden von den PKen bzw ihren Verbänden beschafft, indem sie durch Versorgungsverträge Leistungserbringer zulassen (§ 72, vgl. aber auch § 77), deren **Vergütung** auf der Grundlage einer Vergütungsregelung bzw Gebührenordnung (§§ 89, 90) **unmittelbar von der PK** und nicht von Pflegebedürftigen vorgenommen wird. Nach Feststellung der Pflegebedürftigkeit erteilt die PK dem Leistungserbringer, der vom Pflegebedürftigen (u. U. nach Beratung durch die PK) ausgewählt worden ist (§ 2), zunächst eine **Kostenzusage**. Zur Dauer der Kostenzusage vgl. unten Rn. 9. **Pflegehilfsmittel** werden, nachdem ihre Notwendigkeit von der PK überprüft worden ist (§ 40 Abs. 1 Satz 2), von Leistungserbringern, die über die Abgabe von Pflegehilfsmitteln Verträge mit den PK abgeschlossen haben, an die Pflegebedürftigen abgegeben (§ 78). Eine **Selbstbeschaffung der Pflegeleistungen durch den Pflegebedürftigen** mit anschließender Kostenerstattung ließ das SGB XI ursprünglich nur im Rahmen des § 91 zu; auch hier muss es sich jedoch um eine zugelassene Pflegeeinrichtung handeln. Erstmals mit dem PflEG wurden in §§ 45a und b zusätzliche Betreuungsleistungen für Personen mit erheblichem Betreuungsbedarf eingeführt; bei denen Aufwendungen erstattet werden; der Leistungsrahmen wurde im PflegeWEG und erneut im PNG ausgeweitet. Das **Pflegegeld ist keine Kostenerstattung,** sondern nur pauschalierter Kostenersatz; wobei die Höhe bewusst nicht an den effektiv entstehenden Kosten ausgerichtet worden ist.

3   Ein gravierender Unterschied zum Sachleistungsprinzip der GKV besteht darin, dass grundsätzlich **alle Pflegeleistungen** auf einen monatlichen Höchstbetrag **begrenzt** sind, ohne Rücksicht auf den im Einzelfall tatsächlich bestehenden Bedarf. Eine vergleichbare Leistungsbegrenzung ist in der GKV nur in einem eher peripheren Bereich, der Versorgung mit Zahnersatz (§ 30 SGB V) vorgesehen. Die Begrenzung des Leistungsrahmens tangiert die Qualifizierung der meisten Pflegeleistungen als Sachleistungen jedoch nicht. Maßgebend ist, dass die PKen innerhalb des Leistungsrahmens verpflichtet sind, den Pflegebedürftigen Pflegeleistungen zur Verfügung zu stellen und mit den Leistungserbringern abzurechnen. Das Sachleistungsprinzip wird zudem als Rechtfertigung für eine Qualitätskontrolle und Wirtschaftlichkeitsprüfung der Leistungserbringer durch die PKen bzw ihre Verbände (§§ 79, 80) gesehen. Ausfluss des Sachleistungsprinzips ist der Sicherstellungsauftrag der PKen (§§ 12 Abs. 1, 69 Abs. 1), der sie verpflichtet, eine bedarfsgerechte und gleichmäßige pflegerische Versorgung der Versicherten zu gewährleisten, die zugleich dem allgemein anerkannten Stand der medizinisch-pflegerischen Erkenntnisse entspricht. Für den Bereich der stationären Pflege ist der Sachleistungsanspruch durch die mit dem 1. SGB XI-ÄndG zunächst in Art. 49a

Vorbemerkungen **Vor §§ 28–45f**

PflegeVG und mit dem 3. SGB XI-ÄndG in § 43 Abs. 5 (vorübergehend) eingeführten Pauschbeträge erheblich modifiziert worden (vgl. unten Rn. 7). Die zunächst nur als Provisorium angesehene Lösung, deren Geltungsdauer mehrfach verlängert wurde, ist durch das PflegeWEG als Dauerlösung in § 43 Abs. 2 aufgenommen worden.

2. Leistungsart

Hinsichtlich der **Wahl der Leistungsart** – ambulante Pflege (in der Form der häuslichen Pflege als Sachleistung oder des Pflegegeldes) oder stationäre Pflege (teil- oder vollstationäre Pflege) – garantiert das SGB XI das **Selbstbestimmungsrecht des Pflegebedürftigen** (§ 2). Die Leistungsart hängt nicht von der Pflegestufe ab, der er zugeordnet ist. Die Pflegestufe ist allein für die Höhe der Leistung innerhalb der jeweiligen Leistungsart maßgebend. Dies gilt auch für die vollstationäre Pflege, die nicht verweigert werden kann, wenn häusliche Pflege objektiv möglich ist. Die Leistungen sind in diesem Fall jedoch auf den Rahmen begrenzt, der für die häusliche Pflegehilfe als Sachleistung vorgesehen ist (§ 43 Abs. 4 iVm. § 36 Abs. 3). Im 1. SGB XI-ÄndG wurde mit § 43a eine weitere Leistungsart begründet: Findet die Pflege in vollstationären Einrichtungen der Behindertenhilfe statt, erbringt die PV zum Ausgleich der pflegebedingten Aufwendungen eine pauschale Geldleistung. 4

3. Kombinationsleistungen

Das Gesetz lässt Kombinationen der verschiedenen Formen von Pflegeleistungen zu: § 38 regelt ausdrücklich eine Kombination der Leistungen bei ambulanter Pflege. Nimmt der Pflegebedürftige die häusliche Pflegehilfe in der Form der Sachleistung nicht in dem Umfang in Anspruch, der ihm auf Grund der Pflegestufe zusteht, so erhält er daneben ein anteiliges Pflegegeld (vgl. die Anmerkungen zu § 38). **§ 41 Abs. 3** sieht eine Kombination von teilstationärer und ambulanter Pflege vor: Der Pflegebedürftige kann Tages- und/oder Nachtpflege in Anspruch nehmen und daneben Pflegegeld erhalten oder Pflegesachleistung bis zur Höhe der in § 36 Abs. 3 genannten Grenzwerte beanspruchen, ohne dass eine Anrechnung auf diese Ansprüche erfolgt (Änderungen von § 41 Abs. 3 durch Art. 1 Nr. 11b PSG I). Eine besondere Form der Kumulation von Leistungen bei häuslicher Pflege ist im Rahmen von **§ 39** möglich: Bei Verhinderung einer Pflegeperson wegen Erholungsurlaubs, Krankheit oder aus anderen Gründen übernimmt die PK die Kosten einer notwendigen Ersatzpflege für längstens sechs Wochen je Kalenderjahr auch dann, wenn der Pflegebedürftige daneben im höchstzulässigen Umfang Pflegesachleistung oder teilstationäre Pflege erhält (vgl. die Anmerkungen zu § 39). 5

4. Leistungshöhe

Die Höhe der Pflegeleistungen ist bei allen Leistungsarten **begrenzt.** Kann der Bedarf des Pflegebedürftigen damit nicht gedeckt werden, so muss er eigene Mittel oder Leistungen der Sozialhilfe in Anspruch nehmen. Nimmt der Pflegebedürftige von einer zugelassenen Pflegeeinrichtung, die keine Vergütungsregelung mit den Pflegekassen abgeschlossen hat, Pflegeleistungen in Anspruch, so ist wegen der nicht gedeckten Kosten ein Rückgriff auf die Sozialhilfe ausgeschlossen (§ 91 Abs. 2 Satz 3). 6

Bei den Leistungen zur ambulanten Pflege und bei der teilstationären Pflege hängt die Höhe der Leistungen von der **Pflegestufe** ab, der der Pflegebedürftige zugeordnet ist. Die Leistungen bei häuslicher Pflege sind durch Art. 1 Nr. 16ff. PflegeWEG (vom 28.5.2008, BGBl. I S. 874) durchgehend, die Leistungen bei stationärer Pflege nur in Pflegestufe III sowie bei Härtefällen angehoben worden. Auch von den Anhebungen für 2009 und 2010 waren die unteren Pflegestufen der stationären Pflege ausgenommen. Der Gesetzgeber setzte damit eine Empfehlung der Rürup-Kommission 7

Udsching 183

Vor §§ 28–45f   Viertes Kapitel. Leistungen der Pflegeversicherung

um, die sogar eine Absenkung der Leistungssätze der Pflegestufen I und II bei stationärer Pflege auf die Höchstgrenzen der Pflegesachleistung bei häuslicher Versorgung (§ 36) empfohlen hatte, um Fehlanreize zu vermeiden und dem gesetzlich postulierten Vorrang der häuslichen Pflege wieder Geltung zu verschaffen. Leistungsverbesserungen ab 2013 hat der Gesetzgeber im PNG für Personen mit eingeschränkter Alltagskompetenz als Übergangsregelungen in §§ 123, 124 festgelegt.

8   Nach der Anpassung der Leistungsbeträge durch das PSG I (mWv 1.1.2015) ergeben sich aus den §§ 36, 37, 41, 43 sowie den Übergangsregelungen in § 123 Abs. 3 und 4 die nachfolgend aufgeführten Gesamtbeträge:

	Pflegesachleistung	Pflegegeld	teilstationäre Pflege	vollstationäre Pflege
Stufe I	689 €	316 €	468 €	1064 €
Stufe II	1298 €	545 €	1144 €	1330 €
Stufe III	1612 €	728 €	1612 €	1612 €
Härtefall	1995 €	keine Erhöhung	keine Erhöhung	1995 €

9   Bei vollstationärer Pflege sollten nach der ursprünglichen Gesetzesfassung pflegebedingte Aufwendungen unabhängig von der Pflegestufe bzw Pflegeklasse (vgl. § 84 Abs. 2 Satz 2) bis zu 2800 DM/1432 € (in Härtefällen bis zu 3300 DM/1688 €) monatlich von der Pflegekasse übernommen werden, soweit die vollstationäre Unterbringung erforderlich ist; andernfalls sollte ein Zuschuss in Höhe der für die jeweilige Pflegestufe vorgesehenen Pflegesachleistung gewährt werden (§ 43 Abs. 4). Die entsprechenden Regelungen sind jedoch tatsächlich seit dem Inkrafttreten der zweiten Stufe der PV am 1.7.1996 nicht angewandt worden, weil zeitgleich Übergangsvorschriften in Kraft traten (§ 1 des Art. 49a PflegeVG), die die Leistungspflicht der PK je nach Pflegestufe auf Beträge von 2000 DM/1023 € (Pflegestufe I), 2500 DM/1279 € (Pflegestufe II) und 2800 DM/1432 € (Pflegestufe III) sowie bei Härtefällen i. S. von § 43 Abs. 3 auf 3300 DM/1688 € begrenzten. Diese Leistungsgrenzen sind nach dem Auslaufen von Art. 49a PflegeVG zum 31.12.1997 durch das 3. SGB XI-ÄndG mit Wirkung vom 1.1.1998 in § 43 Abs. 5 übernommen worden, der zunächst bis zum 31.12.2001 befristet war (Art. 3 Nr. 4 GKV-Gesundheitsreformgesetz 2000). Im PflEG wurde die Befristung bis zum 31.12.2004 verlängert. In der Vorbereitung des GKV-ModernisierungsG hatte man sich zunächst darauf verständigt (BT-Drucks. 15/4751, S. 68), die Finanzverantwortung für die medizinische Behandlungspflege in stationären Pflegeeinrichtungen „erst ab 2007" auf die GKV zu übertragen; hieraus resultierte eine weitere Verlängerung der Regelung über die pauschalen Leistungssätze in Abs. 5 aF bis 30.6.2007. Zur Umsetzung der geplanten Verschiebung der Aufwendungen für medizinische Behandlungspflege in stationären Einrichtungen zur GKV ist es in der Folgezeit allerdings nicht gekommen. Mit Art. 8 Nr. 13 GKV-WSG (vom 26.3.2007, BGBl. I S. 378) wurde der als Provisorium gedachte Abs. 5 weitgehend unverändert in § 43 Abs. 2 übernommen.

10   Zur **Vermeidung von Härten** ist eine Erhöhung der für Pflegebedürftige der Pflegestufe III vorgesehenen Leistungen vorgesehen; allerdings nur bei der häuslichen Pflegehilfe in Form der Pflegesachleistung § 36 Abs. 4) und bei der vollstationären Pflege (§ 43 Abs. 3). Die Pflegekassen dürfen von dieser Ausnahmeregelung allerdings nur in einer bestimmten Anzahl von Fällen Gebrauch machen: bei der Pflegesachleistung darf bei 3 v. H., bei der vollstationären Pflege bei 5 v. H. der bei einer PK versicherten Pflegebedürftigen der Pflegestufe III ein Härtefall angenommen werden. Die hierfür von den Spitzenverbänden der PKen aufgestellten Richtlinien waren allerdings nicht geeignet, diese Ziele zu erreichen, und sind vom BSG als rechtswidrig an-

Vorbemerkungen **Vor §§ 28–45 f**

gesehen worden (BSGE 89, 44 = SozR 3-3300 § 36 Nr. 3). Mit Urteil vom 10. 4. 2008, B 3 P 4/07 R, hat das BSG erneut (wie bereits in BSGE 89, 44) die Forderung aufgestellt, dass der Anspruch auf höhere Leistungen als bei Pflegestufe III davon abhängt, dass dem Versicherten auch höhere Kosten entstanden sind als bei einer Zuordnung seines Hilfebedarfs zur Pflegestufe III.

III. Dauer der Leistung

Das SGB XI legt nicht fest, für welchen Zeitraum Leistungen zu bewilligen sind, die ihrer Natur nach für einen längeren Zeitraum benötigt werden (häusliche Pflege, Pflegegeld, stationäre Pflege). Pflegebedürftigkeit ist **grundsätzlich ein Dauerzustand,** was bereits aus § 14 Abs. 1 (Mindestdauer sechs Monate) deutlich wird (BSG, SozR 4-3300 § 14 Nr. 6 = NZS 2006, 40). Die Pflegeleistungen sind deshalb im Regelfall auf Dauer zu bewilligen; für eine abschnittsweise (etwa monatliche) Bewilligung bietet das SGB XI keine Grundlage (vgl. BSG, SozR 3-2500 § 57 Nr. 4). **Änderungen** der bei Erlass des Bewilligungsbescheides bestehenden Verhältnisse sind nach **§ 48 SGB X** zu beurteilen (eingehend hierzu: BSGE 95, 57 = SozR 4-1300 § 48 Nr. 6 = SGb 2006, 320). Soweit für eine **Befristung** ein konkreter Anlass vorlag, konnte schon nach dem ursprünglich Rechtszustand eine entsprechende Nebenbestimmung sachlich gerechtfertigt sein (§ 32 Abs. 2 SGB X). Dies konnte etwa der Fall sein, wenn im zeitlichen Zusammenhang mit der Bewilligung von Pflegeleistungen Reha-Maßnahmen eingeleitet wurden oder wenn von vornherein feststand, dass eine nichterwerbsmäßige Pflegekraft nur für einen bestimmten Zeitraum zur Verfügung stand. Mit dem PflegeWEG hat der Gesetzgeber mWv 1. 7. 2008 detaillierte Regelungen über die Befristung der Zuordnung zu einer Pflegestufe und der Leistungsbewilligung in § 33 Abs. 1 S. 4 bis 8 festgelegt. 11

Führt eine **Nachuntersuchung** durch den MD (vgl. § 18 Abs. 2 Satz 5) zu dem Ergebnis, dass der Pflegebedürftige bereits seit einem in der Vergangenheit liegenden Zeitpunkt einer höheren Pflegestufe zuzuordnen ist, so sind gem. § 48 Abs. 1 Satz 2 Nr. 1 SGB X von diesem Zeitpunkt an höhere Leistungen zu gewähren, soweit diese rechtzeitig beantragt wurden (vgl. § 33 Rn. 3). Hat der Pflegebedürftige in der Zwischenzeit zusätzliche Pflegeleistungen auf eigene Kosten in Anspruch genommen, sind diese zu erstatten. 12

IV. Betreuungspflichten der Pflegekassen

Der PK obliegen gegenüber den Pflegebedürftigen, u. U. auch gegenüber sonstigen Versicherten zur Vermeidung von Pflegebedürftigkeit, Betreuungspflichten, die über die Gewährung der in den §§ 36 bis 45 aufgeführten Leistungen erheblich hinausgehen. Sie ergaben sich schon nach der ursprünglichen Rechtslage insbesondere aus § 7 Abs. 2 und § 12 Abs. 2. § 7 Abs. 2 enthielt bereits in der ursprünglichen Fassung des SGB XI spezielle Unterrichtungs- und Beratungspflichten, die sich auch auf Leistungen anderer Träger beziehen. Nach § 12 Abs. 2 muss die PK die für den Pflegebedürftigen zur Verfügung stehenden Hilfen koordinieren und für ein nahtloses und störungsfreies Ineinandergreifen der erforderlichen Leistungen sorgen, auch soweit es sich um gesundheitliche oder soziale Leistungen handelt, für die andere Leistungsträger zuständig sind (vgl. § 12 Rn. 7). Der durch das PflegeWEG eingeführte § 7 a enthält nunmehr einen Rechtsanspruch auf individuelle Pflegeberatung und Ausarbeitung eines auf den einzelnen Pflegebedürftigen abgestellten Versorgungsplans (vgl. hierzu § 7 a Rn. 3 ff.). 13

V. Übergangsrecht

14 Nach **Art. 45 PflegeVG** wurden Pflegebedürftige, die bis zum 31.3.1995 **Leistungen bei Schwerpflegebedürftigkeit nach den §§ 53 bis 57 SGB V** erhalten haben, ohne erneute Antragstellung mit Wirkung vom 1.4.1995 in die **Pflegestufe II** eingestuft; sie erhalten Leistungen der PV in dem Umfang, der für Pflegebedürftige i. S. des § 15 Abs. 1 Nr. 2 (Pflegestufe II) vorgesehen ist. Die PKen werden damit an die von den KKen nach den §§ 53ff. SGB V erlassenen Leistungsbescheide gebunden. Das Vorliegen der Voraussetzungen der Pflegestufe II wird unterstellt; d. h. im Zuge einer Neufeststellung kann es nur dann zu einer Herabstufung kommen, wenn sich der Pflegebedarf durch Umstände verringert hat, die nach dem 1.4.1995 eingetreten sind (BSG, Urteil vom 30.10.2001, B 3 P 7/01 R). Macht die PK nach § 48 SGB X eine wesentliche Änderung zuungunsten des Versicherten geltend, kann nicht auf die bei Erlass des Erstbescheids tatsächlich existierenden Verhältnisse abgestellt werden, weil die Leistungsbewilligung nach Pflegestufe II auf einer Fiktion beruhte (LSG Berlin-Brandenburg, Urt. vom 15.2.2012, L 27 P 26/11). Auf Antrag des Pflegebedürftigen erfolgt Einstufung in die **Pflegestufe III,** wenn festgestellt wird, dass die Voraussetzungen dieser Pflegestufe vorliegen (Art. 45 Satz 2 PflegeVG); dies setzt ein neues Feststellungsverfahren durch die PK unter Einschaltung des MD voraus. Bei einer Antragstellung bis zum 30.6.1995 erfolgte die Zuordnung zur Pflegestufe III ab dem 1.4.1995; bei späterer Antragstellung ab dem Zeitpunkt der Antragstellung.

14a Mit dem PNG hat der Gesetzgeber mWv. 1.1.2013 als **Übergangsregelungen** in §§ 123 und 124 leistungsrechtliche Verbesserungen für Personen mit erheblich eingeschränkter Alltagskompetenz sowie für Pflegebedürftige der Pflegestufen I und II eingeführt. Diese Regelungen gelten bis zum Inkrafttreten eines Gesetzes, das die Leistungsgewährung aufgrund eines neuen Pflegebedürftigkeitsbegriffs und eines entsprechenden Begutachtungsverfahrens regelt.

VI. Inkrafttreten des Leistungsrechts

15 Mit Ausnahme der vollstationären Pflege (§ 43) sind die Vorschriften des Leistungsrechts am 1.1.1995 (§§ 28 bis 35) bzw am 1.4.1995 (§§ 36 bis 42, 44 und 45) in Kraft getreten, Art. 68 Abs. 1 und 2 PflegeVG. § 43 ist durch das Ges zum Inkrafttreten der 2. Stufe der PV (vgl. § 43 Rn. 1) am 1.7.1996 in Kraft getreten. Zur Abgrenzung zwischen stationärer und ambulanter Pflege vgl. § 36 Rn. 4. Inkrafttreten der Änderungen durch das PflegeWEG: grundsätzlich am 1.7.2008 (Art. 17 PflegeWEG); Ausnahme: nach Art. 17 Abs. 3 tritt § 28 Abs. 1a (Anspruch auf Pflegeberatung nach § 7a) am 1.1.2009 in Kraft.

Erster Abschnitt. Übersicht über die Leistungen

§ 28 Leistungsarten, Grundsätze

(1) **Die Pflegeversicherung gewährt folgende Leistungen:**
1. **Pflegesachleistung (§ 36),**
2. **Pflegegeld für selbst beschaffte Pflegehilfen (§ 37),**
3. **Kombination von Geldleistung und Sachleistung (§ 38),**
4. **häusliche Pflege bei Verhinderung der Pflegeperson (§ 39),**
5. **Pflegehilfsmittel und wohnumfeldverbessernde Maßnahmen (§ 40),**
6. **Tagespflege und Nachtpflege (§ 41),**

Leistungsarten, Grundsätze **§ 28**

7. Kurzzeitpflege (§ 42),
8. vollstationäre Pflege (§ 43),
9. Pflege in vollstationären Einrichtungen der Hilfe für behinderte Menschen (§ 43 a),
10. Leistungen zur sozialen Sicherung der Pflegepersonen (§ 44),
11. zusätzliche Leistungen bei Pflegezeit und kurzzeitiger Arbeitsverhinderung (§ 44a),
12. Pflegekurse für Angehörige und ehrenamtliche Pflegepersonen (§ 45),
13. zusätzliche Betreuungs- und Entlastungsleistungen (§ 45b),
14. Leistungen des Persönlichen Budgets nach § 17 Abs. 2 bis 4 des Neunten Buches,
15. zusätzliche Leistungen für Pflegebedürftige in ambulant betreuten Wohngruppen (§ 38a).

(1a) Versicherte haben gegenüber ihrer Pflegekasse oder ihrem Versicherungsunternehmen Anspruch auf Pflegeberatung (§ 7a).

(1b) ¹Bis zum Erreichen des in § 45e Absatz 2 Satz 2 genannten Zeitpunkts haben Pflegebedürftige unter den Voraussetzungen des § 45e Absatz 1 Anspruch auf Anschubfinanzierung bei Gründung von ambulant betreuten Wohngruppen. ²Versicherte mit erheblich eingeschränkter Alltagskompetenz haben bis zum Inkrafttreten eines Gesetzes, das die Leistungsgewährung aufgrund eines neuen Pflegebedürftigkeitsbegriffs und eines entsprechenden Begutachtungsverfahrens regelt, Anspruch auf verbesserte Pflegeleistungen (§ 123).

(2) Personen, die nach beamtenrechtlichen Vorschriften oder Grundsätzen bei Krankheit und Pflege Anspruch auf Beihilfe oder Heilfürsorge haben, erhalten die jeweils zustehenden Leistungen zur Hälfte; dies gilt auch für den Wert von Sachleistungen.

(3) Die Pflegekassen und die Leistungserbringer haben sicherzustellen, daß die Leistungen nach Absatz 1 nach allgemein anerkanntem Stand medizinisch-pflegerischer Erkenntnisse erbracht werden.

(4) ¹Die Pflege soll auch die Aktivierung des Pflegebedürftigen zum Ziel haben, um vorhandene Fähigkeiten zu erhalten und, soweit dies möglich ist, verlorene Fähigkeiten zurückzugewinnen. ²Um der Gefahr einer Vereinsamung des Pflegebedürftigen entgegenzuwirken, sollen bei der Leistungserbringung auch die Bedürfnisse des Pflegebedürftigen nach Kommunikation berücksichtigt werden.

Inhaltsübersicht

	Rn.
I. Geltende Fassung	1
II. Normzweck	2
III. Leistungskatalog (Abs. 1)	3
IV. Anspruch auf Pflegeberatung (Abs. 1a)	4
V. Ambulant betreute Wohngruppen, Versicherte mit eingeschränkter Alltagskompetenz (Abs. 1b)	4a
VI. Leistungsumfang bei beihilfeberechtigten Mitgliedern der SPV (Abs. 2)	5
VII. Qualität der Leistungen (Abs. 3)	9
VIII. Ziel der Pflegeleistungen (Abs. 4 Satz 1)	13
IX. Berücksichtigung von Kommunikationsbedürfnissen (Abs. 4 Satz 2)	15

§ 28 Viertes Kapitel. Leistungen der Pflegeversicherung

I. Geltende Fassung

1   Die Vorschrift ist mWv 1.1.1995 durch Art. 1 PflegeVG eingeführt worden. Abs. 1, 3 und 4 entsprechen der Fassung des RegE, vgl. Begr. des RegE, S. 107 f. Abs. 2 wurde aufgrund der Beschlussempfehlung des AuS-Ausschusses eingefügt (BT-Drucks. 12/5920, S. 34 f.), zur Begr. vgl. BT-Drucks. 12/5952, S. 39. Durch das 1. SGB XI-ÄndG wurde der Katalog der Leistungen der PV in Abs. 1 ergänzt um die auf Veranlassung der Bundesländer im Vermittlungsausschuss eingefügte Leistung „Pflege in vollstationären Einrichtungen der Behindertenhilfe (§ 43a)", vgl. hierzu unten § 43a. Die bisherigen Nummern 9 und 10 wurden hierdurch Nummern 10 und 11; Nr. 9 wurde durch Art. 10 Nr. 12 SGB IX an die Diktion des SGB IX angepasst. Die jetzige Nr. 14 wurde durch Art. 10 Nr. 4 des G vom 27.12.2003 (seinerzeit als Nr. 12) eingefügt. Durch Art. 1 Nr. 12 PflegeWEG wurden folgende Änderungen vorgenommen: Nr. 11 wurde neu eingefügt, die bisherige Nr. 11 wurde Nr. 12, Nr. 13 wurde neu eingefügt, die bisherige Nr. 12 wurde Nr. 14, Abs. 1a wurde neu eingefügt. Das PNG hat folgende Änderungen gebracht: Abs. 1 Nr. 5 wurde redaktionell geändert, Abs. 1 Nr. 15 und Abs. 1a wurden eingefügt. Im PSG I wurde Abs. 1 Nr. 13 redaktionell geändert.

II. Normzweck

2   **Abs. 1** enthält einen **Überblick über die Leistungen der PV;** die Aufstellung hat für die SPV abschließenden Charakter, soweit es um die eigentlichen Pflegeleistungen geht (zu Nebenleistungen und Reha vgl. unten Rn. 3); wegen § 23 Abs. 1 Satz 2 legt sie zugleich den **Mindeststandard für die PPV** fest. Es handelt sich um eine Einweisungsvorschrift, die – wie etwa § 11 Abs. 1 SGB V für die GKV – nur informatorischen Charakter hat, ohne selbst bereits Ansprüche zu begründen. Die Leistungsvoraussetzungen ergeben sich aus den nachfolgenden Vorschriften des Vierten Kapitels, insb. denen des dritten und vierten Abschnitts (§§ 36–45) sowie aus den Vorschriften über den leistungsberechtigten Personenkreis (insb. §§ 14 und 15). **Abs. 2** beschränkt die **Leistungsansprüche** von Beihilfeberechtigten, die in der SPV versichert sind. **Abs. 3 und 4** enthalten **allgemeine Grundsätze** über den Inhalt der Leistungen der PV: diese müssen dem allgemein anerkannten Stand medizinisch-pflegerischer Erkenntnisse entsprechen (Abs. 3) und die Aktivierung des Pflegebedürftigen zum Ziel haben (Abs. 4 Satz 1). Bei der Leistungserbringung soll zudem das Bedürfnis nach Kommunikation Berücksichtigung finden (Abs. 4 Satz 2).

III. Leistungskatalog (Abs. 1)

3   Die Aufstellung enthält keine Nebenleistungen, die die PK vor allem in Form spezieller Aufklärung und Beratung gegenüber den Versicherten und ihren Angehörigen zu erbringen hat (§§ 7, 7a). Sie erfasst allein die eigentlichen Pflegeleistungen. Es fehlen auch die Leistungen zur Reha, die bei Eilbedürftigkeit vorläufig von der PK zu erbringen sind (§ 32). Der Inhalt der im Katalog aufgeführten Leistungen ergibt sich aus den §§ 36 ff., die im Einzelfall durch allgemeine Grundsätze ergänzt werden, wie sie in § 2 (Selbstbestimmung), § 3 (Vorrang der häuslichen Pflege), § 4 und § 29 (Wirtschaftlichkeitsgebot) festgelegt sind.

IV. Anspruch auf Pflegeberatung (Abs. 1a)

4   Die mit dem PflegeWEG eingefügte Regelung hat vor allem klarstellende Funktion. Sie macht deutlich, dass der Gesetzgeber dem Rechtsanspruch auf Pflegebera-

Leistungsarten, Grundsätze **§ 28**

tung nach § 7a, der zum 1.1.2009 eingeführt worden ist, besondere Bedeutung beimisst. Grundlegend neu ist dieser Anspruch nicht; er bestand zuvor bereits auf der Grundlage des § 7 (BSGE 89, 50, 55 = SozR 3-3300 § 12 Nr. 1), wurde von den PKen aber kaum erfüllt. Zur Pflegeberatung zählt auf der Grundlage des § 7a jetzt auch eine individuelle Versorgungsplanung; vgl. hierzu im Einzelnen die Kommentierung zu § 7a.

V. Ambulant betreute Wohngruppen, Versicherte mit eingeschränkter Alltagskompetenz (Abs. 1b)

Abs. 1b enthält zwei mit dem PNG eingeführte Übergangsregelungen. Satz 1 verweist (mWv 30.10.2012) auf § 45e, der eine Anschubfinanzierung bei der Gründung von ambulant betreuten Wohngruppen vorsieht, die zeitlich und im Hinblick auf die Gesamthöhe der Förderung begrenzt ist (§ 45e Abs. 2). Satz 2 nimmt (mWv 1.1.2013) auf § 123 Bezug, der – ohne zeitliche Begrenzung – den Umfang des Pflegegeldes und der Pflegesachleistung für Pflegebedürftige mit erheblich eingeschränkter Alltagskompetenz der Pflegestufen I und II erhöht und – zeitlich befristet bis zur Einführung eines neuen Pflegebedürftigkeitsbegriffs – für Versicherte mit erheblich eingeschränkter Alltagskompetenz (§ 45a), die nicht zumindest erheblich pflegebedürftig sind, Ansprüche auf Pflegegeld, Pflegesachleistung und Kombinationsleistungen neu einführt.   **4a**

VI. Leistungsumfang bei beihilfeberechtigten Mitgliedern der SPV (Abs. 2)

Die Vorschrift bezieht sich allein auf solche Personen mit Beihilfe- bzw Heilfürsorgeanspruch (vgl. hierzu § 23 Rn. 7–9), die über § 20 Abs. 3 (freiwillige Mitgliedschaft in der GKV) in der SPV verspfl sind und von der nach § 22 bestehenden Befreiungsmöglichkeit keinen Gebrauch gemacht haben. Hierzu zählen nur relativ wenige Beihilfeberechtigte; diese unterhalten wegen der nicht durch den Beihilfeanspruch abgedeckten Krankheitskosten zumeist eine private Teilkostenversicherung, mit der Folge, dass VersPfl in der PPV besteht (vgl. § 23 Abs. 3). Heilfürsorge- und beihilfeberechtigte Mitglieder der SPV erhalten von ihrem Dienstherrn keinen Beitragszuschuss, dieser übernimmt stattdessen einen Teil der Aufwendungen bei Pflegebedürftigkeit (s. § 9 BhV). Für sie gilt dafür ein um die Hälfte reduzierter Beitragssatz (§ 55 Abs. 1 Satz 2); zur Beitragstragung vgl. § 59 Abs. 4 Satz 1. Der Absenkung des Beitrags auf die Hälfte entspricht die Reduzierung der Leistungen auf die Hälfte des in den §§ 36ff. vorgesehenen Umfangs.   **5**

Der Wortlaut von Abs. 2 lässt nicht erkennen, ob die Reduzierung der Leistungen auch für **Angehörige** gilt, die nach Beihilferecht berücksichtigungsfähig sind (§ 3 BhV). Das Beihilferecht unterscheidet zwischen der beihilfeberechtigten Person (§ 2 BhV) und berücksichtigungsfähigen Angehörigen, die keinen eigenen Beihilfeanspruch haben (vgl. hierzu auch BSGE 81, 177, 179 = SozR 3-3300 § 55 Nr. 2). Das SGB XI verwendet jedoch den Begriff „Anspruch auf Beihilfe" sowohl in § 28 Abs. 2 als auch in § 23 Abs. 3 nicht in diesem engen Sinn (BSGE 81, 177, 179 = SozR 3-3300 § 55 Nr. 2). Nach der Begr. des AuS-Ausschusses (BT-Drucks. 12/5952, S. 39) gilt die Reduzierung der Leistungen auf die Hälfte auch für beitragsfrei mitversicherte Familienangehörige. Entscheidend für die Herabsetzung der Leistungen ist danach nicht der „Anspruch auf Beihilfe", sondern der Status als Familienversicherter, der sich von der StammVers des Beihilfeberechtigten ableitet. Dies ist konsequent, weil die FamilienVers sich in diesem Fall aus einer StammVers mit halbem Beitragssatz   **6**

§ 28 Viertes Kapitel. Leistungen der Pflegeversicherung

ableitet. Abs. 2 erfasst dagegen nicht diejenigen Angehörigen, die eigenständig versichert sind (s. a. BSGE 81, 177, 179 = SozR 3-3300 § 55 Nr. 2; *Leitherer*, in: KassKomm, SGB XI, § 28 Rn. 11; Rundschreiben der Spitzenverbände vom 28.10.1996, zu § 28 Ziffer 2 und Anhang 3), obwohl auch sie u. U. im oben genannten Sinn einen Anspruch auf Beihilfe haben.

7   Die **Leistungsreduzierung** auf die Hälfte erfolgt **unabhängig vom Beihilfesatz** (Bemessungssatz – § 14 BhV), der für den Beihilfeberechtigten oder seine berücksichtigungsfähigen Angehörigen jeweils gilt. Abs. 2 enthält im Hinblick auf Leistungen bei Pflegebedürftigkeit eine eigenständige Regelung des Verhältnisses von SPV und Beihilfe, die den sonst im Beihilferecht geltenden Grundsatz der Subsidiarität (§ 5 Abs. 3 BhV) verdrängt. Der Halbteilungsgrundsatz ist auch anzuwenden im Verhältnis zu Leistungen bei Pflegebedürftigkeit aus Sicherungssystemen, die gegenüber der PV vorrangig sind (z. B. die Pflegezulage nach § 35 BVG). Diese werden iR von § 34 Abs. 1 Nr. 2 zur Hälfte auf den Leistungsanspruch aus der SPV und nicht vorrangig auf die Beihilfe angerechnet (BSG, SozR 3-3300 § 34 Nr. 1). Die Auswirkungen des Halbteilungsgrundsatzes auf den Leistungsumfang der Beihilfe sind für den Umfang der Leistungen der PK unbeachtlich. Soweit im Gesetzgebungsverfahren die Auffassung geäußert wurde, die Leistungen der Beihilfe und die anteiligen Leistungen der SPV dürften zusammen die in den §§ 36 ff. vorgesehenen Höchstgrenzen nicht übersteigen, fehlt es jedenfalls für eine weitere Kürzung der Leistungen der SPV an einer Rechtsgrundlage (s. a. *Leitherer*, in: KassKomm, SGB XI, § 28 Rn. 15; *Reimer*, in: H/N, § 28 Rn. 10; *Plantholz / Pöld-Krämer*, in: LPK-SGB XI, § 28 Rn. 15). Wegen des abweichenden Systems der Berechnung der beihilfefähigen Aufwendungen (vgl. hierzu § 9 BhV; *Unverhau*, ZBR 1995, 93) kann es nur beim Pflegegeld (sog. Pauschalbeihilfe gem. § 9 Abs. 4 BhV) nicht zu einer Überschreitung der Höchstgrenzen der §§ 36 ff. kommen. Diese sind allerdings für den Beihilfeanspruch nicht verbindlich. Nach § 15 Abs. 1 Satz 1 BhV darf die Beihilfe zusammen mit den Leistungen aus einer PV lediglich die dem Grunde nach beihilfefähigen Aufwendungen nicht überschreiten. Diese Bezugsgröße ist bei Pflegesachleistungen und stationärer Pflege mit den Höchstgrenzen der PV nicht deckungsgleich. Bei einer Überschreitung der Höchstgrenzen der PV durch das Zusammentreffen von Leistungen der PV und der Beihilfe muss es deshalb nicht zwangsläufig zu einer Kürzung der Beihilfe kommen.

8   Was unter „**die jeweils zustehenden Leistungen**" zu verstehen ist, wird nicht ohne Weiteres deutlich. Abs. 2 enthält im letzten Halbsatz lediglich den Hinweis, dass die Reduzierung der Leistungen auf die Hälfte auch für den Wert von Sachleistungen gilt. Dies lässt nicht ohne Weiteres (wie *Leitherer*, in: KassKomm, SGB XI, § 28 Rn. 16 annimmt) den Schluss zu, dass jeweils nur in den Fällen eine Absenkung auf die Hälfte erfolgen darf, in denen im Gesetz Geldbeträge für den Wert von Leistungen genannt sind, wie dies in §§ 36 Abs. 3 und 4, 40 Abs. 2, 41 Abs. 2 und 43 Abs. 2 und 3 der Fall ist. Der Hinweis auf die Gleichstellung von Sachleistungen ist vielmehr als Klarstellung zu verstehen; er soll deutlich machen, dass – ausgehend von der nur hälftigen Beitragsbelastung der von Abs. 2 erfassten Personengruppe – grundsätzlich alle Leistungen aus den §§ 36 bis 43a jeweils nur zur Hälfte beansprucht werden können; s. a. Rundschreiben der Spitzenverbände (so Rn. 5). Bei den Leistungen der sozialen Sicherung der Pflegepersonen nach § 44 Abs. 1 handelt es sich nicht um Leistungen, die dem Pflegebedürftigen zustehen. Bei der Beitragspflicht zur GRV ist der Halbteilungsgrundsatz jedoch iR von § 170 Abs. 1 Nr. 6 Buchst. c SGB VI zu beachten.

VII. Qualität der Leistungen (Abs. 3)

9   Die Verpflichtung der PK und der Leistungserbringer, Leistungen nach dem anerkannten Stand der medizinisch-pflegerischen Erkenntnisse zu erbringen, dient der Sicherung der Qualität der Pflegeleistungen; für die PK ergibt sich die Pflicht bereits aus

Leistungsarten, Grundsätze **§ 28**

§ 11 Abs. 1 Satz 1. Sie ist Inhalt des Sicherstellungsauftrags der PK und muss von ihnen durch Versorgungsverträge mit den Leistungserbringern umgesetzt werden (§ 69). Auf den Anspruch des Versicherten wirkt sich diese Pflicht insoweit aus, als der Versicherte bei den Sachleistungen der PV einen Qualitätsstandard verlangen kann, der den vorgegebenen Anforderungen entspricht. Gleichzeitig wirkt sich dieser Maßstab anspruchsbegrenzend aus: Leistungen, die über den anerkannten Stand der medizinisch-pflegerischen Erkenntnisse hinausgehen, können nicht beansprucht werden (vgl. hierzu § 2 Abs. 1 Satz 3 SGB V als entsprechende Vorschrift im KV-Recht, die die Leistungspflicht der KK gegenüber den Versicherten auf anerkannte Behandlungsmethoden begrenzt).

Die durch das PQsG zum 1.1.2002 in das SGB XI eingefügten §§ 112–120 sollten **10** im Hinblick auf die Qualität der Pflege einen **überprüfbaren Mindeststandard** sicherstellen (zur rechtlichen Umsetzung von wissenschaftlich-professionellen Standards in Normen vgl. *Bieback*, Qualitätssicherung in der Pflege im Sozialrecht, 2004, 116 ff.). Die in der ursprünglichen Fassung des PQsG geregelten Instrumente der Qualitätssicherung setzten allerdings Durchführungsbestimmungen voraus, die in einer „Pflege-Prüfverordnung" geregelt werden sollten, die 2002 am Widerstand des Bundesrates gescheitert ist. Im PflegeWEG wurden die Vorschriften zur Sicherung und Entwicklung der Qualität in der Pflege in den §§ 112 ff. zusammengefasst, ergänzt und neu strukturiert. Die Regelungen sollen den Stellenwert von Qualitätssicherung und Qualitätsentwicklung für die Erbringung von Pflegeleistungen verdeutlichen. Die Verbände der Pflegekassen und der Leistungserbringer sind verpflichtet, allgemeine Grundsätze und Maßstäbe zur Sicherung und Weiterentwicklung der Pflegequalität zu vereinbaren. § 113 enthält nunmehr die zuvor in § 80 enthaltene Regelung; die Qualitätsvereinbarungen mit Pflegeeinrichtungen sind nun nach § 85 Abs. 5 und 6 Bestandteil der Pflegesatzvereinbarungen. Hierzu zählen etwa: die Anforderungen an die Pflegedokumentation sowie an Sachverständige und Prüfinstitutionen. Der Gesetzgeber misst der Qualitätssicherung vor allem deshalb eine überragende Bedeutung bei, weil sie für die Akzeptanz der Pflegeversicherung durch die Pflegebedürftigen und ihre Angehörigen von entscheidender Bedeutung sei (BR-Drucks. 718/07, S. 193, zu Nr. 69). Wird der nach § 113 vereinbarte Qualitätsstandard nicht erreicht, können die Pflegekasse (§ 115 Abs. 3) und der betroffene Pflegebedürftige (§ 5 Abs. 11 HeimG) Minderungs- oder Schadensersatzansprüche geltend machen.

Neben die eigentliche Qualitätskontrolle, die vor allem durch den MD sichergestellt **11** werden soll, tritt als gemeinsame Aufgabe der Partner der gemeinsamen Selbstverwaltung von Pflegekassen und Leistungserbringerverbänden die Fortentwicklung der Fachlichkeit der Pflege durch **Entwicklung von Qualitätsstandards**, die die bislang weitgehend inhaltslose Formel **„allgemein anerkannter Stand medizinisch-pflegerischer Erkenntnisse"**, die in qualitativer Hinsicht den Leistungsanspruch des Versicherten und zugleich die Leistungspflicht des Erbringers von Pflegeleistungen umschreibt, mit judizierbaren Maßstäben versorgen soll. Pflegekassen und Leistungserbringerverbände sollen diese Orientierung an Qualitätsinhalten in der Pflege vor allem durch die Entwicklung, Aktualisierung und Einführung von Expertenstandards (§ 113a) vorantreiben. Dies ist auch im Vergleich zur kurativen Medizin ein Novum, denn dort sind hoheitlich festgelegte Qualitätsstandards grundsätzlich das Ergebnis der in medizinischen Fachgesellschaften gewonnenen Erkenntnisse. *Igl* (SGb 2007, 381 sowie *ders.*, NJW 2008, 2214, 2217) moniert vor allem das Fehlen eines unabhängigen Instituts für Qualität, wie es im Gesundheitswesen existiert (§ 139a SGB V). Die Pflegeversicherung unternimmt nunmehr den Versuch, bei fehlender Einigung, Expertenstandards durch Schiedsverfahren festzulegen (§ 113a Abs. 1 Satz 6 iVm. § 113b).

Mit finanzieller Förderung durch das BMG wurden bislang Expertenstandards zu **12** den Themen „Dekubitusprophylaxe", „Entlassungsmanagement", „Schmerzmanagement in der Pflege", „Sturzprophylaxe", „Förderung der Harnkontinenz in der Pflege" „Pflege von Menschen mit chronischen Wunden" sowie „Ernährungsmanagement in der Pflege" erarbeitet. Auftragnehmer bei der Entwicklung, der Konsentierung und

Udsching 191

§ 28 Viertes Kapitel. Leistungen der Pflegeversicherung

der Implementierung von in der Fachwelt anerkannten Expertenstandards war das Deutsche Netzwerk für Qualitätsentwicklung in der Pflege (DNQP) als bundesweiter Zusammenschluss von Fachexperten in der Pflege (vgl. *Igl/Schiemann* (Hrsg.), Qualität in der Pflege, S. 205 ff. sowie die homepage des DNQP unter www.wiso.hs-osnabrueck.de/38092.html). Die Pflegeeinrichtungen haben diese Standards bei der Leistungserbringung zu beachten und umzusetzen. Versorgungsverträge dürfen nur mit Pflegeeinrichtungen abgeschlossen werden, die sich verpflichten, alle Expertenstandards nach § 113a anzuwenden (§ 72 Abs. 3 Satz 1 Nr. 3); werden Expertenstandards bei bestehendem Versorgungsvertrag missachtet, so ist dies ein Kündigungsgrund.

VIII. Ziel der Pflegeleistungen (Abs. 4 Satz 1)

13   Ziel der Pflegeleistungen (Abs. 4) soll auch die **Aktivierung des Pflegebedürftigen** sein **(Satz 1).** Der Gesetzgeber sieht die aktive Einbeziehung des Pflegebedürftigen als eine wesentliche Voraussetzung an, Pflegebedürftigkeit zu überwinden bzw den Pflegezustand zu verbessern oder einer Verschlimmerung vorzubeugen. Bei der Pflege gehe es nicht nur darum, die erforderlichen Pflegemaßnahmen an dem Pflegebedürftigen zu erbringen, dieser stehe vielmehr im Mittelpunkt, bei der Ausgestaltung der Pflege sei seine Persönlichkeit zu achten (BT-Drucks. 12/5262, S. 108, zu § 24 Abs. 3). Die Aktivierung des Pflegebedürftigen kann allerdings nur dann bei der Feststellung des Pflegebedarfs i. S. der §§ 14, 15 berücksichtigt werden, wenn sie sich auf eine Verrichtung aus dem Katalog des § 14 Abs. 4 bezieht. § 28 Abs. 4 erweitert diesen Katalog nicht, sondern beschreibt lediglich Maxime, die bei der Erbringung von Pflegeleistungen beachtet werden sollen. In diesem Sinn ist auch die Begr. des RegE (BT-Drucks. 12/5262 zu § 24 Abs. 3) zu verstehen.

14   Im Rahmen der §§ 14, 15 erwähnt das Gesetz die **aktivierende Pflege** nicht ausdrücklich. Das SGB XI geht jedoch insgesamt vom Leitbild der **aktivierenden Pflege** aus (vgl. *Klie,* in: LPK-SGB XI, § 15 Rn. 7). Dies verdeutlicht vor allem § 6 Abs. 2, wonach der Pflegebedürftige verpflichtet ist, an Maßnahmen der aktivierenden Pflege mitzuwirken; Pflegeeinrichtungen haben gem. § 11 Abs. 2 bei der Erbringung von Pflegeleistungen eine humane und aktivierende Pflege unter Achtung der Menschenwürde zu gewährleisten; nach § 14 Abs. 3 soll die eigenständige Übernahme der Verrichtung durch den Pflegebedürftigen insbesondere bei den Hilfearten Aufsicht und Anleitung angestrebt werden (vgl. § 14 Rn. 17). Aus dem Bekenntnis zur aktivierenden Pflege ergibt sich ein Vorrang derjenigen Formen von Hilfe, die eine eigenständige Vornahme der Verrichtungen durch den Pflegebedürftigen zum Ziel haben; zu den Auswirkungen auf den berücksichtigungsfähigen Zeitbedarf vgl. § 15 Rn. 18. Schwierig ist häufig die Abgrenzung der aktivierenden Pflege von **rehabilitativen Maßnahmen,** die auch dann nicht zu dem von der PV zu berücksichtigenden Pflegebedarf zählen, wenn sie dem Ziel dienen, den Pflegebedarf in der Zukunft zu mindern. Eine verrichtungsbezogene Anleitung oder Beaufsichtigung, die das Ziel hat, den Pflegebedürftigen zu motivieren, eine täglich wiederkehrende Verrichtung eigenständig durchzuführen, ist jedoch als aktivierende Pflege grundsätzlich berücksichtigungsfähig, und zwar auch dann, wenn der Zeitaufwand für die aktivierende Maßnahme erheblich höher ist als bei einer Übernahme der Verrichtung durch die Pflegeperson (vgl. BSG, SozR 3-3300 § 14 Nr. 9 = NZS 1999, 343, 345).

IX. Berücksichtigung von Kommunikationsbedürfnissen (Abs. 4 Satz 2)

15   Die Aufforderung, auf das Kommunikationsbedürfnis des Pflegebedürftigen einzugehen und Vereinsamungstendenzen entgegenzuwirken, richtet sich an Pflegeperso-

nen und andere Menschen in der Umgebung des Pflegebedürftigen. Die Leistungen oder der Leistungsumfang der PV sollen hierdurch offensichtlich nicht beeinflusst werden. Denn bei der Ermittlung derjenigen Verrichtungen im Ablauf des täglichen Lebens, bei denen behinderungs- oder krankheitsbedingt ein Hilfebedarf besteht, wird die **Kommunikation** ausdrücklich **ausgeklammert** (vgl. § 14 Rn. 3). Der Gesetzgeber hat dies damit begründet, dass die Kommunikation für gesunde, kranke und pflegebedürftige Menschen grundsätzlich in gleicher Weise notwendig und eine Abstufung daher nicht möglich sei (BT-Drucks. 12/5262, S. 96, zu § 12 Abs. 4 E). Nach den AuslE der PKen besteht die Aufgabe der Pflegepersonen im kommunikativen Bereich darin, sich um Gesprächsmöglichkeiten des Pflegebedürftigen mit ehrenamtlichen Kräften zu bemühen. Bei der stationären Pflege zählt die Befriedigung des Kommunikationsbedürfnisses als Bestandteil der sog. sozialen Betreuung allerdings seit der Ergänzung der §§ 41 Abs. 2, 42 Abs. 2 und 43 Abs. 2 im 1. SGB XI-ÄndG zu den Leistungen der PV.

Zweiter Abschnitt. Gemeinsame Vorschriften

§ 29 Wirtschaftlichkeitsgebot

(1) **¹Die Leistungen müssen wirksam und wirtschaftlich sein; sie dürfen das Maß des Notwendigen nicht übersteigen. ²Leistungen, die diese Voraussetzungen nicht erfüllen, können Pflegebedürftige nicht beanspruchen, dürfen die Pflegekassen nicht bewilligen und dürfen die Leistungserbringer nicht zu Lasten der sozialen Pflegeversicherung bewirken.**

(2) **Leistungen dürfen nur bei Leistungserbringern in Anspruch genommen werden, mit denen die Pflegekassen oder die für sie tätigen Verbände Verträge abgeschlossen haben.**

Inhaltsübersicht

	Rn.
I. Geltende Fassung	1
II. Normzweck	2
III. Allgemeines	3
IV. Wirtschaftlichkeitsgebot und Selbstbestimmungsrecht (§ 2)	4
V. Leistungen nur von zugelassenen Leistungserbringern (Abs. 2)	5

I. Geltende Fassung

Die Vorschrift ist mWv 1.1.1995 durch Art. 1 PflegeVG eingeführt worden. Sie **1** hat unverändert die Fassung des RegE (dort § 25); vgl. Begr. des RegE, S. 108.

II. Normzweck

Abs. 1 entspricht weitgehend § 12 Abs. 1 SGB V. Dort umfasst das Wirtschaftlich- **2** keitsgebot auch die Verpflichtung zu ausreichender Leistungsgewährung. Dies konnte in die PV nicht übernommen werden, da deren Leistungen im Gegensatz zu denen der GKV der Höhe nach begrenzt und daher im Einzelfall nicht stets bedarfsdeckend sind. Welche Bedeutung der Gesetzgeber dem Wirtschaftlichkeitsgebot beimisst, wird schon daran deutlich, dass er diesen Grundsatz auch in die Einweisungsvorschriften aufgenommen hat (§ 4 Abs. 3) und das Leistungserbringerrecht ein besonderes Verfah-

§ 29 Viertes Kapitel. Leistungen der Pflegeversicherung

ren zur Überprüfung der Wirtschaftlichkeit enthält (vgl. § 79); zur Bedeutung des Wirtschaftlichkeitsgebots im Leistungserbringerrecht vgl. *Udsching,* NZS 1999, 473, 477. Dennoch kommt dem Wirtschaftlichkeitsgebot im KV-Recht im Hinblick auf die Leistungsbegrenzung eine ungleich größere Bedeutung zu; die Leistungen der PV sind demgegenüber entweder von vornherein begrenzt oder unterliegen, wie etwa die Pflegehilfsmittel, einer speziellen Wirtschaftlichkeitsprüfung (§ 78).

III. Allgemeines

3   Die **Wirtschaftlichkeit** der Leistung bildet den Oberbegriff, der die anderen Kriterien (Wirksamkeit und Notwendigkeit) inhaltlich umfasst (BSGE 26, 16, 20 = SozR Nr. 12 zu § 368n RVO). Es handelt sich um unbestimmte Rechtsbegriffe, die in vollem Umfang gerichtlich überprüfbar sind (BSG, SozR 2200 § 182 Nr. 93). Die Wirksamkeit einer Leistung ist nach dem allgemein anerkannten Stand medizinisch-pflegerischer Erkenntnisse zu beurteilen. Ob eine Leistung notwendig ist, bestimmt sich nach dem mit ihr verfolgten pflegerischen Zweck. Anders als in der KV dürfte eine Pflegeleistung nicht erst dann **notwendig** sein, wenn sie unentbehrlich oder unvermeidlich ist (vgl. BSG, SozR 2200 § 182b Nr. 26), sondern schon dann, wenn sie die Pflegesituation spürbar verbessert.

IV. Wirtschaftlichkeitsgebot und Selbstbestimmungsrecht (§ 2)

4   Zwischen diesen Zielen des SGB XI besteht zwangsläufig eine Antinomie. § 2 Abs. 2 schränkt die Freiheit des Pflegebedürftigen bei der Ausgestaltung der Hilfe nur durch das Kriterium der Angemessenheit ein; hiermit ist offensichtlich keine andere Grenze gemeint, als sie in Abs. 1 umschrieben wird. Eine Stufenfolge der Leistungsarten je nach dem Grad der für die PK entstehenden Kosten lässt sich aus Abs. 1 nicht ableiten. Dh der Pflegebedürftige kann nicht auf die Inanspruchnahme von Pflegegeld anstelle von Pflegesachleistung verwiesen werden, wenn im häuslichen Umfeld eine Pflege durch Angehörige objektiv möglich wäre. Das Gleiche gilt für das Verhältnis von häuslicher Pflegehilfe und stationärer Pflege. Dem Selbstbestimmungsrecht des Pflegebedürftigen, das nicht nur durch § 2, sondern letztlich durch Art. 1 Abs. 1 GG geschützt wird, kommt bei der Wahl der Pflegearten, größeres Gewicht zu. Innerhalb der einzelnen Pflegearten kann sich das Wirtschaftlichkeitsgebot praktisch kaum auswirken. Die Höhe des Pflegegeldes steht mit der Zuordnung zu einer Pflegestufe fest; die Höchstsätze der vollstationären Pflege (§ 43 Abs. 1) sind so bemessen, dass für Wirtschaftlichkeitsreserven kein Raum bleibt. Bei der häuslichen Pflegehilfe als Sachleistung kann bis zur Grenze der Höchstbeträge zusätzlich anteiliges Pflegegeld beansprucht werden, wenn die Höchstbeträge durch die Sachleistung nicht ausgeschöpft werden (§ 38). Eine spezielle Ausformung des Wirtschaftlichkeitsgebots ist in **§ 91 Abs. 2** geregelt: Nehmen Pflegebedürftige eine Pflegeeinrichtung in Anspruch, die zwar zur Leistungserbringung zugelassen ist, aber keine Preisvereinbarung nach §§ 85, 89 abgeschlossen hat, so können sie nur Kostenerstattung iH von 80 v. H. der für die Sachleistung jeweils vorgesehene Beträge beanspruchen.

V. Leistungen nur von zugelassenen Leistungserbringern (Abs. 2)

5   § 72 Abs. 1 enthält eine entsprechende Regelung für die PK. Verträge haben die PK oder deren Verbände mit solchen Leistungserbringern abgeschlossen, die sie durch Versorgungsvertrag zur Leistungserbringung zugelassen haben oder mit denen nach

§ 73 Abs. 3 ein Versorgungsvertrag als abgeschlossen gilt; eine vertragliche Regelung der Vergütung ist nicht erforderlich (zur Kostenerstattung vgl. § 91 Abs. 2). Als Leistungserbringer können auch einzelne Pflegekräfte zugelassen werden (§ 77 Abs. 1). Nimmt ein Pflegebedürftiger Leistungen eines nicht zugelassenen Leistungserbringers in Anspruch, so steht ihm auch kein Anspruch auf Kostenerstattung zu. § 4 Abs. 1 Satz 1 lässt einen Kostenerstattungsanspruch nur dann zu, wenn das SGB XI dies vorsieht. Die im KV-Recht geltenden Ausnahmen vom Verbot der Kostenerstattung (§ 13 Abs. 3 SGB V: nicht rechtzeitige Erbringung unaufschiebbarer Leistungen und ungerechtfertigte Leistungsverweigerung) sind ins SGB XI nicht ausdrücklich aufgenommen worden. Es handelt sich jedoch um allgemeine Grundsätze, die auch in der SPV gelten (vgl. BSG, SozR 3-2500 § 37 Nr. 3; BSG, Urteil vom 15.11.2007, B 3 P 9/06 R, Rn. 23).

§ 30 Dynamisierung, Verordnungsermächtigung

(1) ¹Die Bundesregierung prüft alle drei Jahre, erneut im Jahre 2017, Notwendigkeit und Höhe einer Anpassung der Leistungen der Pflegeversicherung. ²Als ein Orientierungswert für die Anpassungsnotwendigkeit dient die kumulierte Preisentwicklung in den letzten drei abgeschlossenen Kalenderjahren; dabei ist sicherzustellen, dass der Anstieg der Leistungsbeträge nicht höher ausfällt als die Bruttolohnentwicklung im gleichen Zeitraum. ³Bei der Prüfung können die gesamtwirtschaftlichen Rahmenbedingungen mit berücksichtigt werden. ⁴Die Bundesregierung legt den gesetzgebenden Körperschaften des Bundes einen Bericht über das Ergebnis der Prüfung und die tragenden Gründe vor.

(2) ¹Die Bundesregierung wird ermächtigt, nach Vorlage des Berichts unter Berücksichtigung etwaiger Stellungnahmen der gesetzgebenden Körperschaften des Bundes die Höhe der Leistungen der Pflegeversicherung sowie die in § 37 Abs. 3 festgelegten Vergütungen durch Rechtsverordnung mit Zustimmung des Bundesrates zum 1. Januar des Folgejahres anzupassen. ²Die Rechtsverordnung soll frühestens zwei Monate nach Vorlage des Berichts erlassen werden, um den gesetzgebenden Körperschaften des Bundes Gelegenheit zur Stellungnahme zu geben.

Inhaltsübersicht

	Rn.
I. Geltende Fassung	1
II. Allgemeines	2

I. Geltende Fassung

Die Vorschrift ist mWv 1.1.1995 durch Art. 1 PflegeVG eingeführt worden. Der RegE enthielt als Satz 2 noch eine Vorschrift, nach der durch eine Anpassung keine Änderung des Verhältnisses zwischen den Leistungen bei häuslicher und stationärer Pflege vorgenommen werden durfte (§ 26 Satz 2 RegE). Sie wurde im Vermittlungsverfahren ohne Begründung gestrichen (BT-Drucks. 12/6424). Durch das 1. SGB XI-ÄndG wurde die VO-Ermächtigung der Bundesregierung auf die in § 37 Abs. 3 Satz 4 festgesetzten Vergütungen erweitert, die die ambulanten Pflegeeinrichtungen für Pflege-Pflichteinsätze beanspruchen können. Im PflegeWEG wurde die gesamte Vorschrift grundlegend neu gestaltet (vgl. die Begr. des RegE, BT-Drucks. 16/7439 zu Nr. 13). Im PSG I wurden die Sätze 1 bis 4 Abs. 1, die Sätze 5 und 6 Abs. 2.

1

§ 31 Viertes Kapitel. Leistungen der Pflegeversicherung

II. Allgemeines

2   Eine automatische Anpassung der Leistungen an veränderte wirtschaftliche Bedingungen war nach der ursprünglichen Fassung der Vorschrift ebenso wenig vorgesehen wie eine Überprüfung der Angemessenheit in regelmäßigen Zeitabständen. Die Höhe der Leistungen konnte danach lediglich im Rahmen des geltenden Beitragssatzes durch Rechtsverordnung angepasst werden; zur Änderung des Beitragssatzes bedarf es eines Gesetzes (§ 55 Abs. 1). Mit der Neufassung der Regelung will der Gesetzgeber sicherstellen, dass in regelmäßigen Zeitabständen geprüft wird, ob eine Dynamisierung der Leistungsbeträge notwendig ist; hierbei unterwirft sich der Gesetzgeber selbst bestimmten Prüfungsvorgaben, die von der BReg zu ermitteln sind. Damit soll erreicht werden, dass die Kaufkraft der Leistungen der PV langfristig erhalten bleibt.

3   In Sätze 2 und 3 wird die von der BReg durchzuführende Prüfung der Notwendigkeit einer Dynamisierung an feste Regeln gebunden. Sie soll sich an der kumulierten Inflationsentwicklung (Anstieg des Verbraucherpreisindexes) in den letzten drei Jahren orientieren. Hierbei soll die Entwicklung der Personalkosten im Mittelpunkt stehen, weil der durch Pflegebedürftigkeit verursachte Mehrbedarf in erster Linie durch Personalkosten bestimmt wird. Es soll deshalb sichergestellt werden, dass die Dynamisierung nicht höher ausfällt als der Anstieg der Bruttolohnentwicklung. Um selbst bei diesen noch unverbindlichen Vorgaben den Eindruck einer Anpassungsautomatik zu vermeiden, ordnet Satz 3 an, dass auch die gesamtwirtschaftlichen Rahmenbedingungen berücksichtigt werden können.

4   Die Prüfung durch die Bundesregierung wird durch einen Bericht an die gesetzgebenden Körperschaften des Bundes abgeschlossen (Satz 4). Die Durchführung der Dynamisierung kann aber, wie schon nach der ursprünglichen Fassung der Vorschrift, von der BReg selbst zum 1. Januar des Folgejahres durch RechtsVO vorgenommen werden. Hierbei kann die BReg in der RechtsVO neben dem Dynamisierungsfaktor auch die sich daraus ergebenden exakten Leistungsbeträge in der ambulanten und stationären Pflege festlegen. Vor Erlass der Rechtsverordnung soll sie jedoch zunächst mindestens zwei Monate abwarten, ob die gesetzgebenden Körperschaften des Bundes eine Stellungnahme abgeben.

5   Zum 1.1.2015 wurden die Leistungsbeträge kraft Gesetzes (Art. 1 Nr. 5 PSG I) entsprechend den genannten Vorgaben grundsätzlich um 4 Prozent angehoben. Bei Leistungen, die erst mit dem PNG (zumeist mWv. 1.1.2013) eingeführt worden sind, wurde der Anpassungssatz auf 2,67 Prozent festgelegt; damit sollte die Preisentwicklung in den Jahren 2013 und 2014 berücksichtigt werden. Die im Gesetz selbst neu ausgewiesenen Leistungsbeträge (§§ 36, 37) wurden kaufmännisch auf volle Euro gerundet. Wegen der Festsetzung der erhöhten Leistungsbeträge im Gesetz bedurfte es keiner Rechtsverordnung.

§ 31   Vorrang der Rehabilitation vor Pflege

(1) ¹**Die Pflegekassen prüfen im Einzelfall, welche Leistungen zur medizinischen Rehabilitation und ergänzenden Leistungen geeignet und zumutbar sind, Pflegebedürftigkeit zu überwinden, zu mindern oder ihre Verschlimmerung zu verhüten.** ²**Werden Leistungen nach diesem Buch gewährt, ist bei Nachuntersuchungen die Frage geeigneter und zumutbarer Leistungen zur medizinischen Rehabilitation mit zu prüfen.**

(2) **Die Pflegekassen haben bei der Einleitung und Ausführung der Leistungen zur Pflege sowie bei Beratung, Auskunft und Aufklärung mit den Trägern der Rehabilitation eng zusammenzuarbeiten, um Pflegebedürftig-**

Vorrang der Rehabilitation vor Pflege **§ 31**

keit zu vermeiden, zu überwinden, zu mindern oder ihre Verschlimmerung zu verhüten.

(3) ¹Wenn eine Pflegekasse durch die gutachterlichen Feststellungen des Medizinischen Dienstes der Krankenversicherung (§ 18 Abs. 6) oder auf sonstige Weise feststellt, dass im Einzelfall Leistungen zur medizinischen Rehabilitation angezeigt sind, informiert sie unverzüglich den Versicherten sowie mit dessen Einwilligung den behandelnden Arzt und leitet mit Einwilligung des Versicherten eine entsprechende Mitteilung dem zuständigen Rehabilitationsträger zu. ²Die Pflegekasse weist den Versicherten gleichzeitig auf seine Eigenverantwortung und Mitwirkungspflicht hin. ³Soweit der Versicherte eingewilligt hat, gilt die Mitteilung an den Rehabilitationsträger als Antragstellung für das Verfahren nach § 14 des Neunten Buches. ⁴Die Pflegekasse ist über die Leistungsentscheidung des zuständigen Rehabilitationsträgers unverzüglich zu informieren. ⁵Sie prüft in einem angemessenen zeitlichen Abstand, ob entsprechende Maßnahmen durchgeführt worden sind; soweit erforderlich, hat sie vorläufige Leistungen zur medizinischen Rehabilitation nach § 32 Abs. 1 zu erbringen.

Inhaltsübersicht

	Rn.
I. Geltende Fassung	1
II. Normzweck	2
III. Vorrang von Rehabilitationsmaßnahmen (Abs. 1)	3
IV. Zusammenwirken mit den Rehabilitationsträgern (Abs. 2)	4
V. Aktivitäten der Pflegekassen bei angezeigter Rehabilitation (Abs. 3)	5
VI. Unterstützung bei der Inanspruchnahme von Rehabilitationsleistungen	6

I. Geltende Fassung

Die Vorschrift ist mWv 1.1.1995 durch Art. 1 PflegeVG eingeführt worden. Sie **1** hat unverändert die Fassung des RegE (dort § 27); vgl. Begr. des RegE, S. 109. Durch Art. 10 Nr. 13 SGB IX wurde die Formulierung der Vorschrift an den Sprachgebrauch des SGB IX angepasst (in Abs. 1, 3 und 4: statt „Rehabilitation" „medizinische Rehabilitation"). Durch Art. 1 Nr. 14 PflegeWEG wurde Abs. 3 weitgehend neu gefasst; zugleich wurde der bisherige Abs. 4 aufgehoben, weil sein Regelungsgehalt in den des Abs. 3 einbezogen wurde.

II. Normzweck

Der Vorrang von Reha und Prävention vor Pflege ist schon in den Einweisungs- **2** vorschriften (§ 5) festgelegt. Während sich § 5 primär an die PK und die für die Leistungsgewährung zuständigen Leistungsträger wendet, wirkt sich § 31 unmittelbar auf den Leistungsanspruch des Versicherten aus: Werden Pflegeleistungen nach den §§ 36ff. beantragt, hat die PK vorrangig zu prüfen, ob RehaLeistungen in Betracht kommen, die geeignet und zumutbar sind, Pflegebedürftigkeit zu überwinden, zu mindern oder eine Verschlimmerung zu vermeiden. Die **Verpflichtung des Versicherten,** geeignete und zumutbare RehaMaßnahmen durchzuführen, ergibt sich aus § 6. Bietet die PK dem Versicherten im Zusammenwirken mit dem zuständigen RehaTräger geeignete und zumutbare RehaMaßnahmen an, so kann sie beantragte Pflegeleistungen verweigern, wenn die Voraussetzungen der **§§ 65, 66 SGB I** erfüllt sind. Die PKen haben im Hinblick auf die Reha (mit Ausnahme von § 32) nur eine Mittlerrolle. § 31 legt vor allem ihre Pflichten im Zusammenwirken mit den zuständigen

§ 31 Viertes Kapitel. Leistungen der Pflegeversicherung

RehaTrägern fest. Hätte sich der Gesetzgeber für eine systemgerechte Zuordnung der Reha zur Vermeidung von Pflegebedürftigkeit zur PV entschieden, wäre die Vorschrift entbehrlich gewesen.

III. Vorrang von Rehabilitationsmaßnahmen (Abs. 1)

3 Den PKen obliegt bei einem Antrag auf Pflegeleistungen vorrangig die Pflicht, RehaMöglichkeiten zu prüfen. Unter den Voraussetzungen von § 7 Abs. 2 kann ein Tätigwerden der PK u. U. auch ohne Leistungsantrag des Versicherten geboten sein. Der Vorrang der Reha endet mit der Gewährung von Pflegeleistungen nicht. Die PKen haben auch im Rahmen von Nachuntersuchungen durch den MD oder auf Grund eines Antrags auf Höherstufung (Gewährung von Pflegeleistungen nach einer höheren Pflegestufe) den Einsatz von RehaMaßnahmen zu prüfen.

IV. Zusammenwirken mit den Rehabilitationsträgern (Abs. 2)

4 Die Vorschrift konkretisiert die schon nach dem zweiten Abschnitt des SGB I bestehenden Beratungs-, Auskunfts- und Aufklärungspflichten der PK gegenüber den Versicherten im Hinblick auf RehaMöglichkeiten zur Vermeidung oder Verminderung von Pflegebedürftigkeit. Die Stellung der PK gegenüber den für die Reha zuständigen Leistungsträgern (in erster Linie die KK, vgl. § 11 Abs. 2 SGB V, daneben auch die Träger der GRV und der Sozialhilfe vor allem, wenn es um Eingliederungshilfe geht) wird vor allem durch den in § 18 Abs. 1 Satz 3, 2. Hs begründeten Rechtsanspruch des Versicherten auf Reha verstärkt (vgl. § 18 Rn. 13).

V. Aktivitäten der Pflegekassen bei angezeigter Rehabilitation (Abs. 3)

5 Die Pflicht der PK, den zuständigen RehaTräger über die Notwendigkeit der Einleitung einer RehaMaßnahme in Kenntnis zu setzen, ergibt sich schon aus § 18 Abs. 1 Satz 3. Der im PNG neu eingefügte § 18a verpflichtet die PK, dem Antragsteller die gesonderte RehaEmpfehlung des MD bzw. bzw. eines anderen beauftragten Gutachters (§ 18 Abs. 6 Satz 3) mit einer qualifizierten eigenen Stellungnahme zur Notwendigkeit von RehaMaßnahmen zuzuleiten. Duldet die Einleitung einer RehaMaßnahme keinen Aufschub, so reicht die Mitteilung an den zuständigen RehaTräger u. U. nicht aus; die PK muss, soweit dies zur Erreichung des RehaZiels notwendig ist, selbst die erforderlichen Maßnahmen einleiten (§ 32). Insoweit hat sich durch die Umgestaltung des Abs. 3 durch das PflegeWEG nichts geändert. Die Neuregelung soll der bislang beobachteten Zurückhaltung der Betroffenen, RehaMöglichkeiten wahrzunehmen, entgegen wirken. Die Mitteilung die bei der Pflegebegutachtung festgestellte Notwendigkeit medizinischer Reha soll deshalb – mit Einwilligung des Versicherten – an den behandelnden Arzt und den zuständigen RehaTräger weiter geleitet werden. In Bezug auf Letzteren setzt der Gesetzgeber auf die erzieherische Wirkung der Regelung in § 14 SGB IX. Danach ist der angegangene RehaTräger grundsätzlich verpflichtet, innerhalb von zwei Wochen über seine Zuständigkeit zur Erbringung von RehaLeistungen zu entscheiden; leitet er bei fehlender Zuständigkeit den Antrag in dieser Frist nicht an den seiner Meinung nach zuständigen Träger weiter, hat er in der Sache zu entscheiden (BSGE 93, 283 = SozR 4-3250 § 14 Nr. 1; BSG, Urteil vom 26.6.2007, B 1 KR 36/06 R).

VI. Unterstützung bei der Inanspruchnahme von Rehabilitationsleistungen

Der bisherige Abs. 4 regelte eine Pflicht der PK, den Versicherten bei der Inanspruchnahme von RehaLeistungen zu unterstützen. Abs. 3 fasst die Handlungspflichten der PK bei Feststellung von RehaBedarf im Zuge des Begutachtungsverfahrens (§§ 18, 18a) zusammen. Die Weiterleitung der RehaEmpfehlung des Gutachters an den zuständigen RehaTräger, die allerdings der Einwilligung des Versicherten bedarf, gilt bei diesem als Antragstellung und hat die Rechtsfolgen des § 14 SGB IX. Der zuständige RehaTräger ist an die medizinischen Feststellungen des Gutachters zum RehaBedarf gebunden (vgl. § 18 Rn. 15). 6

§ 32 Vorläufige Leistungen zur medizinischen Rehabilitation

(1) Die Pflegekasse erbringt vorläufige Leistungen zur medizinischen Rehabilitation, wenn eine sofortige Leistungserbringung erforderlich ist, um eine unmittelbar drohende Pflegebedürftigkeit zu vermeiden, eine bestehende Pflegebedürftigkeit zu überwinden, zu mindern oder eine Verschlimmerung der Pflegebedürftigkeit zu verhüten, und sonst die sofortige Einleitung der Leistungen gefährdet wäre.

(2) Die Pflegekasse hat zuvor den zuständigen Träger zu unterrichten und auf die Eilbedürftigkeit der Leistungsgewährung hinzuweisen; wird dieser nicht rechtzeitig, spätestens jedoch vier Wochen nach Antragstellung, tätig, erbringt die Pflegekasse die Leistungen vorläufig.

Inhaltsübersicht

	Rn.
I. Geltende Fassung	1
II. Normzweck	2
III. Vorläufige Leistungserbringung durch die Pflegekassen (Abs. 1)	3
IV. Unterrichtung des zuständigen Leistungsträgers (Abs. 2)	4

I. Geltende Fassung

Die Vorschrift ist mWv 1.1.1995 durch Art. 1 PflegeVG eingeführt worden. Sie hat unverändert die Fassung des RegE (dort § 28); vgl. Begr. des RegE, S. 109. Abs. 1 und 2 der Vorschrift wurden durch Art. 10 Nr. 14 SGB IX mWv 1.7.2001 geändert. 1

II. Normzweck

Die Vorschrift lässt in Ausnahmefällen die Erbringung von RehaLeistungen durch die PK zu, obgleich diese selbst hierfür nicht zuständig ist (§§ 5, 18, 31). Die PK wird als vorläufig leistender Leistungsträger i. S. von § 102 SGB X tätig und kann wegen der hierdurch entstehenden Aufwendungen von dem zur Leistung verpflichteten RehaTräger Erstattung verlangen. Der Vorleistungspflicht wird in der Praxis kaum Bedeutung zukommen, da im Regelfall die KK für die Erbringung ambulanter RehaLeistungen zuständig ist und wegen der organisatorischen Verbindung zwischen KK und PK für eine Verzögerung der Leistungsgewährung nur selten ein Anlass vorliegen dürfte. 2

§ 33　　　　　Viertes Kapitel. Leistungen der Pflegeversicherung

III. Vorläufige Leistungserbringung durch die Pflegekassen (Abs. 1)

3　　Die vorläufige Leistungserbringung steht nach der Änderung von Abs. 1 durch das SGB IX (s. o. Rn. 1) nicht mehr, wie nach der ursprünglichen Fassung, im **Ermessen der PK**. Sie muss selbst tätig werden, wenn das RehaZiel darin besteht, eine drohende Pflegebedürftigkeit oder eine Verschlimmerung der Pflegebedürftigkeit zu vermeiden oder eine bestehende Pflegebedürftigkeit zu überwinden oder zu mindern, und dieses Ziel nur durch ein sofortiges eigenes Tätigwerden erreicht werden kann. Auch die nach der ursprünglichen Fassung der Vorschrift vorgesehene Begrenzung nur auf ambulante medizinische Leistungen ist durch die zum 1.7.2001 wirksam gewordene Änderung entfallen. Im PflegeWEG ist auch die zuvor in § 18 Abs. 1 Satz 3 letzter Hs enthaltene Begrenzung des Anspruchs auf ambulante medizinische Reha durch den zuständigen Leistungsträger aufgehoben worden.

IV. Unterrichtung des zuständigen Leistungsträgers (Abs. 2)

4　　Die Vorschrift enthält weitere Voraussetzungen für ein eigenes Tätigwerden der PK bei RehaMaßnahmen. Die PK muss, bevor sie selbst RehaMaßnahmen gewährt, den zuständigen RehaTräger unterrichten und auf die Eilbedürftigkeit hinweisen. Nur wenn dieser danach nicht rechtzeitig (spätestens vier Wochen nach Antragstellung) tätig wird, muss sie die erforderlichen Maßnahmen selbst veranlassen. Gem. § 102 Abs. 2 SGB X richtet sich der Umfang des Erstattungsanspruchs an sich nach den für den vorleistenden Träger geltenden Rechtsvorschriften. Da das SGB XI jedoch keine einschlägigen Vorschriften enthält, muss man auf den Leistungsrahmen des zuständigen Trägers abstellen. Der schon mit dem SGB IX in die Vorschrift implementierte größere Handlungsdruck bei erkennbaren RehaMöglichkeiten ist durch die Neuregelung des § 31 Abs. 3 weiter verstärkt worden. Der Gesetzgeber will hiermit und mit der im PflegeWEG neu geschaffenen Möglichkeit der Befristung der Pflegestufenzuordnung die erschreckend geringe Bereitschaft zur Durchführung von Reha überwinden (so ausdrücklich die Begr. des RegE BT-Drucks. 16/7439 zu Nr. 15a).

§ 33　Leistungsvoraussetzungen

(1) [1]**Versicherte erhalten die Leistungen der Pflegeversicherung auf Antrag.** [2]**Die Leistungen werden ab Antragstellung gewährt, frühestens jedoch von dem Zeitpunkt an, in dem die Anspruchsvoraussetzungen vorliegen.** [3]**Wird der Antrag später als einen Monat nach Eintritt der Pflegebedürftigkeit gestellt, werden die Leistungen vom Beginn des Monats der Antragstellung an gewährt.** [4]**Die Zuordnung zu einer Pflegestufe, die Anerkennung als Härtefall sowie die Bewilligung von Leistungen können befristet werden und enden mit Ablauf der Frist.** [5]**Die Befristung erfolgt, wenn und soweit eine Verringerung des Hilfebedarfs nach der Einschätzung des Medizinischen Dienstes der Krankenversicherung zu erwarten ist.** [6]**Die Befristung kann wiederholt werden und schließt Änderungen bei der Zuordnung zu einer Pflegestufe, bei der Anerkennung als Härtefall sowie bei bewilligten Leistungen im Befristungszeitraum nicht aus, soweit dies durch Rechtsvorschriften des Sozialgesetzbuches angeordnet oder erlaubt ist.** [7]**Der Befristungszeitraum darf insgesamt die Dauer von drei Jahren nicht überschreiten.** [8]**Um eine nahtlose Leistungsgewährung sicherzustellen, hat die Pflegekasse vor Ablauf einer Befristung rechtzeitig zu prüfen und dem Pflegebedürftigen**

Leistungsvoraussetzungen **§ 33**

sowie der ihn betreuenden Pflegeeinrichtung mitzuteilen, ob Pflegeleistungen weiterhin bewilligt werden und welcher Pflegestufe der Pflegebedürftige zuzuordnen ist.

(2) ¹Anspruch auf Leistungen besteht:
1. in der Zeit vom 1. Januar 1996 bis 31. Dezember 1996, wenn der Versicherte vor der Antragstellung mindestens ein Jahr,
2. in der Zeit vom 1. Januar 1997 bis 31. Dezember 1997, wenn der Versicherte vor der Antragstellung mindestens zwei Jahre,
3. in der Zeit vom 1. Januar 1998 bis 31. Dezember 1998, wenn der Versicherte vor der Antragstellung mindestens drei Jahre,
4. in der Zeit vom 1. Januar 1999 bis 31. Dezember 1999, wenn der Versicherte vor der Antragstellung mindestens vier Jahre,
5. in der Zeit vom 1. Januar 2000 bis 30. Juni 2008, wenn der Versicherte in den letzten zehn Jahren vor der Antragstellung mindestens fünf Jahre,
6. in der Zeit ab 1. Juli 2008, wenn der Versicherte in den letzten zehn Jahren vor der Antragstellung mindestens zwei Jahre

als Mitglied versichert oder nach § 25 familienversichert war. ²Zeiten der Weiterversicherung nach § 26 Abs. 2 werden bei der Ermittlung der nach Satz 1 erforderlichen Vorversicherungszeit mitberücksichtigt. ³Für versicherte Kinder gilt die Vorversicherungszeit nach Satz 1 als erfüllt, wenn ein Elternteil sie erfüllt.

(3) Personen, die wegen des Eintritts von Versicherungspflicht in der sozialen Pflegeversicherung aus der privaten Pflegeversicherung ausscheiden, ist die dort ununterbrochen zurückgelegte Versicherungszeit auf die Vorversicherungszeit nach Absatz 2 anzurechnen.

Inhaltsübersicht

	Rn.
I. Geltende Fassung	1
II. Normzweck	2
III. Bedeutung des Antrags (Abs. 1)	3
1. Leistungsgewährung auf Antrag (Satz 1)	4
2. Beginn der Leistungen (Sätze 2 und 3)	5
3. Befristungen (Sätze 4 bis 8)	6
IV. Vorversicherungszeit (Abs. 2)	8
V. Berücksichtigungsfähige Zeiten	9
VI. Verfahrensfragen	11

I. Geltende Fassung

Die Vorschrift ist mWv 1.1.1995 durch Art. 1 PflegeVG eingeführt worden. Der **1** Fassung des RegE (dort § 29) entsprechen: Abs. 1, Abs. 2 Satz 2 und 3 (im RegE Satz 4), Abs. 3 Satz 1; vgl. Begr. des RegE, S. 109f. Aufgrund der Beschlussempfehlung des AuS-Ausschusses wurden Abs. 2 Satz 3 und Abs. 3 Satz 2 des RegE gestrichen; Abs. 3 Satz 2 wurde in § 23 Abs. 6 als Nr. 2 eingefügt; zur Begr. vgl. BT-Drucks. 12/5952, S. 39. Im Vermittlungsverfahren wurden die Daten in Abs. 2 Satz 1 geändert und Abs. 4 angefügt (BT-Drucks. 12/7323). Abs. 4 wurde durch das PflegeWEG wieder aufgehoben, nachdem die in Art. 28 GSG angekündigte Absicht, alle Sozialhilfeempfänger in die GKV einzubeziehen, nicht verwirklicht worden ist (vgl. BT-Drucks. 16/7439 zu Nr. 15 Buchst. c). Durch Art. 1 Nr. 15 Buchst. a PflegeWEG wurden in Abs. 1 die Sätze 4 bis 8 angefügt, Abs. 2 Satz 1 Nr. 5 geändert und Nr. 6 angefügt.

II. Normzweck

2 Die Vorschrift behandelt mit dem Antrag und der VorVersZeit zwei Leistungsvoraussetzungen, die auch in anderen Sozialleistungsbereichen üblich sind. Leistungen der PV werden nur auf Antrag gewährt (Abs. 1 Satz 1); der Zeitpunkt der Antragstellung hat Auswirkungen auf den Leistungsbeginn (Abs. 1 Satz 2 und 3). Die in Abs. 2–4 geregelte VorVersZeit hat eine ähnliche Funktion wie die Wartezeit in der GRV: In den Genuss von Leistungen soll nur derjenige kommen, der vor Eintritt des VersFalls über längere Zeit Beiträge entrichtet hat oder seinen VersSchutz von einem beitragspflichtigen Mitglied der SPV ableiten kann. Die in der PPV zurückgelegten VersZeiten werden auf die VorVersZeit angerechnet (Abs. 3). Abs. 4 enthielt idF vor dem Inkrafttreten des PflegeWEG (1.7.2008) eine Ausnahme vom Erfordernis der VorVersZeit, die für Personen geplant war, die ab 1.1.1997 laufende Hilfe nach dem BSHG erhielten. Die Regelung setzte jedoch eine Umsetzung der ursprünglich geplanten Einbeziehung aller Sozialhilfebezieher in die GKV voraus, zu der es nicht gekommen ist. Abs. 4 wurde daher im PflegeWEG gestrichen. Für Pflegebedürftige, die bis zum 31.3.1995 Leistungen nach den §§ 53 ff. SGB V bezogen haben, gilt Art. 45 PflegeVG.

III. Bedeutung des Antrags (Abs. 1)

3 Die Leistungen der PV werden nur auf Antrag gewährt. Dies hat nicht nur für den (erstmaligen) Eintritt von Pflegebedürftigkeit Bedeutung, sondern auch für den Eintritt einer Verschlimmerung oder einer Änderung der Pflegesituation, die einen Wechsel der Pflegeart erforderlich macht. Auch die Gewährung einer höheren oder einer anderen Pflegeleistung ist von einem Antrag abhängig (vgl. *Reimer,* in: H/N, § 33 Rn. 12). Für den Leistungsbeginn gelten die Sätze 2 und 3.

1. Leistungsgewährung auf Antrag (Satz 1)

4 Die Abhängigkeit der Leistungsgewährung von der Stellung eines Antrags ist für die GKV, die GRV und die SPV bereits in **§ 19 SGB IV** festgelegt. Dies betrifft jedoch nur die eigentlichen Pflegeleistungen nach den §§ 36ff.; zur Unterrichtung und Beratung der Versicherten und ihrer Angehörigen bei drohender Pflegebedürftigkeit sind die PK auch ohne vorhergehenden Antrag verpflichtet (§ 7 Abs. 2). Der Antrag unterliegt **keinen Formerfordernissen;** eine **Festlegung auf bestimmte Pflegeleistungen** ist nicht erforderlich; ausreichend ist eine Erklärung, aus der hervorgeht, dass Pflegeleistungen begehrt werden. Maßgebend ist der **Zeitpunkt des Eingangs** des Antrags bei einem Leistungsträger (vgl. § 16 Abs. 2 Satz 2 SGB I). Zur Antragstellung bei einem **anderen Leistungsträger** als der PK und zu den Pflichten der PK im Rahmen der Antragstellung vgl. **§ 16 SGB I.** Unter Umständen genügt auch der Hinweis eines behandelnden Arztes, eines Krankenhauses oder eines anderen Sozialleistungsträgers (§ 7 Abs. 2 Satz 2), wenn der Versicherte mit der Einleitung von Pflegemaßnahmen einverstanden ist. Antragsberechtigt ist der Pflegebedürftige; hinsichtlich der Leistungen nach den §§ 44 und 45 auch die Pflegeperson bzw eine an einer Pflegetätigkeit interessierte Person.

2. Beginn der Leistungen (Sätze 2 und 3)

5 Der Zeitpunkt der Antragstellung ist auch für den Leistungsbeginn maßgebend. Grundsätzlich werden die **Leistungen ab Antragstellung** gewährt. War der Versicherte schon vor der Antragstellung pflegebedürftig und wird der Antrag erst später als einen Monat nach dem Eintritt der Pflegebedürftigkeit gestellt, so beginnen die Leistungen am Anfang des Antragsmonats (Satz 3). Dies kann sich für Versicherte

Leistungsvoraussetzungen **§ 33**

nachteilig auswirken, die den Leistungsantrag innerhalb der Monatsfrist nach Eintritt der Pflegebedürftigkeit stellen, was sachlich nicht zu rechtfertigen wäre (*Leitherer,* in: KassKomm, § 33 Rn. 10). Soweit die Pflegebedürftigkeit in dem der Antragstellung vorangegangenen Kalendermonat eingetreten ist, wollen die PK auch in diesen Fällen mit der Leistungsgewährung am Anfang des Antragsmonats beginnen. Beispiel: Eintritt der Pflegebedürftigkeit am 15.7.1999, Eingang des Antrags bei der PK am 12.8.1999 (d. h. innerhalb eines Monats nach Eintritt der Pflegebedürftigkeit), Leistungsbeginn – entgegen dem Wortlaut von Satz 3 – am 1.8.1999 (so AuslE zu § 33 Ziff. 2 Abs. 1). Lagen bei Antragstellung die Voraussetzungen von Pflegebedürftigkeit (§ 15) oder spezielle Voraussetzungen der beantragten Leistung (beispielsweise beim Pflegegeld die Sicherstellung der häuslichen Pflege – § 36 Abs. 1 Satz 2) noch nicht vor, so beginnt die Leistung frühestens in dem Zeitpunkt, in dem die Anspruchsvoraussetzungen erfüllt sind (Satz 2).

3. Befristungen (Sätze 4 bis 8)

Durch die mit dem PflegeWEG angefügten Regelungen soll die PK die Möglichkeit erhalten, die Zuordnung zu einer Pflegestufe, die Anerkennung als Härtefall sowie die Bewilligung von Leistungen zu befristen, wenn und soweit eine Verringerung des Hilfebedarfs nach der Einschätzung des MD zu erwarten ist (so die in Satz 5 aufgeführte Voraussetzung). Von der Befristung kann die PK damit nur dann Gebrauch machen, wenn aus medizinisch-pflegerischer Sicht noch keine abschließende Prognose über das auf Dauer bestehende Ausmaß des Hilfebedarfs abgegeben werden kann. Unter dieser Voraussetzung ist eine wiederholte Befristung bis zur Höchstdauer von drei Jahren nicht ausgeschlossen. Zulässig sind zudem auch Änderungen von Leistungsbewilligungen auf Grund anderer Regelungen des SGB; etwa nach den §§ 44ff. SGB X, insbesondere bei einer Änderung der Verhältnisse nach § 48 SGB X. Die Formulierung der Neuregelung nimmt auf die Systematik des SGB XI keine Rücksicht, denn von den aufgeführten Gegenständen einer Befristung ist allein die Bewilligung von Leistungen maßgebend, weil eine isolierte Feststellung der PK über die Zuordnung zu einer Pflegestufe oder die „Anerkennung als Härtefall" von vornherein nicht in Betracht kommt (vgl. BSG, Urteil vom 14.12.1994, 3/1 RK 65/93). 6

Mit der Einführung von Befristungsmöglichkeiten will der Gesetzgeber vor allem eine **intensivere Nutzung** der Reha mit dem Ziel der Vermeidung oder Besserung von Pflegebedürftigkeit erreichen (vgl. RegE BT-Drucks. 16/7439 zu Nr. 15 Buchst. a). Mit der nur befristeten Gewährung einer (höheren) Leistung soll der Notwendigkeit, eine RehaMaßnahme durchzuführen auch gegenüber dem Betroffenen Nachdruck verliehen werden. Eine Leistungsbewilligung ohne zeitliche Befristung setze vielfach in Bezug auf das Rehabilitationspotential ein falsches Signal und negative Anreize für die Mitwirkung am RehaProzess (BT-Drucks. 16/7439 zu Nr. 15 Buchst. a). 7

IV. Vorversicherungszeit (Abs. 2)

Versicherte, bei denen Pflegebedürftigkeit bereits bei Inkrafttreten des SGB XI vorlag oder die bis zum Ablauf des Jahres 1995 pflegebedürftig werden und vor dem 1.1.1996 Pflegeleistungen beantragen, sind unabhängig von der Dauer ihrer Zugehörigkeit zur SPV leistungsberechtigt. Bei den ab 1.1.1996 gestellten Anträgen ist die Leistungsberechtigung von der Erfüllung einer Vorversicherungszeit abhängig, die bei Anträgen im Jahr 1996 ein Jahr beträgt und in den folgenden Jahren jeweils um ein Jahr verlängert wird (Abs. 2 Nr. 1–4). Ab dem 1.1.2000 war eine Vorversicherungszeit von fünf Jahren in den letzten zehn Jahren vor der Antragstellung erforderlich. Mit dem PflegeWEG wurde die Vorversicherungszeit in Nr. 6 auf **zwei Jahre in** 8

§ 33 Viertes Kapitel. Leistungen der Pflegeversicherung

den letzten zehn Jahren vor der Antragstellung herabgesetzt. Begründet wurde dies mit der Einbeziehung aller Personen im Inland in den Schutz der GKV oder PKV, ohne dass hierfür Vorversicherungszeiten erforderlich seien. In der PV bedürfe es der verkürzten Vorversicherungszeiten nur noch im Hinblick auf Zuwanderer und Auslandsrückkehrer, um Belastungen für die Solidargemeinschaft in Grenzen zu halten (BT-Drucks. 16/7439 zu Nr. 15 Buchst. b); zur Abwehr von missbräuchlicher Inanspruchnahme von Leistungen vgl. auch § 33a. Abs. 2 fordert nach seinem Wortlaut nur die Antragstellung innerhalb des jeweiligen Jahres; hierbei wird jedoch offensichtlich unterstellt, dass die Pflegebedürftigkeit nicht erst im folgenden Jahr eintritt. Eine Antragstellung auf Vorrat lässt sich mit dem Sinn der Regelung nicht vereinbaren. Abs. 2 lässt es zu, dass ein Versicherter bei bestehender Pflegebedürftigkeit in die Leistungsberechtigung hineinwächst, weil die Vorversicherungszeit nicht beim Eintritt des Versicherungsfalls vorliegen muss. Der Pflegebedürftige kann den Antrag deshalb so lange herauszögern, bis er die erforderliche Vorversicherungszeit erfüllt.

V. Berücksichtigungsfähige Zeiten

9   Auf die Vorversicherungszeit werden angerechnet: Zeiten der **eigenen Mitgliedschaft** in einer PK oder einer Familienversicherung nach § 25 (Abs. 2 Satz 1); Zeiten, in denen der Versicherte und seine Familienangehörigen während eines **Auslandsaufenthalts** die Zugehörigkeit zur SPV aufrecht erhalten haben (§ 26 Abs. 2) und die in der PPV ununterbrochen zurückgelegte Versicherungszeit bei Personen, die wegen des Eintritts von Versicherungspflicht in der SPV (gem. § 20) aus der PPV ausscheiden (Abs. 3). Dass Zeiten einer Weiterversicherung nach § 26 Abs. 1 als Vorversicherungszeit angerechnet werden, bedurfte keiner besonderen Erwähnung, weil es sich hierbei um eine vollwertige Mitgliedschaft bzw eine hieraus abgeleitete Familienversicherung handelt; die Anrechnung ergibt sich daher ohne Weiteres aus Abs. 2 Satz 1 (*Leitherer*, in: HS-PV, § 15 Rn. 125; *Peters*, in: KassKomm, SGB XI, § 26 Rn. 20).

10   Bei Kindern gilt die Vorversicherungszeit als erfüllt, wenn ein Elternteil sie erfüllt (Abs. 2 Satz 3). Das BSG hat zutreffend darauf hingewiesen, dass diese Rechtsfolge nicht davon abhängt, dass das Kind familienversichert ist; es reicht aus, dass es überhaupt pflegepflichtversichert ist (BSG, SozR 4-3300 § 33 Nr. 1 = NZS 2008, 151).

VI. Verfahrensfragen

11   Bei einem **Wechsel von einer Pflegekasse** zu einer anderen Pflegekasse gibt es keinen Bestandsschutz auf Grund eines Bescheides, mit dem die ursprüngliche Pflegekasse des Versicherten Leistungen nach §§ 36ff. SGB XI bewilligt hat (BSG, SozR 4-3300 § 37 Nr. 2 = NZS 2005, 101). Die Bindungswirkung gilt grundsätzlich nur innerhalb eines konkreten Sozialversicherungs- bzw. Sozialleistungsverhältnisses, nicht aber darüber hinaus (§ 39 SGB X). Entsprechendes gilt für die §§ 45ff. SGB X, die nur unter speziellen Voraussetzungen die Rücknahme (§ 45 SGB X) oder die nachträgliche Änderung (§ 48 SGB X) begünstigender Verwaltungsakte gestatten und im Übrigen unter Vertrauensschutzgesichtspunkten weitgehend Bestandsschutz gewähren. Auch diese Regelungen sind nur im Verhältnis zwischen dem Versicherten und der die bewilligende Entscheidung erlassenden Verwaltungsbehörde bzw deren Rechtsnachfolger (z. B. bei der Fusion von zwei Krankenkassen) oder Funktionsnachfolger, nicht aber im Verhältnis des Versicherten zu einem – z. B. nach Kassenwechsel zuständig gewordenen – anderen Versicherungsträger anzuwenden. Erst recht besteht keine Bindungswirkung an eine **Leistungszusage einer privaten Pflegeversicherung** nach einem Wechsel des Versicherten in die soziale Pflegeversicherung (BSG, SozR 4-3300 § 37 Nr. 2 = NZS 2005, 101).

§ 33a Leistungsausschluss

¹Auf Leistungen besteht kein Anspruch, wenn sich Personen in den Geltungsbereich dieses Gesetzbuchs begeben, um in einer Versicherung nach § 20 Abs. 1 Satz 2 Nr. 12 oder auf Grund dieser Versicherung in einer Versicherung nach § 25 missbräuchlich Leistungen in Anspruch zu nehmen. ²Das Nähere zur Durchführung regelt die Pflegekasse in ihrer Satzung.

Inhaltsübersicht

	Rn.
I. Geltende Fassung	1
II. Normzweck	2

I. Geltende Fassung

Die Vorschrift wurde durch Art. 8 Nr. 7 GKV-WSG (vom 26.3.2007, BGBl. I S. 378) mWv 1.4.2007 eingefügt. **1**

II. Normzweck

Die Regelung steht im Zusammenhang mit der mit dem GKV-WSG in § 5 Abs. 1 Nr. 13 SGB V eingeführten umfassenden Krankenversicherungspflicht, die wegen des Grundsatzes „PV folgt KV" zugleich zu einer umfassenden Einbeziehung aller im Inland lebenden Personen in die PV führt; sie soll einen Schutz der PKen vor missbräuchlicher Inanspruchnahme sicher stellen. Eine gleichlautende Vorschrift wurde mit § 52a auch in das SGB V eingefügt. Von ihr sollen Fälle erfasst werden, in denen der Wohnsitz oder gewöhnliche Aufenthalt in Deutschland lediglich zu dem Zweck begründet wird, Leistungen der PV in Anspruch zu nehmen. Den Geltungsbereich des SGB regelt § 30 SGB I. Danach gelten die Vorschriften des SGB für alle Personen, die ihren Wohnsitz oder gewöhnlichen Aufenthalt in seinem Geltungsbereich haben. Ob der Vorschrift angesichts der Hürden, die das Ausländerrecht in Bezug auf einen dauerhaften Aufenthalt in Deutschland aufbaut, faktische Bedeutung zukommt, wird zu Recht bezweifelt (hierzu und zu den Schwierigkeiten, die Missbrauchsabsicht nachzuweisen, vgl. *Linke,* NZS 2008, 342). **2**

§ 34 Ruhen der Leistungsansprüche

(1) Der Anspruch auf Leistungen ruht:
1. **solange sich der Versicherte im Ausland aufhält. Bei vorübergehendem Auslandsaufenthalt von bis zu sechs Wochen im Kalenderjahr ist das Pflegegeld nach § 37 oder anteiliges Pflegegeld nach § 38 weiter zu gewähren. Für die Pflegesachleistung gilt dies nur, soweit die Pflegekraft, die ansonsten die Pflegesachleistung erbringt, den Pflegebedürftigen während des Auslandsaufenthaltes begleitet,**
2. **soweit Versicherte Entschädigungsleistungen wegen Pflegebedürftigkeit unmittelbar nach § 35 des Bundesversorgungsgesetzes oder nach den Gesetzen, die eine entsprechende Anwendung des Bundesversorgungsgesetzes vorsehen, aus der gesetzlichen Unfallversicherung oder aus öffentlichen Kassen auf Grund gesetzlich geregelter Unfallversorgung oder Unfallfürsorge erhalten. Dies gilt auch, wenn vergleichbare Leistungen**

§ 34　　　　　　　　　Viertes Kapitel. Leistungen der Pflegeversicherung

aus dem Ausland oder von einer zwischenstaatlichen oder überstaatlichen Einrichtung bezogen werden.

(1 a) Der Anspruch auf Pflegegeld nach § 37 oder anteiliges Pflegegeld nach § 38 ruht nicht bei pflegebedürftigen Versicherten, die sich in einem Mitgliedstaat der Europäischen Union, einem Vertragsstaat des Abkommens über den Europäischen Wirtschaftsraum oder der Schweiz aufhalten.

(2) ¹Der Anspruch auf Leistungen bei häuslicher Pflege ruht darüber hinaus, soweit im Rahmen des Anspruchs auf häusliche Krankenpflege (§ 37 des Fünften Buches) auch Anspruch auf Grundpflege und hauswirtschaftliche Versorgung besteht, sowie für die Dauer des stationären Aufenthalts in einer Einrichtung im Sinne des § 71 Abs. 4, soweit § 39 nichts Abweichendes bestimmt. ²Pflegegeld nach § 37 oder anteiliges Pflegegeld nach § 38 ist in den ersten vier Wochen einer vollstationären Krankenhausbehandlung, einer häuslichen Krankenpflege mit Anspruch auf Grundpflege und hauswirtschaftliche Versorgung oder einer Aufnahme in Vorsorge- oder Rehabilitationseinrichtungen nach § 107 Absatz 2 des Fünften Buches weiter zu zahlen; bei Pflegebedürftigen, die ihre Pflege durch von ihnen beschäftigte besondere Pflegekräfte sicherstellen und bei denen § 66 Absatz 4 Satz 2 des Zwölften Buches Anwendung findet, wird das Pflegegeld nach § 37 oder anteiliges Pflegegeld nach § 38 auch über die ersten vier Wochen hinaus weiter gezahlt.

(3) Die Leistungen zur sozialen Sicherung nach den §§ 44 und 44a ruhen nicht für die Dauer der häuslichen Krankenpflege, bei vorübergehendem Auslandsaufenthalt des Versicherten oder Erholungsurlaub der Pflegeperson von bis zu sechs Wochen im Kalenderjahr sowie in den ersten vier Wochen einer vollstationären Krankenhausbehandlung oder einer stationären Leistung zur medizinischen Rehabilitation.

Inhaltsübersicht

	Rn.
I. Geltende Fassung	1
II. Normzweck	2
III. Allgemeines	3
IV. Ruhen bei Auslandsaufenthalt (Abs. 1 Nr. 1)	4
V. Ruhen bei Bezug von Entschädigungsleistungen (Abs. 1 Nr. 2)	9
VI. Ruhen bei häuslicher Krankenpflege oder Aufenthalt in einer stationären Einrichtung (Abs. 2 Satz 1)	14
VII. Fortzahlung von Pflegegeld (Abs. 2 Satz 2)	17
VIII. Leistungen zur sozialen Sicherung der Pflegeperson (Abs. 3)	18

I. Geltende Fassung

1　　Die Vorschrift ist mWv 1.1.1995 durch Art. 1 PflegeVG eingeführt worden. Sie hat weitgehend die Fassung des RegE (dort § 30); vgl. Begr. des RegE, S. 110f. Abs. 1 Nr. 1 und Abs. 2 wurden im 1. SGB XI-ÄndG geändert. Gleichzeitig wurde Abs. 3 hinzugefügt; eine entsprechende Regelung befand sich in der ursprünglichen Fassung des Ges in Abs. 2 Satz 2; zur Begr. vgl. BT-Drucks. 13/3696, S. 12 (RegE); BT-Drucks. 13/4091, S. 41 (AuS-Ausschuss). In Abs. 2 Satz 2 und Abs. 3 wurde durch Art. 10 Nr. 15 SGB IX jeweils der Sprachgebrauch des SGB IX („Leistung zur medizinischen Rehabilitation" statt zuvor „medizinische Rehabilitationsmaßnahme") übernommen. Durch Art. 1 Nr. 16 PflegeWEG wurde in Abs. 2 Satz 2 nach dem Wort „Krankenhausbehandlung" ein Komma und die Wörter „einer häuslichen Krankenpflege mit Anspruch auf Grundpflege und hauswirtschaftliche Versorgung" sowie in Abs. 3 nach

Ruhen der Leistungsansprüche § 34

„Auslandsaufenthalt" der Zusatz „des Versicherten oder Erholungsurlaub der Pflegeperson" eingefügt. Abs. 2 Satz 2 wurde im Hinblick auf Pflegebedürftige, die ihre Pflege durch das sog. Arbeitgeber- oder Assistenzmodell nach § 66 Abs. 4 Satz 2 SGB XII sicherstellen, durch G vom 30.7.2009, BGBl. I S. 2495, erneut geändert. Abs. 1a wurde durch Gesetz vom 22.6.2011, BGBl. I S. 1202 eingefügt. Durch Gesetz vom 20.12.2012, BGBl. I S. 2789, wurden in Abs. 2 Satz 2 definitorische Änderungen vorgenommen und in Abs. 3 die in Bezug genommenen Vorschriften ergänzt.

II. Normzweck

Die Vorschrift ordnet das Ruhen von Leistungsansprüchen aus der SPV für den 2 Fall an, dass sich der Versicherte im Ausland aufhält, ausgenommen sind Auslandsaufenthalte von bis zu sechs Wochen im Kalenderjahr (Abs. 1 Nr. 1) oder er vorrangige Ansprüche gegen andere Sozialleistungsträger hat (Abs. 1 Nr. 2 und Abs. 2). Die Anordnung des Ruhens von Leistungsansprüchen bei Auslandsaufenthalt entspricht der Regelung in § 16 Abs. 1 Nr. 1 SGB V für das KV-Recht; bei einem Aufenthalt des Pflegebedürftigen in einem anderen Mitgliedstaat der EU bzw. den in Abs. 1a gleichgestellten Staaten greift die Ruhensregelung nicht ein. Abs. 1 Nr. 2 ergibt sich aus der Regelung in § 13 Abs. 1, wonach die Entschädigungsleistungen wegen Pflegebedürftigkeit nach dem BVG, der GUV und aus öffentlichen Kassen den Leistungen der PV vorgehen. Abs. 2 ist eine Folge der Regelung in § 13 Abs. 2: soweit im Rahmen des Anspruchs auf häusliche Krankenpflege nach § 37 SGB V Anspruch auf Grundpflege und auf hauswirtschaftliche Versorgung besteht, ruht der Anspruch auf Leistungen bei häuslicher Pflege (§ 36), mit Ausnahme der Leistungen zur sozialen Sicherung der Pflegepersonen (§ 44); darüber hinaus ruht der Anspruch auf Leistungen aus der SPV bei stationärer Behandlung in einem Krankenhaus, in einer Reha-Einrichtung oder in einer sonstigen stationären Einrichtung i. S. d. § 71 Abs. 4. Das Pflegegeld wird für die Ersten vier Wochen eines stationären Aufenthaltes in einem Krankenhaus oder in einer Reha-Einrichtung sowie häuslicher Krankenpflege nach § 37 SGB V vom Ruhen ausgenommen (Abs. 2 Satz 2).

III. Allgemeines

Ruhen von Leistungen bedeutet, dass ein dem Grunde nach bestehender Leis- 3 tungsanspruch nicht zu verwirklichen ist. Der Leistungspflichtige schuldet keine Erfüllung; der Leistungsberechtigte kann eine ihm grundsätzlich zustehende Leistung nicht beanspruchen. Das Ruhen des Anspruchs tritt unabhängig vom Willen des Versicherten kraft Gesetzes ein, es bedarf keiner Entscheidung der PK. Das auf dem Versicherungsverhältnis beruhende **Stammrecht** bleibt dagegen bestehen. Dies hat zur Folge, dass bei Wegfall des Ruhenstatbestandes ohne Weiteres wieder Leistungsansprüche bestehen. Die in § 34 geregelten Ruhenstatbestände haben eine unterschiedliche Tragweite: Während das Ruhen bei einem nicht nur vorübergehenden **Auslandsaufenthalt** (soweit kein Fall des Abs. 1a vorliegt) **umfassend** alle Leistungen aus der PV erfasst, führt der Bezug von Pflegeleistungen aus Entschädigungssystemen, aus öffentlichen Kassen oder von KV-Leistungen nach Abs. 2 nur zu einem **teilweisen Ruhen** der Leistungsansprüche aus der SPV, nämlich nur soweit die vorrangigen Leistungen mit denen der SPV kongruent sind. **Weitergehende Leistungen aus der SPV** werden von der Ruhensanordnung nicht erfasst. Dies gilt sowohl für Leistungsarten, die in den Entschädigungssystemen nicht vorgesehen sind (Beispiel: Leistungen zur sozialen Sicherung der Pflegeperson nach § 44), als auch für die Höhe der Leistungen (z. B. unterschiedliche Höhe des Pflegegeldes).

Udsching

§ 34 Viertes Kapitel. Leistungen der Pflegeversicherung

IV. Ruhen bei Auslandsaufenthalt (Abs. 1 Nr. 1)

4 Solange sich der Versicherte im Ausland (außerhalb der EU, des EWR oder der Schweiz) aufhält, ruht sein Anspruch auf Leistungen aus der SPV; dies gilt unabhängig davon, ob sich ein Versicherter als Pflegebedürftiger ins Ausland begibt oder ob er während eines Auslandsaufenthalts pflegebedürftig wird. § 16 Abs. 1 Nr. 1 SGB V enthält für Leistungen aus der GKV eine entsprechende Regelung. Die Ausnahmen von diesem Grundsatz in §§ 17, 18 SGB V (vor allem bei Beschäftigung im Ausland und vorübergehendem Auslandsaufenthalt) sind in der ursprünglichen Fassung des Ges nicht übernommen worden. Die hieraus resultierenden praktischen Konsequenzen, etwa im Hinblick auf **Urlaubsreisen,** hatten die PKen bereits veranlasst, entgegen dem Wortlaut zumindest beim Pflegegeld kein Ruhen anzunehmen, wenn sich der Pflegebedürftige zusammen mit seiner Pflegeperson längstens sechs Wochen im Jahr im Ausland aufhält (AuslE § 34 Ziff. 1 Abs. 3). Im 1. SGB XI-ÄndG wurde diese Verwaltungspraxis durch Änderung von Abs. 1 Nr. 1 und Ergänzung der Regelung um die Sätze 2 und 3 übernommen. Bei einem vorübergehenden Auslandsaufenthalt von bis zu sechs Wochen im Kalenderjahr ist Pflegegeld (§ 37) bzw anteiliges Pflegegeld (§ 38) zu gewähren. Ein **Anspruch auf Pflegesachleistung** besteht während dieser Zeit auch, wenn der Pflegebedürftige während des Auslandsaufenthaltes von einer Pflegekraft begleitet wird, die die Pflege auch zu Hause durchführt. Entgegen dem Wortlaut von Satz 3, der auf eine Identität der pflegenden Person abstellt, lassen es die Spitzenverbände der PK ausreichen, dass die Pflege von einer Pflegekraft durchgeführt wird, die nach § 77 in einem Vertragsverhältnis mit der PK steht oder bei einem nach § 72 zugelassenen Pflegedienst beschäftigt ist (Rundschreiben zu § 34 Ziff. 1 Abs. 3). Bei einer aus Deutschland heraus organisierten Ersatzpflege (etwa durch eine mitreisende Ersatzpflegekraft) bestehen auch Ansprüche auf Leistungen bei Verhinderung der Pflegeperson nach § 39 (vgl. Urteil des LSG Baden-Württemberg vom 11.5.2007, Az.: L 4 P 2828/06, BeckRS 2008 54950). Zum Verwaltungsvollzug der Ruhensregelung bei Auslandsaufenthalt vgl. das Gemeinsame Rundschreiben zu Leistungen der Pflegeversicherung bei Auslandsaufenthalt vom 13.9.2006 (Anlage 5 zum Gemeinsamen Rundschreiben zu den leistungsrechtlichen Vorschriften des PflegeVG vom 1.7.2008, www.gkv-spitzenverband.de/upload/PfVG_Anlage).

5 In Abs. 1a ist durch G vom 22.6.2011 (BGBl. I S. 1202) begrenzt auf das Pflegegeld ein **Export von Pflegeleistungen** eingeführt worden, soweit sich der Pflegebedürftige in einem anderen Mitgliedsstaat der EU, einem EWR-Vertragsstaat oder der Schweiz aufhält (zum früheren Rechtszustand umfassend: *Sieveking,* Soziale Sicherung bei Pflegebedürftigkeit im europäischen Recht). Der im Gesetzgebungsverfahren zum PflegeVG ursprünglich vertretenen Auffassung, das Pflegegeld sei keine Geldleistung i. S. des EG-Sozialrechts, sondern ein Sachleistungssurrogat, weil es zweckgebunden zur Sicherstellung der Pflege durch selbst beschaffte Pflegepersonen gewährt werde und der Pflegezustand nach § 37 Abs. 3 von zugelassenen Pflegeeinrichtungen zu prüfen sei (s. a. *Eichenhofer,* VSSR 1994, 323, 334; *ders.,* in: HS-PV, § 30 Rn. 67; *Meyering,* BABl. 1994, 58, 59 f.; a. A. *Krasney,* SGb 1996, 255; *Zuleeg,* DVBl. 1997, 445, 450; *Peters-Lange,* ZfSH/SGB 1996, 626), ist der EuGH nicht gefolgt (EuGH, NJW 1998, 1767 = NZS 1998, 240, vgl. hierzu *Eichenhofer,* NZA 1998, 742; *Gassner,* NZS 1998, 313). Der EuGH qualifizierte die Leistungen der PV als Leistungen bei Krankheit i. S. des Art. 4 Abs. 1 der VO (EWG) 1408/71 (Art. 17 ff. VO (EG) 883/04). Als Geldleistung bei Krankheit sei das Pflegegeld gem. Art. 19 Abs. 1 Buchst. b der VO (EWG) 1408/71 (Art. 21 VO (EG) 883/2004) auch an Versicherte zu zahlen, die sich in anderen Mitgliedsstaaten aufhalten. Der sich aus dem Vorrang des Gemeinschaftsrechts ergebende Ausschluss der Anwendbarkeit der Ruhensregelung **galt auch für die private PV** (EuGH vom 8.7.2004 – Rs C-502/01, EuZW 2005, 88; BSG, SozR 4-3300 § 23 Nr. 5 Rn. 10 = VersR 2007, 1074). Der in Deutschland erworbene Pflegegeldanspruch ist auch dann exportierfähig,

Ruhen der Leistungsansprüche § 34

wenn der Versicherte in einem anderen Mitgliedstaat eine eigene Rente bezieht, die auch KV-Ansprüche begründet (EuGH vom 30.6.2011, C-388/09, RdLH 2011, 171). Zum Verhältnis von § 34 Abs. 1 Satz 1 Nr. 1 zu Regelungen in SozVers-Abkommen vgl. *Baumeister,* BeckOK-SozR, § 34 SGB XI Rn. 11, 12.

Einen **Export von Sachleistungen** hat der EuGH in der Rechtssache von Cha- 6 mier-Glisczinski gegen DAK im Hinblick auf Leistungen bei stationärer Pflege abgelehnt (Urteil vom 16.7.2009, C-208/07, SozR 4-6050 Art 19 Nr. 3). Im Schrifttum war erwogen worden, eine Exportpflicht auch für Pflegesachleistungen aus dem Diskriminierungsverbot des Art. 7 Abs. 2 der VO (EWG) 1612/68 abzuleiten (vgl. *Gassner,* NZS 1998, 313, 315; *Schirp,* NJW 1996, 1582; a. A. *Huster,* NZS 1999, 10, 13). Der Generalanwalt hatte sich in der Rechtssache C-208/07 in seinen Schlussanträgen gegen eine Anwendung von Art. 19 VO (EWG) 1408/71 auf Sachleistungen der PV ausgesprochen; dann aber für einen unmittelbaren Rückgriff auf das Freizügigkeitsrecht des Art. 18 EGV plädiert und hieraus einen Kostenerstattungsanspruch des in Deutschland Pflegeversicherten abgeleitet, der stationäre Pflegeleistungen in einem anderen Mitgliedstaat (Österreich) in Anspruch nimmt. Diese Auffassung war zuvor auch bereits vom BSG (allerdings obiter dictum) angedeutet worden (BSG, SozR 4-3300 § 23 Nr. 5 Rn. 10, unter c). Der EuGH ist dieser Auffassung nicht gefolgt (vgl. hierzu *Bassen,* NZS 2010, 49). Mit Urteil vom 12.7.2012 (C-562/10, ZESAR 2012, 491) hat er in einem von der Kommission eingeleiteten Vertragsverletzungsverfahren einen Verstoß von § 34 Abs. 1 Nr. 1 iVm. §§ 36, 40 SGB XI gegen die gemeinschaftsrechtliche Dienstleistungsfreiheit (Art. 56 AEUV) verneint. Zugrunde lag der Fall eines deutschen Pflegebedürftigen, der während eines vorübergehenden Aufenthalts in Spanien für die von einem dortigen Pflegedienst erbrachten Leistungen Kostenerstattung in Höhe der in § 36 festgelegten Beträge beanspruchte.

Vom Leistungsexport zu trennen ist die **Sachleistungsaushilfe,** die für Leistungen 7 bei Krankheit, zu denen das Gemeinschaftsrecht grundsätzlich auch Leistungen bei Pflegebedürftigkeit zählt, in Art. 17 VO (EG) 883/2004 geregelt ist. Danach erhalten Versicherte oder ihre Familienangehörigen, die in einem anderen als dem zuständigen Mitgliedstaat wohnen, im Wohnmitgliedstaat Sachleistungen vom Träger des Wohnorts nach den für diesen geltenden Rechtsvorschriften; die Kosten sind vom Träger des zuständigen Mitgliedstaats zu tragen. Die VO 883/2004 enthält in Art. 34 eine Koordinierungsregelung zum Zusammentreffen von Geldleistung (des zuständigen Mitgliedsstaats) und Sachleistung des Wohnmitgliedstaats. Zur verwaltungsmäßigen Umsetzung der Sachleistungsaushilfe vgl. „Gemeinsames Rundschreiben zur Leistungen der Pflegeversicherung bei Auslandsaufenthalt" des GKV-Spitzenverbandes und der Verbände der Pflegekassen auf Bundesebene vom 17.4.2013 (Anlage zum Gem. Rundschreiben).

Zur Aufrechterhaltung des VersSchutzes bei einem Auslandsaufenthalt vgl. § 26 8 Abs. 2.

V. Ruhen bei Bezug von Entschädigungsleistungen (Abs. 1 Nr. 2)

Leistungen wegen Pflegebedürftigkeit, die nach § 35 BVG (oder nach den Geset- 9 zen, die eine entsprechende Anwendung des BVG vorsehen – vgl. hierzu § 13 Rn. 5), aus der GUV oder als Unfallentschädigung aus öffentlichen Kassen (vgl. hierzu § 13 Rn. 6f.) gewährt werden, gehen den entsprechenden Leistungen der SPV vor. Dies ergibt sich bereits aus § 13 Abs. 1. Zu den Entschädigungsleistungen wegen Pflegebedürftigkeit nach dem BVG zählt die Hilfe zur Pflege nicht, die nach § 26c BVG im Rahmen der Kriegsopferfürsorge gewährt wird. Leistungen nach dem SGB XI ruhen nur insoweit, wie die Entschädigungssysteme entsprechende Leistungen vorsehen. Leistungsarten, die nur die PV kennt, wie etwa die Leistungen zur sozialen Sicherung

Udsching 209

§ 34 Viertes Kapitel. Leistungen der Pflegeversicherung

der Pflegepersonen (§ 44), fallen von vornherein nicht unter die Ruhensregelung; dies ergibt sich bereits aus dem die Regelung einleitenden „soweit"; es bedurfte insofern – anders als bei der in Abs. 3 geregelten Fallgruppe – keiner besonderen Regelung (a. A. *Leitherer,* in: KassKomm, SGB XI, § 34 Rn. 14). Vom Ruhen werden die Leistungen der PV auch insoweit nicht erfasst, als sie der Höhe oder dem Umfang nach über die Entschädigungsleistungen hinausgehen. Die Umsetzung dieses Grundsatzes ist im Detail schwierig (vgl. hierzu die eingehende Darstellung von *Trenk-Hinterberger,* in: HS-PV, § 7 Rn. 27 ff.; *ders.,* in: Wannagat, § 13 Rn. 21 ff.; ferner *Niepel,* ZfS 1996, 7). Zu beachten ist etwa, dass § 35 BVG zwar bestimmte Leistungen der PV – wie die Leistungen bei Verhinderung der Pflegeperson (§ 39), die teilstationäre und die Kurzzeitpflege (§§ 41, 42) – nicht ausdrücklich erwähnt; dass diese Leistungen aber über § 35 Abs. 2 Satz 4 BVG beansprucht werden können, wonach die Pflegezulage für jeweils höchstens sechs Wochen zu erhöhen ist, wenn vorübergehend Kosten für fremde Hilfe entstehen bzw über § 35 Abs. 2 Satz 1 BVG, wonach auch die Kosten für die Inanspruchnahme fremder Hilfe auf Grund eines Arbeitsvertrages übernommen werden, wenn sie den Betrag der pauschalen Pflegezulage überschreiten. Die Ruhensregelung in Abs. 2 Nr. 1 differenziert nicht nach den konkreten Zweckbestimmungen der konkurrierenden Leistungen (BSG, SozR 3-3300 § 34 Nr. 1). Von daher können nicht deshalb bestimmte Anteile von Leistungen der PV vom Ruhen ausgenommen werden, weil das Spektrum des für die Feststellung von Pflegebedürftigkeit und die Zuordnung zu den Pflegestufen maßgebenden Hilfebedarfs weiter gezogen ist als bei der Pflegezulage nach § 35 BVG. Die fehlende **Berücksichtigung des hauswirtschaftlichen Versorgungsbedarfs** als Voraussetzung für den Anspruch auf Pflegezulage (auch nach der Änderung des § 35 BVG in Art. 9 PflegeVG, vgl. BSG, SozR 3-3100 § 35 Nr. 6) ist deshalb kein Grund, das Ruhen der Leistung der PV auf den Teil zu beschränken, der dem Anteil der Grundpflege am gesamten Hilfebedarf entspricht und den Teil, der auf die hauswirtschaftliche Versorgung entfällt, vom Ruhen auszunehmen (BSG, SozR 3-3300 § 34 Nr. 1; a. A. *Niepel,* ZfS 1996, 7, 12; *Zehentbauer,* br 1995, 111, 112). Zu Besonderheiten beim Zusammentreffen von Leistungen der SPV mit Leistungen bei Pflegebedürftigkeit aus der GUV nach § 44 SGB VII vgl. *Trenk-Hinterberger,* in: Wannagat, § 13 Rn. 52 ff.

10   Zur Berechnung des von der Pflegeversicherung zu leistenden Pflegegeldes beim Zusammentreffen mit einer Pflegezulage nach § 35 BVG (BSG, SozR 3-3300 § 34 Nr. 4): Aus dem Begriff „soweit" in Abs. 1 Nr. 2 folgt, dass eine Anrechnung der Pflegezulage auf die Leistungen der Pflegeversicherung nur bis zu deren konkreter Höhe im jeweiligen Einzelfall stattfindet; weitergehende Leistungen der Pflegeversicherung werden nicht ausgeschlossen. Hieraus und aus der fehlenden Differenzierung zwischen Sach- und Geldleistungen bei der Festlegung des Ruhens folgt, dass bei der Ermittlung der von der Pflegeversicherung zu erbringenden restlichen Leistung jeweils von den (unterschiedlichen) Höchstgrenzen einerseits für Pflegesachleistungen nach § 36 Abs. 3 und andererseits für Pflegegeld nach § 37 Abs. 1 S. 3 auszugehen ist und für die Ruhensfolge die konkrete Ausgestaltung der Leistungen der Pflegeversicherung maßgebend ist.

11   **Zusammentreffen von Pflegezulage, Leistungen der SPV und Beihilfeleistungen.** Bezieht ein Versicherter, der nach § 28 Abs. 2 die Leistungen der SPV nur zur Hälfte und daneben Beihilfeleistungen bei Pflegebedürftigkeit bezieht, eine pauschale Pflegezulage nach § 35 Abs. 1 BVG, so wird diese je zur Hälfte auf die Leistungen der SPV und der Beihilfe angerechnet. Zwar hätte die grundsätzliche Subsidiarität der Beihilfe (§ 5 Abs. 3 BhV) an sich zur Folge, dass die Pflegezulage vorrangig auf den Beihilfeanspruch angerechnet wird, doch enthält § 28 Abs. 2 auch insoweit eine spezielle, die Halbteilung begründende Regelung; sa. § 9 Abs. 6 Hs 2 BhV (BSG, SozR 3-3300 § 34 Nr. 1).

12   Nach ihrem Wortlaut setzt die Regelung in Abs. 1 Nr. 2 voraus, dass Versicherte Entschädigungsleistungen wegen Pflegebedürftigkeit „erhalten". Der für das Leistungsrecht der PV grundlegende Vorrang der Entschädigungssysteme (§ 13 Abs. 1) gegenüber den Leistungen der PV verbietet es jedoch, das Ruhen davon abhängig zu

machen, ob der Pflegebedürftige die vorrangige Leistung tatsächlich in Anspruch nimmt (s. a. *Trenk-Hinterberger*, in: HS-PV § 7 Rn. 21). Maßgebend muss daher sein, ob der für die Gewährung von Entschädigungsleistungen zuständige Träger seine Leistungspflicht anerkennt. § 13 Abs. 1 lässt ein Wahlrecht des Pflegebedürftigen zwischen den Leistungen eines Entschädigungssystems und denen der PV nicht zu. Im Antrag auf Leistungen der SPV ist deshalb zumindest zugleich konkludent auch ein Antrag auf eine der in § 13 Abs. 1 bzw § 34 Abs. 1 Nr. 2 aufgeführten vorrangigen Leistungen anderer Träger zu sehen (s. a. *Baumeister*, BeckOK-SozR, § 34 Rn. 18).

Entschädigungsleistungen wegen Pflegebedürftigkeit **aus dem Ausland** oder von einer zwischen- oder überstaatlichen Einrichtung führen ebenfalls zum Ruhen der entsprechenden Leistungen der SPV (Satz 2). Um vergleichbare Leistungen i. S. von Satz 2 handelt es sich jedoch nur dann, wenn sie von einem öffentlich-rechtlichen Träger erbracht werden; Leistungen aus einer privaten UV können nicht berücksichtigt werden. **13**

VI. Ruhen bei häuslicher Krankenpflege oder Aufenthalt in einer stationären Einrichtung (Abs. 2 Satz 1)

Abs. 2 betrifft anders als Abs. 1 nur das Ruhen der Leistungen bei häuslicher Pflege. Die Vorschrift wurde im 1. SGB XI-ÄndG erheblich umgestaltet. Unverändert ist die erste Alternative des Satzes 1, die den problembehafteten Grenzbereich der Leistungssysteme von KV und PV betrifft. Der Anspruch auf Leistungen nach den §§ 36 bis 40 ruht nur, soweit der Pflegebedürftige von der KK (nach § 37 SGB V) häusliche Krankenpflege beanspruchen kann und dieser Anspruch (neben der eigentlichen KV-Leistung Behandlungspflege) auch die (an sich zur PV zählenden) Leistungen Grundpflege und hauswirtschaftliche Versorgung umfasst (eingehend hierzu: BSGE 83, 254 = SozR 3-2500 § 37 Nr. 1 = NZS 2000, 27). Zum Anspruch auf Pflegegeld in den ersten vier Wochen der häuslichen Krankenpflege vgl. unten Rn. 15. Entgegen dem Wortlaut stellen die Spitzenverbände der PK (Rundschreiben § 34 Ziff. 3 Abs. 1) nicht auf den Anspruch, sondern auf den Bezug der Leistung ab (vgl. *Leitherer*, in: KassKomm, SGB XI, § 34 Rn. 19); zugleich nehmen sie den Anspruch auf Versorgung mit Pflege-Hilfsmitteln und technischen Hilfen nach § 40 „mangels eines adäquaten Leistungsanspruchs gegenüber der GKV" vom Ruhen aus. **14**

Ein **Anspruch auf Grundpflege und hauswirtschaftliche Versorgung** als Bestandteil des Anspruchs auf häusliche Krankenpflege nach § 37 SGB V kann nach dem Eintritt von Pflegebedürftigkeit nur bestehen, wenn durch die häusliche Krankenpflege eine an sich gebotene Krankenhausbehandlung vermieden oder verkürzt wird (§ 37 Abs. 1 SGB V); vgl. § 13 Rn. 8. § 37 SGB V. § 37 Abs. 2 SGB V sieht häusliche Krankenpflege auch vor, wenn sie zur Sicherung des Ziels der ärztlichen Behandlung erforderlich ist (sog. Sicherungspflege). Sie umfasst in diesem Fall jedoch nur die Behandlungspflege. Grundpflege und hauswirtschaftliche Versorgung können als Ergänzung der Sicherungspflege von der KV gewährt werden, wenn dies in der Satzung der KK vorgesehen ist. Nach dem Eintritt von Pflegebedürftigkeit kommt diese Leistung kraft Satzungsrecht jedoch nicht in Betracht (§ 37 Abs. 2 Satz 4 SGB V idF von Art. 4 Nr. 2 PflegeVG). Häusliche Krankenpflege wird von den KK auch zur Vermeidung von Krankenhausbehandlung nur geleistet, soweit eine im Haushalt lebende Person den Kranken in dem erforderlichen Umfang nicht pflegen und versorgen kann (§ 37 Abs. 3 SGB V). Allein die **Gewährung von Behandlungspflege** durch die KK iR des § 37 Abs. 2 Satz 1 SGB V (zur Sicherung des Erfolgs der ärztlichen Behandlung) führt nicht zum Ruhen der Leistungen nach den §§ 36ff. (Rundschreiben der Spitzenverbände Ziff. 3 Abs. 2). **15**

Der stationäre **Aufenthalt in einer Einrichtung** i. S. von § 71 Abs. 4 (Krankenhaus, Einrichtung zur medizinischen Reha bzw der Behindertenhilfe) führt ebenfalls **16**

§ 34 Viertes Kapitel. Leistungen der Pflegeversicherung

zum Ruhen der Ansprüche auf Leistungen bei häuslicher Pflege. Die Änderung des 2. Hs in Abs. 2 Satz 1 im 1. SGB XI-ÄndG ist eine redaktionelle Anpassung an den mit diesem Ges eingefügten § 71 Abs. 4, in dem die betroffenen stationären Einrichtungen aufgeführt sind (vgl. hierzu die Kommentierung zu § 71). Die Regelung ordnet das Ruhen der Leistungen der PV nur für die Zeiträume an, in denen sich der Pflegebedürftige in einer der in § 71 Abs. 4 genannten Einrichtungen tatsächlich aufhält („für die Dauer des stationären Aufenthalts"). Nicht betroffen sind die Zeiten, in denen sich der Pflegebedürftige nicht in der Einrichtung aufhält, sondern zu Hause gepflegt wird (BT-Drucks. 13/3696, S. 12; *Leitherer*, in: KassKomm, SGB XI, § 34 Rn. 22).

VII. Fortzahlung von Pflegegeld (Abs. 2 Satz 2)

17   Die mit dem 1. SGB XI-ÄndG eingefügte Regelung hat die Verwaltungspraxis der PK zur ursprünglichen GesFassung übernommen, wonach das Pflegegeld nach § 37 (oder anteiliges Pflegegeld nach § 38) in den ersten vier Wochen einer vollstationären Krankenhausbehandlung oder einer stationären medizinischen Reha-Maßnahme weiter gezahlt wird, um die Pflegebereitschaft der nicht erwerbsmäßig tätigen Pflegepersonen im häuslichen Bereich zu erhalten (vgl. BT-Drucks. 13/3696, S. 12). Der Anspruch ist auf Fortzahlung des Pflegegeldes gerichtet; d. h. der Anspruch auf Pflegegeld muss bereits vor Antritt der stationären Maßnahme bestanden haben. Wird erst im Verlauf des Aufenthalts in einer stationären Einrichtung i. S. v. § 71 Abs. 4 Pflegebedürftigkeit festgestellt, so kann daneben Pflegegeld auch dann nicht beansprucht werden, wenn eine zur Übernahme der Pflege nach Abschluss der stationären Maßnahme bereite Person benannt wird (LSG Schleswig, 1.3.2013, L 10 P 5/12). Die Spitzenverbände (Rundschreiben § 34 Ziff. 3 Abs. 1) haben die Ausnahmeregelung über deren Wortlaut hinaus auch dann angewandt, wenn anstelle von Krankenhausbehandlung häusliche Krankenpflege nach § 37 Abs. 1 SGB V in Anspruch genommen wurde (vgl. hierzu auch die Anwendungsbeispiele im Rundschreiben § 37 Ziff. 3). Im PflegeWEG wurde Satz 2 entsprechend ergänzt. Pflegebedürftige, die ihre Pflege gem. § 66 Abs. 4 Satz 2 SGB XII durch angestellte besondere Pflegekräfte sicherstellen (sog. Assistenzmodell), erhalten das Pflegegeld auch über die ersten vier Wochen hinaus (Neufassung des 2. Halbsatzes, s. o. Rn. 1).

VIII. Leistungen zur sozialen Sicherung der Pflegeperson (Abs. 3)

18   Leistungen zur sozialen Sicherung der Pflegeperson (Abs. 3) nach § 44 sind vom Ruhen der Leistungsansprüche in bestimmten Fällen nicht betroffen. In der ursprünglichen Fassung des Ges befand sich eine entsprechende Regelung in Abs. 2 Satz 2. Sie erfasste allerdings nur den Fall, dass das Ruhen wegen des Anspruchs auf häusliche Krankenpflege eintrat. Auf Veranlassung des AuS-Ausschusses (BT-Drucks. 13/4091, S. 6) wurden im 1. SGB XI-ÄndG sowie im PflegeWEG (vgl. BT-Drucks. 16/8525 zu Nr. 16b) zusätzlich der bis zu sechs Wochen im Kalenderjahr andauernde Auslandsaufenthalt des Versicherten (Klarstellung des Wortlauts durch Art. 1 Nr. 16b PflegeWEG) oder Erholungsurlaub der Pflegeperson sowie die ersten vier Wochen einer vollstationären Krankenhausbehandlung oder einer Aufnahme in Vorsorge- oder RehaEinrichtungen nach § 107 Abs. 2 SGB V hinzugefügt. Vom Ruhen ausgenommen sind, nach der Ergänzung von Absatz 3 durch das PNG, auch die mit dem PflegezeitG eingeführten zusätzlichen Leistungen nach § 44a. Beim vorübergehenden Auslandsaufenthalt ist nicht erforderlich, dass die Pflegeperson den Pflegebedürftigen begleitet (*Leitherer,* in: KassKomm, SGB XI, § 34 Rn. 25); bei einer Pflege im Ausland wird man § 4 SGB IV entsprechend anwenden müssen.

§ 35 Erlöschen der Leistungsansprüche

¹Der Anspruch auf Leistungen erlischt mit dem Ende der Mitgliedschaft, soweit in diesem Buch nichts Abweichendes bestimmt ist. ²§ 19 Absatz 1a des Fünften Buches gilt entsprechend.

Inhaltsübersicht

	Rn.
I. Geltende Fassung	1
II. Dauer des Anspruchs	2

I. Geltende Fassung

Die Vorschrift ist mWv 1.1.1995 durch Art. 1 PflegeVG eingeführt worden; vgl. Begr. des RegE, S. 111 (dort § 31). Satz 2 wurde durch Art. 4 Nr. 1 GKV-VersorgungsstrukturG vom 22.12.2011, BGBl. I. S. 2983, mWv 1.5.2011 angefügt. **1**

II. Dauer des Anspruchs

Der Anspruch auf Leistungen aus der PV nach den §§ 36–44 besteht nur **während der Dauer der Mitgliedschaft** in der SPV. Von der Mitgliedschaft unabhängig ist allein die unentgeltliche Inanspruchnahme von Pflegekursen gem. § 45. Wegen des Grundsatzes PV folgt KV werden jedoch im Hinblick auf den nachgehenden KV-Schutz nach § 19 Abs. 2 und 3 SGB V Unterbrechungen bis zu einem Monat als unschädlich angesehen (Rundschreiben der Spitzenverbände § 35 Ziff. 1). Darüber hinaus besteht ein nachwirkender VersSchutz nicht für FamVersicherte (§ 25) beim Tod des Hauptversicherten. Sie müssen die PV ggf. gem. § 26 fortsetzen. Beim Tod eines Elternteils sind die Kinder u. U. über den überlebenden Elternteil familienversichert. **2**

Die durch das GKV-VStG als Satz 2 angefügte Verweisung auf § 19 Abs. 1a SGB V stellt klar, dass – wie bei einer KK – auch bei einer Insolvenz oder Schließung einer PK die von ihr getroffenen Leistungsentscheidungen mit Wirkung für die aufnehmende PK fortgelten. **3**

§ 35a Teilnahme an einem trägerübergreifenden Persönlichen Budget nach § 17 Abs. 2 bis 4 des Neunten Buches

¹Pflegebedürftige können auf Antrag die Leistungen nach den §§ 36, 37 Abs. 1, §§ 38, 40 Abs. 2 und § 41 auch als Teil eines trägerübergreifenden Budgets nach § 17 Abs. 2 bis 4 des Neunten Buches in Verbindung mit der Budgetverordnung und § 159 des Neunten Buches erhalten; bei der Kombinationsleistung nach § 38 ist nur das anteilige und im Voraus bestimmte Pflegegeld als Geldleistung budgetfähig, die Sachleistungen nach den §§ 36, 38 und 41 dürfen nur in Form von Gutscheinen zur Verfügung gestellt werden, die zur Inanspruchnahme von zugelassenen Pflegeeinrichtungen nach diesem Buch berechtigen. ²Der beauftragte Leistungsträger nach § 17 Abs. 4 des Neunten Buches hat sicherzustellen, dass eine den Vorschriften dieses Buches entsprechende Leistungsbewilligung und Verwendung der Leistungen durch den Pflegebedürftigen gewährleistet ist. ³Andere als die in Satz 1 genannten Leistungsansprüche bleiben ebenso wie die sonstigen Vorschriften dieses Buches unberührt.

§ 35 a Viertes Kapitel. Leistungen der Pflegeversicherung

Inhaltsübersicht

	Rn.
I. Geltende Fassung	1
II. Normzweck	2
III. Pflegeleistungen als Teil eines persönlichen Budgets (Satz 1)	3

I. Geltende Fassung

1 Die Vorschrift wurde durch Art. 10 Nr. 5 des Gesetzes zur Einordnung des Sozialhilferechts in das SGB (vom 27.12.2003, BGBl. I S. 3022) eingefügt.

II. Normzweck

2 Die Vorschrift ermöglicht Pflegebedürftigen iSd SGB XI, die zugleich behinderte Menschen iSd SGB IX sind, was regelmäßig der Fall sein dürfte, die Teilnahme an einem trägerübergreifenden persönlichen Budget nach § 17 Abs. 2 bis 4 SGB IX, wobei nur die in Satz 1 aufgeführten Leistungen der PV in das Budget einbezogen werden können. Diese Leistungen sollen behinderte Menschen im Rahmen der ihnen aus unterschiedlichen Sozialleistungsbereichen insgesamt zustehenden Leistungen zur Teilhabe zentral von einem Träger erhalten (*Neumann,* NZS 2004, 281). Behinderte Menschen sollen hierdurch unterstützt werden, ein möglichst selbstbestimmtes Leben zu führen (BT-Drucks. 15/1514, S. 72 und 14/5074, S. 103). Das Persönliche Budget stellt damit letztlich keine neue Leistungsart dar, sondern lediglich eine andere Form der Leistungsgewährung. Die Voraussetzungen der am Budget beteiligten Leistungen sind weiterhin in den jeweiligen Leistungsgesetzen, hier dem SGB XI, geregelt. Diese Form der Leistungsgewährung durchlief zunächst eine Erprobungsphase, in der die Leistungen „auch" durch ein persönliches Budget ausgeführt werden „konnten" (§ 17 Abs. 2 Satz 1 SGB IX); seit dem 1.1.2008 ist diese Form der Leistungsgewährung für die beteiligten Träger verpflichtend (§ 159 Abs. 5 SGB IX), soweit die Leistungsberechtigten einen entsprechenden Antrag stellen.

III. Pflegeleistungen als Teil eines persönlichen Budgets (Satz 1)

3 Budgetfähig sind nur die in Satz 1 aufgeführten Leistungen der SPV. Bei häuslicher Pflege sind dies die Pflegesachleistung (§ 36), das Pflegegeld (§ 37 Abs. 1), die Kombination von Pflegesachleistung und Pflegegeld (§ 38) oder die Kostenübernahme von zum Verbrauch bestimmten Pflegehilfsmitteln (§ 40 Abs. 2); bei stationärer Pflege können nur Leistungen der teilstationären Pflege in Einrichtungen der Tages- oder Nachtpflege (§ 41) einbezogen werden. Soweit Sachleistungen einbezogen werden (auch in Form der Kombination nach § 38) dürfen nur Gutscheine zur Verfügung gestellt werden, die zur Inanspruchnahme von zugelassenen Pflegeeinrichtungen in dem jeweils vorgesehenen Umfang berechtigen. Dies macht deutlich, dass die Leistungsform des Persönlichen Budgets grundsätzlich nur auf pauschalierte wiederkehrende Geldleistungen zugeschnitten ist (vgl. *Baumeister,* in: BeckOK-SozialR., § 35 a SGB XI Rn. 4).

4 Das **Verfahren zur Durchführung** des Persönlichen Budgets ist in der BudgetVO (vom 27.4.2004, BGBl. I S. 1055) geregelt. Wegen weiter führender Hinweise vgl. *Welke,* NDV 2007, 105 (Empfehlende Hinweise des Deutschen Vereins); *Fahlbusch,* NDV 2006, 227 ff.; *Klie/Siebert,* RdLH 2006, 62 ff.; *Berchthold,* Sozialrecht aktuell, Sonderheft 2014, S. 18 ff. Die Sätze 2 und 3 haben lediglich klarstellende Funktion (BT-Drucks. 15/1514, S. 73). Dies gilt etwa für den Hinweis in Satz 3, dass andere als die in Satz 1 aufgeführten Leistungen der PV unberührt bleiben. Ruht der

Pflegesachleistung **§ 36**

Anspruch auf Leistungen der PV wegen eines Auslandsaufenthaltes (§ 34 Abs. 1 Nr. 1, so können auch durch § 35a keine Leistungen begründet werden (LSG Berlin-Brandenburg, 17.12.2010, L 27 P 71/10 B ER).

Dritter Abschnitt. Leistungen

Erster Titel. Leistungen bei häuslicher Pflege

§ 36 Pflegesachleistung

(1) ¹Pflegebedürftige haben bei häuslicher Pflege Anspruch auf Grundpflege und hauswirtschaftliche Versorgung als Sachleistung (häusliche Pflegehilfe). ²Leistungen der häuslichen Pflege sind auch zulässig, wenn Pflegebedürftige nicht in ihrem eigenen Haushalt gepflegt werden; sie sind nicht zulässig, wenn Pflegebedürftige in einer stationären Pflegeeinrichtung oder in einer Einrichtung im Sinne des § 71 Abs. 4 gepflegt werden. ³Häusliche Pflegehilfe wird durch geeignete Pflegekräfte erbracht, die entweder von der Pflegekasse oder bei ambulanten Pflegeeinrichtungen, mit denen die Pflegekasse einen Versorgungsvertrag abgeschlossen hat, angestellt sind. ⁴Auch durch Einzelpersonen, mit denen die Pflegekasse einen Vertrag nach § 77 Abs. 1 abgeschlossen hat, kann häusliche Pflegehilfe als Sachleistung erbracht werden. ⁵Mehrere Pflegebedürftige können Pflege- und Betreuungsleistungen sowie hauswirtschaftliche Versorgung gemeinsam als Sachleistung in Anspruch nehmen. ⁶Der Anspruch auf Betreuungsleistungen als Sachleistung setzt voraus, dass die Grundpflege und die hauswirtschaftliche Versorgung im Einzelfall sichergestellt sind. ⁷Betreuungsleistungen als Sachleistungen nach Satz 5 dürfen nicht zulasten der Pflegekassen in Anspruch genommen werden, wenn diese Leistungen im Rahmen der Eingliederungshilfe für behinderte Menschen nach dem Zwölften Buch, durch den zuständigen Träger der Eingliederungshilfe nach dem Achten Buch oder nach dem Bundesversorgungsgesetz finanziert werden.

(2) Grundpflege und hauswirtschaftliche Versorgung umfassen Hilfeleistungen bei den in § 14 genannten Verrichtungen; die verrichtungsbezogenen krankheitsspezifischen Pflegemaßnahmen gehören nicht dazu, soweit diese im Rahmen der häuslichen Krankenpflege nach § 37 des Fünften Buches zu leisten sind.

(3) Der Anspruch auf häusliche Pflegehilfe umfasst je Kalendermonat
1. für Pflegebedürftige der Pflegestufe I Pflegeeinsätze bis zu einem Gesamtwert von
   a) 420 Euro ab 1. Juli 2008,
   b) 440 Euro ab 1. Januar 2010,
   c) 450 Euro ab 1. Januar 2012,
   d) 468 Euro ab 1. Januar 2015,
2. für Pflegebedürftige der Pflegestufe II Pflegeeinsätze bis zu einem Gesamtwert von
   a) 980 Euro ab 1. Juli 2008,
   b) 1 040 Euro ab 1. Januar 2010,
   c) 1 100 Euro ab 1. Januar 2012,
   d) 1 144 Euro ab 1. Januar 2015,
3. für Pflegebedürftige der Pflegestufe III Pflegeeinsätze bis zu einem Gesamtwert von
   a) 1 470 Euro ab 1. Juli 2008,
   b) 1 510 Euro ab 1. Januar 2010,

§ 36 Viertes Kapitel. Leistungen der Pflegeversicherung

c) 1 550 Euro ab 1. Januar 2012,
d) 1 612 Euro ab 1. Januar 2015.

(4) ¹Die Pflegekassen können in besonders gelagerten Einzelfällen zur Vermeidung von Härten Pflegebedürftigen der Pflegestufe III weitere Pflegeeinsätze bis zu einem Gesamtwert von 1 995 monatlich gewähren, wenn ein außergewöhnlich hoher Pflegeaufwand vorliegt, der das übliche Maß der Pflegestufe III weit übersteigt, beispielsweise wenn im Endstadium von Krebserkrankungen regelmäßig mehrfach auch in der Nacht Hilfe geleistet werden muß. ²Die Ausnahmeregelung des Satzes 1 darf für nicht mehr als drei vom Hundert aller versicherten Pflegebedürftigen der Pflegestufe III, die häuslich gepflegt werden, Anwendung finden. ³Der Spitzenverband Bund der Pflegekassen überwacht die Einhaltung dieses Höchstsatzes und hat erforderlichenfalls geeignete Maßnahmen zur Einhaltung zu ergreifen.

Inhaltsübersicht

	Rn.
I. Geltende Fassung	1
II. Normzweck	2
III. Häusliche Pflegehilfe (Abs. 1)	4
1. Örtlichkeit der Pflege (Abs. 1 Satz 2)	5
2. Geeignete Pflegekräfte (Abs. 1 Satz 3 und 4)	6
3. „Poolen" von Leistungsansprüchen (Abs. 1 Satz 5)	7
4. Betreuungsleistungen als Sachleistung (Abs. 1 Satz 6)	9
5. Betreuungsleistungen zulasten der Eingliederungshilfe (Abs. 1 Satz 7)	10
IV. Gegenstand der häuslichen Pflege (Abs. 2)	11
V. Leistungshöhe (Abs. 3)	12
VI. Härtefall (Abs. 4)	14
1. Härtefall-Richtlinien der Spitzenverbände	15
2. Beschränkung der Härtefallregelung (Abs. 4 Satz 2)	16

I. Geltende Fassung

1 Die Vorschrift ist mWv 1.4.1995 durch Art. 1 PflegeVG eingeführt worden. Sie beruht auf § 32 des RegE, vgl. Begr. des RegE, S. 111f. Durch das 1. SGB XI-ÄndG wurden folgende Änderungen vorgenommen: In Abs. 1 wurde Satz 1 durch die jetzigen Sätze 1 und 2 ersetzt; in Abs. 4 wurde Satz 2 neu gefasst. Die in Abs. 3 enthaltenen Leistungssätze wurden durch das Achte Euro-EinführungsG vom 23.10.2001, BGBl. I S. 2702 mWv 1.1.2002 von DM auf Euro umgestellt. Abs. 2 wurde durch Art. 8 Nr. 8 GKV-WSG (vom 26.3.2007, BGBl. I S. 378) um den zweiten Halbsatz ergänzt. Durch Art. 1 Nr. 17 PflegeWEG (vom 28.5.2008, BGBl. I S. 874) wurden folgende Änderungen vorgenommen: Abs. 1 wurde um die Sätze 5 bis 7 ergänzt; in Abs. 3 wurden die Leistungssätze zeitlich gestaffelt geändert; in Abs. 4 Satz 2 wurde die Regelung der zahlenmäßigen Begrenzung von Härtefällen neu gefasst; darüber hinaus wurde Abs. 4 ein Satz 3 angefügt. Im PSG I wurden die Leistungshöchstbeträge in Abs. 3 Nr. 1–3 jeweils unter d) sowie in Abs. 3 S. 4 erhöht.

II. Normzweck

2 Die Vorschrift regelt die **häusliche Pflege** durch erwerbsmäßige (professionelle) Pflegekräfte, die von der PK gestellt (und in den Grenzen von Abs. 3) bezahlt werden. Nach der Terminologie des Gesetzgebers handelt es sich um **Pflegesachleistung.** Mit diesem Begriff soll in erster Linie der Unterschied zum Pflegegeld als der zweiten

Pflegesachleistung **§ 36**

Leistung bei ambulanter Pflege gekennzeichnet werden; vgl. hierzu auch Rn. 1 bis 3 vor §§ 28–45. Zu den Pflegesachleistungen i. S. von § 36 zählen nicht alle von professionellen ambulanten Einrichtungen erbrachten Pflegeleistungen, sondern nur solche, die auf Veranlassung einer Pflegekasse von einem zugelassenen Pflegedienst erbracht werden; wobei innerhalb des Leistungsrahmens der Pflegeversicherung nicht der Pflegebedürftige, sondern die Pflegekasse Schuldner des Vergütungsanspruchs des Pflegedienstes ist. Wird dagegen allein der Pflegebedürftige Vertragspartner des Pflegedienstes und schuldet somit auch er die Bezahlung der Vergütung, so liegt ein Fall des § 36 nicht vor (BSG, SozR 3-3300 § 34 Nr. 4).

Schon die ursprüngliche Fassung des Satzes 1, wonach die Pflege im eigenen oder 3 in einem anderen **Haushalt** erfolgen musste, diente in erster Linie der Abgrenzung zur stationären Pflege; ausgeschlossen wurde damit die Pflege in einer Einrichtung, die als Pflegeheim zugelassen ist. Dies wird mit der Änderung von Abs. 1 Satz 1 und 2 im 1. SGB XI-ÄndG verdeutlicht (vgl. unten Rn. 4). Abs. 3 enthält in der Gesetz gewordenen Fassung nur noch die betragsmäßigen Höchstgrenzen, bis zu denen die Kosten für Pflegeeinsätze übernommen werden. Im RegE waren demgegenüber zusätzlich jeweils Höchstzahlen für Pflegeeinsätze angegeben.

III. Häusliche Pflegehilfe (Abs. 1)

Die Vorschrift definiert in Satz 1 die häusliche Pflegehilfe als Anspruch auf Grund- 4 pflege und hauswirtschaftliche Versorgung (vgl. zu diesen Begriffen unten Rn. 6) in der Form der Sachleistung (vgl. hierzu Rn. 2 und 3 vor §§ 28–45). Ein Anspruch auf häusliche Pflegehilfe besteht nicht, wenn der Pflegebedürftige in einer stationären Einrichtung gepflegt wird (Satz 2). Satz 3 und 4 legen fest, durch wen die häusliche Pflegehilfe zu erbringen ist.

1. Örtlichkeit der Pflege (Abs. 1 Satz 2)

Mit dieser Voraussetzung wird allein eine **Abgrenzung zur stationären Pflege** er- 5 reicht. Ein Anspruch auf häusliche Pflege ist ausgeschlossen, wenn die Pflege in einer Einrichtung erbracht wird, die als Pflegeheim nach § 71 Abs. 2 iVm. § 72 zugelassen ist. In diesem Fall kann ein Leistungsanspruch nach § 43 in Betracht kommen. Leistungen der häuslichen Pflege sind auch zulässig, wenn Pflegebedürftige nicht in ihrem eigenen Haushalt gepflegt werden. Ausgeschlossen sind sie nach dem 2. Hs allein bei gleichzeitiger Pflege in einer stationären Pflegeeinrichtung (i. S. des § 71 Abs. 2) sowie bei Pflege in einer Einrichtung i. S. des § 71 Abs. 4 (Krankenhaus, Reha- oder Behinderteneinrichtung). Nachdem der Gesetzgeber die in der ursprünglichen Fassung des Abs. 1 enthaltene Forderung, die Pflege müsse entweder im Haushalt des Pflegebedürftigen oder in einem anderen Haushalt (Satz 1) durchgeführt werden, im 1. SGB XI-ÄndG aufgehoben hat, wird noch deutlicher, dass die Vorschrift nur zur **Abgrenzung von der stationären Pflege** und der Pflege in einer Einrichtung nach § 71 Abs. 4 dient. Zu den aus der Verwendung des Begriffs „Haushalt" in der ursprünglichen Fassung des Abs. 1 erwachsenen Schwierigkeiten vgl. *Mrozynski*, SGb 1995, 104, 110. Die Örtlichkeit der von § 36 erfassten Pflege kann nicht mehr aus dem Begriff „häusliche" Pflege abgeleitet werden. *Mrozynski* (SGb 1995, 104, 110) weist zutreffend darauf hin, dass bereits die Begr. zur ursprünglichen Fassung des Ges davon ausgegangen ist (BT-Drucks. 12/5262, S. 112), dass „häusliche" Pflege nicht dadurch ausgeschlossen wird, dass der Pflegebedürftige in einem Altenwohnheim, Altenheim, einer Einrichtung des betreuten Wohnens oder einer Wohneinrichtung für behinderte Menschen wohnt und dort Pflegeleistungen durch Pflegekräfte eines zugelassenen ambulanten Pflegedienstes oder durch vertraglich (nach § 77 Abs. 1) mit der PK verbundene bzw von ihr angestellte einzelne Pflegekräfte in Anspruch nimmt (s. a. *Vogl*, in: HSP, § 36 Rn. 18 f.). Hieraus folgt, dass **nicht der Aufent-**

§ 36 Viertes Kapitel. Leistungen der Pflegeversicherung

haltsort des Pflegebedürftigen maßgebend ist, sondern die Art der Durchführung der Pflege. Wird die Pflege von einem (zugelassenen) ambulanten Pflegedienst oder einer einzelnen Pflegekraft i. S. von § 77 durchgeführt, so besteht ein Anspruch nach § 36. Der in Satz 2, 2. Hs enthaltene **Ausschluss der häuslichen Pflege** bei Durchführung der Pflege **in einer Einrichtung** i. S. des § 71 Abs. 4 muss einschränkend in dem Sinne verstanden werden, dass er nur bei von der (nicht zugelassenen) Einrichtung dort selbst durchgeführten Pflege gilt, die pauschal bis 256 Euro monatlich vergütet wird (vgl. § 43a); nicht aber, wenn allein Pflege durch zugelassene geeignete Pflegekräfte i. S. der Sätze 3 und 4 stattfindet (a. A. *Lachwitz,* in: HS-PV, Anhang § 9 vor A 394 [3]). Auf das Fehlen eines Haushalts (vgl. hierzu in der Vorauflage Rn. 4) kann jedenfalls nicht mehr abgestellt werden (a. A. *Leitherer,* in: KassKomm, SGB XI, § 36 Rn. 20; *Krauskopf,* § 36 Rn. 4), denn die jetzige Fassung des Satzes 2 enthält die Voraussetzung der Pflege in einem Haushalt nicht mehr. Wird die Pflege nicht durchgängig von einer Einrichtung i. S. von § 71 Abs. 4 selbst erbracht, so besteht ein Anspruch auf häusliche Pflegehilfe (soweit es die Leistungshöchstgrenzen zulassen) für die Zeit, in der der Pflegebedürftige nicht in der Einrichtung, sondern (etwa am Wochenende oder während der Ferien) bei seiner Familie, bei Angehörigen, Freunden etc. gepflegt wird, obgleich das Gesetz diesen Fall nicht ausdrücklich regelt (vgl. hierzu § 38 Rn. 2).

5a Die Abgrenzung von stationärer und häuslicher Pflege wird durch den Übergang der Gesetzgebungskompetenz für das Heimordnungsrecht auf die Länder zusätzlich erschwert, weil die Heimordnungsgesetze der Länder entsprechend ihrem Schutzzweck zumeist eine vom SGB XI abweichende Abgrenzung vornehmen. So werden Wohneinrichtungen, die vertraglich neben dem bloßen Wohnen auch Serviceleistungen zur Verfügung stellen, teilweise den stationären Einrichtungen zugeordnet (vgl. *Plantholz,* in: LPK-SGBXI, § 36 Rn. 7), ohne dass sie die Voraussetzungen des § 71 Abs. 2 erfüllen. Letzteres ist für die pflegeversicherungsrechtliche Zuordnung allein maßgebend. Nur wenn der Träger einer Wohneinrichtung vertraglich neben der Überlassung von Wohnraum eine Rund-um-die-Uhr-Pflege entsprechend dem jeweiligen Hilfebedarf unter ständiger Verantwortung einer ausgebildeten Pflegefachkraft zusagt, handelt es sich um stationäre Pflege, die eine Inanspruchnahme von Leistungen bei häuslicher Pflege ausschließt. Die Abgrenzung hat vor allem im Hinblick auf die Absicht des Gesetzgebers, die Pflege in Wohngruppen zu fördern, die mit dem PflegeWEG (§ 36 Abs. 1 Satz 5) begann und im PNG (§ 38a) ausgebaut worden ist, zunehmende Bedeutung.

2. Geeignete Pflegekräfte (Abs. 1 Satz 3 und 4)

6 Die häusliche Pflegehilfe wird durch Pflegekräfte erbracht, die von der PK zur Verfügung gestellt werden. Den Wünschen des Pflegebedürftigen muss die PK nachkommen, wenn der Pflegebedürftige Pflegekräfte benennt, die entweder von der PK (§ 77 Abs. 2) oder bei ambulanten Pflegeeinrichtungen, mit denen die PK einen Versorgungsvertrag abgeschlossen hat (§ 72 Abs. 1) angestellt sind (Abs. 1 Satz 3). Der Gesetzgeber hat die Auswahlfreiheit des Pflegebedürftigen durch die Änderung des § 77 Abs. 1 im PflegeWEG zusätzlich gestärkt; soweit dessen Voraussetzungen vorliegen, kann auch eine Einzelperson als Pflegekraft ausgewählt werden, wobei das Ermessen der PK beim Abschluss von Verträgen mit einzelnen Pflegekräften eingeschränkt ist, wenn Wirtschaftlichkeitsaspekte nicht entgegen stehen. Der Pflegebedürftige kann hierdurch den im Vergleich zum Pflegegeld höheren Leistungsrahmen nach § 36 Abs. 3 ausschöpfen. Zu den Voraussetzungen, unter denen die PKen mit einer Einzelperson einen Versorgungsvertrag abzuschließen hat vgl. § 77 Rn. 3ff.

3. „Poolen" von Leistungsansprüchen (Abs. 1 Satz 5)

7 Mit der durch das PflegeWEG eingefügten Regelung öffnet der Gesetzgeber die bislang starre Systematik des Leistungsrechts, wonach als Sachleistungen nur die in Abs. 2

aufgeführten Hilfeleistungen der Grundpflege und hauswirtschaftlichen Versorgung bei den Verrichtungen des § 14 Abs. 4 in Betracht kamen. Hierdurch wird zunächst nur eine weitverbreitete Praxis legalisiert und allgemeine, nicht verrichtungsgebundene Betreuungsleistungen im Rahmen der Vergütung nach Leistungskomplexen abrechnungsfähig gemacht. Soweit *Plantholz* (LPK-SGB XI, § 36 Rn. 13) Zweifel äußert, ob Abs. 1 Satz 5 und 6 einen Anspruch auf nicht verrichtungsbezogene Betreuungsleistungen begründet, sind diese spätestens mit der Einführung von § 124 obsolet geworden. Die durch die Formulierung von Abs. 1 Satz 1 iVm. Abs. 2 bewirkte starre Bindung der abrechnungsfähigen Hilfeleistungen an den Verrichtungskatalog war schon nach der ursprünglichen Fassung nicht zwingend geboten. Denn die Beschränkung des Hilfebedarfs auf den Verrichtungskatalog war im Interesse der Finanzierbarkeit der PV nur bei der Feststellung von Pflegebedürftigkeit und der Zuordnung zu den Pflegestufen erforderlich, nicht aber bei der Leistungserbringung.

Gänzlich neu und in der Durchführbarkeit noch mit offenen Fragen behaftet, ist **8** die **gemeinsame Inanspruchnahme von ambulanten Pflegeleistungen** durch mehrere Leistungsberechtigte. Der Gesetzgeber will hierdurch vor allem die pflegerische Betreuung innerhalb neuer Wohnformen (betreutes Wohnen, Alten-WG uä) fördern; die neue Leistungsform ist jedoch nicht auf Leistungsberechtigte beschränkt, die innerhalb derartiger neuer Wohnformen leben. Das mit Satz 5 verfolgte Ziel wird ergänzt durch eine Lockerung der ursprünglich strengen Voraussetzungen beim Abschluss von Verträgen mit Einzelpflegekräften nach § 77 (Art. 1 Nr. 44 PflegeWEG, vgl. BT-Drucks. 16/7439 zu Nr. 17 Buchst. a). Das „Poolen" von Leistungsansprüchen führt **nicht** zu einer **Vermehrung der Individualansprüche.** Die durch eine gemeinsame Versorgung mehrerer Pflegebedürftiger entstehenden Synergieeffekte können nur über Vereinbarungen entweder mit Einzelpflegekräften nach § 77 Abs. 1 Satz 2, 2. Hs oder mit ambulanten Pflegediensten nach § 89 Abs. 3 Satz 2 nutzbar gemacht werden, in denen die zu erbringenden Leistungen und die Vergütung im Einzelnen festgelegt werden. *Griep* (Sozialrecht aktuell 2009, 17, 20) geht zu Recht davon aus, dass die Synergieeffekte, die in der Gesetzesbegründung (BT-Drucks. 16/7439 zu Nr. 17 Buchst. a) aufgeführt werden, schon nach bestehender Vertragspraxis zwischen Pflegediensten und PKen erfasst und bei der Ausgestaltung des Leistungsumfangs berücksichtigt werden. Grundlegend neu ist allein, dass auch nicht verrichtungsbezogene Betreuungsleistungen in die von den Pflegediensten zu erbringende Sachleistung einbezogen werden können; dies wird durch die mit dem PNG eingeführte Übergangsregelung in § 124 nochmals bestätigt. Den von einer derartigen Vereinbarung begünstigten Leistungsberechtigten stehen die gepoolten Leistungen nur gemeinschaftlich zu; es handelt sich insoweit um eine Bruchteilsgemeinschaft i. S. von § 741 BGB. Die PKen gehen daher zu Recht davon aus (Rundschreiben § 36 Ziff. 3), dass die durch den gemeinsamen Einkauf von Pflege- und Betreuungsleistungen anfallenden Mehrleistungen zu gleichen Teilen auf die am „Pool" beteiligten Pflegebedürftigen entfallen (vgl. § 742 BGB). Der einzelne Pflegebedürftige ist allerdings in seiner Entscheidung frei, ob er sich an einem „Pool" beteiligt oder nicht. Die Koordinierung von Pool-Lösungen sowie die Gestaltung entsprechender Verträge mit Leistungserbringern ist Aufgabe der Pflegestützpunkte (§ 92c Abs. 2 Satz 1 Nr. 3).

4. Betreuungsleistungen als Sachleistung (Abs. 1 Satz 6)

Die Neuregelung legitimiert PKen und Erbringer ambulanter Pflegeleistungen, ne- **9** ben der Grundpflege bei den Verrichtungen des § 14 Abs. 4 und hauswirtschaftlichen Versorgung auch allgemeine Betreuungsleistungen als Leistungsinhalt zu vereinbaren. Diese Liberalisierung des Leistungsinhalts setzt nicht voraus, dass Pflegesachleistungen nach Satz 5 gemeinsam in Anspruch genommen werden. Zum einen ist die Abfolge der Neuregelungen in Abs. 1 Satz 5 und 6 allein kein Argument für eine solche Auslegung (a. A. wohl *Griep,* Sozialrecht aktuell 2009, 21); zum anderen wäre die kollektive Inan-

§ 36   Viertes Kapitel. Leistungen der Pflegeversicherung

spruchnahme von Pflegeleistungen allein kein sachlicher Grund für eine derartige Differenzierung. Spätestens seit der Einführung von § 124 im PNG dürfte der Streit über diese Frage (s. o. Rn. 7) obsolet sein. Die **Sicherstellung von Grundpflege und hauswirtschaftlicher Versorgung** muss allerdings weiterhin gewährleistet sein (Abs. 1 Satz 6). Der Gesetzgeber sieht hier die Leistungserbringer in der Pflicht (vgl. RegE, BT-Drucks. 16/7439 zu Nr. 17 Buchst. a); im Rahmen ihrer Vertragspflichten gegenüber der PK und ihrer Fürsorgepflicht, die sich aus den mit den Pflegebedürftigen geschlossenen Pflegeverträgen ergebe, müssten sie dafür Sorge tragen, dass in jedem Fall der pflegerische Versorgung sichergestellt werde. Angesichts der nicht bedarfsdeckenden Leistungen der PV wird dieses Ziel regelmäßig nur unter Einbeziehung ehrenamtlicher Hilfe erreicht werden können. Pflegebedürftige, die zu dem nach § 45a leistungsberechtigten Personenkreis zählen, können die **niedrigschwelligen Betreuungsleistungen** nach § 45b, die nicht als Sachleistungen erbracht werden (vgl. § 45b Rn. 2), **zusätzlich** beanspruchen (so auch *Griep*, Sozialrecht aktuell 2009, 19f.).

5. Betreuungsleistungen zulasten der Eingliederungshilfe (Abs. 1 Satz 7)

10   Mit der Regelung soll ein Vorrang der Eingliederungshilfe konstruiert werden. Entgegen § 13 Abs. 3 Satz 3, der von einer Gleichrangigkeit der Pflegeleistungen der Eingliederungshilfe mit den Leistungen der PV ausgeht und dem Betroffenen damit grundsätzlich ein Wahlrecht einräumt, schließt Satz 7 die Einbeziehung von Betreuungsleistungen bei Pflegebedürftigen aus, wenn diese Leistungen von Trägern der Eingliederungshilfe nach dem 12. oder 8. Buch bzw nach dem BVG finanziert werden. Hieraus folgt, dass allein die Anspruchsberechtigung für den Ausschluss nicht ausreicht.

IV. Gegenstand der häuslichen Pflege (Abs. 2)

11   Gegenstand der häuslichen Pflege (Abs. 2) sind Grundpflege und hauswirtschaftliche Versorgung (zu diesen Begriffen vgl. § 14 Rn. 14). Die Kostenzusage der PK umfasste bis zur Ergänzung von Abs. 1 um die Sätze 5 ff. nur Dienstleistungen der Pflegeperson, die mit den in § 14 Abs. 4 genannten Verrichtungen im Zusammenhang stehen. Nicht zur Grundpflege zählt grundsätzlich die Behandlungspflege, die nach § 37 SGB V weiterhin in die Leistungspflicht der GKV fällt. Der im GKV-WSG angefügte 2. Halbsatz stellt klar, dass auch die Einbeziehung der verrichtungsbezogenen Behandlungspflege (dh solcher Maßnahmen, die in einem untrennbaren zeitlichen Zusammenhang mit einer Verrichtung aus dem Katalog des § 14 Abs. 4 stehen, vgl. § 14 Rn. 12) in die Bemessung des Pflegebedarfs nach § 15, nicht dazu führt, dass diese Maßnahmen zur Grundpflege zählen. Sie sind deshalb nicht Gegenstand der Versorgung durch ambulante Pflegedienste, sondern von häuslichen Krankenpflegediensten nach § 132a SGB V zu erbringen; es sei denn sie werden von Haushaltsangehörigen (vgl. § 37 Abs. 3 SGB V) oder anderen ehrenamtlichen Pflegepersonen erbracht.

V. Leistungshöhe (Abs. 3)

12   Der Gesamtwert der von der PK zu erbringenden Pflegesachleistung ist im Kalendermonat je nach Pflegestufe auf die in Abs. 3 genannten Höchstbeträge begrenzt, vgl. hierzu die Tabelle Rn. 8 vor §§ 28 ff. Trotz des zwischenzeitlich eingetretenen Zeitablaufs hat der Gesetzgeber die PD der Tabelle in Abs. 3 nicht aktualisiert, sondern im PSG I lediglich für die Zeit ab 1.1.2015 fortgeschrieben. Erhebliche Leistungsverbesserungen ab 2013 sind dagegen als Übergangsregelungen allein für Personen mit erheblich eingeschränkter Alltagskompetenz (§ 45a) in § 123 festgelegt worden. Der

Pflegebedürftige kann bis zur Ausschöpfung dieser Höchstbeträge Pflegeeinsätze abrufen, wobei es ihm überlassen bleibt, in welchem Umfang er die Pflegekraft für Hilfeleistungen bei der Grundpflege und bei der hauswirtschaftlichen Versorgung einsetzt. Zur Inanspruchnahme von Betreuungsleistungen bei gemeinsamer Inanspruchnahme ambulanter Pflegeleistungen durch mehrere Pflegebedürftige vgl. oben Rn. 8. Ein Übergewicht des pflegebedingten Aufwandes gegenüber dem hauswirtschaftlichen Aufwand ist nur bei der Zuordnung zu den einzelnen Pflegstufen im Rahmen von § 15 erforderlich (PflRL Ziff. 4.1.1 bis 4.1.3), nicht dagegen bei der Durchführung der Pflege. Auf die **Anzahl der Pflegeeinsätze** kommt es nicht an; zu praktischen Schwierigkeiten bei der Abwicklung der Leistungserbringung unter Beachtung der Obergrenzen und hieraus resultierenden Beratungspflichten der PKen vgl. *Leitherer,* in: KassKomm, SGB XI, § 36 Rn. 49 f.; ders., in: HS-PV, § 16 Rn. 43 ff. Fahrkosten, die bei den Einsätzen der Pflegekräfte notwendig werden, werden nicht gesondert erstattet; sie müssen von den Vertragspartnern der Vergütungsregelung (§ 89) in den Preis des Pflegeeinsatzes einbezogen werden. Werden die Höchstgrenzen der häuslichen Pflege durch Inanspruchnahme von professionellen Pflegekräften nicht ausgeschöpft, so kann der Pflegebedürftige anteiliges Pflegegeld beanspruchen, soweit er neben der Pflegesachleistung noch Hilfeleistungen durch nicht erwerbsmäßig tätige Pflegepersonen (Angehörige, Nachbarn etc.) in Anspruch nimmt (vgl. § 38 Rn. 2).

Eine **Kürzung** der Höchstwerte ist im Gegensatz zum Pflegegeld (§ 37 Abs. 2) auch **13** dann, wenn der Anspruch nicht für einen vollen Kalendermonat besteht, nicht vorgesehen. Soweit der Pflegebedürftige mit dem für ihn geltenden Höchstbetrag die erforderlichen Pflegeeinsätze nicht finanzieren kann, stehen ihm ergänzend Leistungen nach § 61 SGB XII zu, falls er die Einkommensgrenzen des § 85 SGB XII nicht überschreitet. Die Hilfe zur Pflege nach dem SGB XII orientiert sich im Gegensatz zum Leistungsrecht der PV am Bedarfsdeckungsprinzip (vgl. *Meßling,* in: juris PK-SGB XII, § 61 Rn. 11). Die fortbestehende Leistungspflicht der Sozialhilfe beim Überschreiten der Leistungshöchstgrenzen der PV ergibt sich auch aus § 13 Abs. 3 Satz 2.

VI. Härtefall (Abs. 4)

Zur Vermeidung von Härten können die PKen Pflegebedürftigen der Pflegestu- **14** fe III weitere Pflegeeinsätze bis zu einem Gesamtwert von 1 995 Euro monatlich gewähren, wenn es sich um besonders schwere Pflegefälle handelt und ein außergewöhnlich hoher Pflegeaufwand vorliegt, der die Pflegeperson übermäßig belastet und das übliche Maß des in der Pflegestufe III erforderlichen Pflegeaufwandes erheblich übersteigt. Zur Leistungsberechnung, wenn der Pflegebedürftige nur teilweise Pflegesachleistungen und im Übrigen Pflegegeld in Anspruch nimmt vgl. § 38 Rn. 4 unter d). Die Ausnahmeregelung wurde erst auf Veranlassung des Vermittlungsausschusses eingeführt (BT-Drucks. 12/6424, S. 3). Trotz der Verwendung des Begriffs „können" in Abs. 4 Satz 1 steht den PKen bei der Entscheidung über die Anerkennung als Härtefall kein Ermessensspielraum zu. Nach § 17 Abs. 1 Satz 3 hat der Spitzenverband Bund im Interesse der Gleichbehandlung aller Versicherten in Richtlinien die Anforderungen festzulegen, die im Einzelfall an die Anerkennung als Härtefall gestellt werden. Der Verwaltung steht nur insoweit ein Beurteilungsspielraum zu, als die von ihr in Richtlinien festgelegten Anforderungen so ausgestaltet werden müssen, dass die vom Gesetzgeber vorgegebene mengenmäßige Begrenzung der Härtefälle (Abs. 4 Satz 2, unten Rn. 16) nicht überschritten, aber auch nicht gänzlich verfehlt wird (BSGE 89, 44, 48 = SozR 3-3300 § 36 Nr. 3). Mit dem in Abs. 4 Satz 1 enthaltenen Beispiel des Pflegebedarfs im Endstadium einer Krebserkrankung gibt das G eine Orientierungsgröße für die in den Richtlinien festzulegenden Anforderungen vor.

§ 37 Viertes Kapitel. Leistungen der Pflegeversicherung

1. Härtefall-Richtlinien der Spitzenverbände

15 Nach Ziff. 4 der **HärtefallRi** (vom 10.7.1995 idF des Beschlusses vom 28.10.2005, vom BMG mit Schreiben vom 21.6.2006 genehmigt) kann ein **außergewöhnlich hoher Pflegeaufwand** angenommen werden, wenn die täglich durchzuführenden Pflegemaßnahmen das übliche Maß der Grundversorgung bei Schwerstpflegebedürftigen (Pflegestufe III, s. hierzu Ziff. 4.1.3 der PflRi) qualitativ und quantitativ weit übersteigen. Hiervon ist auszugehen, wenn die Grundpflege für den Pflegebedürftigen mindestens sechs Stunden täglich, davon mindestens dreimal auch während der Nacht, erforderlich ist oder wenn die Grundpflege auch nachts nur von mehreren Pflegekräften gemeinsam (zeitgleich) erbracht werden kann und zumindest bei einer Verrichtung tagsüber und während der Nacht neben einer professionellen Pflegekraft eine ehrenamtliche Pflegeperson (z. B. ein Angehöriger) zum Einsatz kommt. Zusätzlich muss ständige Hilfe bei der hauswirtschaftlichen Versorgung erforderlich sein. Ein derart außergewöhnlich hoher Pflegeaufwand kann insbesondere bei folgenden Krankheitsbildern vorliegen: Krebserkrankungen im Endstadium, Aids-Erkrankungen im Endstadium, hohe Querschnittslähmung und Tetraplegie, Enzephalomyelitis disseminata im Endstadium, Wachkoma, schwere Ausprägung der Demenz, bei schweren Fehlbildungssyndromen und Fehlbildungen im Säuglings- und Kleinkindalter, schwersten neurologischen Defektsyndromen nach Schädelhirnverletzungen sowie im Endstadium der Mukoviszidose.

2. Beschränkung der Härtefallregelung (Abs. 4 Satz 2)

16 Nach Abs. 4 Satz 2 ist die Anwendung der Härtefallregelung beschränkt. Sie darf bei den Leistungen der häuslichen Pflege insgesamt nur 3 v. H. der Pflegebedürftigen der Pflegestufe III zugutekommen (bis zur Änderung von Abs. 4 Satz 2 im PflegeWEG war diese Quote auf die einzelne PK bezogen). Die gegen die Einschränkung des anspruchsberechtigten Personenkreises durch eine Quotierung vorgebrachten verfassungsrechtlichen Bedenken (*Leitherer*, in: KassKomm, SGB XI, § 36 Rn. 56; *ders.*, in: HS-PV, § 16 Rn. 56; ähnlich *Gaßmann*, § 36 Rn. 11) hat das BSG (BSGE 89, 44, 47) nicht geteilt. Die gewählte Form der Begrenzung der Härtefälle führt insbesondere nicht, wie befürchtet, zu einer Art Windhundprinzip bei der Zuteilung der Mehrleistung. Durch die Vorgaben der HärtefallRi (insb. deren Ziff. 4) stehen vielmehr jeweils für zukünftige Leistungsfälle im Vorhinein generell abstrakt festgelegte Anforderungen fest. Die ursprüngliche Fassung der HärtefallRi idF vom 3.7.1996 wurden nach Auffassung des BSG (BSGE 89, 44 = SozR 3-3300 § 36 Nr. 3) der gesetzlichen Vorgabe nicht gerecht, die Quoten von 3% im häuslichen und 5% im stationären Bereich auszuschöpfen. Seit dem 1.9.2006 ist die Neufassung der HärtefallRi in Kraft (vgl. hierzu auch BSG, Urteil vom 10.4.2008, B 3 P 4/07 R). Zur Begrenzung der Härtefalle bei stationärer Pflege vgl. § 43 Rn. 19. Eine Erhöhung des Pflegegeldes für Härtefälle ist weder in Abs. 4 noch in § 37 Abs. 1 vorgesehen; hieraus kann jedoch kein Verstoß gegen den allgemeinen Gleichheitssatz oder das Diskriminierungsverbot abgeleitet werden (LSG Baden-Württemberg, 17.2.2012, L 4 P 2762/11, juris).

§ 37 Pflegegeld für selbst beschaffte Pflegehilfen

(1) ¹Pflegebedürftige können anstelle der häuslichen Pflegehilfe ein Pflegegeld beantragen. ²Der Anspruch setzt voraus, daß der Pflegebedürftige mit dem Pflegegeld dessen Umfang entsprechend die erforderliche Grundpflege und hauswirtschaftliche Versorgung in geeigneter Weise selbst sicherstellt. ³Das Pflegegeld beträgt je Kalendermonat
1. für Pflegebedürftige der Pflegestufe I
   a) 215 Euro ab 1. Juli 2008,
   b) 225 Euro ab 1. Januar 2010,

c) 235 Euro ab 1. Januar 2012,
d) 244 Euro ab 1. Januar 2015,
2. für Pflegebedürftige der Pflegestufe II
a) 420 Euro ab 1. Juli 2008,
b) 430 Euro ab 1. Januar 2010,
c) 440 Euro ab 1. Januar 2012,
d) 458 Euro ab 1. Januar 2015,
3. für Pflegebedürftige der Pflegestufe III
a) 675 Euro ab 1. Juli 2008,
b) 685 Euro ab 1. Januar 2010,
c) 700 Euro ab 1. Januar 2012,
d) 728 Euro ab 1. Januar 2015.

(2) [1]Besteht der Anspruch nach Absatz 1 nicht für den vollen Kalendermonat, ist der Geldbetrag entsprechend zu kürzen; dabei ist der Kalendermonat mit 30 Tagen anzusetzen. [2]Die Hälfte des bisher bezogenen Pflegegeldes wird während einer Kurzzeitpflege nach § 42 und einer Verhinderungspflege nach § 39 jeweils für bis zu vier Wochen je Kalenderjahr fortgewährt. [3]Das Pflegegeld wird bis zum Ende des Kalendermonats geleistet, in dem der Pflegebedürftige gestorben ist. [4]§ 118 Abs. 3 und 4 des Sechsten Buches gilt entsprechend, wenn für die Zeit nach dem Monat, in dem der Pflegebedürftige verstorben ist, Pflegegeld überwiesen wurde.

(3) [1]Pflegebedürftige, die Pflegegeld nach Absatz 1 beziehen, haben
1. bei Pflegestufe I und II halbjährlich einmal,
2. bei Pflegestufe III vierteljährlich einmal
eine Beratung in der eigenen Häuslichkeit durch eine zugelassene Pflegeeinrichtung, durch eine von den Landesverbänden der Pflegekassen nach Absatz 7 anerkannte Beratungsstelle mit nachgewiesener pflegefachlicher Kompetenz oder, sofern dies durch eine zugelassene Pflegeeinrichtung vor Ort oder eine von den Landesverbänden der Pflegekassen anerkannte Beratungsstelle mit nachgewiesener pflegefachlicher Kompetenz nicht gewährleistet werden kann, durch eine von der Pflegekasse beauftragte, jedoch von ihr nicht beschäftigte Pflegefachkraft abzurufen. [2]Die Beratung dient der Sicherung der Qualität der häuslichen Pflege und der regelmäßigen Hilfestellung und praktischen pflegefachlichen Unterstützung der häuslich Pflegenden. [3]Die Vergütung für die Beratung ist von der zuständigen Pflegekasse, bei privat Pflegeversicherten von dem zuständigen privaten Versicherungsunternehmen zu tragen, im Fall der Beihilfeberechtigung anteilig von den Beihilfefestsetzungsstellen. [4]Sie beträgt in den Pflegestufen I und II bis zu 22 Euro und in der Pflegestufe III bis zu 32 Euro. [5]Pflegebedürftige, bei denen ein erheblicher Bedarf an allgemeiner Beaufsichtigung und Betreuung nach § 45 a festgestellt ist, sind berechtigt, den Beratungseinsatz innerhalb der in Satz 1 genannten Zeiträume zweimal in Anspruch zu nehmen. [6]Personen, bei denen ein erheblicher Bedarf an allgemeiner Beaufsichtigung und Betreuung nach § 45 a festgestellt ist und die noch nicht die Voraussetzungen der Pflegestufe I erfüllen, können halbjährlich einmal einen Beratungsbesuch in Anspruch nehmen; die Vergütung für die Beratung entspricht der für die Pflegestufen I und II nach Satz 4. [7]In diesen Fällen kann die Beratung auch durch von den Landesverbänden der Pflegekassen anerkannte Beratungsstellen wahrgenommen werden, ohne dass für die Anerkennung eine pflegefachliche Kompetenz nachgewiesen werden muss.

(4) [1]Die Pflegedienste und die anerkannten Beratungsstellen sowie die beauftragten Pflegefachkräfte haben die Durchführung der Beratungseinsätze gegenüber der Pflegekasse oder dem privaten Versicherungsunternehmen zu bestätigen sowie die bei dem Beratungsbesuch gewonnenen Erkenntnisse

§ 37 Viertes Kapitel. Leistungen der Pflegeversicherung

über die Möglichkeiten der Verbesserung der häuslichen Pflegesituation dem Pflegebedürftigen und mit dessen Einwilligung der Pflegekasse oder dem privaten Versicherungsunternehmen mitzuteilen, im Fall der Beihilfeberechtigung auch der zuständigen Beihilfefestsetzungsstelle. ²Der Spitzenverband Bund der Pflegekassen und die privaten Versicherungsunternehmen stellen ihnen für diese Mitteilung ein einheitliches Formular zur Verfügung. ³Der beauftragte Pflegedienst und die anerkannte Beratungsstelle haben dafür Sorge zu tragen, dass für einen Beratungsbesuch im häuslichen Bereich Pflegekräfte eingesetzt werden, die spezifisches Wissen zu dem Krankheits- und Behinderungsbild sowie des sich daraus ergebenden Hilfebedarfs des Pflegebedürftigen mitbringen und über besondere Beratungskompetenz verfügen. ⁴Zudem soll bei der Planung für die Beratungsbesuche weitestgehend sichergestellt werden, dass der Beratungsbesuch bei einem Pflegebedürftigen möglichst auf Dauer von derselben Pflegekraft durchgeführt wird.

(5) ¹Der Spitzenverband Bund der Pflegekassen und der Verband der privaten Krankenversicherung e. V. beschließen gemeinsam mit den Vereinigungen der Träger der ambulanten Pflegeeinrichtungen auf Bundesebene unter Beteiligung des Medizinischen Dienstes des Spitzenverbandes Bund der Krankenkassen Empfehlungen zur Qualitätssicherung der Beratungsbesuche nach Absatz 3. ²Die Empfehlungen gelten für die anerkannten Beratungsstellen entsprechend.

(6) Rufen Pflegebedürftige die Beratung nach Absatz 3 Satz 1 nicht ab, hat die Pflegekasse oder das private Versicherungsunternehmen das Pflegegeld angemessen zu kürzen und im Wiederholungsfall zu entziehen.

(7) ¹Die Landesverbände der Pflegekassen haben neutrale und unabhängige Beratungsstellen zur Durchführung der Beratung nach den Absätzen 3 und 4 anzuerkennen. ²Dem Antrag auf Anerkennung ist ein Nachweis über die erforderliche pflegefachliche Kompetenz der Beratungsstelle und ein Konzept zur Qualitätssicherung des Beratungsangebotes beizufügen. ³Die Landesverbände der Pflegekassen regeln das Nähere zur Anerkennung der Beratungsstellen. ⁴Für die Durchführung von Beratungen nach Absatz 3 Satz 6 können die Landesverbände der Pflegekassen geeignete Beratungsstellen anerkennen, ohne dass ein Nachweis über die pflegefachliche Kompetenz erforderlich ist.

(8) Der Pflegeberater oder die Pflegeberaterin (§ 7a) kann die vorgeschriebenen Beratungseinsätze durchführen und diese bescheinigen.

Inhaltsübersicht

	Rn.
I. Geltende Fassung	1
II. Normzweck	2
III. Allgemeines	3
IV. Verhältnis zu anderen Leistungen	5
1. andere Leistungen der PV	5
2. Leistungen bei Pflegebedürftigkeit nach anderen Gesetzen	6
V. Voraussetzungen des Pflegegeldes (Abs. 1)	7
VI. Höhe des Pflegegeldes (Abs. 1 Satz 3)	9
VII. Kürzung des Pflegegeldes (Abs. 2)	10
VIII. Abruf professioneller Pflegeberatung (Abs. 3)	12
IX. Bestätigung der Beratungsbesuche und Mitteilungspflichten (Abs. 4)	17
X. Sanktionen bei unterbliebener Beratung (Abs. 6)	18
XI. Anerkennung von Beratungsstellen (Abs. 7)	19
XII. Beratungseinsätze durch Pflegeberater (Abs. 8)	20

Pflegegeld für selbst beschaffte Pflegehilfen § 37

I. Geltende Fassung

Die Vorschrift ist mWv 1.4.1995 durch Art. 1 PflegeVG eingeführt worden. Sie hat 1
weitgehend die Fassung des RegE (dort § 33); vgl. Begr. des RegE, S. 112f. Aufgrund
der Beschlussempfehlung des AuS-Ausschusses wurden in Abs. 3 die Intervalle für den
Abruf von Pflegeeinsätzen durch zugelassene Pflegeeinrichtungen geändert (zur Begr.
vgl. BT-Drucks. 12/5952, S. 39); im Vermittlungsverfahren wurden sie erneut geändert.
Der Vermittlungsausschuss änderte zugleich die Höhe des Pflegegeldes in Abs. 1 Nr. 3
(vgl. BT-Drucks. 12/7323, S. 3). Durch das 1. SGB XI-ÄndG (vom 14.6.1996, BGBl. I
S. 830) wurden in Abs. 1 Satz 2 die Wörter „durch eine Pflegeperson" gestrichen; in
Abs. 3 wurde Satz 2 durch die jetzigen Sätze 2 bis 7 ersetzt. Durch das 4. SGB XI-ÄndG
(vom 21.7.1999, BGBl. I S. 1656) wurde in Abs. 2 Satz 2 angefügt (zur Begr. s. BT-
Drucks. 14/407), in Abs. 3 wurde Satz 3 geändert. Durch das Euro-Einführungsgesetz
(vom 23.10.2001, BGBl. I S. 2702) wurden zum 1.1.2002 die Leistungssätze in
Abs. 1 und die Entgelte für Beratungen in Abs. 3 auf Euro-Beträge umgestellt. Durch
Art. 1 Nr. 2 PflEG (vom 14.12.2001, BGBl. I S. 3728) wurde Abs. 3 neu gefasst (statt
„Pflegeeinsatz" wurde der Begriff „Beratung" eingeführt); zugleich wurden die Abs. 4
bis 7 angefügt. Durch Art. 8 Nr. 9 GKV-WSG (vom 26.3.2007, BGBl. I S. 378) wurden
Abs. 4 und 5 sprachlich an die neue Organisationsstruktur der GKV (statt „Spitzenver-
bände" „Spitzenverband Bund"). Durch Art. 1 Nr. 18 PflegeWEG (vom 28.5.2008,
BGBl. I S. 874) wurden die in Abs. 1 Satz 3 aufgeführten Beträge des Pflegegeldes geän-
dert, in Abs. 2 wurde Satz 3 angefügt, Abs. 3 Satz 1 wurde erneut neu gefasst, in Abs. 3
Satz 4 wurden die Entgelte für Beratungen geändert sowie die Sätze 6 und 7 angefügt; in
Abs. 4 wurden die Sätze 1 und 3 geändert; in Abs. 5 wurde Satz 2 angefügt. Durch Art. 1
Nr. 18 Buchst. f PflegeWEG wurden die Abs. 7 und 8 angefügt. Abs. 2 Satz 2 wurde
durch Art. 1 Nr. 11 PNG eingefügt; zugleich wurden die früheren Sätze 2 und 3 von
Abs. 2 zu Sätzen 3 und 4. Im PSG wurden die Leistungsbeträge in Abs. 1 S. 3 Nr. 1–3
jeweils unter d) erhöht und die Vergütung für die Beratung (Abs. 3 S. 3) angepasst.

II. Normzweck

Das Pflegegeld ist eine Leistung der PV bei ambulanter Pflege und konkurriert 2
deshalb mit der Pflegesachleistung nach § 36. Es kann nur an dessen Stelle beansprucht werden. Zusätzlich zur Pflegesachleistung wird es (anteilig) nur dann gewährt, wenn deren Höchstgrenzen (§ 36 Abs. 3) nicht ausgeschöpft werden (§ 38).
Das Pflegegeld soll den Pflegebedürftigen in die Lage versetzen, die notwendigen
Hilfeleistungen durch selbst beschaffte Pflegepersonen zu organisieren. Der Gesetzgeber geht jedoch davon aus, dass es auf Grund seiner Höhe nicht geeignet ist, alle
Kosten für erforderliche Hilfen abzudecken. Es soll den Pflegebedürftigen in den
Stand versetzen, Angehörigen und sonstigen Pflegepersonen eine materielle Anerkennung für die im häuslichen Bereich sichergestellte Pflege zukommen zu lassen
und damit einen Anreiz zur Erhaltung der Pflegebereitschaft der Angehörigen,
Freunde oder Nachbarn zu bieten (RegE, S. 112, zu § 33 E). Die **Höhe des Pflegegeldes** ist abhängig vom Grad der Pflegebedürftigkeit (§ 15 Abs. 1). Maßgebend ist
die Pflegestufe, der der Pflegebedürftige zugeordnet ist. Das Pflegegeld erreicht bei
der Pflegestufe I nur nahezu die Hälfte, bei den anderen Pflegestufen sogar weniger
als die Hälfte der von der PK zu übernehmenden Kosten der Pflegesachleistung bzw
der stationären Pflege. Hinzukommt, dass eine Erhöhung für Härtefälle (vergleichbar § 36 Abs. 4) nicht gibt. Dennoch sind verfassungsrechtliche Bedenken (vgl. *Schulin*, NZS 1994, 441) unbegründet (vgl. BVerfG, NZS 2014, 414). Zu bedenken ist,
dass das Pflegegeld steuerfrei gestellt ist (§ 3 Nr. 1 a EStG idF von Art. 26 Nr. 1 PflegeVG) und bei einkommensabhängigen Sozialleistungen unberücksichtigt bleibt

§ 37 Viertes Kapitel. Leistungen der Pflegeversicherung

(§ 13 Abs. 5). Dem Pflegebedürftigen kommt auch die Beitragspflicht der PK für nicht erwerbsmäßige Pflegekräfte zur GRV, deren VersSchutz in der GUV sowie im Rahmen der Pflegezeit nach § 44a auch der KV zugute. Das höhere Entgelt für Pflegesachleistungen umschließt auch diese Kosten.

III. Allgemeines

3 Voraussetzung für die Gewährung von Pflegegeld war bis zum Ablauf des Jahres 2012 die Feststellung von zumindest erheblicher Pflegebedürftigkeit nach § 15 Abs. 1 Satz 1 Nr. 1. Seit dem 1.1.2013 haben auch Personen mit erheblich eingeschränkter Alltagskompetenz (§ 45a) einen Anspruch auf Pflegegeld, der sich allerdings nach § 123 richtet. Das Pflegegeld ist eine Geldleistung i. S. von § 11 SGB I; der Anspruch auf Pflegegeld kann daher unter den Voraussetzungen der §§ 58, 59 SGB I vererbt werden (vgl. BSG, SozR 3-2500 § 57 Nr. 6 = SGb 1998, 77 mit Anm. *Mrozynski*; zum Charakter des Pflegegeldes allgemein *Krasney*, SGb 1996, 253, 254). Zur Exportfähigkeit des Pflegegeldes an Vers, die sich in anderen Mitgliedsstaaten der EU aufhalten vgl. § 34 Rn. 5; zur Berücksichtigung als Einkommen § 13 Rn. 20. Das Pflegegeld ist **kein Entgelt der Pflegeperson. Leistungsberechtigt** ist nur der Pflegebedürftige selbst, nicht die Pflegeperson, etwa der pflegende Angehörige oder Bekannte. Über die **Verwendung des Pflegegeldes** durch den Pflegebedürftigen trifft das Gesetz keine Bestimmung; der Pflegebedürftige braucht hierüber keinen Nachweis zu führen. Der Pflegebedürftige entscheidet frei, zu welchen Zwecken er es einsetzt. Er kann es an Angehörige, Nachbarn oder Freunde, die ihn pflegen oder an andere ehrenamtliche Pflegekräfte weiterleiten oder damit auch selbst beschaffte erwerbsmäßige Pflegekräfte entlohnen. Die **Fälligkeit des Pflegegeldes** ist nicht geregelt. Das BSG hat zum Pflegegeld nach § 57 SGB V entschieden, dass das Pflegegeld im Regelfall als laufende Geldleistung gewährt und am Anfang des Monats fällig wird (BSG, SozR 3-2500 § 57 Nr. 4; dies bedeutet zugleich, dass die für Verwaltungsakte mit Dauerwirkung geltenden Vorschriften anzuwenden sind (*Leitherer*, in: KassKomm, SAGB XI, § 37 Rn. 5). Liegt Pflegebedürftigkeit vor, so steht es **nicht im Ermessen** der PK, ob sie Pflegesachleistungen nach § 36 oder Pflegegeld gewährt; vgl. jedoch Rn. 7 für den Fall, dass der Pflegebedürftige die Pflege durch selbst beschaffte Pflegepersonen nicht sicherstellen kann. Der **Beginn der Pflegegeldzahlung** richtet sich nach § 33 Abs. 1.

4 Als **problematisch** hat sich beim Pflegegeld von Anfang an die **Sicherstellung der Qualität der Pflege** erwiesen. Sie wird von den pflegenden Angehörigen festgelegt, ohne dass diese als Leistungsvoraussetzung ihre fachliche Eignung nachweisen müssen. Die Gewährung von Pflegegeld hängt insoweit allein davon ab, dass der MD bzw. ein anderer beauftragter Gutachter iR seiner Stellungnahme über die Begutachtung des Antragstellers in seiner Häuslichkeit bestätigt, dass „die häusliche Pflege in geeigneter Weise sichergestellt ist" (so § 18 Abs. 6 Satz 2). Der Gesetzgeber versuchte, die dauerhafte Sicherstellung einer Mindestqualität durch Kontrollen zu erreichen, die aber nicht von den PKn und dem von ihnen einzuschaltenden MD durchgeführt werden sollten, sondern von professionellen Pflegediensten, was regelmäßig mit Interessenkonflikten verbunden war. Bereits mit dem PflEG wurde der Kontrollaspekt der professionellen Überprüfung zurückgenommen, indem der Begriff „Pflegeeinsatz", der in der Praxis den Kontrollaspekt noch verstärkend als „Pflegepflichteinsatz" bezeichnet wurde, durch „Beratung ... durch eine zugelassene Pflegeeinrichtung" ersetzt wurde. Hierdurch sollte der Charakter der Maßnahme als Unterstützung und Hilfeleistung für die pflegenden Angehörigen betont und die Akzeptanz bei den Betroffenen gesteigert werden. Dennoch ist die grundlegende Kritik an der fachlichen Unzulänglichkeit der mit dem Pflegegeld „finanzierten" Laienpflege unverändert (vgl. zuletzt *Schütte*, NDV 2007, 211 mwN.). Mit dem PflegeWEG hat der Gesetzgeber vor allem den Kreis der kontrollierenden bzw. beratenden Einrichtungen und Personen geändert, vgl. hierzu unten Rn. 19.

IV. Verhältnis zu anderen Leistungen

1. andere Leistungen der PV

Bei häuslicher Pflege kommt Pflegegeld neben Pflegesachleistung nach § 36 nur in 5
Betracht, wenn und soweit der Pflegebedürftige durch den Abruf professioneller Pflegeeinsätze die Höchstgrenzen des § 36 Abs. 3 nicht ausschöpft; Einzelheiten werden in § 38 geregelt. Bei Verhinderung der die Pflege sonst sicherstellenden ehrenamtlichen Pflegekraft wird **Pflegegeld neben Ersatzpflege** nach § 39 in Höhe der Hälfte des bisher bezogenen Pflegegeldes für bis zu vier Wochen je Kalenderjahr fortgezahlt (Abs. 2 S. 2). Dasselbe gilt während einer Kurzzeitpflege von bis zu vier Wochen. Leistungen der **teilstationären Pflege** lassen nach § 41 Abs. 3 i. d. F. des PSG I ebenfalls die Gewährung von Pflegegeld zu, vgl. § 41 Rn. 6. Bezieht der Pflegebedürftige in einem zugelassenen Pflegeheim Leistungen der **vollstationären Pflege,** so kommt daneben an sich die Gewährung von Pflegegeld nicht in Betracht, da diese Leistungsart gerade voraussetzt, dass häusliche Pflege nicht ausreicht. Die Spitzenverbände der PKen machen von diesem Grundsatz dann eine Ausnahme, wenn die Pflege während bestimmter Zeiträume (etwa am Wochenende) regelmäßig zu Hause und nicht im Pflegeheim durchgeführt wird (Rundschreiben § 43 Ziff. 4). Ein anteiliges Pflegegeld kommt in diesen Fällen jedoch nur dann in Betracht, wenn die Aufwendungen für die stationären Pflegeleistungen die in § 36 Abs. 3 und 4 vorgesehenen Sachleistungshöchstwerte unterschreiten. Ist der Pflegebedürftige in einer **Einrichtung der Behindertenhilfe** untergebracht und wird daneben, am Wochenende oder in den Ferien, im häuslichen Bereich von Angehörigen (oder anderen ehrenamtlichen Pflegepersonen) gepflegt, so steht ihm insoweit anteiliges Pflegegeld zu (vgl. BSG, Urteil vom 29. 4. 1999, B 3 P 11/98 R = RdLH 1999, 121). Der Pflegegeldanspruch besteht pro rata temporis ohne Anrechnung des Pauschbetrages nach § 43a (§ 38 Satz 5 n. F., durch die Praxis der PKen, die von einer Anrechnung ausging, revidiert worden ist). Besucht der Pflegebedürftige eine teilstationäre Einrichtung der Behindertenhilfe (z. B. Werkstatt für behinderte Menschen), in der er auch gepflegt wird, befindet er sich ansonsten aber in häuslicher Pflege, so steht ihm volles Pflegegeld zu (vgl. *Lachwitz*, in: HS-PV, § 7 Rn. 417 ff.).

2. Leistungen bei Pflegebedürftigkeit nach anderen Gesetzen

Das Verhältnis des Pflegegeldes zu vor- oder nachrangigen Pflegeleistungen richtet 6
sich grundsätzlich nach § 13, der in Teilbereichen durch die Ruhensregelungen in § 34 konkretisiert wird. Während eines stationären Krankenhausaufenthaltes bzw einer stationären medizinischen Reha-Maßnahme kommen Leistungen der häuslichen Pflege an sich nicht in Betracht, weil der Pflegebedürftige auch die erforderlichen Pflegeleistungen auf Kosten des KV-Trägers erhält. Für die ersten vier Wochen des stationären Aufenthalts bleibt der Anspruch auf Pflegegeld jedoch nach § 34 Abs. 2 Satz 2 erhalten, um die Pflegebereitschaft der nicht erwerbsmäßig tätigen Pflegepersonen im häuslichen Bereich zu erhalten (BT-Drucks. 13/3696, S. 12). Dies setzt jedoch voraus, dass der Anspruch auf Pflegegeld bereits vor Beginn des stationären Aufenthalts bestand (LSG Schleswig, 1.3.2013, L 10 P 5/12, juris) Zur Berechnung des Zeitraums vier Wochen, wenn Krankenhaus- und Reha-Maßnahme nacheinander durchgeführt werden vgl. Rundschreiben der Spitzenverbände § 37 Ziff. 3. Zur entsprechenden Anwendung dieser Regelung auf die Krankenhausbehandlung ersetzende häusliche Krankenpflege vgl. § 34 Rn. 14.

V. Voraussetzungen des Pflegegeldes (Abs. 1)

7 Das Pflegegeld kann **„anstelle"** der häuslichen Pflegehilfe beantragt werden. Dies setzt voraus, dass es sich – wie nach § 36 Abs. 1 – um häusliche Pflege handelt (vgl. hierzu § 36 Rn. 4). Wesentliche Anspruchsvoraussetzung ist, dass der Pflegebedürftige die seiner Pflegestufe entsprechend erforderliche Grundpflege und hauswirtschaftliche Versorgung in geeigneter Weise **selbst sicherstellt** (Satz 2). Dies sollte durch die Streichung des in der ursprünglichen Fassung von **Abs. 1 Satz 2** verwendeten Begriffs „Pflegeperson" (im 1. SGB XI-ÄndG) klargestellt werden. Unmaßgeblich ist dagegen, ob er hierfür auf ehrenamtliche Pflegekräfte (Familienangehörige, Nachbarn etc.) zurückgreift oder ob er selbst beschaffte erwerbsmäßige Pflegekräfte heranzieht. Er kann das Pflegegeld auch dazu verwenden, das Arbeitsentgelt für eine von ihm angestellte Pflegekraft zu finanzieren.

8 Eine **Sicherstellung der erforderlichen Pflege** ist dann, wenn nur eine Pflegeperson in Anspruch genommen wird, nicht gewährleistet, wenn diese wegen anderer zeitlicher Bindungen (etwa durch eine Erwerbstätigkeit) bei den im Tagesablauf anfallenden, der Hilfe bedürftigen Verrichtungen nicht anwesend sein kann. Auch wenn mehrere Pflegepersonen in Anspruch genommen werden, ist die erforderliche Pflege nicht sichergestellt, wenn die Hilfeleistungen nur mehr oder weniger zufällig erbracht werden, weil die Hilfspersonen nur gelegentlich und ohne **Bindung an einen mit dem Pflegebedürftigen abgestimmten Zeitplan** zur Verfügung stehen. Ist die Sicherstellung der erforderlichen Pflege nicht gewährleistet, so besteht ein Anspruch auf Pflegegeld auch dann nicht, wenn das Vorliegen von Pflegebedürftigkeit festgestellt ist. Die Einschränkung in Abs. 1 Satz 2, wonach der Pflegebedürftige mit dem Pflegegeld (nur) „dessen Umfang entsprechend" die Pflege selbst sicher zu stellen habe, stellt allein auf den abgestuften Umfang des Pflegebedarfs ab, wie sich aus § 15 ergibt. Sie bedeutet nicht, dass sich die Pflege auf die Leistungen beschränken kann, die der Pflegebedürftige konkret aus dem Pflegegeld finanzieren kann, auch wenn dies keine ausreichende Versorgung sicherstellt (s. a. BSG, Urteil vom 17.12.2009, B 3 P 5/08 R, SozR 4-3300 § 37 Nr. 3; a. A. *Leitherer*, in: Kass-Komm, SGB XI, § 37 Rn. 26f.). Die PK muss den Pflegebedürftigen auf die Möglichkeit hinweisen, andere Pflegeleistungen (häusliche Pflegehilfe oder stationäre Pflege) in Anspruch nehmen zu können. Reichen die finanziellen Mittel des Pflegebedürftigen nicht aus, um mit geeigneten Pflegeleistungen eine ausreichende Pflege sicher zu stellen, so muss er ggf. aufstockende Hilfe zur Pflege nach dem SGB XII in Anspruch nehmen. Die Sicherstellung der erforderlichen Pflege ist **vom MD** oder einem **anderen von der PK beauftragten Gutachter zu ermitteln** (vgl. § 18 Rn. 5).

VI. Höhe des Pflegegeldes (Abs. 1 Satz 3)

9 Die in Satz 3 Nrn. 1 bis 3 aufgeführten Beträge wurden durch das PSG I entsprechend § 30 zum 1.1.2015 angepasst; für Personen mit erheblich eingeschränkter Alltagskompetenz (§ 45a) sind sie seit dem PNG nicht mehr aktuell; für Pflegebedürftige der Pflegestufen I und II, die die Voraussetzungen des § 45a erfüllen, werden sie durch die in § 123 Abs. 3 und 4 aufgeführten Beträge aufgestockt. § 123 ist als Übergangsregelung konzipiert, die nur bis zur Einführung einer mit der Umsetzung eines neuen Pflegebedürftigkeitsbegriffs für erforderlich gehaltenen Neuregelung des gesamten Leistungsrechts gelten soll. Die für die Pflegestufen festgesetzten Beträge sind keine Höchst-, sondern Festbeträge, die allein von der Zuordnung zu einer Pflegestufe und nicht vom konkreten Bedarf abhängen. Eine Erhöhung des Pflegegeldes oder zusätzliche Geldleistungen der PK für die häusliche Versorgung des Pflegebe-

dürftigen kommen daher auch dann nicht in Betracht, wenn ein zusätzlicher Bedarf eintritt; etwa wenn der Pflegebedürftige nicht mehr in der Lage ist, hauswirtschaftliche Verrichtungen zu leisten. Das Pflegegeld dient auch zur Abdeckung von Kosten für die Hilfe bei der hauswirtschaftlichen Versorgung (BSG, Beschluss vom 5. 3. 2008, B 3 P 7/08 B). In voller Höhe kann das Pflegegeld nur in den Kalendermonaten beansprucht werden, in denen die Anspruchsvoraussetzungen von Beginn an durchgehend vorgelegen haben und keine Kürzungstatbestände i. S. von Abs. 2 eingetreten sind. Andernfalls kann die PK Erstattung der überzahlten Beträge verlangen. Zur Fälligkeit vgl. oben Rn. 3.

VII. Kürzung des Pflegegeldes (Abs. 2)

Die Kürzungsregelung lässt sich verwaltungsmäßig nur unter Schwierigkeiten um- 10 setzen. Unproblematisch ist sie nur insoweit, als sie die Höhe des Anspruchs auf Pflegegeld in dem Kalendermonat, in dem Pflegebedürftigkeit (erstmals) eintritt oder endgültig entfällt, pro rata temporis begrenzt. Abs. 2 erfasst jedoch nicht nur die Fälle, in denen der Anspruch auf Pflegegeld im Verlauf eines Kalendermonats erstmals eintritt oder endgültig entfällt, sondern auch die Ruhenstatbestände nach § 34 Abs. 2. Bis Ende Oktober 2012 bestand ein Anspruch auf Pflegegeld auch nicht während der Gewährung von Verhinderungspflege (§ 39) und Kurzzeitpflege (§ 42); durch den mit dem PNG eingefügten Satz 2 wird für beide Fälle für vier Wochen ein Fortzahlungsanspruch in Höhe der Hälfte des zuvor bezogenen Pflegegelds begründet. Die ursprünglich während der ersten vier Wochen einer Krankenhausbehandlung bzw einer stationären Reha-Maßnahme vorgesehene Kürzung wurde durch die Änderung des § 34 Abs. 2 Satz 2 aufgehoben. Durch das 4. SGB XI-ÄndG (in Kraft getreten am 1. 8. 1999) wurde die Kürzung für den Sterbemonat des Pflegebedürftigen aufgehoben (Abs. 2 Satz 2). Die Änderung wurde damit begründet, dass es wegen der vorschüssigen Zahlung im Sterbemonat regelmäßig zu Überzahlungen komme. Die Neuregelung solle den Verwaltungsaufwand der PK mindern, die zuvor verpflichtet gewesen seien, das zu viel gezahlte Pflegegeld von den Angehörigen zurückzufordern; zu Schwierigkeiten, die sich aus dieser Neuregelung ergeben, vgl. *Koch*, ZfSH/ SGB 2000, 21. Zur Berechnung der Kürzung vgl. im Einzelnen die Beispiele im Rundschreiben § 37 Anm. 2.2

Mit dem PflegeWEG wurde zum 1. 7. 2008 in **Abs. 2 Satz 3 (jetzt 4)** eine Rege- 11 lung für den Fall eingeführt, dass das Pflegegeld bereits für eine **Zeit nach Ablauf des Sterbemonats** überwiesen wurde. Für diesen Fall sind die Regelungen des § 118 Abs. 3 und 4 SGB VI entsprechend anzuwenden. Danach gelten Geldleistungen, die für die Zeit nach dem Tod des Berechtigten auf ein Konto bei einem Geldinstitut im Inland überwiesen wurden, als unter Vorbehalt erbracht. Das Geldinstitut ist daher gegenüber der Pflegekasse zur Rückzahlung des überzahlten Betrages verpflichtet; es sei denn, über den entsprechenden Betrag ist im Zeitpunkt der Rückforderung schon anderweitig verfügt worden und die Rücküberweisung kann nicht aus einem Guthaben erfolgen. Lehnt das Geldinstitut aus diesem Grund eine Rücküberweisung ab, kann die PK Erstattung der überzahlten Leistung von den Empfängern der Leistung bzw den über das betreffende Konto Verfügungsberechtigten (vgl. hierzu im Einzelnen § 119 Abs. 4 Satz 1 SGB VI) verlangen. Die PK kann auch ihnen gegenüber die Rückforderung durch Verwaltungsakt geltend machen (§ 119 Abs. 4 Satz 2 SGB VI).

§ 37 Viertes Kapitel. Leistungen der Pflegeversicherung

VIII. Abruf professioneller Pflegeberatung (Abs. 3)

12   Die Verpflichtung, während des Bezuges von Pflegegeld in regelmäßigen Abständen (mindestens halbjährlich bei den Pflegestufen I und II, mindestens vierteljährlich bei der Pflegestufe III) professionelle Pflegeberatung (bis zum Inkrafttreten des PflEG „Pflegeeinsatz" genannt) abzurufen, soll die Qualität der häuslichen Pflege sichern und dort eingetretene Defizite frühzeitig aufdecken. Diese ursprünglich nur in der Gesetzesbegründung genannte Zielsetzung der Vorschrift wurde im 1. SGB XI-ÄndG als Satz 2 in den Abs. 3 eingefügt. Gleichzeitig wurden die Sätze 3 bis 7 angefügt. In der ursprünglichen Fassung fehlte eine ausdrückliche Regelung der Sanktionen, die dann zunächst in Abs. 3 Satz 7 und jetzt in Abs. 6 enthalten sind. Die Regelung der Kostentragung wurde im 4. SGB XI-ÄndG völlig umgestellt (unten Rn. 16). Wenngleich der Gesetzgeber durch mehrere Änderungen der Vorschrift den ursprünglich im Vordergrund stehenden Kontrollcharakter deutlich abgeschwächt hat (vgl. oben Rn. 4), dient die professionelle Beratung sowohl der Kontrolle, ob die Pflege sachgerecht durchgeführt wird als auch der Möglichkeit, den Pflegebedürftigen und die ehrenamtlichen Pflegepersonen zu unterstützen und zu beraten; etwa in Bezug auf medizinische Reha-Maßnahmen, den Einsatz von Hilfsmitteln oder Verbesserungen des Pflegeumfeldes. Dass mit der Beratung auch Kontrolle verbunden sein muss (obgleich dies selbst von den PKen bestritten wird, vgl. Rundschreiben § 37 Anm. 4), folgt aus dem Qualitäts-Sicherstellungsauftrag der PKen.

13   Die Verpflichtung zum Abruf von Pflegeberatungen besteht nur, wenn als Pflegeleistung ausschließlich Pflegegeld bezogen wird. Der erforderliche Besuch einer professionellen Pflegekraft wird nicht von der PK veranlasst; er muss vom Pflegebedürftigen initiiert und gegenüber der PK innerhalb der vorgesehenen Zeitabstände nachgewiesen werden. Es handelt sich um eine Obliegenheit des Leistungsberechtigten, deren Nichterfüllung zur Minderung oder zum Verlust von Leistungsansprüchen führen kann (vgl. *Schütte*, NDV 2007, 211, 217); s. im Einzelnen unten Rn. 18. Einen genauen **Zeitpunkt** sieht die Regelung nicht vor; die PKen haben aus Gründen der Verwaltungspraktikabilität vereinbart, den Nachweis über die Durchführung des Pflegeberatung innerhalb fester Zeitgrenzen (Kalenderhalb- bzw -vierteljahr) zu fordern, unabhängig vom Leistungsbeginn im konkreten Einzelfall (Rundschreiben § 37 Anm. 4. 5); wobei der erste Zeitraum mit dem Ablauf des Kalenderhalb- bzw -vierteljahr beginnen soll, in dem das Pflegegeld bewilligt wurde.

14   Mit der Durchführung der Beratung konnte der Pflegebedürftige ursprünglich ausschließlich einen zugelassenen Pflegedienst seiner Wahl beauftragen. Mit dem PflegeWEG ist die Möglichkeit eingeführt worden, auch **andere Beratungsstellen** und -personen mit entsprechender Qualifikation heranzuziehen. Sonstige Beratungsstellen müssen pflegefachliche Kompetenz nachweisen können und von den Landesverbänden der PKen nach Abs. 7 anerkannt werden. Subsidiär kann anstelle lokal nicht verfügbarer zugelassener Pflegedienste oder anerkannter Beratungsstellen auch eine einzelne von der PK beauftragte Pflegefachkraft in Anspruch genommen werden, die aber nicht bei der PK angestellt sein darf.

15   Personen mit erheblichem **Bedarf an allgemeiner Beaufsichtigung** und Betreuung nach § 45a können Beratungseinsätze in Anspruch nehmen, und zwar auch dann, wenn sie noch nicht die Voraussetzungen der Pflegestufe I erfüllen (Abs. 3 Satz 6). In den zuletzt genannten Fällen kann die Beratung von Stellen wahrgenommen werden, die für die Beratung auch dann anerkannt werden können, wenn sie eine pflegefachliche Kompetenz nicht nachweisen können (Abs. 3 Satz 7). In Bezug auf die Versorgung mit allgemeiner Beaufsichtigung und Betreuung ist die Beratung nicht verpflichtend; eine unterbliebene Beratung wird nicht sanktioniert.

16   **Abs. 3 Satz 3** regelt die Frage, wer die Kosten des Pflegeeinsatzes zu tragen hat. Nach der ursprünglichen Fassung (dort Abs. 3 Satz 2) und nach der Fassung des

Pflegegeld für selbst beschaffte Pflegehilfen **§ 37**

1. SGB XI-ÄndG wurden die von dem beauftragten Pflegedienst in Rechnung gestellten Kosten aus dem Pflegegeld finanziert. Mit der Änderung von Satz 3 im 4. SGB XI-ÄndG wurde die Finanzierung auf die PK und die privaten VersUnternehmen übertragen; die Beihilfestellen wurden erst durch die Änderung von Abs. 3 Satz 3 durch das PflEG in die Pflicht genommen. Hierdurch sollte eine höhere Akzeptanz der Pflege-Pflichteinsätze erreicht werden (BT-Drucks. 14/407, S. 4). Die zugelassenen ambulanten Pflegedienste wurden durch eine Ergänzung von § 72 Abs. 4 Satz 2 (im 1. SGB XI-ÄndG) verpflichtet, Pflegeeinsätze nach § 37 Abs. 3 nach Abruf durch den Pflegebedürftigen durchzuführen. Zugleich wurden in Abs. 3 Satz 4 für die Vergütung der Pflegedienste Festbeträge eingeführt, die gem. § 30 zu dynamisieren sind. Im PflegeWEG wurden die Vergütungen jeweils um 5 Euro erhöht.

IX. Bestätigung der Beratungsbesuche und Mitteilungspflichten (Abs. 4)

Die zur Beratung herangezogenen Pflegedienste bzw anerkannten Beratungsstellen müssen die Durchführung der Beratung gegenüber der PK bzw dem privaten VersUnternehmen bestätigen. Die bei der Beratung gewonnenen Erkenntnisse über Möglichkeiten der Verbesserung der häuslichen Pflegesituation sind dem Pflegebedürftigen mitzuteilen und mit dessen Einverständnis auch der PK bzw dem VersUnternehmen. Die Verweigerung des Einverständnisses durch den Pflegebedürftigen hat nicht mehr (wie nach dem Rechtszustand bis zum PflEG, seinerzeit in Abs. 3 Satz 5 und 7 geregelt) Leistungskürzungen zur Folge. **17**

X. Sanktionen bei unterbliebener Beratung (Abs. 6)

Die gesetzliche Verpflichtung der Bezieher von Pflegegeld, in regelmäßigen Abständen Beratungseinsätze ambulanter Pflegedienste abzurufen, ist auch insoweit verfassungsgemäß, als sie Versicherte einschließt, deren Hilfebedarf sich (etwa wegen einer auf Dauer bestehenden Behinderung) voraussichtlich nicht ändert (BSGE 91, 174 = SozR 4-3300 § 37 Nr. 1 = NZS 2004, 428). Abs. 6 regelt ausdrücklich die Folgen einer Verletzung der dem Pflegebedürftigen nach Abs. 3 obliegenden **Mitwirkungspflicht.** Es handelt sich um eine Sonderregelung gegenüber § 66 Abs. 2 SGB I. Vor einer völligen Entziehung des Pflegegeldes ist dieses zunächst angemessen zu kürzen; auch in diesem Fall bedarf es nach § 66 Abs. 3 SGB I eines vorherigen Hinweises der PK auf die drohende teilweise Leistungsversagung. Was als angemessene Kürzung anzusehen ist, lässt sich auch aus den Materialien nicht erschließen. Die PKen (Rundschreiben § 37 Ziff. 4.5 Abs. 5) haben folgende Praxis beschlossen: Nach Ablauf des ersten Zeitraums ohne Nachweis wird das Pflegegeld für den nachfolgenden Zeitraum um „maximal" 50 v. H. gekürzt; es sei denn, der Nachweis wird in dieser Zeit vorgelegt. In diesem Fall soll das volle Pflegegeld von dem Tag an, an dem der Pflegeeinsatz durchgeführt wurde, wieder gezahlt werden. Wird der Nachweis auch im zweiten nacheinander folgenden Zeitraum nicht erbracht, ist die Gewährung des Pflegegeldes beendet werden. Nach Ansicht des BSG (BSGE 91, 174 = SozR 4-3300 § 37 Nr. 1 = NZS 2004, 428) kommt eine Nachzahlung für den zurückliegenden Zeitraum nicht in Betracht, wenn der Abruf des Pflegeeinsatzes nach der Kürzung des Pflegegeldes nachgeholt wird. **18**

Udsching

XI. Anerkennung von Beratungsstellen (Abs. 7)

19 Mit der Erweiterung der Beratungsmöglichkeiten, die bei häuslicher Pflege durch ehrenamtliche Pflegepersonen eine qualitativ ausreichende pflegerische Versorgung sicherstellen sollen, entstand zugleich die Notwendigkeit, die fachliche Kompetenz derjenigen Beratungsangebote zu prüfen und zu dokumentieren, deren Qualifikation zuvor noch nicht, wie etwa bei zugelassenen Pflegediensten beim Abschluss eines Versorgungsvertrages, festgestellt werden konnte. Die in Satz 2 aufgeführten Voraussetzungen belassen den Landesverbänden einen gewissen Beurteilungsspielraum, dessen sachgerechte Ausfüllung allerdings gerichtlich voll überprüfbar ist.

XII. Beratungseinsätze durch Pflegeberater (Abs. 8)

20 Die in Abs. 3 vorgeschriebenen Beratungseinsätze können auch von einem/einer Pflegeberater/in nach § 7a durchgeführt und bescheinigt werden. Hierdurch sollen angesichts der Intensivierung der Beratung (unabhängig vom Bezug von Pflegegeld) unnötige mehrfache Hausbesuche vermieden werden.

§ 38 Kombination von Geldleistung und Sachleistung (Kombinationsleistung)

¹Nimmt der Pflegebedürftige die ihm nach § 36 Abs. 3 und 4 zustehende Sachleistung nur teilweise in Anspruch, erhält er daneben ein anteiliges Pflegegeld im Sinne des § 37. ²Das Pflegegeld wird um den Vomhundertsatz vermindert, in dem der Pflegebedürftige Sachleistungen in Anspruch genommen hat. ³An die Entscheidung, in welchem Verhältnis er Geld- und Sachleistung in Anspruch nehmen will, ist der Pflegebedürftige für die Dauer von sechs Monaten gebunden. ⁴Anteiliges Pflegegeld wird während einer Kurzzeitpflege nach § 42 und einer Verhinderungspflege nach § 39 jeweils für bis zu vier Wochen je Kalenderjahr in Höhe der Hälfte der vor Beginn der Kurzzeit- oder Verhinderungspflege geleisteten Höhe fortgewährt. ⁵Pflegebedürftige in vollstationären Einrichtungen der Hilfe für behinderte Menschen (§ 43a) haben Anspruch auf ungekürztes Pflegegeld anteilig für die Tage, an denen sie sich in häuslicher Pflege befinden.

Inhaltsübersicht

	Rn.
I. Geltende Fassung	1
II. Normzweck	2
III. Ermittlung des anteiligen Pflegegeldes (Satz 2)	4
1. Pflegestufe III	4a
2. Pflegestufe II	4b
3. Pflegestufe I	4c
4. Härtefall	4d
IV. Bindung an die beantragte Kombinationsleistung (Satz 3)	5
V. Kombination von Pflegegeld und Kurzzeit- sowie Ersatzpflege	7

Kombination von Geldleistung und Sachleistung (Kombinationsleistung) **§ 38**

I. Geltende Fassung

Die Vorschrift ist mWv 1.4.1995 durch Art. 1 PflegeVG eingeführt worden. Satz 1 und 2 entsprechen der Fassung des RegE; vgl. Begr. des RegE, S. 113. Satz 3 wurde aufgrund der Beschlussempfehlung des AuS-Ausschusses angefügt (BT-Drucks. 12/5952, S. 40). Im 1. SGB XI-ÄndG wurde die Bezugnahme auf § 36 Abs. 3 ergänzt um § 36 Abs. 4 (Umfang der Sachleistungen bei Vorliegen eines Härtefalls). Durch Art. 1 Nr. 12 PNG wurden die Sätze 3 und 4 angefügt.

II. Normzweck

Der Pflegebedürftige kann zur gleichen Zeit Pflegesachleistung nach § 36 und Pflegegeld nach § 37 in Anspruch nehmen, solange die in § 36 Abs. 3 und 4 festgelegten Höchstgrenzen nicht überschritten werden. Eine vergleichbare Kombination mehrerer Leistungsarten ist in § 41 Abs. 3 bis 6 geregelt, dort tritt zusätzlich die teilstationäre Pflege hinzu. Den Anteil der Sachleistung muss der Pflegebedürftige grundsätzlich im Vorhinein für die Dauer von sechs Monaten festlegen (Satz 3, vgl. Rn. 4). Das anteilige Pflegegeld bemisst sich nach dem Verhältnis zwischen dem vom Pflegebedürftigen beanspruchten Umfang der Sachleistung und dem für die Pflegestufe maßgebenden Höchstbetrag. In diesem Verhältnis wird das Pflegegeld anteilig gewährt (vgl. Rn. 3). Die Kombination von Sachleistung und Pflegegeld bietet sich in den Fällen an, in denen die nicht erwerbsmäßige Pflegeperson (der Familienangehörige oder Nachbar) nur die Hilfe bei bestimmten Verrichtungen, deren Einsatz langfristig zeitlich festgelegt werden kann, nicht bzw nicht allein durchführen kann (Beispiel: Baden, Zu Bett Gehen).

Eine Kombinationsleistung kommt auch in Betracht, wenn die Pflege teilweise im häuslichen Bereich und teilweise stationär durchgeführt wird. Im Gesetz wurde insoweit bis zum PNG nur die Kombination von teilstationärer und ambulanter Pflege in § 41 Abs. 3 geregelt. Ein Anspruch auf anteilige Leistungen der häuslichen Pflege (Sachleistung und/oder Pflegegeld) bestand jedoch auch dann, wenn die Pflege teilweise oder sogar überwiegend in einer Einrichtung i. S. von § 71 Abs. 4 erbracht wurde. Diese Konstellation unterscheidet sich grundlegend von der Pflege in einer vollstationären Pflegeeinrichtung, die voraussetzt, dass die häusliche Pflege nicht ausreicht. Die Unterbringung in einer Einrichtung nach § 71 Abs. 4 beruht dagegen in erster Linie auf dem Gedanken der Eingliederung (vgl. § 53 Abs. 3 SGB XII) und setzt nicht voraus, dass die Pflege im häuslichen Bereich nicht gewährleistet ist. Der Pflegebedürftige erhält zudem mit Hinblick auf die Pflege in der Einrichtung nur die pauschale Geldleistung nach § 43a in Höhe von höchstens 256 Euro monatlich (zur Frage, ob es sich hierbei um einen Anspruch des Pflegebedürftigen handelt vgl. § 43a Rn. 3). Dieser Betrag war im Hinblick auf die Regelung in Satz 1 von der Höchstleistung, die dem Pflegebedürftigen als Pflegesachleistung zusteht, abzusetzen. Diese Folge hat der Gesetzgeber als unbillig angesehen und im PNG durch die Einfügung von Satz 4 ausgeschlossen. Hierdurch soll ein Beitrag zur Stärkung der familiären Pflege geleistet werden (BT-Drucks. 17/10170, S. 16). Der Anspruch auf häusliche Pflegehilfe besteht nur für die Zeit, in der der Pflegebedürftige nicht in der Einrichtung, sondern (etwa am Wochenende oder während der Ferien) bei seiner Familie, bei Angehörigen, Freunden etc. gepflegt wird. Dies erfordert eine pro-rata-temporis-Berechnung des anteiligen Anspruchs auf häusliche Pflegehilfe. Die Spitzenverbände der PKen befürworten grundsätzlich auch dann einen anteiligen Anspruch auf häusliche Pflegehilfe, wenn die Pflege überwiegend in einer zugelassenen vollstationären Pflegeeinrichtung i. S. von § 71 Abs. 2 durchgeführt wird; daneben aber, etwa am Wochenende, zu Hause. Anteilige häusliche Pflegehilfe (etwa Pflege-

1

2

3

§ 38 Viertes Kapitel. Leistungen der Pflegeversicherung

geld) kommt in diesen Fällen jedoch nur dann in Betracht, wenn die Aufwendungen für die stationären Pflegeleistungen die in § 36 Abs. 3 und 4 vorgesehenen Sachleistungshöchstwerte unterschreiten. Durch Satz 3 wurde im PNG zusätzlich eine Kombination von (stationärer) Kurzzeitpflege nach § 42 und Pflegegeld sowie von Verhinderungspflege nach § 39 und Pflegegeld eingeführt.

III. Ermittlung des anteiligen Pflegegeldes (Satz 2)

4 Die Höhe des anteiligen Pflegegeldes ist nach dem Verhältnis des der jeweiligen Pflegestufe entsprechenden Höchstbetrages des Wertes der Sachleistung (§ 36 Abs. 3) und dem vom Pflegebedürftigen tatsächlich in Anspruch genommenen Betrag zu berechnen. Das der Pflegestufe entsprechende Pflegegeld (§ 37 Abs. 1 Satz 3) wird um den Vomhundertsatz vermindert, in dem der Pflegebedürftige Sachleistungen in Anspruch genommen hat.

1. Pflegestufe III

4a Pflegestufe III, der Pflegebedürftige beantragt, ihm täglich zweimal einen Pflegeeinsatz von jeweils einer Stunde (Stundensatz: 20 Euro) zu gewähren; bei 30 Tagen ergeben sich Gesamtkosten von 1200 Euro/mtl. Der Höchstsatz der Pflegesachleistung beträgt 1612 Euro (§ 36 Abs. 3 Nr. 3). Der Pflegebedürftige hat seinen Sachleistungsanspruch im Verhältnis 1200 : 1612 (= 74,4 v. H.) ausgeschöpft; in Höhe des verbleibenden Anteils (von 25,6 v. H.) kann er Pflegegeld nach dem für die Pflegestufe III maßgebenden Betrag (§ 37 Abs. 1 Satz 3 Nr. 3) von 728 Euro beanspruchen. Das sind 186,37 Euro.

2. Pflegestufe II

4b Pflegestufe II, es wird ein Pflegeeinsatz von täglich einer Stunde beantragt; die Gesamtkosten betragen 600 Euro monatlich. Höchstsatz der Pflegesachleistung: 1144 Euro (§ 36 Abs. 3 Nr. 2); verbleibender Anteil: 600 : 1144 (es bleiben 47,6 v. H. von 458 Euro) = 218,01 Euro.

3. Pflegestufe I

4c Pflegestufe I, es werden wöchentlich drei Pflegeeinsätze von jeweils einer Stunde beantragt; die Gesamtkosten betragen 240 Euro monatlich. Höchstsatz der Pflegesachleistung: 468 Euro (§ 36 Abs. 3 Nr. 1); verbleibender Anteil: 240 : 468 (es bleiben 48,7 v. H. von 244 Euro) = 118,83 Euro.

4. Härtefall

4d Auch wenn ein Pflegebedürftiger der Pflegestufe III, der als Härtefall anerkannt ist, von den ihm zustehenden Sachleistungen (Höchstbetrag 1995 Euro) nur solche in Höhe von 383 Euro in Anspruch nimmt, bleibt das Pflegegeld nicht ungekürzt, obgleich der Höchstbetrag für Sachleistungen der Pflegestufe III (ohne Härtefall) rechnerisch noch voll zur Verfügung steht (BSG, SozR 3-3300 § 38 Nr. 1). Auch bei einem Härtefall handelt es sich um einen einheitlichen Sachleistungsanspruch, der bei teilweiser Inanspruchnahme zu einer anteiligen Kürzung des Pflegegeldes führt. Der im Vergleich zur Pflegestufe III höhere Grenzbetrag für Härtefälle ist keine abtrennbare Zulage, die iR der Kombinationsleistung deshalb unberücksichtigt bleiben könnte, weil ihr aufseiten des Pflegegeldes kein Erhöhungsbetrag gegenübersteht. Das Pflegegeld ist daher in diesem Fall um das Verhältnis von 383 zu 1 995 (19,2 v. H. × 728 = 139,78 Euro) zu kürzen.

IV. Bindung an die beantragte Kombinationsleistung (Satz 3)

Der Pflegebedürftige soll aus Gründen der Verwaltungspraktikabilität an seine 5
Entscheidung, in welchem Verhältnis er Pflegesachleistung und Pflegegeld in Anspruch nehmen will, für die Dauer von sechs Monaten gebunden sein. Diese Bindung lässt sich schon im Hinblick auf § 48 SGB X dann nicht aufrechterhalten, wenn sich die Verhältnisse (z. B. die Pflegesituation) gegenüber dem Zeitpunkt der Bewilligung der Kombinationsleistung ändern. Die PKen wollen eine vorzeitige Änderung auch dann berücksichtigen, wenn Pflegebedürftige den Umfang der erforderlichen Pflegesachleistung im Voraus nicht einschätzen können. Das anteilige Pflegegeld soll dann jeweils monatlich auf der Grundlage der in Anspruch genommenen Sachleistungen ermittelt und nachträglich ausgezahlt werden (Rundschreiben § 38 Ziff. 2 Abs. 1).

Der Pflegegeldanteil kann bei einer Kombinationsleistung auch für die Dauer von 6
bis zu vier Wochen einer stationären Krankenhausbehandlung bzw einer stationären Reha-Maßnahme beansprucht werden (§ 34 Abs. 2 Satz 2); zur Berechnung der Höhe bei schwankendem Sachleistungsanteil im Zeitraum vor der stationären Maßnahme vgl. die Berechnungsbeispiele im Rundschreiben § 38 Ziff. 3. Schwierigkeiten bereitet die Berechnung der Kombinationsleistung, wenn gleichzeitig ein Anspruch auf vorrangige Leistungen i. S. von § 13 Abs. 1 besteht, die wegen ihrer Höhe gem. § 34 Abs. 1 Nr. 2 aber nur teilweise das Ruhen der Leistungen aus der PV bewirken. Beispiel: Pflegebedürftiger der Pflegestufe III erhält Pflegezulage nach § 35 BVG iH von 645 Euro und nimmt Pflegesachleistungen iH von 600 Euro in Anspruch. Der Höchstbetrag der Sachleistung iH von 1470 Euro ruht iH von 645 Euro. Von dem nicht ruhenden Höchstbetrag von 825 Euro nimmt der Pflegebedürftige mit 600 Euro einen Anteil von 72,73 v. H. in Anspruch. Ihm steht danach noch Pflegegeld iH von 184,07 Euro (27,27 v. H. × 675) zu. Eine weitere Anrechnung der Pflegezulage auf das Pflegegeld findet nicht statt.

V. Kombination von Pflegegeld und Kurzzeit- sowie Ersatzpflege

Bezieher von Pflegegeld, die (vorübergehend) stationäre Kurzzeitpflege in An- 7
spruch nahmen, waren bis zum PNG mit dem Beginn der stationären Leistung vom Bezug von Pflegegeld ausgeschlossen; nunmehr lässt Satz 3 eine begrenzte Kombination zu: das Pflegegeld wird während der Kurzzeitpflege für bis zu vier Wochen je Kalenderjahr in Höhe der Hälfte des zuvor gezahlten Betrages weiter gewährt. Die Neuregelung setzt damit voraus, dass vor Beginn der vorübergehenden stationären Versorgung bereits ein Anspruch auf Pflegegeld bestanden hat. Wurde vor Beginn der Kurzzeitpflege eine Kombination von ambulanter Sachleistung und Pflegegeld bezogen, so ist das fortzuzahlende (hälftige) Pflegegeld aus dem Anteil der Geldleistung an dieser Kombination zu ermitteln. Dieselben Grundsätze gelten für die Fortzahlung des halben Pflegegeldes während des Bezugs von Leistungen der Verhinderungspflege nach § 39.

§ 38 a Zusätzliche Leistungen für Pflegebedürftige in ambulant betreuten Wohngruppen

(1) Pflegebedürftige haben Anspruch auf einen pauschalen Zuschlag in Höhe von 205 Euro monatlich, wenn
1. sie mit mindestens zwei und höchstens elf weiteren Personen in einer ambulant betreuten Wohngruppe in einer gemeinsamen Wohnung zum

§ 38a Viertes Kapitel. Leistungen der Pflegeversicherung

Zweck der gemeinschaftlich organisierten pflegerischen Versorgung leben und davon mindestens zwei weitere Personen pflegebedürftig im Sinne der §§ 14, 15 sind oder eine erhebliche Einschränkung der Alltagskompetenz nach § 45a bei ihnen festgestellt wurde,
2. sie Leistungen nach den §§ 36, 37, 38, 45b oder § 123 beziehen,
3. eine Person von den Mitgliedern der Wohngruppe gemeinschaftlich beauftragt ist, unabhängig von der individuellen pflegerischen Versorgung allgemeine organisatorische, verwaltende, betreuende oder das Gemeinschaftsleben fördernde Tätigkeiten zu verrichten oder hauswirtschaftliche Unterstützung zu leisten, und
4. keine Versorgungsform vorliegt, in der der Anbieter der Wohngruppe oder ein Dritter den Pflegebedürftigen Leistungen anbietet oder gewährleistet, die dem im jeweiligen Rahmenvertrag nach § 75 Absatz 1 für vollstationäre Pflege vereinbarten Leistungsumfang weitgehend entsprechen; der Anbieter einer ambulant betreuten Wohngruppe hat die Pflegebedürftigen vor deren Einzug in die Wohngruppe in geeigneter Weise darauf hinzuweisen, dass dieser Leistungsumfang von ihm oder einem Dritten in der Wohngruppe nicht erbracht wird, sondern die Versorgung auch durch die aktive Einbindung ihrer eigenen Ressourcen und ihres sozialen Umfeldes sichergestellt werden kann.

(2) Die Pflegekassen sind berechtigt, zur Feststellung der Anspruchsvoraussetzungen bei dem Antragsteller folgende Daten zu erheben, zu verarbeiten und zu nutzen und folgende Unterlagen anzufordern:
1. eine formlose Bestätigung des Antragstellers, dass die Voraussetzungen nach Absatz 1 Nummer 1 erfüllt sind,
2. die Adresse und das Gründungsdatum der Wohngruppe,
3. den Mietvertrag einschließlich eines Grundrisses der Wohnung und den Pflegevertrag nach § 120,
4. Vorname, Name, Anschrift und Telefonnummer sowie Unterschrift der Person nach Absatz 1 Nummer 3 und
5. die vereinbarten Aufgaben der Person nach Absatz 1 Nummer 3.

Inhaltsübersicht

	Rn.
I. Geltende Fassung	1
II. Normzweck	2
III. Allgemeines	3
IV. Ambulante Wohngruppe statt stationärer Vollversorgung	5
V. Anspruchsvoraussetzungen des Wohngruppenzuschlags (Abs. 1)	6
1. Wohngruppe in gemeinsamer Wohnung (Nr. 1)	6
2. Bezug von Leistungen nach §§ 36, 37 oder 38, 45b oder 123 (Nr. 2)	7
3. Vorhandensein einer Präsenzkraft (Nr. 3)	8
4. Keine verdeckte stationäre Versorgung (Nr. 4)	11
VI. Datenschutzrechtliche Aspekte (Abs. 2)	13

I. Geltende Fassung

1   Die Vorschrift wurde durch das PNG (vom 23.10.2012, BGBl. S. 2246) mWv 30.10.2012 eingefügt. Die seinerzeitige Fassung entsprach weitgehend dem Entwurf der BReg (BT-Drucks. 17/9369, S. 41). Im PSG I (vom 17.12.2014, BGBl. I S 2222) wurde sie auf Veranlassung des Ausschusses für Gesundheit umfassend neu gestaltet; die Höhe der Leistung wurde von ursprünglich 200 auf 205 Euro heraufgesetzt (BT-

Drucks. 18/2909 S. 10 und 40). In dem wenige Tage nach dem PSG I erlassenen Gesetz zur besseren Vereinbarkeit von Familie, Pflege und Beruf (vom 23.12.2014, BGBl. I S. 2462) wurde in Abs. 1 Nr. 1 die Höchstzahl der Mitglieder einer Wohngruppe von ursprünglich zehn (neben dem Betroffenen neun weitere) auf zwölf (neben dem Betroffenen elf weitere) erhöht.

II. Normzweck

Durch den mit § 38a eingeführten Zuschlag für Pflegebedürftige, die in ambulant 2 betreuten Wohngruppen mit häuslicher pflegerischer Versorgung leben, will der Gesetzgeber einen weiteren Anreiz für die Inanspruchnahme häuslicher Pflegeleistungen setzen, um die in der Regel kostenintensivere stationäre Versorgung zu vermeiden. Zugleich soll angesichts der zunehmenden Singularisierung der Gesellschaft eine neuartige Versorgungsform gefördert werden, die eine effizientere Organisation der häuslichen Pflege ermöglichen soll; zur Kritik an der „modischen Bevorzugung" von Wohngemeinschaften vgl. KSW/*Philipp,* § 38a SGB XI Rn. 1. Das PSG I hat die Vorschrift grundlegend umgestaltet. Zum einen wurde die Zahl der Mitglieder einer Wohngruppe begrenzt (höchstens 10); zum anderen werden nunmehr auch Personen mit eingeschränkter Alltagskompetenz (die nicht wenigstens der Pflegestufe I zugeordnet sind, aber die Voraussetzungen des § 45a erfüllen, nachfolgend PeA) als Mitbewohner und Leistungsberechtigte (über § 123) einbezogen. Den Pflegekassen werden zudem umfassende Datenerhebungen ermöglicht, um das Vorliegen der Tatbestandsvoraussetzungen nachprüfen zu können.

III. Allgemeines

Der Zuschlag iHv 205 Euro steht Pflegebedürftigen bzw. PeA (das ergibt sich erst 3 aus § 123 Abs. 2) zu, die zusammen mit anderen Pflegebedürftigen oder PeA in einer gemeinsamen Wohnung häuslich pflegerisch versorgt werden. Die Leistung wird zusätzlich gewährt neben Pflegesachleistung bzw. Pflegegeld, die bis zur jeweiligen Höchstgrenze, unter Umständen auch kombiniert (Verweis auf § 38), in Anspruch genommen werden können sowie zudem neben den Betreuungsleistungen nach § 45b bzw. den Zusatzleistungen für PeA nach § 123. Es handelt sich um eine Pauschalleistung, die keinen Verwendungsnachweis erfordert. Der Gesetzgeber geht davon aus, dass sie für die Organisation sowie die Sicherstellung der gemeinschaftlichen pflegerischen Versorgung verwendet wird (BT-Drucks. 17/9369, S. 41). Vorausgesetzt wird daher, dass in der Wohngruppe **eine Arbeitskraft** tätig ist, die unabhängig von der individuellen pflegerischen Versorgung allgemeine organisatorische, verwaltende, betreuende oder das Gemeinschaftsleben fördernde Tätigkeiten verrichtet oder hauswirtschaftliche Unterstützung leistet (sog. **Präsenzkraft**). Hierbei muss es sich nicht um eine ausgebildete Pflegefachkraft handeln; sie ist dann allerdings auch auf die ihrer Qualifikation entsprechenden Tätigkeitsbereiche beschränkt (BT-Drucks. 17/10170, S. 16). Die Pauschalleistung kann nur beansprucht werden, wenn mindestens zwei und höchstens elf weitere Personen gemeinschaftlich pflegerisch versorgt werden und davon mindestens zwei weitere Personen entweder pflegebedürftig oder in ihrer Alltagskompetenz eingeschränkt (§ 45a) sind. Vor dem Inkrafttreten des PSG I wurden PeA, die die Voraussetzungen zumindest der Pflegestufe I nicht erfüllten, als Mitbewohner nicht berücksichtigt. Sinkt die Zahl der berücksichtigungsfähigen Bewohner unter drei, etwa durch Umzug, Verlust des Leistungsanspruchs nach den §§ 36ff. oder Tod, so verlieren die restlichen Bewohner den Anspruch.

Die schnelle Änderung der Vorschrift nur zwei Jahre nach ihrer Einführung war 4 aus der Sicht des Gesetzgebers notwendig, weil die PKen die Anspruchsvoraussetzun-

§ 38a Viertes Kapitel. Leistungen der Pflegeversicherung

gen in ihrer ursprünglichen Fassung nur unter Schwierigkeiten ermitteln konnten. Dies galt zum einen für die in Abs. 1 Nr. 4 in der Fassung des PNG enthaltene Bezugnahme auf „die jeweils maßgeblichen heimrechtlichen Vorschriften"; dies führte angesichts unterschiedlicher landesrechtlicher Regelungen zwangsläufig zu einer uneinheitlichen Leistungsgewährung. Umsetzungsschwierigkeiten verursachte auch die im ursprünglichen Abs. 2 enthaltene Forderung, dass eine Wohngruppe nur förderungsfähig sei, wenn die freie Wählbarkeit der Pflege- und Betreuungsleistungen nicht eingeschränkt sei. Hiermit sollte eine missbräuchliche Deklarierung einer stationären Pflegeeinrichtung als Wohngruppe verhindert werden. Die Neufassung der Vorschrift unternimmt nunmehr in Abs. 1 Nr. 4 den Versuch, dieses Ziel mit Kriterien zu erreichen, die aus dem Leistungserbringungsrecht der Pflegeversicherung vertraut sind, wie dem Vergleich mit der Ausgestaltung des Leistungsumfangs in Rahmenverträgen nach § 75 Abs. 1 für stationäre Pflege (s. unten Rn. 8).

IV. Ambulante Wohngruppe statt stationärer Vollversorgung

5   Das gemeinschaftliche Leben in Wohngruppen entspricht nach gerontopsychiatrischen Erkenntnissen offensichtlich in besonderem Maße den Bedürfnissen demenziell erkrankter Menschen. Im Hinblick auf die finanzielle Belastung der Betroffenen und ggf. ihrer Angehörigen (im Falle des Unterhaltsrückgriffs des Sozialhilfeträgers wegen der nicht von der PV getragenen Kosten) scheint die ambulante pflegerische Versorgung in Wohngruppen gegenüber der vollstationären Pflege zumindest bei Pflegebedürftigen der Pflegestufen I und II nachteilig zu sein, weil bei ihnen die Leistungen der häuslichen Pflege im Vergleich zur stationären Versorgung niedriger ausfallen. Die Finanzierungslücke wird durch den Wohngruppenzuschlag nur geringfügig ausgeglichen. In die vergleichende Betrachtung muss jedoch zusätzlich die unterschiedliche Finanzierungsverantwortung für Maßnahmen der **medizinischen Behandlungspflege** einbezogen werden. Während sie bei der stationären Pflege in den Pflegesatz des Pflegeheims „eingepreist" werden muss, wird sie bei häuslicher Pflege als häusliche Krankenpflege gem. § 37 Abs. 2 SGB V von der KK bedarfsdeckend als Sachleistung gewährt. Ein derartiger Anspruch besteht bei stationärer Pflege nur in Extremfällen, wenn über mehr als sechs Monate ein besonders hoher Bedarf an medizinischer Behandlungspflege besteht. Die Ambulantisierung führt so im Ergebnis zu einer geringeren finanziellen Belastung des Pflegebedürftigen. Hieraus ergibt sich zugleich ein Anreiz für Leistungserbringer, stationäre Einrichtungen durch bauliche Veränderungen in Wohngruppen umzuwandeln. Einer solchen Tendenz soll offensichtlich die nunmehr in Abs. 1 Nr. 4 enthaltene Regelung entgegenwirken, wie aus der Begründung der im Gesundheitsausschuss festgelegten Fassung hervorgeht (BT-Drucks. 18/2909 S. 41).

V. Anspruchsvoraussetzungen des Wohngruppenzuschlags (Abs. 1)

1. Wohngruppe in gemeinsamer Wohnung (Nr. 1)

6   Die Wohngruppe muss aus mindestens zwei und höchstens elf weiteren Personen (d. h. insgesamt drei bis zwölf) Personen bestehen, von denen mindestens zwei weitere Personen entweder pflegebedürftig (d. h. mindestens der Pflegestufe I zugeordnet) oder in ihrer Alltagskompetenz erheblich eingeschränkt sind (d. h. die Voraussetzungen des § 45a erfüllen). Ursprünglich sah die Vorschrift keine Obergrenze vor; sie wurde erst im PSG I eingeführt und im Gesetz zur besseren Vereinbarkeit von Familie, Pflege und Beruf (s. o. Rn. 1) wenige Tage später wieder geändert; auch hierdurch soll eine **Abgrenzung gegenüber stationären Einrichtungen** erreicht werden. Es

ist unschädlich, wenn neben drei Pflegebedürftigen bzw. PeA noch weitere Personen in der Wohnung leben. Vorausgesetzt wird ein Zusammenleben in einer gemeinsamen Wohnung. Das Zusammenleben in einem Familienverbund scheidet nach Auffassung der PKen aus, weil durch den Zuschlag nur die selbstorganisierte Versorgung innerhalb einer Wohngruppe gefördert werden solle (Rundschreiben § 38a Ziffer 2.2). Letzteres lässt sich allenfalls mittelbar aus Abs. 1 Nr. 3 (Notwendigkeit einer Präsenzkraft) ableiten. Vorausgesetzt wird eine abgeschlossene Wohneinheit, in der Gemeinschaftsräume (z. B. Küche und Sanitärbereiche) von allen Bewohnern genutzt werden können. Die Wohnung muss zudem von einem eigenen, abschließbaren Zugang vom Freien, von einem Treppenhaus oder von einem Vorraum zugänglich sein (Rundschreiben § 38a Ziffer 2.1). Bewohnen die Pflegebedürftigen jeweils eine eigene komplett ausgestatte Wohnung in einer Wohnanlage, wie dies bei der Wohnform des betreuten Wohnens der Fall ist, so besteht keine gemeinsame Wohnung.

2. Bezug von Leistungen nach §§ 36, 37, 38, 45b oder § 123 (Nr. 2)

Mindestens drei Bewohner der Wohngruppe müssen entweder eine oder mehrere 7 der folgenden Leistungsarten in Anspruch nehmen: Pflegesachleistungen nach § 36, Pflegegeld nach § 37, Kombinationsleistungen nach § 38, Betreuungsleistungen nach § 45b oder verbesserte Pflegeleistungen für PeA nach § 123 beziehen. Diese Voraussetzung ist auch dann erfüllt, wenn Ansprüche auf derartige Leistungen ruhen, weil der Betroffene vorrangige Pflegeleistungen aus anderen Leistungssystemen erhält (z. B. nach BVG oder aus der GUV). Der Bezug von Pflegegeld oder Pflegesachleistung nach § 123 Abs. 2 sollte nach der Ursprungsfassung im PNG nicht ausreichen; wurde dann aber im PSG I hinzugefügt, weil auch der Leistungskatalog in § 123 Abs. 2 um den Wohngruppenzuschlag nach § 38a ergänzt wurde.

3. Vorhandensein einer Präsenzkraft (Nr. 3)

Die Mitglieder der Wohngruppe müssen gemeinschaftlich eine Person beauftragt 8 haben, die organisatorische, verwaltende, betreuende oder das Gemeinschaftsleben fördernde Tätigkeiten verrichtet oder hauswirtschaftliche Unterstützung leistet. Durch die Notwendigkeit einer gemeinschaftlichen Beauftragung soll eine bessere Überprüfbarkeit der Verwendung des Zuschlags auch durch die Mitglieder der Wohngruppe ermöglicht werden.

Dem Gesetzgeber ging es bei der Festlegung der **Aufgaben und Stellung der** 9 **Präsenzkraft** vor allem darum, dass innerhalb der Wohngruppe das zentrale Merkmal einer ambulanten Versorgung erkennbar bleibt, dass nämlich regelhaft Beiträge der Bewohnerinnen und Bewohner selbst, ihres persönlichen sozialen Umfelds oder von bürgerschaftlich Tätigen zur Versorgung notwendig bleiben. Sei dies nicht vorgesehen, bestehe keine mit der häuslichen Pflege vergleichbare Situation. Im Gesetzgebungsverfahren zum PSG I (BT-Drucks. 18/2909, S. 41) wurde deutlich gemacht, dass die wesentliche Aufgabe der Präsenzkraft nicht darin bestehen soll, durch von ihr selbst erbrachte pflegerische Maßnahmen die pflegerische Grundversorgung dauerhaft sicher zu stellen. Während im Zuge des PNG als Aufgabenspektrum der Präsenzkraft noch folgende Tätigkeiten genannt wurden: notwendige pflegerische Alltagshilfen zur Unterstützung der Pflegebedürftigen etwa beim An- und Auskleiden, bei der Fortbewegung innerhalb und außerhalb der Wohnung sowie bei Hygienemaßnahmen und hauswirtschaftliche Arbeiten und lediglich pflegerische Tätigkeiten i. S. des § 3 Krankenpflegegesetz ausgeschlossen wurden (BT-Drucks. 17/10170, S. 16, zu Nr. 13), betont der Gesundheitsausschuss in seiner Begründung iR des PSG I (BT-Drucks. 18/2909, S. 41), dass die Präsenzkraft Aufgaben übernehmen müsse, die nicht zum üblichen Leistungskatalog der §§ 36, 124 zählen. Im Hinblick auf hauswirtschaftliche Tätigkeiten führt Nr. 3 in der neuen Fassung ausdrücklich die Leistung „hauswirtschaftli-

§ 38 a Viertes Kapitel. Leistungen der Pflegeversicherung

cher Unterstützung" auf. Als Unterstützung ist insoweit nicht die vollständige Übernahme einer Tätigkeit anzusehen; „Unterstützung" setzt vielmehr eine Einbeziehung des Pflegebedürftigen voraus. Sie kann vorliegen bei einer teilweisen Übernahme, oder auch bei der Beaufsichtigung der Ausführung von Verrichtungen oder der Anleitung zu deren Selbstvornahme; beispielsweise beim gemeinschaftlichen Kochen. Eine Reinigungskraft oder eine Kraft, die nur hauswirtschaftliche Tätigkeiten selbst erbringt, ohne die Mitglieder der Wohngruppe in die Tätigkeiten einzubeziehen, erfüllt danach nicht die Voraussetzung der „hauswirtschaftlichen Unterstützung".

10 Die Präsenzkraft muss nicht rund um die Uhr in der Wohngruppe anwesend sein; eine **bloße Rufbereitschaft** reicht andererseits auch nicht aus. Die PKen lassen es zu, dass die Präsenzkraft bei einem der ambulanten Pflegedienste beschäftigt ist, der die pflegerische Versorgung für einen oder mehrere Mitglieder der Wohngruppe erbringt (Rundschreiben § 38a Ziffer 2.4). Der Pflegedienst muss die Mitglieder der Wohngruppe allerdings darauf hinweisen, dass von ihm keine Vollversorgung erbracht wird, wie sie zum Leistungsumfang stationärer Pflegeeinrichtungen gehört (Nr. 3 letzter Halbsatz).

4. Keine verdeckte stationäre Versorgung (Nr. 4)

11 Bereits bei Einführung des Wohngruppenzuschlags im PNG enthielt § 38 a seinerzeit in Abs. 2 eine Regelung, durch die eine Förderung von Wohnformen verhindert werden sollte, bei denen es sich faktisch um Formen stationärer Versorgung handelt (zu den Anreizen für eine Ambulantisierung stationärer Einrichtungen vgl. oben Rn. 4). Dies sollte dadurch erreicht werden, dass der Anspruch auf einen Wohngruppenzuschlag für den Fall ausgeschlossen war, dass die freie Wählbarkeit der Pflege- und Betreuungsleistungen durch die Mitglieder der Wohngruppe, durch den „Betreiber" der ambulanten Versorgung bzw. den „Vermieter" der Wohnung rechtlich oder tatsächlich eingeschränkt wurde; etwa dadurch, dass im Wohnraummietvertrag die Inanspruchnahme eines bestimmten ambulanten Pflegedienstes vereinbart wurde oder wenn die Wohngruppe von einem ambulanten Pflegedienst organisiert wurde und die Inanspruchnahme von Pflegekräften, die nicht bei diesem Träger beschäftigt sind, mit so erheblichen Nachteilen verbunden ist, dass die Wahlmöglichkeit faktisch nicht besteht.

12 Im PSG I wurde das Kriterium „freie Wählbarkeit der Pflege- und Betreuungsleistungen" wieder gestrichen und durch eine **Abgrenzung von der stationären Pflege** ersetzt. Ausgehend vom Ziel des Wohngruppenzuschlages, die pflegerische Versorgung in gemeinschaftlichen Wohnformen außerhalb der stationären Pflegeeinrichtungen und außerhalb des klassischen „betreuten Wohnens" leistungsrechtlich besonders zu unterstützen, wird nunmehr auf leistungserbringerrechtliche Kriterien abgestellt: wenn derjenige, der die Wohnung vermietet und/oder pflegerische Dienstleistungen anbietet, Leistungen verspricht, deren Umfang weitgehend demjenigen entspricht, der im maßgebenden Rahmenvertrag für die stationäre Pflege vereinbart ist, handelt es sich nicht um eine förderfähige Wohngruppe iSv § 38 a.

VI. Datenschutzrechtliche Aspekte (Abs. 2)

13 Die Mitglieder der Wohngruppe müssen das Vorliegen der in Abs. 1 aufgeführten Leistungsvoraussetzungen gegenüber ihrer PK nachweisen. Abs. 2 eröffnet für die PK die gesetzliche Ermächtigung, die erforderlichen Daten zu erheben, zu verarbeiten und zu nutzen. Hierzu zählen auch Angaben über die Person der Präsenzkraft, die u. U. von dieser abzugeben sind, sowie die Vorlage der mit der Wohngruppe geschlossenen Vereinbarung. Die Pflegekasse ist zudem berechtigt, den Mietvertrag einschließlich eines Grundrisses der Wohnung sowie den Pflegevertrag nach § 120 anzufordern.

§ 39 Häusliche Pflege bei Verhinderung der Pflegeperson

(1) ¹Ist eine Pflegeperson wegen Erholungsurlaubs, Krankheit oder aus anderen Gründen an der Pflege gehindert, übernimmt die Pflegekasse die nachgewiesenen Kosten einer notwendigen Ersatzpflege für längstens sechs Wochen je Kalenderjahr; § 34 Absatz 2 Satz 1 gilt nicht. ²Voraussetzung ist, dass die Pflegeperson den Pflegebedürftigen vor der erstmaligen Verhinderung mindestens sechs Monate in seiner häuslichen Umgebung gepflegt hat. ³Die Aufwendungen der Pflegekassen können sich im Kalenderjahr auf bis zu 1 470 Euro ab 1. Juli 2008, auf bis zu 1 510 Euro ab 1. Januar 2010, auf bis zu 1 550 Euro ab 1. Januar 2012 und auf bis zu 1 612 Euro ab 1. Januar 2015 belaufen, wenn die Ersatzpflege durch Pflegepersonen sichergestellt wird, die mit dem Pflegebedürftigen nicht bis zum zweiten Grade verwandt oder verschwägert sind und nicht mit ihm in häuslicher Gemeinschaft leben.

(2) ¹Bei einer Ersatzpflege durch Pflegepersonen, die mit dem Pflegebedürftigen bis zum zweiten Grade verwandt oder verschwägert sind oder mit ihm in häuslicher Gemeinschaft leben, dürfen die Aufwendungen der Pflegekasse regelmäßig den Betrag des Pflegegeldes nach § 37 Absatz 1 Satz 3 für bis zu sechs Wochen nicht überschreiten, es sei denn, die Ersatzpflege wird erwerbsmäßig ausgeübt; in diesen Fällen findet der Leistungsbetrag nach Absatz 1 Satz 3 Anwendung. ²Bei Bezug der Leistung in Höhe des Pflegegeldes für eine Ersatzpflege durch Pflegepersonen, die mit dem Pflegebedürftigen bis zum zweiten Grade verwandt oder verschwägert sind oder mit ihm in häuslicher Gemeinschaft leben, können von der Pflegekasse auf Nachweis notwendige Aufwendungen, die der Pflegeperson im Zusammenhang mit der Ersatzpflege entstanden sind, übernommen werden. ³Die Aufwendungen der Pflegekasse nach den Sätzen 1 und 2 dürfen zusammen den in Absatz 1 Satz 3 genannten Betrag nicht übersteigen.

(3) ¹Bei einer Ersatzpflege nach Absatz 1 kann der Leistungsbetrag um bis zu 806 Euro aus noch nicht in Anspruch genommenen Mitteln der Kurzzeitpflege nach § 42 Absatz 2 Satz 2 auf insgesamt bis zu 2 418 Euro im Kalenderjahr erhöht werden. ²Der für die Verhinderungspflege in Anspruch genommene Erhöhungsbetrag wird auf den Leistungsbetrag für eine Kurzzeitpflege nach § 42 Absatz 2 Satz 2 angerechnet.

Inhaltsübersicht

	Rn.
I. Geltende Fassung	1
II. Normzweck	2
III. Pflegeperson	4
IV. Grund und Dauer der Verhinderung	5
V. Form der Ersatzpflege	6
VI. Aufhebung der Ruhensregelung	7
VII. Vorherige Pflege durch die Pflegeperson (Abs. 1 Satz 2)	8
VIII. Leistungshöhe bei Fremdpflege (Abs. 1 Satz 3)	9
IX. Leistungshöhe bei Angehörigenpflege (Abs. 2 Satz 1)	10
X. Verhältnis zu anderen Leistungsarten	13

§ 39 Viertes Kapitel. Leistungen der Pflegeversicherung

I. Geltende Fassung

1 Die Vorschrift ist mWv 1.4.1995 durch Art. 1 PflegeVG eingeführt worden. Mit Ausnahme der Leistungshöhe in Satz 3, die im Vermittlungsverfahren geändert wurde (BT-Drucks. 12/7323, S. 3), liegt der RegE zugrunde, vgl. Begr. des RegE, S. 113. Durch das 1. SGB XI-ÄndG wurden folgende Änderungen vorgenommen: In Satz 1 wurden die Wörter „für eine Ersatzpflegekraft" durch die Wörter „einer notwendigen Ersatzpflege" ersetzt und ein zweiter Halbsatz angefügt. Außerdem wurden die Sätze 4 bis 6 angefügt. Satz 4 wurde erneut im 4. SGB XI-ÄndG grundlegend geändert. Die in Satz 3 festgelegte Höhe der Leistung wurde durch Art. 2 Nr. 4 Achtes Euro-Einführungsgesetz (vom 23.10.2001, BGBl. I S. 2702) von 2800 DM auf 1432 Euro umgestellt. Durch Art. 1 Nr. 19 PflegeWEG (vom 28.5.2008, BGBl. I S. 874) wurde in Satz 2 die Zahl „zwölf" durch „sechs" ersetzt; zugleich wurden die Sätze 3 bis 5 neu gefasst. Durch Art. 9 PSG I wurden die bisherigen Sätze 1 bis 3 zu Abs. 1, die Sätze 4 und 5 zu Abs. 2 sowie Abs. 3 angefügt. Die Bezugsdauer wurde verlängert und die Leistungssätze erhöht.

II. Normzweck

2 Die Regelung dient dem Ziel, die häusliche Pflege zu stärken. Sie trägt der Tatsache Rechnung, dass den Pflegepersonen ein hohes Maß an psychischer und physischer Anstrengung abverlangt wird und sich viele Pflegepersonen selbst schon in einem fortgeschrittenen Alter befinden, in dem es häufig zu gesundheitsbedingten Ausfällen der Pflegefähigkeit kommt oder jedenfalls regelmäßige Erholungsphasen erforderlich sind. Der Gesetzgeber hat die Vorschrift vor allem im 1. SGB XI-ÄndG grundlegend geändert und hierbei den Begriff „Ersatzpflege" anstelle von „Verhinderungspflege" in den Vordergrund gestellt. Sollten ursprünglich nur die durch den Einsatz einer „Ersatzpflegekraft" verursachten Kosten erstattet werden, wird nunmehr auf die Überbrückungsfunktion der Ersatzpflege abgestellt, die dem Ziel dient, die vorrangig anzustrebende häusliche Pflege dauerhaft zu sichern. Hierbei werden grundsätzlich alle Möglichkeiten einbezogen, durch die der vorübergehende Ausfall der häuslichen Pflegeperson(en) ersetzt werden kann; hierzu zählen auch stationäre Versorgungsformen und Dienste, die ansonsten nicht zur Durchführung der Pflege zugelassen sind (Rundschreiben § 39 Ziff. 1 Abs. 1); zu Einzelheiten s. unten Rn. 5. Die Ersatzpflege muss nicht durch Gestellung einer professionellen Pflegekraft durch die PK erfüllt werden; der Pflegebedürftige kann sich die Form der Ersatzpflege grundsätzlich frei auswählen. Eine Kostenübernahmeerklärung der PK vor Beginn der Verhinderungspflege ist prinzipiell nicht erforderlich (zu Ausnahmen s. unten Rn. 6). Der Sache nach handelt es sich bei der Ersatzpflege daher um eine Form der Kostenerstattung. Beim **Umfang der Leistung** wird **nicht nach Pflegestufen** differenziert.

3 Bei der Neufassung der ursprünglichen Sätze 4 bis 7 (jetzt Abs. 1 Satz 3, Abs. 2 Satz 1 und 2) wollte der Gesetzgeber erreichen, dass die volle Leistung von (ab 1.1.2015) 1 612 Euro in jedem Fall für die Ersatzpflege durch Pflegepersonen anfällt, die dem Pflegebedürftigen nicht nahe stehen, ohne dass es davon abhängig gemacht wird, ob die **Ersatzpflege erwerbsmäßig oder ehrenamtlich** erfolgt. Der volle Leistungssatz ist nur dann ausgeschlossen, wenn die Ersatzpflege von Pflegepersonen durchgeführt wird, die mit dem Pflegebedürftigen bis zum zweiten Grade verwandt oder verschwägert sind oder mit ihm in häuslicher Gemeinschaft leben (Abs. 1 Satz 3). Soweit die bis zum 30.6.2008 geltende Fassung des damaligen Satzes 4 darauf abstellte, dass bei Verwandtschaft oder Schwägerschaft bis zum zweiten Grad vermutet werde, dass die Ersatzpflege nicht erwerbsmäßig durchgeführt werde, habe die

Rechtsprechung (BSG, SozR 3-3300 § 39 Nr. 5 Rn. 20ff. = NZS 2003, 213, 215) hieraus zu Unrecht den Schluss gezogen, dass ein Anspruch auf die volle Leistung nur bestehe, wenn die Ersatzpflege erwerbsmäßig durchgeführt werde; dies sei nicht beabsichtigt gewesen (vgl. BT-Drucks. 16/7439 zu Nr. 19). Nur bei Durchführung der Ersatzpflege durch nahe Angehörige ist die Leistung demnach auf die Höhe des Pflegegeldes beschränkt, ggf. ergänzt um nachgewiesene notwendige Aufwendungen; von diesem Ausschluss von der vollen Leistung sind solche Angehörigen ausgenommen, die die Ersatzpflege erwerbsmäßig durchführen (Abs. 2 Satz 1). Eine weitere zeitanteilige Kürzung der Leistung entsprechend § 37 Abs. 2 findet dagegen nicht statt (BSG, Urteil vom 17.5.2000, B 3 P 8/99 R, NZS 2001, 147; BSG, Urteil vom 12.7.2012, NZS 2013, 101).

Durch die Anfügung von Abs. 3 verfolgt der Gesetzgeber das Ziel, den Anspruch 3a auf Verhinderungspflege flexibler zu gestalten. Beträge beim Anspruch auf Kurzzeitpflege können nunmehr bis zu 50 v. H. des Leistungsrahmens der Kurzzeitpflege zusätzlich bei der häuslichen Verhinderungspflege in Anspruch genommen werden. Zugleich wurde die Dauer der Ersatzpflege von vier auf sechs Wochen verlängert; bei Durchführung der Verhinderungspflege durch nahe Angehörige wurde zugleich die Höchstgrenze für den Bezug von Pflegegeld erhöht.

III. Pflegeperson

Maßgebend ist die Definition in § 19. Danach muss es sich bei der **verhinderten** 4 **Pflegeperson** um eine **nicht erwerbsmäßig tätige** (vgl. hierzu § 19 Rn. 7) handeln; eine Mindestpflegezeit von 14 Stunden (§ 19 Satz 2) ist nicht erforderlich (*Leitherer,* in: KassKomm, SGB XI, § 39 Rn. 7). Beim **Ausfall einer professionellen Pflegekraft** muss die Pflegeeinrichtung Ersatz stellen, oder die PK muss eine andere Pflegeeinrichtung oder ggf. eine einzelne erwerbsmäßige Pflegekraft nach § 77 beauftragen. Ob der Pflegebedürftige wegen der von der Pflegeperson erbrachten Dienste Pflegegeld bezieht, ist nicht maßgebend (die Zweifel von *Leitherer,* in: KassKomm, SGB XI, § 39 Rn. 11, können nicht überzeugen). Es kann sich auch um eine Pflegeperson handeln, die den Pflegebedürftigen zusätzlich zu einer häuslichen Pflegehilfe nach § 36 oder neben einer teilstationären Pflege (etwa in den Abend- und Nachtstunden sowie am Wochenende) pflegt. Ausreichend ist auch der Ausfall von einer von mehreren Pflegepersonen.

IV. Grund und Dauer der Verhinderung

Die Pflegeperson muss durch Krankheit, Erholungsurlaub oder einen vergleichbar 5 gewichtigen Grund an der Fortführung der Pflege gehindert sein. Der Pflegebedürftige muss dies durch eine Erklärung seiner Pflegeperson gegenüber der PK nachweisen. Besteht kein sachlicher Grund, Ersatzpflege in Anspruch zu nehmen, so kommt die Leistung nicht in Betracht. Dies kann etwa der Fall sein, wenn eine auch sonst stattfindende pflegerische Versorgung in einer Behinderteneinrichtung auch während einer urlaubsbedingten Abwesenheit einer Pflegeperson, die den Pflegebedürftigen nur zeitweise betreut, möglich wäre (BSG, SozR 3-3300 § 39 Nr. 5 Rn. 19 = NZS 2003, 213). Satz 1 begrenzt nur die zeitliche Höchstdauer des Anspruchs auf sechs Wochen je Kalenderjahr. Diese Zeitspanne kann ggf. beliebig aufgeteilt werden. Die zeitliche Höchstgrenze steht in keinem Zusammenhang mit dem Höchstbetrag der für die Ersatzpflege zur Verfügung stehenden Geldleistung. Insbesondere kann aus dem Höchstbetrag von derzeit 1612 Euro und der Zeitgrenze von 42 Tagen nicht geschlossen werden, dass für Leistungen der Ersatzpflege täglich nur ein entsprechender Höchstbetrag zur Verfügung steht (BSG, Urteil vom 17.5.2000, B 3 P 8/99 R,

NZS 2001, 147). Der Pflegebedürftige kann den Höchstbetrag auch dadurch ausschöpfen, dass er in einem kürzeren Zeitraum (erforderliche) Pflegeleistungen in Anspruch nimmt, die entsprechend höhere Kosten verursachen. Die zeitliche und die betragsmäßige Höchstgrenze greifen alternativ ein. Dies gilt auch in Bezug auf die auf die Höhe des Pflegegeldes begrenzte Leistung bei der Durchführung der Ersatzpflege durch Angehörige; hieran hat sich durch die Verlängerung der Bezugsdauer in Abs. 2 Satz 1 durch das PSG I nichts geändert.

V. Form der Ersatzpflege

6   Der Pflegebedürftige kann die Form der Ersatzpflege grundsätzlich frei auswählen. Er muss keine ausgebildete Pflegekraft in Anspruch nehmen. Den §§ 4 Abs. 3 und 29 Abs. 1 wird man jedoch den allgemeinen Grundsatz entnehmen müssen, dass die PK nicht zur Leistung verpflichtet ist, wenn die vom Pflegebedürftigen benannte Ersatzpflegekraft die erforderliche Pflege nicht sicherstellen kann. Der Pflegebedürftige kann auch die Dienste einer Pflegeeinrichtung als Ersatz für die verhinderte Pflegeperson (zusätzlich) in Anspruch nehmen, und zwar grundsätzlich auch dann, wenn er fortlaufend Pflegesachleistung erhält. Verstößt eine derartige Leistung gegen das Wirtschaftlichkeitsgebot (§ 29 Abs. 1), kann die PK den Pflegebedürftigen auf eine **wirtschaftlichere Gesamtpflege** (z. B. stationäre Pflege) verweisen, soweit dies zumutbar ist. Aus der Streichung des ursprünglich in Satz 1 verwandten Begriffs **„Ersatzpflegekraft"** folgt, dass die Pflege während des Ausfalls der Pflegeperson auch stationär in einem Heim oder einer vergleichbaren Einrichtung erfolgen kann. Von der PK werden dann die im Einzelnen in § 43 Abs. 2 und 3 aufgeführten pflegebedingten Aufwendungen getragen. Darüber hinaus sind nicht nur die Kosten der Pflege in einer nach § 72 zugelassenen Einrichtung zu übernehmen, sondern auch Kosten, die durch die Pflege von nicht zugelassenen Diensten (etwa Dorfhelferinnen, Betriebshilfsdienste, familienentlastende Dienste etc.) verursacht werden (Rundschreiben § 39 Ziff. 1 Abs. 1). Das BSG hat den hiergegen vorgebrachten Einwand, § 39 lasse zwar die Heranziehung nicht erwerbsmäßig tätiger Pflegepersonen für die Ersatzpflege zu, hebe aber bei professionellen Pflegekräften die Notwendigkeit einer Zulassung nicht auf, nicht geteilt (BSG, SozR 3-3300 § 39 Nr. 5 Rn. 21 = NZS 2003, 213, 215).

VI. Aufhebung der Ruhensregelung

7   Abs. 1 Satz 1 2. Hs („§ 34 Abs. 2 Satz 1 gilt nicht") hebt die Ruhensregelung für Ansprüche auf Leistungen bei häuslicher Pflege bei gleichzeitigem Anspruch auf häusliche Krankenpflege und für die Dauer des Aufenthalts in einer Einrichtung nach § 71 Abs. 4 auf. Von Bedeutung ist dies allein im Hinblick auf die Pflege in einer nicht zugelassenen Einrichtung nach § 71 Abs. 4. Die Ersatzpflege kann wegen der Ausnahmeregelung auch in einer derartigen Einrichtung durchgeführt werden. Der Pflegebedürftige kann ggf. auch teilstationäre Versorgung als Ersatzpflege bis zu der in Satz 3 genannten Höchstgrenze in Anspruch nehmen und daneben weiterhin Pflegesachleistungen nach § 36 bzw gegebenenfalls Pflegegeld nach § 37. Neben einer vollstationären Kurzzeitpflege in einem Pflegeheim besteht nach § 38 Satz 4 ein Anspruch auf hälftiges Pflegegeld.

Häusliche Pflege bei Verhinderung der Pflegeperson **§ 39**

VII. Vorherige Pflege durch die Pflegeperson (Satz 2)

Die verhinderte Pflegeperson muss den Pflegebedürftigen vor Eintritt des ersten **8**
Verhinderungsfalls mindestens sechs (bis 1.7.2008 zwölf) Monate in häuslicher Umgebung gepflegt haben. Diese Voraussetzung ist auch dann erfüllt, wenn die verhinderte Pflegeperson die Pflege in der maßgebenden Zeit nicht allein durchgeführt hat. Die Regelung verlangt auch nicht, dass die Frist der erstmaligen Verhinderung unmittelbar und als geschlossener Zeitraum vorausgeht. Die Frist kann sich aus verschiedenen Pflegeperioden zusammensetzen (BSG, SozR 3-3300 § 39 Nr. 5 Rn. 16 = NZS 2003, 213). Die vorangegangene Pflegeperiode muss zudem nur bei der erstmaligen Inanspruchnahme von Ersatzpflege erfüllt werden. Unterbrechungen der Pflege, etwa durch stationäre Krankenhausaufenthalte, verlängern die Wartezeit dann nicht, wenn sie nicht länger als vier Wochen dauern (Rundschreiben § 39 Ziff. 3 Abs. 1).

VIII. Leistungshöhe bei Fremdpflege (Satz 3)

Die durch die Ersatzpflege entstehenden Aufwendungen dürfen im Kalenderjahr **9**
1612 Euro (ab 1.1.2015) nicht überschreiten. Diese Begrenzung ist auch dann maßgebend, wenn die Pflegeperson die Zeitgrenze von vier Wochen noch nicht ausgeschöpft hat (s. o. Rn. 4). Bei der Ersatzpflege hängt die Leistungshöhe nicht von der Pflegestufe ab; dh auch bei Pflegebedürftigen der Pflegestufe I und bei Versicherten ohne Pflegestufe (PeA, s. § 123 Abs. 2) werden Aufwendungen bis zu 1612 Euro ersetzt; die Aufwendungen für die Ersatzpflegekraft müssen vom Pflegebedürftigen nachgewiesen werden. Die Leistungshöhe von 1612 Euro gilt nur, wenn die Ersatzpflege durch Pflegepersonen sicher gestellt wird, die mit dem Pflegebedürftigen **nicht** (bis zum zweiten Grad) **verwandt oder verschwägert** sind und mit ihm nicht in häuslicher Gemeinschaft leben. Die Formulierung der Vorschrift ist an dieser Stelle erneut misslungen. Isoliert lässt sie nur den Schluss zu, dass die Ausschlussgründe verwandt oder verschwägert einerseits und im Haushalt lebend andererseits kumulativ gegeben sein müssen. Dass aber jeder der beiden Gründe einzelnen ausreichen soll, den Ausschluss der vollen Leistung zu begründen, erschließt sich erst aus Satz 4. Die Frage, ob die Pflegepersonen, die die Ersatzpflege durchführen, **erwerbsmäßig tätig** sind (Angestellte von Pflegediensten, Einzelpflegekräfte nach § 77 etc.) soll nach dem ausdrücklichen Willen des Gesetzgebers (vgl. BT-Drucks. 16/7439 zu Nr. 19) nur insoweit maßgebend sein, als die Pflege durch Verwandte oder Verschwägerte erfolgt (hierzu unten Rn. 10).

IX. Leistungshöhe bei Angehörigenpflege (Satz 4)

Die Regelung der Leistungshöhe bei Durchführung der Ersatzpflege durch Verwandte und Verschwägerte bis zum zweiten Grade und Haushaltsangehörige ist durch das PflegeWEG in Satz 4 neu gefasst worden. Der Gesetzgeber versteht die Neuregelung als Klarstellung dessen, was er bereits mit der Änderung der Vorschrift im 4. SGB XI-ÄndG (zur seinerzeitigen Begr. vgl. BT-Drucks. 14/407, S. 4) hatte erreichen wollen, was von der Rechtsprechung aber anders verstanden worden war (vgl. oben Rn. 3). Satz 4 macht allerdings im Blick auf Satz 3 deutlich, dass er sich erneut missverständlich ausgedrückt hat. Nach Abs. 2 Satz 1 kommen bei Durchführung der Ersatzpflege durch Verwandte, Verschwägerte und Pflegepersonen, die mit dem Pflegebedürftigen in häuslicher Gemeinschaft leben, nur Leistungen in Höhe des Pflegegeldes nach § 37 Abs. 1 in Betracht; darüber hinaus können im Zusammen-

Udsching

§ 39 Viertes Kapitel. Leistungen der Pflegeversicherung

hang mit der Ersatzpflege angefallene notwendige Aufwendungen erstattet werden (Abs. 2 Satz 2). Anders werden Verwandte, Verschwägerte und Haushaltsangehörige dann behandelt, wenn sie die Ersatzpflege erwerbsmäßig erbringen (Abs. 2 Satz 1).

11 **Abs. 2 Satz 1** bezieht in den zur **familienhaften Pflege** zählenden **Personenkreis** alle Haushaltsangehörigen (hierzu zählt auch der mit dem Pflegebedürftigen in häuslicher Gemeinschaft lebende Ehegatte) sowie alle Verwandten und Verschwägerten des Pflegebedürftigen bis zum zweiten Grade ein; zum Grad der Verwandtschaft und Schwägerschaft vgl. §§ 1589, 1590 BGB; Großeltern, Enkel und Geschwister sind Verwandte zweiten Grades, die Ehegatten von Geschwistern sind Verschwägerte zweiten Grades. Gehört die Ersatzpflegeperson zu diesem Kreis, so kann der volle Leistungsbetrag dennoch in Anspruch genommen werden, wenn sie die Pflege erwerbsmäßig ausübt. Was unter **„erwerbsmäßiger Ausübung"** der Pflege zu verstehen ist, ist im SGB XI nicht geregelt. Maßgebend sind die allgemeinen, zu § 19 entwickelten Kriterien (s. § 19 Rn. 7 ff.). Danach wird man, unabhängig davon, ob die Pflege als selbstständige Tätigkeit oder abhängige Beschäftigung ausgeübt wird, in erster Linie darauf abstellen müssen, ob die Ersatzpflege des Familien- oder Haushaltsangehörigen im konkreten Einzelfall der Erzielung von Erwerbseinkommen dient. Dies wird man in erster Linie dann annehmen können, wenn es sich bei den Verwandten oder Haushaltsangehörigen um eine professionelle Pflegekraft handelt oder wenn die Pflegeperson ohne Ausübung der Pflegetätigkeit andere Einkünfte erzielen würde. Nach Auffassung der PKen soll auch ausreichen, dass die Ersatzpflege kontinuierlich über einen längeren Zeitraum als vier Wochen ausgeübt wird oder die Ersatzpflegeperson zuvor im laufenden Jahr bereits andere Pflegebedürftige mehr als eine Woche gepflegt hat (vgl. Rundschreiben § 39 Ziff. 3.3). Das BSG hat demgegenüber die Erwerbsmäßigkeit davon abhängig gemacht, ob die Ersatzpflegeperson über eine Ausbildung als Pflegekraft verfügt oder ob sie außerhalb der Ersatzpflege die Pflegetätigkeit gegen Entgelt zur Finanzierung ihres Lebensunterhalts ausübt (BSG, SozR 3-3300 § 39 Nr. 4 = NZS 2003, 212).

11a Soweit **Abs. 2 Satz 1** die Aufwendung der PK auf den Betrag des Pflegegeldes begrenzt, bezieht sich die Regelung allein auf die für das Pflegegeld in § 37 Abs. 1 Satz 3 festgesetzten Euro-Beträge; die Kürzungsregelung des § 37 Abs. 2 Satz 1 kommt dagegen nicht zur Anwendung (BSG, Urteil vom 12. 7. 2012, B 3 P 6/11 R, NZS 2013, 101); vgl. auch oben Rn. 3 und 5.

12 **Satz 5** lässt darüber hinaus die Geltendmachung notwendiger **Mehraufwendungen** auch zu, wenn die Ersatzpflege von Verwandten und Verschwägerten bis zum zweiten Grade sowie Haushaltsangehörigen durchgeführt wird. Unter „Aufwendung" ist die freiwillige Aufopferung von Vermögenswerten im Interesse eines anderen zu verstehen (BGHZ 59, 328, 329; Palandt/Heinrichs, BGB, § 256 Rn. 1). Dazu zählen neben tatsächlich aufgebrachten pflegebedingten Kosten und der Eingehung von Verbindlichkeiten auch der Verzicht auf vertraglich zustehende Einnahmen. Dies kann auch ein **Verdienstausfall** sein, der notwendig mit der vorübergehenden Übernahme einer ehrenamtlichen Pflegetätigkeit verbunden ist (BT-Drucks. 13/3696, S. 13). Der Ausfall der Arbeitskraft im eigenen Haushalt ist allerdings einem Verdienstausfall nicht gleichzustellen (BSG, SozR 3-3300 § 39 Nr. 4 = NZS 2003, 212). Auf die Grundsätze des zivilrechtlichen Schadensersatzrechts, wonach auch der Ausfall der Hausarbeit als Unterhaltsbeitrag gegenüber dem anderen Ehegatten einen Schadensersatzanspruch begründen kann, ist insoweit nicht abzustellen. Aufwendungsersatz kommt erst dann in Betracht, wenn die Ersatzpflegeperson zur Führung des eigenen Haushalts eine Ersatzkraft einstellen muss (BSG, SozR 3-3300 § 39 Nr. 4 = NZS 2003, 212). Als notwendige Aufwendungen kommen insb. Fahrt- und Unterbringungskosten in Betracht. Die Mehraufwendungen müssen im Zusammenhang mit der Ersatzpflege entstanden sein und nachgewiesen werden. Das Pflegegeld für die Ersatzpflegekraft und die zusätzlich entstandenen Aufwendungen dürfen insgesamt den Abs. 1 Satz 3 festgelegten **Höchstbetrag** nicht überschreiten (Abs. 2 Satz 3).

X. Verhältnis zu anderen Leistungsarten

Nach dem Zweck der Ersatzpflege, den Ausfall einer selbstbeschafften nichterwerbsmäßigen Pflegeperson zu kompensieren, kommt ein **gleichzeitiger Bezug von Pflegegeld** (§ 37) an sich nicht in Betracht (s. § 37 Rn. 4), weil § 37 Abs. 1 Satz 2 den Anspruch auf Pflegegeld davon abhängig macht, dass der Pflegebedürftige die pflegerische Versorgung in geeigneter Weise selbst sicherstellt. Mit dem PNG hat der Gesetzgeber durch die Einfügung von § 38 Satz 4 dennoch einen Anspruch auf Fortzahlung des Pflegegeldes bis zu vier Wochen je Kalenderjahr eingeführt, um die Pflegebereitschaft zu fördern. Ansonsten zahlen die PK Pflegegeld für den ersten und letzten Tag der Ersatzpflege (Rundschreiben § 39 Ziff. 1 Abs. 1). Die Gewährung von Pflegesachleistung schließt den Anspruch auf Ersatzpflege nicht aus, wenn eine nicht erwerbsmäßige Pflegeperson (z. B. Familienangehöriger) ausfällt, die den Pflegebedürftigen zusätzlich zur Pflegesachleistung gepflegt hat. 13

Die Gewährung von Ersatzpflege schließt den Anspruch auf (stationäre) **Kurzzeitpflege** (§ 42) auch innerhalb des Zwölf-Monats-Zeitraums nicht aus (Rundschreiben § 39 Ziff. 3.6 Abs. 2). Der Pflegebedürftige kann, soweit bei der Geltendmachung von Kurzzeitpflege in Bezug auf den Ausfall der Pflegeperson insbesondere die Voraussetzungen von § 42 Abs. 1 Satz 2 Nr. 2 vorliegen, die Höchstbeträge jeweils voll ausschöpfen. Der durch das PSG I neu angefügte Abs. 3 lässt zudem eine Umbuchung von Leistungsbeträgen der Kurzzeitpflege, die im betroffenen Kalenderjahr nicht in Anspruch genommen wurden, zur Erhöhung des Budgets in der Ersatzpflege zu. Die Erhöhung ist auf z. Zt. 806 Euro begrenzt; das entspricht der Hälfte der Leistungshöchstgrenze der Kurzzeitpflege (§ 42 Abs. 2). 14

§ 40 Pflegehilfsmittel und wohnumfeldverbessernde Maßnahmen

(1) ¹**Pflegebedürftige haben Anspruch auf Versorgung mit Pflegehilfsmitteln, die zur Erleichterung der Pflege oder zur Linderung der Beschwerden des Pflegebedürftigen beitragen oder ihm eine selbständigere Lebensführung ermöglichen, soweit die Hilfsmittel nicht wegen Krankheit oder Behinderung von der Krankenversicherung oder anderen zuständigen Leistungsträgern zu leisten sind.** ²**Die Pflegekasse überprüft die Notwendigkeit der Versorgung mit den beantragten Pflegehilfsmitteln unter Beteiligung einer Pflegefachkraft oder des Medizinischen Dienstes.** ³**Entscheiden sich Versicherte für eine Ausstattung des Pflegehilfsmittels, die über das Maß des Notwendigen hinausgeht, haben sie die Mehrkosten und die dadurch bedingten Folgekosten selbst zu tragen.** ⁴**§ 33 Abs. 6 und 7 des Fünften Buches gilt entsprechend.**

(2) ¹**Die Aufwendungen der Pflegekassen für zum Verbrauch bestimmte Pflegehilfsmittel dürfen monatlich den Betrag von 40 Euro nicht übersteigen.** ²**Die Leistung kann auch in Form einer Kostenerstattung erbracht werden.**

(3) ¹**Die Pflegekassen sollen technische Pflegehilfsmittel in allen geeigneten Fällen vorrangig leihweise überlassen.** ²**Sie können die Bewilligung davon abhängig machen, daß die Pflegebedürftigen sich das Pflegehilfsmittel anpassen oder sich selbst oder die Pflegeperson in seinem Gebrauch ausbilden lassen.** ³**Der Anspruch umfaßt auch die notwendige Änderung, Instandsetzung und Ersatzbeschaffung von Pflegehilfsmitteln sowie die Ausbildung in ihrem Gebrauch.** ⁴**Versicherte, die das 18. Lebensjahr vollendet haben, haben zu den Kosten der Pflegehilfsmittel mit Ausnahme der Pflegehilfsmittel nach Absatz 2 eine Zuzahlung von zehn vom Hundert, höchstens jedoch 25 Euro je Pflegehilfsmittel an die abgebende Stelle zu leisten.** ⁵**Zur Vermeidung von Härten kann die Pflegekasse den Versicherten in entsprechender**

§ 40 Viertes Kapitel. Leistungen der Pflegeversicherung

Anwendung des § 62 Abs. 1 Satz 1, 2 und 6 sowie Abs. 2 und 3 des Fünften Buches ganz oder teilweise von der Zuzahlung befreien. ⁶Versicherte, die die für sie geltende Belastungsgrenze nach § 62 des Fünften Buches erreicht haben oder unter Berücksichtigung der Zuzahlung nach Satz 4 erreichen, sind hinsichtlich des die Belastungsgrenze überschreitenden Betrags von der Zuzahlung nach diesem Buch befreit. ⁷Lehnen Versicherte die leihweise Überlassung eines Pflegehilfsmittels ohne zwingenden Grund ab, haben sie die Kosten des Pflegehilfsmittels in vollem Umfang selbst zu tragen.

(4) ¹Die Pflegekassen können subsidiär finanzielle Zuschüsse für Maßnahmen zur Verbesserung des individuellen Wohnumfeldes des Pflegebedürftigen gewähren, beispielsweise für technische Hilfen im Haushalt, wenn dadurch im Einzelfall die häusliche Pflege ermöglicht oder erheblich erleichtert oder eine möglichst selbständige Lebensführung des Pflegebedürftigen wiederhergestellt wird. ²Die Zuschüsse dürfen einen Betrag in Höhe von 4 000 Euro je Maßnahme nicht übersteigen. ³Leben mehrere Pflegebedürftige in einer gemeinsamen Wohnung, dürfen die Zuschüsse für Maßnahmen zur Verbesserung des gemeinsamen Wohnumfeldes einen Betrag in Höhe von 4 000 Euro je Pflegebedürftigem nicht übersteigen. ⁴Der Gesamtbetrag je Maßnahme nach Satz 3 ist auf 16 000 Euro begrenzt und wird bei mehr als vier Anspruchsberechtigten anteilig auf die Versicherungsträger der Anspruchsberechtigten aufgeteilt.

(5) ¹Für Hilfsmittel und Pflegehilfsmittel, die sowohl den in § 23 und § 33 des Fünften Buches als auch den in Absatz 1 genannten Zwecken dienen können, prüft der Leistungsträger, bei dem die Leistung beantragt wird, ob ein Anspruch gegenüber der Krankenkasse oder der Pflegekasse besteht und entscheidet über die Bewilligung der Hilfsmittel und Pflegehilfsmittel. ²Zur Gewährleistung einer Absatz 1 Satz 1 entsprechenden Abgrenzung der Leistungsverpflichtungen der gesetzlichen Krankenversicherung und der sozialen Pflegeversicherung werden die Ausgaben für Hilfsmittel und Pflegehilfsmittel zwischen der jeweiligen Krankenkasse und der bei ihr errichteten Pflegekasse in einem bestimmten Verhältnis pauschal aufgeteilt. ³Der Spitzenverband Bund der Krankenkassen bestimmt in Richtlinien, die erstmals bis zum 30. April 2012 zu beschließen sind, die Hilfsmittel und Pflegehilfsmittel nach Satz 1, das Verhältnis, in dem die Ausgaben aufzuteilen sind, sowie die Einzelheiten zur Umsetzung der Pauschalierung. ⁴Er berücksichtigt dabei die bisherigen Ausgaben der Kranken- und Pflegekassen und stellt sicher, dass bei der Aufteilung die Zielsetzung der Vorschriften des Fünften Buches und dieses Buches zur Hilfsmittelversorgung sowie die Belange der Versicherten gewahrt bleiben. ⁵Die Richtlinien bedürfen der Genehmigung des Bundesministeriums für Gesundheit und treten am ersten Tag des auf die Genehmigung folgenden Monats in Kraft; die Genehmigung kann mit Auflagen verbunden werden. ⁶Die Richtlinien sind für die Kranken- und Pflegekassen verbindlich. ⁷Für die nach Satz 3 bestimmten Hilfsmittel und Pflegehilfsmittel richtet sich die Zuzahlung nach den §§ 33, 61 und 62 des Fünften Buches; für die Prüfung des Leistungsanspruchs gilt § 275 Absatz 3 des Fünften Buches. ⁸Die Regelungen dieses Absatzes gelten nicht für Ansprüche auf Hilfsmittel oder Pflegehilfsmittel von Pflegebedürftigen, die sich in vollstationärer Pflege befinden, sowie von Pflegebedürftigen nach § 28 Absatz 2.

Inhaltsübersicht

	Rn.
I. Geltende Fassung	1
II. Normzweck und Aufbau	2
III. Allgemeines	6

	Rn.
IV. Einstufung als Pflegehilfsmittel	8
V. Vorrangige Leistungspflicht eines anderen Trägers (Abs. 1 Satz 1, 2. Hs)	11
1. Konkurrenz zum Anspruch auf Versorgung mit Hilfsmitteln aus der Gesetzlichen Krankenversicherung	12
2. Anspruch auf Hilfsmittelversorgung in der Gesetzlichen Krankenversicherung	13
3. Abgrenzung Soziale Pflegeversicherung/Gesetzliche Krankenversicherung	14
VI. Hilfsmittel bei stationärer Versorgung	15
VII. Besondere Ausstattung des Pflegehilfsmittels (Abs. 1 Satz 3)	19
VIII. Versorgung durch bestimmte Leistungserbringer (Abs. 1 Satz 4)	20
IX. Zum Verbrauch bestimmte Pflegehilfsmittel (Abs. 2)	21
X. Andere, vor allem technische Pflegehilfsmittel (Abs. 3)	23
1. Leihweise Überlassung (Abs. 3 Satz 1 und 6)	24
2. Anpassung und Ausbildung im Gebrauch des Pflegehilfsmittels (Abs. 3 Satz 2)	25
3. Umfang des Hilfsmittelanspruchs (Abs. 3 Satz 3)	26
4. Zuzahlung (Abs. 3 Satz 4)	27
5. Befreiung von der Zuzahlung (Abs. 3 Satz 5 und 6)	28
XI. Verbesserung des Wohnumfeldes (Abs. 4)	30
1. Subsidiarität (Abs. 4 Satz 1)	33
2. Leistungsvoraussetzungen	34
3. Höhe des Zuschusses (Abs. 4 Satz 2 bis 4)	36
XII. Zuordnung der Verwaltungszuständigkeit und der Kosten (Abs. 5)	38

I. Geltende Fassung

Die Vorschrift ist mWv 1.4.1995 durch Art. 1 PflegeVG eingeführt worden. Sie **1** hat weitgehend die Fassung des RegE (dort § 36); vgl. Begr. des RegE, S. 113f. Im Gesetzgebungsverfahren wurde allein Abs. 3 durch Einfügung des Satzes 5 im ersten Vermittlungsverfahren geändert (vgl. BT-Drucks. 12/6424, S. 3). In Abs. 2, Abs. 3 Satz 4 und Abs. 4 Satz 3 wurden die Leistungsbeträge durch Art. 2 Nr. 5 Achtes Euro-EinführungsG (vom 23.10.2001, BGBl. I S. 2702) von DM auf Euro umgestellt. Abs. 1 Sätze 3 und 4 wurden durch Art. 8 Nr. 10 GKV-WSG angefügt. Durch Art. 1 Nr. 20 PflegeWEG wurden in der Überschrift der Vorschrift die Worte „technische Hilfen" durch „wohnumfeldverbessernde Maßnahmen" ersetzt; im gesamten Text der Vorschrift wurde der Begriff „Hilfsmittel" durch „Pflegehilfsmittel" ersetzt; in Abs. 2 wurde Satz 2 angefügt; in Abs. 3 wurde Satz 5 ergänzt und Satz 6 eingefügt. Abs. 5 wurde durch GKV-VStG vom 22.12.2011 (BGBl. I S. 2983) mWv 1.1.2012 vollständig geändert; zuvor befand sich an dieser Stelle eine Verordnungsermächtigung für das BMG. Durch das PNG (vom 23.10.2012, BGBl. I S. 2246) wurden mWv 30.10.2012 in Abs. 4 Satz 2, der einen Eigenanteil des Versicherten vorsah, gestrichen und die (jetzigen) Sätze 3 und 4 eingefügt. Durch das PSG I wurden die Leistungshöchstbeträge in Abs. 2 sowie Abs. 4 geändert.

II. Normzweck und Aufbau

Die Vorschrift regelt den Anspruch des Pflegebedürftigen auf Pflegehilfsmittel und **2** Maßnahmen zur Verbesserung des individuellen Wohnumfeldes (ursprünglich „technische Hilfen" genannt). Ihre Stellung im ersten Titel „Leistungen bei häuslicher Pflege" macht deutlich, dass sie nur bei der häuslichen Pflege zur Anwendung kommt (*Vogel*, LPK-SGB XI, § 40 Rn. 5; *Leitherer*, in: KassKomm, SGB XI, § 40 Rn. 4). Für die Begrenzung auf die häusliche Pflege spricht vor allem, dass das SGB XI in § 82

§ 40 Viertes Kapitel. Leistungen der Pflegeversicherung

Abs. 2 und 3 offensichtlich davon ausgeht, dass technische Hilfsmittel, die für eine sachgerechte Pflege in einer stationären Pflegeeinrichtung erforderlich sind, als betriebsnotwendige Investitionen zur notwendigen Grundausstattung einer solchen Einrichtung gehören (BSGE 85, 287 = SozR 3-2500 § 33 Nr. 37 = NZS 2000, 512) und die zum Verbrauch bestimmten Hilfsmittel in den Pflegesatz einfließen; zu Hilfsmitteln bei stationärer Pflege s. u. Rn. 15. Bei der häuslichen Pflege sollen Pflegehilfsmittel dazu beitragen, eine Überforderung des Pflegebedürftigen und seiner Pflegepersonen zu verhindern und die Selbstständigkeit des Pflegebedürftigen so lange wie möglich zu erhalten.

3   Eine Vielzahl von Hilfsmitteln, die auch der Erleichterung der Pflege dienen, fallen nicht in die Zuständigkeit der PV, weil ein anderer Träger vorrangig leistungspflichtig ist (Abs. 1 Satz 1, 2. Hs, vgl. unten Rn. 11 ff.). Die Abgrenzung der Zuständigkeit war ursprünglich vor allem im Hinblick auf die **Selbstbeteiligung nach Abs. 3 Satz 4** wichtig, die es in dieser Form in den vorrangig in Betracht kommenden Sozialleistungszweigen entweder nicht gibt oder die zumindest anders ausgestaltet ist. Seit dem GKV-WSG sind in § 33 Abs. 8 SGB V allerdings auch für Hilfsmittel der GKV Zuzahlungen eingeführt worden. Für zum Verbrauch bestimmte Hilfsmittel sieht Abs. 2 einen monatlichen Höchstbetrag vor. **Abs. 3** beschäftigt sich mit der Art und Weise, in der die PK dem Pflegebedürftigen das Hilfsmittel verschafft und betont den **Vorrang der leihweisen Überlassung** (Abs. 3 Satz 1 und 6). Wird das Hilfsmittel dem Pflegebedürftigen übereignet, so hat dieser eine Selbstbeteiligung zu tragen (Abs. 3 Satz 4), von der er befreit werden kann, wenn die Voraussetzungen der **Härtefallregelungen** in § 62 Abs. 1 Satz 1, 2 und 6 sowie Abs. 2 und 3 SGB V vorliegen.

4   **Maßnahmen zur Verbesserung des individuellen Wohnumfeldes** können von der PK subsidiär bezuschusst werden, wenn hierdurch die häusliche Pflegesituation nachhaltig positiv beeinflusst wird (Abs. 4, vgl. Rn. 30). Die Auswahl der in Betracht kommenden Maßnahmen steht nicht im Ermessen der PK (lediglich Beurteilungsspielraum, s. unten Rn. 31 f.); die bisher für die Festlegung der Höhe geltende Vorgabe in Abs. 4 S. 2 (Berücksichtigung der Kosten der Maßnahmen unter Einschluss eines angemessenen Eigenanteils) ist mit dem PNG ersatzlos gestrichen worden (s. hierzu unten Rn. 36).

5   Die Spitzenverbände der PK haben nach **§ 78 Abs. 2** entsprechend dem für die KV maßgebenden Hilfsmittelverzeichnis (§ 128 SGB V) ein **Pflegehilfsmittelverzeichnis** zu erstellen, das jedoch – wie das Verzeichnis nach § 128 SGB V – für die Versicherten keinen verbindlichen Charakter hat. Mit der Neuregelung in **Abs. 5** hat der Gesetzgeber der Tatsache Rechnung getragen, dass eine Zuständigkeitsabgrenzung bei Hilfsmitteln insbesondere im Verhältnis von Kranken- und Pflegekassen häufig nur schwer zu ermitteln ist. Bei Hilfsmitteln, die sowohl den Zwecken der GKV (Prävention, Krankenbehandlung und Behinderungsausgleich) als auch denen der PV dienen können, entscheidet der erstangegangene Träger abschließend; die entstehenden Ausgaben werden insoweit zwischen KK und PK pauschal aufgeteilt.

III. Allgemeines

6   Der Anspruch auf Hilfsmittelversorgung besteht bei Pflegebedürftigen aller Pflegestufen in gleichem Umfang. Das Gesetz regelt nicht ausdrücklich, ob ein Anspruch auf Pflegehilfsmittel und technische Hilfen auch dann besteht, wenn allein durch deren Einsatz **Pflegebedürftigkeit vermieden** wird. Dies kann z. B. beim Einsatz eines Hausnotrufsystems der Fall sein, das die ständige Anwesenheit von Pflegepersonen für die Beaufsichtigung allein lebender Versicherter, bei denen jederzeit die Situation der Hilflosigkeit eintreten kann, vermeidet, weil es den kurzfristigen Einsatz ständig verfügbarer Hilfskräfte ermöglicht. Hierbei ist allerdings zu berücksichtigen, dass nach der Rspr (BSG, SozR 3-3300 § 15 Nr. 1 = NZS 1998, 479; SozR 3-3300

§ 14 Nr. 5 und 8) ein allgemeiner Aufsichtsbedarf bzw die Erforderlichkeit einer Rufbereitschaft allein nicht ausreicht, den nach § 15 notwendigen Pflegebedarf zu begründen. Der Einsatz des Pflegehilfsmittels kann jedoch dazu führen, dass der im konkreten Fall sonst erforderliche Zeitaufwand für verrichtungsbezogene Pflegemaßnahmen derart reduziert wird, dass die Grenze des § 15 Abs. 3 Nr. 1 unterschritten wird. Ist dies der Fall, kann der Anspruch nach § 40 nicht mit der Erwägung verneint werden, der Betroffene sei (nach der Versorgung mit einem Hilfsmittel) nicht mehr bzw bzw insgesamt nicht für einen Zeitraum von mehr als sechs Monaten pflegebedürftig.

Pflegehilfsmittel können sowohl individuell gefertigte als auch serienmäßig hergestellte Gegenstände sein. Zur Unterscheidung zwischen den zum Verbrauch bestimmten Pflegehilfsmitteln und technischen Pflegehilfsmitteln vgl. unten Rn. 13f. Zur Abgabe von Pflegehilfsmitteln sind nur die nach § 78 Abs. 1 **zugelassenen Leistungserbringer** befugt. Eine ärztliche Verordnung ist, anders als bei den Hilfsmitteln der KV, nicht erforderlich; allerdings überprüft die PK unter Beteiligung einer Pflegefachkraft oder des MD die Notwendigkeit eines beantragten Pflegehilfsmittels (Abs. 1 Satz 2). Nicht als Pflegehilfsmittel anzusehen sind Mittel, die zum täglichen Lebensbedarf gehören und auch bei nicht pflegebedürftigen Personen Verwendung finden (z. B. Küchenhilfen, Reinigungsgeräte und -mittel, allgemeine Körperpflegemittel), so auch: *Reimer,* in: H/N § 40 Rn. 18f. Zwar enthält § 40 im Gegensatz zu § 33 Abs. 1 SGB V keine **Ausgrenzung der allgemeinen Gebrauchsgegenstände** des täglichen Lebens; doch lässt schon der Begriff „Pflegehilfsmittel" keine andere Auslegung zu (s. a. BSG, SozR 3-3300 § 40 Nr. 7 = NZS 2002, 374); zu Einmalwaschlappen und feuchtem Toilettenpapier vgl. BSG, Urteil vom 24.9.2002, B 3 P 15/01 R). Zur vergleichbaren Problematik in § 33 Abs. 1 SGB V vgl. BSG, SozR 3-2500 § 33 Nr. 19 und 20. Ist für ein Pflegehilfsmittel **ein Festbetrag nach § 78 Abs. 3** festgesetzt, so trägt die PK die Kosten des Mittels bis zur Höhe dieses Betrages; wählt der Pflegebedürftige ein Produkt, dessen Preis höher liegt als der Festbetrag, so hat er die weitergehenden Kosten selbst zu tragen. Unabhängig vom Bestehen einer Festbetragsregelung ist die Verpflichtung zur Tragung der Mehrkosten für Ausstattungen des Hilfsmittels, die das Maß des Notwendigen überschreiten, als Satz 3 in Abs. 1 hinzugefügt worden (s. u. Rn. 19).

IV. Einstufung als Pflegehilfsmittel

Abs. 1 beschreibt den **Zweck,** dem ein Mittel dienen muss, um als Pflegehilfsmittel angesehen werden zu können. Während ein Hilfsmittel in der KV zur Sicherung des Erfolgs der Krankenbehandlung oder zum Ausgleich einer Behinderung erforderlich sein muss, muss der Einsatz eines Hilfsmittels in der PV der Erleichterung der Pflege, der Linderung der Beschwerden des Pflegebedürftigen oder der Ermöglichung einer selbstständigen Lebensführung für den Pflegebedürftigen dienen. An diesen Zielrichtungen ist die Erforderlichkeit eines Mittels zu messen, die von der PK, nach Abs. 5 u. U. aber auch von der KK, zu prüfen ist (Abs. 1 Satz 2). Da die Notwendigkeit eines Pflegehilfsmittels zumeist von den individuellen Bedürfnissen und Lebensverhältnissen des Pflegebedürftigen abhängt, verpflichtet **Satz 2** die PK, eine **Pflegefachkraft oder den MD an der Prüfung zu beteiligen.** Deren Einschaltung soll, auch wenn das Gesetz dies nicht ausdrücklich vorschreibt, vor allem dem Zweck dienen, den Bedarf an Pflegehilfsmitteln im häuslichen Umfeld zu ermitteln.

In Bezug auf das Ziel, dem Pflegebedürftigen durch die Versorgung mit einem Hilfsmittel eine **selbstständigere Lebensführung zu ermöglichen,** enthält Abs. 1 selbst nach seinem Wortlaut keine weiteren Anforderungen, die an die Einsatz- und Verwendungsmöglichkeiten des Hilfsmittels zu stellen sind. Auch die Gesetzesmaterialien lassen insoweit keine Einschränkungen erkennen (BT-Drucks. 12/5262, S. 113, zu § 36 des Entwurfs). Zur Frage, ob der in § 33 Abs. 1 Satz 1 SGB V enthal-

§ 40 Viertes Kapitel. Leistungen der Pflegeversicherung

tene Ausschluss allgemeiner Gebrauchsgegenstände des täglichen Lebens auch iR des § 40 Abs. 1 SGB XI gilt, vgl. oben Rn. 7. Bei der Erforderlichkeit des Pflegehilfsmittels ist die Aufrechterhaltung einer selbstständigen Lebensführung umfassend zu berücksichtigen; in diesem Zusammenhang darf nicht nur auf die Bereiche Mobilität, Ernährung und Körperpflege abgestellt und gefragt werden, ob das Hilfsmittel dort zur Erhaltung der Selbstständigkeit beiträgt (BSG, SozR 3-3300 § 39 Nr. 3 = NZS 2001, 322). Anders als iR des § 33 Abs. 1 SGB V kommt eine Begrenzung auf Hilfsmittel, die unabhängig von der konkreten Wohnsituation Anwendung finden können, nicht in Betracht.

10 Gegenstände, die mit dem Baukörper dauerhaft verbunden werden und zu einer **baulichen Veränderung des Wohnumfeldes** führen, sind allerdings im Regelfall keine (technischen) Pflegehilfsmittel im Sinn von Abs. 1, weil Abs. 4 insoweit eine eigenständige und spezielle Regelung darstellt, die einen Rückgriff auf Abs. 1 ausschließt. Insoweit lässt auch § 31 Abs. 1 SGB IX eine Subsumtion unter den Begriff des Hilfsmittels nicht zu; danach sind Hilfsmittel nur Hilfen, die von dem Leistungsempfänger bei einem Wohnungswechsel mitgenommen werden können. Entsprechend hat die Rechtsprechung in der GKV die Hilfsmitteleigenschaft regelmäßig verneint, wenn es um Hilfen ging, die mit einer Veränderung der Wohnung selbst verbunden waren (vgl. BSG, SozR 3-2500 § 33 Nr. 30 S. 177 ff. – Treppenlift; BSG, SozR 3-3300 § 40 Nr. 6 S. 31 – Klingelanlage). Die Hilfsmitteleigenschaft fehlt – sowohl im Hinblick auf den in der GKV zumeist maßgebenden Behinderungsausgleich als auch in Bezug auf eine für die PV entscheidende Verbesserung der Pflegesituation – wenn es um Hilfen geht, die eine Anpassung der konkreten Wohnumgebung an die Bedürfnisse behinderter Menschen geht (z. B. Treppenlift – BSG, SozR 3-2500 § 33 Nr. 30; SozR 3-3300 § 40 Nr. 2 und SozR 4-3300 § 40 Nr. 1 sowie Veränderung der Griffe an Fenstern – BSG, SozR 3-3300 § 40 Nr. 5). In der PV kommen insoweit allein Maßnahmen nach Abs. 4 in Betracht. Bei der Abgrenzung zwischen Hilfsmittel und Maßnahme zur Wohnumfeldverbesserung kann nach Auffassung des BSG jedoch nicht allein auf die Festigkeit der Verbindung im statischen Sinn abgestellt werden; maßgebend sei vielmehr die Dauerhaftigkeit in zeitlicher Hinsicht. An der Hilfsmitteleigenschaft fehlt es deshalb dann, wenn der betroffene Gegenstand nach der Verkehrsauffassung bei einem Umzug regelmäßig in der Wohnung verbleibt und nicht mitgenommen wird. Eine Deckenliftanlage hat das BSG danach als Hilfsmittel angesehen, die je nachdem, wo das Schwergewicht ihres Einsatzzwecks liegt entweder nach § 33 SGB V in die Leistungspflicht der GKV oder nach § 40 Abs. 1 in die der PV fällt (BSG, Urteil vom 12.6.2008, B 3 P 6/07 R = SozR 4-3300 § 40 Nr. 8, Rn. 33 ff.).

V. Vorrangige Leistungspflicht eines anderen Trägers (Abs. 1 Satz 1, 2. Hs)

11 Der Anspruch auf Versorgung mit Hilfsmitteln aus der PV ist ausgeschlossen, wenn das benötigte Hilfsmittel wegen Krankheit oder Behinderung von der GKV oder anderen zuständigen Leistungsträgern zu leisten ist. In Betracht kommt vor allem eine Leistungspflicht der GUV (§ 557 Abs. 1 Nr. 4 RVO) oder der Kriegsopferversorgung (§ 13 BVG), wenn das Hilfsmittel dem Ausgleich einer durch Arbeitsunfall oder Schädigung i. S. des BVG verursachten Behinderung dient; zur Abgrenzung der Leistungspflicht der PV gegenüber anderen Sozialleistungsträgern vgl. Rundschreiben § 40 Ziff. 6.3. Ungleich häufiger ist jedoch eine Leistungspflicht der GKV nach § 33 Abs. 1 SGB V; zur Hilfsmittelversorgung bei stationärer Pflege s. u. Rn. 15 ff.

1. Konkurrenz zum Anspruch auf Versorgung mit Hilfsmitteln aus der Gesetzlichen Krankenversicherung

Bedeutung hatte der Vorrang der GKV für den Versicherten ursprünglich vor allem deshalb, weil § 33 SGB V eine Selbstbeteiligung, wie sie für Pflegehilfsmittel in Abs. 3 stets vorgeschrieben war, nicht vorgesehen war. Der Anspruch auf zuzahlungsfreie Hilfsmittelversorgung wurde dort jedoch durch das GKV-WSG abgeschafft; § 33 Abs. 8 SGB V sieht seither eine vergleichbare Selbstbeteiligung vor. Eine Abgrenzung zwischen der Leistungspflicht der GKV und der SPV erfolgt nicht durch das Hilfsmittelverzeichnis (für die GKV vgl. § 128 SGB V, für die SPV § 78 Abs. 2). Im KV-Recht fehlt eine leistungsrechtliche Regelung, die den Anspruch des Versicherten auf die im Hilfsmittelverzeichnis aufgeführten Hilfsmittel begrenzt (Krauskopf, § 128 Rn. 2). Das Hilfsmittelverzeichnis ist lediglich Orientierungshilfe für die Leistungspflicht der KK im Hinblick auf die Gebote der Notwendigkeit und der Wirtschaftlichkeit. Insoweit begrenzt es auch den Leistungsanspruch des Versicherten.

2. Anspruch auf Hilfsmittelversorgung in der Gesetzlichen Krankenversicherung

Nach § 33 Abs. 1 SGB V ist der Anspruch auf Versorgung mit Hilfsmitteln Bestandteil der von der GKV zu leistenden Krankenbehandlung (§ 27 Abs. 1 Nr. 3 SGB V). Er umfasst Hilfsmittel, die im Einzelfall erforderlich sind, um den Erfolg der Krankenbehandlung zu sichern oder eine Behinderung auszugleichen, soweit die Hilfsmittel nicht als allgemeine Gebrauchsgegenstände des täglichen Lebens anzusehen oder nach § 34 Abs. 4 SGB V (Hilfsmittel von geringem oder umstrittenem therapeutischen Nutzen oder geringem Abgabepreis) ausgeschlossen sind. Während bei den Hilfsmitteln, die der Sicherung des Erfolgs der Krankenbehandlung dienen (1. Alt.) eine Abgrenzung zu den Pflegehilfsmitteln weitgehend unproblematisch ist, sind die dem Ausgleich einer Behinderung dienenden Hilfsmittel (2. Alt.) häufig solche, die zugleich die Voraussetzungen des § 40 Abs. 1 erfüllen. Nach der Rspr (vgl. etwa BSG, SozR 3-2500 § 33 Nr. 4) fallen unter die 2. Alt. solche Hilfsmittel, die ausgefallene natürliche Funktionen zumindest teilweise ersetzen. Dient ein Hilfsmittel dem Ausgleich weitergehender Folgen, so ist die KK leistungspflichtig, wenn es sich um lebensnotwendige Grundbedürfnisse handelt (z. B. Ernährung – BSG, SozR 2200 § 182b Nr. 17, elementare Körperpflege – BSG, SozR 2200 § 182b Nr. 10, Schaffung eines körperlichen und geistigen Freiraums – BSG, SozR 2200 § 182b Nr. 34 sowie hinreichende Kommunikation – BSG, SozR 2200 § 182b Nr. 19 und 29). So sind als Hilfsmittel in diesem Sinn anerkannt worden: WC-Automatik (BSG, SozR 2200 § 182b Nr. 10), faltbarer Krankenfahrstuhl (BSG, SozR 2200 § 182b Nr. 13), Krankenlifter (BSG, SozR 2200 § 182b Nr. 20 = BSGE 51, 268), Treppenrampe (BSG, SozR 2200 § 182b Nr. 29), Einmalwindeln (BSG, SozR 2200 § 182b Nr. 24 und SozR 3-2500 § 33 Nr. 1), Hilfsmittel zur Körperpflege bei Behinderungen an den oberen Extremitäten (BSG, USK 78195) und ein behindertengerechtes Krankenbett (BSG, SozR 3-2500 § 33 Nr. 13). Vgl darüber hinaus die umfassende Aufstellung bei *Krauskopf,* § 33 SGB V Rn. 12ff.

3. Abgrenzung Soziale Pflegeversicherung/Gesetzliche Krankenversicherung

Bei der Zuständigkeit der GKV bleibt es auch dann, wenn ein Hilfsmittel zugleich der Erleichterung der Pflege und dem Ausgleich einer Behinderung bzw der Aufrechterhaltung lebenswichtiger Grundbedürfnisse dient (BSG, SozR 3-2500 § 33 Nr. 13). Dies ist auch dann der Fall, wenn ein Hilfsmittel die Durchführung bestimmter Pflegemaßnahmen erst ermöglicht, die für die elementare Lebensführung des Betroffenen unerlässlich sind und die ohne Einsatz des Hilfsmittels unterbleiben müssten (z. B. Lagerung, Ernährung, elementare Körperpflege). Geht es dagegen nahezu ausschließlich um die Ermöglichung oder Erleichterung der Pflege, ist die PV zuständig (vgl. zuletzt BSG, Urteil vom 12. 6. 2008, B 3 P 6/07 Rn. 33, in Bezug auf eine Deckenliftanlage). Dies ist der Fall, wenn die Pflegemaßnahme auch ohne Benutzung des Hilfsmittels durchführbar wäre, von der Pflegeperson jedoch einen erhöhten Einsatz verlangte. Für die Zuordnung ein und desselben Hilfsmittels zur KV oder PV sind danach häufig die konkreten Verhältnisse des Einzelfalls ausschlaggebend. Beispiel: ein Selbstfahrerrollstuhl ist normalerweise Hilfsmittel der KV, weil er allgemein Defizite bei der Zurücklegung von Wegen kompensieren soll; dient ein spezieller Rollstuhl dagegen allein dem Zweck, die Strecke zwischen dem Bett bzw Sessel und dem Bad bzw der Toilette zurückzulegen, um dort erforderliche Pflegemaßnahmen durchzuführen, so handelt es sich um ein Pflegehilfsmittel (s. a. *Richter*, in: LPK-SGB XI, § 40 Rn. 7); zur Abgrenzung bei Rollstühlen vgl. BSGE 85, 287 = SozR 3-2500 § 33 Nr. 37 = NZS 2000, 512.

VI. Hilfsmittel bei stationärer Versorgung

15 Die Zuständigkeit für die Ausstattung der stationären Pflegeeinrichtungen mit Hilfsmitteln ist im Gesetz nur höchst unvollkommen geregelt. Zur Orientierung sind die folgenden Eckpunkte zu beachten: ein Anspruch des stationär versorgten Pflegebedürftigen auf Gewährung einzelner Hilfsmittel durch die Pflegekasse lässt sich dem SGB XI nicht entnehmen. Entgelt- bzw Vergütungsansprüche der Pflegeeinrichtung beziehen sich ebenfalls nicht auf einzelne Hilfsmittel. Die Aufwendungen für Hilfsmittel lassen sich allenfalls den Investitionskosten zuordnen; eine Berücksichtigung beim Pflegesatz bzw. den Entgelten für Unterkunft und Verpflegung ist ausdrücklich ausgeschlossen (§ 82 Abs. 2 Nr. 1 SGB XI). Dies spricht zunächst dafür, dass die für den Betrieb eines Pflegeheims erforderlichen Hilfsmittel vom Träger der Einrichtung anzuschaffen sind (s. a. BSGE 85, 287 = SozR 3-2500 § 33 Nr. 37 = NZS 2000, 512) und dieser eine Refinanzierung entweder über die zuständigen Bundesland obliegende Förderung der Investitionskosten vornehmen oder anteilig den Pflegebedürftigen als Nutzer in Anspruch nehmen kann (§§ 9 und 82 Abs. 3 und 4 SGB XI). Dementsprechend unterstellt § 33 Abs. 1 Satz 2, 2. Halbsatz SGB V (idF des GKV-WSG) eine Pflicht der stationären Einrichtungen zur Vorhaltung von Hilfsmitteln und Pflegehilfsmitteln, die für den üblichen Pflegebetrieb jeweils notwendig sind. Dies gilt jedoch nur für Einrichtungen, die die Voraussetzungen des § 71 Abs. 2 erfüllen. Senioren-Wohneinrichtungen, die nicht als stationäre Pflegeeinrichtungen zugelassen sind, zählen nicht hierzu (LSG Schleswig, Urteil vom 13. 3. 2009, L 10 P 10/08, juris). Erfolgt die pflegerische Versorgung in einer Behinderteneinrichtung nach § 71 Abs. 4, mit der kein Versorgungsvertrag nach § 72 Abs. 2 besteht, kann von einer umfassenden Pflicht zur Vorhaltung von Hilfsmitteln ebenfalls nicht ausgegangen werden (BSG, SozR 3-2500 § 33 Nr. 36 S. 207 ff.).

16 Bei Hilfsmitteln, die der Krankenbehandlung (zur Dekubitusbehandlung vgl. BSG, SozR 3-2500 § 33 Nr. 47) oder dem Behinderungsausgleich dienen, kollidiert die aufgezeigte Lösung mit dem individuellen Anspruch des Versicherten aus § 33 SGB V, der – im Gegensatz zur früheren Regelung in § 216 Abs. 1 Nr. 4 RVO – nicht schon wegen des Heimaufenthalts ruht (BSGE 85, 287 = SozR 3-2500 § 33 Nr. 37; SozR 3-2500 § 33 Nr. 43 und 47). Die Ausstattungspflicht des Heimträgers verdrängt den individuellen **Anspruch des Pflegebedürftigen gegen seine KK** zumindest dann nicht, wenn es um Hilfsmittel geht, die der Pflegebedürftige trotz der ansonsten umfassenden Versorgung in der stationären Einrichtung zur Sicherstellung elementarer Lebensbedürfnisse benötigt. So fällt etwa die Gewährung eines Toilettenrollstuhls, der es einem Gehbehinderten ermöglichen soll, ohne Inanspruchnahme von Pflege-

Pflegehilfsmittel und wohnumfeldverbessernde Maßnahmen § 40

personal die Toilette aufzusuchen auch bei stationärer Pflege in die Leistungspflicht der Krankenversicherung (SozR 4-2500 § 33 Nr. 4). Hilfsmittel, die bei vollstationärer Pflege zur Behandlungspflege benötigt werden (etwa eine Ernährungspumpe), sind in jedem Fall von der KK zu gewähren (BSGE 89, 271 = SozR 3-2500 § 33 Nr. 43).

Abgrenzungskatalog der PKen zur Hilfsmittelversorgung. Die Spitzenverbände der PKen haben zur Ausstattung der Pflegeheime mit Hilfsmitteln eine gemeinsame Verlautbarung abgegeben, in der sie als Anhang einen Abgrenzungskatalog „Hilfsmittelversorgung in stationären Pflegeeinrichtungen (Pflegeheimen)" aufgestellt haben; die aktuelle Fassung stammt vom 27.5.2007, in der Beschlussfassung vom 7.5.2007 (Quelle: www.gkv-spitzenverband.de<Suchbegriff: Pflegehilfsmittel, Pflegeheim). Hierbei handelt es sich um Verwaltungsbinnenrecht, das eine Selbstbindung der PKen begründet und in Streitfällen als Anhaltspunkt für eine sachgerechte Abgrenzung herangezogen werden kann (s. a. BSG, SozR 3-2500 § 33 Nr. 36 S. 206). Mehr als zweifelhaft ist allerdings die der Verlautbarung zugrunde liegende Annahme (Ziffer 3.1.2), die Abgrenzung der Leistungspflicht der GKV für notwendige Hilfsmittel könne nicht allgemeinverbindlich und rein produktspezifisch vorgenommen werden; vielmehr sei jeder einzelne Versorgungsfall unter Berücksichtigung der Einrichtungsstruktur und Bewohnerklientel der stationären Einrichtung individuell zu prüfen. Hierbei seien auch die Versorgungsverträge bzw. die Leistungs- und Qualitätsvereinbarungen (seit dem Inkrafttreten des PflegeWEG ersetzt durch die Leistungs- und Qualitätsmerkmale in der Pflegesatzvereinbarung, vgl. § 84 Abs. 5) zu berücksichtigen. Dies würde bedeuten, dass der Anspruch auf Hilfsmittelversorgung nach § 33 SGB V davon abhängen soll, in welchem Pflegeheim der Einzelne versorgt wird, was mit elementaren Prinzipien des Leistungsrechts der GKV nicht vereinbar sein dürfte.

17

Die genannten Grundsätze können auf das **Verhältnis von PKV und PPV** grundsätzlich nicht übertragen werden. Ist ein Pflegebedürftiger privat krankenversichert und verfügt dort im Hinblick auf die Hilfsmittelversorgung nur über einen eingeschränkten Versicherungsschutz, so kann er einen Anspruch auf ein Hilfsmittel als Leistung der PPV nicht aus dem Gebot eines gleichwertigen Mindestschutzes in der privaten und sozialen PV (§ 23 Abs. 1 Satz 2) ableiten, wenn dieses Hilfsmittel vorwiegend dem Behinderungsausgleich dient und nur deshalb nicht von der privaten KV geleistet wird, weil dort kein entsprechender Versicherungsschutz vereinbart worden ist. Ein unzureichender Versicherungsschutz in der PKV begründet keine subsidiäre Einstandspflicht der PPV; auch wenn das Hilfsmittel zur Pflegeerleichterung oder selbstständigeren Lebensführung eingesetzt werden kann (BSG, SozR 4-3300 § 40 Nr. 2 – eigenbedienbarer Elektro-Rollstuhl bei einem MS-Patienten).

18

VII. Besondere Ausstattung des Pflegehilfsmittels (Abs. 1 Satz 3)

Die Regelung wurde mit dem PflegeWEG eingeführt; sie geht zurück auf § 31 Abs. 3 SGB IX, dem die Intention zugrunde lag, die Wahlfreiheiten des Behinderten in Bezug auf Ausstattung und Qualitätsstufe eines Hilfsmittels zu verbessern und ihn nicht auf die preisgünstigste Ausführung („Kassengestell") festzulegen, die eine ausreichende Versorgung sicher stellt. Mit dem GKV-WSG wurde auch in § 33 Abs. 1 Satz 4 SGB V für Hilfsmittel der GKV eine entsprechende Regelung eingeführt.

19

VIII. Versorgung durch bestimmte Leistungserbringer (Abs. 1 Satz 4)

20 Der Verweis auf § 33 Abs. 6 und 7 SGB V führt zur entsprechenden Anwendung der mit dem GKV-WSG neu eingeführten Beschränkung der Versicherten auf eine Inanspruchnahme derjenigen Leistungserbringer, die Vertragspartner der PK sind. Nach § 127 Abs. 1 SGB V sollen die Kassen bzw ihre Verbände im Wege der Ausschreibung Verträge mit Leistungserbringern oder Zusammenschlüssen der Leistungserbringer über die Lieferung von Hilfsmitteln und die Durchführung der Versorgung der Versicherten abschließen; über § 78 Abs. 1 gelten diese Regelungen auch für die PKen.

IX. Zum Verbrauch bestimmte Pflegehilfsmittel (Abs. 2)

21 Dies sind Mittel, die wegen ihrer Beschaffenheit oder aus hygienischen Gründen nicht häufig, in der Regel nur einmal benutzt werden können. Auf die Dauer der Benutzung des einzelnen Mittels kommt es nicht an. Zu den zum Verbrauch bestimmten Pflegehilfsmittel zählen insbesondere: Einmalhandschuhe, Krankenunterlagen; dies hängt nicht davon ab, ob die Pflege durch nicht erwerbsmäßig tätige Pflegepersonen oder als Pflegesachleistung von Pflegekräften ambulanter Pflegedienste erbracht wird. Andere zum Verbrauch bestimmte Hilfsmittel, die bei der Pflege behinderter oder gebrechlicher Menschen häufig eingesetzt werden, wie etwa Inkontinenzartikel und Katheter samt Zubehör, fallen in der Leistungspflicht der KV, da sie in der Regel dem Ausgleich einer Behinderung dienen (zu Ausnahmen vgl. *Richter*, in: LPK–SGB XI, § 40 Rn. 15 mit Beispielen). Pflegehilfsmittel, die nicht zum Verbrauch bestimmt sind, sind zumeist technische Hilfsmittel i. S. von Abs. 3.

22 Für die zum Verbrauch bestimmten Hilfsmittel dürfen die PK monatlich nur **Aufwendungen bis zu 40 Euro** übernehmen. Auch die zum Verbrauch bestimmten Hilfsmittel werden dem Pflegebedürftigen grundsätzlich als **Sachleistung** zur Verfügung gestellt; die PK können die Versorgung der Pflegebedürftigen durch Verträge mit den Leistungserbringern gem. § 78 regeln. Wegen der in Abs. 2 festgelegten Höchstgrenze ist die Leistungsverschaffung problematisch. Mit der Kostenübernahmeerklärung muss die PK zugleich sicherstellen, dass der Leistungserbringer den Umfang der monatlich auf Kosten der PK abzugebenden zum Verbrauch bestimmten Pflegehilfsmittel überwacht. Eine nachträgliche Kostenerstattung war im Gesetz ursprünglich nicht vorgesehen; die Möglichkeit der Leistungserbringung in Form einer Kostenerstattung wurde durch das PflegeWEG (so Rn. 1) eingeführt; tatsächlich wird hierdurch nur die bisherige Praxis legalisiert. Der Gesetzgeber geht jedoch davon aus, dass der Spitzenverband Bund der PKen zur Erzielung von Einspareffekten weiterhin bemüht ist, mit Leistungserbringern Verträge abzuschließen (BT-Drucks. 16/7439 zu Nr. 20 Buchst. b). Aufwendungen über der Höchstgrenze von 40 Euro pro Monat muss der Pflegebedürftige selbst tragen; eine entsprechende Anwendung der Härtefallregelungen in §§ 61, 62 SGB V kommt nicht in Betracht. Abs. 3 Satz 5 bezieht sich allein auf die Zuzahlungspflicht, von der zum Verbrauch bestimmte Hilfsmittel nach Abs. 2 aber gerade ausgenommen sind (Abs. 3 Satz 4).

X. Andere, vor allem technische Pflegehilfsmittel (Abs. 3)

23 Abs. 3 bezieht sich in erster Linie auf technische Pflegehilfsmittel; die Zuzahlungsregelung (Satz 4 und 5) erfasst jedoch alle wieder verwendbaren Pflegehilfsmittel. Schwierigkeiten kann die Abgrenzung zwischen technischen Hilfsmitteln i. S. von

Abs. 3 und technischen Hilfen im Haushalt nach Abs. 4 machen, die schon wegen des unterschiedlich ausgestalteten Eigenanteils erforderlich ist; hinzukommt, dass der PK bei der Gewährung technischer Hilfen nach Abs. 4 hinsichtlich der Höhe der Leistung Ermessen zusteht. Zu den technischen Pflegehilfsmitteln i. S. von Abs. 3 (und nicht zu den Maßnahmen nach Abs. 4) zählen u. U. auch Gegenstände, deren bestimmungsgemäßer Einsatz voraussetzt, dass sie mit dem Bauwerk verbunden werden; nach der Verkehrsanschauung aber bei einem Auszug aus der Wohnung mitgenommen werden (vgl. zum Deckenlift BSG, Urteil vom 12.6.2008, B 3 P 6/07 R Rn. 33ff.). Insoweit kann die Rspr zu § 33 Abs. 1 SGB V, die in vergleichbaren Fällen eine Leistungspflicht der KV verneint (vgl. BSG, SozR 3-2500 § 33 Nr. 30), nicht ohne weiteres übertragen werden, vgl. hierzu BSG, SozR 3-3300 § 40 Nr. 1 = NZS 2000, 404.

1. Leihweise Überlassung (Abs. 3 Satz 1 und 6)

Technische Pflegehilfsmittel sollen den Pflegebedürftigen in allen geeigneten Fällen vorrangig leihweise zur Verfügung gestellt werden. Bei den Hilfsmitteln der GKV ist die Möglichkeit, dass die Kasse das Hilfsmittel leihweise überlässt, ebenfalls vorgesehen (§ 33 Abs. 5 SGB V). Lehnt der Pflegebedürftige die leihweise Überlassung eines technischen Hilfsmittels ohne zwingenden Grund ab, so wird die PK von ihrer Leistungspflicht frei. Der Wortlaut von Abs. 3 Satz 6 ist missverständlich: Wenn der Pflegebedürftige die leihweise Überlassung ablehnt, ist er nicht verpflichtet, das Hilfsmittel auf eigene Kosten anzuschaffen. Er kann auf das Hilfsmittel auch ganz verzichten. Satz 6 ist jedoch als weitergehende Rechtsfolge zu entnehmen, dass die PK den Pflegebedürftigen bei einer grundlosen Weigerung auch im Hinblick auf den Umfang des Pflegebedarfs und die hiervon abhängende Zuordnung zu einer Pflegestufe nach § 15 Abs. 1 so behandeln kann, als sei er mit dem Pflegehilfsmittel ausgestattet. 24

2. Anpassung und Ausbildung im Gebrauch des Pflegehilfsmittels (Abs. 3 Satz 2)

Der Anspruch auf Versorgung mit Pflegehilfsmitteln umfasst eine erforderliche Anpassung und die Ausbildung im Gebrauch des Hilfsmittels **(Satz 3)**. Lehnt der Pflegebedürftige Anpassung bzw Ausbildung bei einem Hilfsmittel ab, das nur dann sachgerecht benutzt werden kann, wenn es ordnungsgemäß angepasst und/oder der Benutzer mit seiner Verwendung vertraut gemacht worden ist, hat die PK das Recht, die Leistung zu verweigern. Bei einem Hilfsmittel, das von der Pflegeperson bedient wird, bezieht sich die Pflicht zur Ausbildung auf die Pflegeperson. 25

3. Umfang des Hilfsmittelanspruchs (Abs. 3 Satz 3)

Das Hilfsmittel ist betriebsfertig zur Verfügung zu stellen und in einem gebrauchsfähigen Zustand zu erhalten. Die notwendigen Kosten für Instandsetzung, erforderlich werdende Änderungen und Betriebskosten sind ebenfalls von der PK zu tragen (BSGE 80, 90 = SozR 3-2500 § 33 Nr. 24 = NZS 1997, 467). Die sachgerechte Nutzung und Pflege des Hilfsmittels sowie der Schutz vor Beschädigung fallen in den Verantwortungsbereich des Pflegebedürftigen (BSG, SozR 3-2200 § 182b Nr. 3). Die PK ist auch zur Ersatzbeschaffung verpflichtet, soweit das Hilfsmittel unbrauchbar geworden ist oder den Pflegeerfordernissen nicht mehr entspricht. 26

4. Zuzahlung (Abs. 3 Satz 4)

Bei allen Pflegehilfsmitteln, außer den zum Verbrauch bestimmten (Abs. 2), wird der Versicherte mit einer Zuzahlung (zehn v. H. der Kosten des Hilfsmittels, höchs- 27 tens 25 Euro) belastet, wenn das Hilfsmittel in sein Eigentum übergeht. Bei leihweise überlassenen Hilfsmitteln fällt eine Zuzahlung nicht an (Rundschreiben § 40 Ziff. 1.3 Abs. 1). Die Zuzahlung vereinnahmt der Leistungserbringer, nicht die PK.

5. Befreiung von der Zuzahlung (Abs. 3 Satz 5 und 6)

28   Die PK kann den Versicherten in entsprechender Anwendung des § 62 SGB V zur Vermeidung von Härten ganz oder teilweise von der Zuzahlungspflicht befreien. § 62 Abs. 1 SGB V sieht Zuzahlungen bis zur individuell zu bestimmenden Belastungsgrenze des Versicherten vor. Die **Belastungsgrenze** ist individuell nach **§ 62 Abs. 1 Satz 1, 2 und 6 iVm. Abs. 2 und 3 SGB V** zu ermitteln; Sinn und Zweck der entsprechenden Anwendung von § 62 sprachen schon bislang dafür, die Summe der Zuzahlungen aus der KV und der PV zu berücksichtigen; der im PflegeWEG neu eingefügte Satz 6 ordnet dies jetzt auch ausdrücklich an. Versicherte, die die Belastungsgrenze in der GKV bereits erreicht haben, sind hinsichtlich des die Belastungsgrenze überschreitenden Betrages in der PV von vornherein freigestellt. Die in beiden Systemen geleisteten Zuzahlungen sind in jedem Fall zu addieren. Nach dem Wortlaut von Satz 5 steht das Absehen von der Zuzahlung im Ermessen der PK; bei Vorliegen der zwingenden Voraussetzungen von § 62 SGB V besteht hierfür allerdings kein Raum.

29   Entsprechend § 62 SGB V ist die Zuzahlung auf die individuelle Belastungsgrenze von zwei v. H. der jährlichen Bruttoeinnahmen zum Lebensunterhalt begrenzt. Für Pflegebedürftige, die nach den Regelungen des § 62 Abs. 1 Satz 2, 2. Hs SGB V als chronisch krank anerkannt sind, gilt als Belastungsgrenze auch in der PV der reduzierte Wert von ein v. H. der jährlichen Bruttoeinnahmen zum Lebensunterhalt. Nicht anzuwenden ist allerdings die hiervon abweichende Regelung der GKV, wonach die Belastungsgrenze bei solchen Versicherten wiederum auf zwei v. H. ansteigt, die nicht an Vorsorgeuntersuchungen teilnehmen. Nicht als Zuzahlungen zu berücksichtigen sind: Aufwendungen für zum Verbrauch bestimmte Pflegehilfsmittel, die über 40 Euro monatlich hinausgehen und Mehrkosten für besondere, allerdings nicht notwendige Ausstattungen von Pflegehilfsmitteln.

XI. Verbesserung des Wohnumfeldes (Abs. 4)

30   Der Zuschuss ist eine Teilkostenerstattung, die Maßnahmen werden von der PK nicht zur Verfügung gestellt; es handelt sich daher nicht um eine Sachleistung. Eine Antragstellung vor Beginn der Baumaßnahme oder eine Genehmigung der PK ist nicht erforderlich. Dem Versicherten steht es allerdings frei, eine entsprechende Zusicherung (§ 31 SGB X) einzuholen. Die Vorschrift legt im Einzelnen nicht fest, welche Maßnahmen von der PK gefördert werden können; als Beispiel werden lediglich technische Hilfen im Haushalt genannt (zur Abgrenzung gegenüber technischen Pflegehilfsmitteln vgl. oben Rn. 23). Nach der Begründung zum RegE (S. 114, zu § 36 E) war in erster Linie an Umbaumaßnahmen in der Wohnung (Verbreiterung von Türen, Einbau einer behindertengerechten Dusche oder eines Treppenliftes) und an technische Hilfen wie Haltegriffe oder an mit dem Rollstuhl unterfahrbare Einrichtungsgegenstände gedacht.

31   Ursache der Leistung können sowohl wohnumfeldverbessernde Maßnahmen in der Wohnung sein, die der Pflegebedürftige bereits vor Eintritt des Versicherungsfalls oder einer Verschlimmerung bewohnt hat als auch Aufwendungen für eine pflegegerechte Ausstattung in einer Wohnung, die im Hinblick auf die Durchführung der Pflege neu beschafft wird (BSG, SozR 3-3300 § 40 Nr. 5). Es muss sich allerdings um den auf Dauer angelegten, unmittelbaren Lebensmittelpunkt des Pflegebedürftigen handeln. Ausgeschlossen sind nur zugelassene stationäre Pflegeeinrichtungen nach § 71 Abs. 2. Soweit die PKen (Rundschreiben § 40 Ziff. 3) auch andere Wohneinrich-

tungen ausschließen wollen, die vom Vermieter gewerbsmäßig nur an Pflegebedürftige vermietet werden, fehlt es sowohl an einer Grundlage im Gesetz als auch an praktikablen Abgrenzungskriterien. Der von den PKen aufgestellte **Katalog wohnumfeldverbessernder Maßnahmen** (Rundschreiben § 40 Ziff. 8), die sie für förderungsfähig halten ist nicht verbindlich (BSG, SozR 4-3300 § 40 Nr. 1 Rn. 11 = NZS 2005, 262). Insoweit fehlt es im Gesetz an einem Regelungsauftrag (nach § 78 Abs. 2 Satz 1 haben die SpiV der PKen lediglich das Nähere zur Bemessung der Zuschüsse zu regeln). Den PKen steht insoweit auch **kein Ermessen** zu (s. u. Rn. 32). Die PKen lehnen zu Recht eine Bezuschussung solcher Maßnahmen ab, die allgemein der Steigerung des Wohnkomforts dienen oder die ein Haus- oder Wohnungsbesitzer auch ohne Vorliegen von Pflegebedürftigkeit vorgenommen hätte (Beispiel: allgemeine, nicht mit der die Pflegebedürftigkeit begründenden Behinderung im Zusammenhang stehende Sicherheitsmaßnahmen). Auch Maßnahmen, die nur durch bestimmte Lebensgewohnheiten des Pflegebedürftigen erforderlich werden, müssen nicht bezuschusst werden (vgl. etwa BSG, SozR 3-3300 § 40 Nr. 4); vgl. zum Ganzen auch *Richter*, in: LPK-SGB XI, § 40 Rn. 26.

Ob die PK Leistungen erbringt, steht in ihrem **Ermessen** (Satz 1). Die Einräumung von Ermessen bezieht sich allerdings nicht schon darauf, was überhaupt als „Maßnahme zur Verbesserung des Wohnumfeldes" anzusehen ist. Hierbei handelt es sich vielmehr um einen unbestimmten Rechtsbegriff, der der Überprüfung durch das Gericht unterliegt (BSG, SozR 3-3300 § 40 Nr. 1 = NZS 2000, 404). Die PK kann die Gewährung von Zuschüssen auch von den zur Verfügung stehenden Mitteln abhängig machen. Zur Bemessung des Zuschusses und zur Höhe des Eigenanteils haben die SpiV der PKen, entsprechend dem ihnen in § 78 Abs. 2 Satz 1 erteilten Auftrag, Empfehlungen verabschiedet, durch die das ihnen zustehende Ermessen eingeschränkt wird; sie sind zwischenzeitlich in das Rundschreiben der SpiV (§ 40 Ziff. 2) übernommen worden. 32

1. Subsidiarität (Abs. 4 Satz 1)

Die PV ist für Maßnahmen zur Verbesserung des Wohnumfeldes nur subsidiär zuständig. Ein Vorrang anderer Träger lässt sich bereits aus § 13 Abs. 1 ableiten. Hierzu zählen Leistungen eines Trägers der GUV, wenn die Pflegebedürftigkeit wesentlich auf Folgen eines Arbeitsunfalls beruht. Eine Leistungspflicht der BG auch in Bezug auf ein pflegegerechtes Wohnumfeld lässt sich aus § 39 Abs. 1 Nr. 2, 41 SGB VII ableiten. Vorrangig sind die Schwerbehinderten vor allem die im Schwerbehindertenrecht speziell vorgesehenen Hilfen zur Beschaffung, Ausstattung und Erhaltung einer Wohnung, die den besonderen Bedürfnissen des Schwerbehinderten entspricht (§ 33 Abs. 8 Nr. 6 und § 102 Abs. 3 Nr. 1 d SGB IX). Hierfür sind die Integrationsämter zuständig. Für Maßnahmen zur Förderung der Verbesserung des individuellen Wohnumfeldes des Pflegebedürftigen kommen auch Leistungen der Eingliederungshilfe nach § 55 Abs. 2 Nr. 9 SGB IX in Betracht; ihr Verhältnis zu den entsprechenden Leistungen der PV ist unklar. Zwar betont § 13 Abs. 3 Satz 3, dass die Leistungen der Eingliederungshilfe im Verhältnis zur PV nicht nachrangig sind; dies sollte nach der Entstehungsgeschichte aber wohl nur für komplexe Leistungen gelten, die Bestandteile enthalten, die die PV nicht vorsieht. 33

2. Leistungsvoraussetzungen

Die Gewährung von Zuschüssen für eine Verbesserung des Wohnumfeldes des Pflegebedürftigen kommt nur in Betracht, wenn durch eine solche Maßnahme eines der folgenden Ziele erreicht wird: 34
– die häusliche Pflege wird überhaupt erst ermöglicht; ohne Durchführung der Maßnahme müsste der Pflegebedürftige stationär gepflegt werden;

§ 40 Viertes Kapitel. Leistungen der Pflegeversicherung

– die häusliche Pflege wird erheblich erleichtert; wesentlich ist dies vor allem, wenn ohne Durchführung der Maßnahme eine Überforderung des Pflegebedürftigen oder der Pflegeperson droht;
eine möglichst selbstständige Lebensführung des Pflegebedürftigen wird wiederhergestellt; er wird unabhängiger von Pflegepersonen. Die größere Selbstständigkeit in der Lebensführung muss sich nicht auf die für die Feststellung der Pflegebedürftigkeit maßgebenden Verrichtungen des täglichen Lebens beziehen (BSG, SozR 3-3300 § 40 Nr. 4 und 5). Maßgebend sind in diesem Zusammenhang aber nur elementare Belange der Lebensführung (BSG, SozR 3-3300 § 40 Nr. 6, S. 33). Das ist nicht der Fall, wenn das verfolgte Bedürfnis über die üblichen und durchschnittlichen Anforderungen des Wohnstandards und Wohnkomforts hinausgeht; so etwa, wenn mit der Maßnahme eine barrierefreie Nutzung des häuslichen Gartens angestrebt wird (BSG, Urteil vom 17.7.2008, B 3 P 12/07 R; anders noch: BSG, SozR 4-3300 § 40 Nr. 1 Rn. 12).

35   Die Beurteilung der Frage, ob eine der genannten Leistungsvoraussetzungen vorliegt, steht nicht im **Ermessen** der PK (vgl. oben Rn. 31 f.). Auch ein Umzug in eine behinderten- bzw pflegegerechte Wohnung kann als Maßnahme i. S. von Abs. 4 bezuschusst werden. Die PK kann sich in diesem Fall an den durch den Umzug verursachten Kosten beteiligen. Förderungsfähig sind nicht nur Maßnahmen in der Wohnung des Pflegebedürftigen, sondern auch in dem Haushalt, in den er aufgenommen worden ist. Es muss sich um den auf Dauer angelegten Lebensmittelpunkt des Pflegebedürftigen handeln. Ausgeschlossen sind nur **zugelassene stationäre Pflegeeinrichtungen** nach § 71 Abs. 2. Soweit die PKen (Rundschreiben § 40 Ziff. 3) auch andere Wohneinrichtungen ausschließen wollen, die vom Vermieter gewerbsmäßig nur an Pflegebedürftige vermietet werden, fehlt es sowohl an einer Grundlage im Gesetz als auch an praktikablen Abgrenzungskriterien. Der Ausschluss dürfte zudem auch dem Anliegen des Gesetzgebers zuwider laufen, neue Wohnformen zu fördern, in denen die Versorgung ambulant durchgeführt werden kann.

3. Höhe des Zuschusses (Abs. 4 Satz 2 bis 4)

36   Die Höhe des Zuschusses war bis zur Streichung des früheren Satzes 2 in Abs. 4 durch das PNG (s. Rn. 1) davon abhängig, in welcher Höhe der Pflegebedürftige unter Berücksichtigung der Kosten der Maßnahme und der Höhe seines Einkommens einen Eigenanteil leisten konnte. Mit der Aufhebung der Regelung will der Gesetzgeber einen Beitrag zum Abbau von Bürokratie leisten, weil die Ermittlung des zumutbaren Eigenanteils einen erheblichen Verwaltungsaufwand verursachte. Der **Zuschuss ist je Maßnahme** auf 4000 Euro begrenzt **(Satz 2)**. Als Maßnahme ist die gesamte pflegegerechte Umgestaltung der Wohnung anzusehen; der Umfang der Maßnahme bestimmt sich nach den Erfordernissen der Pflege im Zeitpunkt der Antragstellung (hierzu eingehend BSG, SozR 3-3300 § 40 Nr. 2 = NZS 2000, 355). Die Umgestaltung von Teilbereichen der Wohnung oder von Außenanlagen kann nicht als einzelne Maßnahme i. S. von Satz 3 angesehen werden. Eine neue Maßnahme kann in der Regel nur angenommen werden, wenn sich die Pflegesituation geändert hat. Der Umzug in eine erst noch behindertengerecht auszustattende Wohnung kann u. U. auch dann einen Anspruch auf einen zweiten Zuschuss begründen, wenn auch für die zuvor bewohnte Wohnung bereits ein Zuschuss gewährt worden war (BSG, Urteil vom 19.4.2007, B 3 P 8/06 R, NZS 2008, 41).

37   Bis zur Einfügung der Sätze 3 und 4 durch das PNG (s. Rn. 1) ging die Rspr davon aus, dass das in Abs. 4 Satz 2 enthaltene Tatbestandsmerkmal „je Maßnahme" wohnungsbezogen zu verstehen ist und dann, wenn eine Wohnung von mehreren leistungsberechtigten Pflegebedürftigen bewohnt wird, bei gleichartigen behinderungsbedingten Anforderungen an die Ausgestaltung der Wohnung nur eine Maßnahme vorliegt (BSG, Urteil vom 17.7.2008, B 3 P 12/07 R). Diese Begrenzung hielt der

Ausschuss für Gesundheit (BT-Drucks. 17/10170, S. 16) nicht für sachgerecht. Satz 3 lässt nunmehr eine Addition der Zuschüsse für Wohnumfeld verbessernde Maßnahmen zu, wenn die Maßnahme mehreren Pflegebedürftigen dient. Die Änderung liegt im Trend der Förderung von Pflegewohngruppen und konkurriert mit dem (zeitlich und dem Gesamtvolumen nach begrenzten) Anspruch auf Anschubfinanzierung zur Gründung von ambulant betreuten Wohngruppen nach § 45e. Im Rahmen des § 40 Abs. 4 ist der Gesamtzuschuss je Maßnahme auf 16 000 Euro begrenzt. Bei mehr als vier Pflegebedürftigen ist diese Summe anteilig auf die Versicherungsträger der betroffenen Pflegebedürftigen zu verteilen (Satz 4).

XII. Zuordnung der Verwaltungszuständigkeit und der Kosten (Abs. 5)

Abs. 5 enthielt ursprünglich eine Verordnungsermächtigung für das BMG, die diesem die Möglichkeit eröffnete, die in die Leistungspflicht der PV fallenden Pflegehilfsmittel und technischen Hilfen für die Versicherten verbindlich festzulegen. Die durch das GKV-VStG (s. Rn. 1) eingeführte Neufassung enthält dagegen Regelungen, die vorrangig der Verwaltungsvereinfachung dienen; ihnen kommt Außenwirkung nur insoweit zu, als Satz 7 anordnet, dass sich die Zuzahlung nach dem für die KV maßgebenden Vorschriften richtet und für die Prüfung der Erforderlichkeit des Hilfsmittels § 275 Abs. 3 SGB V (Einschaltung des MDK) maßgebend ist. Ansonsten dienen die Regelungen allein der internen Zuordnung der Verwaltungszuständigkeit und der durch die Bewilligung bestimmter Hilfsmittel verursachten Kosten im Verhältnis von KK und PK. Betroffen sind nur diejenigen Hilfsmittel, die sowohl in die Zuständigkeit der GKV als auch der SPV fallen können (PPV und PKV sind von Abs. 5 nicht betroffen). Satz 1 begrenzt den Anwendungsbereich der Vorschrift auf Hilfsmittel und Pflegehilfsmittel, die der Vorsorge (§ 23 SGB V), der Krankenbehandlung und dem Behinderungsausgleich (§ 33 SGB V) sowie den in § 40 Abs. 1 genannten Zwecken (Erleichterung der Pflege, Linderung der Beschwerden des Pflegebedürftigen, Ermöglichung einer selbständigen Lebensführung) dienen. Welche Hilfsmittel dies im Einzelnen sind, hat der Spitzenverband Bund der KK in Richtlinien festzulegen, die der Genehmigung durch das BMG bedürfen (Satz 3 bis 5). Satz 8 betont ausdrücklich, dass die Regelungen des Abs. 5 für Ansprüche auf Hilfsmittel und Pflegehilfsmittel von Pflegebedürftigen in stationärer Pflege nicht gelten; was sich schon daraus ergibt, dass § 40 für diesen Personenkreis nicht gilt. Ausgeschlossen ist eine Anwendung der Regelungen von Abs. 5 zudem bei Pflegebedürftigen, die Anspruch auf Beihilfe oder Heilfürsorge haben; bei ihnen kommt eine Leistungspflicht der GKV von vornherein nicht in Betracht. Abs. 5 Satz 1 legt fest, dass bei den in den Richtlinien nach Satz 3 aufgeführten Hilfs- und Pflegehilfsmitteln der erstangegangene Leistungsträger unter Anwendung der kranken- und der pflegeversicherungsrechtlichen Vorschriften über die Leistungsgewährung abschließend entscheidet. Die hierdurch entstehenden Kosten werden nach Satz 2 zwischen der betroffenen KK und der bei ihr errichteten PK pauschal aufgeteilt.

Zweiter Titel. Teilstationäre Pflege und Kurzzeitpflege

§ 41 Tagespflege und Nachtpflege

(1) **¹Pflegebedürftige haben Anspruch auf teilstationäre Pflege in Einrichtungen der Tages- oder Nachtpflege, wenn häusliche Pflege nicht in ausreichendem Umfang sichergestellt werden kann oder wenn dies zur Ergänzung oder Stärkung der häuslichen Pflege erforderlich ist. ²Die teilstationäre**

§ 41 Viertes Kapitel. Leistungen der Pflegeversicherung

Pflege umfaßt auch die notwendige Beförderung des Pflegebedürftigen von der Wohnung zur Einrichtung der Tagespflege oder der Nachtpflege und zurück.

(2) ¹Die Pflegekasse übernimmt im Rahmen der Leistungsbeträge nach Satz 2 die pflegebedingten Aufwendungen der teilstationären Pflege, die Aufwendungen der sozialen Betreuung und die Aufwendungen für die in der Einrichtung notwendigen Leistungen der medizinischen Behandlungspflege. ²Der Anspruch auf teilstationäre Pflege umfasst je Kalendermonat
1. für Pflegebedürftige der Pflegestufe I einen Gesamtwert bis zu
   a) 420 Euro ab 1. Juli 2008,
   b) 440 Euro ab 1. Januar 2010,
   c) 450 Euro ab 1. Januar 2012,
   d) 468 Euro ab 1. Januar 2015,
2. für Pflegebedürftige der Pflegestufe II einen Gesamtwert bis zu
   a) 980 Euro ab 1. Juli 2008,
   b) 1 040 Euro ab 1. Januar 2010,
   c) 1 100 Euro ab 1. Januar 2012,
   d) 1 144 Euro ab 1. Januar 2015,
3. für Pflegebedürftige der Pflegestufe III einen Gesamtwert bis zu
   a) 1 470 Euro ab 1. Juli 2008,
   b) 1 510 Euro ab 1. Januar 2010,
   c) 1 550 Euro ab 1. Januar 2012,
   d) 1 612 Euro ab 1. Januar 2015.

(3) Pflegebedürftige können teilstationäre Tages- und Nachtpflege zusätzlich zu ambulanten Pflegesachleistungen, Pflegegeld oder der Kombinationsleistung nach § 38 in Anspruch nehmen, ohne dass eine Anrechnung auf diese Ansprüche erfolgt.

Inhaltsübersicht

	Rn.
I. Geltende Fassung	1
II. Normzweck und Aufbau	2
III. Unzureichende häusliche Pflege (Abs. 1 Satz 1)	3
IV. Höhe der Leistung (Abs. 2)	5
V. Kombination mehrerer Leistungsarten (Abs. 3)	6

I. Geltende Fassung

1 Die Vorschrift ist mWv 1.4.1995 durch Art. 1 PflegeVG eingeführt worden. Der in Abs. 2 festgelegte Leistungsumfang wurde im Gegensatz zu allen anderen Leistungsarten im Verlauf des ursprünglichen Gesetzgebungsverfahrens zum PflegeVG nicht verändert; vgl. die Begr. zu § 37 E, S. 114. Erst im 4. SGB XI-ÄndG wurden die Leistungsgrenzen in Abs. 2 Nr. 2 und 3 heraufgesetzt (zur Begr. vgl. BT-Drucks. 14/407, S. 5). Abs. 2 wurde im Übrigen bereits im 1. SGB XI-ÄndG geändert (vgl. Rn. 5). Außerdem ist in Abs. 2 die Befristung der Übernahme von Aufwendungen der medizinischen Behandlungspflege durch die PV durch Art. 3 GesundheitsreformG 2000 vom 20.12.1999 (BGBl. I S. 2624) geändert worden; die Befristung ist in der Folgezeit mehrfach verlängert und durch Art. 8 Nr. 11 GKV-WSG gestrichen worden. Durch Art. 2 Nr. 6 Achtes Euro-Einführungsgesetz (vom 23.10.2001, BGBl. I S. 2702) wurden die Leistungssätze in Abs. 2 von DM auf Euro umgestellt. Abs. 3 wurde durch Art. 1 Nr. 3 PflEG neu gefasst. Durch Art. 1 Nr. 21 PflegeWEG wurden die Abs. 2 und 3 neu gefasst und die Abs. 4 bis 6 hinzu gefügt; in Abs. 2 wurde die schrittweise

Tagespflege und Nachtpflege **§ 41**

Anhebung der Leistungssätze aufgenommen. Abs. 7 wurde durch Art. 1 Nr. 15 PNG eingefügt. Im PSG I (vom 17.12.2014, BGBl. I S. 2222) wurden die bisherigen Regelungen der Kombinationsmöglichkeiten in Abs. 3 bis 7 gestrichen und in Abs. 3 eine neue Regelung eingefügt. Zugleich wurden die Höchstbeträge in allen Pflegestufen entsprechend der Dynamisierungsregelung in § 30 zum 1.1.2015 angehoben.

II. Normzweck und Aufbau

Pflegebedürftige können auf Kosten der PV teilstationäre Pflege in Anspruch nehmen. Der Gesetzgeber verfolgt gerade mit dieser Leistung in erster Linie das Ziel, die häusliche Pflege zu fördern. Dies hat er im PflegeWEG zunächst mit einer überproportionalen Leistungsausweitung zum 1.7.2008 deutlich gemacht. Zusätzlich zur Erhöhung der in Abs. 2 festgelegten Leistungssätze wurde das Gesamtleistungsvolumen bei einer Kombination von häuslicher und teilstationärer Pflege um 50 v. H. erhöht (Abs. 3 bis 6 idF des PflegeWEG). Im PSG I wurden alle Restriktionen des Gesamtumfangs der Leistungen bei der Kombination von Pflegesachleistung und Pflegegeld einerseits und teilstationärer Pflege andererseits aufgehoben; die früheren Absätze 4 bis 7 wurden komplett gestrichen. Pflegebedürftige können nunmehr auch dann, wenn sie die Höchstgrenzen der Leistungen bei häuslicher Pflege (sowohl in der Form der Sachleistung als auch in der des Pflegegeldes) voll ausschöpfen zusätzlich noch volle Leistungsvolumen der Tages- und Nachtpflege in Anspruch nehmen (vgl. BT-Drucks. 18/1798, S. 32, zu Nr. 11 Buchst. b). Pflegebedürftige und ihre Pflegepersonen sollen in den Fällen, in denen die häusliche Pflege – wegen drohender Überforderung der Pflegeperson oder aus anderen Gründen – nicht in ausreichendem Umfang sichergestellt werden kann, nicht gezwungen sein, vollstationäre Pflege in Anspruch nehmen zu müssen (BT-Drucks. 12/5262, S. 114, zu § 37 E). Der Anspruch ist zeitlich jedoch nicht befristet; er kann auch als Dauerleistung in Anspruch genommen werden. Die durch die teilstationäre Pflege entstehenden pflegebedingten Aufwendungen (vgl. unten Rn. 5) werden von der PV je nach Pflegestufe in unterschiedlicher Höhe getragen (Abs. 2). Die Höchstgrenzen entsprechen denjenigen der Pflegesachleistung nach § 36 Abs. 3.

III. Unzureichende häusliche Pflege (Abs. 1 Satz 1)

Abs. 1 Satz 1 macht den Anspruch auf teilstationäre Pflege davon abhängig, dass die häusliche Pflege nicht in ausreichendem Umfang sichergestellt werden kann. Ob dies der Fall ist, richtet sich nicht nach objektiven Umständen, sondern vor allem nach dem Wunsch des Pflegebedürftigen und der ggf. für häusliche Pflegeaufgaben in Betracht kommenden Personen. Ein **besonderer Grund** für die Inanspruchnahme von teilstationärer Pflege muss nicht vorliegen. Im Gesetzgebungsverfahren wurden als Gründe genannt: Vorübergehende Verschlimmerung der Pflegebedürftigkeit, Entlastung der Pflegeperson während des Tages oder der Nacht, Ermöglichung einer Erwerbstätigkeit für die Pflegeperson (BT-Drucks. 12/5262, S. 114, zu § 37 E); vor allem bei der Versorgung Demenzkranker große Bedeutung unter aktivierenden Gesichtspunkten (BT-Drucks. 16/7439 zu Nr. 21 Buchst. b).

Realisiert werden kann der Anspruch nur in **Einrichtungen,** die als stationäre Pflegeeinrichtungen i. S. von § 71 Abs. 2 gem. § 72 zugelassen sind. Nach Abs. 1 Satz 2 umfasst die teilstationäre Pflege auch die notwendige Beförderung des Pflegebedürftigen von der Wohnung zur Einrichtung. Praktische Auswirkungen auf den Leistungsumfang dürften sich hieraus nur selten ergeben, denn die Höchstgrenzen der von der PK nach Abs. 2 zu übernehmenden Aufwendungen erhöhen sich durch anfallende Fahrtkosten nicht (*Leitherer,* in: KassKomm, § 41 Rn. 12).

IV. Höhe der Leistung (Abs. 2)

5 Auch die Aufwendungen für teilstationäre Pflege werden von der PV nur begrenzt getragen. Die **Höchstgrenzen** sind **nach den Pflegestufen gestaffelt;** seit der Änderung des Abs. 2 Nr. 2 und 3 im 4. SGB XI-ÄndG erreichen sie die Höchstgrenzen für die häusliche Pflege als Sachleistung (§ 36 Abs. 3). Im 1. SGB XI-ÄndG wurde klargestellt, dass nur die „pflegebedingten" Aufwendungen der teilstationären Pflegeeinrichtung bis zu den in Abs. 2 genannten Höchstsätzen übernommen werden. Diese Klarstellung ist zugleich allgemein in § 4 Abs. 2 Satz 2 aufgenommen worden. In der Sache handelt es sich nicht um eine Änderung (vgl. § 42 Rn. 6). Zu den pflegebedingten Aufwendungen zählen insbesondere nicht die Investitionskosten, die Kosten für Unterkunft und Verpflegung sowie für Zusatzleistungen i. S. von § 88. Die auf Veranlassung des AuS-Ausschusses vorgenommene Ergänzung der Leistungen um die Aufwendungen der sozialen Betreuung und (zeitlich begrenzt) der medizinischen Behandlungspflege, soweit sie im Pflegeheim erbracht wird, ist bei allen Formen der stationären Pflege vorgenommen worden (vgl. § 42 Abs. 2 Satz 3 und § 43 Abs. 2 Satz 1). Sie ist jedoch nicht mit einer Erhöhung der Höchstgrenzen verbunden. Zum Begriff der medizinischen Behandlungspflege vgl. § 14 Rn. 11 f. Zur Einbeziehung der Aufwendungen für Leistungen der sozialen Betreuung vgl. § 43 Rn. 10.

V. Kombination mehrerer Leistungsarten (Abs. 3)

6 Der Pflegebedürftige kann neben der teilstationären Pflege zusätzlich entweder Pflegesachleistung (gem. § 36), Pflegegeld (gem. § 37) oder die Kombinationsleistung nach § 38 beanspruchen. Die Vorschrift wurde im PflegeWEG und erneut im PSG I auf ihren Kern reduziert; Sie legt in ihrer neuen Fassung nur noch fest, dass nach der Wahl des Pflegebedürftigen eine Kombination von Tages- und Nachtpflege mit Pflegegeld und/oder Pflegesachleistung möglich ist. In der Fassung des PSG I sind die zuvor kompliziert geregelten Anrechnungen gestrichen worden. Die teilstationären Leistungen können ohne Anrechnung auf die Leistungen bei häuslicher Pflege in Anspruch genommen werden.

§ 42 Kurzzeitpflege

(1) ¹**Kann die häusliche Pflege zeitweise nicht, noch nicht oder nicht im erforderlichen Umfang erbracht werden und reicht auch teilstationäre Pflege nicht aus, besteht Anspruch auf Pflege in einer vollstationären Einrichtung.** ²**Dies gilt:**
1. **für eine Übergangszeit im Anschluß an eine stationäre Behandlung des Pflegebedürftigen oder**
2. **in sonstigen Krisensituationen, in denen vorübergehend häusliche oder teilstationäre Pflege nicht möglich oder nicht ausreichend ist.**

(2) ¹**Der Anspruch auf Kurzzeitpflege ist auf vier Wochen pro Kalenderjahr beschränkt.** ²**Die Pflegekasse übernimmt die pflegebedingten Aufwendungen, die Aufwendungen der sozialen Betreuung sowie die Aufwendungen für Leistungen der medizinischen Behandlungspflege bis zu dem Gesamtbetrag von 1 470 Euro ab 1. Juli 2008, 1 510 Euro ab 1. Januar 2010, 1 550 Euro ab 1. Januar 2012 und 1 612 Euro ab 1. Januar 2015 im Kalenderjahr.** ³**Der Leistungsbetrag nach Satz 2 kann um bis zu 1 612 Euro aus noch nicht in Anspruch genommenen Mitteln der Verhinderungspflege nach § 39 Absatz 1 Satz 3 auf insgesamt bis zu 3 224 Euro im Kalenderjahr erhöht wer-**

Kurzzeitpflege **§ 42**

den. ⁴Abweichend von Satz 1 ist der Anspruch auf Kurzzeitpflege in diesem Fall auf längstens acht Wochen pro Kalenderjahr beschränkt. ⁵Der für die Kurzzeitpflege in Anspruch genommene Erhöhungsbetrag wird auf den Leistungsbetrag für eine Verhinderungspflege nach § 39 Absatz 1 Satz 3 angerechnet.

(3) ¹Abweichend von den Absätzen 1 und 2 besteht der Anspruch auf Kurzzeitpflege in begründeten Einzelfällen bei zu Hause gepflegten Pflegebedürftigen auch in geeigneten Einrichtungen der Hilfe für behinderte Menschen und anderen geeigneten Einrichtungen, wenn die Pflege in einer von den Pflegekassen zur Kurzzeitpflege zugelassenen Pflegeeinrichtung nicht möglich ist oder nicht zumutbar erscheint. ²§ 34 Abs. 2 Satz 1 findet keine Anwendung. ³Sind in dem Entgelt für die Einrichtung Kosten für Unterkunft und Verpflegung sowie Aufwendungen für Investitionen enthalten, ohne gesondert ausgewiesen zu sein, so sind 60 vom Hundert des Entgelts zuschussfähig. ⁴In begründeten Einzelfällen kann die Pflegekasse in Ansehung der Kosten für Unterkunft und Verpflegung sowie der Aufwendungen für Investitionen davon abweichende pauschale Abschläge vornehmen.

(4) Abweichend von den Absätzen 1 und 2 besteht der Anspruch auf Kurzzeitpflege auch in Einrichtungen, die stationäre Leistungen zur medizinischen Vorsorge oder Rehabilitation erbringen, wenn während einer Maßnahme der medizinischen Vorsorge oder Rehabilitation für eine Pflegeperson eine gleichzeitige Unterbringung und Pflege des Pflegebedürftigen erforderlich ist.

Inhaltsübersicht

	Rn.
I. Geltende Fassung	1
II. Normzweck	2
III. Allgemeines	3
IV. Vollstationäre Einrichtung (Abs. 1 Satz 1)	4
V. Ursachen für fehlende häusliche Pflegemöglichkeiten (Abs. 1 Satz 2)	5
VI. Zeitliche und betragsmäßige Grenzen des Anspruchs (Abs. 2 Satz 1 und 3)	6
VII. Vorhergehende Pflegezeit (Abs. 2 Satz 2 aF)	7
VIII. Kurzzeitpflege in Behinderteneinrichtungen (Abs. 3)	8
IX. Aufenthalt in Vorsorge- oder Reha-Einrichtungen (Abs. 4)	10
X. Verhältnis zu anderen Leistungsarten	11

I. Geltende Fassung

Die Vorschrift ist durch Art. 1 PflegeVG eingeführt worden; sie ist bereits am 1.4.1995 in Kraft getreten (Art. 68 Abs. 2), obgleich es sich um eine Form der stationären Pflege handelt. Sie wurde gegenüber dem RegE in folgenden Punkten geändert: in Abs. 2 enthaltene unrichtige Verweisung auf „Satz 1 Nr. 2" in Abs. 1 Nr. 2 geändert; in Satz 3 wurde im zweiten Vermittlungsverfahren (BT-Drucks. 12/7323, S. 3) der Leistungsrahmen erhöht. Durch das 1. SGB XI-ÄndG wurde in Abs. 2 der jetzige Satz 2 (ursprünglich Satz 3) geändert; die Änderung entspricht derjenigen in § 41 Abs. 2. Die hier enthaltene zeitliche Befristung der Übernahme der Aufwendungen für die medizinische Behandlungspflege wurde mehrfach verlängert und ist durch Art. 8 Nr. 12 GKV-WSG endgültig gestrichen worden. Der ursprüngliche Satz 2 von Abs. 2, der eine vorangegangene Pflegezeit von 12 Monaten voraussetzte, wurde im 4. SGB XI-ÄndG gestrichen. Abs. 2 Satz 2 ist geändert worden durch Art. 3 GesundheitsreformG 2000. Durch Art. 2 Nr. 7 Achtes Euro-Einführungsgesetz (vom 23.10.2001, BGBl. I

§ 42 Viertes Kapitel. Leistungen der Pflegeversicherung

S. 2702) wurden die Leistungssätze in Abs. 2 von DM auf Euro umgestellt. Durch Art. 1 Nr. 22 PflegeWEG wurde der in Abs. 2 Satz 2 enthaltene Leistungssatz geändert; auf Veranlassung des Gesundheitsausschusses wurde Abs. 3 angefügt (BT-Drucks. 16/8525 zu Nr. 22). Durch das PNG wurde Abs. 4 angefügt; in Abs. 3 Satz 1 wurde anstelle der „Vollendung des 18. Lebensjahres" die „Vollendung des 25. Lebensjahres" eingesetzt. Durch das PSG I (Art. 1 Nr. 12a bb) wurden in Abs. 2 die Sätze 3 bis 5 angefügt; Abs. 2 Satz 2 wurde um den Leistungsbetrag ab 1.1.2015 ergänzt; Abs. 3 Satz 1 wurde geändert.

II. Normzweck

2   Unter Kurzzeitpflege versteht das Gesetz eine **vollstationäre Pflege von kurzer Dauer**. Im Gegensatz zur teilstationären Pflege (nach § 41) müssen besondere Gründe vorliegen, um Kurzzeitpflege in Anspruch nehmen zu können (Abs. 1 Satz 2). Auch die Kurzzeitpflege dient der Stärkung der häuslichen Pflege. Sie soll kurze Zeiträume überbrücken, in denen eine häusliche Pflege nicht möglich ist. Wird die Unmöglichkeit der häuslichen Pflege durch eine Verhinderung der (nicht erwerbsmäßig tätigen) Pflegeperson verursacht, so entspricht die Kurzzeitpflege ihrer Funktion nach der Verhinderungs- bzw Ersatzpflege nach § 39, die seit der Änderung des § 39 im 1. SGB XI-ÄndG auch als kurzzeitige stationäre Pflege beansprucht werden kann. Beide Leistungsarten können ggf. innerhalb eines Kalenderjahres nebeneinander beansprucht werden. Die im PSG I an Abs. 2 angefügten Sätze 3 bis 5 ermöglichen einen flexibleren Einsatz der beiden Leistungsarten: der Pflegebedürftige kann nunmehr den vollen Leistungsbetrag der Verhinderungspflege, den er im Kalenderjahr noch nicht in Anspruch genommen hat im Rahmen der stationären Kurzzeitpflege nutzen; der zeitliche Rahmen erhöht sich gegebenenfalls auf bis zu acht Wochen pro Kalenderjahr (Abs. 2 Satz 4). Die hierdurch verbrauchten Mittel werden auf den Anspruch auf Verhinderungspflege angerechnet (Abs. 2 Satz 5). Durch das PSG I wurde zugleich die Möglichkeit geschaffen, zur Erhöhung des Budgets in der Verhinderungspflege die im Kalenderjahr noch nicht verbrauchten Beträge der Kurzzeitpflege einzusetzen; allerdings nur bis zur Hälfte des Höchstbetrages der Kurzzeitpflege (vgl. § 39 Abs. 3).

III. Allgemeines

3   Der Anspruch auf Kurzzeitpflege hängt nicht von der Zuordnung zu einer bestimmten Pflegestufe (§ 15) ab. Er kann auch von Pflegebedürftigen der Pflegestufe I geltend gemacht werden. Hinsichtlich des Leistungsumfangs entspricht die Kurzzeitpflege weitgehend der Verhinderungspflege nach § 39; zu Unterschieden beim Erfordernis der vorangegangenen häuslichen Pflege vgl. unten Rn. 7. Wird der Anspruch **im Anschluss an eine stationäre Behandlung** geltend gemacht, weil die häusliche Pflegesituation noch nicht geklärt ist (Abs. 1 Satz 2 Nr. 1), so muss noch nicht feststehen, ob der Pflegebedürftige auf Dauer Pflegesachleistung nach § 36 in Anspruch nimmt oder ob er die Pflege durch Pflegepersonen i. S. von § 19 sicherstellt. In sonstigen Krisensituationen (Abs. 1 Satz 2 Nr. 2) war Kurzzeitpflege bis zum Inkrafttreten des 4. SGB XI-ÄndG (am 1.8.1999) nur möglich beim Ausfall einer Pflegeperson, die den Pflegebedürftigen vorher mindestens zwölf Monate gepflegt hat (zur Änderung unten Rn. 7).

IV. Vollstationäre Einrichtung (Abs. 1 Satz 1)

Es muss sich um eine stationäre Pflegeeinrichtung i. S. von § 71 Abs. 2 handeln, die 4
nach § 72 zur stationären Pflege zugelassen ist. Dies gilt nicht für die Kurzzeitpflege von zu Hause versorgten Pflegebedürftigen unter den Voraussetzungen von Abs. 3. Nimmt die Pflegeperson an einer Maßnahme der medizinischen Vorsorge oder Rehabilitation teil, so kann die Kurzzeitpflege auch in einer solchen Einrichtung durchgeführt werden (s. u. Rn. 9).

V. Ursachen für fehlende häusliche Pflegemöglichkeiten (Abs. 1 Satz 2)

Die Vorschrift geht davon aus, dass der Pflegebedürftige auf Dauer in seiner häus- 5
lichen Umgebung gepflegt werden will; dies jedoch vorübergehend nicht möglich ist; etwa weil die Notwendigkeit dauerhafter Pflege erst im Verlauf eines Krankenhausaufenthalts aufgetreten ist und die häusliche Pflege organisatorisch oder wegen noch durchzuführender Veränderungen des Wohnumfeldes erst von einem späteren Zeitpunkt an erfolgen kann (**Abs. 1 Satz 2 Nr. 1**). Daneben kommt die kurzzeitige Pflege in einer stationären Einrichtung dann in Betracht, wenn eine Pflege im Haushalt vorübergehend nicht möglich ist; etwa weil die Pflegeperson ausfällt. Der Begriff **Krisensituation** in **Abs. 1 Satz 2 Nr. 2** ist im Gesetzgebungsverfahren mit folgenden Beispielen umschrieben worden: völliger Ausfall der bisherigen Pflegeperson oder kurzfristige erhebliche Verschlimmerung der Pflegebedürftigkeit (BT-Drucks. 12/5262, S. 115, zu § 38 E). Dies spricht zunächst dafür, dass eine langfristig geplante Verhinderung der Pflegeperson nicht ausreicht. Der RegE nennt jedoch als dritte Möglichkeit (neben dem Anschluss an die stationäre Behandlung – Nr. 1 und der Krisensituation nach Nr. 2) Urlaub oder sonstige Verhinderung der Pflegeperson, obgleich ein dem entsprechendes Tatbestandsmerkmal in § 42 Abs. 1 fehlt. Die Spitzenverbände der PK (Rundschreiben § 42 Ziff. 1) lassen Krankheit, Urlaub oder eine sonstige Verhinderung der Pflegeperson nur dann ausreichen, wenn die Zeit nicht mit Leistungen nach § 39 überbrückt werden kann; wobei nicht deutlich wird, ob ein Anspruch auf Kurzzeitpflege wegen eines hiermit begründeten Ausfalls der Pflegeperson nicht in Betracht kommen soll, wenn der Anspruch aus § 39 im betroffenen Kalenderjahr bereits erschöpft ist. Darüber hinaus wird eine Krisensituation angenommen, wenn die bisherige Pflegeperson völlig ausgefallen oder eine kurzfristige erhebliche Verschlimmerung der Pflegebedürftigkeit eingetreten ist.

VI. Zeitliche und betragsmäßige Grenzen des Anspruchs (Abs. 2 Satz 1 und 3)

Satz 1 begrenzt die **zeitliche Höchstdauer** der Kurzzeitpflege je Kalenderjahr auf 6
vier Wochen. Diese Zeitspanne kann ggf. beliebig aufgeteilt werden. Die Aufwendungen der PK für die Kurzzeitpflege dürfen im Kalenderjahr 1612 Euro nicht übersteigen. Das Gesetz regelte in seiner ursprünglichen Fassung nicht ausdrücklich, **welche Leistungen der Pflegeeinrichtung** von der PK übernommen werden. Sinn und Zweck der Regelung sprachen jedoch seinerzeit bereits dafür, dass auch iR der Kurzzeitpflege von der PK **nur pflegebedingte Aufwendungen** (allgemeine Pflegeleistungen) getragen werden und der Pflegebedürftige insbesondere die Kosten für Unterkunft und Verpflegung selbst übernehmen muss. Dies wurde durch die Änderung von Abs. 2 Satz 3 aF (jetzt Satz 2) im 1. SGB XI-ÄndG klargestellt (vgl. § 41

§ 42 Viertes Kapitel. Leistungen der Pflegeversicherung

Rn. 5). Die zugleich vorgenommene **Ergänzung der Leistungen** um die Aufwendungen der sozialen Betreuung und der medizinischen Behandlungspflege, soweit sie im Pflegeheim erbracht wird, wurde auf alle Formen der stationären Pflege übertragen (vgl. § 42 Abs. 2 Satz 3 und § 43 Abs. 2 Satz 1). Sie ist jedoch nicht mit einer Erhöhung der Höchstgrenzen verbunden. Zum Begriff der medizinischen Behandlungspflege vgl. § 14 Rn. 11 f. Zur Einbeziehung der Aufwendungen für Leistungen der sozialen Betreuung vgl. § 43 Rn. 10. Die zeitliche Höchstdauer der Kurzzeitpflege von vier Wochen ist dann nicht maßgebend, wenn der finanzielle Rahmen aus Abs. 2 Satz 2 schon früher ausgeschöpft ist. Die **Höchstgrenze** je Kalenderjahr gilt auch dann, wenn der Pflegebedürftige noch nicht für vier Wochen Kurzzeitpflege in Anspruch genommen hat.

VII. Vorhergehende Pflegezeit (Abs. 2 Satz 2 aF)

7   Abs. 2 Satz 2 aF enthielt bis zum Inkrafttreten des 4. SGB XI-ÄndG (am 1.8.1999) die weitere Voraussetzung, dass die Pflegeperson den Pflegebedürftigen im Falle des Abs. 1 Satz 2 Nr. 2 (sonstige Krisensituation) vorher mindestens 12 Monate gepflegt hat. Während die vergleichbare Voraussetzung bei der Ersatzpflege in § 39 Satz 2 beibehalten wurde, wurde sie im 4. SGB XI-ÄndG für die Kurzzeitpflege ersatzlos gestrichen. Damit soll vor allem auch bei unvorhergesehener Verhinderung der Pflegeperson ein Anspruch auf Kurzzeitpflege unabhängig von der vorangegangenen Pflegedauer bestehen (BT-Drucks. 14/407, S. 5).

VIII. Kurzzeitpflege in Behinderteneinrichtungen (Abs. 3)

8   Die im PflegeWEG eingefügte Vorschrift war zunächst nur auf Kinder begrenzt; die Erweiterung auf alle Pflegebedürftigen kam mit dem PSG I. Sie soll Pflegebedürftigen, die **zu Hause versorgt** werden, und ihren Familien die Möglichkeit geben, den Anspruch auf Kurzzeitpflege in nicht nach § 72 zugelassenen, für die pflegerische Versorgung mit dem jeweiligen Pflegebedarf aber geeigneten stationären Einrichtungen realisieren zu können (BT-Drucks. 16/8525 zu Nr. 22). Gedacht wurde in erster Linie an stationäre Behinderteneinrichtungen, die vor allem während der Schulferien die Versorgung pflegebedürftiger Kinder sicherstellen können. Die neu geschaffene Versorgungsform soll nicht zu einer finanziellen Entlastung der Träger der Eingliederungshilfe beitragen. Wenn behinderte Menschen das ganze Jahr über in einer Einrichtung nach § 71 Abs. 4 (stationäre Einrichtung der Behindertenhilfe) versorgt werden, sollen nicht vier Wochen davon als Kurzzeitpflege deklariert werden können (BT-Drucks. 16/8525 zu Nr. 22 Buchst. b, 2. Absatz; nochmals betont in BT-Drucks. 18/1798, S. 33). Eine derartige Möglichkeit wird schon dadurch ausgeschlossen, dass Abs. 3 ausdrücklich nur bei Pflegebedürftigen eingreift, die zu Hause gepflegt werden.

9   Nach **Abs. 3 Satz 2** findet § 34 Abs. 2 Satz 1, der für die Dauer eines stationären Aufenthalts in einer Einrichtung nach § 71 Abs. 4 das Ruhen von Ansprüchen auf Leistungen bei häuslicher Pflege anordnet, keine Anwendung. Der Anspruch auf Kurzzeitpflege umfasst auch dann, wenn die spezielle Form nach Abs. 3 gewählt wird, **nicht das gesamte Entgelt** einer Einrichtung. Sind im Gesamtentgelt der Einrichtung Kosten für Unterkunft und Verpflegung und/oder Aufwendungen für Investitionen enthalten, müssen sie heraus gerechnet werden. Werden diese Kosten nicht gesondert ausgewiesen, so werden der Berechnung der Leistung (das Gesetz spricht von Zuschuss) pauschal 60% des Gesamtentgelts der Einrichtung zugrunde gelegt.

IX. Aufenthalt in Vorsorge- oder Reha-Einrichtungen (Abs. 4)

Durch die mit dem PNG eingefügte Neuregelung soll es pflegenden Angehörigen 10
(Pflegepersonen), die Pflegebedürftige in häuslicher Pflege versorgen, ermöglicht
werden, an stationär durchgeführten medizinischen Vorsorge- oder Reha-Maßnahmen teilzunehmen, ohne die Pflege des Angehörigen vernachlässigen zu müssen.
Voraussetzung ist, dass während der Vorsorge- oder Reha-Maßnahme der Pflegeperson eine gleichzeitige Unterbringung und Pflege des Pflegebedürftigen in der Vorsorge- oder Reha-Einrichtung erforderlich und durchführbar ist. Diese Einrichtung
benötigt keine Zulassung als Pflegeeinrichtung nach dem SGB XI. Der Gesetzgeber
verspricht sich hiervon als Synergieeffekt eine bessere Schulung der Pflegeperson, um
Überlastungen durch die Pflegetätigkeit zu vermeiden (BT-Drucks. 17/9369, S. 41).
Die Bereitschaft zur Nutzung dieser Möglichkeit soll dadurch erhöht werden, dass
gleichzeitig das Pflegegeld zur Hälfte weitergezahlt wird (§ 38 Satz 4). Zusätzlich werden die KK verpflichtet, bei ihrer Ermessensentscheidung zur Gewährung einer medizinischen Vorsorge- oder Reha-Maßnahme die besonderen Belange pflegender
Angehöriger zu berücksichtigen (§§ 23 Abs. 5 Satz 1 und 40 Abs. 3 Satz 1 SGB V, die
durch Art. 3 PNG ebenfalls geändert wurden).

X. Verhältnis zu anderen Leistungsarten

Kurzzeitpflege schließt, auch innerhalb desselben Kalenderjahres, den Anspruch 11
auf Verhinderungspflege (§ 39) nicht aus, auch wenn die Verhinderungspflege stationär durchgeführt wird, wird sie nicht auf den Anspruch auf Kurzzeitpflege angerechnet. Häusliche Pflegeleistungen kommen neben der Kurzzeitpflege grundsätzlich
nicht in Betracht; der durch das PNG eingefügte § 38 Satz 4 lässt jetzt eine Fortzahlung der Hälfte des bis zum Beginn der Kurzzeitpflege gewährten Pflegegeldes zu.
Des Weiteren möglich ist die Kurzzeitpflege als Vorstufe zur zeitlich nicht befristeten
vollstationären Pflege nach § 43; zur Geltendmachung des Heimentgelts für den Verlegungstag beim Übergang zur vollstationären Pflege vgl. § 87a Abs. 1 Satz 3.

Dritter Titel. Vollstationäre Pflege

§ 43 Inhalt der Leistung

(1) **Pflegebedürftige haben Anspruch auf Pflege in vollstationären Einrichtungen, wenn häusliche oder teilstationäre Pflege nicht möglich ist oder wegen der Besonderheit des einzelnen Falles nicht in Betracht kommt.**

(2) **^{1}Für Pflegebedürftige in vollstationären Einrichtungen übernimmt die Pflegekasse im Rahmen der pauschalen Leistungsbeträge nach Satz 2 die pflegebedingten Aufwendungen, die Aufwendungen der sozialen Betreuung und die Aufwendungen für Leistungen der medizinischen Behandlungspflege. ^{2}Der Anspruch beträgt je Kalendermonat
1. für Pflegebedürftige der Pflegestufe I 1 064 Euro,
2. für Pflegebedürftige der Pflegestufe II 1 330 Euro,
3. für Pflegebedürftige der Pflegestufe III
   a) 1 470 Euro ab 1. Juli 2008,
   b) 1 510 Euro ab 1. Januar 2010,
   c) 1 550 Euro ab 1. Januar 2012,
   d) 1 612 Euro ab 1. Januar 2015,**

§ 43   Viertes Kapitel. Leistungen der Pflegeversicherung

4. für Pflegebedürftige, die nach Absatz 3 als Härtefall anerkannt sind,
   a) 1 750 Euro ab 1. Juli 2008,
   b) 1 825 Euro ab 1. Januar 2010,
   c) 1 918 Euro ab 1. Januar 2012,
   d) 1 995 Euro ab 1. Januar 2015.

³Der von der Pflegekasse einschließlich einer Dynamisierung nach § 30 zu übernehmende Betrag darf 75 vom Hundert des Gesamtbetrages aus Pflegesatz, Entgelt für Unterkunft und Verpflegung und gesondert berechenbaren Investitionskosten nach § 82 Abs. 3 und 4 nicht übersteigen.

(3) ¹Die Pflegekassen können in besonderen Ausnahmefällen zur Vermeidung von Härten die pflegebedingten Aufwendungen, die Aufwendungen der sozialen Betreuung und die Aufwendungen für Leistungen der medizinischen Behandlungspflege pauschal in Höhe des nach Absatz 2 Satz 2 Nr. 4 geltenden Betrages übernehmen, wenn ein außergewöhnlich hoher und intensiver Pflegeaufwand erforderlich ist, der das übliche Maß der Pflegestufe III weit übersteigt, beispielsweise bei Apallikern, schwerer Demenz oder im Endstadium von Krebserkrankungen. ²Die Ausnahmeregelung des Satzes 1 darf für nicht mehr als fünf vom Hundert aller versicherten Pflegebedürftigen der Pflegestufe III, die stationäre Pflegeleistungen erhalten, Anwendung finden. ³Der Spitzenverband Bund der Pflegekassen überwacht die Einhaltung dieses Höchstsatzes und hat erforderlichenfalls geeignete Maßnahmen zur Einhaltung zu ergreifen.

(4) Wählen Pflegebedürftige vollstationäre Pflege, obwohl diese nach Feststellung der Pflegekasse nicht erforderlich ist, erhalten sie zu den pflegebedingten Aufwendungen einen Zuschuß in Höhe des in § 36 Abs. 3 für die jeweilige Pflegestufe vorgesehenen Gesamtwertes.

(5) Bei vorübergehender Abwesenheit von Pflegebedürftigen aus dem Pflegeheim werden die Leistungen für vollstationäre Pflege erbracht, solange die Voraussetzungen des § 87a Abs. 1 Satz 5 und 6 vorliegen.

Inhaltsübersicht

	Rn.
I. Geltende Fassung	1
II. Normzweck und Überblick	2
III. Nachrang der stationären Pflege? (Abs. 1)	6
IV. Umfang der Leistung (Abs. 2)	7
1. Pauschalbeträge und Höchstgrenzen	9
2. Leistungsinhalt (Abs. 2 Satz 1)	13
3. Unterkunft, Verpflegung und Zusatzleistungen	16
4. Härteklausel (Abs. 3 Satz 1)	18
5. Begrenzung der Anzahl der Härtefälle (Abs. 3 Satz 2)	20
6. Leistungen der PV und Heimentgelt	21
V. Zuschuss bei nicht erforderlicher stationärer Pflege (Abs. 4)	23
1. Voraussetzungen einer nicht erforderlichen stationären Pflege	24
2. Ansprüche bei nicht erforderliche stationäre Pflege	25
VI. Vorübergehende Abwesenheit (Abs. 5)	26
VII. Pflege in nicht zugelassenen vollstationären Einrichtungen	27

I. Geltende Fassung

1   Die Vorschrift ist am 1. Juli 1996 in Kraft getreten. Hierzu bedarf es gem. Art. 68 Abs. 3 iVm. Art. 69 Abs. 1 Satz 1 PflegeVG einer RechtsVO der Bundesregierung. Die mit dem PflegeVG verabschiedete Fassung entspricht nur in Abs. 1 dem RegE

Inhalt der Leistung **§ 43**

(dort § 39); vgl. Begr. des RegE, S. 115. Abs. 2 Satz 1 und Abs. 3 (jetzt Abs. 4) wurden aufgrund der Beschlussempfehlung des AuS-Ausschusses geändert (BT-Drucks. 12/5920, S. 42 f.; zur Begr. vgl. BT-Drucks. 12/5952, S. 40). Im ersten Vermittlungsverfahren wurde in Abs. 2 Satz 1 erneut geändert und die Sätze 4 und 5 (jetzt Abs. 3) angefügt (BT-Drucks. 12/6424, S. 3. Durch das 1. SGB XI-ÄndG wurden folgende Änderungen vorgenommen: Abs. 2 der ursprünglichen Fassung wurde geteilt. Die Härteklausel in Abs. 2 Satz 4 und 5 wurde als Abs. 3 verselbstständigt und inhaltlich geändert, der bisherige Abs. 3 (Zuschuss bei nicht erforderlicher stationärer Pflege) wurde Abs. 4. Abs. 2 Satz 1 wurde inhaltlich geändert; Satz 2 wurde hinzugefügt, Satz 2 und 3 der ursprünglichen Fassung wurden gestrichen. Die Befristung der Übernahme der Aufwendungen der medizinischen Behandlungspflege in Abs. 2, 3 Satz 1, 5 Satz 1 (in der bis zum GKV-WSG geltenden Fassung) ist zunächst durch das GKV-Gesundheitsreformg 2000 geändert worden; die Befristung wurde in der Folgezeit mehrfach verlängert, zuletzt durch Gesetz vom 21.3.2005 (BGBl. I S. 818) bis 30.6.2007; durch Art. 8 Nr. 13 GKV-WSG wurde Abs. 2 neu gefasst (die zuvor in Abs. 5 aufgeführten Leistungssätze wurden in den Abs. 2 übernommen), die Befristung in Abs. 2 und 3 aufgehoben und Abs. 5 ganz gestrichen. Durch Art. 1 Nr. 23 wurden die Abs. 2 und 3 neu gefasst und Abs. 5 mit neuem Regelungsgehalt angefügt. Im PSG I wurden die Leistungsbeträge erhöht.

II. Normzweck und Überblick

Vollstationäre Pflege auf Dauer (Heimpflege) als Leistung der PV wird seit dem 2
1.7.1996 gewährt. Das dem SGB XI zugrundeliegende Sachprogramm ist auf **Vermeidung von stationärer Pflege** ausgerichtet. Dies soll vor allem durch Förderung der häuslichen Pflege erreicht werden. Der Gesetzgeber durfte davon ausgehen, dass für eine Ausweitung der Heimpflege einerseits die erforderlichen personellen Ressourcen nicht bereitstehen und andererseits die Finanzierungskosten das Sozialleistungssystem zu überfordern drohen. Die Voraussetzungen für die Inanspruchnahme von Heimpflege (Abs. 1) wurden deshalb so ausgestaltet, dass sie den Eindruck erwecken, es handele sich um eine gegenüber der häuslichen und teilstationären Pflege subsidiäre Leistung. Tatsächlich besteht **kein Nachrang gegenüber den anderen Pflegearten**. Jeder Pflegebedürftige kann, unabhängig von der Pflegestufe, der er zugeordnet ist, stationäre Pflege wählen, sofern er hierfür einen sachlichen Grund hat; dies folgt schon aus dem auch in § 2 enthaltenen Selbstbestimmungsrecht (s. a. *Lutter,* BABl. 1994, 28, 33; a. A. *Leitherer*, in: KassKomm, SGB XI, § 43 Rn. 17; vgl. hierzu auch unten Rn. 4 und 23). Versicherte mit erheblichem allgemeinem Betreuungsbedarf nach § 45 a, deren verrichtungsbezogener Pflegebedarf die Voraussetzungen der Pflegestufe I nicht erreicht, können dagegen die Leistungen nach § 43 nicht beanspruchen.

Das ursprüngliche, in der Fassung des SGB XI von 1994 festgelegte **Leistungs-** 3
konzept für die stationäre Pflege sah einen umfassenden und von der Pflegestufe unabhängigen Sachleistungsanspruch auf Pflegeleistungen vor. Es wurde erst aus dem Zusammenwirken des § 43 mit den entsprechenden Vorschriften des Leistungserbringerrechts (insb. §§ 82 und 84) deutlich. § 43 Abs. 2 enthielt – bis zur Höchstgrenze von individuell 1 432 Euro (2800 DM) bzw im Durchschnitt aller stationär pflegebedürftigen einer PK von 15 339 Euro (30 000 DM) eine Leistungspflicht der PKen für pflegebedingte Aufwendungen. Eine Zuzahlung des Pflegebedürftigen wäre danach nur dann angefallen, wenn und soweit der Pflegesatz die Höchstgrenzen überschritt; wobei insbesondere die kollektive Höchstgrenze auf den einzelnen Pflegebedürftigen nur schwierig umzusetzen war. Dieses Konzept ist seit dem Beginn der Leistungen bei stationärer Pflege am 1.7.1996 jedoch nicht realisiert, sondern durch **Übergangs-**
recht überlagert worden. Die mit dem 1. SGB XI-ÄndG eingeführten Übergangs-

Udsching

§ 43 Viertes Kapitel. Leistungen der Pflegeversicherung

vorschriften in Art. 49a PflegeVG (vgl. hierzu *Plate,* DOK 1996, 510; *Moldenhauer,* BKK 1996, 387, 388) verfolgten in erster Linie das Ziel, den Pflegeheimen die Umstellung des Vergütungssystems von dem früher einheitlichen Heimentgelt zum aufgespalteten Vergütungssystem des SGB XI (vgl. Vorbem. zu §§ 82 bis 92) zu erleichtern. Sie enthielten für den Geltungszeitraum des Art. 49a PflegeVG (1.7.1996 bis 31.12.1997) jedoch in dessen § 1 auch für die Pflegebedürftigen einschneidende Abweichungen gegenüber der Ursprungsfassung des § 43. Der umfassende und **von der Pflegestufe unabhängige Sachleistungsanspruch** der stationär versorgten Pflegebedürftigen wurde abgelöst durch pauschale, nach Pflegestufen differenzierende Leistungen. Nach dem Auslaufen des Übergangsrechts wurden die für die Leistungsansprüche der Versicherten maßgebenden Regelungen des Art. 49a § 1 PflegeVG mit dem 3. SGB XI-ÄndG (während des Gesetzgebungsverfahrens als viertes SGB XI-ÄndG bezeichnet, vgl. BT-Drucks. 13/9816) mit Wirkung vom 1.1.1998 als Abs. 5 dem § 43 angefügt. Danach tritt an die Stelle des von der Pflegestufe unabhängigen die pflegebedingten Aufwendungen (innerhalb der beschriebenen Höchstgrenzen) umfassenden Sachleistungsanspruch ein Anspruch auf Übernahme eines pauschalen Anteils der pflegebedingten Aufwendungen (zum Inhalt nachfolgend Rn. 4), dessen Höhe von der festgestellten Pflegestufe abhängt (vgl. im Einzelnen unten Rn. 9). Durch Art. 8 Nr. 13 GKV-WSG wurde die Regelung in den Abs. 2 integriert und Abs. 5 gestrichen.

4   In der ursprünglichen Fassung des Abs. 2 war die Leistungspflicht der PV beschränkt auf **„pflegebedingte Aufwendungen"**. Die Definition dieses Begriffs befand sich ursprünglich in Abs. 2 Satz 2 und 3; im 1. SGB XI-ÄndG wurde sie dort gestrichen und in den § 4 Abs. 2 Satz 2 übertragen. Zugleich wurde die Leistungspflicht der PV ausgedehnt auf Aufwendungen der **sozialen Betreuung** sowie, zunächst zeitlich befristet, auf Aufwendungen für Leistungen der **medizinischen Behandlungspflege** (vgl. hierzu § 14 Rn. 11 f.). Diese Ergänzung ist bei allen Formen der stationären Pflege vorgenommen worden (vgl. § 41 Abs. 2 und § 42 Abs. 2 Satz 3). Die Notwendigkeit, Aufwendungen der sozialen Betreuung bei stationärer Pflege in den Leistungsumfang einzubeziehen, wurde damit begründet (BT-Drucks. 13/3696 zu Nr. 18), dass das vollstationäre Pflegeheim dem dort untergebrachten Pflegebedürftigen mehr bieten müsse als lediglich Grundpflege, Unterkunft und Verpflegung. Es sei Wohn- und Lebensraum, in dem Menschen, die nicht oder nicht mehr in ihrer Familie oder in ihrer eigenen Wohnung betreut werden können, einen neuen Mittelpunkt ihres Lebens finden müssten. Dazu gehöre neben der erforderlichen Wohnqualität auch die Vermittlung einer Lebensqualität, die es den Pflegebedürftigen ermögliche, trotz ihres Hilfebedarfs ein selbst bestimmtes Leben im Pflegeheim zu führen. Die Einbeziehung der zusätzlichen Pflegebereiche sollte jedoch nur bewirken, dass die hierdurch aufseiten der Pflegeheime entstehenden Kosten (vor allem für das erforderliche Personal) im Rahmen des Pflegesatzes Berücksichtigung finden konnten. Eine Erhöhung der für den Leistungsanspruch des Pflegebedürftigen maßgebenden Höchstgrenzen sollte hiermit ebenso wenig verbunden sein wie eine Einbeziehung der entsprechenden Hilfen in die Bemessung des Pflegebedarfs.

5   Neben den pflegebedingten Aufwendungen und den Aufwendungen für soziale Betreuung und für Leistungen der medizinischen Behandlungspflege fallen weitergehende Kosten des Aufenthaltes in einem Pflegeheim nicht in die Leistungspflicht der PV. **Die Kosten für Unterbringung und Verpflegung** (sog. Pensionskosten) muss der Pflegebedürftige selbst tragen (§ 4 Abs. 2 Satz 2 2. Hs). In **Härtefällen** können die PK, wie bei der Pflegesachleistung iR der häuslichen Pflege (§ 36 Abs. 4), Mehrleistungen erbringen (Abs. 3), deren Gesamtumfang auf 5 v. H. der bei der jeweiligen PK stationär versorgten Pflegebedürftigen der Pflegestufe III begrenzt ist (Abs. 3 Satz 2).

Inhalt der Leistung **§ 43**

III. Nachrang der stationären Pflege? (Abs. 1)

Der Wortlaut der Vorschrift spricht für einen Nachrang der vollstationären gegen- **6** über der häuslichen und der teilstationären Pflege. Im Gesetzgebungsverfahren war jedoch nie umstritten, dass dem Wunsch des Pflegebedürftigen insoweit Vorrang zukommt (BT-Drucks. 12/5262, S. 115 zu § 39 Abs. 3). Andernfalls wären elementare Grundrechte des Pflegebedürftigen und potentieller Pflegepersonen betroffen. Ursprünglich sollte sein Leistungsanspruch auf 80 v. h. des Gesamtwertes der ambulanten Pflegeleistungen begrenzt werden, wenn er Heimpflege in Anspruch nimmt, obgleich dies objektiv nicht erforderlich ist (§ 39 Abs. 3 RegE). Diese zusätzliche Begrenzung wurde vom AuS-Ausschuss (S. 40, zu § 39 Abs. 3 E) gestrichen.

IV. Umfang der Leistung (Abs. 2)

Nach der ursprünglichen Konzeption der Vorschrift sollte auch die stationäre **7** Pflege von der PV als **Sachleistung** zur Verfügung gestellt werden. Es handelte sich von vornherein um eine begrenzte, zumindest nicht in jedem Fall den gesamten Pflegebedarf umfassende Sachleistung; insoweit bestehen gegenüber der Pflegesachleistung (nach § 36) keine prinzipiellen Unterschiede. Hieran hat sich durch die Begrenzung auf pauschale Leistungen für die einzelnen Pflegestufen im Grundsatz nichts geändert. Die PK verschafft dem Pflegebedürftigen die Sachleistung dadurch, dass sie gegenüber einem aufnahmebereiten Pflegeheim, mit dem sie einen Versorgungsvertrag nach § 72 abgeschlossen hat, eine Erklärung über die Übernahme der anteiligen Finanzierung abgibt. Die Beträge nach Abs. 2 stehen den Versicherten **nicht als Geldleistung der PK** zu, wie es beim Pflegegeld für selbst beschaffte Pflegehilfen (nach § 37) der Fall ist, sondern den Heimträgern als Entgelt der Pflegekassen für erbrachte Sachleistungen (BSGE 95, 102, 107 = SozR 4-3300 § 43 Nr. 1 = NZS 2006, 426). Etwas anderes ergibt sich auch nicht aus § 87a Abs. 3 Satz 1, wonach „die dem pflegebedürftigen Heimbewohner nach den §§ 41 bis 43 zustehenden Leistungsbeträge von seiner Pflegekasse mit befreiender Wirkung unmittelbar an das Pflegeheim zu zahlen" sind. Eine Zahlung „mit befreiender Wirkung" könnte nur insoweit erfolgen, als stationär versorgte Pflegebedürftige auf Grund des mit dem Heimträgern abgeschlossen zivilrechtlichen Heimvertrages das gesamte Pflegeentgelt (und nicht nur auf den von der Pflegeversicherung nicht abgedeckten Teil) in Anspruch genommen werden können, was aber grundsätzlich nicht der Fall ist.

Wählt der Pflegebedürftige ein Pflegeheim, das zwar zugelassen ist, mit dem jedoch **8** keine vertragliche Regelung der Pflegevergütung besteht (§ 85), so wird anstelle der Sachleistung **Kostenerstattung** gewährt, allerdings nur iH von 80 v. H. des Betrages, den die PK für Leistungen nach § 36 Abs. 3 aufzubringen hätte (§ 91 Abs. 2).

1. Pauschalbeträge und Höchstgrenzen

Im Gegensatz zur ursprünglichen Konzeption der Leistungen bei stationärer Pflege **9** (so Rn. 3) sieht Abs. 2 die Übernahme pauschaler Beträge für pflegebedingte Aufwendungen sowie Aufwendungen der sozialen Betreuung und der Behandlungspflege vor. Die **Pauschalbeträge** sind nach Pflegestufen gestaffelt und betragen monatlich:
- für Pflegebedürftige der Pflegestufe I: 1023 Euro,
- der Pflegestufe II: 1279 Euro,
- der Pflegestufe III: 1470 Euro ab 1. Juli 2008, 1510 Euro ab 1. Januar 2010 und 1550 Euro ab 1. Januar 2012,
sowie

Udsching

§ 43 Viertes Kapitel. Leistungen der Pflegeversicherung

– für Pflegebedürftige der Pflegestufe III, die als Härtefall anerkannt sind: 1750 Euro ab 1. Juli 2008, 1825 Euro ab 1. Januar 2010 und 1918 Euro ab 1. Januar 2012.

9a Die Rürup-Kommission hatte vorgeschlagen, die Leistungssätze auf das (in den Pflegestufen I und II niedrigere) Niveau der Sachleistungen bei häuslicher Pflege abzusenken. Eine entsprechende Gesetzesinitiative wurde jedoch nie umgesetzt. Im PfWG wurden die Leistungssätze der vollstationären Pflege allerdings bewusst entweder gar nicht (Pflegestufen I und II) oder nur sehr geringfügig (Pflegestufe III und Härtefall) erhöht.

10 Der Maßstab für die Zuordnung zu einer Pflegestufe ergibt sich auch bei stationärer Pflege allein aus den §§ 14, 15 (BSGE 85, 278 = SozR 3-3300 § 43 Nr. 1 = NZS 2000, 555). Das SGB XI enthält für die Bemessung des Pflegebedarfs, der für die Feststellung von Pflegebedürftigkeit und die Zuordnung zu den Pflegestufen maßgebend ist, nur einen einheitlichen Maßstab, der gleichermaßen für die häusliche wie die stationäre Pflege gilt (BSGE 85, 278 = SozR 3-3300 § 43 Nr. 1 = NZS 2000, 555). Er deckt sich nicht mit dem Leistungsinhalt der stationären Pflege (s. unten Rn. 13). Die Zuordnung zu den Pflegestufen richtet sich deshalb nach einer hypothetischen Bewertung des Pflegebedarfs auf der Grundlage einer durchschnittlichen häuslichen Wohnsituation und einer Durchführung der Pflege durch ehrenamtliche Pflegekräfte (§ 15 Abs. 3; s. auch PflRi Ziff. 6.1). Der **Aufwand für soziale Betreuung** und **medizinische Behandlungspflege findet** insoweit **keine Berücksichtigung.** Etwas anderes gilt nach Auffassung des BSG (BSGE 95, 102, 107 = SozR 4-3300 § 43 Nr. 1 = NZS 2006, 426) grundsätzlich auch nicht für die Zuordnung zu den Pflegeklassen, die für die Höhe des Pflegesatzes und damit für die Vergütung des Pflegeheims maßgebend sind (vgl. unten Rn. 20).

11 Gestrichen hat der Gesetzgeber im PflegeWEG die ursprünglich in Abs. 2 enthaltene **kollektive Höchstgrenze.** Danach durften die Ausgaben jeder PK für Leistungen der bei ihr versicherten Pflegebedürftigen in stationärer Pflege durchschnittlich 15 339 Euro je Pflegebedürftigen nicht überschreiten. Nach Abs. 2 Satz 2 hatte die PK jeweils zum 1. Januar und 1. Juli eines Jahres zu prüfen, ob dieser Durchschnittsbetrag eingehalten wurde. Abs. 5 Satz 3 aF ließ höhere Aufwendungen der einzelnen PK zu, wenn die Einhaltung des Durchschnittswerts innerhalb der jeweiligen Kassenart auf Bundesebene sichergestellt wurde. Die Begrenzungsregelung beruhte auf der ursprünglichen Konzeption eines von der Pflegestufe unabhängigen umfassenden Sachleistungsanspruchs, vgl. hierzu oben Rn. 3. Im Hinblick auf die pauschalen Leistungssätze (nach Abs. 2 nF bzw Abs. 5 aF) hatte sie keine praktische Bedeutung.

12 Nach **Abs. 2 Satz 3** darf der Pauschalbetrag, der von der PK für pflegebedingte Aufwendungen, Behandlungspflege und soziale Betreuung übernommen wird, darf **75 v. H.** des für den Versicherten maßgebenden **Heimentgelts** (Gesamtbetrag aus Pflegesatz, Entgelt für Unterkunft und Verpflegung und gesondert berechenbare Investitionskosten nach § 82 Abs. 3 und 4) nicht übersteigen. Der Pflegebedürftige würde andernfalls auch von den im Heimentgelt enthaltenen Hotelkosten entlastet, was § 4 Abs. 2 Satz 2 ausschließt; die Investitionskosten gehören nicht zu den von der PV zu tragenden Pflegeaufwendungen (vgl. § 82 Abs. 2). § 3 des Art. 49a PflegeVG sah vor, dass das Pflegeheim bis spätestens 31.7.1996 den Heimbewohnern und ihren Kostenträgern die im Heimentgelt enthaltenen Investitionskostenanteile mitzuteilen hatte, nicht durch öffentliche Fördermittel gedeckt werden. Eine entsprechende Informationspflicht wird man auch nach dem Auslaufen dieser Regelung aus dem Heimvertrag ableiten müssen.

2. Leistungsinhalt (Abs. 2 Satz 1)

13 Inhalt der Sachleistung sind die allgemeinen Pflegeleistungen i. S. von § 84 Abs. 4 sowie die Aufwendungen für Behandlungspflege und soziale Betreuung. Pflegebedingte Aufwendungen sind alle für die Versorgung des Pflegebedürftigen nach Art

Inhalt der Leistung **§ 43**

und Schwere seiner Pflegebedürftigkeit erforderlichen Pflegeleistungen der Pflegeeinrichtung (sog. allgemeine Pflegeleistungen). Mit der Änderung des Abs. 2 Satz 1 (im 1. SGB XI-ÄndG) wurden bei stationärer Pflege zusätzlich **Aufwendungen für medizinische Behandlungspflege und soziale Betreuung** in die Leistungspflicht der PV aufgenommen. Nach der Systematik des SGB XI handelt es sich hierbei nicht um „pflegebedingte Aufwendungen" (vgl. BR-Drucks. 228/96, S. 6). Zwar wird insb. die soziale Betreuung pflegewissenschaftlich als integraler Bestandteil der Pflege angesehen (eingehend hierzu *Pöld-Krämer*, in: LPK-SGB XI, § 43 Rn. 15), sie wird bei der Bemessung des Pflegebedarfs in den §§ 14, 15 jedoch nicht erwähnt (zur Vorgeschichte der Änderung des Abs. 2 Satz 1 vgl. insoweit *Udsching*, VSSR 1996, 271, 282). Das Gleiche gilt für die Behandlungspflege (zu diesem Begriff vgl. § 14 Rn. 11 f.; BSGE 82, 27, 32 = SozR 3-3300 § 14 Nr. 2 NZS 1998, 525), die als Pflegebedarf im Bereich der häuslichen Pflege nur dann zu berücksichtigen ist, wenn sie Bestandteil einer der maßgebenden Verrichtungen aus dem Katalog des § 14 Abs. 4 ist oder zwangsläufig im zeitlichen Zusammenhang mit einer solchen Verrichtung durchgeführt werden muss (vgl. hierzu § 14 Rn. 12). Die Behandlungspflege zählt bei Pflegebedürftigen, die sich in vollstationärer Pflege befinden grundsätzlich auch nicht zur Leistungspflicht der KV, denn § 37 SGB V erfasst nur die „häusliche" Krankenpflege. Die Einbeziehung der Aufwendungen für Behandlungspflege und soziale Betreuung ist lediglich eine Legitimation der Träger der PV, die Beitragsmittel der PV auch für derartige Aufwendungen verwenden und die entsprechenden Kosten in die Pflegesätze einbeziehen zu dürfen; sie hat dagegen keinen Einfluss auf die Bemessung des Pflegebedarfs und damit auf die Zuordnung eines Pflegebedürftigen zu einer Pflegestufe. (vgl. *Udsching*, VSSR 1996, 271, 283). Das BSG (BSGE 85, 278 = SozR 3-3300 § 43 Nr. 1 = NZS 2000, 555) hat klargestellt, dass sich der **Maßstab für die Feststellung von Pflegebedürftigkeit** und die Zuordnung zu den Pflegestufen nur aus den §§ 14, 15 ergibt und mit dem Leistungsinhalt der stationären Pflege nicht deckungsgleich ist. Mit dem GKV-WSG ist in § 37 Abs. 2 Satz 3 SGB V auch bei stationärer Pflege ein Anspruch auf **Behandlungspflege zu Lasten der KK** eingeführt worden, wenn der Pflegebedürftige einen besonders hohen Bedarf an Behandlungspflege hat; vgl. hierzu im Einzelnen: Richtlinien des Bundesausschusses der Ärzte und Krankenkassen über die Verordnung von „häuslicher Krankenpflege" in der Fassung vom 16. 2. 2000, zuletzt geändert am 17. 1. 2008/10. 4. 2008, BAnz. 2008, Nr. 84 S. 2028, Abschnitt I, 6.

Die PV übernimmt **nicht die gesamten Kosten der Unterbringung** in einem 14 Pflegeheim. Nicht zu den pflegebedingten Aufwendungen zählen: Die Kosten für Unterbringung und Verpflegung sowie für sog. Zusatzleistungen i. S. von § 88 (vgl. Abs. 2 Satz 3). Soweit der Pflegebedürftige nicht in der Lage ist, diese Kosten aus seinen Einkünften oder seinem Vermögen zu tragen, muss er sie als Hilfe zum Lebensunterhalt beim Sozialhilfeträger geltend machen. Nicht zum Leistungsinhalt der PV zählen auch die Aufwendungen der stationären Einrichtungen für **Investitionen** (vgl. § 82 Abs. 2). Die Investitionsförderung ist Angelegenheit der Länder (§ 9). Soweit die Länder eine personenbezogene Investitionsförderung betreiben, werden Pflegebedürftige, die den auf sie entfallenden Investitionskostenanteil aus eigenen Mitteln nicht tragen können, aus Landesmitteln entlastet (vgl. hierzu die Landespflegegesetze von Nordrhein-Westfalen, Niedersachsen und Hamburg, Nachweise unter § 9 Rn. 9).

Pflegesätze: Für die allgemeinen Pflegeleistungen werden zwischen dem Träger 15 des Pflegeheims, der PK und eventuell dem Sozialhilfeträger im Vorhinein Pflegesätze vereinbart (vgl. hierzu § 84 ff.), mit denen alle erforderlichen Pflegeleistungen abgegolten sind (§ 84 Abs. 4; vgl. *Rudolph*, RsDE 1997, Heft 37, S. 46, 52 f.). Die Pflegesätze sind in **drei Pflegeklassen** einzuteilen; ggf. ist für Härtefälle eine vierte Pflegeklasse vorzusehen (BSGE 89, 50, 60 = SozR 3-3300 § 12 Nr. 1 und BSG, Urteil vom 10. 4. 2008, B 3 P 4/07 R; die Zuordnung der Pflegebedürftigen zu den Pfle-

Udsching

§ 43 Viertes Kapitel. Leistungen der Pflegeversicherung

geklassen soll grundsätzlich nach der Zuordnung zu den Pflegestufen gem. § 15 erfolgen. Das BSG hatte zunächst entschieden, das Pflegeheim könne die Zuordnung zu einer höheren Pflegeklasse verlangen, soweit der tatsächliche Aufwand der stationären Versorgung höher sei, etwa weil zusätzlich soziale Betreuung und Behandlungspflege hinzutreten (BSGE 85, 278 = SozR 3-3300 § 43 Nr. 1 = NZS 2000, 555; s. § 84 Rn. 9). In BSGE 95, 102, 107 (SozR 4-3300 § 43 Nr. 1 = NZS 2006, 426) ist es von dieser Auffassung wieder abgerückt.

3. Unterkunft, Verpflegung und Zusatzleistungen

16   Abs. 2 Satz 3 der ursprünglichen Fassung des § 43 stellte ausdrücklich klar, dass die Aufwendungen für Unterkunft und Verpflegung nicht von der PV getragen werden. Im 1. SGB XI-ÄndG wurde die Regelung in § 43 Abs. 1 gestrichen und in den § 4 Abs. 2 Satz 2 aufgenommen. Damit wurde deutlich gemacht, dass sie nicht nur für die dauerhafte vollstationäre Pflege gilt, sondern für alle Formen stationärer Pflege und damit auch für die teilstationäre (§ 41) und die Kurzzeitpflege (§ 42). Daneben kann das Pflegeheim auch sog. Zusatzleistungen gesondert in Rechnung stellen. Hierzu zählen nur solche Leistungen, die nicht zum pflegebedingten Mindeststandard gehören; beispielsweise: Mehrkosten für die Unterbringung in einem Einzelzimmer, Beschäftigungstherapie etc. (vgl. im Einzelnen § 88). Anstelle des Pflegebedürftigen vereinbaren die als Pflegesatzparteien betroffenen Leistungsträger mit dem Träger der Pflegeeinrichtung die Entgelte für Unterkunft und Verpflegung (§ 87). Hierdurch soll der Pflegebedürftige vor einer Überforderung geschützt werden. **Investitionskosten** (§ 82 Abs. 2 und 3) dürfen weder in die Entgelte für Unterkunft und Verpflegung einfließen, noch sind sie bei der Pflegevergütung zu berücksichtigen. Sie fallen primär in den **Verantwortungsbereich der Länder,** die nach § 9 für die Vorhaltung einer leistungsfähigen, zahlenmäßig ausreichenden und wirtschaftlichen pflegerischen Versorgungsstruktur zu sorgen haben. Soweit die Investitionskosten nicht durch öffentliche Fördermittel gedeckt werden, kann das Pflegeheim sie in den Grenzen von § 82 Abs. 3 dem Pflegebedürftigen **gesondert in Rechnung stellen.**

17   Zur Abgrenzung der Investitionsaufwendungen sollte nach § 83 Abs. 1 Satz 1 Nr. 5 eine VO über die Abgrenzung der in der Pflegevergütung und in den Entgelten für Unterkunft und Verpflegung nicht zu berücksichtigenden Investitionsaufwendungen von den vergütungsfähigen Aufwendungen für Verbrauchsgüter (Pflege-AbgrenzungsVO), erlassen werden, die bislang jedoch nicht zustande gekommen ist. Zur Orientierung kann die entsprechende AbgrenzungsVO für das Pflegesatzrecht nach § 16 Satz 1 Nr. 5 KHG herangezogen werden.

4. Härteklausel (Abs. 3 Satz 1)

18   In besonderen Ausnahmefällen können die PKen Pflegebedürftigen, deren Hilfebedarf das in der Pflegestufe III übliche Maß weit übersteigt, höhere Leistungen als nach der Pflegestufe III gewähren. Die Leistungshöhe wird in Abs. 2 Satz 2 Nr. 4 festgelegt. Entgegen der dort verwandten Formulierung („für Pflegebedürftige, die nach Abs. 3 als Härtefall anerkannt sind") setzt der Anspruch auf höhere Leistungen keine Statusanerkennung als Härtefall voraus. Trotz der Verwendung des Begriffs „können" in Abs. 3 Satz 1 steht den PKen bei der Entscheidung über die Gewährung höherer Leistungen wegen Annahme eines Härtefalls **kein Ermessensspielraum** zu. Nach § 17 Abs. 1 Satz 3 hat der Spitzenverband Bund im Interesse der Gleichbehandlung aller Versicherten in Richtlinien die Anforderungen festzulegen, die im Einzelfall an die Anerkennung als Härtefall gestellt werden. Der Verwaltung steht nur insoweit ein Beurteilungsspielraum zu, als die von ihr in Richtlinien festgelegten Anforderungen so ausgestaltet werden müssen, dass die vom Gesetzgeber vorgegebene mengenmäßige Begrenzung der Härtefälle (Abs. 3 Satz 2, unten Rn. 20) nicht überschritten,

Inhalt der Leistung **§ 43**

aber auch nicht gänzlich verfehlt wird (BSGE 89, 44, 48 = SozR 3-3300 § 36 Nr. 3). Mit den in Abs. 3 Satz 1 genannten Beispielen des Pflegebedarfs bei Apallikern, schwerer Demenz oder im Endstadium einer Krebserkrankung gibt das G eine Orientierungsgröße für die in den Richtlinien festzulegenden Anforderungen vor. Zur Neufassung der HärtefallRi, die am 1.9.2006 in Kraft getreten sind vgl. BSG, Urteil vom 10.4.2008, B 3 P 4/07 R = SozR 4-3300 § 43 Nr. 2.

Zur **Anwendung der Härtefallregelung** haben die Spitzenverbände der PK **19** unter Beteiligung des MD gemeinsam und einheitlich Richtlinien zu beschließen (§ 17 Abs. 1 Satz 3). Nach Ziff. 4 der **HärtefallRi** (vom 10.7.1995 idF. des Beschlusses vom 28.10.2005, vom BMG mit Schreiben vom 21.6.2006 genehmigt), die gleichermaßen für die ambulante wie für die stationäre Pflege gelten, kann ein **außergewöhnlich hoher Pflegeaufwand** angenommen werden, wenn die täglich durchzuführenden Pflegemaßnahmen das übliche Maß der Grundversorgung bei Schwerstpflegebedürftigen (Pflegestufe III, s. hierzu Ziff. 4.1.3 der PflRi) qualitativ und quantitativ weit übersteigen. Hiervon ist auszugehen, wenn die Grundpflege für den Pflegebedürftigen mindestens sechs Stunden täglich, davon mindestens dreimal auch während der Nacht, erforderlich ist oder wenn die Grundpflege auch nachts nur von mehreren Pflegekräften gemeinsam (zeitgleich) erbracht werden kann und zumindest bei einer Verrichtung tagsüber und während der Nacht neben einer professionellen Pflegekraft eine ehrenamtliche Pflegeperson (z. B. ein Angehöriger) zum Einsatz kommt. Zusätzlich muss ständige Hilfe bei der hauswirtschaftlichen Versorgung erforderlich sein. Ein derart außergewöhnlich hoher Pflegeaufwand kann insbesondere bei folgenden Krankheitsbildern vorliegen: Krebserkrankungen im Endstadium, Aids-Erkrankungen im Endstadium, hohe Querschnittslähmung und Tetraplegie, Enzephalomyelitis disseminata im Endstadium, Wachkoma, schwere Ausprägung der Demenz, bei schweren Fehlbildungssyndromen und Fehlbildungen im Säuglings- und Kleinkindalter, schwersten neurologischen Defektsyndromen nach Schädelhirnverletzungen sowie im Endstadium der Mukoviszidose. Obgleich der Wortlaut von § 43 Abs. 3 mit demjenigen von § 36 Abs. 4 Satz 1 nicht identisch ist, bestehen in der Sache kaum Unterschiede. Die unterschiedlichen Formulierungen (§ 36 Abs. 4: in besonders gelagerten Einzelfällen ... besonders hoher Pflegeaufwand; § 43 Abs. 3: in besonderen Ausnahmefällen ... besonders hoher und intensiver Pflegeaufwand) dürften in erster Linie darauf zurückzuführen sein, dass die Regelungen im Gesetzgebungsverfahren zum PflegeVG erst in dem unter Zeitdruck abgelaufenen Vermittlungsverfahren eingefügt worden sind (BT-Drucks. 12/6424, S. 3). Die Annahme eines Härtefalls setzt zudem voraus, dass für die Heimpflege über den normalen Pflegesatz der Pflegestufe III hinaus **zusätzliche Kosten** aufzubringen sind (BSGE 89, 50, 61 = SozR 3-3300 § 12 Nr. 1; BSG, SozR 4-3300 § 43 Nr. 2 Rn. 17).

5. Begrenzung der Anzahl der Härtefälle (Abs. 3 Satz 2)

Die Härtefallregelung darf insgesamt nur 5 v. H. der Pflegebedürftigen der Pflege- **20** stufe III, die stationäre Pflegeleistungen erhalten, zugutekommen. Nach der Rechtslage seit dem 1. SGB XI-ÄndG bezog sich die Begrenzung jeweils auf die einzelne PK; Abs. 3 Satz 2 wurde im PflegeWEG insoweit geändert, als die Begrenzung sich jetzt auf alle versicherten Pflegebedürftigen der Pflegestufe III bezieht. Die Einschränkung des anspruchsberechtigten Personenkreises ist im Prinzip zulässig; denn der Gesetzgeber kann gerade bei neu eingeführten Sozialleistungen den Leistungsumfang und den anspruchsberechtigten Personenkreis an den nur begrenzt zur Verfügung stehenden Finanzmitteln ausrichten. Zu den insoweit geäußerten verfassungsrechtlichen Bedenken, die das BSG (BSGE 89, 44, 47 = SozR 3-3300 § 36 Nr. 3) nicht teilt vgl. § 36 Rn. 11. Die Einhaltung der Begrenzung der Anzahl der Härtefälle hat der Spitzenverband Bund der PKen zu überwachen (Abs. 3 Satz 3).

6. Leistungen der PV und Heimentgelt

21 Von der Zuordnung zu einer Pflegestufe hängt ab, in welcher Höhe sich die PK in Form der pauschalen Leistungen nach Abs. 2 an den in die Leistungspflicht der PV fallenden Kosten beteiligt (s oben Rn. 8). Maßgebend ist insoweit allein der Pflegesatz, da Pensions- und Investitionskosten nicht zur Leistungspflicht der PV gehören. Nach dem Heimrecht richtet sich die Höhe des Heimentgelts nach den Vorgaben des siebten und achten Kapitels des SGB XI (vgl. *Rudolph,* RsDE 1997, Heft 37, S. 46, 58); hierzu zählt auch die Zuordnung des Pflegebedürftigen zu den Pflegeklassen nach § 84 Abs. 2 Satz 2 und 3 (ggf. iVm. §§ 14, 15). Wegen des Anspruchs der Pflegeeinrichtung auf leistungsgerechte Vergütung (§ 84 Abs. 2 Satz 1) lässt sich hieraus ableiten, dass die Einrichtung durch die Zuordnung eines von ihr versorgten Pflegebedürftigen zu einer Pflegeklasse in eigenen Rechten betroffen ist und ihr deshalb das Recht zusteht, die Zuordnung eigenständig gerichtlich geltend zu machen (BSGE 85, 278 = SozR 3-3300 § 43 Nr. 1). Der Träger des Pflegeheims kann danach zwar (in den Grenzen des Abs. 2) gegen die PK auf Zahlung des Pflegesatzes einer höheren Pflegestufe klagen, nicht aber selbst die Einstufungsentscheidung der PK (als Bestandteil des dem Pflegebedürftigen erteilten Leistungsbescheides) angreifen; ebenso steht ihm kein „Drittwiderspruchsrecht" zu (a. M. *Kirchesch,* NZS 1998, 506).

22 Zur Durchsetzung des **Anspruchs der Einrichtung auf leistungsgerechte Vergütung** wurde im PQsG § 87 a Abs. 2 eingefügt (BSGE 85, 278 = SozR 3-3300 § 43 Nr. 1). Danach kann die Pflegeeinrichtung bei einer Erhöhung des Pflegebedarfs den Pflegebedürftigen auffordern, einen Höherstufungsantrag zu stellen. Dies hat in aller Regel für den Pflegebedürftigen eine höhere Belastung zu Folge, da die Differenz zur höheren Leistungspauschale nach Abs. 2 in der Regel geringer ausfällt als die Differenz zu dem mit der höheren Pflegeklasse verbundenen höheren Pflegesatz. Der Pflegebedürftige ist daher in der Regel daran interessiert, die niedrigere Pflegestufe beizubehalten. Die Pflegeeinrichtung hat – ggf. anhand der Pflegedokumentation – gegenüber dem Pflegebedürftigen die Tatsachen nachzuweisen, die einen höheren Pflegeaufwand begründen. Weigert sich der Pflegebedürftige, bei seiner PK einen Antrag auf Höherstufung zu stellen, so kann die Pflegeeinrichtung der PK ab dem ersten Tag des zweiten Monats nach der Aufforderung vorläufig den Pflegesatz nach der nächst höheren Pflegeklasse in Rechnung stellen. Zur Zahlungspflicht des pflegebedürftigen Heimbewohners bezüglich der Differenz zwischen Leistungspauschale und Heimentgelt vgl. § 6 Abs. 1 HeimG.

V. Zuschuss bei nicht erforderlicher stationärer Pflege (Abs. 4)

23 Die Regelung soll Pflegebedürftige davon abhalten, sich auch dann in stationäre Pflege zu begeben, wenn diese nicht erforderlich ist. Sie war bereits im RegE (S. 115, zu § 39 E) vorgesehen; enthielt dort zusätzlich noch eine Absenkung gegenüber dem Leistungsniveau der ambulanten Sachleistungen, die vom AuS-Ausschuss (Begr. BT-Drucks. 12/5952, S. 42/43) gestrichen wurde. Nach der Begr. des RegE (BT-Drucks. 12/5952, S. 42/43) soll vermieden werden, dass Pflegebedürftige, die keiner vollstationären Pflege bedürfen, entgegen dem Vorrang der häuslichen Pflege in vollstationäre Pflege abgeschoben werden und damit gleichzeitig auch noch Mehraufwendungen für die PV verursacht werden.

1. Voraussetzungen einer nicht erforderlichen stationären Pflege

24 Unter welchen Voraussetzungen eine stationäre Pflege als nicht erforderlich anzusehen ist, ist im Gesetzgebungsverfahren im Einzelnen nicht erörtert worden. Die Begr. des RegE (BT-Drucks. 12/5952, S. 42/43) zeigt, dass die fehlende Erforderlichkeit mit dem fehlenden Bedürfnis für stationäre Pflege umschrieben worden ist, was zur Problemlösung nichts beiträgt. Zweifelhaft ist vor allem, ob die Erforderlichkeit stationärer Pflege schon dann zu verneinen ist, wenn die **häusliche Pflege objektiv möglich** ist oder ob auch die subjektive Pflegebereitschaft hinzukommen muss. Soweit die Begr. zum RegE (BT-Drucks. 12/5952, S. 42/43) den Wunsch des Pflegebedürftigen erwähnt, stationär gepflegt zu werden, könnte dies dafür sprechen, dass nur die Fälle erfasst werden sollen, in denen die Durchführung häuslicher Pflege allein am entgegenstehenden Willen des Pflegebedürftigen scheitert, während die häusliche Pflege objektiv möglich und eine Pflegeperson zur Übernahme der Pflege bereit und in der Lage wäre. Auch bei einem derart eingeschränkten Anwendungsbereich erscheint die Vorschrift verfassungsrechtlich bedenklich. Angesichts des mit Pflegemaßnahmen zwangsläufig verbundenen Eingriffs in den Intimbereich dürfte es mit Art. 1 Abs. 1, 2 Abs. 1 GG kaum zu vereinbaren sein, wenn der Pflegebedürftige gezwungen wird, sich in die Obhut einer Pflegeperson zu begeben, der er die Pflege nicht zumuten will oder der gegenüber er Abneigung empfindet. Diese Bedenken werden im Schrifttum zwar überwiegend gesehen; dennoch hält man einen Anwendungsbereich der Regelung für denkbar (vgl. *Leitherer,* in: KassKomm, SGB XI, § 43 Rn. 16f.; *ders.,* in: HS-PV, § 18 Rn. 10 bis 18). Allein mit dem Argument, dass die Regelung sonst nicht verständlich wäre (so *Leitherer,* in: HS-PV, § 18 Rn. 18), lässt sich ein Anwendungsbereich jedoch nicht begründen.

2. Ansprüche bei nicht erforderliche stationäre Pflege

Bei nicht erforderlicher stationärer Pflege besteht anstelle der Übernahme der im Pflegeheim anfallenden pflegebedingten Aufwendungen (vgl. oben Rn. 7ff.) ein Anspruch auf einen **Zuschuss** in Höhe des Gesamtwertes der bei häuslicher Pflege nach § 36 Abs. 3 zu gewährenden Sachleistung. Dieser bemisst sich nach der Pflegestufe, der der Pflegebedürftige zugeordnet ist. 25

VI. Vorübergehende Abwesenheit (Abs. 5)

Die Leistungen bei stationärer Pflege sind in bestimmten Fällen auch dann zu gewähren, wenn der Pflegebedürftige sich vorübergehend nicht im Pflegeheim aufhält. Abzustellen ist insoweit auf die im PflegeWEG neu eingeführte Verpflichtung der Pflegeheime, den Heimplatz bei Abwesenheiten bis zu 42 Tagen (§ 87a Abs. 1 Satz 5) bzw. darüber hinaus bei einem Aufenthalt des Pflegebedürftigen in einem Krankenhaus oder einer Rehabilitationseinrichtung (§ 87a Abs. 1 Satz 6) frei zu halten. In dieser Zeit, in der die Vergütung für das Pflegeheim weitergezahlt wird, wird auch der pauschale Leistungsbetrag für den Pflegebedürftigen nach Absatz 2 gewährt. Zu einer Kürzung kann es nur nach § 43 Abs. 2 Satz 3 kommen, weil nach § 87a Abs. 1 Satz 7 das Heimentgelt während der Dauer der Abwesenheit grundsätzlich gekürzt wird und als Folge die Grenze von 75 vom Hundert des Gesamtbetrages aus Pflegesatz, Entgelt für Unterkunft und Verpflegung und gesondert berechenbaren Investitionskosten (vgl. Abs. 2 Satz 3) überschritten wird. 26

VII. Pflege in nicht zugelassenen vollstationären Einrichtungen

Leistungen der stationären Pflege können an Pflegebedürftige in Pflegeeinrichtungen, die nicht nach § 72 durch Versorgungsvertrag zugelassen sind, nicht gewährt werden (zu Einzelheiten vgl. § 91 Rn. 3); dies folgt bereits aus § 72 Abs. 1 Satz 1. Denkbar ist jedoch, dass in einer stationären Einrichtung Pflegeleistungen durch einen externen ambulanten Pflegedienst erbracht werden oder die Einrichtung selbst 27

§ 43a

Viertes Kapitel. Leistungen der Pflegeversicherung

über Pflegekräfte verfügt, die entweder durch Einzelvertrag nach § 77 legitimiert oder insgesamt als ambulanter Pflegedienst zugelassen sind. In diesen Fällen können Pflegesachleistungen nach § 36 in Anspruch genommen werden; andernfalls besteht ein Anspruch auf Pflegegeld nach § 37. Erfolgt die stationäre Pflege in einer Einrichtung, mit der **keine Vergütungsvereinbarung** i. S. der §§ 85, 86 besteht, so greift der in § 91 geregelte Kostenerstattungsanspruch ein. Zu erstatten sind die pflegebedingten Aufwendungen bis zur Höchstgrenze von 80 v. H. des Betrages, der entsprechend der Pflegestufe des Betroffenen als Pflegesachleistung zu gewähren wäre. In § 91 Abs. 2 fehlt die Ausweitung des Leistungsinhalts auf Aufwendungen der Behandlungspflege und der sozialen Betreuung. Die Spitzenverbände machen insoweit jedoch keinen Unterschied und legen der Kostenerstattung 75 v. H. des Heimentgelts zugrunde; maximal kann die Kostenerstattung 80 v. H. der in Abs. 2 aufgeführten Pauschalleistungen erreichen.

Vierter Titel. Pflege in vollstationären Einrichtungen der Hilfe für behinderte Menschen

§ 43a Inhalt der Leistung

¹Für Pflegebedürftige in einer vollstationären Einrichtung der Hilfe für behinderte Menschen, in der die Teilhabe am Arbeitsleben und am Leben in der Gemeinschaft, die schulische Ausbildung oder die Erziehung behinderter Menschen im Vordergrund des Einrichtungszwecks stehen (§ 71 Abs. 4), übernimmt die Pflegekasse zur Abgeltung der in § 43 Abs. 2 genannten Aufwendungen zehn vom Hundert des nach § 75 Abs. 3 des Zwölften Buches vereinbarten Heimentgelts. ²Die Aufwendungen der Pflegekasse dürfen im Einzelfall je Kalendermonat 266 Euro nicht überschreiten. ³Wird für die Tage, an denen die pflegebedürftigen Behinderten zu Hause gepflegt und betreut werden, anteiliges Pflegegeld beansprucht, gelten die Tage der An- und Abreise als volle Tage der häuslichen Pflege.

Inhaltsübersicht

		Rn.
I.	Geltende Fassung	1
II.	Normzweck	2
III.	Leistungsvoraussetzungen	3
IV.	Höhe der Leistung	4
V.	Verhältnis der Leistung nach § 43a zu den Leistungen bei häuslicher Pflege	5
VI.	Verfassungsrechtliche Fragen	6

I. Geltende Fassung

1 Die Vorschrift wurde im 1. SGB XI-ÄndG eingefügt. Die Aufnahme in das ÄndG erfolgte im Vermittlungsverfahren auf Veranlassung des Bundesrates; zur Begr. vgl. BR-Drucks. 228/96; BT-Drucks. 13/4521, S. 2, BT-Drucks. 13/4688 – Anlage. Im RegE des 1. SGB XI-ÄndG war die Vorschrift noch nicht vorgesehen, vgl. BT-Drucks. 13/3696; zur Beratung im AuS-Ausschuss vgl. BT-Drucks. 13/4091, S. 26. Durch Art. 10 Nr. 17 SGB IX wurde die Formulierung des Vorschrift an die Diktion des SGB IX angepasst. Durch Art. 1 Nr. 4a PflEG wurde Satz 3 angefügt. Durch Art. 10 Nr. 6 G vom 27.12.2003 (BGBl. I S. 3022) wurde die Bezugnahme auf § 93 Abs. 2 BSHG durch diejenige auf § 75 Abs. 3 SGB XII ersetzt.

II. Normzweck

Zur Abgeltung der Aufwendungen für Pflegeleistungen, die in vollstationären 2 Einrichtungen der Hilfe für behinderte Menschen erbracht werden, übernimmt die PK einen Anteil des Heimentgelts. Die Beteiligung der PV an den Kosten der Pflege in diesen Einrichtungen war im Gesetzgebungsverfahren äußerst umstritten (vgl. oben Rn. 1). Die Regelung steht im Zusammenhang mit der Ergänzung des § 71 um die Absätze 3 und 4 im 1. SGB XI-ÄndG. Als Kompensation für die Ausgrenzung der stationären Einrichtungen der Hilfe für behinderte Menschen aus dem Kreis der zugelassenen Leistungserbringer der PV übernimmt die PK zehn v. H. des Heimentgelts; im Einzelfall dürfen die Aufwendungen 256 Euro je Monat nicht übersteigen. Die Leistungspflicht der PK nach § 43a besteht nur bei Pflege in vollstationären Einrichtungen i. S. von § 71 Abs. 4 nF. Bei teilstationären Einrichtungen (etwa Werkstatt für behinderte Menschen) kommt die Regelung nicht zur Anwendung.

III. Leistungsvoraussetzungen

Der Wortlaut der Vorschrift („für Pflegebedürftige ... übernimmt die PK") lässt 3 nicht Weiteres erkennen, wer leistungsberechtigt sein soll. In Betracht kommen der Pflegebedürftige selbst, der Einrichtungsträger oder der die Gesamtkosten des Aufenthalts tragende Sozialhilfeträger, dessen finanzielle Entlastung der wesentliche Grund für die Aufnahme der Vorschrift ist. Aus ihrer Stellung im dritten Abschnitt wird man folgern müssen, dass es sich um einen Anspruch des Pflegebedürftigen handelt (so auch *Reimer*, in: H/N, § 43a Rn. 3; *Leitherer*, in: KassKomm, SGB XI, § 43a Rn. 4). In seiner Person müssen die Leistungsvoraussetzungen, wie VorVersZeit und Pflegebedürftigkeit erfüllt sein; er muss die Leistung auch beantragen. Eine Differenzierung der Pflegebedürftigkeit nach Pflegestufen ist nicht erforderlich. Bei der auch hier erforderlichen Prüfung der Voraussetzungen der Pflegebedürftigkeit durch den MD nach § 18 genügt die Feststellung, dass die Voraussetzungen der Pflegestufe I vorliegen (§ 15 Abs. 1 Satz 2).

IV. Höhe der Leistung

Die PK übernimmt pauschal zehn v. H. des nach § 75 Abs. 3 SGB XII vereinbarten 4 Heimentgelts, höchstens 256 Euro monatlich. Die Höhe des Heimentgelts ergibt sich aus der Vereinbarung zwischen dem Einrichtungsträger und dem für dessen Bereich zuständigen Sozialhilfeträger. Die Höhe der Leistung hängt nicht vom Pflegeaufwand im konkreten Einzelfall ab.

V. Verhältnis der Leistung nach § 43a zu den Leistungen bei häuslicher Pflege

Nach § 34 Abs. 2 Satz 1 ruht der Anspruch auf Leistungen bei häuslicher Pflege 5 „für die Dauer des stationären Aufenthalts". Eine Kombination von vollstationärer und häuslicher Pflege war bis zum PNG im SGB XI nicht vorgesehen. Geregelt war allein das Nebeneinander von teilstationärer und häuslicher Pflege in § 41 Abs. 3. Der Pflegebedürftige kann, solange der für die jeweilige Pflegestufe vorgesehene Höchstwert der Sachleistung nicht ausgeschöpft ist, wahlweise Pflegesachleistung oder Pflegegeld in Anspruch nehmen. Als teilstationär sieht § 41 Abs. 1 nur die Pflege in Einrichtungen der Tages- oder Nachtpflege an, nicht dagegen die gerade in Einrich-

§ 43a Viertes Kapitel. Leistungen der Pflegeversicherung

tungen der Hilfe für behinderte Menschen häufig anzutreffende **Kombination von vollstationärer Unterbringung** während der Woche, etwa zur Ermöglichung einer Erwerbstätigkeit der Eltern des Behinderten, **und häuslicher Betreuung** am Wochenende, an Feiertagen und eventuell während der Ferienzeit. Der durch das PNG mWv 30.10.2012 eingefügte § 38 Satz 5 gewährt nunmehr ausdrücklich einen Anspruch auf ungekürztes Pflegegeld anteilig für die Tage, an denen sich der Pflegebedürftige zu Hause befindet. Der Gleichbehandlungsgrundsatz machte jedoch bereits zuvor eine entsprechende Anwendung des § 41 Abs. 3 auf diese Fallgestaltung zwingend erforderlich. Leistungen der häuslichen Pflege kommen allerdings nur anteilig für die Zeiten des Aufenthalts im häuslichen Bereich in Betracht (vgl. BSG, Urteil vom 29.4.1999, B 3 P 11/98 R, FEVS 51, 98). Der Gesetzgeber hatte der Rechtsprechung bereits Rechnung getragen und in dem mWv 1.1.2002 angefügten Satz 3 zusätzlich festgelegt, dass die Tage der An- und Abreise der häuslichen Pflege zuzuordnen sind. Anlass der mit dem PNG in § 38 Satz 5 eingeführten Neuregelung war die Praxis der PK, die für die häusliche Pflege zur Verfügung stehende Geldleistung um den sich aus § 43a ergebenden Leistungsanspruch zu kürzen, was systematisch zutreffend war, weil es sich zumindest um den Teil einer Sachleistung handelt (vgl. die Vorauflage an dieser Stelle). Der Ausschuss für Gesundheit hielt diese Praxis für unbillig (BT-Drucks. 17/10170, S. 16).

VI. Verfassungsrechtliche Fragen

6   Die Regelung in § 43a ist eine Folge der Aufteilung der Finanzverantwortung für Sozialleistungen im föderativen System der Bundesrepublik. Im Rahmen der von den Ländern zu tragenden **Eingliederungshilfe** fallen bei der Versorgung von Behinderten zwangsläufig auch pflegerische Leistungen an, die geeignet sind, Leistungen der PV zu begründen. Behinderte Menschen sind jedoch vorrangig daran interessiert, Leistungen der Eingliederungshilfe umfassend aus einer Hand zu erhalten; die dort erforderlichen Maßnahmen sind vielschichtiger und stärker auf Teilhabe- und Integrationsaspekte ausgerichtet als die pflegerische Versorgung. Ihren Interessen werden die komplexen Leistungen der Eingliederungshilfe daher eher gerecht als die Leistungen der Pflegeversicherung; zumal die Realisierung des Leistungsanspruchs nur noch rudimentär von der fehlenden finanziellen Leistungsfähigkeit des Betroffenen bzw der seiner Angehörigen abhängt (vgl. §§ 85 ff. SGB XII). Behinderte pflegebedürftige Menschen sind andererseits beitragspflichtige Mitglieder der PV oder zumindest über die Familienversicherung im Versicherungsschutz einbezogen; woraus Weiteres ein Anspruch auf Einbeziehung in das Leistungssystem des SGB XI abgeleitet werden kann. Hierdurch würde zugleich eine Entlastung der für die Finanzierung von Sozialhilfeleistungen zuständigen Bundesländer eintreten.

7   Allein aus der Tatsache, dass unter diesen Voraussetzungen die Einführung der in § 43a geregelten Leistung Folge eines „politischen" Kompromisses der Gesetzgebungsorgane Bundestag und Bundesrat war, kann noch nicht die Verfassungswidrigkeit der Regelung abgeleitet werden (BSG, SozR 3-3300 § 43a Nr. 3). Auch die Tatsache, dass im Gesetzgebungsverfahren die Einbeziehung der Pflege in Einrichtungen der Behindertenhilfe in die Leistungspflicht der Pflegeversicherung als nicht finanzierbar angesehen worden ist (vgl. BT-Drucks. 13/4091, S. 36), begründet noch nicht das Verdikt der Verfassungswidrigkeit. Prüfungsmaßstab kann allein Art. 3 GG unter dem Gesichtspunkt der Systemwidrigkeit sein. Die Verlagerung der Kostenlast von den Sozialhilfeträgern auf die PV ist nicht systemwidrig, weil es sich um Kosten bei Pflegebedürftigkeit handelt. Aus der Sicht der betroffenen Versicherten, die Pflegeleistungen in Einrichtungen der Behindertenhilfe in Anspruch nehmen, erfüllt die Regelung die Ziele, die der Gesetzgeber mit den Leistungen der Pflegeversicherung insgesamt erreichen wollte, nämlich die Versicherten spürbar von der Abhängigkeit

Leistungen zur sozialen Sicherung der Pflegepersonen § 44

von der Sozialhilfe zu entlasten (BSG, SozR 3-3300 § 43a Nr. 3). Dass die Leistungshöhe aus verwaltungspraktischen Gründen typisierend auf einen Betrag von 256 Euro festgelegt worden ist und damit die Höhe der Leistungen bei stationärer Pflege erheblich unterschreitet, ist angesichts der komplexen Leistungsstruktur bei der Versorgung behinderter Pflegebedürftiger vertretbar.

Vierter Abschnitt. Leistungen für Pflegepersonen

§ 44 Leistungen zur sozialen Sicherung der Pflegepersonen

(1) ¹Zur Verbesserung der sozialen Sicherung der Pflegepersonen im Sinne des § 19 entrichten die Pflegekassen und die privaten Versicherungsunternehmen, bei denen eine private Pflege-Pflichtversicherung durchgeführt wird, sowie die sonstigen in § 170 Abs. 1 Nr. 6 des Sechsten Buches genannten Stellen Beiträge an den zuständigen Träger der gesetzlichen Rentenversicherung, wenn die Pflegeperson regelmäßig nicht mehr als dreißig Stunden wöchentlich erwerbstätig ist. ²Näheres regeln die §§ 3, 137, 166 und 170 des Sechsten Buches. ³Der Medizinische Dienst der Krankenversicherung stellt im Einzelfall fest, ob und in welchem zeitlichen Umfang häusliche Pflege durch eine Pflegeperson erforderlich ist, und erfragt in den Fällen, in denen die Pflege des Pflegebedürftigen die Dauer von 14 Stunden unterschreitet, ob die Pflegeperson weitere Pflegebedürftige pflegt. ⁴Der Pflegebedürftige oder die Pflegeperson haben darzulegen und auf Verlangen glaubhaft zu machen, daß Pflegeleistungen in diesem zeitlichen Umfang auch tatsächlich erbracht werden. ⁵Dies gilt insbesondere, wenn Pflegesachleistungen (§ 36) in Anspruch genommen werden. ⁶Während der pflegerischen Tätigkeit sind die Pflegepersonen nach Maßgabe der §§ 2, 4, 105, 106, 129, 185 des Siebten Buches in den Versicherungsschutz der gesetzlichen Unfallversicherung einbezogen. ⁷Pflegepersonen, die nach der Pflegetätigkeit in das Erwerbsleben zurückkehren wollen, können bei beruflicher Weiterbildung nach Maßgabe des Dritten Buches bei Vorliegen der dort genannten Voraussetzungen gefördert werden.

(2) Für Pflegepersonen, die wegen einer Pflichtmitgliedschaft in einer berufsständischen Versorgungseinrichtung auch in ihrer Pflegetätigkeit von der Versicherungspflicht in der gesetzlichen Rentenversicherung befreit sind oder befreit wären, wenn sie in der gesetzlichen Rentenversicherung versicherungspflichtig wären und einen Befreiungsantrag gestellt hätten, werden die nach Absatz 1 Satz 1 und 2 zu entrichtenden Beiträge auf Antrag an die berufsständische Versorgungseinrichtung gezahlt.

(3) ¹Die Pflegekasse und das private Versicherungsunternehmen haben die in der Renten- und Unfallversicherung zu versichernde Pflegeperson den zuständigen Renten- und Unfallversicherungsträgern zu melden. ²Die Meldung für die Pflegeperson enthält:
1. ihre Versicherungsnummer, soweit bekannt,
2. ihren Familien- und Vornamen,
3. ihr Geburtsdatum,
4. ihre Staatsangehörigkeit,
5. ihre Anschrift,
6. Beginn und Ende der Pflegetätigkeit,
7. die Pflegestufe des Pflegebedürftigen und
8. die unter Berücksichtigung des Umfangs der Pflegetätigkeit nach § 166 des Sechsten Buches maßgeblichen beitragspflichtigen Einnahmen.

§ 44　　　　Viertes Kapitel. Leistungen der Pflegeversicherung

³Der Spitzenverband Bund der Pflegekassen sowie der Verband der privaten Krankenversicherung e. V. können mit der Deutschen Rentenversicherung Bund und mit den Trägern der Unfallversicherung Näheres über das Meldeverfahren vereinbaren.

(4) Der Inhalt der Meldung nach Absatz 3 Satz 2 Nr. 1 bis 6 und 8 ist der Pflegeperson, der Inhalt der Meldung nach Absatz 3 Satz 2 Nr. 7 dem Pflegebedürftigen schriftlich mitzuteilen.

(5) ¹Die Pflegekasse und das private Versicherungsunternehmen haben in den Fällen, in denen eine nicht erwerbsmäßig tätige Pflegeperson einen Pflegebedürftigen pflegt, der Anspruch auf Beihilfeleistungen oder Leistungen der Heilfürsorge hat und für die die Beiträge an die gesetzliche Rentenversicherung nach § 170 Abs. 1 Nr. 6 Buchstabe c des Sechsten Buches anteilig getragen werden, im Antragsverfahren auf Leistungen der Pflegeversicherung von dem Pflegebedürftigen ab dem 1. Juni 2005 die zuständige Festsetzungsstelle für die Beihilfe oder den Dienstherrn unter Hinweis auf die beabsichtigte Weiterleitung der in Satz 2 genannten Angaben an diese Stelle zu erfragen. ²Der angegebenen Festsetzungsstelle für die Beihilfe oder dem Dienstherrn sind bei Feststellung der Beitragspflicht die in Absatz 3 Satz 2 Nr. 1 bis 5 und 8 genannten Angaben sowie der Beginn der Beitragspflicht mitzuteilen. ³Absatz 4 findet auf Satz 2 entsprechende Anwendung.

(6) ¹Für die Fälle, in denen eine Mindeststundenzahl von 14 Stunden wöchentlicher Pflege für die Rentenversicherungspflicht einer Pflegeperson nur durch die Pflege mehrerer Pflegebedürftiger erreicht wird, haben der Spitzenverband Bund der Pflegekassen, der Verband der privaten Krankenversicherung e. V. und die Deutsche Rentenversicherung Bund das Verfahren und die Mitteilungspflichten zwischen den an einer Addition von Pflegezeiten beteiligten Pflegekassen und Versicherungsunternehmen durch Vereinbarung zu regeln. ²Die Pflegekassen und Versicherungsunternehmen dürfen die in Absatz 3 Satz 2 Nummer 1 bis 3 und 6 und, soweit dies für eine sichere Identifikation der Pflegeperson erforderlich ist, die in den Nummern 4 und 5 genannten Daten sowie die Angabe des zeitlichen Umfangs der Pflegetätigkeit der Pflegeperson an andere Pflegekassen und Versicherungsunternehmen, die an einer Addition von Pflegezeiten beteiligt sind, zur Überprüfung der Voraussetzungen der Rentenversicherungspflicht der Pflegeperson übermitteln und ihnen übermittelte Daten verarbeiten und nutzen.

Inhaltsübersicht

	Rn.
I. Geltende Fassung	1
II. Normzweck und Überblick	2
III. Allgemeines	3
IV. Inhalt und Voraussetzungen der Leistungen zur sozialen Sicherung	4
1. Beitragsentrichtung zur GRV (Abs. 1 Satz 1 und 2)	4
2. Verweisung auf Regelungen des SGB VI (Abs. 1 Satz 2)	5
a) § 3 SGB VI	5
b) Zuständigkeit der Deutschen Rentenversicherung Knappschaft-Bahn-See	6
c) § 166 SGB VI – beitragspflichtige Einnahmen:	7
d) Aufteilung der beitragspflichtigen Einnahmen bei mehreren Pflegepersonen	8
e) Beitragstragung bei sonstigen Versicherten	11
3. Versicherungsfreiheit in der GRV	12
4. Feststellung des zeitlichen Pflegebedarfs (Abs. 1 Sätze 3 bis 5)	14

Leistungen zur sozialen Sicherung der Pflegepersonen **§ 44**

Rn.
5. GUV (Abs. 1 Satz 6) 17
6. Förderung beruflicher Weiterbildung (Abs. 1 Satz 7) 20
V. Beiträge an berufsständische Versorgungseinrichtungen (Abs. 2) 21
VI. Meldepflichten (Abs. 3 und 6) 22
VII. Datenschutz (Abs. 4, Abs. 6 Satz 2) 23
VIII. Zahlung von RV-Beiträgen durch die Beihilfestelle (Abs. 5) 24

I. Geltende Fassung

Die Vorschrift ist mWv 1. 4. 1995 durch Art. 1 PflegeVG eingeführt worden. Sie be- 1
ruht nur in Teilbereichen auf der ursprünglichen Fassung des RegE (dort § 40); Begr. des
RegE S. 116. Auf Veranlassung des AuS-Ausschusses wurde Abs. 1 neu formuliert. Während die Fassung des RegE die Entrichtung von Beiträgen zur GRV nur dann vorsah,
wenn die Pflegeperson keine oder nur eine halbtägige Erwerbstätigkeit ausübt, lässt die
Fassung des AuS-Ausschusses eine regelmäßige wöchentliche Erwerbstätigkeit bis zu
30 Stunden zu (BT-Drucks. 12/5952, S. 40). Durch die Beschlussempfehlung des AuS-
Ausschusses wurde außerdem in Abs. 3 Nr. 8 sowie der gesamte Abs. 4 angefügt; Abs. 3
Satz 3 wurde redaktionell geändert. Durch das 1. SGB-ÄndG wurden folgende Änderungen vorgenommen: In Abs. 1 wurde Satz 1 inhaltlich geändert, Satz 2 blieb unverändert, die Sätze 3 bis 5 wurden neu hinzugefügt, die bisherigen Sätze 3 und 4 sind jetzt
Sätze 6 und 7. Abs. 2 wurde hinzugefügt; die bisherigen Absätze 2 und 3 sind jetzt Absätze 3 und 4; die Änderungen in Abs. 1 Satz 1 sowie die Einfügung von Abs. 2 sind rückwirkend zum 1. 4. 1995 in Kraft getreten (Art. 8 Abs. 2 des 1. SGB XI-ÄndG); zur Begr.
vgl. BT-Drucks. 13/3696, S. 14; BT-Drucks. 13/4091, S. 42. Die Verweisungen in
Abs. 1 Satz 5 wurden im Zuge der Einführung des SGB VII durch Art. 7 Abs. 1 Nr. 2
UVEG (vom 20. 8. 1996, BGBl. I S. 1254) mit Wirkung vom 1. 1. 1997 geändert. In
Abs. 1 wurden Wortlaut und Verweisungen im Zuge der Einführung des SGB III
(anstelle des AFG) durch Art. 10 Nr. 2 AFRG (vom 24. 3. 1997, BGBl. I S. 594) mit Wirkung vom 1. 1. 1998 geändert; Abs. 1 Satz 7 wurde danach durch G vom 23. 12. 2003
(BGBl. I S. 2848) erneut neu gefasst. Abs. 1 Satz 2 wurde durch G zur Organisationsreform der GRV vom 9. 12. 2004 (BGBl. I S. 3242) geändert; zugleich wurde in Abs. 3
Satz 3 der für die GRV handelnde Träger geändert (zuvor VDR, jetzt DRV Bund).
Durch Art. 9a Nr. 3 G vom 21. 3. 2005 (BGBl. I S. 8181) wurde Abs. 4 geändert und
Abs. 5 angefügt. Durch Art. 8 Nr. 15 GKV-WSG wurde Abs. 3 geändert. Durch das
PNG wurde Abs. 1 Satz 3 ergänzt und Abs. 6 angefügt.

II. Normzweck und Überblick

Zum Anliegen des Gesetzgebers, durch die soziale Sicherung der nicht erwerbsmä- 2
ßig tätigen Pflegepersonen die häusliche Pflege zu stärken und zu fördern vgl. § 19
Rn. 1 f. § 44 verpflichtet die PK, die Unternehmen der PPV sowie die Festsetzungsstellen der Beihilfe für Pflegepersonen i. S. von § 19 Beiträge zur GRV bzw. an eine berufsständische Versorgungseinrichtung zu entrichten (Abs. 1 Satz 1 und 2 bzw. Abs. 2)
und die Pflegepersonen den zuständigen Trägern zu melden (Abs. 3). Die Pflegepersonen sind in die GUV einbezogen (Abs. 1 Satz 6) und haben nach Beendigung der Pflegetätigkeit einen Anspruch auf Leistungen der beruflichen Weiterbildung nach dem
SGB III, um wieder in das Erwerbsleben zurückkehren zu können (Abs. 1 Satz 7).
Hinsichtlich der Absicherung der Pflegepersonen in der GRV und der GUV bildet
§ 44 lediglich eine Einweisungsvorschrift, die auf spezielle Regelungen im SGB VI
und SGB VII hinweist. Abs. 4 regelt datenschutzrechtliche Fragen im Zusammenhang
mit der Meldung der Pflegepersonen bei den Trägern der GRV und GUV.

Udsching 285

§ 44 Viertes Kapitel. Leistungen der Pflegeversicherung

III. Allgemeines

3 Pflegepersonen i. S. des § 19 sind nur **nicht erwerbsmäßig tätige Pflegekräfte;** vgl. hierzu § 19 Rn. 7 ff. Die Pflegeperson muss einen oder mehrere Pflegebedürftigen i. S. von § 14 insgesamt **wenigstens 14 Stunden wöchentlich** pflegen (§ 19 Satz 2 idF. des 1. SGB XI-ÄndG). Der Anspruch auf Leistungen zur sozialen Sicherung hängt dem Grunde nach nicht von der **Pflegestufe** ab, der der Pflegebedürftige zugeordnet ist. Diese ist nur für die **Höhe der Beiträge** zur GRV maßgebend (vgl. § 166 Abs. 2 SGB VI). Der Anspruch der Pflegeperson besteht größtenteils auch dann, wenn der Anspruch des Pflegebedürftigen auf Pflegeleistungen wegen § 34 ruht (vgl. § 34 Abs. 3). Mit dem 1. SGB XI-ÄndG sind in Abs. 1 die Sätze 3 bis 5 eingefügt worden, durch die der MD verpflichtet wird, anlässlich der Begutachtung des Pflegebedürftigen (nach § 18) festzustellen, in welchem zeitlichen Umfang die Pflege durch eine Pflegeperson i. S. von § 19 erforderlich ist. Die Ergänzung dient dem Ziel, die tatsächlichen Grundlagen für die Bemessung der Beiträge zur GRV (neben der Pflegestufe auch der zeitliche Umfang der Pflege, vgl. unten Rn. 7) vor allem auch in den Fällen zu ermitteln, in denen der Pflegebedürftige die nicht erwerbsmäßig tätige Pflegekraft zusätzlich zur Pflegesachleistung in Anspruch nimmt. Abs. 2 (eingefügt im 1. SGB XI-ÄndG) stellt sicher, dass die durch die nicht erwerbsmäßige Pflege vermittelte Vorsorge auch in einer berufsständischen Versorgungseinrichtung betrieben werden kann (vgl. unten Rn. 21). Besteht Streit über die Versicherungspflicht einer nicht erwerbsmäßig tätigen Pflegeperson in der Rentenversicherung, bedarf es bei einer Versicherung des Pflegebedürftigen in der privaten Pflegeversicherung zunächst einer Entscheidung des Rentenversicherungsträgers über die Rentenversicherungspflicht; eine Klage der Pflegeperson gegen die PPV auf Beitragszahlung zur GRV ist unzulässig (BSG, SozR 4-2600 § 3 Nr. 1 = NZS 2004, 369). Zu Ungereimtheiten bei der sozialen Sicherung von Pflegepersonen vgl. umfassend *Winkel,* SozSich 2012, 165.

IV. Inhalt und Voraussetzungen der Leistungen zur sozialen Sicherung

1. Beitragsentrichtung zur GRV (Abs. 1 Satz 1 und 2)

4 Für Pflegepersonen i. S. des § 19 sind Beiträge zur GRV zu entrichten, wenn die Pflegeperson – neben der Pflegetätigkeit – regelmäßig nicht mehr als 30 Stunden wöchentlich erwerbstätig ist (vgl. *Petersen,* DAngVers 1994, 260; *Krauthausen/Schmidt,* DRV 1994, 386). Die Beitragsentrichtung zur GRV dient in erster Linie dem Ziel, die durch eine Pflegetätigkeit eintretenden Lücken in der sozialen Biographie der Pflegeperson zu schließen. Hierfür besteht keine Notwendigkeit, wenn die Pflegeperson aufgrund einer Vollzeit-Erwerbstätigkeit die Möglichkeit hat, eine Absicherung gegen die von der GRV versicherten Risiken aufzubauen. Aus dieser Voraussetzung wird zugleich deutlich, dass ein Anspruch auf Beitragsentrichtung zur GRV nicht nur für solche Pflegepersonen besteht, die vor oder neben der Pflegetätigkeit Beiträge zur GRV entrichtet haben. Auch für Beamte und Selbstständige besteht ein Anspruch auf Beitragsentrichtung, soweit sie regelmäßig nicht mehr als 30 Stunden wöchentlich beschäftigt sind. Zwar sind Beamte in der GRV grundsätzlich versicherungsfrei (§ 5 Abs. 1 Nr. 1 SGB VI), wenn ihnen nach beamtenrechtlichen Vorschriften der Versorgungsanwartschaften gewährleistet sind. Die Gewährleistung durch den Versorgungsträger erstreckt sich jedoch nicht auf die Pflegetätigkeit. Bedenklich ist jedoch, dass ein Rentenanspruch, der sich aus der Pflichtversicherung eines Beamten nach § 3 Satz 1 Nr. 1a SGB VI ergibt, gegebenenfalls zu einer Kürzung der Versor-

Leistungen zur sozialen Sicherung der Pflegepersonen **§ 44**

gungsbezüge nach § 55 BeamtVG führt (eingehend hierzu *Gallon,* in: LPK-SGB XI, § 44 Rn. 23). Die Pflege durch eine nicht erwerbsmäßige Pflegeperson nach § 19 ist keine Erwerbstätigkeit i. S. von § 44 Abs. 2 SGB VI und führt deshalb nicht zu einem Wegfall von Erwerbsunfähigkeit (BSG, SozR 3-2600 § 44 Nr. 16). Dies folgt auch aus § 96a Abs. 1 Satz 5 Nr. 1 SGB VI wonach Entgelt, das ein Rentenberechtigter bis zur Höhe des Pflegegeldes für geleistete Pflegetätigkeit erhält, bei der Hinzuverdienstgrenze für Renten wegen verminderter Erwerbsfähigkeit nicht berücksichtigt wird.

Die Beitragspflicht zur GRV besteht aufgrund von Gemeinschaftsrecht auch bei **4a** grenzüberschreitenden Sachverhalten; etwa wenn nach deutschem Recht pflegeversicherte Personen entweder in Deutschland von einer in einem anderen Mitgliedsstaat der EU wohnenden Person gepflegt werden oder wenn sowohl Pflegebedürftiger als auch Pflegeperson in einem anderen Mitgliedstaat wohnen und die Pflege dort durchgeführt wird (EuGH, Urteil vom 8.7.2004, C-31/02 und C-502/01, NZS 2005, 88).

2. Verweisung auf Regelungen des SGB VI (Abs. 1 Satz 2)

a) § 3 SGB VI. Nach § 3 Satz 1 Nr. 1a SGB VI unterliegen Pflegepersonen i. S. **5** des § 19 (das sind Personen, die einen Pflegebedürftigen i. S. von § 14 nicht erwerbsmäßig in seiner häuslichen Umgebung pflegen) der Versicherungspflicht in der gesetzlichen Rentenversicherung, wenn der Pflegebedürftige Ansprüche auf Leistungen aus der sozialen oder einer privaten PV hat. Ein **Ruhen von Leistungen** aus der PV nach § 34 Abs. 1 Nr. 2 steht dem nicht entgegen; es reicht aus, dass der Anspruch auf Pflegeleistungen dem Grunde nach besteht. Andernfalls läge eine mit dem Gleichheitssatz nicht zu vereinbarende Benachteiligung solcher Pflegepersonen vor, die einen Pflegebedürftigen pflegen, der vorrangige Leistungen, etwa nach dem BVG oder aus der GUV erhält. Die Versicherungspflicht endet, wenn einer der in Nr. 1a genannten Voraussetzungen entfällt. § 3 SGB VI enthält keine Regelung zur **Unterbrechung der Pflegetätigkeit** (vgl. BSG, Urt. vom 22.3.2000, B 12 P 3/00 R, SozR 3-2600 § 3 Nr. 5). Der bis zum 31.3.1995 geltende § 177 SGB VI, der die freiwillige Beitragszahlung von Pflegepersonen regelte, sah demgegenüber in Abs. 3 vor, dass eine Unterbrechung der Pflegetätigkeit unter bestimmten Voraussetzungen bis zur Dauer von einem Kalendermonat im Kalenderjahr unbeachtlich blieb (zu Lösungsvorschlägen vgl. *Maschmann,* SGb 1995, 325, 328; *Reimer,* in: H/N, § 44 Rn. 16 mwN). § 3 Satz 2 SGB VI definiert den Begriff Pflegeperson, vgl. hierzu § 19 Rn. 10.

b) Zuständigkeit der Deutschen Rentenversicherung Knappschaft-Bahn- 6 See. § 137 SGB VI enthält Besonderheiten für den Fall, dass die Deutsche Rentenversicherung Knappschaft-Bahn-See für die Durchführung der RV zuständig ist.

c) § 166 SGB VI – beitragspflichtige Einnahmen. Die Verweisung bezieht **7** sich allein auf Abs. 2 der Vorschrift. Dort sind die beitragspflichtigen Einnahmen der nicht erwerbsmäßig tätigen Pflegepersonen festgelegt, die die Höhe der von der PK zu entrichtenden RV-Beiträge bestimmen. Die tatsächlichen Einnahmen der Pflegeperson aus der Pflegetätigkeit sind für die Beitragsbemessung nicht maßgebend. Es kommt deshalb auch nicht darauf an, ob die Pflegeperson vom Pflegebedürftigen (etwa aus dem Pflegegeld) ein Entgelt erhält. § 166 Abs. 2 SGB VI setzt fiktiv beitragspflichtige Einnahmen fest, deren Höhe sich an der Intensität und dem Umfang der Pflegetätigkeit orientiert. Für die einzelnen Pflegestufen sind folgende **beitragspflichtige Einnahmen** festgelegt:

Pflege eines Schwerstpflegebedürftigen **(Pflegestufe III):** **7a**
– 80 v. H. der Bezugsgröße, wenn er mindestens 28 Stunden in der Woche gepflegt wird

§ 44 Viertes Kapitel. Leistungen der Pflegeversicherung

- 60 v. H. der Bezugsgröße, wenn er mindestens 21 Stunden in der Woche gepflegt wird
- 40 v. H. der Bezugsgröße, wenn er mindestens 14 Stunden in der Woche gepflegt wird;

7b Pflege eines Schwerpflegebedürftigen **(Pflegestufe II)**:
- 53,3333 v. H. der Bezugsgröße, wenn er mindestens 21 Stunden in der Woche gepflegt wird,
- 35,5555 v. H. der Bezugsgröße, wenn er mindestens 14 Stunden in der Woche gepflegt wird;

7c Pflege eines erheblich Pflegebedürftigen **(Pflegestufe I)**:
- 26,6667 v. H. der Bezugsgröße.

7d Besteht Versicherungspflicht als Pflegeperson nur, weil die Zeitgrenze von 14 Stunden (§ 19 Satz 2) erst durch die Pflege mehrerer Pflegebedürftiger erreicht wird, sind beitragspflichtige Einnahmen ebenfalls 26,6667 v. H. der Bezugsgröße; für die beteiligten Versicherungsträgern richtet sich die Aufteilung nach dem Verhältnis des Umfangs der jeweiligen Pflegetätigkeit zum Gesamtumfang der Pflegetätigkeit der Pflegeperson (§ 166 Abs. 3 SGB VI).

8 **d) Aufteilung der beitragspflichtigen Einnahmen bei mehreren Pflegepersonen.** Üben mehrere nicht erwerbsmäßig tätige Pflegepersonen die Pflege gemeinsam aus, sind beitragspflichtige Einnahmen bei jeder Pflegeperson der Teil des Höchstwertes der jeweiligen Pflegestufe, der dem Umfang ihrer Pflegetätigkeit im Verhältnis zum Umfang der Pflegetätigkeit insgesamt entspricht (§ 166 Abs. 2 Satz 2 SGB VI).

9 **Bezugsgröße** ist nach § 18 SGB IV das Durchschnittsentgelt der GRV im vorvergangenen Kalenderjahr, aufgerundet auf den nächst höheren, durch 840 teilbaren Betrag. Für das Beitrittsgebiet wird die Bezugsgröße (Bezugsgröße Ost) gesondert festgelegt (§ 18 Abs. 2 SGB IV). In den alten Bundesländern liegt die Bezugsgröße 2013 monatlich bei 2695 Euro; in den neuen Bundesländern bei 2275 Euro.

10 **Beispiel** zur Aufteilung der beitragspflichtigen Einnahmen bei Durchführung der Pflege durch mehrere nicht erwerbsmäßig tätige Pflegepersonen (§ 166 Abs. 2 Satz 2 SGB VI):

10a Ein Schwerstpflegebedürftiger (Pflegestufe III) wird täglich 9 Stunden (wöchentlich insgesamt 63 Stunden) gepflegt. Pflegeperson A übernimmt die Pflege von montags bis freitags (insgesamt 45 Stunden), Pflegeperson B samstags und sonntags (insgesamt 18 Stunden). Unter Zugrundelegung der Bezugsgröße West (2013: 2695 Euro) ergeben sich folgende beitragspflichtige Einnahmen:

10b Nach § 166 Abs. 2 Nr. 1 SGB VI stehen insgesamt 80% von 2695 Euro zur Verfügung = 2156 Euro. Davon entfallen auf die Pflegeperson A: 2156 Euro × 45 : 63 = 1540 Euro; Pflegeperson B: 2156 Euro × 18 : 63 = 616 Euro.

10c Zu beachten ist, dass in den Fällen, in denen mehrere nicht erwerbsmäßig tätige Pflegepersonen die Pflege gemeinsam ausüben bei der Ermittlung der beitragspflichtigen Einnahmen jeweils von den Höchstwerten der Pflegestufe auszugehen ist.

11 **e) Beitragstragung bei sonstigen Versicherten.** § 170 SGB VI regelt die Beitragstragung bei sonstigen Versicherten. Durch die § 170 Abs. 1 SGB VI angefügte Nr. 6 wird die Beitragstragung für nicht erwerbsmäßig tätige Pflegepersonen den PK, dem privaten Versicherungsunternehmen sowie anteilig der Beihilfestelle und dem privaten Versicherungsunternehmen auferlegt, je nachdem wer für die Leistungen an den Pflegebedürftigen zuständig ist.

3. Versicherungsfreiheit in der GRV

12 Pflegepersonen, die eine **geringfügige** nicht erwerbsmäßige Pflegetätigkeit ausüben, sind in der GRV versicherungsfrei (§ 5 Abs. 2 Satz 1 Nr. 3 SGB VI). Geringfügigkeit ist anzunehmen, wenn die für die nicht erwerbsmäßige Pflegetätigkeit anzusetzenden beitragspflichtigen Einnahmen (vgl. oben Rn. 7 ff.) ein Siebtel der Bezugsgröße nicht übersteigen. Da Leistungen zur sozialen Sicherung nur in Betracht kommen, wenn die Pflegetätigkeit zumindest 14 Stunden wöchentlich ausgeübt wird (§ 19 Satz 2), kann eine geringfügige Pflegetätigkeit i. S. von § 5 Abs. 2 Satz 1 Nr. 3 SGB VI grundsätzlich nur dann vorkommen, wenn die Pflegetätigkeit für einen Pflegebedürftigen nur teilweise erbracht wird. Beispiel: Ein Schwerstpflegebedürftiger (Pflegestufe III) wird täglich 10 Stunden von der Pflegeperson A betreut, an zwei Tagen in der Woche leistet zusätzlich die Pflegeperson B jeweils 7 Stunden Pflege. Auf die Pflegeperson B entfallen danach 14/84 der beitragspflichtigen Einnahmen nach § 166 Abs. 2 Nr. 1 a SGB VI = 80 v. H. von 2485 Euro (mtl. Bezugsgröße für 2008 alte Bundesländer) × 14: 84 = 331,33 Euro. Dieser Betrag liegt unter einem Siebtel der monatlichen Bezugsgröße (2008 im alten Bundesgebiet: 355 Euro). Übt eine nicht erwerbsmäßig tätige Pflegeperson mehrere geringfügige Pflegetätigkeiten aus, so werden die jeweiligen Bemessungsgrundlagen zusammengerechnet. Übersteigt die Summe die Geringfügigkeitsgrenzen, ist die Pflegeperson bei jeder dieser Tätigkeiten versicherungspflichtig (*Gallon,* in: LPK-SGB XI, § 44 Rn. 42). Hierbei ist jedoch zu beachten, dass die Mindestpflegezeit nach § 19 Satz 2 von 14 Stunden, die erfüllt sein muss, um überhaupt Leistungen zur sozialen Sicherung beanspruchen zu können, durch die Pflege eines Pflegebedürftigen erreicht werden muss (vgl. § 19 Rn. 5).

Versicherungsfrei sind darüber hinaus Personen, die eine Vollrente wegen Alters 13 bzw eine Versorgung nach Erreichen der Altersgrenze beziehen oder die bis zur Vollendung des 65. Lebensjahres nicht versichert waren (§ 5 Abs. 4 SGB VI).

4. Feststellung des zeitlichen Pflegebedarfs (Abs. 1 Sätze 3 bis 5)

Die durch das 1. SGB XI-ÄndG eingefügten Regelungen tragen der Tatsache 14 Rechnung, dass die Bemessungsgrundlage für die Beiträge zur GRV, die für nicht erwerbsmäßig tätige Pflegepersonen zu entrichten sind, von der Pflegestufe des Pflegebedürftigen und vom zeitlichen Umfang der Pflegetätigkeit abhängen (vgl. oben Rn. 7). Satz 5 macht deutlich, dass vor allem bei der Inanspruchnahme von Pflegesachleistung (nach § 36) eine Ermittlung des daneben bestehenden Bedarfs an ehrenamtlicher Pflege erforderlich ist, weil in diesen Fällen nicht der gesamte Zeitaufwand i. R. des § 166 Abs. 2 berücksichtigt werden kann. Die Ausschöpfung der Höchstgrenzen für Pflegesachleistungen (§ 36 Abs. 3 und 4) hat dagegen keine Auswirkung auf die Beurteilung des daneben bestehenden Zeitbedarfs an ehrenamtlicher Pflege; dieser ist trotz Ausschöpfung der Höchstgrenzen zu berücksichtigen. Der Anspruch auf soziale Sicherung der Pflegeperson setzt nicht voraus, dass für deren Leistungen Pflegegeld beansprucht werden kann.

Einbeziehung der ergänzenden Pflege i. S. des § 4 Abs. 2 Satz 1 **in die Be-** 15 **messung des zeitlichen Pflegebedarfs?** Die in den Vorauflagen vertretene Auffassung, dass bei der sozialen Sicherung der nicht erwerbsmäßig tätigen Pflegepersonen nicht nur der Pflegebedarf zu berücksichtigen sei, der bei einer Verrichtung i. S. von § 14 Abs. 4 anfällt (s. a. *Gallon,* in: LPK-SGB XI, § 44 Rn. 35; anders das Besprechungsergebnis der Rentenversicherungsträger und der Spitzenverbände der PK vom 28.11.1996), sondern auch der nicht verrichtungsbezogene Bedarf, lässt sich nicht aufrecht erhalten. Sie entspricht zwar dem in den Einweisungsvorschriften zum Ausdruck kommenden Konzept der PV und auch dem Vorrang der häuslichen Pflege, lässt sich praktisch aber kaum umsetzen, weil schon nicht definiert ist, welche Bereiche und welche Unterstützungsleistungen im Einzelnen einzubeziehen sind und der entsprechende Bedarf dementsprechend nicht erfasst wird; vgl. hierzu BSG, Urteil vom 5.5.2010, B 12 R 6/09 R, BSGE 106, 126, SozR 4-2600 § 3 Nr. 5.

Der MD hat festzustellen, in welchem zeitlichen Umfang die häusliche Pflege 16 durch eine nicht erwerbsmäßig tätige Pflegeperson erforderlich ist (Satz 3). Hierbei ist ein an der Laienpflege orientierter abstrakter objektiver Maßstab anzulegen; die kon-

§ 44 Viertes Kapitel. Leistungen der Pflegeversicherung

krete individuelle Pflegesituation ist nicht maßgebend (BSG, Urteil vom 28.9.2011, B 12 R 9/10 R, SozR 4-2600 § 3 Nr. 6). Der Pflegebedürftige oder die Pflegeperson müssen darlegen und auf Verlangen der PK oder des MD auch **glaubhaft machen,** dass Pflegeleistungen in diesem Umfang auch tatsächlich erbracht werden (Satz 4). Zu diesem Zweck müssen ggf. geeignete Aufzeichnungen (z. B. Pflege-Tagebuch) vorgelegt werden, aus denen sich der Zeitaufwand ermitteln lässt. Die Möglichkeit der Glaubhaftmachung soll einer Überforderung des MD vorbeugen (BT-Drucks. 13/4091, S. 3). Die Glaubhaftmachung ist eine Mitwirkungspflicht i. S. des § 60 Abs. 1 SGB I, deren Verletzung u. U. gem. § 66 SGB I zur Versagung der Leistung führen kann. Stellt der Gutachter einen Pflegebedarf fest, der zwar die zeitlichen Mindestvoraussetzungen der Pflegestufe I (10,5 Stunden wöchentlich) nicht aber die Zeitgrenze des § 19 Satz 2 (14 Stunden wöchentlich) erfüllt, muss er durch Nachfrage feststellen, ob die Pflegeperson weitere Pflegebedürftige pflegt. Durch diese mit dem PNG als letzter Halbsatz in Abs. 1 Satz 3 eingefügte Regelung soll die Einbeziehung solcher Pflegepersonen in die Rentenversicherung sichergestellt werden, die die zeitlichen Voraussetzungen nur durch die Berücksichtigung mehrerer Pflegetätigkeiten erfüllen.

5. GUV (Abs. 1 Satz 6)

17 Pflegepersonen i. S. von § 19 sind wegen der pflegerischen Tätigkeit in den **Versicherungsschutz der GUV** einbezogen (vgl. *Vollmar,* SGb 1995). Im Gegensatz zur Versicherungspflicht in der GRV werden in den Versicherungsschutz der GUV auch solche Pflegepersonen einbezogen, die neben der Pflegetätigkeit länger als 30 Stunden wöchentlich erwerbstätig sind. In der GUV sind Pflegepersonen zudem auch dann versichert, wenn ihre Pflegetätigkeit den für die Versicherungspflicht in der Rentenversicherung vorgeschriebenen Umfang von **14 Wochenstunden** nicht erreicht. Das BSG (SozR 4-2700 § 2 Nr. 3 = NJW 2005, 1148) begründet dies damit, dass entgegen der früheren Gesetzeslage, nach der die Zeitvorgabe Teil des in § 19 aF definierten Rechtsbegriffs der Pflegeperson war, dies nach § 19 Satz 2 nF nicht mehr der Fall sei. Nach § 2 Abs. 1 Nr. 17 SGB VII sind Pflegepersonen i. S. des § 19 SGB XI bei der Pflege eines Pflegebedürftigen i. S. des § 14 SGB XI kraft Gesetzes unfallversichert (vgl. zum Unfallversicherungsschutz im Einzelnen *Gitter,* VSSR 1996, 1; *Leube,* NZS 1995, 127, 343; *ders.,* SGb 1998, 97; *Gallon,* in: LPK-SGB XI § 44 Rn. 53–81). Die Versicherung nach § 2 Abs. 1 Nr. 17 SGB VII ist allerdings subsidiär; ihr geht vor: der UV-Schutz als Beschäftigter (§ 2 Abs. 1 Nr. 1 iVm. § 135 Abs. 1 Nr. 6 SGB VII) sowie nach § 135 Abs. 3 SGB VII der Unfallversicherungsschutz in landwirtschaftlichen Haushalten, als ehrenamtlicher Mitarbeiter im Gesundheitswesen oder in der Wohlfahrtspflege (§ 2 Abs. 1 Nr. 9 SGB VII) oder im öffentlichen Bereich (§ 2 Abs. 1 Nr. 10 SGB VII, z. B. Gemeindearbeit öffentlich-rechtlicher Religionsgemeinschaften).

18 Der **Unfallversicherungsschutz** ist jedoch nicht umfassend; er gilt **nur für „die versicherte Tätigkeit".** § 2 Abs. 1 Nr. 17 SGB VII führt als versichert auf: Pflegetätigkeiten im Bereich der Körperpflege und – soweit diese Tätigkeiten überwiegend Pflegebedürftigen zugutekommen – Pflegetätigkeiten in den Bereichen der Ernährung, der Mobilität sowie der hauswirtschaftlichen Versorgung; die Vorschrift nimmt insoweit ausdrücklich auf § 14 Abs. 4 Bezug. Pflegetätigkeiten unterfallen jedoch auch dann dem Schutz der GUV, wenn sie nicht täglich vorgenommen werden (Beispiel: Begleitung zum Arztbesuch BSG, Urteil vom 9.10.2010, B 2 U 6/10 R, NZS 2011, 710). Vor allem im Bereich der hauswirtschaftlichen Versorgung ist ggf. eine **Abgrenzung gegenüber der allgemeinen Haushaltstätigkeit** vorzunehmen, die weiterhin unversichert bleibt. Der UV-Schutz ist damit auf ein eng begrenztes Betätigungsfeld der Pflegeperson eingeschränkt; nicht erfasst wird insb. die ergänzende Pflege und Betreuung nach § 4 Abs. 2 Satz 1. Versichert sind dagegen auch Wegeunfälle der Pflegeperson (§ 8 Abs. 2 Nr. 1–4 SGB VII), wenn diese nicht im selben Gebäude wohnt wie der Pflegebedürftige. Zum UV-Schutz bei der Teilnahme an

Pflegekursen vgl. *Leube,* BG 1995, 211, der jedoch zu Unrecht davon ausgeht, dass UV-Schutz nur dann bestehe, wenn bereits eine konkrete Pflegetätigkeit ausgeübt werde; in anderen Fällen handele es sich im unfallversicherungsrechtlichen Sinn um Vorbereitungshandlungen. Für eine Einbeziehung aller Teilnehmer an Pflegekursen spricht jedoch der Rechtsgedanke in § 2 Abs. 1 Nr. 10 und 12 SGB VII.

Verweisung auf das SGB VII. Abs. 1 Satz 6 verweist neben § 2 (hierzu oben 19 Rn. 17, 18) zunächst auf § 4 SGB VII. *Gallon* (in: LPK-SGB XI, § 44 Rn. 69) weist zutreffend darauf hin, dass diese Bezugnahme leerläuft, weil der allein in Betracht kommende Abs. 4 dieser Vorschrift, der die VersFreiheit von Haushaltsangehörigen regelt, auf den UV-Schutz von ehrenamtlichen Pflegepersonen nicht passt. § 106 Abs. 2 iVm. §§ 104, 105 SGB VII regeln den zivilrechtlichen Haftungsausschluss zwischen Pflegebedürftigen und ehrenamtlich tätigen Pflegepersonen. Mit der Beschränkung der Schadensersatzpflicht soll die Bereitschaft zu ehrenamtlicher Pflege gefördert werden (vgl. *Krasney,* VSSR 1994, 265, 277). Nach § 129 Abs. 1 Nr. 7 SGB VII sind die UV-Träger im kommunalen Bereich für Pflegepersonen zuständig, die nach § 2 Abs. 1 Nr. 17 SGB VII versichert sind. Beiträge werden für die Unfallversicherung nicht erhoben, die Aufwendungen werden von den betroffenen Gebietskörperschaften getragen (§ 185 Abs. 2 SGB VII).

6. Förderung beruflicher Weiterbildung (Abs. 1 Satz 7)

Durch die Förderung von Maßnahmen zur beruflichen Weiterbildung soll die 20 Rückkehr von Pflegepersonen nach Beendigung der Pflegetätigkeit in das Erwerbsleben erleichtert werden. Die Pflegetätigkeit ersetzte nach dem bis Ende 2004 geltenden Rechtszustand die für Antragsteller sonst bestehende Voraussetzung einer Vorbeschäftigungszeit (§ 78 SGB III in der bis 31.12.2004 geltenden Fassung). Seither ist eine Vorversicherungszeit als Voraussetzung für die Förderung beruflicher Weiterbildung nicht mehr erforderlich. Die Förderungsvoraussetzungen richten sich nunmehr allgemein nach den Vorgaben des SGB III; sie sind vor allem in § 77 SGB III geregelt. Die Förderung setzt voraus, dass die **Weiterbildung notwendig** ist, um Arbeitslose (§ 16 SGB III) beruflich einzugliedern, um drohende Arbeitslosigkeit abzuwenden oder um einen fehlenden Berufsabschluss zu erreichen. In den erstgenannten Fällen ist eine der Vermittlungschancen nach der und ohne die Weiterbildung vergleichende Prognoseentscheidung der Arbeitsagentur erforderlich. Die Notwendigkeit einer Weiterbildung wegen fehlenden Berufsabschlusses kommt – wegen des grundsätzlichen Vorrangs der Förderung der Berufsausbildung nach §§ 59 SGB III ff. – nur unter den einschränkenden Voraussetzungen des § 77 Abs. 2 SGB III in Betracht. Die Inanspruchnahme einer Weiterbildungsmaßnahme setzt zudem die Teilnahme an einer Beratung durch die Agentur für Arbeit voraus.

V. Beiträge an berufsständische Versorgungseinrichtungen (Abs. 2)

Die im 1. SGB XI-ÄndG eingefügte Vorschrift soll sicherstellen, dass Personen, die 21 wegen der Pflichtmitgliedschaft in einer berufsständischen Versorgungseinrichtung von der Versicherungspflicht in der GRV befreit sind, bei Durchführung nicht erwerbsmäßiger Pflege ihre berufsständische Altersvorsorge ausbauen können, wenn sie auf Grund des § 6 Abs. 5 Satz 2 SGB VI nicht rentenversicherungspflichtig werden. § 6 Abs. 5 Satz 2 SGB VI wird auch auf Selbstständige entsprechend angewandt, die als Mitglieder berufsständischer Versorgungseinrichtungen die Voraussetzungen für eine Befreiung von der Versicherungspflicht in der GRV erfüllen würden, wenn sie nach den Vorschriften der GRV versicherungspflichtig wären. Abs. 2 ist bereits mit Wirkung vom 1.4.1995 in Kraft getreten. Soweit in der Zwischenzeit Beiträge

§ 44 Viertes Kapitel. Leistungen der Pflegeversicherung

zur GRV entrichtet worden sind, sind sie als zu Unrecht gezahlt grundsätzlich zu erstatten; allerdings nicht an den Pflegebedürftigen oder die Pflegeperson, sondern gem. § 26 Abs. 3 Satz 1 SGB IV an die Stelle, die die Beiträge getragen hat.

VI. Meldepflichten (Abs. 3 und 6)

22 Die der PK und den privaten Versicherungsunternehmen auferlegten Meldepflichten haben in erster Linie nur für die Durchführung der GRV für die zu versichernden Pflegepersonen Bedeutung. Es handelt sich um eine Sondervorschrift zu § 28a SGB IV. Für die GUV hat das Meldeverfahren dagegen allenfalls Klarstellungsfunktion im Hinblick auf die Anzeige eines Unfalls. Die Meldung hat für den Unfallversicherungsschutz der Pflegepersonen keine konstitutive Bedeutung. Der gegenteiligen Auffassung in der Begründung zum RegE (S. 116, zu § 40 Abs. 2 E) ist bereits der AuS-Ausschuss (S. 40, zu § 40 Abs. 2 Satz 3 E) entgegengetreten. Der durch das PNG eingefügte Abs. 6 enthält eine spezielle Regelung der Meldepflichten in Bezug auf Pflegepersonen, die die für die Rentenversicherungspflicht notwendige Mindeststundenzahl von 14 Stunden nur erreichen, wenn Pflegetätigkeiten bei mehreren Pflegebedürftigen zusammengerechnet werden. Für diese Fälle haben der Spitzenverband Bund der PK, der PKV und die DRV Bund das Verfahren und die Mitteilungspflichten zwischen den an der Addition von Pflegezeiten beteiligten PK und VersUnternehmen durch Vereinbarung zu regeln.

VII. Datenschutz (Abs. 4, Abs. 6 Satz 2)

23 Die Vorschrift ist auf Betreiben des AuS-Ausschusses (S. 40, zu § 40 Abs. 3 E) aus datenschutzrechtlichen Gründen eingefügt worden. Diejenigen Daten, die die Pflegeperson betreffen, sind dieser mitzuteilen; die Mitteilung über die Meldung der Pflegestufe erfolgt gegenüber dem Pflegebedürftigen. Der hierdurch veranlasste Verwaltungsmehraufwand dürfte in keinem Verhältnis zu den datenschutzrechtlichen Interessen des Pflegebedürftigen stehen. Abs. 6 Satz 2 enthält in Bezug auf Pflegepersonen, die die für die Rentenversicherungspflicht notwendige Mindeststundenzahl von 14 Stunden nur erreichen, wenn Pflegetätigkeiten bei mehreren Pflegebedürftigen zusammengerechnet werden, spezielle Regelungen des Datenschutzes; die Kategorien der Daten, die übermittelt, genutzt und verarbeitet werden dürfen sind gegenüber Abs. 3 eingeschränkt.

VIII. Zahlung von RV-Beiträgen durch die Beihilfestelle (Abs. 5)

24 Mit der 2005 (s. o. Rn. 1) eingeführten Regelung soll eine zeitgerechte Zahlung der RV-Beiträge für nicht erwerbsmäßig tätige Pflegepersonen erreicht werden, die Pflegebedürftige versorgen, die beihilfeberechtigt sind oder Anspruch auf freie Heilfürsorge haben. Bei der anteiligen Leistungspflicht der Beihilfestellen kam es zuvor zu Zeitverzögerungen bei der Beitragsüberweisung, weil sie von ihrer Zahlungspflicht häufig erst zeitverzögert erfuhren, wenn der Pflegebedürftige nachträglich Erstattung von Pflegekosten geltend machte. Die den anteiligen Versicherungsschutz sicher stellenden privaten VersUnternehmen bzw PKen (soweit diese nach § 20 Abs. 3 für die anteilige PV zuständig sind) müssen im Verwaltungsverfahren, in dem es um den Antrag auf Leistungen der PV geht, vom Pflegebedürftigen die für ihn zuständige Beihilfestelle bzw den zuständigen Dienstherrn erfragen und diesen die in Abs. 3 Satz 2 Nr. 1 bis 5 und 8 aufgeführten Angaben übermitteln sowie den Beginn der Beitragspflicht mitteilen (vgl. BT-Drucks. 15/4751, S. 48).

§ 44a Zusätzliche Leistungen bei Pflegezeit und kurzzeitiger Arbeitsverhinderung

(1) [1]Beschäftigte, die nach § 3 des Pflegezeitgesetzes von der Arbeitsleistung vollständig freigestellt wurden oder deren Beschäftigung durch Reduzierung der Arbeitszeit zu einer geringfügigen Beschäftigung im Sinne des § 8 Abs. 1 Nr. 1 des Vierten Buches wird, erhalten auf Antrag Zuschüsse zur Kranken- und Pflegeversicherung. [2]Zuschüsse werden gewährt für eine freiwillige Versicherung in der gesetzlichen Krankenversicherung, eine Pflichtversicherung nach § 5 Abs. 1 Nr. 13 des Fünften Buches oder nach § 2 Abs. 1 Nr. 7 des Zweiten Gesetzes über die Krankenversicherung der Landwirte, eine Versicherung bei einem privaten Krankenversicherungsunternehmen, eine Versicherung bei der Postbeamtenkrankenkasse oder der Krankenversorgung der Bundesbahnbeamten, soweit im Einzelfall keine beitragsfreie Familienversicherung möglich ist, sowie für eine damit in Zusammenhang stehende Pflege-Pflichtversicherung. [3]Die Zuschüsse belaufen sich auf die Höhe der Mindestbeiträge, die von freiwillig in der gesetzlichen Krankenversicherung versicherten Personen zur gesetzlichen Krankenversicherung (§ 240 Abs. 4 Satz 1 des Fünften Buches) und zur sozialen Pflegeversicherung (§ 57 Abs. 4) zu entrichten sind und dürfen die tatsächliche Höhe der Beiträge nicht übersteigen; dabei wird ab 1. Januar 2009 für die Berechnung der Mindestbeiträge in der gesetzlichen Krankenversicherung der allgemeine Beitragssatz zugrunde gelegt. [4]In der Zeit vom 1. Juli bis 31. Dezember 2008 wird bei Mitgliedern der gesetzlichen Krankenversicherung der allgemeine Beitragssatz der jeweiligen Krankenkasse (§ 241 des Fünften Buches), bei Mitgliedern der landwirtschaftlichen Krankenversicherung der durchschnittliche allgemeine Beitragssatz der Krankenkassen sowie jeweils der zusätzliche Beitragssatz in Höhe von 0,9 vom Hundert (§ 241a des Fünften Buches) zugrunde gelegt. [5]Bei Personen, die nicht Mitglieder in der gesetzlichen Krankenversicherung sind, wird in der Zeit vom 1. Juli bis 31. Dezember 2008 der durchschnittliche allgemeine Beitragssatz der Krankenkassen nach § 245 Abs. 1 des Fünften Buches sowie der zusätzliche Beitragssatz in Höhe von 0,9 vom Hundert (§ 241a des Fünften Buches) zugrunde gelegt. [6]Beschäftigte haben Änderungen in den Verhältnissen, die sich auf die Zuschussgewährung auswirken können, unverzüglich der Pflegekasse oder dem privaten Versicherungsunternehmen, bei dem der Pflegebedürftige versichert ist, mitzuteilen.

(2) Pflegende Personen sind während der Inanspruchnahme einer Pflegezeit im Sinne des Pflegezeitgesetzes nach Maßgabe des Dritten Buches nach dem Recht der Arbeitsförderung versichert.

(3) [1]Für kurzzeitige Arbeitsverhinderung nach § 2 des Pflegezeitgesetzes hat eine Beschäftigte oder ein Beschäftigter im Sinne des § 7 Absatz 1 des Pflegezeitgesetzes, die oder der für diesen Zeitraum keine Entgeltfortzahlung vom Arbeitgeber und kein Kranken- oder Verletztengeld bei Erkrankung oder Unfall eines Kindes nach § 45 des Fünften Buches oder nach § 45 Absatz 4 des Siebten Buches beanspruchen kann, Anspruch auf einen Ausgleich für entgangenes Arbeitsentgelt (Pflegeunterstützungsgeld) für bis zu insgesamt zehn Arbeitstage. [2]Wenn mehrere Beschäftigte den Anspruch nach § 2 Absatz 1 des Pflegezeitgesetzes für einen pflegebedürftigen nahen Angehörigen geltend machen, ist deren Anspruch auf Pflegeunterstützungsgeld auf insgesamt bis zu zehn Arbeitstage begrenzt. [3]Das Pflegeunterstützungsgeld wird auf Antrag, der unverzüglich zu stellen ist, unter Vorlage der ärztlichen Bescheinigung nach § 2 Absatz 2 Satz 2 des Pflegezeitgesetzes von der Pflegekasse oder dem Versicherungsunternehmen des pflegebedürf-

§ 44a   Viertes Kapitel. Leistungen der Pflegeversicherung

tigen nahen Angehörigen gewährt. ⁴Für die Höhe des Pflegeunterstützungsgeldes gilt § 45 Absatz 2 Satz 3 bis 5 des Fünften Buches entsprechend.

(4) ¹Beschäftigte, die Pflegeunterstützungsgeld nach Absatz 3 beziehen, erhalten für die Dauer des Leistungsbezuges von den in Absatz 3 bezeichneten Organisationen auf Antrag Zuschüsse zur Krankenversicherung. ²Zuschüsse werden gewährt für eine Versicherung bei einem privaten Krankenversicherungsunternehmen, eine Versicherung bei der Postbeamtenkrankenkasse oder der Krankenversorgung der Bundesbahnbeamten. ³Die Zuschüsse belaufen sich auf den Betrag, der bei Versicherungspflicht in der gesetzlichen Krankenversicherung als Leistungsträgeranteil nach § 249c des Fünften Buches aufzubringen wäre, und dürfen die tatsächliche Höhe der Beiträge nicht übersteigen. ⁴Für die Berechnung nach Satz 3 werden der allgemeine Beitragssatz nach § 241 des Fünften Buches sowie der durchschnittliche Zusatzbeitragssatz nach § 242a des Fünften Buches zugrunde gelegt. ⁵Für Beschäftigte, die Pflegeunterstützungsgeld nach Absatz 3 beziehen und wegen einer Pflichtmitgliedschaft in einer berufsständischen Versorgungseinrichtung von der Versicherungspflicht in der gesetzlichen Rentenversicherung befreit sind, zahlen die in § 170 Absatz 1 Nummer 2 Buchstabe e des Sechsten Buches genannten Stellen auf Antrag Beiträge an die zuständige berufsständische Versorgungseinrichtung in der Höhe, wie sie bei Eintritt von Versicherungspflicht nach § 3 Satz 1 Nummer 3 des Sechsten Buches an die gesetzliche Rentenversicherung zu entrichten wären.

(5) ¹Die Pflegekasse oder das private Pflegeversicherungsunternehmen des pflegebedürftigen nahen Angehörigen stellt dem Leistungsbezieher nach Absatz 3 mit der Leistungsbewilligung eine Bescheinigung über den Zeitraum des Bezugs und die Höhe des gewährten Pflegeunterstützungsgeldes aus. ²Der Leistungsbezieher hat diese Bescheinigung unverzüglich seinem Arbeitgeber vorzulegen. ³In den Fällen des § 170 Absatz 1 Nummer 2 Buchstabe e Doppelbuchstabe cc des Sechsten Buches bescheinigt die Pflegekasse oder das private Versicherungsunternehmen die gesamte Höhe der Leistung.

(6) ¹Landwirtschaftlichen Unternehmern im Sinne des § 2 Absatz 1 Nummer 1 und 2 des Zweiten Gesetzes über die Krankenversicherung der Landwirte, die an der Führung des Unternehmens gehindert sind, weil sie für einen pflegebedürftigen nahen Angehörigen in einer akut aufgetretenen Pflegesituation eine bedarfsgerechte Pflege organisieren oder eine pflegerische Versorgung in dieser Zeit sicherstellen müssen, wird anstelle des Pflegeunterstützungsgeldes für bis zu zehn Arbeitstage Betriebshilfe entsprechend § 9 des Zweiten Gesetzes über die Krankenversicherung der Landwirte gewährt. ²Diese Kosten der Leistungen für die Betriebshilfe werden der landwirtschaftlichen Pflegekasse von der Pflegeversicherung des pflegebedürftigen nahen Angehörigen erstattet; innerhalb der sozialen Pflegeversicherung wird von einer Erstattung abgesehen. ³Privat pflegeversicherte landwirtschaftliche Unternehmer, die an der Führung des Unternehmens gehindert sind, weil dies erforderlich ist, um für einen pflegebedürftigen nahen Angehörigen in einer akut aufgetretenen Pflegesituation eine bedarfsgerechte Pflege zu organisieren oder eine pflegerische Versorgung in dieser Zeit sicherzustellen, erhalten von der Pflegekasse des Pflegebedürftigen oder in Höhe des tariflichen Erstattungssatzes von dem privaten Versicherungsunternehmen des Pflegebedürftigen eine Kostenerstattung für bis zu zehn Arbeitstage Betriebshilfe; dabei werden nicht die tatsächlichen Kosten, sondern ein pauschaler Betrag in Höhe von 200 Euro je Tag Betriebshilfe zugrunde gelegt.

(7) ¹Die Pflegekasse und das private Versicherungsunternehmen haben in den Fällen, in denen ein Leistungsbezieher nach Absatz 3 einen pflegebe-

Zusätzliche Leistungen bei Pflegezeit und kurzzeitiger Arbeitsverhinderung § 44a

dürftigen nahen Angehörigen pflegt, der Anspruch auf Beihilfeleistungen oder Leistungen der Heilfürsorge hat, und für den Beiträge anteilig getragen werden, im Antragsverfahren auf Pflegeunterstützungsgeld von dem Pflegebedürftigen die zuständige Festsetzungsstelle für die Beihilfe oder den Dienstherrn unter Hinweis auf die beabsichtigte Information dieser Stelle über den beitragspflichtigen Bezug von Pflegeunterstützungsgeld zu erfragen. ²Der angegebenen Festsetzungsstelle für die Beihilfe oder dem angegebenen Dienstherrn sind bei Feststellung der Beitragspflicht folgende Angaben zum Leistungsbezieher mitzuteilen
1. die Versicherungsnummer, soweit bekannt,
2. der Familien- und der Vorname,
3. das Geburtsdatum,
4. die Staatsangehörigkeit,
5. die Anschrift,
6. der Beginn des Bezugs von Pflegeunterstützungsgeld und
7. die Höhe des dem Pflegeunterstützungsgeld zugrunde liegenden ausgefallenen Arbeitsentgelts.

Inhaltsübersicht

	Rn.
I. Geltende Fassung	1
II. Normzweck	2
III. Allgemeines	3
IV. Pflegezeit nach vorangegangener Pflichtversicherung in der Gesetzlichen Krankenversicherung	4
V. Pflegezeit nach vorangegangener privater Krankenversicherung	5
VI. Versicherungspflicht in der Arbeitslosenversicherung	6
VII. Pflege-Unterstützungsgeld	7

I. Geltende Fassung

Die Vorschrift ist mWv 1.7.2008 durch das PflegeWEG in das SGB XI eingefügt worden. Sie war bereits im RegE enthalten, vgl. BT-Drucks. 16/7439 zu Nr. 25 und wurde im weiteren Gesetzgebungsverfahren nicht geändert. Im Gesetz zur besseren Vereinbarkeit von Familie, Pflege und Beruf (vom 23.12.2014, BGBl. I S. 2462) wurden die Abs. 3 bis 7 angefügt. 1

II. Normzweck

Die Vorschrift dient der zusätzlichen sozialen Absicherung von Pflegepersonen, die wegen der Versorgung von Pflegebedürftigen in häuslicher Pflege auf der Grundlage des Pflegezeitgesetzes von der Arbeitsleistung freigestellt sind oder diese wegen der Pflege erheblich reduziert haben. Darüber hinaus besteht nach Abs. 3 (mWv 1.1.2015) ein Anspruch auf **Pflege-Unterstützungsgeld** bei „kurzzeitiger Arbeitsverhinderung" für bis zu zehn Arbeitstage. Eine kurzzeitige Arbeitsverhinderung liegt vor, wenn in einer akut aufgetretenen Pflegesituation die Organisation einer bedarfsgerechten Pflege oder die Sicherstellung einer pflegerischen Versorgung auf andere Weise nicht erreicht werden kann, vgl. § 2 Abs. 1 PflegeZG. Mit dem **Gesetz über die Pflegezeit** (Art. 3 des PflegeWEG) soll Beschäftigten die Möglichkeit eröffnet werden, pflegebedürftige nahe Angehörige in häuslicher Umgebung zu pflegen, ohne deswegen den Arbeitsplatz auf Dauer aufgeben zu müssen. Beschäftigte sind von der Arbeitsleistung vollständig oder teilweise freizustellen, wenn sie einen pflegebedürfti- 2

§ 44a

gen nahen Angehörigen in häuslicher Umgebung pflegen (Pflegezeit); Betriebe mit weniger als 15 Beschäftigten sind von der Freistellungspflicht ausgenommen (§ 3 PflegeZG). Eine Verpflichtung zur Fortzahlung der Vergütung ergibt sich aus dem PflegeZG selbst nicht. Die Höchstdauer der Pflegezeit beträgt für jeden pflegebedürftigen Angehörigen längstens sechs Monate (§ 4 Abs. 1 PflegeZG). Das PflegeZG ist zu unterscheiden vom Gesetz über die Familienpflegezeit (FPfZG vom 6.12.2011, BGBl. I S. 2564), das Arbeitgebern zinslose Darlehen einräumt, wenn Arbeitnehmer ihre Arbeitszeit auf der Grundlage einer Vereinbarung mit ihrem Arbeitgeber wegen der Pflege eines Angehörigen reduzieren und in dieser Zeit einen Lohnausgleich erhalten, den der Arbeitgeber in der „Nachpflegephase" vom dann laufenden Arbeitsentgelt einbehält (vgl. hierzu *Gallner*, FPfZG, Erfurter Kommentar, 13. Aufl. 2013, Nr. 300).

III. Allgemeines

3   Die Vorschrift regelt in **Abs. 1** den Kranken- und Pflegeversicherungsschutz von Pflegepersonen, die als Beschäftigte nach § 3 PflegeZG von der Arbeitsleistung vollständig freigestellt wurden oder wegen Reduzierung ihrer Arbeitszeit nur noch eine geringfügige Beschäftigung ausüben und hierdurch ihren Schutz in der KV und PV verlieren. Die Regelungen ergänzen damit § 44, der die Alters- und Invaliditätsvorsorge sowie den Unfallversicherungsschutz von ehrenamtlich tätigen Pflegepersonen sicherstellen soll. Wer sich unabhängig vom PflegeZG wegen familiärer Pflege von der Arbeitsleistung freistellen lässt, kann auf die in § 44a vorgesehenen Leistungen nicht zugreifen. Das PflegeZG sieht keine (fiktive) Fortsetzung des versicherungspflichtigen bestehenden Versicherungsverhältnisses vor. Durch die gleichzeitig eingeführte Neuregelung des § 7 Abs. 3 Satz 3 SGB IV wird sogar bewirkt, dass selbst für den ersten Monat der Pflegezeit eine für die Versicherungspflicht notwendige Beschäftigung gegen Arbeitsentgelt nicht angenommen werden kann. Nur diejenigen, die in dieser Situation nicht aufgrund eines anderen Tatbestandes versicherungspflichtig sind (z. B. als Rentner, Bezieher von Grundsicherungsleistungen etc.) und zudem keinen Anspruch auf **beitragsfreie Familienversicherung** haben, erhalten Zuschüsse für eine freiwillige Versicherung in der GKV, für eine Pflichtversicherung in der GKV nach § 5 Abs. 1 Nr. 13 (Personen, die keinen anderweitigen Anspruch auf Absicherung im Krankheitsfall haben) bzw in der KV der Landwirte oder eine private KV sowie zusätzlich für eine Pflege-Pflichtversicherung. Die Zuschussleistungen werden von den PKen und den privaten Versicherungsunternehmen erbracht; bei beihilfeberechtigten Pflegebedürftigen sind (anteilig) die Beihilfestellen zuständig. Beschäftigte, die sich nur **teilweise von der Arbeitsleistung befreien** lassen, sind nur dann anspruchsberechtigt, wenn sie auf Grund der Reduzierung der Arbeitszeit nur noch den Status von geringfügig Beschäftigten haben und ihre Sozialversicherungspflicht nicht fortbesteht.

3a   Abs. 3 bis 7 regeln das zum Jahresbeginn 2015 neu eingeführte **Pflege-Unterstützungsgeld**, das bei kurzzeitiger Arbeitsverhinderung wegen der bei einem nahen Angehörigen akut aufgetretenen Pflegesituation von dem für diesen zuständigen Träger der Pflegeversicherung für einen Zeitraum von bis zu 10 Arbeitstagen gewährt wird (s. unten Rn. 7).

IV. Pflegezeit nach vorangegangener Pflichtversicherung in der Gesetzlichen Krankenversicherung

4   In der GKV pflichtversicherte Beschäftigte, die eine Pflegezeit von bis zu sechs Monaten nehmen, scheiden mit Beginn der Pflegezeit aus der Versicherungspflicht nach § 5 Abs. 1 Nr. 1 SGB V aus, da eine „Beschäftigung gegen Arbeitsentgelt" nicht

Zusätzliche Leistungen bei Pflegezeit und kurzzeitiger Arbeitsverhinderung § 44a

mehr ausgeübt wird. Ist die Pflegeperson während der Pflegezeit in der GKV nach § 10 SGB V (als Ehegatte, Lebenspartner oder Kind) familienversichert, besteht für sie keine Notwendigkeit, einen eigenständigen VersSchutz zu begründen. Die FamVers ist gegenüber der in § 44a neu begründeten Absicherung gegen die Risiken Krankheit und Pflegebedürftigkeit nicht nachrangig. Pflegepersonen, die in der GKV nicht familienversichert sind, können sich nach den allgemeinen Regelungen in der GKV freiwillig weiter versichern, wenn sie die dafür notwendige Vorversicherungszeit erfüllen (§ 9 Abs. 1 Nr. 1 SGB V); dies begründet zugleich VersSchutz in der SPV. Für sie fallen in der Regel die Mindestbeiträge zur GKV (§ 240 Abs. 4 SGB V) und zur SPV (§ 57 Abs. 4) an; es sei denn, sie verfügen über beitragspflichtige eigene Einnahmen oberhalb der Mindest-Beitragsbemessungsgrundlage. Ist die für die freiwillige Krankenversicherung erforderliche Vorversicherungszeit nicht erfüllt, besteht Versicherungspflicht in der GKV nach der subsidiären Regelung des § 5 Abs. 1 Nr. 13 SGB V. Pflegepersonen, die vor der Freistellung nach § 3 PflegeZG wegen Überschreitung der Jahresarbeitsentgeltgrenze bereits **freiwillig versichert** waren, haben für die Dauer der Pflegezeit, soweit sie nicht familienversichert sind, ebenfalls Anspruch auf Zuschüsse für Beiträge zur GKV und SPV.

V. Pflegezeit nach vorangegangener privater Krankenversicherung

Pflegepersonen, die vor der Freistellung wegen Überschreitung der Jahresarbeitsentgeltgrenze bei einem privaten Versicherungsunternehmen krankenversichert (und dementsprechend auch privat pflegeversichert) sind, erhalten ebenfalls in Höhe der für Sozialversicherte geltenden Mindestbeiträge Zuschüsse für die Beiträge zur KV und PV. Die Höhe des Zuschusses orientiert sich damit nicht an der Höhe der Beiträge zur privaten KV. Auch für diesen Personenkreis gilt der Vorrang einer beitragsfreien Familienversicherung. Die Kosten einer ggf. erforderlichen Ruhensversicherung zur Aufrechterhaltung des Versicherungsstatus in der PKV werden dagegen nicht übernommen. Zuschüsse zur KV und PV werden auch gewährt für Pflegepersonen, die vor der Freistellung als Beschäftigte in der Postbeamtenkrankenkasse oder der Krankenversorgung der Bundesbahnbeamten versichert sind. Als „Beschäftigte" im Sinne des § 7 Abs. 1 des PflegeZG gelten allerdings Beamte nicht. 5

VI. Versicherungspflicht in der Arbeitslosenversicherung

§ 3 PflegeZG begründet während der Inanspruchnahme von Pflegezeit Versicherungsschutz gegen das Risiko der Arbeitslosigkeit nach dem Ende der Pflegezeit. Für die Pflegepersonen besteht während der Pflegezeit von bis zu sechs Monaten nach § 3 des PflegeZG Versicherungspflicht in der Arbeitslosenversicherung nach dem SGB III (§ 26 Abs. 2b SGB III). Die Träger der PV haben hierfür Beiträge an die Bundesagentur für Arbeit zu entrichten (§ 349 Abs. 4a iVm. § 347 Nr. 10 SGB III). 6

VII. Pflege-Unterstützungsgeld

Das in den Abs. 3 bis 7 geregelte **Pflege-Unterstützungsgeld** wurde zum 1.1.2015 durch das Gesetz zur besseren Vereinbarkeit von Familie, Pflege und Beruf (vom 23.12.2014, BGBl. I S. 2462) eingeführt. Es handelt sich um eine Einkommensersatzleistung bei kurzzeitiger Arbeitsverhinderung, die aus Mitteln der Pflegeversicherung finanziert und auf Antrag von den Trägern der sozialen und privaten 7

§ 45 Viertes Kapitel. Leistungen der Pflegeversicherung

Pflegeversicherung gewährt wird. Die Leistung soll die durch § 2 Abs. 1 PflegeZG eröffnete Möglichkeit finanziell absichern, bis zu zehn Arbeitstagen der Arbeit fernzubleiben, wenn dies erforderlich ist, um für einen pflegebedürftigen „nahen Angehörigen" (zu diesem Begriff s. § 7 Abs. 3 PflegeZG) in einer akut aufgetretenen Pflegesituation eine bedarfsgerechte Pflege zu organisieren oder eine pflegerische Versorgung sicherzustellen. Die Leistung ist subsidiär gegenüber der Fortzahlung des Arbeitsentgelts durch den Arbeitgeber sowie gegenüber der Gewährung von Kranken- oder Verletztengeld bei Erkrankung oder Unfall eines Kindes nach § 45 SGB V oder nach § 45 Absatz 4 SGB VII. Pflegeunterstützungsgeld wird **nur auf Antrag** gewährt; der Antrag ist bei dem für den pflegebedürftigen nahen Angehörigen zuständigen Träger der Pflegeversicherung unter Vorlage der ärztlichen Bescheinigung nach § 2 Abs. 2 Satz 2 PflegeZG unverzüglich zu stellen. Die **Höhe des Pflegeunterstützungsgeldes** berechnet sich nach den für die Berechnung des Kinderkrankengeldes geltenden Vorschriften (§ 45 Abs. 2 Satz 3 bis 5 SGB V).

8 Aus dem Pflegeunterstützungsgeld sind (nach **Abs. 4**) **Beiträge zur Arbeitslosen-, Renten- und Krankenversicherung** zu entrichten. Die Beiträge sind bei Mitgliedern der SPV je zur Hälfte von der Pflegekasse und dem Versicherten zu tragen; privat krankenversicherte Beschäftigte erhalten (gem. § 249c SGB V) von ihrem Versicherungsunternehmen auf Antrag Zuschüsse zur Krankenversicherung in vergleichbarer Höhe. Die Dauer des Bezugs und die Höhe des Pflegeunterstützungsgeldes muss der Leistungsbezieher seinem Arbeitgeber nachweisen (**Abs. 5**). Landwirtschaftliche Unternehmer können in einer § 2 PflegeZG entsprechenden Situation anstelle des Pflege-Unterstützungsgeldes die Gewährung von Betriebshilfe beanspruchen (**Abs. 6**). Für Beschäftigte, die pflegebedürftige Personen versorgen, die beihilfeberechtigt sind oder Anspruch auf Leistungen der Heilfürsorge haben und bei einer Pflegekasse oder einem privaten Versicherungsunternehmen versichert sind, sind die Rentenversicherungsbeiträge auf Grund des Bezugs von Pflegeunterstützungsgeld – wie das Pflegeunterstützungsgeld selbst – anteilig von der Pflegekasse oder dem privaten Versicherungsunternehmen und dem Träger der Beihilfe- bzw. Heilfürsorge zu tragen (**Abs. 7**).

9 Da das Pflegeunterstützungsgeld nicht aus der Versicherung des nahen Angehörigen (als Beschäftigter), sondern aus der Pflegeversicherung des Pflegebedürftigen gezahlt wird, besteht der sonst übliche elektronische Datenaustausch zwischen dem Arbeitgeber und der zuständigen Pflegekasse nicht. Der Beschäftigte muss daher die Informationen an die Pflegekasse des pflegebedürftigen Angehörigen und dessen Daten an seinen Arbeitgeber weitergeben. Bei beihilfeberechtigten pflegebedürftigen Angehörigen müssen der Festsetzungsstelle für die Beihilfe bzw. bei Heilfürsorge dem Dienstherrn Angaben zur Person des Beziehers von Pflegeunterstützungsgeld mitgeteilt werden, die im Einzelnen in Abs. 7 Satz 2 aufgeführt sind.

§ 45 Pflegekurse für Angehörige und ehrenamtliche Pflegepersonen

(1) ¹**Die Pflegekassen sollen für Angehörige und sonstige an einer ehrenamtlichen Pflegetätigkeit interessierte Personen Schulungskurse unentgeltlich anbieten, um soziales Engagement im Bereich der Pflege zu fördern und zu stärken, Pflege und Betreuung zu erleichtern und zu verbessern sowie pflegebedingte körperliche und seelische Belastungen zu mindern.** ²**Die Kurse sollen Fertigkeiten für eine eigenständige Durchführung der Pflege vermitteln.** ³**Die Schulung soll auch in der häuslichen Umgebung des Pflegebedürftigen stattfinden.**

(2) **Die Pflegekasse kann die Kurse entweder selbst oder gemeinsam mit anderen Pflegekassen durchführen oder geeignete andere Einrichtungen mit der Durchführung beauftragen.**

(3) Über die einheitliche Durchführung sowie über die inhaltliche Ausgestaltung der Kurse können die Landesverbände der Pflegekassen Rahmenvereinbarungen mit den Trägern der Einrichtungen schließen, die die Pflegekurse durchführen.

Inhaltsübersicht

	Rn.
I. Geltende Fassung	1
II. Normzweck	2
III. Allgemeines	3
IV. Ziel der Pflegekurse (Abs. 1)	4
V. Durchführung der Pflegekurse (Abs. 2)	5

I. Geltende Fassung

Die Vorschrift ist mWv 1.4.1995 durch Art. 1 PflegeVG eingeführt worden. **1** Sie hat weitgehend die Fassung des RegE (dort § 41); vgl. Begr. des RegE, S. 116. Aufgrund der Beschlussempfehlung des AuS-Ausschusses wurde in Abs. 1 Satz 1 hinter „Schulungskurse" lediglich der Begriff „unentgeltlich" eingefügt (BT-Drucks. 12/5920, S. 44); zur Begr. vgl. BT-Drucks. 12/5952, S. 40. Durch Art. 1 Nr. 3 PQsG wurde in Abs. 1 Satz 3 das Wort „kann" durch das Wort „soll" ersetzt. Durch Art. 8 Nr. 16 GKV-WSG wurde Abs. 3 neu gefasst; es handelt sich um eine Folgeänderung der neu geschaffenen Organisationsstruktur der Verbände der KKn und PKn.

II. Normzweck

Ziel der Vorschrift ist es, den Pflegekassen als zusätzliche Aufgabe die Durchführung von Pflegekursen aufzuerlegen, um praktizierende und potentielle ehrenamtliche Pflegekräfte mit Pflegetätigkeiten vertraut zu machen. Dabei handelt es sich um eine weitere Maßnahme zur Stärkung der häuslichen Pflege. Zugleich sollen die personellen Ressourcen für Pflegemaßnahmen verbessert werden. Die Anwerbung neuer ehrenamtlicher Pflegepersonen kann auch alleiniger Gegenstand eines Schulungskurses sein (BT-Drucks. 12/5262, S. 116, zu § 41 E).

III. Allgemeines

Die Vorschrift verpflichtet die PK allgemein zur Unterweisung der ehrenamtlichen Pflegekräfte. Die Schulung ist nicht auf Gruppenkurse beschränkt; ggf. soll sie in der häuslichen Umgebung des Pflegebedürftigen stattfinden (Abs. 1 Satz 3). Die Vorschrift enthält in erster Linie eine **Verpflichtung der PKn;** Ansprüche von Pflegepersonen begründet sie nur im Rahmen vorhandener Kapazitäten; für einen Rechtsanspruch der Pflegepersonen: *Krahmer,* in: LPK-SGB XI, § 45 Rn. 5; *Maschmann,* NZS 1995, 109, 122; a. A. *Leitherer,* in: Schulin, HS-PV, § 19 Rn. 108 ff.; *Gürtner,* in: KassKomm, SGB XI, § 45 Rn. 3 – § 45 enthalte nur eine Aufgabenzuweisung an die PK, aber keinen Anspruch auf Einrichtung und Teilnahme an Pflegekursen. **Teilnahmeberechtigt** sind nicht nur Pflegepersonen i. S. von § 19, sondern jeder, der an ehrenamtlicher Pflegetätigkeit interessiert ist. Eine konkrete Pflegebeziehung zu einem Pflegebedürftigen i. S. von § 14 ist nicht erforderlich. Die Teilnahmeberechtigung kann auch nicht von einer Mitgliedschaft der Pflegeperson oder des Pflegebedürftigen in der PK abhängig gemacht werden. Zwar besteht nach allgemei-

§ 45a   Viertes Kapitel. Leistungen der Pflegeversicherung

nen Grundsätzen eine Leistungspflicht der PK nur gegenüber ihren Mitgliedern; in Bezug auf Pflegekurse geht der an die PK gerichtete Auftrag jedoch weiter. Die Kosten der Pflegekurse müssen von der PK getragen werden. Eine Rechtsgrundlage für die Erhebung von Teilnehmergebühren besteht nicht. Der AuS-Ausschuss wollte durch Einfügung des Begriffs unentgeltlich ausdrücklich klarstellen, dass die Teilnahme an Pflegekursen kostenfrei ist. Die PK kann die ihr entstehenden Aufwendungen auch nicht auf Leistungsansprüche des Pflegebedürftigen nach den §§ 36 ff. anrechnen.

IV. Ziel der Pflegekurse (Abs. 1)

4   Ziel der Pflegekurse soll es sein, Kenntnisse zu vermitteln oder zu vertiefen, die zur Ausübung der Pflegetätigkeit in häuslicher Umgebung notwendig oder hilfreich sind (Abs. 1 Satz 2). Mithilfe der Schulung soll nicht nur die physische, sondern auch die psychische Belastung durch Pflegetätigkeiten gemindert werden. Dies kann auch durch einen Erfahrungsaustausch der Pflegepersonen untereinander und durch Beratung der Pflegepersonen im richtigen Gebrauch von Hilfsmitteln erreicht werden. Unter ehrenamtlicher Tätigkeit ist die nicht erwerbsmäßige Pflege i. S. des § 19 zu verstehen; dh jede auch nur geringfügige Pflegetätigkeit bis hin zur Grenze der Erwerbsmäßigkeit.

V. Durchführung der Pflegekurse (Abs. 2)

5   Es steht im Ermessen der PK, ob sie die Kurse selbst oder gemeinsam mit anderen PKn durchführt oder ob sie geeignete Einrichtungen mit der Durchführung beauftragt. Sie hat jedoch dafür Sorge zu tragen, dass für die Schulung geeignete Fachkräfte zur Verfügung stehen. Diese Voraussetzung kann von den PKn im Rahmen der nach **Abs. 3** zu schließenden Rahmenverträge zur Bedingung für die Durchführung von Pflegekursen durch externe Träger gemacht werden. Hinsichtlich der Qualifikation sind an die Durchführung von Beratungsgesprächen in der häuslichen Umgebung und an Schulungskurse unterschiedliche Anforderungen zu stellen. Während ein Beratungsgespräch von examinierten Pflegefachkräften durchgeführt werden kann, ist die Abhaltung von Pflegekursen zusätzlich von einer pädagogischen Qualifikation abhängig.

Fünfter Abschnitt. Leistungen für Versicherte mit erheblichem allgemeinem Betreuungsbedarf, zusätzliche Betreuungs- und Entlastungsleistungen und Weiterentwicklung der Versorgungsstrukturen

§ 45a Berechtigter Personenkreis

(1) ¹Soweit nichts anderes bestimmt ist, betreffen die Leistungen in diesem Abschnitt Pflegebedürftige in häuslicher Pflege, bei denen neben dem Hilfebedarf im Bereich der Grundpflege und der hauswirtschaftlichen Versorgung (§§ 14 und 15) ein erheblicher Bedarf an allgemeiner Beaufsichtigung und Betreuung gegeben ist. ²Dies sind
1. Pflegebedürftige der Pflegestufen I, II und III sowie

Berechtigter Personenkreis §45a

2. Personen, die einen Hilfebedarf im Bereich der Grundpflege und hauswirtschaftlichen Versorgung haben, der nicht das Ausmaß der Pflegestufe I erreicht,
mit demenzbedingten Fähigkeitsstörungen, geistigen Behinderungen oder psychischen Erkrankungen, bei denen der Medizinische Dienst der Krankenversicherung oder die von der Pflegekasse beauftragten Gutachter im Rahmen der Begutachtung nach § 18 als Folge der Krankheit oder Behinderung Auswirkungen auf die Aktivitäten des täglichen Lebens festgestellt haben, die dauerhaft zu einer erheblichen Einschränkung der Alltagskompetenz geführt haben.

(2) ¹Für die Bewertung, ob die Einschränkung der Alltagskompetenz auf Dauer erheblich ist, sind folgende Schädigungen und Fähigkeitsstörungen maßgebend:
1. unkontrolliertes Verlassen des Wohnbereiches (Weglauftendenzy);
2. Verkennen oder Verursachen gefährdender Situationen;
3. unsachgemäßer Umgang mit gefährlichen Gegenständen oder potenziell gefährdenden Substanzen;
4. tätlich oder verbal aggressives Verhalten in Verkennung der Situation;
5. im situativen Kontext inadäquates Verhalten;
6. Unfähigkeit, die eigenen körperlichen und seelischen Gefühle oder Bedürfnisse wahrzunehmen;
7. Unfähigkeit zu einer erforderlichen Kooperation bei therapeutischen oder schützenden Maßnahmen als Folge einer therapieresistenten Depression oder Angststörung;
8. Störungen der höheren Hirnfunktionen (Beeinträchtigungen des Gedächtnisses, herabgesetztes Urteilsvermögen), die zu Problemen bei der Bewältigung von sozialen Alltagsleistungen geführt haben;
9. Störung des Tag-/Nacht-Rhythmus;
10. Unfähigkeit, eigenständig den Tagesablauf zu planen und zu strukturieren;
11. Verkennen von Alltagssituationen und inadäquates Reagieren in Alltagssituationen;
12. ausgeprägtes labiles oder unkontrolliert emotionales Verhalten;
13. zeitlich überwiegend Niedergeschlagenheit, Verzagtheit, Hilflosigkeit oder Hoffnungslosigkeit aufgrund einer therapieresistenten Depression.

²Die Alltagskompetenz ist erheblich eingeschränkt, wenn der Gutachter des Medizinischen Dienstes oder der von der Pflegekasse beauftragten Gutachter bei dem Pflegebedürftigen wenigstens in zwei Bereichen, davon mindestens einmal aus einem der Bereiche 1 bis 9, dauerhafte und regelmäßige Schädigungen oder Fähigkeitsstörungen feststellen. ³Der Spitzenverband Bund der Pflegekassen beschließt mit dem Verband der privaten Krankenversicherung e.V. unter Beteiligung der kommunalen Spitzenverbände auf Bundesebene, der maßgeblichen Organisationen für die Wahrnehmung der Interessen und der Selbsthilfe der pflegebedürftigen und behinderten Menschen auf Bundesebene und des Medizinischen Dienstes des Spitzenverbandes Bund der Krankenkassen in Ergänzung der Richtlinien nach § 17 das Nähere zur einheitlichen Begutachtung und Feststellung des erheblichen und dauerhaften Bedarfs an allgemeiner Beaufsichtigung und Betreuung.

Udsching

§ 45 a Viertes Kapitel. Leistungen der Pflegeversicherung

Inhaltsübersicht

	Rn.
I. Geltende Fassung	1
II. Normzweck	2
III. Allgemeines	3
IV. Maßgebende Schädigungen und Fähigkeitsstörungen	4
V. Begutachtung durch den Medizinischen Dienst	5

I. Geltende Fassung

1   Die Vorschrift wurde durch Art. 1 Nr. 6 PflEG mWv 1.1.2002 eingefügt. Durch Art. 8 Nr. 18 GKV-WSG wurde Abs. 2 Satz 3 neu gefasst; es handelt sich um eine Folgeänderung der neu geschaffenen Organisationsstruktur der Verbände der KKn und PKn. Durch Art. 1 Nr. 27 PflegeWEG wurde Abs. 1 Satz 2 um die jetzige Nr. 2 ergänzt; zugleich wurde Abs. 2 Satz 3 neu gefasst. Im PNG wurden in Abs. 1 Satz 2 und Abs. 2 Satz 2 lediglich die Änderungen aus § 18 (andere Gutachter als MD) eingefügt. Im PSG I wurde die Formulierung von Abs. 1 Satz 1 geändert.

II. Normzweck

2   Die Vorschrift soll eine Gerechtigkeitslücke der PV schließen, die ihren Grund darin hat, dass der Pflegebedürftigkeitsbegriff des SGB XI einseitig auf die Bedürfnisse altersgebrechlicher Menschen ausgerichtet ist. Der für die Feststellung von Pflegebedürftigkeit allein maßgebende Katalog von Verrichtungen in § 14 Abs. 4 erfasst vor allem den Bedarf von **Menschen mit kognitiven und psychischen Störungen** an Betreuung und Anleitung ohne Bezug zu einzelnen Verrichtungen nicht. Ohne Änderung des Begriffs der Pflegebedürftigkeit hat der Gesetzgeber mit dem PflegeWEG zum 1.7.2008 im Leistungsrecht eine Kompensation zugunsten dieser Gruppe von Hilfebedürftigen eingeführt, die auf ersten Ansätzen aufbaut, die bereits im PflEG enthalten, allerdings nur sehr bescheiden ausgestattet waren; zur geplanten Änderung des Begriffs der Pflegebedürftigkeit vgl. Einleitung Rn. 24–29. Nach der Fassung des PflEG erhielten Pflegebedürftige, die neben einem zumindest erheblichen verrichtungsbezogenen Hilfebedarf einen erheblichem Bedarf an allgemeiner Beaufsichtigung und Betreuung aufwiesen, einen Betrag von 460 Euro pro Jahr für zusätzliche Betreuungsleistungen (§ 45 b aF). Im PflegeWEG wurde hieraus ein eigenständiger Anspruch, der auch solchen Hilfebedürftigen zusteht, die die Grenzwerte der Pflegestufe I nach § 15 nicht erreichen. Für die Zugehörigkeit zu dem neu geschaffenen leistungsberechtigten Personenkreis (Personen mit erheblich eingeschränkter Alltagskompetenz, PEA) sind mit dem Katalog in § 45 a Abs. 2 neuartige Kriterien maßgebend, die keinen Bezug mehr zu verrichtungsbezogenen Defiziten haben (s. Richtlinie zur Feststellung von PEA (www.kgv-spitzenverband.de → pflegeversicherung). Neben der in § 45 b geregelten Geldleistung, die als Kostenersatz für zusätzliche Betreuungsleistungen gewährt wird, hat der Gesetzgeber für den von § 45 a erfassten Kreis von Hilfebedürftigen eine Weiterentwicklung der Versorgungsstrukturen (§ 45 c) und eine Förderung ehrenamtlicher Strukturen sowie der Selbsthilfe (§ 45 d) mit Mitteln der PV vorgesehen. Das PNG führte für PEA in den als Übergangsregelungen ausgestalteten §§ 123, 124 zudem Ansprüche auf Pflegesachleistungen und Pflegegeld ein; die Pflegesachleistung kann auch für Leistungen der häuslichen Betreuung in Anspruch genommen werden.

III. Allgemeines

Die Vorschrift definiert den leistungsberechtigten Personenkreis. Leistungen des 3
Fünften Abschnitts kommen nur für **Pflegebedürftige in häuslicher Pflege** in Betracht; als Parallelregelung für Menschen mit kognitiven und psychischen Störungen in stationärer Pflege ist § 87b anzusehen, der Zuschläge für eine Verbesserung der Betreuung von Menschen mit erheblichem allgemeinem Betreuungsbedarf vorsieht. Für die Abgrenzung von häuslicher und stationärer Pflege ist auch hier maßgebend, ob die Pflege in einer Einrichtung erbracht wird, die als stationäre Pflegeeinrichtung i. S. des § 71 Abs. 2 zugelassen oder als Einrichtung i. S. des § 71 Abs. 4 (Krankenhaus, Reha- oder Behinderteneinrichtung) anzusehen ist (zu weit *Vogl*, in: HSP, § 45a Rn. 11). „Häusliche Pflege" setzt dagegen nicht voraus, dass der Pflegebedürftige in seinem Haushalt versorgt wird. Die auch in Abs. 1 enthaltene Voraussetzung „Bedarf an allgemeiner Beaufsichtigung und Betreuung" muss als Gegensatz zum verrichtungsbezogenen Hilfebedarf verstanden werden. Abs. 1 Satz 2 stellt klar, dass – unabhängig von der Zuordnung zu einer Pflegestufe – als Ursache des Betreuungsbedarfs nur demenzbedingte Fähigkeitsstörungen, geistige Behinderungen oder psychische Erkrankungen in Betracht kommen (BSG, Urteil vom 12.8.2010, B 3 P 3/09 R, NZS 2011, 432, 434 Rn. 18). Daneben muss wohl, wie die wenig präzise Formulierung von Abs. 1 Satz 2 Nr. 2 zeigt, auch ein Hilfebedarf im Bereich der Grundpflege und hauswirtschaftlichen Versorgung bestehen, der aber nicht das für die Pflegestufe I erforderliche Ausmaß erreichen muss. Zur Begutachtung der Einschränkung der Alltagskompetenz s. unten Rn. 5.

IV. Maßgebende Schädigungen und Fähigkeitsstörungen

Abs. 2 Satz 1 enthält einen Katalog von Schädigungen und Fähigkeitsstörungen, 4
die für die Einschränkung der Alltagskompetenz ursächlich sein können. Ein die Leistungsberechtigung auslösendes erhebliches Ausmaß der Einschränkung liegt vor, wenn in zwei Bereichen, die im Katalog aufgeführt sind, dauerhafte und regelmäßige Schädigungen oder Fähigkeitsstörungen festgestellt werden; wobei eines der Defizite den unter Nr. 1 bis 9 aufgeführten Bereichen zuzuordnen sein muss, die nach Auffassung des Gesetzgebers offensichtlich von größerem Gewicht für die Alltagskompetenz sind. Die Einschränkung kann als dauerhaft angesehen werden, wenn sie voraussichtlich mindestens sechs Monate besteht; regelmäßige Schädigungen oder Funktionsstörungen, deren Vorliegen Abs. 2 Satz 2 fordert, sind gegeben, wenn der hierdurch bedingte Betreuungsbedarf in der Regel nur einmal wöchentlich anfällt (zu beiden Kriterien: BSG, Urteil vom 12.8.2010, B 3 P 3/09 R, NZS 2011, 432). „Regelmäßig" ist allerdings weniger als „täglich" (nach Nr. 2.1 und 2.2 der PEA-RL muss grundsätzlich ein täglicher Beaufsichtigungs- und Betreuungsbedarf bestehen); dies hat das BSG in der soeben zitierten Entscheidung offen gelassen.

V. Begutachtung durch den Medizinischen Dienst

Das Vorliegen einer erheblich eingeschränkten Alltagskompetenz nach § 45a ist 5
nach § 18 Abs. 1 Satz 1 gesondert festzustellen; die Vorschrift wurde im PflegeWEG entsprechend ergänzt. Grundlage der Begutachtung ist die Richtlinie zur Feststellung von Personen mit erheblich eingeschränkter Alltagskompetenz und zur Bewertung des Hilfebedarfs (PEA-Richtlinie vom 22.3.2002, zuletzt geändert durch Beschluss vom 10.6.2008), die nach Abs. 2 Satz 3 vom Spitzenverband Bund mit dem PKV unter Beteiligung der kommunalen Spitzenverbände und von Organisationen der Betroffenen zu beschließen ist (abgedruckt als Anhang 3). Es handelt sich um eine spezielle Begutachtungsrichtlinie, die die BRi nach § 17 ergänzen soll.

§ 45b Viertes Kapitel. Leistungen der Pflegeversicherung

§ 45b Zusätzliche Betreuungs- und Entlastungsleistungen, Verordnungsermächtigung

(1) ¹Versicherte, die die Voraussetzungen des § 45a erfüllen, können je nach Umfang des erheblichen allgemeinen Betreuungsbedarfs zusätzliche Betreuungs- und Entlastungsleistungen in Anspruch nehmen. ²Die Kosten hierfür werden ersetzt, höchstens jedoch 104 Euro monatlich (Grundbetrag) oder 208 Euro monatlich (erhöhter Betrag). ³Die Höhe des jeweiligen Anspruchs nach Satz 2 wird von der Pflegekasse auf Empfehlung des Medizinischen Dienstes der Krankenversicherung im Einzelfall festgelegt und dem Versicherten mitgeteilt. ⁴Der Spitzenverband Bund der Pflegekassen beschließt unter Beteiligung des Medizinischen Dienstes des Spitzenverbandes Bund der Krankenkassen, des Verbandes der privaten Krankenversicherung e. V., der kommunalen Spitzenverbände auf Bundesebene und der maßgeblichen Organisationen für die Wahrnehmung der Interessen und der Selbsthilfe der pflegebedürftigen und behinderten Menschen auf Bundesebene Richtlinien über einheitliche Maßstäbe zur Bewertung des Hilfebedarfs auf Grund der Schädigungen und Fähigkeitsstörungen in den in § 45a Abs. 2 Nr. 1 bis 13 aufgeführten Bereichen für die Empfehlung des Medizinischen Dienstes der Krankenversicherung zur Bemessung der jeweiligen Höhe des Betreuungs- und Entlastungsbetrages; § 17 Abs. 2 gilt entsprechend. ⁵Der Betrag ist zweckgebunden einzusetzen für qualitätsgesicherte Leistungen der Betreuung oder Entlastung. ⁶Er dient der Erstattung von Aufwendungen, die den Versicherten entstehen im Zusammenhang mit der Inanspruchnahme von Leistungen
1. der Tages- oder Nachtpflege,
2. der Kurzzeitpflege,
3. der zugelassenen Pflegedienste, sofern es sich um besondere Angebote der allgemeinen Anleitung und Betreuung oder Angebote der hauswirtschaftlichen Versorgung und nicht um Leistungen der Grundpflege handelt, oder
4. der nach Landesrecht anerkannten niedrigschwelligen Betreuungs- und Entlastungsangebote, die nach § 45c gefördert oder förderungsfähig sind.

⁷Die Erstattung der Aufwendungen erfolgt auch, wenn für die Finanzierung der in Satz 6 genannten Betreuungs- und Entlastungsleistungen Mittel der Verhinderungspflege gemäß § 39 eingesetzt werden.

(1a) ¹Pflegebedürftige, die nicht die Voraussetzungen des § 45a erfüllen, können ebenfalls zusätzliche Betreuungs- und Entlastungsleistungen nach Absatz 1 in Anspruch nehmen. ²Die Kosten hierfür werden bis zu einem Betrag in Höhe von 104 Euro monatlich ersetzt.

(2) ¹Die Anspruchsberechtigten erhalten die zusätzlichen finanziellen Mittel auf Antrag von der zuständigen Pflegekasse oder dem zuständigen privaten Versicherungsunternehmen sowie im Fall der Beihilfeberechtigung anteilig von der Beihilfefestsetzungsstelle gegen Vorlage entsprechender Belege über entstandene Eigenbelastungen im Zusammenhang mit der Inanspruchnahme der in Absatz 1 genannten Leistungen. ²Die Leistung nach den Absätzen 1 und 1a kann innerhalb des jeweiligen Kalenderjahres in Anspruch genommen werden; wird die Leistung in einem Kalenderjahr nicht ausgeschöpft, kann der nicht verbrauchte Betrag in das folgende Kalenderhalbjahr übertragen werden. ³Ist der Betrag für zusätzliche Betreuungsleistungen nach dem bis zum 30. Juni 2008 geltenden Recht nicht ausgeschöpft worden, kann der nicht verbrauchte kalenderjährliche Betrag in das zweite Halbjahr 2008 und in das Jahr 2009 übertragen werden.

(3) ¹Soweit für die entsprechenden Leistungsbeträge nach den §§ 36 und 123 in dem jeweiligen Kalendermonat keine ambulanten Pflegesachleistungen bezogen wurden, können die nach Absatz 1 oder Absatz 1a anspruchsberechtigten Versicherten unter Anrechnung auf ihren Anspruch auf ambulante Pflegesachleistungen Leistungen niedrigschwelliger Betreuungs- und Entlastungsangebote zusätzlich zu den in den Absätzen 1 und 1a genannten Beträgen in Anspruch nehmen. ²Der nach Satz 1 für niedrigschwellige Betreuungs- und Entlastungsleistungen verwendete Betrag darf je Kalendermonat 40 Prozent des für die jeweilige Pflegestufe vorgesehenen Höchstbetrags für ambulante Pflegesachleistungen nicht überschreiten. ³Die Grundpflege und die hauswirtschaftliche Versorgung im Einzelfall sind sicherzustellen. ⁴Die Aufwendungen, die den Anspruchsberechtigten im Zusammenhang mit der Inanspruchnahme der niedrigschwelligen Betreuungs- und Entlastungsleistungen nach Satz 1 entstehen, werden erstattet; Absatz 2 Satz 1 gilt entsprechend. ⁵Die Vergütungen für ambulante Pflegesachleistungen sind vorrangig abzurechnen. ⁶Im Rahmen der Kombinationsleistung nach § 38 gilt die Erstattung der Aufwendungen als Inanspruchnahme der dem Anspruchsberechtigten nach § 36 Absatz 3 und 4 sowie § 123 zustehenden Leistung. ⁷Beziehen Anspruchsberechtigte die Leistung nach Satz 1, findet § 37 Absatz 3 bis 5, 7 und 8 Anwendung; § 37 Absatz 6 findet mit der Maßgabe entsprechende Anwendung, dass eine Kürzung oder Entziehung in Bezug auf die Kostenerstattung nach Satz 4 erfolgt. ⁸§ 13 Absatz 3a findet auf die Inanspruchnahme der Leistung nach Satz 1 keine Anwendung. ⁹Das Bundesministerium für Gesundheit evaluiert die Möglichkeit zur anteiligen Verwendung der in den § 36 und 123 für den Bezug ambulanter Pflegesachleistungen vorgesehenen Leistungsbeträge auch für Leistungen niedrigschwelliger Betreuungs- und Entlastungsangebote nach den Sätzen 1 bis 8 spätestens innerhalb von vier Jahren nach Inkrafttreten.

(4) ¹Die Landesregierungen werden ermächtigt, durch Rechtsverordnung das Nähere über die Anerkennung der niedrigschwelligen Betreuungs- und Entlastungsangebote einschließlich der Vorgaben zur regelmäßigen Qualitätssicherung der Angebote zu bestimmen. ²Niedrigschwellige Angebote, die sowohl die Voraussetzungen des § 45c Absatz 3 als auch des § 45c Absatz 3a erfüllen, können unter Beachtung der jeweiligen Anerkennungsbedingungen eine gemeinsame Anerkennung als Betreuungs- und Entlastungsangebot erhalten.

Inhaltsübersicht

	Rn.
I. Geltende Fassung	1
II. Normzweck	2
III. Allgemeines	3
IV. Betreuungsleistungen in Höhe eines Grund- oder erhöhten Betrages (Abs. 1)	4
V. Betreuungsleistungen für Pflegebedürftige	5a
VI. Einzelheiten der Leistungserbringung (Abs. 2)	6
VII. Kostenerstattung anstelle von Pflegesachleistung	7
1. Begrenzte Umschichtung von Sachleistungen in Kostenerstattung	7
2. Einbindung in das Leistungssystem der Pflegeversicherung	8
VIII. Anerkennung niedrigschwelliger Leistungsangebote (Abs. 4)	10

I. Geltende Fassung

1 Die Vorschrift wurde durch Art. 1 Nr. 6 PflEG mWv 1.1.2002 eingefügt. Durch Art. 1 Nr. 28 PflegeWEG wurde Abs. 1 Satz 1 neu gefasst und die Sätze 2 bis 4 eingefügt; die ursprünglichen Sätze 2 und 3 wurden Sätze 5 und 6; in Satz 6 wurde der Begriff „Pflegebedürftige" durch „Versicherte" ersetzt; in Abs. 2 wurde Satz 2 neu gefasst und Satz 3 hinzugefügt; der bisherige Satz 3 wurde Satz 4. In Abs. 3 wurde Satz 1 gestrichen. Durch das PSG I wurde die Vorschrift grundlegend geändert; es wurden insbesondere Abs. 1a und ein neuer Abs. 3 eingefügt, der bisherige Abs. 3 wurde zu Abs. 4 (vgl. BT-Drucks. 18/1798; 18/2009).

II. Normzweck

2 Die Vorschrift regelt Geldleistungen der PV für die Inanspruchnahme zusätzlicher Betreuungs- und Entlastungsmaßnahmen bei häuslicher Pflege. Sie bezog sich bis zum PSG I ausschließlich auf Personen mit erheblich eingeschränkter Alltagskompetenz. Im PSG I wurde die Vorschrift auch für Pflegebedürftige geöffnet, die der Voraussetzungen des § 45a nicht erfüllen, aber wenigstens der Pflegestufe I zugeordnet sind. Der Gesetzgeber will hierdurch eine größere Flexibilität bei der Inanspruchnahme häuslicher Pflege- und Betreuungsleistungen erreichen; etwa dadurch, dass nunmehr (nach Abs. 3) Leistungsbeträge der Pflegesachleistung, die bislang nur für Maßnahmen der Grundpflege und hauswirtschaftlichen Versorgung durch zugelassene Pflegedienste verwendet werden konnten, nunmehr im Wege der Kostenerstattung für niedrigschwellige Betreuungs- und Entlastungsleistungen eingesetzt werden können. Die **Kategorien Betreuung und Entlastung** überschneiden sich; eine Trennlinie wurde insoweit auch im Gesetzgebungsverfahren nicht gesehen (BT-Drucks. 18/1798, S. 35, zu § 45c Buchst. e). Die Geldleistungen, die (im Gegensatz zum Pflegegeld) zweckgebunden eingesetzt werden müssen (Abs. 1 Satz 5), dienen der Erstattung von Aufwendungen, die durch die Inanspruchnahme von Leistungen entstehen, die im Einzelnen in Abs. 1 Satz 6 aufgeführt sind. Die zusätzlichen Betreuungs- und Entlastungsleistungen an Versicherte mit eingeschränkter Alltagskompetenz werden nicht als Sachleistungen gewährt. Im Hinblick auf Personen mit erheblich eingeschränkter Alltagskompetenz ist das Nebeneinander der Leistungen nach § 45b auf Kostenerstattungsbasis und der Übergangsregelungen in den §§ 123, 124, die u. a. auch Betreuungsleistungen im häuslichen Bereich als Sachleistungen vorsehen, verwirrend (s. a. *Klie*, in: LPK-SGB XI, § 45b Rn. 10).

III. Allgemeines

3 Nachdem mit dem PflEG 2002 für Pflegebedürftige mit eingeschränkter Alltagskompetenz ein zusätzlicher Betreuungsbetrag von 460 Euro jährlich eingeführt worden war, sah die Neufassung durch das PflegeWEG für Versicherte (neben Pflegebedürftigen wurden jetzt auch Versicherte der sog. Pflegestufe 0 einbezogen) einen Grundbetrag von bis zu 100 Euro monatlich sowie einen erhöhten Betrag von bis zu 200 Euro monatlich vor. Der danach leistungsberechtigte Personenkreis ist in Grundzügen in § 45a festgelegt. Das BSG (Urteil vom 12.8.2010, B 3 P 3/09 R, NZS 2011, 432, 434 Rn. 9) hat aus der Abfolge der Regelungen in Abs. 1 Satz 1 bis 3 einerseits und Abs. 2 Satz 1 andererseits den Schluss gezogen, dass das Gesetz ein „zweiteilig gestuftes Verfahren" der Leistungsgewährung vorsehe. In einem ersten Schritt habe der Versicherungsträger zu entscheiden, ob der Versicherte dem Grunde nach leistungsberechtigt sei und wie hoch der Betrag (nachfolgend Rn. 4) ausfalle, den er ausschöpfen

Zus. Betreuungs- und Entlastungsleistungen, Verordnungsermächtigung § 45 b

könne, falls er eines der in Abs. 1 Satz 6 genannten Pflege- und Betreuungsangebote wahrnehme. In einem zweiten Schritt sei dann darüber zu entscheiden, in welcher Höhe Kosten für tatsächlich in Anspruch genommene Leistungen zu erstatten seien.

Mit dem PNG hat der Gesetzgeber neben den Leistungen nach § 45b, die im Wege der Kostenerstattung geltend zu machen sind (s. u. Rn. 6), für denselben Personenkreis in § 123 Ansprüche auf Pflegesachleistungen, Pflegegeld und Kombinationsleistungen eingeführt. Gegenstand dieser zusätzlichen Leistungen kann auch die häusliche Betreuung des Pflegebedürftigen sein (§ 124). 3a

Mit dem PSG I wurden die in § 45b aufgeführten zusätzlichen Betreuungs- und Entlastungsleistungen durch die Einfügung von Abs. 1a **auch für Pflegebedürftige zugänglich, die nicht die Voraussetzungen des § 45a erfüllen**, d. h., die nicht erheblich in ihrer Alltagskompetenz eingeschränkt sind. Zudem ist das Spektrum der niedrigschwelligen Leistungen über Betreuungsmaßnahmen hinaus erweitert worden und umfasst jetzt ausdrücklich auch Unterstützungsleistungen im hauswirtschaftlichen Bereich (Abs. 1 Satz 6 Nr. 3 iVm § 45c Abs. 3a, wonach entsprechende Angebote förderfähig sind); die Bezeichnung des Leistungsangebots im Titel der Vorschrift wurde entsprechend um „Entlastungsleistungen" erweitert. Die Flexibilität der Inanspruchnahme von Betreuungs- und Entlastungsleistungen soll durch mehrere Maßnahmen erhöht werden: Zum einen können solche Leistungen auch aus dem Budget des Betroffenen für Verhinderungspflege finanziert werden (Abs. 1 Satz 7), soweit dieses noch nicht erschöpft ist. Zum anderen können die nach Absatz 1 oder Absatz 1a anspruchsberechtigten Versicherten derartige Leistungen auch unter Anrechnung auf ihren Anspruch auf ambulante Pflegesachleistungen (nach § 36 bzw. § 123) über die in den Absätzen 1 und 1a genannten Höchstgrenzen hinaus in Anspruch nehmen (Abs. 3). Hierbei ist der für niedrigschwellige Betreuungs- und Entlastungsleistungen einsetzbare Betrag jedoch je Kalendermonat auf 40 vH des für die jeweilige Pflegestufe vorgesehenen Höchstbetrags für ambulante Pflegesachleistungen begrenzt. Zudem müssen Grundpflege hauswirtschaftliche Versorgung sichergestellt sein. 3b

IV. Betreuungsleistungen in Höhe eines Grund- oder erhöhten Betrages (Abs. 1)

Ein Versicherter erfüllt die Voraussetzungen des § 45a, wenn er in seiner Alltagskompetenz erheblich eingeschränkt ist. Hiervon ist auszugehen, wenn bei ihm mindestens in zwei Bereichen aus dem Katalog des § 45a Abs. 2 Satz 1 dauerhaft und regelmäßig Schädigungen oder Fähigkeitsstörungen bestehen, wobei zumindest einmal einer der Bereiche des 1 bis 9 betroffen sein muss. Als Leistung kann in jedem Fall der in Abs. 1 Satz 2 aufgeführte Grundbetrag iHv 100 Euro beansprucht werden. Welche Voraussetzungen für den Anspruch auf den erhöhten Betrag, den nur PEA (Anspruchsberechtigte nach Abs. 1) geltend machen können, erfüllt sein müssen, ist dem Gesetz selbst nicht zu entnehmen. In Abs. 1 Satz 2 heißt es lediglich, die Höhe des jeweiligen Betrages wird von der PK auf Empfehlung des MD im Einzelfall festgelegt und den Versicherten mitgeteilt. Diese Form administrativer Leistungszuteilung dürfte rechtsstaatlichen Grundsätzen (z. B. dem Wesentlichkeitsgrundsatz) kaum entsprechen (s. a. Klie, in: LPK-SGB XI, 4. Aufl. 2013, § 45b Rn. 5). Nach Abs. 1 Satz 4 sollen die Einzelheiten der Leistungsdifferenzierung in der Richtlinie zur Feststellung von Personen mit erheblich eingeschränkter Alltagskompetenz (s. § 45a Rn. 5) festgelegt werden. Nach der PEA-Richtlinie (Ziffer 3) ist eine Einschränkung der Alltagskompetenz in erhöhtem Maße anzunehmen, wenn zusätzlich bei mindestens einem weiteren Item aus einem der Bereiche 1, 2, 3, 4, 5, 9 oder 11 des § 45a Abs. 2 eine Schädigung oder Fähigkeitsstörung vorliegt. Das Aufstellen einer derartigen Anspruchsvoraussetzung fällt allerdings nicht in die Kompetenz des Richtliniengebers. 4

Udsching

§ 45 b

Viertes Kapitel. Leistungen der Pflegeversicherung

5 **Abs. 1 Satz 6** schränkt die Betreuungsmaßnahmen ein, für die – bis zur Höhe der Leistungsbeträge – Kostenerstattung verlangt werden kann. Hieraus wird deutlich, dass nicht jedwede sinnvolle Betreuung mitfinanziert wird, sondern vorrangig solche Angebote, die aus der Versorgung Pflegebedürftiger bekannt sind (Abs. 1 Satz 6 Nr. 1 bis 3); wobei nicht darauf abgestellt wird, dass die „Leistungen der Tages- oder Nachtpflege" sowie „der Kurzzeitpflege" von zugelassenen Einrichtungen erbracht werden. Zusätzlich einbezogen werden die nach Landesrecht anerkannten niedrigschwelligen Betreuungsangebote, die auch nach § 45 c Abs. 3 bzw. 3a gefördert werden können (vgl. hierzu Empfehlungen des Spitzenverbandes der PKn und des PKV zur Förderung von niedrigschwelligen Betreuungsangeboten sowie Modellvorhaben zur Erprobung neuer Versorgungskonzepte nach § 45 c Abs. 6). Die im RegE des Pflege-WEG noch vorgesehene Möglichkeit, neben diesen Angeboten auch solche in die Erstattung einzubeziehen, die von Pflegestützpunkten vermittelt werden, ohne dass eine entsprechende Anerkennung vorliegt (BT-Drucks. 16/7439 zu Nr. 28 Buchst. a, Doppelbuchst. cc), wurde auf Intervention des Ausschusses (BT-Drucks. 16/8525) nicht übernommen. Zu den erstattungsfähigen Kosten gehören nicht nur die Entgelte für Betreuungsleistungen, sondern auch Fahr- bzw Transportkosten sowie Investitionskosten. Vgl. zu den insgesamt möglichen Leistungen *Klie*, in: LPK-SGB XI, 4. Aufl. 2013, § 45 b Rn. 6. Der Katalog in Abs. 1 Satz 6 wurde insbesondere um Angebote der hauswirtschaftlichen Versorgung (Nr. 3) erweitert, die bis dahin ausdrücklich ausgeschlossen waren.

V. Betreuungs- und Entlastungsleistungen auch für Pflegebedürftige (Abs. 1 a)

5a Pflegebedürftige, die zumindest die Voraussetzungen der Pflegestufe I erfüllen, aber nicht die Voraussetzungen des § 45a, haben seit dem PSG I ebenfalls einen Anspruch auf zusätzliche Entlastungs- und Betreuungsleistungen nach § 45b. Auch bei ihnen handelt es sich insoweit um einen Anspruch auf Kostenerstattung, der nach Wahl des Versicherten für die in § 45 b Absatz 1 Satz 6 aufgeführten Betreuungs- und Entlastungsleistungen eingesetzt werden kann. Die Absätze 2 und 3 gelten für sie ebenfalls entsprechend. Der Gesetzgeber sieht dies offensichtlich im Hinblick auf die beabsichtigte Einführung eines neuen Pflegebedürftigkeitsbegriffs als Vorgriff auf ein einheitliches Leistungsrecht für alle pflege- und unterstützungsbedürftigen Versicherten (BT-Drucks. 18/1798, S. 30, zu Nr. 17 Buchst. c). Abs. 1a Satz 2 begrenzt die Leistungen allerdings auf den Grundbetrag von z. Zt. 104 Euro. Auch nach Abs. 1 a Anspruchsberechtigten können diese zusätzliche Leistung entsprechend der in Abs. 3 neu eingeführten Flexibilisierungsregelung gegebenenfalls um nicht in Anspruch genommene Sachleistungen nach § 36 bzw. § 123 aufstocken.

VI. Einzelheiten der Leistungserbringung (Abs. 2)

6 Die zusätzlichen Geldleistungen nach § 45 b müssen bei dem für die Kostenerstattung jeweils zuständigen Träger der PV gegen Vorlage entsprechender Belege beantragt werden, aus denen die finanziellen Belastungen des Versicherten durch die Inanspruchnahme von Betreuungsleistungen hervor gehen. Abrechnungsperiode ist grundsätzlich das Kalenderjahr, wobei ein nicht verbrauchter Betrag auf das folgende Kalenderhalbjahr übertragen werden kann. Werden zusätzliche Betreuungsleistungen neben Fürsorgeleistungen zur Pflege (hierzu zählen auch Leistungen der Eingliederungshilfe) in Anspruch genommen, ist § 13 Abs. 3a zu beachten. Danach finden die Leistungen nach § 45 b bei den Fürsorgeleistungen zur Pflege keine Berücksichti-

Zus. Betreuungs- und Entlastungsleistungen, Verordnungsermächtigung § 45 b

gung. Dies gilt gem. Abs. 3 Satz 8 nicht für die nach Abs. 3 Satz 1 aus dem Sachleistungsbudget stammenden Beträge.

VII. Kostenerstattung anstelle von Pflegesachleistung (Abs. 3)

1. Begrenzte Umschichtung von Sachleistung in Kostenerstattung

Abs. 3 enthält eine neuartige Kombinationsmöglichkeit im Leistungssystem der 7
Pflegeversicherung. Die Regelung ermöglicht eine Übertragung nicht verbrauchter Beträge aus dem Budget der Pflegesachleistung (nach § 36 bzw. § 123) in das für Betreuungs- und Entlastungsleistungen verfügbare Budget (nach § 45b Abs. 1). Hierdurch sollen die Wahlrechte der anspruchsberechtigten Pflegebedürftigen und Personen mit eingeschränkter Alltagskompetenz ohne Pflegestufe (zusammenfassende Definition jetzt: Anspruchsberechtigte) verbessert werden. Das für niedrigschwellige Betreuungs- und Entlastungsangebote zur Verfügung stehende Budget kann danach auch über die Höchstbeträge nach Absatz 1 hinaus in Anspruch genommen werden. Die Abrechnung erfolgt dann im Wege der Kostenerstattung; die auf diesem Weg abgerufenen Leistungen werden auf das Sachleistungsbudget angerechnet. Maximal können jedoch nur 40% der für ambulante Pflegesachleistungen je nach Pflegestufe vorgesehenen Leistungsbeträge für niedrigschwellige Leistungen eingesetzt werden. Im Regierungsentwurf (BT-Drucks. 18/1798) waren zunächst 50% vorgesehen; die Herabsetzung auf 40% erfolgte durch Beschluss des Gesundheitsausschusses (BT-Drucks. 18/2909).

2. Einbindung in das Leistungssystem der Pflegeversicherung

Die Begrenzung macht deutlich, dass der Gesetzgeber der **Sicherstellung von** 8
Grundpflege und hauswirtschaftlicher Versorgung weiterhin Priorität einräumt. Dies wird in **Satz 3** des Abs. 3 ausdrücklich klargestellt. Hieraus kann zugleich der Schluss gezogen werden, dass der Gesetzgeber bei einer höheren Quote der Kostenerstattung befürchtete, dass hierdurch die Inanspruchnahme von Pflegesachleistungen zurückgedrängt werden würde, was im Hinblick auf den Qualitätsstandard der Pflege offensichtlich nicht als erstrebenswert angesehen wird. Die Sätze 4 bis 7 enthalten Regelungen zu den Abrechnungsmodalitäten der neuartigen Kombinationsleistung. **Satz 4** bestimmt, dass es sich insgesamt um eine Leistung handelt, die jeweils nach Kalendermonaten in der Form der Kostenerstattung gegen Vorlage entsprechender Belege erbracht wird. Die Vergütungen für ambulante Pflegesachleistungen (nach § 36 bzw. § 123) sind vorrangig abzurechnen **(Satz 5)**. Hierdurch wird auch ermittelt, in welchem Umfang der für die jeweilige Pflegestufe zur Verfügung stehende Leistungsbetrag in dem jeweiligen Kalendermonat jeweils für ambulante Pflegesachleistungen verwendet worden ist und in welchem Umfang er für die Kostenerstattung nach Absatz 3 noch zur Verfügung steht. Wer das Sachleistungsbudget (nach § 36 oder § 123) anteilig für niedrigschwellige Betreuungs- und Entlastungsleistungen (nach § 45b) nutzt, kann daneben – ebenso wie bei anteiligem Sachleistungsbezug – in entsprechender Anwendung der Kombinationsregelung nach § 38 anteilig Pflegegeld beziehen. Im Rahmen der Kombinationsleistung nach § 38 gilt die Erstattung der Aufwendungen nach Absatz 3 für die Berechnung des anteiligen Pflegegeldes als Inanspruchnahme der dem Anspruchsberechtigten nach § 36 Absatz 3 und 4 sowie § 123 zustehenden Sachleistung **(Satz 6)**.

Die in **Satz 7** angeordnete entsprechende Anwendung von § 37 Abs. 3 bis 5, 7 und 9
8 bedeutet, dass bei Nutzung der neuartigen Kombinationsleistung die Pflicht besteht, regelmäßig Beratungen durch die in § 37 Absatz 3 oder Absatz 8 genannten Beratungsstellen abzurufen. Die Sanktion bei ausbleibendem Abruf von Beratungen, nämlich die Kürzung oder Entziehung der Geldleistung, soll im Rahmen der Kombi-

§ 45 c Viertes Kapitel. Leistungen der Pflegeversicherung

nationsleistung bei der Kostenerstattung stattfinden (Satz 7, 2. Halbsatz). Schließlich regelt **Satz 8** noch die Berücksichtigung der Kombinationsleistung bei den Fürsorgeleistungen zur Pflege. § 13 Abs. 3a, der die Leistungen nach § 45b sonst von der Berücksichtigung freistellt, findet auf die Kombinationsleistung nach Abs. 3 keine Anwendung. Satz 9 verpflichtet das BMG, die mit dem PSG I neu eingeführte Kombinationsmöglichkeit von Sachleistung und Kostenerstattung zu evaluieren.

VIII. Anerkennung niedrigschwelliger Leistungsangebote (Abs. 4)

10   Kostenerstattung kann nur gewährt werden, wenn „qualitätsgesicherte Betreuungsleistungen" (Abs. 1 Satz 5) in Anspruch genommen wurden. Abs. 4 (idF des PNG war es Abs. 3) ermächtigt die Landesregierungen das Nähere über die Anerkennung niedrigschwelliger Betreuungs- und Entlastungsangebote durch Rechtsverordnung zu regeln. Im PSG I wurde die Ermächtigung erweitert um Vorgaben zur regelmäßigen Qualitätssicherung. Zugleich wurde festgelegt, dass die Anerkennung niedrigschwelliger Betreuungs- (§ 45c Abs. 3) und niedrigschwelliger Entlastungsangebote (§ 45c Abs. 3a) gemeinsam erfolgen kann (Abs. 4 Satz 2). Das Landesrecht hat u. a. festzulegen, welche Stelle für die Anerkennung von Einrichtungen mit Betreuungsangeboten zuständig ist; eine Übersicht der landesrechtlichen Regelungen findet sich in BT-Drucks. 17/8332, S. 138 ff.

§ 45 c Weiterentwicklung der Versorgungsstrukturen, Verordnungsermächtigung

(1) ¹Zur Weiterentwicklung der Versorgungsstrukturen und Versorgungskonzepte insbesondere für demenzkranke Pflegebedürftige fördert der Spitzenverband Bund der Pflegekassen im Wege der Anteilsfinanzierung aus Mitteln des Ausgleichsfonds mit 25 Millionen Euro je Kalenderjahr den Auf- und Ausbau von niedrigschwelligen Betreuungsangeboten sowie Modellvorhaben zur Erprobung neuer Versorgungskonzepte und Versorgungsstrukturen insbesondere für demenzkranke Pflegebedürftige. ²Ebenso gefördert werden können aus den in Satz 1 genannten Mitteln niedrigschwellige Entlastungsangebote für Pflegebedürftige mit mindestens Pflegestufe I sowie für Versicherte ohne Pflegestufe, die wegen erheblich eingeschränkter Alltagskompetenz die Voraussetzungen des § 45a erfüllen. ³Die privaten Versicherungsunternehmen, die die private Pflegepflichtversicherung durchführen, beteiligen sich an dieser Förderung mit insgesamt 10 vom Hundert des in Satz 1 genannten Fördervolumens.

(2) ¹Der Zuschuss aus Mitteln der sozialen und privaten Pflegeversicherung ergänzt eine Förderung der niedrigschwelligen Betreuungs- und Entlastungsangebote und der Modellvorhaben zur Weiterentwicklung der Versorgungsstrukturen für Pflegebedürftige mit mindestens Pflegestufe I sowie für Versicherte ohne Pflegestufe, die wegen erheblich eingeschränkter Alltagskompetenz die Voraussetzungen des § 45a erfüllen, durch das jeweilige Land oder die jeweilige kommunale Gebietskörperschaft. ²Der Zuschuss wird jeweils in gleicher Höhe gewährt wie der Zuschuss, der vom Land oder von der kommunalen Gebietskörperschaft für die einzelne Fördermaßnahme geleistet wird, so dass insgesamt ein Fördervolumen von 50 Millionen Euro im Kalenderjahr erreicht wird. ³Soweit Mittel der Arbeitsförderung bei einem Projekt eingesetzt werden, sind diese einem vom Land oder von der Kommune geleisteten Zuschuss gleichgestellt.

(3) ¹Niedrigschwellige Betreuungsangebote im Sinne des Absatzes 1 Satz 1 sind Betreuungsangebote, in denen Helfer und Helferinnen unter pflegefachlicher Anleitung die Betreuung von Pflegebedürftigen mit mindestens Pflegestufe I sowie von Versicherten ohne Pflegestufe, die wegen erheblich eingeschränkter Alltagskompetenz die Voraussetzungen des § 45a erfüllen, in Gruppen oder im häuslichen Bereich übernehmen sowie pflegende Angehörige und vergleichbar nahestehende Pflegepersonen entlasten und beratend unterstützen. ²Die Förderung dieser niedrigschwelligen Betreuungsangebote erfolgt als Projektförderung und dient insbesondere dazu, Aufwandsentschädigungen für die ehrenamtlichen Betreuungspersonen zu finanzieren, sowie notwendige Personal- und Sachkosten, die mit der Koordination und Organisation der Hilfen und der fachlichen Anleitung und Schulung der Betreuenden durch Fachkräfte verbunden sind. ³Dem Antrag auf Förderung ist ein Konzept zur Qualitätssicherung des Betreuungsangebotes beizufügen. ⁴Aus dem Konzept muss sich ergeben, dass eine angemessene Schulung und Fortbildung der Helfenden sowie eine kontinuierliche fachliche Begleitung und Unterstützung der ehrenamtlich Helfenden in ihrer Arbeit gesichert ist. ⁵Als grundsätzlich förderungsfähige niedrigschwellige Betreuungsangebote kommen insbesondere in Betracht Betreuungsgruppen für Demenzkranke, Helferinnenkreise zur stundenweisen Entlastung pflegender Angehöriger im häuslichen Bereich, die Tagesbetreuung in Kleingruppen oder Einzelbetreuung durch anerkannte Helfer, Agenturen zur Vermittlung von Betreuungsleistungen für Pflegebedürftige mit mindestens Pflegestufe I sowie für Versicherte ohne Pflegestufe, die wegen erheblich eingeschränkter Alltagskompetenz die Voraussetzungen des § 45a erfüllen, sowie Familienentlastende Dienste.

(3a) ¹Niedrigschwellige Entlastungsangebote im Sinne des Absatzes 1 Satz 2 sind Angebote für Pflegebedürftige mit mindestens Pflegestufe I sowie für Versicherte ohne Pflegestufe, die wegen erheblich eingeschränkter Alltagskompetenz die Voraussetzungen des § 45a erfüllen, die der Deckung des Bedarfs der Anspruchsberechtigten an Unterstützung im Haushalt, insbesondere bei der hauswirtschaftlichen Versorgung, bei der Bewältigung von allgemeinen oder pflegebedingten Anforderungen des Alltags oder bei der eigenverantwortlichen Organisation individuell benötigter Hilfeleistungen dienen oder die dazu beitragen, Angehörige oder vergleichbar Nahestehende in ihrer Eigenschaft als Pflegende zu entlasten. ²Niedrigschwellige Entlastungsangebote beinhalten die Erbringung von Dienstleistungen, eine die vorhandenen Ressourcen und Fähigkeiten stärkende oder stabilisierende Alltagsbegleitung, organisatorische Hilfestellungen, Unterstützungsleistungen für Angehörige und vergleichbar Nahestehende in ihrer Eigenschaft als Pflegende zur Bewältigung des Pflegealltags oder andere geeignete Maßnahmen. ³Absatz 3 Satz 2 bis 4 gilt entsprechend. ⁴Als grundsätzlich förderungsfähige niedrigschwellige Entlastungsangebote kommen insbesondere in Betracht Serviceangebote für haushaltsnahe Dienstleistungen, Alltagsbegleiter sowie Pflegebegleiter.

(4) ¹Im Rahmen der Modellförderung nach Absatz 1 Satz 1 sollen insbesondere modellhaft Möglichkeiten einer wirksamen Vernetzung der erforderlichen Hilfen für demenzkranke Pflegebedürftige und die Voraussetzungen des § 45a erfüllende Versicherte ohne Pflegestufe in einzelnen Regionen erprobt werden. ²Dabei können auch stationäre Versorgungsangebote berücksichtigt werden. ³Die Modellvorhaben sind auf längstens fünf Jahre zu befristen. ⁴Bei der Vereinbarung und Durchführung von Modellvorhaben kann im Einzelfall von den Regelungen des Siebten Kapitels abgewichen

§ 45 c Viertes Kapitel. Leistungen der Pflegeversicherung

werden. ⁵Für die Modellvorhaben ist eine wissenschaftliche Begleitung und Auswertung vorzusehen. ⁶Soweit im Rahmen der Modellvorhaben personenbezogene Daten benötigt werden, können diese nur mit Einwilligung des Pflegebedürftigen oder die Voraussetzungen des § 45 a erfüllenden Versicherten ohne Pflegestufe erhoben, verarbeitet und genutzt werden.

(5) ¹Um eine gerechte Verteilung der Fördermittel der Pflegeversicherung auf die Länder zu gewährleisten, werden die Fördermittel der sozialen und privaten Pflegeversicherung nach dem Königsteiner Schlüssel aufgeteilt. ²Mittel, die in einem Land im jeweiligen Haushaltsjahr nicht in Anspruch genommen werden, können in das Folgejahr übertragen werden.

(6) ¹Der Spitzenverband Bund der Pflegekassen beschließt mit dem Verband der privaten Krankenversicherung e. V. nach Anhörung der Verbände der Behinderten und Pflegebedürftigen auf Bundesebene Empfehlungen über die Voraussetzungen, Ziele, Dauer, Inhalte und Durchführung der Förderung sowie zu dem Verfahren zur Vergabe der Fördermittel für die niedrigschwelligen Betreuungs- und Entlastungsangebote und die Modellprojekte. ²In den Empfehlungen ist unter anderem auch festzulegen, dass jeweils im Einzelfall zu prüfen ist, ob im Rahmen der neuen Betreuungs- und Entlastungsangebote und Versorgungskonzepte Mittel und Möglichkeiten der Arbeitsförderung genutzt werden können. ³Die Empfehlungen bedürfen der Zustimmung des Bundesministeriums für Gesundheit und der Länder. ⁴Die Landesregierungen werden ermächtigt, durch Rechtsverordnung das Nähere über die Umsetzung der Empfehlungen zu bestimmen.

(7) ¹Der Finanzierungsanteil, der auf die privaten Versicherungsunternehmen entfällt, kann von dem Verband der privaten Krankenversicherung e. V. unmittelbar an das Bundesversicherungsamt zugunsten des Ausgleichsfonds der Pflegeversicherung (§ 65) überwiesen werden. ²Näheres über das Verfahren der Auszahlung der Fördermittel, die aus dem Ausgleichsfonds zu finanzieren sind, sowie über die Zahlung und Abrechnung des Finanzierungsanteils der privaten Versicherungsunternehmen regeln das Bundesversicherungsamt, der Spitzenverband Bund der Pflegekassen und der Verband der privaten Krankenversicherung e. V. durch Vereinbarung.

Inhaltsübersicht

	Rn.
I. Geltende Fassung	1
II. Normzweck	2
III. Niedrigschwellige Betreuungsangebote (Abs. 3)	4
IV. Niedrigschwellige Entlastungsangebote (Abs. 3a)	4a
V. Förderung von Modellvorhaben (Abs. 4)	5

I. Geltende Fassung

1   Die Vorschrift wurde durch Art. 1 Nr. 6 PflEG mWv 1.1.2002 eingefügt. Durch Art. 1 Nr. 29 PflegeWEG wurde in Abs. 1 Satz 1 die Summe des Förderbetrages von 10 Millionen in 25 Millionen geändert; ebenso in Abs. 2 Satz 2 von 20 Millionen in 50 Millionen. In Abs. 5 wurde Satz 2 angefügt. Im PSG I wurden die Abs. 1 bis 4 im Hinblick auf die neu eingeführte Anspruchsberechtigung von Pflegebedürftigen ohne Einschränkung der Alltagskompetenz und die Erweiterung auf Betreuungs- und Entlastungsangebote redaktionell angepasst.

II. Normzweck

Die zusammen mit den §§ 45a und b im PflEG in das SGB XI eingefügte Vorschrift soll zum einen den Aufbau zusätzlicher niedrigschwelliger (s. u. Rn. 3) Betreuungsangebote (Abs. 3) sowie zum anderen Modellvorhaben zur Erprobung neuer Versorgungskonzepte und -strukturen vor allem für Demenzkranke (nach Abs. 4) fördern. Durch das PSG I wurde in Abs. 3a die Förderung von Entlastungsangeboten hinzugefügt. Nach Abs. 3 sollen vor allem Betreuungsinitiativen gefördert werden, die die häusliche Pflege durch Angehörige und andere ehrenamtliche Pflegepersonen entlasten können und auf diese Weise dazu beitragen, die Versorgung von Menschen mit eingeschränkter Alltagskompetenz mit geringerem finanziellem Aufwand sicher zu stellen als vollstationäre Pflege (vgl. *Dumeier*, ErsK 2001, 35; *Mollenhauer*, BKK 2003, 180, BT-Drucks. 14/6949 zu § 45c). Die Förderung durch die PV knüpft an die Förderung entsprechender Einrichtungen durch Länder und Kommunen an. Ohne deren finanziellen Einsatz kommt eine Mitfinanzierung durch die PV nicht in Betracht (Abs. 2). Die Förderung von Modellvorhaben soll Erkenntnisse über die Notwendigkeit einer Weiterentwicklung des Leistungssystems der PV erbringen. Die Vorhaben müssen deshalb wissenschaftlich begleitet werden. Für das Verfahren zur Durchführung von Fördermaßnahmen haben der Spitzenverband der PKn und der PKV Empfehlungen nach Abs. 6 beschlossen.

Die Regelung enthält, wie auch § 45d, eine Co-Finanzierung von Infrastrukturmaßnahmen, die eindeutig allein in die Zuständigkeit der Länder fallen, durch Beitragsmittel der PV, was **verfassungsrechtlich zweifelhaft** sein dürfte. Gerade die Anknüpfung der Gewährung von Fördermittel an die Mitfinanzierung durch das betroffene Land macht deutlich, dass es nur darum geht, Maßnahmen in Gang zu setzen, für deren Durchführung an sich das Land zuständig ist.

III. Niedrigschwellige Betreuungsangebote (Abs. 3)

Als „niedrigschwellige Betreuungsangebote" sollen ehrenamtliche Initiativen von nicht erwerbsmäßigen Pflegepersonen gefördert werden. Abs. 3 Satz 5 nennt typische förderungsfähige Initiativen: Betreuungsgruppen für Demenzkranke, Kreise zur Entlastung pflegender Angehöriger, Tagesbetreuung in Kleingruppen und Agenturen zur Vermittlung von Betreuungsleistungen. Entscheidende Voraussetzung der Förderungsfähigkeit durch die PV ist die Anerkennung der Angebote nach Landesrecht. Förderungsfähig sind vor allem Aufwandsentschädigungen sowie Sach- und Personalkosten, die mit der Koordination und Organisation der Hilfen verbunden sind.

IV. Niedrigschwellige Entlastungsangebote (Abs. 3a)

Förderfähig sind seit dem GSG I auch niedrigschwellige Entlastungsangebote. Die förderfähigen Maßnahmen sollen sowohl die Belange allein lebender Pflegebedürftiger berücksichtigen als auch zur Entlastung pflegender Angehöriger beitragen und diesen einen Anreiz geben, die Leistung auch tatsächlich zu nutzen, um die mit der Pflege einhergehenden Belastungen abzubauen bzw. zu mildern (BT-Drucks. 17/1898, S. 34). Niedrigschwellige Entlastungsangebote sollen insbesondere den Bedarf der pflegebedürftigen bzw. in ihrer Alltagskompetenz eingeschränkten Versicherten an Unterstützung im Haushalt und bei der eigenverantwortlichen Organisation individuell benötigten Hilfeleistungen unterstützen oder dazu beitragen, Angehörige und vergleichbar nahestehende Personen als Pflegende zu entlasten. Die niedrigschwelligen Entlastungsangebote sollen die professionelle Pflege nicht ersetzen, sondern sie ergänzen, die Dienste sollen mit den zugelassenen Pflegeeinrichtungen kooperieren. Die entsprechende Geltung von Abs. 2 bis 4 bedeutet, dass auch die Förderung niedrigschwelliger Entlastungsangebote als Projektförderung erfolgt. Abs. 3a Satz 4 enthält eine beispielhafte Aufzählung von Angeboten, die als niedrigschwellige Entlastungsangebote in Betracht kommen.

V. Förderung von Modellvorhaben (Abs. 4)

5   Modellvorhaben sind vorrangig innovative Versorgungskonzepte jenseits der etablierten, bereits jetzt nach §§ 71 f. zulassungsfähigen Einrichtungen. Hierzu zählen etwa ambulante Versorgungsformen, denen ein Fallmanagement zugrunde liegt. Nach **Abs. 5** sind die Fördermittel auf die Bundesländer entsprechend ihrem relativen Gewicht gleichmäßig zu verteilen. Als Verteilungsmaßstab dient der Königsteiner Schlüssel, der der maßgebend auf das Steueraufkommen und die Einwohnerzahl eines Bundeslandes abstellt. Bei der Verteilung der Fördermittel sind die allgemeinen Ermessensgrundsätze zu beachten; das Ermessen der PKn ist vor allem durch die Empfehlungen nach Abs. 6 gebunden. Im Rahmen der Förderung von sozialpolitisch wünschenswerten Maßnahmen steht dem Staat eine große Gestaltungsfreiheit zu (vgl. BVerfG 17, 210, 216); hierbei sind vor allem der Grundrechtsschutz der Betroffenen und rechtsstaatliche Prinzipien zu beachten.

§ 45 d Förderung ehrenamtlicher Strukturen sowie der Selbsthilfe

(1) In entsprechender Anwendung des § 45 c können die dort vorgesehenen Mittel des Ausgleichsfonds, die dem Spitzenverband Bund der Pflegekassen zur Förderung der Weiterentwicklung der Versorgungsstrukturen und Versorgungskonzepte insbesondere für demenziell Erkrankte zur Verfügung stehen, auch verwendet werden zur Förderung und zum Auf- und Ausbau von Gruppen ehrenamtlich tätiger sowie sonstiger zum bürgerschaftlichen Engagement bereiter Personen, die sich die Unterstützung, allgemeine Betreuung und Entlastung von Pflegebedürftigen, von Personen mit erheblichem allgemeinem Betreuungsbedarf sowie deren Angehörigen zum Ziel gesetzt haben.

(2) ¹Je Versicherten werden 0,10 Euro je Kalenderjahr verwendet zur Förderung und zum Auf- und Ausbau von Selbsthilfegruppen, -organisationen und -kontaktstellen, die sich die Unterstützung von Pflegebedürftigen, von Personen mit erheblichem allgemeinem Betreuungsbedarf sowie deren Angehörigen zum Ziel gesetzt haben. ²Dabei werden die Vorgaben des § 45 c und das dortige Verfahren entsprechend angewendet. ³Selbsthilfegruppen sind freiwillige, neutrale, unabhängige und nicht gewinnorientierte Zusammenschlüsse von Personen, die entweder aufgrund eigener Betroffenheit oder als Angehörige das Ziel verfolgen, durch persönliche, wechselseitige Unterstützung, auch unter Zuhilfenahme von Angeboten ehrenamtlicher und sonstiger zum bürgerschaftlichen Engagement bereiter Personen, die Lebenssituation von Pflegebedürftigen, von Personen mit erheblichem allgemeinem Betreuungsbedarf sowie deren Angehörigen zu verbessern. ⁴Selbsthilfeorganisationen sind die Zusammenschlüsse von Selbsthilfegruppen in Verbänden. ⁵Selbsthilfekontaktstellen sind örtlich oder regional arbeitende professionelle Beratungseinrichtungen mit hauptamtlichem Personal, die das Ziel verfolgen, die Lebenssituation von Pflegebedürftigen, von Personen mit erheblichem allgemeinem Betreuungsbedarf sowie deren Angehörigen zu verbessern. ⁶Eine Förderung der Selbsthilfe nach dieser

Förderung ehrenamtlicher Strukturen sowie der Selbsthilfe **§ 45 d**

Vorschrift ist ausgeschlossen, soweit für dieselbe Zweckbestimmung eine Förderung nach § 20 c des Fünften Buches erfolgt.

(3) § 45 c Abs. 6 Satz 4 gilt entsprechend.

Inhaltsübersicht

	Rn.
I. Geltende Fassung	1
II. Normzweck	2
III. Allgemeines	5

I. Geltende Fassung

Die Vorschrift wurde durch Art. 1 Nr. 30 PflegeWEG eingefügt. Die Vorschrift war bereits im RegE (BT-Drucks. 16/7439 zu Nr. 30) enthalten und wurde im Gesetzgebungsverfahren nicht geändert. Durch Art. 1 Nr. 19 PNG wurden die Abs. 1 und 2 geändert. **1**

II. Normzweck

Die Vorschrift dient dem Ziel, die in § 45 c aufgeführten Förderinstrumente auf weitere Gruppen ehrenamtlich tätiger Personen, die sich die Unterstützung von Pflegebedürftigen, von Menschen mit erheblichem allgemeinem Betreuungsbedarf sowie deren Angehörigen zum Ziel gesetzt haben, zu fördern und auch Selbsthilfegruppen, -organisationen und -kontaktstellen, die sich die Unterstützung von Pflegebedürftigen, von Menschen mit erheblichem allgemeinem Betreuungsbedarf sowie deren Angehörigen zum Ziel gesetzt haben, in die Förderung einzubeziehen. **2**

Die PV soll damit effektiver auf die Herausforderungen reagieren, die sich für die pflegerische Versorgung im häuslichen Bereich durch die demografische Entwicklung und die wachsende Mobilität der bislang klassischen Pflegepersonen, nämlich der unmittelbaren Angehörigen, stellen werden (vgl. BT-Drucks. 16/7439 zu Nr. 30). Mit Beitragsmitteln der PV sollen rechtzeitig ausreichend bedarfsorientierte alternative Hilfsangebote geschaffen werden, um die Lebensqualität der pflegebedürftigen Menschen zu verbessern sowie familiäre Pflegearrangements zu unterstützen und zu ergänzen. Der Einsatz ehrenamtlicher und sonstiger zum bürgerschaftlichen Engagement bereiter Personen sowie die Selbsthilfe sollen damit nachhaltig unterstützt werden. **3**

Die bis zum PNG in Abs. 1 Nr. 2 geregelte Förderung von Selbsthilfegruppen wurde in Abs. 2 in eine eigenständige Regelung überführt; Für die Förderung der Selbsthilfe wurde ein eigenständiges Budget geschaffen, für das pro Versicherten 10 Cent zur Verfügung stehen. Eine Definition der förderfähigen Selbsthilfeeinrichtungen findet sich in Abs. 2 Satz 3 bis 5. Abs. 2 Satz 6 soll eine Doppelförderung für Selbsthilfegruppen, die denselben Zweck verfolgen, durch PK und KK ausschließen. **4**

III. Allgemeines

Die Regelungen des § 45 c sind entsprechend anzuwenden. Auch in Bezug auf die in § 45 d aufgeführten förderungsfähigen Gruppen soll die Steuerung der Förderung durch Länder und Kommunen erfolgen. Wie im Rahmen des § 45 c soll der Zuschuss aus Mitteln der PV jeweils in gleicher Höhe gewährt werden wie der Zuschuss des Landes oder der Kommune. Zur zweifelhaften verfassungsrechtlichen Zulässigkeit vgl. § 45 c Rn. 3. Die Empfehlungen nach § 45 c Abs. 6 müssen die Förderungsmöglichkeiten nach § 45 d mit einbeziehen. **5**

§ 45 e	Viertes Kapitel. Leistungen der Pflegeversicherung

Sechster Abschnitt. Initiativprogramm zur Förderung neuer Wohnformen

§ 45 e Anschubfinanzierung zur Gründung von ambulant betreuten Wohngruppen

(1) ¹Zur Förderung der Gründung von ambulant betreuten Wohngruppen wird Pflegebedürftigen, die Anspruch auf Leistungen nach § 38a haben und die an der gemeinsamen Gründung beteiligt sind, für die altersgerechte oder barrierearme Umgestaltung der gemeinsamen Wohnung zusätzlich zu dem Betrag nach § 40 Absatz 4 einmalig ein Betrag von bis zu 2 500 Euro gewährt. ²Der Gesamtbetrag ist je Wohngruppe auf 10 000 Euro begrenzt und wird bei mehr als vier Anspruchsberechtigten anteilig auf die Versicherungsträger der Anspruchsberechtigten aufgeteilt. ³Der Antrag ist innerhalb eines Jahres nach Vorliegen der Anspruchsvoraussetzungen zu stellen. ⁴Dabei kann die Umgestaltungsmaßnahme auch vor der Gründung und dem Einzug erfolgen. ⁵Die Sätze 1 bis 4 gelten für die Versicherten der privaten Pflege-Pflichtversicherung entsprechend.

(2) ¹Die Pflegekassen zahlen den Förderbetrag aus, wenn die Gründung einer ambulant betreuten Wohngruppe nachgewiesen wird. ²Der Anspruch endet mit Ablauf des Monats, in dem das Bundesversicherungsamt der Pflegekassen und dem Verband der privaten Krankenversicherung e. V. mitteilt, dass mit der Förderung eine Gesamthöhe von 30 Millionen Euro erreicht worden ist. ³Einzelheiten zu den Voraussetzungen und dem Verfahren der Förderung regelt der Spitzenverband Bund der Pflegekassen im Einvernehmen mit dem Verband der privaten Krankenversicherung e. V.

Inhaltsübersicht

	Rn.
I. Geltende Fassung	1
II. Normzweck	2
III. Allgemeines	3
IV. Förderfähigkeit, Konkurrenzen	4

I. Geltende Fassung

1   Die Vorschrift wurde durch Art. 1 Nr. 20 PNG mWv 30.10.2012 eingefügt. Sie war bereits im RegE (BT-Drucks. 17/9369, S. 42 zu Nr. 19) enthalten und wurde im Gesetzgebungsverfahren nicht geändert. Im PNG wurde in Abs. 1 Satz 3 eingefügt. In Abs. 2 Satz 2 wurde die ursprüngliche Befristung gestrichen.

II. Normzweck

2   Mit § 45e verfolgt der Gesetzgeber das Ziel, die Neugründung von ambulanten Wohngemeinschaften von Pflegebedürftigen, die die Anspruchsvoraussetzungen des § 38a erfüllen, zu forcieren. Zu diesem Zweck wird ein Budget von 30 Millionen Euro bereitgestellt. Hieraus sollen zusätzlich zum Wohngruppenzuschlag von 200 Euro monatlich nach § 38a pro Pflegebedürftigen 2 500 Euro bis zu einem Höchstbetrag pro Wohngruppe von 10 000 Euro zur Verfügung gestellt werden. Bei jeweils vier Pflegebedürftigen in einer Wohngruppe könnten aus dem Budget 3 000 neue Wohngruppen

Weiterentwicklung neuer Wohnformen § 45f

gefördert werden. Die Fördermittel sollen für die altersgerechte oder barriereärmere Umgestaltung der gemeinsamen Wohnung der Wohngruppe zusätzlich zu dem Betrag, der den Pflegebedürftigen nach § 40 Abs. 4 zusteht, verwandt werden.

III. Allgemeines

Die Anschubfinanzierung kann nur von Pflegebedürftigen in Anspruch genom- 3
men werden, die die Anspruchsvoraussetzungen des § 38a erfüllen. D. h. es müssen mindestens drei Pflegebedürftige bzw. Personen mit erheblich eingeschränkter Alltagskompetenz in einer gemeinsamen Wohnung wohnen, Pflegesachleistungen und/oder Pflegegeld bzw. Leistungen nach § 45b beziehen; zusätzlich muss in der Wohngruppe eine Präsenzkraft tätig sein. Die konkrete Organisation des gemeinschaftlichen Wohnens und der pflegerischen Versorgung darf zudem nicht einer stationären Versorgung entsprechen; vgl. hierzu § 38a Rn. 11 f. Der Anspruch auf Anschubfinanzierung besteht nur für Wohngruppen, die neu gegründet werden (zur Antragsfrist s. u. Rn. 4). Er endet mit Ablauf des Monats, in dem das Bundesversicherungsamt den PK und dem Verband der privaten Krankenversicherung mitteilt, dass das für die Anschubfinanzierung bereit gestellte Gesamtbudget von 30 Millionen Euro ausgeschöpft ist; die ursprüngliche Befristung bis Ende des Jahres 2015 wurde im PSG I gestrichen.

IV. Förderfähigkeit, Konkurrenzen

Förderfähig ist nur die Umgestaltung von bestehendem Wohnraum (Rundschrei- 4
ben § 45e Ziffer 2, Abs. 3). Die Fördermittel sind zweckgebunden für die altersgerechte Umgestaltung von einer Wohngruppe bewohnten Wohnung zu verwenden. Im Vordergrund steht die bauliche Verbesserung der Nutzung der Wohnung durch pflegebedürftige Menschen allgemein; die konkrete Verbesserung der Pflegesituation des Betroffenen ist dagegen nicht maßgebend; insoweit unterscheidet sich § 45e von § 40 Abs. 4. Zwischen beiden Leistungsarten besteht daher auch kein Vorrang- Nachrangverhältnis. Für die Antragstellung setzt Abs. 1 Satz 3 eine Frist von einem Jahr nach Vorliegen der Anspruchsvoraussetzungen. Da die Vorschrift am 30.10.2012 in Kraft getreten ist, sind auch Mitglieder von Wohngruppen, die innerhalb der Jahresfrist vor diesem Zeitpunkt gegründet wurden, antragsbefugt. Die Anspruchsvoraussetzung „Gründung einer Wohngruppe" setzt nicht voraus, dass die Mitglieder der Wohngruppe zeitgleich die gemeinsame Wohnung beziehen. Möglich ist auch, dass der erforderliche Anspruch auf Leistungen nach § 38a bei den Mitgliedern der Wohngruppe zeitlich sukzessive eintritt.

§ 45f Weiterentwicklung neuer Wohnformen

(1) ¹**Zur wissenschaftlich gestützten Weiterentwicklung und Förderung neuer Wohnformen werden zusätzlich 10 Millionen Euro zur Verfügung gestellt.** ²**Dabei sind insbesondere solche Konzepte einzubeziehen, die es alternativ zu stationären Einrichtungen ermöglichen, außerhalb der vollstationären Betreuung bewohnerorientiert individuelle Versorgung anzubieten.**

(2) ¹**Einrichtungen, die aus diesem Grund bereits eine Modellförderung, insbesondere nach § 8 Absatz 3, erfahren haben, sind von der Förderung nach Absatz 1 Satz 1 ausgenommen.** ²**Für die Förderung gilt § 8 Absatz 3 entsprechend.**

§ 45 f   Viertes Kapitel. Leistungen der Pflegeversicherung

Inhaltsübersicht

	Rn.
I. Geltende Fassung	1
II. Normzweck	2
III. Allgemeines	3

I. Geltende Fassung

1 Die Vorschrift wurde durch Art. 1 Nr. 20 PNG mWv 30.10.2012 eingefügt. Sie war bereits im RegE (BT-Drucks. 17/9369, S. 42 zu Nr. 19) enthalten und wurde im Gesetzgebungsverfahren nicht geändert.

II. Normzweck

2 Der Gesetzgeber will mit einem Gesamtbetrag von 10 Millionen Euro die wissenschaftlich begleitete Entwicklung neuer Wohnformen für pflegebedürftige Menschen fördern. Er geht von der Erkenntnis aus, dass viele Pflegebedürftige und ihre Angehörigen bei einer stationären Versorgung eine zu starke Unterordnung in institutionalisierte Strukturen befürchten, die einem selbstbestimmten Leben entgegenstehen. Benötigt würden Angebote, die über die Versorgungsmöglichkeiten in Wohngemeinschaften hinausgingen, ohne das Ausmaß einer Vollversorgung im Pflegeheim zu erreichen. Insofern bedürfe es „ambulantisierter Betreuungsformen, die bewohnerorientiert vor hochprofessionellem, institutionengeschütztem Hintergrund modulhaft individuelle Versorgung anbieten, die bedarfsweise in Anspruch genommen werden könne" (Begr. des RegE, BT-Drucks. 17/9369, S. 43). Angesprochen werden sowohl Träger bestehender stationärer Einrichtungen als auch andere „geeignete" Träger sowie „die Wissenschaft", die überzeugende Konzepte entwickeln soll.

III. Allgemeines

3 Die Vorschrift lässt offen, wer und nach welchen Prinzipien die Fördermittel vergeben werden. Insoweit wird umfassend auf § 8 Abs. 3 verwiesen, wonach der Spitzenverband Bund der PK Modellvorhaben zur Weiterentwicklung der PV, insbesondere zur Entwicklung neuer qualitätsgesicherter Versorgungsformen für Pflegebedürftige durchführen und mit Leistungserbringern vereinbaren kann. Nach Abs. 3 Satz 7 bestimmt der Spitzenverband Ziele, Dauer, Inhalte und Durchführung der Modellvorhaben. Er ist verpflichtet, die Modellvorhaben mit dem BMG abzustimmen. Einrichtungen, die bereits entsprechende Fördermittel, etwa nach § 8 Abs. 3 erhalten haben, sind von der Förderung nach § 45 e ausgeschlossen (Abs. 2 Satz 1).

Fünftes Kapitel. Organisation

Vorbemerkungen zu §§ 46 bis 53b

Inhaltsübersicht
Rn.
I. Organisation der SPV 1
II. Sachliche und zeitliche Zuordnung 2

I. Organisation der SPV

Das Fünfte Kapitel beinhaltet Vorschriften zu den Regelungskreisen Organisation 1
und Mitgliedschaft. Beide Teilbereiche sind geprägt von einer engen Anbindung an
die GKV. Gegenstand der §§ 46 bis 47a bzw §§ 52 bis 53b ist die **grundlegende Organisation** der PKen und ihrer Spitzenverbände. Die Institutionen der SPV greifen
dabei in unterschiedlicher Weise auf die GKV-Strukturen zurück. Die PKen entleihen sich die personelle und sächliche Infrastruktur von den KKen (§ 46 Abs. 2
Satz 2), sind aber als Körperschaften des öffentlichen Rechts verfasst, die über eigene
Mittel zur Finanzierung verfügen (§§ 54 ff.). Die Aufgaben der Spitzenverbände der
PKen werden hingegen vollständig von den Spitzenverbänden der KKen wahrgenommen (§ 52 Abs. 1 Satz 1 und § 53 Satz 1), da in der SPV hierfür keine eigenen
Rechtssubjekte geschaffen wurden. Die PKen sind zur Erfüllung ihrer Aufgaben auf
externen medizinischen Sachverstand angewiesen. § 53a und § 53b bilden die
Grundlage für den Erlass von Richtlinien, die die Zusammenarbeit mit dem MDK
bzw unabhängigen Gutachtern strukturieren.

II. Sachliche und zeitliche Zuordnung

Die weiteren Bestimmungen des Kapitels (§§ 48–51) betreffen die die sachliche 2
und zeitliche Zuordnung der Vers zu einer PK. Geregelt werden **Zuständigkeit
und Mitgliedschaft** in der SPV (§§ 48 und 49) sowie Melde- und Auskunftsverpflichtungen, §§ 50 und 51. Diese Vorschriften stehen in engem Zusammenhang mit
den Bestimmungen des Dritten Kapitels zur VersPflicht (§§ 20 bis 27). §§ 48 und 49
gleichen in der SPV die Regelungen für Mitgliedschaft und Zuständigkeit weitgehend an die GKV-Bestimmungen an oder verweisen auf diese. Eigenständige Vorgaben mussten nur für die Personen festgelegt werden, die zwar in der SPV, nicht aber
in der GKV Mitglied sind. In der PPV ergeben sich Mitgliedschaft und Zuständigkeit
aus dem jeweiligen PPV-Vertragsverhältnis. Die **Melde- und Auskunftspflichten**
ergänzen die melderechtlichen Vorgaben von SGB III, IV, V sowie des KVLG und
sollen die VersPflicht in der gesamten PV durchsetzen. Meldepflichten bestehen daher nicht nur in der SPV (§ 50), sondern auch in der PPV (§ 51).

§ 46 Fünftes Kapitel. Organisation

Erster Abschnitt. Träger der Pflegeversicherung

§ 46 Pflegekassen

(1) ¹Träger der Pflegeversicherung sind die Pflegekassen. ²Bei jeder Krankenkasse (§ 4 Abs. 2 des Fünften Buches) wird eine Pflegekasse errichtet. ³Die Deutsche Rentenversicherung Knappschaft-Bahn-See als Träger der Krankenversicherung führt die Pflegeversicherung für die Versicherten durch.

(2) ¹Die Pflegekassen sind rechtsfähige Körperschaften des öffentlichen Rechts mit Selbstverwaltung. ²Organe der Pflegekassen sind die Organe der Krankenkassen, bei denen sie errichtet sind. ³Arbeitgeber (Dienstherr) der für die Pflegekasse tätigen Beschäftigten ist die Krankenkasse, bei der die Pflegekasse errichtet ist. ⁴Krankenkassen und Pflegekassen können für Mitglieder, die ihre Kranken- und Pflegeversicherungsbeiträge selbst zu zahlen haben, die Höhe der Beiträge zur Kranken- und Pflegeversicherung in einem gemeinsamen Beitragsbescheid festsetzen. ⁵Das Mitglied ist darauf hinzuweisen, dass der Bescheid über den Beitrag zur Pflegeversicherung im Namen der Pflegekasse ergeht. ⁶Bei der Ausführung dieses Buches ist das Erste Kapitel des Zehnten Buches anzuwenden.

(3) ¹Die Verwaltungskosten einschließlich der Personalkosten, die den Krankenkassen auf Grund dieses Buches entstehen, werden von den Pflegekassen in Höhe von 3,5 vom Hundert des Mittelwertes von Leistungsaufwendungen und Beitragseinnahmen erstattet; dabei ist der Erstattungsbetrag für die einzelne Krankenkasse um die Hälfte der Aufwendungen der jeweiligen Pflegekasse für Pflegeberatung nach § 7a Abs. 4 Satz 5 und um die Aufwendungen für Zahlungen nach § 18 Absatz 3b zu vermindern. ²Bei der Berechnung der Erstattung sind die Beitragseinnahmen um die Beitragseinnahmen zu vermindern, die dazu bestimmt sind, nach § 135 dem Vorsorgefonds der sozialen Pflegeversicherung zugeführt zu werden. ³Der Gesamtbetrag der nach Satz 1 zu erstattenden Verwaltungskosten aller Krankenkassen ist nach dem tatsächlich entstehenden Aufwand (Beitragseinzug/Leistungsgewährung) auf die Krankenkassen zu verteilen. ⁴Der Spitzenverband Bund der Pflegekassen bestimmt das Nähere über die Verteilung. ⁵Außerdem übernehmen die Pflegekassen 50 vom Hundert der umlagefinanzierten Kosten des Medizinischen Dienstes der Krankenversicherung. ⁶Personelle Verwaltungskosten, die einer Betriebskrankenkasse von der Pflegekasse erstattet werden, sind an den Arbeitgeber weiterzuleiten, wenn er die Personalkosten der Betriebskrankenkasse nach § 147 Abs. 2 des Fünften Buches trägt. ⁷Der Verwaltungsaufwand in der sozialen Pflegeversicherung ist nach Ablauf von einem Jahr nach Inkrafttreten dieses Gesetzes zu überprüfen.

(4) Das Bundesministerium für Gesundheit wird ermächtigt, durch Rechtsverordnung mit Zustimmung des Bundesrates Näheres über die Erstattung der Verwaltungskosten zu regeln sowie die Höhe der Verwaltungskostenerstattung neu festzusetzen, wenn die Überprüfung des Verwaltungsaufwandes nach Absatz 3 Satz 6 dies rechtfertigt.

(5) Bei Vereinigung, Auflösung und Schließung einer Krankenkasse gelten die §§ 143 bis 172 des Fünften Buches für die bei ihr errichteten Pflegekasse entsprechend.

(6) ¹Die Aufsicht über die Pflegekassen führen die für die Aufsicht über die Krankenkassen zuständigen Stellen. ²Das Bundesversicherungsamt und die für die Sozialversicherung zuständigen obersten Verwaltungsbehörden der Länder haben mindestens alle fünf Jahre die Geschäfts-, Rechnungs- und Betriebsfüh-

Pflegekassen **§ 46**

rung der ihrer Aufsicht unterstehenden Pflegekassen und deren Arbeitsgemeinschaften zu prüfen. ³Das Bundesministerium für Gesundheit kann die Prüfung der bundesunmittelbaren Pflegekassen und deren Arbeitsgemeinschaften, die für die Sozialversicherung zuständigen obersten Verwaltungsbehörden der Länder können die Prüfung der landesunmittelbaren Pflegekassen und deren Arbeitsgemeinschaften auf eine öffentlich-rechtliche Prüfungseinrichtung übertragen, die bei der Durchführung der Prüfung unabhängig ist. ⁴Die Prüfung hat sich auf den gesamten Geschäftsbetrieb zu erstrecken; sie umfaßt die Prüfung seiner Gesetzmäßigkeit und Wirtschaftlichkeit. ⁵Die Pflegekassen und deren Arbeitsgemeinschaften haben auf Verlangen alle Unterlagen vorzulegen und alle Auskünfte zu erteilen, die zur Durchführung der Prüfung erforderlich sind. ⁶§ 274 Abs. 2 und 3 des Fünften Buches gilt entsprechend.

Inhaltsübersicht

	Rn.
I. Geltende Fassung	1
II. Normzweck und Überblick	2
III. Trägerschaft (Abs. 1)	3
IV. Organisation der PKen (Abs. 2 Satz 1 bis 3)	4
V. Verwaltungsakte der SPV (Abs. 2 Satz 4 bis 6)	6
VI. Kostenverteilung (Abs. 3 und 4)	9
VII. Vereinigung, Auflösung und Schließung (Abs. 5)	10
VIII. Aufsicht (Abs. 6 Satz 1)	11
IX. Geschäfts-, Rechnungs- und Betriebsprüfung (Abs. 6 Satz 2 bis 6)	13

I. Geltende Fassung

Die Vorschrift ist durch Art. 1 PflegeVG eingeführt worden. Abs. 1, 4 und 5 entsprachen zu diesem Zeitpunkt der Fassung des RegE (dort § 42); vgl. Begr. des RegE, S. 117 f. Abs. 2 und 6 waren im Gesetzgebungsverfahren ergänzt (BT-Drucks. 12/7323, S. 3), Abs. 3 mehrfach geändert worden. Seit Inkrafttreten ist Abs. 1 mehrfach an veränderte Trägerstrukturen angepasst worden. Zuletzt wurde durch Art. 5a SGB IV-ÄndG (vom 19.12.2007, BGBl. I S. 3024) mWv 1.1.2008 Satz 3 wieder angefügt, der durch das GKV-WSG aufgehoben worden war. In Abs. 2 wurden durch Art. 1 Nr. 31 PflWEG (vom 28.5.2008, BGBl. I S. 874) mWv 1.7.2008 Satz 4 und 5 eingefügt, in Abs. 3 Satz 1 die Kostenverteilung für die Pflegeberatung geregelt. Mit der Einführung von § 18 Abs. 3 b sind in Absatz 3 Satz 1 durch Art. 1 Nr. 21 lit a) PNG (vom 23.10.2012, BGBl. I S. 2246) mWv 30.10.2012 auch die hieraus erwachsenden Verwaltungskosten erfasst worden. Durch Art. 1 Nr. 20 PSG I (vom 17.12.2014, BGBl. I S. 2222) ist mWv 1.1.2015 Abs. 3 Satz 2 neu eingefügt worden. Art. 8 Nr. 19 GKV-WSG (vom 26.3.2007, BGBl. I S. 378) änderte Abs. 3 Satz 4 (damals Satz 3) mWv 1.7.2008 und Abs. 3 Satz 5 (zuvor Satz 4) mWv 1.4.2007. Die Zuständigkeit in Abs. 4 und 6 Satz 3 wurde durch mehrere ZustAnpV geändert: vom 29.10.2001 (BGBl. I S. 2785), vom 25.11.2003 (BGBl. I S. 2304) und vom 31.10.2006 (BGBl. I S. 2407). Durch Art. 1 Nr. 21 lit b) PNG (vom 23.10.2012, BGBl. I S. 2246) ist mWv 30.10.2012 der Prüfungsauftrag in Abs. 6 Satz 2, 3 und 5 für die zuständigen Behörden auf die von PKen gebildeten Arbeitsgemeinschaften erweitert worden.

1

II. Normzweck und Überblick

§ 46 legt die Organisationsstrukturen der PKen der SPV fest. Abs. 1 konkretisiert § 1 Abs. 3 Hs 1 und normiert die Trägerschaft der PKen. Die Abs. 2 bis 6 begründen

2

§ 46

Fünftes Kapitel. Organisation

eine umfassende **Verwaltungsleihe** (BSG, SozR 3-3300 § 47 Nr. 1 = KrV 2001, 63 spricht von Verwaltungsgemeinschaft) zwischen KKen und PKen, in die die KKen ihre räumliche, sächliche und persönliche Infrastruktur einbringen. Abs. 2 bestimmt, dass die PKen die Organe der KKen leihen und regelt den Erlass gemeinsamer Beitragsbescheide. Abs. 3 und 4 legen fest, welche Verwaltungskosten die PKen für die Leihe der Sachmittel und des Personales zu tragen haben. Abs. 5 enthält Regelungen für die Vereinigung, Auflösung und Schließung einer PK. Abs. 6 schließlich befasst sich mit der Rechtsaufsicht über die PKen.

III. Trägerschaft (Abs. 1)

3   Abs. 1 Satz 1 weist die Trägerschaft der SPV den PKen zu. Durch gesetzliche Anordnung (Abs. 1 Satz 2) wird eine PK bei jeder KK errichtet. Dies betrifft nach § 4 Abs. 2 SGB V jede AOK, BKK, IKK, ErsK, landwirtschaftliche KK sowie die DRV Knappschaft-Bahn-See als Träger der Krankenversicherung (vgl. hierzu Abs. 1 Satz 3 und BSG, SozR 4-3300 § 55 Nr. 1 = SGb 2007, 539). KK und PK müssen nach BSG, SozR 3-3300 § 47 Nr. 1 = KrV 2001, 63, ihren Sitz grundsätzlich nicht am gleichen Ort haben. Zu aufsichtsrechtlichen Auswirkungen vgl. Rn. 11 ff. und zu den Rahmenbedingungen für private PKen § 110.

IV. Organisation der PKen (Abs. 2 Satz 1 bis 3)

4   PKen sind nach Abs. 2 Satz 1 Körperschaften des öffentlichen Rechts und damit Träger eigener Rechte und Pflichten. Diese werden in **funktionaler Selbstverwaltung** ausgeübt und im Wege der Rechtsaufsicht staatlich kontrolliert (vgl. Abs. 6, Rn. 11 ff.). Wie bei KKen (vgl. BVerfGE 39, 302) gilt, dass PKen nicht grundrechtsfähig sind, auch nicht hinsichtlich Art. 3 GG. Die PKen bedienen sich nach Satz 2 der Organe der KKen, was nach BT-Drucks. 12/5652, S. 117 zu § 42 ein einheitliches Vorgehen sichern und Reibungsverluste zu den KKen vermeiden soll. Die KK ist nach Abs. 2 Satz 3 auch Arbeitgeber bzw Dienstherr der für ihre PK tätigen Angestellten und Beamten. Daraus folgt, dass die PKen zur Erfüllung ihrer Aufgaben grundsätzlich keine eigenständigen Arbeits- und Dienstverhältnisse begründen dürfen. Über diese personelle Identität hinaus nutzen die PKen auch die sächliche und räumliche Infrastruktur der KKen (BT-Drucks. 12/5652, S. 117 zu § 42). Dabei bleiben die Rechtsträger PK und KK finanziell streng getrennt. So kann eine PK zB nicht aus eigenem Recht auf das Vermögen ihrer KK zugreifen (BSG, SozR 4-2500, § 33 Nr. 16 = SGb 2008, 19, vgl. auch § 260 Abs. 1 Nr. 1 Hs 2 SGB V).

5   Die SPV-Träger können sich zur Erfüllung ihrer Aufgaben **anderer Formen und Träger** öffentlicher Verwaltung bedienen. Die Bildung örtlicher und regionaler Arbeitsgemeinschaften zwischen PKen wird durch die Soll-Vorschrift des § 12 Abs. 1 Satz 3, 4 gesetzgeberisch gefordert. Die Arbeitsgemeinschaften handeln dabei idR nicht aus eigenem Recht, sondern im Auftrag der PKen bzw ihrer Verbände (BSG, SozR 4-3300 § 71 Nr. 2 = SGb 2012, 484). Daneben können unter den Voraussetzungen des § 88 SGB X auch Leistungsträger und Verbände mit Aufgaben der SPV betraut werden. Unzulässig ist die Aufgabenübertragung an private Dritte. Eine Vorschrift entsprechend § 197b SGB V für die GKV existiert im SGB XI nicht. Daher kann z. B. der Beitragseinzug für Selbstzahler in der SPV nicht auf Inkassounternehmen übertragen werden (str. iR der GKV: dagegen *Baier*, in: Krauskopf § 197b SGB V Rn. 12, tendenziell anders Bundesversicherungsamt, Schreiben v 22.6.2011 an die BKK für Heilberufe).

V. Verwaltungsakte der SPV (Abs. 2 Satz 4 bis 6)

Das Verwaltungsverfahren der SPV und damit auch der Erlass von VAen richtet 6
sich gem. Abs. 2 Satz 6 nach den allgemeinen Vorschriften des 1. Kapitels des SGB X
(§§ 1 bis 66, dort insbesondere §§ 33ff.). Die explizite Anordnung in Satz 6 war erforderlich, um auch landesunmittelbare PKen auf die Anwendung des SGB X festzulegen, vgl. § 1 Abs. 1 Satz 2 SGB X. Für Bescheide der SPV-Träger gilt generell, dass sie
die PK (nicht: die KK) als **Urheber** erkennen lassen müssen (BSG, SozR 4-3300 § 26
Nr. 1= Die Beiträge 2009, 9ff. m Anm *Trenk-Hinterberger,* jurisPR-SozR 6/2009
Anm. 4), sonst sind sie rechtswidrig. Das BSG hielt Bescheide, die nicht eindeutig der
PK zuzuordnen waren, für eine Übergangszeit bis 1998 dennoch für zulässig, wenn
die PKen sachlich zuständig waren (BSG, SozR 3-3300 § 20 Nr. 2). Den Trägern der
GKV wurde dadurch Zeit gegeben, sich auf die mit der SPV neu eingeführte Organisationsstruktur der Verwaltungsleihe einzustellen.

Entscheidet statt der PK in einer Angelegenheit der SPV die sachlich **unzustän-** 7
dige KK, ist der Bescheid zwar nicht nichtig, aber rechtswidrig und aufzuheben
(BSG, SozR 3-3300 § 20 Nr. 5). Wenn ein solcher Bescheid das Leistungsrecht betrifft – denkbar zB im Bereich Hilfsmittel, wo sich Abgrenzungsfragen zwischen § 40
und § 33 SGB V stellen, dazu BSG, SozR 4-3300 § 40 Nr. 8 – wird im sozialgerichtlichen Verfahren häufig eine Beiladung und ggf. Verurteilung der PK nach § 75 Abs. 5
SGG in Betracht kommen.

Durch das PflegeWEG wurde zum 1.7.2008 mit Abs. 2 Satz 4 die rechtliche Grund- 8
lage für die schon zuvor gängige Praxis geschaffen, die Beiträge zur GKV und SPV für
Selbstzahler in einem Bescheid festzusetzen. Der Bescheid der KK muss den Hinweis
darauf enthalten, dass er hinsichtlich des SPV-Beitrages im Namen der PK ergeht, Abs. 2
Satz 5. Fehlt dieser Hinweis, sind die Beiträge zur SPV nicht wirksam festgesetzt. Wird
Widerspruch gegen einen solchen Beitragsbescheid erhoben, muss der Widerspruchsbescheid deutlich machen, dass er (auch) von dem Widerspruchsausschuss der PK erlassen
worden ist. Keinen Einfluss hat die Vorschrift auf die Tätigkeit der KKen, als Einzugsstelle für abhängig Beschäftigte gem. § 28h SGB IV auch SPV-Beiträge zu erheben.

VI. Kostenverteilung (Abs. 3 und 4)

Abs. 3 regelt die Beteiligung der PKen an den Kosten der Verwaltungsleihe sowie 9
ihren Anteil an der MDK-Finanzierung. Die Verwaltungskostenerstattung findet nicht
direkt zwischen PK und ihrer KK statt, sondern erfolgt über den Finanzausgleich gem.
§ 66. Die von einer PK an die zugehörige KK zu erstattenden Verwaltungskosten werden in drei Schritten ermittelt: Abs. 3 Satz 1 Hs 1 legt zunächst den **Gesamtbetrag** fest,
den alle PKen zusammengerechnet an die KKen zu erstatten haben. Dieser beträgt
grundsätzlich pauschal 3,5% des Mittelwertes von Leistungsaufwendungen und Beitragseinnahmen. Von den Beitragseinnahmen ist nach der Einführung des Pflegevorsorgefonds gem. §§ 132ff. zum 1.1.2015 der hierauf entfallende Beitragsanteil abzuziehen
(Abs. 3 Satz 2). Nach Abs. 3 Satz 3 soll im zweiten Schritt der zu erstattende Gesamtbetrag anhand die **tatsächlichen Aufwandes** der KKen für Beitragseinzug und Leistungsgewährung auf die einzelnen KKen verteilt werden. Entgegen des Wortlautes nimmt die
gem. Satz 4 erlassene Pflege-Verwaltungskostenbestimmung des GKV-Spitzenverbandes
vom 30.12.2012 die Kostenverteilung aus verwaltungsökonomischen Gründen jedoch
nach einem bestimmten Schlüssel („Bezugswert") anhand pauschal angesetzter Aufwandswerte der KKen vor. Von dem so ermittelten, auf die einzelnen PKen entfallenden
Erstattungsbetrag werden gem. Abs. 3 Satz 1 Hs 2 (seit 1.7.2008) schließlich die Hälfte
der Kosten für die Pflegeberatung gem. § 7a Abs. 4 Satz 6 sowie seit 30.10.2012 der gesamte Aufwand für Fristüberschreitungen gem. § 18 Abs. 3b abgezogen. Letztgenannte

Kosten werden damit wie Verwaltungskosten behandelt (BT-Drucks. 17/9369 zu Nr. 20, S. 43). Zu Abs. 3 Satz 6 vgl. D/M-A § 46 SGB XI III.4. In Folge der Prüfung nach Abs. 3 Satz 7 im Jahr 1996 ist keine Verordnung nach Abs. 4 erlassen worden. Die Norm ist damit gegenstandslos. Die PKen tragen nach Abs. 3 Satz 5 zudem 50% der Kosten des MDK, mWv 1.4.2007 durch das GKV-WSG beschränkt auf den umlagefinanzierten Teil gem. § 281 Abs. 1 Satz 1 und 5 SGB V.

VII. Vereinigung, Auflösung und Schließung (Abs. 5)

10   Abs. 5 verweist für die Vereinigung, Auflösung und Schließung von PKen (nicht: Errichtung, hierfür gilt § 46 Abs. 1) auf §§ 143–172 SGB V. Die entsprechende Anwendung der GKV-Vorschriften ist Folge der **untrennbaren Anbindung** der PK an die jeweilige KK. Entsprechende Änderungen bei einer KK stellen sich zwingend auch bei der zugehörigen PK ein, vgl. *Hebeler*, NZS 2008, 238 ff. Gegen eine Schließungsverfügung der Aufsichtsbehörde steht den betroffenen Arbeitnehmern der KK kein Klagerecht zu (BSG, SozR 4-1500 § 54 Nr. 32 = NZS 2013, 581).

VIII. Aufsicht (Abs. 6 Satz 1)

11   PKen unterliegen der Rechtsaufsicht, die sich gem. § 87 Abs. 1 Satz 2 SGB IV auf die Beachtung des maßgeblichen Gesetzes und sonstigen Rechts erstreckt. Den PKen ist bei Ihrer Tätigkeit ein aus dem Selbstverwaltungsrecht fließender gewisser **Beurteilungsspielraum** zu belassen, der je nach rechtlichem Rahmen unterschiedlich weit sein kann. Der Beurteilungsspielraum endet, wenn die PK gegen allgemein anerkannte Bewertungsmaßstäbe verstoßen hat, die ihn einengen. Bewegt sich das Handeln oder Unterlassen der PK im Bereich des rechtlich noch Vertretbaren, darf die Aufsichtsbehörde ihre Rechtsauffassung nicht an die Stelle der beaufsichtigten PK setzen (vgl. BSG, SozR 4-2400 § 89 Nr. 3 = BSGE 94, 221). Maßnahmen der Rechtsaufsicht werden durch Verwaltungsakt (BSG, SozR 4-2400 § 89 Nr. 3 = BSGE 94, 221) angeordnet und vollzogen. Hiergegen kann nach § 54 Abs. 3 SGG Aufsichtsklage durch die PK (nicht aber durch Vorstandsmitglieder aus eigenem Recht, BSG, SozR 4-2400 § 35a Nr. 1 = BSGE 98, 129) erhoben werden, für die die Landessozialgerichte gem. § 29 Abs. 2 Nr. 2 SGG erstinstanzlich zuständig sind. Eines Vorverfahrens bedarf es gem. § 78 SGG regelmäßig nicht.

12   Zuständig ist die Aufsichtsbehörde der jeweiligen KK (Abs. 6 Satz 1, vgl. auch BSG, SozR 4-2500 § 33 Nr. 16 = SGb 2008, 19). Bundesunmittelbare PKen (Art. 87 Abs. 2 Satz 1 GG) unterliegen der Aufsicht des **Bundesversicherungsamts,** landesunmittelbare PKen, dh vorwiegend die bei den AOKen errichteten PKen, der Aufsicht durch die oberste Verwaltungsbehörde des jeweiligen Landes. Bei bundesunmittelbaren PKen ist daher aus aufsichtsrechtlicher Sicht unproblematisch, wenn KK und PK ihren Sitz in unterschiedlichen Bundesländern haben (vgl. Rn. 3). Im Zuge der Fusion landesunmittelbarer KKen und PKen wurde teilweise der Sitz der KK in ein anderes Bundesland gelegt als der Sitz ihrer PK. Hier ist – zB im Falle der AOK Nordost – der durch Art. 87 Abs. 2 Satz 2 GG legitimierte Fall eingetreten, dass die von den Bundesländern bestimmte Behörde eines Bundeslandes die Aufsicht über eine PK führt, die ihren Sitz in einem anderen Bundesland hat. Die von den PKen gebildeten **Arbeitsgemeinschaften** (vgl. § 12 Abs. 1 Satz 3 und 4) sind nicht in Abs. 6 Satz 1 erwähnt. Es verbleibt bei den Regelungen der §§ 94 Abs. 2 Hs 1 und 2 SGB X, sodass die Behebung von Rechtsverletzungen mangels Verweis des § 94 Abs. 2 SGB X auf § 89 SGB IV nicht von der zuständigen Aufsichtsbehörde durch Verwaltungsakt durchgesetzt werden kann (hierzu *Sichert,* NZS 2013, 129 ff., vgl. BT-Drucks. 9/1753, S. 43 zu § 95 zu den Gründen der Regelung). Zur Aufsicht über die Landesverbände und den Spitzenverband Bund vgl. §§ 52, 53.

IX. Geschäfts-, Rechnungs- und Betriebsprüfung (Abs. 6 Satz 2 bis 6)

Die Geschäftsprüfung ist Bestandteil der Rechtsaufsicht. Sie ergänzt die nach § 47 Abs. 1 Nr. 6 erforderliche Eigenprüfung und wird für die bundesunmittelbaren PKen durch das Bundesversicherungsamt durchgeführt, **Abs. 6 Satz 2**. Für landesunmittelbare PKen ist die Prüfung von den obersten Verwaltungsbehörden gem. Abs. 6 Satz 3 teilweise auf unabhängige Landesprüfungsämter für Sozialversicherung übertragen worden (zB § 5 Abs. 2 SächsAGSGB, § 4 Abs. 5 BayAGSGB). 13

Die prüfrechtlichen Regelungen des Abs. 6 Satz 2 bis 5 entsprechen weitgehend § 274 Abs. 1 Satz 1 und 3 bis 5 SGB V, die Parallele betont auch BT-Drucks. 17/9369 zu Nr. 20, S. 44. Die Prüfung im Fünf-Jahres-Turnus hat sich nach Abs. 6 Satz 4 auf den gesamten Geschäftsbetrieb zu erstrecken und umfasst die Prüfung seiner **Gesetzmäßigkeit und Wirtschaftlichkeit** (§ 69 SGB IV). Aus dem Wortlaut der Norm folgt, dass Rechnungsprüfungen auch in einem geringeren Zeitabstand als fünf Jahre durchgeführt werden können. Die Grenzen des Beurteilungsspielraums der PK sind auch hier im jeweiligen Einzelfall zu konkretisieren (vgl. *Steinmeyer*, NZS 2013, 361 ff.). Die PKen haben auf Verlangen nach Maßgabe von Abs. 6 Satz 5 alle zur Durchführung der Prüfung erforderlichen Unterlagen vorzulegen und Auskünfte zu erteilen. Die Einstufung als erforderlich obliegt grds. der prüfenden Behörde. 14

Durch das PNG ist der in der GKV bereits seit 2010 geregelte fünfjährige Prüfturnus für **Arbeitsgemeinschaften zum 30.10.2012** auch in der SPV nachvollzogen worden. Zur Begründung verwies der Gesetzgeber auf den zunehmenden Gebrauch dieser Handlungsform (BT-Drucks. 17/1297 zu Nr. 5, S. 17 für die GKV; vgl. zur Überprüfung des Handelns einer Arbeitsgemeinschaft der SPV BSG, SozR 4-3300 § 71 Nr. 2). Zuvor war die Rechnungsprüfung der Arbeitsgemeinschaften der PKen nach § 94 SGB X iVm. § 88 SGB IV lediglich fakultativ. 15

Abs. 6 Satz 6 iVm. § 274 Abs. 2 SGB V erlegt den PKen die Kosten der Prüfstellen für die Prüfung auf. Die in § 274 Abs. 2 SGB V genannten Stellen haben hierzu Verwaltungsvorschriften erlassen. 16

Eine Prüfung durch den Bundesrechnungshof fand bisher in der SPV nicht statt, Abs. 6 Satz 6 verweist nicht auf § 274 Abs. 4 SGB V. Grundsätzlich folgt jedoch für den Bundesrechnungshof aus §§ 111, 112 BHO das Recht zur Rechnungsprüfung für bundesunmittelbare PKen und ggf. ihre Arbeitsgemeinschaften, soweit auf Grund BundesG Zuschüsse oder Garantien gegeben werden (BT-Drucks. 16/3100, S. 170 zur GKV). Nunmehr kommt nach der Einführung einer aus Bundesmitteln bezuschussten Pflegevorsorgeulage durch das PNG (§§ 126 ff.) ein – auf diesen Bereich beschränktes – Prüfrecht für den **Bundesrechnungshof** in Betracht. Wegen des aus dem Verhältnismäßigkeitsgrundsatz folgenden Verbotes einer übermäßigen Belastung der Träger durch sich überschneidende Prüfungen (BT-Drucks. 16/3100, S. 170) ist die Erforderlichkeit der Rechnungsprüfung durch den Bundesrechnungshof eher zweifelhaft. Darüber hinaus wäre bei einer Prüfung landesunmittelbarer PKen BVerfGE 127, 165 = BGBl 2010, 1401 zu berücksichtigen, wonach die Daten- und Informationserhebung iR des Art. 84 Abs. 3 GG das Vorliegen eines konkreten Verdachtsfalles verlangt. 17

§ 47 Satzung

(1) **Die Satzung muß Bestimmungen enthalten über:**
1. **Name und Sitz der Pflegekasse,**
2. **Bezirk der Pflegekasse und Kreis der Mitglieder,**
3. **Rechte und Pflichten der Organe,**
4. **Art der Beschlußfassung der Vertreterversammlung,**

§ 47

5. Bemessung der Entschädigungen für Organmitglieder, soweit sie Aufgaben der Pflegeversicherung wahrnehmen,
6. jährliche Prüfung der Betriebs- und Rechnungsführung und Abnahme der Jahresrechnung,
7. Zusammensetzung und Sitz der Widerspruchsstelle und
8. Art der Bekanntmachungen.

(2) Die Satzung kann eine Bestimmung enthalten, nach der die Pflegekasse den Abschluss privater Pflege-Zusatzversicherungen zwischen ihren Versicherten und privaten Krankenversicherungsunternehmen vermitteln kann.

(3) Die Satzung und ihre Änderungen bedürfen der Genehmigung der Behörde, die für die Genehmigung der Satzung der Krankenkasse, bei der die Pflegekasse errichtet ist, zuständig ist.

Inhaltsübersicht

	Rn.
I. Geltende Fassung	1
II. Normzweck und Allgemeines	2
III. Pflichtinhalte (Abs. 1)	3
IV. Wahlinhalte (Abs. 2)	8
V. Genehmigung (Abs. 3)	10

I. Geltende Fassung

1   Die Vorschrift ist mWv 1.6.1994 durch Art. 1 PflegeVG idF des RegE (dort § 43) eingeführt worden; vgl. Begr. des RegE, S. 118f. Bisheriger Abs. 1 Nr. 3 gestrichen durch Art. 8 Nr. 20 GKV-WSG (vom 26.3.2007, BGBl. I S. 378) mWv 1.1.2009 (Rn. 3), Abs. 2 eingefügt durch Art. 1 Nr. 32 PflWEG (vom 28.5.2008, BGBl. I S. 874) mWv 1.7.2008.

II. Normzweck und Allgemeines

2   § 47 konkretisiert die allgemeine Pflicht zur Satzungsgebung des § 34 Abs. 1 Satz 1 SGB IV für die SPV. Die Vorschrift bestimmt in Abs. 1 Pflicht- und in Abs. 2 Wahlinhalte der Satzung einer PK. Formal ist neben einem ordnungsgemäßen Beschluss des Verwaltungsrates (zur Terminologie Rn. 3) nach § 33 SGB IV und der Bekanntgabe die Genehmigung durch die nach Abs. 3 zuständige Behörde erforderlich.

III. Pflichtinhalte (Abs. 1)

3   Abs. 1 Nr. 1 bis 8 legt die **zwingenden Anforderungen** an die Satzung fest. Die Norm ist grundsätzlich § 194 SGB V nachgebildet, wobei im Einzelnen Besonderheiten der SPV berücksichtigt wurden.

4   Die Satzung muss nach Nr. 1 Name und Sitz der Pflegekasse enthalten. Ferner müssen sich aus ihr nach Nr. 2 der Bezirk der Pflegekasse und der Kreis der Mitglieder ergeben. Die örtlichen Festlegungen sind kongruent mit den entsprechenden Angaben in der Satzung der zugehörigen KK und folgen den Regelungen der §§ 143ff SGB V. Der Kreis der Mitglieder ergibt sich aus §§ 20, 21, 24 bis 26a sowie ggf. weiteren kassenspezifischen Einschränkungen, zB bei geschlossenen Betriebs- und Innungskassen (vgl. § 173 Abs. 2 Nr. 4 SGB V für die GKV).

5   Organe der PKen sind der Verwaltungsrat (DRV Knappschaft-Bahn-See und in der SVLFG: Vertreterversammlung) und der Vorstand der jeweiligen KK. Die in der

Satzung nach Nr. 3 zu regelnden **Rechte und Pflichten** dieser Organe werden durch §§ 33, 35, 35 a SGB IV vorstrukturiert, wonach der Verwaltungsrat für Satzungsgebung, wesentliche Entscheidungen und Vorstandskontrolle (vgl. auch § 197 SGB V) und der Vorstand für die Führung der laufenden Geschäfte zuständig sind. Diese grundsätzliche Aufgabenbalance zwischen Verwaltungsrat und Vorstand darf nicht durch Satzungsregelungen ausgehöhlt werden. Daher wäre etwa ein pauschaler Genehmigungsvorbehalt für den Abschluss von Verträgen, der faktisch die Durchführung der laufenden Geschäfte auf den Verwaltungsrat überträgt, unzulässig. Die frühere Nr. 3 (Fälligkeit und Zahlung von Beiträgen) ist im Zuge der Einführung des Gesundheitsfonds durch das GKV-WSG zum 1. 1. 2009 gestrichen worden.

Die Zusammensetzung der **Vertreterversammlung** in Nr. 4 einschließlich der **6** Stimmgewichtung wird gesetzlich durch § 44 SGB IV vorgegeben. Nr. 4 hat daher nur einen sehr beschränkten Anwendungsbereich, zB kann ein Umlaufverfahren vorgesehen werden. Richtigerweise wäre hier (auch) der Verwaltungsrat zu nennen, der bei den meisten KKen eingerichtet ist (vgl. die vorstehende Rn. 5, für eine Ersetzung des Begriffes Vertreterversammlung durch Verwaltungsrat *Peters*, in: KassKomm SGB XI, § 47 Rn. 6). Nr. 5 bezieht sich auf die Entschädigung der **ehrenamtlichen Organmitglieder**. Eine gesonderte Vergütung der von der KK entliehenen hauptamtlichen Vorstandsmitglieder erfolgt iR der SPV nicht (vgl. § 46 Rn. 4). Die KK/PK ist bei der Festsetzung der Höhe der Entschädigung an die Vorgaben des § 41 SGB IV gebunden, aus dessen Abs. 3 und 4 sich eine erhöhte Kontrolldichte der Rechtsaufsicht ableitet, die auch die Angemessenheit überprüft. BSG, SozR 3-2400 § 41 Nr. 1 = SozSich 1998, 430 ff. hat daher nicht beanstandet, dass die Entschädigungsregelungen in Satzungsvorschriften an der Empfehlungsvereinbarung der Sozialpartner (Fassung 1999/2006 abgedruckt bei *Leopold*, Die Selbstverwaltung in der Sozialversicherung, S. 333 ff.) gemessen wird. Nr. 6 knüpft an § 77 Abs. 1 SGB IV an, der die **Prüfung von Rechnungslegung und Jahresrechnung** dem Verwaltungsrat überträgt. Die Vorschrift setzt die Durchführung einer Rechnungslegung nach SVHV, der SVRV und der SRVwV voraus. Die detaillierten Vorgaben des § 77 Abs. 1 a SGB IV für KKen gelten für PKen nicht, sodass auch eine Testierung des Jahresabschlusses durch einen Wirtschaftsprüfer nicht erforderlich ist (*Held/Heße*, NZS 2012, 561, 566).

Widerspruchsstellen der SPV iSd. Nr. 7 sind nach den Satzungen der PKen zu- **7** meist die Widerspruchsausschüsse der GKV. Nr. 8 setzt § 34 Abs. 2 Satz 3 SGB IV in der SPV um (aA *Leube*, NZS 1999, 330, 332, der § 34 SGB IV für vorrangig hält). Bei der Wahl der **Art der Bekanntmachungen** gem. Nr. 8 steht der PK ein gewisser Spielraum zu. Streitig ist, ob ein Aushang in den Geschäftsräumen dem Publizitätsgedanken der Bekanntmachung hinreichend Rechnung trägt (zum Streitstand *Schneider-Danwitz*, jurisPK-SGB IV, 2. Aufl. 2011, § 34 SGB IV Rn. 79 ff.).

IV. Wahlinhalte (Abs. 2)

Der durch das PflWEG zum 1. 7. 2008 neu eingefügte Abs. 2 regelt die Befugnis **8** zur Vermittlung **privater PflegezusatzVers,** was den KKen gem. § 194 Abs. 1 a SGB V schon seit 1. 1. 2004 möglich ist. Die Vermittlungsbefugnis ist beschränkt auf Vers, die einen spezifischen Bezug zur SPV aufweisen. Im Hinblick auf das „Teilkasko-Prinzip" der SPV wird es sich zumeist um Vers handeln, die für die von der SPV ungedeckten Kosten der Pflege aufkommt. Zu den von Abs. 2 erfassten Vers gehören zB die ab 1. 1. 2013 mit einer staatlichen Zulage nach Maßgabe der §§ 126 ff. geförderten Pflege-Zusatzversicherungen. Die bei der Vermittlung zu beachtenden rechtlichen Rahmenbedingungen (zB Sozialdatenschutz) entsprechen nach BT-Drucks. 16/7439, S. 66 zu Nr. 32 denen iR der GKV gem. § 194 Abs. 1 a SGB V, hierzu BT-Drucks. 15/1525, S. 138 zu Nr. 136. Nach BGH v 18. 9. 2013, I ZR 183/12, benötigen KKen für die Vermittlungstätigkeit eine **gewerberechtliche Erlaub-**

nis gem. § 34d GewO. Diese inhaltlich zweifelhafte Entscheidung dürfte auch von PKen bei der Vermittlungstätigkeit gem. Abs. 2 zu berücksichtigen sein.

9 Für weitere Wahlinhalte ist in der SPV kein Raum. Zwar enthält § 47 kein ausdrückliches Verbot, es fehlt aber eine Vorschrift wie § 194 Abs. 1 Nr. 3 SGB V, die Mehrleistungen über den gesetzlichen Umfang hinaus zulässt. BT-Drucks. 12/5262, S. 118 zu § 43 begründet das Verbot satzungsmäßiger Mehrleistungen mit dem umfassenden Finanzausgleich zwischen den PKen.

V. Genehmigung (Abs. 3)

10 Abs. 3 bestimmt die Genehmigungsbehörde unter Verweis auf §§ 195 Abs. 1 SGB V, 90 SGB IV. Danach ist das Bundesversicherungsamt für bundesunmittelbare PKen und im Übrigen die nach Landesrecht bestimmte Behörde zur Genehmigung der Satzung und ihrer Änderungen zuständig. Die Prüfung bei der Genehmigung ist kein Bestandteil der Rechtsaufsicht (§ 46 SGB XI), sondern Mitwirkung des Staates an der autonomen Rechtsetzung des Sozialversicherungsträgers. Die Satzung unterliegt dabei ausschließlich einer **Rechtmäßigkeitskontrolle,** eine Prüfung auf Zweckmäßigkeit findet nicht statt (BSG, SozR 3-3300 § 47 Nr. 1 = KrV 2001, 63, aA *Finkenbusch,* WzS 1992, 1 ff.). Eine rechtswidrige Satzungsbestimmung ist unwirksam (BSG, SozR 2200 § 192 Nr. 2 = BSGE 61, 117). Gegen die Ablehnung der Satzungsgenehmigung kann die betroffene PK Klage erheben, nicht aber Mitglieder der PK.

11 Die besonderen Regelungen des § 195 Abs. 2 SGB V zur Satzungskontrolle durch Genehmigungsbehörde bzw Gerichte werden zT für entsprechend anwendbar gehalten (*Peters,* in: KassKomm SGB XI, § 47 Rn. 9). Gegen eine Analogie spricht jedoch, dass § 195 SGB V früher als § 47 geschaffen wurde. Sofern eine Regelungslücke überhaupt bejaht werden kann, ist vor diesem Hintergrund jedenfalls deren Planwidrigkeit zweifelhaft. Für eine entsprechende Anwendung des § 195 SGB V besteht ohnehin angesichts des abschließend gesetzlich geregelten Leistungskataloges in der SPV kaum Bedarf.

§ 47a Stellen zur Bekämpfung von Fehlverhalten im Gesundheitswesen

(1) ¹§ 197a des Fünften Buches gilt entsprechend; § 197a Absatz 3 des Fünften Buches gilt mit der Maßgabe, auch mit den nach Landesrecht bestimmten Trägern der Sozialhilfe, die für die Hilfe zur Pflege im Sinne des Siebten Kapitels des Zwölften Buches zuständig sind, zusammenzuarbeiten. ²Die organisatorischen Einheiten nach § 197a Abs. 1 des Fünften Buches sind die Stellen zur Bekämpfung von Fehlverhalten im Gesundheitswesen bei den Pflegekassen, ihren Landesverbänden und dem Spitzenverband Bund der Pflegekassen.

(2) ¹Die Einrichtungen nach Absatz 1 Satz 2 dürfen personenbezogene Daten, die von ihnen zur Erfüllung ihrer Aufgaben nach Absatz 1 erhoben oder an sie weitergegeben oder übermittelt wurden, untereinander übermitteln, soweit dies für die Feststellung und Bekämpfung von Fehlverhalten im Gesundheitswesen beim Empfänger erforderlich ist. ²An die nach Landesrecht bestimmten Träger der Sozialhilfe, die für die Hilfe zur Pflege im Sinne des Siebten Kapitels des Zwölften Buches zuständig sind, dürfen die Einrichtungen nach Absatz 1 Satz 2 personenbezogene Daten nur übermitteln, soweit dies für die Feststellung und Bekämpfung von Fehlverhalten im Zusammenhang mit den Regelungen des Siebten Kapitels des Zwölften Buches erforderlich ist und im Einzelfall konkrete Anhaltspunkte dafür vorliegen. ³Der Empfänger darf diese Daten nur zu dem Zweck verarbeiten und

nutzen, zu dem sie ihm übermittelt worden sind. ⁴Ebenso dürfen die nach Landesrecht bestimmten Träger der Sozialhilfe, die für die Hilfe zur Pflege im Sinne des Siebten Kapitels des Zwölften Buches zuständig sind, personenbezogene Daten, die von ihnen zur Erfüllung ihrer Aufgaben erhoben oder an sie weitergegeben oder übermittelt wurden, an die in Absatz 1 Satz 2 genannten Einrichtungen übermitteln, soweit dies für die Feststellung und Bekämpfung von Fehlverhalten im Gesundheitswesen beim Empfänger erforderlich ist. ⁵Die in Absatz 1 Satz 2 genannten Einrichtungen dürfen diese nur zu dem Zweck verarbeiten und nutzen, zu dem sie ihnen übermittelt worden sind. ⁶Die Einrichtungen nach Absatz 1 Satz 2 sowie die nach Landesrecht bestimmten Träger der Sozialhilfe, die für die Hilfe zur Pflege im Sinne des Siebten Kapitels des Zwölften Buches zuständig sind, haben sicherzustellen, dass die personenbezogenen Daten nur Befugten zugänglich sind oder nur an diese weitergegeben werden.

Inhaltsübersicht

	Rn.
I. Geltende Fassung	1
II. Überblick	2
III. Stelle gem. § 47a	3
IV. Übermittlung personenbezogener Daten (Abs. 2 Satz 1)	4
V. Zusammenarbeit mit den Sozialhilfeträgern	5

I. Geltende Fassung

Die Vorschrift ist mWv 1.1.2004 durch Art. 7 Nr. 2 GMG (vom 14.11.2003, BGBl. I S. 2190) eingeführt worden, Satz 2 angepasst durch Art. 8 Nr. 21 GKV-WSG (vom 26.3.2007, BGBl. I S. 378) zum 1.7.2008. Abs. 1 Satz 1 Hs 2 ergänzt durch Art. 2 Nr. 2 lit b) G z Regelung des Assistenzpflegebedarfs in stationären Vorsorge- oder Rehabilitationseinrichtungen (vom 20.12.2012, BGBl. I S. 2789) mWv 28.12.2012. Durch Art. 2 Nr. 2 lit c) des vorstehend genannten G wurde Abs. 2 angefügt. Im 1. Entwurf (BT-Drucks. 17/10747) waren die Neuerungen noch nicht enthalten. Sie wurden erst durch die Beschlussempfehlung des Ausschusses für Gesundheit v 7.11.2012, BT-Drucks. 17/11396 auf Anregung des Bundesrates im Gesetzgebungsverfahren zum PNG (BT-Drucks. 17/9669, S. 19) eingefügt.

II. Überblick

§ 47a bezweckt, finanzielle Unregelmäßigkeiten und Mittelfehlverwendungen in der SPV zu verhindern, indem bei jeder PK hierfür eine **besondere Stelle** eingerichtet wird. Die Norm enthält selbst keine Zuweisung von Aufgaben und Befugnissen dieser Stellen, sondern organisatorische (Abs. 1) bzw datenschutzrechtliche (Abs. 2) Regelungen. Der Aufgabenbereich der Stellen gem. § 47a lässt sich der Parallelnorm der GKV, § 197a SGB V, entnehmen, auf den Abs. 1 Satz 1 verweist.

III. Stelle gem. § 47a

Auch in der SPV wird eine organisatorisch eigenständige Stelle bei jeder PK eingerichtet, die Fehlverhalten im Gesundheitswesen bekämpfen soll. Nach der entsprechend anwendbaren Legaldefinition des § 197a Abs. 1 Satz 1 SGB V handelt es sich um Sachverhalte, die auf Unregelmäßigkeiten oder auf rechtswidrige oder zweckwidrige Nutzung von Finanzmitteln im Zusammenhang und Aufgaben der PK bzw. der Verbände hindeuten. Ausführlich zu den Aufgaben und Befugnissen der Stellen *Gregarek,* in H/N, SGB XI, § 47a Rn. 5ff. Mangels eigenen Personales (§ 46 Abs. 2 Satz 2) bzw. Rechtspersönlichkeit wird in der SPV auf die Stellen gem. § 197a SGB V zurückgegriffen, Abs. 1 Satz 2 stellt dies klar. Die Schaffung einer Stelle nach § 47a ist, § 197a Abs. 1 Satz 1 SGB V iVm. Abs. 1 Hs 1 folgend, nur bei den PKen und dem Spitzenverband Bund der PKen obligatorisch. Bei den Landesverbänden kann die Einrichtung einer Stelle „angezeigt" iSd. G sein. In der SPV kommt den Landesverbänden insbesondere mit dem Abschluss von Versorgungsverträgen (§ 72) eine Aufgabe von hohem finanziellen Interesse für die Leistungserbringer zu, was regelmäßig die Schaffung einer Stelle gem. § 47a erfordern dürfte. Die Kosten für die Stelle gem. § 47a sind Bestandteil der pauschal gem. § 46 Abs. 3 erstatteten Verwaltungskosten. Wie in der GKV (hierzu LSG Nds, Urteil vom 24.11.2010, L 1 KR 72/09, rechtskräftig) gilt, dass eine Abwälzung dieser Kosten auf Leistungserbringer, denen Fehlverhalten in der SPV nachgewiesen worden ist, unzulässig ist.

IV. Übermittlung personenbezogener Daten (Abs. 2 Satz 1)

4 Abs. 2 Satz 1 erlaubt grundsätzlich die Übermittlung von personenbezogenen Daten (zum Begriff: § 3 BDSG) zwischen verschiedenen Stellen nach § 47a. Leistungserbringer rechnen typischerweise mit unterschiedlichen PKen ab, sodass ein systematisches Fehlverhalten regelmäßig nicht nur gegenüber einer PK gegeben ist. Die Norm entspricht zT § 197 Abs. 3a SGB V, der in der GKV zum 1.1.2012 eingefügt worden ist, nachdem in der Praxis angezweifelt worden war, ob § 197a SGB V eine ausreichende Rechtsgrundlage für die Datenübermittlung darstellt. In Abs. 2 ist nicht eindeutig geregelt, ob die Stellen nach § 47a auch personenbezogene Daten an die entsprechenden Stellen nach § 81a SGB V bei den **KÄVen und KÄBVen** übermitteln dürfen, da Abs. 2 Satz 1 diese Stellen im Gegensatz zu § 197a Abs. 3a SGB V nicht erwähnt und umgekehrt § 81a Abs. 3a SGB V eine Übermittlung personenbezogener Daten an die Stellen nach § 47a nicht ausdrücklich zulässt. Der Gesetzgeber wollte den Stellen nach § 47a die Möglichkeit der Datenübermittlung über den umfassenden Verweis in Abs. 1 Satz 1 Hs 1 auch auf § 197a Abs. 3a SGB V aber eröffnen (BT-Drucks. 17/8005, S. 124f.). Anderenfalls wäre die in Abs. 1 Satz 1 Hs 2 angelegte Zusammenarbeit mit KÄVen und den KÄBVen („auch") nicht sachgerecht möglich.

V. Zusammenarbeit mit den Sozialhilfeträgern

5 Die Regelungen über die Zusammenarbeit mit Sozialhilfeträgern haben keine Entsprechung in § 197a SGB V. Die Sozialhilfeträger greifen bei der Umsetzung der Hilfe zur Pflege nach dem 7. Kapitel des SGB XII auf dieselben Leistungserbringer zurück wie die PKen. Die in der GKV nicht vergleichbar vorhandene Überschneidung machte eigenständige Vorschriften zur Zusammenarbeit mit Sozialhilfeträgern bei Fehlverhalten in § 47a erforderlich. **Abs. 1 Satz 1 Hs 2** regelt den Grds der Zusammenarbeit mit den Sozialhilfeträgern. Bei diesen werden keine organisatorisch eigenständigen Stellen geschaffen, da sie anders als PKen Teil der unmittelbaren Staatsverwaltung sind.

6 Datenschutzrechtlich wird die Zusammenarbeit zwischen den Stellen nach § § 47a und den Sozialhilfeträgern durch Abs. 2 Satz 2 bis 6 geregelt. **Personenbezogene Daten** können nach Abs. 2 Satz 2 und an die zuständigen Stellen der Sozialhilfeträger übermittelt werden, wenn ein Fehlverhalten im Gesundheitswesen Leistungen nach dem 7. Kapitel des SGB XII betrifft. Die weitergehende Einschränkung in Satz 2 letzter Hs, dass konkrete Anhaltspunkte „dafür", dh für ein Fehlverhalten im

Bereich der Hilfe zur Pflege, vorliegen müssen, erfüllt keinen eigenständigen Zweck. Eine Datenübermittlung kann nur erforderlich isd. Satz 2 sein, wenn die Stelle nach § 47a erkennt, dass das Fehlverhalten zB eines Leistungserbringers Leistungsberechtigte nach dem 7. Kapitel des SGB XII betrifft. Satz 4 und 5 begründen eine Rechtsgrundlage für die Datenübermittlung in umgekehrter Richtung von den zuständigen Sozialhilfeträgern an die Stellen nach § 47a. Abs. 2 Satz 6 wiederholt die Vorgabe des § 35 Abs. 1 Satz 2 SGB I.

Zweiter Abschnitt. Zuständigkeit, Mitgliedschaft

§ 48 Zuständigkeit für Versicherte einer Krankenkasse und sonstige Versicherte

(1) ¹Für die Durchführung der Pflegeversicherung ist jeweils die Pflegekasse zuständig, die bei der Krankenkasse errichtet ist, bei der eine Pflichtmitgliedschaft oder freiwillige Mitgliedschaft besteht. ²Für Familienversicherte nach § 25 ist die Pflegekasse des Mitglieds zuständig.

(2) ¹Für Personen, die nach § 21 Nr. 1 bis 5 versichert sind, ist die Pflegekasse zuständig, die bei der Krankenkasse errichtet ist, die mit der Leistungserbringung im Krankheitsfalle beauftragt ist. ²Ist keine Krankenkasse mit der Leistungserbringung im Krankheitsfall beauftragt, kann der Versicherte die Pflegekasse nach Maßgabe des Absatzes 3 wählen.

(3) ¹Personen, die nach § 21 Nr. 6 versichert sind, können die Mitgliedschaft wählen bei der Pflegekasse, die bei
1. der Krankenkasse errichtet ist, der sie angehören würden, wenn sie in der gesetzlichen Krankenversicherung versicherungspflichtig wären,
2. der Allgemeinen Ortskrankenkasse ihres Wohnsitzes oder gewöhnlichen Aufenthaltes errichtet ist,
3. einer Ersatzkasse errichtet ist, wenn sie zu dem Mitgliederkreis gehören, den die gewählte Ersatzkasse aufnehmen darf.

²Ab 1. Januar 1996 können sie die Mitgliedschaft bei der Pflegekasse wählen, die bei der Krankenkasse errichtet ist, die sie nach § 173 Abs. 2 des Fünften Buches wählen könnten, wenn sie in der gesetzlichen Krankenversicherung versicherungspflichtig wären.

Inhaltsübersicht

	Rn.
I. Geltende Fassung	1
II. Normzweck und Überblick	2
III. Zuständigkeit für GKV-Versicherte (Abs. 1)	3
IV. Zuständigkeit für Versicherungspflichtige nach § 21 Nr. 1 bis 5 (Abs. 2)	5
V. Zuständigkeit für Versicherungspflichtige gem. § 21 Nr. 6 (Abs. 3)	6
VI. Versicherte gem. §§ 26, 26a	7

I. Geltende Fassung

Die Vorschrift ist mWv 1.1.1995 durch Art. 1 PflegeVG eingeführt worden. Abs. 1 entspricht dem RegE (dort § 44), vgl. Begr. des RegE, S. 119. Abs. 2 und 3 sind aufgrund der Beschlussempfehlung des AuS-Ausschusses eingefügt worden (BT-Drucks. 12/5920, S. 46f.); zur Begr. vgl. BT-Drucks. 12/5952, S. 40. **1**

§ 48

Fünftes Kapitel. Organisation

II. Normzweck und Überblick

2   Abs. 1 erklärt die PK für die Durchführung der SPV zuständig, die bei der KK des Mitglieds errichtet ist. Dies soll verwaltungsökonomisch wirken, indem zB Zuständigkeitsstreitigkeiten vermieden werden, BT-Drucks. 12/5262, S. 119 zu § 44. Die Norm ist Ausdruck des Grundsatzes „PV folgt KV". Sie enthält Regelungen für drei kv-rechtlich verschiedene Ausgangssituationen. Abs. 1 betrifft Mitglieder und Versicherte der GKV. Abs. 2 Satz 1 erfasst Personen, die nicht GKV-vers sind, deren KV aber von einem GKV-Träger durchgeführt wird. Abs. 2 Satz 2 und Abs. 3 schließlich behandeln die Konstellation, dass zwar Verspflicht in der SPV besteht, aber keine unmittelbare Anknüpfung an einen Träger der GKV möglich ist.

III. Zuständigkeit für GKV-Versicherte (Abs. 1)

3   Abs. 1 Satz 1 legt den Grds fest, dass sich für gesetzlich und freiwillig GKV-Versicherte die Zuständigkeit der PK akzessorisch daraus ergibt, welche gesetzliche KK zuständig ist. Es besteht damit **kein gesondertes Wahlrecht** für die PK. Nicht von § 48 erfasst sind Vers, die zwar freiwillig GKV-vers sind, aber unter Befreiung von der SPV-Verspflicht gem. § 22 bei einem Unternehmen der PPV versichert sind. Auch für PKV-Vers regelt § 48 nicht die Zuständigkeit. In der PPV besteht keine Bindung an das Unternehmen der PKV. Hier kann grundsätzlich gem. § 23 Abs. 2 die PV durch ein anderes Unternehmen durchgeführt werden als die KV.

4   Mit einem wirksamen Wechsel der KK geht zeitgleich die Zuständigkeit der PK auf die bei der gewählten KK errichtete PK über. Diese ist nicht an die leistungs- oder beitragsrechtlichen Entscheidungen der bisherigen PK gebunden (BSG, SozR 4-3300 § 37 Nr. 2 = NZS 2005, 101). Nach Satz 2 folgt wie in der GKV die PK der FamVers (§ 25) der PK des Mitgliedes. Auch wenn die systematische Stellung der Vorschrift nicht naheliegt, muss Abs. 1 Satz 2 auch für alle weiteren Zuständigkeitszuweisungen in § 48 Abs. 2 und 3 gelten (allg Auffassung). Eine Beschränkung der Zuständigkeit im Beitragsrecht ergibt sich für Vers, deren Beiträge aus GRV-Renten abgeführt werden. Hier ist die Zuständigkeit der DRV Bund für Entscheidungen über Beitragspflicht, -höhe und -tragung gegeben (BSG, SozR 4-3300 § 59 Nr. 1 = BSGE 97, 292).

IV. Zuständigkeit für Versicherungspflichtige nach § 21 Nr. 1 bis 5 (Abs. 2)

5   Der von Abs. 2 erfasste Personenkreis des § 21 Nr. 1–5 unterliegt nicht Abs. 1, da er nicht in der GKV versichert ist. IdR hat der ihnen leistungsverpflichtete Träger eine KK mit der Erbringung von Leistungen bei Krankheit beauftragt, deren PK zuständig ist (Abs. 2 Satz 1). Soweit keine KK beauftragt ist, räumt Satz 2 ein Wahlrecht wie für Zeitsoldaten nach Abs. 3 Satz 2 ein.

V. Zuständigkeit für Versicherungspflichtige gem. § 21 Nr. 6 (Abs. 3)

6   Abs. 3 Satz 1 regelte das Wahlrecht für Zeitsoldaten bis 31.12.1995. Seitdem richtet sich das Wahlrecht nach Abs. 3 Satz 2. Danach können diese gem. § 21 Nr. 6 SPV-versicherte Personen die Mitgliedschaft in der PK bei einer KK wählen, die bei Versiche-

rungspflicht in der GKV nach § 173 Abs. 2 SGB V hypothetisch gewählt werden könnte. Die Zuständigkeitsregelung erfasst nur die Zeitsoldaten, die § 21 Nr. 6 unterliegen (zur teleologischen Reduktion § 21 Rn. 6, vgl. dort auch zu den Gründen der unterschiedlichen Behandlung im Vergleich zu Berufssoldaten). § 175 SGB V ist zur Vervollständigung des Regelungsregimes grundsätzlich analog anzuwenden. Somit kann der Zeitsoldat die PK nach Ausübung des Wahlrechts wechseln (ebenso *Gebhardt,* in: Krauskopf, SGB XI, § 48 Rn. 9); bei Fehlen einer Wahlrechtsausübung wählt der Dienstherr eine PK aus (§ 175 Abs. 3 SGB V, § 50 Abs. 2 Nr. 6). Auch Pers, die noch nach Abs. 3 Satz 1 vor 1996 das Wahlrecht ausgeübt haben, können gem. der vorstehend dargelegten Grds gem. § 175 SGB V analog die PK wechseln (*Peters,* in: KassKomm, SGB XI, § 48 Rn. 19).

VI. Versicherte gem. §§ 26, 26a

§ 48 enthält keine Regelungen über die Zuständigkeit für freiwillig SPV-Vers gem. **7**
§ 26. Für diesen Personenkreis ist nach BT-Drucks. 12/5262, S. 119 zu § 44, zunächst die PK zuständig, bei der zuletzt die Versicherung bestand. Ein Wahlrecht bei Begründung der Versicherung gem. § 26 besteht mangels ausdrücklichen Verweises auf Abs. 2 Satz 2 und Abs. 3 nicht (insoweit ebenso *Gregarek,* in: H/N § 48 SGB XI, Rn. 3, anders *Gebhardt,* in: Krauskopf, SGB XI, § 48 Rn. 10), jedoch ist ein späterer Wechsel in entsprechender Anwendung des § 175 SGB V möglich. Vers gem. § 26a steht gem. Abs. 1 Satz 1, Abs. 2 Satz 1 und Abs. 3 Satz 2 der Norm das Wahlrecht gem. § 48 Abs. 2, 3 zu. Auch diese Vers können entsprechend § 175 SGB V später die PK wechseln.

§ 49 Mitgliedschaft

(1) ¹**Die Mitgliedschaft bei einer Pflegekasse beginnt mit dem Tag, an dem die Voraussetzungen des § 20 oder des § 21 vorliegen.** ²**Sie endet mit dem Tod des Mitglieds oder mit Ablauf des Tages, an dem die Voraussetzungen des § 20 oder des § 21 entfallen, sofern nicht das Recht zur Weiterversicherung nach § 26 ausgeübt wird.** ³**Für die nach § 20 Abs. 1 Satz 2 Nr. 12 Versicherten gelten § 186 Abs. 11 und § 190 Abs. 13 des Fünften Buches entsprechend.**

(2) ¹**Für das Fortbestehen der Mitgliedschaft gelten die §§ 189, 192 des Fünften Buches sowie § 25 des Zweiten Gesetzes über die Krankenversicherung der Landwirte entsprechend.**

(3) **Die Mitgliedschaft freiwillig Versicherter nach den §§ 26 und 26a endet:**
1. **mit dem Tod des Mitglieds oder**
2. **mit Ablauf des übernächsten Kalendermonats, gerechnet von dem Monat, in dem das Mitglied den Austritt erklärt, wenn die Satzung nicht einen früheren Zeitpunkt bestimmt.**

Inhaltsübersicht

	Rn.
I. Geltende Fassung	1
II. Normzweck und Überblick	2
III. Beginn und Ende der Mitgliedschaft (Abs. 1)	3
IV. Fortbestehen der Mitgliedschaft (Abs. 2)	4
V. Weiterversicherung (Abs. 3)	5

§ 49
Fünftes Kapitel. Organisation

I. Geltende Fassung

1   Die Vorschrift ist mWv 1.1.1995 durch Art. 1 PflegeVG eingeführt worden. Im Vergleich zum RegE (dort § 45, zur Begr. RegE S. 119) hat der AuS-Ausschuss Abs. 1 weitgehend umgestaltet und Abs. 2 und 3 ergänzt (BT-Drucks. 12/5920, S. 47; zur Begr. vgl. BT-Drucks. 12/5952, S. 41). Abs. 2 Satz 2 wurde durch Art. 10 Nr. 3 AFRG (vom 24.3.1997, BGBl. I S. 594) mWv 1.1.1998 gestrichen. In Abs. 3 wurde „Weiterversicherter" in „freiwillig Versicherter" geändert durch Art. 1 Nr. 6a PflEG (vom 14.12.2001, BGBl. I S. 3728) mWv 1.1.2002. Abs. 1 Satz 3 angefügt, Abs. 3 Satz 2 gestrichen durch Art. 8 Nr. 22 GKV-WSG (vom 26.3.2007, BGBl. I S. 378) mWv 1.4.2007.

II. Normzweck und Überblick

2   Abs. 1 regelt Beginn und Ende der Mitgliedschaft in der SPV, Abs. 2 die Tatbestände des Fortbestehens der Mitgliedschaft. Regelungen für Vers gem. §§ 26, 26a sind in Abs. 3 enthalten. Nicht Gegenstand von § 49 sind Vers, die keinen eigenen Mitgliedschaftstatbestand erfüllen. Ihre Vers in der SPV ist akzessorisch an die Mitgliedschaft des Stammvers gebunden.

III. Beginn und Ende der Mitgliedschaft (Abs. 1)

3   Die Mitgliedschaft für VersPflichtige nach § 20 bzw § 21 beginnt an dem Tag, an dem die VersPflicht eintritt (Abs. 1 Satz 1) und endet mit dem Tod oder dem Ablauf des Tages, an dem die VersPflicht entfällt, sofern keine Weiterversicherung nach § 26 begründet wird (Abs. 1 Satz 2). Für Versicherte, die dem Auffangtatbestand des § 20 Abs. 1 Satz 2 Nr. 12 unterfallen, verweist Abs. 1 Satz 3 auf § 186 Abs. 11 SGB V (Beginn) bzw § 190 Abs. 13 SGB V (Ende). Die Mitgliedschaft wird durch Gesetz ohne Rücksicht auf die Kenntnis der nach § 48 zuständigen PK oder des Mitglieds begründet und ist auch nicht von einer formalen Feststellung durch die PK abhängig. Die fehlende Beitragszahlung beendet die Mitgliedschaft nicht, vgl. BT-Drucks. 12/5262, S. 119 zu § 45. Zu den Folgen bei Nichtentrichtung der Beiträge § 60 Rn. 13. Die Mitgliedschaft kann auch rückwirkend begründet werden (SozR 3-2200 § 381 Nr. 2 = BSGE 69, 20).

IV. Fortbestehen der Mitgliedschaft (Abs. 2)

4   Die entsprechende Anwendung der §§ 189, 192 SGB V und § 25 KVLG 1989 gem. Abs. 2 soll verhindern, dass die Mitgliedschaft in der SPV bei den vorübergehenden Ereignissen der genannten Vorschriften beendet wird. Über den Wortlaut des Abs. 2 hinaus besteht die SPV-Mitgliedschaft auch in den anderen Fällen fort, in denen eine Mitgliedschaft in der GKV fingiert wird (hM, *Schneider/Steinbach,* BB 1994, 1925, 1931 f.). Dies betrifft va die Fälle des § 193 SGB V. Erfasst sind die Teilnehmer am **freiwilligen Wehrdienst (§§ 58b ff. SoldatenG),** deren Mitgliedschaft gem. § 58f SoldatenG, § 6b WehrpflG, § 193 Abs. 1 bzw 2 SGB V aufrecht erhalten wird. Teilnehmer an einem Freiwilligendienst (nach dem Bundesfreiwilligendienstgesetz oä) sind anders als früher Zivildienstleistende nicht mehr von § 193 SGB V erfasst. Ihre Tätigkeit gilt in der GKV als grundsätzlich verpflichtiges Beschäftigungsverhältnis iSd. § 5 Abs. 1 Nr. 1 SGB V, sodass sie in der SPV schon unter § 49 Abs. 1 Satz 1 fallen. Ein weiterer Fall des Fortbestehens der Mitgliedschaft über Abs. 2 hinaus sind

landwirtschaftliche Rentenantragsteller gem. § 23 KVLG 1989 (vgl. *Peters,* in: Kass-Komm, SGB XI, § 49 Rn. 7).

V. Weiterversicherung (Abs. 3)

Abs. 3 beschränkt sich darauf, das **Ende** der freiwilligen Mitgliedschaften gem. 5
§§ 26, 26a zu regeln (Tod bzw Wirksamwerden der Austrittserklärung). Nach der
Streichung von Abs. 3 Satz 2 zum 1.4.2007 durch das GKV-WSG gilt nunmehr
auch für Weiterversicherte gem. § 26 Abs. 2, dass die Mitgliedschaft durch die fehlende Beitragszahlung nicht mehr beendet wird (vgl. Rn. 3). Der **Beginn** der Mitgliedschaft gem. § 26 ist nicht ausdrücklich im SGB XI geregelt, sie schließt sich nahtlos an das Ende der Pflichtmitgliedschaft gem. §§ 20, 21 bzw der Familienvers an. Für die freiwillige Vers gem. § 26a trifft § 26a Abs. 3 Satz 2 seit dem 1.7.2002 die Regelung, dass die Mitgliedschaft zum 1. des Folgemonats der Beitrittserklärung beginnt.

Dritter Abschnitt. Meldungen

§ 50 Melde- und Auskunftspflichten bei Mitgliedern der sozialen Pflegeversicherung

(1) ¹Alle nach § 20 versicherungspflichtigen Mitglieder haben sich selbst unverzüglich bei der für sie zuständigen Pflegekasse anzumelden. ²Dies gilt nicht, wenn ein Dritter bereits eine Meldung nach den §§ 28a bis 28c des Vierten Buches, §§ 199 bis 205 des Fünften Buches oder §§ 27 bis 29 des Zweiten Gesetzes über die Krankenversicherung der Landwirte zur gesetzlichen Krankenversicherung abgegeben hat; die Meldung zur gesetzlichen Krankenversicherung schließt die Meldung zur sozialen Pflegeversicherung ein. ³Bei freiwillig versicherten Mitgliedern der gesetzlichen Krankenversicherung gilt die Beitrittserklärung zur gesetzlichen Krankenversicherung als Meldung zur sozialen Pflegeversicherung.

(2) Für die nach § 21 versicherungspflichtigen Mitglieder haben eine Meldung an die zuständige Pflegekasse zu erstatten:
1. das Versorgungsamt für Leistungsempfänger nach dem Bundesversorgungsgesetz oder nach den Gesetzen, die eine entsprechende Anwendung des Bundesversorgungsgesetzes vorsehen,
2. das Ausgleichsamt für Leistungsempfänger von Kriegsschadenrente oder vergleichbaren Leistungen nach dem Lastenausgleichsgesetz oder dem Reparationsschädengesetz oder von laufender Beihilfe nach dem Flüchtlingshilfegesetz,
3. der Träger der Kriegsopferfürsorge für Empfänger von laufenden Leistungen der ergänzenden Hilfe zum Lebensunterhalt nach dem Bundesversorgungsgesetz oder nach den Gesetzen, die eine entsprechende Anwendung des Bundesversorgungsgesetzes vorsehen,
4. der Leistungsträger der Jugendhilfe für Empfänger von laufenden Leistungen zum Unterhalt nach dem Achten Buch,
5. der Leistungsträger für Krankenversorgungsberechtigte nach dem Bundesentschädigungsgesetz,
6. der Dienstherr für Soldaten auf Zeit.

(3) ¹Personen, die versichert sind oder als Versicherte in Betracht kommen, haben der Pflegekasse, soweit sie nicht nach § 28o des Vierten Buches auskunftspflichtig sind,

§ 50 Fünftes Kapitel. Organisation

1. auf Verlangen über alle für die Feststellung der Versicherungs- und Beitragspflicht und für die Durchführung der der Pflegekasse übertragenen Aufgaben erforderlichen Tatsachen unverzüglich Auskunft zu erteilen,
2. Änderungen in den Verhältnissen, die für die Feststellung der Versicherungs- und Beitragspflicht erheblich sind und nicht durch Dritte gemeldet werden, unverzüglich mitzuteilen.

²Sie haben auf Verlangen die Unterlagen, aus denen die Tatsachen oder die Änderung der Verhältnisse hervorgehen, der Pflegekasse in deren Geschäftsräumen unverzüglich vorzulegen.

(4) Entstehen der Pflegekasse durch eine Verletzung der Pflichten nach Absatz 3 zusätzliche Aufwendungen, kann sie von dem Verpflichteten die Erstattung verlangen.

(5) Die Krankenkassen übermitteln den Pflegekassen die zur Erfüllung ihrer Aufgaben erforderlichen personenbezogenen Daten.

(6) Für die Meldungen der Pflegekassen an die Rentenversicherungsträger gilt § 201 des Fünften Buches entsprechend.

Inhaltsübersicht

	Rn.
I. Geltende Fassung	1
II. Normzweck und Überblick	2
III. Meldepflicht der Mitglieder gem. § 20 (Abs. 1)	3
IV. Meldepflicht für Mitglieder gem. § 21 (Abs. 2)	4
V. Auskunfts- und Mitteilungspflichten (Abs. 3 und 4)	5
VI. Datentransfer mit anderen Sozialversicherungsträgern (Abs. 5)	7

I. Geltende Fassung

1 Die Vorschrift ist mWv 1.1.1995 durch Art. 1 PflegeVG eingeführt worden. Die Absätze 1, 3, 4 und 5 entsprechen weitgehend der Fassung des RegE (vgl. Begr. des RegE, S. 119f.). Abs. 2 und 6 gehen auf die Beschlussempfehlung des AuS-Ausschusses zurück (BT-Drucks. 12/5920, S. 47f.); zur Begr. vgl. BT-Drucks. 12/5952, S. 41f. Durch Art. 10 Nr. 4 AFRG (vom 24.3.1997, BGBl. I S. 594) wurde in Abs. 1 Satz 1 die Verweisung auf § 161 AFG gestrichen.

II. Normzweck und Überblick

2 § 50 soll die gesetzmäßige Durchführung der SPV durch die jeweils zuständige PK sicherstellen, was ohne Kenntnis der Mitglieder und bestimmter persönlicher Angaben nicht möglich ist. Abs. 1 und 2 ordnen in der SPV **Meldepflichten** für versicherungspflichtige Mitglieder und bestimmte Dritte an. Zur entsprechenden Meldepflicht für die PPV vgl. § 51. Abs. 3 und 4 regeln darüber hinaus Auskunfts- und Mitteilungspflichten der Vers. Außerhalb des SGB XI finden sich weitere **Auskunftspflichten,** zB in § 31 Abs. 2 AO für Finanzbehörden oder § 98 SGB X für Arbeitgeber. Der für die Funktionsfähigkeit der SPV erforderliche Transfer personenbezogener Daten ist in Abs. 5 und 6 geregelt. Die Missachtung einiger Tatbestände der Ordnungsvorschrift bußgeldbewehrt (§ 121 Abs. 1 Nr. 2–4).

III. Meldepflicht der Mitglieder gem. § 20 (Abs. 1)

Abs. 1 Satz 1 verpflichtet Mitglieder zur **unverzüglichen Anmeldung** bei der 3
zuständigen PK nach Eintritt von VersPflicht gem. § 20. Abweichend hiervon ist in
der GKV (§§ 198 ff. SGB V) die Meldeverpflichtung bis auf wenige Ausnahmen
schon im Grundsatz Dritten auferlegt. In der Praxis nimmt jedoch auch in der SPV
kaum ein Mitglied nach § 20 selbst eine Meldung vor. Die Meldepflicht des Mitglieds
entfällt, wenn andere, in Abs. 1 Satz 2 genannten Stellen nach SGB IV, SGB V bzw
KVLG 1989 eine Meldung abgegeben haben. Verfahrensvereinfachend schließt die
Meldung zur GKV die Meldung zur SPV ein, Satz 2 Hs 2. Eine Verletzung der Meldepflicht nach Abs. 1 Satz 1 ist ordnungswidrig gem. § 121 Abs. 1 Nr. 2; die Nichtbeachtung der von Satz 2 bezuggenommenen Meldepflichten zur GKV kann für Arbeitgeber (§ 111 SGB IV), landwirtschaftliche Unternehmer (§ 57 Abs. 5 KVLG
1989) und im Rahmen von Versorgungsbezügen (§ 202 SGB V) bzw Wehrdienstberufungen (§ 204 SGB V) gem. § 307 SGB V zur Bußgeldpflicht führen. Die von
Satz 3 erfassten freiwillig GKV-Versicherten sind nach § 20 Abs. 3 grundsätzlich versicherungspflichtig in der SPV. Für diese Personen ist neben der Erklärung des GKV-Beitritts eine weitere Meldung nicht erforderlich.

IV. Meldepflicht für Mitglieder gem. § 21 (Abs. 2)

Abs. 2 regelt eine Meldepflicht für die Mitglieder nach § 21. **Meldepflichtig** sind 4
die Stellen, deren Leistungen zur VersPflicht in der SPV nach § 21 Nr. 1 bis 5 führen
bzw der Dienstherr für Zeitsoldaten gem. § 21 Nr. 6. Die gesonderte Regelung in
Abs. 2 erklärt sich daraus, dass – anders als bei der Meldepflicht gem. Abs. 1 – keine
Mitgliedschaft in der GKV besteht, in deren Meldung auch die Meldung zur SPV
eingeschlossen sein kann. Faktisch ergeben sich jedoch wenig Unterschiede zu den
Fällen des Abs. 1, da für Mitglieder gem. § 21 idR eine gesetzliche Krankenkasse beauftragt oder gewählt ist (§§ 48 Abs. 2 und 3), sodass der Fluss der zur Durchführung
der Vers erforderlichen Informationen auch an die PK sicher gestellt ist.

V. Auskunfts- und Mitteilungspflichten (Abs. 3 und 4)

Die Auskunfts- und Mitteilungspflichten ergänzen die allgemeine Auskunfts- 5
pflicht gem. § 60 SGB I und entsprechen den Regelungen der GKV-Parallelnorm
§ 206 SGB V. Neben Vers (Mitglieder und Familienvers) sind auch Pers zur Auskunft
verpflichtet, die nach objektiven Kriterien als Versicherte in Betracht kommen. Gem.
Nr. 1 muss **auf Verlangen** der PK Auskunft zu Tatsachen gegeben werden, die zur
Feststellung der Versicherungs- und Beitragspflicht sowie zur Aufgabenerfüllung relevant sind. Die Beurteilung der Relevanz der Tatsachen obliegt der PK (Amtsermittlung; § 20 Abs. 1 SGB X). Die Elterneigenschaft des Mitgliedes zählt nicht zu den
Tatsachen, die verpflichtend mitzuteilen sind. Die Mitteilung ist nach § 55 Abs. 3 nur
eine Obliegenheit, deren Erfüllung den Beitragszuschlag entfallen lässt.

Verspflicht- und beitragsrelevante Änderungen in den Verhältnissen sind nach 6
Nr. 2 grundsätzlich **von sich aus** mitzuteilen. Diese Verpflichtungen entfallen, soweit eine Auskunftspflicht des Versicherten gegenüber seinem Arbeitgeber nach
§ 28 o SGB IV besteht bzw wenn eine Änderungsmitteilung nach Nr. 2 an die PK
durch einen Dritten abgegeben wird. Als letztgenannter Einschränkung kann für
alle Fälle des Abs. 3 in Anlehnung an § 65 SGB I der allgemeine Grds abgeleitet werden, dass die PK eine Auskunft von dem Verpflichteten nicht verlangen kann, wenn
die Information bereits durch Dritte vollständig und ordnungsgemäß mitgeteilt

wurde oder die Mitteilung nicht zumutbar ist. Der Vers kann auf die ordnungsgemäße Erfüllung der Verpflichtung durch den Dritten grundsätzlich vertrauen, ihn trifft nur bei konkreten Anhaltspunkten für ein Versäumnis eine Nachhaltepflicht. Nach Abs. 4 kann die PK bei Verletzungen der Pflichten gem. Abs. 3 Aufwendungsersatz vom Verpflichteten verlangen; gleichzeitig liegt eine Ordnungswidrigkeit nach § 121 Abs. 1 Nr. 3 und 4 (vgl. § 121 Rn. 6) vor.

VI. Datentransfer mit anderen Sozialversicherungsträgern (Abs. 5)

7   Der von Abs. 5 legitimierte Datentransfer von der KK an die zugehörige PK ist schon wegen Abs. 1 erforderlich, der die Meldung an die GKV auch für die SPV ausreichen lässt. Alle für die Durchführung der SPV erforderlichen **personenbezogenen Daten** können und müssen von der KK an die PK übermittelt werden. Wegen der Organleihe gem. § 46 Abs. 2 Satz 2 ist die Übermittlung vollzogen, wenn die Mitarbeiter der KK in Ausübung ihrer Tätigkeit für die SPV auf die personenbezogenen Daten zugreifen. Eine eigenständige Bedeutung kommt Abs. 5 nur im Hinblick auf die ausdrückliche Verpflichtung der KKen zur Übermittlung zu. Datenschutzrechtlich wird die Übermittlung zwischen KK und PK auch durch den (weiter gefassten) § 96 abgedeckt. Dort wird für personenbezogene Daten die gemeinsame Verarbeitung durch KKen und PKen zugelassen, was nach der Legaldefinition in § 67 Abs. 6 SGB X auch die Datenübermittlung umfasst. Abs. 6 verpflichtet durch den Verweis auf § 201 SGB V, insbesondere dessen Abs. 5 und 6, die PKen zur Meldung des Eintritts der **VersPflicht für Rentenbezieher** in der SPV an die RV-Träger.

§ 51 Meldungen bei Mitgliedern der privaten Pflegeversicherung

(1) ¹**Das private Versicherungsunternehmen hat Personen, die bei ihm gegen Krankheit versichert sind und trotz Aufforderung innerhalb von sechs Monaten nach Inkrafttreten des Pflege-Versicherungsgesetzes, bei Neuabschlüssen von Krankenversicherungsverträgen innerhalb von drei Monaten nach Abschluß des Vertrages, keinen privaten Pflegeversicherungsvertrag abgeschlossen haben, unverzüglich dem Bundesversicherungsamt zu melden.** ²**Das Versicherungsunternehmen hat auch Versicherungsnehmer zu melden, die mit der Entrichtung von sechs Monatsprämien in Verzug geraten sind.** ³**Das Bundesversicherungsamt kann mit dem Verband der privaten Krankenversicherungen e. V. Näheres über das Meldeverfahren vereinbaren.**

(2) ¹**Der Dienstherr hat für Heilfürsorgeberechtigte, die weder privat krankenversichert noch Mitglied in der gesetzlichen Krankenversicherung sind, eine Meldung an das Bundesversicherungsamt zu erstatten.** ²**Die Postbeamtenkrankenkasse und die Krankenversorgung der Bundesbahnbeamten melden die im Zeitpunkt des Inkrafttretens des Gesetzes bei diesen Einrichtungen versicherten Mitglieder und mitversicherten Familienangehörigen an das Bundesversicherungsamt.**

(3) **Die Meldepflichten bestehen auch für die Fälle, in denen eine bestehende private Pflegeversicherung gekündigt und der Abschluß eines neuen Vertrages bei einem anderen Versicherungsunternehmen nicht nachgewiesen wird.**

Meldungen bei Mitgliedern der privaten Pflegeversicherung **§ 51**

Inhaltsübersicht

	Rn.
I. Geltende Fassung	1
II. Normzweck	2
III. Meldung des Verstoßes gegen die Versicherungspflicht	3
IV. Meldung des Verzugs mit der Prämienzahlung	5
V. Meldepflicht nach Abs. 2	6
VI. Meldepflicht bei Kündigung der privaten Pflegeversicherung	7

I. Geltende Fassung

Die Vorschrift wurde durch das PflegeVG vom 26.5.1994 (BGBl. I S. 1014) mWv 1.1.1995 eingeführt. **1**

II. Normzweck

Die Norm sieht Meldepflichten insbesondere für Fälle vor, in denen Personen, für **2** die eine VersPfl in der PPV besteht, einen PPV-Vertrag nicht abgeschlossen haben oder einen geschlossenen Vertrag nicht aufrechterhalten. Nach § 121 sind sowohl der Verstoß gegen die Verpflichtung zum Abschluss oder zur Aufrechterhaltung des PPV-Vertrages (§ 121 Abs. 1 Nr. 1), als auch der Verstoß gegen die Meldepflichten nach Abs. 1 Satz 1 oder Abs. 3 (§ 121 Abs. 1 Nr. 2) **Ordnungswidrigkeiten.** Die Meldepflicht gem. § 51 dient zusammen mit § 121 dazu, die **VersPfl in der PPV durchzusetzen** (s. auch BT-Drucks. 12/5262, S. 120; BT-Drucks. 12/5952, S. 42). Der Verstoß gegen die Meldepflicht nach Abs. 1 Satz 2 über den Verzug mit der Prämienzahlung stellt ebenfalls gemäß § 121 Abs. 1 Nr. 2 eine Ordnungswidrigkeit dar. Der Verzug selbst ist nach § 121 Abs. 1 Nr. 6 ordnungswidrig. Dadurch wird ein Instrument geschaffen, mit dem der **Zahlungsverpflichtung stärkerer Nachdruck verliehen** werden kann (vgl. die Ausführungen unter § 121 Rn. 2–5, 8, 9; BT-Drucks. 12/5952, S. 42; BVerfG, Beschluss v. 31.1.2008, 1 BvR 1806/02 = SGb 2008, 532 ff., 536).

III. Meldung des Verstoßes gegen die Versicherungspflicht

Nach Abs. 1 Satz 1 besteht für die **privaten VersUnternehmen** eine **Melde- 3 pflicht,** wenn bei ihnen privat krankenversicherte Personen gegen die VersPfl in der PPV (§ 23 Abs. 1 Satz 1, 2) verstoßen. Zunächst hat das private VersUnternehmen den Versicherten **aufzufordern,** einen PPV-Vertrag abzuschließen. Nach **Abs. 1 Satz 1, 1. Alt.** hatte das private VersUnternehmen die bei ihm krankenversicherten Personen, die einen PPV-Vertrag nicht innerhalb von sechs Monaten nach Inkrafttreten des PflegeVG am 1.1.1995 abgeschlossen hatten, unverzüglich dem Bundesversicherungsamt zu melden. Diese Alternative hat durch **Zeitablauf an Bedeutung verloren.** Ebenfalls befristet und nunmehr entfallen ist die Meldepflicht gem. Art. 42 Abs. 4 PflegeVG.

Der weiterhin aktuelle **Abs. 1 Satz 1, 2. Alt.** sieht bei **Neuabschlüssen** von **4** PKV-Verträgen (technischer Versicherungsbeginn nach dem 1.1.1995) eine Pflicht zur unverzüglichen Meldung an das Bundesversicherungsamt vor, wenn die nun privat krankenversicherte Person nicht innerhalb von drei Monaten nach Abschluss des PKV-Vertrages einen PPV-Vertrag (nach § 23 Abs. 1 oder Abs. 2 Satz 1) abgeschlossen hat. Wird nach der Meldung der PPV-Vertrag abgeschlossen, berührt das das Meldeverfahren nicht mehr. Zwischen dem Bundesversicherungsamt und dem Verband der

§ 51 Fünftes Kapitel. Organisation

Privaten Krankenversicherung e. V. wurde entsprechend **Abs. 1 Satz 3** der Ablauf des Meldeverfahrens hinsichtlich der Meldungen nach Abs. 1 und Abs. 3 im Einzelnen konkretisiert und ist von den Mitgliedsunternehmen des Verbandes zu beachten.

IV. Meldung des Verzugs mit der Prämienzahlung

5   Abs. 1 Satz 2 sieht für Fälle des **Verzugs mit der Prämienzahlung zur PPV** für sechs Monate ebenfalls eine Meldepflicht der privaten VersUnternehmen vor. Führen die Postbeamtenkrankenkasse (PBeaKK) und die Krankenversorgung der Bundesbahnbeamten (KVB) für die Gemeinschaft privater Versicherungsunternehmen (kurz: GPV; Einzelheiten unter § 23 Rn. 14) die PPV durch, unterliegen sie in dieser Funktion, obwohl sie keine privaten VersUnternehmen sind (vgl. BSG, Urteil v. 12.1.2011, B 12 KR 11/09 R = BSGE 107, 177–184 = NZS 2011, 856–859), der Meldepflicht nach Abs. 1 Satz 2. Die Prämienzahlung ist nach § 8 Abs. 1 Satz 2 MB/PPV als Monatsbeitrag zu entrichten und jeweils am Ersten des Monats fällig. Um zu ermitteln, wann der Versicherungsnehmer mit sechs vollen Monatsprämien in Verzug ist, sind dessen Zahlungen zur teilweisen oder vollständigen Begleichung der Prämienrückstände in der PPV zu berücksichtigen. Leistet der Versicherungsnehmer bei Verzug mit der Prämienzahlung für die PKV und die PPV Zahlungen zur teilweisen Tilgung der Prämienrückstände, ohne sie mit einer Tilgungsbestimmung zu versehen, findet § 366 Abs. 2 BGB Anwendung. Entscheidend ist, dass zum Zeitpunkt der Meldung der Tatbestand, dh Verzug mit sechs vollen Monatsprämien, erfüllt ist. Eine Begleichung des Zahlungsrückstandes nach der Meldung ist für das Meldeverfahren unerheblich (vgl. Rn. 4). Folgen auf die ersten sechs Monate sechs weitere Monate des Prämienverzuges, hat das private VersUnternehmen eine **weitere Meldung** abzugeben.

V. Meldepflicht nach Abs. 2

6   Die Vorschrift sieht in Abs. 2 Satz 1 eine **Meldepflicht des Dienstherrn von Heilfürsorgeberechtigten,** die keine private oder gesetzliche KV haben, gegenüber dem Bundesversicherungsamt vor. Kommen diese Personen einer nach § 23 Abs. 4 Nr. 1 bestehenden VersPfl in der PPV nicht nach, weil sie keinen PPV-Vertrag abschließen, kann ein Bußgeld für diese Ordnungswidrigkeit gem. § 121 Abs. 1 Nr. 1, Abs. 2 nur aufgrund der Meldung verhängt werden (s. BT-Drucks. 12/5952, S. 42). Die Regelung in **Abs. 2 Satz 2** ist **durch Zeitablauf gegenstandslos** geworden. Danach hatten die PBeaKK und die KVB dem Bundesversicherungsamt die im Zeitpunkt des Inkrafttretens des Gesetzes am 1.1.1995 bei ihnen versicherten Mitglieder und mitversicherten FamAngehörigen zu melden.

VI. Meldepflicht bei Kündigung der privaten Pflegeversicherung

7   Nach **Abs. 3** bezieht sich die Meldepflicht der privaten VersUnternehmen auch auf Fälle der Kündigung des PPV-Vertrages **ohne Erbringung** des **Nachweises** für den Abschluss eines **neuen PPV-Vertrages** (vgl. § 23 Abs. 2 Satz 4, 2. HS, § 13 Abs. 2 MB/PPV). Dieser Meldepflicht unterliegen ebenfalls die PBeaKK und die KVB bei der Durchführung der PPV für die GPV. Die Meldepflicht nach Abs. 3 korrespondiert mit § 121 Abs. 1 Nr. 1, der auch den Verstoß gegen die Verpflichtung zur Aufrechterhaltung des PPV-Vertrages nach §§ 23 Abs. 1 Satz 1, 2, Abs. 4, 22 Abs. 1 Satz 2 als Ordnungswidrigkeit einstuft. Nach § 121 Abs. 1 Nr. 2 handelt das VersUnternehmen, das dieser Meldepflicht nicht nachkommt, ebenfalls ordnungswidrig.

Vierter Abschnitt. Wahrnehmung der Verbandsaufgaben

§ 52 Aufgaben auf Landesebene

(1) ¹Die Landesverbände der Ortskrankenkassen, der Betriebskrankenkassen und der Innungskrankenkassen, die Deutsche Rentenversicherung Knappschaft-Bahn-See, die nach § 36 des Zweiten Gesetzes über die Krankenversicherung der Landwirte als Landesverband tätige landwirtschaftliche Krankenkasse sowie die Ersatzkassen nehmen die Aufgaben der Landesverbände der Pflegekassen wahr. ²§ 211a und § 212 Abs. 5 Satz 4 bis 10 des Fünften Buches gelten entsprechend.

(2) ¹Für die Aufgaben der Landesverbände nach Absatz 1 gilt § 211 des Fünften Buches entsprechend. ²Die Landesverbände haben insbesondere den Spitzenverband Bund der Pflegekassen bei der Erfüllung seiner Aufgaben zu unterstützen.

(3) Für die Aufsicht über die Landesverbände im Bereich der Aufgaben nach Absatz 1 gilt § 208 des Fünften Buches entsprechend.

(4) Soweit in diesem Buch die Landesverbände der Pflegekassen Aufgaben wahrnehmen, handeln die in Absatz 1 aufgeführten Stellen.

Inhaltsübersicht

	Rn.
I. Geltende Fassung	1
II. Normzweck und Überblick	2
III. Organisation der Landesverbände (Abs. 1 und 4)	3
IV. Aufgaben der Landesverbände (Abs. 2)	5
V. Aufsicht (Abs. 3)	6

I. Geltende Fassung

Die Vorschrift ist mWv 1.6.1994 durch Art. 1 PflegeVG eingeführt worden. Sie **1** hat weitgehend die Fassung des RegE (dort § 49); vgl. Begr. des RegE, S. 120. Im zweiten Vermittlungsverfahren wurde Abs. 1 Satz 2 angefügt (BT-Drucks. 12/7323, S. 3). Abs. 1 Satz 1 geändert durch Art. 10 Nr. 3 RVOrgG (vom 9.12.2004, BGBl. I S. S. 3242) mWv 1.10.2005 (DRV Knappschaft-Bahn-See) und Art. 8 Nr. 23 GKV-WSG (vom 26.3.2007, BGBl. I S. S. 378) mWv 1.7.2008 (Entfall der Verbände der ErsK) und Art. 13 Abs. 27 LSV-NOG (vom 12.4.2012, BGBl. I S. S. 578) mWv 1.1.2013 (Sozialversicherung Landwirtschaft, Forsten und Gartenbau). Abs. 1 Satz 2 geändert durch Art. 1 Nr. 23 PflWEG (vom 28.5.2008, BGBl. I S. S. 874) mWv 1.7.2008; Abs. 2 Satz 2 angefügt durch Art. 1 Nr. 22 PNG (vom 23.10.2012, BGBl. I S. S. 2246) mWv 30.10.2012. Abs. 4 ergänzt durch Art. 8 Nr. 23 GKV-WSG (vom 26.3.2007, BGBl. I S. S. 378) mWv 1.7.2008.

II. Normzweck und Überblick

In der SPV sind wie in der GKV bestimmte Aufgaben nicht den Versträgern vor- **2** behalten, sondern auf ihre Landesverbände übertragen. § 52 legt die grundlegende Organisation der Landesverbände der PKen fest. Nach Abs. 1 und 4 nehmen die Landesverbände der KKen die Aufgaben der Landesverbände der PKen wahr. Abs. 2 definiert die Aufgaben, Abs. 3 regelt die Aufsicht über die Landesverbände der PKen.

III. Organisation der Landesverbände (Abs. 1 und 4)

3 Es existieren keine eigenständigen Landesverbände der PKen. Der durch das GKV-WSG zum 1.7.2008 eingeführte Abs. 4 bestätigt die schon zuvor bestehende hM (vgl. BSG, SozR 3-3300 § 73 Nr. 1 = NZS 1999, 298), dass die Landesverbände der KKen unter der Bezeichnung „Landesverbände der PKen" die Aufgaben gem. § 52 ausführen und in Rechtsstreitigkeiten **passivlegitimiert** sind. Die Landesverbände der KKen haben die durch § 52 übertragenen Aufgaben der SPV dementsprechend in ihren Satzungen ergänzt (vgl. BT-Drucks. 12/5262, S. 120 zu § 49: keine eigenständige Satzung für die SPV). Die Landesverbände der KKen sind: die Landesverbände der Orts-, Betriebs- und Innungskrankenkassen (§ 207 Abs. 1 Satz 1 SGB V), DRV Knappschaft-Bahn-See (§ 212 Abs. 3 SGB V), landwirtschaftliche Krankenkasse (§ 36 KVLG 1989), beauftragte Ersatzkasse (§ 212 Abs. 5 SGB V). Durch entsprechende Anwendung der §§ 211a, 212 Abs. 5 Satz 4 bis 10 SGB V werden gem. Abs. 1 Satz 2 die Mechanismen zur Entscheidungsfindung der GKV auch in der SPV angewandt.

4 Die PKen werden nicht zur Finanzierung der Landesverbände der KKen herangezogen. § 52 verweist nicht auf die Finanzierungsnorm des § 211 Abs. 4 SGB V, da die entsprechende Anwendung des § 211 SGB V nach dem Wortlaut des Abs. 2 Satz 1 ausdrücklich nur „hinsichtlich der Aufgaben" gelten soll. Als weitere Folge der Heranziehung der Landesverbände der KKen verfügt die Verbandsebene der SPV, im Gegensatz zu den PKen auf Trägerebene, vgl. § 62, über Verwaltungsvermögen (§§ 208 Abs. 2 Satz 3, 263 SGB V).

IV. Aufgaben der Landesverbände (Abs. 2)

5 § 52 Abs. 2 regelt die allgemeinen Aufgaben der Landesverbände in der SPV. Die Landesverbände sind durch den Verweis in Abs. 2 Satz 1 auf § 211 Abs. 2 und 3 SGB V verpflichtet, die PKen ihrer Mitgliedskassen allgemein zu unterstützen bzw. am Gesetzgebungsprozess der SPV beratend teilzunehmen. Durch das PNG wurde mWv 30.10.2012 in Abs. 2 Satz 2 eine **Unterstützungspflicht** der Landesverbände für den Spitzenverband Bund eingefügt. Diese Verpflichtung – eine vergleichbare Regelung im SGB V existiert nicht – begründet der Gesetzgeber (BT-Drucks. 17/9369, S. 44) damit, dass Berichte gem. § 10 nur mithilfe der Landesverbände durch den Spitzenverband Bund der PKen erstellt werden könnten. Dessen Unterstützungspflicht in umgekehrter Richtung ergibt sich aus § 217f Abs. 2 SGB V iVm. § 53.

6 Neben den allgemeinen unterstützenden Aufgaben sind im SGB XI spezifische weitere Aufgaben auf die Landesverbände übertragen. Ein Schwerpunkt liegt dabei auf der vertraglichen Regelung der Rechtsbeziehung zu den Leistungserbringern. Aufgaben sind insbesondere:
– die Anerkennung von Stellen zur Beratung in der eigenen Häuslichkeit (§ 37 Abs. 7 Satz 1 und 2),
– der Abschluss von Rahmenvereinbarungen über einheitliche Durchführungsbedingungen mit Trägern von Einrichtungen, die Pflegekurse durchführen (§ 45 Abs. 3).
– der Abschluss von ambulanten und stationären Versorgungsverträgen (§ 72 Abs. 2 Satz 1) und deren Kündigung (§ 74),
– der Abschluss von Rahmenverträgen über die ambulante und stationäre pflegerische Versorgung mit den Vereinigungen der Träger der ambulanten und stationären Pflegeeinrichtungen (§ 75 Abs. 1 Satz 1),
– die Mitwirkung bei der Bildung der Schiedsstelle (§ 76 Abs. 1 Satz 1),

- die Vereinbarung des Näheren zur Ausleihe geeigneter Pflegehilfsmittel und zur Unterrichtung der Pflegebedürftigen über die Leihmöglichkeiten (§ 78 Abs. 3),
- die Prüfung von Wirtschaftlichkeit und Wirksamkeit der ambulanten, teilstationären und vollstationären Pflegeleistungen durch Sachverständige (§ 79 Abs. 1 Satz 1),
- die optionale Beteiligung am Pflegesatzverfahren (§ 85 Abs. 2 Satz 3) und Mitwirkung in Pflegesatzkommissionen (§ 86 Abs. 1 Satz 1),
- die Erteilung von Prüfaufträgen im Rahmen der Qualitätsprüfungen (§ 114 Abs. 1 Satz 1),
- die Erstellung von Qualitätsprüfberichten und die Sicherstellung ihrer Veröffentlichung (§ 115 Abs. 1a Satz 1) sowie ab 1.1.2014 der Informationen gem. § 114 Abs. 1 (§ 115 Abs. 1b),
- die Entscheidung über Maßnahmen bei Qualitätsmängeln (§ 115 Abs. 2),
- die Durchführung von Modellvorhaben zur Erarbeitung einer abgestimmten Vorgehensweise mit den heimrechtlichen Aufsichtsbehörden gem. § 117 Abs. 2.

V. Aufsicht (Abs. 3)

Abs. 3 ordnet an, dass die aufsichtsrechtlichen Regelungen der GKV gem. § 208 SGB V gelten. Zuständig für die Durchführung der **Rechtsaufsicht** ist die oberste Verwaltungsbehörde des Landes, in dem der Landesverband der KK seinen Sitz hat (§ 208 Abs. 1 SGB V). Die Haushaltsführung und Rechnungslegung der Landesverbände der KKen wird durch den Verweis in § 208 Abs. 2 SGB V auf die Vorschriften des SGB IV grundsätzlich so wie bei den VersTrägern geregelt; wie bei PKen ist eine Testierung des Jahresabschlusses gem. § 77 Abs. 1a SGB IV nicht erforderlich. Die Landesverbände der KKen unterliegen – auch soweit Tätigkeiten der SPV übernommen werden – zudem gem. § 274 Abs. 1 Satz 2 und 3 SGB V der Rechnungsprüfung. **7**

§ 53 Aufgaben auf Bundesebene

¹**Der Spitzenverband Bund der Krankenkassen nimmt die Aufgaben des Spitzenverbandes Bund der Pflegekassen wahr.** ²**Die §§ 217b, 217d und 217f des Fünften Buches gelten entsprechend.**

Inhaltsübersicht

	Rn.
I. Geltende Fassung	1
II. Normzweck	2
III. Organisation des Spitzenverbandes	3
IV. Aufgaben des Spitzenverbandes	4

I. Geltende Fassung

Neu gefasst durch Art. 8 Nr. 24 GKV-WSG (vom 26.3.2007, BGBl. I S. 378) mWv 1.7.2008. Die Vorschrift hat die Fassung des RegE zum GKV-WSG, BT-Drucks. 16/3100, S. 62, Begr. S. 186). **1**

II. Normzweck

§ 53 regelt die Errichtung eines Verbandes der SPV auf Bundesebene. Wie bei den Landesverbänden (§ 52) wird auf die Strukturen der GKV zurückgegriffen. **2**

III. Organisation des Spitzenverbandes

3   Es existiert kein eigenständiger rechtsfähiger Bundesverband der PKen. Satz 1 überträgt die Wahrnehmung der Aufgaben des Spitzenverbandes Bund der PKen vielmehr dem Spitzenverband Bund der KKen. Der Verweis in **Satz 2** auf § 217b SGB V erfordert nicht die Errichtung zusätzlicher Verwaltungsstrukturen im Spitzenverband Bund der KKen für die Angelegenheiten der SPV. Diese Aufgaben werden durch die vorhandenen Organe als Spitzenverband Bund der PKen erfüllt, da keine neuen Verwaltungsinstitutionen geschaffen werden sollen (vgl. BT-Drucks. 12/5262, S. 120, *Blöcher*, in: jurisPK, SGB XI, § 53 Rn. 7). Der Verweis in Satz 2 auf § 217d SGB V führt dem entsprechend dazu, dass der Spitzenverband Bund der KKen auch in seiner Funktion in der SPV der Rechtsaufsicht des BMG gem. §§ 87 ff SGB IV untersteht und in Rechtsstreitigkeiten passivlegitimiert ist. Das BMAS übt in Angelegenheiten der SPV keine Aufsicht über den Spitzenverband Bund aus. Die Kompetenz für Festlegungen gem. § 217d Satz 1 Hs 2 SGB V iVm. § 217f Abs. 3 SGB V, die der Aufsicht des BMAS unterliegen, stehen dem Spitzenverband Bund allein in der GKV zu, nicht bei der Wahrnehmung von Aufgaben für die SPV. Für das Haushalts- und Rechnungswesen und die Vorschriften über Statistiken und Vermögen gelten die Vorschriften des SGB IV (§ 217d Satz 3 SGB V iVm. § 208 Abs. 2 Satz 2 SGB V, die auf §§ 67 ff. SGB IV verweisen).

IV. Aufgaben des Spitzenverbandes

4   Der Spitzenverband Bund der KKen erfüllt in der SPV die ihm gesetzlich zugewiesenen Aufgaben (Satz 2 iVm. § 217f Abs. 1 SGB V). Dazu gehört nach Satz 2 iVm. den übrigen Absätzen des § 217f SGB V die Unterstützung der PKen bzw. Landesverbände bei deren Aufgabendurchführung, insbesondere durch vereinheitlichende Vorgaben zum Beitrags- und Meldeverfahren, zu Prozessabläufen und Datenformaten. Die Zusammenarbeit der Träger soll so erleichtert werden.

5   Weitere Vorschriften im SGB XI (vgl. Rn. 6) verpflichten den Spitzenverband Bund zur Schaffung bundesweit einheitlicher Vorgaben in bestimmten Bereichen der SPV. Zur Umsetzung dieser Aufgaben erlässt der Spitzenverband Bund untergesetzliche Normen, sog. **Verwaltungsbinnenrecht**. Die gesetzliche Delegation von Rechtsetzungsbefugnissen auf den Spitzenverband Bund in der SPV ist grundsätzlich zulässig. Sie ist Ausdruck des Vorranges der Selbstverwaltung (vgl. BT-Drucks. 13/3696, S. 19). In der GKV ist die Übertragung von **Normsetzungsbefugnissen** auf den Spitzenverband Bund vom BSG gebilligt worden (BSG, SozR 4-2500 § 240 Nr. 17 = USK 2012-179), da die Organisation des Spitzenverbandes Bund den verfassungsrechtlichen Vorgaben für Träger funktionaler Selbstverwaltung entspreche und durch die Rechtsaufsicht ausreichend demokratische Legitimation vermittelt werde. Gleiches muss gelten, soweit der Spitzenverband Bund in der SPV rechtsetzend tätig wird. Hier wird die demokratische Legitimationsbasis bei der Rechtsetzung zusätzlich dadurch verstärkt, dass die meisten Rechtsetzungskompetenzen unter dem Vorbehalt der Genehmigung durch die Rechtsaufsichtsbehörde stehen. Dementsprechend geht BSG, SozR 4-3300 § 15 Nr. 4, für die aufgrund von §§ 17, 53a durch den Spitzenverband Bund erlassenen BRi offenbar davon aus, dass die Schaffung der Richtlinie durch den Spitzenverband Bund mit ausreichender rechtsstaatlicher Legitimation erfolgte. Zur Bindungswirkung und gerichtlichen Überprüfung von Verwaltungsbinnenrecht § 53a Rn. 8.

6   Der Aufgabenkatalog des Spitzenverbandes Bund ist seit Inkrafttreten des SGB XI stetig gewachsen. Nunmehr gehören dazu:
– die Abgabe von Empfehlungen über die erforderliche Anzahl und Qualifikation von Pflegeberatern und Pflegeberaterinnen (§ 7a Abs. 3 Satz 3) und die Vorlage eines Berichts über die Erfahrungen mit der Pflegeberatung (§ 7a Abs. 7 Satz 1),

Aufgaben auf Bundesebene §53

- die Durchführung von Maßnahmen wie Modellvorhaben, Studien, wissenschaftlichen Expertisen und Fachtagungen zur Weiterentwicklung der Pflegeversicherung bzw zur Erprobung von häuslicher Pflege durch Betreuungsdienste (§ 8 Abs. 3 Satz 1 bzw § 125),
- die Schaffung von Richtlinien zu den Merkmalen der Pflegebedürftigkeit gem. § 14 und der Pflegestufen nach § 15 sowie zum Verfahren der Feststellung der Pflegebedürftigkeit (§ 17 Abs. 1 Satz 1),
- die Aufbereitung und Meldung von Daten und Erstellung eines jährlichen Berichts über Erfahrungen mit den Empfehlungen zur medizinischen Rehabilitation (§ 18a Abs. 2 und 3),
- der Erlass von Richtlinien zur Dienstleistungsorientierung im Begutachtungsverfahren (§ 18b),
- die Überwachung der Härtefallregelungen für Pflegesachleistungen (§ 36 Abs. 4 Satz 3) und vollstationäre Leistungen (§ 43 Abs. 3 Satz 3) sowie der Erlass von Richtlinien zu den Härtefällen (17 Abs. 1 Satz 3),
- der Beschluss von Empfehlungen zur Qualitätssicherung der Beratungsbesuche nach § 37 Abs. 3 (§ 37 Abs. 5 Satz 1),
- der Erlass von Richtlinien zur Aufteilung der Ausgaben für Hilfsmittel und Pflegehilfsmittel (§ 40 Abs. 5 Satz 3),
- die Regelung des Verfahrens zur Meldung von Pflegepersonen an RV-/Unfallversicherungsträger (§ 44 Abs. 3 Satz 3),
- ergänzend zur Richtlinie nach § 17 Abs. 1 Satz 1 der Beschluss des Näheren zur einheitlichen Begutachtung und Feststellung des erheblichen und dauerhaften Bedarfs an allgemeiner Beaufsichtigung und Betreuung (§ 45a Abs. 2 Satz 3) sowie der Beschluss einheitlicher Maßstäbe zur Bemessung der jeweiligen Höhe des Betreuungsbetrages nach § 45b (§ 45b Abs. 1 Satz 4),
- die Förderung niedrigschwelliger Betreuungs- und Entlastungsangebote sowie neuer Versorgungskonzepte für demenzkranke Personen (§ 45c Abs. 1 Satz 1 und 2 iVm. Abs. 6 Satz 1 einschließlich der Förderung ehrenamtlicher Strukturen (§ 45d Abs. 1 Satz 1) und die Schaffung von Richtlinien für die Qualifikation und Aufgaben der auf Grundlage des § 45c zusätzlich einzusetzenden Betreuungskräfte (§ 87b Abs. 3 Satz 1),
- die Regelung von Einzelheiten zum Verfahren der Förderung von ambulant betreuten Wohngruppen (§ 45e Abs. 2 Satz 3),
- die Bestimmung des Näheren über die Verteilung der den KKen zu erstattenden Verwaltungskosten (§ 46 Abs. 3 Satz 3),
- der Erlass von Richtlinien über die Zusammenarbeit der PKen mit dem MDK (§ 53a Satz 1),
- der Erlass von Richtlinien zur Zusammenarbeit mit anderen unabhängigen Gutachtern (§ 53b Abs. 1),
- der Beschluss von Empfehlungen über geeignete Nachweise für die Elterneigenschaft (§ 55 Abs. 3 Satz 4),
- die Vereinbarung von Einzelheiten über den Finanzausgleich mit dem Bundesversicherungsamt (§ 66 Abs. 1 Satz 4),
- die Abgabe von Empfehlungen zu den Landesrahmenverträgen über die pflegerische Versorgung (§ 75 Abs. 1 iVm. Abs. 6 Satz 1) und die Erarbeitung von Grundsätzen ordnungsgemäßer Pflegebuchführung für ambulante und stationäre Pflegeeinrichtungen (§ 75 Abs. 7 Satz 1),
- der Abschluss von Verträgen über die Versorgung der Versicherten mit Pflegehilfsmitteln mit Ausnahme der nach SGB V zu vergütenden (§ 78 Abs. 1 Satz 1) und die Erstellung eines Pflegehilfsmittelverzeichnisses (§ 78 Abs. 2 Satz 1),
- das Vorschlagsrecht für eine Rechtsverordnung zum Pflegeheimvergleich (§ 92a Abs. 5 Satz 2) und das Recht zur jährlichen Veröffentlichung von Verzeichnissen der Pflegeheime mit den im Pflegeheimvergleich ermittelten Leistungs-, Belegungs- und Vergütungsdaten (§ 92a Abs. 6),

Bassen 345

§ 53 a   Fünftes Kapitel. Organisation

- die Vereinbarung von Empfehlungen zur Arbeit und zur Finanzierung von Pflegestützpunkten (§ 92 c Abs. 9),
- die Festlegung von Form und Inhalt der Unterlagen sowie Einzelheiten des Datenträgeraustausches bei der Abrechnung pflegerischer Leistungen (§ 105 Abs. 2),
- die Vereinbarung von Maßstäben und Grundsätzen für die Qualität und die Qualitätssicherung in der ambulanten und stationären Pflege sowie für die Entwicklung eines einrichtungsinternen Qualitätsmanagements (§ 113 Abs. 1 Satz 1),
- die Tragung von Kosten für die Entwicklung und Aktualisierung von Expertenstandards (§ 113a Abs. 4),
- die Entsendung von Vertretern in die Schiedsstelle Qualitätssicherung (§ 113b Abs. 2 Satz 1),
- die Vereinbarung des Näheren über die Zusammenarbeit bei der Durchführung von Qualitätsprüfungen durch den Prüfdienst des Verbandes der privaten Krankenversicherung e. V. (§ 114a Abs. 5a),
- die Vereinbarung von Richtlinien über die Prüfung der Qualität von Leistungen in Pflegeeinrichtungen (§ 114a Abs. 7 Satz 1) und von Kriterien der Veröffentlichung einschließlich der Bewertungssystematik (§ 115 Abs. 1a Satz 6).

§ 53a Zusammenarbeit der Medizinischen Dienste

¹Der Spitzenverband Bund der Pflegekassen erlässt für den Bereich der sozialen Pflegeversicherung Richtlinien
1. über die Zusammenarbeit der Pflegekassen mit den Medizinischen Diensten,
2. zur Durchführung und Sicherstellung einer einheitlichen Begutachtung,
3. über die von den Medizinischen Diensten zu übermittelnden Berichte und Statistiken,
4. zur Qualitätssicherung der Begutachtung und Beratung sowie über das Verfahren zur Durchführung von Qualitätsprüfungen und zur Qualitätssicherung der Qualitätsprüfungen,
5. über Grundsätze zur Fort- und Weiterbildung.
²**Die Richtlinien bedürfen der Zustimmung des Bundesministeriums für Gesundheit.** ³**Sie sind für die Medizinischen Dienste verbindlich.**

Inhaltsübersicht

	Rn.
I. Geltende Fassung	1
II. Normzweck und Überblick	2
III. Richtlinienkatalog (Satz 1)	3
IV. Zustimmungserfordernis (Satz 2)	7
V. Verbindlichkeit (Satz 3)	8

I. Geltende Fassung

1   Die Vorschrift wurde durch Art. 1 Nr. 23 des 1. SGB XI-ÄndG (vom 14.6.1997, BGBl. I S. 830) mWv 25.6.1996 eingefügt. Ursprünglich war vorgesehen, entsprechende Regelungen in § 282 SGB V aufzunehmen (zur Begr. vgl. BT-Drucks. 13/3696, S. 18f.). Die Aufnahme in das SGB XI wurde erst im Vermittlungsverfahren beschlossen. Umbenennung des Verbandes in Satz 1 durch Art. 8 Nr. 25 GKV-WSG (vom 26.3.2007, BGBl. I S. 378) mWv 1.7.2008. Satz 1 Nr. 4 um die Qualitätssicherung der Qualitätsprüfungen ergänzt durch Art. 1 Nr. 23 PNG (vom 23.10.2012, BGBl. I S. 2246) mWv 30.10.2012. Die Zuständigkeit nach Satz 2 wurde durch meh-

Zusammenarbeit der Medizinischen Dienste § 53a

rere ZustAnpVen angepasst: vom 29.10.2001 (BGBl. I S. 2785), vom 25.11.2003 (BGBl. I S. 2304) und vom 31.10.2006 (BGBl. I S. 2407).

II. Normzweck und Überblick

Die Vorschrift soll die Kooperation der PKen mit den MDen verbessern, indem für die MDen verbindliche Richtlinien zur **Vereinheitlichung wesentlicher Tätigkeitsstandards** geschaffen werden. Der Gesetzgeber erachtete dies für erforderlich, nachdem erhebliche regionale Unterschiede in den Begutachtungsmaßstäben der MDen festgestellt worden waren (BT-Drucks. 13/3696, S. 19). Die Norm enthält einige Richtlinienbefugnisse, die Spezialnormen lediglich ergänzen (Satz 1 Nr. 2 und Nr. 4 Alt. 2 und 3); die übrigen Ermächtigungen sind ausschließlich in § 53a enthalten (Satz 1 Nr. 1, Nr. 3, Nr. 4 Alt. 1 und Nr. 5). 2

III. Richtlinienkatalog (Satz 1)

Satz 1 legt fest, zu welchen Bereichen Richtlinien beschlossen werden können. Den verschiedenen Tatbeständen kommt unterschiedliche Bedeutung zu. **Satz 1 Nr. 1** wird verschiedentlich von Richtlinien des Spitzenverbandes Bund der PKen zitiert, fungiert aber in keinem Fall als alleinige Rechtsgrundlage (vgl. zB die Fort- und Weiterbildungsrichtlinien vom 22.8.2001, die auch noch auf Satz 1 Nr. 5 gestützt ist). In der Literatur wird teilweise noch ein eigenständiger Anwendungsbereich für Richtlinien über die Zusammenarbeit gesehen (zB *Krahmer,* in: Klie/Krahmer, SGB XI, § 53a Rn. 5 mit Beispielen), angesichts des engmaschigen Systems ges Anforderungen an und speziellerer Richtlinienverpflichtungen mit Verhaltensvorgaben für die MD dürfte hierfür aber kein Bedarf mehr bestehen. 3

Die Richtlinienkompetenz aus **Satz 1 Nr. 2** wird nur in der Richtlinie zur Feststellung von Personen mit erheblich eingeschränkter Alltagskompetenz und zur Bewertung des Hilfebedarfes (Anlage 2 zur BRi) vom 22.3.2002, zuletzt geändert am 10.6.2008 iVm. der Richtlinienkompetenz aus §§ 45a Abs. 2 Satz 3, 45b Abs. 1 Satz 4 ausdrücklich genannt. Faktisch betrifft jedoch jegliche Richtlinie auch die Durchführung und Sicherstellung einer **einheitlichen Begutachtung,** die in Umsetzung der speziellen Ermächtigungen der §§ 17, 45a und 45b erlassen wird. Nr. 2 wird durch sie weitgehend funktionslos. Zum einen sind die Beteiligungs- und Zustimmungserfordernisse der spezielleren Vorschriften maßgeblich, zum anderen ordnet § 118 die Mitwirkung der Betroffenenverbände nur für die genannten Spezialermächtigungen an, nicht aber für § 53a. Aus § 53a folgt für die Richtlinien gem. §§ 17, 45a, 45b daher lediglich, dass sie gem. Satz 3 für die MDen verbindlich sind. 4

Nr. 4 Alt. 1 ist Rechtsgrundlage für die Richtlinie zur Qualitätssicherung der **Begutachtung und Beratung** für den Bereich der Sozialen Pflegeversicherung vom 23.9.2004. Satz 1 Nr. 4 Alt. 2 wird durch die spezieller ausgestalteten Richtlinienbefugnisse in § 114a Abs. 7 überlagert. Die idF vom 10.11.2005 noch auf Satz 1 Nr. 4 beruhenden Qualitätsprüfungs-Richtlinien – QPR – benennen in der aktuellen Fassung vom 17.1.2014 Satz 1 Nr. 4 nicht einmal mehr ergänzend als Rechtsgrundlage. Nach wissenschaftlicher Kritik an der mangelhaften Ausgestaltung der Qualitätssicherung in den QPR (vgl. *Görres/Hasseler/Mittnacht,* ipp-Schriften 2/2009) ist eine neue Richtlinie zur Qualitätssicherung ausgearbeitet worden, die noch nicht durch das BMG genehmigt wird. Auf die durch das PNG in Satz 1 Nr. 4 als Alt. 3 eingefügte Ergänzung der Sicherung der Qualität von **Qualitätsprüfungen** ist die Richtlinie zur Qualitätssicherung der Qualitätsprüfungen nach §§ 114ff. SGB XI vom 6.5.2013 gestützt. 5

Auf Satz 1 Nr. 3 beruhen die Richtlinien über die von den MDen zu übermittelnden Berichte und Statistiken vom 17.9.2007. Die Fort- und Weiterbildungsrichtlinien vom 22.8.2001 sind auf Satz 1 Nr. 5 gestützt. 6

Bassen 347

IV. Zustimmungserfordernis (Satz 2)

7 Die Richtlinien bedürfen nach Satz 2 der Zustimmung des BMG, ein Beanstandungs- oder Selbstvornahmerecht des BMG ist nicht vorgesehen. Bei Richtlinien, die auch bzw vorwiegend auf spezielleren Vorschriften beruhen, gelten deren abweichende Zustimmungsverfahren und ggf. zusätzliche Beteiligungserfordernisse. Durch diese staatliche Kontrolle wird die demokratische Legitimation des Spitzenverbandes Bund bei der Schaffung von Richtlinien gestärkt (vgl. § 53 Rn. 5).

V. Verbindlichkeit (Satz 3)

8 Die Richtlinien sind gem. Satz 3 für die MDen verbindlich. Dies gilt ebenso für andere thematisch § 53a zuzuordnende Richtlinien aufgrund speziellerer Vorschriften, selbst wenn § 53a darin nicht ausdrücklich als Rechtsgrundlage benannt wird. Ein Beteiligungsrecht der MDen bzw des MDS bei der Abfassung von Richtlinien ist in § 53a nicht vorgesehen, ergibt sich für den MDS aber zT aus spezielleren Ermächtigungsgrundlagen wie § 114a Abs. 7. Unklar ist, warum nicht zugleich – wie in § 53b – die Verbindlichkeit der Richtlinien für die PKen angeordnet wird. Für Gerichte sind die Richtlinien als **Verwaltungsbinnenrecht** zwar nicht verbindlich, sie werden aber nur eingeschränkt auf ihre Vereinbarkeit mit der Verfassung und den Gesetzen sowie auf ihre sachliche Vertretbarkeit überprüft (BSG, SozR 4-3300 § 15 Nr. 4 = SGb 2013, 87). Zu weitgehend daher *Baier*, in: Krauskopf, SGB XI, § 53a Rn. 11, der von einer Bindung auch der Gerichtsbarkeit ausgeht, da das Handeln eines MD innerhalb von Richtlinien, die nicht gegen höherrangiges Recht verstoßen, rechtmäßig sei.

§ 53b Beauftragung von anderen unabhängigen Gutachtern durch die Pflegekassen im Verfahren zur Feststellung der Pflegebedürftigkeit

(1) ¹Der Spitzenverband Bund der Pflegekassen erlässt bis zum 31. März 2013 mit dem Ziel einer einheitlichen Rechtsanwendung Richtlinien zur Zusammenarbeit der Pflegekassen mit anderen unabhängigen Gutachtern im Verfahren zur Feststellung der Pflegebedürftigkeit. ²Die Richtlinien sind für die Pflegekassen verbindlich.

(2) Die Richtlinien regeln insbesondere Folgendes:
1. die Anforderungen an die Qualifikation und die Unabhängigkeit der Gutachter,
2. das Verfahren, mit dem sichergestellt wird, dass die von den Pflegekassen beauftragten unabhängigen Gutachter bei der Feststellung der Pflegebedürftigkeit und bei der Zuordnung zu einer Pflegestufe dieselben Maßstäbe wie der Medizinische Dienst der Krankenversicherung anlegen,
3. die Sicherstellung der Dienstleistungsorientierung im Begutachtungsverfahren und
4. die Einbeziehung der Gutachten der von den Pflegekassen beauftragten Gutachter in das Qualitätssicherungsverfahren der Medizinischen Dienste.

(3) Die Richtlinien bedürfen der Zustimmung des Bundesministeriums für Gesundheit.

Inhaltsübersicht

	Rn.
I. Geltende Fassung	1
II. Normzweck und Überblick	2
III. Vereinbarungen mit unabhängigen Gutachtern	3
IV. Inhalte der UGu-RL (Abs. 2)	4
V. Zustimmung zur und Änderungen der UGu-RL (Abs. 3)	8

I. Geltende Fassung

Die Vorschrift wurde durch Art. 1 Nr. 24 PNG (vom 23.10.2012, BGBl. I S. 2246) mWv 30.10.2012 eingefügt. Die Vorschrift ist im Gesetzgebungsverfahren unverändert geblieben. Der BR hatte die Streichung empfohlen (BT-Drucks. 17/9669, S. 4), da er die Regelungen des PNG zur Einbeziehung unabhängiger Gutachter insgesamt ablehnte.

II. Normzweck und Überblick

§ 53b ist als Begleitnorm zu § 18 konzipiert. Sie erteilt den Auftrag an die Selbstverwaltung, organisationsrechtliche Vorgaben für die Beauftragung unabhängiger Gutachter durch die PKen zu schaffen. Das gesetzgeberische Ziel, eine einheitliche Rechtsanwendung zu erreichen, ist in Abs. 1 Satz 1 ausdrücklich festgeschrieben. Die Richtlinien des GKV-Spitzenverbandes zur Zusammenarbeit der Pflegekassen mit anderen unabhängigen Gutachtern (Unabhängige Gutachter-Richtlinien – UGu-RL) nach § 53b SGB XI vom 6.5.2013 sind mit den Inhalten gem. Abs. 2 am 11.6.2013 in Kraft getreten. Um Rücksicht auf die Frist bis 31.3.2013 in Abs. 1 Satz 1 zu nehmen, ist § 18 Abs. 3a nach dem im Laufe des Gesetzgebungsverfahrens eingefügten Art. 16 Abs. 3 PNG erst zum 1.6.2013 in Kraft getreten.

III. Vereinbarungen mit unabhängigen Gutachtern

Die Vereinbarung zwischen PK und unabhängigem Gutachter ist ein zivilrechtlicher Vertrag im Gleichordnungsverhältnis. Die UGu-RL schreiben den PKen konkrete Vertragsinhalte vor und sind daher nach Abs. 1 Satz 2 für die PKen verbindlich erklärt. Eine **Bindungswirkung** für die Gutachter ist zwar nicht entsprechend geregelt. Die Gutachter sind aber mittelbar davon betroffen, da ihnen bei Nichterfüllung der Voraussetzungen kein Auftrag erteilt werden kann. § 53b und die UGu-RL regeln die Vertragsinhalte nicht vollständig. Insbesondere die Höhe der Vergütung bleibt der Verhandlung zwischen den Vertragsparteien PK und Gutachter überlassen. Auch die Vereinbarung eines Rahmenvertrages mit jeweils einzelnen konkreten Begutachtungsaufträgen dürfte zulässig sein. Für die Vertragsabwicklung im Übrigen gelten die allgemeinen Vorschriften des BGB. Schlechtleistungen wie zB unvollständige Gutachten können zu Mängelgewährleistungsansprüchen der PK führen, umgekehrt kann der unabhängige Gutachter aus dem Vertrag weitergehende Ansprüche geltend machen, zB aus Verzug. Für gerichtliche Verfahren ist die Sozialgerichtsbarkeit gem. § 51 Abs. 2 Satz 2 SGG zuständig.

IV. Inhalte der UGu-RL (Abs. 2)

Abs. 2 enthält die konkret in den Richtlinien zu regelnden Materien. Abs. 2 Nr. 1 betrifft die Qualifizierung der unabhängigen Gutachter und wird durch Nr. 2 und 3

§ 53 b

UGu-RL umgesetzt. Nach BT-Drucks. 17/9369, S. 44 wird kein neuer Beruf geschaffen, sondern **Qualifikations- und Fortbildungsanforderungen** für die Berufsgruppen gestellt, die in § 18 Abs. 7 Satz 1 und 2 genannt werden. Dadurch ist dem Vorbehalt des Gesetzes genügt, da das Wesentliche, dh die „statusbildenden" Normen (vgl. BVerfGE 33, 125 – Facharzt), in den Grundzügen gesetzlich geregelt ist.

5   Abs. 2 Nr. 2 hat Eingang gefunden in Nr. 4 UGu-RL, der im Wesentlichen eine Verpflichtung der PKen beinhaltet, vertraglich mit dem unabhängigen Gutachter die Verbindlichkeit der für die Begutachtung durch den MDK maßgeblichen Rechtsgrundlagen und untergesetzlichen Normen zu vereinbaren. Zwar handelt es sich dabei nicht um ein „Verfahren" zur **Sicherstellung einer einheitlichen Begutachtung**, wie es der Wortlaut von Abs. 2 Nr. 2 fordert. Jedoch dürfte es sich um den einzig möglichen Weg zur Umsetzung von Abs. 2 Satz 2 handeln. Den PKen steht außer der privatrechtlichen Verpflichtung auf die vom MDK angewandten Begutachtungsgrundlagen keine Einflussmöglichkeit im medizinisch-pflegerischen Bereich auf die Prüftätigkeit der unabhängigen Gutachter zur Verfügung (vgl. § 18 Abs. 3a Satz 5). Anleitungen zu einer bestimmten, einengenden Auslegung der BRi gegenüber den unabhängigen Gutachtern sind jedenfalls unzulässig.

6   Die Sicherstellung der **Dienstleistungsorientierung** gem. Abs. 2 Nr. 3 nimmt Bezug auf § 18b und wird durch Nr. 5 UGu-RL umgesetzt. Die Richtlinien gem. § 18b zur Dienstleistungsorientierung, auf die die unabhängigen Gutachter nach Abs. 2 Nr. 3 verpflichtet werden sollen, sind am 10.7.2013 beschlossen und mit Schreiben des BMG vom 10.9.2013 genehmigt worden. Beschwerden über unabhängige Gutachter sind an die PK als Auftraggeber zu richten.

7   Nr. 4 ermächtigt zum Erlass von Richtlinien, die das Qualitätssicherungssystem des MDK auf die von den unabhängigen Gutachtern erstellten Gutachten erstreckt. Nr. 6 UGu-RL bezieht die unabhängig erstellten Gutachten in die in- und externe **Qualitätssicherung** durch Stichprobennahme nach der Richtlinie gem. § 53a Satz 1 Nr. 4 Alt. 1 und verpflichtet die Gutachter insoweit zur Mitwirkung.

V. Zustimmung zur und Änderungen der UGu-RL (Abs. 3)

8   Die gem. Abs. 3 erforderliche Zustimmung zu den UGu-RL wurde durch das BMG mit Schreiben vom 11.6.2013 erteilt. Regelungen über die Änderung oder Neufassung der Richtlinien sind nicht geregelt, aber – zB bei Wechsel der rechtlichen Vorgaben für die Pflegebegutachtung – möglich, (vgl. § 118 Abs. 1 Satz 1, der für andere Richtlinienkompetenzen ohne ausdrücklich geregeltes Änderungsverfahren von der Möglichkeit einer nachträglichen Änderung ausgeht). Es bedarf anschließend entsprechend Abs. 3 erneut der Genehmigung durch das BMG.

Sechstes Kapitel. Finanzierung

Vorbemerkungen zu §§ 54 bis 68

Inhaltsübersicht

	Rn.
I. Allgemeines	1
II. Beitragsrecht	2
1. Entwicklung des Beitragssatzes	3
2. Gemeinsamkeiten und Unterschiede zur GKV	4
III. Haushaltsrecht	6
IV. Finanzausgleich	7

I. Allgemeines

Das Sechste Kapitel befasst sich mit dem Beitragsrecht (§§ 54–61), dem Haushaltsrecht (§§ 62–64) und dem Finanzausgleich (§§ 65–68). §§ 54 bis 68 regeln grundsätzlich nur die solidarische Finanzierung der SPV, allein § 61 (2. Abschnitt) betrifft auch die PPV. Verfassungsrechtlich ist die unterschiedliche Regelung der Beiträge der SPV in §§ 54 ff. und der Prämien der PPV unbedenklich, vgl. BVerfGE 103, 271; zur Möglichkeit des Rückgriffs auf die PPV zur Stabilisierung der SPV *Gaßner,* NZS 2007, 362 ff.

II. Beitragsrecht

Die SPV finanziert sich durch Beiträge von Mitgliedern und Arbeitgebern (vgl. § 1 Abs. 6 Satz 1). Sie folgt im Beitragsrecht weitgehend dem Vorbild der §§ 220 bis 256a SGB V. Die beitragspflichtigen Einnahmen (§ 57) werden bis zur Bemessungsgrenze (§ 55 Abs. 2) anhand des Beitragssatzes (§ 55 Abs. 1) der Beitragsbemessung zugrunde gelegt. Für die so ermittelte Beitragslast legen §§ 58, 59 den Träger fest. Auf dieser Grundlage wird der tatsächlich Zahlungsverpflichtete bestimmt, gegen den sich der Anspruch der PK auf Beitragszahlung richtet (§ 60). Freiwilligen Mitgliedern der GKV ist ggf. ein Beitragszuschuss vom Arbeitgeber zu gewähren (§ 61).

1. Entwicklung des Beitragssatzes

Der Beitragssatz in der SPV gem. § 55 Abs. 1 kann nur von dem Gesetzgeber geändert werden. Diesem obliegt es, die Einnahmen- und Ausgabenentwicklung für die SPV hochzurechnen und den Beitragssatz anzupassen. Der finanzielle Bedarf der SPV wurde wegen der Leistungshöchstgrenzen der §§ 36 ff. als grundsätzlich prognostizierbar erachtet. Der Beitragssatz betrug bei Inkrafttreten des SGB XI **1,70%** und blieb zunächst mehr als 13 Jahre unverändert. Eine Änderung der Beitragslast für Kinderlose wurde in Folge der Rechtsprechung des BVerfG (BVerfGE 103, 242, hierzu *Estelmann,* SGb 2002, 245 ff., vgl. § 55 Rn. 6 ff.) ab 1.1.2005 in § 55 Abs. 3 bis 4 in Form eines Beitragszuschlages in das Gesetz übernommen. Durch den finanziellen Mehrbedarf im Zuge der schrittweisen Anhebung der Leistungsbeträge und die Ausweitung des Umfanges der Leistungen wurde zum 1.7.2008 eine Erhöhung des Beitragssatzes um 0,25% auf **1,95%** erforderlich. Nach Auffassung der Bundesregierung sollte diese Anpassung ausreichen, die stufenweise steigenden Leistungen der SPV bis

Vor §§ 54 bis 68
Sechstes Kapitel. Finanzierung

Ende 2014/Anfang 2015 zu finanzieren, ohne die Mindestreserve von einer Monatsausgabe in Anspruch zu nehmen (RegE zum PflWEG, BT-Drucks. 16/7439, S. 44). Bereits vor Ablauf dieses Zeitraumes ist der Beitragssatz zum 1.1.2013 um weitere 0,1 % auf **2,05 %** erhöht worden, vgl. dazu § 55 Rn. 3. Damit sollten nach BT-Drucks. 17/9369, S. 2 die Mehrkosten durch die zusätzlichen Leistungen für Menschen mit erheblich eingeschränkter Alltagskompetenz, die Möglichkeit der Inanspruchnahme von Betreuungsleistungen im Rahmen der Übergangsregelung zur häuslichen Betreuung und die Erstreckung der Regelung für die zusätzlichen Betreuungskräfte auf Einrichtungen der teilstationären Pflege bis Ende 2015 gegenfinanziert werden. Schon zuvor, zum 1.1.2015, ist der Beitragssatz um 0,3 % angehoben worden. Die Mehreinnahmen sollen nach BT-Drucks. 18/1798, S. 3 die zeitgleich eingeführten Leistungsverbesserungen in den Bereichen Kurzzeit-, Verhinderungs- und Tagespflege sowie die Ausdehnung zusätzlicher Betreuungsangebote gem. § 87b in stationären Einrichtungen und die Erstreckung auf Betreuungsleistungen gem. § 45b auf alle Pflegebedürftige abdecken. Ferner war der Mehraufwand für den Pflegevorsorgefonds zu berücksichtigen. Zum Finanzbedarf allg *Rothgang,* Soziale Sicherheit 2005, 114 ff.; Berechnungen zu Kosten für die Umgestaltung der SPV in eine Vollversicherung bei *Lüngen,* Soziale Sicherheit 2012, 405 ff.

2. Gemeinsamkeiten und Unterschiede zur GKV

4   Es bestehen weitreichende Gemeinsamkeiten im Beitragsrecht zur GKV, zB. entsprechen die Bestimmungen über die Beitragsbemessungsgrenze in § 55 Abs. 2 und die Regelungen über die Beitragsfreiheit (§ 56) denen der GKV (vgl. § 223 Abs. 3 SGB V bzw. §§ 3 Satz 3, 224, 225 SGB V). Auch § 57 folgt bei der Festlegung der **beitragspflichtigen Einnahmen** weitgehend den Regelungen des SGB V. Die wesentlichsten Unterschiede sind: Das Krankengeld unterliegt im Gegensatz zur GKV nach § 57 Abs. 2 der Beitragspflicht (vgl. die entsprechende GRV-Regelung in § 166 Nr. 2 SGB VI). Für satzungsmäßige Mitglieder geistlicher Genossenschaften, Diakonissen und ähnliche Mitglieder, die freiwillig in der GKV versichert sind, sieht Abs. 4 Satz 3 Hs eine Sondervorschrift zur Ermittlung der beitragspflichtigen Einnahmen vor. § 57 Abs. 5 beinhaltet eigenständige Regelungen zur Ermittlung der beitragspflichtigen Einnahmen für Mitglieder nach § 26 Abs. 2.

5   Die **Beitragstragung** ist grundsätzlich ebenfalls ähnlich ausgestaltet wie in der GKV. Für nach § 20 versicherungspflichtige Beschäftigte gilt der Grundsatz der hälftigen Teilung. Jedoch sind die Arbeitgeber bei nach § 20 verpflichtigen Beschäftigten nur dann zur Hälfte tragungsverpflichtet, wenn das Bundesland der Beschäftigung einen Feiertag gestrichen hat, der stets auf einen Werktag fällt. Diese Besonderheit erklärt sich aus der Entstehungsgeschichte des SGB XI. Im Gesetzgebungsverfahren zur Einführung der SPV war heftig umstritten, wie die finanzielle Mehrbelastung der Arbeitgeber durch ihren Beitragsanteil zur PV reduziert werden kann. Diskutiert wurden zunächst ein Bundeszuschuss bzw ein Zuschuss durch die Bundesländer, der mit durch die SPV eingesparter Sozialhilfe finanziert werden sollte (vgl. § 65 Rn. 1). Dies mündete in das Regelungssystem des § 58, der eine paritätische Beitragstragung zwischen Arbeitnehmern und Arbeitgebern nur in Bundesländern vorsieht, die einen stets auf einen Werktag fallenden **Feiertag** gestrichen haben (§ 58 Rn. 8 ff.). Auch § 59 Abs. 2 sieht für das Krankengeld die hälftige Verteilung der Beitragslast durch KKen und Leistungsbeziehern vor. Für die übrigen Mitglieder gilt hingegen, dass die Beiträge grds. entweder vom ihnen oder vom Träger der in Rede stehenden beitragspflichtigen Einnahme getragen werden (Verweis in § 59 Abs. 1 auf §§ 250, 251 SGB V). Die **Zahlungsverpflichtung** aus § 60 trifft, soweit nichts anderes gesetzlich festgelegt ist, in der Regel den Träger der Beitragslast. § 61 entspricht inhaltlich den §§ 257 f. SGB V. Dabei steht dem Vers kein Recht auf Kürzung der Beitragszahlung zB wegen einer von ihm nicht befürworteten Verwendung der Beitragsmittel für be-

stimmte Leistungen zu. Aus Sicht des Versicherten ist die Beitragsentrichtung verwendungsneutral (BSG, SozR 2200 § 385 Nr. 10 = BSGE 57, 184 zur GKV).

III. Haushaltsrecht

Das Haushaltsrecht der PKen in den §§ 62 bis 64 legt die Grenzen der zulässigen **6** **Mittelverwendung** und Rücklagenbildung fest. Die Struktur der Vorschriften entspricht den Regelungen der §§ 259 bis 261 SGB V. Sie konkretisieren die allgemeinen Vorschriften der §§ 80 ff. SGB IV (vgl. *Samartzis,* NZS 2009, 361 ff.).

IV. Finanzausgleich

Der kassenartübergreifende Finanzausgleich wird – als Folge des bundesweit gel- **7** tenden Beitragssatzes (BT-Drucks. 12/5262, S. 122 zu § 52) – zwischen den PKen in voller Höhe durchgeführt. Nach den Regelungen der §§ 65 bis 68 kann jede PK aus dem **Ausgleichsfonds** den umfassenden Ausgleich eines Finanzdefizits verlangen, § 67 Abs. 2. Der Finanzausgleich in der GKV erfolgt dagegen nach den Regelungen des Risikostrukturausgleiches gem. §§ 265 ff. SGB V.

Erster Abschnitt. Beiträge

§ 54 Grundsatz

(1) **Die Mittel für die Pflegeversicherung werden durch Beiträge sowie sonstige Einnahmen gedeckt.**

(2) **¹Die Beiträge werden nach einem Vomhundertsatz (Beitragssatz) von den beitragspflichtigen Einnahmen der Mitglieder bis zur Beitragsbemessungsgrenze (§ 55) erhoben. ²Die Beiträge sind für jeden Kalendertag der Mitgliedschaft zu zahlen, soweit dieses Buch nichts Abweichendes bestimmt. ³Für die Berechnung der Beiträge ist die Woche zu sieben, der Monat zu 30 und das Jahr zu 360 Tagen anzusetzen.**

(3) **Die Vorschriften des Zwölften Kapitels des Fünften Buches gelten entsprechend.**

Inhaltsübersicht

	Rn.
I. Geltende Fassung	1
II. Normzweck und Überblick	2
III. Finanzierungsbestandteile (Abs. 1)	3
IV. Beitragsberechnung (Abs. 2)	5
V. Überleitungsvorschriften (Abs. 3)	6

I. Geltende Fassung

Die Vorschrift ist mWv 1.1.1995 durch Art. 1 PflegeVG eingeführt worden. **1** Abs. 2 hat die Fassung des RegE (dort § 51), vgl. Begr. des RegE, S. 122. Zu Abs. 1 hatte der AuS-Ausschuss eine Änderung empfohlen (BT-Drucks. 12/5920, S. 50; Begr. BT-Drucks. 12/5952, S. 42); die Fassung des Gesetzes ist im ersten Vermitt-

§ 54 Sechstes Kapitel. Finanzierung

lungsverfahren (BT-Drucks. 12/6424, S. 3) entstanden. Abs. 3 wurde auf Empfehlung des AuS-Ausschusses angefügt.

II. Normzweck und Überblick

2   § 54 enthält einige allgemeine Grundsätze des Beitragsrechts der SPV, die zT in den folgenden Vorschriften näher ausgestaltet werden. Weitere beitragsrechtliche Grundsätze mit Bedeutung für die SPV finden sich im SGB IV, dort v a in den allgemeinen Regelungen (§ 22 bis 28 SGB IV, diese werden in den §§ 54 ff. teilweise modifiziert) und beim Beitragseinzug (insbes § 28 d Abs. 1 Satz 2 SGB IV). Das BVerfG hat in mehreren Entscheidungen die Ausgestaltung der SPV und auch die Beitragspflicht für im Grundsatz verfassungsgemäß erachtet, vgl. BVerfGE 103, 197; 103, 225; 103, 242; 103, 271. Die von BVerfGE 103, 242 beanstandete Schlechterstellung von Familien mit Kindern hat zur Einführung des Beitragszuschlages für Kinderlose in § 55 Abs. 3 in der SPV geführt, vgl. § 55 Rn. 5 ff.

III. Finanzierungsbestandteile (Abs. 1)

3   Haupteinnahmequelle der SPV sind ebenso wie gem. § 220 Abs. 1 Satz 1 SGB V in der GKV **Beiträge.** Diese werden nicht von jedem Vers, sondern nur von Mitgliedern erhoben. Der PK stehen neben Beiträgen der eigenen Mitglieder ggf. auch zugewiesene Mittel aus dem Finanzausgleich nach §§ 66 ff. zu. Die **sonstigen Einnahmen** erfassen ohne Rücksicht auf die Rechtsgrundlage alle weiteren Erlöse, die zur Finanzierung der SPV dienen können, zB Regresse von Leistungserbringern, Geldbußen oder Säumniszuschläge. Nicht zu den sonstigen Einnahmen gehören Kredite. Wie in der GKV ist eine Darlehensaufnahme zur Finanzierung der SPV-Aufgaben unzulässig. Dies gilt auch für die sog. **Kassenverstärkungskredite,** dh. kurzfristige, noch innerhalb des laufenden Haushaltsjahres auszugleichende Kredite zur Bewältigung vorübergehender Liquiditätsengpässe (vgl. BSG, SozR 4-2500 § 222 Nr. 1 zur GKV). Zwar fehlt eine § 220 Abs. 1 Satz 2 SGB V entsprechende Vorschrift im SGB XI. Jedoch sind die dort für das Kreditaufnahmeverbot ausschlaggebenden Gründe in der SPV erst recht gültig. Die SPV ist gleichermaßen beitragszentriert und bildet ein in sich geschlossenes Finanzierungssystem; der umfassende Finanzausgleich zwischen den PKen wäre bei einer Kreditaufnahme nicht mehr durchführbar.

4   § 51 RegE sah als weitere Einnahmequelle ursprünglich einen durch Ländermittel refinanzierten Bundeszuschuss vor, der im Gesetzgebungsverfahren durch einen staatsvertraglich zu regelnden „Finanzierungsbeitrag der Länder" ersetzt wurde (BT-Drucks. 12/5920, S. 50, Begr. in BT-Drucks. 12/5952 zu § 69, S. 45). Auf den Widerstand der Bundesländer wurde der Zuschuss im Vermittlungsverfahren ganz gestrichen (BT-Drucks. 12/6424, S. 3).

IV. Beitragsberechnung (Abs. 2)

5   Nach Abs. 2 Satz 1 werden die Beiträge nach einem Vomhundertsatz bis zur Beitragsbemessungsgrenze (§ 55 Abs. 2) von den beitragspflichtigen Einnahmen (§ 57) berechnet. Dieses Umlageverfahren konkretisiert § 1 Abs. 6 Satz 2 und folgt dem Solidarausgleichsprinzip der GRV und § 223 SGB V. Die Höhe des Beitrages ist unabhängig von dem versicherten Risiko. Demgemäß werden **keine Alters- oder Risikozuschläge** erhoben, auch sind Pflegebedürftige in der SPV grundsätzlich beitragspflichtig (*Peters,* in: KassKomm, SGB XI, § 54 Rn. 5, vgl. aber § 56 Abs. 4). Nach Abs. 2 Satz 2 sind die Beiträge für jeden Kalendertag der Mitgliedschaft zu zahlen, sofern nicht

354   *Bassen*

etwas Abweichendes geregelt ist. Die Erhebung erfolgt nach § 23 SGB IV monatlich, wobei zur Vereinfachung des Verwaltungsverfahrens Abs. 2 Satz 3 die Werte für Monats- und Jahreslänge rundet. Bei Versbeginn während des Monats sind jedoch die tatsächlich verbleibenden Tage für die Beitragsberechnung maßgeblich.

V. Überleitungsvorschriften (Abs. 3)

Der Verweis in Abs. 3 auf das 12. Kapitel des SGB V, das Überleitungsvorschriften 6
anlässlich der Herstellung der Einheit Deutschlands enthält, ist seit der Rechtsangleichung im Beitrittsgebiet zum 1.1.2001 (vgl. § 309 SGB V) funktionslos.

§ 55 Beitragssatz, Beitragsbemessungsgrenze

(1) [1]Der Beitragssatz beträgt bundeseinheitlich 2,35 Prozent der beitragspflichtigen Einnahmen der Mitglieder; er wird durch Gesetz festgesetzt. [2]Für Personen, bei denen § 28 Abs. 2 Anwendung findet, beträgt der Beitragssatz die Hälfte des Beitragssatzes nach Satz 1.

(2) Beitragspflichtige Einnahmen sind bis zu einem Betrag von 1/360 der in § 6 Abs. 7 des Fünften Buches festgelegten Jahresarbeitsentgeltgrenze für den Kalendertag zu berücksichtigen (Beitragsbemessungsgrenze).

(3) [1]Der Beitragssatz nach Absatz 1 Satz 1 und 2 erhöht sich für Mitglieder nach Ablauf des Monats, in dem sie das 23. Lebensjahr vollendet haben, um einen Beitragszuschlag in Höhe von 0,25 Beitragssatzpunkten (Beitragszuschlag für Kinderlose). [2]Satz 1 gilt nicht für Eltern im Sinne des § 56 Abs. 1 Satz 1 Nr. 3 und Abs. 3 Nr. 2 und 3 des Ersten Buches. [3]Die Elterneigenschaft ist in geeigneter Form gegenüber der beitragsabführenden Stelle, von Selbstzahlern gegenüber der Pflegekasse, nachzuweisen, sofern diesen die Elterneigenschaft nicht bereits aus anderen Gründen bekannt ist. [4]Der Spitzenverband Bund der Pflegekassen gibt Empfehlungen darüber, welche Nachweise geeignet sind. [5]Erfolgt die Vorlage des Nachweises innerhalb von drei Monaten nach der Geburt des Kindes, gilt der Nachweis mit Beginn des Monats der Geburt als erbracht, ansonsten wirkt der Nachweis ab Beginn des Monats, der dem Monat folgt, in dem der Nachweis erbracht wird. [6]Nachweise für vor dem 1. Januar 2005 geborene Kinder, die bis zum 30. Juni 2005 erbracht werden, wirken vom 1. Januar 2005 an. [7]Satz 1 gilt nicht für Mitglieder, die vor dem 1. Januar 1940 geboren wurden, für Wehr- und Zivildienstleistende sowie für Bezieher von Arbeitslosengeld II.

(3a) Zu den Eltern im Sinne des Absatzes 3 Satz 2 gehören nicht
1. Adoptiveltern, wenn das Kind zum Zeitpunkt des Wirksamwerdens der Adoption bereits die in § 25 Abs. 2 vorgesehenen Altersgrenzen erreicht hat,
2. Stiefeltern, wenn das Kind zum Zeitpunkt der Eheschließung mit dem Elternteil des Kindes bereits die in § 25 Abs. 2 vorgesehenen Altersgrenzen erreicht hat oder wenn das Kind vor Erreichen dieser Altersgrenzen nicht in den gemeinsamen Haushalt mit dem Mitglied aufgenommen worden ist.

(4) [1]Der Beitragszuschlag für die Monate Januar bis März 2005 auf Renten der gesetzlichen Rentenversicherung wird für Rentenbezieher, die nach dem 31. Dezember 1939 geboren wurden, in der Weise abgegolten, dass der Beitragszuschlag im Monat April 2005 1 vom Hundert der im April 2005 beitragspflichtigen Rente beträgt. [2]Für die Rentenbezieher, die in den Monaten Januar bis April 2005 zeitweise nicht beitrags- oder zuschlagspflichtig

§ 55 Sechstes Kapitel. Finanzierung

sind, wird der Beitragszuschlag des Monats April 2005 entsprechend der Dauer dieser Zeit reduziert.

(5) ¹Bei landwirtschaftlichen Unternehmern sowie bei mitarbeitenden Familienangehörigen, die Mitglied der landwirtschaftlichen Krankenkasse sind, wird der Beitrag abweichend von den Absätzen 1 bis 3 in Form eines Zuschlags auf den Krankenversicherungsbeitrag, der nach den Vorschriften des Zweiten Gesetzes über die Krankenversicherung der Landwirte aus dem Arbeitseinkommen aus Land- und Forstwirtschaft zu zahlen ist, erhoben. ²Die Höhe des Zuschlags ergibt sich aus dem Verhältnis des Beitragssatzes nach Absatz 1 Satz 1 zu dem um den durchschnittlichen Zusatzbeitragssatz erhöhten allgemeinen Beitragssatz nach § 241 des Fünften Buches. ³Sind die Voraussetzungen für einen Beitragszuschlag für Kinderlose nach Absatz 3 erfüllt, erhöht sich der Zuschlag nach Satz 2 um das Verhältnis des Beitragszuschlags für Kinderlose nach Absatz 3 Satz 1 zu dem Beitragssatz nach Absatz 1 Satz 1.

Inhaltsübersicht

	Rn.
I. Geltende Fassung	1
II. Normzweck und Überblick	2
III. Beitragssatz (Abs. 1)	3
IV. Beitragsbemessungsgrenze (Abs. 2)	5
V. Beitragszuschlag für Kinderlose (Abs. 3 bis 4)	6
1. Entstehungsgeschichte	7
2. Grundsätze	8
3. Ausnahmen	10
VI. Beitragssätze für landwirtschaftliche Unternehmer (Abs. 5)	12

I. Geltende Fassung

1   Die Vorschrift ist mWv 1.1.1995 durch Art. 1 PflegeVG eingeführt worden und hatte weitgehend die Fassung des RegE (dort § 52); vgl. Begr. des RegE, S. 117 f. Aufgrund der Beschlussempfehlung des AuS-Ausschusses wurde in Abs. 1 Satz 2 angefügt (BT-Drucks. 12/5920, S. 51); zur Begr. vgl. BT-Drucks. 12/5952, S. 42. Die Zeitangaben in Abs. 1 Satz 1 wurden im ersten und zweiten Vermittlungsverfahren (BT-Drucks. 12/6424 und 7323, jeweils S. 3) geändert. Erstmalige Erhöhung des Beitragssatzes in Abs. 1 Satz 1 durch Art. 1 Nr. 34 PflWEG (vom 28.5.2008, BGBl. I S. 874) mWv 1.7.2008; Art. 1 Abs. 25 lit a) PNG (vom 23.10.2012, BGBl. I S. 2246) erhöhte mWv 1.1.2013 den Beitragssatz erneut; zuletzt erfolgte eine Anhebung durch Art. 1 Nr. 21 PSG I (vom 17.12.2014, BGBl. I S. 2222) mWv 1.1.2015. Art. 3 BSSichG (vom 23.12.2002 BGBl. I S. 4637) mWv 1.1.2003 fasste Abs. 2 neu. Durch Art. 1 Nr. 1 KiBG (vom 15.12.2004, BGBl. I S. 3448) wurden mWv 1.1.2005 Abs. 3 und 4 angefügt. Abs. 3 Satz 4 geändert durch Art. 8 Nr. 25 GKV-WSG (vom 26.3.2007, BGBl. I S. 378) mWv 1.7.2008; Abs. 3a eingefügt durch Art. 1 Nr. 34 PflWEG (vom 28.5.2008, BGBl. I S. 874). Art. 1 Abs. 25 lit b) PNG (vom 23.10.2012, BGBl. I S. 2246) fügte mWv 1.1.2013 Abs. 5 ein. Art. 6 Nr. 1a FQWG (vom 21.7.2014, BGBl. I S. 1133) ergänzte mWv 1.1.2015 den durchschnittlichen Beitragssatz in die Formel des Abs. 5 Satz 2.

II. Normzweck und Überblick

2   § 55 legt drei wesentliche Faktoren der Beitragsberechnung für SPV-Vers fest. Neben dem **Beitragssatz** (Abs. 1) hat der Gesetzgeber eine **Beitragsbemessungsgrenze** für die nach § 57 beitragspflichtigen Einnahmen (Abs. 2) und einen **Bei-**

tragszuschlag für Kinderlose (Abs. 3 bis 4) geregelt. Seit 1.1.2013 enthält die Norm auch die Beitragserhebung für Landwirte, die eigenen Regelungen folgt (Abs. 5).

III. Beitragssatz (Abs. 1)

Der Beitragssatz in Abs. 1 Satz 1 ist zum 1.1.2015 ohne das PSG I um 0,3 Prozent auf **2,35 Prozent** erhöht worden, vgl. Vorbemerkungen zu §§ 54–68 Rn. 3. Er gilt bundesweit einheitlich und wird seit 1.1.2005 ggf. durch einen Kinderlosenzuschlag gem. Abs. 3 erhöht. Die Ersetzung der Maßeinheit „vom Hundert" durch „Prozent" anlässlich der vorherigen Betragserhöhung zum 1.1.2013 entspricht der Nomenklatur des Handbuches der Rechtsförmlichkeit, Rn. 73, und hat keine inhaltlichen Auswirkungen.   3

Abs. 1 Satz 2 reduziert für SPV-vers Beamte mit Anspruch auf Beihilfe bzw Heilfürsorge (vgl. § 28 Rn. 5 ff.) den Beitragssatz auf die Hälfte. Dieser Personenkreis erhält nach § 28 Abs. 2 die Leistungen der SPV nur zur Hälfte; das Gesetz geht davon aus, dass der übrige Teil vom Beihilfeträger übernommen wird. Abs. 1 Satz 2 modifiziert den sonst geltenden beihilferechtlichen Subsidiaritätsgrundsatz für die SPV (BSG, SozR 3-3300 § 34 Nr. 1 = Breith 1999, 1061). Die **Halbierung** des Beitragssatzes gilt nur für Personen, die selbst Anspruch auf Beihilfe oder Heilfürsorge haben. Nicht erfasst sind Angehörige, die iR der Beihilfe lediglich berücksichtigungsfähig, selbst aber SPV-Mitglieder sind, BSG, SozR 3-3300 § 55 Nr. 2 = BSGE 81, 177 für Ehegatten und BSG, SozR 3-3300 § 55 Nr. 1 = NZS 1998, 341 für freiwillig GKV-vers Kinder. Der Zuschlag nach Abs. 3 wird auch dann in voller Höhe erhoben, wenn der Beitragssatz nach Abs. 1 Satz 2 nur zur Hälfte erhoben wird.   4

IV. Beitragsbemessungsgrenze (Abs. 2)

Die Beitragsbemessungsgrenze des Abs. 2 ist wie in der GKV (§ 223 SGB V) an die Jahresarbeitsentgeltgrenze des § 6 Abs. 7 SGB V geknüpft, vgl. zur Verknüpfung mit der Beitragsbemessungsgrenze in §§ 159, 160 SGB VI bis 31.12.2003 die 2. Auflage § 55 Rn. 6. Die Beitragsbemessungsgrenze wird jährlich angepasst und beträgt gem. § 4 Abs. 2 Sozialversicherungs-RechnungsgrößenVO 2015 zum 1.1.2015 EUR 49 500,– (2014: 48 600,–). Bei unterjährig aufgenommenen Tätigkeiten wird auch die Beitragsbemessungsgrenze anteilig gekürt, zur Berechnung vgl. *Vay*, in: Krauskopf, SGB XI, § 55 Rn. 11. Zum 1.1.2001 ist die abweichende Beitragsbemessungsgrenze für die beigetretenen Bundesländer aufgehoben worden, vgl. auch § 54 Rn. 6.   5

V. Beitragszuschlag für Kinderlose (Abs. 3 bis 4)

Abs. 3 bis 4 regeln einen Beitragszuschlag zum Beitragssatz für kinderlose Mitglieder. Auf die Gründe der Kinderlosigkeit kommt es nicht an (BSG, SozR 4-3300 § 55 Nr. 2 = SGb 2008, 291), die hiergegen gerichtete Verfassungsbeschwerde wurde nicht zur Entscheidung angenommen (BVerfG, SozR 4-3300 § 55 Nr. 3 = SozR 4-1100 Art. 3 Nr. 63).   6

1. Entstehungsgeschichte

Der Beitragszuschlag für Kinderlose ist in Folge der Entscheidung BVerfGE 103, 242 eingefügt worden, die die Gleichstellung von Mitgliedern mit und ohne Kinder in der SPV gerügt hatte (zusammenfassend *Hungenberg*, WzS 2005, 104 ff.). In dem System der SPV, das vor allem für die Altengeneration eingerichtet sei, dessen Finan-   7

§ 55 Sechstes Kapitel. Finanzierung

zierung aber von den Erwerbsfähigen gesichert werde und nur durch das Vorhandensein nachwachsender Generationen funktioniere, wirke die **Kindererziehungsleistung** konstitutiv wie eine Beitragszahlung. Diese spezifische Mehrbelastung kindererziehender Versicherter müsse sich in der Beitragslast niederschlagen. Der Gesetzgeber ist dem Auftrag des BVerfG nicht durch eine Absenkung der Beiträge für Vers mit Kindern nachgekommen, sondern hat die Beitragslast für Kinderlose erhöht. In der PPV werden hingegen Kinderlose und Vers mit Kindern beitragsrechtlich gleichbehandelt; dies ist nach BVerfGE 103, 271 nicht verfassungswidrig.

2. Grundsätze

8   Der Beitragszuschlag von 0,25 Prozent in Abs. 3 Satz 1 wird von Mitgliedern erhoben, die ihr 23. Lebensjahr vollendet haben. Er entfällt nach Abs. 3 Satz 2 für Eltern im Sinne des § 56 SGB I, wenn sie diese Eigenschaft nachgewiesen haben (Abs. 3 Satz 3). Eine einmal nachgewiesene Elterneigenschaft erlischt auch nach dem Tod des Kindes nicht mehr. Zu beachten ist die Modifikation der Elterneigenschaft durch Abs. 3a. Die Vorschrift unterwirft Mitglieder dem Beitragszuschlag, die erst so spät die Elterneigenschaft erworben haben, dass sie keine relevanten Erziehungsleistungen mehr beigetragen haben. Abs. 3a wurde als Reaktion auf die Entscheidung des BSG, SozR 4-3300 § 55 Nr. 1 = SGb 2007, 539, hierzu *Koch*, jurisPR-SozR 24/2007 Anm 5, geschaffen. Die bisherige Praxis der PKen wird damit auf eine gesetzliche Grundlage gestellt.

9   Aus der Fassung des Gesetzes ist abzuleiten, dass es sich bei dem Nachweis der Elterneigenschaft um eine **Obliegenheit** der Mitglieder handelt. Adressaten des Nachweises sind nach Abs. 3 Satz 3 die beitragsabführende Stelle bei abhängig Beschäftigten bzw die PK bei Selbstzahlern. Zur Form des Nachweises sind auf Grundlage von Abs. 3 Satz 4 Gemeinsame Empfehlungen v 13.10.2004 erlassen worden. Aus Abs. 3 Satz 3 Hs 2 folgt aber, dass nicht die Einhaltung einer bestimmten Form, sondern die tatsächliche Kenntnis der PK bzw beitragsabführenden Stelle entscheidend ist. Ein Meldeversäumnis der beitragsabführenden Stelle an die PK kann nicht zulasten des Mitgliedes gehen, sodass ggf. eine Rückabwicklung des Kinderlosenzuschlages auf den Zeitpunkt des Nachweises gegenüber der beitragsabführenden Stelle vorzunehmen ist. Zu Satz 5 D/M-A B.4. Die Übergangsregelungen für das Jahr 2005 in Abs. 3 Satz 6 und Abs. 4 sind durch Zeitablauf funktionslos.

3. Ausnahmen

10 Abs. 3 Satz 7 sieht Ausnahmeregelungen für den Beitragszuschlag für Mitglieder vor, die vor dem 1.1.1940 geboren wurden, Wehr- und Zivildienstleistende sowie Bezieher von Alg II. Diese Mitgliedergruppen erscheinen willkürlich gewählt. Soziale und verwaltungstechnische Belange, die nach BT-Drucks. 15/3837, S. 8 für Bezieher von Alg II angeführt werden hätten auch Ausnahmen für andere Personengruppen gerechtfertigt. Es liegt hier die Vermutung nahe, dass der Bund sich von dem ihm obliegenden Beitragszuschlag entlasten wollte. Die Ausnahmen zugunsten von Zivildienstleistenden sind nach der Aussetzung des Zivildienstes durch § 1a ZDG zum 1.7.2011 derzeit gegenstandslos, eine entsprechende Anwendung auf die Freiwilligendienste, insbesondere den Bundesfreiwilligendienst, ist angesichts des ausdrücklichen Wortlautes der Regelung nicht möglich. Teilnehmer des freiwilligen Wehrdienstes gem. § 58b SoldG sind hingegen von Abs. 3 Satz 7 erfasst, da für diesen Personenkreis § 58f SoldG die Anwendung auch der SPV-Vorschriften zum früheren Grundwehrdienst anordnet.

11 Das BSG hat alle drei Ausnahmeregelungen unter verfassungsrechtlichen Gesichtspunkten nicht beanstandet, BSG, SozR 4-3300 § 55 Nr. 2 = BSGE 100, 77; die hiergegen erhobene Verfassungsbeschwerde ist vom BVerfG nicht zur Entscheidung angenommen worden, wobei die Ausnahme für die vor dem 1.1.1940 geborenen Mitglieder ausdrücklich gebilligt wurde (BVerfG, SozR 4-3300 § 55 Nr. 3 = SozR

Beitragsfreiheit **§ 56**

4-1100 Art. 3 Nr. 63). Zur Kritik an der pauschalen Ausnahme für die Jahrgänge vor dem 1.1.1940 *Bauer/Krämer,* NJW 2005, 180, 181. Den Regelungen im Wesentlichen zustimmend: *Wehrhahn,* jurisPR-SozR 10/2009 Anm 4.

VI. Beitragssätze für landwirtschaftliche Unternehmer (Abs. 5)

Der zum 1.1.2013 eingefügte Abs. 5 hat die Regelungen des § 57 Abs. 3 weitgehend unverändert in Abs. 5 übertragen. Satz 1 legt fest, dass der Beitrag zur SPV für landwirtschaftliche Unternehmer und deren mitarbeitende Familienangehörige in Form eines **Zuschlages** zum Beitrag zur KV nach KVLG 1989 erhoben wird. Die Beitragsbemessung für Landwirte und mitarbeitende Familienangehörige in der KV (§§ 2 Abs. 1 Nr. 1–3 KVLG 1989, 20 Abs. 1 Satz 2 Nr. 3) folgt den Regelungen des KVLG 1989, die sich von denen des SGB V grundlegend unterscheiden. Die Beitragshöhe in der Krankenversicherung der Landwirte richtet sich nach der abstrakten Ertragskraft des Unternehmers, nicht nach seinem konkreten Einkommen (§ 40 KVLG 1989 iVm. der Satzung der SVLFG, vgl. BSG, SozR 4-3300 § 57 Nr. 4). 12

Die relative finanzielle Mehrbelastung durch die SPV soll für Versicherte nach KVLG 1989 und nach SGB V gleich hoch sein. Daher knüpft Satz 2 die Höhe des Zuschlages ebenfalls nicht an die tatsächlich erzielten Einnahmen der Landwirte, sondern erhöht den von ihnen nach KVLG 1989 zu zahlenden Beitrag zur GKV **um denselben Prozentsatz,** um den der nach Abs. 1 Satz 1 zu zahlende Beitragssatz zur SPV den allgemeinen Beitragssatz zur GKV gem. § 241 SGB V steigert. Die Formel berücksichtigt den zum 1.1.2015 eingeführten durchschnittlichen Beitragssatz der GKV. Nach diesem Prinzip legt Satz 3 auch die relative Erhöhung des Zuschlages für Kinderlose entsprechend der prozentualen Erhöhung des allgemeinen Beitragssatzes zur SPV durch Abs. 3 und 4 fest. Der Zuschlag beträgt 2015 15,2 % und für Kinderlose 16,82 %. Zum 1.1.2013 entfallen ist Ermächtigung für das BMG zur Festsetzung der Zuschlagshöhe. Damit wird nachvollzogen, dass sie sich bereits seit 1.1.2011 aus gesetzlich festgelegten Beitragssätzen von SGB XI und SGB V unmittelbar errechnen lässt (BT-Drucks. 17/9369, S. 44, letztmalige Festsetzung vom 13.11.2012 in BAnz AT 27.11.2012 B4). 13

Abs. 5 gilt ausschließlich für die Personengruppen des § 2 Abs. 1 Nr. 1–3 KVLG 1989. Die anderen landwirtschaftlichen Pflicht- und freiwillig Vers, zB Altenteiler (§ 20 Abs. 1 Nr. 4 bzw 5, § 45 KVLG 1989) oder Rückkehrer gem. § 20 Abs. 1 Nr. 7 KVLG 1989 unterliegen den **allg Beitragssätzen** des § 55 Abs. 1 und 3, da sie in Abs. 5 nicht erwähnt werden (vgl. auch § 121 Satzung SVLFG). Ist ein Landwirt als Alg II-Empfänger gleichzeitig gem. § 2 Abs. 1 Nr. 1 und 6 KVLG 1989 versicherungspflichtig, gilt der allg Beitragssatz (Vorrang des § 2 Abs. 1 Nr. 6 KVLG 1989 gem. BSG, SozR 4-5420 § 2 Nr. 2 = SGb 2013, 281). 14

§ 56 Beitragsfreiheit

(1) **Familienangehörige und Lebenspartner sind für die Dauer der Familienversicherung nach § 25 beitragsfrei.**

(2) [1]**Beitragsfreiheit besteht vom Zeitpunkt der Rentenantragstellung bis zum Beginn der Rente einschließlich einer Rente nach dem Gesetz über die Alterssicherung der Landwirte für:**
1. **den hinterbliebenen Ehegatten eines Rentners, der bereits Rente bezogen hat, wenn Hinterbliebenenrente beantragt wird,**
2. **die Waise eines Rentners, der bereits Rente bezogen hat, vor Vollendung des 18. Lebensjahres; dies gilt auch für Waisen, deren verstorbener Elternteil eine Rente nach dem Gesetz über die Alterssicherung der Landwirte bezogen hat,**

§ 56 Sechstes Kapitel. Finanzierung

3. den hinterbliebenen Ehegatten eines Beziehers einer Rente nach dem Gesetz über die Alterssicherung der Landwirte, wenn die Ehe vor Vollendung des 65. Lebensjahres des Verstorbenen geschlossen wurde,
4. den hinterbliebenen Ehegatten eines Beziehers von Landabgaberente.

²Satz 1 gilt nicht, wenn der Rentenantragsteller eine eigene Rente, Arbeitsentgelt, Arbeitseinkommen oder Versorgungsbezüge erhält.

(3) ¹Beitragsfrei sind Mitglieder für die Dauer des Bezuges von Mutterschafts-, Eltern- oder Betreuungsgeld. ²Die Beitragsfreiheit erstreckt sich nur auf die in Satz 1 genannten Leistungen.

(4) Beitragsfrei sind auch Mitglieder, die sich auf nicht absehbare Dauer in stationärer Pflege befinden und bereits Leistungen nach § 35 Abs. 6 des Bundesversorgungsgesetzes, nach § 44 des Siebten Buches, nach § 34 des Beamtenversorgungsgesetzes oder nach den Gesetzen erhalten, die eine entsprechende Anwendung des Bundesversorgungsgesetzes vorsehen, wenn sie keine Familienangehörigen haben, für die eine Versicherung nach § 25 besteht.

(5) ¹Beitragsfrei sind Mitglieder für die Dauer des Bezuges von Pflegeunterstützungsgeld. ²Die Beitragsfreiheit erstreckt sich nur auf die in Satz 1 genannten Leistungen.

Inhaltsübersicht

	Rn.
I. Geltende Fassung	1
II. Normzweck und Überblick	2
III. Familienversicherte (Abs. 1)	3
IV. Rentenantragsteller (Abs. 2)	4
1. Hinterbliebene (Abs. 2 Satz 1)	6
2. Ausnahmen (Abs. 2 Satz 2)	10
V. Bezieher von Mutterschafts-, Eltern- und Betreuungsgeld (Abs. 3)	11
VI. Dauerhafter Aufenthalt in stationärer Pflege (Abs. 4)	12
VII. Bezug von Pflegeunterstützungsgeld	15

I. Geltende Fassung

1   Die Vorschrift ist mWv 1.1.1995 durch Art. 1 PflegeVG weitgehend in der Fassung des RegE (dort § 54); vgl. Begr. des RegE S. 122, eingeführt worden. Aufgrund der Beschlussempfehlung des AuS-Ausschusses (dort § 53) wurde Abs. 4 geändert (BT-Drucks. 12/5920, S. 51); zur Begr. vgl. BT-Drucks. 12/5952, S. 42. Abs. 1 wurde auf Lebenspartner durch Art. 1 § 56 Nr. 9 LPartG (vom 16.2.2001, BGBl. I S. 266) mWv 1.8.2001 erweitert, Abs. 2 durch Art. 6 Nr. 1 iVm. Art. 48 AgrarsozreformG 1995 (vom 29.7.1994, BGBl. I S. 1890) mWv 1.1.1995 terminologisch angepasst. In Abs. 3 Satz 1 wurden das Elterngeld durch Art. 2 Abs. 21 EGBEEG (vom 5.12.2006, BGBl. I S. 2748) und das Betreuungsgeld durch Art. 2 Abs. 4 BetreuungsgeldG (15.2.2013, BGBl. I S. 254) mWv 1.8.2013 aufgenommen. Die Verweisung auf § 44 SGB VII in Abs. 4 wurde eingefügt durch Art. 7 Nr. 3 UVEG vom 7.8.1996, BGBl. I S. 1254. Abs. 5 wurde durch Art. 8 Nr. 5 G zur besseren Vereinbarkeit von Familie, Pflege und Beruf (vom 23.12.2014, BGBl. I S. 2462) mWv 1.1.2015 ergänzt.

II. Normzweck und Überblick

2   § 56 vereint Tatbestände, in denen der Gesetzgeber die Beitragspflicht aus unterschiedlichen Gründen als nicht gerechtfertigt ansieht. Neben den Familienversicher-

Beitragsfreiheit **§ 56**

ten (Abs. 1), den Hinterbliebenen versicherungspflichtiger Rentner bis zur Bewilligung des Hinterbliebenenrentenantrages (Abs. 2) und den Beziehern bestimmter kinderbezogener Leistungen (Abs. 3) sind **ganz oder teilweise beitragsfrei** stationär pflegebedürftige Mitglieder, die Pflegeleistungen nach anderen Gesetzen erhalten (Abs. 4), sowie Personen, die Pflegeunterstützungsgeld erhalten (Abs. 5). Es handelt sich um eine eng auszulegende Ausnahmevorschrift, vgl. BSG, SozR 3-3300 § 56 Nr. 1 = NZS 2000, 463.

III. Familienversicherte (Abs. 1)

Die Beitragsfreistellung für Angehörige und Lebenspartner nach dem LPartG für 3 die Dauer der Familienversicherung entspricht inhaltlich der Ausgestaltung der GKV, vgl. § 3 Satz 3. Abs. 1 hat für die SPV angesichts der Regelung in § 1 Abs. 6 Satz 3 nur klarstellende Funktion. BVerfGE 91, 320 hat eine vollständige Aussetzung der Beitragspflicht für kinderreiche Familien abgelehnt. Nicht familienversicherte Kinder, die freiwillig GKV-versichert sind (SPV-Mitglieder gem. § 20 Abs. 3) unterliegen nicht § 56 Abs. 1, sondern § 57 Abs. 4, BSG, SozR 4-3300 § 25 Nr. 1 = SGb 2004, 624, hierzu *Koch,* jurisPR-SozR 52/2004 Anm. 3.

IV. Rentenantragsteller (Abs. 2)

Familienangehörige, die nach dem Tod eines Rentenbeziehers, über den sie fam- 4 versichert waren, selbst eine Hinterbliebenenrente beantragen, sind unter den Voraussetzungen des Abs. 2 zwischen Antragstellung und Beginn der Rentenzahlung **beitragsfrei**. Die Freistellung in Abs. 2 entspricht im Wesentlichen § 225 SGB V, erfasst zusätzlich aber noch die Empfänger von landwirtschaftlichen Renten nach dem ALG. Sie soll eine Verrechnung vermeiden (BT-Drucks. 12/5262, S. 122 zu § 54). Diese wäre erforderlich, da der Hinterbliebene einerseits gem. § 20 Abs. 1 Satz 2 Nr. 11 schon ab Rentenantragstellung versicherungs- und nach Maßgabe des § 57 Abs. 4 Satz 2 beitragspflichtig ist, andererseits jedoch der Versträger nach der Rentenbewilligung die SPV-Beiträge rückwirkend auf den Zeitpunkt der Antragstellung zahlt.

Der Antrag muss auf eine Rente aus der GRV (vgl. § 33 SGB VI) oder dem ALG ge- 5 richtet sein; Renten zB aus SGB VII oder BVG sind nicht erfasst. Die Beitragsfreiheit während des Antragsverfahrens bleibt auch bei Ablehnung des Rentenantrags erhalten, vgl. *Vay,* in: Krauskopf, SGB XI, § 56 Rn. 5. Alle Varianten des Abs. 2 verlangen, dass der Verstorbene seine Rente schon bezogen hat. Dies ist der Fall, wenn die Rente dem Bezieher bewilligt war, auf die tatsächliche Auszahlung kommt es hingegen nicht an.

1. Hinterbliebene (Abs. 2 Satz 1)

Hinterbliebener Ehegatte im Sinne des Abs. 2 Satz 1 Nr. 1 kann nur sein, wer beim 6 Tod des Hauptversicherten mit diesem verheiratet war. Bezieher von Erziehungsrente für Geschiedene nach § 47 SGB VI werden daher nicht von der Vorschrift erfasst (hM, vgl. *Didong,* in: H/N, SGB XI, § 56 Rn. 12; aA *Mecke,* in: jurisPK § 56 SGB XI Rn. 16). Dies entspricht dem gesetzgeberischen Willen, vgl. BR-Drucks. 505/93, S. 122 zu § 54, wonach nur Familienangehörige befreit werden sollten.

Alle Tatbestände der Norm befreien zudem, selbst wenn sie nicht ausdrücklich er- 7 wähnt werden, auch hinterbliebene Lebenspartner nach LPartG von der Beitragspflicht. Nur so wird eine einheitliche Beitragserhebung in GKV und SPV gesichert; § 225 Abs. 2 Nr. 1 SGB V bezieht in der GKV Lebenspartner ausdrücklich in die Beitragsbefreiung ein.

Der Begriff des **Waisen** in Abs. 2 Satz 1 Nr. 1 ist § 48 SGB VI zu entnehmen; er- 8 fasst sind daher auch zB in den Haushalt des Verstorbenen aufgenommene Stief- und

Pflegekinder. Die Begrenzung der Befreiung auf Waisen vor Vollendung des 18. Lebensjahres ist angesichts des Normzweckes, Verrechnungen zu verhindern, nicht nachvollziehbar. Waisenrente wird unter den Voraussetzungen des § 48 Abs. 4 Satz 1 Nr. 2 SGB VI uU bis zum 27. Lebensjahr gewährt.

9 Nr. 3 und 4 befreien die hinterbliebenen Ehegatten von **Beziehern einer landwirtschaftlichen Rente.** Das Gesetz unterscheidet dabei zwischen Beziehern einer Landabgabenrente und anderen Rentenbeziehern nach ALG. Für letztgenannte verlangt Nr. 3 zusätzlich, dass die Ehe vor dem 65. Lebensjahr geschlossen wurde. Der Grund für die Altersbegrenzung ist – ebenso wie in Nr. 2 – nicht ersichtlich.

2. Ausnahmen (Abs. 2 Satz 2)

10 Nach Abs. 2 Satz 2 gilt die Befreiung von der Beitragslast nicht, wenn der Rentenantragsteller eigenes Einkommen aufweist. Die hM legt die Norm dahingehend aus, dass die Beitragsbefreiung bei Vorliegen anderer beitragspflichtiger Einnahmen für die beantragte Rente nicht vollständig entfällt, sondern nur **soweit** Einnahmen nicht aus der Rente resultieren, D/M-A SGB XI, § 56 unter III. Vgl. zur Beitragsfreiheit bei gleichzeitigem Rentenantrag aus eigener Versicherung *Didong,* in: H/N, SGB XI, § 56 Rn. 39f.

V. Bezieher von Mutterschafts-, Eltern- und Betreuungsgeld (Abs. 3)

11 Abs. 3 Satz 1 stellt Bezieher von Mutterschafts-, Eltern- und (ab 1.8.2013) Betreuungsgeld für die Dauer des Bezuges, gem. Satz 2 begrenzt auf diese Einnahmen, beitragsfrei. Zur Inanspruchnahme der Beitragsfreiheit reicht im Gegensatz zur entsprechenden Vorschrift des § 224 Abs. 1 SGB V in der GKV nach dem Wortlaut der Norm nicht schon der Anspruch auf die Leistungen. Für freiwillig GKV-versicherte Bezieher dieser Leistungen kommt § 57 Abs. 4 zur Anwendung, sodass trotz Abs. 3 eine Beitragspflicht in der SPV bestehen kann. Die Befreiung für Bezieher von **Erziehungsgeld** wurde ab 1.8.2013 gestrichen. Dies ist zwar folgerichtig für das auf Bundesebene gezahlte Erziehungsgeld, das mit der Aufhebung des Bundeserziehungsgeldgesetzes zum 31.12.2008 (Art. 3 EGBEEG) ohnehin entfallen ist. Offen ist aber, wie Erziehungsgeld zu behandeln ist, das nach landesrechtlichen Vorschriften in einigen Bundesländern gezahlt wird. Für Beitragsfreiheit *Baumeister,* in: BeckOK § 56 SGB XI Rn. 8b, der insoweit von einem gesetzgeberischen Versehen ausgeht. Angesichts des Wegfalls des Anknüpfungspunktes im Wortlaut der Norm und der gebotenen engen Auslegung des § 56 spricht mehr dafür, Landeserziehungsgeld nunmehr als beitragspflichtig anzusehen. Zur Beitragspflicht des Krankengeldes vgl. § 57 Abs. 2.

VI. Dauerhafter Aufenthalt in stationärer Pflege (Abs. 4)

12 Bei einem Aufenthalt des Mitgliedes in stationärer (nicht auch häuslicher, vgl. BSG, SozR 3-3300 § 56 Nr. 1 = NZS 2000, 463) Pflege von nicht absehbarer Dauer wird auf Antrag nach Abs. 4 Beitragsfreiheit gewährt, wenn zeitgleich die zweckidentischen Pflegeleistungen nach den §§ 44 SGB VII, 34 BeamtVG, 35 Abs. 6 BVG oder Gesetzen, die eine entsprechende Anwendung des BVG vorsehen, in Anspruch genommen werden und über das Mitglied keine Familienangehörigen mitversichert sind. Die Regelung ist Ausdruck des **Vorranges anderer Entschädigungssysteme,** der durch §§ 13, 34 angeordnet wird. Die Parallelnorm für Vers der PPV für den dauerhaften Aufenthalt in stationärer Pflege in § 23 Abs. 5 folgt einer anderen Gesetzessystematik. Hier entfällt bei Vorliegen der Voraussetzungen die Verspflicht, ohne dass es eines Antrages bedarf. Vor diesem Hintergrund wird das Antragserfor-

Beitragspflichtige Einnahmen § 57

dernis iR des Abs. 4 für SPV-Versicherung überwiegend kritisch bewertet, zB *Peters*, in: KassKomm, SGB XI, § 56 Rn. 14.

Abs. 4 lässt die Beitragspflicht bestehen, wenn über das Mitglied Angehörige familienversichert sind. Der vermittelte Versicherungsschutz für die Angehörigen rechtfertigt es nach BT-Drucks. 12/5262, S. 122 zu § 54, weiterhin Beiträge zu erheben. Über den Wortlaut hinaus muss dies auch für den Fall gelten, dass ein **Lebenspartner** bei dem stationär untergebrachten Mitglied beitragsfrei mitversichert ist. Nach hier vertretener Auffassung sind Lebenspartner in allen Tatbeständen des § 56 zu berücksichtigen, vgl. schon Rn. 7. Dafür spricht auch, dass eine Besserstellung von Mitgliedern mit Lebenspartnern gegenüber Mitgliedern mit anderen Familienversicherten iR von Abs. 4 nicht beabsichtigt gewesen sein kann; zudem nennt die Parallelvorschrift für PPV-Versicherung des § 23 Abs. 5 Lebenspartner ausdrücklich. 13

Eine nach Abs. 4 begründete Beitragsfreiheit besteht fort, auch wenn Leistungen der SPV in Anspruch genommen werden. Dieser Fall kann sich ergeben, wenn die Leistungen der Entschädigungssysteme im konkreten Fall geringer sind und der SPV-Anspruch insoweit nicht ruht, vgl. § 34 Rn. 9 ff. 14

VII. Bezug von Pflegeunterstützungsgeld

Der zum 1.1.2015 eingefügte Abs. 5 Satz 1 stellt Mitglieder in der SPV beitragsfrei, die Pflegeunterstützungsgeld gem. § 44a Abs. 3 bis 7 beziehen. Dies gilt nur für die Dauer des Bezuges (wie auch bei den anderen Beitragsbefreiungen des § 56 – lediglich für das Pflegeunterstützungsgeld selbst, dh. daneben erzielte andere Einkünfte bleiben beitragspflichtig (Abs. 5 Satz 2). Der Gesetzgeber setzt damit in Anlehnung an das Krankengeld (BR-Drucks. 463/14, S. 53 zu Nr. 4) das sozialversicherungsrechtliche Grundprinzip um, dass eine Lohnersatzleistung nur zu anderen Zweigen der Sozialversicherung beitragspflichtig ist, nicht aber in dem Versicherungszweig, aus dem sie herrührt. Anderenfalls wäre die SPV, die die Beiträge aus dem Pflegeunterstützungsgeld zur GKV nach § 249c SGB V, zur GRV nach § 170 Abs. 1 Nr. 2 SGB VI und zur ALV gem. § 345 SGB III trägt, zur Zahlung an sich selbst verpflichtet. 15

§ 57 Beitragspflichtige Einnahmen

[Fassung des § 57 bis 31.12.2015]:

(1) ¹**Bei Mitgliedern der Pflegekasse, die in der gesetzlichen Krankenversicherung pflichtversichert sind, gelten für die Beitragsbemessung die §§ 226 bis 232a, 233 bis 238 und § 244 des Fünften Buches sowie die §§ 23a und 23b Abs. 2 bis 4 des Vierten Buches.** ²**Bei Personen, die Arbeitslosengeld II beziehen, ist abweichend von § 232a Abs. 1 Satz 1 Nr. 2 des Fünften Buches der 30. Teil des 0,3620fachen der monatlichen Bezugsgröße zugrunde zu legen.**

(2) ¹**Bei Beziehern von Krankengeld gilt als beitragspflichtige Einnahmen 80 vom Hundert des Arbeitsentgelts, das der Bemessung des Krankengeldes zugrundeliegt.** ²**Dies gilt auch für den Krankengeldbezug eines rentenversicherungspflichtigen mitarbeitenden Familienangehörigen eines landwirtschaftlichen Unternehmers.** ³**Beim Krankengeldbezug eines nicht rentenversicherungspflichtigen mitarbeitenden Familienangehörigen ist der Zahlbetrag der Leistung der Beitragsbemessung zugrunde zu legen.** ⁴**Bei Personen, die Krankengeld nach § 44a des Fünften Buches beziehen, wird das der Leistung zugrunde liegende Arbeitsentgelt oder Arbeitseinkommen zugrunde gelegt; wird dieses Krankengeld nach § 47b des Fünften Buches gezahlt, gelten die Sätze 1 bis 3.** ⁵**Bei Personen, die Leistungen für den Ausfall von Arbeitseinkünften von einem privaten Krankenversicherungsunterneh-**

men, von einem Beihilfeträger des Bundes, von einem sonstigen öffentlich-rechtlichen Träger von Kosten in Krankheitsfällen auf Bundesebene, von dem Träger der Heilfürsorge im Bereich des Bundes, von dem Träger der truppenärztlichen Versorgung oder von einem öffentlich-rechtlichen Träger von Kosten in Krankheitsfällen auf Landesebene, soweit Landesrecht dies vorsieht, im Zusammenhang mit einer nach den §§ 8 und 8a des Transplantationsgesetzes erfolgenden Spende von Organen oder Geweben erhalten, wird das diesen Leistungen zugrunde liegende Arbeitsentgelt oder Arbeitseinkommen zugrunde gelegt. [6]Bei Personen, die Krankengeld nach § 45 Absatz 1 des Fünften Buches beziehen, gelten als beitragspflichtige Einnahmen 80 Prozent des während der Freistellung ausgefallenen, laufenden Arbeitsentgelts oder des der Leistung zugrunde liegenden Arbeitseinkommens.

(3) Für die Beitragsbemessung der in § 20 Absatz 1 Satz 2 Nummer 3 genannten Altenteiler gilt § 45 des Zweiten Gesetzes über die Krankenversicherung der Landwirte.

(4) [1]Bei freiwilligen Mitgliedern der gesetzlichen Krankenversicherung und bei Mitgliedern der sozialen Pflegeversicherung, die nicht in der gesetzlichen Krankenversicherung versichert sind, ist für die Beitragsbemessung § 240 des Fünften Buches entsprechend anzuwenden. [2]Für die Beitragsbemessung der in der gesetzlichen Krankenversicherung versicherten Rentenantragsteller und freiwillig versicherten Rentner finden darüber hinaus die §§ 238a und 239 des Fünften Buches entsprechende Anwendung. [3]Abweichend von Satz 1 ist bei Mitgliedern nach § 20 Abs. 1 Nr. 10, die in der gesetzlichen Krankenversicherung freiwillig versichert sind, § 236 des Fünften Buches entsprechend anzuwenden; als beitragspflichtige Einnahmen der satzungsmäßigen Mitglieder geistlicher Genossenschaften, Diakonissen und ähnlichen Personen, die freiwillig in der gesetzlichen Krankenversicherung versichert sind, sind der Wert für gewährte Sachbezüge oder das ihnen zur Beschaffung der unmittelbaren Lebensbedürfnisse an Wohnung, Verpflegung, Kleidung und dergleichen gezahlte Entgelt zugrunde zu legen. [4]Bei freiwilligen Mitgliedern der gesetzlichen Krankenversicherung, die von einem Rehabilitationsträger Verletztengeld, Versorgungskrankengeld oder Übergangsgeld erhalten, gilt für die Beitragsbemessung § 235 Abs. 2 des Fünften Buches entsprechend; für die in der landwirtschaftlichen Krankenversicherung freiwillig Versicherten gilt § 46 des Zweiten Gesetzes über die Krankenversicherung der Landwirte.

(5) Der Beitragsberechnung von Personen, die nach § 26 Abs. 2 weiterversichert sind, werden für den Kalendertag der 180. Teil der monatlichen Bezugsgröße nach § 18 des Vierten Buches zugrunde gelegt.

[Fassung des § 57 ab 1.1.2016]:
(1) [1]Bei Mitgliedern der Pflegekasse, die in der gesetzlichen Krankenversicherung pflichtversichert sind, gelten für die Beitragsbemessung die §§ 226 bis 232a, 233 bis 238 und § 244 des Fünften Buches sowie die §§ 23a und 23b Abs. 2 bis 4 des Vierten Buches. [2]Bei Personen, die Arbeitslosengeld II beziehen, ist abweichend von § 232a Abs. 1 Satz 1 Nr. 2 des Fünften Buches das 0,2172fache der monatlichen Bezugsgröße zugrunde zu legen und sind abweichend von § 54 Absatz 2 Satz 2 die Beiträge für jeden Kalendermonat, in dem mindestens für einen Tag eine Mitgliedschaft besteht, zu zahlen; § 232a Absatz 1a des Fünften Buches gilt entsprechend.

(2) [1]Bei Beziehern von Krankengeld gilt als beitragspflichtige Einnahmen 80 vom Hundert des Arbeitsentgelts, das der Bemessung des Krankengeldes zugrundeliegt. [2]Dies gilt auch für den Krankengeldbezug eines rentenversicherungspflichtigen mitarbeitenden Familienangehörigen eines landwirtschaftlichen Unternehmers. [3]Beim

Krankengeldbezug eines nicht rentenversicherungspflichtigen mitarbeitenden Familienangehörigen ist der Zahlbetrag der Leistung der Beitragsbemessung zugrunde zu legen. ⁴Bei Personen, die Krankengeld nach § 44a des Fünften Buches beziehen, wird das der Leistung zugrunde liegende Arbeitsentgelt oder Arbeitseinkommen zugrunde gelegt; wird dieses Krankengeld nach § 47b des Fünften Buches gezahlt, gelten die Sätze 1 bis 3. ⁵Bei Personen, die Leistungen für den Ausfall von Arbeitseinkünften von einem privaten Krankenversicherungsunternehmen, von einem Beihilfeträger des Bundes, von einem sonstigen öffentlich-rechtlichen Träger von Kosten in Krankheitsfällen auf Bundesebene, von dem Träger der Heilfürsorge im Bereich des Bundes, von dem Träger der truppenärztlichen Versorgung oder von einem öffentlich-rechtlichen Träger von Kosten in Krankheitsfällen auf Landesebene, soweit Landesrecht dies vorsieht, im Zusammenhang mit einer nach den §§ 8 und 8a des Transplantationsgesetzes erfolgenden Spende von Organen oder Geweben erhalten, wird das diesen Leistungen zugrunde liegende Arbeitsentgelt oder Arbeitseinkommen zugrunde gelegt. ⁶Bei Personen, die Krankengeld nach § 45 Absatz 1 des Fünften Buches beziehen, gelten als beitragspflichtige Einnahmen 80 Prozent des während der Freistellung ausgefallenen, laufenden Arbeitsentgelts oder des der Leistung zugrunde liegenden Arbeitseinkommens.

(3) Für die Beitragsbemessung der in § 20 Absatz 1 Satz 2 Nummer 3 genannten Altenteiler gilt § 45 des Zweiten Gesetzes über die Krankenversicherung der Landwirte.

(4) ¹Bei freiwilligen Mitgliedern der gesetzlichen Krankenversicherung und bei Mitgliedern der sozialen Pflegeversicherung, die nicht in der gesetzlichen Krankenversicherung versichert sind, ist für die Beitragsbemessung § 240 des Fünften Buches entsprechend anzuwenden. ²Für die Beitragsbemessung der in der gesetzlichen Krankenversicherung versicherten Rentenantragsteller und freiwillig versicherten Rentner finden darüber hinaus die §§ 238a und 239 des Fünften Buches entsprechende Anwendung. ³Abweichend von Satz 1 ist bei Mitgliedern nach § 20 Abs. 1 Nr. 10, die in der gesetzlichen Krankenversicherung freiwillig versichert sind, § 236 des Fünften Buches entsprechend anzuwenden; als beitragspflichtige Einnahmen der satzungsmäßigen Mitglieder geistlicher Genossenschaften, Diakonissen und ähnlicher Personen, die freiwillig in der gesetzlichen Krankenversicherung versichert sind, sind der Wert für gewährte Sachbezüge oder das ihnen zum Beschaffung der unmittelbaren Lebensbedürfnisse an Wohnung, Verpflegung, Kleidung und dergleichen gezahlte Entgelt zugrunde zu legen. ⁴Bei freiwilligen Mitgliedern der gesetzlichen Krankenversicherung, die von einem Rehabilitationsträger Verletztengeld, Versorgungskrankengeld oder Übergangsgeld erhalten, gilt für die Beitragsbemessung § 235 Abs. 2 des Fünften Buches entsprechend; für die in der landwirtschaftlichen Krankenversicherung freiwillig Versicherten gilt § 46 des Zweiten Gesetzes über die Krankenversicherung der Landwirte.

(5) Der Beitragsberechnung von Personen, die nach § 26 Abs. 2 weiterversichert sind, werden für den Kalendertag der 180. Teil der monatlichen Bezugsgröße nach § 18 des Vierten Buches zugrunde gelegt.

Inhaltsübersicht

	Rn.
I. Geltende Fassung	1
II. Normzweck und Überblick	2
III. GKV-pflichtvers Mitglieder (Abs. 1)	3
1. Versicherungspflichtig Beschäftigte	4
2. Empfänger von Alg I und II	6
3. Selbständige Künstler und Publizisten	8
4. Personen in Einrichtungen der Jugendhilfe	9
5. Rehabilitanden	10
6. Einnahmen behinderter Menschen	11
7. Studenten, Auszubildende und Praktikanten	12

§ 57 Sechstes Kapitel. Finanzierung

	Rn.
8. Versicherungspflichtige Rentner	13
9. Rückkehrer	14
10. Aufrecht erhaltene Mitgliedschaften	15
IV. Krankengeld (Abs. 2)	16
1. Grundlagen	17
2. Landwirtschaftliche Unternehmer	19
3. Organspender	21
4. Rückwirkender Rentenbezug	23
5. Bezieher von Krankengeld bei Erkrankung eines Kindes	23a
V. Altenteiler gem. KVLG 1989 (Abs. 3)	24
VI. Freiwillige GKV-Versicherung und sonstige Fälle der Abs. 4 und 5	25
1. Mitglieder gem. § 21	27
2. Freiwillig versicherte Rentner	28
3. Praktikanten und gleichgestellte Personen	29
4. Mitglieder geistlicher Genossenschaften, Diakonissen und ähnliche Personen	30
5. Rehabilitanden und freiwillige Mitglieder nach KVLG 1989	31
6. Freiwillig Weiterversicherte (Abs. 5)	33

I. Geltende Fassung

1 Die Vorschrift ist mWv 1.1.1995 durch Art. 1 PflegeVG eingeführt worden. Sie beruht im Wesentlichen auf der Beschlussempfehlung des AuS-Ausschusses (BT-Drucks. 12/5920, S. 52; Begr. BT-Drucks. 12/5952, S. 43). Abs. 1 Satz 1 wurde mehrfach geändert, zuletzt durch Art. 8 Nr. 6 G z. besseren Vereinbarkeit von Familie, Pflege und Beruf (vom 23.12.2014, BGBl. I S. 2462) mWv 1.1.2015. Abs. 1 Satz 2 wurde angefügt durch Art. 11 HBeglG (vom 29.6.2006, BGBl. I S. 1402) und mWv 1.1.2016 geändert durch Art. 6 Nr. 2 GKV-FQWG (vom 21.7.2014, BGBl. I S. 1133). Abs. 2 Satz 4 und 5 wurden eingefügt durch Art. 2c Nr. 1 G zur Änderung des TransplantationsG (vom 21.7.2012, BGBl. I S. 1601) mWv 1.8.2012; Abs. 2 Satz 6 ergänzt durch Art. 8 Nr. 6 lit. b) G z. besseren Vereinbarkeit von Familie, Pflege und Beruf (vom 23.12.2014, BGBl. I S. 2462) mWv 1.1.2015. Abs. 3 wurde neu gefasst durch Art. 1 Nr. 26 PNG (vom 23.10.2012, BGBl. I S. 2246) mWv 1.1.2013 und redaktionell ergänzt durch Art. 1 Nr. 22 PSG I (vom 17.12.2014, BGBl. I S. 2222) mWv 1:1.2015. Zuvor war die bei Inkrafttreten des SGB XI gültige Fassung des Abs. 3 mehrfach geändert worden: Satz 3 angepasst durch Art. 1 Nr. 3 KiBG (vom 15.12.2004, BGBl. I S. 3448) mWv 1.1.2005 und Art. 1 Nr. 35 PflWEG (vom 28.5.2008, BGBl. I S. 874) mWv 1.7.2008. Satz 4 eingefügt durch Art. 1 Nr. 3 KiBG (vom 15.12.2004, BGBl. I S. 3488) mWv 1.1.2005 und hinsichtlich der Zuständigkeit angepasst durch Art. 264 9. ZustAnpV (vom 31.10.2006, BGBl. I S. 2407) mWv 8.11.2006. Abs. 3 Satz 5 aF neu gefasst durch Art. 1 Nr. 20 1. SGB XI-ÄndG (vom 14.6.1996, BGBl. I S. 830) mWv 25.6.1996. Abs. 3 Satz 7 aF angefügt durch Art. 1 Nr. 35 PflWEG (vom 28.5.2008, BGBl. I S. 874) mWv 1.7.2008.

II. Normzweck und Überblick

2 § 57 legt fest, welche Einnahmen der Mitglieder bei der Bemessung der Beiträge zu berücksichtigen sind. Dies erfolgt weitgehend in Übereinstimmung mit den Vorgaben der GKV. Abweichungen ergeben sich aus dem unterschiedlichen Kreis der Verspflichtigen und Besonderheiten der SPV wie dem Beitragszuschlag für Kinderlose. Die Abs. 1 bis 3 befassen sich mit Einnahmen von Mitgliedern der SPV, die in

Beitragspflichtige Einnahmen § 57

der GKV einschließlich des landwirtschaftlichen Zweiges gem. KVLG 1989 versicherungspflichtig sind. Abs. 4 und 5 regeln die Einnahmenermittlung für SPV-Mitglieder, die nicht oder freiwillig GKV-vers sind, und für Mitglieder gem. § 26 Abs. 2 sowie Rentenantragsteller.

III. GKV-pflichtvers Mitglieder (Abs. 1)

Abs. 1 erfasst die in der GKV pflichtvers Mitglieder der SPV, dh die Fälle des § 20 Abs. 1 Satz 2 Nr. 1 bis 12. Nur die Beitragsbemessung für die landwirtschaftlichen Pflichtvers gem. § 20 Abs. 1 Satz 2 Nr. 3 ist gesondert in § 55 Abs. 5 (Landwirte und mitarbeitende Familienangehörige) bzw § 57 Abs. 3 (Altenteiler) geregelt. **3**

1. Versicherungspflichtig Beschäftigte

Abs. 1 erklärt die GKV-Vorschriften zur Ermittlung der beitragspflichtigen Einnahmen für entsprechend anwendbar. Die beitragspflichtigen Einnahmen für **versicherungspflichtig Beschäftigte** nach § 20 Abs. 1 Satz 2 Nr. 1 werden durch den Verweis von Abs. 1 Satz 1 auf § 226 Abs. 1 SGB V bestimmt. Erfasst sind danach das Arbeitsentgelt (§ 14 SGB IV), Renten der GRV, Versorgungsbezüge, das Arbeitseinkommen (§ 15 SGB IV) neben einer GRV-Rente oder Versorgungsbezügen sowie das Vorruhestandsgeld. Bei einmalig gezahltem Arbeitsentgelt und flexiblen Arbeitszeitregelungen werden Arbeitsleistung bzw -entgelt zur Berechnung der beitragspflichtigen Einnahmen nach §§ 23a und b SGB IV zugeordnet. Für Kurzarbeiter gilt § 232a Abs. 2 SGB V (80% des Unterschiedsbetrages zwischen dem Sollentgelt und dem Istentgelt nach § 106 SGB III) und für Seeleute § 233 SGB V. Zu der Teilnahme verspflichtig Beschäftigter an einem rechtmäßigen Arbeitskampf vgl. Rn. 15. **4**

Überschreiten mehrere Einnahmequellen zusammen die Beitragsbemessungsgrenze des § 55 Abs. 2, sind die beitragspflichtigen Einnahmen in der Rangfolge des § 230 SGB V zu berücksichtigen und ist ggf. entsprechend § 231 SGB V eine Erstattung überzahlter Beträge vorzunehmen. In der **Gleitzone** gem. § 20 Abs. 2 SGB IV (EUR 450,01 bis 850,00, vgl. zur Beitragsbemessung *Marburger*, Die Beiträge 2009, 1 ff.) steigt das der Beitragsbemessung zugrunde gelegte Arbeitsentgelt sukzessive gem. der Formel des § 226 Abs. 4 SGB V auf den vollen Betrag bei einem Arbeitsentgelt von EUR 850,00. Zur Entlastung der Arbeitnehmer durch das Zusammenspiel mit den Regelungen der Beitragstragung (§§ 249 Abs. 4 SGB V, 58 Abs. 5 Satz 2) vgl. § 58 Rn. 11. **5**

2. Empfänger von Alg I und II

Die beitragspflichtigen Einnahmen für Empfänger von Alg I und II nach § 20 Abs. 1 Satz 2 Nr. 2 und 2a richten sich grundsätzlich nach den tagesbezogenen Werten des § 232a SGB V. Für Empfänger von **Alg I** werden 80% des dem Arbeitslosengeld zu Grunde liegenden täglichen Arbeitsentgeltes, bis zur Beitragsbemessungsgrenze, angesetzt (§ 232a Abs. 1 Satz 1 Nr. 1 SGB V). Diese Regelungen der Beitragsbemessung werden auch bei landwirtschaftlichen Pflichtvers gem. § 2 Abs. 1 Nr. 6 KVLG 1989 zugrunde gelegt, die im Bezug von Leistungen nach dem SGB II bzw III stehen. **6**

Für Empfänger von **Alg II** wird im Jahr 2015 noch der 30. Teil des 0,3620-fachen der monatlichen Bezugsgröße aus § 18 SGB IV zugrunde gelegt. Dieser Wert war ursprünglich auch in § 232a Abs. 1 Satz 1 Nr. 2 SGB V für die GKV festgesetzt. Die Herabsetzung in der GKV durch Art. 10 Nr. 3 HBeglG 2006, BGBl. I S. 1402, zum 1.7.2006 auf den Faktor 0,3450 wurde in der SPV nicht nachvollzogen, um Beitragsausfälle zu vermeiden, vgl. BT-Drucks. 16/752, S. 29. Stattdessen wurde durch **7**

§ 57 Sechstes Kapitel. Finanzierung

Art. 11 HBeglG 2006 in Satz 2 des § 57 Abs. 1 der Faktor 0,3620 in der SPV weitergeführt.

7a Ab 1.1.2016 wird die Beitragserhebung für Bezieher von SGB-II-Leistungen nach Abs. 1 Satz 2 verändert. BA bzw. kommunale Träger führen dann nicht mehr für jeden Kalendertag einer Mitgliedschaft, sondern unter Abweichung von § 54 Abs. 2 pauschale Monatsbeiträge für jeden Monat ab, in dem mindestens ein Kalendertag eine Mitgliedschaft durch den Bezug von SGB-II-Leistungen bestanden hat. Das Verfahren der Bemessung anhand eines bestimmten Faktors bleibt erhalten, jedoch entfällt die Notwendigkeit einer taggenauen Berechnung. In der SPV wird ein **Faktor von 0,2172** festgesetzt. Die Gründe für die Abweichung von dem Faktor der GKV (0,206) sind den Materialien nicht zu entnehmen. Anzunehmen ist, dass entsprechend der Rechtslage bis 31.12.2015 in der SPV eine (relativ) höhere Beitragsabführung politisch gewollt war. Trotz der Absenkung eines Faktors soll sich nach BT-Drucks. 18/1307, S. 40, kein Einnahmenausfall ergeben, da durch die zeitgleiche Streichung des Vorranges der Familienversicherung vor der Versicherungspflicht gem. § 5 Abs. 1 Nr. 2a SGB V, § 20 Abs. 2 Satz 2 Nr. 2a für erheblich mehr Personen Beiträge abgeführt werden müssen. Die Höhe des Faktors ist nach Abs. 1 Satz 2 letzter HS entsprechend § 232 Abs. 1a SGB V idF. ab 1.1.2016 im Jahr 2018 zu überprüfen.

7b Der Gesetzgeber erwartet sich nach den Materialien eine Verwaltungsvereinfachung auch dadurch, dass nunmehr nicht zu prüfen sei, ob der Versicherungspflichtige **weitere beitragspflichtige Einnahmen** hat (BT-Drucks. 18/1307, S. 40). Aus dem Wortlaut der Norm ergibt sich diese Folge indes nicht; allein die Pauschalierung des Beitrages schließt eine Anrechnung anderweitig abzuführender Beiträge nicht grds. aus. Es ist aber davon auszugehen, dass die Verwaltungspraxis diesen ausdrücklichen gesetzgeberischen Willen umsetzen wird.

3. Selbständige Künstler und Publizisten

8 Sie unterliegen gemäß § 20 Abs. 1 Satz 2 Nr. 4 dem § 234 SGB V, wonach grundsätzlich der 360. Teil des voraussichtlichen Jahreseinkommens gem. § 12 KSVG, mindestens aber der 180. Teil der Bezugsgröße des § 18 SGB IV anzusetzen ist.

4. Personen in Einrichtungen der Jugendhilfe

9 Für **Personen in Einrichtungen der Jugendhilfe,** in Berufsbildungswerken etc gem. § 20 Abs. 1 Satz 2 Nr. 5 fingiert § 235 Abs. 1 Satz 5 SGB V 20% der Bezugsgröße nach § 18 SGB IV als beitragspflichtige Einnahmen.

5. Rehabilitanden

10 § 235 Abs. 1 Satz 1 bis 4 SGB V regelt die beitragspflichtige Einnahmen der Teilnehmer an Leistungen zur **Teilhabe am Arbeitsleben** (Rehabilitanden) gem. § 20 Abs. 1 Satz 2 Nr. 6. Diese werden nach 80% des Regelentgelts, das der Berechnung des Übergangsgeldes zugrunde liegt, berechnet. Dieser Betrag wird ggf. gem. § 235 Abs. 1 Satz 2 SGB V um den Betrag einer Erwerbsunfähigkeitsrente oder sonstiger Arbeitsentgelte gemindert. Dadurch wird beitragsrechtlich nachvollzogen, dass der gleichzeitige Bezug dieser Leistungen durch Anrechnungsvorschriften nicht in voller Höhe möglich ist. Soweit kein Übergangsgeld gezahlt wird, gilt § 235 Abs. 1 Satz 5 SGB V, der fiktiv 20 Prozent der monatlichen Bezugsgröße gem. § 18 SGB IV ansetzt.

6. Einnahmen behinderter Menschen

11 Als beitragspflichtige Einnahmen von **behinderten Menschen** iS von § 20 Abs. 1 Satz 2 Nr. 7 und 8 sind nach § 235 Abs. 3 SGB V das tatsächlich erzielte Arbeitsentgelt, mindestens jedoch ein Betrag in Höhe von 20 vom Hundert der monatlichen Bezugs-

Beitragspflichtige Einnahmen **§ 57**

größe nach § 18 SGB IV zugrunde zu legen. Dabei ist jeweils eingehend zu prüfen, ob die gezahlte Vergütung als Arbeitsentgelt iSd. § 14 SGB IV zu bewerten ist. So hat das BSG dem Ausbildungsgeld gem. § 122 SGB III für eine Trainingsmaßnahme in einer Werkstatt für Behinderte keine Entgeltqualität beigemessen (BSG, SozR 3-2500 § 44 Nr. 8 = SozVers 2002, 82), die Vergütung für eine Tätigkeit im Produktionsbereich einer solchen Werkstatt jedoch als Arbeitsentgelt angesehen (BSG, SozR 2200 § 182 Nr. 50 = BSGE 48, 83). Treffen die Verspflicht gem. § 20 Abs. 1 Satz 2 Nr. 6 und 7 bzw 8 zusammen, was nach BSG, SozR 3-2500 § 44 Nr. 8 = SozVers 2002, 82 nicht durch dieselbe, sondern nur mehrere gleichzeitig absolvierte Maßnahmen geschehen kann, sind die Beitragsvorschriften anzuwenden, aus denen sich die höhere Beitragspflicht ergibt. Dies folgt aus § 5 Abs. 6 Satz 2 SGB V, dessen Rechtsgedanke zur Wahrung einer einheitlichen Verbeitragung auch im SGB XI heranzuziehen ist.

7. Studenten, Auszubildende und Praktikanten

§ 236 SGB V legt für verspflichtige **Studenten bzw Auszubildende und Prak-** 12
tikanten gem. § 20 Abs. 1 Satz 2 Nr. 9 und 10 Einnahmen von 1/30 des monatlichen Bedarfes nach § 13 Abs. 1 Nr. 2 und Abs. 2 BAföG als beitragspflichtig fest. Zu freiwillig GKV-versicherten Studenten und Praktikanten vgl. Rn. 29.

8. Versicherungspflichtige Rentner

Für **verspflichtige Rentner** gem. § 20 Abs. 1 Satz 2 Nr. 11 kommt § 237 SGB V 13
zur Anwendung. Danach sind die GRV-Rente, vergleichbare Einnahmen (dazu gehören va Versorgungsbezüge gem. § 229 SGB V) und das Arbeitseinkommen in der Rangfolge des § 238 SGB V der Einnahmenbemessung zugrunde zu legen. Rentennachzahlungen sind nach §§ 237 Satz 2, 228 Abs. 2 SGB V ebenfalls beitragspflichtig, wenn sie auf einen Zeitraum entfallen, in dem der Rentner Anspruch auf Leistungen aus der SPV hatte. Zur Bestimmung der beitragspflichtigen Einnahmen bei freiwillig vers Rentnern und Rentenantragstellern vgl. Rn. 28.

9. Rückkehrer

Die Einnahmenermittlung für bisher nicht vers **Rückkehrer** in die SPV iS von 14
§ 20 Abs. 1 Satz 2 Nr. 12 richtet sich nach §§ 227, 240 SGB V (kritisch *Sieben,* ErsK 2008, 272). Damit sind auch die Mindestbemessungsgrundlagen des § 240 Abs. 4 SGB V anzuwenden. Für rückkehrende landwirtschaftliche Vers (§ 2 Abs. 1 Nr. 7 KVLG 1989) erfolgt die Beitragsbemessung durch 121 SVLFG-Satzung, da § 57 nicht anwendbar ist. Dieser Personenkreis ist weder iSd. § 57 Abs. 1 in der GKV pflichtvers noch von Abs. 4 erfasst.

10. Aufrecht erhaltene Mitgliedschaft

Für die Fälle, in denen eine Mitgliedschaft gem. §§ 192, 193 SGB V, 49 aufrecht 15
erhalten wird, folgt § 57 Abs. 1 Satz 1 bei der Bestimmung der beitragspflichtigen Einnahmen weitgehend den Regelungen des SGB V. Bei (nicht gem. § 25 familienvers) **Wehrdienstleistenden,** die gem. §§ 193 SGB V, 49 weitervers sind (vgl. § 49 Rn. 4), gilt § 244 SGB V. Der Beitrag reduziert sich auf 1/3 bzw 1/10 des vor der Einberufung gezahlten Beitrages. Für **Schwangere,** die nach der zulässigen Auflösung ihres Arbeitsverhältnisses gem. §§ 192 Abs. 2 SGB V, 49 Abs. 2 weitervers sind, gilt § 226 Abs. 3 SGB V entsprechend. Danach legt die Satzung der PK die beitragspflichtigen Einnahmen fest; dabei wird sie sich regelmäßig an § 240 SGB V orientieren. Zahlt ein Träger von **Rehabilitationsmaßnahmen** Verletztengeld, Versorgungskrankengeld oder Übergangsgeld an ein GKV-pflichtvers Mitglied, wird die Mitgliedschaft in der SPV gem. §§ 192 Abs. 1 Nr. 3 SGB V, 49 Abs. 2 aufrecht erhalten.

§ 57 Sechstes Kapitel. Finanzierung

Die Beitragsbemessung richtet sich nach § 235 Abs. 2 SGB V, sodass für die Bemessung 80 v. H. des Regelentgelts angesetzt werden, das der Berechnung des Verletztengeldes, Versorgungskrankengeldes oder Übergangsgeldes zugrunde liegt. Gleiches gilt für freiwillige GKV-Mitglieder (vgl. Rn. 25). GKV-pflichtvers Teilnehmer an einem **rechtmäßigen Arbeitskampf** (SPV-Mitglieder gem. § 192 Abs. 1 Nr. 1 SGB V iVm. § 49 Abs. 2) haben regelmäßig keine beitragspflichtigen Einnahmen, vgl. *Eichenhofer*, NZA-Beil 2006, 67, 72. So ist auch das während des Streiks von einer Gewerkschaft gezahlte Streikgeld kein beitragspflichtiger Arbeitslohn, BSG, SozR 4-7837 § 2 Nr. 7 = SGb 2011, 209 (für das Elterngeld). Zu Kurzarbeitern vgl. bereits Rn. 4, zu Rentenantragstellern gem. § 189 SGB V siehe Rn. 28.

IV. Krankengeld (Abs. 2)

16 Das Krankengeld ist – anders als in der GKV – in der SPV grundsätzlich beitragspflichtig. Die Durchbrechung des Grundsatzes „PV folgt KV" ergibt sich aus dem sozialversrechtlichen Grundsatz, dass Ersatzleistungen eines Verszweiges in einem anderen beitragspflichtig sind.

1. Grundlagen

17 Die Beitragsbemessung wird in der SPV nicht anhand des Krankengeldes (zu dessen Höhe §§ 47 ff SGB V), sondern des Arbeitsentgeltes vorgenommen, das dem Krankengeld zugrunde liegt. Als **beitragspflichtige Einnahmen** angesetzt werden nach Abs. 2 Satz 1 grundsätzlich 80% des Arbeitsentgeltes. Dies soll nach BT-Drucks. 12/5952, S. 43 zu § 54 Abs. 2 eine Gleichbehandlung mit Übergangsgeld, Verletztengeld und Versorgungskrankengeld bewirken. Für Arbeitnehmer im Krankengeldbezug ist zur Bestimmung der beitragspflichtigen Einnahmen zusätzlich § 23c Abs. 1 SGB IV zu beachten.

18 Abs. 2 erfasst zum einen die **GKV-pflichtversicherten Krankengeldbezieher.** Ihre SPV-Mitgliedschaft wird gem. §§ 192 Abs. 1 Nr. 2 und 2a SGB V, 49 Abs. 2 analog zu den Regeln der GKV aufrecht erhalten. Zum anderen legt Abs. 2 auch für freiwillig GKV-vers Bezieher von Krankengeld die beitragspflichtigen Einnahmen fest, die Vorschrift ist insoweit Spezialnorm zu Abs. 4. Daher sind die Mindestbemessungsgrundlagen des Abs. 4 für freiwillig GKV-Vers nicht ergänzend heranzuziehen. Dementsprechend schließt § 8 Beitragsverfahrensgrundsätze Selbstzahler die zusätzliche Anwendung der Mindestbemessungsgrundlagen von § 240 Abs. 4 SGB V bei der Beitragsbemessung in der GKV für im Krankengeldbezug stehende Selbständige (gem. § 44 Abs. 2 SGB V bzw § 53 Abs. 6 SGB V) und freiwillig GKV-vers Arbeitnehmer (§ 6 Abs. 1 Nr. 1 SGB V) aus. Diese Wertung gilt über § 57 Abs. 4 auch in der SPV.

2. Landwirtschaftliche Unternehmer

19 Landwirtschaftliche Unternehmer erhalten grundsätzlich kein Krankengeld, sondern Betriebshilfe gem. § 9 KVLG 1989. Es bedurfte daher nur der Regelungen zur Beitragsbemessung bei Krankengeldbezug von **mitarbeitenden Familienangehörigen landwirtschaftlicher Unternehmer.** Abs. 2 Satz 2 und 3 folgen der Systematik von §§ 12 und 13 KVLG 1989. Daraus ergibt sich, dass bei rentenversicherungspflichtigen Familienangehörigen – wie für GKV-Mitglieder nach Abs. 2 Satz 1 – als beitragspflichtige Einnahmen 80% des Arbeitsentgeltes anzusetzen sind. Soweit keine RV-Pflicht besteht, ist der Zahlbetrag des Krankengeldes zugrunde zu legen, da nach § 13 KVLG 1989 ein pauschaliertes Krankengeld gezahlt wird.

20 Die Beitragsbemessung der weiteren Fälle des § 12 KVLG 1989, in denen die SVLFG Krankengeld zahlt (Empfänger von Alg I gem. § 2 Abs. 1 Nr. 6 KVLG 1989,

landwirtschaftliche Unternehmer mit einer befristeten, GKV-Verspflicht begründenden Beschäftigung gem. §§ 2 Abs. 1 Nr. 1, 3 Abs. 2 Nr. 1 KVLG 1989 sowie freiwillige Mitglieder), sind nicht im SGB XI geregelt. Hier richtet sich die Ermittlung der beitragspflichtigen Einnahmen nach den Vorschriften, die für die entsprechende Versgruppe der GKV gelten.

3. Organspender

Krankengeld gem. § 44a SGB V wird in Höhe des vor Beginn der Arbeitsunfähigkeit regelmäßig erzielten Nettoarbeitsentgelts oder Arbeitseinkommens bis zur Beitragsbemessungsgrenze von der KK des Spendenempfängers geleistet. Beitragsrechtlich soll der Spender nach BT-Drucks. 17/9773, S. 42 hinsichtlich der Bemessungsgrundlage so gestellt werden, als ob er weiterbearbeitet hätte. **Abs. 2 Satz 4 Hs 1** legt seit 1.8.2012 in Abweichung von Abs. 2 Satz 1 bis 3 danach folgerichtig das dem Krankengeld zu Grunde liegende Arbeitsentgelt bzw Arbeitseinkommen des Spenders als beitragspflichtige Einnahme der SPV zugrunde. Hingegen werden Gewebe- und Organspender, die Krankengeld auf der Basis von zuvor bezogenen Leistungen nach dem SGB III erhalten (§ 47b SGB V), nicht anders behandelt als andere Empfänger von Krankengeld gem. § 44 SGB V. Für sie ordnet Abs. 2 Satz 4 Hs 2 an, dass die allgemeinen Regelungen des Abs. 2 Satz 1 bis 3 gelten.

Abs. 2 Satz 5 erfasst den Fall, dass der Empfänger der Gewebe- oder Organspende in der PPV bzw bei einem der anderen in der Norm genannten Träger pflegevers ist. Diese Träger leisten an den (SPV-vers) Spender zwar kein Krankengeld gem. § 44a SGB V, aber einen wirtschaftlich gleichwertigen Verdienstausfallersatz (vgl. für die PKV die Selbstverpflichtung des Verbandes der PKV vom 9.2.2012, BT-Drucks. 17/9773, S. 38f.). Der Regel des Abs. 2 Satz 4 Hs 1 für Krankengeldempfänger gem. § 44a SGB V folgend wird beim Spender in der SPV das der Ersatzleistung zu Grunde liegende Arbeitsentgelt bzw -einkommen bis zur Bemessungsgrenze als beitragspflichtige Einnahme berücksichtigt.

4. Rückwirkender Rentenbezug

Wird eine Rente wegen Erwerbsunfähigkeit gem. § 50 Abs. 1 SGB V **rückwirkend** für den Zeitraum des Krankengeldbezuges bewilligt, haben weder der Vers noch die KK einen Anspruch auf Erstattung der gezahlten SPV-Beitragsanteile, vgl. BSG, SozR 3-2400 § 26 Nr. 6 = NZS 1995, 414 zu Rentenbeiträgen; *Vay*, in: Krauskopf, SGB XI, § 57 Rn. 27, 28; aA Spitzenverbände der KKen, Gemeinsames Rundschreiben vom 3.12.2002, S. 88, die auch im Beitragsrecht eine Rückabwicklung des PV-Verhältnisses annehmen. Hinsichtlich des Krankengeldes findet hingegen ein Ausgleich zwischen den RV- und KV-Trägern nach den Maßgaben der §§ 102ff. SGB X statt. Dem Vers verbleibt nach § 50 Abs. 1 Satz 2 SGB V der Spitzbetrag, falls das zunächst gezahlte Krankengeld höher war als die bewilligte Rente; im umgekehrten Fall besteht ein Nachzahlungsanspruch gegen den RV-Träger.

5. Bezieher von Krankengeld bei Erkrankung eines Kindes

Für Personen, die **Krankengeld wegen Erkrankung eines Kindes** nach § 45 Abs. 1 SGB V beziehen, weicht ab 1.1.2015 die Beitragserhebung zur SPV gem. Abs. 2 Satz 6 von der für Krankengeldbezieher gem. § 44 SGB V ab. Der wesentliche Unterschied liegt nunmehr darin, dass als beitragspflichtige Einnahmen zur SPV nicht mehr zu 80% die vor der Erkrankung erzielten Einkünfte angesetzt werden, sondern – bei unverändertem Prozentsatz – das während der Freistellung ausgefallene, **laufende Arbeitsentgelt** oder das der Leistung zugrunde liegende Arbeitseinkommen. Der Gesetzgeber hat mit der Neugestaltung des § 45 SGB V beabsichtigt, die Berech-

§ 57 Sechstes Kapitel. Finanzierung

nung der Höhe des Kinderkrankengeldes zu vereinfachen, weil es sich um eine Entgeltersatzleistung handele, die idR nur kurzfristig in Anspruch genommen wird (vgl. BT-Drucks 18/3124, S. 43 zu den nunmehr für die Berechnung ausreichenden Angaben). Abs. 2 Satz 6 wurde entsprechend geregelt, um diesen Zweck nicht im Rahmen der Berechnung der aus dem Krankengeld gem. § 45 SGB V zu zahlenden Beiträge zu unterlaufen.

V. Altenteiler gem. KVLG 1989 (Abs. 3)

24 Nach der Neufassung durch das PNG zum 1.1.2013 regelt Abs. 3 nicht mehr auch die Beitragsbemessung für landwirtschaftliche Unternehmer und ihre Familienangehörigen (nunmehr § 55 Abs. 5 SGB V), sondern nur noch die Beitragsbemessung der **Altenteiler** gem. § 20 Abs. 1 Nr. 3, dh der verspfl Personen gem. § 2 Abs. 1 Nr. 4 und 5 KVLG 1989. Für diesen Personenkreis gilt wie in der landwirtschaftlichen KV § 45 KVLG 1989, der ähnliche Regelungen enthält wie § 237 SGB V für Mitglieder der KVdR. Nacheinander werden der Beitragsbemessung das Einkommen aus Renten, Versorgungsbezügen und das (nicht land- und forstwirtschaftliche) Arbeitseinkommen zugrunde gelegt. Zu landwirtschaftlichen Rentenantragstellern gem. § 23 KVLG 1989 vgl. Rn. 28.

VI. Freiwillige GKV-Versicherung und sonstige Fälle der Abs. 4 und 5

25 Abs. 4 Satz 1 legt den Grundsatz fest, dass die Ermittlung der beitragspflichtigen Einnahmen für SPV-Mitglieder, die nicht GKV-Pflichtmitglied sind, dh freiwillig bzw nicht GKV-vers, entsprechend § 240 SGB V vorgenommen wird. Der Spitzenverband Bund der KKen hat nach § 240 Abs. 1 SGB V Regelungen zu treffen, die die **gesamte wirtschaftliche Leistungsfähigkeit** des Mitglieds berücksichtigen. Für die GKV hat der Spitzenverband Bund erstmals am 27.10.2008 mWz 1.1.2009 die Beitragsverfahrensgrundsätze Selbstzahler erlassen; ihre Wirksamkeit ist von BSG, SozR 4-2500 § 240 Nr. 17 = USK 2012–179 grundsätzlich bestätigt worden. Die gesamte wirtschaftliche Leistungsfähigkeit wird nicht nur durch die Einnahmequellen der §§ 226 ff. SGB V für GKV-Pflichtvers bestimmt. Darüber hinausgehend sind alle Einnahmen ohne Rücksicht auf die steuerliche Behandlung der Beitragspflicht unterworfen, die das Mitglied zum Lebensunterhalt verbraucht oder verbrauchen könnte (§ 3 Abs. 1 Beitragsverfahrensgrundsätze Selbstzahler). Einzelnen Sozialleistungen kann aber nach der Rechtsprechung des BSG eine Zweckbestimmung innewohnen, die es erfordert, dass dem Mitglied der Betrag ungekürzt zur Verfügung kommt. Dies ist im Einzelfall durch wertende Betrachtung zu ermitteln (zuletzt BSG, SozR 4-2500 § 240 Nr. 18 = SGb 2013, 517). In der SPV wirken die untergesetzlichen Vorgaben der Beitragsverfahrensgrundsätze Selbstzahler und die dazu ergangene Rechtsprechung durch den – in einem umfassenden Sinn zu verstehenden – Verweis auf § 240 SGB V ebenfalls auf die Beitragsbemessung ein.

26 Hat ein freiwillig GKV-Vers nur geringe oder keine Einkünfte, sind auch in der SPV die Mindestbemessungsgrundlagen des § 240 Abs. 4 SGB V zu beachten. Verfassungsrechtlich zu beanstanden ist weder die Anwendung von Satz 1 (BSG, SozR 3-3300 § 57 Nr. 1) noch Satz 2 und 3 (BSG, SozR 3-3300 § 20 Nr. 5 = NZS 1999, 248) des § 240 Abs. 4 SGB V. Beiträge nach der Mindestbeitragsbemessungsgrundlage sind daher auch für freiwillig vers, einkommenslose Kinder zu zahlen, für die die Familienvers nicht greift (BSG, SozR 4-3300 § 25 Nr. 1 = NZS 2005, 382). Nach BSG, SozR 4-3300 § 57 Nr. 3 = SGb 2007, 31, hierzu *Kaempfe*, G+G 2007, 43 sind Ent-

gelte aus geringfügiger Beschäftigung in der SPV selbst dann beitragspflichtig, wenn in der GKV keine Beitragspflicht besteht.

1. Mitglieder gem. § 21

Abs. 4 Satz 1 ordnet die Geltung des § 240 SGB V auch für den **nicht in der GKV** 27 **vers Personenkreis,** dies sind die Mitglieder gem. § 21, an. Die Berücksichtigung der gesamten wirtschaftlichen Leistungsfähigkeit erfolgt unstreitig aber nur für die Zeitsoldaten gem. § 21 Nr. 6. Die Anwendung des § 240 SGB V auf Mitglieder gem. § 21 Nr. 1 bis 5 ist wegen der Regelung zur Beitragstragung problematisch, die nach § 59 Abs. 3 Satz 1 den Trägern der Leistung obliegt. Es ist nicht anzunehmen, dass die Träger der Leistungen im Beitragsrecht für die gesamte wirtschaftliche Leistungsfähigkeit des Mitglieds iSd. § 240 SGB V, dh auch zB für Einkünfte aus Vermietung und Verpachtung, einstehen sollen. In der Praxis wird diese gesetzliche Inkongruenz dadurch gelöst, dass die Leistungsfähigkeit des Mitgliedes unter Verstoß gegen § 240 SGB V nicht ermittelt wird. Die verpflichteten Leistungsträger und die Spitzenverbände haben in der „Verfahrensbeschreibung über die Zahlung und Abrechnung der Pflegeversicherungsbeiträge für die nach § 21 Nr. 1 bis 5 SGB XI Versicherten" vom 10. 2. 1995 pauschal festgelegt, dass ohne Prüfung stets die Mindestbemessungsgrundlage (90. Teil der Bezugsgröße gem. § 18 SGB IV) als beitragspflichtige Einnahme angesetzt wird, da dieser Personenkreis in der Regel nicht über Einnahmen oberhalb der Mindestbemessungsgrundlagen verfüge.

2. Freiwillig versicherte Rentner

Die Einnahmen **freiwillig GKV-vers Rentner** werden nach Abs. 4 Satz 1 iVm. 28 § 240 SGB V ermittelt; ergänzend ist nach Abs. 4 Satz 2 die Rangfolgeregelung des § 238a SGB V anzuwenden. Für **Rentenantragsteller** auf eine Rente der GRV gilt § 239 SGB V, der seinerseits auf § 240 SGB V verweist. Landwirtschaftliche Rentenantragsteller gem. § 23 KVLG könnten zwar grundsätzlich von dem Wortlaut des Abs. 4 Satz 1 erfasst sein, da es sich um SPV-Mitglieder ohne GKV-Mitgliedschaft handelt. Vorzugswürdig dürfte aber sein, Abs. 4 Satz 1 nicht für einschlägig zu halten und die Regelung durch Satzungsrecht der SVLFG (§ 121) für zulässig zu erachten; wohl aA *Ulmer,* in: BeckOK § 57 SGB XI, Rn. 1. Zum einen passt der Verweis für andere Rentenantragsteller in Abs. 4 Satz 2 nicht, zum anderen erfolgt auch in der KV die Beitragsbemessung durch Satzung der SVLFG (§§ 44, 46 KVLG 1989).

3. Praktikanten und gleichgestellte Personen

Abs. 4 Satz 3 Hs 1 erfasst die nach **§ 20 Abs. 1 [erg: Satz 2] Nr. 10** in der SPV ver- 29 sicherungspflichtigen Praktikanten und gleichgestellte Personen. Da diese idR gem. § 5 Abs. 1 Nr. 10 SGB V in der GKV ebenfalls verspflichtig und damit nicht Abs. 4, sondern Abs. 1 unterliegen, verbleiben als Anwendungsbereich der Norm nur noch freiwillig GKV-vers Berufsfachschüler und Fachschüler (vgl. BT-Drucks. 12/5292, S. 43). Sie werden in § 5 Abs. 1 Nr. 10 SGB V nicht als GKV-verspflichtig benannt, unterliegen aber der SPV-Verspflicht gem. § 20 Abs. 1 Satz 2 Nr. 10 (BSG, SozR 3-2500 § 240 Nr. 29). Zur Anwendung kommt der geringe Beitragssatz für verspflichtige Praktikanten und Studenten (Rn. 12). Studenten, die – zB. wegen Überschreitens der Altersgrenze gem. § 5 Abs. 1 Nr. 9 SGB V – nicht mehr versicherungspflichtig sind, sich aber freiwillig GKV-versichert haben, unterliegen Abs. 4 Satz 3 HS 1 hingegen nicht. Für sie werden die (höheren) allgemeinen Bemessungsgrundlagen des Abs. 4 Satz 1 zu Grunde gelegt.

4. Mitglieder geistlicher Genossenschaften, Diakonissen und ähnliche Personen

30 Der Personenkreis des Abs. 4 Satz 3 Hs 2 gem. § 6 Abs. 1 Nr. 7 SGB V in der GKV versfrei. Es kommt daher nur eine freiwillige GKV-Mitgliedschaft (mit hieraus folgender SPV-Pflichtmitgliedschaft gem. § 20 Abs. 3) in Frage, was den Anwendungsbereich des Abs. 4 Satz 1 grundsätzlich eröffnet. In der GKV gibt es keine besonderen Beitragsbemessungsregelungen für diesen Personenkreis, es gelten die Mindestbemessungsgrundlagen des § 240 SGB V. Die privilegierende Behandlung in der SPV – es werden lediglich die in Abs. 4 Satz 3 Hs 2 genannten **Sachbezüge und Entgelte** zugrunde gelegt – ist wohl ein Relikt des Umstandes, dass § 18 Abs. 1 Nr. 7 RegE (BT-Drucks. 12/5262, S. 15) noch eine Erfassung der Diakonissen etc als verspflichtig in der SPV vorsah. Zu pauschal ist die Auffassung der Spitzenverbände im Gemeinsamen Rundschreiben vom 20.10.1994, wonach vereinfachend der 180. Teil der monatlichen Bezugsgröße anzuwenden sei.

5. Rehabilitanden und freiwillige Mitglieder gem. KVLG 1989

31 Freiwillige GKV-Mitglieder unterliegen mit den iR von **Rehabilitationsmaßnahmen** bezogenen Leistungen Verletztengeld, Versorgungskrankengeld und Übergangsgeld nach Abs. 4 Satz 4 Hs 1 für die Beitragsbemessung § 235 Abs. 2 SGB V anstelle von § 240 SGB V. Dies soll eine Gleichstellung mit den GKV-Pflichtmitgliedern bewirken (vgl. Rn. 15).

32 Für freiwillig Versicherte der **landwirtschaftlichen KV** gilt zur Einnahmenermittlung Abs. 4 Satz 4 Hs 2 iVm. § 46 KVLG 1989. Danach erfolgt eine Regelung durch Satzung der SVLFG. Ebenso wie für freiwillige GKV-Mitglieder hat die Satzungsregelung entsprechend § 240 SGB V die gesamte wirtschaftliche Leistungsfähigkeit zu berücksichtigen. § 134 SVLFG-Satzung legt anhand dieser Vorgaben ab 1.1.2014 Beitragsklassen fest; bis 31.12.2013 galten die bei den vor 2013 bestehenden landwirtschaftlichen PKen getroffenen Regelungen fort.

6. Freiwillig Weiterversicherte (Abs. 5)

33 Abs. 5 reduziert den Beitrag für **freiwillig Weiterversicherung** nach § 26 Abs. 2 im Vergleich zu Abs. 4 Satz 1 erheblich. Hintergrund ist, dass wegen des dauerhaften Auslandsaufenthaltes der Anspruch auf Leistungen der SPV gem. § 34 Abs. 1 Nr. 1 ruht. De lege ferenda ist fraglich, ob die Höhe der Beitragsreduzierung bei Wegzug in ein EU-, EWR-Land oder die Schweiz noch gerechtfertigt ist. Denn hier ruht zumindest der Anspruch auf Pflegegeld gem. § 34 Abs. 1a (eingefügt in Folge der Rechtsprechung des EuGH, vgl. Rs C-208/07 vom 16.9.2009, Slg 2009 I-6095, dazu *Bassen*, NZS 2010, 479) nicht. Für Weiterversicherte gem. § 26 Abs. 1 und Beigetretene nach § 26a gelten die allgemeinen Vorschriften der Beitragsbemessung gem. §§ 240 SGB V, 57 Abs. 4 Satz 1.

§ 58 Tragung der Beiträge bei versicherungspflichtig Beschäftigten

(1) [1]**Die nach § 20 Abs. 1 Satz 2 Nr. 1 und 12 versicherungspflichtig Beschäftigten, die in der gesetzlichen Krankenversicherung pflichtversichert sind, und ihre Arbeitgeber tragen die nach dem Arbeitsentgelt zu bemessenden Beiträge jeweils zur Hälfte.** [2]**Soweit für Beschäftigte Beiträge für Kurzarbeitergeld zu zahlen sind, trägt der Arbeitgeber den Beitrag allein.** [3]**Den Beitragszuschlag für Kinderlose nach § 55 Abs. 3 tragen die Beschäftigten.**

(2) Zum Ausgleich der mit den Arbeitgeberbeiträgen verbundenen Belastungen der Wirtschaft werden die Länder einen gesetzlichen landesweiten Feiertag, der stets auf einen Werktag fällt, aufheben.

(3) ¹Die in Absatz 1 genannten Beschäftigten tragen die Beiträge in Höhe von 1 vom Hundert allein, wenn der Beschäftigungsort in einem Land liegt, in dem die am 31. Dezember 1993 bestehende Anzahl der gesetzlichen landesweiten Feiertage nicht um einen Feiertag, der stets auf einen Werktag fiel, vermindert worden ist. ²In Fällen des § 55 Abs. 1 Satz 2 werden die Beiträge in Höhe von 0,5 vom Hundert allein getragen. ³Im Übrigen findet Absatz 1 Anwendung, soweit es sich nicht um eine versicherungspflichtige Beschäftigung mit einem monatlichen Arbeitsentgelt innerhalb der Gleitzone nach § 20 Abs. 2 des Vierten Buches handelt, für die Absatz 5 Satz 2 Anwendung findet. ⁴Die Beiträge der Beschäftigten erhöhen sich nicht, wenn Länder im Jahr 2017 den Reformationstag einmalig zu einem gesetzlichen Feiertag erheben.

(4) ¹Die Aufhebung eines Feiertages wirkt für das gesamte Kalenderjahr. ²Handelt es sich um einen Feiertag, der im laufenden Kalenderjahr vor dem Zeitpunkt des Inkrafttretens der Regelung über die Streichung liegt, wirkt die Aufhebung erst im folgenden Kalenderjahr.

(5) ¹§ 249 Abs. 2 des Fünften Buches gilt entsprechend. ²§ 249 Abs. 4 des Fünften Buches gilt mit der Maßgabe, dass statt des Beitragssatzes der Krankenkasse der Beitragssatz der Pflegeversicherung und bei den in Absatz 3 Satz 1 genannten Beschäftigten für die Berechnung des Beitragsanteils des Arbeitgebers ein Beitragssatz in Höhe von 0,7 vom Hundert Anwendung findet.

Inhaltsübersicht

	Rn.
I. Geltende Fassung	1
II. Normzweck und Überblick	2
III. Verspflichtige nach § 20 Abs. 1 Satz 2 Nr. 1 und 12 (Abs. 1)	3
1. Beitragstragung	5
2. Ausnahmen	6
IV. Aufhebung eines Feiertages (Abs. 2 und 4)	8
V. Folgen bei Nichtaufhebung des Feiertages (Abs. 3)	9
VI. Ausnahmen der hälftigen Beitragstragung (Abs. 5)	10

I. Geltende Fassung

Die Vorschrift ist mWv 1.1.1995 durch Art. 1 PflegeVG eingeführt worden. Lediglich Abs. 1 und 5 waren im RegE bereits enthalten (dort § 62); vgl. Begr. des RegE, S. 126. Die Abs. 2 bis 4 sind erst im zweiten Vermittlungsverfahren eingefügt worden (BT-Drucks. 12/7323, S. 4, ohne Begr.). Weitere Änderungen ergaben sich durch Art. 1 Nr. 2 und Art. 2 Nr. 2 und 3 des Gesetzes zum Inkrafttreten der zweiten Stufe der PV vom 31.5.1996 (BGBl. I S. 718). Durch Art. 10 Nr. 6 iVm. Art. 83 Abs. 1 AFRG (vom 24.3.1997, BGBl. I S. 594) wurde in Abs. 1 Satz 2 angefügt und darin durch Art. 8 Nr. 2 GanzjBeschFG (vom 24.4.2006, BGBl. I S. 926) das Winterausfallgeld gestrichen. Abs. 1 Satz 3 wurde ergänzt durch Art. 1 Nr. 3 KiBG (vom 15.12.2004, BGBl. I S. 3448) mWv 1.1.2005. Abs. 3 Satz 3 wurde neu gefasst durch Art. 6 Nr. 2a des G für moderne Dienstleistungen am Arbeitsmarkt (vom 23.12.2002, BGBl. I S. 4621) mWv 1.4.2003; Abs. 3 Satz 4 wurde angefügt durch Art. 1 Nr. 23 PSG I (vom 17.12.2014, BGBl. I S. 2222) mWv 1.1.2015. Abs. 5 Satz 1 wurde geändert durch Art. 7 SGB-ÄndG (vom 24.7.2003, BGBl. I S. 1526), Satz 2 angefügt durch Art. 6 Nr. 2b des G vom 23.12.2002, BGBl. I S. 4621, mWv 1.4.2003. **1**

§ 58 Sechstes Kapitel. Finanzierung

II. Normzweck und Überblick

2   § 58 Abs. 1 legt für die verspflichtig Beschäftigten fest, wer die nach §§ 54 bis 57 ermittelte Beitragslast und den Zuschlag für Kinderlose zu tragen hat. Für Beschäftigte gilt grundsätzlich, dass die Beiträge hälftig von Arbeitgeber und Arbeitnehmer getragen werden; § 58 regelt aber selbst diverse Modifikationen davon. Dies ist zulässig, da die paritätische Tragung kein zwingender Grds der SPV ist (BSG, SozR 4-3300 § 59 Nr. 1 = BSGE 97, 292). Abs. 1 und 5 betreffen den Fall, dass ein Bundesland den Feiertag nach Abs. 2 abgeschafft hat. Abs. 3 und 4 regeln die Rechtsfolgen für die Tragung, sofern der Feiertag nicht aufgehoben wurde. Nicht Gegenstand von § 58 ist die Beitragszahlung (hierzu § 60).

III. Verspflichtige nach § 20 Abs. 1 Satz 2 Nr. 1 und 12 (Abs. 1)

3   Abs. 1 Satz 1 ist die in der Praxis am häufigsten zur Anwendung kommende Tragungsregelung. Zu den verspflichtigen Beschäftigten gehören alle Arbeiter, Angestellten und zur Berufsausbildung Beschäftigten nach § 20 Abs. 1 Satz 2 Nr. 1 (vgl. auch § 7 Abs. 1 Satz 1 SGB IV). Nach dem Willen des Gesetzgebers im 4. SGB IV-ÄndG (BT-Drucks. 17/6764, S. 16) sollen auch Teilnehmer an jeder Form dualer Studiengänge zu diesem Personenkreis zu rechnen sein. In der GKV wurde durch das 4. SGB IV-ÄndG § 5 Abs. 4a Satz 2 SGB V mWv 1.1.2012 angefügt, für die SPV jedoch keine entsprechende Änderung ergänzt. Die SPV-Verspflicht und damit auch die Anwendung von Abs. 1 für die Beitragstragung ist jedenfalls für praxisintegrierte **duale Studiengänge** weiterhin zweifelhaft (GKV-Verspflicht nach der Rechtslage vor 2012 verneinend BSG, SozR 4-2400 § 7 Nr. 11 = BSGE 105, 56). Sie wird von BVerfG, Urteil vom 26.3.2013, 1 BvR 131/13 ua, nicht infrage gestellt und entspricht auch der Auffassung der Spitzenverbände.

4   Seit 1.4.2007 wird in Abs. 1 Satz 1 auch die Beitragstragung für die bisher nicht vers **Rückkehrer** in die GKV nach § 20 Abs. 1 Satz 2 Nr. 12 (ausführlich dazu § 20 Rn. 29) geregelt, die abhängig beschäftigt sind. Der Anwendungsbereich für diese Regelung ist gering, in Frage kommt die Anwendung von Abs. 1 Satz 1 zB für hauptberuflich Selbständige mit unselbständiger Nebentätigkeit. Diese sind gem. § 5 Abs. 5 SGB V nicht in der GKV verspflichtig und daher auch nicht von § 20 Abs. 1 Satz 2 Nr. 1 erfasst. Personen gem. § 20 Abs. 1 Satz 2 Nr. 12, die nicht abhängig beschäftigt sind, unterliegen den Regelungen des § 59.

1. Beitragstragung

5   Die Beiträge werden grundsätzlich hälftig durch Beschäftigte und Arbeitgeber getragen. Das Prinzip findet sich auch in anderen Zweigen der Sozialversicherung, zB §§ 249 Abs. 1 SGB V, 168 Abs. 1 Nr. 1 SGB VI wieder. § 58 regelt ausschließlich die Beitragstragung für das Arbeitsentgelt. Beziehen Beschäftigte daneben noch Einkommen aus den anderen beitragspflichtigen Quellen des § 226 SGB V iVm. § 57, erfolgt insoweit keine Aufteilung der Beitragstragung. Der Vers trägt die Beitragslast aus Versorgungsbezügen und Arbeitseinkommen aus selbständiger Tätigkeit entsprechend § 250 Abs. 1 SGB V (*Vay*, in: Krauskopf, SGB XI, § 58 Rn. 12) bzw § 59 Abs. 1 Satz 2 (*Peters*, in: KassKomm, SGB XI, § 58 Rn. 2, § 59 Rn. 6) allein. Dasselbe gilt analog § 59 Abs. 1 Satz 1 Hs 2 bei Rentenbezug neben dem Einkommen aus Arbeitsentgelt. Die hälftige Beitragstragung gilt auch für den Personenkreis des § 28 Abs. 2 (SPV-vers Beamte mit Anspruch auf Beihilfe oder Heilfürsorge). Sachgerechter wäre de lege ferenda eine alleinige Tragung durch den Beschäftigten. Nach geltendem Recht muss

Tragung der Beiträge bei versicherungspflichtig Beschäftigten   § 58

der Dienstherr nicht nur die Beitragslast anteilig mittragen, sondern auch die Beihilfe bzw Heilfürsorge der nicht von der SPV abgedeckten Leistungen übernehmen.

2. Ausnahmen

Abs. 1 Satz 2 und 3 regeln Einschränkungen des Grundsatzes der hälftigen Tragung. Satz 2 sieht eine Tragung für das (Saison-/Transfer-) **Kurzarbeitergeld** nach SGB III durch den Arbeitgeber vor; soweit neben dem Kurzarbeitergeld noch regulärer Lohn gezahlt wird, verbleibt es bei den allgemeinen Regelungen von Abs. 1 Satz 1. Diese schon bei Einführung des AFG so geregelte Alleinbelastung des Arbeitgebers sollte das Interesse des Arbeitgebers stärken, die Kurzarbeit möglichst einzuschränken (BT-Drucks. V/2291 zu § 160, S. 90). 6

Der Zuschlag für **Kinderlose** nach Abs. 1 Satz 3 (hierzu § 55 Rn. 6ff.) wird vom Beschäftigten getragen. In dieser Regelung soll zum Ausdruck kommen, dass auch der immaterielle Beitrag zur SPV in Form von Erziehung und Betreuung von Kindern nicht von den Arbeitgebern, sondern von den Kindererziehenden allein aufgebracht wird. Zudem wollte der Gesetzgeber eine Erhöhung der Lohnnebenkosten verhindern (BT-Drucks. 15/3671, S. 6/7). 7

IV. Aufhebung eines Feiertages (Abs. 2 und 4)

Die Aufhebung eines Feiertages, der stets auf einen Werktag fällt, gleicht nach dem Wortlaut des Abs. 2 die Mehrbelastung der Arbeitgeber durch die Beteiligung an der SPV-Beitragslast aus (vgl. § 1 Abs. 6 Satz 1 und Vorbemerkung zu §§ 54 bis 68 Rn. 5). Nur wenn das Bundesland, in dem der Vers tätig ist, den Feiertag aufgehoben hat, ergibt sich (grundsätzlich) die **paritätische Beitragsverteilung** zwischen Arbeitgeber und Arbeitnehmer, sonst tragen die Arbeitnehmer nach Maßgabe des Abs. 3 den überwiegenden Teil der Beiträge. Die Formulierung des Abs. 2 ist als Programmsatz Ausdruck einer von den Bundesländern im Gesetzgebungsverfahren geäußerten Absicht, nicht aber als Verpflichtung zur Aufhebung des Feiertages kraft Bundesrechts zu lesen. Dies wäre mit der aus Art. 70 GG folgenden Kompetenz der Länder für die Regelung von Feiertagen nicht vereinbar. Das BVerfG hat in Abs. 2 und 3 daher auch keine Materien des Feiertagsrechts gesehen (BVerfG, SozR 4-3300 § 58 Nr. 1 = NJW 2003, 3191). Die Aufhebung eines Feiertages führt nach Abs. 4 nur dann (ggf. auch rückwirkend) für das **aktuelle Kalenderjahr** zur Anwendung des Abs. 2, wenn der Feiertag bei Inkrafttreten seiner Aufhebung in dem Jahr noch nicht begangen worden ist. Anderenfalls gilt Abs. 3 bis zum folgenden Jahr weiter. 8

V. Folgen bei Nichtaufhebung des Feiertages (Abs. 3)

Abs. 3 sieht eine Verschiebung der Beitragslast vom Arbeitgeber auf den beschäftigten Vers vor, wenn er in einem Bundesland tätig ist, das für die SPV keinen stets auf einen Werktag fallenden Feiertag abgeschafft hat. Dies ist derzeit nur Sachsen. Die Rechtsfolgen des Abs. 3 betreffen daher derzeit ausschließlich Personen, die im Freistaat ihren Beschäftigungsort iS von §§ 9, 10 SGB IV haben. Der Wohnort des Beschäftigten ist nicht maßgeblich. Gem. Abs. 3 Satz 1 trägt der Beschäftigte hier zunächst **1 % der Beiträge** allein. Im zweiten Schritt gilt Abs. 3 Satz 3 Hs 1, wonach die Beitragstragung „im Übrigen" nach Abs. 1 (hälftig) verteilt wird. Derzeit tragen Arbeitnehmer in Sachsen insgesamt 1,675 % der Beitragsbemessungsgrundlage (1,925 % für Kinderlose gem. § 55 Abs. 3), die Arbeitgeber 0,675 %. Für heilfürsorge- und beihilfeberechtigte Personen iS des **§ 28 Abs. 2** halbiert Abs. 3 Satz 2 den vom Beschäftigten zu tragenden Beitragssatz auf 0,5 %. Im Übrigen gilt auch für diesen Versicher- 9

§ 59 Sechstes Kapitel. Finanzierung

tenkreis Abs. 3 Satz 3 Hs 1, woraus sich eine Beitragslast für den Vers von 0,8375%
(Kinderlose: 1,0875%) und für die Arbeitgeber von 0,3375% ergibt. Die Beitragstragung für Personen mit einem Arbeitsentgelt innerhalb der **Gleitzone** nach § 20
Abs. 2 SGB IV in Bundesländern ohne Aufhebung eines Feiertages wird nach Abs. 3
Satz 3 Hs 2 in Abs. 5 Satz 2 Fall 2 geregelt, hierzu Rn. 11. Die Abweichungen von der
hälftigen Tragung sind nach BVerfG SozR 4-3300 § 58 Nr. 1 = NJW 2003, 3191 verfassungsrechtlich nicht zu beanstanden. Die Kompensationslücke, dh die Mehrbelastung für Beschäftigte in Sachsen, sei angesichts des Nutzens der SPV für die Bevölkerung hinnehmbar.

9a § 58 Abs. 3 Satz 4 stellt klar, dass sich die Beitragslast der Versicherten nicht erhöht,
wenn der **Reformationstag** in einem Bundesland am 31.10.2017 zur 500-Jahrfeier
einmalig zu einem Feiertag erhoben wird. Die Erforderlichkeit dieser Regelung ist
zweifelhaft. Der Reformationstag ist in einigen Bundesländern ohnehin dauerhaft
ein Feiertag; zudem fällt er nicht stets iSd. Abs. 3 Satz 1 auf einen Werktag.

VI. Ausnahmen der hälftigen Beitragstragung (Abs. 5)

10 Abs. 5 Satz 1 verweist auf § 249 Abs. 2 SGB V. Dies wiederholt die schon in Abs. 1
Satz 2 geregelte alleinige Beitragstragung für das Kurzarbeitergeld durch die Arbeitgeber (vgl. Rn. 6).

11 In Bundesländern, die den Feiertag abgeschafft haben, gilt für Personen mit einem
Arbeitsentgelt innerhalb der **Gleitzone** nach § 20 Abs. 2 SGB IV (seit 1.1.2013:
EUR 450,01 bis EUR 850,00) Abs. 5 Satz 2 Fall 1. Wie in der GKV gilt, dass der
vom Arbeitgeber zu zahlende Beitragsanteil sich nach dem tatsächlichen Entgelt berechnet, der Arbeitnehmer-Anteil jedoch anhand einer fiktiven Beitragsbemessungsgrundlage gemäß der Formel der §§ 226 Abs. 4 SGB V, 57. Der Beitragsanteil des Arbeitnehmers ist bei nur geringer Überschreitung der Verspflichtgrenze erheblich
reduziert und nähert sich bis zum Erreichen der Grenze von € 850 der hälftigen Verteilung progressiv an. Hierdurch werden die Arbeitnehmer mit nur knapp sozialversspflichtigen Einkünften im Ergebnis entlastet. Für **Gleitzonenbeschäftigte in Sachsen** gilt Abs. 5 Satz 2 Fall 2, wonach für den Arbeitgeber-Anteil stets 0,7% angesetzt
werden. Dieser Wert wurde im Zuge der Erhöhungen des Beitragssatzes gem. § 55
Abs. 1 Satz 1 zum 1.7.2008, zum 1.1.2013 und zum 1.1.2015 nicht ebenfalls angehoben. In Sachsen gehen die drei Beitragserhöhungen daher vollständig zulasten der
Beschäftigten mit einem Arbeitsentgelt in der Gleitzone.

12 Zwei weitere Ausnahmen von der hälftigen Beitragstragung enthält § 20 Abs. 3
Satz 1 SGB IV. Die Beiträge zur SPV aus dem Gesamtsozialversicherungsbeitrag werden für solche Vers allein von dem Arbeitgeber getragen, die entweder (Nr. 1) in
einer Berufsausbildung monatlich nicht mehr als € 325 Arbeitsentgelt beziehen oder
(Nr. 2) Tätigkeiten iR des Jugendfreiwilligendienstegesetzes oder des Bundesfreiwilligendienstgesetzes leisten.

§ 59 Beitragstragung bei anderen Mitgliedern

(1) ¹**Für die nach § 20 Abs. 1 Satz 2 Nr. 2 bis 12 versicherten Mitglieder der
sozialen Pflegeversicherung, die in der gesetzlichen Krankenversicherung
pflichtversichert sind, gelten für die Tragung der Beiträge die § 250 Abs. 1
und 3 und § 251 des Fünften Buches sowie § 48 des Zweiten Gesetzes über
die Krankenversicherung der Landwirte entsprechend; die Beiträge aus der
Rente der gesetzlichen Rentenversicherung sind von dem Mitglied allein zu
tragen.** ²**Bei Beziehern einer Rente nach dem Gesetz über die Alterssicherung der Landwirte, die nach § 20 Abs. 1 Satz 2 Nr. 3 versichert sind, und**

Beitragstragung bei anderen Mitgliedern **§ 59**

bei Beziehern von Produktionsaufgaberente oder Ausgleichsgeld, die nach § 14 Abs. 4 des Gesetzes zur Förderung der Einstellung der landwirtschaftlichen Erwerbstätigkeit versichert sind, werden die Beiträge aus diesen Leistungen von den Beziehern der Leistung allein getragen.

(2) ¹Die Beiträge für Bezieher von Krankengeld werden von den Leistungsbeziehern und den Krankenkassen je zur Hälfte getragen, soweit sie auf das Krankengeld entfallen und dieses nicht in Höhe der Leistungen der Bundesagentur für Arbeit zu zahlen ist, im übrigen von den Krankenkassen; die Beiträge werden auch dann von den Krankenkassen getragen, wenn das dem Krankengeld zugrunde liegende monatliche Arbeitsentgelt 450 Euro nicht übersteigt. ²Die Beiträge für Bezieher von Krankengeld nach § 44a des Fünften Buches oder für den Ausfall von Arbeitseinkünften im Zusammenhang mit einer nach den §§ 8 und 8a des Transplantationsgesetzes erfolgenden Spende von Organen oder Geweben sind von der Stelle zu tragen, die die Leistung erbringt; wird die Leistung von mehreren Stellen erbracht, sind die Beiträge entsprechend anteilig zu tragen.

(3) ¹Die Beiträge für die nach § 21 Nr. 1 bis 5 versicherten Leistungsempfänger werden vom jeweiligen Leistungsträger getragen. ²Beiträge auf Grund des Leistungsbezugs im Rahmen der Kriegsopferfürsorge gelten als Aufwendungen für die Kriegsopferfürsorge.

(4) ¹Mitglieder der sozialen Pflegeversicherung, die in der gesetzlichen Krankenversicherung freiwillig versichert sind, sowie Mitglieder, deren Mitgliedschaft nach § 49 Abs. 2 Satz 1 erhalten bleibt oder nach den §§ 26 und 26a freiwillig versichert sind, und die nach § 21 Nr. 6 versicherten Soldaten auf Zeit tragen den Beitrag allein. ²Abweichend von Satz 1 werden
1. die auf Grund des Bezuges von Verletztengeld, Versorgungskrankengeld oder Übergangsgeld zu zahlenden Beiträge von dem zuständigen Rehabilitationsträger,
2. die Beiträge für satzungsmäßige Mitglieder geistlicher Genossenschaften, Diakonissen und ähnliche Personen einschließlich der Beiträge bei einer Weiterversicherung nach § 26 von der Gemeinschaft
allein getragen.

(5) Den Beitragszuschlag für Kinderlose nach § 55 Abs. 3 trägt das Mitglied.

Inhaltsübersicht

	Rn.
I. Geltende Fassung	1
II. Normzweck und Überblick	2
III. Nach § 20 Abs. 1 Satz 2 Nr. 2 bis 12 verspflichtige Mitglieder	3
1. Bezieher von Alg I (Nr. 2)	4
2. Bezieher von Alg II (Nr. 2a)	5
3. Landwirtschaftliche Unternehmer (Nr. 3)	6
4. Künstler und Publizisten (Nr. 4)	7
5. Jugendliche (Nr. 5)	8
6. Rehabilitanden (Nr. 6)	9
7. Behinderte Menschen (Nr. 7 und 8)	10
8. Studenten und Praktikanten (Nr. 9 und 10)	11
9. Versicherungspflichtige Rentner (Nr. 11)	12
10. Rückkehrer (Nr. 12)	13
11. Wehrdienstleistende	14
IV. Krankengeld (Abs. 2)	15

§ 59 Sechstes Kapitel. Finanzierung

	Rn.
V. Nach § 21 Nr. 1 bis 5 Verspflichtige (Abs. 3)	17
VI. Freiwillig GKV-Versicherte und weitere Mitglieder (Abs. 4)	18
VII. Beitragszuschlag für Kinderlose (Abs. 5)	19

I. Geltende Fassung

1 Die Vorschrift ist mWv 1.1.1995 durch Art. 1 PflegeVG eingeführt worden. Die endgültige Fassung wurde erst im zweiten Vermittlungsverfahren gefunden (BT-Drucks. 12/7323, S. 4, vgl. §§ 62–64 des RegE und zu § 55 idF des AuS-Ausschusses BT-Drucks. 12/5920, S. 53). Abs. 1 Satz 1 mehrfach geändert: durch Art. 10 Nr. 7 AFRG (vom 24.3.1997, BGBl. I S. 594), Art. 6 des 2. SGB VI-ÄndG (vom 27.12.2003, BGBl. I S. 3013) mWv 1.4.2004 und Art. 8 Nr. 29 GKV-WSG (vom 26.3.2007, BGBl. I S. 378) mWv 1.4.2007. Abs. 1 Satz 2 wurde noch vor Inkrafttreten angepasst durch Art. 6 Nr. 2 AgrarsozialreformG 1995 (vom 29.7.1994, BGBl. I S. 1890) und neu gefasst durch Art. 6 des 2. SGB VI-ÄndG, vom 27.12.2003, BGBl. I S. 3013. Abs. 2 geändert durch Art. 7 RRG 1999 (vom 16.12.1997, BGBl. I S. 2998). Abs. 2 Satz 2 eingefügt durch Art. 2c Nr. 2 G zur Änderung des TransplantationsG (vom 21.7.2012, BGBl. I S. 1601) mWv 1.8.2012, Abs. 2 Satz 1 geändert durch Art. 5 Nr. 2 G z Änd im Bereich der geringfügigen Beschäftigung (vom 5.12.2012, BGBl. I S. 2474) mWv 1.1.2013. Abs. 4 Satz 1 terminologisch angepasst durch Art. 1 Nr. 6c PflEG (vom 14.12.2001, BGBl. I S. 3728) mWv 1.1.2002, Satz 2 durch Art. 4 SGB VI-ÄndG (vom 15.12.1995, BGBl. I S. 1824) neu gefasst. Abs. 5 angefügt durch Art. 1 Nr. 4 KiBG (vom 15.12.2004, BGBl. I S. 3448) mWv 1.1.2005.

II. Normzweck und Überblick

2 § 59 regelt die Tragung der Beiträge für andere Mitglieder, dh der nicht gem. § 58 verspflichtig beschäftigten Mitglieder. Dies sind die verspflichtigen Personengruppen des § 20 Abs. 1 Satz 2 Nr. 2 bis 12 (Abs. 1), die Bezieher von Krankengeld (Abs. 2), nach § 21 Verspflichtige (Abs. 3) sowie freiwillige GKV- und SPV-Mitglieder (Abs. 4). Nicht Gegenstand von § 59 ist die Beitragszahlung (hierzu § 60).

III. Nach § 20 Abs. 1 Satz 2 Nr. 2 bis 12 verspflichtige Mitglieder

3 Die Beitragslast der SPV-Mitglieder nach § 20 Abs. 1 Satz 2 Nr. 2 bis 12 nach Abs. 1 ist überwiegend wie für diese Personen in der GKV verteilt. Zusätzlich gilt durch den Verweis auf § 250 Abs. 1 (Nr. 1 und 2) SGB V für jeden der nachfolgend erörterten Tatbestände der Verspflicht, dass die Beitragslast für weitere Einkünfte aus Versorgungsbezügen und Arbeitseinkommen allein vom Vers getragen werden.

1. Bezieher von Alg I (Nr. 2)

4 Für die Bezieher von **Alg I** trägt die Bundesagentur für Arbeit nach § 251 Abs. 4a SGB V die Beiträge. Der Verweis auf das Unterhaltsgeld in § 251 Abs. 4a SGB V ist nach dessen Umwandlung in Alg I wegen beruflicher Weiterbildung (§ 136 Abs. 1 Nr. 2 SGB III) gegenstandslos. Die Bundesagentur für Arbeit übernimmt die Beiträge nach § 174 Abs. 1 und Abs. 2 Satz 2 Nr. 2 SGB III auch für Bezieher von Alg I, die Mitglied der PPV sind.

Beitragstragung bei anderen Mitgliedern **§ 59**

2. Bezieher von Alg II (Nr. 2a)

Das Alg II ersetzte die Alhi (früher in Nr. 2 geregelt) zum 1.1.2005. Dem Bund 5
obliegt nach § 251 Abs. 4 Hs 2 SGB V die Beitragslast für Bezieher von **Alg II.** Zur
Übernahme des PPV-Beitrages gem. § 26 Abs. 2 SGB II BSG, SozR 4-4200 § 26
Nr. 3 = NZS 2013, 311. Die Beitragstragung bei Bezug von Leistungen nach dem
SGB XII musste nicht eigenständig geregelt werden, da dies schon keinen eigenständigen Versplichttatbestand in § 20 erfüllt. Es kommt unter den Voraussetzungen des
§ 32 Abs. 1 bis 3 SGB XII eine Übernahme der Beiträge durch den Sozialhilfeträger
in Betracht (vgl. BSG, SozR 4-3500 § 32 Nr. 2 = SGb 2013, 35).

3. Landwirtschaftliche Unternehmer (Nr. 3)

Der **landwirtschaftliche Unternehmer** trägt, ohne dass dies ausdrücklich gere- 6
gelt ist, seine Beiträge selbst (vgl. § 47 KVLG 1989 für die landwirtschaftliche KV)
und nach dem gem. Abs. 1 Satz 1 Hs 1 entsprechend anwendbaren § 48 Abs. 1 Satz 1
KVLG 1989 auch die Beiträge der mitarbeitenden Familienangehörigen. Auch landwirtschaftliche Rentner, Produktionsaufgaberentner und Ausgleichsgeldbezieher
nach dem FELEG haben gem. § 59 Abs. 1 Satz 2 ihre Beiträge – ebenso wie GRV-Rentner nach Abs. 1 Satz 1 Hs 2 (vgl. Rn. 12) – selbst zu tragen.

4. Künstler und Publizisten (Nr. 4)

Nach § 251 Abs. 3 SGB V iVm. Abs. 1 Satz 1 trägt die KSK die SPV-Beiträge der 7
selbständigen Künstler und Publizisten gem. KSVG. Der Beitrag setzt sich hälftig
zusammen aus dem auf den Künstler entfallenden Anteil, auf den AN gem.
§ 16a Abs. 1 Satz 1 KSVG einen Zahlungsanspruch gegen das Mitglied hat, sowie
dem aus Künstlersozialabgabe und Bundeszuschuss finanzierten Beitragsanteil der
KSK. Soweit der Versicherte nicht an die KSK zahlt, ruht der Leistungsanspruch
nach §§ 16 Abs. 2 KSVG, 16a Abs. 2, und die Pflicht der KSK zur Beitragszahlung
zur SPV entfällt grundsätzlich (§ 251 Abs. 3 Satz 2 SGB V). Der von der KSK zu übernehmende hälftige Beitragsanteil ist im Verhältnis zu den PKen Versbeitrag und
gleichzeitig Sozialleistung für das Mitglied, für die § 44 SGB X gilt (BSG, SozR 4-5425 § 8 Nr. 1 = FA 2010, 96).

5. Jugendliche (Nr. 5)

Verpflichtet zur Beitragstragung für die **Jugendlichen** nach § 20 Abs. 1 Satz 2 8
Nr. 5 sind gem. § 251 Abs. 2 Satz 1 Nr. 1 SGB V die Einrichtungen, in denen zur Erwerbstätigkeit befähigt wird.

6. Rehabilitanden (Nr. 6)

Der Rehabilitationsträger trägt nach § 251 Abs. 1 SGB V die SPV-Beitragslast für 9
die **Rehabilitanden** nach § 20 Abs. 1 Satz 2 Nr. 6 sowie für die Empfänger von Verletzten-, Versorgungskranken- und Übergangsgeld.

7. Behinderte Menschen (Nr. 7 und 8)

Für die nach § 20 Abs. 1 Satz 2 Nr. 7 und 8 verspflichtigen **behinderten Men-** 10
schen tragen gem. Abs. 1 Satz 1 iVm. § 251 Abs. 2 Nr. 2 SGB V die Träger der Einrichtung die Beiträge, soweit das Arbeitsentgelt monatlich nicht mehr als 20% der
Regelbezugsgröße des § 18 SGB IV (derzeit EUR 497,–; vgl. § 235 Abs. 3 SGB V)
beträgt. Im Übrigen werden die Beiträge gem. § 249 Abs. 1 Satz 1 SGB V hälftig getragen.

§ 59 Sechstes Kapitel. Finanzierung

8. Studenten und Praktikanten (Nr. 9 und 10)

11 Der versicherungspflichtige **Student** bzw. Praktikant trägt nach § 250 Abs. 1 Nr. 3 iVm. § 236 Abs. 1 SGB V seinen Beitrag selbst. Gleiches gilt für freiwillig GKV-versicherte Studenten (Abs. 4 Satz 1 HS 1).

9. Versicherungspflichtige Rentner (Nr. 11)

12 Verspflichtige **GRV-Rentner** tragen ihre Beiträge nach Abs. 1 Satz 1 Hs 2 allein. Durch die Streichung des Verweises auf § 249a SGB V in § 59 Abs. 1 Satz 1 entfiel zum 1.4.2004 die hälftige Tragung durch die RV-Träger (verfassungsgemäß in der SPV nach BSG, SGb 2009, 149; BSG, SozR 4-3300 § 59 Nr. 1 und BVerfG, v 7.10.2008, 1 BvR 2995/06 = NJW 2009, 983; zur GKV vgl. BVerfG, Urt v 28.2.2008, 1 BvR 2137/06). Diese Rechtslage wurde in der GRV erst durch die Änderungen der §§ 223 Abs. 4, 224 Abs. 1 Satz 2 und 289 Abs. 3 SGB VI durch das 4. SGB IV-ÄndG zum 1.1.2012 (BGBl. I S. 3057) vollständig nachvollzogen, indem dort jeweils der Verweis auf von der RV zu tragende SPV-Beiträge gestrichen wurde. Der fehlende Verweis auf § 249a SGB V hat auch zur Folge, dass in der SPV die Tragung von Beiträgen aus **ausländischen Renten** nicht geregelt ist. Es liegt nahe, § 249a Satz 2 SGB V bzw. Abs. 1 Satz 1 HS 2 analog anzuwenden.

10. Rückkehrer (Nr. 12)

13 Während § 58 Abs. 1 Satz 1 GKV-verspflichtige Beschäftigte ohne Absicherung im Krankheitsfall erfasst, regelt § 59 Abs. 1 Satz 1 die Beitragstragung für die übrigen **Rückkehrer in die SPV** gem. § 20 Abs. 1 Satz 2 Nr. 12. Dazu gehören zB früher GKV-Vers, deren Mitgliedschaft vor dem 1.4.2007 wegen Beitragsrückstandes beendet wurde, oder solche, die nach dem Ende einer Versicherungspflicht keinen anderen Tatbestand des § 20 Abs. 1 erfüllen und auch die Frist für eine freiwillige GKV-Mitgliedschaft versäumen. Die SPV-Beiträge sind nach § 250 Abs. 3 SGB V iVm. Abs. 1 Satz 1 von diesen selbst zu tragen; kritisch *Sieben,* ErsK 2008, 272. Zur Tragung bei Beiträgen aus Renten und Arbeitsentgelt vgl. *Peters,* in: KassKomm, SGB XI, § 59 Rn. 17.

11. Wehrdienstleistende

14 Die Tragung der Beiträge zur SPV ist für die **Teilnehmer am (freiwilligen) Wehrdienst** nicht ausdrücklich geregelt. Ist einem SPV-Mitglied während des Wehrdienstes weiter ein Entgelt vom Arbeitgeber zu gewähren, sind analog §§ 193 Abs. 1, 249 Abs. 1 Satz 1 SGB V die Beiträge für Pflichtversicherte hälftig vom Arbeitgeber und vom Vers zu tragen. Für andere pflicht- und freiwillig vers Wehrdienstleistende trägt der Bund gem. §§ 193 Abs. 2, 251 Abs. 4 SGB V auch in der SPV die Beiträge während des Wehrdienstes (vgl. *Didong,* in: H/N, SGB XI, § 59 Rn. 29). Diese aus Abs. 1 Satz 1 abgeleitete Regelung ist vorrangig gegenüber Abs. 4 Satz 1, der durch den Verweis auf die erhaltenen Mitgliedschaften dem Wortlaut nach ebenfalls einschlägig ist. Abs. 1 Satz 1 verweist auf den gesamten § 251 SGB V, einschließlich dessen Abs. 4. Da der Bund in der GKV die Beitragslast für Wehrdienstleistende trägt, kann in der SPV nichts anderes gelten.

IV. Krankengeld (Abs. 2)

15 Beim Bezug von Krankengeld besteht für GKV-Verspflichtige die Versicherung in der SPV gem. §§ 192 Abs. 1 Nr. 2 SGB V, 49 Abs. 2 fort. Auch eine freiwillige GKV-Vers und die daraus resultierende SPV-Verspflicht werden vom Krankengeldbezug nicht berührt. Der Krankengeldbezieher wird nach Abs. 2 Satz 1 Hs 1 Teilsatz 1 grundsätzlich **zur Hälfte** an der Tragung der SPV-Beiträge beteiligt, soweit sie auf das Krankengeld entfallen. Hier zeigt sich der Charakter des Krankengeldes als Lohnersatzleistung. Im Übrigen, dh gem. Abs. 2 Satz 1 Hs 1 Teilsatz 2 für Krankengeld auf der Basis von Alg I („in Höhe der Leistungen der Bundesagentur für Arbeit", vgl. § 47b SGB V, dies ist v a der Fall, wenn die Arbeitsunfähigkeit während des SGB III-Bezugs eintritt) oder bei geringem Krankengeldanspruch gem. Abs. 2 Satz 1 Hs 2 tragen die KKen den Beitrag allein. Der Grenzwert des Arbeitsentgeltes, bis zu dem die KKen die Beiträge auf das danach ermittelte geringe Krankengeld allein tragen, wurde zum 1.1.2013 von 1/7 der monatlichen Bezugsgröße auf € 450 erhöht und so den entsprechenden Regelungen im SGB VI angepasst. Es wird damit die schon zuvor ständige Praxis der KKen nachvollzogen, SPV-Beiträge auf Krankengeld, das auf Einkommen bis zur Geringfügigkeitsgrenze gem. § 8 SGB IV beruht, allein zu tragen (BT-Drucks. 17/10773, S. 16).

Bei Krankengeldbezug gem. § 44a SGB V bzw Verdienstausfallersatz in Folge einer **16** **Organspende** gem. §§ 8, 8a TPG werden die Beiträge nach dem zum 1.8.2012 neu eingefügten Abs. 2 Satz 2 von der Stelle getragen, die die Entgeltersatzleistung erbringt. Die beitragsrechtliche Privilegierung von Krankengeldempfängern gem. § 44a SGB V soll die Spendenbereitschaft erhöhen (vgl. BT-Drucks. 17/7376, S. 36 (Nr. 1) und S. 37). Wird das Krankengeld von mehreren Stellen anteilig erbracht – dies ist insbesondere der Fall, wenn der Organ- bzw Gewebeempfänger als Beamter beihilfeberechtigt und ergänzend PKV-vers ist – werden die Beiträge von jeder Stelle anteilsgemäß getragen. Die **Selbstverpflichtung** des Verbandes der PKV vom 9.2.2012 (BT-Drucks. 17/9773, S. 38f.), mit der die Leistung von Entgeltersatz und die Erstattung der Sozialversbeiträge für Organspender an PKV-Vers erklärt wurde, nennt zwar nicht ausdrücklich die Erstattung auch der SPV-Beiträge; die Tragungsverpflichtung ergibt sich aber aus Abs. 2 Satz 2. Auch BT-Drucks. 17/9773, S. 34 geht davon aus, dass die SPV-Beiträge des Organspenders von dem PPV-Unternehmen des Spendenempfängers getragen werden.

V. Nach § 21 Nr. 1 bis 5 Verspflichtige (Abs. 3)

Abs. 3 Satz 1 verpflichtet den jeweiligen Leistungsträger zur Tragung der SPV-Beiträge für die nach § 21 Nr. 1 bis 5 Verspflichtigen (für Zeitsoldaten gem. § 21 Nr. 6 gilt **17** Abs. 4 Satz 1, vgl. Rn. 18). Es sind dies die Länder bzw durch die Länder bestimmten Stellen bei Verspflichteten nach § 21 Nr. 1, 3 und 5, der Bund für die Personen gem. § 21 Nr. 2 und die Landkreise (Jugendämter) für Mitglieder nach § 21 Nr. 4 (§ 69 SGB VIII). Abs. 3 Satz 2 hat Bedeutung für den Verteilungsschlüssel zwischen Bund und Ländern im Rahmen der Kriegsopferfürsorge. Zu den beitragspflichtigen Einnahmen vgl. § 57 Rn. 27, zur Möglichkeit des Zahlungsauftrages § 60 Rn. 13.

VI. Freiwillig GKV-Versicherte und weitere Mitglieder (Abs. 4)

Die in Abs. 4 Satz 1 aufgeführten freiwillig GKV-Versicherten tragen ihre Beiträge **18** grundsätzlich selbst. **Freiwillig GKV-Vers** in einer Beschäftigung haben jedoch unter den Voraussetzungen des § 61 Anspruch auf einen Zuschuss des Arbeitgebers. Allein tragen den Beitrag auch freiwillig Vers gem. §§ 26, 26a und Zeitsoldaten gem. § 21 Nr. 6. Gleiches gilt grundsätzlich für Mitglieder, deren Mitgliedschaft **gem. § 49 Abs. 2 Satz 1 erhalten** bleibt. Der hiervon betroffene Personenkreis wird durch zwei Umstände eingeschränkt. Zum einen besteht für einige der erhaltenen Mitgliedschaf-

§ 60 Sechstes Kapitel. Finanzierung

ten gem. § 56 (bestimmte Rentenantragsteller, Bezieher von Mutterschaftsgeld, Eltern- oder Betreuungsgeld sowie Pflegeunterstützungsgeld) oder aus anderen Gründen (zB bei Fehlen beitragspflichtiger Einnahmen während der Teilnahme an einem rechtmäßigen Arbeitskampf) ohnehin Beitragsfreiheit. Für andere erhaltene Mitgliedschaften gibt es in der SPV besondere Tragungsregelungen. Dies betrifft Empfänger von Krankengeld (Rn. 15f.), Teilnehmer am freiwilligen Wehrdienst (vgl. Rn. 14) und Kurzarbeiter (§ 58 Rn. 6) sowie GKV-pflichtversicherte Empfänger von Leistungen eines Rehabilitationsträgers (Rn. 9). Nach Abs. 4 Satz 2 Nr. 1 werden zudem für alle Versicherte SPV-Beiträge vom Rehabilitationsträger getragen, soweit Leistungen aus Verletztengeld, Versorgungskrankengeld und Übergangsgeld beitragspflichtig sind. Die Norm weicht damit sowohl für ursprünglich GKV-versicherungspflichtige Mitglieder mit gem. §§ 193 Abs. 1 Nr. 3 SGB V, 49 Abs. 2 Satz 1 aufrecht erhaltener Mitgliedschaft, als auch für freiwillig GKV-Versicherte, die die genannten Leistungen beziehen, vom Grundsatz des Abs. 4 Satz 1 ab. Abs. 4 Satz 2 Nr. 2 weist die Beitragstragung für Einnahmen der Mitglieder geistlicher Genossenschaften gem. § 57 Abs. 4 Satz 3 Hs 2 der jeweiligen Gemeinschaft zu; dies gilt auch für den Fall einer freiwilligen Weiterverks gem. § 26 Abs. 2.

VII. Beitragszuschlag für Kinderlose (Abs. 5)

19   Abs. 5 ergänzt als Sonderregelung zu Abs. 1 bis 4 die dortigen Tragungsgrundsätzlich – ebenso wie § 58 Abs. 1 Satz 3 für abhängig Beschäftigte – um den Beitragszuschlag für Kinderlose. Der Beitragszuschlag wird für alle von § 59 erfassten Versicherten von diesen allein getragen. Dies gilt nach BSG, SozR 4-3300 § 59 Nr. 3 = NZS 2011, 263, auch dann, wenn die Beitragslast im Übrigen einem Dritten obliegt; vgl. BT-Drucks. 15/3761 zu Nr. 4, S. 7. Zur Zahlung des Zuschlages vgl. § 60 Abs. 5 bis 7.

§ 60   Beitragszahlung

(1) ¹Soweit gesetzlich nichts Abweichendes bestimmt ist, sind die Beiträge von demjenigen zu zahlen, der sie zu tragen hat. ²§ 252 Abs. 1 Satz 2, die §§ 253 bis 256a des Fünften Buches und die §§ 50, 50a des Zweiten Gesetzes über die Krankenversicherung der Landwirte gelten entsprechend. ³Die aus einer Rente nach dem Gesetz über die Alterssicherung der Landwirte und einer laufenden Geldleistung nach dem Gesetz zur Förderung der Einstellung der landwirtschaftlichen Erwerbstätigkeit zu entrichtenden Beiträge werden von der Alterskasse gezahlt; § 28g Satz 1 des Vierten Buches gilt entsprechend.

(2) ¹Für Bezieher von Krankengeld zahlen die Krankenkassen die Beiträge; für den Beitragsabzug gilt § 28g Satz 1 des Vierten Buches entsprechend. ²Die zur Tragung der Beiträge für die in § 21 Nr. 1 bis 5 genannten Mitglieder Verpflichteten können einen Dritten mit der Zahlung der Beiträge beauftragen und mit den Pflegekassen Näheres über die Zahlung und Abrechnung der Beiträge vereinbaren.

(3) ¹Die Beiträge sind an die Krankenkassen zu zahlen; in den in § 252 Abs. 2 Satz 1 des Fünften Buches geregelten Fällen sind sie an den Gesundheitsfonds zu zahlen, der sie unverzüglich an den Ausgleichsfonds weiterzuleiten hat. ²Die nach Satz 1 eingegangenen Beiträge zur Pflegeversicherung sind von der Krankenkasse unverzüglich an die Pflegekasse weiterzuleiten. ³In den Fällen des § 252 Absatz 2 Satz 1 des Fünften Buches ist das Bundesversicherungsamt als Verwalter des Gesundheitsfonds, im Übrigen sind die Pflegekassen zur Prüfung der ordnungsgemäßen Beitragszahlung berech-

Beitragszahlung **§ 60**

tigt; § 251 Absatz 5 Satz 3 bis 7 des Fünften Buches gilt entsprechend. [4]§ 24 Abs. 1 des Vierten Buches gilt. [5]§ 252 Abs. 3 des Fünften Buches gilt mit der Maßgabe, dass die Beiträge zur Pflegeversicherung den Beiträgen zur Krankenversicherung gleichstehen.

(4) [1]Die Deutsche Rentenversicherung Bund leitet alle Pflegeversicherungsbeiträge aus Rentenleistungen der allgemeinen Rentenversicherung am fünften Arbeitstag des Monats, der dem Monat folgt, in dem die Rente fällig war, an den Ausgleichsfonds der Pflegeversicherung (§ 65) weiter. [2]Werden Rentenleistungen am letzten Bankarbeitstag des Monats ausgezahlt, der dem Monat vorausgeht, in dem sie fällig werden (§ 272a des Sechsten Buches), leitet die Deutsche Rentenversicherung Bund die darauf entfallenden Pflegeversicherungsbeiträge am fünften Arbeitstag des laufenden Monats an den Ausgleichsfonds der Pflegeversicherung weiter.

(5) [1]Der Beitragszuschlag nach § 55 Abs. 3 ist von demjenigen zu zahlen, der die Beiträge zu zahlen hat. [2]Wird der Pflegeversicherungsbeitrag von einem Dritten gezahlt, hat dieser einen Anspruch gegen das Mitglied auf den von dem Mitglied zu tragenden Beitragszuschlag. [3]Dieser Anspruch kann von dem Dritten durch Abzug von der an das Mitglied zu erbringenden Geldleistung geltend gemacht werden.

(6) Wenn kein Abzug nach Absatz 5 möglich ist, weil der Dritte keine laufende Geldleistung an das Mitglied erbringen muss, hat das Mitglied den sich aus dem Beitragszuschlag ergebenden Betrag an die Pflegekasse zu zahlen.

(7) [1]Die Beitragszuschläge für die Bezieher von Arbeitslosengeld, Unterhaltsgeld und Kurzarbeitergeld, Ausbildungsgeld, Übergangsgeld und, soweit die Bundesagentur beitragszahlungspflichtig ist, für Bezieher von Berufsausbildungsbeihilfe nach dem Dritten Buch werden von der Bundesagentur für Arbeit pauschal in Höhe von 20 Millionen Euro pro Jahr an den Ausgleichsfonds der Pflegeversicherung (§ 66) überwiesen. [2]Die Bundesagentur für Arbeit kann mit Zustimmung des Bundesministeriums für Arbeit und Soziales hinsichtlich der übernommenen Beträge Rückgriff bei den genannten Leistungsbeziehern nach dem Dritten Buch nehmen. [3]Die Bundesagentur für Arbeit kann mit dem Bundesversicherungsamt Näheres zur Zahlung der Pauschale vereinbaren.

Inhaltsübersicht

	Rn.
I. Geltende Fassung	1
II. Normzweck und Überblick	2
III. Schuldnerschaft (Abs. 1)	3
1. Beiträge aus Alg II	4
2. Beiträge aus Arbeitsentgelt	5
3. Beiträge von Studenten	6
4. Beiträge aus der Rente	7
5. Beiträge landwirtschaftlicher Rentner	9
6. Beiträge von Rückkehrern	10
IV. Bezieher von Krankengeld (Abs. 2 Satz 1)	11
V. Zahlungsauftrag (Abs. 2 Satz 2)	13
VI. Zahlungsweg (Abs. 3)	14
1. Direktzahlungen (Satz 1)	15
2. Prüfung der Beitragsabführungen (Satz 3)	16
3. Zahlungsmodalitäten (Satz 4 und 5)	17
VII. Zahlungsweg bei Rentenempfängern (Abs. 4)	18
VIII. Beitragszuschlag für Kinderlose (Abs. 5 bis 7)	19

§ 60 Sechstes Kapitel. Finanzierung

I. Geltende Fassung

1   Die Vorschrift ist mWv 1.1.1995 durch Art. 1 PflegeVG eingeführt worden. § 60 entspricht der Beschlussempfehlung des AuS-Ausschusses (BT-Drucks. 12/5920, S. 54; zur Begr. vgl. BT-Drucks. 12/5952, S. 44, im RegE: §§ 65 bis 67). Abs. 1 Satz 3 wurde noch vor dem Inkrafttreten durch Art. 6 Nr. 3 AgrarsozialreformG 1995 (vom 29.7.1994, BGBl. I S. 1890) geändert. Abs. 1 Satz 2 angepasst durch Art. 10 Nr. 8 AFRG (vom 24.3.1997, BGBl. I S. 594) und mWv 1.1.2009 durch Art. 8 Nr. 30 GKV-WSG (vom 26.3.2007, BGBl. I S. 378). Hierdurch wurde auch Abs. 3 Satz 1 zum 1.1.2009 neu gefasst, der durch Art. 2a G vom 15.7.2013 (BGBl. I S. 2423) mWv 1.8.2013 um den Verweis auf die Regelungen zur Beseitigung sozialer Überforderung bei Beitragsschulden in der KV in § 256a SGB V und § 50a KVLG 1989 ergänzt wurde. Abs. 3 Satz 3 neu gefasst durch Art. 4 Nr. 3 GKV-VStG (vom 22.12.2011, BGBl. I S. 2983) mWv 1.1.2012. Zum 1.1.2009 trat der durch Art. 2a Nr. 1 GKV-OrgWG (vom 15.12.2008, BGBl. I S. 2426) eingefügte Abs. 3 Satz 5 in Kraft. Abs. 4 angefügt durch Art. 12 HzVG (vom 21.6.2002, BGBl. I S. 2167). Abs. 4 Satz 1 ergänzt durch Art. 10 Nr. 4 RVOrgG (vom 9.12.2004, BGBl. I S. 3242) mWv 1.10.2005, Satz 2 angefügt durch Art. 4 3. SGB VI-ÄndG (vom 27.12.2003, BGBl. I S. 3019). Art. 10 Nr. 4 RVOrgG, BGBl. I S. 3242, änderte beide Sätze des Abs. 4. Abs. 5 bis 7 angefügt durch Art. 1 Nr. 5 KiBG (vom 15.12.2004, BGBl. I S. 3448) mWv 1.1.2005. Art. 7 des G zur Fortentwicklung der Grundsicherung für Arbeitsuchende (vom 20.7.2006, BGBl. I S. 1706) machte nur die Streichung des Winterausfallgeldes in Abs. 7 Satz 1 durch Art. 8 Nr. 3 GanzjBeschFG (vom 24.4.2006, BGBl. I S. 926) gegenstandslos, nicht aber die Änderung des Abs. 7 Satz 2 durch dieses Gesetz.

II. Normzweck und Überblick

2   § 60 Abs. 1 und 2 legen fest, wer die Beiträge tatsächlich zu leisten hat. Abs. 3 und 4 regeln, an wen die Beiträge zu zahlen sind sowie weitere allg Verfahrensvorschriften im Hinblick auf die Zahlung. Die Zahlung des Beitragszuschlages gem. § 55 Abs. 3 ist Gegenstand der Abs. 5 bis 7.

III. Schuldnerschaft (Abs. 1)

3   Abs. 1 Satz 1 regelt wie § 252 Abs. 1 Satz 1 SGB V für die GKV die **Identität** von Träger und Zahlungsverpflichtetem im Beitragsrecht. Es gilt der Grundsatz, dass der Träger der Beitragslast auch ihr Schuldner ist. Dies gilt zB für die Beiträge landwirtschaftlicher Unternehmer, der Mitglieder gem. § 21 (vgl. aber Rn. 13) und der Künstler gem. § 20 Abs. 1 Satz 2 Nr. 4. Satz 2 verweist auf die Vorschriften des SGB V, die Ausnahmen und Modifikationen dieses Grundsatzes vorsehen. Der Verweis führt dazu, dass Träger und Schuldner in der Praxis zumeist auseinanderfallen. Hierauf konzentriert sich die folgende Kommentierung.

1. Beiträge aus Alg II

4   SPV-Beiträge aus dem **Alg II** werden nicht von dem Träger der Leistung, dem Bund, gezahlt. Abs. 1 Satz 2 iVm. § 252 Abs. 1 Satz 2 SGB V verpflichtet die als selbständige öffentlich-rechtliche Körperschaft organisierte Bundesagentur für Arbeit (§ 367 SGB III) bzw die kommunalen Träger gem. § 6a SGB II zur Zahlung der Beitragsschuld.

2. Beiträge aus Arbeitsentgelt

Der Arbeitgeber führt den SPV-Beitrag aus **Arbeitsentgelt bei verspflichtiger** 5
Beschäftigung gem. Abs. 1 Satz 2 iVm. §§ 253 SGB V, 28e Abs. 1 SGB IV an die
für den Beschäftigten zuständige Einzugsstelle, seine KK, ab und hat einen Anspruch
gegen den Beschäftigten auf die von diesem zu tragende Hälfte des Beitrages (§ 28g
Satz 1 SGB IV). Die KK als Einzugsstelle ist bei wirtschaftlicher Betrachtung Gläubigerin des Gesamtsozialversicherungsanspruches, da sie über Grund und Höhe der
Forderung entscheidet. Die PK ist daher nicht berechtigt, mit offenen Beitragsansprüchen aus rückständigen Gesamtsozialversicherungsbeiträgen gegen Ansprüche
eines säumigen Leistungserbringers/Arbeitgebers (BSG, SozR 4-2400 § 28h Nr. 5 =
BSGE 101, 1) oder eines Vers (BSG, SozR 4-1200 § 51 Nr. 1 = NZS 2013, 665 für
die RV) aufzurechnen.

3. Beiträge von Studenten

Nach dem Grds des Abs. 1 Satz 1 sind **Studenten** verpflichtet, die Beiträge selbst 6
zu zahlen. Der Verweis auf § 254 SGB V in Abs. 1 Satz 2 erklärt nur die Zahlungsmodalitäten der GKV und die Regelungsbefugnisse des Spitzenverbandes Bund der
KKen für entsprechend anwendbar. Grds ist der Beitrag vor Einschreibung oder
Rückmeldung für das Semester im Voraus zu leisten; § 10 Abs. 2 Beitragsverfahrensgrundsätze Selbstzahler lässt aber auch eine monatliche Beitragszahlung zu, wenn die
Zahlung sicher gestellt ist.

4. Beiträge aus der Rente

Nach § 255 SGB V iVm. Abs. 1 Satz 2 behalten die RV-Träger die (gem. § 59 7
Abs. 1 Satz 1 Hs 2 vom Rentenbezieher allein zu tragenden) SPV-Beiträge auf die
GRV-Renten ein und zahlen sie an den DRV Bund. Bei dem Einbehalt durch den
RV-Träger handelt es sich nach BSG, SozR 4-2500 § 255 Nr. 1 = BSGE 97, 63 (4.
Senat) um eine verkürzte Form der Verrechnung iSd. § 52 SGB I, was so zu verstehen
sein dürfte, dass die PK weiterhin grundsätzlich für die Beitragserhebung zur SPV zuständig bleibt. Abweichend davon sieht der für das Beitragsrecht zuständige 12. Senat
des BSG (BSG, SozR 4-3300 § 59 Nr. 1 = BSGE 97, 292) mit dem Einbehaltrecht
die Entscheidung über Beitragspflicht, -höhe und -tragung dem RV-Träger übertragen, sodass die PK nicht mehr zuständig ist. Für die Auffassung des 12. Senates
spricht, dass § 255 Abs. 1 Satz 2 SGB V seit 30.3.2005 die RV-Träger vom Erlass eines
gesonderten Bescheides bei Beitragsänderungen ausdrücklich befreit. Einer solchen
Regelung bedürfte es nicht, wenn ohnehin noch die PKen für die Beitragsfestsetzung
zuständig wären. Daher muss in Rechtsstreitigkeiten über die Einbehaltung von SPV-Beiträgen durch RV-Träger die PK nicht beigeladen werden (weiterhin für eine Verrechnung/Beiladung: GKV-Spitzenverbände Tit. A.IX.1.4 Rundschreiben 08l). Die
DRV Bund leitet die Beiträge an den **Ausgleichsfonds** bei dem Bundesversicherungsamt weiter (Abs. 4 und § 65 Abs. 1 Nr. 1). Da Renten ausländischer Träger nicht
unter § 255 Abs. 1 Satz 1 SGB V fallen, verbleibt es insoweit bei dem Grds des Abs. 1
Satz 1, dass der Rentner als Träger der Beitragslast (vgl. § 59 Rn. 12) auch zahlungsverpflichtet ist.

Gem. Abs. 1 Satz 2 iVm. § 256 SGB V werden Beiträge auf **Versorgungsbezüge** 8
gem. § 229 SGB V grundsätzlich (nicht zB im Fall des § 256 Abs. 4 SGB V) von den
Zahlstellen einbehalten. SPV-Beiträge aus Versorgungsbezügen fließen anders als bei
GRV-Renten nicht in den Ausgleichsfonds, sondern nach Abs. 3 Satz 1 und 2 an die
KKen zur Weiterleitung an die zugehörige PK. In den Ausgleichsfonds gelangen Beitragszahlungen aus Versorgungsbezügen nur unter den Voraussetzungen des § 64
Abs. 4 Satz 2.

§ 60

5. Beiträge landwirtschaftlicher Rentner

9 Abs. 1 Satz 3 sieht für SPV-Beiträge aus **Renten und Versorgungsbezügen der Landwirte,** die nach § 50 KVLG 1989 von „Trägern der RV" (dies ist seit 1.1.2013 nur noch die rechtlich nicht mehr selbständige Alterskasse bei der SVLFG) bzw Zahlstellen einbehalten werden, einheitlich die Weiterleitung an die landwirtschaftlichen KKen vor. Für Bezieher von Renten nach dem Gesetz über die Alterssicherung der Landwirte und von laufenden Geldleistungen nach FELEG entrichten nach Abs. 1 Satz 3 Hs 1 die Alterskassen die fälligen Beiträge an die KKen durch Abzug von der Rente. Gem. Abs. 1 Satz 3 Hs 2 iVm. § 28g Satz 1 SGB IV haben die RV-Träger einen Anspruch gegen den Leistungsempfänger, der wegen der Alleineintragung der Beitragslast aus Renten und Versorgungsbezügen durch den Vers gem. § 59 Abs. 1 Satz 1 (ggf. iVm. § 250 Abs. 1 SGB V) den gesamten SPV-Beitrag umfasst.

6. Beiträge von Rückkehrern

10 Rückkehrer in die SPV tragen gem. § 20 Abs. 1 Satz 2 Nr. 12 und § 2 Abs. 1 Nr. 7 KVLG 1989 nach der Grundregel des Abs. 1 Satz 1 ihre Beiträge selbst. Der zum 1.8.2013 eingefügte § 256a SGB V, der nach § 50a KVLG 1989 entsprechend in der landwirtschaftlichen KV anwendbar ist, sieht in Abs. 2 einen vollständigen **Erlass von Beitragsschulden** und Säumniszuschlägen in der GKV bei Anzeige der Versicherungspflicht als Rückkehrer bis 31.12.2013 vor; bei Anzeigen der Versicherungspflicht nach diesem Zeitpunkt sollen die Beiträge angemessen ermäßigt und Säumniszuschläge erlassen werden (§ 256a Abs. 1 SGB V). Diese Reduzierung der Beitragslast erfolgen durch die neu in Abs. 1 Satz 2 ergänzten Verweise auf §§ 256a SGB V, 50a KVLG 1989 auch für SPV-Beiträge (BT-Drucks. 17/13947, S. 40).

IV. Bezieher von Krankengeld (Abs. 2 Satz 1)

11 KKen zahlen die SPV-Beiträge für Bezieher von **Krankengeld** durch Abzug vom Krankengeld und leiten sie an ihre PK weiter (Abs. 3 Satz 2). Wenn der Vers nach § 59 Abs. 2 an der Tragung der Beiträge beteiligt ist, hat die KK entsprechend § 28g Satz 1 SGB IV insoweit einen Anspruch gegen den Vers (Abs. 2 Satz 1 Hs 2).

12 Für SPV-vers Gewebe- und Organspender trägt und zahlt die KK des Empfängers die Beiträge zur SPV. Dabei erfolgt die Zahlung grundsätzlich an die KK des Spenders (Abs. 3 Satz 1). Davon will 3.1.3. des Rundschreibens der Spitzenverbände v 15.11.2012 für Spenden an SPV-vers Empfänger eine Ausnahme dahingehend machen, dass die Zahlung der SPV-Beiträge durch die KK des Empfängers an ihre eigene PK erfolgt. Mag dies auch angesichts des umfassenden Finanzausgleiches zwischen PKen finanziell ohne größere Auswirkungen bleiben, ist zweifelhaft, ob die von den Spitzenverbänden geltend gemachten „Vereinfachungsgründe" eine Abweichung von der klaren Gesetzeslage rechtfertigen können.

V. Zahlungsauftrag (Abs. 2 Satz 2)

13 Zur Verwaltungsvereinfachung können die Leistungsträger nach § 21 Nr. 1 bis 5 (vgl. § 59 Abs. 3) nach Abs. 2 Satz 2 Vereinbarungen mit den PKen über das **Zahlungsverfahren** treffen und Dritte mit der Zahlung der Beiträge beauftragen. Leistungsträger für Vers gem. § 21 Nr. 4, dies sind die Jugendhilfeträger, zahlen nach dem auf Abs. 2 Satz 2 beruhenden Leitfaden des Bundesversicherungsamts zum Meldeverfahren und zur Beitragszahlung (Stand: 12/2013) direkt an die beim Bundesversiche-

Beitragszahlung **§ 60**

rungsamt geführten Ausgleichsfonds; zur weiteren Verwaltungsvereinfachung ist ihnen eine viertel- oder halbjährliche Beitragszahlung in einem Betrag gestattet.

VI. Zahlungsweg (Abs. 3)

Die SPV-Beiträge des Mitglieds sind nach Abs. 3 Satz 1 Hs 1 grundsätzlich an die 14 KK zu zahlen, bei der die zuständige PK errichtet ist (so noch ausdrücklich Abs. 3 Satz 1 idF bis 31.12.2008). Die KKen werden durch Abs. 3 Satz 2 verpflichtet, diese Beiträge unverzüglich an ihre PKen weiterzuleiten, die sie nach Maßgabe der §§ 62 bis 64 verwenden. Monatlich bzw jährlich finden über den Ausgleichsfonds Finanzausgleiche zwischen den PKen statt (§§ 65 bis 68).

1. Direktzahlungen (Satz 1)

Neben abweichenden Vereinbarungen für Vers gem. § 21 Nr. 1 bis 5 nach Abs. 2 15 Satz 2 und der Beitragszahlung für Rentenempfänger gem. Abs. 4 wird der Regelzahlungsweg gem. Abs. 3 Satz 1 Hs 1 auch für Beiträge durchbrochen, die von **KSK, Bund und Bundesagentur für Arbeit** gezahlt werden. Nach Abs. 3 Satz 1 Hs 2 iVm. §§ 252 Abs. 2 Satz 1, 251 Abs. 3, 4, 4a SGB V fließen diese seit 1.1.2009 an den Gesundheitsfonds, um für die Träger einen einheitlichen Zahlungsweg für GKV- und SPV-Beiträge zu gewährleisten, BT-Drucks. 16/3100 zu Nr. 30 (§ 60), S. 187, sog. **Direktzahlungen.** Der Gesundheitsfonds leitet die SPV-Beiträge anschließend unverzüglich an den Ausgleichsfonds weiter (vgl. § 65 Abs. 1 Nr. 3). Die PKen sind durch den veränderten Zahlungsweg seit 1.1.2009 in höherem Maße als zuvor auf die Zuweisungen des Ausgleichsfonds angewiesen.

2. Prüfung der Beitragsabführungen (Satz 3)

Die PKen prüfen nach Satz 3 im Grds die ordnungsgemäße Beitragszahlung, für 16 Direktzahlungen nach Abs. 3 Satz 1 Hs 2 ist die Prüfbefugnis seit 1.1.2012 hingegen dem Bundesversicherungsamt übertragen. Diese Änderung beruht darauf, dass dem Bundesversicherungsamt als Verwalter des Gesundheitsfonds bereits gem. § 251 Abs. 5 Satz 2 SGB V die Prüfung der GKV-Beitragszahlung obliegt. Das Bundesversicherungsamt kann nach BT-Drucks. 17/8005, S. 132 entsprechend § 251 Abs. 5 Satz 3 bis 7 (Satz 3 Hs 3) die **Prüfung der Beitragszahlung** auf KKen oder Landesverbände der KKen übertragen. Ist dies für die Landesverbände noch folgerichtig (diese handeln gem. § 52 als Landesverband der PKen), wäre die Prüfung der SPV-Beiträge durch eine KK wenig sachgerecht. § 251 Abs. 5 Satz 3 bis 7 SGB V beinhalten im übrigen datenschutzrechtliche Bestimmungen für die Übertragung der Prüfung; warum nicht auch auf Satz 8 der Vorschrift verwiesen wurde (Anwendung datenschutzrechtlicher Vorschriften aus SGB I und X), erschließt sich aber nicht.

3. Zahlungsmodalitäten (Satz 4 und 5)

Abs. 3 Satz 4 ist überflüssig, weil § 24 SGB IV auch ohne ausdrückliche Anordnung 17 in der SPV gilt. Abs. 3 Satz 5 ergänzt § 252 Abs. 3 SGB V, wonach säumige Beitragszahler die **Tilgungsfolge** bestimmen können bzw bei Unterlassen einer solchen Bestimmung die gesetzliche Tilgungsfolge festgelegt wird. SPV-Beiträge und auch Nebenforderungen – der Wortlaut des Abs. 3 Satz 5 ist insoweit unvollständig, vgl. BT-Drucks. 16/10609 zu Art. 2a, S. 81 – stehen mit dem jeweiligen Forderungstyp der GKV auf gleicher Stufe der Tilgungsfolge. In der GKV soll dem Mitglied durch § 252 Abs. 3 SGB V die Möglichkeit eröffnet werden, das Ruhen der Leistungen nach § 16 Abs. 3a SGB V abzuwenden. **Zahlungsverzug** in der SPV führt hingegen nicht zum

§ 61 Sechstes Kapitel. Finanzierung

Ruhen des Leistungsanspruches (ebenso *Schmidt*, in: juris-PK SGB XI, § 60 Rn. 46 (Stand: 10/2013)). § 34 sieht keine entsprechende Regelung vor und sperrt eine analoge Anwendung des § 16 Abs. 3a SGB V. Angesichts der Änderungen des § 34 nach Inkrafttreten kann nicht davon ausgegangen werden, dass das Ruhen des Leistungsanspruches bei Zahlungsverzug in der SPV planwidrig nicht geregelt wurde.

VII. Zahlungsweg bei Rentenempfängern (Abs. 4)

18 Eine weitere Durchbrechung des in Abs. 3 Satz 1 Hs 1 verankerten Grds der Zahlung der SPV-Beiträge an die KKen ist in Abs. 4 geregelt. Nach Satz 1 leitet die DRV Bund die SPV-Beiträge auf GRV-Renten an den Ausgleichsfonds weiter (vgl. § 65 Abs. 1 Nr. 1). Abweichend von Abs. 1 Satz 2 iVm. § 255 SGB V (Monatserster) sind die Beiträge erst am fünften Arbeitstag des Monats weiterzuleiten, der auf die tatsächliche Rentenauszahlung folgt. Dies soll die Fälligkeit der Beiträge zur SPV vor dem Auszahlungstermin der Rente vermeiden, BT-Drucks. 15/1831, S. 7.

VIII. Beitragszuschlag für Kinderlose (Abs. 5 bis 7)

19 Grds zahlt nach Abs. 5 Satz 1 derjenige den Beitragszuschlag für Kinderlose, der auch die Beiträge zahlt. Regelungsbedürftig war der Fall, dass ein Dritter die SPV-Beiträge zahlt, da die Tragung des Kinderlosenzuschlages in jedem Fall durch das Mitglied selbst erfolgt (vgl. §§ 58 Abs. 1 Satz 3, 59 Abs. 5). Abs. 5 Satz 2 und 3 gewähren dem zahlungsverpflichteten Dritten einen Anspruch gegen das Kinderlose Mitglied, der durch Abzug von der an das Mitglied zu erbringenden Geldleistung erfolgt. Erbringt der Dritte keine Geldleistung an das Mitglied, muss dieses den Zuschlag von vornherein selbst an die KK entrichten (Abs. 6). Zur Verwaltungsvereinfachung wird der Beitragszuschlag für die in Abs. 7 Satz 1 genannten Leistungsbezieher nach **SGB III** pauschal mit einer Zahlung von EUR 20 Mio. an den Ausgleichsfonds abgegolten. Mit Zustimmung des BMAS kann ein Rückgriff bei den Leistungsbeziehern erfolgen (Satz 2). Zur Nichterhebung des Zuschlages bei Leistungen nach dem **SGB II** vgl. § 55 Rn. 10. Eine Vereinbarung gem. Satz 3 besteht bisher nicht.

Zweiter Abschnitt. Beitragszuschüsse

§ 61 Beitragszuschüsse für freiwillige Mitglieder der gesetzlichen Krankenversicherung und Privatversicherte

(1) ¹Beschäftigte, die in der gesetzlichen Krankenversicherung freiwillig versichert sind, erhalten unter den Voraussetzungen des § 58 von ihrem Arbeitgeber einen Beitragszuschuß, der in der Höhe begrenzt ist, auf den Betrag, der als Arbeitgeberanteil nach § 58 zu zahlen wäre. ²Bestehen innerhalb desselben Zeitraums mehrere Beschäftigungsverhältnisse, sind die beteiligten Arbeitgeber anteilmäßig nach dem Verhältnis der Höhe der jeweiligen Arbeitsentgelte zur Zahlung des Beitragszuschusses verpflichtet. ³Für Beschäftigte, die Kurzarbeitergeld nach dem Dritten Buch beziehen, ist zusätzlich zu dem Zuschuß nach Satz 1 die Hälfte des Betrages zu zahlen, den der Arbeitgeber bei Versicherungspflicht des Beschäftigten nach § 58 Abs. 1 Satz 2 als Beitrag zu tragen hätte.

(2) ¹Beschäftigte, die in Erfüllung ihrer Versicherungspflicht nach den §§ 22 und 23 bei einem privaten Krankenversicherungsunternehmen versi-

Beitragszuschüsse für freiwillige Mitglieder § 61

chert sind und für sich und ihre Angehörigen oder Lebenspartner, die bei Versicherungspflicht des Beschäftigten in der sozialen Pflegeversicherung nach § 25 versichert wären, Vertragsleistungen beanspruchen können, die nach Art und Umfang den Leistungen dieses Buches gleichwertig sind, erhalten unter den Voraussetzungen des § 58 von ihrem Arbeitgeber einen Beitragszuschuß. [2]Der Zuschuß ist in der Höhe begrenzt auf den Betrag, der als Arbeitgeberanteil bei Versicherungspflicht in der sozialen Pflegeversicherung als Beitragsanteil zu zahlen wäre, höchstens jedoch auf die Hälfte des Betrages, den der Beschäftigte für seine private Pflegeversicherung zu zahlen hat. [3]Für Beschäftigte, die Kurzarbeitergeld nach dem Dritten Buch beziehen, gilt Absatz 1 Satz 3 mit der Maßgabe, daß sie höchstens den Betrag erhalten, den sie tatsächlich zu zahlen haben. [4]Bestehen innerhalb desselben Zeitraumes mehrere Beschäftigungsverhältnisse, sind die beteiligten Arbeitgeber anteilig nach dem Verhältnis der Höhe der jeweiligen Arbeitsentgelte zur Zahlung des Beitragszuschusses verpflichtet.

(3) [1]Für Bezieher von Vorruhestandsgeld, die als Beschäftigte bis unmittelbar vor Beginn der Vorruhestandsleistungen Anspruch auf den vollen oder anteiligen Beitragszuschuß nach Absatz 1 oder 2 hatten, sowie für Bezieher von Leistungen nach § 9 Abs. 1 Nr. 1 und 2 des Anspruchs- und Anwartschaftsüberführungsgesetzes und Bezieher einer Übergangsversorgung nach § 7 des Tarifvertrages über einen sozialverträglichen Personalabbau im Bereich des Bundesministeriums der Verteidigung vom 30. November 1991 bleibt der Anspruch für die Dauer der Vorruhestandsleistungen gegen den zur Zahlung des Vorruhestandsgeldes Verpflichteten erhalten. [2]Der Zuschuss beträgt die Hälfte des Beitrages, den Bezieher von Vorruhestandsgeld als versicherungspflichtig Beschäftigte ohne den Beitragszuschlag nach § 55 Abs. 3 zu zahlen hätten, höchstens jedoch die Hälfte des Betrages, den sie ohne den Beitragszuschlag nach § 55 Abs. 3 zu zahlen haben. [3]Absatz 1 Satz 2 gilt entsprechend.

(4) [1]Die in § 20 Abs. 1 Satz 2 Nr. 6, 7 oder 8 genannten Personen, für die nach § 23 Versicherungspflicht in der privaten Pflegeversicherung besteht, erhalten vom zuständigen Leistungsträger einen Zuschuß zu ihrem privaten Pflegeversicherungsbeitrag. [2]Als Zuschuß ist der Betrag zu zahlen, der von dem Leistungsträger als Beitrag bei Versicherungspflicht in der sozialen Pflegeversicherung zu zahlen wäre, höchstens jedoch der Betrag, der an das private Versicherungsunternehmen zu zahlen ist.

(5) Der Zuschuß nach den Absätzen 2, 3 und 4 wird für eine private Pflegeversicherung nur gezahlt, wenn das Versicherungsunternehmen:
1. die Pflegeversicherung nach Art der Lebensversicherung betreibt,
2. sich verpflichtet, den überwiegenden Teil der Überschüsse, die sich aus dem selbst abgeschlossenen Versicherungsgeschäft ergeben, zugunsten der Versicherten zu verwenden,
3. die Pflegeversicherung nur zusammen mit der Krankenversicherung, nicht zusammen mit anderen Versicherungssparten betreibt oder, wenn das Versicherungsunternehmen seinen Sitz in einem anderen Mitgliedstaat der Europäischen Union hat, den Teil der Prämien, für den Berechtigte den Zuschuss erhalten, nur für die Kranken- und Pflegeversicherung verwendet.

(6) [1]Das Krankenversicherungsunternehmen hat dem Versicherungsnehmer eine Bescheinigung darüber auszuhändigen, daß ihm die Aufsichtsbehörde bestätigt hat, daß es die Versicherung, die Grundlage des Versicherungsvertrages ist, nach den in Absatz 5 genannten Voraussetzungen betreibt. [2]Der Versicherungsnehmer hat diese Bescheinigung dem zur Zah-

§ 61

lung des Beitragszuschusses Verpflichteten jeweils nach Ablauf von drei Jahren vorzulegen.

(7) ¹Personen, die nach beamtenrechtlichen Vorschriften oder Grundsätzen bei Krankheit und Pflege Anspruch auf Beihilfe oder Heilfürsorge haben und bei einem privaten Versicherungsunternehmen pflegeversichert sind, sowie Personen, für die der halbe Beitragssatz nach § 55 Abs. 1 Satz 2 gilt, haben gegenüber dem Arbeitgeber oder Dienstherrn, der die Beihilfe und Heilfürsorge zu Aufwendungen aus Anlaß der Pflege gewährt, keinen Anspruch auf einen Beitragszuschuß. ²Hinsichtlich der Beitragszuschüsse für Abgeordnete, ehemalige Abgeordnete und deren Hinterbliebene wird auf die Bestimmungen in den jeweiligen Abgeordnetengesetzen verwiesen.

Inhaltsübersicht

	Rn.
I. Geltende Fassung	1
II. Normzweck und Überblick	2
III. Rechtsnatur und Rechtsweg	3
IV. Freiwillig GKV-versicherte Beschäftigte (Abs. 1)	4
V. Versicherte gem. §§ 22, 23 (Abs. 2)	6
VI. Bezieher von Vorruhestandsgeld (Abs. 3)	9
VII. Teilnehmer an berufsfördernden Reha-Maßnahmen (Abs. 4)	11
VIII. Anforderungen an das Versicherungsunternehmen (Abs. 5 und 6)	12
IX. Beamte und Abgeordnete (Abs. 7)	13

I. Geltende Fassung

1   Die Vorschrift ist mWv 1.1.1995 durch Art. 1 PflegeVG eingeführt worden. Sie beruht im wesentlichen auf de Beschlussempfehlung des AuS-Ausschusses (dort § 57, BT-Drucks. 12/5920, S. 55; zur Begr. vgl. BT-Drucks. 12/5952, S. 44f.), der RegE sah nur einen Zuschuss für PPV-Mitglieder vor (vgl. die Begr. zu § 68 in BT-Drucks. 12/5262, S. 128f.). Abs. 1 Satz 3 und Abs. 2 Satz 3 wurden durch Art. 10 Nr. 9 AFRG (vom 24.3.1997, BGBl. I S. 594) eingefügt und durch Art. 8 Nr. 4 GanzjBeschFG (vom 24.4.2006, BGBl. I S. 926) geändert. Abs. 2 Satz 1 geändert durch Art. 1 § 56 Nr. 10 LPartG (vom 16.2.2001, BGBl. I S. 266) mWv 1.8.2001. Bisheriger Abs. 3 aufgehoben durch Art. 1 Nr. 36 PflWEG (vom 28.5.2008, BGBl. I S. 874) mWv 1.7.2008, Abs. 4 bis 8 wurden Abs. 3 bis 7. Daraus resultierende fehlerhafte Verweise in Abs. 5 und 6 korrigiert durch Art. 2a Nr. 2 GKV-OrgWG (vom 15.12.2008, BGBl. I S. 2426). Zuständigkeit in Abs. 3 Satz 1 angepasst durch ZustAnpV vom 29.10.2001 (BGBl. I S. 2785), Satz 2 durch Art. 1 Nr. 6 KiBG (vom 15.12.2004, BGBl. I S. 3448) mWv 1.1.2005. Abs. 4 Satz 1, Abs. 5 Nr. 3 und Abs. 6 Satz 2 geändert durch Art. 3 GRG (vom 20.12.1999, BGBl. I S. 2626). Abs. 7 Satz 1 wurde durch Art. 1 Nr. 24 des 1. SGB XI-ÄndG (vom 14.6.1996, BGBl. I S. 830) neu gefasst.

II. Normzweck und Überblick

2   Der Beitragszuschuss nach § 61 wird für freiwillige GKV-Mitglieder und PPV-Mitglieder in abhängiger Beschäftigung von ihrem Arbeitgeber gewährt. Diese Personen sollen mit den abhängig beschäftigten GKV-Pflichtmitgliedern gleichgestellt werden, die nach § 58 Abs. 1 Satz 1 nur die Hälfte der Beiträge tragen, vgl. BT-Drucks. 12/5262, S. 128 zu § 68 Abs. 1. Ohne Zuschuss verbliebe freiwillig GKV-Vers die gesamte Beitragslast nach §§ 59 Abs. 4, 60 Abs. 1 Satz 1, für PPV-Mitglieder

Beitragszuschüsse für freiwillige Mitglieder **§ 61**

ergäbe sich diese Folge aus der vertraglichen Verpflichtung. PPV-Mitglieder erhalten den Beitragszuschuss nur dann, wenn ihr Vertragsunternehmen die Voraussetzungen der Abs. 5 und 6 erfüllt. Ergänzend sind außerhalb des SGB XI Beitragszuschüsse für weitere Personengruppen geregelt, zB in § 10a KSVG und in § 53a BVG („Erstattung"). § 61 ist den Bestimmungen über den Zuschuss der GKV in §§ 257, 258 SGB V nachgebildet.

III. Rechtsnatur und Rechtsweg

Seit einem Beschluss des Gemeinsamen Senats der obersten Gerichtshöfe (vom 4.6.1974, BSGE 37, 292) ist geklärt, dass der vom Arbeitgeber gezahlte Beitragszuschuss ein öffentlich-rechtlicher Anspruch ist, für den der Sozialrechtsweg eröffnet ist. Der Zuschuss ist kein Bestandteil des Arbeitsentgeltes (BAGE 108, 264 = DB 2005, 55). Nach neuerer Rechtsprechung des BSG handelt es sich um eine Sozialleistung (BSG, SozR 4-2500 § 257 Nr. 1 = SGb 2013, 702, offen gelassen noch von BSG, SozR 3-2500 § 257 Nr. 5 = BSGE 83, 40). Die Vorschriften über Sozialleistungen sind nach BSG, SozR 4-2500 § 257 Nr. 1 = SGb 2013, 702, aber nur bedingt anwendbar, da der Arbeitgeber im Gleichordnungsverhältnis (und nicht etwa hoheitlich als Beliehener) zahlt. Daher ist ein rechtswirksamer Verzicht auf den Zuschuss nach § 46 SGB I, der nur einem Leistungsträger erklärt werden kann, gegenüber dem Arbeitgeber nicht möglich. Der Zuschuss unterliegt im Hinblick auf seine Unabdingbarkeit zudem nicht als Entgelt für Leistungen der Umsatzsteuer (BFHE 230, 279 = BStBl II 2010, S. 1082). 3

IV. Freiwillig GKV-versicherte Beschäftigte (Abs. 1)

Abs. 1 erfasst Beschäftigte (§ 7 Abs. 1 Satz 1 SGB IV), die als freiwillig GKV-Mitglieder gem. § 20 Abs. 3 SPV-Pflichtmitglied sind. Der Wortlaut des Abs. 1 Satz 1 ist – anders als § 257 Abs. 1 SGB V in der GKV – nicht ausdrücklich auf Beschäftigte beschränkt, die wegen Überschreitens der **Jahresentgeltgrenze** freiwillig GKV-vers sind. Das BSG hat den Tatbestand jedoch auf diese Fälle freiwilliger GKV-Vers beschränkt (BSG, SozR 3-3300 § 61 Nr. 1 = NZS 1999, 191) und daher geringfügig Beschäftigten, die freiwillig GKV-vers sind, den Zuschuss gem. § 61 verwehrt. Diese Einschränkung ist in der Literatur erheblicher Kritik ausgesetzt (vgl. zB *Schmidt,* in: juris-PK SGB XI § 61 Rn. 16; *Engelhard,* NZS 1996, 207, 211); ihr ist aber im Hinblick auf den Zweck des Beitragszuschusses zuzustimmen (ebenso *Peters,* in: KassKomm, § 61 SGB XI Rn. 5; *Baumeister,* in: BeckOK, § 61 SGB XI Rn. 8). 4

Der Beitragszuschuss wird in Höhe des Betrages gewährt, der nach § 58 vom Arbeitgeber zu zahlen wäre, wenn der Beschäftigte dieser Vorschrift unterläge, dh maximal ein hälftiger Zuschuss. Die Zuschusshöhe bemisst sich auch danach, ob ein Feiertag nach § 58 Abs. 2 bis 5 aufgehoben wurde und ob das Mitglied kinderlos ist. Abs. 1 Satz 2 verhindert bei mehreren Arbeitgebern, dass der Höchstbetrag des Zuschusses nach Abs. 1 Satz 1 überschritten wird. Zweck von Abs. 1 Satz 3 ist, den Arbeitgeber mit dem SPV-Beitrag für freiwillig GKV-vers **Kurzarbeiter** allein zu belasten. Dies entspricht der Rechtslage für GKV-pflichtvers Kurzarbeiter nach § 58 Abs. 1 Satz 2, Abs. 5 Satz 2. 5

V. Versicherte gem. §§ 22, 23 (Abs. 2)

Zuschussberechtigt nach Abs. 2 sind PPV-Mitglieder gem. §§ 22, 23 in abhängiger Beschäftigung. Diese Formulierung erfasst auch die in der GKV-Parallelnorm § 257 6

Bassen

Abs. 2 SGB V zusätzlich als zuschussberechtigt benannten Beschäftigten, die die Altersgrenze gem. § 6 Abs. 3a SGB V überschritten haben und die gem. § 8 SGB V von der Verspflicht befreiten Personen (vgl. BT-Drucks. 14/1245, S. 109 zu den Mitgliedern gem. § 6 Abs. 3a SGB V).

7 Die Vertragsleistungen des PPV-Vertrags müssen nach Abs. 2 Satz 1 inhaltlich den Leistungen der SPV gleichwertig sein (vgl. § 23 Rn. 25). Es muss sich nicht um ein „Kranken-" VersUnternehmen (so der Wortlaut) handeln. Ausreichend ist, wie § 23 Abs. 2 Satz 1 anzeigt, **jedes VersUnternehmen,** das eine PV anbietet und die Voraussetzungen der Abs. 5 und 6 erfüllt, vgl. *Peters,* in: KassKomm, SGB XI, § 61 Rn. 9. Die Höhe des Zuschusses ist nach Abs. 2 Satz 2 wie in Abs. 1 Satz 1 auf den fiktiv nach § 58 zu zahlenden Betrag begrenzt, zusätzlich auf die Hälfte der tatsächlich an die PPV zu zahlenden Prämien. Die weitergehende Beschränkung soll bei niedrigen PPV-Prämien eine höhere Belastung des Arbeitgebers als des Beschäftigten vermeiden. Für PPV-vers Bezieher von Kurzarbeitergeld übernimmt der Arbeitgeber den zu entrichtenden Beitrag nach Abs. 2 Satz 3, Abs. 1 Satz 3 vollständig. Abs. 2 Satz 4 entspricht Abs. 1 Satz 2, (vgl. Rn. 5).

8 Der Beitragszuschuss kann auch die Aufwendungen für eine **PPV-Absicherung von Angehörigen** oder Lebenspartnern umfassen. Der Wortlaut lässt dies nicht unmittelbar erkennen, die Rechtsfolge wird aber von Sinn und Zweck der Regelung gedeckt (BSG, SozR 3-2500 § 257 Nr. 1 = Die Beiträge 1994, 124). Beschäftigte PPV-Vers sollen mit freiwillig GKV-vers Mitgliedern gleichgestellt werden, deren Familienangehörige grundsätzlich in die Familienvers gem. § 25 einbezogen werden können. Es handelt sich um einen Anspruch des Mitgliedes, nicht des Angehörigen. Voraussetzung ist, dass der Angehörige oder Lebenspartner selbst PPV-vers ist, freiwillig GKV-vers Angehörige werden von Abs. 2 nicht erfasst (BSG, SozR 4-2500 § 257 Nr. 1 = SGb 2013, 702). Ebenso hat nach BAGE 104, 289 = BB 2003, 1236 ein PPV-Mitglied keinen Anspruch gegen den Arbeitgeber auf Bezuschussung der PPV-Beiträge für ein Kind, das nach den Vorgaben des § 25 über den freiwillig GKV-vers Ehegatten in der GKV familienversichert sein muss.

VI. Bezieher von Vorruhestandsgeld (Abs. 3)

9 Ein bis unmittelbar vor dem Vorruhestand gewährter Beitragszuschuss bleibt den in Abs. 3 Satz 1 genannten Personengruppen für die Dauer des Bezuges von **Vorruhestandsgeld** erhalten, um sie beitragsrechtlich weiterhin wie Beschäftigte zu behandeln. Das Vorruhestandsgeld muss die Voraussetzungen des § 20 Abs. 3 erfüllen, dh 65% des Bruttoarbeitsentgeltes gem. § 3 Abs. 2 VRG betragen. Die Anknüpfung an das VRG ist unschädlich, auch wenn die Förderung nach diesem Gesetz mittlerweile nicht mehr erfolgt (BSG, SozR 4-2500 § 5 Nr. 9 = SGb 2009, 657).

10 Für die weiteren Fälle des Abs. 3 besteht keine praktische Relevanz mehr. Vorruhestands- und Übergangsrentenbezieher nach § 9 Abs. 1 [erg: Satz 1] Nr. 1 und 2 AAÜG dürfte es wegen Zeitablaufes mittlerweile nicht mehr geben. Der Tarifvertrag des BMVg vom 30.11.1991 ist durch den TV UmBW abgelöst worden, der eine Übergangsversorgung nicht mehr vorsieht. Für diese Personengruppen galt wie für andere Vorruhestandsgeldbezieher, dass sie bis unmittelbar vor dem Vorruhestand Anspruch auf den Beitragszuschuss gehabt haben mussten (aA *Didong,* in: H/N, SGB XI, § 61 Rn. 12).

VII. Teilnehmer an berufsfördernden Reha-Maßnahmen (Abs. 4)

Sie erhalten einen Beitragszuschuss, wenn für sie VersPflicht nach § 23 in der PPV besteht. Maximal wird der gesamte Beitrag zur PPV bezuschusst (Abs. 4 Satz 2). Auch für die SPV-pflichtvers Personen gem. § 20 Abs. 1 Satz 2 Nr. 6 bis 8 wird grundsätzlich der volle Beitrag von dem Leistungsträger getragen, vgl. auch § 59 Rn. 9. **11**

VIII. Anforderungen an das Versicherungsunternehmen (Abs. 5 und 6)

Der Beitragszuschuss wird in den Fällen der Abs. 2 bis 4 nur gezahlt, wenn die Voraussetzungen der Abs. 5 und 6 erfüllt sind. Die Bestimmungen sind § 257 Abs. 2a SGB V nachgebildet. Das private VersUnternehmen muss die PV **nach Art der LebensVers** betreiben (Abs. 5 Nr. 1) und den überwiegenden Teil der Überschüsse – zB durch Rückstellungen oder Beitragsrückgewähr – zugunsten der Versicherten verwenden (Abs. 5 Nr. 2). Zudem darf die PV nur mit einer KV-Sparte zusammen betrieben werden (Abs. 5 Nr. 3), es sei denn, das VersUnternehmen hat seinen Sitz in einem anderen Mitgliedstaat der EU. Über die Erfüllung der Anforderungen des Abs. 5 muss der VersNehmer alle drei Jahre eine Bescheinigung bei seinem Arbeitgeber bzw. der Zuschuss gewährenden Stelle vorlegen (Abs. 6). **12**

IX. Beamte und Abgeordnete (Abs. 7)

Abs. 7 Satz 1 schließt Beihilfe- und Heilfürsorgeberechtigte unabhängig davon vom Zuschuss aus, ob sie PPV-Mitglied sind oder gem. §§ 28 Abs. 2, 20 Abs. 3 dem halben Beitragssatz nach § 55 Abs. 1 Satz 2 unterliegen. Für diese Personen wird bereits Beihilfe bzw Heilfürsorge gewährt, sodass ihr Beitragsanteil ohnehin reduziert ist. Für Abgeordnete gelten die Vorschriften der Abgeordnetengesetze des Bundes und der Länder, vgl. zB § 27 Abs. 3 AbgG. **13**

Dritter Abschnitt. Verwendung und Verwaltung der Mittel

§ 62 Mittel der Pflegekasse

Die Mittel der Pflegekasse umfassen die Betriebsmittel und die Rücklage.

Inhaltsübersicht

	Rn.
I. Geltende Fassung	1
II. Normzweck	2

I. Geltende Fassung

Die Vorschrift ist mWv 1. 1. 1995 durch Art. 1 PflegeVG eingeführt worden. Sie hat unverändert die Fassung des RegE (dort § 70); vgl. Begr. des RegE, S. 129. **1**

II. Normzweck

2 § 62 hält abschließend die Mittel fest, über die die PKen als rechtsfähige Körperschaften des öffentlichen Rechts (§ 46 Abs. 2 Satz 1) verfügen, Betriebsmittel (§ 63) und Rücklagen (§ 64). Im Unterschied zu § 259 SGB V fehlt das Verwaltungsvermögen. PKen bedienen sich zu Verwaltungszwecken der personellen, sächlichen und räumlichen Infrastruktur der KK, bei der sie errichtet sind (vgl. § 46 Abs. 2 Satz 2). Die Kosten hierfür werden aus den Betriebsmitteln bestritten, § 63 Abs. 1 Nr. 1. Zu dem Beurteilungsspielraum der PKen bei der Verwendung der Haushaltsmittel vgl. § 46 Rn. 11.

§ 63 Betriebsmittel

(1) **Die Betriebsmittel dürfen nur verwendet werden:**
1. **für die gesetzlich oder durch die Satzung vorgesehenen Aufgaben sowie für die Verwaltungskosten,**
2. **zur Auffüllung der Rücklage und zur Finanzierung des Ausgleichsfonds.**

(2) **¹Die Betriebsmittel dürfen im Durchschnitt des Haushaltsjahres monatlich das Einfache des nach dem Haushaltsplan der Pflegekasse auf einen Monat entfallenden Betrages der in Absatz 1 Nr. 1 genannten Aufwendungen nicht übersteigen. ²Bei der Feststellung der vorhandenen Betriebsmittel sind die Forderungen und Verpflichtungen der Pflegekasse zu berücksichtigen, soweit sie nicht der Rücklage zuzuordnen sind. ³Durchlaufende Gelder bleiben außer Betracht.**

(3) **Die Betriebsmittel sind im erforderlichen Umfang bereitzuhalten und im übrigen so anzulegen, daß sie für den in Absatz 1 bestimmten Zweck verfügbar sind.**

Inhaltsübersicht

	Rn.
I. Geltende Fassung	1
II. Grundlagen	2
III. Anlage der Betriebsmittel	3

I. Geltende Fassung

1 Die Vorschrift ist mWv 1.1.1995 durch Art. 1 PflegeVG eingeführt worden. Sie hat unverändert die Fassung des RegE (dort § 71); vgl. Begr. des RegE, S. 129 f.

II. Grundlagen

2 § 63 legt fest, wofür Betriebsmittel zu verwenden sind (Abs. 1) und in welcher Höhe sie maximal vorgehalten werden dürfen (Abs. 2, 3). Betriebsmittel sind nach der Legaldefinition in § 81 SGB IV kurzfristig verfügbare Mittel zur Bestreitung der laufenden Ausgaben sowie zum Ausgleich von Einnahme-/Ausgabeschwankungen. Die Betriebsmittel dürfen im Durchschnitt des Haushaltsjahres nicht höher sein als die Aufwendungen für Aufgaben nach Abs. 1 Nr. 1 (**Betriebsmittelsoll** gem. Abs. 2). Ein Überschuss ist in die Rücklage zu überführen, vgl. Abs. 1 Nr. 2).

III. Anlage der Betriebsmittel

Abs. 3 verlangt das Vorhalten von Betriebsmitteln in erforderlichem Umfang bzw 3
eine Anlage der Mittel. Hierbei muss weiterhin dem Zweck des Abs. 1 entsprochen
werden können, sodass eine kurzfristige Verfügbarkeit angelegter Betriebsmittel sichergestellt sein muss. Diese Betonung der Liquidität lässt Termin- und Sichteinlagen
bei Kreditinstituten als besonders geeignet erscheinen (*Samartzis,* NZS 2009, 361,
363), wobei die Absicherung der Einlagen nicht vernachlässigt werden darf und
„Klumpenrisiken" durch Verteilung auf mehrere Einrichtungen vermieden werden
sollten. Kreditaufnahmen zur Sicherstellung liquider Betriebsmittel sind nicht zulässig, vgl. § 54 Rn. 3.

§ 64 Rücklage

(1) **Die Pflegekasse hat zur Sicherstellung ihrer Leistungsfähigkeit eine Rücklage zu bilden.**

(2) **Die Rücklage beträgt 50 vom Hundert des nach dem Haushaltsplan durchschnittlich auf den Monat entfallenden Betrages der Ausgaben (Rücklagesoll).**

(3) **Die Pflegekasse hat Mittel aus der Rücklage den Betriebsmitteln zuzuführen, wenn Einnahme- und Ausgabeschwankungen innerhalb eines Haushaltsjahres nicht durch die Betriebsmittel ausgeglichen werden können.**

(4) **¹Übersteigt die Rücklage das Rücklagesoll, so ist der übersteigende Betrag den Betriebsmitteln bis zu der in § 63 Abs. 2 genannten Höhe zuzuführen. ²Darüber hinaus verbleibende Überschüsse sind bis zum 15. des Monats an den Ausgleichsfonds nach § 65 zu überweisen.**

(5) **¹Die Rücklage ist getrennt von den sonstigen Mitteln so anzulegen, daß sie für den nach Absatz 1 bestimmten Zweck verfügbar ist. ²Sie wird von der Pflegekasse verwaltet.**

Inhaltsübersicht

	Rn.
I. Geltende Fassung	1
II. Grundlagen	2
III. Höhe und Anlage der Rücklage	3
IV. Finanzierung des Ausgleichsfonds	5

I. Geltende Fassung

Die Vorschrift ist mWv 1.1.1995 durch Art. 1 PflegeVG eingeführt worden. Sie 1
hat unverändert die Fassung des RegE (dort § 72); vgl. Begr. des RegE, S. 130.

II. Grundlagen

Die Rücklage sichert die Leistungsfähigkeit der PKen (Abs. 1), was zwei mögliche 2
Verwendungszwecke umfasst. Zum einen deckt die Rücklage im laufenden Jahr Betriebsmitteldefizite aus. Eine zweite Funktion der Rücklage besteht in der Finanzierung des Ausgleichsfonds gem. §§ 65 ff.

III. Höhe und Anlage der Rücklage

3 § 64 konkretisiert § 82 SGB IV. Die Rücklage wird gebildet bis zur Erreichung des Rücklagesolls gem. Abs. 2. Dessen Höhe ist im Gegensatz zur GKV (§ 261 SGB V) nicht variabel, sondern beträgt gem. Abs. 2 50% der durchschnittlichen mtl Ausgaben. Die Rücklage ist nach Abs. 5 Satz 1 getrennt von den sonstigen Mitteln so anzulegen, daß sie für den nach Absatz 1 bestimmten Zweck verfügbar ist. Dabei hat eine den Vorgaben der §§ 83 bis 86 SGB IV entsprechende Anlage zu erfolgen. In diesem Rahmen ist jedoch auch der Grundsatz des § 80 SGB IV zu berücksichtigen, wonach die Mittel des Versicherungsträgers so anzulegen und zu verwalten sind, dass ein Verlust ausgeschlossen erscheint, ein angemessener Ertrag erzielt wird und eine ausreichende Liquidität gewährleistet ist. Dies kann dazu führen, dass von bestimmten Anlageformen Abstand genommen werden sollte, auch wenn § 83 sie ausdrücklich zulässt (so zB Schr des Bundesversicherungsamts vom 25.11.2008 hinsichtlich ungesicherter Inhaberschuldverschreibungen oder anderer ungesicherter Schuldverschreibungen).

4 Die zuständigen **Aufsichtsbehörden** der PKen überwachen im Wege der Rechtsaufsicht auch die Anlageformen für die Rücklage. Dies umfasst nicht die Verpflichtung einer Beratung, bei welcher konkreten Anlageform im finanzwissenschaftlich-betriebswirtschaftlichen Sinn von einer möglichst vorteilhaften Geldanlagestrategie auszugehen ist (BSG, SozR 4-2400 § 80 Nr. 1 = SGb 2007, 103). Die Aufsichtsbehörde muss die PKen unter Berücksichtigung ihrer individuellen und speziellen Verhältnisse nur darauf hinweisen, dass und aus welchen Gründen sie mit ihrer Vermögensanlage das Recht verletzt hat und welche Maßnahmen zu Gebote stehen, diese Rechtsverletzung zu beheben (BSG, SozR 4-2400 § 80 Nr. 1 = SGb 2007, 103).

IV. Finanzierung des Ausgleichsfonds

5 Erwirtschaftet eine PK einen Überschuss über das Rücklagesoll (Abs. 4 Satz 2), sind nach Abs. 4 Satz 1 zunächst die Betriebsmittel bis zur Erreichung des Betriebsmittelsolls nach § 63 Abs. 2 aufzufüllen. Ein danach noch verbleibender Überschuss wird an den Ausgleichsfonds gezahlt (§ 67 Abs. 2 Satz 2) und kommt damit defizitären PKen zu Gute.

Vierter Abschnitt. Ausgleichsfonds, Finanzausgleich

§ 65 Ausgleichsfonds

(1) Das Bundesversicherungsamt verwaltet als Sondervermögen (Ausgleichsfonds) die eingehenden Beträge aus:
1. den Beiträgen aus den Rentenzahlungen,
2. den von den Pflegekassen überwiesenen Überschüssen aus Betriebsmitteln und Rücklage (§ 64 Abs. 4),
3. den vom Gesundheitsfonds überwiesenen Beiträgen der Versicherten.

(2) Die im Laufe eines Jahres entstehenden Kapitalerträge werden dem Sondervermögen gutgeschrieben.

(3) Die Mittel des Ausgleichsfonds sind so anzulegen, daß sie für den in den §§ 67, 68 genannten Zweck verfügbar sind.

Ausgleichsfonds **§ 65**

Inhaltsübersicht

	Rn.
I. Geltende Fassung	1
II. Normzweck	2
III. Zugeführte Mittel	3
IV. Anlage der Mittel	4
V. Weitere Aufgaben	5

I. Geltende Fassung

Die Vorschrift ist mWv 1.1.1995 durch Art. 1 PflegeVG eingeführt worden. Im AuS-Ausschuss wurde der unter Nr. 1 in Abs. 1 aufgeführte Bundeszuschuss des RegE (dort § 74) durch einen „Finanzierungsbeitrag der Länder" ersetzt (BT-Drucks. 12/5920, S. 67). Im ersten Vermittlungsverfahren wurde die Nr. 1 gestrichen (BT-Drucks. 12/6424, S. 3). Durch Art. 8 Nr. 31 GKV-WSG (vom 26.3.2007, BGBl. I S. 378) wurde mWv 1.1.2009 Abs. 1 Nr. 3 eingefügt. 1

II. Normzweck

§ 65 bildet die Rechtsgrundlage für den Ausgleichsfonds. Es handelt sich rechtlich um ein Sondervermögen (§ 48 HGrG), das vom Bundesversicherungsamt verwaltet wird. Der Ausgleichsfonds bildet eine kassenübergreifende **Schwankungsreserve,** um den bundesweiten Finanzausgleich zwischen den PKen nach §§ 66 bis 68 zu ermöglichen. Mittlerweile wird der Ausgleichsfonds auch zur Finanzierung besonderer Projekte der SPV genutzt. 2

III. Zugeführte Mittel

Dem Ausgleichsfonds zugeführt werden die Beiträge zur SPV aus gesetzlicher Rente gem. § 60 Abs. 4 Satz 2 (Nr. 1), die Überschüsse des Rücklagesolls gem. § 64 Abs. 4 Satz 2 (Nr. 2) und seit 1.1.2009 auch die Zuweisungen des Gesundheitsfonds (Nr. 3, vgl. BT-Drucks. 16/3100, S. 187, und § 252 Abs. 2 SGB V). Kapitalerträge des Ausgleichsfonds werden nach Abs. 2 ebenfalls diesem gutgeschrieben. Daneben fließen auch nicht in § 65 erwähnte Mittel in den Ausgleichsfonds, zB die Beiträge für Leistungsbezieher gem. § 21 Nr. 4 (§ 60 Rn. 13), der Beitragszuschlag für Leistungsbezieher gem. SGB III gem. § 60 Abs. 7 Satz 1 und Zahlungen gem. § 114a Abs. 5 Satz 2. Zu den nicht verwirklichten Plänen für einen Zuschuss des Bundes bzw der Länder vgl. Rn. 1 und § 54 Rn. 4. 3

IV. Anlage der Mittel

Die Mittel des Ausgleichsfonds sind nach Abs. 3 so anzulegen, daß sie für den in den §§ 67, 68 genannten Zweck, den Finanzausgleich, verfügbar sind. Hierbei sind die Vorgaben des § 80 SGB IV zu beachten, dh es muss sichergestellt werden, dass ein Verlust ausgeschlossen erscheint, ein angemessener Ertrag erzielt wird und eine ausreichende Liquidität gewährleistet ist. Erträge der Vermögensanlage werden nach Abs. 2 dem Ausgleichsfonds gutgeschrieben. 4

Bassen

V. Weitere Aufgaben

5 Der Ausgleichsfonds ist im Laufe der Zeit zur Finanzierung weiterer Aufgaben im Rahmen der SPV herangezogen worden:
- Förderung von Modellvorhaben zur Weiterentwicklung der Pflegeversicherung, insbesondere zur Entwicklung neuer qualitätsgesicherter Versorgungsformen für Pflegebedürftige gem. § 8 Abs. 3 mit kalenderjährlich maximal € 5 Mio.;
- Förderung des Auf- und Ausbaus von niedrigschwelligen Betreuungsangeboten sowie von Modellvorhaben zur Erprobung neuer Versorgungskonzepte und Versorgungsstrukturen insbesondere für demenzkranke Pflegebedürftige gem. § 45 c und § 45d mit maximal € 25 Mio. pro Kalenderjahr;
- Förderung des Aufbaus der Pflegestützpunkte nach § 92c Abs. 6 mit maximal € 60 Mio. (bis Juni 2011);
- Förderung von Modellvorhaben zur Erprobung von Leistungen der häuslichen Betreuung nach § 124 gem. § 125 Abs. 1 mit maximal € 5 Mio. (2013 und 2014);
- Zuführung von 0,1% der beitragspflichtigen Einnahmen des Vorjahres an den Pflegevorsorgefonds gem. § 135.

§ 66 Finanzausgleich

(1) ¹Die Leistungsaufwendungen sowie die Verwaltungskosten der Pflegekassen werden von allen Pflegekassen nach dem Verhältnis ihrer Beitragseinnahmen gemeinsam getragen. ²Zu diesem Zweck findet zwischen allen Pflegekassen ein Finanzausgleich statt. ³Das Bundesversicherungsamt führt den Finanzausgleich zwischen den Pflegekassen durch. ⁴Es hat Näheres zur Durchführung des Finanzausgleichs mit dem Spitzenverband Bund der Pflegekassen zu vereinbaren. ⁵Die Vereinbarung ist für die Pflegekasse verbindlich.

(2) Das Bundesversicherungsamt kann zur Durchführung des Zahlungsverkehrs nähere Regelungen mit der Deutschen Rentenversicherung Bund treffen.

Inhaltsübersicht

	Rn.
I. Geltende Fassung	1
II. Normzweck	2
III. Umfang	3
IV. Durchführung	4

I. Geltende Fassung

1 Die Vorschrift ist mWv 1.1.1995 durch Art. 1 PflegeVG eingeführt worden. Sie hat weitgehend die Fassung des RegE (dort § 75); vgl. Begr. des RegE, S. 130 f. Aufgrund der Beschlussempfehlung des AuS-Ausschusses wurde lediglich Abs. 1 Satz 4 geändert und Satz 5 in Abs. 1 angefügt (BT-Drucks. 12/5920, S. 67); zur Begr. vgl. BT-Drucks. 12/5952, S. 45. Abs. 1 Satz 4 geändert durch Art. 8 Nr. 29 GKV-WSG (vom 26.3.2007, BGBl. I S. 378) mWv 1.7.2008, Abs. 2 durch Art. 10 Nr. 5 RVOrgG (vom 9.12.2004, BGBl. I S. 3242) mWv 1.10.2005.

II. Normzweck

§ 66 legt den Grundsatz des Finanzausgleichs zwischen den PKen fest (ausführlich *Adamson/Arndt,* BKK 1995, 118ff.). Dieser wird durchgeführt, da die PKen keinen Einfluss auf den bundesweit einheitlichen Beitragssatz gem. § 55 Abs. 1 haben, sich aber ihre Risikostrukturen voneinander unterscheiden. §§ 67, 68 gestalten den Finanzausgleich durch einen Monats- und einen Jahresausgleich näher aus. 2

III. Umfang

In den Finanzausgleich einbezogen wird der Gesamtaufwand der PKen iSd. Abs. 1 Satz 1. Leistungsaufwendungen und Verwaltungskosten werden von den PKen nach dem **Verhältnis der Beitragseinnahmen** gemeinsam getragen. 3

IV. Durchführung

Der Finanzausgleich wird vom Bundesversicherungsamt durchgeführt, Abs. 1 Satz 3. Das Nähere wird in der auf Grundlage von Abs. 1 Satz 4 geschlossenen Vereinbarung des Bundesversicherungsamts mit dem Spitzenverband Bund der KKen vom 30.10.2010 geregelt, die nach Abs. 1 Satz 5 auch die PKen verpflichtet. Die Vereinbarung nach Abs. 2 ermöglicht die praktikable Abwicklung von Zahlungsein- und -ausgängen sowie der Kontenführung (BT-Drucks. 12/5262 zu § 66, S. 131, Text bei H/N C 451). Streitigkeiten über den Finanzausgleich sind in erster Instanz gem. § 29 Abs. 3 Nr. 2 SGG dem LSG Nordrhein-Westfalen zugewiesen. 4

§ 67 Monatlicher Ausgleich

(1) **Jede Pflegekasse ermittelt bis zum 10. des Monats**
1. **die bis zum Ende des Vormonats gebuchten Ausgaben,**
2. **die bis zum Ende des Vormonats gebuchten Einnahmen (Beitragsist),**
3. **das Betriebsmittel- und Rücklagesoll,**
4. **den am Ersten des laufenden Monats vorhandenen Betriebsmittelbestand (Betriebsmittelist) und die Höhe der Rücklage.**

(2) ¹Sind die Ausgaben zuzüglich des Betriebsmittel- und Rücklagensolls höher als die Einnahmen zuzüglich des vorhandenen Betriebsmittelbestands und der Rücklage am Ersten des laufenden Monats, erhält die Pflegekasse bis zum Monatsende den Unterschiedsbetrag aus dem Ausgleichsfonds. ²Sind die Einnahmen zuzüglich des am Ersten des laufenden Monats vorhandenen Betriebsmittelbestands und der Rücklage höher als die Ausgaben zuzüglich des Betriebsmittel- und Rücklagesolls, überweist die Pflegekasse den Unterschiedsbetrag an den Ausgleichsfonds.

(3) **Die Pflegekasse hat dem Bundesversicherungsamt die notwendigen Berechnungsgrundlagen mitzuteilen.**

§ 68 Jahresausgleich

(1) ¹Nach Ablauf des Kalenderjahres wird zwischen den Pflegekassen ein Jahresausgleich durchgeführt. ²Nach Vorliegen der Geschäfts- und Rechnungsergebnisse aller Pflegekassen und der Jahresrechnung der Deutschen

§ 68

Sechstes Kapitel. Finanzierung

Rentenversicherung Knappschaft-Bahn-See als Träger der knappschaftlichen Pflegeversicherung für das abgelaufene Kalenderjahr werden die Ergebnisse nach § 67 bereinigt.

(2) Werden nach Abschluß des Jahresausgleichs sachliche oder rechnerische Fehler in den Berechnungsgrundlagen festgestellt, hat das Bundesversicherungsamt diese bei der Ermittlung des nächsten Jahresausgleichs nach den zu diesem Zeitpunkt geltenden Vorschriften zu berücksichtigen.

(3) Das Bundesministerium für Gesundheit kann durch Rechtsverordnung mit Zustimmung des Bundesrates das Nähere über:
1. die inhaltliche und zeitliche Abgrenzung und Ermittlung der Beträge nach den §§ 66 bis 68,
2. die Fälligkeit der Beträge und Verzinsung bei Verzug,
3. das Verfahren bei der Durchführung des Finanzausgleichs sowie die hierfür von den Pflegekassen mitzuteilenden Angaben
regeln.

Inhaltsübersicht

	Rn.
I. Geltende Fassungen	1
II. Allgemeines	3
III. Monatsausgleich (§ 67)	4
IV. Jahresausgleich (§ 68)	5

I. Geltende Fassungen

1 § 67 und 68 sind mWv 1.1.1995 durch Art. 1 PflegeVG eingeführt worden. § 67 hat weitgehend die Fassung des AuS-Ausschusses (BT-Drucks. 12/5920, S. 67f.; zur Begr. vgl. BT-Drucks. 12/5952, S. 45). In Abs. 1 wurde der 15. auf den 10. des Monats durch Art. 1 Nr. 37 PflWEG (vom 28.5.2008, BGBl. I S. 874) mWv 1.7.2008 geändert.

2 § 68 entspricht § 77 des RegE, vgl. Begr. S. 131f. Änderung des Abs. 1 Satz 2 durch Art. 10 Nr. 6 RVOrgG (vom 9.12.2004, BGBl. I S. 3242) mWv 1.10.2005. Zuständigkeit in Abs. 3 durch mehrere ZustAnpV angepasst: vom 29.10.2001 (BGBl. I S. 2785), vom 25.11.2003 (BGBl. I S. 2304) und vom 31.10.2006 (BGBl. I S. 2407).

II. Allgemeines

3 §§ 67 und 68 legen den Rahmen des Verfahrens für den Finanzausgleich fest, vgl. im Einzelnen die Vereinbarung nach § 66 Abs. 1 Satz 4 (§ 66 Rn. 4). Sanktionen für unwirtschaftliches Handeln der PKen sehen die Vorschriften nicht vor.

III. Monatsausgleich (§ 67)

4 Der mtl Ausgleich nach § 67 orientiert sich an den Einnahmen und Ausgaben vom Jahresbeginn bis zum Vormonat (Abs. 1). Abs. 2 enthält die Anspruchsgrundlagen für ergänzende Zahlungen an den bzw von dem Ausgleichsfonds.

IV. Jahresausgleich (§ 68)

Gem. § 68 werden die mtl Ausgleiche durch einen Jahresausgleich bereinigt (Abs. 1). Erst nach Durchführung des Jahresausgleichs festgestellte Fehler werden im folgenden Jahr nach den zu diesem Zeitpunkt geltenden Vorschriften ausgeglichen (Abs. 2). Eine Verordnung nach Abs. 3 ist bisher nicht ergangen, da die Vereinbarung nach § 66 Abs. 1 Satz 4 umfassende Regelungen beinhaltet. 5

Ab 2035 werden in den Jahresausgleich auch die Mittel einbezogen, die aus dem Pflegevorsorgefonds gem. § 136 entnommen werden können. 6

Siebtes Kapitel. Beziehungen der Pflegekassen
zu den Leistungserbringern

Erster Abschnitt. Allgemeine Grundsätze

§ 69 Sicherstellungsauftrag

¹Die Pflegekassen haben im Rahmen ihrer Leistungsverpflichtung eine bedarfsgerechte und gleichmäßige, dem allgemein anerkannten Stand medizinisch-pflegerischer Erkenntnisse entsprechende pflegerische Versorgung der Versicherten zu gewährleisten (Sicherstellungsauftrag). ²Sie schließen hierzu Versorgungsverträge sowie Vergütungsvereinbarungen mit den Trägern von Pflegeeinrichtungen (§ 71) und sonstigen Leistungserbringern. ³Dabei sind die Vielfalt, die Unabhängigkeit und Selbständigkeit sowie das Selbstverständnis der Träger von Pflegeeinrichtungen in Zielsetzung und Durchführung ihrer Aufgaben zu achten.

Inhaltsübersicht

	Rn.
I. Geltende Fassung	1
II. Normzweck	2
III. Sicherstellungsziele (Satz 1)	3
1. Bedarfsgerechtigkeit	4
2. Gleichmäßigkeit	5
3. Pflegestandard	6
IV. Sicherstellungsmittel	7
V. Neutralität (Satz 3)	8

I. Geltende Fassung

1   Die Vorschrift ist mWv 1.1.1995 durch **Art. 1 PflegeVG** eingeführt worden. Sie folgte ursprünglich unverändert dem FraktE (vgl. BT-Drucks. 12/5262, S. 132 zu § 78). Durch Art. 1 Nr. 4 des **PQsG** vom 9.9.2001 (BGBl. I S. 2320) wurden mW zum 1.1.2002 in Satz 2 zunächst die Wörter „Leistungs- und Qualitätsvereinbarungen" eingefügt (dazu BT-Drucks. 14/5395, S. 27 f.), die durch das **PflegeWEG** vom 28.5.2008 (BGBl. I S. 874) mW zum 1.7.2008 wieder gestrichen worden sind (dazu BT-Drucks. 16/7439, S. 67); die Änderungen sind Folgeänderungen zur Einführung und Streichung von § 80a SGB XI aF (vgl. dazu § 84 Rn. 9 f.).

II. Normzweck

2   Die Vorschrift bildet das **Bindeglied** zwischen dem Leistungsrecht des 4. Kapitels und dem Leistungserbringungsrecht des 7., 8. und 12. Kapitels. Sie umreißt die Verantwortung der PKen im Dreiecksverhältnis zwischen PKen, Versicherten und Leistungserbringern bei der Beschaffung von Pflegeleistungen. Entlehnt sind diese Beziehungen dem **Sachleistungsprinzip der GKV** (vgl. § 2 Abs. 2 Satz 1 SGB V). Mit Ausnahmen prägt dieses Modell auch die Leistungserbringung der SPV (vgl. hierzu allgemein vor §§ 28 ff., Rn. 2 f.; *Neumann,* in: HS-PV, § 20 Rn. 57 ff.). Demzufolge richtet sich der

Anspruch der Versicherten nicht auf Übernahme oder Erstattung von Kosten für selbstbeschaffte Pflegeleistungen, sondern grundsätzlich – Ausnahme: Gewährung von Pflegegeld bei selbst organisierter häuslicher Pflege (§ 37) – auf **Verschaffung von Sach- oder Dienstleistungen.** Insoweit stehen die PKen den Versicherten gegenüber in einer entsprechenden **Verschaffungsverantwortung,** der sie im Rahmen ihrer Beziehungen zu den **Leistungserbringern** nach Maßgabe des Leistungserbringungsrechts des 7., 8. und 12. Kapitels gerecht zu werden haben. Von welchen abstrakten Zielen sie sich dabei leiten zu lassen haben und welchen Leistungsstandard die Versicherten allgemein einfordern können, bestimmt § 69. **Vorbild** dafür ist **§ 70 Abs. 1 Satz 1 SGB V,** dessen Auftrag § 69 wortgenau übernimmt. Getragen ist das offenkundig von der Erwartung, dass auf die Versorgung mit Pflegeleistungen in ähnlicher Weise Einfluss genommen werden kann wie auf die vertragsärztliche Versorgung nach dem SGB V. Jedoch sind die Steuerungsmöglichkeiten in beiden Zweigen unterschiedlich. Denn anders als bei der vertragsärztlichen Versorgung sind die Leistungserbringer weder in den Sicherstellungsauftrag einbezogen (vgl. §§ 70 Abs. 1 Satz 1, 72 Abs. 1 Satz 1 SGB V) noch besteht in der SPV eine bedarfsabhängige Zulassung (vgl. § 72 Rn. 10). Die Einflussmöglichkeiten der PKen sind deshalb objektiv geringer als der Regelungsauftrag in Anlehnung an § 70 SGB V voraussetzt.

III. Sicherstellungsziele (Satz 1)

Dem Ziel nach sollen die PKen nach § 69 Satz 1 gewährleisten, dass die pflegerische 3 Versorgung der Versicherten (1.) **bedarfsgerecht** und (2.) **gleichmäßig** ist und (3.) dem **allgemein anerkannten Stand medizinisch-pflegerischer Erkenntnisse** entspricht:

1. Bedarfsgerechtigkeit

Die Versorgung ist bedarfsgerecht, soweit sie dem von der SPV zu erfüllenden Pflege- 4 bedarf der Versicherten entspricht. Im Vertragsarztrecht hat das zwei Komponenten (vgl. *Engelmann,* in: jurisPK-SGB V, § 70 Rn. 9): Bedarfsgerecht ist die Versorgung zum einen, wenn eine – am Bedarf gemessen – **ausreichende Zahl von Leistungserbringern** tatsächlich zur Verfügung steht. Bedarfsgerecht ist in Bezug auf die pflegerische Versorgung daher eine **Mindestausstattung mit Pflegeeinrichtungen.** Auf diese quantitative Leistungsseite haben die PKen indes nur **geringen Einfluss,** weil sie – von der häuslichen Pflege abgesehen (vgl. § 77 Abs. 2) – Eigeneinrichtungen nicht betreiben dürfen und ihnen auch sonst keine Mittel zur Steuerung der **Versorgungsdichte** zu Gebote stehen. Denn weder bestehen Formen der **Zulassungssteuerung** noch kann bei **gedeckelten Leistungen** (vgl. §§ 36 Abs. 3, 41 Abs. 2) durch Vergütungsanreize Einfluss genommen werden. Das Risiko einer **zahlenmäßig unzureichenden** Versorgungssituation vor Ort belässt das SGB XI in seiner konkreten Ausgestaltung deshalb trotz § 69 Satz 1 des SGB XI mehr den Versicherten als dass es die PKen in die Pflicht nimmt. **Größere Bedeutung** hat das Element der Bedarfsgerechtigkeit für die SPV deshalb auf einer zweiten Bedeutungsebene. In dieser Dimension verlangt Bedarfsgerechtigkeit eine Ausrichtung der Leistungen am **individuellen Pflegebedarf** der Versicherten. Darauf können die PKen insoweit größeren Einfluss nehmen, als sie durch Verträge das Leistungsgeschehen mit den zugelassenen Leistungserbringern steuern können.

2. Gleichmäßigkeit

Die erforderliche Mindestausstattung ist **gleichmäßig,** wenn sie in der **Fläche** 5 **gleichmäßig verteilt ist;** dh die PKen haben für eine **flächendeckend ausreichende Versorgungsstruktur** zu sorgen. Auch insoweit ist das den PKen zur Verfü-

§ 69 Siebtes Kapitel. Beziehungen der Pflegekassen zu den Leistungserbringern

gung stehende Instrumentarium **indes beschränkt:** Zwar können sie mit existierenden Pflegeeinrichtungen Verträge abschließen. Soweit dies nicht ausreicht, verbleibt ihnen jedoch nur im Bereich der ambulanten Pflege die Möglichkeit, durch Einstellung von Pflegekräften Abhilfe zu schaffen. Im stationären Bereich haben sie dagegen nicht die Möglichkeit, Eigeneinrichtungen zu installieren. Hier können sie allenfalls auf die für die Vorhaltung einer leistungsfähigen pflegerischen Infrastruktur verantwortlichen Länder (§ 9 Satz 1) einwirken.

3. Pflegestandard

6   Der **Qualität** nach hat die pflegerische Versorgung schließlich dem **allgemein anerkannten Stand medizinisch-pflegerischer Erkenntnisse** zu entsprechen. Vorbild auch dieser Anforderung ist das SGB V mit den §§ 2 Abs. 1 Satz 3 und 70 Abs. 1 Satz 1 SGB V. Jedoch postuliert die Regelung einen pflegefachwissenschaftlichen **Konsens über Pflegestandards,** der sich allenfalls zögerlich entwickelt (skeptisch ebenfalls *Udsching,* Sgb 2007, 694, 698: „Worthülse"; *Igl,* Sgb 2007, 381, 383: „Schimäre"). Diese Einschätzung liegt unausgesprochen auch dem mit dem Pflege-WEG vom 28.5.2008 (BGBl. I S. 874) mW zum 1.7.2008 eingeführten Instrumentarium des § 113a zugrunde, wonach die Vertragsparteien nach § 113 die Entwicklung und Aktualisierung wissenschaftlich fundierter und fachlich abgestimmter Expertenstandards zur Sicherung und Weiterentwicklung der Qualität in der Pflege sicherzustellen haben (zu den Motiven vgl. BT-Drucks. 16/7439, S. 41, S. 83 ff.).

IV. Sicherstellungsmittel

7   **Instrumente** zur Sicherstellung der Ziele nach Satz 1 sind nach Satz 2 der **Versorgungsvertrag** und die **Vergütungsvereinbarung,** Hierdurch steuern die PKen erstens den **Zugang zur Versorgung** von Pflegebedürftigen, zweitens den Inhalt und drittens die **Vergütung** der zu erbringenden Leistungen. Bezug genommen ist damit auf das durch öffentlich-rechtliche Verträge auszugestaltende Regelungssystem zwischen den PKen und den Einrichtungen und anderen Leistungserbringern, derer sich die PKe zur Erfüllung ihrer Sachleistungsansprüche (vgl. Rn. 2) bedient. Hiernach dürfen die PKen gemäß § 72 Abs. 1 Pflegeleistungen nur durch Pflegeeinrichtungen gewähren, mit denen ein **Versorgungsvertrag besteht.** Er begründet zugunsten des Leistungserbringers einen **öffentlich-rechtlichen Rechtsstatus,** durch die er in das öffentlich-rechtliche Sozialleistungssystem einbezogen wird (vgl. BT-Drucks. 12/5262, S. 135 ff.). Den Kreis der insoweit **zulassungsfähigen Einrichtungen** bestimmt § 71. Deren Vergütung bemisst sich nach – insbesondere, aber nicht nur – **Vergütungsverträgen** nach Maßgabe des 8. Kapitels (§§ 82 bis 92).

V. Neutralität (Satz 3)

8   Die Vorschrift nimmt eine Zusage wieder auf, die bereits in § 11 Abs. 2 festgelegt ist: Die traditionell gewachsene **Vielfalt der Träger** von Pflegeeinrichtungen soll durch die PV nicht beseitigt werden. Die PKen haben bei der Ausübung ihrer Vertragskompetenzen diese Vielfalt von freigemeinnützigen, kirchlichen, privaten und öffentlichen Trägern zu respektieren (vgl. *Neumann,* in: HS-PV, § 20 Rn. 26). Verstärkt wird diese Pflicht durch § 2 Abs. 3, der die PKen vor allem bei der Auswahl einer stationären Pflegeeinrichtung verpflichtet, auf die religiösen Bedürfnisse des Pflegebedürftigen Rücksicht zu nehmen. Satz 3 kann beim Abschluss von Versorgungsverträgen (gemäß § 72) Bedeutung erlangen. Eine Freistellung von den in §§ 71, 72 geregelten Zulassungsvoraussetzungen und den nach § 80 festzulegenden

Qualitätsstandards oder vom Wirtschaftlichkeitsgebot (§§ 29 und 72 Abs. 3) kann hiermit indes nicht begründet werden (vgl. BSGE 82, 252 = SozR 3-3300 § 73 Nr. 1 = NZS 1999, 298). Allein die Berufung auf die Wahrung der Trägervielfalt rechtfertigt auch **keine höhere Pflegevergütung.**

§ 70 Beitragssatzstabilität

(1) **Die Pflegekassen stellen in den Verträgen mit den Leistungserbringern über Art, Umfang und Vergütung der Leistungen sicher, daß ihre Leistungsausgaben die Beitragseinnahmen nicht überschreiten (Grundsatz der Beitragssatzstabilität).**

(2) Vereinbarungen über die Höhe der Vergütungen, die dem Grundsatz der Beitragssatzstabilität widersprechen, sind unwirksam.

Inhaltsübersicht

	Rn.
I. Geltende Fassung	1
II. Normzweck	2
III. Grundsatz der Beitragssatzstabilität (Abs. 1)	3
IV. Unwirksamkeit von Vergütungsvereinbarungen (Abs. 2)	5

I. Geltende Fassung

Die Vorschrift ist mWv 1.1.1995 durch **Art. 1 PflegeVG** eingeführt worden. Sie hat unverändert die Fassung des FraktE (vgl. BT-Drucks. 12/5262, S. 133 zu § 79). 1

II. Normzweck

Die Norm zielt auf die **Begrenzung der Leistungsausgaben** und deren Kopplung an die Beitragseinnahmen. Dadurch sollen Leistungsfähigkeit und Wirtschaftlichkeit der SPV sowie die Finanzierung zu vertretbaren Beitragssätzen auf Dauer gesichert werden (vgl. BT-Drucks. 12/5262, S. 133). Leitbild hierfür ist § 71 SGB V. Die Übertragbarkeit dessen auf das SGB XI erscheint allerdings fraglich (vgl. *Neumann,* in: HS-PV, § 22 Rn. 16; anders dagegen *Wahl,* in: jurisPK-SGB XI, § 70 Rn. 13). Zwar geht der Gesetzgeber zutreffend davon aus, dass für die gesamten Leistungsausgaben der SPV wegen des gesetzlich festgelegten bundesweit **einheitlichen Beitragssatzes** (§ 55 Abs. 1) auf Dauer nur begrenzte Finanzmittel zur Verfügung stehen; deshalb ist das **Regelungsmotiv** nachvollziehbar. Indes war auch bei Einführung der SPV klar, dass auf die **Mengenkomponente nur begrenzt Einfluss genommen** werden kann (vgl. BT-Drucks. 12/5262, S. 133 zu § 79 Abs. 2); Leistungsansprüche sind auch zu erfüllen, wenn die Finanzmittel **nicht ausreichen.** Einem Negativsaldo könnte deshalb auf Dauer nur durch eine Erhöhung des Beitragssatzes oder durch weitere Leistungsbeschränkungen begegnet werden. Über Versorgungsverträge und Vergütungsvereinbarungen kann hingegen nur **sehr begrenzt** auf die Inanspruchnahme von Pflegeleistungen und damit auf die Haushaltslage der SPV eingewirkt werden. Auch die Vergütungshöhe wirkt sich wegen der **gedeckelten Leistungen** (vgl. §§ 36 Abs. 3, 41 Abs. 2, 42 Abs. 2 und 43 Abs. 2) auf die finanzielle Situation der SPV nur dann aus, wenn die bei einzelnen Leistungsarten vorgesehenen Höchstgrenzen nicht erreicht werden; das ist allenfalls ausnahmsweise der Fall. Bei der am häufigsten in Anspruch genommenen Leistungsart, dem Pflegegeld nach § 37, ist eine Einwirkungsmöglichkeit zudem schon im Ansatz ausgeschlossen. Im Regelungskon- 2 text des SGB XI erscheint deshalb zweifelhaft, ob die Regelung die ihr zugedachte Funktion tatsächlich erfüllen kann (vgl. auch die Einwände von *Schulin,* VSSR 1994, 285, 304f.; NZS 1994, 436, 443f.; *Neumann,* in: HS-PV, § 22 Rn. 17).

III. Grundsatz der Beitragssatzstabilität (Abs. 1)

3   Nach der Legaldefinition sollen die PKen nach dem Grundsatz der Beitragssatzstabilität durch die Verträge mit den Leistungserbringern sicherstellen, dass die **Leistungsausgaben** der PKen ihre **Beitragseinnahmen nicht überschreiten.** Demnach ist die Beitragssatzstabilität nur gewährleistet, wenn die gesamten Leistungsausgaben aller PKen und damit der Pflegeversicherung aus dem verfügbaren Beitragsaufkommen finanziert werden können (vgl. BT-Drucks. 12/5262, S. 133). **Schutzgut und Bezugspunkt** des Grundsatzes der Beitragssatzstabilität sind danach die **Finanzmittel der PKen.** Kein Regelungsgegenstand des § 70 Abs. 1 ist hingegen die Begrenzung der **Beträge,** die **Versicherte** und **andere Kostenträger** bei gedeckelten Leistungen (vgl. §§ 36 Abs. 3, 41 Abs. 2, 42 Abs. 2 und 43 Abs. 2) für die Inanspruchnahme von Leistungen **zusätzlich** aufzubringen haben. Dem steht entgegen, dass die Regelung nur auf Beitragseinnahmen und Leistungsausgaben der **PKen** Bezug nimmt. Als begrenzendes Element auch zugunsten der anderen **zur Kostentragung Verpflichteten** – Versicherte und andere Kostenträger – wirkt die Regelung deshalb nicht.

4   Auch in Bezug auf den verbleibenden Schutzgegenstand – die Beitragsmittel der SPV – gehen die Wirkungen der Vorschrift indes weitgehend **ins Leere.** Ohnehin ist schon der Begriff in Anlehnung an die Terminologie des SGB V (vgl. § 71 Abs. 1 Satz 1 SGB V) fragwürdig, weil die Beiträge nach § 55 Abs. 1 gesetzlich festgelegt werden und daher ohnehin „stabil" sind (so zutreffend *Schulin,* NZS 1994, 436, 444; *Leitherer,* in: KassKomm, SGB XI, § 70 Rn. 3). Gemeint ist vielmehr eine **beitragsäquivalente Ausgabenentwicklung.** Sie kann indes mit dem Instrumentarium des SGB XI aus den genannten Gründen (vgl. Rn. 2) – wenn überhaupt – nur begrenzt verfolgt werden. Dagegen spricht schon, dass die PV-Leistungen der Höhe nach durch Gesetz festgelegt und hierdurch begrenzt sind (vgl. §§ 36 Abs. 3, 41 Abs. 2, 42 Abs. 2 und 43 Abs. 2). Einfluss auf die Ausgabenentwicklung hat deshalb wesentlich das **Inanspruchnahmeverhalten der Versicherten** und damit die **Entwicklung des Pflegefallrisikos.** Indes soll **dieses Risiko** nach der in Abs. 2 zum Ausdruck gekommenen Vorstellung des Gesetzgebers gerade nicht von den Leistungserbringern, sondern von der Versichertengemeinschaft getragen werden (vgl. BT-Drucks. 12/5262, S. 133). Zulässig in die Pflicht genommen werden können die Leistungserbringer deshalb im Wesentlichen nur **zur Verhinderung von Leistungsausweitungen,** denen gesetzliche Ansprüche von Versicherten **nicht zugrunde liegen.**

IV. Unwirksamkeit von Vergütungsvereinbarungen (Abs. 2)

5   Teil des Grundsatzes der Beitragssatzstabilität ist nach Abs. 2, dass ihm **widersprechende Vereinbarungen hinsichtlich der Höhe der Vergütungen unwirksam** sein sollen. Diese Anordnung geht schon im Ansatz im Wesentlichen **ins Leere,** weil die Vergütungshöhe angesichts der gesetzlich festgelegten Ausgabenbegrenzung (vgl. §§ 36 Abs. 3, 41 Abs. 2, 42 Abs. 2 und 43 Abs. 2) regelmäßig keinen Einfluss auf die Ausgabenbelastung der PKe hat und die Nichtigkeitsvoraussetzungen deshalb nicht feststellbar sein können (in diesem Sinne auch *Leitherer,* in: KassKomm, SGB XI, § 70 Rn. 9; eher zustimmend *Wahl,* in: jurisPK-SGB XI, § 70 Rn. 12). Soweit das **ausnahmsweise anders** sein sollte, steht die Regelung in einem **Spannungsverhältnis** zu dem durch § 82 Abs. 1 Satz 1 Nr. 1 gewährleisteten Anspruch der Einrichtungen auf leistungsgerechte Vergütung der allgemeinen Pflegeleistungen. Insoweit soll der

Grundsatz der Beitragssatzstabilität nach § 84 Abs. 2 Satz 6 ein Faktor unter mehreren anderen für die Bemessung der Pflegesätze sein. Praktische Bedeutung kommt dem indes bei wortgetreuen Verständnis aus den dargelegten Gründen schon im Ansatz nicht zu, wenn man den Sinn – unter Rückgriff auf eine vom Textsinn mehr gelöste Regelungsintention – nicht darin sieht, die Leistungserbringer bei Vergütungsverhandlungen zur **Zurückhaltung anzuhalten** (vgl. *Neumann*, in: HS-PV, § 22 Rn. 18; so aber *Wahl*, in: jurisPK-SGB XI, § 70 Rn. 13). Erst recht ist das problematisch geworden, seit der Gesetzgeber die Zahlung jedenfalls von Mindestlöhnen bzw. von ortsüblichen Gehältern gemäß § 72 Abs. 3 Satz 1 Nr. 2 Hs 2 SGB XI zur unabdingbaren Voraussetzung für den Zugang zur und den Bestand der Beteiligung an der pflegerischen Versorgung im Rahmen des SGB XI erhoben hat (dazu § 72 Rn 7f.).

Zweiter Abschnitt. Beziehungen zu den Pflegeeinrichtungen

§ 71 Pflegeeinrichtungen

(1) Ambulante Pflegeeinrichtungen (Pflegedienste) im Sinne dieses Buches sind selbständig wirtschaftende Einrichtungen, die unter ständiger Verantwortung einer ausgebildeten Pflegefachkraft Pflegebedürftige in ihrer Wohnung pflegen und hauswirtschaftlich versorgen.

(2) Stationäre Pflegeeinrichtungen (Pflegeheime) im Sinne dieses Buches sind selbständig wirtschaftende Einrichtungen, in denen Pflegebedürftige:
1. unter ständiger Verantwortung einer ausgebildeten Pflegefachkraft gepflegt werden,
2. ganztägig (vollstationär) oder tagsüber oder nachts (teilstationär) untergebracht und verpflegt werden können.

(3) [1]Für die Anerkennung als verantwortliche Pflegefachkraft im Sinne von Absatz 1 und 2 ist neben dem Abschluss einer Ausbildung als
1. Gesundheits- und Krankenpflegerin oder Gesundheits- und Krankenpfleger,
2. Gesundheits- und Kinderkrankenpflegerin oder Gesundheits- und Kinderkrankenpfleger oder
3. Altenpflegerin oder Altenpfleger

eine praktische Berufserfahrung in dem erlernten Ausbildungsberuf von zwei Jahren innerhalb der letzten acht Jahre erforderlich. [2]Bei ambulanten Pflegeeinrichtungen, die überwiegend behinderte Menschen pflegen und betreuen, gelten auch nach Landesrecht ausgebildete Heilerziehungspflegerinnen und Heilerziehungspfleger sowie Heilerzieherinnen und Heilerzieher mit einer praktischen Berufserfahrung von zwei Jahren innerhalb der letzten acht Jahre als ausgebildete Pflegefachkraft. [3]Die Rahmenfrist nach Satz 1 oder 2 beginnt acht Jahre vor dem Tag, zu dem die verantwortliche Pflegefachkraft im Sinne des Absatzes 1 oder 2 bestellt werden soll. [4]Für die Anerkennung als verantwortliche Pflegefachkraft ist ferner Voraussetzung, dass eine Weiterbildungsmaßnahme für leitende Funktionen mit einer Mindeststundenzahl, die 460 Stunden nicht unterschreiten soll, erfolgreich durchgeführt wurde.

(4) Stationäre Einrichtungen, in denen die Leistungen zur medizinischen Vorsorge, zur medizinischen Rehabilitation, zur Teilhabe am Arbeitsleben oder am Leben in der Gemeinschaft, die schulische Ausbildung oder die Erziehung kranker oder behinderter Menschen im Vordergrund des Zweckes der Einrichtung stehen, sowie Krankenhäuser sind keine Pflegeeinrichtungen im Sinne des Absatzes 2.

§ 71 Siebtes Kapitel. Beziehungen der Pflegekassen zu den Leistungserbringern

Inhaltsübersicht

	Rn.
I. Geltende Fassung	1
II. Normzweck	2
III. Pflegeeinrichtung	3
IV. Ambulante Pflege (Abs. 1)	4
1. Leistungsort	5
2. Leistungsinhalt	6
3. Leistungsbreite	7
V. Stationäre Pflege	8
1. Leistungsort	9
2. Leistungsgegenstand	10
3. Leistungsbreite	11
4. Pflegerischer Leistungszweck (Abs. 4)	12
VI. Organisationsstruktur	14
VII. Selbstständiges Wirtschaften	15
VIII. Verantwortliche Pflegefachkraft	17
1. Funktion	18
2. Anerkennungsvoraussetzungen (Abs. 3)	19
3. Verfahrensfragen	20

I. Geltende Fassung

1   Die Vorschrift ist mWv 1.1.1995 durch **Art. 1 PflegeVG** eingeführt worden. Die Ursprungsfassung folgte weitgehend dem FraktE (vgl. BT-Drucks. 12/5262, S. 133 ff. zu § 80). Aufgrund der Beschlussempfehlung des AuS-Ausschusses wurde lediglich in Abs. 1 und Abs. 2 Nr. 1 die Bezeichnung „Pflegekraft" in „Pflegefachkraft" geändert (vgl. BT-Drucks. 12/5920, S. 70 und BT-Drucks. 12/5952, S. 45) und die Abs. 3 und 4 angefügt (zu den Auseinandersetzungen darum vgl. BT-Drucks. 13/3696, S. 5 und 15, BR-Drucks. 228/96, S. 2 ff. sowie BT-Drucks. 13/4688, S. 3 Nr. 12). Folgeänderungen zum **SGB IX** in Abs. 4 wurden mWv 1.7.2001 eingefügt durch das Gesetz zu dessen Einführung vom 19.6.2001 (BGBl. I S. 1046, zur Begr. vgl. BT-Drucks. 14/5074, S. 122). Durch das **PQsG** vom 9.9.2001 (BGBl. I S. 2320) wurde die Rahmenfrist in Abs. 3 mWv 1.1.2002 von drei auf fünf Jahre verlängert (zur Begr. vgl. BT-Drucks. 14/5395, S. 28). Mit dem **PflegeWEG** vom 28.5.2008 (BGBl. I S. 874) sind mWv 1.7.2008 Anpassungen an berufsrechtliche Änderungen im Kranken- und Altenpflegerecht vollzogen und die bis dahin geübte Praxis auf eine rechtliche Grundlage gestellt worden, wonach die Anerkennung als verantwortliche Pflegefachkraft eine Weiterbildungsmaßnahme für leitende Funktionen mit einer Mindeststundenzahl von regelmäßig mindestens 460 Stunden voraussetzt (zur Begr. vgl. BT-Drucks. 16/7439, S. 67). Durch das PNG vom 23.10.2012 (BGBl. I S. 2246) sind mWv 30.10.2012 in Abs. 2 Nr. 2 jeweils die Wörter „nur" gestrichen worden, in Abs. 3 Satz 1, 2 und 3 das Wort „fünf" durch „acht" ersetzt und die Sätze 4 und 5 aufgehoben worden (zur Begr. vgl. BT-Drucks. 17/9369, S. 44 f.).

II. Normzweck

2   Die Norm bezweckt die Abgrenzung der zur Teilnahme an der pflegerischen Versorgung dem Grunde nach **zulassungsfähigen Einrichtungen** von solchen Einrichtungen, die nach dem Leistungsangebot, der Qualifikation oder dem Versorgungszweck schon im Ansatz Pflegeleistungen zu Lasten der SPV nicht erbringen können. Bezugspunkt hierfür ist § 72 Abs. 1 Satz 1. Hiernach dürfen die PKen ambu-

Pflegeeinrichtungen **§ 71**

lante Pflege grundsätzlich nur – von der Pflege durch Einzelpersonen nach § 77 abgesehen – und stationäre Pflege ausschließlich durch Pflegeeinrichtungen gewähren, mit denen ein **Versorgungsvertrag** nach § 72 besteht und die demgemäß den Status als **zugelassene Pflegeeinrichtung** haben. Bedeutsam ist das im Weiteren auch, soweit entweder auf Aufgaben von Pflegeeinrichtungen verwiesen oder ihre Rechtsstellung weiter ausgestaltet wird (vgl. §§ 8 Abs. 2, 11, 41 bis 43 sowie die an § 71 anschließenden Vorschriften des Leistungserbringungsrechts). Zu diesem Zweck definiert § 71, was eine Pflegeeinrichtung im Sinne des SGB XI ist und welche **Anforderungen dem Grunde nach** von ihr zu erfüllen sind. Das zielt auf eine Abschichtung auf drei Ebenen: Erstens im Hinblick auf eine Mindestausstattung in **organisatorischer Hinsicht,** zweitens durch ein Mindestmaß an **fachlicher Qualifikation der verantwortlichen Pflegeleitung** sowie drittens durch Ausschluss solcher Einrichtungen, in denen Pflegeleistungen **anderen Hauptzwecken** untergeordnet sind. Vor allem die fachlichen Anforderungen an die verantwortliche Pflegeleitung und die Abgrenzung von Einrichtungen mit anderer Zweckbestimmung hat der Gesetzgeber im Zuge der Rechtsentwicklung weiter präzisiert. Mit den dazu durch das 1. SGB XI-ÄndG angefügten Absätzen 3 und 4 ist insoweit das Ziel verfolgt, den Kreis der Einrichtungen, die stationäre Pflege zu Lasten der PV erbringen dürfen, zu begrenzen und vor **allem stationäre Behinderteneinrichtungen** auszuschließen.

III. Pflegeeinrichtung

Pflegeeinrichtung i. S. des § 71 ist jede Einrichtung, die Leistungen entweder der 3 **ambulanten Pflege** (dazu Rn. 4ff.) oder der **stationären Pflege** i. S. des SGB XI (dazu Rn. 8ff.) anbietet, mit einem **Mindestmaß an Organisationsstruktur** ausgestattet ist (dazu Rn. 14ff.), **selbstständig wirtschaftet** (dazu Rn. 15ff.) und unter **Leitung einer hinreichend qualifizierten Pflegefachkraft** steht (dazu Rn. 17ff.).

IV. Ambulante Pflege (Abs. 1)

Nach der Legaldefinition des Absatz 1 werden ambulante Pflegeleistungen i. S. des 4 SGB XI von Einrichtungen erbracht, die „Pflegebedürftige in ihrer Wohnung pflegen und hauswirtschaftlich versorgen". Danach qualifiziert sich eine Einrichtung nach **Leistungsort, Leistungsgegenstand** und **Leistungsbreite** durch drei Merkmale als Erbringerin ambulanter Pflegeleistungen:

1. Leistungsort

Ambulante Pflegeleistungen werden definitionsgemäß „in der Wohnung" des 5 Pflegebedürftigen erbracht. Dazu rechnet grundsätzlich **jeder Aufenthaltsort** des Pflegebedürftigen, soweit er **keine stationäre Pflegeeinrichtung** i. S. des Abs. 4 ist. Das ergibt sich aus dem leistungsrechtlichen Anspruch des Pflegebedürftigen in seiner Ausgestaltung durch § 36, dessen leistungserbringungsrechtlicher Umsetzung § 71 dient und der deshalb für die Auslegung von § 71 maßgebend ist. Bestimmend für diesen Anspruch ist der weitere Begriff der **häuslichen Pflege** und die – mit dem 1. SGB XI-ÄndG eingefügte – Klarstellung durch dessen Absatz 1 Satz 2 Hs 1. Danach sind Leistungen der häuslichen Pflege „auch zulässig, wenn Pflegebedürftige nicht in ihrem eigenen Haushalt gepflegt werden" (vgl. zum weiten Haushaltsbegriff auch BSG, RdLH 1999, 121). **Ausgeschieden** sind ambulante Leistungen nach § 36 Abs. 1 Satz 2 Hs 2 hingegen, „wenn Pflegebedürftige in einer stationären Pflegeeinrichtung oder in einer Einrichtung im Sinne des § 71 Abs. 4 gepflegt werden". Aus dem Begriff **Wohnung** in Abs. 1 ergibt sich kein sachlicher Unterschied (so auch

Schütze

§ 71 Siebtes Kapitel. Beziehungen der Pflegekassen zu den Leistungserbringern

Leitherer, in: KassKomm, SGB XI, § 71 Rn. 9; *Groth,* in: Hauck/Noftz, SGB XI, § 71 Rn. 9 f.; *Wahl,* in: jurisPK-SGB XI, § 71 Rn. 20). Abgrenzungsfragen können insoweit beim Aufenthalt in **Altersheimen** oä bestehen. Auch in solchen Einrichtungen können Pflegebedürftige nach den Gesetzesmaterialien einen eigenen Haushalt unterhalten (vgl. BT-Drucks. 12/5262, S. 133 und S. 112 zu § 33). Voraussetzung für die Annahme eines in diesem Sinne eigenen Haushalts ist indes ein hinreichendes Maß an **Selbstbestimmung** des Pflegebedürftigen unter räumlichen und wirtschaftlichen Gesichtspunkten (so zutreffend *Plantholz,* in: LPK-SGB XI, § 71 Rn. 10). An ihr **fehlt es,** wenn der Pflegebedürftige entweder rechtlich oder tatsächlich auch hinsichtlich der hauswirtschaftlichen Versorgung **vollständig** auf die Inanspruchnahme von Leistungen eines Pflegedienstes oder des Einrichtungsträgers angewiesen ist und von einer eigenen Haushaltsführung nicht mehr gesprochen werden kann. Das entspricht nunmehr auch der Grenzziehung in § 38a Abs. 2 Satz 1 idF des PNG vom 23.10.2012 (BGBl. I S. 2246), nach der keine ambulante Versorgungsform in ambulant betreuten Wohngruppen in gemeinsamer Wohnung vorliegt, wenn die freie Wählbarkeit der Pflege- und Betreuungsleistungen rechtlich oder tatsächlich eingeschränkt ist.

2. Leistungsinhalt

6   Ambulante Pflegeleistungen definiert § 71 Abs. 1 in allgemeiner Wendung als „pflegen und hauswirtschaftlich versorgen" von Pflegebedürftigen. Mit dieser Formel ist Bezug genommen auf diejenigen Leistungsgegenstände, die Pflegebedürftige bei **häuslicher Pflege** nach §§ 36, 14 Abs. 4 als **Pflegesachleistung** der SPV beanspruchen können. **Abzugrenzen** ist das in zwei Richtungen. Keine Pflegeleistungen in diesem Sinne sind zum einen ergänzende Hilfeleistungen für **andere Verrichtungen** i. S. des § 61 Abs. 1 Satz 2 SGB XII, für die ggfs. der **Sozialhilfeträger** aufzukommen hat (vgl. dazu BVerwGE 111, 241 = NJW 2000, 3512; *Plantholz,* in: LPK-SGB XI, § 71 Rn. 11). Dasselbe gilt zum anderen für **Leistungen der Behandlungspflege** nach § 37 Abs. 2 SGB V, die in die Verantwortung der **Krankenkasse** fallen.

3. Leistungsbreite

7   Der Legaldefinition immanent ist schließlich die Möglichkeit, die Leistungen nach Abs. 1 mit den Merkmalen „pflegen" und „versorgen" in der **gesamten Leistungsbreite** tatsächlich **erbringen zu können;** Einrichtungen, die das vorgesehene Leistungsspektrum mangels personeller oder sächlicher Ausstattung nicht vollständig erfüllen **können,** scheiden als potentielle Leistungserbringer schon im Ansatz aus. Das erfordert ein **ausreichendes ambulantes Pflegeangebot** (ebenso *Leitherer,* in: Kass-Komm, SGB XI, § 71 Rn. 10; *Wahl,* in: jurisPK-SGB XI, § 71 Rn. 20) und die Befähigung, den **Pflegebedarf** des Versicherten in seiner gesamten Leistungsbreite fachlich qualifiziert abschätzen zu können; Letzteres folgt nicht zuletzt aus dem Versorgungsauftrag nach § 72 Abs. 4 Satz 2 Hs 2. Danach können jedenfalls diejenigen Anbieter nicht als Erbringer ambulanter Pflegeleistungen qualifiziert werden, die dem **Gegenstand nach nur einen Teil** der im Tagesablauf anfallenden Hilfeleistungen bei den Verrichtungen der Grundpflege und der hauswirtschaftlichen Versorgung erbringen können. Deshalb sind Dienstleistungsunternehmen, die eine häusliche Versorgung mit warmen Mahlzeiten durchführen („Essen auf Rädern") oder Reinigungsunternehmen, die allein die Wohnungen von Pflegebedürftigen sauber halten, keine Pflegeeinrichtungen i. S. des SGB XI (vgl. BT-Drucks. 12/5262, S. 134; ebenso *Leitherer,* in: KassKomm, SGB XI, § 71 Rn. 10; *Wahl,* in: jurisPK-SGB XI, § 71 Rn. 20; *Groth,* in: Hauck/Noftz, SGB XI, § 71 Rn. 11).

7a   Fraglich ist hingegen, ob das ebenso für die **zeitliche Dimension der Leistungserbringung** gilt. Nach den Gesetzesmaterialien soll die Einrichtung den zeitlichen

Anforderungen nur mit einem ausreichenden Früh-, Spät-, Wochenend- und Feiertagsdienst genügen, der eine Versorgung „rund um die Uhr" gewährleisten kann (vgl. BT-Drucks. 12/5262, S. 134). Hierzu zähle auch die Sicherstellung eines ausreichenden Früh-, Spät-, Wochenend- und Feiertagsdienstes (so auch: *Maschmann*, SGb 1996, 49, 50). Diese **Anforderungen** erscheinen **überzogen** und nach Wortlaut und Systematik nicht zwingend (ebenso *Groth*, in: Hauck/Noftz, SGB XI § 71 Rn. 17). Die strukturellen Mindestbedingungen für einen Pflegedienst müssen sich in erster Linie an den **Vorgaben des Leistungsrechts** ausrichten. Dieses lässt aber ohne Weiteres Mischformen von professioneller und ehrenamtlicher Pflege zu (§ 38) sowie auch Kombinationen von teilstationärer Pflege und häuslicher Pflegehilfe (§ 41 Abs. 3 Satz 3). Hieraus kann sich ein Bedürfnis für Pflegedienste ergeben, die **in zeitlicher Hinsicht nur Teilbereiche** abdecken, etwa ausschließlich Tages-, Nacht- oder Wochenendpflege betreiben. Kann eine derartige Einrichtung innerhalb ihres Tätigkeitsbereichs auf jederzeit einsetzbare Pflegekräfte zurückgreifen und kann sie auch mit einem solchen Angebot – bei entsprechend angepasster Vergütung – am Markt bestehen, dürfte sie auf der Grundlage des geltenden Rechts nicht schlechterdings aus dem Kreis möglicher Leistungserbringer ausgeschieden werden können (a. A. *Plantholz*, in: LPK-SGB XI, § 71 Rn. 6: Teilangebot sei bedenklich im Hinblick auf Leistungsfähigkeit gem. § 72 Abs. 3 Satz 1 Nr. 1).

V. Stationäre Pflege

Einrichtungen erbringen stationäre Pflegeleistungen i. S. des § 71, soweit dort gemäß Abs. 2 Pflegebedürftige gepflegt und entweder vollstationär oder teilstationär untergebracht und verpflegt werden können und der Einrichtungszweck auch nach Maßgabe von Absatz 4 vorrangig Pflegezwecken dient. Danach wird eine Einrichtung nach **Leistungsort, Leistungsgegenstand, Leistungsbreite** und **Leistungszweck** wie folgt als Erbringerin von stationären Leistungen qualifiziert: 8

1. Leistungsort

Stationäre Leistungen werden in vollstationären wie auch teilstationären Einrichtungen erbracht (Abs. 2 Nr. 2), die das Gesetz an anderer Stelle (§§ 82, 84 ff.) auch als Pflegeheime bezeichnet. **Vollstationäre Pflege** kann sowohl auf Dauer (§ 43) als auch vorübergehend (als sog. Kurzzeitpflege, § 42) gewährt werden. Während der Pflegebedürftige bei der vollstationären Pflege seinen eigenen Haushalt aufgibt und in der Pflegeeinrichtung „rund um die Uhr" betreut wird, kehrt er bei der teilstationären Pflege für einen Teil des Tages wieder in seinen Haushalt zurück. Die **teilstationäre Pflege** soll als Nacht- oder Tagespflege möglich sein; zZt sind Nachtpflegeeinrichtungen allerdings kaum vorhanden. 9

2. Leistungsgegenstand

Gegenständlich erfassen stationäre Pflegeleistungen 1. Pflegeleistungen nach Abs. 2 Nr. 1 und 2. Leistungen für Unterbringung und Verpflegung nach Abs. 2 Nr. 2. Hinsichtlich des Pflegeteils ist damit auf die leistungsrechtlichen Vorschriften der §§ 41, 43 Bezug genommen; stationär „gepflegt" i. S. von Abs. 2 Nr. 1 werden Pflegebedürftige, soweit diejenigen Leistungen erbracht werden, die sie **leistungsrechtlich** von der SPV beanspruchen können. Insoweit reicht das Leistungsspektrum im stationären Bereich **weiter** als bei der ambulanten Pflege (dazu oben Rn. 6). Zusätzlich zu den Leistungen der Grundpflege sind hierin auch Leistungen der sozialen Betreuung sowie der medizinischen Behandlungspflege eingeschlossen (vgl. dazu § 84 Rn. 7 f.). 10

3. Leistungsbreite

11 Immanentes Tatbestandsmerkmal der Legaldefinition ist schließlich die **Möglichkeit,** die von Abs. 2 umfassten Leistungen der pflegerischen Versorgung sowie von Unterkunft und Verpflegung in der gesamten Leistungsbreite tatsächlich auch **erbringen zu können;** insoweit gelten die an die ambulanten Pflegeeinrichtungen gestellten Anforderungen entsprechend (vgl. oben Rn. 7).

4. Pflegerischer Leistungszweck (Abs. 4)

12 Dem **Leistungszweck** nach ist eine stationäre Einrichtung nur dann Pflegeeinrichtung i. S. des SGB XI, wenn die **pflegerischen Zwecke im Vordergrund stehen.** Das ist nach Abs. 4 **nicht der Fall** in Krankenhäusern sowie Einrichtungen, in denen die Leistungen zur medizinischen Vorsorge, zur medizinischen Rehabilitation, zur Teilhabe am Arbeitsleben oder am Leben in der Gemeinschaft, die schulische Ausbildung oder die Erziehung kranker oder behinderter Menschen im Vordergrund stehen. Mit dieser durch das 1. SGB XI-ÄndG eingefügten Regelung (vgl. oben Rn. 1) ist eine Beschränkung der Leistungen auf den Personenkreis der **altersgebrechlichen Pflegebedürftigen** bezweckt. Die Ergänzung stellte aus der Sicht des Gesetzgebers eine der wichtigsten Regelungen des 1. SGB XI-ÄndG dar. Angestrebt war damit eine „klare Trennung zwischen stationären Pflegeeinrichtungen und anderen Einrichtungen, in denen zwar im Einzelfall auch Hilfen bei den Verrichtungen des täglichen Lebens erbracht werden, die jedoch nach ihrer Grundausrichtung einem anderen Zweck als dem der Pflege dienen" (vgl. BT-Drucks. 13/3696, S. 15).

12a Hierzu wurden im Gesetzgebungsverfahren insbesondere Krankenhäuser, Vorsorge- und Reha-Einrichtungen, Werkstätten und Wohnheime für behinderte Menschen sowie Kindergärten, Schulen und Internate gerechnet (Rn. 12; zur Entstehungsgeschichte der Norm vgl. auch BSG, SozR 3-1100 Art. 3 Nr. 169 S. 140, 142 ff.). **Unproblematisch** daran ist die Ausgrenzung solcher Einrichtungen, die auf die Überwindung von Krankheiten im Krankenhaus i. S. von § 107 SGB V (dazu *Wahl*, in: jurisPK-SGB XI, § 71 Rn. 41 mwN) oder in Einrichtungen der medizinischen Rehabilitation zielen; allerdings können Krankenhäuser selbstständig wirtschaftende Pflegeabteilungen unterhalten, die als Pflegeeinrichtungen i. S. des Abs. 2 anzusehen sind. **Schwieriger** ist und im Gesetzgebungsverfahren umstritten war dagegen die Abgrenzung zur **stationären Behindertenhilfe;** der Bundesrat machte seine Zustimmung insoweit vor allem von einer Beteiligung der SPV an den in diesen Einrichtungen erbrachten Pflegeleistungen abhängig, die in § 43a festgelegt wurde (vgl. BR-Drucks. 228/1/96, S. 3 f.; s. auch BSG, SozR 3-3300 § 43a Nr. 3 S. 3, 5).

13 Ungeachtet dessen ist entgegen der beabsichtigten klaren Abgrenzung nicht immer zweifelsfrei zu ermitteln, welcher Versorgungszweck jeweils **im Vordergrund** steht. Maßgebend dafür ist eine quantitativ-qualitative Betrachtung, die auf den **überwiegenden Leistungszweck** der Einrichtung abstellt. Der vom Gesetzgeber verfolgten Abgrenzung zwischen dem von der Gemeinschaft der Pflegeversicherten zu tragenden Pflegerisiko bei Altersgebrechlichkeit und dem – bei Bedürftigkeit – als Leistung der **Eingliederungshilfe nach dem SGB XII** von der Allgemeinheit der Steuerzahler zu tragenden Risiko von Behinderung dürfte nur gerecht zu werden sein, wenn auf den in der Einrichtung **überwiegend versorgten Personenkreis** und auf dessen **vordringlichen Bedarfe** und die daraus erwachsenden **Leistungsansprüche** abgestellt wird. Richten sich diese überwiegend auf Leistungen der medizinischen, beruflichen sowie sozialen Teilhabe i. S. des SGB IX, liegt der Versorgungszweck im Schwerpunkt nicht im Bereich der Pflege i. S. des SGB XI. Richten sich die Ansprüche hingegen vorwiegend auf Leistungen der Pflege einschließlich der aktivierenden Pflege sowie der sozialen Betreuung, fällt die Einrichtung dem Leistungszweck nach in den Verantwortungsbereich der SPV. Hingegen dürfte die tatsächliche Ausrichtung der Einrichtung als Abgrenzungskriterium nur dann geeignet sein, wenn sie dem **tatsächlichen Betreuungsbedarf** der Bewohner **gerecht** wird; andernfalls würde die vom Gesetzgeber bezweckte Risikobegrenzung – so problematisch sie in ihrer Ausgestaltung erscheinen mag – **unzulässig unterlaufen.** In der Rechtsprechung des BSG ist das mit der aus der verwaltungsgerichtlichen Spruchpraxis übernommenen Formel aufgenommen, wonach es insbesondere auf die **ärztliche Prognose** zur Entwicklung des Betroffenen und das Ausmaß der erforderlichen Pflege ankommt (vgl. BSG, SozR 3-1100 Art. 3 Nr. 169 S. 140, 145). Fraglich kann insoweit nur erscheinen, ob – wie die in der noch vor Inkrafttreten des SGB IX ergangenen Entscheidung anklingt – rehabilitative Ansprüche bereits dann ausgeschlossen sind, wenn sie eine **Verbesserung** der Situation des Behindertenmenschen nicht erwarten lassen; insoweit könnten die Aufgaben der Behinderten- und Eingliederungshilfe unter Geltung des SGB IX ausgeweitet worden sein (vgl. dazu auch *Mrozynski,* SGb 1995, 104, 106).

VI. Organisationsstruktur

Der Einrichtungsbegriff impliziert ein **Mindestmaß an Organisationsstruktur,** 14
die jedenfalls über die Existenz einzelner Pflegekräfte hinaus geht (vgl. *Neumann,* in: HS-PV, § 20 Rn. 11; *Wigge,* in: Wannagat, § 71 Rn. 11). Voraussetzung dafür ist eine auf Dauer angelegte organisatorische Zusammenfassung von Personen und Sachmitteln, die unabhängig vom Bestand ihrer Mitarbeiter in der Lage ist, eine ausreichende, gleichmäßige und konstante pflegerische Versorgung eines wechselnden Kreises von Pflegebedürftigen in ihrem Einzugsbereich zu gewährleisten (zur zeitlichen Dimension bei ambulanten Pflegediensten vgl. näher oben Rn. 7). Leitbild sind herkömmliche **Sozialstationen** in freigemeinnütziger oder kommunaler Trägerschaft; umfasst sind jedoch ebenso private Pflegedienste, sofern diese eine vergleichbare Organisation aufweisen. § 72 Abs. 3 Satz 1, wonach Versorgungsverträge mit Pflegeeinrichtungen abgeschlossen werden dürfen, die den Anforderungen des § 71 genügen **und** (zusätzlich) die Gewähr für eine leistungsfähige und wirtschaftliche pflegerische Versorgung bieten, könnte den Schluss zulassen, dass die letztgenannten Voraussetzungen i.R. des § 71 Abs. 1 nicht zwingend erforderlich sind. Die Begr. des FraktE (BT-Drucks. 12/5262, S. 133 unten/134) macht indes deutlich, dass an einen solchen Schluss nicht gedacht worden ist und die zusätzlichen Voraussetzungen in § 72 Abs. 3 Satz 1 eher i. S. einer **Betonung** zu verstehen sind.

VII. Selbstständiges Wirtschaften

Befähigt zur Teilnahme am Versorgungsgeschehen im Rahmen der SPV sind nach 15
ausdrücklicher Regelung von Abs. 1 und 2 nur solche Einrichtungen, die **selbstständig wirtschaften.** Grund dafür ist ua das Bestreben, auch solche Einrichtungen in die Versorgung einzubeziehen, die in erster Linie Gesundheitsleistungen erbringen (Krankenhäuser und Reha-Einrichtungen). Für den ambulanten Bereich sollen auch Einrichtungen aktiviert werden, die vornehmlich andere Formen der Pflege betreiben (z. B. Alten- und Pflegeheime, die ambulante Pflegedienste unterhalten). Hierin sieht der Gesetzgeber die Chance, dass derartige Einrichtungen aufwändige Regiekosten ersparen und ihre Erfahrungen aus dem Krankenhausbereich in der stationären Pflege bzw. die Erfahrung aus stationären Pflegeeinrichtungen in der ambulanten Pflege nutzbar machen können. Möglich ist eine solche Einbeziehung von Leistungserbringern aus anderen Leistungsbereichen aber nur, wenn eine **Vermengung der unterschiedlichen Aufgaben- und Finanzierungsverantwortlichkeiten** (KV, SPV, Sozialhilfe u.a.) **vermieden wird** (vgl. *Groth,* in: Hauck/Noftz, SGB XI, § 71

§ 71 Siebtes Kapitel. Beziehungen der Pflegekassen zu den Leistungserbringern

Rn. 19f.; *Neumann,* in: HS-PV, § 20 Rn. 12). Das erfordert gesonderte wirtschaftliche Einheiten für die Zwecke der SPV.

16 Vor diesem Hintergrund wirtschaftet eine Pflegeeinrichtung **selbstständig,** soweit die Pflegeleistungen in einer von anderen Leistungszwecken **wirtschaftlich gesonderten** Einheit erbracht werden. Das bedeutet **nicht,** dass in der Einrichtung ausschließlich nur Pflegebedürftige betreut bzw. nur Pflegeleistungen im Haushalt der Pflegebedürftigen erbracht werden dürfen. Unterhält ein Einrichtungsträger **unterschiedliche Tätigkeitsbereiche,** so muss er sie aber **wirtschaftlich und organisatorisch selbstständig führen,** wobei Personalausleihe durchaus zulässig und eine räumliche Trennung nicht erforderlich ist. Die Vorgabe der wirtschaftlichen Unabhängigkeit ist mit dem **KHG** abgestimmt; vgl. § 6 Abs. 3 KHG, der auf Art. 17 Nr. 1 PflegeVG zurückgeht. **Buchhalterische Grundlage** der wirtschaftlich und finanziell getrennten Führung unterschiedlicher Betriebsbereiche sind Rechnungs- und Buchführungspflichten, die in der auf § 83 Abs. 1 Nr. 3 beruhenden **Pflege-Buchführungsverordnung** vom 22.11.1995 (BGBl. I S. 1528) im Einzelnen geregelt sind.

VIII. Verantwortliche Pflegefachkraft

17 Zulassungsfähig als Pflegeeinrichtung i. S. von § 71 ist eine Einrichtung nach Abs. 2 Nr. 1 schließlich nur, soweit die Pflegeleistungen **unter ständiger Verantwortung einer ausgebildeten Pflegefachkraft** nach Maßgabe der Anforderungen nach Abs. 3 stehen.

1. Funktion

18 Vorbild der Anforderungen nach Abs. 2 Nr. 1 sind die Regelungen der §§ 107 Abs. 2 Nr. 2 SGB V, 15 Abs. 2 Satz 1 SGB VI, wonach die Versorgung in **Vorsorge- und Rehabilitationseinrichtungen** unter ständiger „ärztlicher Verantwortung" zu stehen hat. Dies soll verdeutlichen, dass – anders als nach § 107 Abs. 1 Nr. 2 SGB V für Krankenhäuser vorgeschrieben – nicht der Betrieb von Vorsorge- oder Rehabilitationseinrichtungen als solcher eine ärztliche Leitung erfordert, sondern die **Versorgung der Versicherten** unter ärztlicher Verantwortung stehen muss (vgl. BT-Drucks. 11/3480, S. 60 zu § 115 SGB V). Voraussetzung dafür ist nach der Rspr. des BSG, dass die in der Einrichtung erbrachten Leistungen einschließlich derjenigen des nichtärztlichen Personals **allgemein ihrer Art nach ärztlich bestimmt werden** (vgl. BSGE 68, 17, 18 = SozR 3-2200 § 184a Nr. 1 S. 3 und Urteil vom 3.3.1994 – 1 RK 8/93 –, SozSich 1995, 276). Hieraus hat das BSG abgeleitet, dass die Versorgung in einer **Pflegeeinrichtung** nur dann unter ständiger Verantwortung i. S. von Abs. 2 Nr. 1 steht, wenn eine verantwortliche Pflegefachkraft die den einzelnen Heimbewohnern zukommenden Pflegeleistungen zumindest in **den Grundzügen selbst festlegt,** ihre **Durchführung organisiert** und ihre **Umsetzung angemessen kontrolliert** (BSGE 103, 78 = SozR 4-3300 § 71 Nr. 1). Das gebietet zwar nicht notwendig die **Trennung von Heimleitung und Pflegedienstleitung.** Auch müssen nicht die Pflegeleistungen selbst ganz oder auch nur überwiegend von einer Pflegefachkraft i. S. von Abs. 3 erbracht werden müssen. Jedoch muss die Einrichtung gewährleisten, dass die bezeichneten Aufgaben der verantwortlichen Pflegefachkraft durch Fachkräfte mit der Qualifikation nach Abs. 3 wahrgenommen werden können. Genügt die Umsetzung dieser Anforderungen nicht, fehlt es an der notwendigen Eignung zur Teilnahme an der Versorgung der Versicherten (BSGE 103, 78 = SozR 4-3300 § 71 Nr. 1; zustimmend *Groth,* in: Hauck/Noftz, SGB XI, § 71 Rn. 23; *Wahl,* in: jurisPK-SGB XI, § 71 Rn. 16).

Pflegeeinrichtungen § 71

2. Anerkennungsvoraussetzungen (Abs. 3)

Der Gesetzgeber hat den Begriff „Pflegefachkraft" durch Anfügung des Abs. 3 im 19
1. SGB XI-ÄndG (vgl. oben Rn. 1) für die SPV eigenständig definiert. **Abs. 3 Satz 1**
enthält bei stationären Pflegeeinrichtungen **zwei Voraussetzungen:** Zum einen den
Abschluss der Ausbildung in einem der aufgeführten Berufe und zum anderen praktische Erfahrung in dem erlernten Beruf. Abs. 3 Satz 1 enthält insoweit wesentlich
großzügigere Zeitgrenzen als die noch vor Verabschiedung des 1. SGB XI-ÄndG vereinbarten gemeinsamen Grundsätze und Maßstäbe zur Qualität und Qualitätssicherung nach § 80. Der Gesetzgeber wollte hierdurch vor allem den Wiedereinstieg von
Frauen in Pflegeberufe nach der Kindererziehungsphase fördern (vgl. BT-Drucks.
13/3696, S. 15; zur nochmaligen Verlängerung der Fristen auf nunmehr acht Jahre
durch das PNG [vgl. oben Rn. 1] s. BT-Drucks. 17/9369, S. 44 f.). **Abs. 3 Satz 2**
stellt bei **ambulanten Pflegeeinrichtungen,** die überwiegend behinderte Menschen pflegen und betreuen, bestimmte sozialpädagogische Berufe, nämlich nach
Landesrecht ausgebildete Heilerziehungspfleger (-innen) und Heilerzieher (-innen),
bei Vorliegen einer entsprechenden berufspraktischen Erfahrung in der Satz 1 genannten Pflegeberufen gleich (zu Einzelheiten vgl. *Wahl,* in: jurisPK-SGB XI, § 71
Rn. 29 ff.; *Groth,* in: Hauck/Noftz, SGB XI, § 71 Rn. 32 ff.).

3. Verfahrensfragen

Obwohl der Terminus „Anerkennung" in Abs. 3 S. 1 das Gegenteil nahe legt, sind 20
Verfahrensfragen in § 71 nicht geregelt. Im Verhältnis zwischen Einrichtung und PKen
ist die Erfüllung der Voraussetzungen des § 71 eine Voraussetzung unter anderen für die
Zulassung zur Pflegeversorgung nach § 72 (vgl. BSG, Urteil vom 18. 5. 2011 – B 3 P 5/
10 R – SozR 4-3300 § 71 Nr. 2 Rn. 29 f.). Deshalb beurteilen sich Rechtsschutzmöglichkeiten in diesem Verhältnis nicht anders als nach den allgemeinen Regeln beim Abschluss und der Kündigung von Versorgungsverträgen sonst (dazu § 72 Rn. 18 und
§ 73 Rn. 4 ff.). Schwieriger liegt es dagegen, soweit Pflegefachkräfte selbst im Zuge
etwa anstehender Bewerbungen ihren Status geklärt sehen möchten. Insoweit besteht
jedenfalls Einigkeit, dass § 71 Abs. 3 keinen Anspruch auf formelle Anerkennung als
verantwortliche Pflegefachkraft gewährt (vgl. BSG, Urteil vom 18. 5. 2011 – B 3 P 5/
10 R – SozR 4-3300 § 71 Nr. 2 Rn. 28 ff.; *Groth,* in: Hauck/Noftz, SGB XI, § 71
Rn. 30 f.; *Wahl,* in: jurisPK-SGB XI, § 71 Rn. 37). Ein solcher Anspruch kann schon
deshalb nicht bestehen, weil die Frage nach der Einhaltung der Rahmenfrist für die
notwendige Berufserfahrung nach Abs. 3 S. 1 immer nur zeitgebunden zu beantwor-
ten ist und deshalb eine dauerhafte Statusentscheidung schon materiell-rechtlich nicht
erteilt werden kann. Das BSG hat jedenfalls ausgebildeten Pflegefachkräften einen Aus-
kunftsanspruch gegenüber den Landesverbänden der Pflegekassen dahin zugestanden,
ob sie gegenwärtig die Voraussetzungen für die Ausübung dieser Leitungsfunktion erfüllen (BSG, Urteil vom 18. 5. 2011 – B 3 P 5/10 R – SozR 4-3300 § 71 Nr. 2 Rn. 36).
An der Kritik hiergegen ist richtig, dass § 71 Abs. 3 seinem Wortlaut nach keine subjek-
tiven Verfahrensrechtspositionen für potentielle Bewerber um Stellen für verantwortliche Pflegefachkräfte begründet (in diesem Sinne *Groth,* in: Hauck/Noftz, SGB XI,
§ 71 Rn. 31 a; *Wahl,* in: jurisPK-SGB XI, § 71 Rn. 28.). Unter Berücksichtigung der
grundrechtlichen Implikationen der Regelung erscheint dies indes zwingend. § 71
Abs. 3 begründet eine öffentlich-rechtliche Zugangshürde für jeden, der sich bei einer
jedenfalls auch mit Mitteln der SPV betriebenen Pflegeeinrichtung als verantwortliche
Pflegefachkraft bewerben möchte und verleiht den Pflegekassen die Rechtsmacht,
über die Erfüllung dieser Voraussetzungen abschließend zu entscheiden. Auch wenn
darüber formal ausschließlich im Verhältnis zu den Einrichtungen entschieden wird,
hat das für die Stellenbewerber selbst objektiv berufsregelnde Tendenz i. S. der Rspr.
des BVerfG zu Art. 12 Abs. 1 GG (vgl. dazu etwa BVerfGE 95, 267, 302; BVerfGE 97,

§ 72 Siebtes Kapitel. Beziehungen der Pflegekassen zu den Leistungserbringern

228, 254; BVerfGE 111, 191 213). Den Bewerbern in dieser Lage jeden Rechtsschutz gegen eine (auch) für sie ungünstige Entscheidung der Pflegekassen zu versagen, erscheint nach dem Maßstab des Art. 19 Abs. 4 GG schwer vertretbar.

§ 72 Zulassung zur Pflege durch Versorgungsvertrag

(1) [1]Die Pflegekassen dürfen ambulante und stationäre Pflege nur durch Pflegeeinrichtungen gewähren, mit denen ein Versorgungsvertrag besteht (zugelassene Pflegeeinrichtungen). [2]In dem Versorgungsvertrag sind Art, Inhalt und Umfang der allgemeinen Pflegeleistungen (§ 84 Abs. 4) festzulegen, die von der Pflegeeinrichtung während der Dauer des Vertrages für die Versicherten zu erbringen sind (Versorgungsauftrag).

(2) [1]Der Versorgungsvertrag wird zwischen dem Träger der Pflegeeinrichtung oder einer vertretungsberechtigten Vereinigung gleicher Träger und den Landesverbänden der Pflegekassen im Einvernehmen mit den überörtlichen Trägern der Sozialhilfe im Land abgeschlossen, soweit nicht nach Landesrecht der örtliche Träger für die Pflegeeinrichtung zuständig ist; für mehrere oder alle selbständig wirtschaftenden Einrichtungen (§ 71 Abs. 1 und 2) eines Pflegeeinrichtungsträgers, die vor Ort organisatorisch miteinander verbunden sind, kann ein einheitlicher Versorgungsvertrag (Gesamtversorgungsvertrag) geschlossen werden. [2]Er ist für die Pflegeeinrichtung und für alle Pflegekassen im Inland unmittelbar verbindlich.

(3) [1]Versorgungsverträge dürfen nur mit Pflegeeinrichtungen abgeschlossen werden, die
1. den Anforderungen des § 71 genügen,
2. die Gewähr für eine leistungsfähige und wirtschaftliche pflegerische Versorgung bieten sowie eine in Pflegeeinrichtungen ortsübliche Arbeitsvergütung an ihre Beschäftigten zahlen, soweit diese nicht von einer Verordnung über Mindestentgeltsätze aufgrund des Gesetzes über zwingende Arbeitsbedingungen für grenzüberschreitend entsandte und für regelmäßig im Inland beschäftigte Arbeitnehmer und Arbeitnehmerinnen (Arbeitnehmer-Entsendegesetz) erfasst sind,
3. sich verpflichten, nach Maßgabe der Vereinbarungen nach § 113 einrichtungsintern ein Qualitätsmanagement einzuführen und weiterzuentwickeln,
4. sich verpflichten, alle Expertenstandards nach § 113a anzuwenden;

ein Anspruch auf Abschluß eines Versorgungsvertrages besteht, soweit und solange die Pflegeeinrichtung diese Voraussetzungen erfüllt. [2]Bei notwendiger Auswahl zwischen mehreren geeigneten Pflegeeinrichtungen sollen die Versorgungsverträge vorrangig mit freigemeinnützigen und privaten Trägern abgeschlossen werden. [3]Bei ambulanten Pflegediensten ist in den Versorgungsverträgen der Einzugsbereich festzulegen, in dem die Leistungen zu erbringen sind.

(4) [1]Mit Abschluß des Versorgungsvertrages wird die Pflegeeinrichtung für die Dauer des Vertrages zur pflegerischen Versorgung der Versicherten zugelassen. [2]Die zugelassene Pflegeeinrichtung ist im Rahmen ihres Versorgungsauftrages zur pflegerischen Versorgung der Versicherten verpflichtet; dazu gehört bei ambulanten Pflegediensten auch die Durchführung von Pflegeeinsätzen nach § 37 Abs. 3 auf Anforderung des Pflegebedürftigen. [3]Die Pflegekassen sind verpflichtet, die Leistungen der Pflegeeinrichtung nach Maßgabe des Achten Kapitels zu vergüten.

Zulassung zur Pflege durch Versorgungsvertrag **§ 72**

Inhaltsübersicht

	Rn.
I. Geltende Fassung	1
II. Normzweck	2
III. Zulassungserfordernis (Abs. 1 Satz 1)	3
IV. Zulassungsvoraussetzungen (Abs. 3)	4
1. Anforderungen nach § 71 (Abs. 3 Satz 1 Nr. 1)	5
2. Leistungsfähigkeit und Wirtschaftlichkeit (Abs. 3 Satz 1 Nr. 2 Hs 1)	6
3. Ortsübliche Arbeitsvergütung (Abs. 3 Satz 1 Nr. 2 Hs 2)	7
4. Qualitätssicherung (Abs. 3 Satz 1 Nr. 3 und Nr. 4)	9
5. Bedarfsunabhängigkeit (Abs. 3 Satz 1 Hs 2)	10
6. Trägervorrang (Abs. 3 Satz 2)	11
V. Versorgungsvertrag (Abs. 1)	12
1. Rechtsnatur	13
2. Vertragspartner (Abs. 2)	14
3. Regelungsgegenstand (Abs. 1 Satz 2)	16
4. Rahmensvertragsgeltung	17
5. Rechtsschutz	18
VI. Rechtsfolgen der Zulassung (Abs. 4)	19
1. Verbindlichkeit (Abs. 2 Satz 2)	20
2. Versorgungsauftrag (Abs. 4 Satz 2)	21

I. Geltende Fassung

Die Vorschrift ist mWv 1.1.1995 durch **Art. 1 PflegeVG** eingeführt worden. Sie 1 hat weitgehend die Fassung des FraktE (vgl. BT-Drucks. 12/5262 S. 135ff. zu § 81). Aufgrund der Beschlussempfehlung des AuS-Ausschusses wurde lediglich Abs. 2 Satz 1 geändert und in Abs. 3 Satz 2 eingefügt (BT-Drucks. 12/5920, S. 70f.; zur Begr. vgl. BT-Drucks. 12/5952, S. 46). Durch das **1. SGB XI-ÄndG** vom 14.6.1996 (BGBl. I S. 830) wurden mWv 25.6.1996 in Abs. 1 Satz 2 der in Klammern stehende Hinweis auf § 43 Abs. 2 ersetzt durch den Hinweis auf § 4 Abs. 2 und in Abs. 4 Satz 2 der Hs 2 mit dem Hinweis auf die Durchführung von Pflegeeinsätzen nach § 37 Abs. 3 angefügt. Zudem wurde in Abs. 5 die Verpflichtung zur Führung einer Preisvergleichsliste eingeführt, die nunmehr in § 7 Abs. 3 geregelt und näher ausgestaltet worden ist (zur Begr. vgl. BT-Drucks. 13/3696, S. 15). Durch das **PQsG** vom 9.9.2001 (BGBl. I S. 2320) erhielt Abs. 3 Satz 1 die heutige Struktur und wurde als Nr. 3 die Verpflichtung zur Durchführung eines einrichtungsinternen Qualitätsmanagements eingeführt. Zudem wurde die mit dem 1. SGB XI-ÄndG als Abs. 5 eingeführte Regelung in inhaltlich geänderter Form nach § 7 übertragen (zur Begr. vgl. BT-Drucks. 14/5395, S. 28). Schließlich ist mit dem **PflegeWEG** vom 28.5.2008 (BGBl. I S. 874) mWv 1.7.2008 die Möglichkeit des Abschlusses eines Versorgungsvertrages für mehrere Einrichtungen nach Abs. 2 Satz 1 Hs 2 begründet worden, ist Abs. 3 Satz 1 Nr. 2 um die Anforderung ergänzt worden, dass die Pflegeeinrichtungen eine ortsübliche Arbeitsvergütung in ihrer Beschäftigten zahlen, und Abs. 3 Satz 1 Nr. 4 mit der Verpflichtung eingeführt worden, die Expertenstandards nach § 113a zu beachten. Schließlich ist in Abs. 3 Satz 3 die Beschränkung des Einzugsbereichs auf das Merkmal „örtlich" gestrichen worden (zur Begr. vgl. BT-Drucks. 16/7439, S. 67). Durch das **PNG** vom 23.10.2012 (BGBl. I S. 2246) sind mWv 30.10.2012 zum einen in Abs. 2 Satz 1 die Wörter „örtlich und" durch die Wörter „vor Ort" ersetzt worden. Zum anderen ist in Abs. 3 Satz 1 Nr. 2 nach dem Wort „zahlen" ein Zusatz eingefügt worden, nachdem die Pflicht zur Zahlung ortsüblicher Gehälter nur gilt, „soweit diese nicht von einer Verordnung über Mindestentgeltsätze aufgrund des Gesetzes über zwingende Arbeitsbedingungen für grenz-

§ 72 Siebtes Kapitel. Beziehungen der Pflegekassen zu den Leistungserbringern

überschreitend entsandte und für regelmäßig im Inland beschäftigte Arbeitnehmer und Arbeitnehmerinnen (Arbeitnehmer-Entsendegesetz) erfasst sind" (zur Begr. vgl. BT-Drucks. 17/9369, S. 45).

II. Normzweck

2   Die Vorschrift dient der Begründung der **statusrelevanten Rechtsbeziehungen** zwischen den PKen und den Pflegeeinrichtungen, die die Versicherten im Auftrag der PKen mit Pflegesachleistungen versorgen. Dazu dürfen sich die PKen nach Abs. 1 Satz 1 nur solcher Pflegeeinrichtungen i. S. des § 71 bedienen, die durch Versorgungsvertrag zur Versorgung der Versicherten zugelassen worden sind. Hierzu regelt die Vorschrift, 1. welche **Zulassungsvoraussetzungen** über die Anforderungen des § 71 hinaus für den Zugang zur Pflegeversorgung bestehen (Abs. 3, dazu Rn. 4 ff.), 2. was **Regelungsgegenstand** des Versorgungsvertrages ist (Abs. 1 Satz 2, hierzu Rn. 16), 3. **von wem der Versorgungsvertrag abgeschlossen** wird (Abs. 2 Satz 1, hierzu Rn. 14) und welche **Rechtswirkungen er hat** (Abs. 2 Satz 2 und Abs. 4, dazu Rn. 19 ff.).

III. Zulassungserfordernis (Abs. 1 Satz 1)

3   Nach Abs. 1 Satz 1 dürfen PKen Leistungen nur durch Leistungserbringer gewähren, mit denen ein Versorgungsvertrag besteht. Ebenso bestimmen die §§ 29 Abs. 2 und § 36 Abs. 1 Satz 3 auf **Ebene des Leistungsrechts**, dass Leistungen nur bei solchen Leistungserbringern in Anspruch genommen werden dürfen, mit denen die PKen oder die für sie tätigen Verbände **Verträge abgeschlossen** haben. Entsprechend ist durch § 82 Abs. 1 Satz 1 und § 77 auf **Ebene des Leistungserbringungsrechts** bestimmt, dass Vergütungsansprüche nur für zugelassene Einrichtungen bestehen und unter welchen Voraussetzungen die PKen zur Sicherstellung der häuslichen Pflege ausnahmsweise Verträge mit einzelnen geeigneten Pflegekräften schließen und ggfs Leistungen durch eigenes Personal erbringen können. Von den Ausnahmen des § 77 abgesehen können deshalb ohne Versorgungsvertrag Pflegeleistungen zulasten der SPV nicht wirksam erbracht werden. Hierdurch begründet die Vorschrift ein **Versorgungsverbot mit Zulassungsvorbehalt**. Sie folgt darin dem Regelungsmodell der GKV insbesondere im Zulassungsrecht für Krankenhäuser sowie der Vorsorge- oder Reha-Einrichtungen (§§ 108 ff. SGB V; eingehend hierzu: *Neumann,* in: HS-PV, § 21 Rn. 1 ff.; *Wigge,* in: Wannagat, § 72 Rn. 5; *Maschmann,* SGb 1996, 49, 52). Dies dient hier allerdings anderen Zielen. Die Zulassung zur Krankenhausversorgung nach dem SGB V dient wesentlich der **Bedarfsplanung** und der Sicherung einer **bedarfsgerechten Verteilung von Behandlungskapazitäten**. Dagegen ist die Zulassung zur Versorgung nach dem SGB XI gemäß Abs. 3 Satz 1 Hs 1 **bedarfsunabhängig.** Daher hat der Versorgungsvertrag hier in erster Linie **statusbegründende Funktion,** die für alle Träger der SPV verbindlich ist (§ 72 Abs. 2 Satz 2). Soweit die Begr. des RegE (S. 135) jedoch den Eindruck erweckt, er sei allein hierauf beschränkt, verfehlt sie den Regelungsinhalt des § 72. Abs. 1 Satz 2 stellt klar, dass auch Abreden über Art, Inhalt und Umfang der Pflegeleistungen im Versorgungsvertrag festzulegen sind (vgl. Rn. 6). Darüber hinaus erwächst aus dem Abschluss des Versorgungsvertrages für die Pflegeeinrichtungen die Verpflichtung, sich entsprechend dem (nach Abs. 1 Satz 2) vereinbarten Versorgungsauftrag an der pflegerischen Versorgung der Versicherten zu beteiligen (Abs. 4 Satz 2). Nach der Vorstellung des Gesetzgebers ist mit der Zulassung der Pflegeeinrichtung deren **Einbeziehung in ein öffentlich-rechtliches Sozialleistungssystem** verbunden, aus dem sich für die Pflegeeinrichtung eine **besondere Rechtsstellung** ergebe (RegE S. 137, zu § 81 Abs. 4). Ob damit zum Ausdruck gebracht werden soll, die zugelassene Pflege-

Zulassung zur Pflege durch Versorgungsvertrag § 72

einrichtung unterliege einer körperschaftsähnlichen Rechtsetzungsgewalt (hierauf könnte § 75 Abs. 1 Satz 4 hindeuten), die vergleichbar der von kassenärztlichen Vereinigungen und KKen ausgeübten vertraglichen Normsetzungsbefugnis der gemeinsamen vertragsärztlichen Selbstverwaltung von den Verbänden der PKen und den Verbänden der zugelassenen Leistungserbringer wahrgenommen wird, wird nicht deutlich (vgl. zur Problematik § 75 Rn. 2 ff.; *Neumann*, SDSRV 38 (1994), S. 109, 114; *ders.*, in: HS-PV, § 21 Rn. 81 ff.; *Schulin*, VSSR 1994, 285, 295).

IV. Zulassungsvoraussetzungen (Abs. 3)

Zur Versorgung mit Pflegeleistungen zuzulassen sind Pflegeeinrichtungen i. S. von 4 § 71 gemäß Abs. 3 Satz 1 Hs 2, „soweit und solange" sie die in Abs. 3 Satz 1 Hs 1 normierten Voraussetzungen erfüllen. Danach besteht ein **Rechtsanspruch auf Zulassung,** soweit die Einrichtung 1. den **Anforderungen des § 71** genügt, 2. die Gewähr für eine **leistungsfähige und wirtschaftliche pflegerische Versorgung** bietet, 3. eine in Pflegeeinrichtungen **ortsübliche Arbeitsvergütung an ihre Beschäftigen** zahlt, 4. sich verpflichtet, ein **einrichtungsinternes Qualitätsmanagement** nach § 113 einzuführen und weiterzuentwickeln und 5. sich verpflichtet, die **Expertenstandards** nach § 113a anzuwenden. **Bedarfsabhängig** ist die Zulassung hingegen nicht.

1. Anforderungen nach § 71 (Abs. 3 Satz 1 Nr. 1)

Nach Abs. 3 Satz 1 Nr. 1 können zur Pflegeversorgung nur zugelassen werden sol- 5 che Einrichtungen, die den Anforderungen des § 71 genügen. Dieser Regelung hätte es nicht bedurft (ebenso *Groth*, in: Hauck/Noftz, SGB XI, § 72 Rn. 36; *Wahl*, in: jurisPK-SGB XI, § 72 Rn. 36). Genügt eine Organisation den Voraussetzungen des § 71 nicht, handelt es sich schon dem Grunde nach nicht um eine Pflegeeinrichtungen im Sinne des SGB XI (vgl. § 71 Rn. 2 ff.). Insoweit ist die Anforderung des Abs. 3 Satz 1 Nr. 1 redundant; Folgen hat dies nicht.

2. Leistungsfähigkeit und Wirtschaftlichkeit (Abs. 3 Satz 1 Nr. 2 Hs 1)

Diesen Kriterien kommt neben den Anforderungen, die § 71 bereits an das Beste- 6 hen einer Pflegeeinrichtung stellt, nur eine begrenzte selbstständige Bedeutung zu (vgl. *Neumann*, in: HS-PV, § 21 Rn. 15). Leistungsfähigkeit ist schon dann anzunehmen, wenn die Pflegeeinrichtung entsprechend den Vorgaben des Leistungsrechts, wenn auch nur in zeitlich begrenztem Rahmen (vgl. § 71 Rn. 7) Pflegeleistungen erbringen kann. Bei Pflegeheimen können in diesem Zusammenhang auch die heimrechtlichen Vorgaben zu berücksichtigen sein (vgl. *Neumann*, in: HS-PV, § 21 Rn. 17). Eine Versagung der Zulassung wegen Unwirtschaftlichkeit kann nur in Betracht kommen, wenn für die Zukunft bereits absehbar ist, dass die Einrichtung auf Dauer nicht wirtschaftlich arbeiten kann und die PKen deshalb befürchten müssen, dass eine kontinuierliche Durchführung der Pflege nicht zu erwarten ist.

3. Ortsübliche Arbeitsvergütung (Abs. 3 Satz 1 Nr. 2 Hs 2)

Nach der mit dem **PflegeWEG** vom 28. 5. 2008 (BGBl. I S. 874) mWv 1. 7. 2008 7 eingeführten und zwischenzeitlich durch das PNG im Anwendungsbereich deutlich reduzierten (dazu sogleich Rn. 7a) Ergänzung des Abs. 3 Satz 1 Nr. 2 konnte eine Einrichtung zur Pflege nur zugelassen werden, wenn sie in Pflegeeinrichtungen ortsübliche Arbeitsvergütung an ihrer Beschäftigten zahlte. Nach den Regelungsmotiven sollte dadurch sichergestellt werden, dass die Vergütung der Beschäftigten „dem Lohnniveau im Wirtschaftskreis entspricht". Dazu sei im Regelfall auf fachlich und

§ 72 Siebtes Kapitel. Beziehungen der Pflegekassen zu den Leistungserbringern

räumlich einschlägige Tarifverträge abzustellen, soweit üblicherweise Tariflohn gezahlt wird. In diesem Fall könne davon ausgegangen werden, dass Arbeitskräfte üblicherweise nur zu den tariflichen Lohnbedingungen am Arbeitsmarkt gewonnen werden können. Fehle es an einer Verkehrsüblichkeit des Tariflohns, sei auf das allgemeine örtliche Lohnniveau in Pflegeeinrichtungen abzustellen (vgl. BT-Drucks. 16/7439, S. 67). Mit dieser Regelung war vom Gesetzgeber vielfach kritisiertes Neuland betreten worden (vgl. etwa *Plantholz*, in: LPK-SGB XI, § 72 Rn. 14; *Hänlein*, neue caritas 9/2009, S. 23, 26). Sie fügte sich schon deshalb nicht bruchlos in das leistungserbringungsrechtliche System des SGB XI ein, weil der Gesetzgeber auf **Vergütungsseite** auf **ausdifferenzierte Entgelte** setzt (vgl. § 84 Rn. 13 mwN). und der Regelung dagegen eher eine **Vereinheitlichung** der Vergütungen befördern kann. Nicht unproblematisch ist auch, dass die PKen einerseits als Vertragspartner der Einrichtungen Vergütungsverhandlungen mit ihnen führen und andererseits in der Funktion als Verwaltungsbehörde die Vergütungen der Beschäftigten zu kontrollieren haben. Nicht zuletzt wirft die Anknüpfung an den **Zulassungsstatus der Einrichtungen** Zweifelsfragen auf; etwa, welche Wirkungen es auf den Zulassungsstatus und Vergütungsansprüche hat, wenn die maßgebliche Vergütung **nach** Zulassung unter das Niveau nach Abs. 3 Satz 1 Nr. 2 Hs 2 sinkt. Auf der anderen Seite ist nicht zu verkennen, dass die bis dahin in der Rspr. des BSG gebilligte Tendenz zu Durchschnittsvergütungen (vgl. § 84 Rn. 12 f.) Missbrauchsanreize setzen konnte, bei durchschnittlicher Pflegevergütung und weit unterdurchschnittlicher Gehältern weit überdurchschnittliche Gewinne zu realisieren (vgl. dazu und zur zwischenzeitlich vollzogenen Änderung dieser Rspr. § 84 Rn. 12 ff.). Auch wird es dem Gesetzgeber nicht abgesprochen werden können, mit wesentlich durch Sozialversicherungsbeiträge finanzierten Leistungen Lohndumping entgegenzuwirken.

7a Zwischenzeitlich ist der Anwendungsbereich von Abs. 3 Satz 1 Nr. 2 Hs 2 durch das PNG (vgl. oben Rn. 1) wesentlich eingeschränkt und dadurch die dargestellte Problematik erheblich entschärft worden. Nunmehr gilt die Verpflichtung zur Zahlung einer ortsüblichen Arbeitsvergütung nur noch für die Beschäftigten, die „nicht von einer Verordnung über Mindestgeltsätze aufgrund des Gesetzes über zwingende Arbeitsbedingungen für grenzüberschreitend entsandte und für regelmäßig im Inland beschäftigte Arbeitnehmer und Arbeitnehmerinnen (Arbeitnehmer-Entsendegesetz) erfasst sind". Das sind nach § 1 Abs. 3 S. 1 der seit dem 1.8.2010 und bis zum 31.12.2014 geltenden PflegeArbbV vom 15.7.2010 (BAnz. 2010, Nr. 110, 2571) die Arbeitnehmerinnen und Arbeitnehmer, die nicht überwiegend pflegerische Tätigkeiten in der Grundpflege nach § 14 Abs. 4 Nr. 1 bis 3 erbringen, also etwa Küchenpersonal oder Reinigungskräfte, soweit solche Tätigkeiten nicht inzwischen ohnehin ausgelagert werden. Angesichts dieser weiten Erstreckung der PflegeArbbV erachtete der Gesetzgeber einen zusätzlichen Schutz der Beschäftigten nach Abs. 3 Satz 1 Nr. 2 Hs 2 idF des PflegeWEG nicht mehr für erforderlich (BT-Drucks. 17/9369, S. 45). Mögliche negativen Auswirkungen jedenfalls für die rechtliche Fähigkeit der Einrichtungen, tarifliche Vergütungen auch oberhalb des Mindestentgelts zahlen zu können (dazu *Reimer*, SGb 2013, 193, 198) sollen die in § 84 Abs. 2 Satz 4 und 5 eingefügten Klauseln entgegenwirken, dass die Pflegevergütung es dem Pflegeheim ermöglichen sollen „seine Aufwendungen zu finanzieren" und dass die Bezahlung tarifvertraglich vereinbarter Vergütungen sowie entsprechender Vergütungen nach kirchlichen Arbeitsrechtsregelungen nicht als unwirtschaftlich abgelehnt werden kann (BT-Drucks. 17/9369, S. 46; hierzu vgl. § 84 Rn. 13b).

8 Bei der Auslegung des verbliebenen Anwendungsbereichs von Abs. 3 Satz 1 Nr. 2 Hs 2 werden die systematischen Restriktionen zu beachten sein, die sich im Gefüge von Art. 9 Abs. 3 und 12 Abs. 1 GG der administrativen Kontrolle von Löhnen stellen. Unproblematische Untergrenze ist insoweit **unangemessen niedrige** Vergütungen, die nach dem Maßstab des § 138 BGB sittenwidrig und damit als nichtig anzusehen sind. Oberhalb dieser Schwelle kann sich die Frage stellen, ob von den Einrichtungen die Übernahme tarifvertraglicher Sätze verlangt werden kann, wenn

solche im regionalen Bereich überhaupt nur **Verwendung finden.** Ein solches Bestreben legen die Gesetzesmaterialien nahe (vgl. BT-Drucks. 16/7439, S. 67). Ob dem Wortlaut eine solche Drittwirkung eines Tarifvertrages allerdings hinreichend deutlich entnommen werden kann, kann als fraglich erscheinen (vgl. etwa *Plantholz*, in: LPK-SGB XI, § 72 Rn. 14). Jedenfalls würde dies die weitere Frage aufwerfen, auf **welchen Tarifvertrag** ggfs. abzustellen wäre, wenn – wie es häufig der Fall sein wird – bei unterschiedlichen Trägern **mehrere Tarifverträge** oder – im kirchlichen Bereich – für die Regelung hier wie solche zu behandelnde Tarife vorliegen. Manches kann deshalb dafür sprechen, eine Bandbreite **mehrerer ortsübliche Entgelte** als zulässig anzusehen, wenn in einem regionalen Bereich bei verschiedenen Anbietern unterschiedliche Tarifsätze verwandt werden (hierfür *Thüsing*, SGb 2008, 629, 631 f.).

4. Qualitätssicherung (Abs. 3 Satz 1 Nr. 3 und Nr. 4)

Zulassungsvoraussetzung ist nach den Nrn. 3 und 4 des Abs. 3 Satz 1 weiter die Beachtung wesentlicher Vorschriften der Qualitätssicherung. Auf ihre Einhaltung sind die Einrichtungen über die vertragsrechtlichen Bindungen ohnehin verpflichtet. Darüber hinaus bewirken die Regelungen der Nrn. 3 und 4, dass schon der Grundstatus als zugelassene Einrichtung nur erworben werden kann, wenn 1. ein internes Qualitätsmanagement nach § 113 eingerichtet und 2. die Beachtung der auf der Grundlage von § 113a entwickelten Expertenstandards sichergestellt ist.

9

5. Bedarfsunabhängigkeit (Abs. 3 Satz 1 Hs 2)

Eine am Bedarf ausgerichtete Zulassungsbegrenzung ist im Gesetzgebungsverfahren im Gegensatz zum Krankenhausbereich (§ 109 Abs. 3 SGB V) ausdrücklich abgelehnt worden (BT-Drucks. 12/5262, S. 136). Nach der Begr. soll den PKen die Möglichkeit offen stehen, Pflegeeinrichtungen auch über den aktuellen Versorgungsbedarf hinaus zuzulassen. Auch bei einer Überschreitung des Bedarfs steht die **Zulassung nicht im Ermessen** der PKen; hierfür fehlt es z.Zt. jedenfalls an einer Rechtsgrundlage. Die Landesverbände können deshalb auch nicht unter Hinweis auf den Sicherstellungsauftrag Zulassungen verweigern (*Neumann*, in: HS-PV, § 21 Rn. 18). Infolgedessen ist im Hinblick auf Art. 12 Abs. 1 GG und dem Gesichtspunkt der Bundestreue **den Ländern auch untersagt**, Pflegeeinrichtungen, die von den Pflegekassen zugelassen sind, als nicht bedarfsgerecht von der **finanziellen Förderung auszuschließen** (vgl. BSGE 88, 215 = SozR 3-3300 § 9 Nr. 1).

10

6. Trägervorrang (Abs. 3 Satz 2)

Nach Abs. 3 Satz 2 sollen bei einer notwendigen Auswahl unter Pflegeeinrichtungen Versorgungsverträge vorrangig mit freigemeinnützigen und privaten Trägern abzuschließen sein. Diese Regelung hat **keinen Anwendungsbereich.** Sie kollidiert mit dem in Abs. 3 Satz 1 Hs 2 begründeten Rechtsanspruch, bei Erfüllung der in Abs. 3 Satz 1 Hs 1 statuierten Zulassungsvoraussetzungen durch Versorgungsvertrag zur Pflege zugelassen zu werden. Insoweit besteht für eine Auswahl unter mehreren Einrichtungen für die PKen als Partner des Versorgungsvertrages **kein Anlass.** Die Vorschrift ist deshalb überflüssig (so zutreffend *Knittel*, in: Krauskopf, § 73 Rn. 9; ebenso *Plantholz*, in: LPK-SGB XI, 3. Aufl. 2008, § 72 Rn. 19; ähnlich *Leitherer*, in: KassKomm, SGB XI, § 72 Rn. 23; weitergehend *Schulin*, VSSR 1994, 285 ff.: verfassungsrechtliche Bedenken).

11

V. Versorgungsvertrag (Abs. 1)

12 Erfüllt die Einrichtung die Zulassungsvoraussetzungen nach Abs. 3 (hierzu Rn. 4 ff.), hat sie Anspruch auf Abschluss eines Versorgungsvertrages nach § 72, in dem der während der Vertragslaufzeit von ihr zu erfüllende **Versorgungsauftrag** nach **Art, Inhalt und Umfang der allgemeinen Pflegeleistungen** festgelegt wird.

1. Rechtsnatur

13 Der Versorgungsvertrag begründet Rechtspflichten und Ansprüche zwischen Einrichtung und Kostenträgern auf dem Gebiet des **öffentlichen Rechts** und ist deshalb ein **öffentlich-rechtlicher Vertrag** i. S. von § 53 Abs. 1 Satz 1 SGB X (vgl. BT-Drucks. 12/5262, S. 137; *Plantholz*, in: LPK-SGB XI, § 72 Rn. 5; *Groth*, in: Hauck/Noftz, SGB XI § 72 Rn. 12; *Wahl*, in: jurisPK-SGB XI, § 72 Rn. 56; *Neumann*, in: HS-PV, § 21 Rn. 1) in der Form des koordinationsrechtlichen Vertrages, auf die **Vorschriften des SGB X** ergänzend anzuwenden sind. Nach § 61 Abs. 2 SGB X gelten subsidiär die Vorschriften des BGB.

2. Vertragspartner (Abs. 2)

14 Partner des Versorgungsvertrages sind der **Träger der Pflegeeinrichtung** und die **Landesverbände der PKen**, die ihrerseits das Einvernehmen mit dem überörtlichen Sozialhilfeträger herstellen müssen. Der Pflegeeinrichtung steht es frei, ob sie den Vertrag selbst abschließt oder den Verband bevollmächtigt, dem sie angehört (zu Einzelheiten vgl. *Neumann*, in: HS-PV, § 21 Rn. 4 ff.). Der AuS-Ausschuss hielt es für erforderlich, die Abschlusskompetenz einer vertretungsberechtigten Vereinigung gleicher Träger in Abs. 2 Satz 1 besonders zu betonen (s. oben Rn. 1), obgleich sich die Möglichkeit einer Bevollmächtigung ohne weiteres aus allgemeinen Regelungen ergibt (§ 13 Abs. 1 Satz 1 iVm. § 12 Abs. 1 Nr. 3 SGB X). Nach der mit dem **PflegeWEG** vom 28.5.2008 (BGBl. I S. 874) mWv 1.7.2008 eingeführten und durch das PNG vom 23.10.2012 (BGBl. I S. 2246) mWv 30.10.2012 nochmals modifizierten Ergänzung des Abs. 2 durch die Neuregelung des Satz 1 Hs 2 kann nunmehr auch für **mehrere selbstständig wirtschaftende Einheiten eines Trägers** ein einheitlicher Versorgungsvertrag als Gesamtversorgungsvertrag geschlossen werden (zu den Motiven vgl. BT-Drucks. 16/7439, S. 67). Soweit dies nach den Gesetzesmaterialien allerdings Abstriche bei der Wahrnehmung der Aufgaben der verantwortlichen Pflegefachkraft i. S. von § 71 Abs. 2 Nr. 1 (hierzu vgl. § 71 Rn. 18) zur Folge haben könnte, findet das im Gesetzestext des § 71 keinen ausreichenden Niederschlag; Zulassungsvoraussetzung auch bei einem Gesamtversorgungsvertrag ist deshalb, dass jede Teileinrichtung für sich die gesetzlichen Qualitätsanforderungen erfüllt (ebenso *Groth*, in: Hauck/Noftz, SGB XI, § 72 Rn. 30; *Wahl*, in: jurisPK-SGB XI, § 72 Rn. 14).

15 Die **Landesverbände der PKen** (vgl. § 52) müssen, wie sich aus § 81 Abs. 1 Satz 1 ergibt, beim Vertragsabschluss gemeinsam handeln. Ein Zulassungsvertrag mit nur einer Kassenart ist damit ausgeschlossen. Kommt eine einvernehmliche Entscheidung der Landesverbände nicht zustande, so ist nach § 81 Abs. 1 Satz 2 eine Entscheidung des in § 213 Abs. 2 Satz 2 SGB V geregelten Gremiums, dem Vertreter aller Kassenarten angehören, herbeizuführen. Aufseiten der PKen ist zudem das Einvernehmen mit dem überörtlichen **Träger der Sozialhilfe** erforderlich, wobei **Einvernehmen** als Synonym von **Zustimmung** zu verstehen ist (so inzident BSG, SozR 4-3300 § 79 Nr. 1 Rn. 24 ff.; ebenso *Groth*, in: Hauck/Noftz, SGB XI, § 72 Rn. 24; *Leitherer*, in: KassKomm, SGB XI, § 72 Rn. 15; *Neumann*, in: HS-PV, § 21 Rn. 12). Für das Verfahren aufseiten der Landesverbände gilt § 81, weshalb bei **fehlender Einigung eine Mehrheitsentscheidung** zu treffen ist (vgl. § 81 Abs. 1 Satz 2).

3. Regelungsgegenstand (Abs. 1 Satz 2)

Gegenstand der im Versorgungsvertrag zu treffenden Regelungen ist nach Abs. 1 Satz 2 die Bestimmung des von der Pflegeeinrichtung zu erfüllenden **Versorgungsauftrages**. Dies erfordert Abreden über Art, Inhalt und Umfang der von der Pflegeeinrichtung zu erbringenden allgemeinen Pflegeleistungen (zu diesem Begriff vgl. § 82 Rn. 5 f.). Der Hinweis in Satz 2 auf die Regelung der allgemeinen Pflegeleistungen in § 84 Abs. 4 ist auch auf Versorgungsverträge mit **ambulanten Pflegeeinrichtungen** anzuwenden (vgl. *Groth*, in: Hauck/Noftz, SGB XI, § 72 Rn. 15; *Wahl*, in: jurisPK-SGB XI, § 72 Rn. 42); die ursprüngliche Fassung von Abs. 1 Satz 2 enthielt eine Verweisung auf § 43 Abs. 2, die irreführend war (vgl. 1. Aufl. § 72 Rn. 6). Zu dem **Mindestinhalt des Versorgungsauftrags** zählen: Die Art der Pflegeleistung, die von der Einrichtung erbracht wird (vollstationär mit oder ohne Durchführung von Kurzzeitpflege, teilstationär mit Tages- oder Nachtpflege, ambulant etc.); die Festlegung der Gruppen von Pflegebedürftigen, die betreut werden sollen, soweit aufgrund der personellen oder sachlichen Ausstattung der Pflegeeinrichtung nicht alle Formen von Pflegebedürftigkeit versorgt werden können und die Bestimmung der Kapazitäten der Pflegeeinrichtung. Bei **ambulanten Pflegediensten** muss darüber hinaus der **Einzugsbereich** festgelegt werden, in dem die Leistungen erbracht werden **(Abs. 3 Satz 3)**. Hiermit ist durch das **PflegeWEG** vom 28.5.2008 (BGBl. I S. 874) mWv 1.7.2008 die bis dahin bestehende Begrenzung auf einen **nur örtlichen Versorgungsbereich** im Anschluss an Rspr. des BSG aufgegeben worden (vgl. BSGE 96, 233 = SozR 4-3300 § 72 Nr. 1). Gleichwohl soll mit der Einrichtung eine verbindliche Festlegung über den Bereich getroffen werden, indem sie Leistungen anbietet (zu den Motiven vgl. BT-Drucks. 16/7439, S. 67).

16

4. Rahmensvertragsgeltung

Nach **§ 75 Abs. 1 Satz 4** haben die von den Landesverbänden der PKen mit den Vereinigungen der Einrichtungsträger im Land abgeschlossenen Rahmenverträge **verbindliche Wirkung** für die PKen und die zugelassenen Pflegeeinrichtungen. Hierdurch erhalten die Vorgaben zu den in § 75 Abs. 2 aufgeführten Regelungsgegenständen der Rahmenverträge **Beachtlichkeit** auch für den **einzelvertraglich vereinbarten** Versorgungsauftrag.

17

5. Rechtsschutz

Zu den Rechtsschutzmöglichkeiten der Pflegeeinrichtung bei Ablehnung eines Versorgungsvertrages, der systematisch der Vorschrift des § 72 zuzuordnen wäre, bestimmt die in § 73 getroffene Regelung über den Abschluss von Versorgungsverträgen, dass gegen die Ablehnung eines Versorgungsvertrages durch die Landesverbände der PKen der Rechtsweg zu den Sozialgerichten gegeben ist (vgl. hierzu § 73 Rn. 4 ff.).

18

VI. Rechtsfolgen der Zulassung (Abs. 4)

Durch den Versorgungsvertrag erlangt die Pflegeeinrichtung den Status eines zur Erbringung von Pflegeleistungen **zugelassenen Leistungserbringers** (Abs. 4 Satz 1). Hieraus erwachsen **der Einrichtung** die Pflicht zur **pflegerischen Versorgung** der Versicherten im Rahmen des für alle PKen verbindlichen Versorgungsauftrags (Satz 2) und den PKen die Pflicht, die allgemeinen Pflegeleistungen nach Maßgabe der Vorschriften des 8. Kapitels **zu vergüten** (Abs. 4 Satz 3, vgl. hierzu § 82 Rn. 2 ff.).

19

§ 73   Siebtes Kapitel. Beziehungen der Pflegekassen zu den Leistungserbringern

1. Verbindlichkeit (Abs. 2 Satz 2)

20   Die Reichweite des Versorgungsvertrages erstreckt sich nach Abs. 2 Satz 2 auf die Rechtsbeziehungen der Pflegeeinrichtung zu **sämtliche PKen** im Inland. Der Versorgungsvertrag wirkt damit über den Bereich des jeweiligen Landes, in dem er abgeschlossen wurde, hinaus im gesamten Bundesgebiet. Eine Pflegeeinrichtung bedarf daher nur in einem Bundesland der Zulassung, um Versicherte aus der gesamten Bundesrepublik zu Lasten der SPV versorgen zu können.

2. Versorgungsauftrag (Abs. 4 Satz 2)

21   Nach **Abs. 4 Satz 2** ist die zugelassene Pflegeeinrichtung im Rahmen ihres Versorgungsauftrages zur **Versorgung der Versicherten** aller PKen verpflichtet. Dies ist durch das **1. SGB XI-ÄndG** vom 14.6.1996 (BGBl. I S. 830) in Hs 2 dahin ergänzt worden, die Durchführung der in § 37 Abs. 3 geregelten **Pflege-Pflichteinsätze** umzusetzen. Dies lässt jedoch nicht den Schluss zu, dass der Pflegeeinrichtung hinsichtlich der Person des Pflegebedürftigen **überhaupt keine Auswahlbefugnis** zusteht. Das SGB XI betont selbst mehrfach die Bedeutung, die religiösen und weltanschaulichen Einstellungen im Bereich der Pflege zukommt (z. B. §§ 2 Abs. 3, 11 Abs. 2). Hieraus ergeben sich nicht nur für die Pflegebedürftigen Wahlrechte; bei kirchlichen Einrichtungen sind Art. 140 GG iVm. Art. 137 Abs. 3 WRV zu beachten. Hinzukommt, dass Pflegeleistungen ein beiderseitiges Vertrauensverhältnis voraussetzen. Liegt es nicht vor, so kann im Einzelfall auch für den Leistungserbringer die Berechtigung erwogen werden, die Durchführung eines Pflegeauftrags abzulehnen (ähnlich *Wahl*, in: jurisPK-SGB XI, § 72 Rn. 51: Zerstörung des Vertrauensverhältnisses kann Ablehnung der Versorgung rechtfertigen).

§ 73   Abschluß von Versorgungsverträgen

(1) **Der Versorgungsvertrag ist schriftlich abzuschließen.**

(2) ¹**Gegen die Ablehnung eines Versorgungsvertrages durch die Landesverbände der Pflegekassen ist der Rechtsweg zu den Sozialgerichten gegeben.** ²**Ein Vorverfahren findet nicht statt; die Klage hat keine aufschiebende Wirkung.**

(3) ¹**Mit Pflegeeinrichtungen, die vor dem 1. Januar 1995 ambulante Pflege, teilstationäre Pflege oder Kurzzeitpflege auf Grund von Vereinbarungen mit Sozialleistungsträgern erbracht haben, gilt ein Versorgungsvertrag als abgeschlossen.** ²**Satz 1 gilt nicht, wenn die Pflegeeinrichtung die Anforderungen nach § 72 Abs. 3 Satz 1 nicht erfüllt und die zuständigen Landesverbände der Pflegekassen dies im Einvernehmen mit dem zuständigen Träger der Sozialhilfe (§ 72 Abs. 2 Satz 1) bis zum 30. Juni 1995 gegenüber dem Träger der Einrichtung schriftlich geltend machen.** ³**Satz 1 gilt auch dann nicht, wenn die Pflegeeinrichtung die Anforderungen nach § 72 Abs. 3 Satz 1 offensichtlich nicht erfüllt.** ⁴**Die Pflegeeinrichtung hat bis spätestens zum 31. März 1995 die Voraussetzungen für den Bestandschutz nach den Sätzen 1 und 2 durch Vorlage von Vereinbarungen mit Sozialleistungsträgern sowie geeigneter Unterlagen zur Prüfung und Beurteilung der Leistungsfähigkeit und Wirtschaftlichkeit gegenüber einem Landesverband der Pflegekassen nachzuweisen.** ⁵**Der Versorgungsvertrag bleibt wirksam, bis er durch einen neuen Versorgungsvertrag abgelöst oder gemäß § 74 gekündigt wird.**

(4) **Für vollstationäre Pflegeeinrichtungen gilt Absatz 3 entsprechend mit der Maßgabe, daß der für die Vorlage der Unterlagen nach Satz 3 maßgeb-**

Abschluß von Versorgungsverträgen **§ 73**

liche Zeitpunkt der 30. September 1995 und der Stichtag nach Satz 2 der 30. Juni 1996 ist.

Inhaltsübersicht

	Rn.
I. Geltende Fassung	1
II. Normzweck	2
III. Schriftformerfordernis (Abs. 1)	3
IV. Rechtsschutz (Abs. 2)	4
1. Rechtsweg (Abs. 2 Satz 1)	5
2. Klageart (Abs. 2 Satz 2)	6
V. Bestandschutz (Abs. 3)	7
1. Übergeleitete Verträge	8
2. Bestandschutzfähige Einrichtungen	9
3. Inhalt des fiktiven Versorgungsvertrages	10
4. Feststellung des Fehlens der Bestandschutzvoraussetzungen (Abs. 3 Satz 2 bis 4)	11
5. Stichtage für vollstationäre Pflegeeinrichtungen	13

I. Geltende Fassung

Die Vorschrift ist mWv 1.1.1995 durch **Art. 1 PflegeVG** eingeführt worden. **1** Abs. 1 und 2 haben die Fassung des FraktE (vgl. BT-Drucks. 12/5262, S. 137 f. zu § 82). Abs. 3 wurde erstmals durch den AuS-Ausschuss geändert (vgl. BT-Drucks. 12/5920, S. 71). In beiden Vermittlungsverfahren wurden Änderungen bzw völlige Neufassungen des Abs. 3 vorgenommen (BT-Drucks. 12/6424, S. 3; BT-Drucks. 12/7323, S. 4 f.). Durch das **1. SGB XI-ÄndG** vom 14.6.1996 (BGBl. I S. 830) wurde mWv 25.6.1996 in Abs. 3 nach Satz 2 als weitere Ausnahme die Regelung des Satz 3 eingefügt, wonach Bestandschutz auch ohne schriftliche Anzeige nach Satz 2 nicht besteht, wenn die Pflegeeinrichtung die Anforderungen nach § 72 Abs. 3 Satz 1 **offensichtlich nicht erfüllt** (zur Begr. vgl. BT-Drucks. 13/3696, S. 15).

II. Normzweck

Die Vorschrift regelt die **äußere Form** sowie den **Rechtsschutz** in Zusammen- **2** hang mit dem Abschluss von Versorgungsverträgen sowie den **Bestandsschutz von Alteinrichtungen.**

III. Schriftformerfordernis (Abs. 1)

Der Versorgungsvertrag muss **schriftlich** abgeschlossen werden; die Schriftform **3** ist auch für die Kündigung vorgeschrieben (§ 74 Abs. 3). Die Regelung entspricht § 56 SGB X, der für öffentlich-rechtliche Verträge (wie auch § 57 VwVfG) allgemein Schriftform anordnet. Was hierunter zu verstehen ist, ergibt sich aus § 126 BGB, der nach § 61 Satz 2 SGB X auch auf öffentlich-rechtliche Verträge anzuwenden ist. Danach bedarf es der Anfertigung einer Vertragsurkunde, die von den Ausstellern der Urkunde eigenhändig zu unterschreiben ist. Wird die Schriftform nicht eingehalten, so ist der Vertrag nach § 58 Abs. 1 SGB X iVm. § 125 BGB nichtig. Das Schriftformerfordernis bezieht sich auf den gesamten Versorgungsvertrag, nicht nur auf die Zulassung der Pflegeeinrichtung, sondern auch auf den Versorgungsauftrag, der Bestandteil des Versorgungsvertrages ist (ebenso *Groth,* in: Hauck/Noftz, SGB XI, § 73 Rn. 5;

§ 73 Siebtes Kapitel. Beziehungen der Pflegekassen zu den Leistungserbringern

Wahl, in: jurisPK-SGB XI, § 73 Rn. 8). Es gilt nicht nur für den erstmaligen Abschluss, sondern auch für jede Änderung des Vertrages.

IV. Rechtsschutz (Abs. 2)

4   Für die prozessuale Durchsetzung von Ansprüchen sowohl **auf Abschluss** als auch – über § 74 Abs. 3 Satz 2 – **bei Kündigung** von Versorgungsverträgen trifft Abs. 2 Regelungen insbesondere zum Rechtsweg und zum Vorverfahren:

1. Rechtsweg (Abs. 2 Satz 1)

5   Nach der ausdrücklichen Regelung des Abs. 2 Satz 1 ist gegen die **Ablehnung** von Versorgungsverträgen der Rechtsweg zu den Sozialgerichten eröffnet. Dazu hätte es ihr indes **nicht bedurft;** das ergibt sich bereits aus § 51 Abs. 2 Satz 2 SGG idF von Art. 33 PflegeVG (vgl. BSG, SozR 3-1500 § 51 Nr. 25; *Groth,* in: Hauck/Noftz, SGB XI, § 73 Rn. 10). Insoweit hat die Vorschrift nur **deklaratorische Bedeutung.** Ihr kommt deshalb auch **keine Sperrwirkung** für Rechtsstreitigkeiten außerhalb der **Ablehnung** von Versorgungsverträgen zu; der Sozialrechtsweg gilt vielmehr generell für jeden Rechtsstreit in Zusammenhang mit Versorgungsverträgen, insbesondere also auch bei dessen **Kündigung** (§ 74 Abs. 3).

2. Klageart (Abs. 2 Satz 2)

6   Nach **Abs. 2 Satz 2** findet im Anwendungsbereich der Vorschrift – also kraft ausdrücklicher Regelung bei der **Ablehnung,** sinngemäß im Übrigen aber auch bei allen anderen Rechtsstreitigkeiten im Zusammenhang mit **Bestand und Gehalt** von Versorgungsverträgen – ein **Vorverfahren** nicht statt und hat die Klage **keine aufschiebende Wirkung.** Damit hat sich der Gesetzgeber der Rspr. insbesondere des BSG zum Versorgungsvertrag im Krankenhausrecht (BSGE 51, 126 = SozR 2200 § 371 Nr. 4; BSGE 59, 258 = SozR 2200 § 371 Nr. 5) angeschlossen, die in der **Ablehnung eines Vertragsschlusses** einen **belastenden VA** sieht. Der Einwand hiergegen, wegen der rechtlichen Gleichordnung der Beteiligten könnten die PKen-Verbände gegenüber den Einrichtungsträgern nicht durch VA handeln (vgl. insbesondere *Knittel,* in: Krauskopf, § 73 Rn. 9; zuletzt auch *Wahl,* in: jurisPK-SGB XI, § 72 Rn. 40), ist das BSG nicht gefolgt (BSGE 82, 252 = SozR 3-3300 § 73 Nr. 1 = NZS 1999, 298). Das BSG knüpft an die Zwei-Stufen-Lehre an und **verneint ein Gleichordnungsverhältnis** bei der Entscheidung der PKen-Verbände, **ob** mit einer Einrichtung ein Versorgungsvertrag abzuschließen ist. Anders als Verhandlungen über die Ausgestaltung von Versorgungsverträgen im Einzelnen ist die Entscheidung über den Zugang zur Versorgung selbst und damit über den Grundstatus einer Einrichtung nur denkbar als Ausfluss für das öffentlich-rechtliche Rechtsverhältnis zwischen den Beteiligten konstitutiven Über-Unterordnungsverhältnisses zwischen PKen und Einrichtungsträger (ebenso *Leitherer,* in: KassKomm, SGB XI, § 73 Rn. 7; *Groth,* in: Hauck/Noftz, SGB XI, § 73 Rn. 14). Auf den **einstweiligen Rechtsschutz** wirkt sich der Meinungsstreit beim Abschluss eines Versorgungsvertrages indes nicht aus. Der Einrichtungsträger muss in beiden Fällen den Erlass einer einstweiligen Anordnung nach § 86b Abs. 2 SGG beantragen. **Abs. 2 Satz 2, 2. Hs,** der die aufschiebende Wirkung der Klage ausschließt, kommt bei der Ablehnung des Abschlusses eines Versorgungsvertrages, auch wenn man hierin einen VA sieht, **keine Bedeutung** zu, weil ja durch die aufschiebende Wirkung der fehlende Vertragsabschluss auch nicht vorläufig ersetzt wird (so aber ersichtlich die der Begr. des FraktE zugrundeliegende Vorstellung, BT-Drucks. 12/5262, S. 137; wie hier *Wahl,* in: jurisPK-SGB XI, § 73 Rn. 11; *Groth,* in: Hauck/Noftz, SGB XI, § 73 Rn. 19; *Leitherer,* in: KassKomm, SGB XI, § 72 Rn. 10). **Rele-**

Abschluß von Versorgungsverträgen § 73

vanz hat die Regelung hingegen bei der **Kündigung** von Versorgungsverträgen, weil die Kündigung wie die Ablehnung des Vertragsabschlusses einen VA darstellt und deshalb dagegen die Anfechtungsklage gegeben ist (vgl. BSG, Urteil vom 12.6.2008 – B 3 P 2/07 R –; dagegen *Knittel,* in: Krauskopf, § 73 Rn. 9; zweifelnd *Orthen,* in: Hauck/Noftz, SGB XI, § 74 Rn. 11).

V. Bestandschutz (Abs. 3)

Es handelt sich um eine Überleitungsregelung, die bei Beachtung der Systematik 7 des PflegeVG in die Art. 36ff. PflegeVG gehört hätte. Um eine Gleichbehandlung der Pflegeeinrichtungen zu gewährleisten, haben die Spitzenverbände der PKen (§ 53 Abs. 3) eine gemeinsame Empfehlung zur Durchführung des Bestandschutzes gem. § 73 Abs. 3 verabschiedet (vom 9.12.1994, BKK 1995, 139); zur Praxis der PKen vgl. *Engels/Köppen,* KrV 1995, 60; *Moldenhauer,* BKK 1996, 84.

1. Übergeleitete Verträge

Für Pflegeeinrichtungen, die vor dem 1.1.1995 ambulante oder stationäre (Abs. 4) 8 Pflege auf Grund von Vereinbarungen mit Sozialleistungsträgern erbracht haben, gilt ein Versorgungsvertrag als abgeschlossen. Welche Verträge im Einzelnen zur Besitzstandswahrung ausreichen, wird nicht eindeutig klargestellt; zur Frage, ob auch Kostenvereinbarungen mit Altenheimen ausreichen vgl. LSG Nordrhein-Westfalen, RzP § 73 Abs. 3, 4 SGB XI Nr. 1. Verträge mit Kindergärten und Werkstätten für behinderte Menschen reichen nicht aus. Als Sozialleistungsträger kommen in Betracht: Sozialversicherungsträger (KKen, BGen, RV-Träger), Sozialhilfeträger und Versorgungsverwaltung. Der Gesetzgeber dachte vor allem an folgende Vereinbarungen (BT-Drucks. 12/5262, S. 137): Verträge der KKen mit Sozialstationen und anderen Pflegediensten über häusliche Pflegehilfe nach § 132 Abs. 1 Satz 2 SGB V sowie die Vereinbarungen zwischen der Liga der freien Wohlfahrtsverbände und den Sozialhilfeträgern über die Erbringung ambulanter und stationärer Pflege nach dem BSHG. Die LV der PKen prüfen das Vorliegen der Voraussetzungen des Bestandschutzes in erster Linie auf der Grundlage von Strukturerhebungsbögen (vgl. *Plantholz,* LPK-SGB XI, § 73 Rn. 18).

2. Bestandschutzfähige Einrichtungen

Die Bestandschutzregelung gilt nur für Einrichtungen, die die **Voraussetzungen** 9 **des § 71** erfüllen; weshalb letztlich **keine Privilegierung** bestehender gegenüber neu gegründeten Einrichtungen gegeben ist. Zweifelhaft ist insbesondere, ob teilstationären Einrichtungen der **Eingliederungshilfe** Bestandschutz zu gewähren ist. Ihre Qualifikation als Pflegeeinrichtung i. S. von § 71 hängt vor allem davon ab, ob sie von einer ausgebildeten Pflegefachkraft geleitet werden (vgl. hierzu § 71 Rn. 18f.) und ob es sich um eine selbstständig wirtschaftende Einrichtung handelt (vgl. hierzu § 71 Rn. 15). Zumeist werden derartige Einrichtungen schon durch § 71 Abs. 4 ausgeschlossen. Auch die Einrichtung, die sich auf Bestandschutz beruft, muss die **in § 72 Abs. 3 Satz 1** genannten Anforderungen erfüllen, dh. sie muss die Gewähr für eine leistungsfähige und wirtschaftliche pflegerische Versorgung bieten (vgl. § 72 Rn. 6).

3. Inhalt des fiktiven Versorgungsvertrages

Dem Bestandschutz unterfällt nur der Inhalt des übergeleiteten Vertrages **(Abs. 3** 10 **Satz 4).** Ein hiervon abweichender Versorgungsauftrag kann nur durch Abschluss

Schütze 429

§ 74   Siebtes Kapitel. Beziehungen der Pflegekassen zu den Leistungserbringern

eines neuen Versorgungsvertrages erreicht werden. Hierzu bedarf es ggf einer Kündigung des übergeleiteten Vertrages nach § 74.

4. Feststellung des Fehlens der Bestandschutzvoraussetzungen (Abs. 3 Satz 2 bis 4)

11   Die PKen können die Fiktion des Bestehens eines Versorgungsvertrages beseitigen, indem sie feststellen, dass die Einrichtung die Voraussetzungen für die Gewährung von Bestandschutz nicht erfüllt. Diese Feststellung musste der Einrichtung bis zum 30.6.1995 (bei ambulanten Pflegeeinrichtungen) bzw bis zum 30.6.1996 (bei stationären Pflegeeinrichtungen, vgl. Abs. 4) schriftlich bekanntgegeben werden. Einer schriftlichen Feststellung bedarf es bei solchen Einrichtungen nicht, die die Voraussetzungen des § 72 Abs. 3 Satz 1 „offensichtlich" nicht erfüllen **(Abs. 3 Satz 3 nF)**. Durch diese im 1. SGB XI-ÄndG eingefügte Regelung (so Fn. 1) sollte die Benachrichtigungspflicht (und eine Geltendmachung von Bestandschutz bei unterbliebener Benachrichtigung) in Bezug auf Einrichtungen ausgeschlossen werden, die nach ihrer primären Zweckbestimmung und dem äußeren Erscheinungsbild weder Pflegedienst noch Pflegeheim sind.

12   **Abs. 3 Satz 4** verpflichtete jede Einrichtung, die in den Genuss des Bestandschutzes kommen wollte, bis zum 31.3.1995 (bei ambulanten Einrichtungen) bzw. bis zum 30.9.1995 (bei stationären Einrichtungen, vgl. Abs. 4) die Voraussetzungen für den Bestandschutz durch **Vorlage von Vereinbarungen** mit Sozialleistungsträgern (aus der Zeit vor dem 1.1.1995) sowie durch Vorlage von Unterlagen, die zur Beurteilung der Leistungsfähigkeit und Wirtschaftlichkeit der Einrichtung geeignet sind, nachzuweisen. Einzureichen waren diese Unterlagen bei **einem** Landesverband der PKen. Nach Satz 2 ist die Negativfeststellung von den „zuständigen Landesverbänden der PKen im Einvernehmen mit dem zuständigen Träger der Sozialhilfe (§ 72 Abs. 2 Satz 1)" zu treffen. Der Verweis auf § 72 Abs. 2 Satz 1 dürfte nur für die Bestimmung des zuständigen Trägers der Sozialhilfe Bedeutung haben, sich aber nicht auf die Landesverbände der PKen beziehen, mit der Folge, dass auch die Negativfeststellung nur von allen Landesverbänden gemeinsam getroffen werden kann. Zwar ordnet § 81 Satz 1 die gemeinsame Aufgabenerfüllung bei allen den Landesverbänden nach dem siebten und achten Kapitel zugewiesenen Aufgaben an. Hätte man es jedoch hierbei auch i.R. von Abs. 3 Satz 2 bewenden lassen wollen, so wäre die Bezeichnung **zuständige** Landesverbände unverständlich. Sie deutet vielmehr darauf hin, dass die Negativfeststellung nur von den für die übergeleiteten Verträge zuständigen Landesverbänden zu treffen ist.

5. Stichtage für vollstationäre Pflegeeinrichtungen

13   Abs. 4 enthält für vollstationäre Pflegeeinrichtungen andere Stichtage, da die Leistungen der SPV bei vollstationärer Pflege (zu diesem Begriff vgl. § 71 Rn. 6) frühestens ab dem 1.7.1996 gewährt werden (Art. 68 Abs. 3 iVm. Art. 69 Abs. 1 PflegeVG), vgl. hierzu im Einzelnen oben Rn. 7 ff.

§ 74   Kündigung von Versorgungsverträgen

(1) ¹Der Versorgungsvertrag kann von jeder Vertragspartei mit einer Frist von einem Jahr ganz oder teilweise gekündigt werden, von den Landesverbänden der Pflegekassen jedoch nur, wenn die zugelassene Pflegeeinrichtung nicht nur vorübergehend eine der Voraussetzungen des § 72 Abs. 3 Satz 1 nicht oder nicht mehr erfüllt; dies gilt auch, wenn die Pflegeeinrichtung ihre Pflicht wiederholt gröblich verletzt, Pflegebedürftigen ein mög-

Kündigung von Versorgungsverträgen **§ 74**

lichst selbständiges und selbstbestimmtes Leben zu bieten, die Hilfen darauf auszurichten, die körperlichen, geistigen und seelischen Kräfte der Pflegebedürftigen wiederzugewinnen oder zu erhalten und angemessenen Wünschen der Pflegebedürftigen zur Gestaltung der Hilfe zu entsprechen. ²Vor Kündigung durch die Landesverbände der Pflegekassen ist das Einvernehmen mit dem zuständigen Träger der Sozialhilfe (§ 72 Abs. 2 Satz 1) herzustellen. ³Die Landesverbände der Pflegekassen können im Einvernehmen mit den zuständigen Trägern der Sozialhilfe zur Vermeidung der Kündigung des Versorgungsvertrages mit dem Träger der Pflegeeinrichtung insbesondere vereinbaren, dass
1. die verantwortliche Pflegefachkraft sowie weitere Leitungskräfte zeitnah erfolgreich geeignete Fort- und Weiterbildungsmaßnahmen absolvieren,
2. die Pflege, Versorgung und Betreuung weiterer Pflegebedürftiger bis zur Beseitigung der Kündigungsgründe ganz oder teilweise vorläufig ausgeschlossen ist.

(2) ¹Der Versorgungsvertrag kann von den Landesverbänden der Pflegekassen auch ohne Einhaltung einer Kündigungsfrist gekündigt werden, wenn die Einrichtung ihre gesetzlichen oder vertraglichen Verpflichtungen gegenüber den Pflegebedürftigen oder deren Kostenträgern derart gröblich verletzt, daß ein Festhalten an dem Vertrag nicht zumutbar ist. ²Das gilt insbesondere dann, wenn Pflegebedürftige infolge der Pflichtverletzung zu Schaden kommen oder die Einrichtung nicht erbrachte Leistungen gegenüber den Kostenträgern abrechnet. ³Das gleiche gilt, wenn dem Träger eines Pflegeheimes nach den heimrechtlichen Vorschriften die Betriebserlaubnis entzogen oder der Betrieb des Heimes untersagt wird. ⁴Absatz 1 Satz 2 gilt entsprechend.

(3) ¹Die Kündigung bedarf der Schriftform. ²Für Klagen gegen die Kündigung gilt § 73 Abs. 2 entsprechend.

Inhaltsübersicht

	Rn.
I. Geltende Fassung	1
II. Normzweck	2
III. Regel-Ausnahme-Verhältnis von Mangelbeseitigung und Kündigung	3
IV. Mängelbeseitigung (Abs. 1 Satz 3)	4
1. Mängelbeseitigungsauflage (§ 115 Abs. 2 Satz 1)	5
2. Mängelbeseitigungsvereinbarung (Abs. 1 Satz 3 Nr. 1)	6
3. Vorläufiger Versorgungsausschluss (Abs. 1 Satz 3 Nr. 2)	7
V. Fristgebundene Kündigung (Abs. 1 Satz 1)	8
1. Kündigung durch den Einrichtungsträger	9
2. Kündigung durch die Kostenträger	10
VI. Fristlose Kündigung (Abs. 2)	11
VII. Formerfordernis und Rechtsschutz (Abs. 3)	12

I. Geltende Fassung

Die Vorschrift ist mWv 1.1.1995 durch **Art. 1 PflegeVG** eingeführt worden. Sie 1
hat weitgehend die Fassung des FraktE (vgl. BT-Drucks. 12/5262, S. 138 zu § 83).
Aufgrund der Beschlussempfehlung des AuS-Ausschusses wurde lediglich in Abs. 1
Satz 2 die Bezeichnung des Sozialhilfeträgers geändert (vgl. BT-Drucks. 12/5920,
S. 72; zur Begr. vgl. BT-Drucks. 12/5952, S. 46). Mit dem **PflegeWEG** vom
28.5.2008 (BGBl. I S. 874) ist in Abs. 1 zum einen Satz 1 um Hs 2 ergänzt und zum

§ 74 Siebtes Kapitel. Beziehungen der Pflegekassen zu den Leistungserbringern

anderen Satz 3 eingefügt worden. Außerdem sind in Absatz 2 die Worte „dem Heimgesetz" durch die Wendung „heimrechtlichen Vorschriften" ersetzt worden (zur Begr. vgl. BT-Drucks. 16/7439, S. 68).

II. Normzweck

2 § 74 regelt **Voraussetzungen** und **Form** der Auflösung von Versorgungsverträgen durch deren **Kündigung** sowie **mildere Mittel zur Vermeidung dessen.** Insofern verdrängt die Vorschrift die allgemeinen Regelungen über die Zurücknahme von Verwaltungsakten insbesondere bei geänderter Sachlage nach §§ 45 ff. SGB X. An deren Stelle regelt sie – dem vertragsrechtlichen Modell des Zugangs zur Pflegeversorgung entsprechend (vgl. § 72) – eine an das vertragsrechtliche Kündigungsrecht angelehnte Form der Beendigung der Zulassung zur Pflegeversorgung für den Fall, dass die Zulassungsvoraussetzungen von der Pflegeeinrichtung dauerhaft nicht oder nicht mehr erfüllt werden.

III. Regel-Ausnahme-Verhältnis von Mangelbeseitigung und Kündigung

3 Nach der durch das Pflege-WEG vom 28.5.2008 (BGBl. I S. 874) eingefügten Regelung des Abs. 1 Satz 3 **können** die Landesverbände der PKen im Einvernehmen mit den zuständigen Trägern der Sozialhilfe **zur Vermeidung der Kündigung des Versorgungsvertrages** mit dem Träger der Pflegeeinrichtung **insbesondere** vereinbaren, dass die verantwortliche Pflegefachkraft sowie weitere Leitungskräfte zeitnah erfolgreich **geeignete Fort- und Weiterbildungsmaßnahmen** absolvieren oder die Pflege, Versorgung und Betreuung **weiterer Pflegebedürftiger** bis zur Beseitigung der Kündigungsgründe ganz oder teilweise vorläufig **ausgeschlossen** ist. Damit soll den Kosten- und Einrichtungsträgern die Möglichkeit der **einvernehmlichen Beseitigung von Kündigungsgründen** gegeben werden (vgl. BT-Drucks. 16/7439, S. 68). Die Regelung ist Ausdruck des **Verhältnismäßigkeitsgrundsatzes,** der die zwangsweise Beendigung der Zulassung zur pflegerischen Versorgung der Versicherten nur erlaubt, wenn **zumutbare andere Maßnahmen** zur Herstellung gesetzmäßiger Zustände **ausscheiden** (in diesem Sinne auch zum Rangverhältnis zwischen der Kündigung nach Abs. 1 und Abs. 2 BSG, SozR 4-3300 § 79 Nr. 1 Rn. 29). Insoweit war der Weg der einvernehmlichen Mängelbeseitigung bereits vor Ergänzung von Abs. 1 durch Satz 3 **im bis dahin geltenden Recht** angelegt. Danach **gebietet** das den Kostenträgern in Abs. 1 Satz 1 Hs 1 eingeräumte **Ermessen** – wonach der Versorgungsvertrag gekündigt werden „kann" – die Prüfung, ob ein die zwangsweise Beendigung der Zulassung rechtfertigender Mangel (dazu unten Rn. 10) von der Pflegeeinrichtung in einer für Versicherte und Kostenträger zumutbaren Weise voraussichtlich **abgestellt werden kann** und ob dazu **Bereitschaft** besteht. Ist das der Fall, hat die Mangelbeseitigung nach Art. 12 Abs. 1 GG regelmäßig **Vorrang** vor der Vertragsbeendigung durch Kündigung (in diese Richtung, allerdings weniger deutlich auch die Materialien, vgl. BT-Drucks. 16/7439, S. 68). Insoweit bringt die Neuregelung des Abs. 1 Satz 3 ein **Regel-Ausnahme-Verhältnis von Mangelbeseitigung und Kündigung** zum Ausdruck, der eine Kündigung nur erlaubt, wenn zumutbare Möglichkeiten der Vertragsfortsetzung nicht bestehen. Grundsätzlich hat deshalb die Mängelbeseitigung **Vorrang** und der Träger der Pflegeeinrichtung demgemäß **Anspruch auf fehlerfreie Ausübung** des in Satz 3 begründeten **Entscheidungs- und Auswahlermessens durch die Kostenträger,** wonach Maßnahmen zur Vermeidung der Kündigung vereinbart werden „können"

Kündigung von Versorgungsverträgen **§ 74**

(i.E. ebenso *Plantholz,* in: LPK-SGB XI, § 74 Rn. 9: gestaffeltes Verfahren). Machen die Träger von diesem Ermessen **keinen dem Zweck der Ermächtigung entsprechenden Gebrauch** – unter Beachtung der Begründungsanforderungen nach § 35 Abs. 1 Satz 3 SGB X (vgl. dazu *Engelmann,* in: von Wulffen/Schütze, SGB X, § 35 Rn. 6) –, so ist die Kündigung **rechtswidrig**.

IV. Mängelbeseitigung (Abs. 1 Satz 3)

Als „insbesondere" in Betracht zu ziehende Formen der einvernehmlichen Mangelbeseitigung werden in Abs. 1 Satz 3 die **Fort- und Weiterbildung der verantwortlichen Pflegefachkraft** sowie der **vorübergehende Stopp weiterer Leistungsaufträge** genannt. Zusammen mit der in der Regelung nicht aufgeführten, ihr systematisch aber zuzurechnenden Bestimmung des § 115 Abs. 2 Satz 1 bestehen danach **mindestens drei mögliche Formen** der Beseitigung von Mängeln einer Pflegeeinrichtung, bevor eine Kündigung in Betracht zu ziehen ist (vgl. oben Rn. 3). **Hinzu** kommen nach pflichtgemäßem Ermessen in Betracht zu ziehende **weitere Möglichkeiten** der Mangelbeseitigung, die durch den **nicht abschließenden** Katalog des Satz 3 nicht ausgeschlossen sind. 4

1. Mängelbeseitigungsauflage (§ 115 Abs. 2 Satz 1)

Erstes – und zwingendes – Mittel zur Beendigung gesetzwidriger Zustände in oder bei Pflegeeinrichtungen ist die **Beseitigungsauflage** nach § 115 Abs. 2 Satz 1. Danach entscheiden die Landesverbände der Pflegekassen nach Anhörung des Trägers der Pflegeeinrichtung und der beteiligten Trägervereinigung unter Beteiligung des zuständigen Trägers der Sozialhilfe, welche Maßnahmen zu treffen sind, erteilen dem Träger der Einrichtung hierüber einen Bescheid und setzen ihm darin zugleich eine angemessene Frist zur Beseitigung der festgestellten Mängel. 5

2. Mängelbeseitigungsvereinbarung (Abs. 1 Satz 3 Nr. 1)

Zweites – und nach dem Vorstehenden regelmäßig vor Auflösung des Versorgungsvertrages durch Kündigung in Betracht zu ziehendes (vgl. Rn. 3) – Mittel der Mängelbeseitigung ist die Mängelbeseitigungsvereinbarung nach Abs. 1 Satz 3 Nr. 1. Die Vorschrift nennt als insbesondere zu erwägende Möglichkeit die der zeitnahen Fort- und Weiterbildung der verantwortlichen Pflegefachkraft und weiterer Leitungskräfte. Darüber hinaus können auch weitere Maßnahmen vereinbart werden, um festgestellte Mängel innerhalb eines definierten Zeitraums überprüfbar abzustellen. In Betracht kommt insbesondere, dass von der Einrichtung ein externer Berater hinzugezogen wird, der Vorschläge zur Mängelbeseitigung unterbreitet und diese von der Einrichtung umgesetzt werden. Insoweit sind die Landesverbände der PKen im Rahmen ihres nach Satz 3 auszuübenden Ermessens verpflichtet, der Einrichtung **die Mängel zu benennen,** ohne deren Beseitigung eine Fortführung des Versorgungsauftrages aus ihrer Sicht unmöglich ist. Zugleich ist ein **Zeitrahmen zu benennen,** innerhalb dessen die Mängelbeseitigung abgeschlossen sein soll. Auf dieser Grundlage sollte eine Mängelbeseitigungsvereinbarung abgeschlossen werden. Lehnt die Einrichtung dies entweder von vornherein ab oder erfüllt sie die Anforderungen nicht innerhalb angemessener Frist, berechtigt dies – sofern die Mängel einen Kündigungsgrund nach Abs. 1 Satz 1 darstellen – zur Kündigung. Ggfs kann auch der Ausspruch einer vorsorglichen fristgebundenen Kündigung zu erwägen sein, die mit einem Vorgehen nach Satz 3 Nr. 1 verbunden und hinfällig wird, soweit die Einrichtung die in der Mängelbeseitigungsvereinbarung übernommenen Verpflichtungen erfüllt. 6

Schütze 433

3. Vorläufiger Versorgungsausschluss (Abs. 1 Satz 3 Nr. 2)

7 Drittes Mittel zur – vorübergehenden – Reaktion auf Pflegemängel ist die Vereinbarung, die Versorgung und Betreuung weiterer Pflegebedürftiger bis zur Beseitigung der Kündigungsgründe ganz oder teilweise vorläufig auszuschließen. Diese Selbstbeschränkung kann die Mängelbeseitigungsvereinbarung nach Satz 3 Nr. 1 ergänzen und einen adäquaten Weg darstellen, die Probleme in der Einrichtung jedenfalls nicht zu vertiefen. Allerdings wird ein vorübergehender Aufnahmestopp vor allem angezeigt sein, wenn **akut sehr erhebliche Pflegemängel bestehen** und deshalb die **fristlose Kündigung** des Versorgungsvertrages zu erwägen ist. Deshalb kann fraglich erscheinen, ob das Mittel des vorläufigen Versorgungsausschlusses bei für eine fristgebundene Kündigung relevanten Mängelsituationen ein zur vorübergehenden Mängelbeseitigung gangbarer Weg ist.

V. Fristgebundene Kündigung (Abs. 1 Satz 1)

8 Liegen Gründe für eine fristlose Auflösung des Versorgungsvertrages nach Abs. 3 (hierzu Rn. 11) nicht vor, kann der Versorgungsvertrag unter den Voraussetzungen des Abs. 1 Satz 1 nur fristgebunden gekündigt werden:

1. Kündigung durch den Einrichtungsträger

9 Der Einrichtungsträger kann sich von dem durch Versorgungsvertrag übernommenen Versorgungsauftrag durch Kündigung jederzeit mit einer Frist von einem Jahr ganz oder teilweise lösen, ohne dabei auf Kündigungsgründe angewiesen zu sein.

2. Kündigung durch die Kostenträger

10 Die Landesverbände der PKen können den Versorgungsvertrag (auch) unter Einhaltung der Jahresfrist des Abs. 1 Satz 1 nur kündigen, wenn einer der Kündigungstatbestände des Satz 1 vorliegt und nicht angenommen werden kann, dass die Einrichtung den gesetzlichen Anforderungen in Zukunft genügen wird.

10a Ein beachtlicher Kündigungsgrund liegt insoweit nach **Satz 1 Hs 1** zunächst vor, wenn die Einrichtung nicht vorübergehend eine der **Voraussetzungen des § 72 Abs. 3 Satz 1** nicht oder nicht mehr erfüllt. Das ist der Fall, wenn sie entweder den Anforderungen des § 71 nicht mehr genügt, nicht die Gewähr für eine leistungsfähige und wirtschaftliche pflegerische Versorgung bietet oder die in Pflegeeinrichtungen ortsübliche Arbeitsvergütung an ihrer Beschäftigten zahlt oder den Anforderungen der §§ 113, 113a nicht mehr genügt (vgl. hierzu § 72 Rn. 4ff.).

10b Im Weiteren liegt nach der durch das PflegeWEG vom 28.5.2008 (BGBl. I S. 874) eingefügten Regelung des **Satz 1 Hs 2** ein Kündigungsgrund auch dann vor, wenn die Einrichtung **ihre Pflicht wiederholt gröblich verletzt,** den Pflegebedürftigen ein möglichst selbstständiges und **selbstbestimmtes Leben zu bieten,** die Hilfen darauf auszurichten, die körperlichen, geistigen und seelischen Kräfte der Pflegebedürftigen wiederzugewinnen oder zu erhalten und angemessenen Wünschen der Pflegebedürftigen zur Gestaltung der Hilfe zu entsprechen. Durch diese Ergänzung sind die Kündigungstatbestände der fristgebundenen Kündigung noch mehr materiell angereichert und die Wahrung der Interessen der in der Einrichtung versorgten Pflegebedürftigen deutlicher als zuvor zum Maßstab der Auflösung des Versorgungsvertrages erhoben worden. Danach bietet die Situation in der Einrichtung Anlass zur Kündigung nach Abs. 1 Satz 1 erstens bei **grundlegenden Strukturmängeln,** insbesondere wenn es an der notwendigen Leitung der Pflege durch eine **verantwortliche Pflegefachkraft** mangelt (§ 71 Abs. 2 Nr. 1, hierzu § 71 Rn. 17f.), die Einrichtung nicht für ein **ausreichendes einrichtungsinternes Qualitätsmanagement** Sorge tragen kann (§ 113) oder nicht nur vereinzelt gegen **Expertenstandards zur Pflege** verstößt (§ 113a). Zweitens besteht Anlass zur Kündigung bei – mit Strukturmängeln wohl regelmäßig einhergehenden – **Mängeln der Ergebnisqualität** i. S. „gröblicher" und wiederholter Verstöße gegen die Interessen einzelner Pflegebedürftiger. Liegen solche Mängel nicht nur vorübergehend vor (Satz 1 Hs 1) und sind sie nicht behebbar (Abs. 1 Satz 3, vgl. oben Rn. 4), rechtfertigt dies die Kündigung. Hierbei ist zwar auf der einen Seite die Grundrechtsposition des Einrichtungsträgers aus Art. 12 Abs. 1 GG zu berücksichtigen. Andererseits vermag sie ein Festhalten an dem Versorgungsvertrag nur zu rechtfertigen, wenn greifbare Anhaltspunkte dafür bestehen, dass die Einrichtung Mängel zu Lasten der Heimbewohner voraussichtlich wird abstellen können. Werden die gesetzlichen Anforderungen im Verlauf der Kündigungsfrist wiederhergestellt, so sind die Landesverbände zur Rücknahme der Kündigung verpflichtet, soweit nicht eine positive Prognose gleichwohl als **ausgeschlossen erscheint** (z. B. bei wiederholten Missständen; vgl. etwa LSG BW, Urteil vom 14.5.2004 – L 4 P 365/04 – juris).

VI. Fristlose Kündigung (Abs. 2)

Wiegen die Kündigungsgründe so schwer, dass den PKen und – vor allem – den Heimbewohnern das Festhalten an dem Versorgungsvertrag bis zum Ablauf der Kündigungsfrist nach Abs. 1 Satz 1 nicht zugemutet werden kann, besteht das Recht zur fristlosen Kündigung nach Abs. 2. Das soll anzunehmen sein, wenn die Einrichtung ihre gesetzlichen oder vertraglichen Verpflichtungen gegenüber den Pflegebedürftigen oder deren Kostenträgern derart gröblich verletzt, dass ein Festhalten an dem Vertrag nicht zumutbar ist (Abs. 2 Satz 1). Diese Formel hat indes für sich genommen wenig Aussagekraft, weil auch die fristgebundene Kündigung teilweise an das Merkmal der gröblichen Pflichtverletzung anknüpft (Abs. 1 Satz 1 Hs 2, vgl. dazu Rn. 10) und der Sache nach auch voraussetzt, dass eine Fortsetzung des Versorgungsvertrages unzumutbar ist. Entscheidend sind deshalb weniger die in Abs. 2 Satz 1 formulierten Maßstäbe als vielmehr die Frage, ob eine Fortsetzung der Versorgung durch die Einrichtung bis zum Ablauf der ordentlichen Kündigungsfrist nach Abs. 1 Satz 1 ohne gravierende Nachteile insbesondere für die Heimbewohnern hingenommen werden muss. Insoweit ist mit dem Maßstab der Zumutbarkeit in Abs. 2 Satz 1 das Festhalten an dem Versorgungsvertrag **bis zum Ablauf der ordentlichen Kündigungsfrist** gemeint. Maßgebend hierfür sind die in Abs. 2 Satz 2 und 3 aufgeführten **Regelbeispiele.** Hiernach ist der Ablauf der ordentlichen Kündigungsfrist insbesondere dann nicht hinnehmbar, wenn Pflegebedürftige infolge der Pflichtverletzung der Einrichtung zu Schaden kommen oder diese nicht erbrachte Leistungen gegenüber den Kostenträgern abrechnet oder die heimrechtlichen Voraussetzungen für den Betrieb nicht mehr erfüllt. Nach der Rspr. des BSG geben diese Regelbeispiele einen Maßstab für die bei der Anwendung des unbestimmten Rechtsbegriffs der Unzumutbarkeit der Vertragsfortsetzung erforderliche **Verhältnismäßigkeitsprüfung** zwischen den Interessen der Versicherungsgemeinschaft einerseits und der Pflegeeinrichtung andererseits an der Fortsetzung bzw. an der Beendigung des Vertragsverhältnisses angesichts einer gröblichen Pflichtverletzung. Danach können jedenfalls zurechenbare **vorsätzliche Straftaten** (Körperverletzung und Abrechnungsbetrug) grundsätzlich die fristlose Kündigung auslösen. In anderen Fällen der Pflichtverletzung hat sich die Entscheidung daran zu orientieren, ob ein **vergleichbares Niveau an Pflichtwidrigkeit** vorliegt. Dies erfordert regelmäßig eine zusätzliche Prüfung der „Gröblichkeit" der Pflichtverletzung und der Verhältnismäßigkeit der sofortigen Vertragsauflösung (vgl. BSG, SozR 4-3300 § 79 Nr. 1 Rn. 28).

VII. Formerfordernis und Rechtsschutz (Abs. 3)

12 Der Versorgungsvertrag kann von den Vertragsparteien nur **schriftlich** (Abs. 3) mit einer Frist von einem Jahr gekündigt werden, wobei die Kündigung sich auf den gesamten Vertrag oder Teile davon beziehen kann. **Vertragsparteien** sind nur die Pflegeeinrichtung und die gemeinsam handelnden (§ 81 Abs. 1 Satz 1) Landesverbände der PKen. Die Träger der Sozialhilfe sind am Vertragsschluss zwar beteiligt, selbst aber nicht Vertragspartei. Auch vor der Kündigung ist jedoch in gleicher Weise wie beim Abschluss eines Versorgungsvertrages (§ 72 Abs. 2 Satz 1) das **Einvernehmen mit den Trägern der Sozialhilfe** herzustellen (zu diesem Erfordernis vgl. BSG, SozR 4-3300 § 79 Nr. 1 Rn. 24ff.). Der Gesetzgeber sieht in der Kündigung einen **belastenden VA,** wie der Verweis in Abs. 3 Satz 2 auf § 73 Abs. 2 Satz 2 deutlich macht (BSG, SozR 4-3300 § 79 Nr. 1 Rn. 12f.; *Leitherer,* in: KassKomm, SGB XI, § 74 Rn. 19; a. A. *Orthen,* in: Hauck/Noftz, SGB XI, § 74 Rn. 19; *Knittel,* in: Krauskopf, § 74 Rn. 15; *Wahl,* in: jurisPK-SGB XI, § 74 Rn. 36). Die Rechtsprechung hat diese Wertung in Bezug auf die Weigerung der PKen, mit einer Pflegeeinrichtung einen Versorgungsvertrag abzuschließen, gebilligt (BSGE 82, 252, 254 = SozR 3-3300 § 73 Nr. 1 = NZS 1999, 298). Ausgehend von dieser Rechtsprechung zugrunde liegenden Rechtsgedanken der Zwei-Stufen-Lehre kann für die Kündigung nichts anderes gelten (s. dazu § 73 Rn. 6). Hieraus folgt nach § 24 Abs. 1 SGB X, dass vor Ausspruch der Kündigung grundsätzlich eine **Anhörung** zu erfolgen hat. Allerdings ist zu bedenken, dass sich die Vertragspartner langfristig (ein Jahr) auf die Auswirkungen der Kündigung einstellen und diese ggf. noch abwenden können (vgl. zu Folgen von Verhaltensänderungen während des Rechtsstreits in der vergleichbaren Situation des Vertragsarztrechts BSGE 93, 269 = SozR 4-2500 § 95 Nr. 9).

§ 75 Rahmenverträge, Bundesempfehlungen und -vereinbarungen über die pflegerische Versorgung

(1) ¹Die Landesverbände der Pflegekassen schließen unter Beteiligung des Medizinischen Dienstes der Krankenversicherung sowie des Verbandes der privaten Krankenversicherung e. V. im Land mit den Vereinigungen der Träger der ambulanten oder stationären Pflegeeinrichtungen im Land gemeinsam und einheitlich Rahmenverträge mit dem Ziel, eine wirksame und wirtschaftliche pflegerische Versorgung der Versicherten sicherzustellen. ²Für Pflegeeinrichtungen, die einer Kirche oder Religionsgemeinschaft des öffentlichen Rechts oder einem sonstigen freigemeinnützigen Träger zuzuordnen sind, können die Rahmenverträge auch von der Kirche oder Religionsgemeinschaft oder von dem Wohlfahrtsverband abgeschlossen werden, dem die Pflegeeinrichtung angehört. ³Bei Rahmenverträgen über ambulante Pflege sind die Arbeitsgemeinschaften der örtlichen Träger der Sozialhilfe, bei Rahmenverträgen über stationäre Pflege die überörtlichen Träger der Sozialhilfe und die Arbeitsgemeinschaften der örtlichen Träger der Sozialhilfe als Vertragspartei am Vertragsschluß zu beteiligen. ⁴Die Rahmenverträge sind für die Pflegekassen und die zugelassenen Pflegeeinrichtungen im Inland unmittelbar verbindlich.

(2) ¹Die Verträge regeln insbesondere:
1. den Inhalt der Pflegeleistungen sowie bei stationärer Pflege die Abgrenzung zwischen den allgemeinen Pflegeleistungen, den Leistungen bei Unterkunft und Verpflegung und den Zusatzleistungen,
2. die allgemeinen Bedingungen der Pflege einschließlich der Kostenübernahme, der Abrechnung der Entgelte und der hierzu erforderlichen Bescheinigungen und Berichte,

Rahmenverträge, Bundesempfehlungen und -vereinbarungen § 75

3. Maßstäbe und Grundsätze für eine wirtschaftliche und leistungsbezogene, am Versorgungsauftrag orientierte personelle und sächliche Ausstattung der Pflegeeinrichtungen,
4. die Überprüfung der Notwendigkeit und Dauer der Pflege,
5. Abschläge von der Pflegevergütung bei vorübergehender Abwesenheit (Krankenhausaufenthalt, Beurlaubung) des Pflegebedürftigen aus dem Pflegeheim,
6. den Zugang des Medizinischen Dienstes und sonstiger von den Pflegekassen beauftragter Prüfer zu den Pflegeeinrichtungen,
7. die Verfahrens- und Prüfungsgrundsätze für Wirtschaftlichkeitsprüfungen,
8. die Grundsätze zur Festlegung der örtlichen oder regionalen Einzugsbereiche der Pflegeeinrichtungen, um Pflegeleistungen ohne lange Wege möglichst orts- und bürgernah anzubieten,
9. die Möglichkeiten, unter denen sich Mitglieder von Selbsthilfegruppen, ehrenamtliche Pflegepersonen und sonstige zum bürgerschaftlichen Engagement bereite Personen und Organisationen in der häuslichen Pflege sowie in ambulanten und stationären Pflegeeinrichtungen an der Betreuung Pflegebedürftiger beteiligen können.

[2]Durch die Regelung der sächlichen Ausstattung in Satz 1 Nr. 3 werden Ansprüche der Pflegeheimbewohner nach § 33 des Fünften Buches auf Versorgung mit Hilfsmitteln weder aufgehoben noch eingeschränkt.

(3) [1]Als Teil der Verträge nach Absatz 2 Nr. 3 sind entweder
1. landesweite Verfahren zur Ermittlung des Personalbedarfs oder zur Bemessung der Pflegezeiten oder
2. landesweite Personalrichtwerte

zu vereinbaren. [2]Dabei ist jeweils der besondere Pflege- und Betreuungsbedarf Pflegebedürftiger mit geistigen Behinderungen, psychischen Erkrankungen, demenzbedingten Fähigkeitsstörungen und anderen Leiden des Nervensystems zu beachten. [3]Bei der Vereinbarung der Verfahren nach Satz 1 Nr. 1 sind auch in Deutschland erprobte und bewährte internationale Erfahrungen zu berücksichtigen. [4]Die Personalrichtwerte nach Satz 1 Nr. 2 können als Bandbreiten vereinbart werden und umfassen bei teil- oder vollstationärer Pflege wenigstens
1. das Verhältnis zwischen der Zahl der Heimbewohner und der Zahl der Pflege- und Betreuungskräfte (in Vollzeitkräfte umgerechnet), unterteilt nach Pflegestufen (Personalanhaltszahlen), sowie
2. im Bereich der Pflege, der sozialen Betreuung und der medizinischen Behandlungspflege zusätzlich den Anteil der ausgebildeten Fachkräfte am Pflege- und Betreuungspersonal.

[5]Die Heimpersonalverordnung bleibt in allen Fällen unberührt.

(4) [1]Kommt ein Vertrag nach Absatz 1 innerhalb von sechs Monaten ganz oder teilweise nicht zustande, nachdem eine Vertragspartei schriftlich zu Vertragsverhandlungen aufgefordert hat, wird sein Inhalt auf Antrag einer Vertragspartei durch die Schiedsstelle nach § 76 festgesetzt. [2]Satz 1 gilt auch für Verträge, mit denen bestehende Rahmenverträge geändert oder durch neue Verträge abgelöst werden sollen.

(5) [1]Die Verträge nach Absatz 1 können von jeder Vertragspartei mit einer Frist von einem Jahr ganz oder teilweise gekündigt werden. [2]Satz 1 gilt entsprechend für die von der Schiedsstelle nach Absatz 4 getroffenen Regelungen. [3]Diese können auch ohne Kündigung jederzeit durch einen Vertrag nach Absatz 1 ersetzt werden.

§ 75 Siebtes Kapitel. Beziehungen der Pflegekassen zu den Leistungserbringern

(6) ¹Der Spitzenverband Bund der Pflegekassen und die Vereinigungen der Träger der Pflegeeinrichtungen auf Bundesebene sollen unter Beteiligung des Medizinischen Dienstes des Spitzenverbandes Bund der Krankenkassen, des Verbandes der privaten Krankenversicherung e. V. sowie unabhängiger Sachverständiger gemeinsam mit der Bundesvereinigung der kommunalen Spitzenverbände und der Bundesarbeitsgemeinschaft der überörtlichen Träger der Sozialhilfe Empfehlungen zum Inhalt der Verträge nach Absatz 1 abgeben. ²Sie arbeiten dabei mit den Verbänden der Pflegeberufe sowie den Verbänden der Behinderten und der Pflegebedürftigen eng zusammen.

(7) ¹Der Spitzenverband Bund der Pflegekassen, die Bundesarbeitsgemeinschaft der überörtlichen Träger der Sozialhilfe, die Bundesvereinigung der kommunalen Spitzenverbände und die Vereinigungen der Träger der Pflegeeinrichtungen auf Bundesebene vereinbaren gemeinsam und einheitlich Grundsätze ordnungsgemäßer Pflegebuchführung für die ambulanten und stationären Pflegeeinrichtungen. ²Die Vereinbarung nach Satz 1 tritt unmittelbar nach Aufhebung der gemäß § 83 Abs. 1 Satz 1 Nr. 3 erlassenen Rechtsverordnung in Kraft und ist den im Land tätigen zugelassenen Pflegeeinrichtungen von den Landesverbänden der Pflegekassen unverzüglich bekannt zu geben. ³Sie ist für alle Pflegekassen und deren Verbände sowie für die zugelassenen Pflegeeinrichtungen unmittelbar verbindlich.

Inhaltsübersicht

	Rn.
I. Geltende Fassung	1
II. Normzweck	2
III. Regelungskompetenzen	3
1. Vereinbarungszweck	4
2. Regelungsgegenstände (Abs. 2 und Abs. 3)	5
a) Leistungsabwicklung	6
b) Qualität und Wirtschaftlichkeit der Versorgung	7
IV. Zustandekommen und Änderung	8
1. Vertragspartner (Abs. 1)	9
2. Vertragsschluss	10
3. Schiedsverfahren (Abs. 4)	11
4. Kündigung (Abs. 5)	12
V. Regelungswirkung (Abs. 1 Satz 4)	13
VI. Rechtsschutz	14
VII. Empfehlungen auf Bundesebene (Abs. 6)	15

I. Geltende Fassung

1   Die Vorschrift ist mWv 1.1.1995 durch **Art. 1 PflegeVG** eingeführt worden. Sie hat weitgehend die Fassung des FraktE (vgl. BT-Drucks. 12/5262, S. 138f. zu § 84). Im Verlauf des Gesetzgebungsverfahrens erfolgten zahlreiche Änderungen im Detail: Aufgrund der Beschlussempfehlung des AuS-Ausschusses wurde Abs. 1 Satz 1 und Abs. 5 um die Beteiligung des MD ergänzt; die Regelung über die Beteiligung der Sozialhilfeträger in Abs. 1 Satz 3 wurde neu gefasst und die in Abs. 3 Satz 2 enthaltenen Stichtage wurden geändert (BT-Drucks. 12/5920, S. 72f.; zur Begr. vgl. BT-Drucks. 12/5952, S. 46). Die Stichtage in Abs. 3 wurden in beiden Vermittlungsverfahren (BT-Drucks. 12/6424 und BT-Drucks. 7323) erneut geändert; im zweiten Vermittlungsverfahren wurden außerdem Abs. 2 Nr. 3 und Abs. 3 Satz 2 geändert. Durch das **PQsG** vom 9.9.2001 (BGBl. I S. 2320) ist auf der Grundlage des RegE so-

Rahmenverträge, Bundesempfehlungen und -vereinbarungen § 75

wie des Ergebnisses der Ausschussberatungen im Wesentlichen die Regelung zur Einführung von Personalbedarfsermittlungsverfahren oder Richtwerten in Abs. 3 eingefügt worden (zur Begr. vgl. BT-Drucks. 14/5395, S. 29 und BT-Drucks. 14/6308, S. 31). Durch Art. 10 Nr. 7 des Gesetzes zur **Einordnung des Sozialhilferechts in das Sozialgesetzbuch** vom 27.12.2003 (BGBl. I S. 3022) ist in Abs. 1 Satz 3 jeweils das Wort „Sozialhilfeträger" durch die Wörter „Träger der Sozialhilfe" ersetzt worden. Durch Art. 8 Nr. 22 des **GKV-WSG** vom 26.3.2007 (BGBl. I S. 378) wurden mW zum 1.4.2007 in Abs. 6 Satz 1 die Wörter „Die Spitzenverbände der Pflegekassen" durch die Wörter „Der Spitzenverband Bund der Pflegekassen" und die Wörter „Medizinischen Dienstes der Spitzenverbände der Krankenkassen" durch die Wörter „Medizinischen Dienstes des Spitzenverbandes Bund der Krankenkassen" ersetzt. Schließlich wurde durch das **PflegeWEG** vom 28.5.2008 (BGBl. I S. 874) mW zum 1.7.2008 die Überschrift geändert, erhielt in Abs. 2 die Nr. 3 die aktuelle Fassung und wurden in Abs. 2 die Nr. 9 sowie Satz 2 angefügt und die Regelung des Abs. 7 neu eingeführt (zu den Motiven vgl. BT-Drucks. 16/7439, S. 68f. und BT-Drucks. 16/8525, S. 100).

II. Normzweck

Die Vorschrift bezweckt die **konkretisierende Steuerung des Leistungsgeschehens** durch die **Selbstverwaltung** von Kostenträgern und Leistungserbringern. Vorbild dafür ist das Selbstverwaltungsmodell der GKV insbesondere im Bereich der vertragsärztlichen Versorgung (vgl. §§ 82ff. SGB V) sowie des Krankenhausrechts (vgl. § 112 SGB V), das schon seit langem die Leistungserbringung in der GKV wesentlich prägt (eingehend dazu *Engelmann,* NZS 2000, 1 ff. und NZS 2000, 76 ff.). Dem folgend soll auch in der SPV die im Gesetz vielfach notwendig auf unbestimmte Rechtsbegriffe beschränkte Regelung des Leistungs- und des Leistungserbringungsrechts auf **Selbstverwaltungsebene** weiter konkretisiert und für die Leistungserbringung handhabbar ausgeformt werden. Bezweckt ist damit eine Entlastung des Gesetz- und Verordnungsgebers von Regelungen, die nach seiner Einschätzung von den Betroffenen mit größerer Sachnähe adäquater getroffen werden können. Das erscheint weitgehend unbedenklich, soweit die Regelungsbefugnisse insbesondere auf Verfahrensabsprachen über Abrechnung und die technische Abwicklung des Leistungsgeschehens zielen (vgl. etwa Abs. 2 Nr. 2 und 6). Problematischer kann es dagegen sein, soweit sie auf **Leistungsansprüche von Versicherten** durchschlagen können (vgl. etwa Abs. 2 Nr. 1). Dem ist im Zweifel durch eine dem Vorrang des Leistungsrechts entsprechende Auslegung der Vertragskompetenzen Rechnung zu tragen.

2

III. Regelungskompetenzen

Die Befugnisse nach § 75 sind bestimmt durch den in Abs. 1 Satz 1 Hs 2 allgemein auf die Sicherstellung einer wirksamen und wirtschaftlichen pflegerischen Versorgung der Versicherten ausgerichteten **Vereinbarungszweck** sowie den **Katalog einzelner Vertragsgegenstände** nach Abs. 2 und 3. Hiernach können Rahmenverträge geschlossen werden, soweit sie durch die Regelungsziele nach Abs. 1 Satz 1 Hs 1 gerechtfertigt und die Regelungsgegenstände von dem Katalog nach Abs. 2 oder 3 umfasst sind:

3

1. Vereinbarungszweck

Zweck der Rahmenverträge ist es gemäß Abs. 1 Satz 1 Hs 2, „eine wirksame und wirtschaftliche pflegerische Versorgung der Versicherten sicherzustellen". Darin könnte die Berechtigung zu einer weitgehend autonomen Ausgestaltung des Leis-

4

Schütze 439

§ 75 Siebtes Kapitel. Beziehungen der Pflegekassen zu den Leistungserbringern

tungsgeschehens einschließlich der Leistungsansprüche der Versicherten gesehen werden. Eine solche Kompetenz steht den Rahmenvertragspartnern indes nicht zu. Vielmehr entspricht der Regelungsauftrag dem des – auch ansonsten als Vorbild für § 75 herangezogenen – § 112 Abs. 1 SGB V, wonach für die Krankenhausversorgung Verträge zu dem Zweck geschlossen werden, dass „Art und Umfang der Krankenhausbehandlung den Anforderungen dieses Gesetzbuchs entsprechen". Darin kommt deutlicher als in Abs. 1 Satz 1 Hs 2 zum Ausdruck, dass die Regelungskompetenz der Vertragspartner nicht der Ausgestaltung der leistungsrechtlichen Ansprüche der Versicherten, sondern ausschließlich der **leistungserbringungsrechtlichen Abwicklung** der vorgegebenen leistungsrechtlichen Ansprüche dient. Andere Befugnisse haben auch die Vertragspartner nach § 75 nicht. Maßgebend für das Leistungsgeschehen sind die Leistungsansprüche der Versicherten im Verhältnis zu den **Versicherungsträgern;** das ist nach dem SGB XI nicht anders als nach dem SGB V. Daher können die Vertragspartner nicht zu Lasten der Versicherten mit verbindlicher Wirkung abschließend bestimmen, welche Leistungen sie als wirksam und wirtschaftlich i. S. von § 29 Abs. 1 Hs 1 beanspruchen können; das ist im Zweifelsfall ausschließlich im Rechtsverhältnis zwischen Versicherten und PKen zu entscheiden (ebenso *Orthen,* in: Hauck/Noftz, SGB XI, § 75 Rn. 12a). Wenn nach Abs. 1 Hs 2 gleichwohl im Verhältnis zwischen Kostenträgern und Leistungserbringern Rahmenverträge zur Sicherstellung der wirksamen und wirtschaftlichen Versorgung der Versicherten geschlossen werden sollen, so dient dies ausschließlich der **Übertragung** des als vorgegeben gedachten **Leistungsrechts** auf die Ebene der **Leistungserbringung.** Aus Sicht der PKen zielen die Rahmenverträge nach § 75 damit auf die gesetzmäßige **Umsetzung der leistungsrechtlichen Ansprüche** durch die Leistungserbringer, wofür die PKen den Versicherten nach § 69 Satz 1 verantwortlich sind. Gegenstand von Verträgen nach § 75 kann danach jede Regelung sein, die der **Ausgestaltung der Leistungserbringung nach Maßgabe des Leistungsrechts** dient und dessen Anforderungen an die Leistungserbringer und ihre Zusammenarbeit mit den PKen im Hinblick auf das Ziel konkretisiert, eine wirksame – also: qualitätsvolle – und wirtschaftliche Versorgung sicherzustellen.

2. Regelungsgegenstände (Abs. 2 und Abs. 3)

5   Gegenstand der Rahmenverträge sind mindestens die **zwingenden Inhalte nach Abs. 3** sowie – wie sich aus der Möglichkeit der Ersatzvornahme durch die Schiedsstelle (Abs. 4) ergibt – regelmäßig die **Regelungen nach Abs. 2.** Darüber hinaus ist der Katalog des Abs. 2 nicht abschließend und demzufolge eine Ausweitung auf andere Vertragsgegenstände möglich, soweit sie dem Regelungszielen nach Abs. 1 Satz 1 Hs 2 (dazu Rn. 4) dienen. Gegliedert nach Gesichtspunkten von Leistungsabwicklung und Qualität und Wirtschaftlichkeit der Versorgung betreffen die Rahmenverträge danach regelmäßig folgende Gegenstände:

6   a) **Leistungsabwicklung.** Primärer Regelungsgegenstand der Rahmenverträge sind Festlegungen zur **Abwicklung des Leistungsgeschehens** im Verhältnis zwischen PKen und Leistungserbringern. Das betrifft zunächst die mehr **technische Seite** beginnend mit den der Leistungserbringung steuernden Bewilligungs- und Prüfverfahren der PKen (vgl. Abs. 2 Satz 1 Nr. 4) bis hin zu Regelungen zu Abrechnung (vgl. Abs. 2 Satz 1 Nr. 2 und 5) und Zahlungsabwicklung. Aus Sicht der PKen berührt das zum einen die Einhaltung formaler Anforderungen im **Verhältnis zu den Versicherten** sowie weiter Fragen der einrichtungsübergreifenden **Standardisierung der Leistungsabwicklung;** hierzu rechnet auch die nach Abs. 7 neuerdings aufgenommenen Befugnis, die Grundsätze **ordnungsgemäßer Pflegebuchführung** auf Selbstverwaltungsebene festzulegen. Solche Standardisierung kann dem Interesse einzelner Einrichtungen zuwiderlaufen. In der Rechtsprechung des BSG ist aber anerkannt, dass die PKen zur Erleichterung der verwaltungsmäßigen Handhabung sowie der Vergleichbarkeit der Einrich-

tungen einheitliche Abrechnungsverfahren einführen können (vgl. BSG, Urteil vom 29.1.2009, B 3 P 8/07 R, SozR 4-3300 § 89 Nr. 1). Über die technischen Modalitäten hinaus zählen zur Leistungsabwicklung weiter auch **inhaltliche Festlegungen** zu den von den Einrichtungen zu erbringenden Leistungen (vgl. insbesondere Abs. 2 Nr. 1, aber auch Abs. 2 Nr. 8, dazu BSGE 96, 233 = SozR 4-3300 § 72 Nr. 1 = NZS 2007, 155). Solche Festlegungen sind **unerlässlich,** damit im Verhältnis zwischen PKen und Leistungserbringer die zu vergütenden Leistungen nach Art und Inhalt insbesondere für die Zulassung zur Leistungserbringung, zur Leistungsabrechnung sowie zur Leistungsstandardisierung festgelegt sind. Sie müssen von den Leistungserbringern auch unter Berücksichtigung ihrer Grundrechtsposition aus Art. 12 Abs. 1 GG hingenommen werden, soweit die wesentlichen Entscheidungen **durch das Gesetz vorgegeben** sind, der vom Gesetz vorgezeichnete Rahmen **gewahrt wird** (vgl. BSG, SozR 3-3300 § 72 Nr. 2 S. 8f.) und **Eignung und Verhältnismäßigkeit** keinen Bedenken unterliegen. Ebenso besteht eine Verbindlichkeit für die **Versicherten,** soweit die durch Rahmenvertrag getroffene Festlegung eine **Konkretisierung ihrer leistungsrechtlichen Ansprüche** darstellt; im Zweifelsfall haben hierüber auf Feststellungsklage der Versicherten die Gerichte zu entscheiden.

b) Qualität und Wirtschaftlichkeit der Versorgung. Weniger der technischen 7 Abwicklung als vielmehr der Sicherstellung der erforderlichen Pflegequalität sowie der Wirtschaftlichkeit der Versorgung dienen die Rahmenverträge, soweit sie insbesondere in Zusammenhang mit Maßstäben und Grundsätzen für eine wirtschaftliche und leistungsbezogene personelle und sächliche Ausstattung der Pflegeeinrichtungen (Abs. 2 Satz 1 Nr. 3) Regelungen über die **personelle Mindestausstattung in den Einrichtungen** nach Abs. 3 Satz 1 sowie andere auf die Versorgungsqualität ausgerichtete Festlegungen treffen. Allerdings gilt insoweit in besonderer Weise, dass die Vertragspartner die Leistungsansprüche der Versicherten nicht in der Art eines Ergänzungsgesetzgebers näher ausgestalten, sondern nur in dem Rahmen weiter konkretisieren dürfen, den der Gesetzgeber vorgegeben hat (vgl. oben Rn. 4). Dem entspricht es, wenn in Rahmenverträgen nach Abs. 3 Satz 1 keine festen Verhältniszahlen vorgegeben werden, sondern nur ein Korridor bestimmt wird, aus dem sich eine **Unter- und eine Obergrenze der möglichen Betreuungsrelationen** ergibt; das lässt Spielräume zur Konkretisierung der jeweiligen Versorgungsaufträge im Versorgungsvertrag (§ 72 Abs. 1) und mit den Leistungs- und Qualitätsmerkmalen in der Pflegesatzvereinbarung (§ 84 Abs. 5, hierzu vgl. § 84 Rn. 9f.), die den Versicherten Auswahlmöglichkeiten in Bezug auf den gewählten Standard belassen kann. Auch ansonsten können die Festlegungen der Rahmenvertragspartner umso weiter gehen, je mehr sie entweder unmittelbare gesetzliche Vorgaben nachvollziehen oder einen konsentierten Stand der fachlichen Erkenntnis für die praktische Umsetzung handhabbar machen (vgl. insb. § 113a). Für die gerichtliche Überprüfung gelten die bereits dargelegten Maßstäbe (vgl. Rn. 6).

IV. Zustandekommen und Änderung

Rahmenverträge nach § 75 sind entweder im Verhandlungswege zwischen den 8 Vertragspartnern zu schließen oder ersatzweise durch die Schiedsstelle festzusetzen:

1. Vertragspartner (Abs. 1)

Partner der Rahmenverträge sind zum einen die Landesverbände der PKen und 9 zum anderen die in einem Bundesland tätigen Vereinigungen der Einrichtungsträger, nicht dagegen der Verband der privaten Krankenversicherung im Land (*Wahl,* in: jurisPK-SGB XI, § 75 Rn. 22; *Plantholz,* in: LPK-SGB XI, § 75 Rn. 6; *Leitherer,* in:

§ 75   Siebtes Kapitel. Beziehungen der Pflegekassen zu den Leistungserbringern

KassKomm, SGB XI, § 75 Rn. 5; *Orthen,* in: Hauck/Noftz, SGB XI, § 75 Rn. 6a; an der abweichenden Auffassung hier in der Vorauflage wird nicht festgehalten). Als weitere Vertragspartei kommt jeweils zumindest ein Zusammenschluss von Sozialhilfeträgern hinzu (Abs. 1 Satz 3). Bei Rahmenverträgen über ambulante Pflege ist dies die Arbeitsgemeinschaft der örtlichen Sozialhilfeträger, bei Rahmenverträgen über stationäre Pflege zusätzlich noch die überörtlichen Sozialhilfeträger. Die Landesverbände der PKen können auch die Rahmenverträge nur gemeinsam und einheitlich (vgl. § 81 Abs. 1 Satz 1) abschließen und haben hierbei den MD der KV und den Verband der privaten Krankenversicherung im Land zu beteiligen.

2. Vertragsschluss

10   Bestehen zwischen den Landesverbänden der PKen und der jeweils zuständigen Einrichtung der Sozialhilfeträger (Abs. 1 Satz 3) Meinungsverschiedenheiten über den Abschluss eines Rahmenvertrages, so ist zweifelhaft, ob zunächst eine Konfliktlösung nach dem in § 81 vorgesehenen Verfahren durchzuführen ist oder ob beide Seiten unmittelbar die Schiedsstelle anrufen können. Zwar handelt es sich auch beim Abschluss eines Rahmenvertrages um eine gemeinsam zu treffende Entscheidung i. S. von § 81. Doch kann im Verfahren nach § 81 nicht die Einigung mit der Seite der Einrichtungsträger ersetzt werden. Das spricht eher dafür, dass das Antragsrecht nach Abs. 3 als **spezielle Regelung vorgeht** (so auch *Knittel,* in: Krauskopf, § 75 Rn. 15; a. A. *Orthen,* in: Hauck/Noftz, SGB XI § 75 Rn. 9).

3. Schiedsverfahren (Abs. 4)

11   Kommt ein Rahmenvertrag nach Abs. 1 innerhalb von sechs Monaten ganz oder teilweise nicht zustande, nachdem eine Vertragspartei schriftlich zu Vertragsverhandlungen aufgefordert hat, wird sein Inhalt auf Antrag einer Vertragspartei durch die Schiedsstelle nach § 76 festgesetzt. Diese Regelung wirft Zweifelsfragen für den Fall auf, dass ein Rahmenvertrag nach Abs. 5 **gekündigt** worden und eine Einigung über eine Neuregelung nicht möglich ist. Dem Gesetzgebungsverfahren lag die Vorstellung zugrunde, dass die Bestimmungen eines gekündigten Vertrages so lange fortgelten, bis ein neuer Vertrag geschlossen ist (vgl. BT-Drucks. 12/5262, S. 139, zu § 84 Abs. 4). Für diese Annahme fehlt im SGB XI jede Grundlage. § 89 Abs. 1 Satz 4 SGB V ordnet die Fortgeltung ausgelaufener Verträge ausdrücklich an; § 89 Abs. 1 Satz 3 SGB V sieht eine dauerhafte Kompetenz der Schiedsstelle zur Ersetzung bei ausbleibender Einigung bis zum Ablauf von Verträgen vor. Warum entsprechende Regelungen in § 75 nicht aufgenommen wurden, lässt sich nicht erklären. Eine nach Ablauf des Vertrages fortbestehende Bindung an den Inhalt des ausgelaufenen Vertrages kommt ohne gesetzliche Grundlage nicht in Betracht. Allenfalls kann angenommen werden, dass die Schiedsstelle ihrer Entscheidung bei einem etwaigen Auslaufen der alten Regelung **Rückwirkung** beimisst.

4. Kündigung (Abs. 5)

12   Die Rahmenverträge können von jeder Vertragspartei ganz oder teilweise gekündigt werden. Dies gilt auch dann, wenn der Inhalt eines Vertrages durch eine Entscheidung der Schiedsstelle festgesetzt worden ist. Die Kündigung wird erst nach einem Jahr wirksam. Die Entscheidung der Schiedsstelle kann von den Vertragsparteien auch ohne Kündigung durch eine Vereinbarung nach Abs. 1 ersetzt werden (Abs. 5 Satz 3). Die im Gesetzgebungsverfahren geäußerte Auffassung, nach Ablauf eines gekündigten Vertrages seien die Bestimmungen dieses Vertrages bis zum Abschluss eines neuen Vertrages weiter gültig, findet im Gesetz keine Grundlage (vgl. oben Rn. 11).

V. Regelungswirkung (Abs. 1 Satz 4)

Die auf Länderebene abgeschlossenen Rahmenverträge entfalten nach Abs. 1 Satz 4 **13** Bindungswirkung im Inland, dh. sie haben **unmittelbar bundesweite Verbindlichkeit.** Sie sind damit – wie auch die Vereinbarungen zur Qualitätssicherung nach § 113 – für sämtliche zugelassenen Pflegeeinrichtungen im Inland auch dann verbindlich, wenn ihre Geltung nicht zum Gegenstand des individuellen Versorgungsvertrages (nach § 72) gemacht worden ist. Hieraus folgt zugleich, dass der Inhalt von Rahmenverträgen auch die zuvor i.R. eines Versorgungsvertrages vereinbarten **Individualabreden verdrängt** (ebenso *Knittel,* in: Krauskopf, § 75 Rn. 9; a. A. *Plantholz,* in: LPK-SGB XI, § 75 Rn. 10). Das SGB XI überträgt damit **Regelungstechniken des Vertragsarztrechts,** die dort auf der Satzungsgewalt der an der vertraglichen Normsetzung beteiligten öffentlich-rechtlichen Körperschaften (KKen und KÄVen) beruhen, auf das Leistungserbringerrecht der SPV, obgleich die Leistungserbringerseite hier nicht in vergleichbarer Weise organisiert ist (*Plantholz,* in: LPK-SGB XI, § 75 Rn. 9; vgl. auch *Udsching,* NZS 1999, 473, 475). Bei den Vereinigungen der Einrichtungsträger handelt es sich in der Regel um privatrechtlich organisierte Zusammenschlüsse, die auch gegenüber ihren Mitgliedern nicht zur Rechtsetzung befugt sind (vgl. *Neumann,* VSSR 1994, 309, 320; *ders.*, SDSRV 38 1994, S. 109, 114ff.). Umso mehr wird die **Verbindlichkeitsanordnung** des Abs. 1 Satz 4 für solche Pflegeeinrichtungen problematisiert, die **keiner** der an der Rahmenvertragssetzung beteiligten Vereinigungen angehört (Außenseiterproblematik, vgl. *Orthen,* in: Hauck/Noftz, SGB XI, § 75 Rn. 11ff.; *Plantholz,* in: LPK-SGB XI, § 75 Rn. 9). Das lässt das Bestreben zu individuellen Abreden für einzelne Gruppen von Leistungserbringern nachvollziehbar erscheinen. Andererseits besteht ein erhebliches **allgemeines Interesse** an der **Vereinheitlichung der Rahmenbedingungen** für die Leistungserbringung und an der **Standardisierung der Leistungsabwicklung.** Das dient insbesondere der **Transparenz des Leistungsgeschehens,** der **Vergleichbarkeit von Leistungen,** der **Vereinfachung der verwaltungsmäßigen Abwicklung** der Leistungen und der **Überprüfung der Leistungen in den Einrichtungen.** Deshalb ist nicht zu beanstanden, dass der Gesetzgeber im Interesse daran der **einheitlichen Steuerung für alle Leistungserbringer** den Vorzug gibt vor unterschiedlichen Lösungen für jede Einrichtung; auch den Interessen der Versicherten würde etwas anderes kaum gerecht werden (vgl. § 7 Abs. 3 Satz 1; keine verfassungsrechtlichen Bedenken insoweit auch bei *Wahl,* in: jurisPK-SGB XI, § 75 Rn. 29). Insoweit scheint es auch nicht bedenklich, dass sich dem Versorgungssystem des SGB XI nur Leistungserbringer anschließen können, die die Verbindlichkeit der auf Landesebene im Vertragswege – und notfalls im Schiedsverfahren – mit Beteiligung von Vertretern der Leistungserbringer getroffenen Regelungen als Grundlage der Versorgung der Versicherten für sich anerkennen (in diese Richtung für die vertragsärztliche Versorgung ebenfalls *Ebsen,* in: HS-KV, § 7 Rn. 137; ebenso über dynamische Verweisung im Versorgungsvertrag *Orthen,* in: Hauck/Noftz, SGB XI, § 75 Rn. 1; a. A. dagegen *Neumann,* in: HS-PV, § 21 Rn. 88). Das gilt jedenfalls, wenn bei Wahrnehmung der Regelungskompetenzen die **Grenzen der Gesetzeskonkretisierung** gewahrt werden (vgl. oben Rn. 4ff.).

VI. Rechtsschutz

Obwohl das SGG ein Normenkontrollverfahren entsprechend § 47 Abs. 1 Nr. 2 **14** VwGO nicht vorsieht, unterliegen auch die Festsetzungen der Rahmenverträge einer vollständigen gerichtlichen Überprüfung. Sie ist auf Klage eines **Leistungserbringers** immer dann eröffnet, wenn entweder aus Anlass eines konkreten **Zulassungsbegehrens** über die Rechtmäßigkeit einer ihm entgegenstehenden Rahmenvertragsfestsetzung zu entscheiden ist (vgl. etwa BSG, SozR 3-3300 § 72 Nr. 2) oder wenn im Rahmen eines **Feststellungsstreits** über die Verpflichtung einer Einrichtung zu befinden ist, eine von ihr als rechtswidrig erachtete Festsetzung zur Meidung einer Kündigung des Versorgungsvertrages (§ 74) umsetzen zu müssen (vgl. etwa BSG, Urteil vom 22.4.2009 – B 3 P 14/07 R –BSGE 103, 78 = SozR 4-3300 § 71 Nr. 1). Vergleichbar besteht auch für Versicherte die Möglichkeit der Überprüfung, wenn sie etwa im Wege der Leistungsklage von der PKe eine Leistung begehren oder im Wege der Feststellungsklage die Klärung der Frage verfolgen, ob eine beanspruchte Leistung von der Pflegeeinrichtung als allgemeine Pflegeleistungen zu erbringen ist.

VII. Empfehlungen auf Bundesebene (Abs. 6)

15   Die in Abs. 6 aufgeführten, auf Bundesebene agierenden Institutionen sollen lediglich Empfehlungen abgeben, die als Grundlage der verbindlichen Rahmenverträge auf Länderebene nach Abs. 1 dienen. Abs. 6 entspricht der Regelung zu Rahmenempfehlungen über Krankenhausbehandlung in § 112 Abs. 5 SGB V. Zum Inhalt der Empfehlungen vgl. http://www.gkv-spitzenverband.de/Rahmenvereinbarungen_Pflege.gkvnet.

§ 76 Schiedsstelle

(1) [1]**Die Landesverbände der Pflegekassen und die Vereinigungen der Träger der Pflegeeinrichtungen im Land bilden gemeinsam für jedes Land eine Schiedsstelle.** [2]**Diese entscheidet in den ihr nach diesem Buch zugewiesenen Angelegenheiten.**

(2) [1]**Die Schiedsstelle besteht aus Vertretern der Pflegekassen und Pflegeeinrichtungen in gleicher Zahl sowie einem unparteiischen Vorsitzenden und zwei weiteren unparteiischen Mitgliedern; für den Vorsitzenden und die unparteiischen Mitglieder können Stellvertreter bestellt werden.** [2]Der Schiedsstelle gehört auch ein Vertreter des Verbandes der privaten Krankenversicherung e.V. sowie der überörtlichen oder, sofern Landesrecht dies bestimmt, ein örtlicher Träger der Sozialhilfe im Land an, die auf die Zahl der Vertreter der Pflegekassen angerechnet werden. [3]Die Vertreter der Pflegekassen und deren Stellvertreter werden von den Landesverbänden der Pflegekassen, die Vertreter der Pflegeeinrichtungen und deren Stellvertreter von den Vereinigungen der Träger der Pflegedienste und Pflegeheime im Land bestellt; bei der Bestellung der Vertreter der Pflegeeinrichtungen ist die Trägervielfalt zu beachten. [4]Der Vorsitzende und die weiteren unparteiischen Mitglieder werden von den beteiligten Organisationen gemeinsam bestellt. [5]Kommt eine Einigung nicht zustande, werden sie durch Los bestimmt. [6]Soweit beteiligte Organisationen keinen Vertreter bestellen oder im Verfahren nach Satz 4 keine Kandidaten für das Amt des Vorsitzenden oder der weiteren unparteiischen Mitglieder benennen, bestellt die zuständige Landesbehörde auf Antrag einer der beteiligten Organisationen die Vertreter und benennt die Kandidaten.

(3) [1]Die Mitglieder der Schiedsstelle führen ihr Amt als Ehrenamt. [2]Sie sind an Weisungen nicht gebunden. [3]Jedes Mitglied hat eine Stimme. [4]Die Entscheidungen werden mit der Mehrheit der Mitglieder getroffen. [5]Ergibt sich keine Mehrheit, gibt die Stimme des Vorsitzenden den Ausschlag.

(4) **Die Rechtsaufsicht über die Schiedsstelle führt die zuständige Landesbehörde.**

Schiedsstelle **§ 76**

(5) Die Landesregierungen werden ermächtigt, durch Rechtsverordnung das Nähere über die Zahl, die Bestellung, die Amtsdauer und die Amtsführung, die Erstattung der baren Auslagen und die Entschädigung für Zeitaufwand der Mitglieder der Schiedsstelle, die Geschäftsführung, das Verfahren, die Erhebung und die Höhe der Gebühren sowie über die Verteilung der Kosten zu bestimmen.

(6) ¹Abweichend von § 85 Abs. 5 können die Parteien der Pflegesatzvereinbarung (§ 85 Abs. 2) gemeinsam eine unabhängige Schiedsperson bestellen. ²Diese setzt spätestens bis zum Ablauf von 28 Kalendertagen nach ihrer Bestellung die Pflegesätze und den Zeitpunkt ihres Inkrafttretens fest. ³Gegen die Festsetzungsentscheidung kann ein Antrag auf gerichtliche Aufhebung nur gestellt werden, wenn die Festsetzung der öffentlichen Ordnung widerspricht. ⁴Die Kosten des Schiedsverfahrens tragen die Vertragspartner zu gleichen Teilen. ⁵§ 85 Abs. 6 gilt entsprechend.

Inhaltsübersicht

	Rn.
I. Geltende Fassung	1
II. Normzweck	2
III. Zuständigkeiten der Landesschiedsstellen (Abs. 1)	3
1. Weitere Zuständigkeiten und Besetzung der Schiedsstelle	4
2. Rechtsnatur der Festsetzungen	6
3. Gerichtlicher Rechtsschutz	7
IV. Zusammensetzung der Schiedsstelle (Abs. 2)	9
V. Rechtsstellung der Schiedsstellenmitglieder und Verfahren; Vorbereitende Maßnahmen durch den Vorsitzenden (Abs. 3)	12
VI. Rechtsaufsicht (Abs. 4)	14
VII. Schiedsstellen-VO der Länder (Abs. 5)	15
VIII. Beschleunigtes Verfahren bei Pflegesatzvereinbarungen (Abs. 6)	16

I. Geltende Fassung

Die Vorschrift ist mWv 1.1.1995 durch Art. 1 PflegeVG eingeführt worden; vgl. **1** Begr. des RegE, S. 139. Abs. 2 Satz 1 und 2 wurden durch Art. 1 Nr. 43a des Pflege-WEG mWv 1.7.2008 geändert. Abs. 6 wurde durch Art. 1 Nr. 43b PflegeWEG angefügt.

II. Normzweck

Durch die Einrichtung einer Schiedsstelle soll in bestimmten Konfliktsituationen **2** des **Leistungserbringerrechts** durch die Beteiligten selbst unter Einschaltung unparteiischer Personen mithilfe einer **Zwangsschlichtung** eine außergerichtliche Lösung erreicht werden. Die Regelung der Schiedsstelle in § 76 ist aus § 114 SGB V (Landesschiedsstelle bei Konflikten zwischen KK und Krankenhausträgern) übernommen worden (BSGE 87, 199, 200 = SozR 3-3300 § 85 Nr. 1). Die Schiedsstelle (Schiedsamt) hat im Kassenarztrecht eine lange Tradition (§ 89 SGB V, vgl. *Hess*, in: KassKomm, SGB V, § 89 Rn. 2 ff.). Für das Sozialhilferecht findet sich eine § 76 entsprechende Vorschrift in § 80 SGB XII (zuvor § 94 BSHG, vgl. hierzu *Hatzl*, NZS 1995, 448; *Armborst*, in: Schnapp, Handbuch des sozialrechtlichen Schiedsverfahrens, 2004, Kap. E). Zur Rechtsnatur der Feststellungen der Schiedsstelle s. u. Rn. 6. Die Regelungen zur Zusammensetzung und zum Verfahren der Schiedsstelle

Udsching 445

§ 76 Siebtes Kapitel. Beziehungen der Pflegekassen zu den Leistungserbringern

in § 76 beschränken sich auf Grundzüge; die Einzelheiten sind durch Landesrecht zu bestimmen; vgl. die VO-Ermächtigung in Abs. 5.

III. Zuständigkeiten der Landesschiedsstellen (Abs. 1)

3   Die Schiedsstellen werden von den Landesverbänden der PKen und den Vereinigungen der Einrichtungsträger auf Landesebene gebildet. Zur Zusammensetzung vgl. Rn. 5. Die Zuständigkeiten der Schiedsstelle in Angelegenheiten des SGB XI sind in anderen Vorschriften festgelegt. Nach **§ 75 Abs. 3** setzt die Schiedsstelle den Inhalt von Rahmenverträgen fest, soweit sich die Landesverbände der PKen und die Vereinigungen der Träger der Pflegeeinrichtungen in einem Land hierüber nicht einigen können. Weitere Tätigkeitsbereiche der Schiedsstelle liegen im Vergütungswesen. Nach **§ 85 Abs. 5** setzt die Schiedsstelle auf Antrag einer Vertragspartei die Pflegesätze (für stationäre Pflegeleistungen) fest, wenn innerhalb einer Frist von sechs Wochen, nachdem eine Vertragspartei zu Pflegesatzverhandlungen aufgefordert hat, eine Pflegesatzvereinbarung nicht zustande gekommen ist. Diese Regelung ist bei fehlender Einigung entsprechend auch auf Vergütungsvereinbarungen für ambulante Pflegeleistungen (§ 89 Abs. 3 Satz 3) sowie auf Vereinbarungen der Entgelte für Unterkunft und Verpflegung (§ 87 Abs. 3) anzuwenden. Nicht schiedsstellenfähig sind dagegen die Vergütungen von Zusatzleistungen nach § 88 sowie die Investitionskosten nach § 82 Abs. 2, die nach § 82 Abs. 3 bzw. 4 den Pflegebedürftigen in Rechnung gestellt werden können.

1. Weitere Zuständigkeiten und Besetzung der Schiedsstelle

4   In einigen Bundesländern erfolgt die **Finanzierung der Ausbildungsvergütung** für Pflegekräfte durch ein landesrechtliches Umlageverfahren; die Höhe der Umlage sowie ihre Berechnungsfaktoren sind von den nach Landesrecht zuständigen Stellen vor Beginn der Pflegesatzverhandlungen den Landesverbänden der PKen mitzuteilen. Bei Meinungsverschiedenheiten über die ordnungsgemäße Bemessung und die Höhe des von den zugelassenen Pflegeeinrichtungen zu zahlenden Anteils an der Umlage entscheidet die Schiedsstelle nach § 82a Abs. 4 Satz 3 unter Ausschluss des Rechtsweges. Bei Verletzung der im Versorgungsvertrag eingegangene **Verpflichtung zu qualitätsgerechter Leistungserbringung** durch die Pflegeeinrichtung (z. B. dadurch, dass sie weniger Personal einsetzt als vereinbart), ist die vereinbarte Pflegevergütung für die Dauer der Pflichtverletzung um einen Betrag zu kürzen (§ 115 Abs. 3), auf den sich die Beteiligten einigen sollen; bei ausbleibender Einigung hat die Schiedsstelle auf Antrag den Kürzungsbetrag festzusetzen (§ 115 Abs. 3 Satz 3).

5   Für einzelne Aufgaben ist die Schiedsstelle in **nicht in kompletter Besetzung** zuständig, sondern nur die unparteiischen Mitglieder oder nur der Vorsitzende. Dies betraf zunächst nur das Pflegesatz- bzw. (bei ambulanten Pflegediensten) das **Pflegevergütungsverfahren:** Zur Stärkung der Stellung des Sozialhilfeträgers als Pflegesatzpartei wurde diesem das Recht zugestanden, eine nach § 85 Abs. 4 durch Mehrheitsentscheidung der Leistungsträger gegen seinen Willen zustande gekommene Vereinbarung durch die Schiedsstelle überprüfen und gegebenenfalls korrigieren zu lassen; wobei er im Voraus verlangen kann, dass die Entscheidung entweder nur vom Vorsitzenden oder vom Vorsitzenden und den beiden unparteiischen Mitgliedern getroffen wird (§ 85 Abs. 5 Satz 2). Der Sozialhilfeträger muss in diesem Fall der Pflegesatzvereinbarung innerhalb von zwei Wochen nach Vertragsschluss widersprechen. Die nach § 85 Abs. 4 rechtswirksam zustande gekommene Vergütungsvereinbarung wird durch den Widerspruch nicht (schwebend) unwirksam, sondern bleibt bis zu einem Schiedsspruch der unparteiischen Mitglieder der Schiedsstelle bzw. des Vorsitzenden maßgebend (*Riege*, SGb 2001, 66, 67). Bei Entscheidungen, die von den Landesverbänden der Pflegekassen und den Arbeitsgemeinschaften der örtlichen Sozialhilfeträger oder den überörtlichen

Sozialhilfeträgern gemeinsam zu treffen sind, kann, wenn zwei Einigungsversuche fehlgeschlagen sind, eine Entscheidung der Schiedsstelle in der Besetzung des Vorsitzenden und der beiden weiteren unparteiischen Mitglieder beantragt werden (§ 81 Abs. 2 Satz 2). Nicht mehr als Schiedsverfahren anzusehen ist dagegen die mit dem PQsG neu geschaffene Streitschlichtung zwischen dem Spitzenverband der Pflegekassen und den Sozialhilfeträger bei Meinungsverschiedenheiten über die diesen nach den §§ 69 bis 81 zugewiesenen Aufgaben: Bei fehlender Einigung können diese einvernehmlich einen Schiedsstellenvorsitzenden auswählen, um die erforderliche Entscheidung herbeizuführen (§ 81 Abs. 3). Hier geht es nicht um eine Entscheidung im Schiedsverfahren nach § 76 bei eingeschränkter Besetzung der Schiedsstelle.

2. Rechtsnatur der Festsetzung

Die **Rechtsnatur der Festsetzungen** der Schiedsstelle ist unterschiedlich zu bewerten: Soweit sie (wie bei der Zuständigkeit nach § 75 Abs. 3) den Inhalt von Normsetzungsverträgen ersetzen, handelt es sich um Rechtsetzung (grundsätzlich a. A. *Neumann,* in: HS-PV, § 21 Rn. 103), die von den betroffenen Normadressaten (z. B. den Leistungserbringern) genauso wenig angegriffen werden kann wie der vertragliche Rechtsetzungsakt, den sie ersetzen. Gegenüber den jeweiligen Vertragsparteien handelt es sich dagegen um VAe (*Neumann,* in: HS-PV, § 21 Rn. 106; in Bezug auf die Festsetzung von Pflegesätzen vgl. BVerwGE 108, 47 = NVwZ-RR 1999, 446 = Buchholz 436.0 § 93 BSHG Nr. 4; BSGE 87, 199, 202). 6

3. Gerichtlicher Rechtsschutz

Der **Rechtsschutz** gegen Entscheidungen der Schiedsstelle ist in § 85 Abs. 5 Satz 3 und 4 für die Festsetzung der Pflegesätze ausdrücklich geregelt. In Bezug auf die Festsetzung des Inhalts von Rahmenverträgen nach § 75 Abs. 3 fehlt eine entsprechende Regelung. Dennoch können die am Schiedsverfahren beteiligten Vertragsparteien den Schiedsspruch gerichtlich überprüfen lassen (*Neumann,* in: HS-PV, § 21 Rn. 109 ff.). Dies folgt schon aus Art. 19 Abs. 4 GG. Die Zuständigkeit der Sozialgerichte ergibt sich bereits aus § 51 Abs. 2 Satz 2 SGG; die erstinstanzliche Zuständigkeit liegt bei den Landessozialgerichten (§ 29 Abs. 2 Nr. 1 SGG). Die **gerichtliche Kontrolldichte** gegenüber Schiedssprüchen ist eingeschränkt (vgl. hierzu BSGE 87, 199, 202 = SozR 3-3300 § 85 Nr. 1 sowie BSG, Urteile vom 29.1.2009, B 3 P 6, 7 und 9/ 08 R = SozR 4-3300 § 85 Nr. 1, vgl. hierzu die Anm. von *Bieback,* juris PR-SozR 21/ 2009 Anm. 3). Der Schiedsstelle steht grundsätzlich eine Einschätzungsprärogative zu; die gerichtliche Überprüfung des Schiedsspruchs beschränkt sich darauf, festzustellen, ob die Schiedsstelle die widerstreitenden Interessen der Vertragsparteien ermittelt, alle für die Abwägung erforderlichen tatsächlichen Erkenntnisse gewonnen und die Abwägung frei von Einseitigkeit in einem den gesetzlichen Vorgaben entsprechenden fairen und willkürfreien Verfahren vorgenommen hat (BVerwGE 108, 47 – o Rn. 6; vgl. hierzu *Riege,* SGb 1999, 504; *Udsching,* NZS 1999, 473, 478). Das BVerwG (BVerwGE 108, 47 = NVwZ-RR 1999, 446) hat sich insoweit in Bezug auf die Schiedsstelle nach § 94 BSHG (heute § 80 SGB XII), der derjenigen nach § 76 entspricht, der Rspr des BSG zur Kontrolldichte gegenüber Entscheidungen der Schiedsstelle im Vertragsarztrecht (BSGE 20, 73 = SozR Nr. 1 zu § 368h RVO) angeschlossen. 7

Im **Sozialgerichtsprozess** ist die Schiedsstelle beteiligtenfähig. Die Schiedsstelle ist ein gemeinsames Entscheidungsgremium von Leistungserbringern und Pflegekassen nach § 70 Nr. 4 SGG. Klagegegner ist daher nicht das jeweilige Land, zumal diesem nur die Rechtsaufsicht über die Schiedsstelle obliegt (§ 76 Abs. 4), sondern die Schiedsstelle selbst, deren fehlende Rechtsfähigkeit ist insoweit nicht maßgebend (vgl. zum Ganzen BSGE 87, 199, 200). 8

IV. Zusammensetzung der Schiedsstelle (Abs. 2)

9 Zur Organisation der Schiedsstelle vgl. im Einzelnen *Udsching,* in: Schnapp, Handbuch des sozialrechtlichen Schiedsverfahrens, Kap D, Rn. 339ff. Abs. 2 legt nur fest, welche Einrichtungen überhaupt Vertreter in die Schiedsstelle entsenden und von welcher Stelle sie zu bestellen sind. Die Festlegung der Anzahl bleibt der AusführungsVO des jeweiligen Landes vorbehalten. Die Bestellung der Vertreter der Einrichtungsträger ist nur in groben Zügen vorgegeben und muss durch die VO präzisiert werden. Zulasten der Anzahl der von den PKen zu bestellenden Vertreter ist auch jeweils ein Vertreter des Verbandes der privaten KV sowie der überörtlichen Träger der Sozialhilfe beteiligt. Hierdurch kann es zu einer nicht unproblematischen Vertretung der Gebietskörperschaften in beiden Lagern kommen: zum einen als Vertreter der überörtlichen Träger der Sozialhilfe aufseiten der PKen und zum anderen als Vertreter öffentlicher Einrichtungsträger (vgl. *Udsching,* NZS 1999, 473, 478f.). Die unparteiischen Mitglieder der Schiedsstelle einschließlich des Vorsitzenden werden von den an der Schiedsstelle beteiligten Organisationen gemeinsam bestellt.

10 **Abs. 2 Satz 6** lässt den Rückschluss zu, dass die beteiligten Organisationen Kandidaten für das Amt des Vorsitzenden und die weiteren unparteiischen Mitglieder zu benennen haben. Unterbleibt dies, so benennt die zuständige Landesbehörde auf Antrag einer der beteiligten Organisationen die Kandidaten. Die Wirksamkeit der Bestellung des Vorsitzenden und der unparteiischen Mitglieder tritt ein, sobald sich diese gegenüber der zuständigen Landesbehörde (§ 3 Abs. 4 SchVO NRW) bzw gegenüber dem zuständigen Ministerium (§ 11 Abs. 1 Satz 2 VO Bayern, § 3 Abs. 1 SchVO Sachsen) bzw gegenüber der Geschäftsstelle (§ 3 Abs. 3 SchVO Baden-Württemberg, § 3 Abs. 1 SchVO Berlin; § 2 Abs. 5 SchVO Brandenburg; § 3 Abs. 3 SchVO Hamburg, § 3 Abs. 1 Satz 2 SchVO Rheinland-Pfalz, § 3 Abs. 1 Satz 2 SchVO Saarland, § 2 Abs. 3 Satz 2 SchVO Thüringen) zur Amtsübernahme bereit erklärt haben, mit der schriftlichen Einverständniserklärung der Betroffenen (§ 1 Abs. 3 SchVO Hessen, § 3 Abs. 4 SchVO Schleswig-Holstein) oder mit Bestätigung der Bestellung durch die Aufsichtsbehörde (§ 2 Abs. 2 Satz 2 SchVO Niedersachsen).

11 Die aufseiten der **Einrichtungsträger** an der Bildung der Schiedsstelle beteiligten Institutionen können auf der Grundlage des SGB XI nicht eindeutig identifiziert werden. Abs. 1 Satz 1 spricht von „Vereinigungen der Träger der Pflegeeinrichtungen im Land". Da die Organisationsstruktur auf der Leistungserbringerseite in der PV ungleich vielschichtiger ist als in der GKV – es fehlt eine körperschaftliche Organisation wie im Vertragsarztrecht oder eine zentrale Organisation wie die Landeskrankenhausgesellschaft – sind landesrechtliche Vorgaben in der Schiedsstellenverordnung unverzichtbar, die auf regionale Besonderheiten Rücksicht nehmen und – wie in Abs. 2 Satz 3 gefordert – dem Grundsatz der Trägervielfalt Rechnung tragen und damit ein **Mindestmaß an Minderheitenschutz** gewährleisten können. Dieser Vorgabe wird die Schiedsstellen-Verordnung des Freistaates Bayern gerecht, weil dort nicht nur die an der Bildung der Schiedsstelle im Einzelnen beteiligten Organisationen benannt sind, sondern auch die zahlenmäßige Vertretung geregelt ist (§§ 9 Abs. 2 und 10 Abs. 1 SchVO Bayern).

V. Rechtsstellung der Schiedsstellenmitglieder und Verfahren; Vorbereitende Maßnahmen durch den Vorsitzenden (Abs. 3)

12 Abs. 3 legt die **Rechtsstellung der Schiedsstellenmitglieder** (Ehrenamtlichkeit und Weisungsfreiheit) und elementare **Grundsätze des Verfahrens** fest. Das Verfahren der Schiedsstelle wird im Übrigen durch unterschiedliche Rechtsgrundla-

Schiedsstelle **§ 76**

gen bestimmt. Abs. 3 legt selbst nur Grundsätze fest, die die Entscheidungsfindung betreffen: jedes Mitglied hat eine Stimme (Satz 3), Entscheidungen werden mit der Mehrheit der Stimmen getroffen (Satz 4). Daneben finden sich Regeln zum Ablauf des Verfahrens bzw. zur Antragstellung, zur Vorbereitung und Durchführung der Sitzungen, zu einzelnen Verfahrensprinzipien (vor allem: Mündlichkeits-, Öffentlichkeits-, Untersuchungsgrundsatz) und Kostenregelungen in den **Schiedsstellen-Verordnungen** der Länder. In den meisten Ländern werden sie durch **Geschäftsordnungen** ergänzt (vgl. *Udsching,* in: Schnapp, Handbuch des sozialrechtlichen Schiedsverfahrens, Kap D, Rn. 369 ff.). Ergänzend finden die §§ 9 ff. SGB X über das Verwaltungsverfahren Anwendung. Die §§ 16, 17 SGB X zu Ausschluss und Befangenheit können allenfalls auf die unparteiischen Mitglieder Anwendung finden; ggf. ist gem. § 16 Abs. 4 SGB X vorzugehen. Darüber hinaus sind allgemeine Rechtsgedanken prozessualer Vorschriften heranzuziehen, da es sich auch beim Schiedsverfahren der Pflegeversicherung um ein justizförmig ausgestaltetes Verwaltungsverfahren handelt (*Düring,* Das Schiedswesen in der GKV, S. 107). Der **Antrag** auf Entscheidung der Schiedsstelle ist nach allen Schiedsstellen-Verordnungen **zu begründen.** Die an die Begründung gestellten Anforderungen sind jedoch unterschiedlich ausgestaltet. Grundsätzlich ist eine Darstellung des Sachverhaltes, insbesondere der bis zur Antragstellung geführten Verhandlungen erforderlich. Ausgehend vom letzten Verhandlungsstand hat der Antragsteller die Elemente des Sachverhalts aufzuzeigen, über die eine Einigung nicht erzielt werden konnte. Zu den **Mitwirkungs- und Nachweispflichten** der Beteiligten vgl. *Udsching,* in: Schnapp, Handbuch des sozialrechtlichen Schiedsverfahrens, Kap D, Rn. 372.

Der Vorsitzende hat im **vorbereitenden Verfahren** alle Maßnahmen zu treffen, **13** die erforderlich sind, um bei der Sitzung der Schiedsstelle eine Entscheidung treffen zu können. Hierfür wird es häufig erforderlich sein, die Beteiligten zur Ergänzung oder Erläuterung ihres schriftlichen Vorbringens aufzufordern und spezielle Unterlagen anzufordern. Eine **Beweiserhebung** durch Zeugenvernehmung, Augenscheinseinnahme oder gar Sachverständigengutachten wird dagegen nur in Ausnahmefällen in Betracht kommen. Sie steht im Regelfall dem vordringlichen Ziel des Schiedsverfahrens entgegen, unverzüglich eine Entscheidung zu treffen (BSGE 87, 199, 205). Diese Zeitvorgabe gilt zumindest für das Pflegesatzverfahren und die Festsetzung der Vergütung für ambulante Pflegedienste (§ 85 Abs. 5 Satz 1). Soweit der zeitliche Aspekt es zulässt, ist eine Beweiserhebung aber durchzuführen, wenn sich die Schiedsstelle auf andere Weise keine ausreichende Entscheidungsgrundlage verschaffen kann. In einigen Schiedsstellen-Verordnungen ist eine Ermächtigung zur Beweiserhebung ausdrücklich enthalten; die Schiedsstelle kann sich jedoch auch auf §§ 20, 21 SGB X berufen.

VI. Rechtsaufsicht (Abs. 4)

Nach **Abs. 4** führt die zuständige Landesbehörde die **Rechtsaufsicht** über die **14** Schiedsstelle. Welche Behörde in den einzelnen Bundesländern jeweils zuständig ist („zuständige Landesbehörde"), richtet sich grundsätzlich nach dem Organisationsrecht des Landes. Einige Länder haben in ihrer Schiedsstellen-Verordnung (s. u. Rn. 15) eine spezielle Regelung getroffen, zumeist jedoch das kraft Organisationsrecht sowieso zuständige Sozialministerium des Landes für zuständig erklärt (Ausnahme: Nordrhein-Westfalen, wo die Bezirksregierung Köln zuständig ist). Weitere Einzelheiten der Organisation (Zahl, Bestellung, Amtsdauer und Amtsführung der Mitglieder sowie deren Entschädigung) und des Verfahrens haben die Länder nach Abs. 5 in einer Rechtsverordnung festzulegen s. u. Rn. 15.

§ 76 Siebtes Kapitel. Beziehungen der Pflegekassen zu den Leistungserbringern

VII. Schiedsstellen-VO der Länder (Abs. 5)

15
- Baden-Württemberg: Verordnung vom 13.3.1995, GVBl. S. 283; zuletzt geändert durch Verordnung v. 28.2.2011, GBl. S. 106, 111.
- Bayern: Verordnung zur Ausführung der Sozialgesetze (AVSG) vom 2.10.2008, GVBl. S. 912, Teil 8, Abschnitt 2, §§ 50 – 67.
- Berlin: Verordnung vom 2.2.2010, GVBl. S. 33.
- Brandenburg: Verordnung vom 10.4.1995, GVBl. S. 338; zuletzt geändert durch Verordnung v. 29.7.2004, GBl. S. 671.
- Bremen: Verordnung vom 7.3.1995, GBl. S. 145; zuletzt geändert durch Änderungsbek. v. 24.1.2012, Brem.GBl. S. 24.
- Hamburg: Verordnung vom 16.5.1995, GVBl. S. 101; geändert durch Verordnung v. 19.12.2006, GBl. S. 609.
- Hessen: Verordnung vom 20.10.1995, GVBl. S. 481; zuletzt geändert durch Verordnung v. 7.11.2011, GVBl. I S. 702.
- Mecklenburg-Vorpommern: Landesverordnung vom 13.12.2005, GVBl. S. 657.
- Niedersachsen: Verordnung vom 27.3.1995, GVBl. S. 58; zuletzt geändert durch Verordnung v. 21.1.2011, GVBl. S. 10.
- Nordrhein-Westfalen: Verordnung vom 21.3.1995, GVBl. S. 285; geändert durch Verordnung v. 16.12.2004, GVBl. S. 816.
- Rheinland-Pfalz: Verordnung vom 8.9.1995, GVBl. S. 368; geändert durch Verordnung v. 28.8.2001, GVBl. S. 210 sowie zuletzt durch Verordnung v. 21.8.2012, GVBl. S. 306.
- Saarland: Verordnung vom 31.1.1995, Amtsblatt des Saarlandes 1995, S. 151, geändert durch Verordnung v. 24.1.2006, ABl. S. 174.
- Sachsen: Verordnung vom 2.11.2009, GVBl. S. 559.
- Sachsen-Anhalt: Verordnung vom 26.7.1995, GVBl. S. 221; zuletzt geändert durch Verordnung v. 14.2.2008, GVBl. S. 58.
- Schleswig-Holstein: Verordnung vom 24.5.1995, GVBl. S. 125; geändert durch Gesetz vom 15.3.2006, GVBl. S. 52; zuletzt geändert durch Verordnung v. 4.4.2013, GVBl. S. 143.
- Thüringen: Verordnung vom 28.9.1995, GVBl. S. 39.

VIII. Beschleunigtes Verfahren bei Pflegesatzvereinbarungen (Abs. 6)

16 Die mWv 1.7.2008 eingefügte Regelung soll speziell für Vergütungsvereinbarungen die Möglichkeit schaffen, in unbürokratischer Art und Weise zu einer schnellen Lösung zu kommen. Der Gesetzgeber hielt es angesichts der Freiwilligkeit, das beschleunigte Verfahren zu wählen, für gerechtfertigt, einen Rechtsbehelf gegen die Entscheidung der Schiedsperson auszuschließen, soweit die Festsetzung nicht der öffentlichen Ordnung widerspricht (BT-Drucks. 16/7439, S. 69). Ein so weitgehender Ausschluss des Rechtsschutzes ist in dem Regelungsvorbild in § 132a Abs. 2 Satz 6 bis 8 SGB V (zur Entgeltfestsetzung für Leistungen der häuslichen Krankenpflege) nicht enthalten. Das Vorgehen nach Abs. 6 bildet eine Alternative zur Konfliktlösung durch die Schiedsstelle nach § 76. Das Ergebnis ist keine Schiedsstellenentscheidung. Verstößt es im Extremfall gegen die öffentliche Ordnung, so muss dies in einem Rechtsstreit zwischen den Vertragspartnern – ohne Beteiligung der Schiedsperson – festgestellt werden.

Dritter Abschnitt. Beziehungen zu sonstigen Leistungserbringern

§ 77 Häusliche Pflege durch Einzelpersonen

(1) ¹Zur Sicherstellung der häuslichen Pflege und Betreuung sowie der hauswirtschaftlichen Versorgung soll die Pflegekasse Verträge mit einzelnen geeigneten Pflegekräften schließen, um dem Pflegebedürftigen zu helfen, ein möglichst selbständiges und selbstbestimmtes Leben zu führen oder dem besonderen Wunsch des Pflegebedürftigen zur Gestaltung der Hilfe zu entsprechen; Verträge mit Verwandten oder Verschwägerten des Pflegebedürftigen bis zum dritten Grad sowie mit Personen, die mit dem Pflegebedürftigen in häuslicher Gemeinschaft leben, sind unzulässig. ²In dem Vertrag sind Inhalt, Umfang, Qualität, Qualitätssicherung, Vergütung sowie Prüfung der Qualität und Wirtschaftlichkeit der vereinbarten Leistungen zu regeln; § 112 ist entsprechend anzuwenden. ³Die Vergütungen sind für Leistungen der Grundpflege und der hauswirtschaftlichen Versorgung sowie für Betreuungsleistungen nach § 36 Absatz 1 zu vereinbaren. ⁴In dem Vertrag ist weiter zu regeln, dass die Pflegekräfte mit dem Pflegebedürftigen, dem sie Leistungen der häuslichen Pflege und der hauswirtschaftlichen Versorgung erbringen, kein Beschäftigungsverhältnis eingehen dürfen. ⁵Soweit davon abweichend Verträge geschlossen sind, sind sie zu kündigen. ⁶Die Sätze 4 und 5 gelten nicht, wenn
1. das Beschäftigungsverhältnis vor dem 1. Mai 1996 bestanden hat und
2. die vor dem 1. Mai 1996 erbrachten Pflegeleistungen von der zuständigen Pflegekasse aufgrund eines von ihr mit der Pflegekraft abgeschlossenen Vertrages vergütet worden sind.

⁷In den Pflegeverträgen zwischen den Pflegebedürftigen und den Pflegekräften sind mindestens Art, Inhalt und Umfang der Leistungen einschließlich der dafür mit den Kostenträgern vereinbarten Vergütungen zu beschreiben. ⁸§ 120 Absatz 1 Satz 2 gilt entsprechend.

(2) Die Pflegekassen können bei Bedarf einzelne Pflegekräfte zur Sicherstellung der häuslichen Pflege anstellen, für die hinsichtlich der Wirtschaftlichkeit und Qualität ihrer Leistungen die gleichen Anforderungen wie für die zugelassenen Pflegedienste nach diesem Buch gelten.

Inhaltsübersicht

	Rn.
I. Geltende Fassung	1
II. Normzweck	2
III. Selbstständige Pflegekräfte (Abs. 1)	4
1. Rechtsqualität der Verträge	5
2. Eignung	7
3. Keine Verträge mit Verwandten, Verschwägerten und Haushaltsangehörigen (Abs. 1 Satz 1 2. Hs.)	8
4. Umfassender Vertrag (Abs. 1 Satz 2 und 3)	9
5. Verbot eines Beschäftigungsverhältnisses (Abs. 1 Satz 4)	10
6. Übergangsrecht (Abs. 1 Sätze 5 und 6)	11
7. Rechtsschutz	12
IV. Anstellung von Pflegekräften (Abs. 2)	13

§ 77   Siebtes Kapitel. Beziehungen der Pflegekassen zu den Leistungserbringern

I. Geltende Fassung

1   Die Vorschrift ist mWv 1.1.1995 durch Art. 1 PflegeVG eingeführt worden. Abs. 1 wurde durch das 1. SGB XI-ÄndG weitgehend umgestaltet (zur Begr. vgl. BT-Drucks. 13/3696, S. 16; BT-Drucks. 13/4091, S. 33f.; BT-Drucks. 13/4688). Durch das PflegeWEG wurde Abs. 1 erneut grundlegend geändert, vgl. BT-Drucks. 16/7439, S. 69; gegenüber der Fassung des 1. SGB XI-ÄndG sind lediglich die Sätze 3 bis 5 unverändert geblieben; Satz 6 wurde hinzugefügt. Durch das PNG wurde Abs. 1 umfassend geändert (zur Begr. vgl. BT-Drucks. 17/9369, S. 45).

II. Normzweck

2   § 77 behandelt Formen der Erbringung ambulanter Pflegeleistungen durch professionelle Pflegekräfte, die nicht bei einer Pflegeeinrichtung (Pflegedienst) angestellt sind. Die Vorschrift bezieht sich in beiden Absätzen ausschließlich auf die Pflegesachleistung (häusliche Pflege in der Form von Grundpflege, häuslicher Betreuung und hauswirtschaftlicher Versorgung) nach § 36. Die PK soll auch durch **Verträge mit Einzelpersonen (Abs. 1)** und bei Bedarf durch die **Anstellung von Pflegekräften (Abs. 2)** Pflegeleistungen erbringen können. Beide Formen müssen einerseits von der Pflege durch nicht erwerbsmäßig tätige Pflegepersonen (§ 19, z. B. Familienangehörige und Nachbarn) und andererseits von der Pflege durch ambulante Pflegeeinrichtungen i. S. von § 71 Abs. 1 unterschieden werden. Hieraus folgt, dass zum einen die für nicht erwerbsmäßig tätige Pflegepersonen geltende Vorschrift über die soziale Sicherung von Pflegepersonen (§ 44) und zum anderen die für Pflegeeinrichtungen geltenden Zulassungs- (§§ 72ff.) und Vergütungsregelungen (§§ 82ff.) auf die nach § 77 tätigen Pflegepersonen nicht anzuwenden sind. § 77 knüpft an das **Sachleistungsprinzip** an, das nur in der SPV gilt, nicht aber in der PPV, die ausschließlich Kostenerstattung leistet (§ 23 Abs. 1 Satz 3). Dies schließt nicht aus, dass auch in der PPV bei Durchführung der Pflege durch einzelne qualifizierte Pflegekräfte der Leistungsumfang nach § 36 Abs. 3 beansprucht werden kann (vgl. BSGE 86, 94 = SozR 3-3300 § 77 Nr. 3 = NZS 2001, 95).

3   **Neuausrichtung der Vorschrift durch das PflegeWEG und das PNG:** § 77 enthielt in Abs. 1 Satz 1, 1. Hs. ursprünglich eine strenge Subsidiaritätsklausel: die PKen durften Verträge mit einzelnen Pflegekräften nur schließen, „soweit und solange eine Versorgung nicht durch einen zugelassenen Pflegedienst gewährleistet werden kann". Einzelverträge sollten nur in Betracht kommen, wenn die PK auf andere Weise ihren Sicherstellungsauftrag nicht erfüllen konnte; die Regelung sollte nur dazu dienen, die Versorgungsangebote der ambulanten Pflegedienste durch gezielt eingesetzte, wohnortnahe Hilfen zu ergänzen. Die Fassung des Abs. 1 im PflegeWEG hat diese strenge Subsidiarität bereits aufgegeben; weiterhin in Abs. 1 Satz 1 Nr. 1 aber daran festgehalten, dass die „pflegerische Versorgung ohne den Einsatz von Einzelpersonen im Einzelfall nicht ermöglicht werden kann"; daneben wurde gefordert, dass „die pflegerische Versorgung durch den Einsatz von Einzelpersonen besonders wirksam und wirtschaftlich" sei. Die Neuregelung im PflegeWEG stellte damit bereits stärker auf die Wünsche und Bedürfnisse der Pflegebedürftigen ab und reagierte damit auch auf die im Schrifttum an der zuvor engen Ausrichtung geübte Kritik (vgl. 2. Aufl. § 77 Rn. 5 mwN sowie *Plantholz*, LPK-SGB XI, 3. Aufl., § 77 Rn. 6). Abs. 1 Satz 6 i.d.F des PflegeWEG forderte allerdings zusätzlich noch, dass die Heranziehung von Einzelpflegekräften unter Berücksichtigung des in der Region vorhandenen ambulanten Leistungsangebots erforderlich sei, um die häusliche Versorgung sicher zu stellen oder um den Wünschen der Pflegebedürftigen zu entsprechen; wobei das Verhältnis der in Abs. 1 Satz 1 Nr. 1 bis 4 a. F. aufgeführten Gründe und der Regelung in

Häusliche Pflege durch Einzelpersonen § 77

Abs. 1 Satz 6 a. F. nicht konsistent war. Der Gesetzgeber sah sich in dieser Phase offensichtlich noch verpflichtet, den Abschluss von Einzelverträgen im Hinblick auf die Wettbewerbssituation, in der einzelne Pflegekräfte und ambulante Pflegedienste standen von einer besonderen Rechtfertigung abhängig zu machen.

In der Fassung, die die Vorschrift im **PNG** erhalten hat, ist die **Subsidiarität** weitgehend **aufgegeben** worden. Im Vordergrund steht jetzt allein der Wunsch des Pflegebedürftigen von einer bestimmten Pflegekraft gepflegt zu werden, weil er hierdurch das Ziel, ein möglichst selbständiges und selbstbestimmtes Leben zu führen, am besten erreichen kann. Der Vorrang ambulanter Pflegedienste, die ein Zulassungsverfahren durchlaufen und Qualitätsprüfungen hinnehmen müssen, ist entfallen. Einzelpflegekräfte benötigen keinen Versorgungsvertrag. Der PK steht, wenn der Pflegebedürftige die Versorgung durch eine Einzelkraft wünscht nur noch ein intendiertes Ermessen zu: der Wortlaut des § 77 Abs. 1 intendiert die Verpflichtung der PK zum Vertragsschluss, wenn die Eignung der Pflegekraft feststeht. Eine Weigerung kommt darüber hinaus nur in atypischen Fällen in Betracht. 3a

III. Selbstständige Pflegekräfte (Abs. 1)

Der Vertragsschluss mit einzelnen Pflegekräften setzt deren Selbständigkeit voraus; schon hieraus folgt, dass die Pflegekräfte mit dem Pflegebedürftigen kein Beschäftigungsverhältnis eingehen dürfen; Abs. 1 Satz 4 ordnet zudem an, dass das Verbot der Eingehung eines Beschäftigungsverhältnisses im Vertrag zwischen PK und Pflegekraft ausdrücklich zu regeln ist (hierzu unten Rn. 10). Soweit hiervon abweichend vor dem Inkrafttreten des 1. SGB XI-ÄndG von den PKen Verträge abgeschlossen worden sind, sind diese zu kündigen (Abs. 1 Satz 4). 4

1. Rechtsqualität der Verträge

Die Rechtsbeziehung zwischen einer einzelnen Pflegekraft und einer PK wird **nicht durch** einen **Versorgungsvertrag** geregelt (a. A. *Neumann*, in: HS-PV, § 21 Rn. 42; *ders.*, NZS 1995, 397). Der Vertrag regelt nur die Leistungsbeschaffung im Einzelfall und enthält darüber hinaus keine Zulassung (so auch *Plantholz*, in: LPK-SGB XI, § 77 Rn. 5); ein spezieller öffentlich-rechtlicher Status, wie bei der Zulassung von Pflegeeinrichtungen nach § 72, wird nicht begründet (BSG, SozR 3-3300 § 77 Nr. 1 = NZS 1999, 610). Es fehlt eine Regelung, die die Rechtswirkungen des Vertrages auf andere Leistungsbeziehungen ausdehnt, wie dies in § 72 Abs. 2 angeordnet wird. Der Vertrag mit einer einzelnen Pflegekraft ist ein zivilrechtlicher Leistungsbeschaffungsvertrag (*Wigge*, in: Wannagat, § 77 Rn. 6), mit dem die Erbringung der Pflegesachleistung gegenüber den einzelnen Versicherten sichergestellt werden soll (BSG, SozR 3-3300 § 77 Nr. 1 = NZS 1999, 610, unter Bezugnahme auf BSG, SozR 3-2500 § 125 Nr. 5). Abs. 1 Satz 2 legt den **Mindestinhalt der Verträge** fest: hierzu zählen nicht nur Inhalt und Umfang der pflegerischen Leistungen, sondern auch Qualität und Qualitätssicherung sowie deren Überprüfung und die Vergütung. 5

Den Aspekt der **Qualitätssicherung** hat der Gesetzgeber im PNG nochmals verstärkt, indem er im letzten Halbsatz von Abs. 1 Satz 2 eine **Verweisung auf § 112** einfügte. Hierdurch werden Einzelpflegekräfte nicht nur an ihre Verantwortlichkeit für die Qualität der von ihnen erbrachten Pflegeleistungen erinnert, sondern auch an die Beachtung von Expertenstandards (§ 113a) sowie die Einhaltung der Maßstäbe und Grundsätze zur Sicherung der Pflegequalität (§ 113) gebunden, soweit Letztere auf Einzelpflegekräfte übertragbar sind (vgl. hierzu *Plantholz*, in: LPK-SGB XI, 4. Aufl., § 77 Rn. 10). Die Begründung des RegE zur Änderung des § 77 Abs. 1 (BT-Drucks. 17/9369, S. 45) geht davon aus, dass die Qualität der Pflege und Betreuung nicht nur im Zeitpunkt des Vertragsschlusses zu prüfen, sondern auch zu gewährleis- 6

Udsching

§ 77 Siebtes Kapitel. Beziehungen der Pflegekassen zu den Leistungserbringern

ten sei, dass sie auf Dauer und auch im Verhinderungsfall sichergestellt werde; hieraus ergebe sich auch das Erfordernis einer geeigneten Dokumentation durch die Einzelpflegekraft. Realisieren lässt sich diese Erwartung nur durch eine entsprechende Vertragsgestaltung, die den PK bzw. den von diesen zu beauftragenden Gutachtern insbesondere das Recht zur Durchführung von Qualitätsprüfungen einräumt (vgl. *Plantholz,* in: LPK-SGB XI, 4. Aufl., § 77 Rn. 10 a. E.). Hinsichtlich der Regelung der Vergütung weist Abs. 1 Satz 3 auf die enge Verbindung der erweiterten Zulassung von Einzelverträgen (bereits im PflegeWEG) mit der Neuregelung in § 36 Abs. 1 Satz 5 ff. hin: die beim sog. Poolen von Pflegeleistungen durch mehrere Pflegebedürftige möglichen Synergieeffekte sollen für zusätzliche Betreuungsleistungen genutzt werden.

2. Eignung

7   Zur **Eignung** macht Abs. 1 im Gegensatz zu Abs. 2, wo ausdrücklich auf die an zugelassene Pflegedienste gestellten Anforderungen verwiesen wird, keine näheren Vorgaben; hieran hat die Neufassung im PflegeWEG nichts geändert. Die zu fordernden **Qualifikationsvoraussetzungen** wird man nicht verallgemeinern können. Sie hängen vielmehr vom Inhalt des Pflegevertrages ab. Ist dieser auf die Pflege einzelner Pflegebedürftigen beschränkt und erfasst nur bestimmte konkrete Pflegefälle, so können die fachlichen Anforderungen auf die jeweils betroffenen Fälle abgestellt werden (s. a. *Leitherer,* in: KassKomm, SGB XI, § 77 Rn. 8; a. A. *Plantholz,* in: LPK-SGB XI, 4. Aufl., § 77 Rn. 8, der den Nachweis einer Pflegeausbildung fordert). Soweit die im Einzelfall erforderlichen Hilfeleistungen eine pflegefachliche Qualifikation erfordern, die nur durch eine Pflegeausbildung zu erreichen ist, muss die Einzelpflegekraft in jedem Fall eine entsprechende Ausbildung vorweisen können. Dies kann jedoch, wie die Argumentation des Gesundheitsausschusses zu § 38a im Hinblick auf die Qualifikationsanforderungen an die sog. Präsenzkraft in Pflegegruppen deutlich macht (BT-Drucks. 17/10170, S. 16), nicht generell gefordert werden.

3. Keine Verträge mit Verwandten, Verschwägerten und Haushaltsangehörigen (Abs. 1 Satz 1 2. Hs.)

8   Durch die mit dem 1. SGB XI-ÄndG eingeführte Regelung hat der Gesetzgeber die Angehörigenpflege aus dem Anwendungsbereich des § 77 ausgeschlossen. Das Verbot des Vertragsschlusses mit pflegenden Angehörigen gilt unabhängig davon, ob im Einzelfall mit dem Vertragsschluss eine Umgehung des Anspruchs auf das im Vergleich zur Sachleistung geringere Pflegegeld beabsichtigt oder ob tatsächlich ein Missverhältnis zwischen Pflegeleistung und Vergütung festzustellen ist (BSG, SozR 3-3300 § 77 Nr. 1 = NZS 1999, 610). Das Verbot gilt auch gegenüber pflegenden Angehörigen, deren berufliche Qualifikation sie als Pflegefachkraft ausweist (BSG, SozR 3-3300 § 77 Nr. 2). Das BSG sieht das Verbot des Vertragsschlusses mit Angehörigen als verfassungsgemäß an, weil der Gesetzgeber habe annehmen dürfen, dass die Pflege unter Angehörigen einer rechtlichen (§§ 1353, 1618a BGB) oder sittlichen Pflicht entspreche und er insoweit mit dem Pflegegeld lediglich eine finanzielle Anerkennung vorgesehen habe, die durch die soziale Absicherung (§ 44) der ehrenamtlichen Pflegepersonen ergänzt werde (BSG, SozR 3-3300 § 77 Nr. 1 und 2). Hierfür spricht auch der in § 4 Abs. 2 Satz 1 festgelegte Grundsatz, wonach die Leistungen der PV gegenüber der fortbestehenden Verantwortung der Angehörigen nur eine ergänzende Funktion haben. Der Gesetzgeber konnte sich auch auf die vor Einrichtung der PV vorhandene verwaltungsgerichtliche Rechtsprechung zu sozialhilferechtlichen Pflegeleistungen berufen, wonach eine Vergütung auch für solche Angehörigen nicht in Betracht kam, die über eine spezielle berufliche Qualifikation verfügten (vgl. BVerwGE 90, 217, 219; BVerwG, Buchholz 436.0 § 69 BSHG Nr. 15).

Häusliche Pflege durch Einzelpersonen § 77

4. Umfassender Vertrag (Abs. 1 Satz 2 und 3)

Statt einer förmlichen Zulassung durch Versorgungsvertrag mit den Landesverbänden der PKen genügt nach Abs. 1 ein Vertrag, in dem Inhalt, Umfang, Qualität, Qualitätssicherung und Vergütung individuell festgelegt sowie Vereinbarungen zur Prüfung der Wirtschaftlichkeit und Qualität getroffen werden. Die Pflegekraft kann einen solchen Vertrag mit einer oder mehreren PKen abschließen. Die erweiterte Zulassung von Einzelverträgen im PflegeWEG hat den Gesetzgeber veranlasst, den zwingend erforderlichen Inhalt der Verträge um Vereinbarungen zur Pflegequalität und zur Qualitätssicherung (z. B. auch zur Pflegedokumentation) zu erweitern; die PKen können etwa verlangen, dass die nach § 113a vereinbarten Expertenstandards eingehalten und Qualitätsprüfungen nach §§ 114, 114a akzeptiert werden (s. o. Rn. 6). Im PflegeWEG wurden in Satz 2, 2. Hs. zugleich differenziertere Vorgaben für Vergütungsvereinbarungen eingefügt: die zu vereinbarenden Preise müssen Leistungen der Grundpflege, der hauswirtschaftlichen Versorgung und die in § 36 Abs. 1 neu eingeführten Betreuungsleistungen umfassen. Schließen einzelne Pflegekräfte mit mehreren Kostenträgern Einzelverträge ab, so können sie unterschiedliche Vergütungen vereinbaren; sie unterliegen nicht dem Differenzierungsverbot nach § 89 Abs. 1 Satz 3, das nur für ambulante Pflegedienste gilt (*Plantholz,* in: LPK-SGB XI, 4. Aufl., § 77 Rn. 11).

5. Verbot eines Beschäftigungsverhältnisses (Abs. 1 Satz 4)

In dem Vertrag zwischen PK und Pflegekraft ist zu regeln, dass die Pflegekräfte mit dem Pflegebedürftigen, dem sie Pflegeleistungen erbringen, kein Beschäftigungsverhältnis eingehen dürfen. Die Vorschrift wurde mit dem 1. SGB XI-ÄndG eingefügt; teilweise wurde bereits zur ursprünglichen Gesetzesfassung die Auffassung vertreten, ein Vertragsschluss nach Abs. 1 komme mit Pflegekräften, die mit dem Pflegebedürftigen ein Arbeitsverhältnis eingegangen sind, nicht in Betracht (*Jung,* Die neue PV 1995, Rn. 577; a. A. *Bieback,* SGb 1995, 569, 576; *Neumann,* in: HS-PV, § 20 Rn. 69). Das hierfür herangezogene Sachleistungsprinzip schließt jedoch nur eine **Abwicklung der Vergütung** der Pflegekraft über den Pflegebedürftigen aus (*Neumann,* in: HS-PV, § 20 Rn. 69 und unter Berücksichtigung von Abs. 1 Satz 3: *ders.,* HS-PV, Anhang § 21 Rn. A 37–40 [4]). Ob die Regelung weitergehende Rechtsfolgen haben kann, erscheint im Hinblick auf verfassungsrechtliche Vorgaben zweifelhaft; vgl. oben Rn. 5. *Neumann* (in: HS-PV, § 20 Rn. A 37–40 [4]) weist zu Recht darauf hin, dass das Verbot, mit dem Pflegebedürftigen ein Beschäftigungsverhältnis einzugehen, die Pflegekraft (und den Pflegebedürftigen) nicht davon abhalten kann, ihre Beziehungen vertraglich zu regeln und Vereinbarungen etwa über Einsatzzeiten und die Dauer der Tätigkeit zu treffen. Selbst die Vergütung ist einer Vereinbarung nur insoweit entzogen, wie der Leistungsrahmen der PV betroffen ist. Übersteigt der Pflegebedarf die Leistungsgrenzen der PV, so muss es dem Pflegebedürftigen unbenommen bleiben, mit der Pflegekraft einen Vertrag abzuschließen. Durch die Einfügung von **Abs. 1 Satz 7** im PNG hat der Gesetzgeber diesen Überlegungen Rechnung getragen und geht jetzt sogar von der Notwendigkeit vertraglicher Regelungen zwischen Pflegebedürftigen und Einzelpflegekräften aus. Der Verweis auf § 120 Abs. 1 Satz 2 verpflichtet die Einzelpflegekraft gegenüber der PK zur Mitteilung jeder wesentlichen Änderung des Pflegezustandes.

6. Übergangsrecht (Abs. 1 Sätze 5 und 6)

Abs. 1 Satz 5 verpflichtet die PKen, Verträge zu kündigen, die entgegen den Vorgaben der (durch das 1. SGB XI-ÄndG eingefügten) Sätze 1 und 4 abgeschlossen wurden. Die Kündigungspflicht bezieht sich nicht nur auf Verträge, denen das Verbot des

§ 78 Siebtes Kapitel. Beziehungen der Pflegekassen zu den Leistungserbringern

Vertragsschlusses zwischen Pflegekraft und Pflegebedürftigem entgegensteht, sondern auch auf Verträge, die die PKen mit pflegenden Angehörigen geschlossen haben (vgl. hierzu eingehend: BSG, SozR 3-3300 § 77 Nr. 1 = NZS 1999, 610). Während Verträge, die gegen das Verbot eines Beschäftigungsverhältnisses verstoßen, nach Abs. 1 Satz 6 Bestandsschutz genießen, wenn das Beschäftigungsverhältnis vor dem 1. Mai 1996 bestanden hat und die bis zu diesem Zeitpunkt erbrachten Pflegeleistungen aufgrund eines Vertrages zwischen PK und Pflegekraft vergütet worden sind, sind Verträge, die die PKen mit pflegenden Angehörigen geschlossen haben, in jedem Fall zu kündigen (vgl. BSG, SozR 3-3300 § 77 Nr. 1 und 2).

7. Rechtsschutz

12   Gegen die Weigerung der PK, mit einer einzelnen Pflegekraft einen Vertrag abzuschließen, ist gem. § 51 Abs. 2 Satz 3 SGG der Rechtsweg zu den Sozialgerichten eröffnet. Wegen der fehlenden VA-Qualität der Entscheidung der PK (oben Rn. 5) ist die allgemeine Leistungsklage gegeben. Ausgehend von der Rechtsprechung des BGH zu Verträgen nach § 132 Abs. 1 Satz 2 SGB V (BGHZ 114, 218) kommt wegen der zivilrechtlichen Qualität der Verträge (oben Rn. 5) bei wettbewerbsrechtlichen Streitigkeiten auch eine Zuständigkeit der ordentlichen Gerichtsbarkeit (Kartellgerichte) gem. § 87 GWB in Betracht (vgl. hierzu *Neumann*, NZS 1995, 397; *Maschmann*, SGb 1996, 96). Der im GKV-Gesundheitsreformgesetz 2000 angeordnete Ausschluss der Zuständigkeit der Kartellgerichte bezieht sich nur auf die in § 69 SGB V geregelten Rechtsbeziehungen, zu denen die Beziehungen zwischen Pflegekräften und PKen nicht gehören; hieran hat das GKV-WSG nichts geändert.

IV. Anstellung von Pflegekräften (Abs. 2)

13   Die PKen dürfen Pflegekräfte nur dann selbst anstellen, wenn auf andere Weise, dh durch den Abschluss von Versorgungsverträgen (§ 72) oder Einzelverträgen (§ 77 Abs. 1), der Sicherstellungsauftrag im Bereich der ambulanten Pflege nicht erfüllt werden kann. Abs. 2 Satz 2 stellt ausdrücklich klar, dass für die von den PKen angestellten Pflegekräften die gleichen Anforderungen gelten wie für zugelassene Pflegedienste. Dies bedeutet vor allem, dass die PK nur dann Pflegeleistungen durch angestellte Pflegekräfte erbringen darf, wenn sie über eine ausgebildete Pflegefachkraft verfügt.

§ 78 Verträge über Pflegehilfsmittel

(1) ¹**Der Spitzenverband Bund der Pflegekassen schließt mit den Leistungserbringern oder deren Verbänden Verträge über die Versorgung der Versicherten mit Pflegehilfsmitteln, soweit diese nicht nach den Vorschriften des Fünften Buches über die Hilfsmittel zu vergüten sind.** ²**Abweichend von Satz 1 können die Pflegekassen Verträge über die Versorgung der Versicherten mit Pflegehilfsmitteln schließen, um dem Wirtschaftlichkeitsgebot verstärkt Rechnung zu tragen.** ³**Die §§ 36, 126 und 127 des Fünften Buches gelten entsprechend.**

(2) ¹**Der Spitzenverband Bund der Pflegekassen erstellt als Anlage zu dem Hilfsmittelverzeichnis nach § 139 des Fünften Buches ein systematisch strukturiertes Pflegehilfsmittelverzeichnis.** ²**Darin sind die von der Leistungspflicht der Pflegeversicherung umfassten Pflegehilfsmittel aufzuführen, soweit diese nicht bereits im Hilfsmittelverzeichnis enthalten sind.** ³**Pflegehilfsmittel, die für eine leihweise Überlassung an die Versicherten ge-**

Verträge über Pflegehilfsmittel § 78

eignet sind, sind gesondert auszuweisen. ⁴Im Übrigen gilt § 139 des Fünften Buches entsprechend mit der Maßgabe, dass die Verbände der Pflegeberufe und der behinderten Menschen vor Erstellung und Fortschreibung des Pflegehilfsmittelverzeichnisses ebenfalls anzuhören sind.

(3) ¹Die Landesverbände der Pflegekassen vereinbaren untereinander oder mit geeigneten Pflegeeinrichtungen das Nähere zur Ausleihe der hierfür nach Absatz 2 Satz 4 geeigneten Pflegehilfsmittel einschließlich ihrer Beschaffung, Lagerung, Wartung und Kontrolle. ²Die Pflegebedürftigen und die zugelassenen Pflegeeinrichtungen sind von den Pflegekassen oder deren Verbänden in geeigneter Form über die Möglichkeit der Ausleihe zu unterrichten.

(4) Das Bundesministerium für Gesundheit wird ermächtigt, das Pflegehilfsmittelverzeichnis nach Absatz 2 und die Festbeträge nach Absatz 3 durch Rechtsverordnung im Einvernehmen mit dem Bundesministerium für Arbeit und Soziales und dem Bundesministerium für Familie, Senioren, Frauen und Jugend und mit Zustimmung des Bundesrates zu bestimmen; § 40 Abs. 5 bleibt unberührt.

Inhaltsübersicht

	Rn.
I. Geltende Fassung...................................	1
II. Normzweck.......................................	2
III. Verträge über Pflegehilfsmittel (Abs. 1)	5
1. Verträge auf Bundesebene	6
2. Rechtsschutz	7
IV. Das Pflegehilfsmittel-Verzeichnis (Abs. 2 Satz 1)	8

I. Geltende Fassung

Die Vorschrift ist mWv 1.1.1995 durch Art. 1 PflegeVG eingeführt worden. Sie **1** hat die Fassung des RegE (dort § 87); vgl. Begr. des RegE, S. 140. Durch VO vom 21.9.1997 (BGBl. I S. 2390) wurde in Abs. 5 die Bezeichnung des Bundesministeriums geändert. Durch Art. 8 Nr. 34 GKV-WSG wurden Abs. 1 und 2 geändert und an die neue Fassung von § 127 SGB V angepasst, der seinerseits durch G vom 15.12.2008 (BGBl. I S. 2426) mWv 1.1.2009 erneut geändert worden ist. Im PNG wurde Abs. 2 Satz 1 gestrichen, weil die Bezugsnorm § 40 Abs. 4 Satz 2 entfallen ist.

II. Normzweck

Die Vorschrift regelt die Versorgung der Versicherten mit Pflege-Hilfsmitteln und **2** dient damit der Umsetzung von § 40 auf der Leistungserbringerebene. Zur Einschränkung der Auswahl des Leistungserbringers durch den Versicherten vgl. § 40 Rn. 12f. Während nach der ursprünglichen Fassung der Vorschrift eine **Zulassung zur Leistungserbringung** erforderlich war (dies entsprach der seinerzeitigen Rechtslage bei der Hilfsmittelerbringung in der GKV, § 126 SGB V aF), stellt die mit dem GKV-WSG geschaffene Neuregelung allein auf ein **vertragliches Beschaffungssystem** ab, das in § 127 SGB V, den Abs. 1 Satz 3 für entsprechend anwendbar erklärt, die Möglichkeit eröffnet, im Wege der Ausschreibung Verträge mit Leistungserbringern oder Zusammenschlüssen von Leistungserbringern zu schließen. Die SPV erstrebt im Bereich der technischen Hilfsmittel vorrangig eine **leihweise Abgabe** an den Pflegebedürftigen (§ 40 Abs. 3); der Umsetzung dieser Absicht diente Abs. 4 in der ursprünglichen Fassung der Vorschrift; in der aktuellen Fassung (die die Vorschrift durch das GKV-WSG erhalten hat) finden sich entsprechende Regelungen in **Abs. 2 Satz 3 und Abs. 3.** Über die **Beschaffung der Hilfsmittel,** die entweder im Eigentum der PKen verbleiben oder in das der Pflegebedürftigen übergehen, schließt der Spitzenverband Bund der PKen mit den Hilfsmittelerbringern oder deren Verbänden Verträge **(Abs. 1 Satz 1).** In seiner ursprünglichen Fassung entsprach Abs. 1 weitgehend der seinerzeit geltenden Regelung für die Hilfsmittelversorgung in der GKV (§ 127 SGB V). Die mit dem GKV-WSG geschaffene Neuregelung nimmt zwar in Abs. 1 Satz 3 ausdrücklich auf die §§ 126, 127 Bezug, die Sätze 1 und 2 übernehmen aber dennoch nicht deren Regelungsmechanismus. Denn während nach §§ 126, 127 SGB V der Spitzenverband vorrangig für Empfehlungen, die Landesverbände bzw. die Einzelkassen selbst aber für Ausschreibungen bzw Vertragsabschlüsse mit den Leistungserbringern bzw ihren Verbänden oder Zusammenschlüssen zuständig sind, schaffen die Sätze 1 und 2 des Abs. 1 eine Doppelzuständigkeit für Vertragsabschlüsse zugunsten des Spitzenverbandes und der PKen, die Kompetenzstreitigkeiten heraufbeschwört (hierzu Rn. 5).

3 **Abs. 1 Satz 3** ordnet die entsprechende Geltung der Vorschriften des SGB V über die **Festsetzung von Festbeträgen für Hilfsmittel** (§ 36 SGB V) sowie über die an die Hilfsmittelerbringer zu stellenden qualitativen Voraussetzungen (§ 126 SGB V) sowie die Anwendung des Vergaberechts bei der Beschaffung von Hilfsmitteln an. Zur Orientierung über die Pflege-Hilfsmittel, die den Versicherten auf Kosten der SPV zur Verfügung gestellt werden können, ist ein **Pflege-Hilfsmittelverzeichnis** zu erstellen **(Abs. 2 Satz 2),** das das im Bereich der GKV erstellte Verzeichnis (§ 139 SGB V) ergänzen soll. **Abs. 2 Satz 1** in der bis 30.10.2012 geltenden Fassung wurde im PNG gestrichen, weil die Regelung in § 40 Abs. 4 Satz 2, wonach die Höhe des Zuschusses für Maßnahmen zur Verbesserung des Wohnumfeldes unter Berücksichtigung der Eigenbeteiligung des Pflegebedürftigen zu bemessen war, ebenfalls im PNG aufgehoben wurde.

4 **Abs. 3** ermächtigt die Landesverbände der PKen, Einzelheiten zur Ausleihe von Pflegehilfsmitteln mit anderen Landesverbänden und geeigneten Pflegeeinrichtungen zu vereinbaren. Eine gleichlautende Regelung fand sich in der ursprünglichen Fassung des § 78 in Abs. 4. Art. 8 Nr. 34b GKV-WSG hat unzutreffend angeordnet „Abs. 4 wird aufgehoben"; tatsächlich wurde Abs. 3 in der seinerzeitigen Fassung (der die Festsetzung von Festbeträgen gesondert für Pflegehilfsmittel regelte) aufgehoben, während der bisherige Abs. 4 zu Abs. 3 wurde und der bisherige Abs. 5 zu Abs. 4. **Abs. 4** enthält (wie § 40 Abs. 5 für das Leistungsrecht) eine Ermächtigungsgrundlage für das BMG (im Einvernehmen mit dem BMAS und dem BMFSJ) das Pflegehilfsmittelverzeichnis durch Rechtsverordnung zu regeln; es handelt sich um eine Ermächtigung zur Ersatzvornahme (so *Plantholz,* in: LPK-SGB XI, 4. Aufl., § 78 Rn. 21). Die Bezugnahme auf Abs. 3 bezüglich der Festsetzung von Festbeträgen geht fehl, denn Abs. 3 enthielt die Festbetragsregelung nur in der aufgehobenen alten Fassung.

III. Verträge über Pflegehilfsmittel (Abs. 1)

5 Nach Abs. 1 Satz 1 sind die Verträge über die Versorgung der Versicherten mit Pflegehilfsmitteln auf Bundesebene (Spitzenverband Bund) abzuschließen. Der Gesetzgeber ging bereits bei der ursprünglichen Fassung der Vorschrift davon aus, dass der Katalog der in Betracht kommenden Hilfsmittel begrenzt und daher eine einheitliche, bundesweite Regelung der Hilfsmittelversorgung (seinerzeit durch Zulassung der Leistungserbringer) zweckmäßig sei (Begr. des RegE, S. 140). Hilfsmittel, die nach den Vorschriften des SGB V zu vergüten sind, werden von Abs. 1 Satz 1 nicht erfasst. Ansonsten lässt sich das Verhältnis zur Vertragskompetenz der PKen nach

Verträge über Pflegehilfsmittel § 78

Abs. 1 Satz 2 aus dem Wortlaut nur unzulänglich erschließen. Auch die Materialien geben keinen Aufschluss darüber, unter welchen Voraussetzungen die PKen Verträge abschließen können, „um dem Wirtschaftlichkeitsgebot verstärkt Rechnung zu tragen". Satz 2 kann jedenfalls nur dann zum Zuge kommen, wenn Vereinbarungen auf Bundesebene einen entsprechenden Handlungsspielraum belassen. Die regionale Vertragskompetenz der PKen wird durch die in Satz 3 angeordnete entsprechende Geltung insb. von § 127 SGB V in das vergaberechtliche System der Hilfsmittelbeschaffung der GKV eingepasst. Danach sollen PKen, soweit es zur Gewährleistung einer wirtschaftlichen und qualitativ gesicherten Versorgung zweckmäßig ist, **im Wege der Ausschreibung** Verträge mit Leistungserbringern oder Zusammenschlüssen von Leistungserbringern schließen (§ 127 Abs. 1 SGB V). Über die Zweckmäßigkeit einer Ausschreibung schließen der Spitzenverband Bund der KKen und die Spitzenorganisationen der Leistungserbringer auf Bundesebene Empfehlungen ab (§ 127 Abs. 1a SGB V idF vom 1.1.2009). Ist eine **Ausschreibung** danach **nicht zweckmäßig,** bleibt die PK darauf beschränkt, im Verhandlungsweg Verträge mit Leistungserbringern auszuhandeln. In diesem Fall haben sie nach § 127 Abs. 2 Satz 3 die Absicht, über die Versorgung mit bestimmten Hilfsmitteln Verträge zu schließen, in geeigneter Weise öffentlich bekannt zu machen; andere Leistungserbringer sind über die Inhalte abgeschlossener Verträge auf Nachfrage unverzüglich zu informieren. Außerdem können andere Leistungserbringer derartigen Verträgen zu den gleichen Bedingungen als Vertragspartner beitreten, soweit sie nicht auf Grund bestehender Verträge bereits zur Versorgung der Versicherten berechtigt sind (§ 127 Abs. 2a SGB V).

1. Verträge auf Bundesebene

Für **Verträge auf Bundesebene** nach Abs. 1 Satz 1 erscheint das Instrument der 6 Ausschreibung von vornherein als ungeeignet (*Plantholz,* in: LPK-SGB XI, 4. Aufl., § 78 Rn. 10f.). Es ist vor allem unklar, wie die Konkurrenz zwischen der Bindung an einen auf Bundesebene geschlossenen Vertrag einerseits und der Möglichkeit nach § 127 Abs. 1 SGB V Exklusivverträge abzuschließen andererseits, aufzulösen ist. Mit *Plantholz* (LPK-SGB XI, 4. Aufl., § 78 Rn. 13 mwN) wird man im Hinblick auf das gesetzgeberische Anliegen, Wirtschaftlichkeitsreserven zu erschließen, einen Vorrang der nach Abs. 1 Satz 2 bzw. 3 abgeschlossenen Verträge annehmen müssen. Zur Frage, ob die Verträge unter **Anwendung des Vergaberechts** des GWB ausgeschrieben werden müssen vgl. *Engelmann*, SGb 2008, 133 (ablehnend); *Klöck*, NZS 2008, 178 (befürwortend).

2. Rechtsschutz

Verträge zwischen dem Spitzenverband Bund und Hilfsmittelerbringern oder deren 7 Verbänden über die Beschaffung von Leistungen sind dem Zivilrecht zuzuordnen. Allein aus der Tatsache, dass es sich um Kollektivverträge handelt, kann noch nicht auf den öffentlich-rechtlichen Charakter geschlossen werden; zumal es im SGB XI an einer speziellen Zuordnungsregelung, wie sie in § 69 SGB V für das Leistungserbringungsrecht der GKV vorliegt, fehlt (a. A. *Plantholz,* in: LPK-SGB XI, 4. Aufl., § 78 Rn. 8). Nach dem Entfallen der Zulassungsvoraussetzung durch die Neuregelung im GKV-WSG hat auch der einzelne Leistungserbringer keinen öffentlich-rechtlichen Status; seine Beziehungen zu den PKen sind daher allein zivilrechtlich zu beurteilen. Nach § 51 Abs. 2 Satz 3 SGG fallen hieraus resultierende Streitigkeiten jedoch, wie bereits die zivilrechtlichen Streitigkeiten nach § 51 Abs. 2 Satz 1 SGG, in die Zuständigkeit der Sozialgerichte (vgl. allerdings die Zweifel bei *Wigge*, in: Wannagat, § 78 Rn. 14; grundsätzlich a. A. *Maschmann*, SGb 1996, 96). Zu Streitfragen bei kartellrechtlichen Streitigkeiten vgl. § 77 Rn. 11; *Neumann*, in: HS-PV, § 21 Rn. 49; *Plantholz,* in: LPK-SGB XI, 4. Aufl., § 78 Rn. 10.

§ 79 Siebtes Kapitel. Beziehungen der Pflegekassen zu den Leistungserbringern

IV. Das Pflegehilfsmittel-Verzeichnis (Abs. 2 Satz 1)

8   Die Vorschrift stellt auf das in § 139 SGB V geregelte Hilfsmittelverzeichnis in der GKV ab. Dieses soll um die der Pflege dienenden Hilfsmittel erweitert werden. Zur Abgrenzung der Zuständigkeit von GKV und SPV bei der Hilfsmittelversorgung vgl. § 40 Rn. 4. Das Pflegehilfsmittel-Verzeichnis hat für den Versicherten keinen verbindlichen Charakter (vgl. BSG, NZS 2003, 543; BSG, SozR 4-3300 § 40 Nr. 7, Rn. 16 = NZS 2008, 599 sowie § 40 Rn. 12). Abweichend vom Hilfsmittelverzeichnis der GKV sind nach Abs. 2 Satz 4 im Pflegehilfsmittel-Verzeichnis zusätzlich die für eine leihweise Überlassung an die Versicherten geeigneten Hilfsmittel aufzuführen. Wie nach § 139 Abs. 8 Satz 3 SGB V sind bei der Erstellung und Fortschreibung des Hilfsmittelverzeichnisses die Organisationen der Hilfsmittelhersteller und -erbringer anzuhören; beim Pflegehilfsmittel-Verzeichnis erstreckt sich die Anhörungspflicht zusätzlich auf die Verbände der Pflegeberufe und der behinderten Menschen (Abs. 2 Satz 5). Zur Rechtsqualität des Hilfsmittelverzeichnisses vgl. *Neumann*, in: HS-PV, § 21 Rn. 53 ff. mwN.; *Plantholz*, in: LPK-SGB XI, 4. Aufl., § 78 Rn. 16. Wegen der nicht unerheblichen faktischen Auswirkungen der Aufnahme eines Hilfsmittels in das Hilfsmittelverzeichnis hat der Hersteller einen Anspruch auf Aufnahme in das Verzeichnis, wenn er die Funktionstauglichkeit, den medizinischen Nutzen und die Qualität des Hilfsmittels nachweist (BSGE 87, 105 = SozR 3-2500 § 139 Nr. 1; BSG, NZS 2007, 495).

Vierter Abschnitt. Wirtschaftlichkeitsprüfungen

§ 79 Wirtschaftlichkeitsprüfungen

(1) ¹**Die Landesverbände der Pflegekassen können die Wirtschaftlichkeit und Wirksamkeit der ambulanten, teilstationären und vollstationären Pflegeleistungen durch von ihnen bestellte Sachverständige prüfen lassen; vor Bestellung der Sachverständigen ist der Träger der Pflegeeinrichtung zu hören.** ²**Eine Prüfung ist nur zulässig, wenn tatsächliche Anhaltspunkte dafür bestehen, dass die Pflegeeinrichtung die Anforderungen des § 72 Abs. 3 Satz 1 ganz oder teilweise nicht oder nicht mehr erfüllt.** ³**Die Anhaltspunkte sind der Pflegeeinrichtung rechtzeitig vor der Anhörung mitzuteilen.** ⁴**Personenbezogene Daten sind zu anonymisieren.**

(2) **Die Träger der Pflegeeinrichtungen sind verpflichtet, dem Sachverständigen auf Verlangen die für die Wahrnehmung seiner Aufgaben notwendigen Unterlagen vorzulegen und Auskünfte zu erteilen.**

(3) **Das Prüfungsergebnis ist, unabhängig von den sich daraus ergebenden Folgerungen für eine Kündigung des Versorgungsvertrags nach § 74, in der nächstmöglichen Vergütungsvereinbarung mit Wirkung für die Zukunft zu berücksichtigen.**

Inhaltsübersicht

	Rn.
I. Geltende Fassung	1
II. Normzweck	2
III. Verfassungsmäßigkeit	3
IV. Durchführung der Wirtschaftlichkeitsprüfung (Abs. 1)	4
V. Mitwirkungspflicht der Pflegeeinrichtung (Abs. 2)	5
VI. Das Ergebnis der Wirtschaftlichkeitsprüfung (Abs. 3)	6

Wirtschaftlichkeitsprüfungen **§ 79**

I. Geltende Fassung

Die Vorschrift ist mWv 1.1.1995 durch Art. 1 PflegeVG eingeführt worden. Sie **1**
hat weitgehend die Fassung des RegE (dort § 88); vgl. Begr. des RegE, S. 140f.; zur
Begr. vgl. BT-Drucks. 12/5952, S. 46. Durch das PflegeWEG wurde Abs. 1 Satz 2 geändert und Satz 3 und 4 angefügt; zur Begründung vgl. BT-Drucks. 16/7439, S. 70.

II. Normzweck

§ 79 sieht Wirtschaftlichkeitsprüfungen bei zugelassenen stationären, teilstationären **2**
und ambulanten Pflegeeinrichtungen vor. Die Wirtschaftlichkeit der Pflegeleistungen
von einzelnen Pflegepersonen, mit denen die PK einen Vertrag nach § 77 Abs. 1 geschlossen hat, wird von den PKen in eigener Regie ohne Einhaltung eines förmlichen
Prüfungsverfahrens kontrolliert. Pflegeleistungen nicht erwerbsmäßig tätiger Pflegepersonen (§ 19) werden iR der nach § 37 Abs. 3 abzurufenden Einsätze von Pflegediensten und ggf. durch Einschaltung des MD (§ 18 Abs. 2 Satz 5 iVm. Abs. 5 Satz 2)
überprüft. Anders als bei der vertragsärztlichen Versorgung (§ 106 Abs. 4 SGB V) werden die Wirtschaftlichkeitsprüfungen bei Pflegeeinrichtungen nicht von einem gemeinsamen Prüfungsgremium durchgeführt, sondern allein von den Landesverbänden
der PKen; die jeweils betroffene Einrichtung hat vor der Bestellung eines Sachverständigen ein Anhörungsrecht. Abs. 2 verpflichtet die Pflegeeinrichtungen, die notwendigen Unterlagen vorzulegen und ggf. Auskünfte zu erteilen. Das Prüfungsergebnis kann
Grundlage einer Kündigung des Versorgungsvertrages sein (Abs. 3 iVm. § 74); es ist in
jedem Fall bei der nachfolgenden Vergütungsvereinbarung zu berücksichtigen
(Abs. 3). Verfahrens- und Prüfungsgrundsätze der Wirtschaftlichkeitsprüfung einschließlich der Verteilung der Prüfungskosten sind Gegenstand des nach § 75 Abs. 2
Nr. 7 abzuschließenden Rahmenvertrages. Im **PflegeWEG** hat der Gesetzgeber auf
die massive Kritik in Rechtsprechung (BSGE 87, 199 = SozR 3-3300 § 85 Nr. 1) und
Literatur (*Udsching*, NZS 1999, 473; ders. SGb 2003, 133; *Igl*, SGb 2008, 1, 5) reagiert
und den Anwendungsbereich der Vorschrift erheblich eingeschränkt; nunmehr sind
Wirtschaftlichkeitsprüfungen nur noch zulässig, wenn Anhaltspunkte dafür bestehen,
dass die Pflegeeinrichtung die in § 72 Abs. 3 Satz 1 aufgeführten Zulassungsvoraussetzungen nicht mehr erfüllt. Nach der ursprünglichen Gesetzesfassung waren die Landesverbände bei Vorliegen dieser Voraussetzung zur Einleitung einer Prüfung verpflichtet; ohne derartigen Anlass lag die Durchführung eines Prüfverfahrens in ihrem
Ermessen.

III. Verfassungsmäßigkeit

Die umfassende Prüfung der Wirtschaftlichkeit, die mit erheblichen Eingriffen in **3**
die unternehmerische Betätigungsfreiheit verbunden ist, begegnet im Hinblick auf
das Übermaßverbot erheblichen Bedenken. § 79 wurde weitgehend der Vorschrift
über die Wirtschaftlichkeitsprüfung der Krankenhausbehandlung in § 113 SGB V
nachgebildet, obwohl der Grundsatz der Wirtschaftlichkeit in der KV schon wegen
der abweichenden Struktur des Leistungsrechts eine ganz andere Bedeutung hat als im
Bereich der PflegeV. Die Leistungen der KV sind nicht gedeckelt, sondern grundsätzlich vom Bedarf abhängig; von daher erfüllt die Wirtschaftlichkeitsprüfung dort eine
Steuerungsfunktion zur Vermeidung nicht gerechtfertigter Leistungsausweitungen,
die im gedeckelten Leistungssystem der PV nicht erforderlich ist. Bei der Übertragung
des § 113 SGB V wurde zudem außer Acht gelassen, dass die Leistungserbringung im
Krankenhaus seinerzeit noch weitgehend auf der Grundlage des Selbstkosten-

§ 79 Siebtes Kapitel. Beziehungen der Pflegekassen zu den Leistungserbringern

ckungsprinzips erfolgte, das für den Bereich der PflegeV, wie die §§ 84, 85 SGB XI deutlich machen, aber ausdrücklich ausgeschlossen wurde. Hier sollte Wirtschaftlichkeit vor allem durch Wettbewerb und Angebotsvielfalt erreicht werden. Ein Abhängigmachen der Zulassung vom Bedarf wird zudem ausdrücklich ausgeschlossen (§ 72 Abs. 3 SGB XI). Auf einem vom Wettbewerb geprägten Markt kommt es in erster Linie auf die **Marktgerechtigkeit des Preises** der erbrachten Leistungen (vgl. BVerwGE 108, 47 = NVwZ-RR 1999, 446 = Buchholz 436.0 § 93 BSHG Nr. 4) unter Beachtung eines normativ festgelegten Qualitätsstandards an (vgl. hierzu auch *Neumann,* in: HS-PV, § 21 Rn. 116, der die Prüfungsintensität zwar ebenfalls für überzogen hält, den Wettbewerbsaspekt im Hinblick auf die Pflegesätze in der PV jedoch ablehnt). So lange sich aus diesen Faktoren keine Bedenken an der Wirtschaftlichkeit der Einrichtung ergeben, dürfte die in § 78 vorgesehene Wirtschaftlichkeitsprüfung nicht in Betracht kommen (in diese Richtung auch: BSGE 87, 199 = SozR 3-3300 § 85 Nr. 1; hierzu auch BSG, Urteil vom 12.6.2008, B 3 P 2/07 R = BSGE 101, 6 Rn. 31 f.). In jedem Fall bedarf der Umfang der nach Abs. 2 vorgesehenen Offenbarungspflichten einer verfassungskonformen Begrenzung (vgl. auch *Igl,* SGb 2008, 1).

IV. Durchführung der Wirtschaftlichkeitsprüfung (Abs. 1)

4 Die Entscheidung über die Durchführung einer Wirtschaftlichkeitsprüfung liegt im Ermessen der Landesverbände, die hierüber gemeinsam entscheiden müssen (§ 81 Abs. 1 Satz 1). Satz 2 verpflichtet die Landesverbände zur Durchführung einer Wirtschaftlichkeitsprüfung, wenn ihnen Anzeichen dafür bekannt werden, dass die Pflegeeinrichtung nicht mehr die Gewähr für eine wirtschaftliche und leistungsfähige Versorgung bietet oder gar die Voraussetzungen des § 71 nicht mehr erfüllt (Bezugnahme auf § 72 Abs. 3 Satz 1). Die Person des Sachverständigen wird von den Landesverbänden ausgewählt; der Träger der Pflegeeinrichtung muss jedoch vor Erteilung des Auftrags gehört werden. § 113 SGB V, die Parallelvorschrift im KV-Recht billigt dem Krankenhausträger insoweit ein weitergehendes Mitspracherecht zu (vgl. *Neumann,* in: HS-PV, § 21 Rn. 117). Der Sachverständige muss für die Wirtschaftlichkeitsprüfung fachlich geeignet und unabhängig sein. Einzelheiten zur Bestellung und Beauftragung des Sachverständigen können im Rahmenvertrag nach § 75 Abs. 2 Nr. 7 geregelt werden; vgl. hierzu auch Abschnitt VI (§§ 26–32) der Gemeinsamen Empfehlungen gem. § 75 Abs. 5.

V. Mitwirkungspflicht der Pflegeeinrichtung (Abs. 2)

5 Der Träger der Pflegeeinrichtung soll die für die Prüfung notwendigen Unterlagen vorlegen und ggf. Auskünfte des bei ihm beschäftigten Pflegepersonals und der Geschäftsführung veranlassen. Der Umfang der Mitwirkungspflicht soll iR des sachlich Notwendigen durch den Sachverständigen festgelegt werden (zu Bedenken gegenüber dieser weitergehenden Eingriffsbefugnis vgl. oben Rn. 3). Die Mitwirkungsvorschriften des SGB I, insbesondere die Regelungen über die Folgen fehlender Mitwirkung, sind nicht anwendbar, da es nicht um die Gewährung einer Sozialleistung geht. Die völlige oder teilweise Versagung der Mitwirkung kann einen Kündigungsgrund nach § 74 darstellen; dies kommt jedoch nicht in Betracht, wenn die Wirtschaftlichkeitsprüfung zielgerichtet eingesetzt wird, um flächendeckend, ohne konkreten Anlass die Kalkulationsgrundlagen von Pflegeeinrichtungen zu analysieren (BSG, Urteil vom 12.6.2008, B 3 P 2/07 R = BSGE 101, 6; SozR 4-3300 § 79 Nr. 1). Einzelheiten der Mitwirkung sind im Rahmenvertrag nach § 75 Abs. 2 Nr. 7 zu klären (vgl. oben Rn. 2).

VI. Das Ergebnis der Wirtschaftlichkeitsprüfung (Abs. 3)

Ergibt die Prüfung, dass die Einrichtung die Anforderungen des § 72 Abs. 3 Satz 1 **6**
nicht oder nicht mehr erfüllt, so haben die Landesverbände hieraus Konsequenzen zu ziehen. Sie können der Einrichtung eine Frist zur Behebung der Mängel setzen oder bei gravierenden Mängeln ggf. den Versorgungsvertrag kündigen. Für das Ergebnis der Wirtschaftlichkeitsprüfung gelten die in § 80 Abs. 3 näher geregelten Folgen einer Qualitätsprüfung entsprechend. In jedem Fall ist das Ergebnis der Wirtschaftlichkeitsprüfung in der nächstmöglichen Vergütungsvereinbarung zu berücksichtigen. Gerade diese Folge verdeutlicht, dass die den Pflegeeinrichtungen auferlegten Offenbarungspflichten zu weit gehen. *Sans* (RsDE Heft 23, 1994, S. 49, 54) macht zu Recht geltend, dass es den Pflegeeinrichtungen nicht zuzumuten ist, gegenüber den PKen sämtliche Kalkulationsgrundlagen zu offenbaren, um von diesen bei der nachfolgenden Vergütungsverhandlung unter Druck gesetzt zu werden (so auch *Neumann*, in: HS-PV, § 21 Rn. 117). Mit Urteil vom 12.6.2008 (BSGE 101, 6, 14; Rn. 27ff.) hat das BSG die Kündigung eines Versorgungsvertrages, die auf die Weigerung einer Pflegeeinrichtung gegründet worden war, an einer „anlasslosen" Wirtschaftlichkeitsprüfung mitzuwirken, als grob unverhältnismäßig gewertet.

§§ 80, 80a *(aufgehoben)*

§§ 80 und 80a wurden durch das PflegeWEG mit Wirkung ab 1.7.2008 aufgeho- **1**
ben, zur Qualitätsverantwortung und Qualitätssicherung vgl. jetzt die §§ 112ff.

§ 81 Verfahrensregelungen

(1) ¹Die Landesverbände der Pflegekassen (§ 52) erfüllen die ihnen nach dem Siebten und Achten Kapitel zugewiesenen Aufgaben gemeinsam. ²Kommt eine Einigung ganz oder teilweise nicht zustande, erfolgt die Beschlussfassung durch die Mehrheit der in § 52 Abs. 1 Satz 1 genannten Stellen mit der Maßgabe, dass die Beschlüsse durch drei Vertreter der Ortskrankenkassen und durch zwei Vertreter der Ersatzkassen sowie durch je einen Vertreter der weiteren Stellen gefasst werden.

(2) ¹Bei Entscheidungen, die von den Landesverbänden der Pflegekassen mit den Arbeitsgemeinschaften der örtlichen Träger der Sozialhilfe oder den überörtlichen Trägern der Sozialhilfe gemeinsam zu treffen sind, werden die Arbeitsgemeinschaften oder die überörtlichen Träger mit zwei Vertretern an der Beschlussfassung nach Absatz 1 Satz 2 beteiligt. ²Kommt bei zwei Beschlussfassungen nacheinander eine Einigung mit den Vertretern der Träger der Sozialhilfe nicht zustande, kann jeder Beteiligte nach Satz 1 die Entscheidung des Vorsitzenden und der weiteren unparteiischen Mitglieder der Schiedsstelle nach § 76 verlangen. ³Sie entscheiden für alle Beteiligten verbindlich über die streitbefangenen Punkte unter Ausschluss des Rechtswegs. ⁴Die Kosten des Verfahrens nach Satz 2 und das Honorar des Vorsitzenden sind von allen Beteiligten anteilig zu tragen.

(3) ¹Bei Entscheidungen nach dem Siebten Kapitel, die der Spitzenverband Bund der Pflegekassen mit den Vertretern der Träger der Sozialhilfe gemeinsam zu treffen hat, stehen dem Spitzenverband Bund der Pflegekassen in entsprechender Anwendung von Absatz 2 Satz 1 in Verbindung mit Absatz 1 Satz 2 neun und den Vertretern der Träger der Sozialhilfe zwei Stimmen zu. ²Absatz 2 Satz 2 bis 4 gilt mit der Maßgabe entsprechend, dass

§ 81 Siebtes Kapitel. Beziehungen der Pflegekassen zu den Leistungserbringern

bei Nichteinigung ein Schiedsstellenvorsitzender zur Entscheidung von den Beteiligten einvernehmlich auszuwählen ist.

Inhaltsübersicht

	Rn.
I. Geltende Fassung	1
II. Normzweck	2
III. Aufgaben der Landesverbände (Abs. 1 Satz 1)	3
IV. Einigungsverfahren (Abs. 1 Satz 2)	4
V. Einbeziehung der Sozialhilfeträger (Abs. 2)	5
VI. Gemeinsame Entscheidungen durch den Spitzenverband Bund und die Träger der Sozialhilfe (Abs. 3)	6

I. Geltende Fassung

1 Die Vorschrift ist mWv 1.1.1995 durch Art. 1 PflegeVG eingeführt worden. Abs. 1 Satz 1 und 2 sowie Abs. 2 haben die Fassung des RegE (dort § 90). Vgl Begr. des RegE, S. 141 f. Abs. 1 Satz 3 wurde aufgrund der Beschlussempfehlung des AuS-Ausschusses eingefügt (BT-Drucks. 12/5920, S. 78; zur Begr. vgl. BT-Drucks. 12/5952, S. 47). Durch Art. 1 Nr. 10 PQsG wurde mWv 1.1.2002 Abs. 1 Satz 3 aufgehoben und Abs. 2 und 3 neu gefasst; zur Begründung dieser Änderungen vgl. BT-Drucks. 14/5395, S. 34. Durch Art. 10 Nr. 8 des Gesetzes zur Einordnung des Sozialhilferechts in das Sozialgesetzbuch vom 27.12.2003, BGBl. I S. 3022, wurde Abs. 2 an die Terminologie des SGB XII angepasst. Durch das GKV-WSG wurden mWv 1.7.2008 Abs. 1 Satz 2, Abs. 2 Satz 1 (lediglich redaktionell) und Abs. 3 geändert. Im PNG wurde in Abs. 1 lediglich der Zusatz „einschließlich der See-Krankenkasse" hinter „Vertreter der Ortskrankenkassen" gestrichen.

II. Normzweck

2 § 81 regelt das Verfahren, das die Verbände der PKen bei der Wahrnehmung der ihnen zugewiesenen Aufgaben einzuhalten haben. Die Landesverbände können ihre Aufgaben nur gemeinsam ausüben. Soweit Sozialhilfeträger oder deren Vereinigungen an den von den Landesverbänden zu treffenden Entscheidungen beteiligt sind, werden sie in ein aus der GKV übernommenes (ursprünglich in § 213 Abs. 2 SGB V festgelegtes) **Konfliktlösungsverfahren** einbezogen, das den im siebten und achten Kapitel geregelten Vereinbarungen mit Leistungserbringern bzw deren Vereinigungen grundsätzlich vorgeschaltet ist. Durch Änderungen von Abs. 2 wurde die Stellung der Sozialhilfeträger, ihrer Verbände und der von ihnen gebildeten Arbeitsgemeinschaften im PQsG erheblich gestärkt. Durch das GKV-WSG wurde die verbandliche Organisationsstruktur der GKV grundlegend geändert (Zusammenlegung aller Spitzenverbände zu einem Spitzenverband Bund); dies bedingte Änderungen von Abs. 1 Satz 2 und Abs. 3, die durch dieses Gesetz eingeführt wurden.

III. Aufgaben der Landesverbände (Abs. 1 Satz 1)

3 Zu den Aufgaben der Landesverbände der PKen vgl. allgemein § 52 Rn. 4f. Im siebten und achten Kapitel sind die Aufgaben der Landesverbände in folgenden Vorschriften geregelt: §§ 72 Abs. 2, 75 Abs. 1, 76 Abs. 1, 78 Abs. 4, 79 Abs. 1, 85 Abs. 2 Satz 2, 86 Abs. 1, 92 Abs. 2 Satz 3, 92c Abs. 8. Die Landesverbände haben ihre Aufgaben **gemeinsam** zu erfüllen; Satz 2 macht zudem deutlich, dass **einheitliche Ent-**

Verfahrensregelungen § 81

scheidungen getroffen werden müssen. Die Verpflichtung zur gemeinsamen Aufgabenerfüllung gilt wegen Abs. 1 Satz 1 auch dort, wo es in der Sachnorm nicht ausdrücklich angeordnet ist (s. a. *Klie,* in: LPK-SGB XI, 3. Aufl., § 81 Rn. 4).

IV. Einigungsverfahren (Abs. 1 Satz 2)

Einigen sich die Landesverbände nicht auf eine einheitliche Entscheidung (z. B. ob **4** mit einer Pflegeeinrichtung nach § 72 Abs. 2 ein Versorgungsvertrag abgeschlossen werden soll oder nicht), so ist die Entscheidung durch ein Gremium zu treffen, das sich nach dem in Abs. 1 Satz 2 iVm. § 52 Abs. 1 Satz 1 SGB V festgelegten Schlüssel zusammensetzt. Die Verbände sind nicht verpflichtet, nach außen hin zu dokumentieren, wie ihre Einigung zustande gekommen ist.

V. Einbeziehung der Sozialhilfeträger (Abs. 2)

Die **Einbeziehung der** überörtlichen **Sozialhilfeträger** bzw je nach Zuständig- **5** keit, der Arbeitsgemeinschaften der örtlichen Sozialhilfeträger durch die erst auf Empfehlung des AuS-Ausschusses eingefügte Vorschrift in **Abs. 1 Satz 3** wirft Zweifelsfragen auf (vgl. *Tinnefeld,* DOK 1997, 53, 55 ff.). Diese ergeben sich aus der Tatsache, dass die Sozialhilfeträger in unterschiedlichen Formen an Entscheidungen beteiligt sind und deshalb fraglich ist, wann eine Entscheidung „gemeinsam" zu treffen ist. Teilweise ist das Einvernehmen der Sozialhilfeträger herbeizuführen (§ 72 Abs. 2), teilweise ist diesen die Stellung einer eigenständigen Vertragspartei eingeräumt (§§ 75 Abs. 1 und 85 Abs. 2 Satz 2). In den Fällen, in denen der zuständige Sozialhilfeträger selbst Vertragspartei ist, hat er zugleich bei ausbleibender Einigung das Recht, die Schiedsstelle anzurufen (§§ 75 Abs. 3 Satz 1, 85 Abs. 5 Satz 1), das durch § 85 Abs. 5 Satz 2 im Vergütungsrecht noch verstärkt wird. Die dem Sozialhilfeträgern hierdurch eingeräumte eigenständige Position im Bereich des Vertragswesens, die für diesen vor allem wegen der in § 75 Abs. 5 SGB XII geregelten Folgen von Bedeutung ist, spiegelt sich in der zahlenmäßigen Zusammensetzung des Einigungsgremiums nach Abs. 2 Satz 1 (nur zwei Vertreter der Sozialhilfeträger) nicht wieder. Um die Interessen der Sozialhilfeträger zu wahren, wurde daher in Abs. 2 Satz 2 im PQsG ein spezielles Schiedsverfahren eingefügt, das von den Vorgaben des § 76 abweicht: wenn eine Einigung bei zwei Versuchen zur Herbeiführung einer Beschlussfassung nicht zustande kommt, kann jedes Mitglied des Einigungsgremiums eine Entscheidung durch den Vorsitzenden und die unparteiischen Mitglieder der Schiedsstelle verlangen (Abs. 2 Satz 2); diese treffen eine Entscheidung unter Ausschluss des Rechtswegs. Nach *Klie/Leonhard* (LPK-SGB XI, 3. Aufl., § 81 Rn. 6) nutzen Sozialhilfeträger die Notwendigkeit von zwei Einigungsversuchen für sachwidrige Verzögerungen etwa bei der Zulassung neuer Pflegeeinrichtungen; dem könnte allerdings durch Schadensersatzforderungen entgegen gewirkt werden. Bei Pflegesatzverhandlungen sind die Auswirkungen einer Zwangseinigung zulasten der Sozialhilfeträger allerdings durch die Regelung des Satzes 2 in § 75 Abs. 5 SGB XII erheblich eingeschränkt worden. Danach sind die Sozialhilfeträger an Vergütungsvereinbarungen nur dann gebunden, wenn sie in ihrem Einvernehmen getroffen wurden.

VI. Gemeinsame Entscheidungen durch den Spitzenverband Bund und die Träger der Sozialhilfe (Abs. 3)

Zum Begriff des Spitzenverbandes Bund und dessen Aufgaben nach dem SGB XI **6** vgl. allgemein § 53 Rn. 5 f. Die dem Spitzenverband nach dem siebten Kapitel zuge-

§ 81 Siebtes Kapitel. Beziehungen der Pflegekassen zu den Leistungserbringern

wiesenen Aufgaben sind in den folgenden Vorschriften geregelt: §§ 75 Abs. 5 und 7 sowie 78 Abs. 1, 2 und 3. Die entsprechende Anwendung von Abs. 2 Satz 1 ist auch auf das dort geregelte Einigungsverfahren unter Einbeziehung der Sozialhilfeträger und deren Vereinigungen zu beziehen. Die in das Einigungsgremium von Seiten der Sozialhilfeträger zu entsendenden Vertreter sind von der Bundesvereinigung der kommunalen Spitzenverbände und der Bundesarbeitsgemeinschaft der überörtlichen Träger der Sozialhilfe zu bestellen. Bei zweimaligem Fehlschlagen einer Einigung können die Beteiligten einvernehmlich einen Schiedsstellenvorsitzenden zur Entscheidung auswählen (Abs. 3 Satz 2).

Achtes Kapitel. Pflegevergütung

Vorbemerkungen zu §§ 82 bis 92

Inhaltsübersicht

	Rn.
I. Grundsätze des Vergütungsrechts	1
II. Die Pflegevergütung	3
III. Finanzierung der Investitionsaufwendungen	4
1. Gesetzgebungsverfahren	4
2. Finanzierung der Investitionskosten nach den §§ 82ff.	5
IV. Kostenerstattung	6
V. Einbeziehung weiterer Leistungsträger	7

I. Grundsätze des Vergütungsrechts

Das 8. Kapitel regelt die von den PKen an die Pflegeeinrichtungen für Pflegeleistungen zu zahlende Pflegevergütung. Die Vergütung für Pflegeleistungen, die von einzelnen erwerbsmäßig tätigen Pflegepersonen erbracht werden, wird hiervon nicht erfasst (Ausnahme: Gebührenordnung für ambulante Pflegeleistungen, falls diese auf Grund von § 90 erlassen wird). Die Vergütung von Pflegeleistungen, die von nicht erwerbsmäßig tätigen Pflegepersonen iSv. § 19 erbracht werden (Familienangehörige, Nachbarn etc.), richtet sich allein nach den Vereinbarungen zwischen dem Pflegebedürftigen und der Pflegeperson (s. a. § 90 Abs. 2 Satz 1). Pflegesatzvereinbarungen nach den §§ 85 und 86 sowie Pflegevergütungsvereinbarungen nach § 89 sind öffentlich-rechtliche Verträge iSv. § 53 Abs. 1 Satz 1 SGB X (so bereits zu den Pflegesatzvereinbarungen nach § 93 Abs. 2 BSHG: BVerwGE 94, 202 = NJW 1994, 3027; BGHZ 116, 339). 1

Die Träger von Pflegeeinrichtungen können sich sowohl im ambulanten (§ 89) wie auch im stationären Bereich (§ 85) für den Abschluss individueller Vergütungsvereinbarungen entscheiden. Die Vergütung für stationäre Pflegeleistungen kann jedoch mit Zustimmung des Heimträgers auch durch Kollektivvertrag (§ 86) festgelegt werden. Vergütungsverträge können danach in Gegensatz zu den für den Inhalt der Versorgungsverträge (§ 72) maßgebenden Rahmenverträgen nach § 75 in jedem Einzelfall nicht ohne die Zustimmung des Einrichtungsträgers geschlossen werden. Für den Bereich der ambulanten Versorgung besteht von diesem Grundsatz nur dann eine Ausnahme, wenn der VO-Geber von der in § 90 enthaltenen Ermächtigung zum Erlass einer Gebührenordnung für ambulante Pflegeleistungen Gebrauch macht. 2

II. Die Pflegevergütung

Als Pflegevergütung wird das Entgelt für allgemeine Pflegeleistungen bezeichnet (§ 82 Abs. 1 Satz 1 Nr. 1). Hierunter versteht das Gesetz im ambulanten Bereich die in § 36 vorgesehenen Leistungen der häuslichen Pflege, das ist die Grundpflege bei den in § 14 Abs. 4 aufgeführten Verrichtungen sowie die Leistungen zur hauswirtschaftlichen Versorgung. Für den stationären Bereich ergibt sich die Definition der allgemeinen Pflegeleistungen aus § 43 Abs. 2 und § 82 Abs. 1 Satz 2. Danach sind nur 3 die pflegebedingten Leistungen bei stationärer Pflege Gegenstand der Leistungspflicht der SPV; seit dem 1. SGB XI-ÄndG umfasst die Pflegevergütung auch die medizinische Behandlungspflege und die soziale Betreuung. Pflegebedingt sind die Aufwendungen für alle für die Versorgung der Pflegebedürftigen nach Art und Schwere ihrer Pflegebedürftigkeit erforderlichen Pflegeleistungen (§ 84 Abs. 4 Satz 1). Aufwendungen für Unterkunft und Verpflegung nimmt bereits § 4 Abs. 2 Satz 2, 2. Hs hiervon ausdrücklich aus. In die Pflegevergütung dürfen darüber hinaus Investitionsaufwendungen sowohl im ambulanten wie auch im stationären Bereich grundsätzlich nicht einfließen (vgl. hierzu § 82 Rn. 14 ff.). Zur näheren Abgrenzung der in die Leistungspflicht der SPV fallenden Aufwendungen von den bei der Pflegevergütung nicht zu berücksichtigenden Aufwendungen ist die Bundesregierung zum Erlass einer RechtsVO ermächtigt (§ 83 Abs. 1 Satz 1 Nr. 5, die bislang allerdings nicht erlassen worden ist). Bei stationärer Pflege dürfen zudem sog. Zusatzleistungen nicht in die Bemessung der Pflegevergütung einfließen und müssen zudem von den Entgelten für Verpflegung und Unterkunft getrennt vereinbart werden. Hierunter versteht § 88 Abs. 1 besondere Komfortleistungen bei Unterkunft und Verpflegung sowie zusätzliche pflegerisch-betreuende Leistungen.

III. Finanzierung der Investitionsaufwendungen

1. Gesetzgebungsverfahren

4 Die Finanzierung der Investitionskosten der Pflegeeinrichtungen war im Gesetzgebungsverfahren zwischen Bund und Ländern umstritten. Der FraktE (dort §§ 91 bis 101a, BT-Drucks. 12/5262, S. 142 ff.) und die Beschlussempfehlung des AuS-Ausschusses (BT-Drucks. 12/5920, S. 78 ff., Begr. BT-Drucks. 12/5952, S. 47) gingen von einem eher monistischen Finanzierungssystem aus. Bei der monistischen Finanzierung werden alle Kostenbestandteile der Pflegeeinrichtungen einschließlich der Investitionskosten über die Pflegevergütung finanziert. Hierfür sollte den PKen neben dem Beitragsaufkommen ein Bundeszuschuss (§ 69 RegE) zur Verfügung stehen, der von den Ländern aus Ersparnissen im Sozialhilfebereich finanziert werden sollte; in der Ausschussfassung wurde hieraus ein Finanzierungsbeitrag der Länder (vgl. BT-Drucks. 12/5952, S. 45). Dieses Finanzierungskonzept ist im Vermittlungsverfahren am Widerstand der Länder gescheitert. Das Gesetz geht daher von einer dualen Finanzierung aus. Die Vorhaltung der für die pflegerische Versorgung der Bevölkerung erforderlichen Einrichtungen ist allein Sache der Länder. Den Pflegeeinrichtungen steht jedoch im Gegensatz zur Förderung betriebsnotwendiger Investitionen im Krankenhausbereich (§ 9 KHG) kein konkreter Anspruch auf Förderung der Investitionskosten durch die Länder zu. Vielmehr deutet § 9 Satz 3 die Förderpflicht der Länder nur vage an.

2. Finanzierung der Investitionskosten nach den §§ 82 ff.

5 Da die Investitionskosten einerseits aus der Pflegevergütung ausgeklammert sind und andererseits die Beteiligung der Länder an diesen Kosten nicht konkretisiert wurde, musste den Pflegeeinrichtungen die Möglichkeit eingeräumt werden, Investitionskosten, die von den Ländern nicht oder nicht in voller Höhe gefördert werden, den Pflegebedürftigen gesondert in Rechnung zu stellen (§ 82 Abs. 3 und 4). Dies ist für den Pflegebedürftigen mit einer erheblichen Rechtsunsicherheit verbunden, da er den Grad der Förderung, den die von ihm in Anspruch genommene Pflegeeinrichtung erhält, nicht ohne Weiteres erkennen kann.

Finanzierung der Pflegeeinrichtungen § 82

IV. Kostenerstattung

Zugelassene Pflegeeinrichtungen haben, wie ein Rückschluss aus § 91 Abs. 1 zeigt, **6** die Möglichkeit, auf den Abschluss einer Vergütungsvereinbarung zu verzichten; ambulante Pflegeeinrichtungen wären allerdings bei Erlass einer Gebührenordnung (§ 90) an diese gebunden. Die Regelung in § 91 Abs. 1 überrascht insofern, als sowohl für den Fall des Scheiterns von Pflegesatzverhandlungen im stationären Bereich (§ 85 Abs. 5), als auch bei ausbleibender Einigung über Vergütungsregelungen im ambulanten Bereich (§ 89 Abs. 3 Satz 2), Festsetzungen durch die Schiedsstelle beantragt werden können. Verzichten Pflegeeinrichtungen auf eine vertragliche Regelung der Pflegevergütung, so können sie ihr Entgelt unmittelbar mit dem Pflegebedürftigen vereinbaren. Der Pflegebedürftige kann für die pflegebedingten Aufwendungen Kostenerstattung beanspruchen (§ 91 Abs. 2 Satz 1); die Erstattung darf allerdings 80 v. H. des Betrages nicht überschreiten, den die PK für Sachleistungen nach den §§ 36 ff. ausgeben müsste (§ 91 Abs. 2 Satz 3). Dieser Beschränkung der Kostenerstattung werden selbst der Sozialhilfeträger und das private Versicherungsunternehmen unterworfen.

V. Einbeziehung weiterer Leistungsträger

Während in das im siebten Kapitel geregelte Vertragssystem der SPV auf Seiten der **7** PKen nur noch die Sozialhilfeträger und deren Vereinigungen bzw. Interessenvertreter integriert sind, werden in die über die Pflegevergütung abzuschließenden Vereinbarungen auch sonstige Sozialversicherungsträger einbezogen. Voraussetzung einer Beteiligung ist bei ihnen und bei Sozialhilfeträgern, dass sie von der Vergütungsregelung in einem Mindestmaß betroffen sind (vgl. § 85 Abs. 2 Satz 1, auf den § 86 Abs. 3 Satz 1 und § 87 Satz 1 verweisen und § 89 Abs. 2). Für die Einbeziehung der Sozialhilfeträger gibt es mehrere Gründe. Zum einen wirken sich Entgeltvereinbarungen unmittelbar auf ihre Leistungspflicht gegenüber Pflegebedürftigen aus, die keine Leistungen der SPV beanspruchen können, da sie gegenüber den Leistungserbringern auch in diesen Fällen an die nach dem achten Kapitel vereinbarte Vergütung gebunden werden. Zum anderen werden im stationären Bereich auch Entgelte für Leistungen (Unterkunft und Verpflegung) vereinbart, für die sie bei fehlender Leistungsfähigkeit des Pflegebedürftigen einstehen müssen. Schließlich sieht § 86 Abs. 1 auch eine Beteiligung des Verbandes der PKV an der Pflegesatzkommission vor; bei individuellen Pflegesatzvereinbarungen ist nur eine abgeschwächte Form der Beteiligung vorgesehen (§ 85 Abs. 2 Satz 3).

Erster Abschnitt. Allgemeine Vorschriften

§ 82 Finanzierung der Pflegeeinrichtungen

(1) ¹**Zugelassene Pflegeheime und Pflegedienste erhalten nach Maßgabe dieses Kapitels**
1. **eine leistungsgerechte Vergütung für die allgemeinen Pflegeleistungen (Pflegevergütung) sowie**
2. **bei stationärer Pflege ein angemessenes Entgelt für Unterkunft und Verpflegung.**

²**Die Pflegevergütung ist von den Pflegebedürftigen oder deren Kostenträgern zu tragen.** ³Sie umfasst bei stationärer Pflege auch die soziale Be-

§ 82

Achtes Kapitel. Pflegevergütung

treuung und, soweit kein Anspruch auf Krankenpflege nach § 37 des Fünften Buches besteht, die medizinische Behandlungspflege. ⁴Für Unterkunft und Verpflegung bei stationärer Pflege hat der Pflegebedürftige selbst aufzukommen.

(2) In der Pflegevergütung und in den Entgelten für Unterkunft und Verpflegung dürfen keine Aufwendungen berücksichtigt werden für
1. Maßnahmen einschließlich Kapitalkosten, die dazu bestimmt sind, die für den Betrieb der Pflegeeinrichtung notwendigen Gebäude und sonstigen abschreibungsfähigen Anlagegüter herzustellen, anzuschaffen, wiederzubeschaffen, zu ergänzen, instandzuhalten oder instandzusetzen; ausgenommen sind die zum Verbrauch bestimmten Güter (Verbrauchsgüter), die der Pflegevergütung nach Absatz 1 Satz 1 Nr. 1 zuzuordnen sind,
2. den Erwerb und die Erschließung von Grundstücken,
3. Miete, Pacht, Erbbauzins, Nutzung oder Mitbenutzung von Grundstücken, Gebäuden oder sonstigen Anlagegütern,
4. den Anlauf oder die innerbetriebliche Umstellung von Pflegeeinrichtungen,
5. die Schließung von Pflegeeinrichtungen oder ihre Umstellung auf andere Aufgaben.

(3) ¹Soweit betriebsnotwendige Investitionsaufwendungen nach Absatz 2 Nr. 1 oder Aufwendungen für Miete, Pacht, Erbbauzins, Nutzung oder Mitbenutzung von Gebäuden oder sonstige abschreibungsfähige Anlagegüter nach Absatz 2 Nr. 3 durch öffentliche Förderung gemäß § 9 nicht vollständig gedeckt sind, kann die Pflegeeinrichtung diesen Teil der Aufwendungen den Pflegebedürftigen gesondert berechnen. ²Gleiches gilt, soweit die Aufwendungen nach Satz 1 vom Land durch Darlehen oder sonstige rückzahlbare Zuschüsse gefördert werden. ³Die gesonderte Berechnung bedarf der Zustimmung der zuständigen Landesbehörde; das Nähere hierzu, insbesondere auch zu Art, Höhe und Laufzeit sowie die Verteilung der gesondert berechenbaren Aufwendungen auf die Pflegebedürftigen einschließlich der Berücksichtigung pauschalierter Instandhaltungs- und Instandsetzungsaufwendungen sowie der zugrunde zu legenden Belegungsquote, wird durch Landesrecht bestimmt. ⁴Die Pauschalen müssen in einem angemessenen Verhältnis zur tatsächlichen Höhe der Instandhaltungs- und Instandsetzungsaufwendungen stehen.

(4) ¹Pflegeeinrichtungen, die nicht nach Landesrecht gefördert werden, können ihre betriebsnotwendigen Investitionsaufwendungen den Pflegebedürftigen ohne Zustimmung der zuständigen Landesbehörde gesondert berechnen. ²Die gesonderte Berechnung ist der zuständigen Landesbehörde mitzuteilen.

(5) Öffentliche Zuschüsse zu den laufenden Aufwendungen einer Pflegeeinrichtung (Betriebskostenzuschüsse) sind von der Pflegevergütung abzuziehen.

Inhaltsübersicht

	Rn.
I. Geltende Fassung	1
II. Normzweck und Regelungssystematik	2
III. Pflegevergütung (Abs. 1 Satz 1 Nr. 1)	4
1. Systematik	5
2. Allgemeine Pflegeleistung	6
3. Zahlungspflicht (Abs. 1 Satz 2)	8
IV. Entgelt für Unterkunft und Verpflegung (Abs. 1 Satz 1 Nr. 2)	9

Finanzierung der Pflegeeinrichtungen **§ 82**

	Rn.
1. Regulierung der Entgelte für Unterkunft und Verpflegung	10
2. Unterkunft und Verpflegung	12
3. Angemessenheit	13
V. Investitionsumlage (Abs. 3 und 4)	14
1. Regelungszweck	15
2. Umlagefähiger Aufwand	16
3. Betriebsnotwendigkeit	18
4. Pauschalierung (Abs. 3 Satz 3 Hs 2 und Satz 4)	18a
5. Umlageverfahren	19
6. Rechtsweg	20
VI. Abgrenzung betriebs- und investitionsbezogener Aufwendungen (Abs. 2)	21
VII. Zuschüsse zu laufenden Aufwendungen (Abs. 5)	22

I. Geltende Fassung

Die Vorschrift ist mWv 1.1.1995 durch Art. 1 PflegeVG eingeführt worden. Durch **1** das 1. SGB XI-ÄndG vom 14.6.1996 (BGBl. I S. 830) ist Abs. 1 Satz 2 mWv 25.6.1996 inhaltlich neu gefasst und hierdurch klar gestellt worden, dass auch der Aufwand für soziale Betreuung und medizinische Behandlungspflege mit der Pflegevergütung abgegolten ist (vgl. hierzu BT-Drucks. 13/3696, S. 16 und BT-Drucks. 13/4091, S. 42 zu Nr. 26). Durch G vom 19.6.2001 (BGBl. I S. 1149), und G vom 9.9.2001 (BGBl. I S. 2320), sind in Abs. 2 Nr. 3 und Abs. 3 Satz 1 die Worte „Miete, Pacht" jeweils durch „Miet- und Pachtverhältnisse über" ersetzt und die Änderung wieder rückgängig gemacht worden (vgl. hierzu BT-Drucks. 14/6308, S. 31 zu Nr. 10a). Schließlich wurden durch das GKV-WSG vom 26.3.2007, BGBl. I S. 378, mWv 1.4.2007 Abs. 1 Satz 2 neu gefasst und Abs. 1 Satz 3 eingefügt und hierdurch die Kostentragung bei der medizinischen Behandlungspflege an die Neuregelung des § 37 SGB V angepasst (vgl. hierzu BT-Drucks. 16/3100, S. 537f.). Durch das Gesetz zur Regelung des Assistenzpflegebedarfs in stationären Vorsorge- oder Rehabilitationseinrichtungen (AssPflStatRG) vom 20.12.2012 (BGBl. I S. 2789) sind in Abs 2 Nr. 1 nach „Maßnahmen" die Wörter „einschließlich Kapitalkosten" und in Nr. 3 nach „Pacht" das Wort „Erbbauzins" eingefügt worden. In Abs. 3 wurden in Satz 1 nach „Pacht" das Wort „Erbbauzins" eingefügt und in Satz 3 nach „Pflegebedürftigen" der Passus „einschließlich der Berücksichtigung pauschalierter Instandhaltungs- und Instandsetzungsaufwendungen sowie der zugrunde zu legenden Belegungsquote". Schließlich wurde Abs. 3 noch ergänzt um den Satz „Die Pauschalen müssen in einem angemessenen Verhältnis zur tatsächlichen Höhe der Instandhaltungs- und Instandsetzungsaufwendungen stehen." Damit hat der Gesetzgeber in Reaktion auf Entscheidungen des BSG zur Umlage von Investitionskosten auf die Heimbewohner die Länder ermächtigt, die pauschalierte Umlage solcher Kosten zuzulassen (vgl. BT-Drucks. 17/11396, S. 21f.).

Konzeptionell ist die Ursprungsregelung in den Gesetzesberatungen zum PflegeVG **1a** grundlegend umgestaltet worden. Ursprünglich war für die Finanzierung des Pflegebetriebs und der Investitionen ein einheitlicher Beitrag der Pflegekassen vorgesehen – monistische Finanzierung – (vgl. BT-Drucks. 12/5262, S. 35, 83f. und 142f. zu § 91). Hierzu sollten die Länder einen Deckungsbeitrag zu den Investitionskosten leisten (vgl. BT-Drucks. 12/5262, S. 30, 129, BT-Drucks. 12/5920, S. 65 und BT-Drucks. 12/5952, S. 45 jeweils zu § 69). Nach deren Widerstand ist im ersten und zweiten Vermittlungsverfahren die seither im Kern unveränderte duale Finanzierung eingeführt worden (vgl. BT-Drucks. 12/6424, S. 3f.; BT-Drucks. 12/7323, S. 5; s. hierzu BSGE 99, 57 = SozR 4-3300 § 82 Nr. 4 jeweils Rn. 13, zu den zugrundeliegenden Konzepten vgl. auch *Reimer*, in: Hauck/Noftz, SGB XI, § 82 Rn. 3ff.).

Schütze

§ 82

II. Normzweck und Regelungssystematik

2 § 82 ist Rechtsgrundlage der Zahlungsansprüche der Pflegeeinrichtung für die von ihr erbrachten Leistungen gegenüber PKen, Pflegebedürftigen und ggf. anderen Kostenträgern. Insoweit bildet die Regelung mit den §§ 84 und 85 die Grundnorm der Einrichtungsfinanzierung. Regelungszweck hier ist die Abgrenzung und Zuordnung der Ansprüche, die gegenüber PKen, Pflegebedürftigen und anderen Kostenträgern im Rahmen der sog. dualen Finanzierung (vgl. Rn. 1) des Pflegebetriebs entstehen. Idealtypisch sollen danach für den Pflegebetrieb selbst die Pflegekassen, für Unterkunft und Verpflegung bei stationärer Versorgung die Pflegebedürftigen und für die Pflegeinfrastruktur die Länder (vgl. § 9 Satz 1) aufkommen. Schon deshalb ist es notwendig, die pflegerischen, die durch Unterkunft und Verpflegung bedingten und die investiven Aufwendungen einer Einrichtung untereinander abzugrenzen, damit die Anteile den Zahlungspflichtigen klar zugeordnet werden können und Doppelabrechnungen vermieden werden. Zudem besteht weiterer Regelungsbedarf deshalb, weil die Betriebs- und Investitionskosten der Einrichtungen durch die gedeckelten Leistungen der PKen für den Pflegeaufwand (vgl. §§ 36 Abs. 3, 41 Abs. 2 und 43 Abs. 2) und durch die grundsätzlich nur anteilige Förderung der Investitionsaufwendungen der Länder regelmäßig nur anteilig abgedeckt werden und daher die Pflegebedürftigen bzw. – sind sie nicht ausreichend leistungsfähig – die Sozialhilfeträger über die für Unterkunft und Verpflegung vorgesehenen Kosten hinaus regelmäßig weitere Eigenanteile bzw. Kosten zu tragen haben (zu den daraus sich ergebenden Beträgen vgl. § 84 Rn. 7).

3 Vor dem Hintergrund dieses Finanzierungsmodells bestimmt § 82, welche Ansprüche die Einrichtung durch die von ihr erbrachten Leistungen gegenüber PKen und Pflegebedürftigen sowie ggf. anderen Kostenträgern erlangt und wie die dabei entstehenden Kosten diesen Ansprüchen zuzuordnen und von den von den Ländern im Rahmen der Investitionsförderung übernommenen Anteilen abzugrenzen sind. Anders als die Bezeichnung „Duale Finanzierung" nahe legt, stützt sich die Finanzierung der Einrichtungen danach auf bis zu vier Zahlungsansprüche: Erstens auf die Pflegevergütung für die allgemeinen Pflegeleistungen, aufzubringen von Pflegekassen und Pflegebedürftigen bzw. anderen Leistungsverpflichteten (Abs. 1 Satz 1 Nr. 1, dazu Rn. 4 ff.), zweitens auf das Entgelt für Unterkunft und Verpflegung bei stationärer oder teilstationärer Versorgung, zu tragen von den Pflegebedürftigen bzw. anderen Leistungsverpflichteten (Abs. 1 Satz 1 Nr. 2 dazu Rn. 9 ff.), drittens auf die Investitionsförderung des Landes nach Maßgabe von § 9 Satz 1 bzw. Landesrecht (hierzu vgl. § 9 Rn. 2 ff.) sowie viertens den Ausgleich für ungedeckte Investitionskosten, zu tragen von den Pflegebedürftigen bzw. anderen Leistungsverpflichteten (Abs. 3 Satz 1 oder Abs. 4 Satz 1, dazu Rn. 14 ff.). Diese Verschachtelung unterschiedlicher Kostenanteile und Kostenträger und das Ineinandergreifen der Regelungskompetenzen von Bund und Ländern bedingen die komplizierte Ausgestaltung der Norm. Ihrem Aufbau nach begründet sie für drei der vier Finanzierungsbestandteile die Anspruchsgrundlage, nämlich für die allgemeine Pflegeleistungen in Abs. 1 Satz 1 Nr. 1, für das Entgelt für Unterkunft und Verpflegung in Abs. 1 Satz 1 Nr. 2 und für den Ausgleich für den ungedeckten Investitionsaufwand in Abs. 3 und Abs. 4, und sie trifft in Abs. 2 Regelungen zur Abgrenzung des betrieblichen von den investitionsbezogenen Aufwendungen (dazu Rn. 21).

III. Pflegevergütung (Abs. 1 Satz 1 Nr. 1)

4 Erster Finanzierungsteil (s. Rn. 3) der von einer zugelassenen Pflegeeinrichtung (vgl. § 72) erbrachten Leistungen ist der Anspruch auf die Vergütung der allgemeinen

Finanzierung der Pflegeeinrichtungen **§ 82**

Pflegeleistungen nach Abs. 1 Satz 1 Nr. 1, die nach der – allerdings nicht durchgängig durchgehaltenen – Terminologie des SGB XI als Pflegevergütung bezeichnet wird. Sie soll – wie sich im Umkehrschluss aus Abs. 2 ergibt – den betrieblichen Aufwand der allgemeinen Pflegeleistungen einschließlich angemessener Zuschläge zur Abgeltung des Unternehmerrisikos und der Eigenkapitalverzinsung abdecken (so für das Letztgenannte BSGE 87, 199, 203 = SozR 3-3300 § 85 Nr. 1 S. 6).

1. Systematik

Im Gefüge der Vergütungsbestimmungen des SGB XI wird der Anspruch auf die 5 Pflegevergütung durch § 82 dem Grunde nach begründet. Höhe und Ausgestaltung im Weiteren bestimmen sich hingegen nach den §§ 84 ff. Nach diesen Vorschriften sind die allgemeinen Pflegeleistungen (zum Begriff sogleich Rn. 6) mit einem nach dem Maßstab der Leistungsgerechtigkeit (§§ 82 Abs. 1 Nr. 1, 84 Abs. 2 Satz 1) einrichtungsindividuell auszuhandelnden (§ 85 Abs. 2 Satz 2 Hs 2) Pflegesatz abzugelten, der sämtliche Leistungen für einen Versicherten pauschal abdeckt (§ 84 Abs. 4 Satz 1, vgl. BSGE 95, 102, 112 = SozR 4-3300 § 43 Nr. 1 Rn. 36). Der materielle Gehalt der Pflegevergütung bestimmt sich danach im Wesentlichen nach den §§ 84 ff. und realisiert sich in den daher Grundlage zu führenden Pflegesatzverhandlungen. Hingegen ergibt sich wiederum aus § 82, 1. welche Leistungen durch die Pflegevergütung zu vergüten sind (Abs. 1 Satz 1 Nr. 1), 2. welche Aufwendungen als Investitionsaufwand keinen Eingang in die Pflegesatzbemessung erhalten (Abs. 2) und 3. wer Zahlungspflichtiger ist (dazu Rn. 8).

2. Allgemeine Pflegeleistung

Die Pflegevergütung ist nach Abs. 1 Satz 1 Nr. 1 Gegenleistung für die allgemeinen 6 Pflegeleistungen der Einrichtung. Das sind nach der Legaldefinition des § 84 Abs. 4 Satz 1 die „für die Versorgung der Pflegebedürftigen nach Art und Schwere ihrer Pflegebedürftigkeit erforderlichen Pflegeleistungen" und deshalb ohne die nach § 88 Satz 1 Nr. 2 ggf. zu erbringenden pflegerischen Zusatzleistungen. Maßstab für die Erforderlichkeit der hiernach zu erbringenden Pflegeleistungen sind die Leistungsansprüche der Versicherten nach Maßgabe der leistungsrechtlichen Vorschriften. Allgemeine Pflegeleistungen sind danach im ambulanten Bereich die in § 36 vorgesehenen Leistungen der häuslichen Pflege, also der Grundpflege bei den in § 14 Abs. 4 aufgeführten Verrichtungen sowie die Leistungen zur hauswirtschaftlichen Versorgung. Für den stationären Bereich bestimmt sich der Leistungsumfang nach §§ 43 Abs. 2, 82 Abs. 1 Satz 3. Allgemeine Pflegeleistungen iSv. §§ 82 Abs. 1 Satz Nr. 1, 84 Abs. 4 Satz 1 sind danach sämtliche Pflegeleistungen, die eine Pflegeeinrichtung den von ihr versorgten Pflegebedürftigen nach der jeweils vorliegenden Art und Schwere der Pflegebedürftigkeit (§ 4 Abs. 2 Satz 2) in Erfüllung der Leistungsansprüche der Versicherten gegen ihre PK zu erbringen hat (ähnlich Reimer in Hauck/Noftz, SGB XI, § 82 Rn. 11). Dazu rechnen bei stationärer Versorgung auch die soziale Betreuung und die medizinische Behandlungspflege, soweit für diese nicht nach § 37 die Krankenkasse aufzukommen hat. Der Aufwand für beide Leistungen muss also im Pflegesatz berücksichtigt werden. Jedoch rechtfertigt ein besonderer Bedarf insoweit keine Höherstufung der Pflegeklasse (BSGE 95, 102, 110 ff. = SozR 4-3300 § 43 Nr. 1 Rn. 33 ff.).

Die nähere Ausgestaltung des auf diese Weise nur abstrakt umrissenen Leistungsauf- 7 trags obliegt nach dem Konkretisierungskonzept des SGB XI der vertraglichen Vereinbarung vornehmlich zwischen Leistungserbringern und Kostenträgern, nämlich in Rahmenverträgen nach § 75 Abs. 2 und – bezogen auf die einzelne Einrichtung – als Teil der Pflegesatzvereinbarungen nach § 84 Abs. 4. Das trifft auf Kritik (vgl. etwa *Reimer*, in: Hauck/Noftz, SGB XI, § 82 Rn. 3 ff.). Indes stößt die Konkretisierung von Leistungsinhalten im pflegeversicherungsrechtlichen Dreiecksverhältnis zwischen

§ 82 Achtes Kapitel. Pflegevergütung

PKen, Versicherten und Leistungserbringern notwendig auf systembedingte Schwierigkeiten, die bei jeder Ausgestaltung Folgeprobleme nach sich ziehen kann. Auch ist nicht zu verkennen, dass ein anerkennenswertes Interesse von PKen und Leistungsträgern an einer Standardisierung der Leistungsinhalte besteht. Insoweit ist im Ansatz gegen das Regelungskonzept nichts zu erinnern. Bei der Umsetzung ist aber zu beachten, dass der Maßstab der Leistungskonkretisierung allein dem Rechtsverhältnis zwischen Pflegebedürftigen und PKen entnommen werden kann und es hierfür ausschließlich auf die Leistungsansprüche des Versicherten im Verhältnis zur PK ankommt. Ob sie zutreffend umgesetzt sind, haben im Zweifel auf Leistungsklage von Versicherten oder auf Feststellungsklage der Pflegeeinrichtung die Gerichte zu entscheiden (vgl. dazu auch § 75 Rn. 14).

3. Zahlungspflicht (Abs. 1 Satz 2)

8   Dem Wortlaut nach trifft die Zahlungspflicht für die Pflegevergütung nach Abs. 1 Satz 2 die Pflegebedürftigen oder deren Kostenträger. Diese Formel ist missverständlich und im Übrigen unvollständig. Zahlungspflichtiger für die Pflegevergütung ist grundsätzlich gerade nicht der Pflegebedürftige. Nach dem Sachleistungsgrundsatz (vgl. § 4 Abs. 1 Satz 1) sind die Pflegeleistungen vielmehr von den PKen als Sachleistung, im Ansatz also: kostenfrei zu verschaffen, soweit sich die Versicherten die Leistungen nicht selbst beschaffen, § 37, oder ein Fall des § 91 vorliegt. Demnach ergibt sich aus Abs. 1 Satz 2 nur, dass die Zahlungspflicht in Bezug auf die Pflegevergütung Pflegebedürftige und den PKen treffen kann. Das Maß der jeweiligen Kostenbeteiligung bestimmt sich dagegen nach anderen Regeln, nämlich dem Innenverhältnis zwischen PKe und Pflegebedürftigen. Entscheidend dafür ist der Umfang der Sachleistungspflicht der PKe. Danach ist die PKe zahlungspflichtig, soweit sie im Verhältnis zu den Versicherten zur Sachleistung verpflichtet ist (vgl. BSGE 95, 102, 107 = SozR 4-3300 § 43 Nr. 1 Rn. 23); für den stationären Bereich ist dies zwischenzeitlich durch eine entsprechende Zahlungspflicht der PK nach § 87a Abs. 3 Satz 1 umgesetzt. Dagegen sind die Pflegebedürftigen nur zahlungspflichtig, soweit die Zahlung der PK die Pflegevergütung nicht abdeckt und für den Rest deshalb sie selbst bzw. Dritte aufzukommen haben.

IV. Entgelt für Unterkunft und Verpflegung (Abs. 1 Satz 1 Nr. 2)

9   Zweiter Finanzierungsteil (s. Rn. 3) der Einrichtungen ist bei stationärer oder teilstationärer Versorgung der Anspruch auf ein Entgelt für Unterkunft und Verpflegung nach Abs. 1 Satz 1 Nr. 2, der sich nach Abs. 1 Satz 4 gegen die Pflegebedürftigen selbst richtet und dessen Höhe gemäß § 87 in entsprechender Anwendung der für das Pflegesatzverfahren geltenden Vorschriften zwischen dem Träger der Einrichtung und den Kostenträgern zu vereinbaren ist.

1. Regulierung der Entgelte für Unterkunft und Verpflegung

10   Die Einbeziehung der Entgelte für Unterkunft und Verpflegung in das Vergütungsregime der §§ 82, 84 ff. erfordert das Finanzierungsmodell des SGB XI im Ansatz für sich genommen nicht. Entscheidend hierfür ist zunächst nur, dass die Kosten von Unterkunft und Verpflegung bei stationärer Versorgung nicht von der Solidargemeinschaft der Beitragszahler, sondern von den Pflegebedürftigen selbst oder von anderen Kostenträgern bzw. Angehörigen aufzubringen sind, so auch im AT § 4 Abs. 2 Satz 2 Hs 2. Hierdurch will der Gesetzgeber die Gleichbehandlung mit Pflegebedürftigen in häuslicher Pflege sicherstellen (vgl. BT-Drucks. 12/5262, S. 143 zu § 91 Abs. 1), die für die normale Lebensführung ebenfalls selbst aufzukommen haben (zur fehlenden Trag-

fähigkeit dieser Begründung bei der teilstationären Pflege vgl. *Plantholz*, in: LPK-SGB XI, § 82 Rn. 7). Auch wird damit einem möglichen Anreiz entgegengewirkt, zur Entlastung der im eigenen Haushalt anfallenden Kosten von Unterkunft und Verpflegung die Leistungen der stationären Pflege in Anspruch zu nehmen. Jedoch beschränkt sich der Regelungsansatz der §§ 82 Abs. 1 Satz 1 Nr. 2, 87 nicht darauf, die entsprechenden Kosten aus der Pflegevergütung auszugrenzen. Vielmehr werden sie durch die Begründung eines eigenständigen Anspruchs auf Rechtsgrundlage des SGB XI in den Vergütungsmechanismus der §§ 84 ff. einbezogen und damit so gestellt wie die wesentlich aus Beitragsmitteln finanzierten allgemeinen Pflegeleistungen selbst.

Dies bewirkt für die nicht von der Sozialhilfe getragenen Entgelte eine öffentlich- 11 rechtliche Preisregulierung unter Privaten, nämlich auf der Vertragsebene zwischen Einrichtung und Heimbewohner. Zur Rechtfertigung verweisen die Materialien auf die entsprechende Gestaltung im Sozialhilferecht und auf den Schutz der Interessen auch der Heimbewohner, die die Kosten von Unterkunft und Verpflegung selbst tragen (BT-Drucks. 12/5262, S. 147). Ob das mit dem Verweis auf das Sozialhilferecht voll trägt, sei dahingestellt; immerhin sind die Entgelte für Unterkunft und Verpflegung im Regelfall gerade nicht aus Steuermitteln zu bestreiten. Auch reicht die Wirkung der Einbeziehung dieser Entgelte nach den materiellen Bemessungskriterien der §§ 84 ff. über eine bloße Missbrauchskontrolle deutlich hinaus (so zutreffend *Neumann*, in: HS-PV, § 22 Rn. 37). Unter Berücksichtigung der Spielräume des Gesetzgebers bei der Ausgestaltung von Vergütungsregelungen (vgl. BVerfGE 83, 1 ff.; BVerfGE 101, 331 ff.) bestehen gleichwohl gute Gründe für das Regelungskonzept. Leitend ist das Ziel, zu einer für Heimbewohner und Heimträger gleichermaßen tragfähigen Vergütung der Unterkunfts- und Verpflegungsleistungen zu gelangen. Hieran besteht ein hohes öffentliches Interesse. Schon im Ansatz ist die Versorgung mit einer ausreichenden Pflegeinfrastruktur von hoher Bedeutung nicht nur für die Pflegebedürftigen selbst, sondern für die Allgemeinheit überhaupt. Der Ausgleich zwischen dem Interesse der Einrichtungen und damit mittelbar dem öffentlichen Interesse an einer ausreichenden Versorgung mit Pflegeleistungen und andererseits dem Interesse der Heimbewohner an einer für sie tragbaren Vergütung ist deshalb auch im öffentlichen Interesse von hoher Bedeutung. Das gilt umso mehr deshalb, als die Versorgung mit diesen Leistungen zu einem wesentlichen Teil aus Mitteln der Versichertengemeinschaft einerseits und Steuermitteln andererseits (vgl. § 9) bestritten wird und den Einrichtungen daraus besondere Bindungen auch im Hinblick auf die Entgeltanteile erwachsen, die von den Heimbewohnern selbst aufzubringen sind. Schließlich spricht für die Einbeziehung auch der Entgelte für Unterkunft und Verpflegung in das Vergütungsverfahren der allgemeinen Pflegeleistungen auch, dass der Aufwand für den Betrieb der Pflegeeinrichtung zum Teil für beide Leistungskomplexe zusammen anfällt – etwa bei Energie, Verwaltung, Gebäudereinigung u. ä. – und deshalb schon zur Vermeidung von Doppelabrechnungen und Kostenverlagerungen eine enge Verzahnung der Vergütungsverfahren erforderlich ist (vgl. § 75 Abs. 2 Nr. 1). Solange der Gesetzgeber im Interesse einer sachgerechten Entwicklung der Pflegeinfrastruktur und kostengünstigen Versorgungsmöglichkeiten auf einrichtungsindividuell ausdifferenzierte Vergütungen anstelle von einheitlichen Vergütungssätzen setzt (vgl. dazu BSG, Urteil vom 29. 1. 2009 – B 3 P 7/08 R – BSGE 102, 227, SozR 4-3300 § 85 Nr. 1 = NZS 2010, 35), ist danach insgesamt jedenfalls dem Grunde nach gegen die Einbeziehung der Entgelte für Unterkunft und Verpflegung in das Vergütungsregime des SGB XI nichts zu erinnern.

2. Unterkunft und Verpflegung

Das Entgelt für Unterkunft und Verpflegung ist Gegenleistung für alle in dem 12 Leistungskomplex „Unterkunft und Verpflegung" eingeschlossenen Leistungen. Das sind alle Leistungen, die für den stationären oder teilstationären Aufenthalt in der Einrichtung erforderlich und weder den allgemeinen Pflegeleistungen nach Abs. 1 Satz 1

Nr. 1 noch den Zusatzleistungen nach § 88 Satz 1 Nr. 1 zuzurechnen sind. Aus der Perspektive des SGB XI handelt es sich um ergänzende Leistungen zur Pflegeleistung, die von den Heimbewohnern selbst zu tragen sind (vgl. Rn. 10) und deshalb nicht in Erfüllung des Sachleistungsanspruchs der Versicherten gegen die PKen erbracht werden. Anspruchsgrundlage ist vielmehr der dem Privatrecht zuzurechnende und nach Maßgabe des – nach der Änderung von Art. 74 Abs. 1 Nr. 7 GG durch das GGÄndG 2006 vom 28.8.2006, BGBl. I S. 2034 – nunmehr landesrechtlichen Heimrechts zu gestaltende Heimvertrag zwischen Bewohner und Einrichtung. Maßstab des Leistungsumfangs ist deshalb anders als bei den allgemeinen Pflegeleistungen (vgl. Rn. 6) nicht ein öffentlich-rechtlich ausgestalteter Leistungsanspruch des Versicherten. Ungeachtet dessen sind die Leistungsansprüche der Heimbewohner auch insoweit wesentlich öffentlich-rechtlich geprägt. Insoweit ergibt sich zunächst eine allgemeine materiell-rechtliche Direktive aus § 88, wonach Anspruch auf Vergütung besonderer Komfortleistungen bei Unterkunft und Verpflegung nur auf Grundlage gesonderter Vereinbarungen zwischen Heimträger und Bewohner nach Maßgabe der Anforderungen von § 88 Abs. 2 besteht. Hiernach erfasst der Tatbestand des Abs. 1 Satz 1 Nr. 2 im Umkehrschluss jede der Standardversorgung zuzurechnende Leistung, die bei stationärer oder teilstationärer Versorgung der Versicherten beim Aufenthalt in der Einrichtung notwendig zu erbringen oder vorzuhalten ist und die Schwelle der Komfortversorgung iSv. § 88 Abs. 1 Satz 1 Nr. 1 noch nicht erreicht. Die nähere Konkretisierung dessen ergibt sich wiederum wie bei den allgemeinen Pflegeleistungen aus den auf der Rahmenvertragskompetenz nach § 75 Abs. 2 Nr. 1 beruhenden Verträgen von Kostenträgern und Leistungserbringern. Dazu haben die Spitzenverbände gemeinsame Empfehlungen abgegeben (vgl. nunmehr § 75 Abs. 7), in denen der Mindeststandard der Unterkunfts- und Verpflegungsleistungen abstrakt umrissen ist. Auf sie können die Einrichtungen in ihren AGB nach der Rspr. des BGH zulässig Bezug nehmen (vgl. BGHZ 149, 146 = NJW 2002, 507).

3. Angemessenheit

13 Der Höhe nach besteht gemäß Abs. 1 Satz 1 Nr. 2 Anspruch auf ein angemessenes Entgelt für Unterkunft und Verpflegung. Dagegen hat die Pflegevergütung nach Abs. 1 Satz 1 Nr. 1 leistungsgerecht zu sein. Daraus wird zum Teil geschlossen, dass insoweit unterschiedliche Bemessungskriterien gelten (so etwa *Schulin,* VSSR 1994, 285, 298; tendenziell ebenso *Brünner/Höfer,* in: LPK-SGB XI, § 87 Rn. 10; offen *Reimer,* in: Hauck/Noftz, SGB XI, § 87 Rn. 10). Dagegen spricht indes die nähere Ausgestaltung des Verfahrens zur Entgeltbestimmung. Maßgebend hierfür ist § 87 Satz 3 Hs 1 mit dem Verweis auf die entsprechende Geltung der §§ 85 und 86. Die danach für das Verfahren der Entgeltbestimmung maßgebenden Kriterien lassen eine sinnvolle Differenzierung zwischen dem Maßstab der Leistungsgerechtigkeit und dem der Angemessenheit nicht zu. Gegen entsprechende Unterschiede spricht auch, dass im Verfahren der Entgeltbestimmung mit möglichem Schiedsverfahren (vgl. § 85 Abs. 5 Satz 1) für den Interessenausgleich zwischen Heimträger und Heimbewohnern zu sorgen ist und hierbei ein erweiterter Beurteilungsspielraum der Einrichtung zulasten der Heimbewohner bei der Festlegung des beanspruchten Entgelts schwerlich zu rechtfertigen wäre. Das BSG wendet die Maßstäbe demgemäß unterschiedslos an (vgl. Urteil vom 29.1.2009 – B 3 P 7/08 R – BSGE 102, 227 = SozR 4-3300 § 85 Nr. 1 = NZS 2010, 35).

V. Investitionsumlage (Abs. 3 und 4)

14 4. Finanzierungsteil (s. Rn. 3) ist der Anspruch der Einrichtung auf Umlegung eines Teils der betriebsnotwendigen Investitionsaufwendungen, die nicht öffentlich

Finanzierung der Pflegeeinrichtungen § 82

gefördert worden sind. Dieser Teil kann nach Maßgabe von Abs. 3 und 4 sowie des konkretisierenden Landesrechts (Abs. 3 Satz 3 Hs 2) im Wege der sog. gesonderten Berechnung anteilig von den Heimbewohnern erhoben und so auf sie umgelegt werden. Unterschiede ergeben sich daraus, ob die Einrichtung öffentliche Investitionsförderung erhalten (Abs. 3) oder nicht erhalten (Abs. 4) hat.

1. Regelungszweck

Abs. 3 und 4 sind Teil des erst im Vermittlungsverfahren eingeführten Konzepts **15** der dualen Finanzierung (vgl. Rn. 2). Danach werden die Leistungen der Einrichtungen nicht einheitlich vergütet (monistische Finanzierung), sondern in verschiedene Vergütungsanteile aufgeteilt. Die Einrichtungen erhalten demnach auf bundesrechtlicher Grundlage Vergütungen und Entgelte für den betrieblichen Aufwand der allgemeinen Pflegeleistungen und von Unterkunft und Verpflegung, zu zahlen von PKen und Heimbewohnern (Abs. 1 Satz 1 Nr. 1 und 2). Weiter sollen sie für ihre Investitionen eine Förderung durch öffentliche Mittel von den Ländern erhalten, allerdings nicht auf Grundlage eines bundesrechtlichen Anspruchs, sondern nach Maßgabe des Landesrechts (§ 9). Soweit eine solche öffentliche Förderung nur teilweise (Abs. 3) oder überhaupt nicht (Abs. 4) gewährt wird, besteht auf bundesrechtlicher Grundlage und nach Maßgabe landesrechtlicher Konkretisierung (Abs. 3 Satz 3 Hs 2) schließlich Anspruch auf anteilige Heranziehung der Heimbewohner zu den nicht gedeckten Investitionskosten. Die Vorschrift dient mithin der Schließung von Deckungslücken (so treffend *Reimer*, in: Hauck/Noftz, SGB XI, § 82 Rn. 24) im Investitionsbereich und erlaubt den Pflegeeinrichtungen die Refinanzierung der durch öffentliche Förderung nicht gedeckten Investitionskosten. Insoweit ist sie Ausgleich dafür, dass sich der Bund mit seinen ursprünglichen Vorstellungen zur Finanzierung von Pflegeeinrichtungen nicht hat durchsetzen können und die Förderung der Pflegeinfrastruktur Ländersache geblieben ist (zur Entstehungsgeschichte vgl. BSGE 99, 57 = SozR 4-3300 § 82 Nr. 4 jeweils Rn. 13). Infolgedessen tragen zunächst die Pflegebedürftigen das Investitionskostenrisiko (ebenso *Reimer*, in: Hauck/Noftz, SGB XI, § 82 Rn. 21). Weiter kann eine unterschiedliche Handhabung der Förderpraxis auf die Betriebschancen der Einrichtungen durchschlagen, weil nicht geförderte Einrichtungen im Wettbewerb kaum bestehen können (so zutreffend *Neumann*, in: HS-PV, § 22 Rn. 63); allerdings gelten insoweit Grenzen (vgl. BSGE 88, 215, 222f. = SozR 3-3300 § 9 Nr. 1; BSGE 96, 28 = SozR 4-3300 § 9 Nr. 2 jeweils Rn. 42). Schließlich kann eine unzureichende Förderung auch das Wettbewerbskonzept des SGB XI berühren, das sich von einem verstärkten Wettbewerb unter den Einrichtungen innovative Modelle und nicht zuletzt auch Anreize für eine marktorientierte Preisgestaltung erwartet hat (vgl. BT-Drucks. 12/5262, S. 136 zu § 81 Abs. 3).

2. Umlagefähiger Aufwand

Durch gesonderte Berechnung umlagefähig ist nach Abs. 3 Satz 1 ein Teil des **16** durch Abs. 2 als Investitionsaufwand qualifizierten Aufwands, nämlich der Aufwand nach Abs. 2 Nr. 1 und 3. Die anderen gemäß Abs. 2 nicht als betrieblicher Aufwand in den Vergütungen und Entgelten nach Abs. 1 berücksichtigungsfähigen Kosten (vgl. Rn. 21) sind dagegen auch durch gesonderte Berechnung nach Abs. 3 und 4 nicht umlagefähig. Das betrifft die Aufwendungen für den Erwerb und die Erschließung von Grundstücken (Abs. 2 Nr. 2) sowie die Aufwendungen für den Anlauf, die betriebliche Umstellung oder die Schließung einer Pflegeeinrichtung (Abs. 2 Nr. 4 und 5). Dem Grunde nach umlagefähig über Ansprüche nach Abs. 3 und 4 ist danach grundsätzlich jeder Aufwand für Gebäude und weitere Infrastruktur mit Ausnahme der grundstücksbezogenen Kosten. Dieser wegen der Einführung erst im Vermittlungsverfahren in den Materialien nicht näher erläuterte Ausschlusstatbestand (vgl.

BT-Drucks. 12/6424, S. 3 f. und 12/7323, S. 5 – jeweils zu § 91) würde auf verfassungsrechtliche Bedenken stoßen, soweit sie einem Träger die Refinanzierung ihm tatsächlich entstandener Aufwendungen verschließen würde (BSGE 91, 182 = SozR 4-3300 § 82 Nr. 1 jeweils Rn. 18; BSGE 99, 57 = SozR 4-3300 § 82 Nr. 4 jeweils Rn. 16). Demgemäß hat das BSG entschieden, dass bei der Anmietung eines Gebäudes die angemessenen Mietkosten auch hinsichtlich der enthaltenen Grundstückskosten als betriebsnotwendige Aufwendungen geltend gemacht werden können (BSGE 91, 182 = SozR 4-3300 § 82 Nr. 1 jeweils Rn. 14 ff.). Ebenso muss eine angemessene Eigenkapitalverzinsung gewährleistet sein (BSGE 87, 199 = SozR 3-3300 § 85 Nr. 1; BSGE 96, 126 = SozR 4-3300 § 82 Nr. 2 jeweils Rn. 27).

17   Nicht zu beanstanden nach der Rspr. des BSG ist indes entgegen hieran geäußerter Kritik (vgl. etwa *Neumann,* in: HS-PV, § 22 Rn. 11) der Ausschluss der Kosten für den Erwerb und die Erschließung von Grundstücken aus den Umlagetatbeständen des Abs. 3 und 4 (Urteil vom 8. 9. 2011 – B 3 P 2/11 R – BSGE 109, 96 = SozR 4-3300 § 82 Nr. 7, Rn. 47). Mit Ausnahme der seit der Ergänzung des § 82 Abs 1 Nr. 1 um die Position der Kapitalkosten durch das AssPflStatRG (oben Rn. 1) nach Vorstellung des Gesetzgebers ebenfalls nach § 82 Abs. 3 Satz 1 umlagefähigen fiktiven Eigenkapitalzinsen (vgl. BT-Drucks. 17/11396, S. 21; dazu nach alter Rechtslage BSG, Urteil vom 8. 9. 2011 – B 3 P 2/11 R – BSGE 109, 96 = SozR 4-3300 § 82 Nr. 7, Rn. 29 ff.) dienen diese Tatbestände nicht dem Vergütungsinteresse der Einrichtungen. Die Kostenumlage nach § 82 Abs. 3 und 4 ist vielmehr ausschließlich konzipiert als Ausgleich dafür, dass die Länder – wie allerdings zunehmend – entgegen der in § 9 Satz 1 vorausgesetzten Erwartung für die Kosten der Pflegeinfrastruktur nicht bzw. nicht vollständig aufkommen und sie deshalb von den Einrichtungen selbst zu tragen sind; diesen Aufwand sollen sie auf die Heimbewohner umlegen können. Das ist allerdings nur gerechtfertigt, soweit die getätigten Investitionen einen Wertverlust erleiden und den Trägern deshalb ein auch handelsrechtlich beachtlicher Aufwand entsteht. Das liegt bei Grundstückswerten anders. Sie unterliegen keinem Wertverzehr durch Benutzung und verbleiben dem Heimträger regelmäßig als ungeschmälerter Wertgegenstand, der im Fall einer Betriebsaufgabe oder -verlagerung vollständig zur Verwertung zur Verfügung steht. Würde der Träger diesen Kapitalwert selbst durch Umlage refinanzieren wollen, liefe das auf eine Vermögensmehrung hinaus, deren Tragung weder den Heimbewohnern noch den Sozialhilfeträgern zuzumuten wäre (vgl. BSG, Urteil vom 8. 9. 2011 – B 3 P 2/11 R – BSGE 109, 96 = SozR 4-3300 § 82 Nr. 7, Rn. 29 ff.). Darauf war sinngemäß auch schon in den Materialien zum ursprünglichen PflegeVG- Entwurf hingewiesen worden (vgl. BT-Drucks. 12/5262, S. 136 zu § 81 Abs. 3). Bringt ein Träger eigene Grundstücke für den Einrichtungsbetrieb ein, kann er hierfür allerdings wie für jeden anderen Eigenkapitaleinsatz auch eine angemessene Eigenkapitalverzinsung beanspruchen (so zugrunde gelegt auch im Urteil vom 8. 9. 2011 – B 3 P 2/11 R – BSGE 109, 96 = SozR 4-3300 § 82 Nr. 7, Rn. 47; ebenso *Plantholz,* in: LPK-SGB XI, § 82 Rn. 14).

3. Betriebsnotwendigkeit

18   Umlagefähig nach Abs. 3 oder 4 sind Investitionsaufwendungen im dargelegten Sinne nur, soweit sie betriebsnotwendig sind. Das ist der Fall, wenn erstens die Investition der Sache nach und zweitens der Aufwand dafür der Höhe nach für den Betrieb erforderlich waren. Insoweit ist eine Investition ihrem Gegenstand nach betriebsnotwendig, soweit sie als Teil der räumlichen oder sächlichen Ausstattung für den Betrieb der Einrichtung erforderlich ist. Maßstab hierfür ist der Versorgungsauftrag der Einrichtung, wie er im Versorgungsvertrag (§ 72 Abs. 1 Satz 2) und den Heimverträgen mit den Bewohnern festgelegt ist. Der insoweit einzuhaltende sächliche und apparative Mindeststandard ergibt sich aus der ungeachtet der Änderung von Art. 74 Abs. 1 Nr. 7 GG durch das GGÄndG 2006 (BGBl. I 2006 S. 2034) gemäß Art. 125a Abs. 1

GG bis zur Ablösung durch Landesrecht weiter fortgeltenden HeimMindBauV vom 27.1.1978, BGBl. I S. 189, zuletzt geändert durch VO vom 25.11.2003, BGBl. I S. 2346. Danach fehlt es an der Betriebsnotwendigkeit bei Investitionen, die entweder schlechthin keinen Bezug zum Versorgungsauftrag der Einrichtung aufweisen oder verglichen mit dem Standard der Einrichtung als besondere Komfortleistung anzusehen sind und deshalb nur über Zuschläge für Zusatzleistung nach § 88 Abs. 1 Satz 1 Nr. 2 abgerechnet werden können (so zutreffend VGH Baden-Württemberg, VBlBW 2006, 470). Ansonsten kann eine Investition aber als betriebsnotwendig anzusehen sein, wenn sie zwar über dem durchschnittlichen Standard vergleichbarer Einrichtungen liegt, aber die betreffende Einrichtung insoweit einen überdurchschnittlichen Ausstattungsstandard aufweist und dies Gegenstand des Heimvertrages zwischen Bewohner und Einrichtung geworden und die höhere Belastung für den Bewohner somit vorhersehbar gewesen ist (vgl. VGH Baden-Württemberg, VBlBW 2006, 470).

4. Pauschalierung (Abs. 3 Satz 3 Hs 2 und Satz 4)

Seit der Ergänzung des Abs. 3 durch das AssPflStatRG vom 20.12.2012 (oben Rn. 1) können die Instandhaltungs- und Instandsetzungsaufwendungen nach Maßgabe landesrechtlicher Regelung auch pauschaliert umgelegt werden. Im Ausgangspunkt erlaubt Abs. 3 Satz 1 nach Zweck und Wortlaut („soweit ... Investitionsaufwendungen ... nicht vollständig gedeckt sind") die Umlage nur solcher nicht anderweitig finanzierter Investitionskosten, die entweder schon in der Vergangenheit tatsächlich angefallen sind oder im Umlagezeitraum sicher anfallen werden. Das BSG hat deshalb entschieden, dass der Umlagetatbestand des Abs. 3 Satz 1 weder zur Heranziehung der Heimbewohner zur Bildung von Rückstellungen für mögliche Ersatzinvestitionen bei – im konkreten Fall nahezu zu 100% – öffentlich geförderten Bauwerken noch zur Umlage nach Maßgabe eines Belegungsschlüssels rechtfertigt, der (deutlich) unter der tatsächlichen Belegungsquote des Pflegeheims liegt und deshalb zu einer überhöhten Kostenbelastung für den Einzelnen führt (Urteil vom 8.9.2011 – B 3 P 2/11 R – BSGE 109, 96 = SozR 4-3300 § 82 Nr. 7, Rn. 21 ff.). Auf diese von Einrichtungsträgern vielfach kritisch aufgenommene Entscheidung hat der Gesetzgeber mit dem AssPflStatRG reagiert und den Ländern nunmehr die Befugnis eingeräumt, landesrechtlich auch die Umlage pauschalierter Instandhaltungs- und Instandsetzungsaufwendungen zu erlauben und dazu auch Vorgaben zur hierbei anzusetzenden Belegungsquote zu machen (dazu *Weber*, NZS 2013, 406 ff.). Das kann in zu begrüßender Weise den Bürokratieaufwand bei der Umsetzung des Umlagetatbestandes reduzieren (BT-Drucks. 17/11396, S. 21). Andererseits löst dies die Umlage nicht von dem grundsätzlichen Zweck, den Einrichtungen einen Ausgleich nur für den Aufwand zu gewähren, der entgegen § 9 Satz 1 von den Ländern gar nicht oder nur zum Teil übernommen worden ist; das bestätigen auch die Materialien (vgl. BT-Drucks. 17/11396, S. 21). Vor diesem Hintergrund ist zum einen die Beschränkung der Pauschalierungsbefugnis dem Gegenstand nach beachtlich, wonach sie gemäß Abs. 3 Satz 3 Hs 2 nur für „Instandhaltungs- und Instandsetzungsaufwendungen" gilt und damit nicht für alle weiteren Investitionsaufwendungen iSv. Abs. 3 Satz 1. Zum anderen gibt Abs. 3 Satz 4 den Ländern vor, dass die Pauschalen dem Betrag nach „in einem angemessenen Verhältnis zur tatsächlichen Höhe der Instandhaltungs- und Instandsetzungsaufwendungen" stehen müssen. Vor dem Hintergrund des Regelungszwecks und der Regelungssystematik kann mit „tatsächliche" Höhe der Aufwendungen in diesem Sinne nur tatsächliche Aufwand jeder einzelnen Einrichtung für Instandhaltung und Instandsetzung gemeint sein. Unzulässig wären danach Umlagen, die nur auf allgemeine Erfahrungswerte abstellten oder die die tatsächliche Mittelverwendung in der Vergangenheit unbeachtet ließen (ähnlich *Plantholz*, in: LPK-SGB XI, § 82 Rn. 18: Kein Investitionsstau trotz Zahlung für investive Maßnahmen).

18a

§ 82 Achtes Kapitel. Pflegevergütung

5. Umlageverfahren

19   Hinsichtlich des Verfahrens unterscheiden Abs. 3 und 4 zwischen Einrichtungen, die öffentliche Förderung erhalten haben und solchen, die keine Förderung erhalten haben. Maßgebend dafür ist nur, ob die Einrichtung überhaupt aus Landesmitteln gefördert worden ist. Dagegen können die Länder die Umlage nicht gedeckter Investitionsaufwendungen für betriebsnotwendige Einrichtungsgüter nicht dadurch verhindern, dass bestimmte Investitionen aus der Landesförderung ausgenommen werden. Auch haben die landesrechtlichen Entscheidungen über die Einrichtungsförderung keine Tatbestandswirkung für das Umlageverfahren nach § 82 Abs. 3 oder 4 (BSGE 99, 57 = SozR 4-3300 § 82 Nr. 4).

6. Rechtsweg

20   Für Rechtsstreitigkeiten über Rechte und Pflichten im Verhältnis zwischen Pflegeeinrichtungen und Heimbewohnern nach Abs. 3 und 4 ist der Rechtsweg zu den Sozialgerichten nach § 51 Abs. 1 Nr. 2 SGG gegeben (vgl. für Abs. 3: BSG, SozR 3-1500 § 51 Nr. 25 und BVerwG, Buchholz 310 § 40 VwGO Nr. 287; für Abs. 4: BSGE 91, 182 = SozR 4-3300 § 82 Nr. 1 jeweils Rn. 8 und BVerwG, NZS 2005, 317). Das gilt auch, soweit sich die Einrichtung gegen Anordnungen der Heimaufsicht wendet, die sich auf die Befugnisse im Verhältnis zwischen Heimträger und Heimbewohnern nach diesen Vorschriften stützen. Jeweils untersteht das Rechtsverhältnis, aus dem der Klageanspruch abgeleitet wird, dem SGB XI (vgl. zu diesem Maßstab BSG, SozR 3-1500 § 51 Nr. 27). Anders liegt es hingegen bei Rechtsstreitigkeiten über die Gewährung von öffentlichen Fördermitteln iSv. § 9 zwischen Einrichtung und Land. Auch hierauf kann zwar das Leistungserbringungsrecht nach dem SGB XI einwirken. Mögliche Anspruchsgrundlage ist aber nicht das SGB XI, sondern das allgemeine öffentlich-rechtliche Förderrecht der Länder, was für die Zuständigkeit der allgemeinen Verwaltungsgerichtsbarkeit spricht (so BVerwG, Buchholz 310 § 40 VwGO Nr. 283; offen gelassen von BSGE 96, 28 = SozR 4-3300 § 9 Nr. 2 jeweils Rn. 26).

VI. Abgrenzung betriebs- und investitionsbezogener Aufwendungen (Abs. 2)

21   Abs. 2 enthält den Katalog der dem Investitionsbereich zugerechneten Aufwendungen, die weder bei der Festsetzung der Pflegevergütung (durch Pflegesatz- bzw. Pflegevergütungsvereinbarungen) noch bei der Festsetzung des Entgelts für Unterkunft und Verpflegung berücksichtigt werden dürfen. Die Vorschrift ist Teil der Regelungen zur Umsetzung des Konzepts der dualen Finanzierung (oben Rn. 1 und 15). In ihr drückt sich zum einen aus, für welche Aufwendungen nach den ursprünglichen Vorstellungen Förderleistungen der Länder iSv. § 9 zu gewähren sein konnten. Zum anderen ist sie Schaltstelle insoweit, als sich nach diesem Katalog entscheidet, ob ein betrieblicher Aufwand über die Vergütungen und Entgelte nach Abs. 1 oder über die Investitionsumlage nach Abs. 3 und 4 oder – so im Fall der Nr. 2 überhaupt nicht geltend gemacht werden kann. Zur Abgrenzung der in der Pflegevergütung und in den Entgelten für Unterkunft und Verpflegung nicht zu berücksichtigenden Investitionsaufwendungen von den vergütungsfähigen Aufwendungen für Verbrauchsgüter sollte die Bundesregierung auf Grund der Ermächtigung in § 83 Abs. 1 Satz 1 Nr. 5 die Pflege-AbgrenzungsVO (Entwurf, BR-Drucks. 289/95) erlassen; vgl. die AbgrenzungsVO nach dem KHG (vom 12.12.1985, BGBl. I S. 2255). Dazu ist es bislang allerdings nicht gekommen.

VII. Zuschüsse zu laufenden Aufwendungen (Abs. 5)

Die Vorschrift war bereits in Abs. 2 Satz 2 des FraktE enthalten. Nach dem jetzigen Finanzierungskonzept kann sie nur in Ausnahmefällen relevant werden. Schon vor dem Inkrafttreten des SGB XI waren Zuschüsse zu den laufenden Betriebskosten allenfalls bei Pflegeeinrichtungen in öffentlicher Trägerschaft anzutreffen. Sie werden durch das SGB XI nicht ausgeschlossen, dürften aber nur noch dann praktisch werden, wenn anders der Erhalt einer Einrichtung nicht möglich ist. Der von den PKen vorzunehmende Abzug von der Pflegevergütung soll zugleich der Vermeidung von Wettbewerbsverzerrungen unter den Pflegeeinrichtungen dienen (vgl. BT-Drucks. 12/5262, S. 143, zu § 91 Abs. 2). 22

§ 82a Ausbildungsvergütung

(1) Die Ausbildungsvergütung im Sinne dieser Vorschrift umfasst die Vergütung, die aufgrund von Rechtsvorschriften, Tarifverträgen, entsprechenden allgemeinen Vergütungsregelungen oder aufgrund vertraglicher Vereinbarungen an Personen, die nach Bundesrecht in der Altenpflege oder nach Landesrecht in der Altenpflegehilfe ausgebildet werden, während der Dauer ihrer praktischen oder theoretischen Ausbildung zu zahlen ist, sowie die nach § 17 Abs. 1a des Altenpflegegesetzes zu erstattenden Weiterbildungskosten.

(2) ¹Soweit eine nach diesem Gesetz zugelassene Pflegeeinrichtung nach Bundesrecht zur Ausbildung in der Altenpflege oder nach Landesrecht zur Ausbildung in der Altenpflegehilfe berechtigt oder verpflichtet ist, ist die Ausbildungsvergütung der Personen, die aufgrund eines entsprechenden Ausbildungsvertrages mit der Einrichtung oder ihrem Träger zum Zwecke der Ausbildung in der Einrichtung tätig sind, während der Dauer des Ausbildungsverhältnisses in der Pflegevergütung der allgemeinen Pflegeleistungen (§ 84 Abs. 1, § 89) berücksichtigungsfähig. ²Betreut die Einrichtung auch Personen, die nicht pflegebedürftig im Sinne dieses Buches sind, so ist in der Pflegevergütung nach Satz 1 nur der Anteil an der Gesamtsumme der Ausbildungsvergütungen berücksichtigungsfähig, der bei einer gleichmäßigen Verteilung der Gesamtsumme auf alle betreuten Personen auf die Pflegebedürftigen im Sinne dieses Buches entfällt. ³Soweit die Ausbildungsvergütung im Pflegesatz eines zugelassenen Pflegeheimes zu berücksichtigen ist, ist der Anteil, der auf die Pflegebedürftigen im Sinne dieses Buches entfällt, gleichmäßig auf alle pflegebedürftigen Heimbewohner zu verteilen. ⁴Satz 1 gilt nicht, soweit
1. die Ausbildungsvergütung oder eine entsprechende Vergütung nach anderen Vorschriften aufgebracht wird oder
2. die Ausbildungsvergütung durch ein landesrechtliches Umlageverfahren nach Absatz 3 finanziert wird.

⁵Die Ausbildungsvergütung ist in der Vergütungsvereinbarung über die allgemeinen Pflegeleistungen gesondert auszuweisen; die §§ 84 bis 86 und 89 gelten entsprechend.

(3) Wird die Ausbildungsvergütung ganz oder teilweise durch ein landesrechtliches Umlageverfahren finanziert, so ist die Umlage in der Vergütung der allgemeinen Pflegeleistungen nur insoweit berücksichtigungsfähig, als sie auf der Grundlage nachfolgender Berechnungsgrundsätze ermittelt wird:
1. Die Kosten der Ausbildungsvergütung werden nach einheitlichen Grundsätzen gleichmäßig auf alle zugelassenen ambulanten, teilstationären und

§ 82a

stationären Pflegeeinrichtungen und die Altenheime im Land verteilt. Bei der Bemessung und Verteilung der Umlage ist sicherzustellen, daß der Verteilungsmaßstab nicht einseitig zu Lasten der zugelassenen Pflegeeinrichtungen gewichtet ist. Im übrigen gilt Absatz 2 Satz 2 und 3 entsprechend.

2. Die Gesamthöhe der Umlage darf den voraussichtlichen Mittelbedarf zur Finanzierung eines angemessenen Angebots an Ausbildungsplätzen nicht überschreiten.

3. Aufwendungen für die Vorhaltung, Instandsetzung oder Instandhaltung von Ausbildungsstätten (§§ 9, 82 Abs. 2 bis 4), für deren laufende Betriebskosten (Personal- und Sachkosten) sowie für die Verwaltungskosten der nach Landesrecht für das Umlageverfahren zuständigen Stelle bleiben unberücksichtigt.

(4) [1]Die Höhe der Umlage nach Absatz 3 sowie ihre Berechnungsfaktoren sind von der dafür nach Landesrecht zuständigen Stelle den Landesverbänden der Pflegekassen rechtzeitig vor Beginn der Pflegesatzverhandlungen mitzuteilen. [2]Es genügt die Mitteilung an einen Landesverband; dieser leitet die Mitteilung unverzüglich an die übrigen Landesverbände und an die zuständigen Träger der Sozialhilfe weiter. [3]Bei Meinungsverschiedenheiten zwischen den nach Satz 1 Beteiligten über die ordnungsgemäße Bemessung und die Höhe des von den zugelassenen Pflegeeinrichtungen zu zahlenden Anteils an der Umlage entscheidet die Schiedsstelle nach § 76 unter Ausschluß des Rechtsweges. [4]Die Entscheidung ist für alle Beteiligten nach Satz 1 sowie für die Parteien der Vergütungsvereinbarungen nach dem Achten Kapitel verbindlich; § 85 Abs. 5 Satz 1 und 2, erster Halbsatz, sowie Abs. 6 gilt entsprechend.

Inhaltsübersicht

	Rn.
I. Geltende Fassung	1
II. Regelungsgehalt	2

I. Geltende Fassung

1   Die Vorschrift wurde mWv 1.1.1998 durch das 2. SGB XI-ÄndG vom 29.5.1998 (BGBl. I S. 1188) eingefügt (zu den Motiven vgl. BT-Drucks. 13/8941, S. 5). Durch Art. 3b des Gesetzes vom 8.6.2005 (BGBl. I S. 1530) wurden mWv 1.1.2006 in Abs. 1 das Wort „Die" vorangestellt und die Wörter „Vorschrift ist" durch die Wörter „Vorschrift umfasst" ersetzt sowie an die Satzende der Hs angefügt „sowie die nach § 17 Abs. 1a des Altenpflegegesetzes zu erstattenden Weiterbildungskosten." Die Änderungen gehen auf ein Vermittlungsverfahren zurück und sind im Nachhinein im Sozialbericht der Bundesregierung für das Jahr 2005 erläutert worden (vgl. BT-Drucks. 15/5955, S. 72). Durch das PflegeWEG vom 28.5.2008 (BGBl. I S. 874) sind mW zum 1.7.2008 in Abs. 1 die Wörter „Bundes- oder Landesrecht in der Altenpflege oder Altenpflegehilfe" durch die Wörter „Bundesrecht in der Altenpflege oder nach Landesrecht in der Altenpflegehilfe" und in Abs. 2 Satz 1 die Wörter „Bundes oder Landesrecht zur Ausbildung in der Altenpflege oder Altenpflegehilfe" durch die Wörter „Bundesrecht zur Ausbildung in der Altenpflege oder nach Landesrecht zur Ausbildung in der Altenpflegehilfe" ersetzt worden (zu den Motiven vgl. BT-Drucks. 16/7439, S. 70).

II. Regelungsgehalt

Die Vorschrift dient dazu, die Refinanzierung der Ausbildungsvergütungen für 2
Pflegekräfte über die Vergütungssätze für allgemeine Pflegeleistungen zu ermöglichen bzw. zu verbessern. Bei Pflegeeinrichtungen, die nach Bundes- oder Landesrecht Altenpflegeausbildung betreiben dürfen, ist die an Auszubildende zu zahlende Ausbildungsvergütung in der Vergütung für allgemeine Pflegeleistungen (in stationären Einrichtungen: Pflegesatz, § 84 Abs. 1) zu berücksichtigen (Abs. 2 Satz 1). Die Vorschrift gilt sowohl für stationäre wie auch für ambulante Pflegeeinrichtungen. Betreut eine Einrichtung auch Personen, die iSd. SGB XI nicht pflegebedürftig sind, so ist der hierdurch entstehende Aufwand abzusetzen; der verbleibende Betrag ist gleichmäßig auf die von der Einrichtung betreuten Pflegebedürftigen zu verteilen (Abs. 2 Sätze 2 und 3). Die Abs. 3 und 4 regeln den Sonderfall, dass die Ausbildungsvergütung ganz oder teilweise durch ein landesrechtliches Umlageverfahren finanziert wird (eingehend hierzu *Gürtner*, in: KassKomm, SGB XI, § 82a Rn. 10ff.).

§ 82b Ehrenamtliche Unterstützung

(1) ¹**Soweit und solange einer nach diesem Gesetz zugelassenen Pflegeeinrichtung, insbesondere**
1. für die vorbereitende und begleitende Schulung,
2. für die Planung und Organisation des Einsatzes oder
3. für den Ersatz des angemessenen Aufwands
der Mitglieder von Selbsthilfegruppen sowie der ehrenamtlichen und sonstigen zum bürgerschaftlichen Engagement bereiten Personen und Organisationen, die von der Pflegeversicherung versorgte Leistungsempfänger nicht anderweitig gedeckte Aufwendungen entstehen, sind diese bei stationären Pflegeeinrichtungen in den Pflegesätzen (§ 84 Abs. 1) und bei ambulanten Pflegeeinrichtungen in den Vergütungen (§ 89) berücksichtigungsfähig.
²**Die Aufwendungen können in der Vergütungsvereinbarung über die allgemeinen Pflegeleistungen gesondert ausgewiesen werden.**

(2) ¹**Stationäre Pflegeeinrichtungen können für ehrenamtliche Unterstützung als ergänzendes Engagement bei allgemeinen Pflegeleistungen Aufwandsentschädigungen zahlen.** ²**Absatz 1 gilt entsprechend.**

Inhaltsübersicht

	Rn.
I. Geltende Fassung	1
II. Normzweck	2
III. Berücksichtigungsfähiger Aufwand	3
1. Kosten für ehrenamtliche Unterstützung	4
2. Angemessenheit	5
3. Pflegeleistung	6

I. Geltende Fassung

Die Vorschrift ist durch das PflegeWEG vom 28.5.2008 (BGBl. I S. 874) mW zum 1
1.7.2008 eingeführt worden. Sie folgt dem Gesetzentwurf der BReg (vgl. BT-Drucks. 16/7439, S. 70f.). Durch das PNG vom 23.10.2012 (BGBl. I S. 2246) ist die bisherige Regelung zu Abs. 1 geworden und Abs. 2 in der nunmehr geltenden Fassung eingefügt worden (zu den Motiven vgl. BT-Drucks. 17/9369, S. 45f.).

§ 82b

Achtes Kapitel. Pflegevergütung

II. Normzweck

2 Die Vorschrift dient der Klarstellung, dass Aufwendungen zur Beteiligung ehrenamtlicher Kräfte sowohl in der ambulanten wie der stationären Pflege in den Vergütungen nach § 89 und den Pflegesätzen nach § 84 berücksichtigungsfähig sind, soweit der Aufwand nicht von dritter Seite getragen wird (vgl. BT-Drucks. 16/7439, S. 70). Damit ist die Regelung Teil des mit dem PflegeWEG insgesamt verfolgten Bestrebens, neben der – bei sich ändernden familiären Strukturen zunehmend eingeschränkten – familiären Hilfe und der professionellen Angebote zusätzlich das bürgerschaftliche Engagement in die Pflegeversorgung einzubeziehen und hierdurch die SPV zu entlasten (vgl. BT-Drucks. 16/7439, S. 42). Dazu besteht nunmehr nach § 45d idF des PflegeWEG die Möglichkeit, Mittel des Ausgleichsfonds nach § 45c auch zur Förderung ehrenamtlicher Strukturen sowie der Selbsthilfe zu verwenden und hierdurch entsprechende Strukturen auf- und auszubauen. Soweit es dabei zu einer Verschränkung professioneller Versorgungsangebote durch zugelassene Einrichtungen iSv. § 71 und ergänzender ehrenamtlicher Unterstützung kommt, kann die Einrichtung den dabei bei ihr anfallenden Aufwand nach § 82b in ihre Vergütungen einbeziehen und sie hierdurch der Sache nach – im Hinblick auf die Deckelung der Leistungsbeträge nach §§ 36ff. – auf die versorgten Versicherten selbst umlegen. Dazu hätte es der Regelung nicht notwendig bedurft. Gleichwohl erscheint die vom Gesetzgeber angestrebte Klarstellung als sinnvoll, weil sie zum einen insoweit mögliche Zweifel ausschließt und zum anderen deutlich macht, dass auch schon der Aufwand für vorbereitende Maßnahmen einzubeziehen sind.

III. Berücksichtigungsfähiger Aufwand

3 Aufwendungen für die ehrenamtliche Unterstützung der Pflegeleistungen einer nach dem SGB XI zugelassene Pflegeeinrichtung sind nach Satz 1 in den Pflegesätzen nach § 84 Abs. 1 und den Vergütungen nach § 89 berücksichtigungsfähig, soweit die Einrichtung Aufwendungen erbringt für Mitglieder von Selbsthilfegruppen oder von ehrenamtlichen und sonstigen zum bürgerschaftlichen Engagement bereiten Personen und Organisationen insbesondere 1. zur vorbereitenden und begleitenden Schulung, 2. zur Planung und Organisation des Einsatzes oder 3. zum Ersatz des angemessenen Aufwands und dieser Aufwand von anderen Träger nicht übernommen wird. Voraussetzung der Berücksichtigung des Aufwands für ehrenamtlicher Unterstützung im Rahmen der Pflegevergütung ist danach, dass erstens für eine ehrenamtliche Tätigkeit iSv. Satz 1 Kosten anfallen, dass diese zweitens angemessen sind und dass drittens die Tätigkeit einer mit den Vergütungen abgeltungsfähigen Pflegeleistung zuzuordnen ist:

1. Kosten für ehrenamtliche Unterstützung

4 Grundvoraussetzung für die Berücksichtigungsfähigkeit von Kosten nach § 82b ist, dass sie für eine iSd. Vorschrift ehrenamtliche Unterstützung anfallen. Den Kreis der hierdurch Begünstigten zieht die Regelung unter Verweis auf Mitglieder von Selbsthilfegruppen, ehrenamtliche und sonstige zum bürgerschaftlichen Engagement bereite Personen und Organisationen sehr weit. Erkennbar soll damit eine Öffnung für mögliche unterschiedliche Formen des nicht professionellen Engagements und unterschiedlicher Beweggründe ermöglicht werden. Relativ konturiert sind dabei die Begriffe der Selbsthilfe (zum entsprechenden Terminus in § 20c SGB V vgl. *Schütze,* in: jurisPK-SGB V, § 20c Rn. 10 und 11) und des Ehrenamts. Sehr viel offener ist dagegen der Begriff des bürgerschaftlichen Engagements (ebenso *Klie,* in: LPK-SGB

XI, § 45d Rn. 5). Mögliche Begriffsverständnisse hat die Enquete-Kommission „Zukunft des Bürgerschaftlichen Engagements" aufgezeigt (vgl. BT-Drucks. 14/8900). Zu weitgehend erscheint es indes, darunter auch die Förderung von Arbeitsgelegenheiten durch die Grundsicherung für Arbeitsuchende zu subsumieren. Arbeitsgelegenheiten nach § 16 Abs. 3 Satz 2 SGB II sind ihrem Charakter nach Förderungsleistungen, die die Erwerbsfähigkeit des Hilfebedürftigen erhalten, verbessern oder wiederherstellen sollen. Es handelt sich um Eingliederungsleistungen, deren Ausgestaltung sich an diesem Ziel auszurichten hat (vgl. BSG, Urteil vom 16.12.2008 – B 4 AS 60/07 R –BSGE 102, 201 = SozR 4-4200 § 16 Nr. 4, 8 Rn. 21ff.). Diese Zielsetzung scheint mit dem noch möglichen Verständnis von bürgerschaftlichem Engagement nicht vereinbar. Weiter ist die Vorschrift hingegen in Bezug auf den Zweck der von der Einrichtung aufzubringenden Kosten. Satz 1 Hs 1 benennt insoweit als nicht abschließenden Katalog Aufwendungen für vorbereitende und begleitende Schulungen, die Planung und Organisation des Einsatzes oder einen angemessenen Aufwandsersatz. Das zeigt, dass grundsätzlich alle Aufwendungen berücksichtigungsfähig sind, die eine iSd. Vorschrift ehrenamtliche Tätigkeit in der Einrichtung ermöglichen sollen.

2. Angemessenheit

Auch wenn die Angemessenheit der Aufwendungen nur in Zusammenhang mit 5
dem Aufwandsersatz in Satz 1 Hs 1 Nr. 3 ausdrücklich als Voraussetzung ihrer Berücksichtigung aufgeführt wird, bildet die Angemessenheit der Kosten nach dem abgegoltenen Aufwand und der Höhe auch im Übrigen eine allgemeine Grenze der Berücksichtigungsfähigkeit. Das ist abzuleiten aus § 84 Abs. 2 Satz 4, wonach die Pflegesätze Grundsätzen wirtschaftlicher Betriebsführung entsprechen müssen (vgl. zur Bedeutung dessen für die Pflegesatzbemessung allgemein § 84 Rn. 15). Darin ist als allgemeiner Maßstab enthalten, dass die von der Einrichtung getätigten Aufwendungen in einem angemessenen Verhältnis zu ihrem Gegenwert stehen müssen.

3. Pflegeleistung

Drittens schließlich können Aufwendungen für die ehrenamtliche Unterstützung 6
der von der Einrichtung erbrachten Pflegeleistungen nur dann in die Vergütungen nach § 84 Abs. 1 und § 89 eingehen, wenn sie den Pflegeleistungen zugerechnet werden können, die mit den Vergütungen nach diesen Vorschriften abgegolten werden können (vgl. dazu § 82 Rn. 3 ff.). Zwar dient die ehrenamtliche Tätigkeit der Ergänzung der professionellen Pflege. Dennoch kann die PKe nicht für Leistungen in Anspruch genommen werden, die ihrem Leistungsauftrag nicht zuzurechnen sind. Systematisch ziehen deshalb die allgemeinen Vorgaben zu den in den Pflegesätzen nach § 84 Abs. 1 und den Vergütungen nach § 89 berücksichtigungsfähigen Leistungen die Grenze auch für die Vergütungsfähigkeit ehrenamtlicher Tätigkeiten zu Lasten der SPV.

§ 83 Verordnung zur Regelung der Pflegevergütung

(1) ¹**Die Bundesregierung wird ermächtigt, durch Rechtsverordnung mit Zustimmung des Bundesrates Vorschriften zu erlassen über**
1. **die Pflegevergütung der Pflegeeinrichtungen einschließlich der Verfahrensregelungen zu ihrer Vereinbarung nach diesem Kapitel,**
2. **den Inhalt der Pflegeleistungen sowie bei stationärer Pflege die Abgrenzung zwischen den allgemeinen Pflegeleistungen (§ 84 Abs. 4), den Leistungen bei Unterkunft und Verpflegung (§ 87) und den Zusatzleistungen (§ 88),**

§ 83 Achtes Kapitel. Pflegevergütung

3. die Rechnungs- und Buchführungsvorschriften der Pflegeeinrichtungen einschließlich einer Kosten- und Leistungsrechnung; bei zugelassenen Pflegeeinrichtungen, die neben den Leistungen nach diesem Buch auch andere Sozialleistungen im Sinne des Ersten Buches (gemischte Einrichtung) erbringen, kann der Anwendungsbereich der Verordnung auf den Gesamtbetrieb erstreckt werden,
4. Maßstäbe und Grundsätze für eine wirtschaftliche und leistungsbezogene, am Versorgungsauftrag (§ 72 Abs. 1) orientierte personelle Ausstattung der Pflegeeinrichtungen,
5. die nähere Abgrenzung der Leistungsaufwendungen nach Nummer 2 von den Investitionsaufwendungen und sonstigen Aufwendungen nach § 82 Abs. 2.
²§ 90 bleibt unberührt.

(2) Nach Erlass der Rechtsverordnung sind Rahmenverträge und Schiedsstellenregelungen nach § 75 zu den von der Verordnung erfassten Regelungsbereichen nicht mehr zulässig.

Inhaltsübersicht

	Rn.
I. Geltende Fassung	1
II. Normzweck	2
III. Die einzelnen VO-Materien	3
1. VO über Pflegevergütung, allgemeine Pflegeleistungen und Buchführungsvorschriften	3
2. VO über die Rechnungs- und Buchführungsvorschriften der Pflegeeinrichtungen (Nr. 3)	4
3. Abgrenzungs-VO (Nr. 5)	5

I. Geltende Fassung

1   Die Vorschrift ist mWv 1.1.1995 durch Art. 1 PflegeVG eingeführt worden. Sie hat weitgehend die Fassung des FraktE (vgl. BT-Drucks. 12/5262, S. 143 zu § 92). Der AuS-Ausschuss hat keine Änderungen vorgenommen (vgl. BT-Drucks. 12/5920, S. 79). In den beiden Vermittlungsverfahren wurde die Vorschrift an die geänderte Konzeption der Finanzierung (vgl. § 82 Rn. 1) angepasst (vgl. BT-Drucks. 12/6424 und BT-Drucks. 12/7323). Durch Art. 1 Nr. 11 des PQsG vom 9.9.2001 (BGBl. I S. 2320) sind mWv 1.1.2002 in Abs. 1 die Nr. 3 wesentlich neu gefasst und in Abs. 2 der frühere Satz 1 gestrichen und die Regelung von – nunmehr – Satz 1 technisch angepasst worden. Zur Begründung vgl. BT-Drucks. 14/5395, S. 34.

II. Normzweck

2   Die Vorschrift ermächtigt den VO-Geber zu wesentlichen Konkretisierungen im Hinblick auf Inhalt und Abrechnung von Pflegeleistungen sowie zur Kosten- und Leistungsrechnung der Pflegeeinrichtungen. Sie setzt den VO-Geber in Stand, die Selbstverwaltung im Bereich der Leistungskonkretisierung und der Pflegevergütung weitgehend auszuschalten (instruktiv insoweit Abs. 2 Satz 1 der Vorschrift idF des PflegeVG); diesen – jedenfalls dem Wortlaut nach bestehenden – Gestaltungsspielraum geben die Überschrift und der Verweis auf die mehr technische Natur der von der Ermächtigung erfassten Gegenstände nur unzureichend wieder (vgl. BT-Drucks. 12/5262, S. 143 zu § 92). Tatsächlich ist die Ermächtigung zu verstehen als Eintrittsbefug-

Verordnung zur Regelung der Pflegevergütung § 83

nis für den Fall, dass die Ausgestaltung des Leistungs- und Vergütungsrechts durch die Gremien der Selbstverwaltung den Regelungsvorstellungen des VO-Gebers zuwiderlaufen oder sonst unzureichend erscheinen sollte. Wenig überraschend hat der VO-Geber von dieser Befugnis seit Inkrafttreten des SGB XI allerdings kaum Gebrauch gemacht und ist damit dem Ansatz treu geblieben, die Ausgestaltung von Leistungen und Vergütungen im Einzelnen der Selbstverwaltungsebene zu überlassen. Ausnahme hiervon ist bislang nur die Pflege-Buchführungsverordnung vom 22.11.1995 (BGBl. I S. 1528), zuletzt geändert durch Art. 32 des G vom 23.10.2001, BGBl. I S. 2702. Auch insoweit ist das Gestaltungsmandat indessen mW zum 1.7.2008 durch § 75 Abs. 7 idF. des PflegeWEG vom 28.5.2008 (BGBl. I S. 874) auf die Selbstverwaltung übergegangen (vgl. dazu § 75 Rn. 6).

III. Die einzelnen VO-Materien

1. VO über Pflegevergütung, allgemeine Pflegeleistungen und Buchführungsvorschriften

Nrn. 1, 2 und 4 erfassen alle Regelungen über die Vereinbarung von Pflegevergü- 3 tungen; unberührt bleibt lediglich die Ermächtigung des BMG zum Erlass einer Gebührenordnung (Abs. 1 Satz 2). Eine entsprechende VO würde die Selbstverwaltung auf dem Gebiet der Pflegevergütung ausschalten; mit ihr ist daher vorerst nicht zu rechnen. Nrn. 2 und 4: zur Subsidiarität der VO-Ermächtigung s. oben Rn. 2.

2. VO über die Rechnungs- und Buchführungsvorschriften der Pflegeeinrichtungen (Nr. 3).

Die VO ist am 29.11.1995 (BGBl. I S. 1528) erlassen worden und am 1.1.1996 in 4 Kraft getreten; vgl. hierzu *Vollmer/Rüdiger/Falkenberg*, Pflege-BuchführungsVO, 1995; *Grünenwald*, ZfS 1996, 37. Zwischenzeitlich ist die hiernach vorgenommene Konkretisierung der Zuständigkeit der Selbstverwaltungspartner übertragen worden (vgl. Rn. 2 a.E.).

3. Abgrenzungs-VO (Nr. 5)

Aufgrund der Ermächtigung in Nr. 5 sollte eine VO über die Abgrenzung der in 5 der Pflegevergütung und in den Entgelten für Unterkunft und Verpflegung nicht zu berücksichtigenden Investitionsaufwendungen von den vergütungsfähigen Aufwendungen für Verbrauchsgüter (Pflege-AbgrenzungsVO) erlassen werden (vgl. den Entwurf, BR-Drucks. 289/95); hierzu ist es bislang nicht gekommen. Die VO-Ermächtigung in Abs. 1 Satz 1 Nr. 5 wurde erst im Vermittlungsverfahren nach Änderung des Finanzierungskonzepts der SPV eingefügt (vgl. § 82 Rn. 1). Die VO sollte der Abgrenzung der Aufwendungen der Pflegeeinrichtungen für die allgemeinen Pflegeleistungen, für die Unterkunfts- und Verpflegungsleistungen sowie für die Zusatzleistungen (nach Abs. 1 Satz 1 Nr. 2) von Investitionsaufwendungen und den sonstigen Aufwendungen nach § 82 Abs. 2 dienen. Umstritten war vor allem die Festsetzung der Wertgrenze der zum Verbrauch bestimmten Güter (sog. Verbrauchsgüter) gemäß § 82 Abs. 2 Satz 1 Nr. 1. Nach dem Entwurf der BReg sollte die Grenze bei 100 DM liegen (vgl. § 2 Abs. 1 Satz 2 Pflege-AbgrenzungsVO-E); gefordert war eine höhere Grenze.

§ 84 Achtes Kapitel. Pflegevergütung

Zweiter Abschnitt. Vergütung der stationären Pflegeleistungen

§ 84 Bemessungsgrundsätze

(1) ¹Pflegesätze sind die Entgelte der Heimbewohner oder ihrer Kostenträger für die teil- oder vollstationären Pflegeleistungen des Pflegeheims sowie für die soziale Betreuung und, soweit kein Anspruch auf Krankenpflege nach § 37 des Fünften Buches besteht, für die medizinische Behandlungspflege. ²In den Pflegesätzen dürfen keine Aufwendungen berücksichtigt werden, die nicht der Finanzierungszuständigkeit der sozialen Pflegeversicherung unterliegen.

(2) ¹Die Pflegesätze müssen leistungsgerecht sein. ²Sie sind nach dem Versorgungsaufwand, den der Pflegebedürftige nach Art und Schwere seiner Pflegebedürftigkeit benötigt, in drei Pflegeklassen einzuteilen; für Pflegebedürftige, die als Härtefall anerkannt sind, können Zuschläge zum Pflegesatz der Pflegeklasse 3 bis zur Höhe des kalendertäglichen Unterschiedsbetrages vereinbart werden, der sich aus § 43 Abs. 2 Satz 2 Nr. 3 und 4 ergibt. ³Bei der Zuordnung der Pflegebedürftigen zu den Pflegeklassen sind die Pflegestufen gemäß § 15 zugrunde zu legen, soweit nicht nach der gemeinsamen Beurteilung des Medizinischen Dienstes und der Pflegeleitung des Pflegeheimes die Zuordnung zu einer anderen Pflegeklasse notwendig oder ausreichend ist. ⁴Die Pflegesätze müssen einem Pflegeheim bei wirtschaftlicher Betriebsführung ermöglichen, seine Aufwendungen zu finanzieren und seinen Versorgungsauftrag zu erfüllen. ⁵Die Bezahlung tarifvertraglich vereinbarter Vergütungen sowie entsprechender Vergütungen nach kirchlichen Arbeitsrechtsregelungen kann dabei nicht als unwirtschaftlich abgelehnt werden. ⁶Überschüsse verbleiben dem Pflegeheim; Verluste sind von ihm zu tragen. ⁷Der Grundsatz der Beitragssatzstabilität ist zu beachten. ⁸Bei der Bemessung der Pflegesätze einer Pflegeeinrichtung können die Pflegesätze derjenigen Pflegeeinrichtungen, die nach Art und Größe sowie hinsichtlich der in Absatz 5 genannten Leistungs- und Qualitätsmerkmale im Wesentlichen gleichartig sind, angemessen berücksichtigt werden.

(3) Die Pflegesätze sind für alle Heimbewohner des Pflegeheimes nach einheitlichen Grundsätzen zu bemessen; eine Differenzierung nach Kostenträgern ist unzulässig.

(4) ¹Mit den Pflegesätzen sind alle für die Versorgung der Pflegebedürftigen nach Art und Schwere ihrer Pflegebedürftigkeit erforderlichen Pflegeleistungen der Pflegeeinrichtung (Allgemeine Pflegeleistungen) abgegolten. ²Für die allgemeinen Pflegeleistungen dürfen, soweit nichts anderes bestimmt ist, ausschließlich die nach § 85 oder § 86 vereinbarten oder nach § 85 Abs. 5 festgesetzten Pflegesätze berechnet werden, ohne Rücksicht darauf, wer zu ihrer Zahlung verpflichtet ist.

(5) ¹In der Pflegesatzvereinbarung sind die wesentlichen Leistungs- und Qualitätsmerkmale der Einrichtung festzulegen. ²Hierzu gehören insbesondere
1. die Zuordnung des voraussichtlich zu versorgenden Personenkreises sowie Art, Inhalt und Umfang der Leistungen, die von der Einrichtung während des nächsten Pflegesatzzeitraums erwartet werden,
2. die von der Einrichtung für den voraussichtlich zu versorgenden Personenkreis individuell vorzuhaltende personelle Ausstattung, gegliedert nach Berufsgruppen, sowie
3. Art und Umfang der Ausstattung der Einrichtung mit Verbrauchsgütern (§ 82 Abs. 2 Nr. 1).

§ 84

(6) ¹Der Träger der Einrichtung ist verpflichtet, mit der vereinbarten personellen Ausstattung die Versorgung der Pflegebedürftigen jederzeit sicherzustellen. ²Er hat bei Personalengpässen oder -ausfällen durch geeignete Maßnahmen sicherzustellen, dass die Versorgung der Pflegebedürftigen nicht beeinträchtigt wird. ³Auf Verlangen einer Vertragspartei hat der Träger der Einrichtung in einem Personalabgleich nachzuweisen, dass die vereinbarte Personalausstattung tatsächlich bereitgestellt und bestimmungsgemäß eingesetzt wird. ⁴Das Nähere zur Durchführung des Personalabgleichs wird in den Verträgen nach § 75 Abs. 1 und 2 geregelt.

(7) ¹Der Träger der Einrichtung ist verpflichtet, im Falle einer Vereinbarung der Pflegesätze auf Grundlage der Bezahlung der Beschäftigten nach tarifvertraglich vereinbarten Vergütungen sowie entsprechenden Vergütungen nach kirchlichen Arbeitsrechtsregelungen, die entsprechende Bezahlung der Beschäftigten jederzeit einzuhalten. ²Auf Verlangen einer Vertragspartei hat der Träger der Einrichtung dieses nachzuweisen. ³Personenbezogene Daten sind zu anonymisieren. ⁴Das Nähere zur Durchführung des Nachweises wird in den Verträgen nach § 75 Absatz 1 und 2 geregelt.

Inhaltsübersicht

	Rn.
I. Geltende Fassung	1
II. Normzweck und Regelungssystematik	2
III. Vergütung durch Pflegesätze	3
IV. Pflegesatzfähige Leistungen (Abs. 1 Satz 1 iVm. Abs. 4 und 5)	4
1. Regelungssystematik	5
2. Allgemeine Pflegeleistung	6
3. Soziale Betreuung	7
4. Medizinische Behandlungspflege	8
5. Einrichtungsbezogene Leistungs- und Qualitätsmerkmale (Abs. 5)	9
V. Pflegesatzbemessung (Abs. 2 Satz 1 und 4 bis 8)	11
VI. Leistungsgerechte Pflegeklassenzuordnung (Abs. 2 Satz 2 und 3)	17
1. Maßgeblichkeit der häuslichen Verhältnisse (Abs. 2 Satz 3 Hs 1)	18
2. Ausnahmen (Abs. 2 Satz 3 Hs 2)	19
3. Verfahren und Rechtsschutz des Pflegeheimes	20
VII. Härtefallzuschlag (Abs. 2 Satz 2 Hs 2)	21
VIII. Bindungswirkungen für die Einrichtungen (Abs. 6 und 7)	23

I. Geltende Fassung

Die Vorschrift ist mWv 1.1.1995 durch Art. 1 PflegeVG eingeführt worden. Sie folgt weitgehend dem FraktE (dort § 93; vgl. BT-Drucks. 12/5262, S. 143f.). Aufgrund der geänderten Finanzierungskonzeption (vgl. Vorbem. zu §§ 82ff., Rn. 5 und § 82 Rn. 1a) wurde Abs. 1 Satz 2, der die Berücksichtigung der Investitionszuschläge nach § 100 FraktE regelte, im ersten Vermittlungsverfahren gestrichen (BT-Drucks. 12/6424, S. 4). Durch das 1. SGB XI-ÄndG vom 14.6.1996 (BGBl. I S. 830) wurde mW zum 25.6.1996 in Abs. 1 der Satzteile „sowie für medizinische Behandlungspflege und soziale Betreuung" hinzugefügt (vgl. BT-Drucks. 13/3696, S. 16). Durch das GKV-WSG vom 26.3.2007 (BGBl. I S. 378) wurde mW zum 1.4.2007 Abs. 1 um die Neuregelung zur medizinischen Behandlungspflege in Satz 1 ergänzt und Satz 2 eingefügt (vgl. BT-Drucks. 16/3100, S. 537). Durch das PflegeWEG vom 28.5.2008 (BGBl. I S. 874) wurden mW zum 1.7.2008 in Abs. 2 die Härtefallregelung des Satz 2 Hs 2 und die Vergleichsregelung des Satz 7 eingefügt und schließlich die erstmals mit dem PQsG vom 9.9.2001

1

§ 84 Achtes Kapitel. Pflegevergütung

(BGBl. I S. 2320) als § 80a eingeführte Regelung zur Vereinbarung von Leistungs- und Qualitätsmerkmalen in den Regelungszusammenhang des § 84 übertragen und hier als Abs. 5 und 6 angefügt (zu den Motiven vgl. BT-Drucks. 16/7439, S. 71 f.). Durch das PNG vom 23.10.2012 (BGBl. I S. 2246) sind in Abs 2 Satz 4 nach „ermöglichen" die Wörter „seine Aufwendungen zu finanzieren und" eingefügt worden (zu den Motiven vgl. BT-Drucks. 17/9369, S. 46). Durch das PSG I vom 17.12.2014 (BGBl. I S. 2222) ist in Abs. 2 Satz 5 eingefügt und die Nachweisanforderung des Abs. 7 begründet worden (zu den Motiven vgl. BT-Drucks. 18/2379, S. 21 f., sowie BT-Drucks. 18/2909, S. 44).

II. Normzweck und Regelungssystematik

2 Die Regelung dient der materiell-rechtlichen Ausgestaltung des Anspruchs der stationären Pflegeeinrichtungen auf Vergütung der allgemeinen Pflegeleistungen, der in § 82 Abs. 1 Satz 1 Nr. 1 begründet ist und nach dem Regelungskonzept des § 82 eines von bis zu vier Elementen zur Finanzierung der von den Einrichtungen erbrachten Leistungen darstellt (vgl. § 82 Rn. 3). Damit greift der Regelungsgehalt nach der zwischenzeitlichen Rechtsentwicklung (vgl. oben Rn. 1) über die in der amtlichen Überschrift angeführten „Grundsätze der Pflegesatzbemessung" weit hinaus. Im Einzelnen trifft die Vorschrift wesentliche Vorgaben zu 1. den mit den Pflegesätzen abgegoltenen Leistungsinhalten (Abs. 4 Satz 1 iVm. Abs. 1 Satz 1 und Abs. 5), 2. den Kriterien der Pflegesatzbemessung (Abs. 2 Satz 1 und 4 bis 7), 3. den Maßstäben für die Zuordnung der Heimbewohner zu den Pflegeklassen (Abs. 2 Satz 2 und 3) und schließlich 4. Pflichten der Einrichtungsträger zur personellen Versorgung der Heimbewohner (Abs. 6). Schon diese Aufzählung erhellt, dass die Vorschrift im Laufe der Zeit um Regelungselemente ergänzt worden ist, die zwar in Zusammenhang mit dem Vergütungsanspruch der Einrichtungen stehen, systematisch aber anderen Regelungsbereichen zuzurechnen sind. Das bringt zum einen Redundanzen mit sich, wie das Verbot des Abs. 1 Satz 2, das bereits dem Sachleistungsprinzip (vgl. Vorbem. zu §§ 28–45 Rn. 2) und § 88 zugrunde liegt. Zum anderen muss der Regelungsgehalt von § 84 jeweils im systematischen Zusammenhang gesehen werden mit 1. dem materiellen Vergütungsrecht mit insbesondere der Grundnorm des § 82 und den Sonderregelungen in §§ 87b und 88, 2. dem Recht der Qualitätssicherung insbesondere mit nunmehr den § 112 ff. und schließlich 3. den verfahrensrechtlichen Maßgaben insbesondere von § 85 und § 87a. Das erschwert den Zugang zum Verständnis der Vorschrift, erklärt sich aber aus der im Laufe der Novellierungen des SGB XI immer weiter vorangetriebenen Ausgestaltung des Leistungserbringungsrechts.

III. Vergütung durch Pflegesätze

3 Den pflegesatzbezogenen Vorschriften des gesamten 2. Abschnitts über die Vergütung der stationären Pflegeleistungen immanent ist die explizit nicht ausgeführte Grundregelung, dass die allgemeinen Pflegeleistungen iSv. § 82 Abs. 1 Satz 1 Nr. 1 im stationären Sektor durch Pflegesätze vergütet werden. Der in den §§ 84 ff. durchgehend verwandte Begriff ist der Krankenhausfinanzierung entlehnt und bezeichnet die Vergütung der erbrachten Leistungen durch tagesgleiche Pflegesätze (vgl. § 10 Abs. 1 Nr. 1 BPflV). Mittelbar ist dies nunmehr durch das PQsG vom 9.9.2001 (BGBl. I S. 2320) eingeführten Berechnungsregelung des § 87a Abs. 1 Satz 1 zu entnehmen, wonach u.a. die Pflegesätze für jeden nach näherer Maßgabe der Vorschrift anzusetzenden Berechnungstag berechnet werden. Nach dem Grundkonzept richtet sich der Vergütungsanspruch für die allgemeinen Pflegeleistungen im stationären Sektor mithin auf eine Pauschalvergütung, die den gesamten Pflegeaufwand abgelten

Bemessungsgrundsätze **§ 84**

soll. Flankierend abgestützt wird dies durch die Legaldefinition des Pflegesatzbegriffes in Abs. 1 Satz 1 sowie die Abgeltungsregelung des Abs. 4 Satz 1, die – im Prinzip unter Wiederholung der bereits in § 82 Abs. 1 getroffenen Regelung – jeweils deutlich machen, dass für die dort im Einzelnen aufgeführten Leistungen weitere Vergütungen nicht beansprucht werden können. Dies dient der Verwaltungspraktikabilität, steht einer schwer kontrollierbaren Leistungsausweitung entgegen und sorgt schließlich für einen gewissen Ausgleich bei Heimbewohnern mit einem jeweils ähnlichen Versorgungsbedarf. Grenzen der Schematisierungsbefugnis sind allerdings erreicht, wenn die Bandbreite der so einbezogenen Pflegebedürftigen nicht mehr in einem angemessenen Verhältnis zu dem jeweils abgedeckten Aufwand steht (vgl. BSGE 87, 199, 206 = SozR 3-3300 § 85 Nr. 1 S. 9). Maßgebend für den Vergütungsanspruch der Einrichtungen ist demnach, in welchem Ausmaß die Pflegesätze zum einen einer Differenzierung zugänglich sind und unter welchen Voraussetzungen zum anderen ausnahmsweise weitere Vergütungsansprüche bestehen. Maßgebend dafür sind zum einen die Regelung über die Pflegeklassen in Abs. 2 Satz 2 und 3 (hierzu unten Rn. 16 ff.) und zum anderen die Vorschriften über die Erhebung von Zuschlägen nach Abs. 2 Satz 2 Hs 2 (hierzu unten Rn. 20) und den §§ 87 b und 88.

IV. Pflegesatzfähige Leistungen (Abs. 1 Satz 1 iVm. Abs. 4 und 5)

Die Pflegesätze dienen der Vergütung der von der stationären Einrichtung im 4 Rahmen ihres Versorgungsauftrages und der konkretisierenden Leistungs- und Qualitätsvereinbarung nach § 5 zu erbringenden Leistungen im Bereich 1. der allgemeinen Pflege, 2. der sozialen Betreuung sowie 3. der medizinischen Behandlungspflege, soweit diese nicht nach § 37 SGB V von der KKe zu tragen ist. Pflegesatzfähig ist danach jede Leistung, die einem der drei Leistungsgruppen zuzurechnen ist und nach einem Standard abgewickelt wird, der der Leistungs- und Qualitätsvereinbarung entspricht. Zugleich wird hierdurch auch bestimmt, welche Leistungen die Pflegeeinrichtung im Rahmen der allgemeinen Pflegeleistungen zu erbringen hat und demgemäß von den Heimbewohnern beansprucht werden können.

1. Regelungssystematik

Nach dem auch für die §§ 84 ff. maßgebenden Grundansatz des § 82 (vgl. dort 5 Rn. 2) sind mit dem Pflegesatz diejenigen Leistungen – pauschal – vergütet, die von der Einrichtung bei stationärer Pflege zur Erfüllung der Leistungsansprüche der Versicherten gegen deren PKe zu erbringen oder vorzuhalten sind. Das sind nach § 43 Abs. 2 Satz 1 zum einen die Pflegeleistungen iS. dieser Vorschrift, weiter die Leistungen zur sozialen Betreuung und schließlich – soweit nicht nach § 37 SGB V von der KKe zu übernehmen – die Leistungen der medizinischen Behandlungspflege. Daran anknüpfend umfasst die Pflegevergütung bei stationärer Versorgung nach der vergütungsrechtlichen Grundnorm des § 82 Abs. 1 die Vergütung 1. der allgemeinen Pflegeleistungen (§ 82 Abs. 1 Satz 1 Nr. 1) sowie 2. der sozialen Betreuung und – soweit für den PV – 3. der medizinischen Behandlungspflege (§ 82 Abs. 1 Satz 2). Dieses Grundkonzept wird – ohne dass dies für den rechtlichen Gehalt in jeder Hinsicht zwingend geboten wäre – in § 84 zum einen durch die Legaldefinition des Abs. 1 Satz 1 sowie zum anderen durch die Abgeltungs- und Sperrregelung des Abs. 4 aufgegriffen und schließlich durch den Konkretisierungsauftrag nach Abs. 5 näher ausgestaltet. Insoweit sind mehrere Regelungsebenen zu unterscheiden. Erstens bekräftigt Abs. 4 die bereits in § 82 Abs. 1 Satz 1 Nr. 1 angelegte Rechtswirkung der Pflegesatzregelung, dass nämlich zum einen mit den Pflegesätzen alle allgemeinen Pflegeleistungen abgegolten sind (Abs. 4 Satz 1) und dass zum anderen zusätzliche Ansprüche

§ 84 Achtes Kapitel. Pflegevergütung

auf Vergütung allgemeiner Pflegeleistungen von ausdrücklichen Ausnahmen abgesehen nicht bestehen (Abs. 4 Satz 2). Zweitens wiederholt Abs. 1 Satz 1 die bereits in § 82 Abs. 1 Satz 3 angelegte inhaltliche Abgeltungswirkung der Vorschrift dahin, dass mit den Pflegesätzen neben den (allgemeinen) Pflegeleistungen auch die soziale Betreuung der Pflegeheimbewohner und die medizinische Behandlungspflege erfasst ist. Weiter ist drittens Abs. 4 Satz 1 eine Legaldefinition des Begriffs der allgemeinen Pflegeleistungen zu entnehmen, die für den stationären und ambulanten Bereich gleichermaßen gilt und deshalb systematisch an sich der übergreifenden Regelung des § 82 zuzurechnen ist, wonach zu diesen Leistungen die nach Art und Schwere der Pflegebedürftigkeit erforderlichen Pflegeleistungen zählen. Schließlich gibt viertens die in Abs. 5 statuierte Pflicht zur Vereinbarung einrichtungsbezogener Leistungs- und Qualitätsmerkmale den Parteien der Pflegesatzvereinbarung ein Instrument dafür an die Hand, die Leistungsanforderungen und den Qualitätsstandard in Bezug auf diese drei Leistungsbereiche jeweils einrichtungsindividuell zu konkretisieren und damit die mit dem Pflegesatz im Einzelnen vergüteten Leistungen für alle Beteiligten transparent festzulegen.

2. Allgemeine Pflegeleistung

6   Zu den als allgemeine Pflegeleistungen mit den Pflegesätzen vergüteten Pflegeleistungen rechnen alle Leistungen zur Pflege, die – wie sich aus der Legaldefinition des Abs. 4 Satz 1 ergibt – erstens nach Art und Schwere der Pflegebedürftigkeit im Einzelfall „erforderlich" sind und zweitens – wie sich im Umkehrschluss aus den §§ 87b und 88 ergibt – deshalb als „allgemein" angesehen werden können, weil sie weder in den Bereich der von der PKe zu übernehmenden Zuschlagsleistungen nach § 87b noch in den Bereich der vom Heimbewohner selbst zu tragenden Zusatzleistungen nach § 88 Abs. 1 Satz 1 Nr. 2 fallen. Maßstab hierfür ist jeweils der Leistungsanspruch des Versicherten seiner PK gegenüber (vgl. näher § 82 Rn. 5 f. sowie zum Leistungsrecht § 43 Rn. 10).

3. Soziale Betreuung

7   Von der pauschalen Vergütung durch den Pflegesatz ebenfalls abzudecken sind nach §§ 82 Abs. 1 Satz 3 und 84 Abs. 1 Satz 1 die von der Einrichtung zu erbringenden Leistungen zur sozialen Betreuung der Heimbewohner. Die Einbeziehung geht auf das 1. SGB XI-ÄndG vom 14.6.1996 (BGBl. I S. 830) und die zutreffende Einschätzung zurück, dass erstens die Pflegebedürftigen im Heim einer sozialen Beratung und Betreuung bedürfen und dass zweitens dies von der Einrichtung nur erwartet werden kann, wenn sie sich auch insoweit „auf eine stetige Finanzierung" verlassen kann (BT-Drucks. 13/3696, S. 14). Sicher nicht realisiert hat sich indes dabei die Erwartung, dass die Pflegebedürftigen durch die Einführung der dahingehenden Leistungspflicht entlastet werden könnten (ebenda). Die pauschalen Leistungsbeträge nach § 43 Abs. 2 Satz 2 bleiben vielmehr regelmäßig hinter dem tatsächlichen Leistungsbedarf zurück; etwa im Jahr 2011 haben sich die insoweit zu tragenden Eigenanteile der Pflegebedürftigen für die allgemeinen Pflegeleistungen mit dem auf sie entfallenden Investitionskostenanteil nach § 82 Abs. 3 Satz 1 auf monatlich durchschnittlich von 1 380 Euro in Pflegestufe I bis zu 1 802 Euro in Pflegestufe III belaufen (vgl. *Rothgang/Müller/Unger*, Barmer GEK-Pflegereport 2013, S. 122 mit Tab. 23). Solange die Leistungsbeträge nach § 43 Abs. 2 Satz 2 so weit hinter dem tatsächlichen Bedarf zurückbleiben, dient die Einbeziehung der sozialen Betreuung in den Leistungskatalog der sozialen Pflegeversicherung deshalb im Ergebnis eher der höheren Transparenz bei der Vergütungsfindung. Eine Leistungsausweitung zu Gunsten die Pflegebedürftigen kann hierin indes nicht gesehen werden (kritisch ebenso *Reimer*, in: Hauck/Noftz, SGB XI, § 84

Rn. 10; *Udsching,* in: jurisPR-SozR 5/2014 Anm. 2 zu BSG vom 16.5.2013 – B 3 P 1/12 R – BSGE 113, 250 = SozR 4-3300 § 84 Nr. 3; dazu s. unten Rn. 19 und 20).

4. Medizinische Behandlungspflege

Ebenfalls pauschal durch den Pflegesatz abzudecken sind nach §§ 82 Abs. 1 Satz 3 **8** und 84 Abs. 1 Satz 1 schließlich die Leistungen der medizinischen Behandlungspflege, soweit sie nicht nach § 37 SGB V von der KKe zu übernehmen sind. Nach der Definition des § 37 Abs. 2 Satz 1 Hs 1 SGB V sind dies krankheitsspezifische Pflegemaßnahmen zur Sicherung des Ziels der ärztlichen Behandlung als Teil der häuslichen Krankenpflege, wie das Setzen von Spritzen, Dekubitus-Behandlung, Wundversorgung, Katheterisierung, Verabreichung von Medikamenten o.ä. (vgl. BT-Drucks. 13/3696, S. 13 zu § 42; zur BSG-Rspr. hierzu vgl. BSGE 94, 205 = SozR 4-2500 § 37 Nr. 4 mwN.). Auf diese Leistungen hat der GKV-Versicherte nach § 37 Abs. 2 SGB V Anspruch als Leistung der KKe, soweit er sich im eigenen Haushalt oder diesen gleichgestellten Orten aufhält und kein Leistungsausschluss nach § 37 Abs. 3 SGB V besteht, weil die Leistung von einer im Haushalt lebenden Person erbracht werden kann (zu den Grenzen vgl. BSGE 86, 101 = SozR 3-2500 § 37 Nr. 2). Deshalb stößt es auf Unverständnis, wenn die Leistungszuständigkeit der KKe im Pflegeheim wegfällt (kritisch auch *Brünner/Höfer,* in: LPK-SGB XI, § 84 Rn. 7). Zwar können diese Leistungen jedenfalls zum Teil bei Gelegenheit der pflegerischen Versorgung vom Pflegepersonal des Pflegeheimes ohne erheblichen Zusatzaufwand mit erledigt werden. Nicht unproblematisch ist aber wegen der gedeckelten Sätze, dass der Gesetzgeber mit dem GKV-WSG vom 26.3.2007 (BGBl. I S. 378) zwischenzeitlich die ursprünglich nur als vorübergehend gedachte Entlastung der KKen im Wesentlichen zur Dauerlösung gemacht hat. Danach ist die Zuständigkeit für die Behandlungspflege im Rahmen der teil- und vollstationären Versorgung durch die §§ 41 Abs. 2 Satz 1, 42 Abs. 2 Satz 2 und 43 Abs. 2 Satz 1 idF des GKV-WSG nunmehr endgültig den PKen zugewiesen worden. Zum Ausgleich besteht Anspruch auf Leistungen der Sicherungspflege nach § 37 Abs. 2 Satz 2 SGB V idF des GKV-WSG zu Lasten der KKe nunmehr auch für solche Versicherte in zugelassenen Pflegeeinrichtungen iSv. § 43, „die auf Dauer, voraussichtlich für mindestens sechs Monate, einen besonders hohen Bedarf an medizinischer Behandlungspflege haben". Davon soll etwa bei Wachkomapatienten oder Dauerbeatmeten auszugehen sein (vgl. BT-Drucks. 16/3100, S. 105). Diese Leistungszuständigkeit soll jedenfalls dem Wortlaut nach an der materiellen Zuständigkeit der PKen für die medizinische Behandlungspflege in stationären Einrichtungen auch in diesen Fällen nichts ändern, sie führt aber über die §§ 82 Abs. 1 Satz 3, 84 Abs. 1 Satz 1 zu einer Entlastung der Pflegesätze um den hierdurch im Einzelfall anfallenden Aufwand. Hierfür soll zwischen den Pflegeeinrichtungen und den KKen Vergütungsvereinbarungen in Verträgen nach § 132a Abs. 2 SGB V getroffen werden (vgl. BT-Drucks. 16/3100, S. 105). Hierdurch ist zumindest bei erheblicher Zusatzbelastung für eine Entlastung der Heimbewohner gesorgt. Für die Reichweite dieser Entlastung wird wesentlich sein, wie das Merkmal des besonders hohen Bedarfs an medizinischer Behandlungspflege iSv. § 37 Abs. 2 Satz 2 SGB V auszulegen ist; hierbei kann neben den im Gesetzgebungsverfahren genannten Fallkonstellationen auch von Bedeutung sein, welcher Zusatzbedarf durch die medizinische Behandlungspflege im Pflegeheim anfällt und ob insoweit von einem Risiko auszugehen ist, für das typischerweise die KKen aufzukommen haben.

5. Einrichtungsbezogene Leistungs- und Qualitätsmerkmale (Abs. 5)

Welchen Anforderungen die Einrichtung bei der Umsetzung ihres mit den Pflege- **9** sätzen vergüteten Versorgungsauftrages in den drei vorgenannten Leistungsbereichen

§ 84
Achtes Kapitel. Pflegevergütung

im Hinblick auf den zu versorgenden Personenkreis einerseits und den angestrebten Versorgungsstandard andererseits schließlich konkret zu genügen hat, bedarf für jede Einrichtung der gesonderten Festlegung durch die als Teil der Pflegesatzvereinbarung zu vereinbarenden Leistungs- und Qualitätsmerkmale nach Abs. 5. Dieser Regelungsansatz geht auf das Instrument der Leistungs- und Qualitätsvereinbarung zurück, das mit dem PQsG vom 9.9.2001 (BGBl. I S. 2320) als § 80a mWv 1.1.2002 neu eingefügt worden ist (hierzu vgl. *Plantholz,* RsDE Nr. 57, 22 ff.). Das Instrument reagiert auf eine Lücke, die bis dahin zwischen dem regelmäßig allgemein gehaltenen Versorgungsauftrag im Versorgungsvertrag nach § 72 Abs. 1 Satz 2 und dem konkreten Versorgungsgeschehen bestanden hat. Grundsätzlich haben zwar die Leistungen der PV in Anlehnung an den entsprechenden Grundsatz des § 2 Abs. 1 Satz 3 SGB V dem „allgemein anerkanntem Stand medizinisch-pflegerischer Erkenntnisse" zu entsprechen (§§ 28 Abs. 3, 69 Satz 1). Jedoch hat dieser Maßstab mangels hinreichend konsentierter pflegerisch-medizinischer Erkenntnisse zum einen jedenfalls bislang nicht die Standardisierungswirkung entfalten können, die ihm ursprünglich beigemessen worden ist (so etwa auch von BSGE 87, 199, 203 = SozR 3-3300 § 85 Nr. 1 S. 6). Zum anderen ist eine Vielfalt pflegerischer Ansätze und Standards ausdrücklich erwünscht (§ 11 Abs. 2) und – abhängig von dem zu versorgenden Personenkreis – zum Teil auch sachlich geboten.

9a Gleichwohl bestand bei Kostenträgern und einem Teil der Einrichtungen ein verbreitetes – und vom BSG bis dahin gefördertes (vgl. BSGE 87, 199 = SozR 3-3300 § 85 Nr. 1) – Bestreben, die Vergütung der erbrachten Leistungen an eher durchschnittlichen Vergütungssätzen und damit an einem weithin standardisierten Leistungsbild auszurichten. Dem hat der Gesetzgeber des PQsG mit dem Instrument der Leistungs- und Qualitätsvereinbarung in § 80a in dem Bestreben entgegengewirkt, einrichtungsindividuelle Pflegestandards verbindlich zu machen. Das sollte einerseits eine Lösung von dem „Durchschnittswertemodell" und zum anderen eine verbesserte Kontrolle der von den Einrichtungen tatsächlich erbrachten Leistungen auf der Grundlage der verbindlich festgelegten Standards ermöglichen (vgl. BT-Drucks. 14/5395, S. 20; skeptisch zu den Auswirkungen allerdings *Igl,* SGb 2007, 381, 383). Diesen Ansatz hat der Gesetzgeber mit dem PflegeWEG vom 28.5.2008 (BGBl. I S. 874) in den Regelungszusammenhang des § 84 einbezogen und dazu die wesentlichen Elemente des bisherigen § 80a – bereinigt um aus Sicht der Beteiligten überbürokratische Elemente – in die Abs. 5 und 6 überführt (zu den Motiven vgl. BT-Drucks. 16/7439, S. 71 f.).

9b Seither müssen die Leistungs- und Qualitätsvereinbarungen nicht mehr als selbstständige Regelungen parallel zur Vergütungsvereinbarung getroffen werden (vgl. § 80a Abs. 3 Satz 1 a.F.), sondern sie sind integraler Bestandteil der Vergütungsvereinbarung selbst. Dies betont den von Anfang an angestrebten Zusammenhang zwischen der Konkretisierung des einrichtungsindividuellen Leistungsauftrages der einzelnen Einrichtungen und der dafür in den Pflegesatzverhandlungen festzulegenden Vergütung (vgl. BT-Drucks. 14/5395, S. 20). Hiernach sind die Parteien der Pflegesatzvereinbarungen aufgerufen, die für die Vergütung wesentlichen Strukturdaten und den hierdurch bestimmten Leistungsstandard insbesondere im Hinblick auf die personelle und sächliche Ausstattung der Einrichtung als Grundlage der Pflegesatzbestimmung im Pflegesatzverfahren vorab zu bestimmen.

10 Kerngehalt der Leistungs- und Qualitätsmerkmale sind 1. die Belegungs- und Leistungsstruktur und 2. die daraus abgeleitete personelle und sächliche Ausstattung der Einrichtung im jeweiligen Pflegesatzzeitraum. Insoweit benennt Abs. 5 als die insbesondere zu vereinbarenden wesentlichen Leistungs- und Qualitätsmerkmale die Zuordnung des voraussichtlich zu versorgenden Personenkreises sowie Art, Inhalt und Umfang der Leistungen, die von der Einrichtung während des nächsten Pflegesatzzeitraums erwartet werden (Abs. 5 Nr. 1), die von der Einrichtung für den voraussichtlich zu versorgenden Personenkreis individuell vorzuhaltende personelle Ausstattung, ge-

Bemessungsgrundsätze **§ 84**

gliedert nach Berufsgruppen (Abs. 5 Nr. 2) und Art und Umfang der Ausstattung der Einrichtung mit Verbrauchsgütern iSv. § 82 Abs. 2 Nr. 1 (Abs. 5 Nr. 3). Über diese Merkmale sollen die von der Einrichtung erwarteten Leistungen konkretisiert und für alle Beteiligten verbindlich festgelegt werden.

Schlüsselmerkmale hierbei sind die konkreten Leistungs- und Versorgungserfor- 10a dernisse, die insbesondere durch Art und Schwere der Pflegebedürftigkeit der zu betreuenden Heimbewohner bestimmt werden, sowie die hieraus abzuleitende personelle und sächliche Ausstattung des Pflegeheims einschließlich der Qualifikation seiner Mitarbeiter. Insoweit sind die Leistungs- und Qualitätsmerkmale auch Ersatz dafür, dass – jedenfalls gegenwärtig – allgemein anerkannte Maßstäbe für die Personalbemessung in Pflegeheimen nicht bestehen und deshalb aus dem Versorgungsauftrag alleine die Personalausstattung der Einrichtungen nicht abgeleitet werden kann.

Anstelle dessen ist den Beteiligten mit dem Instrumentarium der gesonderten Ver- 10b einbarung einrichtungsindividueller Leistungs- und Qualitätsmerkmale ein Verfahren an die Hand gegeben, die Personalausstattung in der Einrichtung bezogen auf den konkret zu erfüllenden Versorgungsbedarf im Einzelnen festzulegen. Maßstab hierfür sind die auf Landesebene in den Rahmenverträgen nach § 75 Abs. 2 Nr. 3 zu treffenden Vorgaben über Verfahren zur Ermittlung des Personalbedarfs (§ 75 Abs. 3 Satz 1 Nr. 1) oder landesweite Personalrichtwerte (§ 75 Abs. 3 Satz 1 Nr. 2). Hierauf aufbauend können für jede Einrichtung individuell die notwendigen Festlegungen getroffen werden. Insbesondere kann in diesem Rahmen bestimmt werden, inwieweit die konkrete Einrichtung Besonderheiten aufweist, die – gemessen an dem konkreten Versorgungsbedarf oder dem angestrebten Versorgungsstandard – Abweichungen in der personellen oder sächlichen Ausstattung nach oben oder unten rechtfertigen.

V. Pflegesatzbemessung (Abs. 2 Satz 1 und 4 bis 8)

Für die nach den vorstehenden Maßstäben pflegesatzfähigen Leistungen (oben 11 Rn. 4ff.) kann die Einrichtung eine Vergütung durch einen Pflegesatz (vgl. oben Rn. 3) beanspruchen, der nach Abs. 2 Satz 1 leistungsgerecht zu sein hat. Dies wird durch die weiteren Vorschriften in Abs. 2 dahin ausgeformt, dass die Pflegesätze es einem Pflegeheim bei wirtschaftlicher Betriebsführung ermöglichen müssen, seine Aufwendungen zu finanzieren und seinen Versorgungsauftrag zu erfüllen (Abs. 2 Satz 4), dass eine Tarifvergütung nicht als unwirtschaftlich anzusehen ist (Abs. 2 Satz 5) und dass Überschüsse dem Pflegeheim verbleiben und Verluste von ihm zu tragen sind (Abs. 2 Satz 6). Schließlich ist der Grundsatz der Beitragssatzstabilität zu beachten und – wie mit dem Pflege-WEG eingefügt (vgl. oben Rn. 1) – können bei der Pflegesatzbemessung die Pflegesätze derjenigen Pflegeeinrichtungen angemessen berücksichtigt werden, die nach Art und Größe sowie hinsichtlich der in Abs. 5 genannten Leistungs- und Qualitätsmerkmale im Wesentlichen gleichartig sind (Abs. 2 Satz 7 und 8).

Bei Auslegung dieser Merkmale – ursprünglich noch ohne die mit dem PSG I (vgl. 12 Rn. 1) eingeführte Maßgabe des Abs. 2 Satz 5 – hat sich das BSG zunächst wesentlich von einem Marktpreismodell leiten lassen. Maßgebend hierfür war die Erwägung, dass der vom Gesetzgeber angestrebte Wettbewerb unter den Pflegeeinrichtungen (vgl. BT-Drucks. 12/5262, S. 136 zu § 81 Abs. 3) bei weitgehend standardisierten Pflegeleistungen die Ausbildung angemessener Marktpreise mit im Wesentlichen einheitlichen Durchschnittsvergütungen befördern würde. Zwar seien auch wettbewerbsfremde Elemente eingeführt worden. Dennoch würden die insgesamt gesehen wettbewerbliche Ausrichtung und das Gewinnstreben der Unternehmer dafür sorgen, dass die Pflegeleistungen möglichst kostengünstig angeboten würden. Kontrollinteressen der Kassen könnten nur dahin bestehen, dass die erbrachten Leistungen dem Angebot und den zu stellenden Qualitätsanforderungen entsprechen. Leistungsgerechte Vergütung iSv. § 84 Abs. 2 Satz 1 sei deshalb in erster Linie der für vergleichbare Leistungen verlangte Marktpreis. Als Methode der Wahl zu dessen Feststellung hat das BSG demgemäß den externen Vergleich der beanspruchten Vergütung mit den Vergütungen anderer Einrichtungen mit vergleichbarem Leistungsangebot angesehen. Den Gestehungskosten hat es Bedeutung dagegen nur für den Fall beigemessen, dass ein üblicher Marktpreis nicht ermittelt werden kann, weil entweder eine hinreichend große Zahl von vergleichbaren Angeboten nicht vorliegt oder weil die zu vergleichenden Einrichtungen Unterschiede der Qualität nach aufweisen (Urteile vom 14.12.2000, vgl. BSGE 87, 199, 203 = SozR 3-3300 § 85 Nr. 1 S. 6).

13 Das so verstandene Marktpreismodell hat das BSG mit Urteilen vom 29.1.2009 aufgegeben. Zwar geht es weiter von einem marktorientierten Versorgungskonzept als Rahmen der Pflegesatzbemessung aus. Ansprüche nach einem reinen Selbstkostendeckungsprinzip anerkennt es deshalb weiterhin nicht. Jedoch kommt es mehr als früher auf den plausiblen Nachweis der Gestehungskosten an. Rechtsgrundlage hierfür sind die verfahrensrechtlichen Maßgaben des § 85 Abs. 3 Satz 2 bis 4, wonach das Pflegeheim vor Beginn der Pflegesatzverhandlungen geeignete Nachweise für Art, Inhalt, Umfang und Kosten der Leistungen, für die eine Vergütung beansprucht wird, darzulegen hat, ggf. ergänzt durch zusätzliche Unterlagen bis hin zum Jahresabschluss im Rahmen der Pflegebuchführung (vgl. § 85 Rn. 6 ff.). Diesen Nachweispflichten misst das BSG nunmehr größere Bedeutung zu, nachdem mit Einführung der Leistungs- und Qualitätsvereinbarung nach § 80a idF des PQsG vom 9.9.2001 (BGBl. I S. 2320, nunmehr Abs. 5, dazu oben Rn. 9f.) und nachfolgend weiteren Regelungen das Bestreben des Gesetzgebers nach stärkerer Ausdifferenzierung der Pflegevergütungen erkennbar worden ist.

13a Dem entnimmt das BSG einen Hinweis darauf, dass sich die ursprünglichen Erwartungen (auch) des Gesetzgebers an ein wettbewerbsorientiertes Leistungserbringungsrecht nicht wie gewünscht bestätigt hätten. Unter diesen Umständen sieht es keine Grundlage mehr für seine frühere Annahme, dass der Markt überhöhten Vergütungsforderungen und mangelhafter Pflegequalität hinreichend entgegenwirken werde und es deshalb – ohne Berücksichtigung der prognostischen Gestehungskosten – in erster Linie auf die Feststellung von Marktpreisen ankommt (so noch BSGE 87, 199, 203 = SozR 3-3300 § 85 Nr. 1 S. 6). An Stelle des Marktpreismodells entnimmt das BSG deshalb der Gesamtschau der formellen Maßgaben nach § 85 Abs. 3 Satz 2 bis 4 und der materiellen Vorgaben des Abs. 2 Satz 1 und 4 bis 8 ein zweigliedriges Prüfungsmuster. Ziel ist die Feststellung, ob die Pflegesatzforderung der Einrichtung erstens auf nachvollziehbaren Gestehungskosten beruht und zweitens auch einem Vergütungsvergleich mit anderen Einrichtungen standhält und deshalb marktgerecht ist. Anstelle der Feststellung des Marktpreises tritt demnach die Prüfung, ob die Pflegesatzforderung im Verhältnis erstens zum voraussichtlichen eigenen Aufwand der Einrichtung und zweitens zur Vergütung vergleichbarer Leistungen anderer Träger als angemessen erscheint (grundlegend Urteil vom 29.1.2009 – B 3 P 7/08 R, – BSGE 102, 227 = SozR 4 – 3300 § 85 Nr. 1).

14 Formelle Grundlage dieser **zweistufigen Prüfung** sind die Nachweispflichten nach § 85 Abs. 3 Satz 2 bis 4. Ihnen entnimmt das BSG die Obliegenheit zunächst des Pflegeheimes, seine Pflegesatzforderung mit einer **plausiblen Prognose** seiner voraussichtlichen Gestehungskosten zu unterlegen. Hierauf aufbauend weist das BSG den PKen aus der Treuhandstellung im Verhältnis zu den Versicherten (BSGE 87, 199, 201 = SozR 3-3300 § 85 Nr. 1 S. 4) die Rechtspflicht zu, die von der Einrichtung vorgelegte Kalkulation in sich und ggf. auch im Vergleich mit den Werten anderer Einrichtungen auf **Schlüssigkeit und Plausibilität** darauf zu überprüfen, ob die Kostenkalkulation eine nachvollziehbare Grundlage für die vergleichende Bewertung auf der zweiten Prüfungsstufe sein kann. Ist das nicht der Fall, haben die PKen den Einrichtungsträger substantiiert auf Unschlüssigkeiten im eigenen Vorbringen hinzuweisen oder durch geeignete Unterlagen anderer Einrichtungen mit Verweis auf deren Kostenstruktur konkret darzulegen, dass die aufgestellte Kalkulation

Bemessungsgrundsätze **§ 84**

der voraussichtlichen Gestehungskosten nicht plausibel erscheint. Wird die Kostenprognose der Einrichtung durch ein solch substantiiertes Bestreiten der Kostenträger erschüttert, muss die Einrichtung wiederum im Nachweisverfahren nach § 85 Abs. 3 Satz 3 und 4 weitere Belege dafür beibringen, dass ihre Vergütungsforderung auf einer plausiblen Kalkulation der voraussichtlichen Gestehungskosten beruht.

Materielle Grundlage der Prüfung auf der **2. Prüfungsstufe** ist Abs. 2 Satz 1 und 4 bis 8. Als entscheidend erachtet es das BSG, dass die Pflegesätze erstens wirtschaftlicher Betriebsführung entsprechen müssen (Abs. 2 Satz 4) und zweitens die Pflegesätze der Einrichtungen angemessen berücksichtigt werden können, die im Wesentlichen gleichartig sind (Abs. 2 Satz 8). Daraus leitet das BSG als materiellen Maßstab den generalisierten Vergütungsbedarf eines idealtypischen und wirtschaftlich operierenden Pflegeheimes ab (Verweis auf BVerwGE 108, 47, 55 zur inhaltsgleichen Klausel des § 93 Abs. 2 Satz 2 BSHG idF des 2. SKWPG vom 21.12.1993, BGBl. I S. 3374). Hierzu zieht es die im externen Vergleich nach Abs. 2 Satz 8 berücksichtigungsfähigen Pflegesätze anderer Einrichtungen als Vergleichsgröße zur Angemessenheitskontrolle nach § 84 Abs. 2 Satz 4 heran, nicht mehr aber – wie nach den Urteilen vom 14.12.2000 – als unmittelbar verbindliche Bestimmungsgröße des Pflegesatzes. Hierbei unterscheidet das BSG **drei Fallgruppen:** Stets als leistungsgerecht anzusehen sind Pflegesätze und Entgelte für Unterkunft und Verpflegung, die über die **günstigsten Eckwerte** vergleichbarer Einrichtungen nicht hinausreichen. Ebenfalls ohne weitere Prüfung regelmäßig als leistungsgerecht erachtet es in analoger Anwendung der Festbetragsregelung des § 35 Abs. 5 Satz 4 SGB V die Pflegesatz- und Entgeltforderungen **im unteren Drittel** der vergleichsweise ermittelten Pflegesätze. Schließlich kann sich eine Vergütungsforderung auch **oberhalb des unteren Drittels** vergleichbarer Pflegevergütungen als leistungsgerecht erweisen, sofern sie auf einem – zuvor nachvollziehbar prognostizierten – höheren Aufwand der Pflegeeinrichtung beruht und dieser nach Prüfung im Einzelfall **wirtschaftlich angemessen** ist. Davon geht das BSG aus, soweit die Einrichtung Gründe für einen höheren Pflegesatz oder ein höheres Entgelt für Unterkunft und Verpflegung aufzeigt und diese den Grundsätzen wirtschaftlicher Betriebsführung entsprechen. Solche Gründe für einen in diesem Sinne als wirtschaftlich angemessen anzusehenden höheren Aufwand sieht es insbesondere in Besonderheiten im Versorgungsauftrag der Einrichtung, etwa aus besonders personalintensiven **Betreuungserfordernissen,** aus besonderen Leistungsangeboten zugunsten der Heimbewohner oder einem in der Pflegequalität zum Ausdruck kommenden höheren Personalschlüssel (vgl. BT-Drucks. 16/7439, S. 71 zu Nr. 50 Buchstabe a bb). Als rechtfertigende Gründe für einen höheren Pflegesatz hat es auch auf **Lage und Größe einer Einrichtung** hingewiesen, wenn sich daraus wirtschaftliche Nachteile gegenüber der Lage oder dem Zuschnitt anderer Einrichtungen ergeben und der Sicherstellungsauftrag der Pflegekassen (vgl. § 69 Satz 1 SGB XI idF der PflegeVG) ohne die vergleichsweise teure Einrichtung nicht erfüllt werden kann. Schließlich genüge auch die Einhaltung einer **Tarifbindung** und eines deswegen höheren Personalkostenaufwands den Grundsätzen wirtschaftlicher Betriebsführung.

Allerdings rechtfertigt das nicht eine schlechthin automatische Übernahme geltend gemachter Personalkosten, soweit sie nur auf einem Tarifvertrag beruhen. Zwar hat das BSG mit Urteil vom 16.5.2013 (BSG, Urteil vom 16.5.2013 – B 3 P 2/12 R – BSGE 113, 258 = SozR 4-3300 § 84 Nr. 3) jüngst nochmals bekräftigt, dass die Einhaltung der Tarifbindung und die Zahlung ortsüblicher Gehälter grundsätzlich immer als wirtschaftlich angemessen iSv. Abs. 2 Satz 4 zu werten sind und den Grundsätzen wirtschaftlicher Betriebsführung genügen. Wegen der vom Gesetzgeber mit dem Prinzip der Leistungsgerechtigkeit vorgenommenen Abkehr vom reinen Kostendeckungsprinzip muss sich ein Träger einem externen Vergleich mit anderen Einrichtungen indes auch dann unterziehen, wenn er seine Beschäftigten nach Tarifvertrag vergütet. Der besonderen Bedeutung der Tarifbindung für die Bemessung der Pflegevergütung

§ 84
Achtes Kapitel. Pflegevergütung

ist aber Rechnung zu tragen durch eine nur auf Ausnahmefälle beschränkte Kürzung der Personalaufwendungen (BSG, Urteil vom 16.5.2013 – B 3 P 2/12 R – BSGE 113, 258 = SozR 4-3300 § 84 Nr. 3, Rn. 20ff.).

15b Diese Rechtsprechung hat der Gesetzgeber mit dem PSG I (vgl. Rn. 1) aufgegriffen und in Abs. 2 als Satz 5 ausdrücklich die Regelung eingefügt, dass die Zahlung tariflicher Vergütungen oder entsprechender Gehälter im kirchlichen Bereich nicht als unwirtschaftlich abgelehnt werden dürfen (zu den Motiven vgl. BT-Drucks. 18/2909, S. 44). Der Ertrag dieser Ergänzung scheint freilich zweifelhaft. Zum einen war das bereits seit den grundlegenden Entscheidungen des BSG vom 29.1.2009 (Rn. 13) als geltendes Recht zu beachten. Insofern verdeutlicht die Regelung nur, was ohnehin gilt. Vor allem aber löst der Zusatz den Konflikt nicht sicher auf, der im Spannungsverhältnis zwischen der nach wie vor nicht aufgegebenen Abkehr vom Selbstkostendeckungsprinzip (vgl. BT-Drucks. 12/5262, S. 144 zu § 93 Abs. 2) und der Zahlung nach Tariflohn besteht (vgl. dazu BSG, Urteil vom 16.5.2913, B 3 P 2/12 R, BSGE 113, 258 = SozR 4-3300 § 84 Nr. 3 Rn. 20). Das BSG hat sich deshalb als gehindert angesehen, wieder vollständig zum Kostendeckungsprinzip zurückzukehren und dazu den Gesetzgeber selbst als berufen bezeichnet (BSG, Urteil vom 16.5.2913, B 3 P 2/12 R, BSGE 113, 258 = SozR 4-3300 § 84 Nr. 3 Rn. 20). Ob das in der Neuregelung gesehen werden kann, erscheint angesichts der knappen Erläuterungen in den Materialien zweifelhaft.

16 Bei dem so umrissenen Verständnis des externen Vergleichs stellen sich auch Fragen in einem anderen Licht dar, die sich aus den Gesetzesmaterialien zu Abs. 2 Satz 7 ergeben. Hiernach soll die mit dem PflegeWEG eingeführte Regelung zu einer angemessenen Berücksichtigung der Pflegesätze derjenigen Einrichtungen verpflichten, die im Wesentlichen gleichartig sind. Sie beschränke die Rechtswirkungen der Urteile des BSG vom 14.12.2000 (vgl. oben Rn. 12) dahin, dass deren Grundsätze und Maßstäbe „nicht gegen den Willen einer Vertragspartei, sondern nur noch auf gemeinsamen Wunsch aller Vertragsparteien zur Anwendung kommen dürfen" (vgl. BT-Drucks. 16/7439, S. 71). Das könnte so erscheinen, als sei der Vergleich mit den Vergütungen anderer Träger für die Einrichtungen disponibel. Dieser Zweck ist indes mit der Vorschrift nach den Materialien nicht verfolgt; ein solches Verständnis fände im Übrigen auch im Gesetzestext keine hinreichende Stütze. Die Begründung ist vielmehr im Kontext zu sehen mit der bereits bei anderen Änderungen des Vergütungsrechts erkennbar gewordenen Bestrebung des Gesetzgebers, zu einer stärkeren Differenzierung der Pflegevergütungen zu gelangen (vgl. oben Rn. 13). Der Hinweis auf die einzuschränkenden Rechtswirkungen der Urteile vom 14.12.2000 kann deshalb verstanden werden als Votum dafür, dass eine Einrichtung dann keine Vergütung nach dem durchschnittlichen Marktpreis soll beanspruchen können, wenn entweder ihre Leistung nicht dem durchschnittlichen Standard entspricht oder ihre Gestehungskosten unter dem durchschnittlichen Aufwand anderer Träger liegen. Beiden – offenkundig unerwünschten (vgl. BT-Drucks. 14/5395, S. 20) – Effekten der Urteile vom 14.12.2000 wirkt die geänderte Rspr. des BSG entgegen. Die stärkere Koppelung der Pflegesätze an die voraussichtlichen Gestehungskosten und die Möglichkeit, auch überdurchschnittliche Pflegesatzforderungen als hinreichend wirtschaftlich zu qualifizieren, erlaubt eine stärkere Ausdifferenzierung der Pflegesätze und die Beschränkung unberechtigter Wettbewerbsvorteile. Das BSG versteht die Neuregelung des Abs. 2 Satz 8 deshalb ähnlich wie die vergleichbare Norm des § 17 Abs. 2 Satz 2 KHG, wonach bei der Beachtung des Grundsatzes der Beitragssatzstabilität die Vergütungen vergleichbarer Krankenhäuser angemessen zu berücksichtigen „sind" (Urteil vom 29.1.2009 – B 3 P 7/08 R – BSGE 102, 227 = SozR 4-3300 § 85 Nr. 1).

Bemessungsgrundsätze § 84

VI. Leistungsgerechte Pflegeklassenzuordnung (Abs. 2 Satz 2 und 3)

Bestandteil der leistungsgerechten Vergütung ist der Anspruch der Pflegeeinrichtung auf eine bedarfsgerechte Ausdifferenzierung und Zuordnung der Pflegesätze nach Maßgabe von Abs. 2 Satz 2 Hs 1. Hiernach sind die Pflegesätze nach dem Versorgungsaufwand, den der Pflegebedürftige nach Art und Schwere seiner Pflegebedürftigkeit benötigt, in drei Pflegeklassen einzuteilen. Bei der Zuordnung der Pflegebedürftigen zu diesen Pflegeklassen sind prinzipiell die Pflegestufen gemäß § 15 zugrunde zu legen (Abs. 2 Satz 3 Hs 1), soweit nicht nach der gemeinsamen Beurteilung des MDK und der Pflegeleitung des Pflegeheims die Zuordnung zu einer anderen Pflegeklasse notwendig oder ausreichend ist (Abs. 2 Satz 3 Hs 2). 17

1. Maßgeblichkeit der häuslichen Verhältnisse (Abs. 2 Satz 3 Hs 1)

Maßstab der Zuordnung zu einer der drei Pflegeklassen des Abs. 2 Satz 2 Hs 1 ist grundsätzlich der Bedarf an häuslicher Pflege, wie er nach den Pflegestufen gemäß § 15 zu bemessen ist. Eine den Besonderheiten der stationären Pflege gerecht werdende Bemessung des Pflegebedarfs ist gesetzlich oder untergesetzlich in den PflRi oder BRi nicht vorgesehen. Die PflRi treffen nur für den Fall, dass Versicherte Leistungen der vollstationären Pflege erst beantragen, nachdem ihre Wohnung bereits aufgelöst ist, eine eigenständige Regelung (Ziff. 6.1). Maßstab für die Bemessung des zeitlichen Mindestaufwandes in den einzelnen Pflegestufen soll in diesem Fall eine durchschnittliche häusliche Wohnsituation sein. In anderen Fällen soll offensichtlich die Pflegestufe, der der Pflegebedürftige vor dem Umzug ins Pflegeheim bei der häuslichen Pflege zugeordnet war, übernommen werden. Entscheidend ist deshalb auch bei stationärer Pflege der Pflegebedarf, wie er sich in häuslicher Umgebung darstellt. Diese fiktive Bemessung kann zwar u. U. den Pflegebedarf einerseits zu Lasten eines Pflegebedürftigen höher erscheinen lassen, weil bei stationärer Versorgung die baulichen Verhältnisse günstiger sein und die professionelle Personalausstattung Vorteile bei der Pflegeeffizienz bieten können. Andererseits lassen die Kriterien des § 15 eine Berücksichtigung des Aufwands für medizinische Behandlungspflege und soziale Betreuung nicht zu, sodass der Aufwand zu Lasten der Einrichtung im Heim im Einzelfall auch als zu niedrig angesetzt angesehen werden kann. 18

Dennoch ist der einheitliche Maßstab zur Feststellung von Pflegebedürftigkeit bei ambulanter und stationärer Pflege von allen Beteiligten hinzunehmen als Folge des für die SPV grundlegenden Vorrangs der häuslichen Pflege, vgl. § 3 SGB XI. Dieser Vorrang erlaubt es nicht, die Inanspruchnahme stationärer Pflege gegenüber der ambulanten Pflege durch einen großzügigeren Maßstab zu begünstigen (vgl. BSGE 85, 278, 282 = SozR 3-3300 § 43 Nr. 1 S. 5f.; kritisch dagegen *Brünner/Höfer,* in: LPK-SGB XI, § 84 Rn. 18). Auch Rechte der Einrichtungen aus Art. 12 Abs. 1 GG werden hierdurch nicht verletzt. Zwar ist der Aufwand für Behandlungspflege und soziale Betreuung bei der Einordnung eines Versicherten in eine Pflegeklasse nach der Rspr. des BSG nicht berücksichtigungsfähig (vgl. BSGE 95, 102 Rn. 28 = SozR 4-3300 § 43 Nr. 1 Rn. 33); insoweit hat das BSG seine frühere Rspr. aufgegeben (vgl. BSGE 85, 278, 287 = SozR 3-3300 § 43 Nr. 1 S. 11). Auch ohne eine solche Einordnung kann aber der Aufwand für soziale Betreuung und medizinische Behandlungspflege in den mit den Pflegesätzen abzugeltenden Aufwand pauschalierend einbezogen werden (vgl. BSGE 95, 102 Rn. 28 = SozR 4-3300 § 43 Nr. 1 Rn. 33). Besonderheiten kann dabei u. U. auch dadurch Rechnung getragen werden, dass Pflegebedürftige mit außergewöhnlich hohem Betreuungsaufwand in einer selbstständigen Pflegeabteilung mit eigenen Pflegesätzen geführt werden, sofern die hierfür erforderlichen säch- 18a

§ 84 Achtes Kapitel. Pflegevergütung

lichen und personellen Voraussetzungen auf Dauer erfüllt und der Versorgungsauftrag durch entsprechenden Versorgungsvertrag mit den Pflegekassen gemäß § 72 Abs. 1 SGB XI ergänzt wird (vgl. BSGE 87, 199, 206 = SozR 3-3300 § 85 Nr. 1 S. 9).

2. Ausnahmen (Abs. 2 Satz 3 Hs 2)

19 Abweichungen von den grundsätzlich maßgeblichen Pflegestufen sind nach Abs. 2 Satz 3 Hs 2 möglich, soweit „nach der gemeinsamen Beurteilung des Medizinischen Dienstes und der Pflegeleitung des Pflegeheims die Zuordnung zu einer anderen Pflegeklasse notwendig oder ausreichend ist". Dies lässt Raum für eine im Einzelfall abweichende Pflegeklassezuordnung. Auf einen Zusatzbedarf wegen medizinischer Behandlungspflege oder sozialer Betreuung kann die Abweichung indes nicht gestützt werden. Maßgebend ist vielmehr ausschließlich der Hilfebedarf bei der Grundpflege und der hauswirtschaftlichen Versorgung (vgl. BSGE 95, 102 Rn. 28 = SozR 4-3300 § 43 Nr. 1 Rn. 33; BSGE 107, 37 = SozR 4-3300 § 87a Nr. 1, Rn. 10). Der Anwendungsbereich dessen erscheint indes als eher gering. Das BSG hat ihn in Betracht gezogen etwa im Falle der Zunahme des Pflegebedarfs voraussichtlich nur für weniger als sechs Monate, weil dann die Höherstufung in eine neue Pflegestufe von Gesetzes wegen ausscheidet. Ferner sei eine höhere Pflegeklasse vorstellbar, wenn der Pflegebedarf nur im Heim besteht, weil der Versicherte sich unkooperativ und unwillig verhält, was in der häuslichen Umgebung mit der ihm vertrauten Pflegeperson nicht der Fall war, sodass der Pflegebedarf vom MDK bei der häuslichen Begutachtung niedriger eingeschätzt worden ist (BSG, Urteil vom 16.5.2013 – B 3 P 1/12 R – BSGE 113, 250 = SozR 4-3300 § 84 Nr. 3, Rn. 16; kritisch hiergegen *Udsching*, in: jurisPR-SozR 5/2014 Anm. 2).

3. Verfahren und Rechtsschutz des Pflegeheimes

20 Verfahrensrechtlich ist der Weg zur Durchsetzung höherer Vergütungsansprüche wegen der Eingruppierung in eine höhere Pflegestufe oder eine höhere Pflegeklasse nur rudimentär ausgestaltet. Für die in der Praxis wichtigere Anhebung der Pflegestufe ist – nachdem hierzu zunächst überhaupt keine Regelungen getroffen waren – durch die mit dem PQsG vom 9.9.2001 (BGBl. I S. 3320) eingeführte Vorschrift des § 87a Abs. 2 den Einrichtungen ein Anspruch nur darauf eingeräumt worden, dass der Heimbewohner selbst einen entsprechenden Antrag bei seiner PKe stellt. Offen gelassen ist aber, wie zu verfahren ist, wenn ein solcher Antrag entweder überhaupt nicht gestellt oder nach Ablehnung durch die PKe nicht weiter verfolgt wird. Das BSG hat dem Heimträger insoweit zur Durchsetzung seiner Ansprüche auf leistungsgerechte Vergütung die Befugnis zugebilligt, die PKe im Wege der Zahlungsklage auf Zahlung eines höheren Pflegesatzes in Anspruch zu nehmen. In diesem Rechtsstreit – zu dem der Versicherte notwendig beizuladen ist (§ 75 Abs. 2 SGG) – kann inzident und ohne Verstoß gegen die Antragabhängigkeit von Sozialleistungen über die zutreffende Zuordnung zu der maßgebenden Pflegeklasse entschieden werden, weil andernfalls die aus Art. 19 Abs. 4 GG sich ergebenden Rechte der Einrichtung nicht gewahrt werden können (vgl. BSGE 95, 102 = SozR 4-3300 § 43 Nr. 1). Voraussetzung hierfür ist aber, dass der Träger zuvor förmlich den Weg des § 87a Abs. 2 gegangen ist (BSG, Urteil vom 7.10.2010 – B 3 P 4/09 R – BSGE 107, 37 = SozR 4-3300 § 87a Nr. 1, Rn. 14ff.).

20a Überhaupt keine verfahrensmäßige Ausgestaltung hat die ausnahmsweise abweichende Zuordnung der Pflegeklasse von der Pflegestufe gefunden. Nach Abs. 2 Satz 3 soll sie erfolgen, wenn sie „nach der gemeinsamen Beurteilung des Medizinischen Dienstes und der Pflegeleitung des Pflegeheimes ... notwendig oder ausreichend ist". Inwieweit dabei die Pflegebedürftigen selbst zu beteiligen sind und welche Rechtsschutzmöglichkeiten im Falle einer Versagung des Einvernehmens gegeben sind, ist dagegen ungeregelt geblieben. Zur Ausfüllung dieser Lücke hat das BSG den Einrichtungsträgern einen gegenüber den PKen zu verfolgenden Anspruch auf Zuordnung des Versicherten zu einer höheren Pflegeklasse zugesprochen. Einzuleiten ist das Verfahren danach durch einen bei der PKe zu stellender Antrag auf Feststellung einer höheren Pflegeklasse. Hierauf ist diese verpflichtet, den MDK mit einer gutachterlichen Stellungnahme zu beauftragen, ob der begehrte Pflegeklassenwechsel in der Sache gerechtfertigt ist. Stimmen Pflegeleitung und MDK in ihren Einschätzungen überein, hat die PKe dem Versicherten nach § 24 SGB X und ggf. dem Sozialhilfeträger Gelegenheit zur Stellungnahme zu geben und im Anschluss durch Bescheid dem Versicherten gegenüber die höhere Pflegeklasse festzustellen. Hiergegen kann der Versicherte mit der Anfechtungsklage vorgehen. Stimmen Pflegeleitung und MDK hingegen nicht überein, kann der Heimträger im Verhältnis zur PKe auf Feststellung der höheren Pflegeklasse klagen, wobei incident die divergierende Begutachtung durch den MDK überprüft wird; hierzu ist Versicherte gemäß § 75 Abs. 2 SGG notwendig beizuladen. Ist ein die höhere Pflegeklasse feststellender Bescheid ergangen und bestandskräftig geworden, kann der Träger den Versicherten aus dem Heimvertragsverhältnis und damit im Zivilrechtsweg auf Zahlung nach dieser Pflegeklasse in Anspruch nehmen (BSG, Urteil vom 16.5.2013 – B 3 P 1/12 R – BSGE 113, 250 = SozR 4-3300 § 84 Nr. 3, Rn. 12ff.).

VII. Härtefallzuschlag (Abs. 2 Satz 2 Hs 2)

Als eigenständiger Vergütungsanspruch der Pflegeeinrichtung ist mit dem Pflege- 21
WEG vom 28.5.2008 (BGBl. I S. 874) mW zum 1.7.2008 ergänzend zu den Pflegesätzen zur Vergütung der allgemeinen Pflegeleistungen der Härtefallzuschlag nach Abs. 2 Hs 2 eingeführt worden. Hiernach kann für Pflegebedürftige, die als Härtefall anerkannt sind, ein Zuschlag zum Pflegesatz der Pflegeklasse 3 bis zur Höhe des kalendertäglichen Unterschiedsbetrages vereinbart werden, der sich aus § 43 Abs. 2 Satz 2 Nr. 3 und 4 ergibt. Die Vorschrift dient der vergütungsrechtlichen Umsetzung des Anspruchs nach § 43 Abs. 3. Ihm zufolge können die Pflegekassen in besonderen Ausnahmefällen zur Vermeidung von Härten die pflegebedingten Aufwendungen, die Aufwendungen der sozialen Betreuung und die Aufwendungen für Leistungen der medizinischen Behandlungspflege pauschal in Höhe des nach § 43 Abs. 2 Satz 2 Nr. 4 geltenden Betrages übernehmen, wenn ein außergewöhnlich hoher und intensiver Pflegeaufwand erforderlich ist, der das übliche Maß der Pflegestufe III weit übersteigt (zu den Einzelheiten vgl. § 43 Rn. 17ff.). Hieraus ergibt sich ein Differenzbetrag zwischen dem Leistungsbetrag zur Abgeltung der Pflegeleistungen nach Pflegestufe III (§ 43 Abs. 2 Satz 2 Nr. 3) und der Härtefallregelung (§ 43 Abs. 2 Satz 2 Nr. 4) in Höhe von 383 Euro monatlich ab dem 1.1.2015. Bis zur Höhe dieses Differenzbetrages kann die Pflegeeinrichtung nach Maßgabe der vorherigen Vereinbarung einen selbstständigen Härtefallzuschlag unmittelbar von der PKe beanspruchen. Insoweit gelten zwar einerseits die allgemeinen Grundsätze, als die Bemessungskriterien sich nicht von denen unterscheiden, die auch für die Pflegesatzbestimmung gelten (ebenso auch *Brünner/Höfer,* in: LPK-SGB XI, § 84 Rn. 22). Andererseits weist der Anspruch Besonderheiten hinsichtlich der Abgeltungswirkung des Härtefallzuschlags auf.

Allgemein gilt, dass mit dem Pflegesatz sämtliche Aufwendungen abgegolten sind, 22
die den allgemeinen Pflegeleistungen, der sozialen Betreuung oder der medizinischen Behandlungspflege zuzurechnen sind. Das gilt für den Härtefallzuschlag so nicht. Der Zuschlag kann schon dem Betrag nach nicht ausreichen, um den – voraussetzungsgemäß – die Pflegestufe III „weit übersteigenden" Pflegebedarf vollständig abzudecken. Deshalb kann auch die Pflegeeinrichtung – die Anspruch auf eine leistungsgerechte Vergütung ihrer Leistungen auch in diesen Fällen hat – nicht gehalten sein, die zusätz-

lichen Pflegeleistungen nur über den Härtefallzuschlag zu refinanzieren. Darauf zielt er auch nicht ab. Leistungszweck ist vielmehr die Milderung finanzieller Härten, die bei einem außerordentlich hohen Pflegebedarf dem Pflegebedürftigen entstehen können. Das ist der Fall, wenn ein Schwerstpflegebedürftiger in einer Einrichtung oder selbstständig geführten Abteilung gepflegt wird, die auf den besonderen Pflegebedarf spezialisiert und deshalb mit einem weit über dem Durchschnitt der Pflegeklasse III liegenden Pflegesatz zu vergüten ist. Voraussetzung für die Anerkennung als Härtefall ist demgemäß nach den Härtefallrichtlinien (HRi) idF vom 28.10.2005 außer einem außergewöhnlich hohen Pflegeaufwand eine zusätzliche Kostenlast des Pflegebedürftigen infolge eines Pflegesatzes, der „deutlich" über dem durchschnittlichen Pflegesatz bei Pflegeklasse III liegt (ebenda Ziff. 5). Andernfalls sind die leistungsrechtlichen Voraussetzungen des § 43 Abs. 3 nicht gegeben (vgl. BSG, Urteil vom 10.4.2008 – B 3 P 4/07 R – SozR 4 – 3300 § 43 Nr. 2; zuvor zu dieser Problematik schon BSGE 89, 50 = SozR 3-3300 § 12 Nr. 1). Demgemäß kann mit Härtefallzuschlag voraussetzungsgemäß nur ein Teilbetrag des Mehraufwands abgegolten sein, den die Einrichtung über das Maß des in Pflegeklasse III Üblichen hinaus zu erbringen hat. Der übrige Anteil ist hingegen von dem Pflegebedürftigen selbst aufzubringen.

VIII. Bindungswirkungen für die Einrichtungen (Abs. 6 und 7)

23 Durch das PflegeWEG und das PSG I (Rn. 1) ist die Vorschrift um Pflichten für die Einrichtungen ergänzt worden, die nicht der Pflegesatzbemessung zuzurechnen sind, sondern Folgepflichten der Einrichtung begründen. Danach sind die Einrichtungen zum einen verpflichtet, die vereinbarte Personalausstattung jederzeit „sicherzustellen" (Abs. 6) und zum anderen, ihr Personal nach Tarifvertrag bzw. entsprechend zu vergüten, wenn die Pflegesätze unter Berücksichtigung dessen bemessen sind (Abs. 7). Damit zieht der Gesetzgeber die Konsequenz daraus, dass beide Umstände für die Bemessung der Vergütung erhebliche Bedeutung haben. Jedoch sind beide Regelungen nicht konsequent zu Ende ausgeformt worden. Offen bleibt nämlich, welche Folgen es hat, wenn die Einrichtungen diesen Verpflichtungen nicht nachkommen, und vor allem ab welcher Schwelle die Abweichung erheblich sein soll. Insbesondere bei krankheitsbedingten Personalausfällen oder bei Personalfluktuation wirft dies nicht einfach zu beantwortende Abgrenzungsfragen auf. Rechtliche Konsequenzen – von dem Extremfall der Kündigung nach § 74 abgesehen – ordnet das SGB XI nur im Rahmen der Vorschriften zur Qualitätssicherung an, die nach § 115 Abs. 3 eine Vergütungskürzung bei Verstößen gegen Verpflichtungen insbesondere zur qualitätsgerechten Leistungserbringung vorsieht. Aus dieser Zuordnung hat das BSG geschlossen, dass Personalunterdeckungen grundsätzlich nur bei Qualitätsmängeln eine Vergütungskürzung rechtfertigen und dass die Feststellung solcher Mängel ausnahmsweise nur dann entbehrlich ist, wenn die Unterdeckung ersichtlich gravierend ist (angenommen ab einem Abweichen von monatlich 8%) oder wenn es Anhaltspunkte für einen vorsätzlichen Verstoß des Einrichtungsträgers gibt (Urteil vom 12.9.2012, B 3 P 5/11 R, BSGE 112, 1ff. = SozR 4–3300 § 115 Nr. 1; dazu im Einzelnen und zur Kritik hieran *Bassen*, § 115 Rn. 13ff.).

§ 85 Pflegesatzverfahren

(1) **Art, Höhe und Laufzeit der Pflegesätze werden zwischen dem Träger des Pflegeheimes und den Leistungsträgern nach Absatz 2 vereinbart.**

(2) ¹**Parteien der Pflegesatzvereinbarung (Vertragsparteien) sind der Träger des einzelnen zugelassenen Pflegeheimes sowie**

Pflegesatzverfahren §85

1. die Pflegekassen oder sonstige Sozialversicherungsträger,
2. die für die Bewohner des Pflegeheimes zuständigen Träger der Sozialhilfe sowie
3. die Arbeitsgemeinschaften der unter Nummer 1 und 2 genannten Träger,

soweit auf den jeweiligen Kostenträger oder die Arbeitsgemeinschaft im Jahr vor Beginn der Pflegesatzverhandlungen jeweils mehr als fünf vom Hundert der Berechnungstage des Pflegeheimes entfallen. ²Die Pflegesatzvereinbarung ist für jedes zugelassene Pflegeheim gesondert abzuschließen; § 86 Abs. 2 bleibt unberührt. ³Die Vereinigungen der Pflegeheime im Land, die Landesverbände der Pflegekassen sowie der Verband der privaten Krankenversicherung e. V. im Land können sich am Pflegesatzverfahren beteiligen.

(3) ¹Die Pflegesatzvereinbarung ist im voraus, vor Beginn der jeweiligen Wirtschaftsperiode des Pflegeheimes, für einen zukünftigen Zeitraum (Pflegesatzzeitraum) zu treffen. ²Das Pflegeheim hat Art, Inhalt, Umfang und Kosten der Leistungen, für die es eine Vergütung beansprucht, durch Pflegedokumentationen und andere geeignete Nachweise rechtzeitig vor Beginn der Pflegesatzverhandlungen darzulegen; es hat außerdem die schriftliche Stellungnahme der nach heimrechtlichen Vorschriften vorgesehenen Interessenvertretung der Bewohnerinnen und Bewohner beizufügen. ³Soweit dies zur Beurteilung seiner Wirtschaftlichkeit und Leistungsfähigkeit im Einzelfall erforderlich ist, hat das Pflegeheim auf Verlangen einer Vertragspartei zusätzliche Unterlagen vorzulegen und Auskünfte zu erteilen. ⁴Hierzu gehören auch pflegesatzerhebliche Angaben zum Jahresabschluß entsprechend den Grundsätzen ordnungsgemäßer Pflegebuchführung, zur personellen und sachlichen Ausstattung des Pflegeheims einschließlich der Kosten sowie zur tatsächlichen Stellenbesetzung und Eingruppierung. ⁵Personenbezogene Daten sind zu anonymisieren.

(4) ¹Die Pflegesatzvereinbarung kommt durch Einigung zwischen dem Träger des Pflegeheimes und der Mehrheit der Kostenträger nach Absatz 2 Satz 1 zustande, die an der Pflegesatzverhandlung teilgenommen haben. ²Sie ist schriftlich abzuschließen. ³Soweit Vertragsparteien sich bei den Pflegesatzverhandlungen durch Dritte vertreten lassen, haben diese vor Verhandlungsbeginn den übrigen Vertragsparteien eine schriftliche Verhandlungs- und Abschlußvollmacht vorzulegen.

(5) ¹Kommt eine Pflegesatzvereinbarung innerhalb von sechs Wochen nicht zustande, nachdem eine Vertragspartei schriftlich zu Pflegesatzverhandlungen aufgefordert hat, setzt die Schiedsstelle nach § 76 auf Antrag einer Vertragspartei die Pflegesätze unverzüglich fest. ²Satz 1 gilt auch, soweit der nach Absatz 2 Satz 1 Nr. 2 zuständige Träger der Sozialhilfe der Pflegesatzvereinbarung innerhalb von zwei Wochen nach Vertragsschluß widerspricht; der Träger der Sozialhilfe kann im voraus verlangen, daß an Stelle der gesamten Schiedsstelle nur der Vorsitzende und die beiden weiteren unparteiischen Mitglieder oder nur der Vorsitzende allein entscheiden. ³Gegen die Festsetzung ist der Rechtsweg zu den Sozialgerichten gegeben. ⁴Ein Vorverfahren findet nicht statt; die Klage hat keine aufschiebende Wirkung.

(6) ¹Pflegesatzvereinbarungen sowie Schiedsstellenentscheidungen nach Absatz 5 Satz 1 oder 2 treten zu dem darin unter angemessener Berücksichtigung der Interessen der Pflegeheimbewohner bestimmten Zeitpunkt in Kraft; sie sind für das Pflegeheim sowie für die in dem Heim versorgten Pflegebedürftigen und deren Kostenträger unmittelbar verbindlich. ²Ein rückwirkendes Inkrafttreten von Pflegesätzen ist nicht zulässig. ³Nach Ablauf des Pflegesatzzeitraums gelten die vereinbarten oder festgesetzten Pflegesätze bis zum Inkrafttreten neuer Pflegesätze weiter.

§ 85 Achtes Kapitel. Pflegevergütung

(7) Bei unvorhersehbaren wesentlichen Veränderungen der Annahmen, die der Vereinbarung oder Festsetzung der Pflegesätze zugrunde lagen, sind die Pflegesätze auf Verlangen einer Vertragspartei für den laufenden Pflegesatzzeitraum neu zu verhandeln; die Absätze 3 bis 6 gelten entsprechend.

Inhaltsübersicht

		Rn.
I.	Geltende Fassung	1
II.	Normzweck	2
III.	Allgemeines zum Pflegesatzverfahren	3
IV.	Vereinbarung des Pflegesatzes (Abs. 1)	4
V.	Parteien der Pflegesatzvereinbarung und sonstige Beteiligte (Abs. 2)	5
VI.	Pflegesatzzeitraum und Nachweispflichten des Pflegeheims (Abs. 3)	6
VII.	Abschluss der Pflegesatzvereinbarung (Abs. 4)	9
VIII.	Festsetzung durch die Schiedsstelle (Abs. 5)	10
IX.	Geltungsdauer der Pflegesatzvereinbarung (Abs. 6)	11
X.	Wegfall der Geschäftsgrundlage (Abs. 7)	12

I. Geltende Fassung

1   Die Vorschrift ist mWv 1.1.1995 durch Art. 1 PflegeVG eingeführt worden. Sie hat nahezu unverändert die Fassung des FraktE (vgl. BT-Drucks. 12/5262, S. 144–146 zu § 94). Aufgrund der Beschlussempfehlung des AuS-Ausschusses wurden lediglich redaktionelle Klarstellungen in Abs. 2 vorgenommen (BT-Drucks. 12/5920, S. 80f.). Im ersten Vermittlungsverfahren wurde Abs. 1, 2. Hs, der die Vereinbarung von Investitionszuschlägen betraf, gestrichen (BT-Drucks. 12/6424, S. 4). Durch das 1. SGB XI-ÄndG vom 14.6.1996 (BGBl. I S. 830) wurden mWv 25.6.1996 in der Regelung des Abs. 2 auch Arbeitsgemeinschaften von Kostenträgern als Partei der Pflegesatzvereinbarung zugelassen, soweit durch sie das Quorum von 5 vom 100 der maßgeblichen Berechnungstage repräsentiert wird, und Satz 2 neu eingefügt. In Abs. 3 wurden die Nachweisanforderungen in Satz 2 ergänzt und in den Sätzen 3 bis 5 erheblich ausgeweitet. Schließlich wurde in Abs. 5 Satz 2 und in Abs. 6 Satz 1 neu gefasst (zur Begr. vgl. BT-Drucks. 13/3696, S. 16; BT-Drucks. 13/4091, S. 42). Durch das PQsG vom 9.9.2001 (BGBl. I S. 2320) wurde in Abs. 3 Satz 2 als Hs 2 die Verpflichtung zur Einholung einer Stellungnahme der Interessenvertretung der Heimbewohner aufgenommen (zur Begr. vgl. BT-Drucks. 14/5395, S. 35). Durch Art. 10 Nr. 9 des Gesetzes zur Einordnung des Sozialhilferechts in das Sozialgesetzbuch vom 27.12.2003 (BGBl. I S. 3022) ist in Abs. 5 Satz 2 das Wort „Sozialhilfeträger" durch die Wörter „Träger der Sozialhilfe" ersetzt worden. Schließlich erhielt durch das PflegeWEG vom 28.5.2008 (BGBl. I S. 874) mW zum 1.7.2008 Abs. 2 Satz 1 die aktuelle Fassung und wurden in Abs. 3 in Satz 2 die Wörter „des Heimbeirats oder des Heimfürsprechers nach § 7 Abs. 4 des Heimgesetzes" durch die Wörter „der nach heimrechtlichen Vorschriften vorgesehenen Interessenvertretung der Bewohnerinnen und Bewohner" und in Satz 4 die Wörter „nach der Pflege-Buchführungsverordnung" durch die Wörter „entsprechend den Grundsätzen ordnungsgemäßer Pflegebuchführung" ersetzt. In Absatz 6 Satz 1 erster Hs wurden nach dem Wort „darin" die Wörter „unter angemessener Berücksichtigung der Interessen der Pflegeheimbewohner" eingefügt (zu den Motiven vgl. BT-Drucks. 16/7439, S. 72).

II. Normzweck

2   § 85 regelt das Pflegesatzverfahren, mit dem die Vergütung für allgemeine Pflegeleistungen in stationären Einrichtungen vereinbart wird. An die Stelle des nach § 85

Pflegesatzverfahren **§ 85**

vorgesehenen Verfahrens mit Vereinbarungen zwischen dem Träger des Pflegeheims und den betroffenen Kostenträgern kann mit Zustimmung der betroffenen Pflegeheimträger die in § 86 geregelte Festsetzung der Pflegesätze durch eine Pflegesatzkommission treten, die die Pflegesätze regional oder gar landesweit festsetzen kann. In beiden Fällen sind zugleich mit den Pflegesätzen auch die Entgelte für Unterkunft und Verpflegung zu vereinbaren bzw. festzusetzen (§ 87), die von den Pflegebedürftigen selbst aufzubringen sind (§ 82 Abs. 1 Satz 3). Die Vereinbarung der Vergütung für ambulante Pflegeleistungen erfolgt nach § 89, soweit keine Gebührenordnung nach § 90 erlassen ist. Die verfahrensrechtlichen Regelungen in den Abs. 3 bis 7 gelten auch iR des § 89 (§ 89 Abs. 3 Satz 2).

III. Allgemeines zum Pflegesatzverfahren

Das Vergütungsrecht des SGB XI geht sowohl im stationären wie auch im ambulanten Bereich vom Vereinbarungsprinzip aus; dh. grundsätzlich kann jeder Träger einer Pflegeeinrichtung die Vergütung mit den PKen und anderen Kostenträgern selbst aushandeln. Die Unterwerfung unter eine auf Verbandsebene ausgehandelte Vergütungsordnung ist nicht vorgesehen; eine Ausnahme bildet der mögliche Erlass einer Gebührenordnung für ambulante Pflegeleistungen nach § 90. Der Einrichtungsträger kann auch ganz auf den Abschluss einer Vergütungsvereinbarung verzichten. Dies folgt zwingend aus § 91 Abs. 1; wenngleich Abs. 5 mit dem Eintrittsrecht der Schiedsstelle hierzu in einem gewissen Widerspruch steht (vgl. § 91 Rn. 4). Die Pflegesatzvereinbarung ist wie der Versorgungsvertrag (§ 72), durch den im Pflegeheim generell zur Versorgung der Versicherten zugelassen wird, ein öffentlich-rechtlicher Vertrag (so bereits zur Pflegesatzvereinbarung nach § 93 Abs. 2 BSHG: BVerwGE 94, 202 = NJW 1994, 3027; BGHZ 116, 339). Die Pflegesätze sind prospektiv festzulegen (Abs. 3); dh. Pflegesatzvereinbarungen dürfen nur für einen zukünftigen Pflegesatzzeitraum getroffen werden; auch die Vereinbarung eines zurückliegenden Zeitpunkts für das Inkrafttreten ist unzulässig (Abs. 6 Satz 2). Die Einigung auf einen Pflegesatz kommt schon dann zustande, wenn auf Seiten der Kostenträger nur eine Mehrheit zustimmt (Abs. 4 Satz 1). Bleibt eine Einigung aus, so kann jede Vertragspartei (zu diesem Begriff Rn. 5) die Festsetzung des Pflegesatzes durch die Schiedsstelle beantragen; es sei denn, die Pflegeeinrichtung verzichtet ausdrücklich auf eine Vergütungsvereinbarung mit den Folgen in § 91.

3

IV. Vereinbarung des Pflegesatzes (Abs. 1)

Der Pflegesatz muss zwischen dem Heimträger und den Leistungsträgern vereinbart werden. Dies bedeutet für viele Pflegebedürftige insofern eine Verbesserung, als der Heimträger vor dem Inkrafttreten des SGB XI die Pflegesätze auch ohne Zustimmung der Heimbewohner erhöhen konnte. Die Vereinbarungen der Sozialhilfeträger mit den Heimträgern (nach § 93 Abs. 2 BSHG) konnten die Interessen der selbstzahlenden Pflegebedürftigen nur unzureichend wahren, da die Sozialhilfeträger häufig selbst Träger von Pflegeheimen sind und sich daher regelmäßig in einem Interessenkonflikt befinden, der einer Vereinbarung günstiger Pflegesätze tendenziell entgegensteht.

4

§ 85

Achtes Kapitel. Pflegevergütung

V. Parteien der Pflegesatzvereinbarung und sonstige Beteiligte (Abs. 2)

5 Der Träger des Pflegeheims ist stets Vertragspartei. Er kann sich allerdings durch seinen Verband (oder jede andere vertretungsberechtigte Person) vertreten lassen (Abs. 4 Satz 2) oder der Durchführung eines Verfahrens nach § 86 zustimmen, wodurch eine individuelle Pflegesatzvereinbarung nach § 85 entbehrlich wird. Bei den Leistungsträgern ist zwischen Vertragsparteien und sonstigen Beteiligten zu unterscheiden. Auf Seiten der Leistungsträger sind Vertragspartei: die PKen (nicht deren Landesverbände, weshalb auch § 81 nicht anzuwenden ist), sonstige Sozialversicherungsträger (z. B. Berufsgenossenschaften, RV-Träger) und der nach Landesrecht zuständige sozialhilferechtliche Kostenträger. Von den Leistungsträgern kommen nur diejenigen als Vertragspartei zum Zuge, auf die im Jahr vor Beginn der Pflegesatzverhandlungen jeweils mehr als 5 v. H. der vom Pflegeheim abgerechneten Pflegetage entfielen. Hierdurch soll der Kreis der Vertragspartner in einer praktikablen Größenordnung gehalten werden. Da sich nach dem Inkrafttreten des SGB XI in der Praxis zeigte, dass auf einzelne PKen häufig weniger Berechnungstage entfielen als das in Abs. 2 geforderte Quorum von 5 v. H., wurden durch eine Änderung von Abs. 2 Satz 1 Nr. 1 (im 1. SGB XI-ÄndG) Arbeitsgemeinschaften von PKen, die nach der ursprünglichen Fassung (Abs. 2 Satz 2 aF) am Pflegesatzverfahren nur beteiligt werden konnten, in den Status von Vertragsparteien heraufgestuft, um eine ausreichende Vertretung der PKen sicherzustellen. Abs. 2 Satz 2 (idF des 1. SGB XI-ÄndG) stellt klar, dass in dem normalen Pflegesatzverfahren nach § 85 für jedes Pflegeheim gesondert eine Pflegesatzvereinbarung abzuschließen ist; die Festlegung einheitlicher Pflegesätze für mehrere Pflegeheime bleibt dem besonderen Verfahren in der Pflegesatzkommission nach § 86 vorbehalten. Satz 3 eröffnet den in einem Land vertretenen Trägervereinigungen von Pflegeheimen, den Landesverbänden der PKen und dem Verband der PKV die Möglichkeit, sich an den Vertragsverhandlungen zu beteiligen, um überörtlichen oder regionalen Belangen Gehör zu verschaffen. Die Stellung einer Vertragspartei kommt diesen Beteiligten allerdings nicht zu.

VI. Pflegesatzzeitraum und Nachweispflichten des Pflegeheims (Abs. 3)

6 Abs. 3 Satz 1 enthält den Grundsatz der prospektiven Ausrichtung der Pflegesätze. Pflegesatzvereinbarungen dürfen nur vor Beginn der jeweiligen Wirtschaftsperiode des Pflegeheims für einen künftigen Pflegesatzzeitraum getroffen werden. Dieser Grundsatz wird durch das in Abs. 6 Satz 2 enthaltene Verbot des rückwirkenden Inkrafttretens von Pflegesätzen bekräftigt. Satz 2 konkretisiert Informations- und Nachweispflichten des Pflegeheims gegenüber den als Vertragspartner beteiligten Leistungsträgern. Die Nachweispflichten sind im 1. SGB XI-ÄndG auf Veranlassung des AuS-Ausschusses erheblich verschärft worden (vgl. BT-Drucks. 13/4091, S. 42). Es sollte sichergestellt werden, dass die für eine Beurteilung der Vergütungsforderung notwendigen Unterlagen rechtzeitig vorgelegt werden. Einbezogen wurden auch die pflegesatzerheblichen Angaben zum Jahresabschluss entsprechend den Grundsätzen ordnungsgemäßer Pflegebuchführung, zur personellen und sachlichen Ausstattung des Pflegeheims sowie zur tatsächlichen Stellenbesetzung und zur Eingruppierung. Wie das BSG entschieden hat, stehen diese Anforderungen nicht im Widerspruch zu dem wettbewerbsorientierten Vergütungsregime des SGB XI. Sie sind vielmehr Rechtfertigung dafür, dass im Pflegesatzverfahren mit der Mehrheit der Kostenträger (Abs. 4 Satz 1) bzw. der Schiedsstellenmitglieder (§ 76 Abs. 3 Satz 4 SGB) gemäß

Pflegesatzverfahren **§ 85**

Abs. 6 Satz 1 SGB XI verbindliche Entscheidungen zu Lasten der Heimbewohner und aller Kostenträger getroffen werden können. Dies setzt eine hinreichende Tatsachengrundlage für die Einschätzung voraus, dass die von der Einrichtung geltend gemachten Pflegesätze und Entgelte angemessen und den Heimbewohnern sowie der Versichertengemeinschaft bzw. der Allgemeinheit deshalb entsprechende Zahlungen zuzumuten sind. Dass der Gesetzgeber die dafür erforderliche Vergewisserung gemäß Abs. 3 Satz 2 bis 4 an die nachvollziehbare Darlegung der voraussichtlichen Gestehungskosten der Einrichtung geknüpft hat, ist nicht zu beanstanden. Im Gegenteil liegt eine solche Vorgehensweise nahe, weil die Pflegesatzvereinbarungen gemäß Abs. 2 Satz 2 SGB XI einrichtungsindividuell auszuhandeln sind und das Vergütungsregime des SGB XI damit – im Interesse von Kostenträgern und Einrichtungen gleichermaßen – auf möglichst ausdifferenzierte und den Einrichtungsbesonderheiten Rechnung tragende Vergütungen zielt (vgl. BSG, Urteil vom 29.1.2009 – B 3 P 7/08 R – BSGE 102, 227 = SozR 4-3300 § 85 Nr. 1, Rn. 27; vgl. insoweit zu dem materiellen Kontext § 84 Rn. 11 ff.).

Allerdings gebietet die Regelung zum Schutz der Einrichtungsträger ein gestuftes **7** Darlegungsverfahren. Auf der 1. Darlegungsstufe hat die Einrichtung nach Abs. 2 Satz 2 die prospektiven Gestehungskosten plausibel und nachvollziehbar darzulegen, also seine Kostenstruktur erkennen und die Beurteilung seiner Wirtschaftlichkeit und Leistungsfähigkeit im Einzelfall ermöglichen zu lassen (Abs. 3 Satz 2 Hs 1 und Satz 3). Dazu ist die Kostenkalkulation hinreichend zu belegen. Diesem Plausibilitätserfordernis wird genügt, wenn Kostensteigerungen z. B. auf erhöhte Energiekosten zurückzuführen sind oder im Personalbereich auf die normale Lohnsteigerungsrate begrenzt bzw. durch Veränderungen im Personalschlüssel oder bei der Fachkraftquote bedingt sind. Nicht von vornherein als unplausibel ausgeschlossen ist auch die Erhöhung von Kostenansätzen, die in den Vorjahren auf Grund fehlerhafter Kalkulation oder sogar bewusst – etwa um Marktsegmente zu erobern – zu niedrig angesetzt worden sind; im letzteren Fall besteht allerdings eine besonders substantiierte Begründungspflicht des Pflegeheims. Als nicht ausreichend erachtet es das BSG indes, wenn eine erhebliche und nicht durch konkrete Fakten belegte Erhöhung der Personalkosten mit dem durchschnittlichen tariflichen Arbeitgeberaufwand pro Vollzeitstelle begründet wird (BSG, Urteil vom 29.1.2009 – B 3 P 7/08 R – BSGE 102, 227 = SozR 4-3300 § 85 Nr. 1, Rn. 25).

Reichen die Angaben für eine abschließende Plausibilitätskontrolle nicht aus, erfor- **8** dert die 2. Darlegungsstufe nach Abs. 3 Satz 3 und 4 die Vorlage zusätzlicher Unterlagen und/oder die Erteilung weiterer Auskünfte. Dies kann von der weiteren Konkretisierung der zu erwartenden Kostenlast über die Angabe von Stellenbesetzungen und Eingruppierungen bis zu pflegesatzerheblichen Auskünften zum Jahresabschluss entsprechend den Grundsätzen ordnungsgemäßer Pflegebuchführung reichen und besteht auf Verlangen einer Vertragspartei, soweit dies zur Beurteilung der Wirtschaftlichkeit und Leistungsfähigkeit eines Pflegeheims im Einzelfall erforderlich ist. Demgemäß weist das BSG den PKen aus der Treuhänderstellung im Verhältnis zu den Versicherten (BSGE 87, 199, 201 = SozR 3-3300 § 85 Nr. 1 S. 4) die Rechtspflicht zu, die von der Einrichtung vorgelegte Kalkulation in sich und ggf. auch im Vergleich mit den Werten anderer Einrichtungen auf Schlüssigkeit und Plausibilität darauf zu überprüfen, ob die auf der 1. Darlegungsstufe vorgelegte Kostenkalkulation eine nachvollziehbare Grundlage sein kann. Ist das nicht der Fall, haben die PKen den Einrichtungsträger substantiiert auf Unschlüssigkeiten hinzuweisen oder konkret darzulegen, dass die aufgestellte Kalkulation der voraussichtlichen Gestehungskosten nicht plausibel erscheint. In diesem Fall muss die Einrichtung im gesteigerten Nachweisverfahren der 2. Darlegungsstufe nach Abs. 3 Satz 3 und 4 weitere Belege dafür beibringen, dass die Vergütungsforderung auf einer plausiblen Kalkulation der voraussichtlichen Gestehungskosten beruht. Soweit danach Angaben über Kostenstrukturen und betriebswirtschaftliche Kennzahlen verlangt werden, die im allgemeinen Geschäftsverkehr üb-

§ 85

Achtes Kapitel. Pflegevergütung

licherweise nicht zu offenbaren sind, erachtet das BSG dies wegen der sozialrechtlichen Bindung aller Beteiligter (§ 1 SGB XI) für hinnehmbar. Jedoch wird hierbei zu beachten sein, dass die Anforderung weitergehender Auskünfte einen besonders intensiven Eingriff in die Rechtssphäre einer Pflegeeinrichtung darstellt und deshalb auf Ausnahmen zu beschränken ist, in denen die prognostische Angemessenheit der geltend gemachten Kostenansätze anders nicht ermittelbar ist (BSG, Urteil vom 29.1.2009 – B 3 P 7/08 R – BSGE 102, 227 = SozR 4-3300 § 85 Nr. 1, Rn. 26f.).

VII. Abschluss der Pflegesatzvereinbarung (Abs. 4)

9   Als Besonderheit gegenüber den allgemeinen Grundsätzen des Vertragsrechts legt Abs. 4 Satz 1 fest, dass ein Vertragsschluss auch dann zustande kommt, wenn auf Seiten der Leistungsträger nicht alle Vertragsparteien zustimmen; bei ihnen genügt die Zustimmung der Mehrheit. Zum Erfordernis der Schriftform vgl. § 73 Rn. 3. Soweit sich Vertragsparteien vertreten lassen, müssen ihre Vertreter vor Verhandlungsbeginn gegenüber den übrigen Vertragsparteien ihre Verhandlungs- und Abschlussvollmacht nachweisen.

VIII. Festsetzung durch die Schiedsstelle (Abs. 5)

10   Jede Vertragspartei kann die Festsetzung des Pflegesatzes durch die Schiedsstelle beantragen, sofern nach Ablauf der in Satz 1 bestimmten Frist keine Vereinbarung zustande gekommen ist. Satz 1 verpflichtet die Schiedsstelle, unverzüglich zu entscheiden. Nach der Definition dieses Begriffs in § 121 Abs. 1 Satz 1 BGB bedeutet dies, dass die Entscheidung der Schiedsstelle ohne schuldhaftes Zögern ergehen muss. Die zügige Durchführung des Schiedsstellenverfahrens ist vor allem im Hinblick auf Abs. 6 Satz 3 von Bedeutung, denn bis zum Inkrafttreten neuer Pflegesätze gelten die bisherigen auch dann weiter, wenn der Pflegesatzzeitraum abgelaufen ist. Verzichtet die Pflegeeinrichtung auf den Abschluss einer Vergütungsvereinbarung, so ist kein Schiedsverfahren durchzuführen, vgl. oben Rn. 3. Wegen der Zusammensetzung und des Verfahrens der Schiedsstelle vgl. die Kommentierung zu § 76. Im Rahmen des § 85 ersetzt die Entscheidung der Schiedsstelle (teilweise) den Inhalt individueller vertraglicher Vereinbarungen. Gegenüber den Vertragsparteien iSv. Abs. 2 handelt es sich um einen VA, den diese mit der Anfechtungsklage vor den Sozialgerichten angreifen können (so auch: *Neumann,* in: HS-PV, § 21 Rn. 106; *Gürtner,* in: KassKomm, § 85 Rn. 12; *Brünner/Höfer,* in: LPK-SGB XI, § 84 Rn. 20; differenzierend *Knittel,* in: Krauskopf, § 76 Rn. 5ff.). Die Stellung des Sozialhilfeträgers als Pflegesatzpartei wurde durch die Einfügung des Satzes 2 in den Abs. 5 im 1. SGB XI-ÄndG erheblich gestärkt: Er kann die Wirksamkeit einer durch Mehrheitsentscheidung – aber gegen seinen Willen – zustande gekommenen Pflegesatzvereinbarung dadurch beseitigen, dass er die Schiedsstelle anruft.

IX. Geltungsdauer der Pflegesatzvereinbarung (Abs. 6)

11   Satz 1 überlässt es den Vertragsparteien bzw. der Schiedsstelle, den Zeitpunkt des Inkrafttretens festzulegen. Die Festlegung eines zurückliegenden Zeitpunktes ist jedoch unzulässig (Satz 2). Nach seinem Wortlaut gilt das Rückwirkungsverbot in Satz 2 auch für Schiedsstellenentscheidungen. Allerdings hindert das gesetzliche Verbot rückwirkender Vergütungsvereinbarungen die Schiedsstelle nach der Rspr. des BSG nicht, im Schiedsspruch als Zeitpunkt seines Wirksamwerdens den Antragseingang bei der Schiedsstelle festzusetzen (vgl. BSGE 87, 199, 206f. = SozR 3-3300 § 85

Nr. 1 S. 10; so auch *Knittel,* in: Krauskopf, § 85 Rn. 19). Der 2. Hs des Satzes 1 wurde im 1. SGB XI-ÄndG hinzugefügt. Die ausdrückliche Anordnung der Verbindlichkeit des vereinbarten oder von der Schiedsstelle festgesetzten Pflegesatzes ist vor allem für den Pflegebedürftigen im Hinblick auf die ihn treffende Verpflichtung (§ 82 Abs. 1 Satz 2, 2. Hs), den Pflegesatz oberhalb der Pauschalleistung nach § 43 Abs. 5 aus eigener Tasche bezahlen zu müssen, von Bedeutung. Die Verbindlichkeit des Pflegesatzes im Verhältnis Pflegebedürftiger – Pflegeheim ergab sich jedoch auch schon aus § 4e Abs. 1 Satz 2 HeimG. Nach Satz 3 gelten vereinbarte oder festgesetzte Pflegesätze auch nach Ablauf des Pflegesatzzeitraums bis zum Inkrafttreten neuer Pflegesätze weiter.

X. Wegfall der Geschäftgrundlage (Abs. 7)

Abs. 7 enthält einen Anwendungsfall der Lehre vom Wegfall der Geschäftsgrundlage. Die Vorschrift entspricht im Wesentlichen der für öffentlich-rechtliche Verträge allgemein geltenden Regelung in § 59 SGB X/§ 60 VwVfG. Da es sich um eine Ausnahme von dem Grundsatz pacta sunt servanda handelt, können vor Ablauf des Pflegesatzzeitraums nur gravierende unvorhersehbare Änderungen einen Anspruch auf Durchführung neuer Pflegesatzverhandlungen begründen (vgl. *Reimer,* in: Hauck/Noftz, SGB XI, § 86 Rn. 19). Wegen der entsprechenden Geltung der Abs. 3 bis 6 (Abs. 7, 2. Hs) kann hierüber ggf. auch eine Entscheidung der Schiedsstelle herbeigeführt werden. 12

§ 86 Pflegesatzkommission

(1) ¹**Die Landesverbände der Pflegekassen, der Verband der privaten Krankenversicherung e. V., die überörtlichen oder ein nach Landesrecht bestimmter Träger der Sozialhilfe und die Vereinigungen der Pflegeheimträger im Land bilden regional oder landesweit tätige Pflegesatzkommissionen, die anstelle der Vertragsparteien nach § 85 Abs. 2 die Pflegesätze mit Zustimmung der betroffenen Pflegeheimträger vereinbaren können.** ²**§ 85 Abs. 3 bis 7 gilt entsprechend.**

(2) ¹**Für Pflegeheime, die in derselben kreisfreien Gemeinde oder in demselben Landkreis liegen, kann die Pflegesatzkommission mit Zustimmung der betroffenen Pflegeheimträger für die gleichen Leistungen einheitliche Pflegesätze vereinbaren.** ²**Die beteiligten Pflegeheime sind befugt, ihre Leistungen unterhalb der nach Satz 1 vereinbarten Pflegesätze anzubieten.**

(3) ¹**Die Pflegesatzkommission oder die Vertragsparteien nach § 85 Abs. 2 können auch Rahmenvereinbarungen abschließen, die insbesondere ihre Rechte und Pflichten, die Vorbereitung, den Beginn und das Verfahren der Pflegesatzverhandlungen sowie Art, Umfang und Zeitpunkt der vom Pflegeheim vorzulegenden Leistungsnachweise und sonstigen Verhandlungsunterlagen näher bestimmen.** ²**Satz 1 gilt nicht, soweit für das Pflegeheim verbindliche Regelungen nach § 75 getroffen worden sind.**

Inhaltsübersicht

	Rn.
I. Geltende Fassung	1
II. Normzweck	2
III. Mitglieder der Pflegesatzkommission (Abs. 1)	3
IV. Gruppenpflegesätze (Abs. 2)	4
V. Rahmenverträge über stationäre Pflege (Abs. 3)	5

§ 86
Achtes Kapitel. Pflegevergütung

I. Geltende Fassung

1 Die Vorschrift ist mWv 1.1.1995 durch Art. 1 PflegeVG eingeführt worden. Sie hat weitgehend die Fassung des FraktE (vgl. BT-Drucks. 12/5262, S. 146 zu § 95). Aufgrund der Beschlussempfehlung des AuS-Ausschusses (BT-Drucks. 12/5920, S. 82) und im zweiten Vermittlungsverfahren (BT-Drucks. 12/7323, S. 5) wurden lediglich redaktionelle Änderungen in Abs. 1 Satz 1 vorgenommen. Durch das 1. SGB XI-ÄndG vom 14.6.1996 (BGBl. I S. 830) hat mWv 25.6.1996 Abs. 2 seine heutige Fassung erhalten. Zuvor galt, dass die Pflegesatzkommission mit Zustimmung der betroffenen Pflegeheimträger einheitliche Pflegesätze (Gruppenpflegesätze) vereinbaren konnte für „Gruppen gleichartiger Pflegeheime, die nach einheitlichen oder vergleichbaren Gesichtspunkten bewertet werden können". Hierdurch sollten die Regelungswirkungen der Pflegesatzkommission auf einen örtlichen Einzugsbereich beschränkt werden (vgl. BT-Drucks. 13/3696, S. 16).

II. Normzweck

2 Die Vorschrift ermöglicht mit Zustimmung der betroffenen Heimträger kollektive Pflegesatzvereinbarungen, die an die Stelle der individuellen Pflegesatzverträge nach § 85 treten. Der einzelne Heimträger bestimmt, ob er das Verfahren nach § 85 durchführen oder sich den Vereinbarungen nach § 86 anschließen will. Die einer Vereinigung von Pflegeheimträgern angehörenden Einrichtungen werden durch eine Entscheidung ihrer Vereinigung für eine der beiden Lösungen nicht gebunden. An eine einmal getroffene Wahl bleibt der Heimträger allerdings bis zum Ablauf des Pflegesatzzeitraums gebunden.

III. Mitglieder der Pflegesatzkommission (Abs. 1)

3 Die Aufgaben der PKen nehmen die Landesverbände nach § 81 gemeinsam wahr. Anstelle der überörtlichen Träger der Sozialhilfe kann (in Ländern, in denen es mehrere überörtliche Träger gibt) durch Landesrecht ein Träger als Mitglied der Kommission bestimmt werden. Vereinigungen von Heimträgern können nach Sinn und Zweck der Regelung nur dann Mitglied der Kommission werden, wenn zumindest eines ihrer Mitglieder der Vereinbarung von Pflegesätzen durch die Kommission zugestimmt hat. Die das Verfahren regelnden Vorschriften in § 85 Abs. 3 bis 7 sind entsprechend auch auf das Verfahren der Pflegesatzkommission anzuwenden (Abs. 1 Satz 2). Hieraus folgt insbesondere, dass auch die von der Pflegesatzkommission vereinbarten Pflegesätze nur für einen zukünftigen Pflegesatzzeitraum gelten und die betroffenen Heimträger auf Anforderung Pflegedokumentationen und andere geeignete Leistungsnachweise vorlegen müssen (§ 85 Abs. 3) und dass auch der Inhalt der von der Kommission zu treffenden Vereinbarung bei ausbleibender Einigung ganz oder teilweise durch eine Entscheidung der Schiedsstelle ersetzt werden kann (§ 85 Abs. 5).

IV. Gruppenpflegesätze (Abs. 2)

4 Die Vorschrift wurde im 1. SGB XI-ÄndG, noch bevor sie wirksam werden konnte, grundlegend geändert. Die ursprüngliche Fassung von Abs. 2 sah vor, für Gruppen gleichartiger Pflegeheime, die nach einheitlichen oder vergleichbaren Gesichtspunkten bewertet werden können, mit Zustimmung der betroffenen Heimträ-

ger einheitliche Pflegesätze vereinbaren zu können. Hierbei ging man von der Überlegung aus, dass die in einem Pflegeheim anfallende Grundpflege bei entsprechendem Patientengut ein sehr homogenes Leistungsspektrum aufweist, das in allen Heimen mit vergleichbarer Bewohnerstruktur einheitlich erfasst werden kann. Warum dieses Konzept, dass auch den Preiswettbewerb der Heime untereinander im Blick hatte (vgl. BT-Drucks. 12/5262, S. 146), noch vor dem Inkrafttreten der stationären Pflege grundlegend geändert und auf einen sehr begrenzten lokalen Anwendungsbereich eingeschränkt wurde, ist nicht ohne Weiteres nachzuvollziehen. Das in den Materialien (BT-Drucks. 13/3696, S. 16) für die Änderung angeführte Argument, durch die Begrenzung des örtlichen Zuständigkeitsbereichs werde der Wettbewerb gefördert, wurde bereits zur Begründung der ursprünglichen Gesetzesfassung herangezogen. Der ebenfalls im 1. SGB XI-AndG eingeführte 2. Satz des Abs. 2 bildet eine Ausnahme von der Verbindlichkeit nach den §§ 85, 86 vereinbarten (oder durch die Schiedsstelle festgesetzten) Preise; die Regelung nimmt Bezug auf § 84 Abs. 4 Satz 2, wonach von Ausnahmen abgesehen – um die es sich hier handelt – die vereinbarten oder festgesetzten Pflegesätze verbindlich sind. Sie wird als notwendiges Korrektiv zu der Vereinbarung einheitlicher Preise für mehrere Pflegeheime angesehen. Über § 87 Satz 3 gilt die Vorschrift auch für die Festsetzung der Entgelte für Unterkunft und Verpflegung.

V. Rahmenverträge über stationäre Pflege (Abs. 3)

Die Vorschrift gilt sowohl für individuelle Pflegesatzverfahren nach § 85 als auch **5** für Kollektivvereinbarungen nach § 86. Sie berechtigt die Beteiligten zum Abschluss von Rahmenvereinbarungen über Gegenstände des Pflegesatzverfahrens, die über den Einzelfall hinausgehen. Bei einem Vergleich mit dem Tarifrecht entsprechen sie den Manteltarifverträgen. Der Gegenstand der Vereinbarungen kann allerdings mit Rahmenverträgen nach § 75 kollidieren (z. B. § 75 Abs. 2 Nr. 2 und 5). Soweit solche Verträge existieren, gehen sie Vereinbarungen nach Abs. 3 vor (Abs. 3 Satz 2).

§ 87 Unterkunft und Verpflegung

¹Die als Pflegesatzparteien betroffenen Leistungsträger (§ 85 Abs. 2) vereinbaren mit dem Träger des Pflegeheimes die von den Pflegebedürftigen zu tragenden Entgelte für die Unterkunft und für die Verpflegung jeweils getrennt. ²Die Entgelte müssen in einem angemessenen Verhältnis zu den Leistungen stehen. ³§ 84 Abs. 3 und 4 und die §§ 85 und 86 gelten entsprechend; § 88 bleibt unberührt.

Inhaltsübersicht

	Rn.
I. Geltende Fassung	1
II. Normzweck	2
III. Kostenträger	3
IV. Bemessung der Höhe der Entgelte (Satz 2)	4
V. Verweisung auf andere Vorschriften (Satz 3)	5

I. Geltende Fassung

Die Vorschrift ist mWv 1.1.1995 durch Art. 1 PflegeVG eingeführt worden. Sie **1** hat nahezu unverändert die Fassung des FraktE (vgl. BT-Drucks. 12/5262, S. 146f.

zu § 96). Aufgrund der Beschlussempfehlung des AuS-Ausschusses wurden lediglich die in Satz 3 enthaltenen Verweisungen klarstellend geändert (vgl. BT-Drucks. 12/5920, S. 82; zur Begr. siehe BT-Drucks. 12/5952, S. 47). Durch das PflegeWEG vom 28.5.2008 (BGBl. I S. 874) sind mW zum 1.7.2008 in Satz 1 die Wörter „für Unterkunft und Verpflegung" durch die Wörter „für die Unterkunft und für die Verpflegung jeweils getrennt" ersetzt worden. Motiv hierfür war eine Harmonisierung mit heimrechtlichen Vorschriften (vgl. BT-Drucks. 16/7439, S. 72).

II. Normzweck

2   Die Entgelte für Unterkunft und Verpflegung sind von den Parteien der Pflegesatzvereinbarung (bzw. der Pflegesatzkommission nach § 86) festzusetzen, obgleich der Pflegebedürftige nach § 82 Abs. 1 Satz 3 für beides „selbst aufzukommen" hat. Diese Wendung spricht gegen eine Einbeziehung von Unterkunft und Verpflegung in die Sachleistungspflicht der PKen (so auch *Reimer,* in: Hauck/Noftz, SGB XI, § 87 Rn. 3). Daraus ist abzuleiten, dass der Gesetzgeber die Verschaffungspflicht der PKen gerade nicht auf diesen Bereich erstrecken wollte (zweifelnd insoweit *Schulin,* VSSR 1994, 285, 290). Andererseits können die PKen den ihnen übertragenen Auftrag, die pflegerische Versorgung der Versicherten sicherzustellen (§ 69) ohne Bereitstellung von angemessener Unterkunft und Verpflegung nicht erfüllen. Von daher sind die PKen berechtigt, zum einen für beide Bereiche in Rahmenverträgen nach § 75 Abs. 2 Nr. 1 Mindeststandards zu vereinbaren; vgl. hierzu auch die Bundesempfehlungen nach § 75 Abs. 5 (Anhang 5). Zum anderen rechtfertigt das auch die Einbeziehung in das Vergütungsregime des SGB XI (näher dazu vgl. § 82 Rn. 9 ff.).

III. Kostenträger

3   Die Kostenträgerschaft des Pflegebedürftigen für die durch Unterkunft und Verpflegung entstehenden Aufwendungen erwähnt das Gesetz gleich mehrfach (§§ 4 Abs. 2 Satz 2, 2. Hs, 82 Abs. 1 Satz 3 und 87 Satz 1). Offensichtlich sollten damit Befürchtungen ausgeräumt werden, die gerade mit den Leistungen bei stationärer Pflege eine Sogwirkung der PV begründeten. Der Pflegebedürftige muss die Kosten für Unterkunft und Verpflegung aus den eigenen Einkünften bzw. dem Vermögen bestreiten; soweit er hierzu nicht in der Lage ist, bleibt der Sozialhilfeträger leistungspflichtig. Die Verpflichtung der Pflegesatzparteien zum Abschluss von Vereinbarungen über die Höhe der Entgelte für Unterkunft und Verpflegung dient in erster Linie dem Schutz der Heimbewohner. Der Gesetzgeber rechtfertigte den Eingriff in die Vertragsfreiheit und die Kompetenz der PKen mit deren Sachwalterfunktion für die Interessen der Pflegebedürftigen (vgl. BT-Drucks. 12/5262, S. 147; *Neumann,* in: HS-PV, § 22 Rn. 37). Durch die Kontrolle der Leistungsträger auf der Grundlage des Maßstabes in Satz 2, wonach die Entgelte in einem angemessenen Verhältnis zu den Leistungen stehen müssen, soll vermieden werden, dass das Pflegeheim Mindereinnahmen im Bereich der Pflegeleistungen durch überhöhte Preise für Unterkunft und Verpflegung kompensiert (vgl. auch § 82 Rn. 9 ff.).

IV. Bemessung der Höhe der Entgelte (Satz 2)

4   Die konkreten Leistungen des Pflegeheims in den Bereichen Unterkunft und Verpflegung müssen in einem angemessenen Verhältnis zu den vom Pflegeheim geforderten Entgelten stehen. Insoweit besteht kein Unterschied zum Maßstab der Leistungsgerechtigkeit iSv. § 84 Abs. 2 Satz 1 für den Leistungsbereich der allgemeinen

Pflegeleistungen (näher dazu vgl. § 82 Rn. 11). Das geht über eine reine Billigkeitskontrolle hinaus (für dieses Verständnis *Reimer*, in: Hauck/Noftz, SGB XI, § 87 Rn. 11; ebenso noch hier bis zur 2. Auflage; wohl auch *Brünner/Höfer*, in: LPK-SGB XI, § 87 Rn. 6). Dagegen spricht, dass die Entgelte in einem hoheitlichen Verfahren notfalls unter Anrufung der Schiedsstelle (vgl. Satz 3 Hs 1 iVm. § 85 Abs. 5) mit öffentlich-rechtlicher Bindungswirkung zu Lasten der Heimbewohner festgesetzt werden und das Verfahren insoweit auf einen Interessenausgleich zwischen Heimträger und Heimbewohnern zielt. Zudem unterliegen die Heimträger über den Verweis nach Satz 3 Hs 1 denselben Nachweispflichten, die auch für die Bestimmung der Vergütung für die allgemeinen Pflegeleistungen zu beachten sind und denen nach der neueren Rspr. des BSG wesentliche Bedeutung bei der Ermittlung der leistungsgerechten Vergütung zukommt (vgl. dazu im Einzelnen § 84 Rn. 12 ff.).

V. Verweisung auf andere Vorschriften (Satz 3)

Satz 3 verweist auf Vorschriften des Pflegesatzrechts. Die Verweisung auf § 84 5 Abs. 3 bedeutet, dass auch die Entgelte für Unterkunft und Verpflegung für alle Bewohner des Pflegeheims nach einheitlichen Grundsätzen festgelegt werden müssen; eine Differenzierung nach Kostenträgern dürfte hier sowieso nicht in Betracht kommen. Aus der entsprechenden Geltung von § 84 Abs. 4 ergibt sich, dass das Pflegeheim neben den für Unterkunft und Verpflegung vereinbarten Entgelten von den Heimbewohnern für diese Leistungen keine zusätzlichen Zahlungen verlangen darf; es sei denn, es handelt sich um Zusatzleistungen iSv. § 88 (Satz 3, 2. Hs), die den Leistungsträgern schriftlich mitgeteilt werden müssen (§ 88 Abs. 2 Nr. 3, der auch für Zusatzleistungen iR von § 87 gilt). Aus der entsprechenden Geltung der §§ 85 und 86 ergibt sich vor allem, dass die verfahrensrechtlichen Grundsätze aus § 85 Abs. 3 bis 7 anzuwenden sind; dh auch die Entgelte für Unterkunft und Verpflegung sind ggf. durch die Schiedsstelle festzusetzen. Im Übrigen kann die Festsetzung auch durch die Pflegesatzkommission (§ 86) vorgenommen werden.

§ 87a Berechnung und Zahlung des Heimentgelts

(1) ¹**Die Pflegesätze, die Entgelte für Unterkunft und Verpflegung sowie die gesondert berechenbaren Investitionskosten (Gesamtheimentgelt) werden für den Tag der Aufnahme des Pflegebedürftigen in das Pflegeheim sowie für jeden weiteren Tag des Heimaufenthalts berechnet (Berechnungstag).** ²**Die Zahlungspflicht der Heimbewohner oder ihrer Kostenträger endet mit dem Tag, an dem der Heimbewohner aus dem Heim entlassen wird oder verstirbt.** ³**Zieht ein Pflegebedürftiger in ein anderes Heim um, darf nur das aufnehmende Pflegeheim ein Gesamtheimentgelt für den Verlegungstag berechnen.** ⁴**Von den Sätzen 1 bis 3 abweichende Vereinbarungen zwischen dem Pflegeheim und dem Heimbewohner oder dessen Kostenträger sind nichtig.** ⁵**Der Pflegeplatz ist im Fall vorübergehender Abwesenheit vom Pflegeheim für einen Abwesenheitszeitraum von bis zu 42 Tagen im Kalenderjahr für den Pflegebedürftigen freizuhalten.** ⁶**Abweichend hiervon verlängert sich der Abwesenheitszeitraum bei Krankenhausaufenthalten und bei Aufenthalten in Rehabilitationseinrichtungen für die Dauer dieser Aufenthalte.** ⁷**In den Rahmenverträgen nach § 75 sind für die nach den Sätzen 5 und 6 bestimmten Abwesenheitszeiträume, soweit drei Kalendertage überschritten werden, Abschläge von mindestens 25 vom Hundert der Pflegevergütung, der Entgelte für Unterkunft und Verpflegung und der Zuschläge nach § 92b vorzusehen.**

§ 87a

(2) ¹Bestehen Anhaltspunkte dafür, dass der pflegebedürftige Heimbewohner auf Grund der Entwicklung seines Zustands einer höheren Pflegestufe zuzuordnen ist, so ist er auf schriftliche Aufforderung des Heimträgers verpflichtet, bei seiner Pflegekasse die Zuordnung zu einer höheren Pflegestufe zu beantragen. ²Die Aufforderung ist zu begründen und auch der Pflegekasse sowie bei Sozialhilfeempfängern dem zuständigen Träger der Sozialhilfe zuzuleiten. ³Weigert sich der Heimbewohner, den Antrag zu stellen, kann der Heimträger ihm oder seinem Kostenträger ab dem ersten Tag des zweiten Monats nach der Aufforderung vorläufig den Pflegesatz nach der nächsthöheren Pflegeklasse berechnen. ⁴Werden die Voraussetzungen für eine höhere Pflegestufe vom Medizinischen Dienst nicht bestätigt und lehnt die Pflegekasse eine Höherstufung deswegen ab, hat das Pflegeheim dem Pflegebedürftigen den überzahlten Betrag unverzüglich zurückzuzahlen; der Rückzahlungsbetrag ist rückwirkend ab dem in Satz 3 genannten Zeitpunkt mit wenigstens 5 vom Hundert zu verzinsen.

(3) ¹Die dem pflegebedürftigen Heimbewohner nach den §§ 41 bis 43 zustehenden Leistungsbeträge sind von seiner Pflegekasse mit befreiender Wirkung unmittelbar an das Pflegeheim zu zahlen. ²Maßgebend für die Höhe des zu zahlenden Leistungsbetrags ist der Leistungsbescheid der Pflegekasse, unabhängig davon, ob der Bescheid bestandskräftig ist oder nicht. ³Die von den Pflegekassen zu zahlenden Leistungsbeträge werden bei vollstationärer Pflege (§ 43) zum 15. eines jeden Monats fällig.

(4) ¹Pflegeeinrichtungen, die Leistungen im Sinne des § 43 erbringen, erhalten von der Pflegekasse zusätzlich den Betrag von 1 597 Euro, wenn der Pflegebedürftige nach der Durchführung aktivierender oder rehabilitativer Maßnahmen in eine niedrigere Pflegestufe oder von erheblicher zu nicht erheblicher Pflegebedürftigkeit zurückgestuft wurde. ²Der Betrag wird entsprechend § 30 angepasst. ⁴Der von der Pflegekasse gezahlte Betrag ist von der Pflegeeinrichtung zurückzuzahlen, wenn der Pflegebedürftige innerhalb von sechs Monaten in eine höhere Pflegestufe oder von nicht erheblicher zu erheblicher Pflegebedürftigkeit eingestuft wird.

Inhaltsübersicht

	Rn.
I. Geltende Fassung	1
II. Normzweck	2
III. Tagesgleichheit der Zahlungsansprüche (Abs. 1 Satz 1)	3
IV. Entstehung, Beendigung und Absenkung der Zahlungsansprüche (Abs. 1)	4
V. Zahlungspflicht der Pflegekasse (Abs. 3)	8
VI. Leistungsgerechte Pflegeklassenzuordnung (Abs. 2)	9
VII. Rückstufungsprämie (Abs. 4)	12

I. Geltende Fassung

1   Die Vorschrift ist mWv 1.1.2002 durch das PQsG vom 9.9.2001 (BGBl. I S. 2320) eingeführt worden. Von einer geringen sprachlichen Änderung abgesehen folgt sie weitgehend dem FraktE (vgl. zur Begr. BT-Drucks. 14/5395, S. 35f.). Durch Art. 4 Nr. 2 des PflEG vom 14.12.2001 (BGBl. I S. 3728) ist in Abs. 3 Satz 1 die Angabe „§ 43 a" durch die Angabe „§ 43" ersetzt und damit ein redaktioneller Fehler korrigiert worden (vgl. BT-Drucks. 14/7473, S. 23). Durch Art. 10 Nr. 10 des Gesetzes zur Einordnung des Sozialhilferechts in das Sozialgesetzbuch vom 27.12.2003 (BGBl. I S. 3022) sind in Abs. 2 Satz 2 mWv 1.1.2005 anstelle des Wortes „Sozialhilfeträger"

die Wörter „Träger der Sozialhilfe" eingefügt worden. Schließlich sind durch das PflegeWEG vom 28.5.2008 (BGBl. I S. 874) mW zum 1.7.2008 in Abs. 1 die Sätze 5 bis 7 und in Abs. 3 Satz 3 nach dem Wort „werden" die Wörter „bei vollstationärer Pflege (§ 43)" eingefügt und ist Abs. 4 neu eingeführt worden (zu den Motiven vgl. BT-Drucks. 16/7439, S. 72f.).

II. Normzweck

Die Vorschrift dient im Wesentlichen der näheren konstruktiven Ausgestaltung der 2 in §§ 82ff. begründeten Ansprüche der stationären Pflegeeinrichtung auf Vergütung ihrer allgemeinen Pflegeleistungen (§ 82 Abs. 1 Satz Nr. 1) und von Unterkunft und Verpflegung (§ 82 Abs. 1 Satz Nr. 2) sowie auf Umlage nicht gedeckter Investitionskosten (§ 82 Abs. 3 und 4), für die sie den Oberbegriff „Gesamtheimentgelt" eingeführt hat. Systematische Klammer der hier zusammengefassten Regelungen war bei ihrer Einführung durch das PQsG vom 9.9.2001 (BGBl. I S. 2320) das Bestreben des Gesetzgebers, verschiedene anfänglich in ihrer Bedeutung übersehene Rechtsfrage aufzugreifen und zu lösen (vgl. BT-Drucks. 16/7439, S. 72). Im Verlaufe der weiteren Rechtsentwicklung ist die Vorschrift zwischenzeitlich um weitere Elemente so angereichert worden, dass ein einheitliches Regelungsprogramm nicht mehr durchgehend zu erkennen ist. Im Einzelnen trifft sie nunmehr wesentliche Regelungen zur Entstehung, Beendigung, Unterbrechung und Absenkung des Anspruchs auf das Gesamtheimentgelt in Abs. 1 (hierzu Rn. 4ff.), zur Pflichtenstellung der PKe in Bezug auf die Vergütung der allgemeinen Pflegeleistungen in Abs. 3 (hierzu Rn. 8), zu Verfahrensobliegenheiten des Heimbewohners mit dem Ziel der Einstufung in eine höheren Pflegestufe in Abs. 2 (hierzu Rn. 9ff.) sowie schließlich zu einer der Einrichtung zustehenden Prämie für den Fall, dass aktivierende oder rehabilitative Maßnahmen eine günstigere Eingruppierung des Heimbewohners erlauben, in Abs. 4 (hierzu Rn. 12).

III. Tagesgleichheit der Zahlungsansprüche (Abs. 1 Satz 1)

Nach Abs. 1 Satz 1 werden die im Gesamtheimentgelt zusammengefassten Zah- 3 lungsansprüche der Einrichtung, nämlich der Pflegesatz, das Entgelt für Unterkunft und Verpflegung und die gesondert berechenbaren Investitionskosten für den Tag der Aufnahme des Pflegebedürftigen in das Pflegeheim sowie für jeden weiteren Tag des Heimaufenthalts berechnet (Berechnungstag). Hiermit ist mittelbar das bereits für die Pflegevergütung im Begriff des Pflegesatzes angelegte Prinzip der tagesgleichen Vergütung aufgegriffen und auf alle im Gesamtheimentgelt zusammengefassten Zahlungsansprüche erstreckt (vgl. § 82 Rn. 3). Jeder Anspruch ist deshalb auf Tagesbasis zu bestimmen und deckt die Leistungen bzw. den Aufwand der Einrichtung für jeden Tag ab, an dem die Einrichtung iS. der in Abs. 1 festgelegten Kriterien Leistungen zugunsten des Heimbewohners erbringt.

IV. Entstehung, Beendigung und Absenkung der Zahlungsansprüche (Abs. 1)

Nach den allgemeinen Grundsätzen des sozialrechtlichen Leistungserbringungs- 4 rechts entsteht der öffentlich-rechtliche Vergütungsanspruch des Leistungserbringers, sobald er dem Versicherten – hier: dem Heimbewohner – die von diesem zu beanspruchenden Leistungen nach Maßgabe der im Einzelnen geltenden Vorschriften des Leistungs- und des Leistungserbringungsrechts tatsächlich ordnungsgemäß erbringt. Hieran anknüpfend regelt Abs. 1, wann die in diesem Sinne anspruchsbegründenden

§ 87a Achtes Kapitel. Pflegevergütung

Leistungen von der Pflegeeinrichtung als erbracht anzusehen sind. Das ist nach der Grundregelung des Satz 1 zunächst der Tag der Aufnahme und jeder weitere Tag des tatsächlichen Aufenthalts des Heimbewohners in der Einrichtung. Dieser Grundsatz wird im Weiteren durch die nachfolgenden Regelungen der Sätzen 2 bis 7 konkretisiert, ergänzt oder abgewandelt.

5   Zunächst bekräftigt Satz 2, dass die Leistungserbringung und damit auch der Zahlungsanspruch der Einrichtung mit dem Tag endet, an dem der Heimbewohner aus dem Heim entlassen wird oder verstirbt. Die Regelung dient der Vermeidung von Doppelzahlungen. Nach der üblichen Praxis wird das Risiko von Leerständen in der Einrichtung über die Auslastungskalkulation im Rahmen der Pflegesatzverhandlung aufgefangen und hierdurch bereits anteilig auf die Heimbewohner umgelegt (vgl. etwa den Sachverhalt im Urteil des LSG Baden-Württemberg vom 7.12.2007 – L 4 P 2769/06 –). Das hat Anlass gegeben, den Zahlungsanspruch des Einrichtungsträgers in dieser Konstellation auf den Tag der Beendigung der Leistungserbringung zu begrenzen, weil ansonsten die Zeit des Leerstandes zulasten des Heimbewohners doppelt berücksichtigt würde (vgl. BT-Drucks. 14/5395, S. 35). Str ist, inwieweit diese Regelung auch das Privatrechtsverhältnis zwischen Einrichtung und Heimbewohner erfasst (dazu eingehend *Richter,* in: LPK-SGB XI, § 87a Rn. 7f.). Dies ist problematisch geworden, weil § 8 Abs. 8 Satz 2 des – nach der Änderung von Art. 74 Abs. 1 Nr. 7 GG durch das Gesetz zur Änderung des Grundgesetzes vom 28.8.2006 (BGBl. I S. 2034) nach Maßgabe von Art. 125a Abs. 1 GG bis zur Ersetzung durch Landesrecht fortgeltenden – HeimG Vereinbarungen über eine Fortgeltung des Heimvertrags über den Tod von Bewohnern hinaus hinsichtlich der Entgeltbestandteile für Wohnraum und Investitionskosten zuließ, „soweit ein Zeitraum von zwei Wochen nach dem Sterbetag nicht überschritten wird". Diese Regelung sollte nach den ursprünglichen Vorstellungen entsprechend auf das Heimrecht übertragen werden (vgl. BT-Drucks. 14/5395, S. 35). Dazu ist es indes nicht gekommen. Deshalb kann sich die Frage stellen, in welchem Verhältnis privatrechtliche Vereinbarungen nach § 8 Abs. 8 Satz 2 HeimG zu der Maßgabe des § 87a Abs. 1 Satz 2 stehen. Dies dürfte durch Abs. 1 Satz 4 zulässig im Sinne eines Vorrangs von § 87a Abs. 1 Satz 2 entschieden sein. Hiernach sind von den Sätzen 1 bis 3 abweichende Vereinbarungen zwischen dem Pflegeheim und dem Heimbewohner oder dessen Kostenträger nichtig. Diese Vorschrift misst sich Geltungswirkung für alle zum Gesamtheimentgelt iSv. Abs. 1 Satz 1 rechnenden Entgeltbestandteile und damit auch für die Kosten der Unterkunft und nicht abgedeckte Investitionskosten bei. Grund für diesen Zugriff auch auf die privatrechtliche Regelungsebene zwischen Heimbewohner und Einrichtung (vgl. dazu § 82 Rn. 9) ist es, dass die Vergütungsbeziehungen insoweit insgesamt öffentlich-rechtlich geregelt sind und somit auch die Zahlungspflicht des Heimbewohners und der korrespondierende Vergütungsanspruch der Einrichtung abschließend durch das Vergütungsregime des SGB XI ausgestaltet sind. Demgemäß gelten hinsichtlich der Bemessungskriterien für Unterkunft und Verpflegung sowie für die Umlage nicht gedeckter Investitionskosten dieselben Maßstäbe wie bei der Vergütung der allgemeinen Pflegeleistungen (vgl. § 82 Rn. 11). Das rechtfertigt es, der öffentlich-rechtlichen Schutzbestimmung insoweit Vorrang vor der Individualabrede zwischen Einrichtung und Heimbewohner zu geben (iE ebenso OVG von Sachsen-Anhalt, Urteil vom 2.7.2008 – 3 L 55/06 –; a. A. dagegen *Richter,* in: LPK-SGB XI, § 87a Rn. 7a).

6   Satz 3 grenzt die Leistungserbringung und Zahlungspflicht bei einem Umzug von einem in ein anderes Heim derart ab, dass der Zahlungsanspruch auf das Gesamtheimentgelt am Verlegungstag nur dem aufnehmenden Pflegeheim zusteht.

7   Satz 5 bis 7 trifft Regelungen für Fälle der vorübergehenden Abwesenheit des Heimbewohners von der Einrichtung. Danach ist der Pflegeplatz im Fall einer solchen „Abwesenheit vom Pflegeheim für einen Abwesenheitszeitraum von bis zu 42 Tagen im Kalenderjahr für den Pflegebedürftigen freizuhalten. Abweichend hiervon verlängert sich der Abwesenheitszeitraum bei Krankenhausaufenthalten und bei Auf-

Berechnung und Zahlung des Heimentgelts **§ 87a**

enthalten in Rehabilitationseinrichtungen für die Dauer dieser Aufenthalte. In den Rahmenverträgen nach § 75 sind für die nach den Sätzen 5 und 6 bestimmten Abwesenheitszeiträume, soweit drei Kalendertage überschritten werden, Abschläge von mindestens 25 vom Hundert der Pflegevergütung, der Entgelte für Unterkunft und Verpflegung und der Zuschläge nach § 92b vorzusehen". Diese Regelung ist durch das PflegeWEG eingeführt worden (vgl. Rn. 1). Schon zuvor war in den Materialien bei Einführung der Regelung durch das PQsG die Vorstellung zum Ausdruck gebracht worden, dass der Vergütungsanspruch der Einrichtung im Hinblick auf die Rahmenvertragskompetenz nach § 75 Abs. 2 Nr. 5 – Vergütungsabschläge bei vorübergehender Abwesenheit – in solchen Zeiten nicht vollständig entfällt, sondern dies mit angemessenen Abschlägen zu bewerten ist (vgl. BT-Drucks. 14/5395, S. 35). Dieses Regelungskonzept ist nunmehr mit der Neuregelung der Sätze 5 bis 7 näher ausgestaltet und mit bindenden Fristen sowie zwingenden Vorgaben versehen worden, die den Regelungsspielraum der Rahmenvertragspartner einschränken. Insoweit fingieren sie – im Hinblick auf den Vorhalteaufwand der Einrichtung berechtigt – eine Leistungserbringung der Pflegeeinrichtung auch während der Zeit der Abwesenheit und erlegen sowohl der Einrichtung – Freihalteverpflichtung – als auch dem Heimbewohner – Zahlungspflicht – entsprechende Rechtspflichten auf.

V. Zahlungspflicht der Pflegekasse (Abs. 3)

Nach Abs. 3 Satz 1 sind die dem pflegebedürftigen Heimbewohner nach den §§ 41 **8** bis 43 zustehenden Leistungsbeträge „von seiner Pflegekasse mit befreiender Wirkung unmittelbar an das Pflegeheim zu zahlen". Diese Regelung ist – allerdings nicht konsequenter – Ausdruck des Sachleistungsprinzips, das nach dem Vorbild des SGB V auch in der SPV eingeführt worden und strukturprägend für das Leistungserbringungsrecht des SGB XI ist (vgl. Vorbemerkungen vor § 28 Rn. 2 f.; § 69 Rn. 2). Demgemäß verschafft die PKe den Versicherten die notwendigen Leistungen als Sachleistung und schließt dazu mit den Leistungserbringern die notwendigen Verträge (§ 69 Satz 1 und 2). Ausdruck dessen ist auf der Ebene des Verpflichtungsgeschäfts die vollständige Steuerung sowohl des Leistungsgeschehens wie der Vergütung durch öffentlich-rechtliche und schiedsamtsfähige Verträge zwischen den PKen als Kostenträgern und den Leistungserbringern (vgl. insb. §§ 72 und 75, § 82 ff. sowie § 76). Demgemäß besteht in Bezug auf die von der PKe zu verschaffenden Leistungen – bis zur Grenze der in den §§ 41 ff. aufgeführten Beträge – keine Leistungspflicht des Versicherten selbst, von der ihn die PKe iSv. Abs. 3 Satz 1 durch Zahlung freistellen könnte (vgl. BSGE 95, 102 = SozR 4-3300 § 43 Nr. 1, Rn. 18 bzw. 23). Vielmehr steht den Einrichtungen bis zu den dort aufgeführten Höchstbeträgen für ihre Leistungen ein auf Gesetz beruhender Zahlungsanspruch gegen die PKen zu. Die Einrichtungen werden insoweit unmittelbar aus den Verpflichtungen nach dem Versorgungsvertrag und der Pflegesatzvereinbarung tätig und erfüllen die den PKen gegenüber den Versicherten bestehende Sachleistungspflicht. Infolgedessen stehen auch die in den §§ 41 ff. aufgeführten Beträge nicht den Versicherten als Geldleistung der SPV zu, wie es beim Pflegegeld für die selbst beschaffte Pflegehilfen (§ 37 SGB XI) der Fall ist, sondern den Heimträgern als Entgelt der Pflegekassen für erbrachte Sachleistungen (BSG ebenda). Dem trägt nunmehr die Regelung des Abs. 3 Rechnung und präzisiert zugleich, auf welche Verfügung insoweit hinsichtlich der Anspruchshöhe abzustellen ist (Satz 2) und wann der Anspruch fällig ist (Satz 3).

§ 87a

VI. Leistungsgerechte Pflegeklassenzuordnung (Abs. 2)

9 Nach Abs. 2 besteht die Obliegenheit des Heimbewohners, auf begründete Aufforderung der Einrichtung bei der PKe ein Verfahren zur Höherstufung seiner Pflegestufe einzuleiten. Die Vorschrift reagiert auf Folgeprobleme, die sich bei stationärer Versorgung aus der begrenzten Sachleistungspflicht der PKen (§ 43 Abs. 2 Satz 2) im Verhältnis zwischen Einrichtung und Versicherten ergeben können. Nach der grundlegenden Ausgestaltung der Leistungspflicht hat die Einrichtung nach den §§ 72 Abs. 4 Satz 2 Hs 1, 84 Abs. 4 Satz 1 für die von ihr aufgenommenen Versicherten alle nach Art und Schwere der Pflegebedürftigkeit im Einzelfall erforderlichen Pflegeleistungen zu erbringen, also dem tatsächlichen Pflegebedarf im Einzelfall zu genügen. Ihre Vergütung richtet sich hingegen nicht nach ihrem tatsächlichen Aufwand, sondern nach der Pflegeklassenzuordnung des Versicherten (§ 84 Abs. 2 Satz 2 Hs 1) und damit nach der im Verhältnis zwischen ihm und der PKe getroffenen Pflegestufenzuordnung. An deren Änderung zugunsten der Einrichtung kann ein Heimbewohner regelmäßig kein Interesse haben, weil der nach § 84 Abs. 1 Satz 2 von ihm zu tragende Differenzbetrag zwischen dem Pflegesatz und den Leistungspauschalen bei stationärer Versorgung nach § 43 Abs. 2 Satz 2 nach deren gegenwärtiger Ausgestaltung umso höher ausfällt, je höher die dem Versicherten zugeordnete Pflegestufe ist. Anders als beim Verbleib im häuslichen Umfeld haben Versicherte demgemäß bei stationärer Pflege regelmäßig kein Interesse an der Zuordnung zu einer höheren Pflegeklasse. Hierfür sucht die Regelung einen – nicht vollständig zu Ende geführten – Ausgleich, der einerseits das Interesse der Einrichtung an einer leistungsgerechten Vergütung der zu erbringenden Leistungen und andererseits das Prinzip der Antragsabhängigkeit von Sozialleistungen (§ 33 Abs. 1 Satz 1) wahrt. Hiernach ist der Einrichtung weder ein eigenes Antragsrecht eingeräumt noch besteht ein rechtlich durchsetzbarer Anspruch darauf, dass der Heimbewohner selbst die Höherstufung beantragt. Auch wird der Versicherte nicht leistungsmäßig an der ihm zugeordneten Pflegestufe festgehalten, wie es im Fall fehlender Mitwirkung des Heimbewohners nach einem von Bayern eingebrachten Gesetzentwurf vorgesehen war (vgl. den Entwurf eines § 4 Abs. 2 Satz 3 Hs 2 HeimG, BR-Drucks. 140/99, S. 4) Vielmehr fingiert die Vorschrift bei fehlender Mitwirkung des Heimbewohners eine entsprechende Antragstellung und stellt die Beteiligten bis zur Klärung so, als habe der Heimbewohner einen begründeten Antrag auf Höherstufung gestellt. Rechtsfolge davon ist, dass sich der Vergütungsanspruch der Einrichtung zwei Monate nach Abgabe einer entsprechenden Aufforderung jedenfalls vorläufig nach der höheren Pflegeklasse bemisst.

10 Die Regelung zeigt zwar einen gangbaren Weg auf, wie der Interessenkonflikt zwischen Einrichtung und Heimbewohner aufgelöst werden kann. Jedoch gibt sie keine Antwort auf die Frage, was geschieht, wenn der Versicherte das Verfahren nicht ernsthaft betreibt, einen Bescheid ohne weiteres bestandskräftig werden lässt oder seinen Antrag sogar zurücknimmt. Für den letztgenannten Fall wird angenommen, dass der Versicherte durch die Regelung des § 87a Abs. 2 im Interesse der Einrichtung an einen einmal gestellten Antrag gebunden bleibt (so das Sächsische LSG, Urteil vom 11.7.2007 – L 1 P 18/05 –, Sozialrecht aktuell 2008, 35 ff., mit zustimmender Anm. *Koch*, jurisPR-SozR 23/2007 Anm. 4). Das erscheint freilich nicht zweifelsfrei. § 87a Abs. 2 begründet gerade keinen rechtlich durchsetzbaren Anspruch der Einrichtung darauf, dass der Versicherte zu ihren Gunsten bei der PKen einen Höherstufungsantrag zu seinen Lasten stellt. Zwar spricht die Regelung in Abs. 2 Satz 1 von einer „Verpflichtung" des Heimbewohners. Jedoch zeigt die nach Abs. 2 Satz 3 an eine Weigerung geknüpfte Rechtsfolge, dass insoweit keine durchsetzbare Rechtspflicht, sondern eine Obliegenheit des Heimbewohners begründet worden ist. Verletzt er sie, wird der Heimträger nach entsprechender Aufforderung nur so gestellt, als habe der Versicherte fristgerecht die Höherstufung betrieben. Deshalb könnte es vorzugswürdig sein, bei Antragsrücknahme nicht die Rücknahme als unbeachtlich anzusehen, sondern – sofern die Voraussetzungen des Abs. 2 Satz 1 und 2 gegeben sind – auch in diesem Fall einen Antrag zu fingieren und hieraus einen im Wege der Leistungsklage zu verfolgenden Anspruch der Einrichtung auf leistungsgerechte Vergütung abzuleiten. Dasselbe gilt für den Fall, dass der Versicherte sich überhaupt weigert, einen Antrag zu stellen und der MDK die Einschätzung der Einrichtung nicht teilt. Insoweit erweckt die Regelung in den Eindruck, als komme der Entscheidung des MDK abschließende Regelungswirkung zu. Dies wäre sowohl für den Versicherten wie für die Einrichtung unvereinbar mit Art. 19 Abs. 4 GG. Deshalb hat das BSG entschieden, dass in diesem Fall die Einrichtung Zahlungsklage gegen die PKe auf leistungsgerechte Vergütung ihrer Leistungen erheben kann, ohne dass das Antragsrecht des Versicherten entgegensteht (BSGE 95, 102 = SozR 4-3300 § 43 Nr. 1 mit Anm. *Neumann,* Sgb 2006, 359). Auch in diesem Fall wird der Versicherte – und die PKe – so gestellt, als habe er seinen Obliegenheiten im Verhältnis zur Einrichtung verletzt und sei deshalb so zu stellen, als habe er fristgerecht die Bewilligung höherer Leistungen betrieben.

Voraussetzung dafür ist es, dass der Versicherte von der Einrichtung in einer den Anforderungen des Abs. 2 Satz 1 und 2 genügenden Weise zur Antragstellung aufgefordert wird. Nur hierdurch kann wirksam seine Obliegenheit begründet werden, zu seinem – voraussichtlichen – Nachteil bei der PKe die Zuordnung zu einer höheren Pflegestufe zu beantragen. Fehlt es hieran, verletzt seine Untätigkeit keine Obliegenheiten im Verhältnis zur Einrichtung und es besteht keine Grundlage dafür, ihn so zu stellen, als habe er die Höherstufung selbst betrieben (BSG, Urteil vom 7. 10. 2010 – B 3 P 4/09 R – BSGE 107, 37 = SozR 4-3300 § 87a Nr. 1, Rn. 14 ff.) **11**

VII. Rückstufungsprämie (Abs. 4)

Die durch das PflegeWEG eingeführte Regelung (vgl. oben Rn. 1) begründet einen finanziellen Anreiz dafür, bei dauerhafter vollstationärer Pflege die Anstrengungen in den Bereichen der aktivierenden Pflege und der Rehabilitation zu steigern. Deshalb sollen die Pflegeeinrichtungen künftig in den Fällen, in denen nach aktivierenden oder rehabilitativen Maßnahmen auf Dauer ein pflegestufenrelevanter geringerer Pflegebedarf erforderlich ist, von der PKe einen Bonus erhalten. Der Höhe nach orientiert er sich an dem Differenzbetrag zwischen den Leistungsbeträgen der Pflegestufe I und der Pflegestufe II, der sich innerhalb eines halben Jahres ergibt. Die fehlende Staffelung soll Fehlanreizen entgegenwirken (BT-Drucks. 16/7439, S. 73). **12**

§ 87b Vergütungszuschläge für zusätzliche Betreuung und Aktivierung in stationären Pflegeeinrichtungen

(1) ¹Stationäre Pflegeeinrichtungen haben abweichend von § 84 Abs. 2 Satz 2 und Abs. 4 Satz 1 sowie unter entsprechender Anwendung der §§ 45a, 85 und 87a für die zusätzliche Betreuung und Aktivierung der pflegebedürftigen Heimbewohner sowie der Versicherten, die einen Hilfebedarf im Bereich der Grundpflege und hauswirtschaftlichen Versorgung haben, der nicht das Ausmaß der Pflegestufe I erreicht, (anspruchsberechtigten Personen) Anspruch auf Vereinbarung leistungsgerechter Zuschläge zur Pflegevergütung. ²Die Vereinbarung der Vergütungszuschläge setzt voraus, dass
1. die anspruchsberechtigten Personen über die nach Art und Schwere der Pflegebedürftigkeit notwendige Versorgung hinaus zusätzlich betreut und aktiviert werden,

§ 87b

2. die stationäre Pflegeeinrichtung für die zusätzliche Betreuung und Aktivierung der anspruchsberechtigten Personen über zusätzliches Betreuungspersonal, in vollstationären Pflegeeinrichtungen in sozialversicherungspflichtiger Beschäftigung verfügt und die Aufwendungen für dieses Personal weder bei der Bemessung der Pflegesätze noch bei den Zusatzleistungen nach § 88 berücksichtigt werden,
3. die Vergütungszuschläge auf der Grundlage vereinbart werden, dass in der Regel für jede anspruchsberechtigte Person der zwanzigste Teil der Personalaufwendungen für eine zusätzliche Vollzeitkraft finanziert wird und
4. die Vertragsparteien Einvernehmen erzielt haben, dass der vereinbarte Vergütungszuschlag nicht berechnet werden darf, soweit die zusätzliche Betreuung und Aktivierung für anspruchsberechtigte Personen nicht erbracht wird.

³Eine Vereinbarung darf darüber hinaus nur mit stationären Pflegeeinrichtungen getroffen werden, die anspruchsberechtigte Personen und ihre Angehörigen im Rahmen der Verhandlung und des Abschlusses des Heimvertrages nachprüfbar und deutlich darauf hinweisen, dass ein zusätzliches Betreuungsangebot, für das ein Vergütungszuschlag nach Absatz 1 gezahlt wird, besteht. ⁴Die Leistungs- und Preisvergleichsliste nach § 7 Abs. 3 ist entsprechend zu ergänzen.

(2) ¹Der Vergütungszuschlag ist von der Pflegekasse zu tragen und von dem privaten Versicherungsunternehmen im Rahmen des vereinbarten Versicherungsschutzes zu erstatten; § 28 Absatz 2 ist entsprechend anzuwenden. ²Mit den Vergütungszuschlägen sind alle zusätzlichen Leistungen der Betreuung und Aktivierung für anspruchsberechtigte Personen im Sinne von Absatz 1 abgegolten. ³Die anspruchsberechtigten Personen und die Träger der Sozialhilfe dürfen mit den Vergütungszuschlägen weder ganz noch teilweise belastet werden. ⁴Mit der Zahlung des Vergütungszuschlags von der Pflegekasse an die Pflegeeinrichtung hat die anspruchsberechtigte Person Anspruch auf Erbringung der zusätzlichen Betreuung und Aktivierung gegenüber der Pflegeeinrichtung.

(3) ¹Der Spitzenverband Bund der Pflegekassen hat für die zusätzlich einzusetzenden Betreuungskräfte auf der Grundlage des § 45c Abs. 3 Richtlinien zur Qualifikation und zu den Aufgaben in stationären Pflegeeinrichtungen zu beschließen; er hat hierzu die Bundesvereinigungen der Träger stationärer Pflegeeinrichtungen anzuhören und den allgemein anerkannten Stand medizinisch-pflegerischer Erkenntnisse zu beachten. ²Die Richtlinien werden für alle Pflegekassen und deren Verbände sowie für die stationären Pflegeeinrichtungen erst nach Genehmigung durch das Bundesministerium für Gesundheit wirksam; § 17 Abs. 2 gilt entsprechend.

Inhaltsübersicht

	Rn.
I. Geltende Fassung	1
II. Normzweck	2
III. Anspruch auf Zusatzleistungen (Abs. 2 Satz 4)	4
1. Leistungsberechtigte	5
2. Leistungsinhalt	6
IV. Anforderungen an Betreuungspersonal (Abs. 3)	8
V. Vergütungsanspruch der Einrichtung (Abs. 1 und 2)	9

I. Geltende Fassung

Die Vorschrift ist durch das PflegeWEG vom 28.5.2008 (BGBl. I S. 874) mW zum 1
1.7.2008 eingeführt und durch das PNG vom 23.10.2012 (BGBl. I S. 2246) insbesondere dahin geändert worden, dass sie sich statt nur auf vollstationäre auf stationäre Einrichtungen insgesamt bezieht (dazu BT-Drucks 17/9369, S. 46f.). Die Ursprungsfassung geht zurück auf die Beschlussempfehlung des Gesundheits-Ausschusses (vgl. BT-Drucks. 16/8525, S. 38f., 100f.). Durch das PSG I vom 17.12.2014 (BGBl. I S. 2222) ist der Anwendungsbereich der Vorschrift erweitert worden auf Versicherte, die einen Hilfebedarf im Bereich der Grundpflege und hauswirtschaftlichen Versorgung haben, der nicht das Ausmaß der Pflegestufe I erreicht. Zudem ist die Betreuungsrelation von 24 auf 20 angehoben und sind redaktionelle Anpassungen vorgenommen worden (zu den Motiven vgl. BT-Drucks. 18/1798, S. 48f.).

II. Normzweck

Die Vorschrift zielt auf eine Verbesserung der Betreuungssituation von Versicherten 2
mit demenzbedingten Fähigkeitsstörungen, psychischen Erkrankungen oder geistigen Behinderungen iSv. § 45a Abs. 1 Satz 2 im stationären Versorgungsbereich. Der Betreuungsbedarf dieser Personengruppe geht auf der Grundlage des nach dem gegenwärtigen Rechtszustand ausschließlich verrichtungsbezogenen Pflegebedürftigkeitsbegriffs (§ 14 Abs. 3) nicht in die Bemessung des Pflegebedarfs ein und ist demgemäß dem Grundsatz nach auch nicht leistungsrelevant (vgl. BSGE 82, 27 = SozR 3-3300 § 14 Nr. 2; BSGE 85, 278 = SozR 3-3300 § 43 Nr. 1; BSG, SozR 3-3300 § 14 Nr. 8; BSG, SozR 3-3300 § 15 Nr. 1; BSG, SozR 3-3300 § 43a Nr. 5; zu Reformoptionen vgl. *BMG* [Hrsg], Bericht des Beirats zur Überprüfung des Pflegebedürftigkeitsbegriffs vom 26.1.2009 sowie *Udsching*, in: Bender/Eicher [Hrsg], Sozialrecht – eine Terra incognita, 2009, S. 87ff.). Insoweit war zunächst mit dem PflEG vom 14.12.2001 (BGBl. I S. 3728) in den §§ 45a ff. idF ein zusätzlicher Betreuungsbetrag in Höhe von bis zu 460 Euro je Kalenderjahr als begrenzter Leistungsanspruch für den häuslichen Pflegebereich eingeführt worden, um den Versicherten – im Rahmen des engen finanziellen Handlungsspielraums der SPV – die Inanspruchnahme ambulanter Betreuungsangebote zu ermöglichen (vgl. BT-Drucks. 14/6949, S. 8ff., S. 15ff.). Diesen Ansatz hat der Gesetzgeber mit dem PflegeWEG durch die Ausweitung des Kreises der Anspruchsberechtigten (s. unten Rn. 4) und durch Erhöhung des Betreuungsbetrages für den ambulanten Sektor auf bis zu 2400 Euro je Kalenderjahr sowie den neuen Leistungsanspruch gemäß § 87b für den stationären Bereich weiter ausgebaut. Allerdings sind die hiermit verfolgten Ziele nicht deckungsgleich. Im ambulanten Bereich soll der Betreuungsbetrag professionelle, aber niedrigschwellige Betreuungsangebote möglichst unter Einbeziehung ehrenamtlicher Unterstützung in Einrichtungen mit einer Zulassung nach § 45b Abs. 1 Satz 6 fördern und hierdurch das häusliche Umfeld entlasten (vgl. BT-Drucks. 14/6949, S. 10ff.). Für den stationären Bereich hat der Gesetzgeber dies PflEG dagegen keinen Regelungsbedarf gesehen, weil demenziell Erkrankte nach dem Leistungsrecht entsprechende Versorgung in der Einrichtung beanspruchen könnten und dieser hierfür eine leistungsgerechte Vergütung zustehe (vgl. BT-Drucks. 14/6949, S. 8f.). Im Ergebnis ist damit das Risiko des demenzbedingten Betreuungsbedarfs angesichts der den Pflegesatz nicht deckenden Leistungen im stationären Sektor bei den Pflegebedürftigen selbst belassen – bei mangelnder Leistungsfähigkeit – über die Sozialhilfe dem Steuerhaushalt belassen worden (vgl. dazu § 84 Rn. 7). Daran soll auch das PflegeWEG grundsätzlich nichts ändern; dies wäre auch dem Bestreben zuwider gelaufen, dem Vorrang der ambulanten Pflege stärker zur Geltung zu verhelfen (§ 3, vgl. BT-Drucks. 16/8525, S. 39; s. dazu auch

§ 87b
Achtes Kapitel. Pflegevergütung

BMGS [Hrsg], Abschlussbericht der Kommission „Nachhaltigkeit in der Finanzierung der Sozialen Sicherungssysteme", 2003, S. 193 ff.).

3   Die Regelung bezweckt demgemäß nicht die Umschichtung, sondern die Ergänzung stationärer Leistungen bei demenzbedingten Fähigkeitsstörungen, psychischen Erkrankungen oder geistigen Behinderungen. Leistungsinhalt ist deshalb die zusätzliche Betreuung und Aktivierung des berechtigten Personenkreises (Abs. 1 Satz 2 Nr. 1) durch zusätzliches Personal in sozialversicherungspflichtiger Beschäftigung (Abs. 1 Satz 2 Nr. 2). Ausdrücklich sollen Mitnahmeeffekte vermieden werden (vgl. BT-Drucks. 16/8525, S. 100). Hiernach kann die Einrichtung einen Vergütungszuschlag zusätzlich zu den Pflegesätzen auf der Grundlage beanspruchen, dass für jeden versicherten Heimbewohner mit erheblichem allgemeinem Bedarf an Beaufsichtigung und Betreuung der fünfundzwanzigste Teil der Personalaufwendungen für eine zusätzliche Vollzeitkraft finanziert wird. Allerdings bleibt dies zum einen unbestimmt im Hinblick darauf, welche Zusatzleistungen von den Versicherten beansprucht werden können und wie das Verhältnis zu den bisher schon bei demenzieller Erkrankung von den Einrichtungen zu erbringenden und von den Heimbewohnern im Ergebnis selbst zu tragenden Pflegesatzanteil Leistungen ist. Insoweit bestehen Wertungswidersprüche zwischen der Einschätzung, dass einerseits die Einrichtungen die notwendigen Leistungen zu erbringen haben (vgl. BT-Drucks. 14/6949, S. 8 f.) und andererseits Bedarf für eine deutliche Verbesserung besteht (vgl. BT-Drucks. 16/8525, S. 100). Problematisch erscheint der Ansatz im Hinblick auf seine Ausgestaltung zum anderen auch deshalb, weil nicht die Leistung auf dem Rechtsanspruch des Versicherten aufbaut, sondern der Anspruch des Versicherten davon abhängt, dass von der Einrichtung entsprechende Arbeitsverträge abgeschlossen werden und abgeschlossen werden können. Hierdurch wird der Leistungsanspruch in einer Weise mit beschäftigungspolitischen Zielen verquickt, die bedenklich erscheint.

III. Anspruch auf Zusatzleistungen (Abs. 2 Satz 4)

4   Die Vorschrift begründet in Abs. 2 Satz 4 einen Anspruch auf zusätzliche Betreuungsleistungen in Ergänzung der Leistungen der allgemeinen Pflege, der sozialen Betreuung sowie der medizinischen Behandlungspflege, die mit dem Pflegesatz abgegolten sind (§ 84 Abs. 1 Satz 1 und Abs. 4 Satz 1).

1. Leistungsberechtigte

5   Leistungen nach Abs. 2 Satz 4 können Heimbewohner beanspruchen, bei denen erstens ein erheblicher Bedarf an allgemeiner Beaufsichtigung und Betreuung iSv. § 45 a Abs. 1 Satz 1 gegeben ist und die zweitens in einer Einrichtung versorgt werden, die einen Vergütungszuschlag nach § 87 b tatsächlich erhält (hierzu unten Rn. 7). Personell sind darin nunmehr nach § 45 a Abs. 1 Satz 2 Nr. 2 idF des Pflege-WEG vom 28.5.2008 (BGBl. I S. 874) auch solche Personen einbezogen, deren Hilfebedarf im Bereich der Grundpflege und hauswirtschaftlichen Versorgung nicht das Ausmaß der Pflegestufe I erreicht (Pflegestufe 0). In dieser Personengruppe sowie bei Pflegebedürftigen nach den Pflegestufen I, II und III liegt ein erheblicher Bedarf an allgemeiner Beaufsichtigung und Betreuung iS. der Vorschrift vor, soweit der MDK im Rahmen seiner Begutachtung als Folge der Krankheit oder Behinderung Auswirkungen auf die Aktivitäten des täglichen Lebens festgestellt hat, die dauerhaft zu einer erheblichen Einschränkung der Alltagskompetenz geführt haben (§ 45 a Abs. 1 Satz 2 Hs 2). Die Maßstäbe hierfür sind konkretisierend festgelegt in der nunmehr auf § 45 a Abs. 2 Satz 3 gestützten Richtlinie zur Feststellung von Personen mit erheblich eingeschränkter Alltagskompetenz und zur Bewertung des Hilfebedarfs – PEA-Ri – vom 22.3.2002, zuletzt geändert am 10.6.2008 (zu den Einzelheiten vgl. § 45 a Rn. 3 ff.).

Vergütungszuschläge **§ 87b**

2. Leistungsinhalt

Dem Gesetzeswortlaut selbst ist die nähere Ausgestaltung der Leistungen nach 6
§ 87b nicht unmittelbar zu entnehmen. Diese Zurückhaltung erscheint vom Regelungsansatz her fragwürdig, weil die Einrichtungen einerseits schon nach der bis dahin geltenden Rechtslage alle zur Versorgung der nach Abs. 1 Satz 1 Leistungsberechtigten notwendigen Leistungen einschließlich der sozialen Betreuung zu erbringen hatten (§ 84 Abs. 1 Satz 1 und Abs. 4 Satz 1) und andererseits die von den Versicherten beanspruchten Leistungen das Maß des Notwendigen nicht übersteigen dürfen (§ 29 Abs. 1 Satz 1 Hs 1); für iS. der Vorschrift zusätzliche Leistungen könnte danach an sich kein Raum sein, wie mittelbar auch durch Abs. 1 Satz 2 Nr. 1 bestätigt wird. Jedoch ergeben Systematik und Entstehungsgeschichte noch hinreichend erkennbar, dass die Regelung auf niedrigschwellige Leistungen zur sozialen Betreuung der Pflegebedürftigen im Rahmen einer neu eingeführten Pflegeassistenz durch geringer qualifiziertes Personal abzielt. Grundsätzlich sind pflegerische Tätigkeiten Personen mit abgeschlossener Ausbildung nach dem jeweils maßgebenden Berufsrecht in einem der verschiedenen Pflegeberufe vorbehalten. Dies setzt in der Altenpflege eine Ausbildung von 3 Jahren (§ 4 Abs. 1 Satz 1 AltPflG) und in der Altenpflegehilfe nach dem jeweiligen Landesrecht eine Ausbildung regelmäßig von einem Jahr voraus. Im Verhältnis zu diesen Berufsgruppen zielt die Leistung nach § 87b auf die Betreuung durch Personal mit vergleichsweise geringeren Qualifikationen. Systematisch spricht dafür vor allem die vergleichbare Zweckbestimmung der betreuenden Leistungen nach §§ 45a ff., die ebenfalls auf eine niedrigschwellige Versorgung mit einer Mischung von professioneller Unterstützung und – möglichst – ehrenamtlicher Hilfe zielen (vgl. oben Rn. 2). Dass dieser Zusammenhang auch bei den Gesetzesberatungen gesehen worden ist, zeigen die Materialien (vgl. BT-Drucks. 16/8525, S. 101). Entsprechend ist im politischen Raum mit dem Motto geworben worden „Arbeitslose in Pflegeheime" (vgl. SZ vom 16.8.2008; ebenso FAZ vom 20.8.2008: Kanzlerin lobt Einsatz Arbeitsloser in der Pflege). In diesem Sinne hat sich auch die Bundesregierung auf eine Kleine Anfrage geäußert (vgl. BT-Drucks. 16/9980, S. 3).

Mit dieser Zielrichtung hat zwischenzeitlich auch der Spitzenverband Bund der 7
Krankenkassen in den „Richtlinien nach § 87b Abs. 3 SGB XI zur Qualifikation und zu den Aufgaben von zusätzlichen Betreuungskräften in Pflegeheimen" – Betreuungskräfte-Rl – vom 19.8.2008, zuletzt mit Stand 6.5.2013 den Leistungsinhalt konkretisiert. Danach sollen die Leistungsberechtigten bei Alltagsaktivitäten etwa mit Malen und Basteln, handwerklichen Arbeiten, Kochen und Backen, Spaziergängen und Ausflügen, Bewegungsübungen in der Gruppe, Besuch von kulturellen Veranstaltungen oder Gottesdiensten oder Lesen und Vorlesen unterstützen (§ 2 Abs. 2 Betreuungskräfte-Rl).

IV. Anforderungen an Betreuungspersonal (Abs. 3)

Nach Abs. 3 hat der Spitzenverband Bund der Pflegekassen in den Richtlinien auch 8
zu § 87b auch die erforderliche Qualifikation für die zusätzlichen Mitarbeiter festzulegen. Nach den darauf gestützten Richtlinien (vgl. Rn. 7) kommt es hiernach vordringlich auf persönliche Eignungsmerkmale für den Umgang mit demenziell Erkrankten an, wie soziale Kompetenz und kommunikative Fähigkeit (§ 3 Betreuungskräfte-Rl). Die zusätzliche Qualifizierung ist beschränkt auf ein Orientierungspraktikum in einem Pflegeheim von einem Umfang von fünf Tagen sowie eine Qualifizierungsmaßnahme mit einem Gesamtumfang von mindestens 160 Unterrichtsstunden und einem weiteren zweiwöchigen Betreuungspraktikum (§ 4 Betreuungskräfte-Rl). Auch diese Ausgestaltung belegt, dass die Aufgabe vorwiegend in Assistenztätigkeit besteht. Insoweit lässt sich die zwingend vorgegebene Beachtung des allgemein anerkannten Standes

§ 87b Achtes Kapitel. Pflegevergütung

medizinisch-pflegerischer Erkenntnisse (Abs. 3 Abs. 1 Satz 1 Hs 2) nur dahin verstehen, dass die Ausbildung auf eine enge Verzahnung mit der Tätigkeit der Pflegefachkräfte hinwirkt und dem zusätzlichen Betreuungspersonal Kenntnisse vor allem darüber vermittelt, wo die Grenzen seiner eigenen professionellen Möglichkeiten liegen.

V. Vergütungsanspruch der Einrichtung (Abs. 1 und 2)

9   Nach näherer Maßgabe der Anforderungen und Vorgaben von Abs. 1 und Abs. 2 hat die Einrichtung Anspruch auf einen Vergütungszuschlag für die zusätzliche Leistung nach Abs. 2 Satz 4. Insoweit gelten hinsichtlich der allgemeinen Regelungen keine Besonderheiten gegenüber den übrigen Vorschriften des 8. Kapitels mit den §§ 82 ff.; diese sind vielmehr – soweit sich nicht aus § 87b Besonderheiten ergeben – auch hier anwendbar (ebenso *Brünner/Höfer,* in: LPK-SGB XI, § 87b Rn. 7). Regelungssystematisch problematisch sowohl für die praktische Abwicklung durch die Einrichtungen als auch – und insbesondere – für die Leistungsgewährung zu Gunsten der Versicherten erscheint aber die Bindung an die Bereitstellung zusätzlichen Personals in sozialversicherungspflichtiger Beschäftigung (Abs. 1 Satz 2 Nr. 2). Hiernach besteht ein zusätzlicher Vergütungsanspruch der Einrichtung und daran nach Abs. 2 Satz 4 ausdrücklich anknüpfend ein zusätzlicher Leistungsanspruch des Versicherten nur, soweit die Einrichtung über zusätzliches sozialversicherungspflichtig beschäftigtes Betreuungspersonal verfügt (Abs. 1 Satz 2 Nr. 1) und dessen Betreuungsangebot zudem auch von allen in Betracht kommenden Leistungsberechtigten tatsächlich in Anspruch genommen wird (Abs. 1 Satz 2 Nr. 4). Dies zielt – verständlich – auf die Vermeidung von Mitnahmeeffekten (vgl. BT-Drucks. 16/8525, S. 100). Jedoch dürfte für die Einrichtungen angesichts des festgeschriebenen Betreuungsschlüssels von nunmehr 1 : 20 (vgl. Abs. 1 Satz 2 Nr. 3) einerseits und der jedenfalls in Betracht zu ziehenden Möglichkeit andererseits, dass Leistungen iSv. Abs. 1 Satz 2 Nr. 4 nicht in Anspruch genommen werden, die praktische Umsetzung des Betreuungsangebotes schwierig sein (zu den dabei sich stellenden Fragen vgl. eingehend *Brünner/Höfer,* in: LPK-SGB XI, § 87b Rn. 10). Zudem erscheint es aus Sicht der Versicherten fragwürdig, dass ihr Leistungsanspruch im rechtlichen Bestand – nicht in der Durchsetzbarkeit – davon abhängt, ob der Einrichtung die Beschäftigung von zusätzlichem Personal tatsächlich möglich ist.

10 Zusätzliches Personal iSv. Abs. 1 Satz 2 Nr. 4 beschäftigt die Einrichtung nach Zweck und Entstehungsgeschichte, wenn für die Betreuung Mitarbeiter über bisher wahrgenommene Aufgaben hinaus eingesetzt werden. Die Anstellung neuer Mitarbeiter ist hingegen nicht zwingend erforderlich. Hierfür besteht bereits nach dem Gesetzeszweck keine Notwendigkeit. Auch die Gesetzesmaterialien geben dafür keinen Beleg. Entscheidend ist nur, dass an die Qualifikation für die Zusatzbetreuung geringere Anforderungen gestellt sind (vgl. oben Rn. 6) und dies demzufolge auch bei der Vergütungsbemessung zu berücksichtigen ist (vgl. BT-Drucks. 16/8525, S. 101). Deshalb kann die Einrichtung insoweit auch bereits vorhandenes Personal in größerem Umfang beschäftigen (ebenso *Brünner/Höfer,* in: LPK-SGB XI, § 87b Rn. 9). Jedoch hat sie dann dafür einzustehen, dass Mitarbeitern im Innenverhältnis u. U. entsprechend einer vergleichsweise höheren Qualifikation ein höherer Vergütungsanspruch zusteht als von den Kostenträgern für die Zusatzbetreuung vergütet wird.

§ 88 Zusatzleistungen

(1) ¹Neben den Pflegesätzen nach § 85 und den Entgelten nach § 87 darf das Pflegeheim mit den Pflegebedürftigen über die im Versorgungsvertrag vereinbarten notwendigen Leistungen hinaus (§ 72 Abs. 1 Satz 2) gesondert ausgewiesene Zuschläge für
1. besondere Komfortleistungen bei Unterkunft und Verpflegung sowie
2. zusätzliche pflegerisch-betreuende Leistungen

vereinbaren (Zusatzleistungen). ²Der Inhalt der notwendigen Leistungen und deren Abgrenzung von den Zusatzleistungen werden in den Rahmenverträgen nach § 75 festgelegt.

(2) Die Gewährung und Berechnung von Zusatzleistungen ist nur zulässig, wenn:
1. dadurch die notwendigen stationären oder teilstationären Leistungen des Pflegeheimes (§ 84 Abs. 4 und § 87) nicht beeinträchtigt werden,
2. die angebotenen Zusatzleistungen nach Art, Umfang, Dauer und Zeitabfolge sowie die Höhe der Zuschläge und die Zahlungsbedingungen vorher schriftlich zwischen dem Pflegeheim und dem Pflegebedürftigen vereinbart worden sind,
3. das Leistungsangebot und die Leistungsbedingungen den Landesverbänden der Pflegekassen und den überörtlichen Trägern der Sozialhilfe im Land vor Leistungsbeginn schriftlich mitgeteilt worden sind.

Inhaltsübersicht

	Rn.
I. Geltende Fassung	1
II. Normzweck	2
III. Zusatzleistungen	3
1. Unterkunft und Verpflegung (Abs. 1 Satz 1 Nr. 1)	3
2. Zusätzliche pflegerisch-betreuende Leistungen (Abs. 1 Satz 1 Nr. 2)	4
IV. Abgrenzung durch Rahmenvertrag (Abs. 1 Satz 2)	5
V. Formale Voraussetzungen für Zusatzleistungen (Abs. 2)	6

I. Geltende Fassung

Die Vorschrift ist mWv 1.1.1995 durch Art. 1 PflegeVG eingeführt worden und **1** seither unverändert geblieben. Sie folgt der Fassung des FraktE (vgl. BT-Drucks. 12/5262, S. 147f. zu § 97).

II. Normzweck

§ 88 regelt das Angebot und die Berechnung von Zusatzleistungen erstens bei Un- **2** terkunft und Verpflegung (Abs. 1 Satz 1 Nr. 1) und zweitens der pflegerischen Betreuung (Abs. 1 Satz 1 Nr. 2). Da die allgemeinen Pflegeleistungen nach § 84 Abs. 4 mit dem Pflegesatz und die Leistungen für Unterkunft und Verpflegung mit dem nach § 87 vereinbarten Entgelt umfassend abgedeckt sind und die Forderung zusätzlicher Entgelte vom Pflegebedürftigen insoweit nicht in Betracht kommt (vgl. § 84 Rn. 6), kann es sich nur um Randbereiche handeln, die über den Rahmen des Erforderlichen hinausgehen und im Einzelnen in Rahmenverträgen nach § 75 und in Vereinbarungen mit dem Pflegebedürftigen (§ 88 Abs. 2 Nr. 2) festgelegt sind.

§ 88 Achtes Kapitel. Pflegevergütung

III. Zusatzleistungen

1. Unterkunft und Verpflegung (Abs. 1 Satz 1 Nr. 1)

3   Leistungen, die für die Unterbringung und Verpflegung des Pflegebedürftigen nach Art und Schwere seiner Pflegebedürftigkeit erforderlich sind, können keine Zusatzleistungen sein. Hierzu zählen auch Leistungen, die nicht bei allen Heimbewohnern anfallen wie etwa eine besondere Diätkost oder die Bereitstellung technisch besonders aufwändiger Pflegebetten. Als Zusatzleistungen können in Betracht kommen: Eine Einzelbelegung von Räumen, die wegen ihrer Größe auch zum Aufenthalt von zwei Personen geeignet sind oder besonders große bzw. besonders aufwändig ausgestattete Räume und sich hierdurch von der Standardversorgung abheben (zu diesem Standard vgl. § 82 Rn. 10 und 15) sowie das Angebot eines Wahlessens.

2. Zusätzliche pflegerisch-betreuende Leistungen (Abs. 1 Satz 1 Nr. 2)

4   Bei den im Tagesablauf anfallenden gewöhnlichen und wiederkehrenden Verrichtungen dürften Zusatzleistungen nur selten in Betracht kommen, da die durch den Pflegesatz abgedeckte Grundpflege alle pflegerischen Maßnahmen umfasst, die unter Berücksichtigung von Art und Umfang der Pflegebedürftigkeit erforderlich sind. Denkbar sind in erster Linie zusätzliche Betreuungsleistungen bei Gelegenheiten, die nicht in den Leistungsbereich der SPV fallen. Insoweit ist zu berücksichtigen, dass durch die Erweiterung des Leistungsumfangs der stationären Pflege im 1. SGB XI-ÄndG, insbesondere durch die Einbeziehung der sozialen Betreuung, auch Maßnahmen wie etwa Beschäftigungstherapie, Begleitung auf Spazierwegen oder Ausfahrten mit dem Rollstuhl in üblichem Umfang zur Leistungspflicht des Pflegeheims zählen. Hierzu gehört auch die Bereithaltung der für die soziale Betreuung erforderlichen Investitionsgüter (vgl. BSGE 85, 287 = SozR 3-2500 § 33 Nr. 37 in Bezug auf Rollstühle). Zur sozialen Betreuung zählt auch ein Mindestmaß an geistiger und kultureller Betreuung (vgl. *Reimer*, in: Hauck/Noftz, SGB XI, § 82 Rn. 3 ff. und *Mühlenbruch*, in: Hauck/Noftz, SGB XI, § 88 Rn. 9). Im Bereich der Körperpflege zählt das Haarewaschen zur Grundpflege; das Tätigwerden eines Friseurs kann dagegen ebenso wie eine Maßnahme, die den Standard an Körperpflege überschreitet, als Zusatzleistung vereinbart werden.

IV. Abgrenzung durch Rahmenvertrag (Abs. 1 Satz 2)

5   Die Abgrenzung der notwendigen von den Zusatzleistungen ist durch Rahmenverträge zu vereinbaren. Dies ergibt sich bereits aus § 75 Abs. 2 Nr. 1. Die Abgrenzung soll nach der Vorstellung des FraktE (BT-Drucks. 12/5262, S. 147, zu § 97 Abs. 1 aE) mit „Augenmaß, Sachverstand, menschlicher Wärme und Engagement für eine neue Kultur des Pflegens" und nicht schematisch getroffen werden. Ob derartige Kriterien hier sachgerecht sind, wo es nur darum geht, einen nach Auffassung der Leistungserbringer sowieso schon viel zu knapp bemessenen Finanzrahmen, durch zusätzliche Einnahmen aufzubessern, erscheint fraglich. Werden notwendige Maßnahmen als gesondert zu berechnende Zusatzleistungen vereinbart, so ist die Vereinbarung nach § 134 BGB nichtig (*Brünner/Höfer*, in: LPK-SGB XI, § 88 Rn. 10).

V. Formale Voraussetzungen für Zusatzleistungen (Abs. 2)

Die in Abs. 2 Nrn. 1 bis 3 aufgeführten Bedingungen, die das Pflegeheim erfüllen 6
muss, um Zusatzleistungen abrechnen zu können, dienen dem Schutz des Pflegebedürftigen. Werden sie nicht eingehalten, ist die Vereinbarung unwirksam. In diesem Fall hat der Heimträger wegen der Nutzung der Zusatzleistung auch keinen Bereicherungsanspruch (vgl. BGH, NJW 2005, 363).

Dritter Abschnitt. Vergütung der ambulanten Pflegeleistungen

§ 89 Grundsätze für die Vergütungsregelung

(1) ¹Die Vergütung der ambulanten Pflegeleistungen und der hauswirtschaftlichen Versorgung wird, soweit nicht die Gebührenordnung nach § 90 Anwendung findet, zwischen dem Träger des Pflegedienstes und den Leistungsträgern nach Absatz 2 für alle Pflegebedürftigen nach einheitlichen Grundsätzen vereinbart. ²Sie muß leistungsgerecht sein. ³Die Vergütung muss einem Pflegedienst bei wirtschaftlicher Betriebsführung ermöglichen, seine Aufwendungen zu finanzieren und seinen Versorgungsauftrag zu erfüllen. ⁴Die Vergütung muss einem Pflegedienst bei wirtschaftlicher Betriebsführung ermöglichen, seine Aufwendungen zu finanzieren und seinen Versorgungsauftrag zu erfüllen. ⁵Die Bezahlung tarifvertraglich vereinbarter Vergütungen sowie entsprechender Vergütungen nach kirchlichen Arbeitsrechtsregelungen kann dabei nicht als unwirtschaftlich abgelehnt werden. ⁶Eine Differenzierung in der Vergütung nach Kostenträgern ist unzulässig.

(2) ¹Vertragsparteien der Vergütungsvereinbarung sind die Träger des Pflegedienstes sowie
1. die Pflegekassen oder sonstige Sozialversicherungsträger,
2. die Träger der Sozialhilfe, die für die durch den Pflegedienst versorgten Pflegebedürftigen zuständig sind, sowie
3. die Arbeitsgemeinschaften der unter Nummer 1 und 2 genannten Träger,

soweit auf den jeweiligen Kostenträger oder die Arbeitsgemeinschaft im Jahr vor Beginn der Vergütungsverhandlungen jeweils mehr als 5 vom Hundert der vom Pflegedienst betreuten Pflegebedürftigen entfallen. ²Die Vergütungsvereinbarung ist für jeden Pflegedienst gesondert abzuschließen und gilt für den nach § 72 Abs. 3 Satz 3 vereinbarten Einzugsbereich, soweit nicht ausdrücklich etwas Abweichendes vereinbart wird.

(3) ¹Die Vergütungen können, je nach Art und Umfang der Pflegeleistung, nach dem dafür erforderlichen Zeitaufwand oder unabhängig vom Zeitaufwand nach dem Leistungsinhalt des jeweiligen Pflegeeinsatzes, nach Komplexleistungen oder in Ausnahmefällen auch nach Einzelleistungen bemessen werden; sonstige Leistungen wie hauswirtschaftliche Versorgung, Behördengänge oder Fahrkosten können auch mit Pauschalen vergütet werden. ²Die Vergütungen haben zu berücksichtigen, dass Leistungen von mehreren Pflegebedürftigen gemeinsam abgerufen und in Anspruch genommen werden können; die sich aus einer gemeinsamen Leistungsinanspruchnahme ergebenden Zeit- und Kostenersparnisse kommen den Pflegebedürftigen zugute. ³Darüber hinaus sind auch Vergütungen für Betreuungsleistungen nach § 36 Abs. 1 zu vereinbaren. ⁴§ 84 Absatz 4 Satz 2 und Absatz 7, § 85 Absatz 3 bis 7 und § 86 gelten entsprechend.

§ 89

Achtes Kapitel. Pflegevergütung

Inhaltsübersicht

	Rn.
I. Geltende Fassung	1
II. Normzweck	2
III. Bemessungsgrundsätze und Verfahren	3
1. Vereinbarungsprinzip (Abs. 1 Satz 1)	4
2. Bemessung der Vergütung nach einheitlichen Grundsätzen (Abs. 1 Satz 1)	5
3. Gebot der leistungsgerechten Vergütung (Abs. 1 Satz 2)	6
4. Schiedsstellenlösung (Abs. 3 Satz 4)	7
5. Prospektive Ausrichtung der Vergütungsvereinbarung (Abs. 3 Satz 4)	8
6. Umfassende Finanzierung der allgemeinen Pflegeleistungen (Abs. 3 Satz 4)	9
7. Verweisung auf andere Vorschriften	10
IV. Vertragsparteien (Abs. 2)	11
V. Arten der Vergütungssysteme (Abs. 3)	13
VI. Gemeinsame Leistungsinanspruchnahme (Abs. 3 Satz 2)	14
VII. Vergütungsvereinbarungen für Betreuungsleistungen (Abs. 3 Satz 3)	15

I. Geltende Fassung

1 Die Vorschrift ist mWv 1.1.1995 durch Art. 1 PflegeVG eingeführt worden. Sie hat weitgehend die Fassung des RegE (dort § 98); vgl. Begr. des RegE, S. 148. Durch das 1. SGB XI-ÄndG wurde in Abs. 2 Satz 1 geändert (Aufnahme der Arbeitsgemeinschaften als Vertragsparteien) und Satz 2 angefügt. Durch Art. 1 Nr. 54 PflegeWEG wurden Abs. 2 Satz 1 und 2 geändert; in Abs. 3 wurden Satz 2 und 3 eingefügt, der frühere Satz 2 wurde Satz 4. Durch Art. 1 Nr. 35 PNG wurden Abs. 1 Satz 3 und Abs. 3 Satz 1 geändert. Durch Art. 1 Nr. 26a und b wurden Abs. 1 und 3 auf Veranlassung des Gesundheitsausschusses geändert (BT-Drucks. 18/2909, S. 24 u. 43).

II. Normzweck

2 § 89 enthält die Bemessungsgrundsätze und Regelungen über das Verfahren zur Vereinbarung der **Vergütung für ambulante Pflegeleistungen.** Die Vorschrift übernimmt im Wesentlichen die Pflegesatzregelungen aus den §§ 84 und 85, die für die Pflegevergütung im stationären Bereich maßgebend sind. Besonderheiten der ambulanten Pflegevergütung werden in Abs. 3 geregelt. Der Vereinbarung unterliegt nur die Vergütung für allgemeine Pflegeleistungen ambulanter Pflegeeinrichtungen (sog. Pflegevergütung); auch im ambulanten Bereich dürfen die in § 82 Abs. 2 aufgeführten Investitionskosten und sonstigen nicht pflegesatzfähigen Aufwendungen nicht in die Pflegevergütung einfließen. Vereinbarungen zwischen den in Abs. 2 aufgeführten Vertragsparteien sind ausgeschlossen, wenn eine nach § 90 erlassene Gebührenordnung Anwendung findet. Die Gebührenordnung nach § 90 stellt eine abschließende Vergütungsregelung dar, die individuelle Vereinbarungen ausschließt; bislang wurde vom Erlass einer Gebührenordnung abgesehen. Die Vergütung einzelner Pflegekräfte, mit denen die PKen Verträge abschließen, richtet sich nicht nach § 89; sie muss vielmehr in den Verträgen nach § 77 individuell vereinbart werden (s. a. *Plantholz*, in: LPK-SGB XI, 4. Aufl., § 77 Rn. 11). Auch ambulante Pflegeeinrichtungen können nach § 91 auf eine vertragliche Regelung der Pflegevergütung verzichten und Preisvereinbarungen unmittelbar mit den Pflegebedürftigen treffen; allerdings mit der Folge, dass die PK nach § 91 Abs. 2 Satz 2 lediglich bis zu 80 vH des Betrages erstatten darf, der als Pflegesachleistung geleistet werden würde.

III. Bemessungsgrundsätze und Verfahren

Gegenstand der Vergütungsvereinbarungen nach § 89 sind die ambulanten Pflege- 3
leistungen bei der Grundpflege und der hauswirtschaftlichen Versorgung; seit dem
PflegeWEG können auch Betreuungsleistungen einbezogen werden (Abs. 3 Satz 3).
Abs. 1 rekurriert auf Bemessungsgrundsätze und Verfahrensregelungen in anderen
Vorschriften; auf weitere allgemeine Regelungen wird in Abs. 3 Satz 4 verwiesen.
Durch die mit dem PNG eingeführte Änderung von Abs. 3 wurden die Vertragsparteien verpflichtet, generell eine alternative Vergütungsregelung (nach Zeitaufwand
oder nach dem Leistungsinhalt) zu vereinbaren; dies wurde im PSG I wieder zurückgenommen. Die Vergütungsregelungen in § 89, die das Verhältnis zwischen PK und
Pflegedienst betreffen, werden für die Rechtsbeziehungen zwischen dem Pflegebedürftigen und dem Pflegedienst durch § 120 ergänzt, was gerade angesichts des begrenzten Leistungsrahmens der PV unverzichtbar ist.

1. Vereinbarungsprinzip (Abs. 1 Satz 1)

Die Vergütung wird zwischen dem Träger des Pflegedienstes und den Leistungs- 4
trägern vereinbart (soweit eine Gebührenordnung nach § 90 nicht eingreift). Abs. 2
Satz 2 betont die Notwendigkeit, dass mit jeder ambulanten Pflegeeinrichtung eine
Vergütungsvereinbarung abgeschlossen wird. Dies schließt allerdings nicht aus, dass
sich einzelne Träger Kollektivvereinbarungen unterwerfen, wenn sie einer Vereinbarung nach dem in § 86 geregelten Verfahren, das auch iR von § 89 möglich ist (Abs. 3
Satz 4), ausdrücklich zustimmen, vgl. § 86 Rn. 2.

2. Bemessung der Vergütung nach einheitlichen Grundsätzen (Abs. 1 Satz 1)

Abs. 1 Satz 1 übernimmt damit einen auch für die Vergütung stationärer Pflegeein- 5
richtung maßgebenden Grundsatz (§ 84 Abs. 3), vgl. § 84 Rn. 3.

3. Gebot der leistungsgerechten Vergütung (Abs. 1 Satz 2)

Vgl. hierzu die Parallelregelung in § 84 Abs. 2 Satz 1, vgl. § 84 Rn. 11. Sowohl in 6
§ 84 Abs. 2 Satz 4 als auch in § 89 Abs. 1 Satz 3 wurde im PNG eingefügt, dass die
Vergütung es der Pflegeeinrichtung ermöglichen muss, „seine Aufwendungen zu finanzieren". Mit diesem Zusatz wollte der Gesetzgeber auf die Befürchtung der Pflegeeinrichtungen reagieren, dass sich die Kostenträger nach Einführung des Mindestentgelts in der Pflege (durch die VO über zwingende Arbeitsbedingungen in der
Pflegebranche) bei der Bemessung der Vergütung nur am Mindestentgelt orientierten
(BT-Drucks. 17/9369, S. 46, zu § 84). Durch das PSG I wurde diese Tendenz auf Veranlassung des Bundesrates (BT-Drucks. 18/2379) noch verstärkt, indem die Kostenträger durch die Einfügung des Satzes 5 zur Beachtung tarifvertraglicher bzw. kirchenarbeitsrechtlich vereinbarter Arbeitsentgelte verpflichtet werden. Sie können
Vergütungsforderungen der Einrichtungsträger, die auf Kalkulationen mit entsprechenden Entgelten der Beschäftigten beruhen, bei Pflegesatzvereinbarungen (gem.
§ 84 Abs. 2 Satz 4) nicht als unwirtschaftlich ablehnen. Dies entspricht der Rechtsprechung des BSG (Urteil vom 17. 12. 2009, B 3 P 3/08 R, BSGE 105, 126, Rn. 56 und
vom 16. 5. 2013, B 3 P 2/12 R, BSGE 113, 258, Rn. 21). Den Kostenträgern wurde
im Gegenzug das Recht eingeräumt, von den Einrichtungsträgern Nachweise verlangen zu können, dass die Entlohnung der Beschäftigten tatsächlich tariflichen bzw. kirchenarbeitsrechtlichen Vorgaben entspricht. § 89 Abs. 3 Satz 4 verweist jetzt u. a. auf

§ 89 Achtes Kapitel. Pflegevergütung

die ebenfalls im PSG I neu eingefügte Nachweispflicht bei Pflegesatzvereinbarungen in § 84 Abs. 7.

4. Schiedsstellenlösung (Abs. 3 Satz 4)

7   Kommt eine Vergütungsvereinbarung zwischen den Vertragsparteien nicht zustande, setzt die Schiedsstelle oder eine von den Beteiligten gemeinsam bestellte Schiedsperson (§ 76) auf Antrag einer Vertragspartei die Vergütung fest (§ 85 Abs. 5), vgl. § 85 Rn. 10.

5. Prospektive Ausrichtung der Vergütungsvereinbarung (Abs. 3 Satz 4)

8   Vergütungsvereinbarungen dürfen nur für einen zukünftigen Zeitraum getroffen werden (§ 85 Abs. 3); auch die Vereinbarung eines zurückliegenden Zeitpunktes für das Inkrafttreten ist unzulässig (§ 85 Abs. 6 Satz 2); zum Rückwirkungsverbot bei Festsetzungen der Vergütung durch die Schiedsstelle vgl. § 85 Rn. 6ff.

6. Umfassende Finanzierung der allgemeinen Pflegeleistungen (Abs. 3 Satz 4)

9   Für die allgemeinen Pflegeleistungen dürfen grundsätzlich ausschließlich die vereinbarten Pflegevergütungen berechnet werden, ohne Rücksicht darauf, wer zur Zahlung verpflichtet ist (§ 84 Abs. 4 Satz 2). Eine Differenzierung der Vergütung nach Kostenträgern ist auch bei der ambulanten Pflege unzulässig. Übersteigt der Bedarf des Pflegebedürftigen an Pflegesachleistung die für ihn nach § 36 Abs. 3 maßgebende Höchstgrenze, so ist die vereinbarte Vergütung auch für die darüber hinaus gehenden Leistungen des Pflegedienstes maßgebend, die der Pflegebedürftige selbst oder bei Mittellosigkeit der Sozialhilfeträger zu finanzieren hat.

7. Verweisung auf andere Vorschriften

10   Die **Verweisungen in Abs. 3 Satz 4** führen darüber hinaus zur Anwendung folgender Regelungen: Verpflichtung zur Vorlage von Pflegedokumentationen und anderen geeigneten Leistungsnachweisen (§ 85 Abs. 3 Satz 2 und 3, vgl. § 85 Rn. 6); Mehrheitsprinzip aufseiten der Leistungsträger (§ 85 Abs. 4 Satz 1, vgl. § 85 Rn. 6); Schriftformerfordernis (§ 85 Abs. 4 Satz 2, vgl. § 73 Rn. 3); bei Vertretung Nachweis einer schriftlichen Verhandlungs- und Abschlussvollmacht (§ 85 Abs. 4 Satz 3); Weitergeltung von Vergütungsvereinbarungen nach Ablauf des vereinbarten Zeitraums, solange keine neuen Vereinbarungen in Kraft treten (§ 85 Abs. 6 Satz 3); Anwendung der Grundsätze über den Wegfall der Geschäftsgrundlage (§ 85 Abs. 7, vgl. § 85 Rn. 12).

IV. Vertragsparteien (Abs. 2)

11   Die Bestimmung der Vertragsparteien stimmt mit § 85 Abs. 2 Satz 1 mit einer Ausnahme überein. Die für die Leistungsträger maßgebende Fünf-Prozent-Klausel geht nicht (wie bei den Pflegesatzvereinbarungen) von dem Pflegeheim im vorangegangenen Jahr abgerechneten Pflegetagen aus, sondern von der Anzahl der vom Pflegedienst betreuten Pflegebedürftigen. Eine Beteiligung der Verbände am Verfahren wie in § 85 Abs. 2 Satz 2 ist nicht vorgesehen. Nach der Änderung von Abs. 2 Satz 1 Nr. 2 im PflegeWEG können sich neben den PKen und sonstigen Sozialversiche-

Grundsätze für die Vergütungsregelung §89

rungsträgern auch die Sozialhilfeträger zu Arbeitsgemeinschaften zusammen schließen.
Geltungsbereich von Vergütungsvereinbarungen (Abs. 2 Satz 2). Die Vergütungsvereinbarung ist nicht nur für jeden Pflegedienst gesondert abzuschließen; sie gilt grundsätzlich auch nur für den Einzugsbereich, für den der Pflegedienst nach § 72 Abs. 3 Satz 3 zugelassen ist. Mit der Änderung der letztgenannten Regelung im Pflege-WEG hat der Gesetzgeber vor allem auf die Entscheidung des BSG vom 24.6.2006 (B 3 P 1/05 R, BSGE 96, 233 = NZS 2007, 155) reagiert; wonach die Festlegung eines örtlichen Einzugsbereichs nach dem früheren (unverbindlicher gefassten) Wortlaut der Vorschrift Pflegedienste nicht daran hindere, Pflegeleistungen auch außerhalb dieses Einzugsbereichs zu erbringen. Der neu gefasste Wortlaut des § 72 Abs. 3 Satz 2 spricht dafür, dass Gesetzgeber von einer regional begrenzten Zulassung des Pflegedienstes ausgeht (so auch die Begr. des RegE, BT-Drucks. 16/7439, S. 40 zu Nr. 40c, bb). Bei dieser Auslegung ist die Ausnahme einer ausdrücklichen abweichenden Vereinbarung schwer nachvollziehbar, denn wenn außerhalb des Zulassungsgebietes keine Leistungen erbracht werden dürfen, kann dies auch nicht durch eine besondere Vergütungsvereinbarung (dafür aber *Brünner/Höfer,* in: LPK-SGB XI, 4. Aufl., § 89 Rn. 11), an der u. U. ganz andere Kostenträger beteiligt wären, legitimiert werden. Die Begr. des RegE zur Neuregelung in § 89 Abs. 2 Satz 2 (BT-Drucks. 16/7439, S. 73) erweckt den Eindruck, als solle damit (etwa für den Fall, dass die Rechtsprechung den neu formulierten § 72 Abs. 3 Satz 2 anders auslegt), eine zusätzliche Schranke gegenüber überregional wirkenden Vergütungsvereinbarungen aufgebaut werden. 12

V. Arten der Vergütungssysteme (Abs. 3)

Abs. 3 überließ die Ausgestaltung der Vergütungsvereinbarung bis zur Änderung des Abs. 3 im PNG weitgehend den Vertragsparteien. Zulässig war eine Bewertung nach dem Zeitaufwand für einzelne Pflegeleistungen, die aber eher als Ausnahme vorgesehen war. Die Vorschrift gab einer Bewertung nach dem Leistungsinhalt einzelner Pflegeeinsätze oder nach Komplexleistungen, wie sie vergleichbar auch im ärztlichen Gebührenrecht angestrebt werden (§ 87 Abs. 2a SGB V), den Vorzug. Der im PNG geänderte Wortlaut von Abs. 3 schrieb dagegen zwingend vor, dass die Vertragsparteien immer eine vom tatsächlichen Zeitaufwand eines Pflegeeinsatzes abhängige Vergütungsregelung treffen, die als Alternative zur Abrechnung nach Leistungskomplexen angeboten werden sollte. Im PSG I ist der Gesetzgeber zur früheren Fassung mit Wahlfreiheit zurückgekehrt (vgl. BT-Drucks. 18/2009, Art. 1 Nr. 26b, S. 43f.). Die Abrechnung nach Zeitaufwand wird vor allem im Hinblick auf Betreuungsleistungen als sachgerechter angesehen (BT-Drucks. 17/9369, S. 47). Maßgebend soll insoweit allein der tatsächliche Aufwand an Zeit „vor Ort" sein; Pauschalierungen kommen bei Grundpflege und Betreuung nicht in Betracht. Für Leistungen außerhalb der Grundpflege (z. B. hauswirtschaftliche Versorgung, Fahrkosten und Behördengänge) können Pauschalen vereinbart werden (Abs. 3 Satz 1, 2. Hs). Vgl. hierzu die Empfehlungen der PKen für ein System zur Vergütung von häuslicher Pflege nach dem SGB XI vom 8.11.1996 (abgedruckt bei *Vollmer,* Pflege-Handbuch, 8 PVB 03/1). Alternativ zulässig ist eine Vergütungsvereinbarung, die nicht auf den tatsächlichen Zeitaufwand abstellt, sondern sich nach dem Leistungsinhalt einzelner Pflegeeinsätze oder nach Komplexleistungen richtet. Insoweit kann ein Katalog von Leistungskomplexen mit Punktzahlen zusammengestellt werden, wobei die Punktzahlen Bewertungsrelationen darstellen, die die unterschiedliche Kostenintensität der einzelnen Leistungskomplexe im Verhältnis zueinander wiedergeben. Nach § 120 ist der Pflegedienst verpflichtet, den Pflegebedürftigen vor Vertragsabschluss und bei wesentlichen Änderungen über die voraussichtlichen Kosten zu unterrichten. 13

VI. Gemeinsame Leistungsinanspruchnahme (Abs. 3 Satz 2)

14 Die mit dem PflegeWEG eingeführte Regelung ist die vergütungsrechtliche Umsetzung der im Leistungsrecht (§ 36 Abs. 1 Satz 5) neu geschaffenen Möglichkeit des „Poolens" von ambulanten Pflegeleistungen durch mehrere Leistungsberechtigte (vgl. § 36 Rn. 7). *Griep* (Sozialrecht aktuell 2009, 17, 20) geht zu Recht davon aus, dass die Synergieeffekte, die in der Gesetzesbegründung (BT-Drucks. 16/7439, S. 73, zu Nr. 54b und S. 54 zu Nr. 17a) aufgeführt werden, schon nach bestehender Vertragspraxis zwischen Pflegediensten und PKen erfasst und bei der Ausgestaltung des Leistungsumfangs berücksichtigt werden. Grundlegend neu ist allein, dass auch nicht verrichtungsbezogene Betreuungsleistungen in die von den Pflegediensten zu erbringende Sachleistung einbezogen werden können.

VII. Vergütungsvereinbarungen für Betreuungsleistungen (Abs. 3 Satz 3)

15 Die Regelung wurde ebenfalls mit dem PflegeWEG eingefügt. Sie zieht die Konsequenz aus der Tatsache, dass auch nicht verrichtungsbezogene Betreuungsleistungen nach § 36 Abs. 1 Satz 6 sowie nach den §§ 123, 124 als Pflegesachleistungen erbracht werden können. Wegen der Verweisungen in Abs. 3 Satz 4 vgl. oben Rn. 10.

§ 90 Gebührenordnung für ambulante Pflegeleistungen

(1) ¹**Das Bundesministerium für Gesundheit wird ermächtigt, im Einvernehmen mit dem Bundesministerium für Familie, Senioren, Frauen und Jugend und dem Bundesministerium für Arbeit und Soziales durch Rechtsverordnung mit Zustimmung des Bundesrates eine Gebührenordnung für die Vergütung der ambulanten Pflegeleistungen und der hauswirtschaftlichen Versorgung der Pflegebedürftigen zu erlassen, soweit die Versorgung von der Leistungspflicht der Pflegeversicherung umfaßt ist.** ²**Die Vergütung muß leistungsgerecht sein, den Bemessungsgrundsätzen nach § 89 entsprechen und hinsichtlich ihrer Höhe regionale Unterschiede berücksichtigen.** ³**§ 82 Abs. 2 gilt entsprechend.** ⁴**In der Verordnung ist auch das Nähere zur Abrechnung der Vergütung zwischen den Pflegekassen und den Pflegediensten zu regeln.**

(2) ¹**Die Gebührenordnung gilt nicht für die Vergütung von ambulanten Pflegeleistungen und der hauswirtschaftlichen Versorgung durch Familienangehörige und sonstige Personen, die mit dem Pflegebedürftigen in häuslicher Gemeinschaft leben.** ²**Soweit die Gebührenordnung Anwendung findet, sind die davon betroffenen Pflegeeinrichtungen und Pflegepersonen nicht berechtigt, über die Berechnung der Gebühren hinaus weitergehende Ansprüche an die Pflegebedürftigen oder deren Kostenträger zu stellen.**

Inhaltsübersicht

	Rn.
I. Geltende Fassung	1
II. Normzweck	2
III. Vorgaben für eine Gebührenordnung	3
IV. Pflege durch Familienangehörige (Abs. 2 Satz 1)	4
V. Grundsatz der umfassenden Finanzierung (Abs. 2 Satz 2)	6

Gebührenordnung für ambulante Pflegeleistungen **§ 90**

I. Geltende Fassung

Die Vorschrift ist mWv 1.1.1995 durch Art. 1 PflegeVG eingeführt worden. Sie **1**
hat weitgehend die Fassung des RegE (dort § 99); vgl. Begr. des RegE, S. 148 f. Aufgrund der Beschlussempfehlung des AuS-Ausschusses wurde lediglich in Abs. 2 Satz 1 der Begriff Partner, der im RegE zwischen „Familienangehörige und sonstige Personen" stand, gestrichen (BT-Drucks. 12/5920, S. 84). Im ersten Vermittlungsverfahren wurde Abs. 1 Satz 3 geändert (BT-Drucks. 12/6424, S. 4). Die Bezeichnung der nach Abs. 1 zuständigen Ministerien wurde durch mehrere Zuständigkeits-Anpassungsverordnungen geändert, vgl. zuletzt Art. 264 Nr. 2 Neunte Zuständigkeits-Anpassungsverordnung vom 31.10.2006, BGBl. I S. 2407.

II. Normzweck

§ 90 ermächtigt das BMG zum Erlass einer Gebührenordnung für die Vergütung **2**
der ambulanten Pflegeleistungen (Abs. 1 Satz 1). Die Begr. des RegE für die Einführung einer Gebührenordnung, hierdurch sollten die Anreize für eine kostengünstige Leistungserbringung weiter gestärkt werden (RegE, S. 148), enthält aus der Sicht der Pflegedienste schon einen Anflug von Zynismus. Geht es doch nur darum, das Vergütungsniveau ggf. auf einen Stand hinunterdrücken zu können, der das von den Vertragspartnern vereinbarte Preisniveau für ambulante Pflegeleistungen unterschreitet. Welche wirtschaftlichen Anreize der Pflegedienste hierdurch gestärkt werden sollen, bleibt unerfindlich. Inhaltlich wird auch der VO-Geber weitgehend an die Bemessungsgrundsätze der §§ 82 bis 89 gebunden (Abs. 1 Satz 2 und 3). Abs. 2 Satz 1 stellt klar, dass die Gebührenordnung für die Honorierung der von Familienangehörigen erbrachten Pflegeleistungen nicht maßgebend ist (vgl. unten Rn. 4).

III. Vorgaben für eine Gebührenordnung

Abs. 1 Satz 2 erwähnt ausdrücklich nur, die Vergütung müsse leistungsgerecht **3**
sein und hinsichtlich ihrer Höhe regionale Unterschiede berücksichtigen; im Übrigen wird auf die in § 89 enthaltenen Bemessungsgrundsätze und auf die entsprechende Geltung von § 82 Abs. 2 (Ausschluss von Investitionskosten und anderen nicht pflegesatzfähigen Aufwendungen) verwiesen. Zum Grundsatz der Leistungsgerechtigkeit, der bereits in § 84 Abs. 2 Satz 1 und § 89 Abs. 1 Satz 2 enthalten ist, vgl. § 84 Rn. 11. Hiermit steht die in § 89 Abs. 1 Satz 3 enthaltene Vorgabe, die Vergütung müsse es einem Pflegedienst bei wirtschaftlicher Betriebsführung ermöglichen, seinen Versorgungsauftrag zu erfüllen, in engem Zusammenhang. Wegen der weiteren in § 89 enthaltenen Bemessungsgrundsätze vgl. § 89 Rn. 3 ff. Durch die Bezugnahme der in § 89 enthaltenen Bemessungsgrundsätze wird den Anforderungen in Art. 80 GG Genüge getan, Inhalt, Zweck und Ausmaß der Ermächtigung näher zu bestimmen (*Neumann*, in: HS-PV, § 22 Rn. 42). In der Gebührenordnung ist ferner das Abrechnungsverfahren zwischen Pflegediensten und PKen zu regeln (Abs. 1 Satz 4).

IV. Pflege durch Familienangehörige (Abs. 2 Satz 1)

Die Vorschrift stellt klar, dass die Gebührenordnung nicht für die Vergütung von **4**
Pflegeleistungen durch Familienangehörige gilt. Die systematische Stellung von § 90 könnte den Schluss zulassen, dass die Gebührenordnung wie alle anderen Vorschriften des achten Kapitels ausschließlich auf zugelassene Pflegedienste i. S. von § 71 an-

zuwenden ist; die das achte Kapitel einleitende Vorschrift (§ 82 Abs. 1) erwähnt nur diese Pflegeeinrichtungen. Satz 1 macht von daher zusätzlich deutlich, dass auch die einzelnen Pflegekräfte, mit denen die PKen Verträge nach § 77 Abs. 1 abschließen, von der Gebührenordnung erfasst werden. Im Übrigen greift der Wortlaut jedoch zu kurz, denn die Anwendung der Gebührenordnung soll nicht nur bei Pflegeleistungen von Familienangehörigen und sonstigen Personen ausgeschlossen sein, die mit dem Pflegebedürftigen in häuslicher Gemeinschaft leben, sondern grundsätzlich bei allen **nicht erwerbsmäßig tätigen Pflegepersonen i. S. von § 19,** wie aus der Begründung des RegE zu § 90 Abs. 2 eindeutig hervorgeht (S. 148f.). Es besteht kein Grund, Nachbarn und Freunde des Pflegebedürftigen sowie andere ehrenamtliche Pflegepersonen in Bezug auf die Anwendung der Gebührenordnung anders zu behandeln als Familienangehörige und Mitbewohner.

5   Auf **Pflegeleistungen,** die **von Angestellten der PKen** (§ 77 Abs. 2) erbracht werden, ist die Gebührenordnung unmittelbar nicht anwendbar. Mittelbar wirkt sie sich jedoch auch in diesen Fällen auf das Leistungsverhältnis aus. Das für Pflegesachleistungen abhängig von der Pflegestufe jeweils zur Verfügung stehende Budget (§ 36 Abs. 3 bzw. 4) begrenzt über die Höhe der Vergütung des einzelnen Pflegeeinsatzes zugleich die Anzahl der Pflegeeinsätze, die der Pflegebedürftige auf Kosten der PK abrufen kann. Die PK kann für die mit eigenem Personal erbrachten Pflegeleistungen keine höhere Vergütung in Ansatz bringen als die in der Gebührenordnung festgelegte.

V. Grundsatz der umfassenden Finanzierung (Abs. 2 Satz 2)

6   Die Vorschrift entspricht dem bereits in § 84 Abs. 4 festgelegten Grundsatz. Mit der Pflegevergütung sind alle für die Versorgung des Pflegebedürftigen nach Art und Schwere der Pflegebedürftigkeit erforderlichen Pflegeleistungen abgegolten. Für die allgemeinen Pflegeleistungen (zu diesem Begriff vgl. Vorbem. § 82 Rn. 3) können deshalb weder von der PK noch vom Pflegebedürftigen zusätzliche Entgelte verlangt werden.

Vierter Abschnitt. Kostenerstattung, Landespflegeausschüsse, Pflegeheimvergleich

§ 91 Kostenerstattung

(1) **Zugelassene Pflegeeinrichtungen, die auf eine vertragliche Regelung der Pflegevergütung nach den §§ 85 und 89 verzichten oder mit denen eine solche Regelung nicht zustande kommt, können den Preis für ihre ambulanten oder stationären Leistungen unmittelbar mit den Pflegebedürftigen vereinbaren.**

(2) ¹**Den Pflegebedürftigen werden die ihnen von den Einrichtungen nach Absatz 1 berechneten Kosten für die pflegebedingten Aufwendungen erstattet.** ²**Die Erstattung darf jedoch 80 vom Hundert des Betrages nicht überschreiten, den die Pflegekasse für den einzelnen Pflegebedürftigen nach Art und Schwere seiner Pflegebedürftigkeit nach dem Dritten Abschnitt des Vierten Kapitels zu leisten hat.** ³**Eine weitergehende Kostenerstattung durch einen Träger der Sozialhilfe ist unzulässig.**

(3) **Die Absätze 1 und 2 gelten entsprechend für Pflegebedürftige, die nach Maßgabe dieses Buches bei einem privaten Versicherungsunternehmen versichert sind.**

Kostenerstattung § 91

(4) **Die Pflegebedürftigen und ihre Angehörigen sind von der Pflegekasse und der Pflegeeinrichtung rechtzeitig auf die Rechtsfolgen der Absätze 2 und 3 hinzuweisen.**

Inhaltsübersicht

	Rn.
I. Geltende Fassung	1
II. Normzweck	2
III. Aufhebung des Sachleistungsprinzips (Abs. 1)	3
IV. Kostenerstattung (Abs. 2)	5
V. Bindung des Sozialhilfeträgers (Abs. 2 Satz 3)	7
VI. Bindung der privaten Pflegeversicherung (Abs. 3)	8
VII. Information der Pflegebedürftigen (Abs. 4)	9

I. Geltende Fassung

Die Vorschrift ist mWv 1.1.1995 durch Art. 1 PflegeVG eingeführt worden. Sie 1 hat nahezu unverändert die Fassung des RegE (dort § 101a); vgl. Begr. des RegE, S. 148f. Im ersten Vermittlungsverfahren wurde lediglich der 2. Hs in Abs. 2 Satz 2 gestrichen, der den im RegE geplanten Investitionszuschlag betraf (BT-Drucks. 12/6424, S. 4). Die Vorschrift ist seither nicht geändert worden.

II. Normzweck

§ 91 ist eine Ausnahmeregelung im Vergütungsrecht des SGB XI. Sie ist zugleich 2 zwingende Folge des **Vereinbarungsprinzips,** das dem Vergütungsrecht zugrunde liegt. Danach hat jeder zur Versorgung zugelassene (§ 72) Einrichtungsträger das Recht, die Vergütung der Pflegeleistungen individuell mit den Leistungsträgern auszuhandeln und bei ausbleibender Einigung auf den Abschluss einer Vergütungsregelung zu verzichten. Der Verzicht hat für die Pflegebedürftigen, die Leistungen der Einrichtung in Anspruch nehmen, negative Konsequenzen: Sie erhalten die Pflegeleistungen nicht als Sachleistung, sondern sind in vermindertem Umfang auf Kostenerstattung angewiesen (Abs. 2); zu nachteiligen Auswirkungen für den Pflegebedürftigen vgl. unten Rn. 5 und 9. Die Regelung soll die Wahlfreiheit von Pflegebedürftigen erhalten, die trotz gewisser Leistungseinschränkungen von einer Einrichtung betreut werden möchten, deren Vergütungsniveau das Leistungsvermögen der PV überschreitet. Die Vorschrift erfasst nicht nur Versicherte der SPV, sondern auch solche der PPV (Abs. 3) und bindet zugleich die Sozialhilfeträger, denen eine Erstattung der Differenzkosten untersagt ist (Abs. 2 Satz 3).

III. Aufhebung des Sachleistungsprinzips (Abs. 1)

Trotz der Zulassung zur pflegerischen Versorgung der Versicherten nach § 72 Abs. 2 3 besteht für die Pflegeeinrichtung keine Sachleistungspflicht, wenn sie auf eine vertragliche Regelung der Pflegevergütung verzichtet. Teilweise wird die Auffassung vertreten (*Giese,* RsDE Heft 29, 1995, S. 1, 16; *Neumann,* in: HS-PV, § 22 Rn. 46), der Begriff „zugelassene Pflegeeinrichtungen" sei nicht i. S. des § 72 Abs. 1 und 2 zu verstehen, weil die dort geregelte Zulassung in einem unlösbaren Zusammenhang mit dem Sachleistungsprinzip und dem Sicherstellungsauftrag stehe; gegenüber beiden Grundsätzen bilde § 91 eine Ausnahme. Mit dem Wortlaut der Vorschrift lässt sich ein Verzicht auf eine Zulassung nicht vereinbaren; im Übrigen stehen auch bei der Kosten-

§ 91 Achtes Kapitel. Pflegevergütung

erstattung § 29 Abs. 2 und § 72 Abs. 1 entgegen. *Giese* (RsDE Heft 29, S. 18) verlangt auch ein Mindestmaß an vertraglicher Bindung zwischen PK und Pflegeeinrichtung. Das hiermit verfolgte Ziel, die betroffenen Einrichtungen nicht ohne Grund in ein starres Vertragsschema zu zwingen, lässt sich über eine den speziellen Anforderungen des § 91 genügende Ausgestaltung des Versorgungsvertrages erreichen. Gewahrt werden müssen vor allem die im Interesse des Pflegebedürftigen erforderlichen Kontrollbefugnisse der PK, speziell im Hinblick auf eine auch hier erforderliche Qualitätskontrolle.

4   Verzicht trotz Anrufung der Schiedsstelle? Nach der Begr. des RegE (S 150, zu § 101 a) können auch die PKen die Vereinbarung einer Vergütungsregelung ablehnen, etwa wenn die Preisvorstellungen der Pflegeeinrichtung im Verhältnis zu den angebotenen Leistungen unangemessen sind. Für diese Auffassung spricht zunächst der Wortlaut von Abs. 1. Das Nichtzustandekommen einer Vergütungsvereinbarung kann zum einen auf einem Verzicht der Pflegeeinrichtung beruhen und zum anderen durch das Verhalten der PKen verursacht sein. Diese Auslegung des Abs. 1 kollidiert jedoch mit der **Schiedsstellenregelung in § 85 Abs. 5,** die nach § 89 Abs. 3 Satz 2 auch für die Vergütung ambulanter Pflegeleistungen gilt. Danach wird die Pflegevergütung auf Antrag einer Vertragspartei durch die Schiedsstelle festgesetzt, wenn eine einvernehmliche Regelung innerhalb der in § 85 Abs. 5 genannten Frist nicht zustande kommt. Die Schiedsstellenentscheidung tritt auch dann in Kraft, wenn eine Vertragspartei mit ihr nicht einverstanden ist (§ 85 Abs. 6) und sie auch mit einer Anfechtung der Festsetzung vor dem Sozialgericht (§ 85 Abs. 5 Satz 2) keinen Erfolg hat. Danach müsste § 91 Abs. 1 regelmäßig leerlaufen. § 85 Abs. 5 muss deshalb im Zusammenhang mit § 91 dahingehend ausgelegt werden, dass eine Festsetzung der Vergütung durch die Schiedsstelle ausgeschlossen ist, wenn die betroffene Einrichtung vor der Entscheidung der Schiedsstelle auf eine Regelung der Vergütung verzichtet. Diese Option kann dagegen nicht erst nach dem Spruch der Schiedsstelle ausgeübt werden (so aber wohl *Schulin,* VSSR 1994, 285, 297), weil damit wiederum die Stellung der Schiedsstelle im Bereich der Pflegevergütung völlig ausgehebelt würde. Die PKen können sich der Festsetzung der Vergütungsregelung durch die Schiedsstelle nicht entziehen, wenn die Schiedsstelle aufgrund eines Antrags des Einrichtungsträgers entscheidet (wie hier: *Neumann,* in: HS-PV, § 22 Rn. 45; *Brünner/Höfer,* in: LPK-SGB XI, § 91 Rn. 6; VG Freiburg, NDV-RD 1999, 58, 60). Dies folgt aus der Funktion, die § 91 im System der Pflegevergütung einnimmt. Die Vorschrift soll das Vereinbarungsprinzip bei der Pflegevergütung in erster Linie wegen des aus verfassungsrechtlichen Gründen (Art. 14 GG) notwendigen Schutzes der Einrichtungsträger sicherstellen. Es besteht dagegen keine Veranlassung, die PKen dem Spruch der Schiedsstelle zu entziehen.

IV. Kostenerstattung (Abs. 2)

5   Nimmt der Pflegebedürftige Leistungen einer Einrichtung in Anspruch, die zwar nach § 72 Abs. 2 zur pflegerischen Versorgung der Versicherten zugelassen ist, die mit den PKen aber keine Vergütungsvereinbarung abgeschlossen hat, so kann er wegen der pflegebedingten Aufwendungen, die ihm die Pflegeeinrichtung in Rechnung stellt, von seiner PK Kostenerstattung beanspruchen. Nach Abs. 2 Satz 2 ist der **Erstattungsanspruch begrenzt** auf 80 v. H. des Betrages, den die PK entsprechend der Pflegestufe, der der Versicherte zugeordnet ist, nach den §§ 36, 39 und 41 bis 43 zu leisten hat. Bei Inanspruchnahme ambulanter Pflegeleistungen sind dies höchstens 80 v. H. der in § 36 Abs. 3 bzw 4 genannten Höchstbeträge; die Abrechnung von Pflegeeinsätzen ist bis zu den Höchstbeträgen jeweils nachzuweisen. Bei vollstationärer Pflege ist auf den für die Pflegestufe maßgebenden Betrag der Pauschalleistungen nach § 43 Abs. 2 abzustellen. Auf die Pflegeklasse kommt es zum einen deshalb nicht

Kostenerstattung **§ 91**

an, weil sich bei Pflegeheimen ohne Vergütungsvereinbarung eine Zuordnung zu Pflegeklassen im Verhältnis zur PK von vornherein erübrigt; zum anderen ist die Pflegeklassen – Zuordnung für den Anspruch des Pflegebedürftigen gegen die PK ohne Bedeutung.

Auswirkung auf Kombinationsleistung. Nimmt der Pflegebedürftige Pflege- 6 Sachleistungen von einem Pflegedienst in Anspruch, der keine Vergütungsvereinbarung abgeschlossen hat, und schöpft er hiermit die für ihn maßgebende Höchstgrenze nach § 36 Abs. 3 oder 4 nicht aus, so besteht insoweit kein Anspruch auf anteiliges Pflegegeld (LSG Niedersachsen, Breithaupt 1998, 808). Die Kombinationsleistung nach § 38 setzt voraus, dass der Versicherte seinen Sachleistungsanspruch nach § 36 Abs. 3 bzw 4 nicht ausschöpft. An dieser Voraussetzung fehlt es, wenn er den Anspruch auf Kostenerstattung geltend macht. Der Gesetzgeber hat auch durch die Stellung des Kostenerstattungsanspruchs im 8. Kap des SGB XI deutlich gemacht, dass es sich um einen eigenständigen Anspruch handelt, der alternativ neben den Ansprüchen nach den §§ 36 ff. geltend zu machen ist.

V. Bindung des Sozialhilfeträgers (Abs. 2 Satz 3)

Das Fehlen einer Vergütungsregelung wirkt sich auch auf einen sozialhilferechtli- 7 chen Leistungsanspruch des Pflegebedürftigen aus. Der Sozialhilfeträger darf weder den Differenzbetrag zum vollen Leistungsniveau der SPV, noch weitergehende Pflegekosten, die durch Leistungen einer vertragslosen Pflegeeinrichtung verursacht werden, übernehmen (so auch VG Freiburg, NDV-RD 1999, 58, 59). Die Regelung in Abs. 2 Satz 3 ist für das vom Gesetzgeber gewählte Vergütungssystem unerlässlich; denn ohne sie könnten Pflegeeinrichtungen mit Pflegebedürftigen Preisvereinbarungen zulasten des Sozialhilfeträgers abschließen und auf diese Weise das vertragliche Vergütungssystem des achten Buches unterlaufen. Die durch Satz 3 verursachte Einschränkung der Wahlfreiheit des auf Sozialhilfeleistungen angewiesenen Pflegebedürftigen ist hinzunehmen, so lange eine ausreichende Auswahl an Pflegeeinrichtungen mit Vergütungsregelung existiert.

VI. Bindung der privaten Pflegeversicherung (Abs. 3)

Die Abs. 1 und 2 sind auch für Versicherungsnehmer der PPV verbindlich; dh die 8 privaten Versicherungsunternehmen müssen ihre Versicherungsbedingungen entsprechend ausgestalten. Dies ist eine Konsequenz des in § 84 Abs. 3 festgelegten Grundsatzes, dass die Pflegesätze für alle Heimbewohner nach einheitlichen Grundsätzen zu bemessen sind und eine Differenzierung nach Kostenträgern unzulässig ist. Dieser Grundsatz gilt auch für die ambulante Pflegevergütung (§ 89 Abs. 1 Satz 3, 2. Hs).

VII. Information der Pflegebedürftigen (Abs. 4)

Die Pflegebedürftigen müssen von der Entscheidung der Pflegeeinrichtung und 9 den sich hieraus ergebenden Auswirkungen auf ihre Leistungsansprüche rechtzeitig in Kenntnis gesetzt werden, um Dispositionen zu ermöglichen. Ist der vertragslose Zustand dem Pflegebedürftigen im Vorhinein bekannt, so kann er sich hierauf einstellen und er trifft bewusst eine Entscheidung für eine höhere Eigenbeteiligung. Unbefriedigender ist die Situation jedoch, wenn eine Pflegeeinrichtung zunächst eine Vergütungsbindung eingeht, diese aber später, etwa anlässlich einer Verhandlung über eine Erhöhung der Entgelte, nicht fortsetzt. Pflegebeziehungen lassen sich, zumal im stationären Bereich, nicht kurzfristig ändern. Hieraus könnte sich im Verhält-

Udsching

§ 92

Achtes Kapitel. Pflegevergütung

nis der Pflegeeinrichtung zum Pflegebedürftigen eine Pflicht zur Rücksichtnahme ergeben, die es der Pflegeeinrichtung verwehrt, den Pflegebedürftigen während einer Übergangsfrist mit Kosten zu belasten, die bei einer Fortsetzung der Vergütungsbindung nicht entstanden wären (eingehend hierzu VG Freiburg, NDV-RD 1999, 58, 60).

§ 92 Landespflegeausschüsse

¹**Für jedes Land oder für Teile des Landes wird zur Beratung über Fragen der Pflegeversicherung ein Landespflegeausschuss gebildet.** ²**Der Ausschuss kann zur Umsetzung der Pflegeversicherung einvernehmlich Empfehlungen abgeben.** ³**Die Landesregierungen werden ermächtigt, durch Rechtsverordnung das Nähere zu den Landespflegeausschüssen zu bestimmen; insbesondere können sie die den Landespflegeausschüssen angehörenden Organisationen unter Berücksichtigung der Interessen aller an der Pflege im Land Beteiligten berufen.**

Inhaltsübersicht

	Rn.
I. Geltende Fassung	1
II. Normzweck	2
III. Zusammensetzung der Landespflegeausschüsse	3

I. Geltende Fassung

1 Die Vorschrift ist mWv 1.1.1995 durch Art. 1 PflegeVG eingeführt worden. Sie hat weitgehend die Fassung des RegE (dort § 101); vgl. Begr. des RegE, S. 149. Aufgrund der Beschlussempfehlung des AuS-Ausschusses wurden in Abs. 2 Satz 1 und 2 Ergänzungen vorgenommen (BT-Drucks. 12/5920, S. 86); zur Begr. vgl. BT-Drucks. 12/5952, S. 47. Abs. 1 Satz 2 wurde im ersten Vermittlungsverfahren, Abs. 2 Satz 3 im zweiten Vermittlungsverfahren geändert (BT-Drucks. 12/6424, S. 4, BT-Drucks. 12/7323, S. 5). Die Vorschrift wurde durch Art. 1 Nr. 54a PflegeWEG auf Veranlassung des 14. Ausschusses (BT-Drucks. 16/8525) grundlegend geändert.

II. Normzweck

2 § 92 regelt die Aufgaben und die Zusammensetzung der Landespflegeausschüsse. Der Landespflegeausschuss ist ein beratendes Gremium, das für die vielfältigen Probleme, die mit der Einführung der PV verbunden sind, auf Landesebene Lösungen vorbereiten soll. Auf Bundesebene sind hierfür nach § 75 Abs. 5 die Spitzenverbände der PKen sowie die Vereinigungen der Pflegeeinrichtungen auf Bundesebene mit weiteren Beteiligten zuständig, soweit es um die Vorbereitung der in § 75 Abs. 2 genannten Regelungsbereiche geht. Die Landespflegeausschüsse nehmen gegenüber allen an der Durchführung der PV beteiligten Einrichtungen beratende Funktionen wahr und sprechen Empfehlungen aus, die von den PKen und den Pflegeeinrichtungen angemessen zu berücksichtigen sind. Die bis zum PflegeWEG aus vier Absätzen bestehende Vorschrift wurde mWv 1.7.2008 auf einen Vorschlag des Bundesrates hin gestrafft (BT-Drucks. 16/8525 zu Nr. 54a). Eine inhaltliche Änderung der Aufgaben der Landespflegeausschüsse zur Beratung und Abgabe von Empfehlungen sollte damit nicht erreicht werden; entscheidend war das Motiv, Detailregelungen den Ländern zu überlassen.

III. Zusammensetzung der Landespflegeausschüsse

Die Organisation und Zusammensetzung der Landespflegeausschüsse war bereits 3
nach der ursprünglichen Fassung der Vorschrift durch Landesrecht zu regeln. Abs. 2
gab lediglich detailliertere Vorgaben für die zu beteiligenden Organisationen; dies
wird nunmehr in Satz 3 durch die pauschale Verpflichtung ersetzt, bei der Zusammensetzung des Ausschusses die Interessen aller an der Pflege im Land Beteiligter zu
berücksichtigen.

§ 92a Pflegeheimvergleich

(1) ¹Die Bundesregierung wird ermächtigt, durch Rechtsverordnung mit Zustimmung des Bundesrates einen Pflegeheimvergleich anzuordnen, insbesondere mit dem Ziel,
1. die Landesverbände der Pflegekassen bei der Durchführung von Wirtschaftlichkeits- und Qualitätsprüfungen (§ 79, Elftes Kapitel),
2. die Vertragsparteien nach § 85 Abs. 2 bei der Bemessung der Vergütungen und Entgelte sowie
3. die Pflegekassen bei der Erstellung der Leistungs- und Preisvergleichslisten (§ 7 Abs. 3)

zu unterstützen. ²Die Pflegeheime sind länderbezogen, Einrichtung für Einrichtung, insbesondere hinsichtlich ihrer Leistungs- und Belegungsstrukturen, ihrer Pflegesätze und Entgelte sowie ihrer gesondert berechenbaren Investitionskosten miteinander zu vergleichen.

(2) In der Verordnung nach Absatz 1 sind insbesondere zu regeln:
1. die Organisation und Durchführung des Pflegeheimvergleichs durch eine oder mehrere von dem Spitzenverband Bund der Pflegekassen oder den Landesverbänden der Pflegekassen gemeinsam beauftragte Stellen,
2. die Finanzierung des Pflegeheimvergleichs aus Verwaltungsmitteln der Pflegekassen,
3. die Erhebung der vergleichsnotwendigen Daten einschließlich ihrer Verarbeitung.

(3) ¹Zur Ermittlung der Vergleichsdaten ist vorrangig auf die verfügbaren Daten aus den Versorgungsverträgen sowie den Pflegesatz- und Entgeltvereinbarungen über
1. die Versorgungsstrukturen einschließlich der personellen und sächlichen Ausstattung,
2. die Leistungen, Pflegesätze und sonstigen Entgelte der Pflegeheime

und auf die Daten aus den Vereinbarungen über Zusatzleistungen zurückzugreifen. ²Soweit dies für die Zwecke des Pflegeheimvergleichs erforderlich ist, haben die Pflegeheime der mit der Durchführung des Pflegeheimvergleichs beauftragten Stelle auf Verlangen zusätzliche Unterlagen vorzulegen und Auskünfte zu erteilen, insbesondere auch über die von ihnen gesondert berechneten Investitionskosten (§ 82 Abs. 3 und 4).

(4) ¹Durch die Verordnung nach Absatz 1 ist sicherzustellen, dass die Vergleichsdaten
1. den zuständigen Landesbehörden,
2. den Vereinigungen der Pflegeheimträger im Land,
3. den Landesverbänden der Pflegekassen,
4. dem Medizinischen Dienst der Krankenversicherung,

§ 92a
Achtes Kapitel. Pflegevergütung

5. dem Verband der privaten Krankenversicherung e. V. im Land sowie
6. den nach Landesrecht zuständigen Trägern der Sozialhilfe

zugänglich gemacht werden. ²Die Beteiligten nach Satz 1 sind befugt, die Vergleichsdaten ihren Verbänden oder Vereinigungen auf Bundesebene zu übermitteln; die Landesverbände der Pflegekassen sind verpflichtet, die für Prüfzwecke erforderlichen Vergleichsdaten den von ihnen zur Durchführung von Wirtschaftlichkeits- und Qualitätsprüfungen bestellten Sachverständigen zugänglich zu machen.

(5) ¹Vor Erlass der Rechtsverordnung nach Absatz 1 sind der Spitzenverband Bund der Pflegekassen, der Verband der privaten Krankenversicherung e. V., die Bundesarbeitsgemeinschaft der überörtlichen Träger der Sozialhilfe, die Bundesvereinigung der kommunalen Spitzenverbände und die Vereinigungen der Träger der Pflegeheime auf Bundesebene anzuhören. ²Im Rahmen der Anhörung können diese auch Vorschläge für eine Rechtsverordnung nach Absatz 1 oder für einzelne Regelungen einer solchen Rechtsverordnung vorlegen.

(6) Der Spitzenverband Bund der Pflegekassen oder die Landesverbände der Pflegekassen sind berechtigt, jährlich Verzeichnisse der Pflegeheime mit den im Pflegeheimvergleich ermittelten Leistungs-, Belegungs- und Vergütungsdaten zu veröffentlichen.

(7) Personenbezogene Daten sind vor der Datenübermittlung oder der Erteilung von Auskünften zu anonymisieren.

(8) Die Bundesregierung wird ermächtigt, durch Rechtsverordnung mit Zustimmung des Bundesrates einen länderbezogenen Vergleich über die zugelassenen Pflegedienste (Pflegedienstvergleich) in entsprechender Anwendung der vorstehenden Absätze anzuordnen.

Inhaltsübersicht

	Rn.
I. Geltende Fassung	1
II. Normzweck	2
III. Angestrebte Ziele	3
IV. Zusammenführung einrichtungsbezogener Daten	4

I. Geltende Fassung

1 Die Vorschrift ist durch das PQsG mWv 1.1.2002 eingefügt worden. Durch das GKV-WSG wurden zum 1.7.2008 Änderungen vorgenommen, die die Änderungen der Organisationsstrukturen der Kassenverbände betrafen. Durch Art. 1 Nr. 55 PflegeWEG wurde die Vorschrift durchgehend geändert und an die geänderten Vorschriften der Qualitätssicherungsregelungen (Streichung des § 80a und Änderung des § 112) angepasst.

II. Normzweck

2 Die Vorschrift enthält keine Rechtsgrundlage für die Aufstellung eines Pflegeheimvergleichs, sondern lediglich eine Ermächtigungsgrundlage für die Bundesregierung, eine solche Grundlage durch Rechtsverordnung zu schaffen. Zum Erlass einer solchen Verordnung ist es bislang jedoch nicht gekommen. Die Vorschrift enthält in Abs. 1 eine Beschreibung der Ziele eines Pflegeheimvergleichs; in Abs. 2 Vorgaben für die organisatorische Durchführung und Finanzierung sowie für die Datenerhebung

Pflegeheimvergleich **§ 92a**

und -verarbeitung (Abs. 2 Nr. 3). Details zum Umfang der Datenerhebung und zum Datenschutz sind dann in Abs. 3 und 7, zur Übermittlung von Daten in Abs. 4 geregelt. Abs. 5 legt die vor Erlass einer Verordnung anzuhörenden Institutionen fest; Abs. 6 erlaubt den Verbänden der PKen, die für den Vergleich maßgebenden Leistungs-, Belegungs- und Vergütungsdaten zu veröffentlichen. Schließlich ermächtigt Abs. 8 die Bundesregierung, eine entsprechende Verordnung mit länderbezogenen Vergleichen auch für zugelassene Pflegedienste zu erlassen.

III. Angestrebte Ziele

Abs. 1 beschreibt die Ziele die mit dem Vergleich angestrebt werden: er soll die 3 Landesverbände der Pflegekassen bei der Durchführung von Wirtschaftlichkeits- und Qualitätsprüfungen, die Vertragsparteien von Vergütungs- und Entgeltvereinbarungen sowie die PKen bei der Erstellung der Leistungs- und Preisvergleichslisten unterstützen. Abs. 1 Satz 2, der eine länderbezogene Erfassung der einzelnen Pflegeheime vorschreibt, macht deutlich, dass mit dem Pflegeheimvergleich auch die Voraussetzungen für den von der Rechtsprechung des BSG geforderten „externen Vergleich" geschaffen werden sollen. Der Pflegeheimvergleich soll mehr sein als eine bloße Preisvergleichsliste. Die Unterstützung der PKen bei der von diesen zu erstellenden Preisvergleichslisten ist nur eines von mehreren Zielen. Von grundlegender Bedeutung ist vor allem die Einbeziehung der wesentlichen Leistungs- und Qualitätsmerkmale, die zwischen den Leistungsträgern und den Einrichtungen zu vereinbaren sind (§ 84 Abs. 4). Letzteres war in der ursprünglichen Fassung der Regelung ausdrücklich aufgeführt (Abs. 1 Satz 1 Nr. 1 aF), wurde im PflegeWEG aber wegen der Bezugnahme auf die aufgehobene Regelung in § 80a gestrichen. In der Praxis wird die Einbeziehung von Qualitätsaspekten als schwierig angesehen, so lange Orientierungswerte zu Personalbedarf und Pflegezeiten, die in den Rahmenverträgen nach § 75 Abs. 3 Satz 1 Nr. 2 zu vereinbaren sind, fehlen (*Richter*, in: LPK-SGB XI, 3. Aufl., § 92a Rn. 5).

IV. Zusammenführung einrichtungsbezogener Daten

Abs. 3 erweckt vordergründig den Eindruck, lediglich der Verwaltungspraktikabi- 4 lität zu dienen. Konsequenz der Regelung ist jedoch eine konzentrierte Zusammenführung einrichtungsbezogener Daten, die im Hinblick auf Art. 12 Abs. 1 GG nicht unproblematisch erscheint (so zutreffend *Richter*, in: LPK-SGB XI, 3. Aufl. § 92a Rn. 7). Neben den Daten aus Versorgungsverträgen sowie Pflegesatz- und Entgeltvereinbarungen, die den Leistungsträgern vorliegen und von ihnen zusammen geführt werden sollen, haben die Pflegeheime auch noch zusätzliche Unterlagen vorzulegen und Auskünfte zu erteilen, die für den Vergleich relevant sind; ausdrücklich genannt werden insoweit die gesondert berechneten Investitionskosten (§ 82 Abs. 3 und 4), die von den PKen ansonsten nicht kontrolliert werden. Zur Einschränkung der wirtschaftlichen Betätigungsfreiheit der Einrichtungsträger vgl. *Neumann/Bieritz-Harder*, Die leistungsgerechte Pflegevergütung, 2002; *Griep*, PflR 2002, 313.

§ 92b

Achtes Kapitel. Pflegevergütung

Fünfter Abschnitt. Integrierte Versorgung und Pflegestützpunkte

§ 92b Integrierte Versorgung

(1) Die Pflegekassen können mit zugelassenen Pflegeeinrichtungen und den weiteren Vertragspartnern nach § 140b Abs. 1 des Fünften Buches Verträge zur integrierten Versorgung schließen oder derartigen Verträgen mit Zustimmung der Vertragspartner beitreten.

(2) ¹In den Verträgen nach Absatz 1 ist das Nähere über Art, Inhalt und Umfang der zu erbringenden Leistungen der integrierten Versorgung sowie deren Vergütung zu regeln. ²Diese Verträge können von den Vorschriften der §§ 75, 85 und 89 abweichende Regelungen treffen, wenn sie dem Sinn und der Eigenart der integrierten Versorgung entsprechen, die Qualität, die Wirksamkeit und die Wirtschaftlichkeit der Versorgung durch die Pflegeeinrichtungen verbessern oder aus sonstigen Gründen zur Durchführung der integrierten Versorgung erforderlich sind. ³In den Pflegevergütungen dürfen keine Aufwendungen berücksichtigt werden, die nicht der Finanzierungszuständigkeit der sozialen Pflegeversicherung unterliegen. ⁴Soweit Pflegeeinrichtungen durch die integrierte Versorgung Mehraufwendungen für Pflegeleistungen entstehen, vereinbaren die Beteiligten leistungsgerechte Zuschläge zu den Pflegevergütungen (§§ 85 und 89). ⁵§ 140b Abs. 3 des Fünften Buches gilt für Leistungsansprüche der Pflegeversicherten gegenüber ihrer Pflegekasse entsprechend.

(3) § 140a Abs. 2 und 3 des Fünften Buches gilt für die Informationsrechte der Pflegeversicherten gegenüber ihrer Pflegekasse und für die Teilnahme der Pflegeversicherten an den integrierten Versorgungsformen entsprechend.

Inhaltsübersicht

		Rn.
I.	Geltende Fassung	1
II.	Normzweck	2
III.	Vertragspartner der integrierten Versorgung (Abs. 1)	3
IV.	Gegenstand der Verträge (Abs. 2)	4
V.	Informationsrechte und Datenschutz (Abs. 3)	5

I. Geltende Fassung

1   Die Vorschrift ist durch Art. 8 Nr. 40 GKV-WSG mWv 1.4.2007 eingefügt worden. Zur Begr. des RegE vgl. BT-Drucks. 16/3100, S. 188.

II. Normzweck

2   Die Vorschrift bezieht die Leistungserbringung in der Pflege in die mit dem GKV-Gesundheitsreformgesetz 2000 (BGBl. I 1999 S. 2657) im KV-Recht eingeführte integrierte Versorgung ein. Mit der integrierten Versorgung wollte der Gesetzgeber vor allem die starre Trennung zwischen ambulanter und stationärer Versorgung durchbrechen. Durch Verträge zwischen Kranken- bzw Pflegekassen und zugelassenen Pflegeeinrichtungen sowie den in § 140b Abs. 1 SGB V aufgeführten Leistungserbringern

(vor allem: niedergelassene Ärzte und Krankenhäuser) sollen ambulante und stationäre sowie kurative und pflegerische Bestandteile der Versorgung Pflegebedürftiger besser aufeinander abgestimmt werden. Das Gesamtkonzept einer Vernetzung der regionalen und kommunalen Versorgungsstrukturen zur Verbesserung der wohnortnahen Versorgung Pflegebedürftiger ist in § 12 geregelt. Nach § 12 Abs. 2 Satz 2 sind die PKen gehalten, das Instrument der integrierten Versorgung zu nutzen; ergänzend sollen sie zur Sicherstellung der ärztlichen Versorgung entweder **Kooperationen mit niedergelassenen Ärzten** eingehen (etwa im Rahmen von Verträgen nach §§ 73b und c SGB V) oder § 119b SGB V „anwenden". § 119b SGB V wurde durch Art. 6 Nr. 10 PflegeWEG eingefügt, um die unzureichende ambulante ärztliche Betreuung von Pflegebedürftigen in Pflegeheimen zu verbessern. Die Norm gibt Pflegeheimen einen Anspruch auf Ermächtigung zur Teilnahme an der vertragsärztlichen Versorgung von Pflegebedürftigen, die in der Einrichtung leben, soweit eine ausreichende ärztliche Versorgung ohne einen in der Einrichtung tätigen angestellten Heimarzt nicht sichergestellt ist (BT-Drucks. 16/7439, S. 97). Die Möglichkeit des Abschlusses von Verträgen zur wohnortnahen integrierten Versorgung wird auch bei den Aufgaben der Pflegestützpunkte in § 92c Abs. 3 aufgeführt.

III. Vertragspartner der integrierten Versorgung (Abs. 1)

PKen und zugelassene Pflegeeinrichtungen erweitern den Kreis der nach § 140b 3 Abs. 1 SGB V zur Teilnahme an der integrierten Versorgung berechtigten Partner. Die PKen unterliegen insoweit allerdings keinem Kontrahierungszwang. Auch die Pflegebedürftigen sind nicht verpflichtet, Leistungen der integrierten Versorgung in Anspruch zu nehmen (§ 140a Abs. 2 Satz 1 SGB V); auch wenn die Einrichtung, die sie versorgt einem Netzwerk angehört.

IV. Gegenstand der Verträge (Abs. 2)

Die integrierte Versorgung wird von den Vorgaben des Leistungserbringerrechts 4 weitgehend freigestellt. Art, Inhalt und Umfang der zu erbringenden Leistungen wie auch deren Vergütung müssen vertraglich geregelt werden. Die Vereinbarungen werden von den Vorgaben der für das jeweilige Land maßgebenden Rahmenverträge nach § 75 freigestellt, soweit Besonderheiten der integrierten Versorgung dies verlangen oder abweichende Vereinbarungen erforderlich sind, um Qualität, Wirtschaftlichkeit oder Wirksamkeit der Versorgung durch die Pflegeeinrichtung zu verbessern **(Abs. 2 Satz 2)**. Mit dieser Begründung können Vergütungsvereinbarungen bei einer Leistungserbringung innerhalb der integrierten Versorgung auch von den Regelungen des Pflegesatzverfahrens (§ 85) bzw den Vorgaben für die Festsetzung der Vergütung ambulanter Pflegeleistungen (§ 89) abweichen. Nach **Abs. 2 Satz 3** dürfen in den Pflegevergütungen allerdings keine Aufwendungen berücksichtigt werden, die nicht der Finanzierungszuständigkeit der PV unterliegen; hierzu zählen etwa Investitionskosten oder Kosten für Unterkunft und Verpflegung. Entstehen durch die integrierte Versorgung Mehraufwendungen für Pflegeleistungen, so können leistungsgerechte Zuschläge zu den Pflegevergütungen vereinbart werden (Abs. 2 Satz 4). **Abs. 2 Satz 5** erklärt § 140 Abs. 3 SGB V für entsprechend anwendbar. Danach müssen sich die Vertragspartner der PKen zu einer qualitätsgesicherten, wirksamen, ausreichenden, zweckmäßigen und wirtschaftlichen Versorgung der Versicherten verpflichten. Die an der integrierten Versorgung beteiligten Leistungserbringer sind danach verpflichtet, ein Versorgungsniveau sicher zu stellen, das dem allgemein anerkannten Stand medizinisch-pflegerischer Erkenntnisse (§ 11 Abs. 1) entspricht und insbesondere die nach § 113f. aufgestellten Qualitätsmaßstäbe beachten.

§ 92c   Achtes Kapitel. Pflegevergütung

V. Informationsrechte und Datenschutz (Abs. 3)

5   Abs. 3 verweist hinsichtlich der Informationsrechte der Pflegeversicherten gegenüber ihrer PK und für den Datenschutz bei Teilnahme der Versicherten an Angeboten der integrierten Versorgung auf § 140a Abs. 2 und 3 SGB V: Nach § 140a Abs. 2 Satz 1 SGB V ist die Teilnahme an den integrierten Versorgungsformen freiwillig. § 140 Abs. 2 Satz 2 SGB V macht innerhalb der integrierten Versorgung den Zugriff auf Behandlungsdaten von der Zustimmung des Versicherten abhängig. Nach § 140a Abs. 3 müssen die Kassen die Versicherten umfassend über Verträge zur integrierten Versorgung informieren.

§ 92c Pflegestützpunkte

(1) ¹Zur wohnortnahen Beratung, Versorgung und Betreuung der Versicherten richten die Pflegekassen und Krankenkassen Pflegestützpunkte ein, sofern die zuständige oberste Landesbehörde dies bestimmt. ²Die Einrichtung muss innerhalb von sechs Monaten nach der Bestimmung durch die oberste Landesbehörde erfolgen. ³Kommen die hierfür erforderlichen Verträge nicht innerhalb von drei Monaten nach der Bestimmung durch die oberste Landesbehörde zustande, haben die Landesverbände der Pflegekassen innerhalb eines weiteren Monats den Inhalt der Verträge festzulegen; hierbei haben sie auch die Interessen der Ersatzkassen und der Landesverbände der Krankenkassen wahrzunehmen. ⁴Hinsichtlich der Mehrheitsverhältnisse bei der Beschlussfassung ist § 81 Abs. 1 Satz 2 entsprechend anzuwenden. ⁵Widerspruch und Anfechtungsklage gegen Maßnahmen der Aufsichtsbehörden zur Einrichtung von Pflegestützpunkten haben keine aufschiebende Wirkung.

(2) ¹Aufgaben der Pflegestützpunkte sind
1. umfassende sowie unabhängige Auskunft und Beratung zu den Rechten und Pflichten nach dem Sozialgesetzbuch und zur Auswahl und Inanspruchnahme der bundes- oder landesrechtlich vorgesehenen Sozialleistungen und sonstigen Hilfsangebote,
2. Koordinierung aller für die wohnortnahe Versorgung und Betreuung in Betracht kommenden gesundheitsfördernden, präventiven, kurativen, rehabilitativen und sonstigen medizinischen sowie pflegerischen und sozialen Hilfs- und Unterstützungsangebote einschließlich der Hilfestellung bei der Inanspruchnahme der Leistungen,
3. Vernetzung aufeinander abgestimmter pflegerischer und sozialer Versorgungs- und Betreuungsangebote.

²Auf vorhandene vernetzte Beratungsstrukturen ist zurückzugreifen. ³Die Pflegekassen haben jederzeit darauf hinzuwirken, dass sich insbesondere die
1. nach Landesrecht zu bestimmenden Stellen für die wohnortnahe Betreuung im Rahmen der örtlichen Altenhilfe und für die Gewährung der Hilfe zur Pflege nach dem Zwölften Buch,
2. im Land zugelassenen und tätigen Pflegeeinrichtungen,
3. im Land tätigen Unternehmen der privaten Kranken- und Pflegeversicherung

an den Pflegestützpunkten beteiligen. ⁴Die Krankenkassen haben sich an den Pflegestützpunkten zu beteiligen. ⁵Träger der Pflegestützpunkte sind die beteiligten Kosten- und Leistungsträger. ⁶Die Träger
1. sollen Pflegefachkräfte in die Tätigkeit der Pflegestützpunkte einbinden,

Pflegestützpunkte **§ 92c**

2. haben nach Möglichkeit Mitglieder von Selbsthilfegruppen sowie ehrenamtliche und sonstige zum bürgerschaftlichen Engagement bereite Personen und Organisationen in die Tätigkeit der Pflegestützpunkte einzubinden,
3. sollen interessierten kirchlichen sowie sonstigen religiösen und gesellschaftlichen Trägern und Organisationen die Beteiligung an den Pflegestützpunkten ermöglichen,
4. können sich zur Erfüllung ihrer Aufgaben dritter Stellen bedienen,
5. sollen im Hinblick auf die Vermittlung und Qualifizierung von für die Pflege und Betreuung geeigneten Kräften eng mit dem Träger der Arbeitsförderung nach dem Dritten Buch und den Trägern der Grundsicherung für Arbeitsuchende nach dem Zweiten Buch zusammenarbeiten.

(3) Die an den Pflegestützpunkten beteiligten Kostenträger und Leistungserbringer können für das Einzugsgebiet der Pflegestützpunkte Verträge zur wohnortnahen integrierten Versorgung schließen; insoweit ist § 92b mit der Maßgabe entsprechend anzuwenden, dass die Pflege- und Krankenkassen gemeinsam und einheitlich handeln.

(4) [1]Der Pflegestützpunkt kann bei einer im Land zugelassenen und tätigen Pflegeeinrichtung errichtet werden, wenn dies nicht zu einer unzulässigen Beeinträchtigung des Wettbewerbs zwischen den Pflegeeinrichtungen führt. [2]Die für den Betrieb des Pflegestützpunktes erforderlichen Aufwendungen werden von den Trägern der Pflegestützpunkte unter Berücksichtigung der anrechnungsfähigen Aufwendungen für das eingesetzte Personal auf der Grundlage einer vertraglichen Vereinbarung anteilig getragen. [3]Die Verteilung der für den Betrieb des Pflegestützpunktes erforderlichen Aufwendungen wird mit der Maßgabe vereinbart, dass der auf eine einzelne Pflegekasse entfallende Anteil nicht höher sein darf, als der von der Krankenkasse, bei der sie errichtet ist, zu tragende Anteil. [4]Soweit sich private Versicherungsunternehmen, die die private Pflege-Pflichtversicherung durchführen, nicht an der Finanzierung der Pflegestützpunkte beteiligen, haben sie mit den Trägern der Pflegestützpunkte über Art, Inhalt und Umfang der Inanspruchnahme der Pflegestützpunkte durch privat Pflege-Pflichtversicherte sowie über die Vergütung der hierfür je Fall entstehenden Aufwendungen Vereinbarungen zu treffen; dies gilt für private Versicherungsunternehmen, die die private Krankenversicherung durchführen, entsprechend.

(5) [1]Der Aufbau der in der gemeinsamen Trägerschaft von Pflege- und Krankenkassen sowie den nach Landesrecht zu bestimmenden Stellen stehenden Pflegestützpunkte ist im Rahmen der verfügbaren Mittel bis zum 30. Juni 2011 entsprechend dem jeweiligen Bedarf mit einem Zuschuss bis zu 45 000 Euro je Pflegestützpunkt zu fördern; der Bedarf umfasst auch die Anlaufkosten des Pflegestützpunktes. [2]Die Förderung ist dem Bedarf entsprechend um bis zu 5 000 Euro zu erhöhen, wenn Mitglieder von Selbsthilfegruppen, ehrenamtliche und sonstige zum bürgerschaftlichen Engagement bereite Personen und Organisationen nachhaltig in die Tätigkeit des Stützpunktes einbezogen werden. [3]Der Bedarf, die Höhe des beantragten Zuschusses, der Auszahlungsplan und der Zahlungsempfänger werden dem Spitzenverband Bund der Pflegekassen von den in Satz 1 genannten Trägern des Pflegestützpunktes im Rahmen ihres Förderantrags mitgeteilt. [4]Das Bundesversicherungsamt zahlt die Fördermittel nach Eingang der Prüfungsmitteilung des Spitzenverbandes Bund der Pflegekassen über die Erfüllung der Auszahlungsvoraussetzungen an den Zahlungsempfänger aus. [5]Die Antragsteller haben dem Spitzenverband Bund der Pflegekassen spätestens

§ 92c

ein Jahr nach der letzten Auszahlung einen Nachweis über die zweckentsprechende Verwendung der Fördermittel vorzulegen.

(6) ¹Das Bundesversicherungsamt entnimmt die Fördermittel aus dem Ausgleichsfonds der Pflegeversicherung bis zu einer Gesamthöhe von 60 Millionen Euro, für das jeweilige Land jedoch höchstens bis zu der Höhe, die sich durch die Aufteilung nach dem Königsteiner Schlüssel ergibt. ²Die Auszahlung der einzelnen Förderbeträge erfolgt entsprechend dem Zeitpunkt des Eingangs der Anträge beim Spitzenverband Bund der Pflegekassen. ³Näheres über das Verfahren der Auszahlung und die Verwendung der Fördermittel regelt das Bundesversicherungsamt mit dem Spitzenverband Bund der Pflegekassen durch Vereinbarung.

(7) Im Pflegestützpunkt tätige Personen sowie sonstige mit der Wahrnehmung von Aufgaben nach Absatz 1 befasste Stellen, insbesondere
1. nach Landesrecht für die wohnortnahe Betreuung im Rahmen der örtlichen Altenhilfe und für die Gewährung der Hilfe zur Pflege nach dem Zwölften Buch zu bestimmende Stellen,
2. Unternehmen der privaten Kranken- und Pflegeversicherung,
3. Pflegeeinrichtungen und Einzelpersonen nach § 77,
4. Mitglieder von Selbsthilfegruppen, ehrenamtliche und sonstige zum bürgerschaftlichen Engagement bereite Personen und Organisationen sowie
5. Agenturen für Arbeit und Träger der Grundsicherung für Arbeitsuchende

dürfen Sozialdaten nur erheben, verarbeiten und nutzen, soweit dies zur Erfüllung der Aufgaben nach diesem Buch erforderlich oder durch Rechtsvorschriften des Sozialgesetzbuches oder Regelungen des Versicherungsvertrags- oder des Versicherungsaufsichtsgesetzes angeordnet oder erlaubt ist.

(8) ¹Die Landesverbände der Pflegekassen können mit den Landesverbänden der Krankenkassen sowie den Ersatzkassen und den nach Landesrecht zu bestimmenden Stellen der Altenhilfe und der Hilfe zur Pflege nach dem Zwölften Buch Rahmenverträge zur Arbeit und zur Finanzierung der Pflegestützpunkte vereinbaren. ²Die von der zuständigen obersten Landesbehörde getroffene Bestimmung zur Einrichtung von Pflegestützpunkten sowie die Empfehlungen nach Absatz 9 sind hierbei zu berücksichtigen. ³Die Rahmenverträge sind bei der Arbeit und der Finanzierung von Pflegestützpunkten in der gemeinsamen Trägerschaft der gesetzlichen Kranken- und Pflegekassen und der nach Landesrecht zu bestimmenden Stellen für die Altenhilfe und für die Hilfe zur Pflege nach dem Zwölften Buch zu beachten.

(9) Der Spitzenverband Bund der Pflegekassen, der Spitzenverband Bund der Krankenkassen, die Bundesarbeitsgemeinschaft der überörtlichen Träger der Sozialhilfe und die Bundesvereinigung der kommunalen Spitzenverbände können gemeinsam und einheitlich Empfehlungen zur Arbeit und zur Finanzierung von Pflegestützpunkten in der gemeinsamen Trägerschaft der gesetzlichen Kranken- und Pflegekassen sowie der nach Landesrecht zu bestimmenden Stellen der Alten- und Sozialhilfe vereinbaren.

Inhaltsübersicht

	Rn.
I. Geltende Fassung	1
II. Normzweck	2
III. Einrichtung der Pflegestützpunkte durch Verträge (Abs. 1)	4
IV. Aufgaben und Zusammensetzung der Pflegestützpunkte (Abs. 2)	6
V. Integrierte Versorgung (Abs. 3)	9
VI. Pflegestützpunkt (Abs. 4)	10

Pflegestützpunkte **§ 92c**

	Rn.
1. Standorte der Pflegestützpunkte (Abs. 4 Satz 1)	10
2. Tragung der Betriebskosten (Abs. 4 Satz 2 und 3)	11
3. Mitfinanzierung durch die private Pflegeversicherung (Abs. 4 Satz 4)	12
VII. Förderung des Aufbaus von Pflegestützpunkten (Abs. 5)	13
VIII. Durchführung der Förderung (Abs. 6)	14
IX. Datenschutz (Abs. 7)	15
X. Rahmenverträge, Empfehlungen (Abs. 8)	16

I. Geltende Fassung

Die Vorschrift ist durch Art. 1 Nr. 57 PflegeWEG eingefügt worden. Die Fassung 1 des RegE (BT-Drucks. 16/7439) wurde durch den 14. Ausschuss (BT-Drucks. 16/8525) erheblich geändert.

II. Normzweck

Die geradezu detaillierte Regelung dient dem Ziel, eine **flächendeckende Infra-** 2 **struktur für Betreuungs- und Beratungsbedürfnisse** der Pflegebedürftigen und ihrer Angehörigen aufzubauen; sie hängt eng zusammen mit dem ebenfalls **durch das PflegeWEG eingeführten § 7a,** der die Beratung und Hilfestellung durch Pflegeberater zum Gegenstand hat. Beratungs- und Betreuungspflichten sind allerdings durch das PflegeWEG nicht neu begründet worden. Nach §§ 7 Abs. 2 und 12 Abs. 2 in der ursprünglichen Fassung des SGB XI waren die PKen auch zuvor bereits verpflichtet, „die Versicherten und ihre Angehörigen insbesondere über die Leistungen der PV sowie über Leistungen und Hilfen anderer Sozialversicherungszweige zu unterrichten und zu beraten, über ihr Verfügung stehenden Hilfen zu koordinieren und sicherzustellen, dass im Einzelfall ärztliche Behandlung, Behandlungspflege, Leistungen zur medizinischen Reha, Grundpflege und hauswirtschaftliche Versorgung nahtlos und störungsfrei ineinandergreifen" (BSGE 89, 50, 54 = SozR 3-3300 § 12 Nr. 1). PKen und Kommunen sind jedoch ihrer schon aus den §§ 8, 9 und 12 folgenden Pflicht, eine leistungsfähige ortsnahe pflegerische Versorgung der Bevölkerung sicher zu stellen, auf dem Gebiet von Beratung und Betreuung nur unzulänglich oder gar nicht nachgekommen. Dies hängt einerseits mit der Organisationsstruktur der KKen und PKen zusammenhängt, andererseits ist dies Folge der **unterschiedlichen Gesetzgebungszuständigkeit** für PV (Bund) und Pflege-Infrastruktur (Länder) und teilweise auch mangelnder Kooperationsbereitschaft.

Durch die **Einrichtung von Pflegestützpunkten** sollen die bestehenden organi- 3 satorischen Defizite bei der Beratung und Betreuung von Pflegebedürftigen durch vertraglich zu schaffende **Netzwerke** zwischen Pflege- und Krankenkassen, Landes- und Kommunalbehörden bzw von diesen beauftragte Stellen (etwa gemeinnützige Einrichtungen, Wohlfahrtsverbände etc.) und Leistungserbringern behoben werden. Pflegestützpunkte sind **keine neuen** (zusätzlichen) **Verwaltungsträger;** sie treffen insbesondere gegenüber Versicherten **keine Leistungsentscheidungen;** hierzu sind weiterhin allein die jeweils sachlich zuständigen, an einem Pflegestützpunkt unter Umständen beteiligten Leistungs- und Kostenträger befugt, die aber gegebenenfalls Entscheidungen auf Mitarbeiter verlagern können, die an der Aufgabenwahrnehmung des Pflegestützpunktes beteiligt sind (vgl. hierzu auch § 7a Rn. 3, 6, 10). **Aufgabe der Pflegestützpunkte** ist vor allem die Optimierung der Beratung der Pflegebedürftigen und ihrer Angehörigen vor allem im Hinblick auf die Vielfalt der im Einzelfall von unterschiedlichen Trägern in Betracht kommenden Leistungen sowie deren Koordinierung bei der Inanspruchnahme durch die Betroffenen. Hierbei geht es auf der ersten

§ 92c
Achtes Kapitel. Pflegevergütung

Ebene im Kern um eine **wohnortnahe Koordinierung** präventiver, rehabilitativer und kurativer Leistungen der KV mit den Leistungen der PV und deren Ergänzung um Leistungen zur Pflege, Altenhilfe und Eingliederungshilfe, die von den Sozialhilfeträgern zu erbringen sind. Zur besseren Abstimmung der im Einzelfall erforderlichen Maßnahmen soll vor allem ein **Versorgungsplan** erstellt werden, der die im Einzelfall erforderlichen Sozialleistungen und gesundheitsfördernden, präventiven, kurativen, rehabilitativen oder sonstigen medizinischen, pflegerischen und sozialen Hilfen enthält (§ 7a Abs. 1 Satz 2 Nr. 2). Auch der Versorgungsplan hat lediglich empfehlenden Charakter (BT-Drucks. 16/7439, S. 47); soweit die dort vorgesehenen Leistungen nur auf Antrag gewährt werden, ist eine **Antragstellung** durch den Pflegebedürftigen bzw Leistungsberechtigten oder seinen Vertreter erforderlich. Zum Versorgungsplan vgl. im Einzelnen § 7a Rn. 6.

III. Einrichtung der Pflegestützpunkte durch Verträge (Abs. 1)

4   PKen und KKen in einem Land sind verpflichtet, **Verträge über die Einrichtung von Pflegestützpunkten** zu schließen. Der RegE (BT-Drucks. 16/7439, S. 20) sah eine autonome Einrichtungsentscheidung dieser Sozialversicherungsträger vor, die allenfalls der Kontrolle der im Land für sie zuständigen Aufsichtsbehörden unterlag. Unter dem Eindruck des wenige Tage nach Erscheinen des RegE ergangenen Urteils des BVerfG zur Bildung von Arbeitsgemeinschaften (Argen) nach § 44b SGB II (BVerfG, Urteil vom 20.12.2007, BGBl. I 2008 S. 27 = NZS 2008, 198) wurde in der Ausschussfassung von Abs. 1 Satz 1 die Einrichtung maßgebend von der Zustimmung der zuständigen obersten Landesbehörde abhängig gemacht. Es hängt also im Ergebnis von der Entscheidung bzw. der Initiative des jeweiligen Bundeslandes ab, ob Pflegestützpunkte gebildet werden. Das **Bestimmungsrecht der Länder** wird in den Sätzen 2 und 3 von Abs. 1 noch deutlicher: die Einrichtung der Pflegestützpunkte durch PKen und KKen muss innerhalb von sechs Monaten nach der Bestimmung durch die oberste Landesbehörde erfolgen; kommt es zwischen den Sozialversicherungsträgern in dieser Zeit nicht zu einem Vertragsschluss, so haben die Landesverbände der PKen den Inhalt der Verträge festzulegen. Für die Abstimmung über den Inhalt der Verträge gilt über § 81 Abs. 1 Satz 2 das in § 52 Abs. 1 Satz 1 festgelegte Mehrheitsverhältnis. Abs. 1 Satz 5 schließt die aufschiebenden einstweiligen Rechtsschutz nach Widerspruch und Anfechtungsklage gegen Maßnahmen der Aufsichtsbehörden, die die Einrichtung von Pflegestützpunkten betreffen, aus. Begrenzt auf **aufsichtsrechtliche Maßnahmen** enthält § 92c Abs. 1 Satz 5 SGB XI damit einen **besonderen gesetzlichen Ausschlusstatbestand** von der regelmäßig in § 86a Abs. 1 vorgesehenen aufschiebenden Wirkung von Widerspruch und Anfechtungsklage auch bei rechtsgestaltenden und feststellenden Verwaltungsakten.

5   **Träger des Pflegestützpunktes** sind die an seiner Errichtung beteiligten Leistungs- und Kostenträger. Die **Leistungserbringer,** etwa Träger von Pflegeeinrichtungen, **gehören nicht hierzu** (Abs. 2 Satz 5). Die vom BVerfG in seinem Urteil zur Bildung von Argen (nunmehr: Jobcenter) aufgestellten Grundsätze zur eigenverantwortlichen Aufgabenwahrnehmung sprechen eindeutig gegen die Schaffung eines gemeinsamen eigenständigen Rechtsträgers (dies verkennen *Klie/Ziller,* NDV 2009, 173, 174ff.). Wenn die Vorschrift eine „gemeinsame Trägerschaft" von Kassen und „den nach Landesrecht zu bestimmenden Stellen" etwa bei der finanziellen Förderung der Stützpunkte favorisiert (Abs. 5), so ist damit lediglich die vertragliche Beteiligung von Landeseinrichtungen an einem Stützpunkt neben KKen und PKen gemeint.

IV. Aufgaben und Zusammensetzung der Pflegestützpunkte (Abs. 2)

§ 92c Abs. 2 Satz 1 beschreibt als **Aufgaben der Pflegestützpunkte:** 6
- Auskunft und Beratung bezüglich der nach Bundes- und Landesrecht zur Verfügung stehenden Sozialleistungen und Hilfsangebote (Nr. 1),
- Koordinierung aller in Betracht kommenden medizinischen, pflegerischen und sozialen Hilfs- und Unterstützungsmöglichkeiten – einschließlich der Hilfestellung bei der Inanspruchnahme (Nr. 2),
- Vernetzung von pflegerischen und sozialen Versorgungs- und Betreuungsangeboten (Nr. 3). Hiermit wird die Aufgabe der Stützpunkte umschrieben, vorhandene Leistungsangebote unterschiedlicher Leistungserbringer sowie bürgerschaftliches Engagement (vgl. Abs. 2 Satz 6 Nr. 2) zu koordinieren und gegebenenfalls darauf hinzuwirken, dass notwendige, aber fehlende Leistungsangebote aufgebaut werden.

Bei der Bewältigung dieser Aufgaben müssen die Träger der Pflegestützpunkte auf 7 **vorhandene vernetzte Beratungsstrukturen** zurückgreifen (Abs. 2 Satz 2) und darauf hinwirken, dass sich die für die örtliche Altenhilfe und die Hilfe zur Pflege nach SGB XII zuständigen Stellen, die zugelassenen und aktiven Pflegeeinrichtungen sowie die Unternehmen der PPV und PKV an den Pflegestützpunkten „**beteiligen**". **Beteiligung ist hier im weitesten Sinn** zu verstehen. Bei den privaten Versicherungsunternehmen geht es vor allem um die Mitfinanzierung der Kosten des Pflegestützpunktes. Die privaten Versicherungsunternehmen sind ausdrücklich keine **Adressaten des Errichtungsauftrags,** also keine Träger der Pflegestützpunkte (*Schiffer-Werneburg*, in: LPK-SGB XI, 4. Aufl. 2014, § 92c Rn. 8). Wenn sie sich nicht umfassend an der Finanzierung der Gesamtkosten beteiligen, sollen sie vertraglich mit den Trägern des Pflegestützpunktes über Art, Inhalt und Umfang der Inanspruchnahme durch privat Pflege-Pflichtversicherte sowie über die Vergütung der je Fall entstehenden Aufwendungen Vereinbarungen treffen (Abs. 4 Satz 4); zu Einzelheiten vgl. unten Rn. 11. Die **Beteiligung der Pflegeeinrichtungen** ist für diese dagegen nicht mit einer Beteiligung an der Kostentragung verbunden. Die nach Landesrecht zuständigen Stellen müssen sich nicht an der Trägerschaft beteiligen. Im Übrigen sollen die Träger nach **Abs. 2 Satz 6** fachkundige Personen, Selbsthilfegruppen und ehrenamtlich engagierte Personen in die Wahrnehmung der Aufgaben des Pflegestützpunktes einbinden sowie kirchlichen und sonstigen religiösen und gesellschaftlichen Organisationen die Beteiligung an den Stützpunkten ermöglichen und im Hinblick auf Vermittlung und Qualifizierung von Pflege- und Betreuungskräften mit den Trägern der Arbeitsförderung nach SGB III und II zusammenarbeiten.

Nach **Abs. 2 Satz 6 Nr. 4** können sich die Träger des Pflegestützpunktes zur Er- 8 füllung ihrer Aufgaben „**dritter Stellen**" bedienen. Sie können damit Beratungs- und Betreuungsleistungen außenstehender Institutionen und Personen finanzieren und für ihre Zwecke nutzen. Handelt es sich bei den Außenstehenden um „**vorhandene vernetzte Beratungsstrukturen**" (Abs. 2 Satz 2), so sind diese in das Angebot des Pflegestützpunktes zu integrieren.

V. Integrierte Versorgung (Abs. 3)

Die Ermächtigung zur **Nutzung der Instrumente der integrierten Versor-** 9 **gung** nach §§ 140a ff. SGB V und § 92b SGB XI richtet sich nicht an den Pflegestützpunkt (zum Fehlen eines gemeinsamen eigenständigen Rechtsträgers vgl. oben Rn. 5), sondern an die am Stützpunkt beteiligten Kosten- und Leistungsträger. Bei Verträgen zur wohnortnahen integrierten Versorgung handeln Pflege- und Krankenkassen gemeinsam und einheitlich. *Klie/Ziller,* NDV 2009, 173, 178, halten integrierte Versorgungsverträge nach §§ 140a ff. SGB V iVm. § 92b SGB XI dagegen wegen der wettbewerblichen Anlage des Konzeptes der integrierten Versorgung innerhalb des Pflegestützpunktes für ungeeignet.

VI. Pflegestützpunkt (Abs. 4)

1. Standorte der Pflegestützpunkte (Abs. 4 Satz 1)

10   Die Standorte der Pflegestützpunkte sind von den Trägern einvernehmlich festzulegen (BT-Drucks. 16/7439, S. 77); sie sollen eine **flächendeckende Versorgung** der Bevölkerung gewährleisten. Eine konkrete Bevölkerungszahl pro Pflegestützpunkt, wie sie noch im RegE (dort Abs. 2 Satz 1) enthalten war, wurde ins Gesetz nicht aufgenommen. Grundsätzlich sind die **Pflegestützpunkte bei einem Leistungsträger,** also regelmäßig der Pflegekasse oder ggf. bei einem kommunalen Beteiligten einzurichten. § 92c Abs. 4 Satz 1 erlaubt es, den Pflegestützpunkt auch „bei" einer im Land **zugelassenen und tätigen Pflegeeinrichtung** zu errichten, „wenn dies nicht zu einer unzulässigen Beeinträchtigung des Wettbewerbs zwischen den Pflegeeinrichtungen führt". Man wird der Vorschrift **klarstellenden Regelungsgehalt** zumessen können. Eine **räumliche und organisatorische Trennung beider Einrichtungen** muss gewährleistet sein. Jedoch kann aus einer allein räumlichen Nähe nicht auf einen Verstoß gegen die gebotene Wettbewerbsneutralität geschlossen werden (so *Schiffer-Werneburg,* in: LPK-SGB XI, 4. Aufl. 2014, § 92c Rn. 30). Nur eine derart einschränkende Auslegung wird den strengen **wettbewerbs- und verfassungsrechtlichen Vorgaben der Rechtsprechung** zum Verhältnis von Pflegeberatung und Erbringung von Pflegeleistungen (BSGE 88, 215, 219 ff. = SozR 3-3300 § 9 Nr. 1) gerecht. Die von einem Pflegestützpunkt mit hoheitlichen Mitteln wahrzunehmenden Beratungs- und Betreuungspflichten dürfen nicht in den **Wettbewerb konkurrierender Leistungsanbieter** eingreifen (BT-Drucks. 16/7439, S. 77 „wettbewerbsneutrale Ausgestaltung").

2. Tragung der Betriebskosten (Abs. 4 Satz 2 und 3)

11   Die Betriebskosten der Pflegestützpunkte sind von den beteiligten Trägern auf der **Grundlage einer Vereinbarung** anteilig zu tragen. Der RegE ging von einer gemeinsamen Finanzierung durch KV und PV sowie der Gesamtheit der beteiligten Landesstellen aus, die für die Altenhilfe und die Sozialhilfe zuständig sind (BT-Drucks. 16/7439, S. 77, zu Abs. 2); in Abs. 4 Satz 2 werden die „Kostenträgergruppen" nicht mehr im Einzelnen aufgeführt. Da nur PKen und KKen kraft Gesetzes zur Übernahme der Trägerschaft verpflichtet sind, nicht aber die landesrechtlichen Stellen, kann die Kostenlast bei ihnen verbleiben, wenn sich Landesbehörden nicht an der Trägerschaft beteiligen. Dies ist vor allem deshalb bemerkenswert, weil es weitgehend um die **Finanzierung von Aufgaben der Daseinsvorsorge** geht, die in die Kompetenz der Länder fallen. Die hierfür notwendige Infrastruktur ist aus allgemeinen Haushaltsmitteln und nicht aus dem Beitragsaufkommen der Sozialversicherung zu finanzieren. Die Verteilung der Kostenlast zwischen KKen und PKen wird in Abs. 4 Satz 3 gesondert festgelegt: der auf die einzelne PK entfallende Anteil darf nicht höher sein als der von der entsprechenden KK zu tragende Anteil.

Pflegestützpunkte **§ 92c**

3. Mitfinanzierung durch die private Pflegeversicherung (Abs. 4 Satz 4)

Die **Finanzierungsverantwortung der PPV** glaubte der Gesetzgeber besonders herausstellen zu müssen. Die Unternehmen der PPV können sich vertraglich an der Finanzierung der Pflegestützpunkte beteiligen. Kommt ein Vertrag über die Beteiligung an den Betriebskosten nicht zustande, müssen die Unternehmen der PPV und der privaten KV (vgl. Abs. 4 Satz 4, letzter Hs) mit den Trägern der Pflegestützpunkte Verträge über Art, Inhalt und Umfang der **Inanspruchnahme der Stützpunkte** durch Versicherte der PPV und der privat Krankenversicherte schließen und Vereinbarungen über die je Fall entstehenden Aufwendungen treffen. Kommt eine derartige Vereinbarung nicht zustande, so haben privat Pflegeversicherte keinen Anspruch auf Beratung und Betreuung durch den Pflegestützpunkt; die PPV muss dann auf andere Weise dafür Sorge tragen, dass Pflegeberatung und Hilfestellung für sie sicher gestellt ist. 12

VII. Förderung des Aufbaus von Pflegestützpunkten (Abs. 5)

Gefördert werden ausschließlich **Pflegestützpunkte, die – nach Landesrecht bestimmt – in gemeinsamer Trägerschaft von PKen und KKen** stehen. Nach Satz 2 wird die Förderung erhöht, wenn die in Abs. 2 Satz 6 Nr. 2 aufgeführten Gruppen und Organisationen (Selbsthilfegruppen, ehrenamtlich und bürgerschaftlich Engagierte) in die Tätigkeit des Stützpunktes einbezogen werden. Zuständig für die Durchführung des Förderverfahrens ist der Spitzenverband Bund der PKen; diesem sind auch ein Jahr nach der letzten Auszahlung Nachweise über die zweckentsprechende Verwendung der Fördermittel vorzulegen. Die Auszahlung der Fördermittel erfolgt durch das **Bundesversicherungsamt**, das hierfür Mittel aus dem **Ausgleichsfonds der PV** (§ 65) entnimmt. Auch insoweit bestehen erhebliche Bedenken, ob die **Verwendung von Beitragsmitteln** für **Infrastrukturaufgaben der Länder** verfassungsrechtlich zulässig ist. Dies gilt umso mehr, als die Förderung nach Abs. 5 nur eingreift, wenn sich Landesbehörden an der Trägerschaft beteiligen. 13

VIII. Durchführung der Förderung (Abs. 6)

Die auf ein Bundesland entfallenden Fördermittel werden durch den **Königsteiner Schlüssel** begrenzt. Der Königsteiner Schlüssel regelt die Aufteilung des Länderanteils bei gemeinsamen Finanzierungen. Die Bezeichnung geht zurück auf das Königsteiner Staatsabkommen der Länder von 1949, mit dem dieser Schlüssel zur Finanzierung wissenschaftlicher Forschungseinrichtungen eingeführt worden ist; der Schlüssel wird heute allgemein bei der **Aufteilung gemeinsamer Zahlungsverpflichtungen der Länder** zugrunde gelegt. Die Berechnung des Königsteiner Schlüssels wird jährlich vom Büro der Gemeinsamen Wissenschaftskonferenz durchgeführt; der Schlüssel wird im Bundesanzeiger veröffentlicht; vgl. etwa BAnz. AT vom 14.11.2013 B8). Nach Abs. 6 Satz 3 werden Einzelheiten über das Verfahren der Auszahlung und Verwendung der Fördermittel zum Aufbau von Pflegestützpunkten in einer Vereinbarung zwischen Bundesversicherungsamt und Spitzenverband Bund der PKen geregelt. Vgl die Vereinbarung vom 1. Juli 2008 unter www.gkv-spitzenverband.de, dort unter „Förderung von Pflegestützpunkten". 14

§ 92c

Achtes Kapitel. Pflegevergütung

IX. Datenschutz (Abs. 7)

15 Bei der Durchführung der den Pflegestützpunkten übertragenen Aufgaben wird der **Schutz von Sozialdaten** tangiert. Die angestrebte Vernetzung der an der Versorgung von Pflegebedürftigen beteiligten Leistungs- und Kostenträger einerseits und Leistungserbringer sowie bürgerschaftlich engagierter Personen und Organisationen ist zwangsläufig mit **verstärktem Datenaustausch** verbunden. Ein Datenaustausch bzw jede Weitergabe von Daten an Dritte ist nur dann zulässig, wenn sie zur **Erfüllung der Aufgaben des Stützpunktes** erforderlich ist. Auch wenn diese Voraussetzung vorliegt, bedarf es jeweils der Einwilligung des Pflegebedürftigen bzw Betreuten oder ihres gesetzlichen Vertreters. § 92c Abs. 7 ergänzt die datenschutzrechtlichen Regelungen der §§ 93ff., die keine speziellen Datenschutzvorschriften für die Beteiligten an den Pflegestützpunkten enthalten.

X. Rahmenverträge, Empfehlungen (Abs. 8)

16 **Abs. 8** sieht die Möglichkeit vor, dass die Landesverbände der PKen und KKen (einschließlich der Ersatzkassen) sowie die nach Landesrecht für die Altenhilfe und die Hilfe zur Pflege nach dem SGB XII zuständigen Stellen **Rahmenverträge auf Landesebene** abschließen, die eine Grundlage für die nach Abs. 1 erforderlichen Pflegestützpunktverträge bilden. Nach **Abs. 9** haben die Spitzenverbände der PKen und KKen sowie die Spitzenorganisationen der Sozialhilfeträger die Möglichkeit, auf Bundesebene **Empfehlungen** zur Arbeit und zur Finanzierung der in gemeinsamer Trägerschaft von Sozialversicherungs- und Sozialhilfeträgern stehenden Stützpunkte zu vereinbaren. Insofern wird auf die Empfehlungen nach § 92c Abs. 9 Satz 3 SGB XI über die Arbeiten und die Finanzierung von Pflegestützpunkten zwischen der Bundesvereinigung der kommunalen Spitzenverbände sowie der BAG der überörtlichen Sozialhilfeträger und dem GKV-Spitzenverband (Stand 3.8.2009) verwiesen.

Neuntes Kapitel. Datenschutz und Statistik

Vorbemerkungen zu §§ 93 bis 109

Das Neunte Kapitel regelt die Grundsätze der Datenverwendung in der PV (§§ 93 **1** bis 98), die Informationsgrundlagen der PKen (§§ 99 bis 103), die Übermittlung von Leistungsdaten durch Leistungserbringer und PKen (§ 104 bis 106), die Datenlöschung (§ 107) und die Erteilung von Auskünften an Versicherte über die in Anspruch genommenen Leistungen (§ 108) sowie in § 109 die Ermächtigung der Bundesregierung, die Anlegung von Pflegestatistiken anzuordnen. Die datenschutzrechtlichen Regelungen werden durch die Vorschriften des Sozialdatenschutzes (2. SGB-ÄndG vom 13. 6. 1994, BGBl. I S. 1229) in den §§ 67 bis 85 SGB X sowie durch § 35 SGB I ergänzt (vgl. hierzu *Schöning*, Der neue Sozialdatenschutz, DAngVers 1994, 201; *Binne*, Das neue Recht des Sozialdatenschutzes, NZS 1995, 97; *Krahmer*, Sozialdatenschutz, Köln 1996; *Hase*, in: HS-PV, § 23). Die Vorschriften über die Informationsgrundlagen der PK, die Übermittlung von Leistungsdaten sowie die Datenlöschung sind nahezu deckungsgleich mit entsprechenden Vorschriften der GKV in den §§ 288 bis 305 SGB V. Die datenschutzrechtlichen Vorschriften des Neunten Kapitels regeln die Voraussetzungen, das Verfahren, den Umfang und die Grenzen der für Zwecke der PV zulässigen Datenerhebung, -verarbeitung und -nutzung. Die Vorschriften knüpfen weitgehend an die Datenschutzvorschriften der GKV (§§ 284, 287 SGB V) an. Die Statistikvorschrift (§ 109) soll sicherstellen, dass die für den Aufbau, die Erhaltung und die Weiterentwicklung der pflegerischen Versorgung notwendigen Angaben ermittelt werden.

Datenschutzrechtliche Regelungen finden sich auch **in anderen Vorschrif-** **2** **ten des SGB XI:** Für Beratungen des Pflegebedürftigen ist eine Datenerhebung, -verarbeitung und -nutzung nur mit Einwilligung des Versicherten zulässig – § 7 Abs. 2 Satz 3. Im Rahmen der Begutachtung des Pflegebedürftigen durch den MD ist dieser nach § 18 Abs. 6 Satz 2 befugt, den Pflegefachkräften oder sonstigen geeigneten Fachkräften, die nicht dem MD angehören, die für deren Beteiligung an der Begutachtung erforderlichen personenbezogenen Daten zu übermitteln. Zur Erfassung der Versicherungspflichtigen und zur Umsetzung der Melde- und Auskunftspflichten der Mitglieder dürfen die KKen den PKen die zur Erfüllung ihrer Aufgaben erforderlichen personenbezogenen Daten übermitteln – § 50 Abs. 5. Spezielle datenschutzrechtliche Regelungen finden sich ferner in den Vorschriften des Leistungserbringerrechts zur Wirtschaftlichkeitsprüfung und Qualitätssicherung – §§ 79 Abs. 2, 80 Abs. 4. Bei den im Rahmen von Vergütungsvereinbarungen vorzulegenden geeigneten Leistungsnachweisen sind personenbezogene Daten von den Pflegeeinrichtungen zu anonymisieren – § 85 Abs. 3 Satz 5. Die §§ 93 ff. gelten nur für die Verwendung von Daten durch PKen und deren Verbände, den MD sowie sonstige von den Verbänden der PKen bestellte Sachverständige (§ 97a), die Heimaufsichtsbehörden und die Sozialhilfeträger (§ 97b); für **private PV-Unternehmen** gelten sie dagegen nicht (auf sie ist nur die Statistikregelung in § 109 anwendbar). Die Datenverwendung in der PPV richtet sich nach dem allgemeinen Datenschutzrecht (§§ 27–38 BDSG); vgl. *Hase*, in: HS-PV, § 23 Rn. 10.

Wegen spezieller datenschutzrechtlicher Fragen der PV wird auf die umfassende **3** Kommentierung der §§ 93–109 von *Didong*, in: Hauck/Noftz, SGB XI, verwiesen.

§ 94

Neuntes Kapitel. Datenschutz und Statistik

Erster Abschnitt. Informationsgrundlagen

Erster Titel. Grundsätze der Datenverwendung

§ 93 Anzuwendende Vorschriften

Für den Schutz personenbezogener Daten bei der Erhebung, Verarbeitung und Nutzung in der Pflegeversicherung gelten der § 35 des Ersten Buches, die §§ 67 bis 85 des Zehnten Buches sowie die Vorschriften dieses Buches.

Inhaltsübersicht

	Rn.
I. Geltende Fassung	1
II. Allgemeines	2

I. Geltende Fassung

1   Die Vorschrift ist mWv 1.6.1994 durch Art. 1 PflegeVG eingeführt worden. Sie hat weitgehend die Fassung des RegE (dort § 102); vgl. Begründung des RegE S. 150. Der AuS-Ausschuss hat lediglich redaktionelle Änderungen vorgenommen (BT-Drucks. 12/5920, S. 87).

II. Allgemeines

2   Die Vorschrift stellt klar, dass die allgemeinen Vorschriften über den Sozialdatenschutz in § 35 SGB I und den §§ 67 bis 85 SGB X auch für die PV gelten.

§ 94 Personenbezogene Daten bei den Pflegekassen

(1) Die Pflegekassen dürfen personenbezogene Daten für Zwecke der Pflegeversicherung nur erheben, verarbeiten und nutzen, soweit dies für:
1. die Feststellung des Versicherungsverhältnisses (§§ 20 bis 26) und der Mitgliedschaft (§ 49),
2. die Feststellung der Beitragspflicht und der Beiträge, deren Tragung und Zahlung (§§ 54 bis 61),
3. die Prüfung der Leistungspflicht und die Gewährung von Leistungen an Versicherte (§§ 4 und 28) sowie die Durchführung von Erstattungs- und Ersatzansprüchen,
4. die Beteiligung des Medizinischen Dienstes (§§ 18 und 40),
5. die Abrechnung mit den Leistungserbringern und die Kostenerstattung (§§ 84 bis 91 und 105),
6. die Überwachung der Wirtschaftlichkeit und der Qualität der Leistungserbringung (§§ 79, 112, 113, 114, 114a, 115 und 117),
6a. den Abschluss und die Durchführung von Pflegesatzvereinbarungen (§§ 85, 86), Vergütungsvereinbarungen (§ 89) sowie Verträgen zur integrierten Versorgung (§ 92b),
7. die Beratung über Leistungen der Prävention und Teilhabe sowie über die Leistungen und Hilfen zur Pflege (§ 7),

Personenbezogene Daten bei den Pflegekassen **§ 94**

8. die Koordinierung pflegerischer Hilfen (§ 12), die Pflegeberatung (§ 7a), das Ausstellen von Beratungsgutscheinen (§ 7b) sowie die Wahrnehmung der Aufgaben in den Pflegestützpunkten (§ 92c),
9. die Abrechnung mit anderen Leistungsträgern,
10. statistische Zwecke (§ 109),
11. die Unterstützung der Versicherten bei der Verfolgung von Schadensersatzansprüchen (§ 115 Abs. 3 Satz 7).

erforderlich ist.

(2) ¹Die nach Absatz 1 erhobenen und gespeicherten personenbezogenen Daten dürfen für andere Zwecke nur verarbeitet oder genutzt werden, soweit dies durch Rechtsvorschriften des Sozialgesetzbuches angeordnet oder erlaubt ist. ²Auf Ersuchen des Betreuungsgerichts hat die Pflegekasse diesem zu dem in § 282 Abs. 1 des Gesetzes über das Verfahren in Familiensachen und in den Angelegenheiten der freiwilligen Gerichtsbarkeit genannten Zweck nach § 18 zur Feststellung der Pflegebedürftigkeit erstellte Gutachten einschließlich der Befunde des Medizinischen Dienstes der Krankenversicherung zu übermitteln.

(3) Versicherungs- und Leistungsdaten der für Aufgaben der Pflegekasse eingesetzten Beschäftigten einschließlich der Daten ihrer mitversicherten Angehörigen dürfen Personen, die kasseninterne Personalentscheidungen treffen oder daran mitwirken können, weder zugänglich sein noch diesen Personen von Zugriffsberechtigten offenbart werden.

Inhaltsübersicht

	Rn.
I. Geltende Fassung	1
II. Allgemeines	2
III. Zwecke der Datenerhebung, -verarbeitung und -nutzung	3
IV. Übermittlung der Gutachten	4

I. Geltende Fassung

Die Vorschrift ist mWv 1.6.1994 durch Art. 1 PflegeVG eingeführt worden. Sie **1** hat weitgehend die Fassung des RegE (dort § 103); vgl. Begr. des RegE S. 151. Der AuS-Ausschuss hat in Abs. 1 Nrn. 1 und 2 lediglich redaktionelle Änderungen vorgenommen (BT-Drucks. 12/5920, S. 88). Abs. 1 Nr. 7 wurde durch Art. 10 Nr. 20 SGB IX an die Diktion des SGB IX angepasst. Durch Art. 1 Nr. 16 PQsG wurden Abs. 1 Nr. 6 neu gefasst und Nr. 6a eingefügt. In Abs. 2 wurde Satz 2 durch Art. 11 des Zweiten Betreuungsrechts-Änderungsgesetzes (vom 21.4.2005, BGBl. I S. 1073) angefügt. Durch das PflegeWEG wurden Abs. 1 Nr. 3, Nr. 6 und Nr. 8 neu gefasst und Nr. 11 angefügt. Abs. 1 Nr. 8 wurde im PNG ergänzt.

II. Allgemeines

Die Vorschrift regelt, für welche Zwecke personenbezogene und personenbezieh- **2** bare Daten bei den PKen erfasst und verwendet werden dürfen. Die Vorschrift entspricht in weiten Bereichen § 284 SGB V.

III. Zwecke der Datenerhebung, -verarbeitung und -nutzung

3   **Abs. 1** regelt entsprechend § 284 Abs. 1 SGB V, für welche Zwecke die PKen personenbezogene Daten des Versicherten erheben, verarbeiten und nutzen können. Die Zwecke sind abschließend aufgezählt. Vorausgesetzt wird in jedem Fall, dass die Datenverwendung erforderlich ist (*Didong*, in: H/N, § 94 Rn. 5). **Abs. 2 Satz 1** bestimmt, dass die Verarbeitung und Nutzung personenbezogener Daten der Versicherten über den in Abs. 1 festgelegten Zweck und Umfang hinaus nur zulässig sind, wenn eine andere Bestimmung des SGB dies anordnet oder erlaubt. **Abs. 3** sollte dem informationellen Selbstbestimmungsrecht der Beschäftigten der PKen Rechnung tragen. Durch § 35 Abs. 1 Satz 3 SGB I, der für alle Bereiche des SGB gilt (§ 37 SGB I), ist die Vorschrift obsolet geworden.

IV. Übermittlung der Gutachten

4   **Abs. 2 Satz 2** erlaubt den PKen, die vom MD bzw. einem anderen Gutachter (vgl. § 18) zur Feststellung von Pflegebedürftigkeit erstellten Gutachten an das Vormundschaftsgericht zu übermitteln, wenn die Voraussetzungen des § 282 Abs. 1 FamFG vorliegen.

§ 95 Personenbezogene Daten bei den Verbänden der Pflegekassen

(1) Die Verbände der Pflegekassen dürfen personenbezogene Daten für Zwecke der Pflegeversicherung nur erheben, verarbeiten und nutzen, soweit diese für:
1. die Überwachung der Wirtschaftlichkeit und der Qualitätssicherung der Leistungserbringung (§§ 79, 112, 113, 114, 114a, 115 und 117),
2. den Abschluss und die Durchführung von Versorgungsverträgen (§§ 72 bis 74), Pflegesatzvereinbarungen (§§ 85, 86), Vergütungsvereinbarungen (§ 89) sowie Verträgen zur integrierten Versorgung (§ 92b),
3. die Wahrnehmung der ihnen nach §§ 52 und 53 zugewiesenen Aufgaben,
4. die Unterstützung der Versicherten bei der Verfolgung von Schadensersatzansprüchen (§ 115 Abs. 3 Satz 7).

erforderlich sind.

(2) § 94 Abs. 2 und 3 gilt entsprechend.

Inhaltsübersicht

	Rn.
I. Geltende Fassung	1
II. Inhalt	2

I. Geltende Fassung

1   Die Vorschrift ist mWv 1.6.1994 durch Art. 1 PflegeVG eingeführt worden. Sie hat unverändert die Fassung des RegE (dort § 104), vgl. Begr. des RegE S. 151. Durch Art. 1 Nr. 17 PQsG wurden Abs. 1 Nrn. 1 und 2 neu gefasst. Durch das Pflege-WEG wurden Abs. 1 Nrn. 1 und 2 neu gefasst und Abs. 1 Nr. 3 angefügt.

II. Inhalt

In **Abs. 1** werden im Einzelnen die Zwecke aufgeführt, für die die Verbände der PKen personenbezogene Daten erheben, verarbeiten und nutzen können. Die Datenverwendung der Verbände ist auf die Wahrnehmung der ihnen gesetzlich zugewiesenen Verbandsaufgaben (§§ 52, 53 – Abs. 1 Nr. 3) sowie speziell auf ihre Kompetenzen im Leistungserbringerrecht (§§ 73, 74, 79, 80 – Abs. 1 Nr. 1 und 2) begrenzt. Die hier früher als unbefriedigend kritisierte fehlende datenschutzrechtliche Regelung für die Tätigkeit externer Sachverständiger, liegt in § 97a nunmehr vor (vgl. *Didong,* in: H/N, § 95 Rn. 6f.). **Abs. 2** stellt klar, dass § 94 Abs. 2 und 3 auch für die Verbände der PK gilt. 2

§ 96 Gemeinsame Verarbeitung und Nutzung personenbezogener Daten

(1) ¹Die Pflegekassen und die Krankenkassen dürfen personenbezogene Daten, die zur Erfüllung gesetzlicher Aufgaben jeder Stelle erforderlich sind, gemeinsam verarbeiten und nutzen. ²Insoweit findet § 76 des Zehnten Buches im Verhältnis zwischen der Pflegekasse und der Krankenkasse, bei der sie errichtet ist (§ 46), keine Anwendung.

(2) § 286 des Fünften Buches gilt für die Pflegekassen entsprechend.

(3) Die Absätze 1 und 2 gelten entsprechend für die Verbände der Pflege- und Krankenkassen.

Inhaltsübersicht

	Rn.
I. Geltende Fassung	1
II. Allgemeines	2
III. Gemeinsame Datenverarbeitung	3
IV. Übersicht der gespeicherten Daten, entsprechende Geltung für Verbände der PKen und KKen (Abs. 2 und 3)	4

I. Geltende Fassung

Die Vorschrift ist mWv 1.6.1994 durch Art. 1 PflegeVG eingeführt worden. Die ursprüngliche Fassung entsprach nur teilweise dem RegE (dort § 105), vgl. Begr. des RegE S. 151. Abs. 1 Satz 1 hatte im RegE folgende Fassung: „Die PKen und die KKen dürfen personenbezogene Daten, die zur Erfüllung gesetzlicher Aufgaben beider Stellen erforderlich sind, gemeinsam verarbeiten und nutzen". Abs. 1 der Gesetz gewordenen Fassung bestimmte nahezu das Gegenteil; sie beruhte auf der Beschlussempfehlung des AuS-Ausschusses (BT-Drucks. 12/5920, S. 89); zur Begründung vgl. BT-Drucks. 12/5952, S. 48. Durch Art. 1 Nr. 18 PQsG wurde Abs. 1 weitgehend entsprechend der Fassung des ursprünglichen RegE wieder hergestellt (krit. hierzu *Krahmer,* in: LPK-SGB XI, § 96 Rn 3), Abs. 2 und 3 wurden neu gefasst und der ursprüngliche Abs. 4 gestrichen. 1

II. Allgemeines

Die Vorschrift regelt eine datenschutzrechtliche Besonderheit der PV. Wegen der organisatorischen Anbindung der PKen an die KKen und wegen der weitgehend übereinstimmenden Datengrundlagen bei beiden Versicherungszweigen ist ein Aus- 2

§ 97 Neuntes Kapitel. Datenschutz und Statistik

tausch personenbezogener Daten zwischen ihnen unerlässlich. Der RegE (vgl. oben Rn. 1) ließ in Abs. 1 Satz 1 in vollem Umfange eine gemeinsame Datennutzung zu. Dies ist auf Veranlassung des AuS-Ausschusses auf einzelne Verwendungszwecke reduziert worden. Diese Regelung hat sich in der Praxis aber als zu kompliziert erwiesen; sie wurde deshalb im PQsG gegen die im RegE vorgesehene Regelung ausgetauscht.

III. Gemeinsame Datenverarbeitung

3   **Abs. 1** stellt klar, dass die gemeinsame Datenverarbeitung für die PKen und KKen insgesamt eröffnet ist, sofern dies in beiden Bereichen zur Erfüllung gesetzlicher Aufgaben erforderlich ist. Abs. 1 Satz 2 stellt die nach § 46 Abs. 1 jeweils verbundenen Kassen zudem untereinander von den Beschränkungen des § 76 SGB X frei. Danach ist die Übermittlung von besonders sensiblen Sozialdaten an eine der in § 35 SGB I genannten Stellen, insbesondere aus dem Bereich der ärztlichen Behandlung, nur unter den Voraussetzungen zulässig, unter denen etwa der behandelnde Arzt selbst übermittlungsbefugt wäre. *Krahmer* (LPK-SGB XI, § 96 Rn. 7) äußert zu Recht Bedenken gegenüber der verfassungsrechtlichen Zulässigkeit (informationelles Selbstbestimmungsrecht als Ausfluss von Art. 2 GG) der dem Wortlaut des Satzes 2 nach uferlosen Freizeichnung (hierzu auch *Krahmer/Stähler*, NZS 2003, 193). Zu beachten ist in diesem Zusammenhang auch die besondere Stellung, die § 35 SGB I über § 37 Satz 2 SGB I im gesamten SGB hat. Dass der Gesetzgeber die Freizeichnung unter verbundenen KKen und PKen andererseits aber ganz bewusst vorgenommen hat, wird aus der Tatsache deutlich, dass er gerade den früheren Abs. 2 gänzlich gestrichen hat, der anordnete, „§ 76 SGB X bleibt unberührt". Zu beachten ist, dass die Übermittlung des Gutachtens des MD über das Vorliegen von Pflegebedürftigkeit und die Zuordnung des Versicherten zu einer Pflegestufe als Voraussetzung für die Gewährung von Sozialleistungen nach § 76 Abs. 2 SGB X vom Übermittlungsverbot ausgenommen ist.

IV. Übersicht der gespeicherten Daten, entsprechende Geltung für Verbände der PKen und KKen (Abs. 2 und 3)

4   Nach § 286 SGB V erstellen die KKen einmal jährlich eine Übersicht über die Art der von ihnen oder in ihrem Auftrag gespeicherten personenbezogenen Daten; die Übersicht ist der zuständigen Aufsichtsbehörde vorzulegen. **Abs. 3** stellt klar, dass die Abs. 1 und 2 auch für die gemeinsame Nutzung und Verarbeitung personenbezogener Daten sowie für die Datenübersichten bei den Verbänden der PKen und KKen gelten.

§ 97   Personenbezogene Daten beim Medizinischen Dienst

(1) [1]**Der Medizinische Dienst darf personenbezogene Daten für Zwecke der Pflegeversicherung nur erheben, verarbeiten und nutzen, soweit dies für die Prüfungen, Beratungen und gutachtlichen Stellungnahmen nach den §§ 18, 40, 112, 113, 114, 114a, 115 und 117 erforderlich ist.** [2]**Die Daten dürfen für andere Zwecke nur verarbeitet und genutzt werden, soweit dies durch Rechtsvorschriften des Sozialgesetzbuches angeordnet oder erlaubt ist.**

(2) **Der Medizinische Dienst darf personenbezogene Daten, die er für die Aufgabenerfüllung nach dem Fünften oder Elften Buch erhebt, verarbeitet oder nutzt, auch für die Aufgaben des jeweils anderen Buches verarbeiten**

Personenbezogene Daten beim Medizinischen Dienst **§ 97**

oder nutzen, wenn ohne die vorhandenen Daten diese Aufgaben nicht ordnungsgemäß erfüllt werden können.

(3) ¹Die personenbezogenen Daten sind nach fünf Jahren zu löschen. ²§ 96 Abs. 2, § 98 und § 107 Abs. 1 Satz 2 und 3 und Abs. 2 gelten für den Medizinischen Dienst entsprechend. ³Der Medizinische Dienst hat Sozialdaten zur Identifikation des Versicherten getrennt von den medizinischen Sozialdaten des Versicherten zu speichern. ⁴Durch technische und organisatorische Maßnahmen ist sicherzustellen, dass die Sozialdaten nur den Personen zugänglich sind, die sie zur Erfüllung ihrer Aufgaben benötigen. ⁵Der Schlüssel für die Zusammenführung der Daten ist vom Beauftragten für den Datenschutz des Medizinischen Dienstes aufzubewahren und darf anderen Personen nicht zugänglich gemacht werden. ⁶Jede Zusammenführung ist zu protokollieren.

(4) Für das Akteneinsichtsrecht des Versicherten gilt § 25 des Zehnten Buches entsprechend.

Inhaltsübersicht

	Rn.
I. Geltende Fassung	1
II. Beachtung datenschutzrechtlicher Vorschriften	2
III. Löschung von Daten	3

I. Geltende Fassung

Die Vorschrift ist mit Wirkung vom 1.6.1994 durch Art. 1 PflegeVG eingeführt **1** worden. Sie hat weitgehend die Fassung des RegE (dort § 106); vgl. Begr. des RegE S. 152. Aufgrund der Beschlussempfehlung des AuS-Ausschusses wurde in Abs. 1 die Bezugnahme auf die §§ 18, 40 und 80 eingefügt; Abs. 3 Satz 2 wurde redaktionell angepasst (BT-Drucks. 12/5920, S. 89f.). Durch Art. 1 Nr. 19 PQsG wurden in Abs. 1 die in Bezug genommenen Vorschriften ergänzt. Durch Art. 7 GMG wurde Abs. 3 Satz 3 neu gefasst und die Sätze 4 bis 6 angefügt. Abs. 1 wurde durch das PflegeWEG redaktionell geändert.

II. Beachtung datenschutzrechtlicher Vorschriften

Die Vorschrift verpflichtet auch den MD zur Beachtung der datenschutzrechtli- **2** chen Vorschriften. Eine Freistellung erfolgt lediglich hinsichtlich der konkret bezeichneten Prüfungs-, Beratungs- und Gutachteraufgaben des MD für die Zwecke der PV. § 18 betrifft die Mitwirkung des MD im Verfahren zur Feststellung der Pflegebedürftigkeit, § 40 die Beratungs- und Prüfungspflichten des MD bei der Gewährung von Pflegehilfsmitteln, technischen Hilfen und der Verbesserung des Wohnumfeldes; §§ 112 bis 117 betreffen die Mitwirkung des MD bei der Qualitätssicherung und -prüfung. Abs. 2 lässt eine gemeinsame Erhebung, Verarbeitung und Nutzung von Daten für Aufgaben aus dem Bereich der GKV und der PV zu. Zur eigenständigen, von den KKen unabhängigen Entscheidungskompetenz des MD in Fragen des Datenschutzes vgl. *Didong,* in: H/N, § 97 Rn. 12ff. Zur entsprechenden Regelung für unabhängige Gutachter, die nach § 18 idF des PNG von den PK beauftragt werden können vgl. § 97d.

III. Löschung von Daten

3 **Abs. 3** betrifft die Löschung von Daten (Satz 1 und Verweisung auf § 107 Abs. 1 Satz 2 und 3 und Abs. 2); durch die Bezugnahme auf § 96 Abs. 3 Satz 1 wird auch der MD zur Erstellung einer Datenübersicht verpflichtet; durch die Verweisung auf § 98 ist für den MD eine Aufbewahrung und Auswertung von Daten für Forschungsvorhaben zulässig. Durch die im GMG eingefügten Sätze 3 bis 6 wird der MD verpflichtet, Sozialdaten zur Identifikation des Versicherten getrennt von den medizinischen Sozialdaten des Versicherten zu speichern. Darüber hinaus muss er durch technische und organisatorische Maßnahmen sicherstellen, dass die Sozialdaten nur den Personen zugänglich sind, die sie zur Erfüllung ihrer Aufgaben benötigen.

4 Der in **Abs. 4** in Bezug genommene § 25 SGB X regelt das Akteneinsichtsrecht der Beteiligten; zu Einzelheiten vgl. *Didong*, in: H/N, § 97 Rn. 20 ff.; *Krahmer*, in: LPK, § 97 Rn. 10.

§ 97a Qualitätssicherung durch Sachverständige und Prüfstellen

(1) ¹Von den Landesverbänden der Pflegekassen bestellte sonstige Sachverständige (§ 114 Abs. 1 Satz 1) sowie Sachverständige und Prüfinstitutionen im Sinne des § 114 Abs. 4 Satz 2 sind berechtigt, für Zwecke der Qualitätssicherung und -prüfung Daten nach den §§ 112, 113, 114, 114a, 115 und 117 zu erheben, zu verarbeiten und zu nutzen; sie dürfen die Daten an die Pflegekassen und deren Verbände sowie an die in den §§ 112, 114, 114a, 115 und 117 genannten Stellen übermitteln, soweit dies zur Erfüllung der gesetzlichen Aufgaben auf dem Gebiet der Qualitätssicherung und Qualitätsprüfung dieser Stellen erforderlich ist. ²Die Daten sind vertraulich zu behandeln.

(2) § 107 gilt entsprechend.

Inhaltsübersicht

	Rn.
I. Geltende Fassung	1
II. Ausweitung der §§ 93 ff.	2

I. Geltende Fassung

1 Die Vorschrift wurde durch Art. 1 Nr. 20 PQsG mWv 1.1.2002 eingefügt. Zur Begründung vgl. BT-Drucks. 14/5395.

II. Ausweitung der §§ 93 ff.

2 Durch die Einbeziehung zusätzlicher Stellen in die Qualitätssicherung und -prüfung (§§ 112 ff.) wurde es erforderlich, auch diese Stellen den datenschutzrechtlichen Bestimmungen der §§ 93 ff. zu unterwerfen. Ohne datenschutzrechtliche Befugnis könnten die externen Sachverständigen und Prüfer ihre Aufgaben im Rahmen der Qualitätssicherung und -prüfung nicht sachgerecht wahrnehmen. Sie sind im selben Maße wie die PKen und der MD zur Beachtung des Sozialdatenschutzes verpflichtet. Der in Abs. 2 in Bezug genommene § 107 verpflichtet auch die externen Sachverständigen und Prüfstellen zur Löschung von Daten nach Ablauf der in § 107 bestimmten Fristen.

§ 97b Personenbezogene Daten bei den nach heimrechtlichen Vorschriften zuständigen Aufsichtsbehörden und den Trägern der Sozialhilfe

Die nach heimrechtlichen Vorschriften zuständigen Aufsichtsbehörden und die zuständigen Träger der Sozialhilfe sind berechtigt, die für Zwecke der Pflegeversicherung nach den §§ 112, 113, 114, 114a, 115 und 117 erhobenen personenbezogenen Daten zu verarbeiten und zu nutzen, soweit dies zur Erfüllung ihrer gesetzlichen Aufgaben erforderlich ist; § 107 findet entsprechende Anwendung.

Inhaltsübersicht

	Rn.
I. Geltende Fassung	1
II. Erlaubnis zur Nutzung personenbezogener Daten	2

I. Geltende Fassung

Die Vorschrift wurde durch Art. 1 Nr. 20 PQsG mWv 1.1.2002 eingefügt. Zur **1** Begründung vgl. BT-Drucks. 14/5395. Durch das PflegeWEG erfolgten redaktionelle Änderungen. Grundlegend geändert wurde der Wortlaut der Vorschrift durch Art. 2 Abs. 1 Nr. 3 des G zur Neuregelung der zivilrechtlichen Vorschriften des Heimgesetzes nach der Föderalismusreform vom 29.7.2009, BGBl. I S. 2319.

II. Erlaubnis zur Nutzung personenbezogener Daten

Die Vorschrift erlaubt den jeweils zuständigen Heimaufsichtsbehörden und den **2** Trägern der Sozialhilfe, die im Rahmen der Qualitätssicherung und -prüfung (Verweis auf §§ 112ff.) für Zwecke der PV erhobenen personenbezogenen Daten zu verarbeiten und zu nutzen, soweit dies für deren eigene Aufgaben erforderlich ist. Die Erforderlichkeit kann sich bei Heimaufsichtsbehörden etwa aus deren ordnungs- und gewerberechtlichen Pflichten gegenüber stationären Einrichtungen ergeben; bei Sozialhilfeträgern aus ihrer Verpflichtung, für eine menschenwürdige Versorgung der Hilfeempfänger Sorge zu tragen. Zum Verweis auf § 107 s. § 97a Rn. 2.

§ 97c Qualitätssicherung durch den Prüfdienst des Verbandes der privaten Krankenversicherung e. V.

¹Bei Wahrnehmung der Aufgaben auf dem Gebiet der Qualitätssicherung und Qualitätsprüfung im Sinne dieses Buches durch den Prüfdienst des Verbandes der privaten Krankenversicherung e. V. gilt der Prüfdienst als Stelle im Sinne des § 35 Absatz 1 Satz 1 des Ersten Buches. ²Die §§ 97 und 97a gelten entsprechend.

Inhaltsübersicht

	Rn.
I. Geltende Fassung	1
II. Normzweck	2
III. Datenschutzrechtliche Vorschriften und Befugnisse	3

§ 97d

Neuntes Kapitel. Datenschutz und Statistik

I. Geltende Fassung

1 Die Vorschrift ist durch das Gesetz zur Änderung des Infektionsschutzgesetzes und weiterer Gesetze vom 28.7.2011 (BGBl. I S. 1622) mWv 4.8.2011 eingeführt worden.

II. Normzweck

2 Nach § 114 Abs. 1 Satz 1 wird der Prüfdienst des PKV-Verbandes von den Landesverbänden der Pflegekassen mit der **Durchführung der Qualitätsprüfungen** im Umfang von 10 Prozent der in einem Jahr anfallenden Prüfaufträge beauftragt. Dies gilt seit dem 4.8.2011 aufgrund des Gesetzes zur Änderung des Infektionsschutzgesetzes und weiterer Gesetze vom 28.7.2011 (BGBl. I S. 1622). Das Nähere zu den Qualitätsprüfungen durch den Prüfdienst regeln die einschlägigen Vorschriften des SGB XI und Vereinbarungen zwischen den Landesverbänden der Pflegekassen und dem PKV-Verband. § 97 c gibt dem Prüfdienst die für die Aufgaben der Qualitätssicherung und -prüfung erforderlichen **datenschutzrechtlichen Befugnisse,** um ihn handlungsfähig zu machen.

III. Datenschutzrechtliche Vorschriften und Befugnisse

3 Satz 1 stellt in Bezug auf die Wahrnehmung der Aufgaben der Qualitätssicherung und -prüfung klar, dass der Prüfdienst als Stelle iSv § 35 Abs. 1 Satz 1 SGB I gilt. Damit unterliegt er hinsichtlich des Datenschutzes dem **Sozialgeheimnis.** Satz 2 der Vorschrift erklärt §§ 97 und 97a für entsprechend anwendbar. § 97 regelt die Erhebung, Verarbeitung und Nutzung personenbezogener Daten, sowie die Speicherung, Löschung und den Zugang zu den Sozialdaten durch den MD im Rahmen seiner Aufgaben (s. § 97 Rn. 1–4). Diese Befugnisse stehen auch dem Prüfdienst des PKV-Verbandes zu, sofern er seine Aufgaben der Qualitätssicherung und -prüfung nach den §§ 112, 114, 114a, 115 und 117 SGB XI wahrnimmt. Die entsprechende Anwendung des § 97a ergänzt die datenschutzrechtlichen Befugnisse insbesondere um die Zulässigkeit der Datenübermittlung an die Pflegekassen, deren Verbände und andere Stellen für die Zwecke der Qualitätssicherung und -prüfung (s. § 97a Rn. 1f.).

§ 97d Begutachtung durch unabhängige Gutachter

(1) ¹**Von den Pflegekassen gemäß § 18 Absatz 1 Satz 1 beauftragte unabhängige Gutachter sind berechtigt, personenbezogene Daten des Antragstellers zu erheben, zu verarbeiten und zu nutzen, soweit dies für die Zwecke der Begutachtung gemäß § 18 erforderlich ist.** ²**Die Daten sind vertraulich zu behandeln.** ³**Durch technische und organisatorische Maßnahmen ist sicherzustellen, dass die Daten nur den Personen zugänglich sind, die sie zur Erfüllung des dem Gutachter von den Pflegekassen nach § 18 Absatz 1 Satz 1 erteilten Auftrags benötigen.**

(2) ¹**Die unabhängigen Gutachter dürfen das Ergebnis der Prüfung zur Feststellung der Pflegebedürftigkeit sowie die Rehabilitationsempfehlung gemäß § 18 an die sie beauftragende Pflegekasse übermitteln, soweit dies zur Erfüllung der gesetzlichen Aufgaben der Pflegekasse erforderlich ist; § 35 des Ersten Buches gilt entsprechend.** ²**Dabei ist sicherzustellen, dass das Ergebnis der Prüfung zur Feststellung der Pflegebedürftigkeit sowie die Re-**

habilitationsempfehlung nur den Personen zugänglich gemacht werden, die sie zur Erfüllung ihrer Aufgaben benötigen.
(3) ¹Die personenbezogenen Daten sind nach fünf Jahren zu löschen. ²§ 107 Absatz 1 Satz 2 gilt entsprechend.

Inhaltsübersicht

	Rn.
I. Geltende Fassung	1
II. Allgemeines	2
III. Datennutzung (Abs. 1)	3
IV. Übermittlungsbefugnisse (Abs. 2)	5
V. Löschungspflicht (Abs. 3)	6

I. Geltende Fassung

Die Vorschrift wurde eingefügt durch Art. 1 Nr. 37 PNG (vom 23.10.2012, BGBl. I S. 2246) mWv 30.10.2012. **1**

II. Allgemeines

§ 97d regelt datenschutzrechtliche Fragestellungen bei der Begutachtung durch unabhängige Gutachter. Die Norm steht in engem Zusammenhang mit § 18, auf den mehrfach verwiesen wird sowie mit § 53b. Abs. 1 legt datenrechtliche Befugnisse des Gutachters bei Durchführung des Auftrages fest, Abs. 2 die Übermittlungsbefugnis für die Ergebnisse der Begutachtung an die beauftragende PK. Abs. 3 betrifft die Löschungsfristen. **2**

III. Datennutzung (Abs. 1)

Unabhängige Gutachter sind gem. Abs. 1 Satz 1 grundsätzlich berechtigt, **personenbezogene Daten** (entspricht dem Begriff der Sozialdaten in § 67 Abs. 1 Satz 1 SGB X) der zu begutachtenden Versicherten iR ihrer Auftragserstellung im erforderlichen Umfang zu erheben, verarbeiten und nutzen. Dies schließt die Erhebung von Daten bei der PK ein. Es hätte daher nahe gelegen, auch umgekehrt den PKen in § 94 Nr. 4 die Datenweitergabe an die unabhängigen Gutachter zu gestatten. **3**

Unabhängige Gutachter sind verpflichtet, die erhobenen Daten vertraulich zu behandeln (Abs. 1 Satz 2) und Maßnahmen zur Beschränkung des zugriffsberechtigten Personenkreises zu ergreifen (Abs. 1 Satz 3). Ferner haben sie nach § 93 auch die zum SGB XI gleichrangigen, vgl. BSG, SozR 4-1300 § 83 Nr. 1 = NZS 2011, 582ff., datenschutzrechtlichen Vorgaben von § 35 SGB I und §§ 67ff. SGB X zu beachten. Jedoch sind unabhängige Gutachter, anders als zB Prüfdienst der PKV nach § 97c, selbst **keine Stelle iSd. § 35 SGB I.** Hier spiegelt sich das rein zivilrechtliche Auftragsverhältnis zwischen PK und Gutachter wider (dazu § 53b Rn. 3). Die speziellen Rechte für Versicherte gegen Stellen gem. § 35 SGB I, zB Schadensersatz bei Datenschutzverstößen gem. § 82 SGB X, können daher nicht gegenüber den unabhängigen Gutachtern geltend gemacht werden. **4**

IV. Übermittlungsbefugnisse (Abs. 2)

5 Abs. 2 befugt die unabhängigen Gutachter zur Weitergabe der Ergebnisse der Begutachtung und der Rehabilitationsempfehlung an die PKen. Ein eigenständiger Regelungsgehalt der Vorschrift ist nicht recht ersichtlich, da bereits § 18 Abs. 6 Satz 1 eine Verpflichtung zur **Übermittlung** der Gutachtenergebnisse und Rehabilitationsempfehlungen an die beauftragende PK statuiert. Daran ändert auch der Halbsatz ab „soweit" nichts, da der Gutachter regelmäßig nicht beurteilen kann, was die PKen zur Erfüllung ihrer gesetzlichen Aufgaben benötigen. Satz 1 Halbsatz 2 wiederholt die bereits in § 93 angeordnete Geltung des § 35 SGB I. Der Gutachter hat gem. Satz 2 sicherzustellen, dass die Prüfungsergebnisse bei der PK ausschließlich **Befugten** zugänglich werden. Dies kann nach Sinn und Zweck nur gelten, bis das Gutachten in den Machtbereich der PK gelangt ist.

V. Löschungspflicht (Abs. 3)

6 In Anlehnung an die Vorgabe für den MDK in § 97 Abs. 3 Satz 1 sind die personenbezogenen Daten gem. Abs. 3 Satz 1 nach fünf Jahren zu löschen. Der Verweis in Satz 2 auf § 107 Abs. 1 Satz 2 führt dazu, dass die Frist mit dem Ende des Geschäftsjahres des Gutachters beginnt, in dem die Gutachtenleistung gegenüber der PK erbracht oder abgerechnet (maßgeblich ist die letzte der beiden Handlungen) wurde. Eine Löschung ist schon **vor Ablauf von fünf Jahren möglich,** BT-Drucks. 17/9369, S. 47 zu Nummer 38: „spätestens", und kann im Hinblick auf die Anforderungen des § 84 Abs. 2 SGB X zB nach umfassender Auftragserledigung angezeigt sein.

§ 98 Forschungsvorhaben

(1) **Die Pflegekassen dürfen mit der Erlaubnis der Aufsichtsbehörde die Datenbestände leistungserbringer- und fallbeziehbar für zeitlich befristete und im Umfang begrenzte Forschungsvorhaben selbst auswerten und zur Durchführung eines Forschungsvorhabens über die sich aus § 107 ergebenden Fristen hinaus aufbewahren.**

(2) Personenbezogene Daten sind zu anonymisieren.

Inhaltsübersicht

	Rn.
I. Geltende Fassung	1
II. Datennutzung für Forschungszwecke	2

I. Geltende Fassung

1 Die Vorschrift ist mWv 1.6.1994 durch Art. 1 PflegeVG eingeführt worden. Sie hat unverändert die Fassung des RegE (dort § 107), vgl. Begr. des RegE S. 152.

II. Datennutzung für Forschungszwecke

2 Die Vorschrift regelt die Nutzung rechtmäßig erhobener und gespeicherter Daten für Forschungszwecke der PV; sie entspricht § 287 SGB V. Sie ist nur mit Erlaubnis der Aufsichtsbehörde zulässig. Die Beteiligung der Aufsichtsbehörde soll sicherstellen, dass nur die für das Forschungsvorhaben erforderlichen Daten verwendet werden.

Zweiter Titel. Informationsgrundlagen der Pflegekassen

Vorbemerkung zu §§ 99 bis 103

Die §§ 99 bis 103 stimmen inhaltlich völlig mit den §§ 288 bis 293 SGB V überein. 1
Ausgespart blieb lediglich § 291 SGB V, der die Krankenversichertenkarte betrifft. An die Stelle der KK in den §§ 288 ff. SGB V tritt jeweils die PK.

§ 99 Versichertenverzeichnis

¹Die Pflegekasse hat ein Versichertenverzeichnis zu führen. ²Sie hat in das Versichertenverzeichnis alle Angaben einzutragen, die zur Feststellung der Versicherungspflicht oder -berechtigung und des Anspruchs auf Familienversicherung, zur Bemessung und Einziehung der Beiträge sowie zur Feststellung des Leistungsanspruchs erforderlich sind.

Inhaltsübersicht
	Rn.
I. Geltende Fassung	1
II. Versichertenverzeichnis der Pflegekassen	2

I. Geltende Fassung

Die Vorschrift ist mWv 1.6.1994 durch Art. 1 PflegeVG eingeführt worden. Sie 1
hat unverändert die Fassung des RegE (dort § 108); vgl. Begr. des RegE, S. 152.

II. Versichertenverzeichnis der Pflegekassen

Das von der PK zu führende Versichertenverzeichnis, das wegen § 48 weitgehend 2
mit demjenigen der angeschlossenen KK übereinstimmt, muss die für die Beurteilung des Versicherungsverhältnisses, des Anspruchs auf Versicherungsleistungen und für die Bemessung und Einziehung der Beiträge notwendigen Angaben enthalten. Aus dem Verzeichnis müssen sich die Voraussetzungen des Anspruchs auf Familienversicherung (§ 25) ergeben. Darüber hinaus dient es der Registrierung der Mitglieder und Familienversicherten und vermeidet damit ständige Nachprüfungen bei der Abwicklung der Beitrags- und Leistungsbeziehungen.

§ 100 Nachweispflicht bei Familienversicherung

Die Pflegekasse kann die für den Nachweis einer Familienversicherung (§ 25) erforderlichen Daten vom Angehörigen oder mit dessen Zustimmung vom Mitglied erheben.

§ 101

Neuntes Kapitel. Datenschutz und Statistik

Inhaltsübersicht

	Rn.
I. Geltende Fassung	1
II. Erhebung der Daten	2

I. Geltende Fassung

1   Die Vorschrift ist mWv 1.6.1994 durch Art. 1 PflegeVG eingeführt worden. Sie hat unverändert die Fassung des RegE (dort § 109); vgl. Begr. des RegE, S. 152.

II. Erhebung der Daten

2   Die Vorschrift entspricht § 289 Satz 2 SGB V. Die PK benötigt zur Klärung der Voraussetzungen einer Familienversicherung Angaben zu den Tatbestandsvoraussetzungen des § 25. Diese kann sie von dem Angehörigen erheben, um dessen Familienversicherung es geht, oder mit dessen Zustimmung vom Mitglied. Eine Verpflichtung, den Fortbestand der Voraussetzungen der Familienversicherung auf Verlangen der PK nachzuweisen, wie sie in § 289 Satz 3 SGB V für die KV noch besonders geregelt ist, ist in § 100 nicht aufgenommen worden.

§ 101 Pflegeversichertennummer

¹**Die Pflegekasse verwendet für jeden Versicherten eine Versichertennummer, die mit der Krankenversichertennummer ganz oder teilweise übereinstimmen darf.** ²**Bei der Vergabe der Nummer für Versicherte nach § 25 ist sicherzustellen, daß der Bezug zu dem Angehörigen, der Mitglied ist, hergestellt werden kann.**

Inhaltsübersicht

	Rn.
I. Geltende Fassung	1
II. Verwendung der Versichertennummer	2

I. Geltende Fassung

1   Die Vorschrift ist mWv 1.6.1994 durch Art. 1 PflegeVG eingeführt worden. Sie hat unverändert die Fassung des RegE (dort § 110); vgl. Begr. des RegE, S. 152 f.

II. Verwendung der Versichertennummer

2   § 101 entspricht § 290 SGB V. Wie in der GKV dient die Verwendung einer Versichertennummer der Erleichterung von Verwaltungsabläufen; zugleich wird durch die Anonymisierung der Datenschutz verbessert. Wegen der organisatorischen Einheit von KK und PK (vgl. § 1 Abs. 3 iVm. § 46) ist die Verwendung einer einheitlichen Versichertennummer in beiden Versicherungszweigen zulässig. Der Sachbearbeiter der KK soll in der Lage sein, unter derselben Versichertennummer auf die Daten beider Versicherungsbereiche zugreifen zu können. Zugleich soll die KK durch datentechnische Maßnahmen sicherstellen, dass entsprechend den Vorgaben des § 79 SGB X nur die Daten eines der beiden Versicherungszweige abgefragt wer-

den können, soweit es sich nicht um einen Vorgang handelt, in dem die Daten beider Bereiche benötigt werden (RegE S. 152, zu § 110).

§ 102 Angaben über Leistungsvoraussetzungen

¹**Die Pflegekasse hat Angaben über Leistungen, die zur Prüfung der Voraussetzungen späterer Leistungsgewährung erforderlich sind, aufzuzeichnen.** ²**Hierzu gehören insbesondere Angaben zur Feststellung der Voraussetzungen von Leistungsansprüchen und zur Leistung von Zuschüssen.**

Inhaltsübersicht

	Rn.
I. Geltende Fassung	1
II. Aufzeichnung erhaltener Leistungen	2

I. Geltende Fassung

Die Vorschrift ist mWv 1.6.1994 durch Art. 1 PflegeVG eingeführt worden. Sie hat unverändert die Fassung des RegE (dort § 111); vgl. Begr. des RegE, S. 153. **1**

II. Aufzeichnung erhaltener Leistungen

§ 102 entspricht § 292 Abs. 1 Satz 1 und 2 SGB V. Wie in der GKV sollen abgerechnete Leistungen, von denen der Anspruch auf spätere Leistungen abhängt, versichertenbezogen aufgezeichnet werden. In der PV sind Aufzeichnungen von Leistungen, die der Versicherte erhalten hat, unerlässlich, um Überschreitungen der begrenzten Leistungsrahmen und ungerechtfertigte Doppelleistungen zu vermeiden. Bei den Kombinationsleistungen nach §§ 38 und 41 Abs. 3 gehört dies zur laufenden Leistungsüberwachung. Über längere Zeiträume ist die Aufzeichnung vor allem bei Leistungen von Bedeutung, die innerhalb eines Kalenderjahres bis zu einer Höchstgrenze zusätzlich zu anderen Leistungen beansprucht werden können, wie dies etwa bei Leistungen nach §§ 39 und 42 der Fall ist. Ungerechtfertigte Doppelleistungen können insbesondere bei Pflegehilfsmitteln und technischen Hilfen nach § 40 auftreten. **2**

§ 103 Kennzeichen für Leistungsträger und Leistungserbringer

(1) **Die Pflegekassen, die anderen Träger der Sozialversicherung und die Vertragspartner der Pflegekassen einschließlich deren Mitglieder verwenden im Schriftverkehr und für Abrechnungszwecke untereinander bundeseinheitliche Kennzeichen.**

(2) **§ 293 Abs. 2 und 3 des Fünften Buches gilt entsprechend.**

Inhaltsübersicht

	Rn.
I. Geltende Fassung	1
II. Verwendung einheitlicher Kennzeichen	2

§ 104

Neuntes Kapitel. Datenschutz und Statistik

I. Geltende Fassung

1 Die Vorschrift ist mWv 1.6.1994 durch Art. 1 PflegeVG eingeführt worden. Sie hat unverändert die Fassung des RegE (dort § 112); vgl. Begr. des RegE, S. 153.

II. Verwendung einheitlicher Kennzeichen

2 Abs. 1 entspricht § 293 Abs. 1 SGB V. Die Vereinbarung einheitlicher Kennzeichen für alle Träger der Sozialversicherung wird in § 213 Abs. 2 SGB V geregelt. Nach § 213 Abs. 3 SGB V kann bei fehlender Vereinbarung eine RechtsVO ergehen.

Zweiter Abschnitt. Übermittlung von Leistungsdaten

§ 104 Pflichten der Leistungserbringer

(1) Die Leistungserbringer sind berechtigt und verpflichtet:
1. im Falle der Überprüfung der Notwendigkeit von Pflegehilfsmitteln (§ 40 Abs. 1),
2. im Falle eines Prüfverfahrens, soweit die Wirtschaftlichkeit oder die Qualität der Leistungen im Einzelfall zu beurteilen sind (§§ 79, 112, 113, 114, 114a, 115 und 117),
2a. im Falle des Abschlusses und der Durchführung von Versorgungsverträgen (§§ 72 bis 74), Pflegesatzvereinbarungen (§§ 85, 86), Vergütungsvereinbarungen (§ 89) sowie Verträgen zur integrierten Versorgung (§ 92b),
3. im Falle der Abrechnung pflegerischer Leistungen (§ 105)

die für die Erfüllung der Aufgaben der Pflegekassen und ihrer Verbände erforderlichen Angaben aufzuzeichnen und den Pflegekassen sowie den Verbänden oder den mit der Datenverarbeitung beauftragten Stellen zu übermitteln.

(2) Soweit dies für die in Absatz 1 Nr. 2 und 2a genannten Zwecke erforderlich ist, sind die Leistungserbringer berechtigt, die personenbezogenen Daten auch an die Medizinischen Dienste und die in den §§ 112, 113, 114, 114a, 115 und 117 genannten Stellen zu übermitteln.

(3) Trägervereinigungen dürfen personenbezogene Daten verarbeiten und nutzen, soweit dies für ihre Beteiligung an Qualitätsprüfungen oder Maßnahmen der Qualitätssicherung nach diesem Buch erforderlich ist.

Inhaltsübersicht

	Rn.
I. Geltende Fassung	1
II. Umfang der Aufzeichnungs- und Übermittlungspflichten	2
III. Datenübermittlung an Dritte, Datenverarbeitung und -nutzung durch Dritte	3

I. Geltende Fassung

1 Die Vorschrift ist mWv 1.6.1994 durch Art. 1 PflegeVG eingeführt worden. Sie hat unverändert die Fassung des RegE (dort § 113); vgl. Begr. des RegE, S. 153. Durch Art. 1 Nr. 21 PQsG wurde in Abs. 1 die Nr. 2 neu gefasst und Nr. 2a eingefügt;

Abrechnung pflegerischer Leistungen **§ 105**

zugleich wurden die Abs. 2 und 3 angefügt. Durch Art. 1 Nr. 63 PflegeWEG wurden Abs. 1 Nr. 2 und 2a sowie Abs. 2 geändert.

II. Umfang der Aufzeichnungs- und Übermittlungspflichten

§ 104 entspricht § 294 SGB V. Während im SGB V die Aufzeichnungs- und Übermittlungspflichten der einzelnen Leistungserbringergruppen in gesonderten Vorschriften normiert sind (§§ 295 bis 302 SGB V), werden sie in § 104 in den Nrn. 1 bis 3 abschließend aufgeführt. Der jeweilige Umfang der Aufzeichnungspflicht ergibt sich aus den in den Nrn. 1 bis 3 in Bezug genommenen Vorschriften. Die Normierung von Übermittlungsbefugnissen geht auf das vom BVerfG entwickelte Recht auf informationelle Selbstbestimmung zurück (BVerfGE 65, 1 = NJW 1984, 419). **2**

III. Datenübermittlung an Dritte, Datenverarbeitung und -nutzung durch Dritte

Abs. 2 erlaubt auch die Datenübermittlung vom Leistungserbringer zum MD, soweit dies für Zwecke der Qualitätsprüfung und -sicherung erforderlich ist. Soweit Vereinigungen von Leistungsträgern (PKen, Sozialhilfeträger etc.) an Qualitätsprüfungen oder Maßnahmen der Qualitätssicherung beteiligt sind, dürfen auch sie personenbezogene Daten verarbeiten und nutzen (Abs. 3). **3**

§ 105 Abrechnung pflegerischer Leistungen

(1) ¹Die an der Pflegeversorgung teilnehmenden Leistungserbringer sind verpflichtet,
1. in den Abrechnungsunterlagen die von ihnen erbrachten Leistungen nach Art, Menge und Preis einschließlich des Tages und der Zeit der Leistungserbringung aufzuzeichnen,
2. in den Abrechnungsunterlagen ihr Kennzeichen (§ 103) sowie die Versichertennummer des Pflegebedürftigen anzugeben,
3. bei der Abrechnung über die Abgabe von Hilfsmitteln die Bezeichnungen des Hilfsmittelverzeichnisses nach § 78 zu verwenden.

²Vom 1. Januar 1996 an sind maschinenlesbare Abrechnungsunterlagen zu verwenden.

(2) ¹Das Nähere über Form und Inhalt der Abrechnungsunterlagen sowie Einzelheiten des Datenträgeraustausches werden vom Spitzenverband Bund der Pflegekassen im Einvernehmen mit den Verbänden der Leistungserbringer festgelegt. ²§ 302 Absatz 2 Satz 2 und 3 des Fünften Buches gilt entsprechend.

Inhaltsübersicht

	Rn.
I. Geltende Fassung	1
II. Daten- und Abrechnungsübermittlung	2

I. Geltende Fassung

Die Vorschrift ist mWv 1.6.1994 durch Art. 1 PflegeVG eingeführt worden. Sie hat weitgehend die Fassung des RegE (dort § 114); vgl. Begr. des RegE, S. 153. Auf- **1**

§ 106

grund der Beschlussempfehlung des AuS-Ausschusses wurde in Abs. 1 das Wort „maschinenlesbar" gestrichen und Satz 2 eingefügt; außerdem wurden Änderungen in Abs. 2 vorgenommen (BT-Drucks. 12/5920, S. 92); zur Begr. vgl. BT-Drucks. 12/5952, S. 48. Im zweiten Vermittlungsverfahren (BT-Drucks. 12/7323, S. 5) wurde lediglich der Stichtag in Abs. 1 Satz 2 geändert. Abs. 2 wurde durch Art. 8 Nr. 43 GKV-WSG mWv 1.7.2008 neu gefasst. Abs. 2 Satz 2 wurde durch Art. 1 Nr. 38 PNG angefügt.

II. Daten- und Abrechnungsübermittlung

2 § 105 entspricht weitgehend der Regelung der Daten- und Abrechnungsübermittlung bei Heil- und Hilfsmittelerbringern in § 302 SGB V. Die Leistungserbringer werden verpflichtet, die für die Abrechnung mit den PKen erforderlichen Daten (Abs. 1 Satz 1 Nr. 1) aufzuzeichnen und sie diesen (ab 1.1.1996) in maschinenlesbaren Unterlagen zu übermitteln. Einzelheiten über Form und Inhalt der Abrechnungsunterlagen sowie des Datenträgeraustausches sollen durch Vereinbarungen der Spitzenverbände mit den Vereinigungen der Leistungserbringer geregelt werden. Zur Problematik der Bindung von Außenseitern vgl. § 75 Rn. 13. Der in Abs. 2 Satz 2 mit dem PNG eingefügte Verweis auf § 302 Abs. 2 Satz 2 SGB V ist eine ausdrückliche gesetzliche Ermächtigung dafür, dass Pflegeeinrichtungen für die Abrechnung ihrer Leistungen Rechenzentren einschalten können. Ambulanten Pflegediensten soll es auf diese Weise ermöglicht werden, neben den Leistungen der häuslichen Krankenpflege nach dem SGB V auch die Pflegeleistungen nach dem SGB XI von Rechenzentren abrechnen zu lassen (BT-Drucks. 17/9369, S. 47).

§ 106 Abweichende Vereinbarungen

Die Landesverbände der Pflegekassen (§ 52) können mit den Leistungserbringern oder ihren Verbänden vereinbaren, daß
1. **der Umfang der zu übermittelnden Abrechnungsbelege eingeschränkt,**
2. **bei der Abrechnung von Leistungen von einzelnen Angaben ganz oder teilweise abgesehen**

wird, wenn dadurch eine ordnungsgemäße Abrechnung und die Erfüllung der gesetzlichen Aufgaben der Pflegekassen nicht gefährdet werden.

Inhaltsübersicht

	Rn.
I. Geltende Fassung	1
II. Vereinbarungen auf Landesebene	2

I. Geltende Fassung

1 Die Vorschrift ist mWv 1.6.1994 durch Art. 1 PflegeVG eingeführt worden. Sie hat unverändert die Fassung des RegE (dort § 115); vgl. Begr. des RegE, S. 153.

II. Vereinbarungen auf Landesebene

2 § 106 lässt Vereinfachungen im Abrechnungsverfahren zwischen PKen und Leistungserbringern durch Vereinbarungen der auf Landesebene beteiligten Verbände zu, soweit hierdurch eine ordnungsgemäße Abrechnung und die Erfüllung der ge-

setzlichen Aufgaben der PKen (etwa in Bezug auf die gesetzlich vorgesehenen Prüfungen) nicht gefährdet wird. Die Vorschrift entspricht § 303 Abs. 1 SGB V.

§ 106a Mitteilungspflichten

¹Zugelassene Pflegeeinrichtungen, anerkannte Beratungsstellen sowie beauftragte Pflegefachkräfte, die Pflegeeinsätze nach § 37 Abs. 3 durchführen, sind mit Einverständnis des Versicherten berechtigt und verpflichtet, die für die Erfüllung der Aufgaben der Pflegekassen und der privaten Versicherungsunternehmen erforderlichen Angaben zur Qualität der Pflegesituation und zur Notwendigkeit einer Verbesserung den Pflegekassen und den privaten Versicherungsunternehmen zu übermitteln. ²Das Formular nach § 37 Abs. 4 Satz 2 wird unter Beteiligung des Bundesbeauftragten für den Datenschutz und die Informationsfreiheit und des Bundesministeriums für Gesundheit erstellt.

Inhaltsübersicht

	Rn.
I. Geltende Fassung	1
II. Normzweck	2

I. Geltende Fassung

Die Vorschrift wurde durch Art. 1 Nr. 34 des 1. SGB XI-ÄndG mWv 25.6.1996 **1** eingefügt. Durch Art. 1 Nr. 64 PflegeWEG wurde die Vorschrift neu gefasst, um klarzustellen, dass die Mitteilungspflichten der Einrichtungen und Pflegefachkräfte, die Pflegeeinsätze nach § 37 Abs. 3 durchführen, auch gegenüber den privaten Versicherungsunternehmen bestehen; zugleich wurden die Beratungsstellen nach § 7a in die Datenschutzregelungen einbezogen.

II. Normzweck

Die Vorschrift bildet die datenschutzrechtliche Absicherung gegenüber § 37 **2** Abs. 3, durch den Bezieher von Pflegegeld verpflichtet werden, in bestimmten zeitlichen Abständen Pflegeeinsätze durch zugelassene ambulante Pflegedienste, Beratungsstellen oder von der PK beauftragte Pflegefachkräfte abzurufen. § 37 Abs. 3 Satz 5 enthält bereits die Verpflichtung der Pflegedienste, mit Einverständnis des Pflegebedürftigen der zuständigen PK die bei dem Pflegeeinsatz gewonnenen Erkenntnisse zur Qualität der Pflegesituation und zur Notwendigkeit einer Verbesserung mitzuteilen. Die Mitteilung ist nur zulässig, wenn der Pflegebedürftige zustimmt; zu den Folgen einer Verweigerung der Zustimmung vgl. § 37 Rn. 13f. Satz 2 schreibt vor, dass bei der Ausgestaltung des für die Mitteilung zu verwendenden Formulars der Bundesbeauftragte für den Datenschutz und das BMG zu beteiligen sind. Nach Auffassung des Bundesbeauftragten für den Datenschutz ist dem Pflegebedürftigen eine Durchschrift der Mitteilung an die PK auszuhändigen und die Möglichkeit zu einer Gegendarstellung einzuräumen (Nachweise bei *Klie*, in: LPK-SGB XI, § 106a Rn. 7).

Dritter Abschnitt. Datenlöschung, Auskunftspflicht

§ 107 Löschen von Daten

(1) ¹Für das Löschen der für Aufgaben der Pflegekassen und ihrer Verbände gespeicherten personenbezogenen Daten gilt § 84 des Zehnten Buches entsprechend mit der Maßgabe, daß
1. die Daten nach § 102 spätestens nach Ablauf von zehn Jahren,
2. sonstige Daten aus der Abrechnung pflegerischer Leistungen (§ 105), aus Wirtschaftlichkeitsprüfungen (§ 79), aus Prüfungen zur Qualitätssicherung (§§ 112, 113, 114, 114a, 115 und 117) und aus dem Abschluss oder der Durchführung von Verträgen (§§ 72 bis 74, 85, 86 oder 89) spätestens nach zwei Jahren

zu löschen sind. ²Die Fristen beginnen mit dem Ende des Geschäftsjahres, in dem die Leistungen gewährt oder abgerechnet wurden. ³Die Pflegekassen können für Zwecke der Pflegeversicherung Leistungsdaten länger aufbewahren, wenn sichergestellt ist, daß ein Bezug zu natürlichen Personen nicht mehr herstellbar ist.

(2) Im Falle des Wechsels der Pflegekasse ist die bisher zuständige Pflegekasse verpflichtet, auf Verlangen die für die Fortführung der Versicherung erforderlichen Angaben nach den §§ 99 und 102 der neuen Pflegekasse mitzuteilen.

Inhaltsübersicht

	Rn.
I. Geltende Fassung	1
II. Pflicht zur Datenlöschung	2

I. Geltende Fassung

1   Die Vorschrift ist mWv 1.6.1994 durch Art. 1 PflegeVG eingeführt worden. Sie hat weitgehend die Fassung des RegE (dort § 116); vgl. Begr. des RegE, S. 153. Aufgrund der Beschlussempfehlung des AuS-Ausschusses wurde in Abs. 1 Satz 1 hinter „Pflegekassen" lediglich „und ihrer Verbände" eingefügt (BT-Drucks. 12/5920, S. 92); zur Begr. vgl. BT-Drucks. 12/5952, S. 48. Durch Art. 1 Nr. 22 PQsG wurde Abs. 1 Nr. 2 neu gefasst. Durch Art. 1 Nr. 65 PflegeWEG wurden die in Bezug genommenen Vorschriften in Abs. 1 Nr. 2 geändert.

II. Pflicht zur Datenlöschung

2   Die Vorschrift soll gewährleisten, dass personenbezogene Daten nicht länger als zur Aufgabenerfüllung notwendig gespeichert werden. Dies entspricht dem in § 84 Abs. 2 SGB X enthaltenen Grundsatz. § 84 Abs. 2 SGB X fordert zusätzlich, dass kein Grund zu der Annahme besteht, dass durch die Löschung schutzwürdige Interessen des Betroffenen beeinträchtigt werden. Nach Ablauf der in Abs. 1 Satz 1 festgelegten Fristen sind personenbezogene Daten unabhängig davon zu löschen, ob die Voraussetzungen in § 84 Abs. 2 SGB X erfüllt sind. Die Zehnjahresfrist bezieht sich auf Daten, die im Hinblick auf eine spätere Feststellung von Leistungsvoraussetzungen gespeichert werden (§ 102); die Zweijahresfrist auf Daten aus dem Abrechnungsverhältnis (§ 105) sowie aus Wirtschaftlichkeits- oder Qualitätssicherungsprüfungen

(§§ 79, 80). Über diese Fristen hinaus ist eine Speicherung nur in anonymisierter Form zulässig (Abs. 1 Satz 3). Die Vorschrift entspricht § 304 Abs. 1 und 2 SGB V.

§ 108 Auskünfte an Versicherte

¹Die Pflegekassen unterrichten die Versicherten auf deren Antrag über die im jeweils letzten Geschäftsjahr in Anspruch genommenen Leistungen und deren Kosten. ²Eine Mitteilung an die Leistungserbringer über die Unterrichtung des Versicherten ist nicht zulässig. ³Die Pflegekassen können in ihren Satzungen das Nähere über das Verfahren der Unterrichtung regeln.

Inhaltsübersicht

	Rn.
I. Geltende Fassung	1
II. Auskünfte an Versicherte	2

I. Geltende Fassung

Die Vorschrift ist mWv 1.6.1994 durch Art. 1 PflegeVG eingeführt worden. Sie **1** hat unverändert die Fassung des RegE (dort § 117); vgl. Begr. des RegE, S. 153.

II. Auskünfte an Versicherte

Die Vorschrift soll entsprechend § 305 SGB V (in der ab 1.1.1996 geltenden Fas- **2** sung) Kostentransparenz für den Versicherten herstellen (so Begr. des RegE, S. 153, zu § 117). Tatsächlich geht es in der SPV weniger als in der GKV darum, das Kostenbewusstsein des Versicherten zu stärken. Wegen der Höchstgrenzen für nahezu alle Leistungen der SPV hat der Pflegebedürftige hier vielmehr ein besonderes Interesse daran, selbst überprüfen zu können, ob ihm die beantragten Leistungen bis zur gesetzlich vorgesehenen Höchstgrenze gewährt worden sind.

Vierter Abschnitt. Statistik

§ 109 Pflegestatistiken

(1) ¹Die Bundesregierung wird ermächtigt, für Zwecke dieses Buches durch Rechtsverordnung mit Zustimmung des Bundesrates jährliche Erhebungen über ambulante und stationäre Pflegeeinrichtungen sowie über die häusliche Pflege als Bundesstatistik anzuordnen. ²Die Bundesstatistik kann folgende Sachverhalte umfassen:
1. Art der Pflegeeinrichtung und der Trägerschaft,
2. Art des Leistungsträgers und des privaten Versicherungsunternehmens,
3. in der ambulanten und stationären Pflege tätige Personen nach Geschlecht, Geburtsjahr, Beschäftigungsverhältnis, Tätigkeitsbereich, Dienststellung, Berufsabschluß auf Grund einer Ausbildung, Weiterbildung oder Umschulung, zusätzlich bei Auszubildenden und Umschülern Art der Ausbildung und Ausbildungsjahr, Beginn und Ende der Pflegetätigkeit,
4. sachliche Ausstattung und organisatorische Einheiten der Pflegeeinrichtung, Ausbildungsstätten an Pflegeeinrichtungen,

§ 109

5. betreute Pflegebedürftige und Personen mit erheblich eingeschränkter Alltagskompetenz nach Geschlecht, Geburtsjahr, Wohnort, Art, Ursache, Grad und Dauer der Pflegebedürftigkeit, Art des Versicherungsverhältnisses,
6. in Anspruch genommene Pflegeleistungen nach Art, Dauer und Häufigkeit sowie nach Art des Kostenträgers,
7. Kosten der Pflegeeinrichtungen nach Kostenarten sowie Erlöse nach Art, Höhe und Kostenträgern.

³Auskunftspflichtig sind die Träger der Pflegeeinrichtungen, die Träger der Pflegeversicherung sowie die privaten Versicherungsunternehmen gegenüber den statistischen Ämtern der Länder; die Rechtsverordnung kann Ausnahmen von der Auskunftspflicht vorsehen.

(2) ¹Die Bundesregierung wird ermächtigt, für Zwecke dieses Buches durch Rechtsverordnung mit Zustimmung des Bundesrates jährliche Erhebungen über die Situation Pflegebedürftiger und ehrenamtlich Pflegender als Bundesstatistik anzuordnen. ²Die Bundesstatistik kann folgende Sachverhalte umfassen:
1. Ursachen von Pflegebedürftigkeit,
2. Pflege- und Betreuungsbedarf der Pflegebedürftigen,
3. Pflege- und Betreuungsleistungen durch Pflegefachkräfte, Angehörige und ehrenamtliche Helfer,
4. Leistungen zur Prävention und Teilhabe,
5. Maßnahmen zur Erhaltung und Verbesserung der Pflegequalität,
6. Bedarf an Pflegehilfsmitteln und technischen Hilfen,
7. Maßnahmen zur Verbesserung des Wohnumfeldes.

³Auskunftspflichtig ist der Medizinische Dienst gegenüber den statistischen Ämtern der Länder; Absatz 1 Satz 3 zweiter Halbsatz gilt entsprechend.

(3) ¹Die nach Absatz 1 Satz 3 und Absatz 2 Satz 3 Auskunftspflichtigen teilen die von der jeweiligen Statistik umfaßten Sachverhalte gleichzeitig den für die Planung und Investitionsfinanzierung der Pflegeeinrichtungen zuständigen Landesbehörden mit. ²Die Befugnis der Länder, zusätzliche, von den Absätzen 1 und 2 nicht erfaßte Erhebungen über Sachverhalte des Pflegewesens als Landesstatistik anzuordnen, bleibt unberührt.

(4) Daten der Pflegebedürftigen, der in der Pflege tätigen Personen, der Angehörigen und ehrenamtlichen Helfer dürfen für Zwecke der Bundesstatistik nur in anonymisierter Form an die statistischen Ämter der Länder übermittelt werden.

(5) Die Statistiken nach den Absätzen 1 und 2 sind für die Bereiche der ambulanten Pflege und der Kurzzeitpflege erstmals im Jahr 1996 für das Jahr 1995 vorzulegen, für den Bereich der stationären Pflege im Jahr 1998 für das Jahr 1997.

Inhaltsübersicht

	Rn.
I. Geltende Fassung	1
II. Ermächtigung zur Statistikherstellung	2

Pflegestatistiken **§ 109**

I. Geltende Fassung

Die Vorschrift ist mWv 1.1.1995 durch Art. 1 PflegeVG eingeführt worden. Ihr 1
entsprach im RegE § 118; vgl. Begr. des RegE S. 153. Die Vorschrift wurde durch
den AuS-Ausschuss und im Vermittlungsverfahren weitgehend umgestaltet. Durch
Beschlussempfehlung des AuS-Ausschusses (BT-Drucks. 12/5920, S. 93f.) wurden
die von der Statistik zu erfassenden Sachverhalte in Abs. 1 Satz 1 Nrn. 1 bis 7 inhaltlich neu gestaltet; in Abs. 1 Satz 2 wurde die Auskunftspflicht auf die Träger der PV
sowie die privaten Versicherungsunternehmen ausgedehnt und Abs. 2 wurde neu
eingefügt. Im ersten Vermittlungsverfahren (BT-Drucks. 12/6424, S. 4) wurde Abs. 3
neu eingefügt; in Abs. 5 wurden die Daten der ersten Statistiken geändert. Abs. 2
Nr. 4 wurde durch Art. 10 Nr. 21 SGB IX an die Begrifflichkeiten des SGB IX angepasst; durch Art. 1 Nr. 66 PflegeWEG wurden zuvor unrichtige Satzziffern in der
Verweisung auf die Abs. 1 und 2 korrigiert. Abs. 1 Satz 2 Nr. 3 und 5 wurden durch
Art. 1 Nr. 39 PflegeWEG ergänzt.

II. Ermächtigung zur Statistikherstellung

Die Vorschrift ermächtigt die Bundesregierung, für Zwecke der PV die Erstellung 2
von Statistiken anzuordnen;. Hierdurch soll dem Bund und den Ländern ausreichendes Datenmaterial über den Stand und die Entwicklung der pflegerischen Versorgung
zur Verfügung gestellt werden, um die erforderliche pflegerische Infrastruktur aufbauen bzw erhalten zu können. Die Statistik nach Abs. 1 bezieht sich in erster Linie
auf Pflegeeinrichtungen und Träger der PV (sog. Einrichtungsstatistik); vgl. Verordnung zur Durchführung einer Bundesstatistik über Pflegeeinrichtungen sowie über
die häusliche Pflege (Pflegestatistik-VO, zur Begründung BR-Drucks. 698/98).
Diese Statistik kann durch die nach Abs. 2 vorgesehene Statistik über wichtige Sachverhalte im Zusammenhang mit der Situation Pflegebedürftiger und ehrenamtlich
Pflegender ergänzt werden; von der Ermächtigung nach Abs. 2 hat der Gesetzgeber
bislang keinen Gebrauch gemacht. Auskunftspflichtig sind für die Statistik nach
Abs. 1 die Träger der Pflegeeinrichtungen, die Träger der PV sowie die privaten Versicherungsunternehmen; für die Statistik nach Abs. 2 zusätzlich der MD. Daten der
Pflegebedürftigen, der Pflegekräfte und der ehrenamtlichen Pflegepersonen dürfen
nur in anonymisierter Form an die statistischen Ämter der Länder übermittelt werden
(Abs. 4).

Zehntes Kapitel. Private Pflegeversicherung

§ 110 Regelungen für die private Pflegeversicherung

(1) Um sicherzustellen, daß die Belange der Personen, die nach § 23 zum Abschluß eines Pflegeversicherungsvertrages bei einem privaten Krankenversicherungsunternehmen verpflichtet sind, ausreichend gewahrt werden und daß die Verträge auf Dauer erfüllbar bleiben, ohne die Interessen der Versicherten anderer Tarife zu vernachlässigen, werden die im Geltungsbereich dieses Gesetzes zum Betrieb der Pflegeversicherung befugten privaten Krankenversicherungsunternehmen verpflichtet,
1. mit allen in § 22 und § 23 Abs. 1, 3 und 4 genannten versicherungspflichtigen Personen auf Antrag einen Versicherungsvertrag abzuschließen, der einen Versicherungsschutz in dem in § 23 Abs. 1 und 3 festgelegten Umfang vorsieht (Kontrahierungszwang); dies gilt auch für das nach § 23 Abs. 2 gewählte Versicherungsunternehmen,
2. in den Verträgen, die Versicherungspflichtige in dem nach § 23 Abs. 1 und 3 vorgeschriebenen Umfang abschließen,
   a) keinen Ausschluß von Vorerkrankungen der Versicherten,
   b) keinen Ausschluß bereits pflegebedürftiger Personen,
   c) keine längeren Wartezeiten als in der sozialen Pflegeversicherung (§ 33 Abs. 2),
   d) keine Staffelung der Prämien nach Geschlecht und Gesundheitszustand der Versicherten,
   e) keine Prämienhöhe, die den Höchstbeitrag der sozialen Pflegeversicherung übersteigt, bei Personen, die nach § 23 Abs. 3 einen Teilkostentarif abgeschlossen haben, keine Prämienhöhe, die 50 vom Hundert des Höchstbeitrages der sozialen Pflegeversicherung übersteigt,
   f) die beitragsfreie Mitversicherung der Kinder des Versicherungsnehmers unter denselben Voraussetzungen, wie in § 25 festgelegt,
   g) für Ehegatten oder Lebenspartner ab dem Zeitpunkt des Nachweises der zur Inanspruchnahme der Beitragsermäßigung berechtigenden Umstände keine Prämie in Höhe von mehr als 150 vom Hundert des Höchstbeitrages der sozialen Pflegeversicherung, wenn ein Ehegatte oder ein Lebenspartner kein Gesamteinkommen hat, das die in § 25 Abs. 1 Satz 1 Nr. 5 genannten Einkommensgrenzen überschreitet,

vorzusehen.

(2) ¹Die in Absatz 1 genannten Bedingungen gelten für Versicherungsverträge, die mit Personen abgeschlossen werden, die zum Zeitpunkt des Inkrafttretens dieses Gesetzes Mitglied bei einem privaten Krankenversicherungsunternehmen mit Anspruch auf allgemeine Krankenhausleistungen sind oder sich nach Artikel 41 des Pflege-Versicherungsgesetzes innerhalb von sechs Monaten nach Inkrafttreten dieses Gesetzes von der Versicherungspflicht in der sozialen Pflegeversicherung befreien lassen. ²Die in Absatz 1 Nr. 1 und 2 Buchstabe a bis f genannten Bedingungen gelten auch für Verträge mit Personen, die im Basistarif nach § 12 des Versicherungsaufsichtsgesetzes versichert sind. ³Für Personen, die im Basistarif nach § 12 des Versicherungsaufsichtsgesetzes versichert sind und deren Beitrag zur Krankenversicherung sich nach § 12 Abs. 1c Satz 4 oder 6 des Versicherungsaufsichtsgesetzes vermindert, darf der Beitrag 50 vom Hundert des sich nach

Regelungen für die private Pflegeversicherung **§ 110**

Absatz 1 Nr. 2 Buchstabe e ergebenden Beitrags nicht übersteigen; die Beitragsbegrenzung für Ehegatten oder Lebenspartner nach Absatz 1 Nr. 2 Buchstabe g gilt für diese Versicherten nicht. ⁴Für die Aufbringung der nach Satz 3 verminderten Beiträge gilt § 12 Abs. 1c Satz 5 oder 6 des Versicherungsaufsichtsgesetzes entsprechend; dabei gilt Satz 6 mit der Maßgabe, dass der zuständige Träger den Betrag zahlt, der auch für einen Bezieher von Arbeitslosengeld II in der sozialen Pflegeversicherung zu tragen ist. ⁵Entsteht allein durch die Zahlung des Beitrags zur Pflegeversicherung nach Satz 2 Hilfebedürftigkeit im Sinne des Zweiten oder Zwölften Buches, gelten die Sätze 3 und 4 entsprechend; die Hilfebedürftigkeit ist vom zuständigen Träger nach dem Zweiten oder Zwölften Buch auf Antrag des Versicherten zu prüfen und zu bescheinigen.

(3) Für Versicherungsverträge, die mit Personen abgeschlossen werden, die erst nach Inkrafttreten dieses Gesetzes Mitglied eines privaten Krankenversicherungsunternehmens mit Anspruch auf allgemeine Krankenhausleistungen werden oder die der Versicherungspflicht nach § 193 Abs. 3 des Versicherungsvertragsgesetzes genügen, gelten, sofern sie in Erfüllung der Vorsorgepflicht nach § 22 Abs. 1 und § 23 Abs. 1, 3 und 4 geschlossen werden und Vertragsleistungen in dem in § 23 Abs. 1 und 3 festgelegten Umfang vorsehen, folgende Bedingungen:
1. Kontrahierungszwang,
2. kein Ausschluß von Vorerkrankungen der Versicherten,
3. keine Staffelung der Prämien nach Geschlecht,
4. keine längeren Wartezeiten als in der sozialen Pflegeversicherung,
5. für Versicherungsnehmer, die über eine Vorversicherungszeit von mindestens fünf Jahren in ihrer privaten Pflegeversicherung oder privaten Krankenversicherung verfügen, keine Prämienhöhe, die den Höchstbeitrag der sozialen Pflegeversicherung übersteigt; Absatz 1 Nr. 2 Buchstabe e gilt,
6. beitragsfreie Mitversicherung der Kinder des Versicherungsnehmers unter denselben Voraussetzungen, wie in § 25 festgelegt.

(4) Rücktritts- und Kündigungsrechte der Versicherungsunternehmen sind ausgeschlossen, solange der Kontrahierungszwang besteht.

(5) ¹Die Versicherungsunternehmen haben den Versicherten Akteneinsicht zu gewähren. ²Sie haben die Berechtigten über das Recht auf Akteneinsicht zu informieren, wenn sie das Ergebnis einer Prüfung auf Pflegebedürftigkeit mitteilen. ³§ 25 des Zehnten Buches gilt entsprechend.

Inhaltsübersicht

	Rn.
I. Geltende Fassung	1
II. Normzweck	2
III. Kontrahierungszwang (Abs. 1 Nr. 1, Abs. 3 Nr. 1)	5
IV. Rahmenbedingungen für bestimmte Gruppen versicherungspflichtiger Personen	6
V. Allgemeine Rahmenbedingungen für PPV-Verträge – Altgeschäft, Versicherte im Basistarif	7
1. Kein Ausschluss von Vorerkrankungen der Versicherten (Abs. 1 Nr. 2 Buchst. a)	9
2. Kein Ausschluss bereits pflegebedürftiger Personen (Abs. 1 Nr. 2 Buchst. b)	10
3. Begrenzung der Wartezeiten (Abs. 1 Nr. 2 Buchst. c)	11
VI. Allgemeine Rahmenbedingungen für PPV-Verträge – Neugeschäft (Abs. 3 Nr. 2, Nr. 4)	12

§ 110 Zehntes Kapitel. Private Pflegeversicherung

	Rn.
VII. Rahmenbedingungen für Prämien	14
1. Keine Staffelung der Prämien nach Geschlecht und Gesundheitszustand der Versicherten (Abs. 1 Nr. 2 Buchst. d, Abs. 3 Nr. 3)	15
2. beitragsfreie Mitversicherung der Kinder des Versicherungsnehmers (Abs. 1 Nr. 2 Buchst. f, Abs. 3 Nr. 6)	16
3. Begrenzung der Prämienhöhe – Altgeschäft (Abs. 1 Nr. 2 Buchst. e, Abs. 1 Nr. 2 Buchst. g)	17
4. Begrenzung der Prämienhöhe – Neugeschäft (Abs. 3 Nr. 5)	19
5. Begrenzung der Prämienhöhe – Versicherte im Basistarif (Abs. 2 Satz 2–5)	20
VIII. Rücktritts- und Kündigungsrechte der Versicherungsunternehmen (Abs. 4)	24
IX. Akteneinsicht des Versicherten (Abs. 5)	27
X. Verhältnis des § 110 zu weiteren Regelungen für die PPV im SGB XI	28

I. Geltende Fassung

1   Die Vorschrift wurde durch das PflegeVG vom 26.5.1994 (BGBl. I S. 1014) mWv 1.1.1995 eingeführt. Abs. 1 Nr. 2 Buchst. g a. E. wurde durch das GKV-GesundheitsreformG vom 22.12.1999 (BGBl. I S. 2626) mWv 1.1.2000 geändert. Dadurch wurde auf weitere in § 25 Abs. 1 Satz 1 Nr. 5 genannte Einkommensgrenzen Bezug genommen. Durch das LPartG vom 16.2.2001 (BGBl. I S. 266) wurde mWv 1.8.2001 die Geltung des Abs. 1 Nr. 2 Buchst. g auf Lebenspartner erweitert. Dem Abs. 1 wurde durch das PflEG vom 14.12.2001 (BGBl. I S. 3728) mWv 1.1.2002 ein Satz 2 angefügt, der durch das PflegeWEG vom 28.5.2008 (BGBl. I S. 874) mWv 1.7.2008 wieder aufgehoben wurde. Er gab den privaten VersUnternehmen in bestimmten Fällen eine Kündigungsmöglichkeit wegen Beitragszahlungsverzugs. Ebenfalls durch das PflegeWEG wurden dem Abs. 2 Sätze 2–4 mWv 1.1.2009 und Satz 5 mWv 1.7.2008 angefügt, die sich auf Bedingungen für Versicherte im Basistarif nach § 12 VAG beziehen. Des Weiteren wurde Abs. 3 durch die Bezugnahme auf die VersPfl nach § 193 Abs. 3 VVG durch das PflegeWEG mWv 1.1.2009 erweitert. Abs. 5 wurde durch das PflegeWEG mWv 1.7.2008 neu eingeführt und gibt den privat Pflegeversicherten ein Recht auf Akteneinsicht.

II. Normzweck

2   Die Vorschrift bestimmt **Rahmenbedingungen** für die PPV-Verträge von nach §§ 22, 23 in der PPV versicherungspflichtigen Personen. So kann der Ausschluss bestimmter versicherungsrelevanter Risiken nicht Voraussetzung für den Abschluss des PPV-Vertrages sein (s. Rn. 9, 10, 13). Auch in der Ausgestaltung der Prämien für die PPV sind die privaten VersUnternehmen, die die PPV betreiben, nicht frei. Durch diese die ansonsten übliche Risiko- und Beitragskalkulation für private Versicherungen einschränkenden Vorgaben wird eine **sozialverträgliche Ausgestaltung der PPV** bezweckt (vgl. Abs. 1; s. auch BT-Drucks. 12/5262, S. 153f.; BT-Drucks. 12/5952, S. 25; BSG, Urteil vom 3.9.1998, B 12 P 3/97 R = SozR 3-3300 § 20 Nr. 4 = VersR 1999, 81–82).

3   Der Versicherungsvertrag, den der Versicherungsnehmer mit seinem privaten VersUnternehmen über die PPV geschlossen hat, legt zusammen mit den allgemeinen Versicherungsbedingungen (MB/PPV) die Rechte und Pflichten der Vertragsparteien fest. Für dieses Versicherungsverhältnis, das eine Pflegekrankenversicherung gem. § 192 Abs. 6 VVG ist, sind die Vorschriften des Versicherungsvertragsrechts und des Privatrechts maßgeblich. Die Wirksamkeit des Versicherungsvertrags mit den all-

Regelungen für die private Pflegeversicherung **§ 110**

gemeinen Versicherungsbedingungen ergibt sich insbesondere aus der Prüfung, ob die Vorgaben der §§ 23 und 110 beachtet und umgesetzt wurden.

Als weiteres Ziel der Norm nennt Abs. 1 die **dauerhafte Erfüllbarkeit der Verträge** unter Wahrung der Interessen von Versicherten anderer Tarife. Dass die PPV-Verträge für die VersUnternehmen erfüllbar bleiben, ohne z. B. auf Rückstellungen aus anderen Tarifen der privaten Kranken- und Pflegeversicherungen zurückzugreifen, wird allerdings nicht durch die Bedingungen des § 110 sichergestellt. Vielmehr ermöglicht das erst das nach § 111 geschaffene Ausgleichssystem, welches die aus den Rahmenbedingungen des § 110 resultierende unterschiedliche Verteilung der VersRisiken auf die privaten VersUnternehmen und die Einschränkung der Beitragskalkulation ausgleichen hilft. Eine Quersubventionierung zwischen PPV und PKV wird durch jeweils einen eigenen Abrechnungsverbund nach § 81d Abs. 1 Satz 3 VAG ausgeschlossen. 4

III. Kontrahierungszwang (Abs. 1 Nr. 1, Abs. 3 Nr. 1)

Die privaten VersUnternehmen, die die PPV anbieten, unterliegen nach Abs. 1 Nr. 1 iVm. Abs. 2 Satz 1, 2 oder nach Abs. 3 Nr. 1 einem Kontrahierungszwang. Nach der Definition des Abs. 1 Nr. 1 sind sie zum Abschluss eines PPV-Vertrages mit nach § 23 Abs. 1, 2, 3 und 4 in der PPV verspfl Personen verpflichtet (vgl. § 23 Rn. 5–14, 21–23). Diese Pflicht besteht für sie auch gegenüber freiwillig in der GKV versicherten Personen, die sich nach § 22 von der VersPfl in der SPV befreien lassen. Der PPV-Vertrag muss nach Abs. 1 Nr. 1 den in § 23 Abs. 1 und 3 bestimmten Versicherungsschutz gewähren (vgl. Rn. 24–30). Während grundsätzlich für alle privaten VersUnternehmen, die die PPV anbieten, der Kontrahierungszwang gilt, entsteht er gegenüber der konkreten verspfl Person nach dem Wortlaut des Abs. 1 Nr. 1 erst mit ihrem auf Abschluss eines PPV-Vertrages gerichteten Antrag und verpflichtet das private VersUnternehmen zur Annahme des Antrags. Die §§ 145 ff. BGB finden Anwendung (zum Zustandekommen des PPV-Vertrages vgl. § 23 Rn. 20). 5

IV. Rahmenbedingungen für bestimmte Gruppen versicherungspflichtiger Personen

Die Vorschrift sieht unterschiedliche Rahmenbedingungen für PPV-Verträge, insbesondere für privat Krankenversicherte des „Altbestandes" (Abs. 1, Abs. 2 Satz 1), des „Neubestandes" (Abs. 3) und für Versicherte im Basistarif (Abs. 1, Abs. 2 Satz 2–5) vor. Für Pflege-Zusatzversicherungen gilt sie allerdings nicht. 6

V. Allgemeine Rahmenbedingungen für PPV-Verträge – Altgeschäft, Versicherte im Basistarif

Abs. 2 Satz 1 bestimmt, dass die in Abs. 1 genannten Rahmenbedingungen für PPV-Verträge gelten, die mit folgenden Personen geschlossen werden: Nach Abs. 2 Satz 1, 1. Alt. sind dies zum einen gem. § 23 Abs. 1, Abs. 2 Satz 1, Abs. 1 iVm. Abs. 3, Abs. 1 iVm. Abs. 4 Nr. 1 in der PPV verspfl Personen (vgl. Abs. 1 Nr. 1), die einen **PKV-Vertrag** mit Anspruch auf allgemeine Krankenhausleistungen mit technischem Versicherungsbeginn (dh. für den Beginn des Versicherungsschutzes ist der im Versicherungsschein angegebene Zeitpunkt maßgebend) vor oder zum Inkrafttreten des PflegeVG am 1.1.1995 abgeschlossen haben. Auch für die Zeit, in der diese Versicherten des Altbestandes gem. § 193 Abs. 7 VVG im Notlagentarif nach § 12h VAG 7

Vieweg

§ 110 Zehntes Kapitel. Private Pflegeversicherung

versichert sind, gelten für sie die Rahmenbedingungen nach Abs. 1 fort. Daneben nennt Abs. 2 Satz 1, 2. Alt. **freiwillig in der GKV Versicherte,** die sich gem. Art. 41 Abs. 1 PflegeVG innerhalb des Zeitraums vom 1.1.1995 bis 30.6.1995 von der VersPfl in der SPV nach § 20 Abs. 3 befreien lassen und einen PPV-Vertrag abschließen. Durch die Bezugnahme des Abs. 1 Nr. 1 auf die nach § 23 Abs. 3 und Abs. 4 in der PPV verspfl Personen muss Abs. 2 Satz 1 auch diese umfassen, obwohl sich dessen Alternativen nicht auf sie beziehen (so auch BSG, Urteil vom 12.2.2004, B 12 P 3/02 R = SozR 4-3300 § 23 Nr. 1 = Breith 2004, 503–508). Daher gelten für sie in entsprechender Anwendung des Abs. 2 Satz 1 die Rahmenbedingungen des Abs. 1, wenn sie bereits zum Inkrafttreten des PflegeVG am 1.1.1995 verspfl in der PPV sind. Gem. § 26a Abs. 1 Satz 5 ist Abs. 1 auch auf PPV-Verträge mit Personen anzuwenden, die von ihrem Beitrittsrecht zur PPV nach § 26a Abs. 1 bis zum 30.6.2002 Gebrauch gemacht haben (vgl. § 26a Rn. 3).

8   Die Rahmenbedingungen des Abs. 1 Nr. 1 und Nr. 2 Buchst. a–f sind auch bei Verträgen zu beachten und umzusetzen, die mit im **Basistarif** nach § 12 VAG versicherten Personen geschlossen werden (Abs. 2 Satz 2). Solange Versicherte im Basistarif gem. § 193 Abs. 7 VVG im Notlagentarif nach § 12h VAG versichert sind, sind diese Rahmenbedingungen jedoch nicht anwendbar. Da sie für den Zeitraum nicht dem Basistarif unterfallen, können Abs. 1 Nr. 1 und Abs. 2 Buchst. a-f für sie nach Abs. 2 Satz 2 nicht gelten. Vielmehr sind sie als Versicherte des Neubestandes gem. Abs. 3 zu behandeln. Daher können für sie in der PPV möglicherweise höhere Prämien nach Abs. 3 Nr. 5 anfallen (vgl. Rn. 19).

1. Kein Ausschluss von Vorerkrankungen der Versicherten (Abs. 1 Nr. 2 Buchst. a)

9   In den, den Vorgaben des § 23 Abs. 1 und 3 entsprechenden PPV-Verträgen dürfen Vorerkrankungen der versicherten Personen nicht vom Versicherungsschutz ausgenommen sein (Abs. 1 Nr. 2 Buchst. a iVm. Abs. 2 Satz 1, 2). Es ist daher nicht zulässig, einen Leistungsausschluss im Vertrag für den Fall aufzunehmen, dass sich nach Vertragsschluss das Risiko der Pflegebedürftigkeit aufgrund einer Erkrankung der versicherten Person realisiert, die bereits bei Vertragsabschluss vorlag.

2. Kein Ausschluss bereits pflegebedürftiger Personen (Abs. 1 Nr. 2 Buchst. b)

10   Der Versicherungsschutz des PPV-Vertrages muss nach Abs. 1 Nr. 2 Buchst. b iVm. Abs. 2 Satz 1, 2 auch Personen erfassen, die bei Abschluss des PPV-Vertrages bereits pflegebedürftig sind (beachte Ausnahme in § 23 Abs. 5). Durch diese Bedingung sollten bei Einführung der VersPfl in der PPV durch das PflegeVG alle – auch Pflegebedürftige – von den Leistungen der PPV profitieren. Die Bedingung wurde nicht in Abs. 3 für Versicherte des Neubestandes aufgenommen und gilt daher für sie nicht, weil diese im Vergleich zu denen des Altbestandes als weniger schutzbedürftig angesehen wurden (vgl. Begründung in BT-Drucks. 12/5262, S. 154; BVerfG, Urteil vom 3.4.2001, 1 BvR 2014/95 = BVerfGE 103, 197–225 = NJW 2001, 1709–1712; *Wilcken,* in: Beck OK SozR, Stand: 1.12.2014, § 110 Rn. 5; aA *Luthe,* in: H/N, Stand: Februar 2011, § 110 Rn. 33, wonach diese Rahmenbedingung auch auf den Neubestand anzuwenden sei).

3. Begrenzung der Wartezeiten (Abs. 1 Nr. 2 Buchst. c)

11   Der **Versicherungsschutz,** bzw. der Anspruch auf Leistung aus dem abgeschlossenen PPV-Vertrag besteht **erst nach Ablauf einer Wartezeit.** Diese Wartezeit wird durch Abs. 1 Nr. 2 Buchst. c iVm. Abs. 2 Satz 1, 2 begrenzt, indem die der SPV nach

580 *Vieweg*

§ 33 Abs. 2 nicht überschritten werden darf. § 33 Abs. 2 Satz 1 enthält nach bestimmten Zeiträumen gestaffelte unterschiedlich lange Wartezeiten (s. § 33 Rn. 8–11). Entsprechend der aktuell nur noch gültigen Wartezeit gem. § 33 Abs. 2 Satz 1 Nr. 6 muss der Versicherte in den letzten zehn Jahren vor der Antragstellung mindestens zwei Jahre in der PPV versichert gewesen sein (vgl. § 3 Abs. 2 MB/PPV). Abs. 1 Nr. 2 Buchst. c ist eine Sonderregel zu § 197 Abs. 1 Satz 2 VVG, der die Wartezeit in der Pflegekrankenversicherung auf maximal drei Jahre begrenzt. Erfüllt ein Elternteil die Wartezeit, gilt entsprechend § 33 Abs. 2 Satz 3 auch die Wartezeit des versicherten Kindes als erfüllt (vgl. § 3 Abs. 3 MB/PPV). Nach § 23 Abs. 6 Nr. 2 ist die Versicherungszeit des Versicherten und seiner nach § 25 familienversicherten Angehörigen oder Lebenspartner in der SPV auf die Wartezeit anzurechnen (vgl. § 3 Abs. 4 MB/PPV).

VI. Allgemeine Rahmenbedingungen für PPV-Verträge – Neugeschäft (Abs. 3 Nr. 2, Nr. 4)

Abs. 3 führt die Rahmenbedingungen für PPV-Verträge auf, die Vertragsleistungen gem. § 23 Abs. 1 und 3 vorsehen und dem sogenannten „Neugeschäft" zuzuordnen sind. Um vom Geltungsbereich des Abs. 3 umfasst zu sein, müssen die Versicherten **nach § 23 Abs. 1, 3 oder 4 in der PPV verspfl** sein (vgl. § 23 Rn. 5–14) oder **nach § 22 Abs. 1 Versicherungspflichtige** sein, die freiwillig in der GKV versichert sind und beantragen, von der VersPfl in der SPV befreit zu werden (vgl. § 22 Rn. 2–5). Personen, für die die VersPfl in der PPV nach § 23 Abs. 1, § 23 Abs. 2 Satz 1, § 23 Abs. 1 iVm. Abs. 3 oder § 23 Abs. 1 iVm. Abs. 4 Nr. 1 aufgrund des Abschlusses eines PKV-Vertrages mit Anspruch auf allgemeine Krankenhausleistungen oder einer Krankheitskostenversicherung gem. § 193 Abs. 3 VVG eingetreten ist, werden dem Neubestand nach Abs. 3 zugerechnet, wenn sie den PKV-Vertrag mit einem technischen Versicherungsbeginn nach dem Inkrafttreten des PflegeVG am 1.1.1995 abgeschlossen haben. Hängt die VersPfl in der PPV nicht von dem Abschluss eines solchen PKV-Vertrages ab (z. B. § 22 Abs. 1, § 23 Abs. 3, Abs. 4; vgl. § 23 Rn. 9–14, 17), gelten die Bedingungen nach Abs. 3, wenn nicht nach Abs. 2 die Bedingungen des Abs. 1 gelten. Zum Neubestand gehören auch Personen, die zunächst nach Abs. 1 iVm. Abs. 2 Satz 1 versichert waren, deren VersPfl jedoch entfiel, weshalb der PPV-Vertrag gekündigt wurde. Schließen sie wieder einen PPV-Vertrag nach dem erneuten Entstehen der VersPfl ab, gelten für sie die Bedingungen des Abs. 3, wobei das ununterbrochene Bestehen eines PKV-Vertrages unbeachtlich ist (so BSG, Urteil vom 2.9.2009, B 12 P 2/08 R = SozR 4-3300 § 110 Nr. 2 = USK 2009–73). Abs. 3 findet außerdem auf PPV-Verträge Anwendung, die nach § 26a Abs. 2 aufgrund einer schriftlichen Beitrittserklärung bis zum 30.6.2002 oder die unter den Voraussetzungen des § 26a Abs. 3 geschlossen worden sind (§ 26a Abs. 2 Satz 5, Abs. 3 Satz 3; nähere Ausführungen unter § 26a Rn. 4, 5).

Als **allgemeine Rahmenbedingungen** sieht Abs. 3 nach Nr. 2 das Verbot des Ausschlusses von Vorerkrankungen der Versicherten und nach Nr. 4 die Unzulässigkeit längerer Wartezeiten als in der SPV vor. Hier gilt das zu den allgemeinen Rahmenbedingungen für Altbestände und Versicherte im Basistarif unter Rn. 9 und 11 Gesagte entsprechend.

VII. Rahmenbedingungen für Prämien

14 Abs. 1 Nr. 2 Buchst. d – g iVm. Abs. 2, Abs. 3 Nr. 3, 5, 6 enthalten Rahmenbedingungen bezüglich der Prämien und insbesondere der Prämienhöhe, die teilweise für die einzelnen Gruppen verspfl Personen unterschiedlich sind.

1. Keine Staffelung der Prämien nach Geschlecht und Gesundheitszustand der Versicherten (Abs. 1 Nr. 2 Buchst. d, Abs. 3 Nr. 3)

15 Nach Abs. 1 Nr. 2 Buchst. d iVm. Abs. 2 Satz 1, 2 ist eine Staffelung der Prämien weder nach Geschlecht noch nach Gesundheitszustand des Versicherten zulässig. Somit dürfen Versicherte des Altbestandes und im Basistarif mit einem schlechteren Gesundheitszustand nicht mit einer jeweils höheren Prämie als vergleichsweise gesündere Versicherte belastet werden. Für PPV-Versicherte des Neubestandes gilt diese Einschränkung nicht, sodass bei ihnen Risikozuschläge bezogen auf den Gesundheitszustand unter Einhaltung der Begrenzung der Prämienhöhe nach Abs. 3 Nr. 5 zulässig sind (vgl. BT-Drucks. 12/5952, S. 49). Eine Staffelung der Prämien nach dem Alter der Versicherten ist hingegen bei allen Versichertengruppen möglich (vgl. § 8a Abs. 2, 3 MB/PPV 2015). Gem. Abs. 3 Nr. 3 gilt für sie jedoch ebenfalls, dass keine unterschiedlichen Prämien für Frauen und Männer erhoben werden dürfen. Die aufgrund der Unisex-Rspr. des EuGH (Urteil vom 1.3.2011, Rechtssache C-236/09 = VersR 2011, 377–380 = NJW 2011, 907–909) seit dem 21.12.2012 geltende Pflicht, ausnahmslos geschlechtsneutrale Versicherungsprämien und Leistungen anzubieten, galt gem. Abs. 1 Nr. 2 Buchst. d, Abs. 3 Nr. 3 für die PPV schon immer. Bei den zur Aufstellung von Wahrscheinlichkeitstafeln von den VersUnternehmen zu meldenden Daten wird allerdings gem. § 17 Abs. 1 Satz 1 Nr. 2 Buchst. f und g, § 19 Abs. 1 Kalkulationsverordnung auch in der PPV nach Geschlecht differenziert.

2. beitragsfreie Mitversicherung der Kinder des Versicherungsnehmers (Abs. 1 Nr. 2 Buchst. f, Abs. 3 Nr. 6)

16 Für PPV-Verträge des Altbestandes gilt nach Abs. 1 Nr. 2 Buchst. f iVm. Abs. 2 Satz 1, des Neubestandes nach Abs. 3 Nr. 6 und für Verträge mit Versicherten im Basistarif nach Abs. 1 Nr. 2 Buchst. f iVm. Abs. 2 Satz 2, dass die Kinder des Versicherungsnehmers beitragsfrei mitversichert sind. Die **Voraussetzungen** dafür müssen denen des **§ 25 entsprechen**, die sich auf die Mitversicherung der Kinder beziehen (vgl. § 8 Abs. 2, 3, 4 MB/PPV 2015; zu den Einzelheiten des § 25 s. dort Rn. 5–15). Nach § 2 Abs. 2 Satz 3 MB/PPV 2015 soll das Neugeborene spätestens zwei Monate nach der Geburt rückwirkend zur PPV angemeldet werden.

3. Begrenzung der Prämienhöhe – Altgeschäft (Abs. 1 Nr. 2 Buchst. e, Abs. 1 Nr. 2 Buchst. g)

17 Abs. 1 Nr. 2 Buchst. e und g iVm. Abs. 2 Satz 1 sehen Einschränkungen der Prämienhöhe für Versicherte des Altbestandes vor. Die Prämie, die für die versicherte Person aufgrund des PPV-Vertrages zu zahlen ist, darf nach Abs. 1 Nr. 2 Buchst. e, 1. Alt. **nicht höher** sein, **als der Höchstbeitrag der SPV**. Für die Beiträge der SPV sind die §§ 54 ff. maßgeblich. Die Höhe des Höchstbeitrags der SPV ergibt sich gem. §§ 54 Abs. 2, 55 iVm. § 6 Abs. 7 SGB V iVm. der gültigen Sozialversicherungs-RechengrößenVO aus der Multiplikation des Beitragssatzes mit der jeweils gültigen Beitragsbemessungsgrenze. Für Beihilfeberechtigte, die gem. § 23 Abs. 3 einen beihil-

Regelungen für die private Pflegeversicherung § 110

fekonformen PPV-Vertrag (Teilkostentarif) abgeschlossen haben, darf die Prämienhöhe nicht mehr als 50 Prozent des Höchstbeitrages der SPV betragen (Abs. 1 Nr. 2 Buchst. e, 2. Alt.). Aufgrund der einkommensbezogenen Ermittlung der Beiträge in der SPV und der risikobezogenen Ermittlung der Prämien in der PPV kann es im Einzelfall zu Unterschieden in der Höhe der SPV-Beiträge und der entsprechenden PPV-Prämien kommen. Das ist verfassungsrechtlich zulässig (vgl. BVerfG, Urteil vom 3.4.2001, 1 BvR 1681/94, 1 BvR 2491/94, 1 BvR 24/95 = BVerfGE 103, 271–293 = NJW 2001, 1707–1709; Schleswig-Holsteinisches LSG, Urteil vom 31.1.2003, L 3 P 5/02 = juris; LSG Baden-Württemberg, Urteil vom 28.3.2003, L 4 P 3454/02 = juris). Es stellt keinen Verstoß gegen Art. 6 Abs. 1 GG oder Art. 3 Abs. 1 iVm. Art. 6 Abs. 1 GG dar, dass Kindererziehungszeiten der Versicherten nicht durch eine Verminderung der Prämien berücksichtigt werden (so BVerfG, Urteil vom 3.4.2001, 1 BvR 1681/94, 1 BvR 2491/94, 1 BvR 24/95 = BVerfGE 103, 271–293 = NJW 2001, 1707–1709).

Zudem wird die **Prämienhöhe für Ehegatten oder Lebenspartner** gem. 18 Abs. 1 Nr. 2 Buchst. g iVm. Abs. 2 Satz 1 begrenzt, sobald diese nachgewiesen haben, dass das Gesamteinkommen eines Ehegatten oder Lebenspartners die Einkommensgrenzen gem. § 25 Abs. 1 Satz 1 Nr. 5 nicht überschreitet (s. Ausführungen unter § 25 Rn. 10). Bei Erfüllung dieser Voraussetzung wird die Höhe der Prämien für beide Ehegatten oder Lebenspartner in der Weise begrenzt, dass die **Prämien zusammen maximal 150 Prozent des Höchstbeitrages der SPV** betragen dürfen. Im Rahmen des beihilfekonformen PPV-Vertrages gem. § 23 Abs. 3 sind die Prämien zusammen entsprechend auf 75 Prozent des Höchstbeitrages der SPV begrenzt. Die Prämie für den Ehegatten hat dabei der Versicherungsnehmer zu zahlen (vgl. BVerfG, Urteil vom 3.4.2001, 1 BvR 1681/94, 1 BvR 2491/94, 1 BvR 24/95 (Rn. 56) = BVerfGE 103, 271–293 = NJW 2001, 1707–1709).

4. Begrenzung der Prämienhöhe – Neugeschäft (Abs. 3 Nr. 5)

Sobald der Versicherungsnehmer **mindestens fünf Jahre in der PPV oder PKV** 19 **versichert** ist, wird gem. Abs. 3 Nr. 5 die Höhe der von ihm zu zahlenden Prämie für die PPV entsprechend Abs. 1 Nr. 2 Buchst. e auf maximal den ganzen oder hälftigen **Höchstbeitrag der SPV begrenzt** (weitere Ausführungen unter Rn. 17). Bis zu dem Zeitpunkt unterfällt die Prämienhöhe bei Versicherten des Neubestandes keiner Begrenzung. Eine Anrechnung der Versicherungszeit in der SPV auf die Vorversicherungszeit von mindestens fünf Jahren erfolgt nicht (s. hierzu § 23 Rn. 40). Für den Neubestand sieht Abs. 3 die Möglichkeit der Begrenzung der Prämienhöhe für Ehegatten oder Lebenspartner nach Abs. 1 Nr. 2 Buchst. g nicht vor.

5. Begrenzung der Prämienhöhe – Versicherte im Basistarif (Abs. 2 Satz 2–5)

Für Verträge mit im Basistarif nach § 12 VAG versicherten Personen gilt gem. 20 Abs. 2 Satz 2 iVm. Abs. 1 Nr. 2 Buchst. e die **Begrenzung der Prämienhöhe** auf maximal den ganzen oder hälftigen **Höchstbeitrag der SPV** (s. Rn. 17). Die Begrenzung der Prämienhöhe für Ehegatten oder Lebenspartner nach Abs. 1 Nr. 2 Buchst. g gilt gem. Abs. 2 Satz 2, Satz 3, 2. Hs für diese Versichertengruppe nicht. Nach Abs. 2 Satz 3, 1. Hs wird die Prämienhöhe darüber hinaus begrenzt, wenn und solange sich der Beitrag des im Basistarif Versicherten zur KV gem. § 12 Abs. 1c Satz 4 oder 6 VAG vermindert, weil durch die Zahlung des KV-Beitrags (ebenda Satz 4) oder unabhängig von der Zahlung des KV-Beitrags (ebenda Satz 6) für den Versicherten Hilfebedürftigkeit iSd SGB II oder SGB XII entsteht bzw. besteht.

Auch hierin folgt die Pflegeversicherung der Krankenversicherung (vgl. § 12 21 Abs. 1c Satz 4, 6 VAG): **für die Dauer der Hilfebedürftigkeit** ist der **Beitrag zur**

§ 110 Zehntes Kapitel. Private Pflegeversicherung

Pflegeversicherung gem. Abs. 2 Satz 3, 1. Hs auf 50 Prozent des Beitrags, der sich aus Abs. 1 Nr. 2 Buchst. e ergibt, **begrenzt.** Somit ist die Prämienhöhe auf 50 Prozent des Höchstbeitrages der SPV und bei einem Beihilfetarif auf 25 Prozent des Höchstbeitrages der SPV begrenzt (so auch BSG, Urteil vom 16.10.2012, B 14 AS 11/12 R (Rn. 30) = SozR 4-4200 § 26 Nr. 3 = NZS 2013, 311–313). Über Abs. 2 Satz 4, 1. Hs, 1. Alt. ist § 12 Abs. 1c Satz 5 VAG entsprechend anwendbar. Daher beteiligt sich der nach §§ 6, 36 SGB II zuständige Träger der Grundsicherung für Arbeitsuchende oder der nach §§ 3, 97f. SGB XII zuständige Träger der Sozialhilfe zur Vermeidung der Hilfebedürftigkeit in erforderlichem Umfang an der Aufbringung des verminderten PPV-Beitrags, wenn auch bei diesem verminderten Beitrag Hilfebedürftigkeit besteht.

22 Bei der entsprechenden Anwendung des § 12 Abs. 1c Satz 6 VAG zahlt nach Abs. 2 Satz 4, 2. Hs der zuständige Träger den Betrag, der auch für einen Bezieher von Alg II in der SPV zu tragen ist. Diese Einschränkung gilt jedoch nicht bei einem Bezug von Leistungen nach dem SGB XII; nach § 32 Abs. 5 Satz 1, 4 SGB XII übernimmt der Sozialhilfeträger Aufwendungen für die PKV und die PPV in angemessener Höhe, wobei Letztere nicht auf den Betrag begrenzt sind, der für einen Bezieher von Alg II in der SPV zu zahlen wäre (so mit überzeugender Begründung BSG, Urteil vom 10.11.2011, B 8 SO 21/10 R = BSGE 109, 281 ff. = SozR 4-3500 § 32 Nr. 1). Für einen privat pflegeversicherten Bezieher von Alg II hat der Träger nach dem SGB II zur Vermeidung der Hilfebedürftigkeit den nach Abs. 2 Satz 3 verminderten Beitrag zur PPV zu tragen (BSG, Urteil vom 16.10.2012, B 14 AS 11/12 R (Rn. 30) = SozR 4-4200 § 26 Nr. 3 = NZS 2013, 311–313; s. auch § 26 Abs. 2 Satz 1 SGB II). Eine Begrenzung auf den Betrag, der für einen Bezieher von Alg II in der SPV zu tragen ist, erfolgt somit nicht.

23 Der Beitrag ist entsprechend Abs. 2 Satz 3 zu vermindern, wenn allein die Zahlung des Beitrags zur Pflegeversicherung nach Abs. 2 Satz 2 zur Hilfebedürftigkeit des im Basistarif Versicherten nach dem SGB II oder XII führt (Abs. 2 Satz 5, 1. Hs). In dem Fall gilt nach Abs. 2 Satz 5, 1. Hs für die Aufbringung der Beiträge Abs. 2 Satz 4 entsprechend (vgl. Rn. 21, 22). Nach Abs. 2 Satz 5, 2. Hs prüft und bescheinigt der zuständige Träger nach dem SGB II oder SGB XII die Hilfebedürftigkeit des Versicherten auf dessen Antrag hin.

VIII. Rücktritts- und Kündigungsrechte der Versicherungsunternehmen (Abs. 4)

24 Abs. 4 **schließt für die Dauer des Bestehens des Kontrahierungszwanges** nach Abs. 1 Nr. 1 oder Abs. 3 Nr. 1 jegliche **Rücktritts- und Kündigungsrechte des VersUnternehmens aus.** Mit dem Entfallen der VersPfl in der PPV endet auch der Kontrahierungszwang. Sobald der Kontrahierungszwang wegfällt, ist dem privaten VersUnternehmen die Kündigung des PPV-Vertrages oder der Rücktritt von diesem möglich. Die Vorschrift dient einerseits der Absicherung des Kontrahierungszwanges, den das private VersUnternehmen somit nicht durch Rücktritt oder Kündigung unterlaufen kann. Andererseits soll mit Abs. 4 verhindert werden, dass der Versicherte durch Verletzung seiner vertraglichen Pflichten, z. B. der Prämienzahlung, eine Kündigung provoziert, mit dem Ziel, der VersPfl zu entgehen (so BT-Drucks. 12/5952, S. 49). Solange der Versicherungsnehmer mit der Prämienzahlung in Verzug ist, steht dem VersUnternehmen somit nicht das Leistungsverweigerungsrecht entsprechend §§ 37 Abs. 2, 38 Abs. 2 VVG zu (vgl. BT-Drucks. 12/5952, S. 49). Es kann von dem VersUnternehmen aber nur für die Dauer des Verzuges ausgeübt werden, auch wenn währenddessen der Versicherungsfall in Form der Pflegebedürftigkeit eintritt.

Vor dem Hintergrund der Gesetzesbegründung legt der BGH Abs. 4 so aus, dass 25
jede außerordentliche Kündigung des privaten VersUnternehmens ausgeschlossen sei
(BGH, Urteil vom 7.12.2011, IV ZR 105/11 = BGHZ 192, 67–84 = NJW 2012,
1365–1370). § 110 Abs. 4 könne nicht wie § 206 Abs. 1 Satz 1 VVG teleologisch reduziert werden, sodass eine außerordentliche Kündigung bei „schwerwiegenden Ver-
tragsverletzungen" des Versicherungsnehmers, die nicht im Prämienverzug bestehen,
zulässig wäre (BGH ebenda). Wird allerdings ein PKV-Vertrag aus solch einem außerordentlichen Kündigungsgrund wirksam gekündigt und war der Versicherte aufgrund
dieses PKV-Vertrages nach § 23 Abs. 1 verspfl in der PPV, entfällt dadurch für den VersUnternehmen gegenüber diesem Versicherten der Kontrahierungszwang nach Abs. 1
Nr. 1 oder nach Abs. 3 Nr. 1. Infolgedessen greift der Ausschluss des Abs. 4 nicht mehr
und das private VersUnternehmen kann den PPV-Vertrag ordentlich kündigen. Durch
diese Kündigung wird der Kontrahierungszwang nicht umgangen, weil mit dem Abschluss eines neuen PKV-Vertrages oder einer Versicherung im Basistarif bei einem anderen privaten VersUnternehmen die VersPfl nach § 23 Abs. 1 und somit auch der
Kontrahierungszwang nach § 110 Abs. 1 Nr. 1 oder § 110 Abs. 3 Nr. 1 entsteht.

Das **Anfechtungsrecht** wird vom Wortlaut nicht umfasst. **Nach dem Sinn und** 26
Zweck der Vorschrift ist es aber ebenfalls **ausgeschlossen,** solange der Kontrahierungszwang besteht, um nicht auf diesem Weg eine Vertragsbeendigung zu ermöglichen. Wird allerdings der PKV-Vertrag angefochten, z. B. wegen arglistiger Täu-
schung (vgl. § 22 VVG), und aufgrund dessen wirksam beendet, entfällt der
Kontrahierungszwang für den PPV-Vertrag, wenn die VersPfl in der PPV gem. § 23
Abs. 1 aus der PKV resultierte. Der PPV-Vertrag kann folglich anschließend ordentlich gekündigt werden.

IX. Akteneinsicht des Versicherten (Abs. 5)

Abs. 5 Satz 1 gewährt dem Versicherten ein Recht auf Akteneinsicht. Diese kann er 27
von seinem privaten VersUnternehmen, bei dem der PPV-Vertrag besteht, verlangen.
Bereits nach § 202 VVG steht dem Versicherten ein Einsichtsrecht zu, und es besteht
für den Versicherer eine damit korrespondierende Auskunftspflicht. Satz 2 bildet den
wohl häufigsten und relevantesten Fall ab, bei dem das Recht auf Akteneinsicht für
den Versicherten von Interesse ist. Er betrifft die Akteneinsicht, wenn dem Versicherten die Pflegebedürftigkeit und die entsprechende Pflegestufe aufgrund der Prüfung
zur Feststellung der Pflegebedürftigkeit mitgeteilt wurden. Gleichzeitig ist dieser
Mitteilung ist der Versicherte von seinem VersUnternehmen über sein Akteneinsichtsrecht zu informieren (Abs. 5 Satz 2). § 6 Abs. 2 Satz 10 MB/PPV 2015 sieht einen Anspruch der versicherten Person auf Übermittlung der schriftlichen Feststellungen zur
Pflegebedürftigkeit vor. Über Satz 3 ist **§ 25 SGB X entsprechend anwendbar.**
Dort werden der Umfang und der Rahmen der Akteneinsicht sowie die Möglichkeit
der Anfertigung von Abschriften oder Ablichtungen geregelt. Ebenfalls enthalten ist
die Option, dem Versicherten den Akteninhalt durch einen Arzt oder durch Bediens-
tete der Behörde (hier: des VersUnternehmens) zu vermitteln, wenn gesundheitliche
Bedenken dies erfordern oder ansonsten eine Beeinträchtigung des Versicherten in seiner Persönlichkeitsentfaltung zu befürchten wäre.

X. Verhältnis des § 110 zu weiteren Regelungen
für die PPV im SGB XI

Während § 110 die Rahmenbedingungen für PPV-Verträge festlegt, richtet sich 28
die VersPfl in der PPV nach **§ 23 Abs. 1, 3–5.** Über § 22 ist ebenfalls eine Versiche-

§ 111 Zehntes Kapitel. Private Pflegeversicherung

rung in der PPV aufgrund der Befreiung freiwillig in der GKV Versicherter von der VersPfl in der SPV möglich. § 23 Abs. 1 Satz 2, 3, Abs. 3 Satz 2, Abs. 6 Nr. 1 regeln das Leistungsrecht bzw. wirken sich darauf aus. Nach § 27 haben die Versicherungsnehmer die Möglichkeit der außerordentlichen Kündigung des PPV-Vertrages. § 51 sieht insbesondere für private VersUnternehmen, die die PPV betreiben, Meldepflichten gegenüber dem Bundesversicherungsamt vor, z. B. wenn Personen ihrer VersPfl in der PPV nicht nachkommen. Verletzungen der Meldepflicht und die gemeldeten Tatbestände können gem. § 121 ordnungswidrig sein. Regelungen zum Beitragszuschuss des Arbeitgebers der PPV-Versicherten enthält § 61. § 111 verpflichtet zum Ausgleich der unterschiedlich verteilten Versicherungsrisiken.

§ 111 Risikoausgleich

(1) ¹Die Versicherungsunternehmen, die eine private Pflegeversicherung im Sinne dieses Buches betreiben, müssen sich zur dauerhaften Gewährleistung der Regelungen für die private Pflegeversicherung nach § 110 sowie zur Aufbringung der Fördermittel nach § 45c am Ausgleich der Versicherungsrisiken beteiligen und dazu ein Ausgleichssystem schaffen und erhalten, dem sie angehören. ²Das Ausgleichssystem muß einen dauerhaften, wirksamen Ausgleich der unterschiedlichen Belastungen gewährleisten; es darf den Marktzugang neuer Anbieter der privaten Pflegeversicherung nicht erschweren und muß diesen eine Beteiligung an dem Ausgleichssystem zu gleichen Bedingungen ermöglichen. ³In diesem System werden die Beiträge ohne die Kosten auf der Basis gemeinsamer Kalkulationsgrundlagen einheitlich für alle Unternehmen, die eine private Pflegeversicherung betreiben, ermittelt.

(2) Die Errichtung, die Ausgestaltung, die Änderung und die Durchführung des Ausgleichs unterliegen der Aufsicht der Bundesanstalt für Finanzdienstleistungsaufsicht.

Inhaltsübersicht

	Rn.
I. Geltende Fassung	1
II. Normzweck und Erforderlichkeit des Risikoausgleichs	2
III. Normadressaten	4
IV. Rechtlicher Rahmen und Ausgestaltung des Ausgleichssystems	5
V. Aufsicht durch die Bundesanstalt für Finanzdienstleistungsaufsicht	7

I. Geltende Fassung

1   Die Vorschrift wurde durch das PflegeVG vom 26.5.1994 (BGBl. I S. 1014) mWv 1.1.1995 eingeführt. Abs. 1 Satz 1 wurde durch das PflEG vom 14.12.2001 (BGBl. I S. 3728) mWv 1.1.2002 ergänzt. Dadurch bezieht sich der Risikoausgleich auch auf die Aufbringung der Fördermittel nach § 45c. Durch das PflegeWEG vom 28.5.2008 (BGBl. I S. 874) wurde mWv 1.7.2008 in Absatz 2 „Aufsicht des Bundesaufsichtsamtes für das Versicherungswesen" durch „Aufsicht der Bundesanstalt für Finanzdienstleistungsaufsicht" ersetzt. Das ist eine Anpassung aufgrund der Umbenennung und Umorganisation der zuständigen Behörde (vgl. BT-Drucks. 16/7439, S. 81).

Risikoausgleich **§ 111**

II. Normzweck und Erforderlichkeit des Risikoausgleichs

Der Gesetzgeber hatte zunächst die Gründung eines Gemeinschaftsunternehmens **2** der privaten KV-Unternehmen, die die PPV betreiben, für die Durchführung der privaten Pflegeversicherung beabsichtigt (s. BT-Drucks. 12/5262, S. 43f., 154f.). Nun sieht Abs. 1 Satz 1 die **Schaffung und den Erhalt eines Ausgleichssystems** vor. Dieses soll die **Versicherungsrisiken,** die den privaten VersUnternehmen durch das Betreiben der PPV entstehen, **ausgleichen.** Für die PPV besteht ein eigener Abrechnungsverbund nach § 81 d Abs. 1 Satz 3 VAG, sodass eine Quersubventionierung zwischen PPV und PKV ausgeschlossen ist. Damit soll das vorrangige Ziel der **dauerhaften Betreibung der PPV unter Einhaltung der Vorgaben des § 110** sowie der Sicherstellung der finanziellen Beteiligung an der Förderung nach § 45c realisiert werden.

Die Schaffung eines Ausgleichssystems ist aus folgenden Gründen erforderlich: **3** Eine Kalkulation der Versicherungsprämien, die dem Risiko entspricht und eine private Versicherung tragfähig macht, ist für die PPV nicht zulässig (vgl. § 110). Deshalb fallen je nach versicherten Personenkreisen die Belastungen durch die Realisierung des Risikos bei den einzelnen privaten VersUnternehmen unterschiedlich aus (so auch BT-Drucks. 12/5952, S. 49). Ein weiterer Grund ist der Kontrahierungszwang gem. § 110 Abs. 1 Nr. 1, Abs. 3 Nr. 1. Der auf anderem Wege nicht zu erreichende Ausgleich muss daher durch ein Ausgleichssystem bewirkt werden. Dabei muss dieses System wirkungsvoll und dauerhaft zu einer gleichmäßigen Verteilung der nicht zu beeinflussenden Risiken auf die einzelnen privaten VersUnternehmen führen (vgl. Abs. 1 Satz 2, 1.Hs).

III. Normadressaten

Normadressaten und damit verpflichtet, dem Ausgleichssystem anzugehören, sind **4** die privaten VersUnternehmen, die die PPV anbieten, neue Anbieter der PPV, sowie ausländische private VersUnternehmen als Anbieter der PPV (s. BT-Drucks. 12/5952, S. 49f.).

IV. Rechtlicher Rahmen und Ausgestaltung des Ausgleichssystems

Zur Realisierung des Ausgleichssystems wurde der **„Pflege-Pool" als Gesell- 5 schaft bürgerlichen Rechts** mit Sitz in Köln gegründet, deren Gesellschafter die Versicherungsunternehmen sind, die die PPV im Sinne des SGB XI betreiben. Der Pflege-Pool regelt die rechtliche Ausgestaltung des Ausgleichssystems. Die Geschäftsführung und Vertretung der GbR nimmt der Verband der Privaten Krankenversicherung e. V. wahr. **Weitere Gesellschafter können** der GbR durch Unterzeichnung des Gesellschaftsvertrages (Poolvertrag) **beitreten.** Das Ausgleichssystem gilt für sie somit in derselben Weise wie für die ursprünglichen Gesellschafter, sodass dadurch die Voraussetzung nach Abs. 1 Satz 2, 2. Hs erfüllt wird. Gesellschafter, die den Betrieb der PPV aufgeben, haben eine Kündigungsmöglichkeit. Bei Ausscheiden von Gesellschaftern wird die Gesellschaft mit den übrigen Gesellschaftern fortgeführt.

Der **Zweck der Gesellschaft** besteht insbesondere in der **Durchführung des fi- 6 nanziellen Ausgleichs** gemäß Abs. 1 und in der **Beitragskalkulation** für die PPV. Bei den einzelnen Gesellschaftern des Poolvertrages gibt es jeweils unterschiedlich starke Gewichtungen von Versicherten bestimmter Altersgruppen, von beitragsfrei

Vieweg

mitversicherten Kindern, von Ehegatten und Lebenspartnern, für die limitierte Prämien gelten, der Geschlechter und der Risikostruktur. Dies und die Begrenzung der Prämien unter den Voraussetzungen des § 110 Abs. 1 Nr. 2 Buchst. e), Abs. 2, Abs. 3 Nr. 5 auf den ganzen bzw. hälftigen Höchstbeitrag der SPV führt zu einer Differenz zwischen den Nettobedarfsbeiträgen und den Nettobeiträgen, die mithilfe des „Poolausgleichs" ausgeglichen wird. Die Ermittlung der Nettoprämien für die PPV erfolgt auf gemeinsamen Kalkulationsgrundlagen (Abs. 1 Satz 3) durch den PKV-Verband (im Einzelnen zur Kalkulation und dem Ausgleichsverfahren vgl. *Besche,* in: Die Pflegeversicherung, 6. Aufl. 2013, S. 56; *König,* in: H/N § 111 Rn. 14–18). Daher ist auch die Verwendung einheitlicher Versicherungsbedingungen für die PPV erforderlich. Der Poolvertrag sieht zudem die einheitliche Feststellung der Pflegebedürftigkeit im Sinne von § 6 Abs. 2 MB/PPV durch den medizinischen Dienst der privaten Pflegepflichtversicherung, die Medicproof GmbH, vor. Im Rahmen der Bruttoprämien (= Nettoprämien zuzüglich der Kostenzuschläge) ermöglicht die Vorschrift den einzelnen VersUnternehmen den Wettbewerb unter Einhaltung des gesetzlich vorgesehenen Höchstbeitrags (vgl. § 110).

V. Aufsicht durch die Bundesanstalt für Finanzdienstleistungsaufsicht

7   Zuständiges Kontrollorgan ist die Bundesanstalt für Finanzdienstleistungsaufsicht. Sie übt nach Abs. 2 die Aufsicht über die Errichtung, Ausgestaltung, Änderung und Durchführung des Risikoausgleichs aus.

Elftes Kapitel. Qualitätssicherung, Sonstige Regelungen zum Schutz der Pflegebedürftigen

Vorbemerkungen zu §§ 112 bis 120

Inhaltsübersicht

	Rn.
I. Historie und Inhalt des Kapitels	1
II. Modell der Sicherung von Pflegequalität	3
III. Verhältnis zu den heimrechtlichen Vorschriften	5
IV. Verhältnis zur Wirtschaftlichkeitsprüfung	8

I. Historie und Inhalt des Kapitels

Die Verpflichtung der Leistungserbringer und der PK, eine dem anerkannten 1 Standard entsprechende Qualität pflegerischer Leistungen zu erbringen, ergibt sich bereits aus § 28 Abs. 3 (vgl. hierzu § 28 Rn. 9–12). Die §§ 112 bis 120 sollen die Qualität der ambulanten und stationären pflegerischen Leistungen erhöhen und Missstände, die in den letzten Jahren in der Öffentlichkeit vermehrt diskutiert wurden, verhindern (Bestandsaufnahme der Lage bei *Deiseroth*, ZRP 2007, 25 ff.; *Igl*, SGb 2007, 381). Die Qualitätssicherung ist erstmals als eigenständiges Kapitel durch das PQsG vom 9. 9. 2001, BGBl. I S. 2320 mWv 1. 1. 2002 in das SGB XI eingeführt worden, hierzu *Igl/Klie*, Qualität in der Pflege, 2002, S. 3–17. Vor diesem Zeitpunkt regelte allein § 80 diesen Bereich. § 80 und der ebenfalls durch das PQsG eingefügte § 80a sind im Zuge der Zusammenführung aller Qualitätsvorschriften im 11. Kapitel durch das PflegeWEG zum 1. 7. 2008 aufgehoben worden.

Durch das PflegeWEG ergaben sich weitreichende Änderungen, auch weil das 2 System von Leistungs- und Qualitätsnachweisen gem. § 114 idF des PQsG abgeschafft und die Vereinbarung von Leistungs- und Qualitätsmerkmalen in die Pflegesatzvereinbarung (§ 84 Abs. 5) integriert wurde. Die ursprüngliche Konzeption konnte nicht umgesetzt werden, nachdem die begleitende Verordnung gem. § 118 aF durch den Bundesrat abgelehnt worden war (vgl. BR-Drucks. 588/02, hierzu *Bieback*, NZS 2004, 337). Das 11. Kapitel enthält neben der Qualitätssicherung noch Regelungen mit Bezug zum Heimrecht (§§ 117 und 119) sowie zum Pflegevertrag bei häuslicher Krankenpflege (§ 120), ohne dass dies durch eine Unterteilung in Abschnitte zum Ausdruck käme.

II. Modell der Sicherung von Pflegequalität

Nach dem PflegeWEG stützt sich die Sicherung der Pflegequalität auf **drei Säu-** 3 **len** (vgl. RegE zum PflegeWEG BT-Drucks. 16/7439, S. 41 f.; *Igl*, SDSRV Bd. 61, 2012, S. 81, 96):

– **Qualitätsentwicklung** durch Verankerung von Expertenstandards. Maßstab der Qualität pflegerischer Leistungen ist der allgemein anerkannte Stand medizinisch-pflegerischer Erkenntnisse. Im Rahmen der Qualitätssicherung müssen die fachlichen Vorgaben nicht nur angewendet werden, sondern sind Expertenstandards durch ein hierzu berufenes Vertragsgremium weiterzuentwickeln und neu zu

Vor §§ 112 bis 120 Elftes Kapitel. Qualitätssicherung, sonst. Regelungen

schaffen (§ 113a, ausführlich hierzu *Igl,* RsDE 2008, 38; zur Situation vor dem PflegeWEG *ders.,* SGb 2007, 381 ff.). Die Verbände der PKen und der Leistungserbringer sind darüber hinaus verpflichtet, allgemeine **Maßstäbe und Grundsätze (MuG)** zur Sicherung und Weiterentwicklung der Pflegequalität zu vereinbaren (§ 113). Qualitätsvereinbarungen mit Pflegeeinrichtungen sind nach § 84 Abs. 5 und 6 Bestandteil der Pflegesatzvereinbarungen. Nach § 114 Abs. 1 S. 4 sind die Pflegeeinrichtungen verpflichtet, bei den Qualitätsprüfungen mitzuwirken.
– Transparenz der Ergebnisse von Qualitätsprüfungen. Um für die Pflegebedürftigen und ihre Angehörigen Leistungen und Qualität der Pflegeeinrichtungen vergleichbar zu machen, werden Bewertungen ambulanter und stationärer Pflegeeinrichtungen erstellt und veröffentlicht (§ 115 Abs. 1a).
– Externe Qualitätssicherung durch den MDK. Diese Säule wird insbesondere durch die auf ein Jahr erhöhte Prüffrequenz für Pflegeeinrichtungen umgesetzt. Damit wird der Ansatz der Pflegequalität als „Bringschuld" der Pflegeeinrichtungen modifiziert, der vom PQsG zur Stärkung der Eigenverantwortung von Pflegeeinrichtungen eingeführt worden war (vgl. BT-Drucks. 14/5395, S. 1 und 40 aE, zur Verantwortung der Pflegeeinrichtungen aber auch § 112).

4   Mit dem **PNG** hat der Gesetzgeber zusätzliche Regelungen (§§ 114 Abs. 1 S. 5 ff., 115 Abs. 1b) eingefügt, um die Qualität der ärztlichen, fachärztlichen und zahnärztlichen Versorgung in Pflegeeinrichtungen für Pflegebedürftige und ihre Angehörigen transparenter zu gestalten. Zugleich wurde der Versuch unternommen, unkoordinierte Doppelprüfungen von Pflegeeinrichtungen, die vor allem durch parallele Zuständigkeiten der Heimaufsichtsbehörden verursacht werden, zu vermeiden (§§ 114 Abs. 3, 117 Abs. 2).

III. Verhältnis zu den heimrechtlichen Vorschriften

5   Im Zuge der **Föderalismusreform** 2006 wurden die ordnungsrechtlichen Kompetenzen für das Heimrecht als konkurrierende Gesetzgebung auf die Länder übertragen (Art. 74 Abs. 1 Nr. 7 idF des GG-ÄndG vom 28.6.2006, BGBl. I S. 2034). Von der Ermächtigung haben mittlerweile alle Bundesländer Gebrauch gemacht (*Kingreen,* NVwZ 2013, 846; zu einzelnen Ländergesetzen *Burmeister/Dinter,* NVwZ 2009, 628 ff. Das auf Grund der früheren Bundeszuständigkeit erlassene HeimG ist mit Inkrafttreten des ThürWTG zum 24.6.2014 außer Kraft getreten (vgl. Art. 125a Abs. 1 GG).

6   Die ordnungsrechtlichen Heimvorschriften auf Bundes- und Länderebene sehen ebenfalls Prüfungen der Qualität der stationären Pflegeeinrichtungen vor. Die Prüfaufträge der heimrechtlichen Behörden nach LHeimG und der Landesverbände nach SGB XI für stationäre Pflegeeinrichtungen stehen gleichberechtigt nebeneinander. Das Heimrecht setzt den Schwerpunkt auf eine Prüfung der **Strukturqualität,** die §§ 112 ff. dagegen vorrangig auf **Ergebnisqualität** (vgl. § 114 Abs. 2 Satz 3). In den Einzelheiten gibt es Überschneidungen, die durch eine Kooperation der Prüfstellen gem. § 20 HeimG bzw. den jeweiligen LHeimG, z. B. § 21 LHeimG-BW, § 17 WTG-NW und §§ 114 Abs. 3, 117 gemildert werden sollen.

7   Die privatrechtliche Seite des Heimrechts, dh die Bestimmungen über Heimverträge, hat der Bund kraft Gesetzgebungskompetenz für das **Zivilrecht** gem. Art. 74 Abs. 1 Nr. 1 GG bundeseinheitlich geregelt. Das HeimRNG (vom 29.7.2009, BGBl. I S. 2319) setzte mWv 1.10.2009 das Wohn- und Betreuungsvertragsgesetz (WBVG) in Kraft und hob die §§ 5 bis 9 HeimG auf. Gleichzeitig wurde § 119 neu gefasst.

IV. Verhältnis zur Wirtschaftlichkeitsprüfung

Zur Abgrenzung der Qualitätsprüfung zu den Inhalten der Wirtschaftlichkeitsprüfung gem. § 79 vgl. BSG, RDG 2009, 29 ff. = PflR 2009, 29 m. Anm. *Rossbruch,* PflR 2009, 39 f. 8

§ 112 Qualitätsverantwortung

(1) ¹Die Träger der Pflegeeinrichtungen bleiben, unbeschadet des Sicherstellungsauftrags der Pflegekassen (§ 69), für die Qualität der Leistungen ihrer Einrichtungen einschließlich der Sicherung und Weiterentwicklung der Pflegequalität verantwortlich. ²Maßstäbe für die Beurteilung der Leistungsfähigkeit einer Pflegeeinrichtung und die Qualität ihrer Leistungen sind die für sie verbindlichen Anforderungen in den Vereinbarungen nach § 113 sowie die vereinbarten Leistungs- und Qualitätsmerkmale (§ 84 Abs. 5).

(2) ¹Die zugelassenen Pflegeeinrichtungen sind verpflichtet, Maßnahmen der Qualitätssicherung sowie ein Qualitätsmanagement nach Maßgabe der Vereinbarungen nach § 113 durchzuführen, Expertenstandards nach § 113a anzuwenden sowie bei Qualitätsprüfungen nach § 114 mitzuwirken. ²Bei stationärer Pflege erstreckt sich die Qualitätssicherung neben den allgemeinen Pflegeleistungen auch auf die medizinische Behandlungspflege, die soziale Betreuung, die Leistungen bei Unterkunft und Verpflegung (§ 87) sowie auf die Zusatzleistungen (§ 88).

(3) Der Medizinische Dienst der Krankenversicherung und der Prüfdienst des Verbandes der privaten Krankenversicherung e. V. beraten die Pflegeeinrichtungen in Fragen der Qualitätssicherung mit dem Ziel, Qualitätsmängeln rechtzeitig vorzubeugen und die Eigenverantwortung der Pflegeeinrichtungen und ihrer Träger für die Sicherung und Weiterentwicklung der Pflegequalität zu stärken.

Inhaltsübersicht

	Rn.
I. Geltende Fassung	1
II. Normzweck und Überblick	2
III. Grundsatz (Abs. 1)	3
IV. Rahmen für Pflegeeinrichtungen (Abs. 2)	4
V. Beratung durch den MDK (Abs. 3)	5

I. Geltende Fassung

§ 112 wurde neu gefasst durch Art. 1 Nr. 23 PQsG (vom 9.9.2001, BGBl. I S. 2320) mWv 1.1.2002. Nur Abs. 1 Satz 1 hat unverändert die Fassung des PQsG. Im Übrigen wurde die Norm durch Art. 1 Nr. 69 PflegeWEG (vom 28.5.2008, BGBl. I S. 874) mWv 1.7.2008 umbenannt und umgestaltet. Der geänderte Abs. 1 Satz 2 und der neu gefasste Abs. 2 haben die Fassung des RegE zum PflegeWEG (BT-Drucks. 16/7439, S. 22, Begr. S. 81). Abs. 3 (aF) wurde aufgehoben, der neue Abs. 3 entspricht der Beschlussempfehlung des AfG (BT-Drucks. 16/8525, S. 47, Begr. S. 102). Durch Art. 6 Nr. 2 des G zur Änderung des Infektionsschutzgesetzes und weiterer Vorschriften vom 28.7.2011 (BGBl. I S. 1622) wurde Abs. 3 ergänzt. 1

§ 113 Elftes Kapitel. Qualitätssicherung, sonst. Regelungen

II. Normzweck und Überblick

2 § 112 regelt in Abs. 1 die grundsätzliche **Qualitätsverantwortung** der Träger der Pflegeeinrichtungen. Abs. 2 fasst die Verpflichtungen der Qualitätssicherung für zugelassene Pflegeeinrichtungen zusammen, die in anderen Bestimmungen des Kapitels näher ausgestaltet werden. Die Pflegeeinrichtungen und ihre Träger haben gem. Abs. 3 einen Anspruch gegen den MDK bzw. den Prüfdienst des PKV auf Beratung.

III. Grundsatz (Abs. 1)

3 Träger der Pflegeeinrichtungen können sich aufgrund des Abs. 1 Satz 1 von ihrer Verantwortung für die **Pflegequalität** nicht mit dem Verweis auf den Sicherstellungsauftrag der PKen gem. § 69 entlasten. Die Träger haben die zur Qualitätssicherung erforderliche Personal- und Sachausstattung vorzuhalten, vgl. BT-Drucks. 14/5395 zu § 112, S. 39. In den Maßstäben der Leistungsfähigkeit und -qualität des Abs. 1 Satz 2 fehlt der Verweis auf § 113a, obwohl sich auch hieraus verbindliche Vorgaben für die Pflegequalität ergeben (ohne Begründung BT-Drucks. 16/7439 zu Nr. 69, § 112, S. 81). Die Maßstäbe der Pflegequalität werden nicht erst durch die Qualitätsprüfung konkretisiert und aktualisiert; ihre Einhaltung ist nunmehr Vorbedingung für eine Zulassung gem. § 72 (BSG, SozR 4-3300 § 115 Nr. 2 = SGB 2014, 505).

IV. Rahmen für Pflegeeinrichtungen (Abs. 2)

4 Abs. 2 gibt den Rahmen für die Sicherung und Weiterentwicklung der Pflegequalität durch zugelassene Pflegeeinrichtungen vor. Satz 1 zählt die Verpflichtungen auf, die sie insoweit treffen (§§ 113, 113a und 114), Satz 2 legt den Gegenstand der Qualitätssicherung für die stationäre Pflege fest (vgl. auch § 114 Abs. 2 Satz 5).

V. Beratung durch den MDK (Abs. 3)

5 Seit 1.7.2008 besteht nach Abs. 3 in Fragen der Qualitätssicherung ein Anspruch auf Beratung durch den MDK (BT-Drucks. 16/8525 zu Nr. 69, § 112, S. 136), der mit dem G z Änderung des InfektionsschutzG auf den Prüfdienst des PKV erweitert wurde.

§ 113 Maßstäbe und Grundsätze zur Sicherung und Weiterentwicklung der Pflegequalität

(1) ¹**Der Spitzenverband Bund der Pflegekassen, die Bundesarbeitsgemeinschaft der überörtlichen Träger der Sozialhilfe, die Bundesvereinigung der kommunalen Spitzenverbände und die Vereinigungen der Träger der Pflegeeinrichtungen auf Bundesebene vereinbaren bis zum 31. März 2009 gemeinsam und einheitlich unter Beteiligung des Medizinischen Dienstes des Spitzenverbandes Bund der Krankenkassen, des Verbandes der privaten Krankenversicherung e. V., der Verbände der Pflegeberufe auf Bundesebene, der maßgeblichen Organisationen für die Wahrnehmung der Interessen und der Selbsthilfe der pflegebedürftigen und behinderten Menschen sowie unabhängiger Sachverständiger Maßstäbe und Grundsätze für die Qualität und die Qualitätssicherung in der ambulanten und stationären Pflege sowie**

für die Entwicklung eines einrichtungsinternen Qualitätsmanagements, das auf eine stetige Sicherung und Weiterentwicklung der Pflegequalität ausgerichtet ist. ²Die Vereinbarungen sind im Bundesanzeiger zu veröffentlichen und gelten vom ersten Tag des auf die Veröffentlichung folgenden Monats. ³Sie sind für alle Pflegekassen und deren Verbände sowie für die zugelassenen Pflegeeinrichtungen unmittelbar verbindlich. ⁴In den Vereinbarungen nach Satz 1 sind insbesondere auch Anforderungen zu regeln

1. an eine praxistaugliche, den Pflegeprozess unterstützende und die Pflegequalität fördernde Pflegedokumentation, die über ein für die Pflegeeinrichtungen vertretbares und wirtschaftliches Maß nicht hinausgehen dürfen,
2. an Sachverständige und Prüfinstitutionen nach § 114 Abs. 4 im Hinblick auf ihre Zuverlässigkeit, Unabhängigkeit und Qualifikation,
3. an die methodische Verlässlichkeit von Zertifizierungs- und Prüfverfahren nach § 114 Abs. 4, die den jeweils geltenden Richtlinien des Spitzenverbandes Bund der Pflegekassen über die Prüfung der in Pflegeeinrichtungen erbrachten Leistungen und deren Qualität entsprechen müssen sowie
4. an ein indikatorengestütztes Verfahren zur vergleichenden Messung und Darstellung von Ergebnisqualität im stationären Bereich, das auf der Grundlage einer strukturierten Datenerhebung im Rahmen des internen Qualitätsmanagements eine Qualitätsberichterstattung und die externe Qualitätsprüfung ermöglicht.

(2) ¹Die Vereinbarungen nach Absatz 1 können von jeder Partei mit einer Frist von einem Jahr ganz oder teilweise gekündigt werden. ²Nach Ablauf des Vereinbarungszeitraums oder der Kündigungsfrist gilt die Vereinbarung bis zum Abschluss einer neuen Vereinbarung weiter.

(3) ¹Kommen Vereinbarungen nach Absatz 1 innerhalb von sechs Monaten, nachdem eine Vertragspartei schriftlich zu Verhandlungen aufgefordert hat, ganz oder teilweise nicht zustande, kann jede Vertragspartei oder das Bundesministerium für Gesundheit die Schiedsstelle nach § 113b anrufen. ²Die Schiedsstelle setzt mit der Mehrheit ihrer Mitglieder innerhalb von drei Monaten den Inhalt der Vereinbarungen fest.

Inhaltsübersicht

	Rn.
I. Geltende Fassung	1
II. Normzweck und Überblick	2
III. Vereinbarungen zur Qualitätssicherung	3
IV. Vertragsparteien	5
V. Zustandekommen und Kündigung	6
VI. Schiedsverfahren	7

I. Geltende Fassung

§ 113 wurde neu gefasst durch Art. 1 Nr. 70 PflegeWEG (vom 28.5.2008, BGBl. I S. 874) mWv 1.7.2008. Die Vorschrift übernimmt den aufgehobenen § 80 Abs. 2 unverändert und dessen Abs. 1 und 3 in modifizierter Form. § 113 hat weitgehende die Fassung des RegE übernommen von PflegeWEG (BT-Drucks. 16/7439, S. 22, Begr. S. 81). Durch die Beschlussempfehlung des AfG wurde der in § 80 aF nicht enthaltene Abs. 1 Satz 4 redaktionell geändert und Abs. 3 Satz 3 und 4 gestrichen, vgl. BT-Drucks. 16/8525, S. 67, Begr. S. 136. Durch Art. 1 Nr. 40 PNG (vom 23.10.2012, BGBl. I S. 2246) wurden Abs. 1 S. 2 und Abs. 3 S. 1 ergänzt, in Abs. 1 S. 4 wurde Nr. 4 angefügt.

II. Normzweck und Überblick

2 § 113 erteilt den Auftrag, Vereinbarungen zur Sicherung und Weiterentwicklung der Pflegequalität in der PV zu schließen (Abs. 1). Abs. 2 regelt Einzelheiten der Kündigung und Abs. 3 das Verfahren bei Nichteinigung. Durch Vereinbarungen nach § 113 soll der allgemein anerkannte Stand medizinisch-pflegerischer Erkenntnisse (§§ 11 Abs. 1, 28 Abs. 3 und § 69 Satz 1, 113a Abs. 1 Satz 2) in der Leistungserbringung umgesetzt werden. Aus der Erfahrung über die fehlende Einigungsfähigkeit der Selbstverwaltung zur Fortentwicklung der bis zum PflegeWEG geltenden „Gemeinsamen Grundsätze und Maßstäbe zur Qualität und Qualitätssicherung in der ambulanten, teil- und vollstationären Pflege" auf der Grundlage des früheren § 80 hat der Gesetzgeber in Abs. 3 ein **Schiedsverfahren** eingeführt.

III. Vereinbarungen zur Qualitätssicherung

3 Die in Abs. 1 Satz 1 geregelte Pflicht zur Vereinbarung von Maßstäben und Grundsätzen **(MuG)** zur Sicherung und Weiterentwicklung der Pflegequalität sowie zur Entwicklung eines einrichtungsinternen Qualitätsmanagements ist von den in Satz 1 aufgeführten Vertragspartnern erst nach Ablauf der ursprünglich bis 31.3.2009 bemessenen Frist unter Einschaltung der Schiedsstelle nach § 113b erfüllt worden. Maßstäbe und Grundsätze für die ambulante und die vollstationäre Pflege wurden am 27.5.2011 festgesetzt (BAnz. Nr. 108, S. 2567 und 2573), für die teilstationäre Pflege am 8.2.2013 (BAnz. AT vom 28.2.2013 B2); veröffentlicht auch unter www.gkv-spitzenverband.de/pflegeversicherung/richtlinien. Zur Fortgeltung der Grundsätze und Maßstäbe nach § 80 aF bis zum Abschluss von Vereinbarungen gem. § 113 vgl. BSG, Urteil vom 22.4.2009, B 3 P 14/07 R, PflR 2009, 443ff.

4 Vereinbarungen können für alle qualitätsrelevanten Gegenstände geschlossen werden. Abs. 1 Satz 4 verpflichtet speziell zum Abschluss von Vereinbarungen über die Dokumentation der Pflege (Nr. 1) und das durch das PflegeWEG neu eingeführte Prüf- und Zertifizierungsverfahren nach § 114 Abs. 4 (Nr. 2 und 3). Vor allem die Anforderungen an eine praxistaugliche Pflegedokumentation werden, wie die Begründung zum Entwurf des PflegeWEG (BT-Drucks. 16/7439, S. 82) deutlich macht, erheblich überzogen; zur Kritik vgl. *Bachem-Klie,* in: LPK-SGB XI, § 113 Rn. 9. Der durch das PNG hinzugefügte Regelungsgegenstand der MuG in Nr. 4 – Anforderungen an ein indikatorengestütztes Verfahren zur vergleichenden Messung und Darstellung von Ergebnisqualität im stationären Bereich – bezieht sich auf die Verknüpfung von internem Qualitätsmanagement der Einrichtung und externer Qualitätssicherung bzw. –prüfung. Es sollen Indikatoren entwickelt bzw. evaluiert werden, die geeignet sind, die Qualität der Versorgungssituation zu erkennen (*Wingenfeld/Engels,* Entwicklung und Erprobung von Instrumenten zur Beurteilung der Ergebnisqualität in der stationären Pflege, Bielefeld 2011; *Bachem-Klie,* in: LPK-SGB XI, § 113 Rn. 12; vgl. auch die die Begründung des Gesundheitsausschusses, auf den die Einfügung der Nr. 4 zurückgeht, BT Drucks. 17/10170, S. 18). Jede der beteiligten Parteien trägt die eigenen Kosten für Entwicklung und Abschluss der Vereinbarungen.

IV. Vertragsparteien

5 Abs. 1 bezeichnet neben den am Zustandekommen der Vereinbarungen zu beteiligenden, dh anzuhörenden Organisationen und Sachverständigen diejenigen Parteien, die die Vereinbarungen abzuschließen haben. Während diese aufseiten der Kostenträger und ihrer Vereinigungen eindeutig zu identifizieren sind, ist die Sammelbezeich-

nung „Vereinigungen der Träger der Pflegeeinrichtungen auf Bundesebene" nicht eindeutig. Zumal eine Pflicht der Einrichtungsträger, sich einer Vereinigung anzuschließen, nicht existiert. Für eine entsprechende Heranziehung der in anderem Zusammenhang aufgestellten Fünfprozentgrenze (§§ 85 Abs. 2 und 89 Abs. 2) bietet der Wortlaut von Abs. 1 Satz 1 und der gänzlich andere Zweck der Vereinbarung keine Grundlage. Das LSG Nordrhein-Westfalen (Urteil vom 23.5.2012, L 10 P 84/09, Rn. 43 = BeckRS 2012, 71815) hält angesichts des Bekenntnisses des SGB XI zur Trägervielfalt (§ 11 Abs. 2) zutreffend eine Begrenzung des Kreises der Trägervereinigungen nur insoweit für vertretbar, als die gesetzliche Aufgabe der Vertragsparteien dies erfordert. Im Rahmen des § 113 bedeute dies im Hinblick auf die Möglichkeit, eine Entscheidung der Schiedsstelle nach § 113b herbeiführen zu können, dass auch eine bestimmte Mitgliederzahl hier nicht erforderlich sei. Problematischer ist die Festlegung einer bestimmten „Mächtigkeit" der Vereinigung im Rahmen des § 113b Abs. 2 bei der Besetzung der Schiedsstelle, weil dort die Zahl der Vertreter begrenzt ist.

V. Zustandekommen und Kündigung

Vereinbarungen nach Abs. 1 Satz 1 werden von den Vertragsparteien einstimmig 6 geschlossen. Den am Verfahren zu beteiligenden Institutionen steht kein Vorschlagsrecht, sondern nur ein Anhörungsrecht zu. Die Vereinbarungen sind nach Abs. 1 Satz 3 für die Pflegekassen, deren Verbände sowie die zugelassenen Pflegeeinrichtungen verbindlich. Dies gilt auch dann, wenn die Pflegeeinrichtungen nicht in den beteiligten Verbänden organisiert sind (zur vergleichbaren Problematik iR des § 75 vgl. dort Rn. 13). Es handelt sich bei den Vereinbarungen um sog. **Normenverträge,** hierzu *Axer,* Normsetzung der Exekutive in der Sozialversicherung, S. 94; kritisch *Leitherer,* in: KassKomm, SGB XI, § 113 Rn. 11. Nach einer Kündigung gem. Abs. 2 Satz 1 gilt bis zum Neuabschluss nach Abs. 2 Satz 2 die bisherige Vereinbarung zur Verhinderung eines vertragslosen Zustandes weiter.

VI. Schiedsverfahren

Kommt über die nach Abs. 1 zu vereinbarenden Maßstäbe und Grundsätze inner- 7 halb einer Frist von sechs Monaten keine Einigung zustande, können die Vertragsparteien und das BMG nach Abs. 3 Satz 1 die **Schiedsstelle** gem. § 113b anrufen. Für den Beginn der Frist ist der Zugang einer Aufforderung einer Vertragspartei zu Vertragsverhandlungen bei anderen Parteien maßgebend. Die Schiedsstelle setzt den Inhalt der Vereinbarungen binnen drei Monaten nach Eingang des Ersuchens fest (Satz 2).

§ 113a Expertenstandards zur Sicherung und Weiterentwicklung der Qualität in der Pflege

(1) ¹**Die Vertragsparteien nach § 113 stellen die Entwicklung und Aktualisierung wissenschaftlich fundierter und fachlich abgestimmter Expertenstandards zur Sicherung und Weiterentwicklung der Qualität in der Pflege sicher.** ²**Expertenstandards tragen für ihren Themenbereich zur Konkretisierung des allgemein anerkannten Standes der medizinisch-pflegerischen Erkenntnisse bei.** ³**Der Medizinische Dienst des Spitzenverbandes Bund der Krankenkassen, der Verband der privaten Krankenversicherung e. V., die Verbände der Pflegeberufe auf Bundesebene, die maßgeblichen Organisationen für die Wahrnehmung der Interessen und der Selbsthilfe der pflegebedürftigen und behinderten Menschen auf Bundesebene sowie unabhängige**

§ 113a

Elftes Kapitel. Qualitätssicherung, sonst. Regelungen

Sachverständige sind zu beteiligen. ⁴Sie können vorschlagen, zu welchen Themen Expertenstandards entwickelt werden sollen. ⁵Der Auftrag zur Entwicklung oder Aktualisierung und die Einführung von Expertenstandards erfolgen jeweils durch einen Beschluss der Vertragsparteien. ⁶Kommen solche Beschlüsse nicht zustande, kann jede Vertragspartei sowie das Bundesministerium für Gesundheit im Einvernehmen mit dem Bundesministerium für Familie, Senioren, Frauen und Jugend die Schiedsstelle nach § 113b anrufen. ⁷Ein Beschluss der Schiedsstelle, dass ein Expertenstandard gemäß der Verfahrensordnung nach Absatz 2 zustande gekommen ist, ersetzt den Einführungsbeschluss der Vertragsparteien.

(2) ¹Die Vertragsparteien stellen die methodische und pflegefachliche Qualität des Verfahrens der Entwicklung und Aktualisierung von Expertenstandards und die Transparenz des Verfahrens sicher. ²Die Anforderungen an die Entwicklung von Expertenstandards sind in einer Verfahrensordnung zu regeln. ³In der Verfahrensordnung ist das Vorgehen auf anerkannter methodischer Grundlage, insbesondere die wissenschaftliche Fundierung und Unabhängigkeit, die Schrittfolge der Entwicklung, der fachlichen Abstimmung, der Praxiserprobung und der modellhaften Umsetzung eines Expertenstandards sowie die Transparenz des Verfahrens festzulegen. ⁴Die Verfahrensordnung ist durch das Bundesministerium für Gesundheit im Benehmen mit dem Bundesministerium für Familie, Senioren, Frauen und Jugend zu genehmigen. ⁵Kommt eine Einigung über eine Verfahrensordnung bis zum 30. September 2008 nicht zustande, wird sie durch das Bundesministerium für Gesundheit im Benehmen mit dem Bundesministerium für Familie, Senioren, Frauen und Jugend festgelegt.

(3) ¹Die Expertenstandards sind im Bundesanzeiger zu veröffentlichen. ²Sie sind für alle Pflegekassen und deren Verbände sowie für die zugelassenen Pflegeeinrichtungen unmittelbar verbindlich. ³Die Vertragsparteien unterstützen die Einführung der Expertenstandards in die Praxis.

(4) ¹Die Kosten für die Entwicklung und Aktualisierung von Expertenstandards und Verwaltungskosten, die vom Spitzenverband Bund der Pflegekassen getragen werden. ²Die privaten Versicherungsunternehmen, die die private Pflege-Pflichtversicherung durchführen, beteiligen sich mit einem Anteil von 10 vom Hundert an den Aufwendungen nach Satz 1. ³Der Finanzierungsanteil, der auf die privaten Versicherungsunternehmen entfällt, kann von dem Verband der privaten Krankenversicherung e.V. unmittelbar an den Spitzenverband Bund der Pflegekassen geleistet werden.

Inhaltsübersicht

	Rn.
I. Geltende Fassung	1
II. Normzweck und Überblick	2
III. Expertenstandards	3
1. Vertragsparteien	4
2. Beschlussfassung und Veröffentlichung	5
IV. Verfahrensordnung (Abs. 2)	7
V. Kostenverteilung (Abs. 4)	8

I. Geltende Fassung

1 § 113a ist durch Art. 1 Nr. 71 PflegeWEG (vom 28.5.2008, BGBl. I S. 874) mWv 1.7.2008 eingeführt worden. Die Vorschrift hat die Fassung des RegE zum Pflege-

Expertenstandards zur Sicherung und Weiterentwicklung § 113a

WEG (BT-Drucks. 16/7439, S. 23, Begr. S. 83) und kein Vorbild in früheren Gesetzesfassungen.

II. Normzweck und Überblick

§ 113a regelt ein Verfahren zur Entwicklung fachlicher Qualitätsstandards in der 2
Pflege. Expertenstandards nach Abs. 1 werden im Rahmen einer von den Parteien gem. Abs. 2 vereinbarten Verfahrensordnung entwickelt. Abs. 3 regelt die Verbindlichkeit und praktische Umsetzung der Standards, Abs. 4 die Verteilung der Entwicklungskosten.

III. Expertenstandards

Expertenstandards konkretisieren nach Abs. 1 Satz 2 den allgemein anerkannten 3
Stand der medizinisch-pflegerischen Erkenntnisse (vgl. auch §§ 11 Abs. 1, 28 Abs. 3 und § 69 Satz 1). Sie werden im Rahmen einer Qualitätsprüfung als Maßstab für die Qualität der Pflege herangezogen (§ 114 Abs. 2 Satz 2) und können die Grundlage einer Vereinbarung nach § 113 sein. Vorbild für die Gesetzesfassung waren die bereits in der Pflegewissenschaft eingeführten Expertenstandards des Deutschen Netzwerk für Qualitätsentwicklung in der Pflege (DNQP). Expertenstandards gem. § 113a sollen das Ergebnis eines **wissenschaftlich organisierten und konsensorientierten Diskussionsprozesses** darstellen (BT-Drucks. 16/7439, S. 83). Anders als die vom DNQP entwickelten Standards, die ausschließlich den Stand der Pflegewissenschaft abbilden, können Expertenstandards unter § 113a nach der Vorstellung des Gesetzgebers auch multidisziplinär erarbeitet werden (BT-Drucks. 16/7439, S. 84).

Seit Inkrafttreten des § 113a zum 1.7.2008 ist kein Expertenstandard beschlossen 3a
worden. Erst im März 2013 wurde der erste Auftrag zur Schaffung eines Expertenstandards zur Erhaltung und Förderung der Mobilität von den Vertragsparteien vergeben. Ferner ist die vom Gesetzgeber intendierte Einbindung der bereits bestehenden Expertenstandards des DNQP in das System des § 113a im Rahmen einer Aktualisierung (vgl. BT-Drucks. 16/7439, S. 83) bisher nicht erfolgt, vielmehr werden diese gesondert weiter entwickelt. Es droht damit ein Zustand, in dem zwei nebeneinander bestehende Systeme von Expertenstandards in der Pflege entstehen, die unterschiedliche oder sogar nicht miteinander vereinbare Inhalte aufweisen.

1. Vertragsparteien

Die Sicherstellung der Schaffung von Expertenstandards ist den Vertragsparteien 4
gem. § 113 übertragen. Diese verfügen selbst nicht über das fachwissenschaftliche Know-how, auch existiert in der SPV kein dem IQWIG gem. § 139a SGB V vergleichbares, von den Leistungsträgern und -erbringern unabhängiges Institut zur Weiterentwicklung fachlicher Qualitätsstandards. Die Vertragsparteien sind daher darauf angewiesen, im Wege von Ausschreibungen nach Maßgabe der Verfahrensordnung Entwicklungsaufträge für Expertenstandards zu vergeben. Wie im Rahmen von § 113 bestehen Beteiligungsrechte für den MDS, die PKV und bestimmte Interessenverbände, Abs. 1 Satz 3. Den zu beteiligenden Einrichtungen weist Abs. 1 Satz 4 neben dem Beteiligungs- auch ein Vorschlagsrecht für Expertenstandards zu. Die Norm spezifiziert nicht näher, bei welchen Verfahrensschritten die Beteiligung erfolgt, sodass von einem Beteiligungsrecht in jeder Phase des Verfahrens ausgegangen werden muss. Dies gilt auch für den Schritt der Beschlussfassung über die Beauftragung eines Expertenstandards, auch wenn die Verfahrensordnung (dort unter 4.) die Beteiligung der Institutionen gem. Abs. 1 Satz 3 nicht ausdrücklich erwähnt. Kritisch zur Beteiligtenstruktur im

§ 113a

Hinblick auf eine daraus resultierende einseitige Ausrichtung auf die Pflegewissenschaften *Igl,* RsDE 2008, 38 ff.

2. Beschlussfassung und Veröffentlichung

5   Nach Abs. 1 Satz 5 ist für den Auftrag zur Er- bzw. Überarbeitung eines Expertenstandards sowie für seine Einführung jeweils ein Beschluss der Vertragsparteien erforderlich. Bei Nichteinigung können die Vertragsparteien sowie das BMG im Einvernehmen mit dem BMFSFJ das Schiedsverfahren gem. § 113b einleiten, Abs. 1 Satz 6. Den nach Abs. 1 Satz 3 zu beteiligenden Parteien steht diese Befugnis hingegen nicht zu, auch nicht in Bezug auf ihr Vorschlagsrecht. Die Schiedsstelle kann im Beschluss nach Abs. 1 Satz 7 nicht lediglich strittige Verfahrens- und Formfragen entscheiden, sondern auch fachlich-inhaltliche Festlegungen treffen (ebenso *Igl,* RsDE 2008, 38; a. A. *Tybussek,* GesR 2008, 403, 408). Zur sozialgerichtlichen Überprüfung vgl. § 113b Abs. 1 Satz 3, dort Rn. 4a.

6   Nach Abs. 3 Satz 2 sind Expertenstandards für PKen, deren Verbände und die zugelassenen Pflegeeinrichtungen verbindlich. Die Veröffentlichung der Standards im BAnz. nach Abs. 3 Satz 1 ist angesichts der haftungsrechtlichen Folgen ihrer Nichtbeachtung (BT-Drucks. 16/7439 zu Nr. 71, §§ 113a und 113b, S. 83) der maßgebliche Zeitpunkt für die Verbindlichkeit. Die Verpflichtung des Abs. 3 Satz 3 zur Unterstützung der Einführung von Expertenstandards hat nur programmatischen Charakter. Sie legt weder Vorgaben für die Art und Weise der Unterstützung fest, noch werden Pflichtverletzungen sanktioniert.

IV. Verfahrensordnung (Abs. 2)

7   Abs. 2 Satz 1 überträgt den Vertragsparteien den Auftrag, die Verfahrensqualität und -transparenz bei der Schaffung und Aktualisierung von Expertenstandards sicher zu stellen. Die aufgrund von Satz 2 beschlossene Verfahrensordnung zur Schaffung von Expertenstandards zur Sicherung und Weiterentwicklung der Qualität in der Pflege ist nach Beanstandungen durch das BMG überarbeitet worden und am 1.4.2009 in Kraft getreten (abrufbar unter www.gkv-spitzenverband.de; vgl. zur ersten Fassung *Theuerkauf,* Die Schwester – Der Pfleger 2009, 184 ff.). Abs. 2 Satz 5 ist damit gegenstandslos. Die Verfahrensordnung konkretisiert den von Abs. 2 Satz 3 vorstrukturierten Ablauf der Erarbeitung von Expertenstandards, der auch den Materialien zu entnehmen ist (BT-Drucks. 16/7439, S. 84). Danach wird ein Entwurf des beauftragten Expertenstandards von einer Expertengruppe nach evidenzbasierten Regeln entwickelt (5.1. Verfahrensordnung) und anschließend in einer fachlichen Abstimmung auf einer Fachkonferenz konsentiert (5.3. Verfahrensordnung). Das konsentierte Ergebnis des Expertenstandards wird einer Praxiserprobung in Modellprojekten mit erneuter fachlicher Abstimmung unterzogen. Schließlich folgt die Beschlussfassung mit Implementierung und ggf. späterer Aktualisierung.

V. Kostenverteilung (Abs. 4)

8   Der Gesetzgeber definiert die Kosten der Entwicklung von Expertenstandards als Verwaltungskosten des Spitzenverbandes Bund der PKen, vgl. §§ 217d, 208 Abs. 2 SGB V, § 53 Satz 2. Die Unternehmen der PPV bzw. ihr Verband werden zu 10% an den Aufwendungen hierfür beteiligt (Abs. 4 Satz 2 und 3).

§ 113b Schiedsstelle Qualitätssicherung

(1) ¹Die Vertragsparteien nach § 113 richten gemeinsam bis zum 30. September 2008 eine Schiedsstelle Qualitätssicherung ein. ²Diese entscheidet in den ihr nach diesem Gesetz zugewiesenen Fällen. ³Gegen die Entscheidung der Schiedsstelle ist der Rechtsweg zu den Sozialgerichten gegeben. ⁴Ein Vorverfahren findet nicht statt; die Klage gegen die Entscheidung der Schiedsstelle hat keine aufschiebende Wirkung.

(2) ¹Die Schiedsstelle besteht aus Vertretern des Spitzenverbandes Bund der Pflegekassen und der Vereinigungen der Träger der Pflegeeinrichtungen auf Bundesebene in gleicher Zahl sowie einem unparteiischen Vorsitzenden und zwei weiteren unparteiischen Mitgliedern. ²Die unparteiischen Mitglieder sowie deren Stellvertreter werden von den Vertragsparteien gemeinsam bestellt. ³Kommt eine Einigung nicht zustande, werden die unparteiischen Mitglieder und ihre Vertreter bis zum 31. Oktober 2008 durch den Präsidenten des Bundessozialgerichts berufen. ⁴Der Schiedsstelle gehört auch ein Vertreter der Arbeitsgemeinschaft der überörtlichen Träger der Sozialhilfe und ein Vertreter der kommunalen Spitzenverbände an; sie werden auf die Zahl der Vertreter des Spitzenverbandes Bund der Pflegekassen angerechnet. ⁵Der Schiedsstelle kann auch ein Vertreter des Verbandes der privaten Krankenversicherung e. V. angehören, dieser wird auch auf die Zahl der Vertreter des Spitzenverbandes Bund der Pflegekassen angerechnet. ⁶Ein Vertreter der Verbände der Pflegeberufe kann der Schiedsstelle unter Anrechnung auf die Zahl der Vertreter der Vereinigungen der Träger der Pflegeeinrichtungen angehören. ⁷Soweit die beteiligten Organisationen bis zum 30. September 2008 keine Mitglieder bestellen, wird die Schiedsstelle durch die drei vom Präsidenten des Bundessozialgerichts berufenen unparteiischen Mitglieder gebildet.

(3) ¹Die Vertragsparteien nach § 113 vereinbaren in einer Geschäftsordnung das Nähere über die Zahl, die Bestellung, die Amtsdauer, die Amtsführung, die Erstattung der baren Auslagen und die Entschädigung für den Zeitaufwand der Mitglieder der Schiedsstelle sowie die Geschäftsführung, das Verfahren, die Erhebung und die Höhe der Gebühren und die Verteilung der Kosten. ²Kommt die Geschäftsordnung bis zum 30. September 2008 nicht zustande, wird ihr Inhalt durch das Bundesministerium für Gesundheit bestimmt. ³Entscheidungen der Schiedsstelle sind mit der Mehrheit ihrer Mitglieder innerhalb von drei Monaten zu treffen; im Übrigen gilt § 76 Abs. 3 entsprechend.

(4) ¹Die Rechtsaufsicht über die Schiedsstelle führt das Bundesministerium für Gesundheit. ²Es kann die Rechtsaufsicht ganz oder teilweise sowie dauerhaft oder vorübergehend auf das Bundesversicherungsamt übertragen.

Inhaltsübersicht

	Rn.
I. Geltende Fassung	1
II. Normzweck und Überblick	2
III. Grundlagen der Schiedsstelle	3
1. Aufgaben und Rechtsweg (Abs. 1)	4
2. Zusammensetzung und Besetzungsverfahren (Abs. 2)	5
3. Geschäftsordnung (Abs. 3)	6
IV. Aufsicht (Abs. 4)	7

§ 113b Elftes Kapitel. Qualitätssicherung, sonst. Regelungen

I. Geltende Fassung

1 § 113b ist durch Art. 1 Nr. 71 PflegeWEG (vom 28.5.2008, BGBl. I S. 874) mWv 1.7.2008 eingeführt worden. Die Vorschrift hat kein Vorbild in früheren Gesetzesfassungen. Durch die Beschlussempfehlung des AfG ist die Fassung des RegE zum PflegeWEG (BT-Drucks. 16/7439, S. 24, Begr. S. 84) um Abs. 2 Satz 7 und Abs. 3 ergänzt und der Fristablauf in Abs. 1 und 2 angepasst worden, vgl. BT-Drucks. 16/8525, S. 50, Begr. S. 102.

II. Normzweck und Überblick

2 § 113b regelt die Einrichtung und Zusammensetzung der Schiedsstelle Qualitätssicherung. Abs. 1 legt Aufgabenstellung und Rechtsweg gegen die Entscheidungen der Schiedsstelle fest, Abs. 2 bestimmt die Zusammensetzung und Berufung der Mitglieder. Vorgaben für die zu vereinbarende Geschäftsordnung und die Aufsicht über die Schiedsstelle sind in Abs. 3 bzw. 4 enthalten.

III. Grundlagen der Schiedsstelle

3 Die Schiedsstelle Qualitätssicherung ist durch gemeinsamen Beschluss der Vertragsparteien (Abs. 1 Satz 1, § 81 Abs. 1 Satz 1) fristgerecht errichtet worden. Der Ersatzvornahmen zur Bestellung der Mitglieder und Errichtung der Geschäftsordnung (GO) gem. Abs. 2 Satz 3 und 7 bzw. Abs. 3 Satz 2 bedurfte es nicht.

1. Aufgaben und Rechtsweg (Abs. 1)

4 Die Schiedsstelle Qualitätssicherung entscheidet – nach Anrufung – in folgenden gesetzlich vorgesehenen Fällen:
- Entscheidung darüber, ob ein Auftrag zur Entwicklung bzw. Aktualisierung eines Expertenstandards erteilt werden soll nach § 113a Abs. 1 Satz 6,
- Beschluss über das Zustandekommen eines Expertenstandards gemäß der Verfahrensordnung nach § 113a Abs. 1 Satz 7,
- Festsetzung von Vereinbarungen nach § 113 Abs. 3 Satz 1, wenn innerhalb einer Frist von sechs Monaten keine Einigung der Vertragsparteien zustande kommt,
- Festsetzung der Kriterien zur Veröffentlichung von Prüfberichten nach § 115 Abs. 1a Satz 12 (gegenstandslos bei vertraglicher Vereinbarung).

4a Entscheidungen sind innerhalb von **drei Monaten** nach Eingang des Anrufungsersuchens mit der Mehrheit der Mitglieder zu treffen, Abs. 3 Satz 3 HS. 1 iVm. § 10 Abs. 1 GO. Eine Sanktion für die Fristüberschreitung ist in Abs. 3 nicht geregelt. Gegen Entscheidungen der Schiedsstelle ist der Weg zu den Sozialgerichten ohne Vorverfahren und aufschiebende Wirkung gegeben, Abs. 1 Satz 3 und 4. Der sozialgerichtliche Überprüfungsmaßstab beschränkt sich darauf, ob der Sachverhalt in einem fairen Verfahren ermittelt wurde und der Beurteilungsspielraum sowie zwingendes Gesetzesrecht beachtet wurden (BSGE 87, 199 zu § 76; *von Laffert*, RsDE Nr. 64 (2007), S. 27; *Schlegel*, MedR 2008, 30 zu vergleichbaren Fragestellungen beim GBA).

4b Klagebefugt sind die Beteiligten, die ein Schiedsverfahren bei der Stelle nach § 113b einleiten können. Dies sind jedenfalls die Vertragsparteien gem. § 113 Abs. 1 Satz 1. Da im Rahmen der Vereinbarungen gem. § 113 Abs. 3 bzw. Standardfindung gem. § 113a Abs. 1 Satz 7 auch das BMG bzw. BFSFJ antragsberechtigt sind, muss ihnen auch ein Klagerecht eingeräumt werden (offenbar a. A. *Altmiks*, in: juris-PK, SGB XI, § 113b Rn. 19).

Qualitätsprüfungen **§ 114**

2. Zusammensetzung und Besetzungsverfahren (Abs. 2)

Die Regelungen zur Besetzung der Schiedsstelle und zum Besetzungsverfahren in 5
Abs. 2 legen nur einen Rahmen fest, der ausfüllungsbedürftig und durch die Geschäftsordnung (unten Rn. 6) zwischenzeitlich konkretisiert worden ist. Nur für die erstmalige Bildung der Schiedsstelle ist festgelegt, wie bei fehlender Einigung zu verfahren ist. Die Fristbestimmungen „31.10.2008" (Satz 3 für die unparteiischen Mitglieder) sowie „30.9.2008" (Satz 7 für die Vertreter der beteiligten Organisationen) sind trotz Zeitablaufs im PNG nicht geändert worden. Problematisch ist vor allem die Zusammensetzung der Vertreter der Vereinigungen der Einrichtungsträger. Anders als im Rahmen des § 113 Abs. 1 (dort Rn. 5) muss im Hinblick auf die Funktionsfähigkeit der Schiedsstelle eine Abstufung nach der Mitgliederstärke der in Betracht kommenden Vereinigungen vorgenommen werden.

3. Geschäftsordnung (Abs. 3)

Die Geschäftsordnung (GO, Abs. 3) wurde mit den Inhalten des Abs. 3 Satz 1 mit 6
Wirkung zum 1.10.2008 beschlossen. § 2 GO legt die in Abs. 2 Satz 1 nicht vorgegebene Anzahl der Vertreter des Spitzenverbandes Bund der PKen und der Bundesvereinigungen der Träger der Pflegeeinrichtungen auf je zehn fest. Die Zahl der Vertreter des Spitzenverbandes Bund der PKen wird durch je einen Vertreter der Bundesarbeitsgemeinschaft der überörtlichen Sozialhilfeträger und der Kommunalen Spitzenverbände nach Abs. 2 Satz 4 gemindert. Ob die Regelungskompetenz der Vertragsparteien im Rahmen der GO ausreicht, um gesetzeskorrigierende Regelungen zum Verfahren bei künftigen Besetzungsstreitigkeiten zu treffen (oben Rn. 5), wird in Zweifel gezogen (*Bachem,* in: Klie/Krahmer/Plantholz, LPK-SGB XI, § 113b Rn. 9).

IV. Aufsicht (Abs. 4)

Die Rechtsaufsicht liegt beim BMG, Abs. 4 Satz 1. Die Aufsicht kann auf das Bun- 7
desversicherungsamt übertragen werden, wobei dies zeitlich und inhaltlich beschränkt geschehen kann. Von dieser Befugnis ist bisher kein Gebrauch gemacht worden.

§ 114 Qualitätsprüfungen

(1) ¹Zur Durchführung einer Qualitätsprüfung erteilen die Landesverbände der Pflegekassen dem Medizinischen Dienst der Krankenversicherung, dem Prüfdienst des Verbandes der privaten Krankenversicherung e. V. im Umfang von 10 Prozent der in einem Jahr anfallenden Prüfaufträge oder den von ihnen bestellten Sachverständigen einen Prüfauftrag. ²Der Prüfauftrag enthält Angaben zur Prüfart, zum Prüfgegenstand und zum Prüfumfang. ³Die Prüfung erfolgt als Regelprüfung, Anlassprüfung oder Wiederholungsprüfung. ⁴Die Pflegeeinrichtungen haben die ordnungsgemäße Durchführung der Prüfungen zu ermöglichen. ⁵Vollstationäre Pflegeeinrichtungen sind ab dem 1. Januar 2014 verpflichtet, die Landesverbände der Pflegekassen unmittelbar nach einer Regelprüfung darüber zu informieren, wie die ärztliche, fachärztliche und zahnärztliche Versorgung sowie die Arzneimittelversorgung in den Einrichtungen geregelt sind. ⁶Sie sollen insbesondere hinweisen auf
1. den Abschluss und den Inhalt von Kooperationsverträgen oder die Einbindung der Einrichtung in Ärztenetze sowie
2. den Abschluss von Vereinbarungen mit Apotheken.

§ 114

[7]Wesentliche Änderungen hinsichtlich der ärztlichen, fachärztlichen und zahnärztlichen Versorgung sowie der Arzneimittelversorgung sind den Landesverbänden der Pflegekassen innerhalb von vier Wochen zu melden.

(2) [1]Die Landesverbände der Pflegekassen veranlassen in zugelassenen Pflegeeinrichtungen bis zum 31. Dezember 2010 mindestens einmal und ab dem Jahre 2011 regelmäßig im Abstand von höchstens einem Jahr eine Prüfung durch den Medizinischen Dienst der Krankenversicherung, den Prüfdienst des Verbandes der privaten Krankenversicherung e. V. oder durch von ihnen bestellte Sachverständige (Regelprüfung). [2]Zu prüfen ist, ob die Qualitätsanforderungen nach diesem Buch und nach den auf dieser Grundlage abgeschlossenen vertraglichen Vereinbarungen erfüllt sind. [3]Die Regelprüfung erfasst insbesondere wesentliche Aspekte des Pflegezustandes und die Wirksamkeit der Pflege- und Betreuungsmaßnahmen (Ergebnisqualität). [4]Sie kann auch auf den Ablauf, die Durchführung und die Evaluation der Leistungserbringung (Prozessqualität) sowie die unmittelbaren Rahmenbedingungen der Leistungserbringung (Strukturqualität) erstreckt werden. [5]Die Regelprüfung bezieht sich auf die Qualität der allgemeinen Pflegeleistungen, der medizinischen Behandlungspflege, der sozialen Betreuung einschließlich der zusätzlichen Betreuung und Aktivierung im Sinne des § 87b, der Leistungen bei Unterkunft und Verpflegung (§ 87), der Zusatzleistungen (§ 88) und der nach § 37 des Fünften Buches erbrachten Leistungen der häuslichen Krankenpflege. [6]Sie kann sich auch auf die Abrechnung der genannten Leistungen erstrecken. [7]Zu prüfen ist auch, ob die Versorgung der Pflegebedürftigen den Empfehlungen der Kommission für Krankenhaushygiene und Infektionsprävention nach § 23 Absatz 1 des Infektionsschutzgesetzes entspricht.

(3) [1]Die Landesverbände der Pflegekassen haben im Rahmen der Zusammenarbeit mit den nach heimrechtlichen Vorschriften zuständigen Aufsichtsbehörden (§ 117) vor einer Regelprüfung insbesondere zu erfragen, ob Qualitätsanforderungen nach diesem Buch und den auf seiner Grundlage abgeschlossenen vertraglichen Vereinbarungen in einer Prüfung der nach heimrechtlichen Vorschriften zuständigen Aufsichtsbehörde oder in einem nach Landesrecht durchgeführten Prüfverfahren berücksichtigt worden sind. [2]Hierzu können auch Vereinbarungen auf Landesebene zwischen den Landesverbänden der Pflegekassen und den nach heimrechtlichen Vorschriften zuständigen Aufsichtsbehörden sowie den für weitere Prüfverfahren zuständigen Aufsichtsbehörden getroffen werden. [3]Um Doppelprüfungen zu vermeiden, haben die Landesverbände der Pflegekassen den Prüfumfang der Regelprüfung in angemessener Weise zu verringern, wenn
1. die Prüfungen nicht länger als neun Monate zurückliegen,
2. die Prüfergebnisse nach pflegefachlichen Kriterien den Ergebnissen einer Regelprüfung gleichwertig sind und
3. die Veröffentlichung der von den Pflegeeinrichtungen erbrachten Leistungen und deren Qualität, insbesondere hinsichtlich der Ergebnis- und Lebensqualität, gemäß § 115 Absatz 1a gewährleistet ist.

[4]Die Pflegeeinrichtung kann verlangen, dass von einer Verringerung der Prüfpflicht abgesehen wird.

(4) [1]Liegen den Landesverbänden der Pflegekassen Ergebnisse zur Prozess- und Strukturqualität aus einer Prüfung vor, die von der Pflegeeinrichtung oder dem Einrichtungsträger veranlasst wurde, so haben sie den Umfang der Regelprüfung in angemessener Weise zu verringern. [2]Voraussetzung ist, dass die vorgelegten Prüfergebnisse nach einem durch die Landesverbände der Pflegekassen anerkannten Verfahren zur Messung und Bewertung der Pflegequalität

durch unabhängige Sachverständige oder Prüfinstitutionen entsprechend den von den Vertragsparteien nach § 113 Abs. 1 Satz 4 Nr. 2 und 3 festgelegten Anforderungen durchgeführt wurde, die Prüfung nicht länger als ein Jahr zurückliegt und die Prüfungsergebnisse gemäß § 115 Abs. 1a veröffentlicht werden. ³Eine Prüfung der Ergebnisqualität durch den Medizinischen Dienst der Krankenversicherung oder den Prüfdienst des Verbandes der privaten Krankenversicherung e. V. ist stets durchzuführen.

(5) ¹Bei Anlassprüfungen geht der Prüfauftrag in der Regel über den jeweiligen Prüfanlass hinaus; er umfasst eine vollständige Prüfung mit dem Schwerpunkt der Ergebnisqualität. ²Gibt es im Rahmen einer Anlass-, Regel- oder Wiederholungsprüfung sachlich begründete Hinweise auf eine nicht fachgerechte Pflege bei Pflegebedürftigen, auf die sich die Prüfung nicht erstreckt, sind die betroffenen Pflegebedürftigen unter Beachtung der datenschutzrechtlichen Bestimmungen in die Prüfung einzubeziehen. ³Die Prüfung ist insgesamt als Anlassprüfung durchzuführen. ⁴Im Zusammenhang mit einer zuvor durchgeführten Regel- oder Anlassprüfung kann von den Landesverbänden der Pflegekassen auf Kosten der Pflegeeinrichtung eine Wiederholungsprüfung veranlasst werden, um zu überprüfen, ob die festgestellten Qualitätsmängel durch die nach § 115 Abs. 2 angeordneten Maßnahmen beseitigt worden sind. ⁵Auf Antrag und auf Kosten der Pflegeeinrichtung ist eine Wiederholungsprüfung von den Landesverbänden der Pflegekassen zu veranlassen, wenn wesentliche Aspekte der Pflegequalität betroffen sind und ohne zeitnahe Nachprüfung der Pflegeeinrichtung unzumutbare Nachteile drohen. ⁶Kosten im Sinne der Sätze 4 und 5 sind nur zusätzliche, tatsächlich bei der Wiederholungsprüfung angefallene Aufwendungen, nicht aber Verwaltungs- oder Vorhaltekosten, die auch ohne Wiederholungsprüfung angefallen wären. ⁷Pauschalen oder Durchschnittswerte können nicht angesetzt werden.

Inhaltsübersicht

	Rn.
I. Geltende Fassung	1
II. Normzweck und Überblick	2
III. Grundlagen des Prüfauftrages (Abs. 1)	3
1. Prüfstellen und Prüfgegenstand	4
2. Prüfarten, Mitwirkungs- und Mitteilungspflichten	5
3. Qualitätskomponenten	7
IV. Regelprüfung (Abs. 2)	8
V. Reduzierung der Regelprüffrequenz (Abs. 3 und 4)	10
VI. Anlass- und Wiederholungsprüfungen (Abs. 5)	11
VII. Weitere Prüfkosten	12

I. Geltende Fassung

§ 114 ist durch Art. 1 Nr. 72 PflegeWEG (vom 28.5.2008, BGBl. I S. 874) mWv 1.7.2008 neu gefasst worden. Die Vorschrift knüpft an § 112 Abs. 3 idF. des PQsG an. Sie ist durch Beschlussempfehlung des AfG gegenüber dem RegE (BT-Drucks. 16/7439, S. 24, Begr. S. 85) erheblich verändert worden. Stichproben- bzw. Vergleichsprüfung wurden gestrichen (Abs. 1), die Prüffrequenz gem. Abs. 2 auf ein Jahr heraufgesetzt und der Schwerpunkt auf die Ergebnisqualität gelegt. Bereits der RegE zum PflegeWEG hatte den Prüfturnus von idR fünf bis sechs nach bisheriger Praxis auf drei Jahre erhöht. Wegen der jährlichen Prü-

§ 114 Elftes Kapitel. Qualitätssicherung, sonst. Regelungen

fung wurden zudem die Vorschriften zur Herabsetzung der Frequenz (Abs. 4) und über Wiederholungsprüfungen (Abs. 5) in der Beschlussempfehlung des AfG neu gefasst. Abs. 3 wurde mWv 1.10.2009 an die heimrechtliche Länderzuständigkeit angepasst durch Art. 2 Abs. 1 Nr. 4 HeimRNG (vom 31.7.2009, BGBl. I S. 2332). Durch Art. 6 Nr. 3 des Gesetzes zur Änderung des Infektionsschutzgesetzes und weiterer Gesetze vom 28.7.2011 (BGBl. I S. 1622) wurde mWv 4.8.2011 in Abs. 1 Satz 1, Abs. 2 Satz 1 und Abs. 4 Satz 3 jeweils neben dem MDK der Prüfdienst des PKV aufgenommen. Durch Art. 1 Nr. 41 des PNG (vom 23.12.2012 BGBl. I S. 2246) wurde Abs. 1 mWv 30.10.2012 um die Sätze 5 bis 7 und Abs. 5 um die Sätze 4 und 5 (ab 1.1.2015 Sätze 6 und 7) ergänzt; Abs. 3 wurde neu gefasst. Art. 1 Nr. 27 PSG I (vom 17.12.2014, BGBl. I S. 2222) fügte in Abs. 5 die Sätze 2 und 3 neu ein und änderte in Satz 6 (neu) den Verweis auf die Sätze 4 und 5 (alt).

II. Normzweck und Überblick

2   § 114 ersetzt das System der Leistungs- und Qualitätsnachweise des § 113 aF (hierzu *Riege,* SGb 2003, 331 ff.) durch eine **erhöhte Prüfdichte** für zugelassene Pflegeeinrichtungen. Abs. 1 regelt den Prüfauftrag und definiert die Prüfarten. Abs. 2 gestaltet die Regelprüfung inhaltlich aus. Der Prüfumfang der Regelprüfung kann aufgrund anderweitiger Prüfungsergebnisse nach Maßgabe von Abs. 3 (Koordinierung mit Qualitätsprüfungen durch die Heimaufsichtsbehörden der Länder) und Abs. 4 (Einbeziehung von vom Einrichtungsträger veranlasster Prüfungen) reduziert werden. Abs. 5 regelt den Rahmen für Anlass- und Wiederholungsprüfungen sowie die Kostentragung und deren Umfang. Die Verfahrensfragen der Qualitätsprüfungen sind in § 114a geregelt.

III. Grundlagen des Prüfauftrages (Abs. 1)

3   Der Prüfauftrag bildet den Rahmen für die Qualitätsprüfung nach dem SGB XI. Abs. 1 weist das Initiativrecht zur Einleitung von Regel-, Anlass- und Wiederholungsprüfungen den Landesverbänden der PKen zu (Ausnahme: Abs. 5 Satz 5). Dem Wortlaut von Abs. 1 Satz 1 ist zu entnehmen, dass der Auftrag zur Durchführung einer Qualitätsprüfung von allen Landesverbänden gemeinsam zu erteilen ist; vor Beginn der Prüfung ist dem Einrichtungsträger hiervon Kenntnis zu geben (*Bachem/ Klie,* in: LPK-SGB XI, § 114 Rn. 6). Eine Vorlage des Prüfauftrages im Rahmen der Prüfung ist aber nicht erforderlich (LSG NRW, Beschluss v. 26.2.2014, L 10 P 120/ 13 B ER, PflR 2014, 524 = SRa 2014, 164). Es ist ausreichend, dass der Auftrag objektiv vorliegt. Nach Abs. 1 Satz 2 sind Gegenstand, Umfang und Art im Prüfauftrag zu benennen. Diese Angaben sollen die Prüfbefugnis und -verpflichtung der Prüfstellen **nachprüfbar begrenzen** (BT-Drucks. 16/7439 zu Nr. 72, § 114 S. 86).

1. Prüfstellen und Prüfgegenstand

4   Auftragnehmer einer Prüfung können MDK, Prüfdienst des PKV (seit 4.8.2011) und unabhängige Sachverständige sein. Die Anforderungen, die an die **Zuverlässigkeit, Unabhängigkeit und Qualifikation** der Prüfstellen zu stellen sind, sind in Anlage 1 der MuG stationär und ambulant einheitlich für die Prüfung stationärer und ambulanter Pflegeleistungen geregelt. Ziffer 5 Qualitäts-Prüfungsrichtlinien (QPR) trifft ergänzende Vorgaben zur Zusammensetzung der Prüferteams. Nach der Rechtslage bis 30.6.2008 sollten die Qualitätsanforderungen an die Prüfinstitutionen und Sachverständige durch eine Rechtsverordnung zu § 118 Abs. 2 Satz 1 Nr. 4 a. F. festgelegt werden, deren Erlass aber am Widerstand des Bundesrates gescheitert ist (vgl. Vorbemerkungen zu §§ 112 ff. Rn. 2; *Bieback,* NZS 2004, 337).

Qualitätsprüfungen **§ 114**

Prüfgegenstand sind nur gem. §§ 71, 72 zugelassene ambulante und stationäre 4a
Pflegeeinrichtungen. Für Leistungserbringer nach § 77 und Ehrenamtliche iSd.
§ 45d gelten vertragliche Regelungen.

2. Prüfarten, Mitwirkungs- und Mitteilungspflichten

Abs. 1 Satz 3 legt abschließend die Prüfarten auf Regel-, Anlass- und Wiederho- 5
lungsprüfungen fest. Die Regelprüfung und die Anlassprüfung (als Einzelfallprüfung)
waren bereits unter der Rechtslage bis 30.6.2008 vorgesehen. Nach der gesetzlichen
Konzeption stehen Regel- und Anlassprüfung **nebeneinander**, dh. eine unterjährige Anlassprüfung beeinflusst den Rhythmus der Regelprüfung nicht (ebenso *Leitherer*, in: KassKomm, SGB XI, § 113b Rn. 11; aA *Bachem/Klie*, in: LPK-SGB XI, § 114
Rn. 10). Dafür spricht, dass die ursprünglich abweichende Regelung des RegE zum
PflWEG in § 113b Abs 2 Satz 7, wonach uU auch Anlass- und Wiederholungsprüfung als – den Fristlauf neu begründende – Regelprüfung angesehen werden
konnten, nicht in das Gesetz übernommen worden ist. Die Art der durchzuführenden
Prüfung ist im Prüfauftrag festzulegen.

Die **Mitwirkungs- und Duldungspflichten** der Pflegeeinrichtungen nach 6
Abs. 1 Satz 4 sind auch in § 112 Abs. 2 Satz 1 festgehalten und werden in § 114a weiter konkretisiert. Zur Möglichkeit, die Mitwirkung per VA festzustellen und durchzusetzen *Roller*, VSSR 2001, 335, 342. *Bachem/Klie* (LPK-SGB XI, § 114 Rn. 8) monieren zu Recht, dass den Prüfinstitutionen in den §§ 114, 114a funktional
hoheitliche Kontroll- und Überwachungsaufgaben übertragen werden, die der Gefahrenabwehr zuzuordnen sind, für die die Heimaufsichtsbehörden der Länder zuständig ist. Die Stellung als Kontrolleinrichtung lässt sich zudem nur schwer mit der
Aufgabe vereinbaren, die Einrichtungen zu beraten (§ 112 Abs. 3).

Durch das PNG wurden in Abs. 1 Satz 5 bis 7 Regelungen über **Mitteilungs-** 6a
pflichten der Pflegeheime zur ärztlichen, fachärztlichen und zahnärztlichen Versorgung sowie über die Arzneimittelversorgung eingefügt. Die Einrichtungen sollen insbesondere über den Abschluss und den Inhalt von Kooperationsverträgen mit Ärzten
gem. § 119b SGB V bzw. die Einbindung in Ärztenetze (§ 87b SGB V) sowie den
Abschluss von Vereinbarungen mit Apotheken gem. § 12 ApothekenG informieren.
Die Regelungen sind im Zusammenhang mit der in § 115 Abs. 1b festgelegten Informationspflicht der Landesverbände der PKen gegenüber den Pflegebedürftigen bzw.
ihren Angehörigen zu sehen (BT-Drucks. 17/9369, S. 48).

3. Qualitätskomponenten

Die Qualität pflegerischer Leistungen wird nach Abs. 2 Satz 2 und 3 in die Be- 7
standteile Strukturqualität (Qualifikation des Personals und Zustand der Einrichtung),
Ergebnisqualität (Zustand des Pflegebedürftigen), und Prozessqualität (Durchführung
der Pflegemaßnahmen) unterteilt. Damit ist seit dem 1.7.2008 erstmals ausdrücklich
das von den Gesundheitswissenschaften entwickelte Schema im SGB XI festgehalten
(vgl. auch § 137 Abs. 1 Satz 1 Nr. 2 SGB V in der GKV). Es ergibt sich kein Unterschied zur früheren Rechtslage, vgl. BT-Drucks. 16/7439 zu Nr. 72 (§ 114), S. 86.

IV. Regelprüfung (Abs. 2)

Abs. 2 Satz 1 schreibt für jede zugelassene Pflegeeinrichtung ab 2011 jährlich eine 8
Regelprüfung vor. Die Regelprüfung erstreckt sich auf die in Abs. 2 Satz 5 bis 7 genannten Gegenstände. Hierzu zählen nicht nur Leistungsbereiche, die vom Leistungsspektrum der PV umfasst werden, sondern auch solche, für die der Pflegebedürftige
selbst aufzukommen hat (z. B. Unterkunft und Verpflegung) oder für die andere Leis-

§ 114 Elftes Kapitel. Qualitätssicherung, sonst. Regelungen

tungsträger (häusliche Krankenpflege) zuständig sind. Der Bedarf an medizinischer Behandlungspflege und sozialer Betreuung ist für die PV zwar nicht leistungsbegründend, schlägt sich aber in der Bemessung der Pflegesätze nieder, die von den PKen mit den Einrichtungsträgern zu vereinbaren sind.

9 Maßstab der Regelprüfung ist, ob die **gesetzlichen und vertraglichen Qualitätsanforderungen** nach dem SGB XI sowie die Empfehlungen der Kommission für Krankenhaushygiene und Infektionsprävention gem. § 23 Abs. 2 IfSchG beachtet werden (Abs. 2 Satz 2 und 7). Die Qualitätsanforderungen werden maßgeblich durch den allgemein anerkannten Stand medizinisch-pflegerischer Erkenntnisse gem. § 11 Abs. 1 bestimmt. Von besonderer Bedeutung sind in diesem Zusammenhang auch die von den Partnern der Selbstverwaltung auf der Grundlage von § 113 Abs. 1 vereinbarten Maßstäbe und Grundsätze zur Sicherung und Weiterentwicklung der Pflegequalität, jeweils in der stationären und in der ambulanten Pflege (MuG, vom 27.5.2011; www.gkv-spitzenverband.de/pflegeversicherung/richtlinien). Die Regelprüfung erfolgt nach Abs. 2 Satz 3 vorwiegend zur Feststellung der Ergebnisqualität, kann aber auch auf die Strukturqualität und die Prozessqualität erstreckt werden; Einzelheiten zum Umfang der Regelprüfung sind in den QPR unter Ziff. 6 Abs. 4 festgelegt. Zum Verhältnis zur Prüfung durch die heimrechtlichen Behörden vgl. Vorbemerkungen zu §§ 112 bis 120 Rn. 5ff. sowie Rn. 10.

V. Reduzierung der Regelprüffrequenz (Abs. 3 und 4)

10 Schon durch das PflegeWEG wurde in Abs. 3 eine Regelung eingeführt, wonach der **Umfang der Regelprüfung** zu verringern sei, wenn auf Grund anderweitiger Prüfungen der heimrechtlichen Behörden oder landesrechtlicher Prüfungen bzw. selbst veranlasster Prüfungen (Abs. 4) Erkenntnisse vorliegen, dass eine Pflegeeinrichtung die gesetzlichen und vertraglichen Qualitätsanforderungen einhält. Das PNG hat diesen Ansatz durch eine ausdifferenzierte Regelung weiterentwickelt, weil die Praxis offenkundig nicht zu einer Einschränkung eines unkoordinierten Nebeneinanders unterschiedlicher Prüfinstanzen beigetragen hatte (BT-Drucks. 17/9369 zu Nr. 42 Buchst. b). Während idF. des PflegeWEG eine Pflicht der Landesverbände bestand, bei der Festlegung des Umfangs der Regelprüfung vorliegende Ergebnisse von Prüfungen der Heimaufsicht und anderer landesrechtlicher Prüfinstanzen zu berücksichtigen, schreibt die Neufassung von Abs. 3 vor, dass solche Prüfergebnisse abzufragen und auszuwerten sind. Die Landesverbände der PK müssen hierbei die Relevanz derartiger Prüfergebnisse auf der Grundlage der Prüfanforderungen des SGB XI analysieren. Die mit dem Wortlaut begründeten Zweifel an einer solchen Pflicht der Landesverbände bei *Bachem/Klie* (LPK-SGB XI, § 114 Rn. 12) kann nicht überzeugen. Zur operativen Umsetzung der Koordinierung von heimaufsichtlicher und pflegeversicherungsrechtlicher Prüfung ist **§ 117 Abs. 1** zu beachten. Zu Überschneidungen und Unterschieden zwischen MDK-Prüfung und heimaufsichtlicher Überwachung vgl. *Richter*, GuP 2012, 56.

10a Die inhaltliche **Reduzierung des Prüfumfanges** führt jedoch nicht zu einer **Aussetzung** der jährlichen Regelprüfung. Abs. 4 Satz 3, der auch im Rahmen des Abs. 3 gilt (vgl. BT-Drucks. 16/8525 zu Nr. 72 (§ 114), S. 137 und BT-Drucks. 16/9980 zu Nr. 13), schreibt zumindest eine Prüfung der Ergebnisqualität zwingend vor. Bei selbst von der Einrichtung bzw. ihrem Träger veranlassten Prüfungen zur Prozess- und Strukturqualität müssen die Anforderungen des Abs. 4 Satz 2 erfüllt sein. Der durch das PNG ebenfalls neu eingefügte Abs. 3 Satz 4 gibt den Pflegeeinrichtungen das Recht, trotz Vorliegens der Voraussetzungen für einen eingeschränkten Umfang der Prüfung eine umfassende Prüfung zu verlangen. Dies kann aus Wettbewerbsgründen sinnvoll sein, wenn bei der Einrichtung zuvor Mängel festgestellt wurden.

VI. Anlass- und Wiederholungsprüfungen (Abs. 5)

Bei Vorliegen tatsächlicher Anhaltspunkte für Qualitätsdefizite (BT-Drucks. 16/ **11**
7439, S. 87) können **Anlassprüfungen** durchgeführt werden. Abs. 5 Satz 1 legt fest,
dass hierbei idR nicht nur eine isolierte Begutachtung der konkreten Beanstandung
erfolgt, sondern eine vollständige Prüfung der Pflegeeinrichtung mit dem Schwerpunkt der Ergebnisqualität vorgenommen wird. Der erhöhte Prüfumfang einer Anlassprüfung kann sich seit der Einfügung der Sätze 2 und 3 zum 1.1.2015 auch während einer Qualitätsprüfung ergeben. Die Prüfstellen sind danach verpflichtet, im
Rahmen einer Qualitätsprüfung **begründeten Hinweisen** auf Pflegemängel bei zuvor nicht in die Stichprobe einbezogenen Pflegebedürftigen dadurch nachzugehen,
dass die Qualität der Pflege auch für diese Personen geprüft wird. Zudem wird die
gesamte Prüfung als Anlassprüfung durchgeführt, d. h. ohne Reduzierung des Prüfumfanges. Damit wird das Erfordernis des von den Landesverbänden erteilten Prüfauftrages gem. § 114 Abs. 1 Satz 1 eingeschränkt. Zuvor war es erforderlich, einen gesonderten Prüfauftrag für eine (weitere) Anlassprüfung einzuholen. Nach BR-Drucks. 223/14, S. 50, sind sachlich begründet alle Hinweise, die **nicht offensichtlich unbegründet** sind. Gleichzeitig wird durch die Benennung von bestimmten
Konstellationen, in denen eine Ausweitung der Prüfung sinnvoll ist (z. B. freiheitsbeschränkende Maßnahmen, Ernährungsdefizite, BR-Drucks. 223/14, S. 50) klargestellt, dass es sich um fachliche Mängel mit erheblichen Auswirkungen auf die Pflegebedürftigen handeln muss. Im Rahmen einer gerichtlichen Überprüfung des
Transparenzberichtes ist auch der Umstand, ob die Prüfstelle von einem begründeten
Hinweis ausgehen durfte, überprüfbar.

Die **Wiederholungsprüfung** kann nach Abs. 5 Satz 4 durchgeführt werden, **11a**
um die Beseitigung durch Bescheid gemäß § 115 Abs. 2 festgestellter Qualitätsmängel zu überprüfen, unter den Voraussetzungen des Abs. 5 Satz 5 (der Pflegeeinrichtung drohen ohne Wiederholungsprüfung unzumutbare Nachteile) ist sie verpflichtend zu veranlassen. Wesentliche Aspekte der Pflegequalität iSd. Abs. 5 Satz 5 sind
betroffen, wenn schwerwiegende Qualitätsmängel vorgelegen haben. Unzumutbare Nachteile können sich nach BT-Drucks. 16/8525 zu Nr. 72, § 114, S. 103
z. B. aus finanziellen Nachteilen durch eine schlechtere Wettbewerbsposition ergeben. Die von der Pflegeeinrichtung nach Abs. 5 Satz 4 und 5 zu tragenden Kosten
der Wiederholungsprüfung können ihr durch Verwaltungsakt auferlegt werden.
Die Verwaltungsaktbefugnis für die Kostentragung ergibt sich als Folge des hoheitlichen Rechtsverhältnisses zwischen Landesverband der PKen und der geprüften
Einrichtung aus einer Prüfung gemäß § 114. Zu eng *Bachem,* PflR 2009, 169, 171,
der Kostenbescheide mangels ausdrücklicher Rechtsgrundlage für nichtig hält (vgl.
BSG, SozR 4-2700 § 150 Nr. 2 zu den Anforderungen an das Vorliegen einer Ermächtigungsgrundlage). Abs. 5 Sätze 6 und 7 stellen klar, dass der Einrichtungsträger nur die allein durch die Wiederholungsprüfung zusätzlich verursachten Kosten
zu tragen hat. Es muss sich um tatsächlich entstandene Mehrkosten handeln. Daher
ist der Ansatz von Pauschalen oder Durchschnittswerten unzulässig; auch sind Kosten nicht berücksichtigungsfähig, die unabhängig von der Prüfung ohnehin als Verwaltungs- oder Vorhaltekosten bei den Prüfinstitutionen oder den Auftraggebern
der Wiederholungsprüfung bestehen.

VII. Weitere Prüfkosten

Die Kosten der Qualitätsprüfungen werden durch den MDK getragen (Aus- **12**
nahme: Wiederholungsprüfung, o. Rn. 11a), der von KKen und PKen jeweils hälftig
umlagefinanziert wird (vgl. §§ 281 Abs. 1 Satz 5 SGB V, 46 Abs. 3 Satz 4 zum Anteil

§ 114a   Elftes Kapitel. Qualitätssicherung, sonst. Regelungen

der PKen); soweit der Prüfdienst der PKV die in § 114 Abs. 1 Satz 1 festgelegte Prüfquote unterschreitet, richtet sich der Beteiligungsanteil der PPV nach § 114a Abs. 5. Prüfungen durch bestellte unabhängige Sachverständige sind von den Landesverbänden der PKen gesondert zu vergüten. Zu den Kosten der Zusammenarbeit mit den heimrechtlichen Behörden vgl. § 117 Abs. 5.

§ 114a Durchführung der Qualitätsprüfungen

(1) [1]Der Medizinische Dienst der Krankenversicherung, der Prüfdienst des Verbandes der privaten Krankenversicherung e. V. und die von den Landesverbänden der Pflegekassen bestellten Sachverständigen sind im Rahmen ihres Prüfauftrags nach § 114 jeweils berechtigt und verpflichtet, an Ort und Stelle zu überprüfen, ob die zugelassenen Pflegeeinrichtungen die Leistungs- und Qualitätsanforderungen nach diesem Buch erfüllen. [2]Prüfungen in stationären Pflegeeinrichtungen sind grundsätzlich unangemeldet durchzuführen. [3]Qualitätsprüfungen in ambulanten Pflegeeinrichtungen sind am Tag zuvor anzukündigen. [4]Der Medizinische Dienst der Krankenversicherung, der Prüfdienst des Verbandes der privaten Krankenversicherung e. V. und die von den Landesverbänden der Pflegekassen bestellten Sachverständigen beraten im Rahmen der Qualitätsprüfungen die Pflegeeinrichtungen in Fragen der Qualitätssicherung. [5]§ 112 Abs. 3 gilt entsprechend.

(2) [1]Sowohl bei teil- als auch bei vollstationärer Pflege sind der Medizinische Dienst der Krankenversicherung, der Prüfdienst des Verbandes der privaten Krankenversicherung e. V. und die von den Landesverbänden der Pflegekassen bestellten Sachverständigen jeweils berechtigt, zum Zwecke der Qualitätssicherung die für das Pflegeheim benutzten Grundstücke und Räume jederzeit zu betreten, dort Prüfungen und Besichtigungen vorzunehmen, sich mit den Pflegebedürftigen, ihren Angehörigen, vertretungsberechtigten Personen und Betreuern in Verbindung zu setzen sowie die Beschäftigten und die Interessenvertretung der Bewohnerinnen und Bewohner zu befragen. [2]Prüfungen und Besichtigungen zur Nachtzeit sind nur zulässig, wenn und soweit das Ziel der Qualitätssicherung zu anderen Tageszeiten nicht erreicht werden kann. [3]Soweit Räume einem Wohnrecht der Heimbewohner unterliegen, dürfen sie ohne deren Einwilligung nur betreten werden, soweit dies zur Verhütung drohender Gefahren für die öffentliche Sicherheit und Ordnung erforderlich ist; das Grundrecht der Unverletzlichkeit der Wohnung (Artikel 13 Abs. 1 des Grundgesetzes) wird insoweit eingeschränkt. [4]Bei der ambulanten Pflege sind der Medizinische Dienst der Krankenversicherung, der Prüfdienst des Verbandes der privaten Krankenversicherung e. V. und die von den Landesverbänden der Pflegekassen bestellten Sachverständigen berechtigt, die Qualität der Leistungen des Pflegedienstes mit Einwilligung des Pflegebedürftigen auch in dessen Wohnung zu überprüfen. [5]Der Medizinische Dienst der Krankenversicherung und der Prüfdienst des Verbandes der privaten Krankenversicherung e. V. sollen die nach heimrechtlichen Vorschriften zuständige Aufsichtsbehörde an Prüfungen beteiligen, soweit dadurch die Prüfung nicht verzögert wird.

(3) [1]Die Prüfungen beinhalten auch Inaugenscheinnahmen des gesundheitlichen und pflegerischen Zustands von Pflegebedürftigen. [2]Sowohl Pflegebedürftige als auch Beschäftigte der Pflegeeinrichtungen, Betreuer und Angehörige sowie Mitglieder der heimrechtlichen Interessenvertretungen der Bewohnerinnen und Bewohner können dazu befragt werden. [3]Bei der Beurteilung der Pflegequalität sind die Pflegedokumentation, die Inaugenscheinnahme der Pflegebedürftigen und Befragungen der Beschäftigten der

Durchführung der Qualitätsprüfungen § 114a

Pflegeeinrichtungen sowie der Pflegebedürftigen, ihrer Angehörigen und der vertretungsberechtigten Personen angemessen zu berücksichtigen. ⁴Die Teilnahme an Inaugenscheinnahmen und Befragungen ist freiwillig; durch die Ablehnung dürfen keine Nachteile entstehen. ⁵Einsichtnahmen in Pflegedokumentationen, Inaugenscheinnahmen von Pflegebedürftigen und Befragungen von Personen nach Satz 2 sowie die damit jeweils zusammenhängende Erhebung, Verarbeitung und Nutzung personenbezogener Daten von Pflegebedürftigen zum Zwecke der Erstellung eines Prüfberichts bedürfen der Einwilligung der betroffenen Pflegebedürftigen.

(3 a) ¹Die Einwilligung nach Absatz 2 oder 3 muss in einer Urkunde oder auf andere zur dauerhaften Wiedergabe in Schriftzeichen geeignete Weise abgegeben werden, die Person des Erklärenden benennen und den Abschluss der Erklärung durch Nachbildung der Namensunterschrift oder anders erkennbar machen (Textform). ²Ist der Pflegebedürftige einwilligungsunfähig, ist die Einwilligung eines hierzu Berechtigten einzuholen.

(4) ¹Auf Verlangen sind Vertreter der betroffenen Pflegekassen oder ihrer Verbände, des zuständigen Sozialhilfeträgers sowie des Verbandes der privaten Krankenversicherung e. V. an den Prüfungen nach den Absätzen 1 bis 3 zu beteiligen. ²Der Träger der Pflegeeinrichtung kann verlangen, dass eine Vereinigung, deren Mitglied er ist (Trägervereinigung), an der Prüfung nach den Absätzen 1 bis 3 beteiligt wird. ³Ausgenommen ist eine Beteiligung nach Satz 1 oder nach Satz 2, soweit dadurch die Durchführung einer Prüfung voraussichtlich verzögert wird. ⁴Unabhängig von ihren eigenen Prüfungsbefugnissen nach den Absätzen 1 bis 3 sind der Medizinische Dienst der Krankenversicherung, der Prüfdienst des Verbandes der privaten Krankenversicherung e. V. und die von den Landesverbänden der Pflegekassen bestellten Sachverständigen jeweils befugt, sich an Überprüfungen von zugelassenen Pflegeeinrichtungen zu beteiligen, soweit sie von der nach heimrechtlichen Vorschriften zuständigen Aufsichtsbehörde nach Maßgabe heimrechtlicher Vorschriften durchgeführt werden. ⁵Sie haben in diesem Fall ihre Mitwirkung an der Überprüfung der Pflegeeinrichtung auf den Bereich der Qualitätssicherung nach diesem Buch zu beschränken.

(5) ¹Unterschreitet der Prüfdienst des Verbandes der privaten Krankenversicherung e. V. die in § 114 Absatz 1 Satz 1 genannte, auf das Bundesgebiet bezogene Prüfquote, beteiligen sich die privaten Versicherungsunternehmen, die die private Pflege-Pflichtversicherung durchführen, anteilig bis zu einem Betrag von 10 Prozent an den Kosten der Qualitätsprüfungen der ambulanten und stationären Pflegeeinrichtungen. ²Das Bundesversicherungsamt stellt jeweils am Ende eines Jahres die Einhaltung der Prüfquote oder die Höhe der Unter- oder Überschreitung sowie die Höhe der durchschnittlichen Kosten von Prüfungen im Wege einer Schätzung nach Anhörung des Verbandes der privaten Krankenversicherung e. V. und des Spitzenverbandes Bund der Pflegekassen fest und teilt diesen jährlich die Anzahl der durchgeführten Prüfungen und bei Unterschreitung der Prüfquote den Finanzierungsanteil der privaten Versicherungsunternehmen mit; der Finanzierungsanteil ergibt sich aus der Multiplikation der Durchschnittskosten mit der Differenz zwischen der Anzahl der vom Prüfdienst des Verbandes der privaten Krankenversicherung e. V. durchgeführten Prüfungen und der in § 114 Absatz 1 Satz 1 genannten Prüfquote. ³Der Finanzierungsanteil, der auf die privaten Versicherungsunternehmen entfällt, ist vom Verband der privaten Krankenversicherung e. V. jährlich unmittelbar an das Bundesversicherungsamt zugunsten des Ausgleichsfonds der Pflegeversicherung (§ 65) zu überweisen. ⁴Der Verband der privaten Krankenversicherung e. V. muss

§ 114a Elftes Kapitel. Qualitätssicherung, sonst. Regelungen

der Zahlungsaufforderung durch das Bundesversicherungsamt keine Folge leisten, wenn er innerhalb von vier Wochen nach der Zahlungsaufforderung nachweist, dass die Unterschreitung der Prüfquote nicht von ihm oder seinem Prüfdienst zu vertreten ist.

(5a) Der Spitzenverband Bund der Pflegekassen vereinbart bis zum 31. Oktober 2011 mit dem Verband der privaten Krankenversicherung e. V. das Nähere über die Zusammenarbeit bei der Durchführung von Qualitätsprüfungen durch den Prüfdienst des Verbandes der privaten Krankenversicherung e. V., insbesondere über Maßgaben zur Prüfquote, Auswahlverfahren der zu prüfenden Pflegeeinrichtungen und Maßnahmen der Qualitätssicherung, sowie zur einheitlichen Veröffentlichung von Ergebnissen der Qualitätsprüfungen durch den Verband der privaten Krankenversicherung e. V.

(6) ¹Die Medizinischen Dienste der Krankenversicherung und der Prüfdienst des Verbandes der privaten Krankenversicherung e. V. berichten dem Medizinischen Dienst des Spitzenverbandes Bund der Krankenkassen bis zum 30. Juni 2011, danach in Abständen von drei Jahren, über ihre Erfahrungen mit der Anwendung der Beratungs- und Prüfvorschriften nach diesem Buch, über die Ergebnisse ihrer Qualitätsprüfungen sowie über ihre Erkenntnisse zum Stand und zur Entwicklung der Pflegequalität und der Qualitätssicherung. ²Sie stellen unter Beteiligung des Medizinischen Dienstes des Spitzenverbandes Bund der Krankenkassen die Vergleichbarkeit der gewonnenen Daten sicher. ³Der Medizinische Dienst des Spitzenverbandes Bund der Krankenkassen führt die Berichte der Medizinischen Dienste der Krankenversicherung, des Prüfdienstes des Verbandes der privaten Krankenversicherung e. V. und seine eigenen Erkenntnisse und Erfahrungen zur Entwicklung der Pflegequalität und der Qualitätssicherung zu einem Bericht zusammen und legt diesen innerhalb eines halben Jahres dem Spitzenverband Bund der Pflegekassen, dem Bundesministerium für Gesundheit, dem Bundesministerium für Familie, Senioren, Frauen und Jugend sowie dem Bundesministerium für Arbeit und Soziales und den zuständigen Länderministerien vor.

(7) ¹Der Spitzenverband Bund der Pflegekassen beschließt unter Beteiligung des Medizinischen Dienstes des Spitzenverbandes Bund der Krankenkassen und des Prüfdienstes des Verbandes der privaten Krankenversicherung e. V. Richtlinien über die Prüfung der in Pflegeeinrichtungen erbrachten Leistungen und deren Qualität nach § 114. ²Er hat die Bundesarbeitsgemeinschaft der Freien Wohlfahrtspflege, die Bundesverbände privater Alten- und Pflegeheime, die Verbände der privaten ambulanten Dienste, die Bundesverbände der Pflegeberufe, die Kassenärztliche Bundesvereinigung, den Verband der privaten Krankenversicherung e. V., die Bundesarbeitsgemeinschaft der überörtlichen Träger der Sozialhilfe, die kommunalen Spitzenverbände auf Bundesebene sowie die maßgeblichen Organisationen für die Wahrnehmung der Interessen und der Selbsthilfe der pflegebedürftigen und behinderten Menschen zu beteiligen. ³Ihnen ist unter Übermittlung der hierfür erforderlichen Informationen innerhalb einer angemessenen Frist vor der Entscheidung Gelegenheit zur Stellungnahme zu geben; die Stellungnahmen sind in die Entscheidung einzubeziehen. ⁴Die Richtlinien sind regelmäßig an den medizinisch-pflegefachlichen Fortschritt anzupassen. ⁵Sie bedürfen der Genehmigung des Bundesministeriums für Gesundheit. ⁶Beanstandungen des Bundesministeriums für Gesundheit sind innerhalb der von ihm gesetzten Frist zu beheben. ⁷Die Qualitätsprüfungs-Richtlinien sind für den Medizinischen Dienst der Krankenversicherung und den Prüfdienst des Verbandes der privaten Krankenversicherung e. V. verbindlich.

Durchführung der Qualitätsprüfungen **§ 114a**

Inhaltsübersicht
	Rn.
I. Geltende Fassung	1
II. Normzweck und Überblick	2
III. Die Prüfbefugnis „vor Ort" (Abs. 1)	3
IV. Betretungsrecht (Abs. 2)	4
V. Inaugenscheinnahme- und Befragungsrecht (Abs. 3 und 3a)	6
VI. Beteiligungsrechte (Abs. 4)	7
VII. Zusammenarbeit mit der PPV (Abs. 5 und 5a)	8
VIII. Berichtspflicht des MDK (Abs. 6)	9
IX. Richtlinien über die Qualität der Prüfungen (Abs. 7)	10

I. Geltende Fassung

§ 114a ist durch Art. 1 Nr. 73 PflegeWEG (vom 28.5.2008, BGBl. I S. 874) mWv **1** 1.7.2008 eingefügt worden und hat weitgehend die Fassung des RegE zum Pflege-WEG (BT-Drucks. 16/7439, S. 25, Begr. S. 85). In Abs. 1 Satz 2 ist in der Beschlussempfehlung des AfG die Möglichkeit angemeldeter Prüfungen eingeschränkt worden, ferner wurden Abs. 7 Satz 3 und 4 geändert (BT-Drucks. 16/8525, S. 52, Begr. S. 103). § 114 Abs. 1 Satz 1 aF wurde in modifizierter Form in Abs. 1 übernommen, § 114 Abs. 2, 3 und 5 aF wurden zusammengefasst in § 114a Abs. 2 nF. § 114 Abs. 4 und 6 aF bilden die Grundlage für § 114a Abs. 4 nF. § 114a Abs. 6 entspricht § 118 Abs. 4 aF. Abs. 2 Satz 6 wurde angefügt durch Art. 2 Abs. 1 Nr. 5 HeimRNG (vom 31.7.2009, BGBl. I S. 2332) mWv 1.10.2009. Die Beteiligung der heimrechtlichen Aufsichtsbehörde war zuvor in Abs. 2 Satz 4 geregelt, der durch das HeimRNG aufgehoben wurde. Durch weitere Änderungen in Abs. 4 Satz 4 und 5 durch Art. 2 Abs. 1 Nr. 4 HeimRNG ist in § 114a nunmehr durchgehend von „Pflegeeinrichtungen" die Rede, um der möglichen Ausdehnung heimrechtlicher Vorschriften durch die Länder auf neue Wohn- und Betreuungsformen zu entsprechen (vgl. Vorbem. zu §§ 112 bis 120 Rn. 5ff.). Durch Art. 6 Nr. 4 des Gesetzes zur Änderung des Infektionsschutzgesetzes und weiterer Gesetze vom 28.7.2011 (BGBl. I Satz 1622) wurden Abs. 1 Satz 1 und 3, Abs. 2 Satz 1, 4 und 6, Abs. 4 Satz 4, Abs. 6 Satz 1 und 3 sowie Abs. 7 Satz 1 um die Beteiligung des Prüfdienstes des Verbandes der privaten Krankenversicherung e.V. ergänzt; zugleich wurde Abs. 5 neu gefasst und Abs. 5a sowie Abs. 7 Satz 7 eingefügt. Das PNG (vom 23.10.2012, BGBl. I S. 2246) hat mWv 30.10.2012 Abs. 1 Satz 2 geändert und Satz 3 eingefügt; der frühere Abs. 2 Satz 4 wurde aufgehoben; in Abs. 3 wurden Satz 3 und 5, außerdem wurde Abs. 3a eingefügt.

II. Normzweck und Überblick

§ 114a bildet die Ermächtigungsgrundlage für die mit Qualitätsprüfungen verbundenen Eingriffe in die **Grundrechte** der Pflegeeinrichtungen und der Pflegebedürftigen. Die grundsätzliche Prüfbefugnis der zuständigen Stellen (Abs. 1) wird in Abs. 2 hinsichtlich der erforderlichen Rechte gegenüber den ambulanten und stationären Einrichtungen konkretisiert. Abs. 3 und 3a verleihen die notwendigen Befugnisse zur Prüfung des gesundheitlichen und pflegerischen Zustandes des Pflegebedürftigen. Beteiligungsrechte für Dritte an Prüfungen sind in Abs. 4 geregelt, die finanzielle Beteiligung der PPV an den Prüfkosten in Abs. 5 und Abs. 5a die Zusammenarbeit zwischen dem Spitzenverband der PKen und dem PKV bei der Durchführung von Qualitätsprüfungen. Abs. 6 sieht Berichtspflichten des MDK und des Prüfdienstes des Verbandes der privaten Krankenversicherung e.V. vor und Abs. 7 enthält die Verpflichtung zum Erlass von Richtlinien über die Prüfung der in Pflegeeinrichtungen **2**

§ 114a Elftes Kapitel. Qualitätssicherung, sonst. Regelungen

erbrachten Leistungen und ihrer Qualität durch den Spitzenverband der PKen, die für die Praxis der Qualitätssicherung von grundlegender Bedeutung sind.

III. Die Prüfbefugnis „vor Ort" (Abs. 1)

3   Die Prüfbefugnis „vor Ort" und eine damit korrespondierende Verpflichtung der Prüfstellen wird in Abs. 1 Satz 1 festgelegt. Die Prüfung ist auf zugelassene Pflegeeinrichtungen (§§ 71, 72) begrenzt und wird durch den Prüfauftrag eingeschränkt (Ausnahme: § 114 Abs. 5 Satz 2 und 3). Nach der ursprünglichen Fassung von Satz 2 sollte die Prüfung grundsätzlich unangemeldet durchgeführt werden; eine vorherige Anmeldung der Prüfung sollte ausnahmsweise dann erfolgen, wenn aus organisatorischen Gründen eine **unangemeldete Prüfung** nicht möglich war (BT-Drucks. 16/8525 zu Nr. 73, § 114a, S. 139). Das PNG beschränkt nunmehr in Satz 2 die Anwendung dieses Grundsatzes auf stationäre Pflegeeinrichtungen; Qualitätsprüfungen in ambulanten Einrichtungen sind gem. Satz 3 am Tag zuvor anzukündigen. Begründet wird die unterschiedliche Verfahrensweise damit, dass die Anwesenheit der Pflegedienstleitung bei der Prüfung erforderlich sei, diese aber oft selbst in die Pflege eingebunden sei. Abs. 1 Satz 4 und 5 verpflichten iVm. § 112 Abs. 3 die Prüfstellen, ihre Beratungstätigkeit für Pflegeeinrichtungen in Fragen der Qualitätssicherung im Rahmen von Qualitätsprüfungen auszuüben. Die Beratung ist nicht gesondert gegenüber den Pflegeeinrichtungen abrechenbar.

IV. Betretungsrecht (Abs. 2)

4   Abs. 2 Satz 1 gewährt den Prüfstellen ein Recht zur Betretung stationärer Pflegeeinrichtungen und gestaltet dieses zusammen mit Abs. 2 Satz 2 und 3 näher aus. Eine Betretung darf nur zum Zwecke der Qualitätssicherung erfolgen und erstreckt sich auf alle für das Pflegeheim benutzten Grundstücke und Räume, dh nicht nur die Räume, in denen Pflegetätigkeit stattfindet. Die Betretung ist jederzeit zur Tageszeit möglich. Zur **Nachtzeit,** die von 22 bis 8 Uhr dauert (BT-Drucks. 16/7439, S. 87), sind Besichtigungen und Prüfungen nur zulässig, wenn das Ziel der Qualitätssicherung zu anderen Tageszeiten nicht erreicht werden kann. Die nach Abs. 2 Satz 3 grundsätzlich erforderliche vorherige Zustimmung des Heimbewohners zur Betretung von Räumen mit einem Wohnrecht entfällt nur bei einer drohenden (gemeint ist wie in § 114 aF „dringend" iSd. Art. 13 Abs. 7 GG) Gefahr für die öffentliche Sicherheit und Ordnung, hierzu *Leitherer,* in: KassKomm, SGB XI, § 114 Rn. 37f. Zur Textform der Einwilligung vgl. Rn. 3a.

5   Abs. 2 Satz 4 verlangt für die Prüfung der Qualität der ambulanten Pflege in der Wohnung des Pflegebedürftigen ebenfalls dessen Einwilligung in Textform gem. Abs. 3a. Die Möglichkeit der Betretung der Wohnung eines Pflegebedürftigen zur Prüfung der Qualität ambulanter Pflege gegen seinen Willen ist seit dem PflegeWEG nicht mehr ausdrücklich geregelt; zuvor gewährte § 114 Abs. 3 Satz 4 ein Notbetretungsrecht. Ob es sich hierbei um ein gesetzgeberisches Versehen handelt, das durch analoge Anwendung des Abs. 2 Satz 3 zu beheben ist, ist umstritten (dagegen: *Bachem-Klie,* in: LPK-SGB XI, § 114a Rn. 6; dafür: *Gutzler,* in: Hauck/Noftz, SGB XI, § 114a Rn. 14 sowie die Vorauflage). Gegebenenfalls müssen andere Erkenntnismöglichkeiten genutzt oder der Ordnungsbehörde eingeschaltet werden. Abs. 2 Satz 5 sieht eine Beteiligung der nach den Landesheimgesetzen zuständigen Aufsichtsbehörden an der Prüfung vor. Die Beteiligung soll Doppelprüfungen vermeiden, wie sich auch aus §§ 114 Abs. 3 und 117 Abs. 1 und 2 ergibt; vgl. hierzu auch Rn. 7.

V. Inaugenscheinnahme- und Befragungsrecht (Abs. 3 und 3a)

Die Inaugenscheinnahme (nicht zulässig: medizinische Untersuchung) des ge- 6
sundheitlichen und pflegerischen Zustandes eines Pflegebedürftigen gem. Abs. 3
Satz 1 und die Befragungen der Personen nach Abs. 3 Satz 2 bedürfen der **Einwilligung** des Pflegebedürftigen (Abs. 3 Satz 5); die Einwilligung muss schriftlich verfasst
sein (Abs. 3a), wobei auch die Darstellung in einer E-Mail bzw. einem Computerfax
ausreichen soll (BT-Drucks. 17/9369, S. 49, mit dem Hinweis auf § 126b BGB); für
Zulässigkeit einer sms: *Bachem-Klie*, in: LPK-SGB XI, § 114a Rn. 8). Bei einwilligungsunfähigen Personen ist die Einwilligung des Betreuers oder Bevollmächtigten
einzuholen (Abs. 3a Satz 2). Aus der Verweigerung der – freiwilligen – Teilnahme an
Inaugenscheinnahme und Befragung dürfen den Beteiligten keine Nachteile entstehen, Abs. 3 Satz 4. Das Nachteilsverbot soll mögliche Interessenkonflikte verhindern,
die insbesondere bei der Befragung des Personals geprüfter Einrichtungen auftreten
können. Die grundsätzliche Mitwirkungsverpflichtung von Pflegeeinrichtungen und
Personal bei Qualitätsprüfungen gem. §§ 114 Abs. 1 Satz 4, 112 Abs. 2 Satz 1 wird
hierdurch nicht eingeschränkt. Der im PNG neu eingefügte **Abs. 3 Satz 3** betont,
dass die Erkenntnisquellen zur Beurteilung der Pflegequalität – die Pflegedokumentation, die Inaugenscheinnahme der Pflegebedürftigen und Befragungen der Beschäftigten der Pflegeeinrichtung sowie der Pflegebedürftigen, ihrer Angehörigen und
vertretungsberechtigten Personen – angemessen zu berücksichtigen sind. Durch die
Verpflichtung zu einer ausgewogenen Berücksichtigung aller Erkenntnismöglichkeiten soll vor allem einer Überbetonung des Gewichts der Pflegedokumentation entgegen gewirkt werden (Begr. des Gesundheitsausschusses, BT-Drucks. 17/10170, S. 19,
zu Nr. 42 Buchst. c); zu den Prüfgrundlagen vgl. *Gaertner/van Essen*, GuP 2013, 88 ff.;
zur Kritik am zu starken Gewicht der Pflegedokumentation s. *Martini/Albert*,
NZS 2012, 201, 202 f.

Ob der Prüfer Vertreter der Einrichtung von der **Teilnahme an der Befragung** 6a
der Pflegebedürftigen und ihrer Angehörigen ausschließen können, ist umstritten;
dafür: *Gutzler*, in: Hauck/Noftz, SGB XI, § 114a Rn. 13, der Abs. 4 insoweit nicht
für anwendbar hält, wonach der Einrichtungsträger verlangen kann, dass seine Trägervereinigung an der Prüfung beteiligt ist. *Bachem/Klie* (in: LPK-SGB XI, § 114a
Rn. 6) gehen demgegenüber davon aus, dass über die Vertraulichkeit der Befragung allein der Pflegebedürftige zu befinden habe. Wird ein vertrauliches Gespräch ohne Beteiligung eines Vertreters des Einrichtungsträgers gewünscht, ist im
Hinblick auf den Grundrechtsschutz des Einrichtungsträgers (Art. 12 GG) ggf. ein
nachprüfbares Protokoll zu erstellen.

VI. Beteiligungsrechte (Abs. 4)

Abs. 4 Satz 1 bis 3 regeln die Bedingungen, unter denen die genannten Träger bzw. 7
Verbände die Beteiligung an den Prüfungen verlangen und so ihre Sachkenntnis einbringen können. Abs. 4 Satz 4 und 5 soll zusammen mit Abs. 2 Satz 6 speziell die Belastung der Pflegeeinrichtungen verringern, die Prüfungen nach dem heimrechtlichen
Vorschriften und nach dem SGB XI unterliegen, indem den jeweiligen Prüfstellen
gegenseitige Teilnahmerechte eingeräumt werden. Eine inhaltliche Erweiterung der
Prüfzuständigkeit ist hiermit nicht verbunden. Die Beteiligung der Prüfstellen nach
§ 114 Abs. 1 Satz 1 an Prüfungen nach HeimG bzw. LHeimG muss zudem durch
einen Prüfauftrag durch die Landesverbände der PKen abgedeckt sein. Das in Satz 2
festgelegte Recht des Einrichtungsträgers, wonach die Trägervereinigung, der er angehört, an der Prüfung zu beteiligen ist, dient ebenso wie das Beteiligungsrecht der
Kostenträger nur der Kontrolle einer die normativen Vorgaben beachtenden ord-

§ 114a

nungsgemäßen Durchführung der Qualitätsprüfung; eine Erweiterung des Umfangs oder Inhalts der Prüfung ist hiermit nicht verbunden, s. a. *Bachem/Klie* (in: LPK-SGB XI, § 114a Rn. 9).

VII. Zusammenarbeit mit der PPV (Abs. 5 und 5a)

8   Auch die Mitglieder der PPV profitieren von der Qualitätssicherung. Nachdem Abs. 5 Satz 1 idF des PflegeWEG zunächst den Verband der PKV e. V. zur Zahlung von 10% der Kosten für die Qualitätsprüfungen verpflichtete, wurde dem Prüfdienst der PKV im Gesetz vom 28.7.2011 (BGBl. I S. 1622) ein eigenes (fakultatives) **Prüfrecht** eingeräumt. Eine Beteiligung an den Kosten der durch die PKen veranlassten Qualitätsprüfungen findet deshalb nur bei einer Unterschreitung der Prüfquote von 10 Prozent (vgl. § 114 Abs. 1 Satz 1) statt. Zur Finanzierung der Qualitätsprüfungen allgemein § 114 Rn. 12. Abs. 5 Satz 2 bis 4 regeln das Verfahren der Feststellung einer Zahlungspflicht. Klagemöglichkeit bzw. Rechtsweg gegen die Heranziehung zur Zahlung für den PKV e. V. ist nicht ausdrücklich geregelt, der Gesetzgeber (BT-Drucks. 17/6141, S. 25 „gerichtsfest") geht aber offenbar von einer gerichtlichen Überprüfungsmöglichkeit aus.

8a Mit der Implementierung des Prüfrechts für den Prüfdienst der PKV entstand die Notwendigkeit einer Abstimmung der Verfahren zwischen gesetzlichen Pflegekassen und der privaten Pflege-Pflichtversicherung. Abs. 5a bildet die Grundlage für den Abschluss einer **Vereinbarung** über die Einzelheiten der Zusammenarbeit bei der Durchführung von Qualitätsprüfungen zwischen PKV und dem Spitzenverband Bund der PKen. Vgl. zu Inhalten im Einzelnen BT-Drucks. 17/5178, S. 25.

VIII. Berichtspflicht des MDK (Abs. 6)

9   Nach Abs. 6 Satz 1 trifft die MDKen und den Prüfdienst des Verbandes der privaten Krankenversicherung e. V. erstmals bis zum 30.6.2011, danach im Abstand von drei Jahren, eine Berichtspflicht über die Erkenntnisse der Qualitätsprüfungen gegenüber dem MDS, der hieraus seinerseits einen Bericht u.a. an die zuständigen Bundes- und Länderministerien erstellt (vgl. Abs. 6 Satz 3 und den 3. Pflege-Qualitätsbericht des MDS nach § 114a Abs. 6 SGB XI vom April 2012, http://www.mds-ev.de/media/pdf/MDS_Dritter_Pflege_Qualitaetsbericht_Endfassung.pdf).

IX. Richtlinien über die Qualität der Prüfungen (Abs. 7)

10 Gem. Abs. 7 Satz 1 hat der Spitzenverband Bund Richtlinien über die Prüfung der in Pflegeeinrichtungen erbrachten Leistungen und ihrer Qualität zu beschließen und dabei den MDS, den Prüfdienst des Verbandes der privaten Krankenversicherung e. V. und die in Abs. 7 Satz 2 genannten Träger zu beteiligen. Anders als bei den Vereinbarungen nach § 113 Abs. 1 Satz 1 verlangt das Gesetz keine Neufassung der Richtlinien gem. Abs. 7 binnen bestimmter Fristen. Es besteht lediglich die **programmatische Verpflichtung** zur „regelmäßigen" Anpassung an den medizinisch-pflegefachlichen Fortschritt in Abs. 7 Satz 4. Das BMG kann bei Beanstandungen die Genehmigung versagen und Behebung von Beanstandungen verlangen, nicht aber eine Festsetzung der Richtlinien vornehmen (anders z. B. § 94 Abs. 1 Satz 5 SGB V für Richtlinien des Gemeinsamen Bundesausschusses).

11 Die auf der Basis des PflegeWEG erlassenen Richtlinien des GKV-Spitzenverbandes über die Prüfung der in Pflegeeinrichtungen erbrachten Leistungen und deren Qualität nach § 114 SGB XI **(QPR)** sind durch die Neufassung vom 17.1.2014 (vgl.

Ergebnisse von Qualitätsprüfungen **§ 115**

Anhang zu § 114a) ersetzt worden, in denen zum einen die Änderungen der §§ 113 ff. durch das PNG und zum anderen die auf dem Spruch der Schiedsstelle nach § 113 b vom 10.6.2013 beruhende Pflege-Transparenzvereinbarung nach § 115 Abs. 1 a für die stationäre Pflege (PTVS, vgl. Anhang zu § 115) berücksichtigt wurden. Die QPR haben keine Rechtsnormqualität. Sie sind stets an die normsetzenden Vereinbarungen der Maßstäbe und Grundsätze zur Sicherung und Weiterentwicklung der Pflegequalität nach § 113 Abs. 1 Satz 1 anzupassen (so zutreffend *Bachem/ Klie*, in: LPK-SGB XI, § 114 a Rn. 13 aE). Sie dienen als Verwaltungsvorschriften zur Realisierung einer einheitlichen Verwaltungspraxis und damit zugleich der Umsetzung des Gleichbehandlungsgrundsatzes; hieraus ergibt sich auch ohne ausdrückliche Normierung (Abs. 7 Satz 7) eine Bindung der Prüforganisationen.

§ 115 Ergebnisse von Qualitätsprüfungen

(1) ¹Die Medizinischen Dienste der Krankenversicherung, der Prüfdienst des Verbandes der privaten Krankenversicherung e. V. sowie die von den Landesverbänden der Pflegekassen für Qualitätsprüfungen bestellten Sachverständigen haben das Ergebnis einer jeden Qualitätsprüfung sowie die dabei gewonnenen Daten und Informationen den Landesverbänden der Pflegekassen und den zuständigen Trägern der Sozialhilfe sowie den nach heimrechtlichen Vorschriften zuständigen Aufsichtsbehörden im Rahmen ihrer Zuständigkeit und bei häuslicher Pflege den zuständigen Pflegekassen zum Zwecke der Erfüllung ihrer gesetzlichen Aufgaben sowie der betroffenen Pflegeeinrichtung mitzuteilen. ²Das Gleiche gilt für die Ergebnisse von Qualitätsprüfungen, die durch unabhängige Sachverständige oder Prüfinstitutionen gemäß § 114 Abs. 4 durchgeführt werden und eine Regelprüfung durch den Medizinischen Dienst der Krankenversicherung teilweise ersetzen. ³Die Landesverbände der Pflegekassen sind befugt und auf Anforderung verpflichtet, die ihnen nach Satz 1 oder 2 bekannt gewordenen Daten und Informationen mit Zustimmung des Trägers der Pflegeeinrichtung auch seiner Trägervereinigung zu übermitteln, soweit deren Kenntnis für die Anhörung oder eine Stellungnahme der Pflegeeinrichtung zu einem Bescheid nach Absatz 2 erforderlich ist. ⁴Gegenüber Dritten sind die Prüfer und die Empfänger der Daten zur Verschwiegenheit verpflichtet; dies gilt nicht für die zur Veröffentlichung der Ergebnisse von Qualitätsprüfungen nach Absatz 1 a erforderlichen Daten und Informationen.

(1 a) ¹Die Landesverbände der Pflegekassen stellen sicher, dass die von Pflegeeinrichtungen erbrachten Leistungen und deren Qualität, insbesondere hinsichtlich der Ergebnis- und Lebensqualität, für die Pflegebedürftigen und ihre Angehörigen verständlich, übersichtlich und vergleichbar sowohl im Internet als auch in anderer geeigneter Form kostenfrei veröffentlicht werden. ²Hierbei sind die Ergebnisse der Qualitätsprüfungen des Medizinischen Dienstes der Krankenversicherung und des Prüfdienstes des Verbandes der privaten Krankenversicherung e. V. sowie gleichwertige Prüfergebnisse nach § 114 Abs. 3 und 4 zugrunde zu legen; sie können durch in anderen Prüfverfahren gewonnene Informationen, die die von Pflegeeinrichtungen erbrachten Leistungen und deren Qualität, insbesondere hinsichtlich der Ergebnis- und Lebensqualität, darstellen, ergänzt werden. ³Bei Anlassprüfungen nach § 114 Absatz 5 bilden die Prüferinnen aller in die Prüfung einbezogenen Pflegebedürftigen die Grundlage für die Bewertung und Darstellung der Qualität. ⁴Personenbezogene und personenbeziehbare Daten sind zu anonymisieren. ⁵Ergebnisse von Wiederholungsprüfungen sind zeitnah zu berücksichtigen. ⁶Bei der Darstellung der Qualität ist auf die Art der Prüfung als An-

§ 115

Elftes Kapitel. Qualitätssicherung, sonst. Regelungen

lass-, Regel- oder Wiederholungsprüfung hinzuweisen. ⁷Das Datum der letzten Prüfung durch den Medizinischen Dienst der Krankenversicherung oder durch den Prüfdienst des Verbandes der privaten Krankenversicherung e. V., eine Einordnung des Prüfergebnisses nach einer Bewertungssystematik sowie eine Zusammenfassung der Prüfergebnisse sind an gut sichtbarer Stelle in jeder Pflegeeinrichtung auszuhängen. ⁸Die Kriterien der Veröffentlichung einschließlich der Bewertungssystematik sind durch den Spitzenverband Bund der Pflegekassen, die Vereinigungen der Träger der Pflegeeinrichtungen auf Bundesebene, die Bundesarbeitsgemeinschaft der überörtlichen Träger der Sozialhilfe und die Bundesvereinigung der kommunalen Spitzenverbände bis zum 30. September 2008 unter Beteiligung des Medizinischen Dienstes des Spitzenverbandes Bund der Krankenkassen zu vereinbaren. ⁹Die maßgeblichen Organisationen für die Wahrnehmung der Interessen und der Selbsthilfe der pflegebedürftigen und behinderten Menschen, unabhängige Verbraucherorganisationen auf Bundesebene sowie der Verband der privaten Krankenversicherung e. V. und die Verbände der Pflegeberufe auf Bundesebene sind frühzeitig zu beteiligen. ¹⁰Ihnen ist unter Übermittlung der hierfür erforderlichen Informationen innerhalb einer angemessenen Frist vor der Entscheidung Gelegenheit zur Stellungnahme zu geben; die Stellungnahmen sind in die Entscheidung einzubeziehen. ¹¹Die Vereinbarungen über die Kriterien der Veröffentlichung einschließlich der Bewertungssystematik sind an den medizinisch-pflegefachlichen Fortschritt anzupassen. ¹²Kommt innerhalb von sechs Monaten ab schriftlicher Aufforderung eines Vereinbarungspartners zu Verhandlungen oder eine einvernehmliche Einigung nicht zustande, kann jeder Vereinbarungspartner die Schiedsstelle nach § 113 b anrufen. ¹³Die Frist entfällt, wenn der Spitzenverband Bund der Pflegekassen und die Mehrheit der Vereinigungen der Träger der Pflegeeinrichtungen auf Bundesebene nach einer Beratung aller Vereinbarungspartner die Schiedsstelle einvernehmlich anrufen. ¹⁴Die Schiedsstelle soll eine Entscheidung innerhalb von drei Monaten treffen. ¹⁵Bestehende Vereinbarungen gelten bis zum Abschluss einer neuen Vereinbarung fort.

(1b) ¹Die Landesverbände der Pflegekassen stellen sicher, dass ab dem 1. Januar 2014 die Informationen gemäß § 114 Absatz 1 über die Regelungen zur ärztlichen, fachärztlichen und zahnärztlichen Versorgung sowie zur Arzneimittelversorgung in vollstationären Einrichtungen für die Pflegebedürftigen und ihre Angehörigen verständlich, übersichtlich und vergleichbar sowohl im Internet als auch in anderer geeigneter Form kostenfrei zur Verfügung gestellt werden. ²Die Pflegeeinrichtungen sind verpflichtet, die Informationen nach Satz 1 an gut sichtbarer Stelle in der Pflegeeinrichtung auszuhängen.

(2) ¹Soweit bei einer Prüfung nach diesem Buch Qualitätsmängel festgestellt werden, entscheiden die Landesverbände der Pflegekassen nach Anhörung des Trägers der Pflegeeinrichtung und der beteiligten Trägervereinigung unter Beteiligung des zuständigen Trägers der Sozialhilfe, welche Maßnahmen zu treffen sind, erteilen dem Träger der Einrichtung hierüber einen Bescheid und setzen ihm darin zugleich eine angemessene Frist zur Beseitigung der festgestellten Mängel. ²Werden nach Satz 1 festgestellte Mängel nicht fristgerecht beseitigt, können die Landesverbände der Pflegekassen gemeinsam den Versorgungsvertrag gemäß § 74 Abs. 1, in schwerwiegenden Fällen nach § 74 Abs. 2, kündigen. ³§ 73 Abs. 2 gilt entsprechend.

(3) ¹Hält die Pflegeeinrichtung ihre gesetzlichen oder vertraglichen Verpflichtungen, insbesondere ihre Verpflichtungen zu einer qualitätsgerechten Leistungserbringung aus dem Versorgungsvertrag (§ 72) ganz oder teilweise

nicht ein, sind die nach dem Achten Kapitel vereinbarten Pflegevergütungen für die Dauer der Pflichtverletzung entsprechend zu kürzen. ²Über die Höhe des Kürzungsbetrags ist zwischen den Vertragsparteien nach § 85 Abs. 2 Einvernehmen anzustreben. ³Kommt eine Einigung nicht zustande, entscheidet auf Antrag einer Vertragspartei die Schiedsstelle nach § 76 in der Besetzung des Vorsitzenden und der beiden weiteren unparteiischen Mitglieder. ⁴Gegen die Entscheidung nach Satz 3 ist der Rechtsweg zu den Sozialgerichten gegeben; ein Vorverfahren findet nicht statt, die Klage hat aufschiebende Wirkung. ⁵Der vereinbarte oder festgesetzte Kürzungsbetrag ist von der Pflegeeinrichtung bis zur Höhe ihres Eigenanteils an die betroffenen Pflegebedürftigen und im Weiteren an die Pflegekassen zurückzuzahlen; soweit die Pflegevergütung als nachrangige Sachleistung von einem anderen Leistungsträger übernommen wurde, ist der Kürzungsbetrag an diesen zurückzuzahlen. ⁶Der Kürzungsbetrag kann nicht über die Vergütungen oder Entgelte nach dem Achten Kapitel refinanziert werden. ⁷Schadensersatzansprüche der betroffenen Pflegebedürftigen nach anderen Vorschriften bleiben unberührt; § 66 des Fünften Buches gilt entsprechend.

(4) ¹Bei Feststellung schwerwiegender, kurzfristig nicht behebbarer Mängel in der stationären Pflege sind die Pflegekassen verpflichtet, den betroffenen Heimbewohnern auf deren Antrag eine andere geeignete Pflegeeinrichtung zu vermitteln, welche die Pflege, Versorgung und Betreuung nahtlos übernimmt. ²Bei Sozialhilfeempfängern ist der zuständige Träger der Sozialhilfe zu beteiligen.

(5) ¹Stellen der Medizinische Dienst der Krankenversicherung oder der Prüfdienst des Verbandes der privaten Krankenversicherung e.V. schwerwiegende Mängel in der ambulanten Pflege fest, kann die zuständige Pflegekasse dem Pflegedienst auf Empfehlung des Medizinischen Dienstes der Krankenversicherung oder des Prüfdienstes des Verbandes der privaten Krankenversicherung e.V. die weitere Betreuung des Pflegebedürftigen vorläufig untersagen; § 73 Absatz 2 gilt entsprechend. ²Die Pflegekasse hat dem Pflegebedürftigen in diesem Fall einen anderen geeigneten Pflegedienst zu vermitteln, der die Pflege nahtlos übernimmt; dabei ist so weit wie möglich das Wahlrecht des Pflegebedürftigen nach § 2 Abs. 2 zu beachten. ³Absatz 4 Satz 2 gilt entsprechend.

(6) ¹In den Fällen der Absätze 4 und 5 haftet der Träger der Pflegeeinrichtung gegenüber den betroffenen Pflegebedürftigen und deren Kostenträgern für die Kosten der Vermittlung einer anderen ambulanten oder stationären Pflegeeinrichtung, soweit er die Mängel in entsprechender Anwendung des § 276 des Bürgerlichen Gesetzbuches zu vertreten hat. ²Absatz 3 Satz 7 bleibt unberührt.

Inhaltsübersicht

	Rn.
I. Geltende Fassung	1
II. Normzweck und Überblick	2
III. Mitteilungspflichten der Prüfstellen (Abs. 1)	3
IV. Bewertungskriterien und Veröffentlichung von Prüfergebnissen (Abs. 1a)	4
1. Sicherstellung durch die Landesverbände	6
2. Kriterien der Veröffentlichung und Bewertungssystematiken	7
3. Rechtscharakter und Validität der Transparenzvereinbarungen	8
4. Rechtsschutz gegen die Veröffentlichung von Transparenzberichten	9
V. Informationspflicht über die Versorgung (Abs. 1b)	10
VI. Mängelbeseitigung (Abs. 2)	11

§ 115 Elftes Kapitel. Qualitätssicherung, sonst. Regelungen

	Rn.
VII. Kürzung der Pflegevergütung (Abs. 3)	13
1. Voraussetzungen einer Kürzung	14
2. Höhe der Kürzung	15
3. Verfahrensmäßige Umsetzung	16
VIII. Schutz des Pflegebedürftigen (Abs. 4 bis 6)	19

I. Geltende Fassung

1   § 115 wurde eingefügt durch Art. 1 Nr. 23 PQsG (vom 9.9.2001, BGBl. I S. 2320) mWv 1.1.2002. Die redaktionelle Änderung des RegE zum PQsG (BT-Drucks. 14/5395, S. 13, Begr. S. 43) in Abs. 1 Satz 1 von „betroffene" in „zuständige" Pflegeeinrichtung durch den AfG (BT-Drucks. 14/6308, S. 21, Begr. S. 32) wurde durch Art. 4 Nr. 3 PflEG (vom 14.12.2001, BGBl. I S. 3728) rückgängig gemacht. Abs. 1 Satz 1 und Abs. 2 Satz 1 wurden terminologisch geändert durch Art. 10 Nr. 11 G vom 27.12.2003 (BGBl. I S. 3022); Abs. 1 Satz 1 an die Länderkompetenz für das Heimrecht angepasst durch Art. 2 Abs. 1 Nr. 6 HeimRNG (vom 29.7.2009, BGBl. I S. 2332) mWv 1.10.2009. Abs. 1 Satz 2 wurde neu gefasst, Satz 4 geändert durch Art. 1 Nr. 74 PflegeWEG (vom 28.5.2008, BGBl. I S. 874) mWv 1.7.2008. Ferner wurde hierdurch in Abs. 3 der Verweis auf § 80a gestrichen und Abs. 1a eingefügt (vgl. BT-Drucks. 16/7439, S. 24, Begr. S. 88), Abs. 1a geändert durch den AfG, vgl. BT-Drucks. 16/8525, S. 50, Begr. S. 104. Durch Art. 6 Nr. 5 des Gesetzes zur Änderung des Infektionsschutzgesetzes und weiterer Gesetze vom 28.7.2011 (BGBl. I S. 1622) wurden Abs. 1 Satz 1, Abs. 1a Satz 2 und 7 sowie Abs. 5 Satz 1 um die Beteiligung des Prüfdienstes des Verbandes der privaten Krankenversicherung e. V. ergänzt; zugleich wurden in Abs. 1a die Sätze 11 bis 15 angefügt. Das PNG (vom 23.10.2012, BGBl. I S. 2246) hat Abs. 1b eingefügt. Art. 1 Nr. 28 PSG I (vom 17.12.2014, BGBl. I S. 2222) ergänzte in Abs. 1a Sätze 3 und 6.

II. Normzweck und Überblick

2   § 115 regelt die Verwertung von und den Umgang mit den Ergebnissen von Qualitätsprüfungen. Die prüfenden Institutionen (vor allem der MDK) sind verpflichtet, die Kostenträger, die heimrechtlichen Aufsichtsbehörden sowie die betroffenen Pflegeeinrichtungen über die Ergebnisse von Qualitätsprüfungen zu unterrichten (Abs. 1). Durch den im PflegeWEG eingefügten **Abs. 1a** wird die Veröffentlichung der wesentlichen Prüfergebnisse im Internet und in anderer geeigneter Form sowie durch Aushang in der Pflegeeinrichtung vorgeschrieben. Durch den im PNG eingefügten **Abs. 1b** wurde die Informationspflicht erweitert um den Zustand der ärztlichen und der Arzneimittel-Versorgung in der Einrichtung; diese Regelung korrespondiert mit der Verpflichtung der Einrichtungen nach § 114 Abs. 1 Satz 5 bis 7. **Abs. 2** beschäftigt sich mit den Konsequenzen, die die PKen bei der Feststellung von Pflegemängeln gegenüber den betroffenen Pflegeeinrichtungen zu ziehen haben. **Abs. 3** regelt Sanktionen bei Qualitätsmängeln und Verstößen gegen den Versorgungsvertrag; **Abs. 4 bis 6** enthalten schließlich Mechanismen zum Schutz der Pflegebedürftigen bei schwerwiegenden Qualitätsmängeln in der ambulanten und stationären Pflege. Zu den Informationspflichten der Prüfstellen vgl. BT-Drucks. 14/5395, S. 43; BT-Drucks. 16/7439, S. 89; BT-Drucks. 17/9369, S. 49. Zur Information der Heimaufsicht s. auch § 117 Abs. 4. Zum Pflege-TÜV vgl. *Dürschke/Brembeck,* Der Pflege-TÜV auf dem Prüfstand, München 2012; *Martini/Albert,* NZS 2012, 201 und 247.

III. Mitteilungspflichten der Prüfstellen (Abs. 1)

Die Verpflichtung der Prüfstelle, die Ergebnisse der Qualitätsprüfung und die dabei gewonnen Daten und Informationen den Kostenträgern, der Heimaufsicht sowie der betroffenen Einrichtung mitzuteilen, bedarf aus datenschutzrechtlichen Gründen und wegen des erheblichen Eingriffs in den Schutzbereich des Art. 12 GG einer einschränkenden Auslegung. Grundsätzlich muss der betroffene Einrichtungsträger zunächst die Möglichkeit der Prüfung und Stellungnahme haben. Hiervon kann nur bei Eilbedürftigkeit abgewichen werden; etwa bei der Feststellung erheblicher Mängel, die sofortiges Handeln erforderlich machen (vgl. *Wilcken,* in: BeckOK-Sozialrecht, § 115 SGB XI Rn. 1). Ob der Veröffentlichung eines Pflege-Transparenzberichtes eine Anhörung (entsprechend § 24 Abs. 1 SGB I) vorangehen muss (hierfür plädiert das BSG im Urteil vom 16.5.2013, B 3 P 5/12 R Rn. 11 – BeckRS 2012, 72332) oder nicht, weil die Anhörungspflicht auf Realakte nicht anwendbar sei (*Vogelesang,* in: Hauck/Noftz, § 24 Rn. 8), kann im Hinblick auf die Verfahrensordnungen PTVA und PTVS (jeweils Anlage 4) offenbleiben, denn danach steht den Einrichtungen nach Zugang der Prüfergebnisse und vor der Übersendung an alle Kostenträger etc. eine Frist zur Stellungnahme von 4 Wochen zu. Zur Notwendigkeit einer Anonymisierung der Prüfergebnisse vor der Weitergabe an PKen, deren Versicherte von der Prüfung nicht betroffen sind vgl. *Bachem-Klie,* in: LPK-SGB XI, § 115 Rn. 5. Zum Spannungsverhältnis von informationellem Selbstbestimmungsrecht und Transparenz sowie ordnungsrechtlicher Gefahrenprävention: *Hopfenzitz,* Sozialrecht aktuell 2013, 150.

IV. Bewertungskriterien und Veröffentlichung von Prüfergebnissen (Abs. 1a)

Abs. 1a regelt die Veröffentlichung von Prüfergebnissen (sog. **Pflege-Transparenzberichte**) und die Erstellung einer Bewertungssystematik. Satz 1 bis 7 befassen sich mit den zulässigen Inhalten der Veröffentlichung sowie den hierfür zu wählenden Medien. Gem. Satz 8 bis 10 sind unter Beteiligung der maßgebenden Vereinigungen von pflegebedürftigen und behinderten Menschen und von Pflegeberufen sowie von Verbraucherorganisationen Bewertungsmaßstäbe zu schaffen, die eine vergleichbare Darstellung ermöglichen. Diese Vereinbarungen sind an den medizinisch-pflegefachlichen Fortschritt anzupassen (Satz 11). In Satz 12 bis 15 finden sich Regelungen für den Fall, dass die Vereinbarungspartner sich nicht einigen. In diesem Fall kann die in Satz 8 aufgeführten Partner der Vereinbarung die Schiedsstelle nach § 113b anrufen. Bis zum Abschluss einer (u. U. von der Schiedsstelle ersetzten) neuen Vereinbarung gelten bestehende Vereinbarungen weiter (Abs. 1a Satz 15).

Die Veröffentlichungsbefugnis ist auf **inhaltlich zutreffende Prüfungsergebnisse** begrenzt. Die Veröffentlichung von Transparenzberichten, die offensichtlich fehlerhaft sind, etwa auf nachweisbar unrichtigen Prüfbefunden beruhen, braucht der Einrichtungsträger schon im Hinblick auf den bei ihm eintretenden erheblichen Grundrechtseingriff nicht hinzunehmen (LSG Nordrhein-Westfalen, Beschluss vom 5.6.2012, L 10 P 118/11 B ER, Sozialrecht aktuell 2012, 206). Eine Veröffentlichung ist daher nur zulässig, wenn die Prüfergebnisse auf der Grundlage der maßgebenden Pflegetransparenzvereinbarung gewonnen wurden, deren Vorgaben im Detail eingehalten wurden und die Bewertung hieraus logisch nachvollziehbar abzuleiten ist (eingehend hierzu: LSG Nordrhein-Westfalen, Beschluss vom 5.6.2012, L 10 P 118/11 B ER, Sozialrecht aktuell 2012, 206; Beschluss vom 5.5.2011, L 10 P 7/11 B ER, juris). Fehlerhaft ist eine Veröffentlichung, wenn eine unzureichend ermittelte

§ 115 Elftes Kapitel. Qualitätssicherung, sonst. Regelungen

Tatsachengrundlage als Basis für eine Bewertung herangezogen wird, etwa durch die Verwendung nicht valider Daten als Basis für eine Benotung (LSG Berlin-Brandenburg, Urteil vom 3.8.3012, L 27 P 39/12 B ER). Auf die Intensität des Fehlers kommt es insoweit nicht an, auch Verstöße, die nicht als schwerwiegend zu qualifizieren sind, können Abwehrrechte begründen (anders insoweit: Hessisches LSG vom 28.10.2010, L 8 P 29/10 B ER).

1. Sicherstellung durch die Landesverbände

6   Die Landesverbände der PKen stellen nach Abs. 1a Satz 1 sicher, dass die von Pflegeeinrichtungen erbrachten Leistungen und deren Qualität in verständlicher, übersichtlicher und vergleichbarer Form für Pflegebedürftige und ihre Angehörige kostenfrei veröffentlicht werden. Die Landesverbände der PKen sind als Auftraggeber der Prüfungen zugleich befugt, die Prüfergebnisse zu veröffentlichen (a. A. *Bachem*, PflR 2009, 214ff., der diese Befugnis bei den Pflegeeinrichtungen sieht). Aus diesem Grund sind sie gem. Abs. 1 Satz 4 partiell von der Verschwiegenheitsverpflichtung befreit. Die Ergebnisse der Qualitätsprüfung des MDK und gleichwertige Prüfergebnisse nach § 114 Abs. 3 und 4 können auch durch in anderen Prüfverfahren gewonnene Erkenntnisse ergänzt werden (Abs. 1a Satz 2). Durch Abs. 1a Satz 3 wird – insbesondere im Hinblick auf die zum 1.1.2015 eingeführte Möglichkeit des Übergangs einer Prüfung in eine Anlassprüfung gem. § 114 Abs. 5 Satz 2 und 3 – klargestellt, dass bei Anlassprüfungen die Prüfergebnisse aller in die Prüfung einbezogenen Pflegebedürftigen in den Transparenzbericht einfließen. Bei der Veröffentlichung sind die Vorgaben von Abs. 1a Satz 4 bis 6 zu berücksichtigen. Neben der Ergebnisqualität kann auch die **Lebensqualität** (Abs. 1a Satz 1 und 2) dargestellt werden. Die Lebensqualität umfasst nach BT-Drucks. 16/9980 zu Nr. 14 z. B. die Zulässigkeit eigener Möblierung, Freizeitangebote der Einrichtung und Serviceleistungen in der Umgebung. Der Aushang an gut sichtbarer Stelle (z. B. im Eingangsbereich, BT-Drucks. 16/8525, S. 139) nach Abs. 1a Satz 7 wird von den Pflegeeinrichtungen durchgeführt und umfasst das Datum der letzten Prüfung, deren Einordnung in eine Systematik und die Zusammenfassung der Prüfungsergebnisse. Nach dem Wortlaut der Vorschrift sind Ergebnisse der Qualitätsprüfung durch unabhängige Sachverständige nicht auszuhängen, auch ist der Hinweis auf die Art der Prüfung nicht erforderlich. Die Pflegeeinrichtung muss zudem nach § 3 Abs. 2 Nr. 3 WBVG einen pflegebedürftigen Verbraucher rechtzeitig vor Vertragsschluss mit der Einrichtung über die gem. Abs. 1a zu veröffentlichenden Prüfergebnisse informieren.

2. Kriterien der Veröffentlichung und Bewertungssystematiken

7   Die Parteien haben gem. Abs. 1a Satz 8 bis 10 **Kriterien der Veröffentlichung** und **Bewertungssystematiken** in den Pflege-Transparenzvereinbarungen stationär und ambulant (PTVS und PTVA, Erstfassung vom 17.12.2008 bzw. 29.1.2009) vereinbart. Die PTVS ist durch den Spruch der Schiedsstelle nach § 113b vom 10.6.2013 (auf der Grundlage des Urteils des BSG vom 16.5.2013, B 3 P 5/12 R) mit Wirkung ab 1.1.2014 neu gefasst worden (vgl. Anhang zu § 115); die PTVA liegt z. Zt. noch nicht in neuer Fassung vor. Der MDK bzw. die weiteren Prüfstellen ermitteln bei der Prüfung anhand von 77 (PTVS, Anhang 2) bzw. 49 (PTVA) Kriterien „Schulnoten" für die geprüften Einrichtungen (zu Einwänden gegen die Kriterien aus pflegefachlicher Sicht vgl. *Hasseler/Wolf-Ostermann*, Wissenschaftliche Evaluation zur Beurteilung der Pflege-Transparenzvereinbarungen vom Juli 2010, S. 71, http://www.pflegenoten.de/media/dokumente/weiterentwicklung/Pflegenoten_Endbericht_Beirat_u__WB_2010_07_21.pdf). Die Landesverbände der PKen stellen die zu veröffentlichenden Prüfergebnisse zusammen und geben den Pflegeeinrichtungen vor der Veröffentlichung Gelegenheit zur Stellungnahme (Anlage 4 PTVS und PTVA).

Ergebnisse von Qualitätsprüfungen **§ 115**

3. Rechtscharakter und Validität der Transparenzvereinbarungen

Bei den in Abs. 1a Satz 8 geregelten Pflege-Transparenzvereinbarungen handelt es 8
sich um **Normsetzungsverträge**, wie sie für den Bereich der Leistungserbringung
in der Langzeitpflege auch in § 75 Abs. 1 (Rahmenverträge), § 113 (Maßstäbe und
Grundsätze) und § 113a Abs. 1 (Entwicklung von Expertenstandards) vorgesehen
sind. Die in Schrifttum (*Brochnow,* NJOZ 2011, 385, 391) und Rspr. (*SG München,*
Beschluss vom 13.1.2010, S 19 P 6/10 ER, Beck RS 2010, 66497) an dieser Form
der Normsetzungsdelegation geäußerten Zweifel hat das BSG im Urteil vom
16.5.2013, B 3 P 5/12 R, Rn. 20 unter Hinweis auf seine Rspr. zur Rechtsetzung
durch Richtlinien nach § 92 SGB V nicht geteilt. Es hat zudem auch den
Einwand von *Bachem/Klie* (LPK-SGB XI § 115 Rn. 20), Abs. 1a lasse den Kreis der
Normunterworfenen und die Reichweite seiner Geltung nicht erkennen, nicht aufgegriffen. Die **Zweifel an der wissenschaftlichen Validität** der Transparenzvereinbarung hält es ebenfalls nicht für begründet. Soweit Vertreter der Pflegewissenschaften geltend machten, dass es der wissenschaftlichen Überarbeitung und
Entwicklung bedürfe, damit die Pflegetransparenzkriterien aussagekräftige Ergebnisse
erzielen könnten, spreche dies nur für die Entscheidung des Gesetzgebers, die Bewertungskriterien nicht selbst festzulegen, sondern auf die fachliche Weiterentwicklung
durch die Betroffenen zu setzen (BSG, Urteil vom 16.5.2013, B 3 P 5/12 R,
Rn. 20). Zur Vereinbarkeit von Bewertung und Veröffentlichung mit Art. 12 GG
vgl. BSG, Urteil vom 16.5.2013, B 3 P 5/12 R, Rn. 15; *Martini/Albert,* NZS 2012,
201 ff., 247 ff.; *Schütze,* Verfassungsrechtliche Anforderungen an die Pflegequalitätsberichterstattung nach § 115 Abs. 1a SGB XI, KrV 2012, 14. Allgemein zum Regelungsinhalt des Abs. 1a: *Nolte,* Rekonstruktion des Rechtscharakters, der Rechtmäßigkeit und der Rechtsfolgen der Pflege-Transparenzvereinbarungen nach § 115
Abs. 1a Satz 6 SGB XI, RsDE Nr. 75 (2013), S. 36.

4. Rechtsschutz gegen die Veröffentlichung von Transparenzberichten

Der Transparenzbericht und seine Veröffentlichung (und eine ggf. vorangehende 9
Ankündigung, die im Gesetz nicht vorgesehen ist) sind **nicht als Verwaltungsakt** zu
qualifizieren (zutreffend: LSG Sachsen-Anhalt, Beschluss vom 14.6.2010, L 4 P 3/10
B ER, Rn. 30 mwN = BeckRS 2010, 71452), denn er trifft in Bezug auf die betroffene Pflegeeinrichtung keine verbindliche Regelung, die ein bestimmtes Handeln
oder Unterlassen auferlegt. VA-Charakter hat demgegenüber ein Maßnahmenbescheid nach Abs. 2 (s. Rn. 11). Gegen die Veröffentlichung von Transparenzberichten
kann einstweiliger Rechtsschutz nur durch Erlass einer einstweiligen Anordnung (Si-
cherungsanordnung) gem. § 86b Abs. 2 Satz 1 SGG erreicht werden. Zu den Anforderungen an die Glaubhaftmachung von Anordnungsanspruch und Anordnungs-
grund (nach § 86b Abs. 2 Satz 4 SGG iVm. § 920 ZPO) vgl. LSG Sachsen-Anhalt,
Beschluss vom 14.6.2010, L 4 P 3/10 B ER, Rn. 32 = BeckRS 2010, 71452.

V. Informationspflicht über die Versorgung (Abs. 1 b)

Seit dem 1.1.2015 (eingefügt durch das PNG) enthält Abs. 1b einen Auftrag an die 10
Landesverbände der PKen, die Information für Pflegebedürftige und Angehörige
über die Ausgestaltung der ärztlichen, fach- und zahnärztlichen Versorgung sowie
der Arzneimittelversorgung und der insoweit abgeschlossenen Kooperationen in
einem stationären Pflegeheim sicherzustellen. Die Angaben hierzu sind nach § 114
Abs. 1 von Pflegeheimen an die Landesverbände der PKen zu übermitteln. BT-
Drucks. 17/9369, S. 50 legt als Zeitpunkt eine Übermittlung gleichzeitig mit der

§ 115 Elftes Kapitel. Qualitätssicherung, sonst. Regelungen

Stellungnahme vor Veröffentlichung des Transparenzberichtes nahe. Die Aufbereitung und Veröffentlichung durch die Landesverbände soll die Vergleichbarkeit für den Pflegebedürftigen bzw. seine Angehörigen ermöglichen. Die Einrichtungen sind nach Abs. 1b Satz 2 verpflichtet, die von Landesverbänden der PKen aufbereiteten Informationen auszuhängen.

VI. Mängelbeseitigung (Abs. 2)

11   Abs. 2 Satz 1 ermächtigt die Landesverbände der PKen nach Anhörung des Einrichtungsträgers und der ggf. beteiligten Trägervereinigung sowie unter Beteiligung des zuständigen Sozialhilfeträgers, einen Bescheid über Maßnahmen zur Beseitigung von Qualitätsmängeln zu erlassen, wobei dem Träger eine angemessene Frist zur Mängelbeseitigung einzuräumen ist (sog. Maßnahmenbescheid). Die **Bestimmtheitsanforderungen,** die an Maßnahmenbescheide nach Abs. 2 zu stellen sind, müssen sich an den Zielen orientieren, die der Gesetzgeber mit der Regelung verfolgt. Beanstandungen beruhen zwar grundsätzlich auf der Feststellung konkret individueller Qualitätsmängel bei bestimmten Pflegebedürftigen der überprüften Einrichtung. Da die Prüfung in einem Stichprobenverfahren jedoch nur eine begrenzte Zahl der von der Einrichtung versorgten Pflegebedürftigen erfasst (zu **Mindestzahlen** vgl. LSG Sachsen-Anhalt, Beschluss vom 8.7.2011, L 4 P 44/10 B ER, Rn. 49 ff., NZS 2011, 944), kann sich der Maßnahmenbescheid nicht allein auf die Beseitigung konkreter Mängel bei den überprüften Personen beziehen. Schließlich soll mit diesem Instrument die Qualität der in der Einrichtung geleisteten Pflege insgesamt oder zumindest im Hinblick auf bestimmte Verrichtungen verbessert werden. Hierbei kann nicht unberücksichtigt bleiben, dass die Qualitätssicherung vorrangig durch Beratung und nicht durch zwangsweise Einwirkung der Pflegekassen oder der von ihnen eingesetzten Prüfeinrichtungen auf die Pflegeeinrichtungen umgesetzt werden soll (§ 112 Abs. 3 SGB XI). Das Instrumentarium der Qualitätssicherung darf nicht mit ordnungsbehördlichen Zwangsmitteln verwechselt werden. Es ist von daher abwegig, für die Bestimmtheit von Maßnahmenbescheiden einen vollstreckungsfähigen Inhalt der aufgeführten Verfügungen zu fordern (so aber LSG Berlin-Brandenburg, Beschluss vom 11.3.2013, L 27 P 101/12 B ER, juris).

12   Abs. 2 Satz 2 legt fest, dass die Fristversäumnis bei der Mängelbeseitigung je nach Schwere des Mangels zur **Kündigung** des Versorgungsvertrages nach § 74 Abs. 1 oder 2 durch die Landesverbände der PKen berechtigt. Hierüber ist von den Verbänden gemeinsam eine Ermessensentscheidung zu treffen. Unter Hinweis auf die vergleichbare Rechtslage bei der Kündigung eines Versorgungsvertrages verweisen *Klie/Bachem* (in: LPK-SGB XI, § 115 Rn. 33) insoweit zutreffend auf BSG, Urteil vom 12.6.2008, B 3 P 2/07 R (BSGE 101, 6, 10 ff. = SozR 4-3300 § 79 Nr. 1). Zu den formalen Anforderungen an die gemeinsame Beschlussfassung vgl. *Klie/Bachem,* in: LPK-SGB XI, § 115 Rn. 34. Hinsichtlich des Rechtsschutzes verweist Abs. 2 Satz 3 auf § 73 Abs. 2. Danach ist der Rechtsweg zu den Sozialgerichten eröffnet; ein Vorverfahren findet nicht statt. Die zu erhebende Anfechtungsklage hat allerdings keine aufschiebende Wirkung (§ 73 Abs. 2 Satz 2 2. Hs); der Einrichtungsträger muss ggf. einen Antrag nach § 86b Abs. 1 Satz 1 Nr. 2 SGG (Aussetzung des Sofortvollzugs) stellen.

VII. Kürzung der Pflegevergütung (Abs. 3)

13   Bei Verstoß gegen gesetzliche oder vertragliche Verpflichtungen ist nach Abs. 3 – unbeschadet der Kündigungsmöglichkeit nach Abs. 2 – die Pflegevergütung (Pflegesatz) zu kürzen. Die Vorschrift gilt ausschließlich für **stationäre Einrichtungen,**

eine vergleichbare Norm für die ambulante Pflege existiert nicht. Die Regelung in Abs. 3 korrespondiert mit § 10 Abs. 1 WBVG. Danach hat der Heimbewohner aus dem Vertragsverhältnis mit dem Heimträger einen Anspruch auf Kürzung des vereinbarten Heimentgelts rückwirkend für bis zu sechs Monate. Aus Abs. 3 kann der Pflegebedürftige dagegen gegen den Einrichtungsträger keine eigenen Ansprüche geltend machen; die Kürzungsansprüche nach Abs. 3 sind vielmehr kollektivrechtlicher Natur (*Bieback,* SGb 2013, 511, 515). Obgleich der Wortlaut („sind ... zu kürzen") dafür spricht, dass eine Kürzung zwingend vorgeschrieben ist, hält das BSG (Urteil vom 12.9.2012, B 3 P 5/11 R, Rn. 41, BSGE 112, 1 = NZS 2013, 265) im Hinblick auf den Verhältnismäßigkeitsgrundsatz eine Ermessensentscheidung der Kostenträger für erforderlich. Ein nach Abs. 3 von den Parteien der Pflegesatzvereinbarung (nach § 85 Abs. 2) oder der Schiedsstelle (nach § 76) festgesetzter Kürzungsbetrag ist nach Satz 5 bis zur Höhe des Eigenanteils an den Pflegebedürftigen und im Übrigen an die Pflegekasse auszukehren. Der Kürzungsbetrag ist im Ergebnis der Pflegeeinrichtung zu tragen; eine Refinanzierung über Vergütungen oder Entgelte nach den §§ 82 ff. ist ausgeschlossen (Abs. 3 Satz 6); Schadensersatzansprüche von Pflegebedürftigen sind durch die Kürzungsregelung nicht ausgeschlossen (Abs. 3 Satz 7). Da die Pflegevergütung gem. § 85 Abs. 3 Satz 1 im Voraus gezahlt wird, löst die Kürzung einen Rückforderungsanspruch gegen die Pflegeeinrichtung aus. Zur Frist für die Geltendmachung des Kürzungsanspruchs bzw. die Anrufung der Schiedsstelle nach Abs. 3 Satz 3 vgl. Rn. 16.

1. Voraussetzungen einer Kürzung

Die Kürzung der Pflegevergütung soll vor allem die Nichtvorhaltung vereinbarten **14** Personals sanktionieren, die zu Qualitätsmängeln geführt hat, vgl. *Udsching,* SGb 2003, 133 (134). Allein die **Unterschreitung der vereinbarten Personalstärke** rechtfertigt allerdings noch keine Kürzung; notwendig ist vielmehr, dass sich aus einer Pflichtverletzung nachweisbare Qualitätsmängel bei der Versorgung von Heimbewohnern ergeben haben (*Udsching,* SGb 2003, 134; BSG, Urteil vom 12.9.2012, B 3 P 5/11 R, Rn. 29, BSGE 112, 1 = NZS 2013, 265; kritisch hierzu *Bieback,* SGb 2013, 511, 512 f.; *Schrinner,* KrV 2013, 115). Andererseits hält das BSG einen Anspruch auf Kürzung der Vergütung bei der Feststellung von nennenswerten Qualitätsmängeln auch dann für begründet, wenn die vereinbarte Personalausstattung vom Heimträger eingehalten worden ist (so BSG, Urteil vom 12.9.2012, B 3 P 5/11 R, Rn. 36, BSGE 112, 1 = NZS 2013, 265), was nur mit der gesetzlichen bzw. vertraglichen Verpflichtung zur Einhaltung der Qualitätsstandards begründet werden kann. Eine derart weite Auslegung von Abs. 3 war vom Gesetzgeber ursprünglich wohl nicht beabsichtigt. Nach Auffassung des BSG greift die Kürzungsregelung auch dann ein, wenn ein Personalabgleich zu dem Ergebnis kommt, dass in einem Pflegeheim über mehrere Monate hinweg so wenig Personal vorhanden gewesen ist, dass Qualitätsmängel praktisch unvermeidlich gewesen seien. In einem derartigen Fall könne das Auftreten von ernsthaften, ahndungswürdigen **Qualitätsmängeln unwiderlegbar vermutet** werden. Auf die Ergebnisse einer Qualitätsprüfung komme es dann nicht an. Als Anhaltspunkt für eine derartige unwiderlegbare Vermutung sei die Unterschreitung des vereinbarten Personalsolls von monatlich mindestens 8% anzunehmen. Für diese gegriffene Größe geben weder das Gesetz noch Rahmenvereinbarungen oder pflegewissenschaftliche Erkenntnisse eine Grundlage (vgl. *Bieback,* SGb 2013, 511, 512; *Klie/Bachem,* in: LPK-SGB XI, § 115 Rn. 39). Die Verletzung von Dokumentationspflichten löst einen Kürzungsanspruch nicht aus (BSG, Urteil vom 12.9.2012, B 3 P 5/11 R, Rn. 29, BSGE 112, 1 = NZS 2013, 265).

§ 115 Elftes Kapitel. Qualitätssicherung, sonst. Regelungen

2. Höhe der Kürzung

15 Maßstab für die Höhe des Kürzungsbetrags ist der geringere Wert der Leistung, der in erster Linie in der Differenz der Personalkosten zwischen vereinbartem und tatsächlich eingesetztem Personalbestand sowie der Dauer der Personalunterdeckung zum Ausdruck kommt. Im Gesetzgebungsverfahren hatte man nur die Gewinnabschöpfung im Blick (BT-Drucks. 14/5395, S. 43). Bei Qualitätsmängeln, die für eine Beeinträchtigung der Lebensqualität des Pflegebedürftigen ursächlich sind, müssen Schmerzensgeldansprüche unberücksichtigt bleiben, weil sie nach Abs. 3 Satz 7 vom Betroffenen gesondert geltend gemacht werden können. Insoweit bleibt als Bemessungsgröße allenfalls der Differenzbetrag zwischen den Pflegesätzen bzw. Vergütungen der regionalen Wettbewerber.

3. Verfahrensmäßige Umsetzung

16 Über die Kürzung soll **grundsätzlich Einvernehmen** zwischen den Vertragsparteien gem. § 85 Abs. 2 angestrebt werden (Abs. 3 Satz 2). Die Geltendmachung des Anspruches ist nach der Rechtsprechung zeitlich beschränkt. Der auf Qualitätsmängel gestützte Kürzungsanspruch des § 115 Abs. 3 SGB XI muss nach Ansicht des BSG (Urteil vom 12.9.2012, B 3 P 5/11 R, Rn. 29, BSGE 112, 1 = NZS 2013, 265) unter Einschaltung der Schiedsstelle unverzüglich geltend gemacht werden, weil er einem systemimmanenten Beschleunigungsgebot unterliege. Schließlich sei es Zweck der Regelung, dass die zumeist hochbetagten Betroffenen auch selbst von der Kürzung der Vergütung profitierten. Die Kostenträger können **Kürzungsansprüche** danach nur innerhalb einer **Frist von einem Jahr** seit der Feststellung (im Rahmen einer Qualitätsprüfung) geltend machen (BSG, Urteil vom 12.9.2012, B 3 P 5/11 R, Rn. 44f., BSGE 112, 1 = NZS 2013, 265). *Bieback* (SGb 2013, 511ff.) weist zu Recht darauf hin, dass diese Begründung nicht überzeugt, weil die kurze Frist letztlich zulasten des Pflegebedürftigen geht.

17 Scheitert die einvernehmliche Einigung, kann nach Abs. 3 Satz 3 eine der Parteien die Schiedsstelle gem. § 76 anrufen, die in ihrer Besetzung durch den Vorsitzenden und die zwei unparteiischen Mitglieder entscheidet. Die Kosten der Schiedsstellenentscheidung werden – je nach Ergebnis des Schiedsspruches – nach Maßgabe von § 116 Abs. 2 verteilt. Die Entscheidung der Schiedsstelle ist gerichtlich überprüfbar. Für die gegen die Schiedsstelle selbst zu richtende Klage (BSG, SozR 4-3300 § 115 Nr. 1 = BSGE 112, 1ff.) sind erstinstanzlich gem. § 29 Abs. 2 Nr. 1 SGG die Landessozialgerichte zuständig. Abs. 3 Satz 4 ordnet an, dass die Klage aufschiebende Wirkung hat und es eines Vorverfahrens nicht bedarf.

18 Die von einem Kostenträger geltend zu machende Kürzung nach Abs. 3 konkurriert mit dem **Kürzungsanspruch des Pflegebedürftigen** nach § 10 Abs. 1 WBVG. Macht der Pflegebedürftige aus eigenem Recht gegen den Einrichtungsträger gem. § 10 Abs. 1 WBVG einen Kürzungsanspruch geltend, so kommt wegen desselben Sachverhalts eine Kürzung nach § 115 Abs. 3 nicht in Betracht (§ 10 Abs. 4 WBVG). Die Bezugnahme auf § 66 SGB V in Abs. 3 Satz 7 2. Hs bedeutet, dass die PK den Pflegebedürftigen bei der Geltendmachung eigener Ersatzansprüche, die nicht auf sie übergegangen ist, unterstützen kann.

VIII. Schutz des Pflegebedürftigen (Abs. 4 bis 6)

19 Bei schwerwiegenden Mängeln lösen die Abs. 4 und 5 **besondere Schutzpflichten** der PK aus. Mängel iSd. Abs. 4 bis 5 sind schwerwiegend, wenn Pflegebedürftige zu Schaden kommen können und gem. § 74 Abs. 2 Satz 2 eine fristlose Kündigung des Versorgungsvertrags gerechtfertigt wäre. Bei stationärer Pflege müssen Pflegebe-

Kostenregelungen **§ 116**

dürftige auf Antrag nach Abs. 4 Satz 1 in eine andere Einrichtung vermittelt werden, wenn die Mängel nicht kurzfristig behoben werden können. In der ambulanten Pflege besteht auch bei Behebbarkeit der Mängel eine Berechtigung der zuständigen PK nach Abs. 5 Satz 1, dem Pflegedienst die Betreuung des Pflegebedürftigen vorläufig zu untersagen. Das von der PK auszusprechende Versorgungsverbot kann sich nur auf konkrete Einzelfälle beziehen; soll die Tätigkeit eines Pflegedienstes insgesamt eingestellt werden, muss der Versorgungsvertrag nach § 74 gekündigt werden. Die **Kosten der Vermittlung** (z. B. für den Umzug in eine andere stationäre Einrichtung) trägt nach Abs. 6 Satz 1 der Träger der ambulanten oder stationären Pflegeeinrichtung, wenn er die schwerwiegenden Qualitätsmängel analog § 276 BGB zu vertreten hat. Daneben kann der Pflegebedürftige ggf. einen weitergehenden Schadensersatz gegen die Pflegeeinrichtung geltend machen (Abs. 6 Satz 2).

§ 116 Kostenregelungen

(1) **Die Prüfkosten bei Wirksamkeits- und Wirtschaftlichkeitsprüfungen nach § 79 sind als Aufwand in der nächstmöglichen Vergütungsvereinbarung nach dem Achten Kapitel zu berücksichtigen; sie können auch auf mehrere Vergütungszeiträume verteilt werden.**

(2) ¹Die Kosten der Schiedsstellenentscheidung nach § 115 Abs. 3 Satz 3 trägt der Träger der Pflegeeinrichtung, soweit die Schiedsstelle eine Vergütungskürzung anordnet; andernfalls sind sie von den Kostenträgern betroffenen Vertragsparteien gemeinsam zu tragen. ²Setzt die Schiedsstelle einen niedrigeren Kürzungsbetrag fest als von den Kostenträgern gefordert, haben die Beteiligten die Verfahrenskosten anteilig zu zahlen.

(3) ¹Die Bundesregierung wird ermächtigt, durch Rechtsverordnung mit Zustimmung des Bundesrates die Entgelte für die Durchführung von Wirtschaftlichkeitsprüfungen zu regeln. ²In der Rechtsverordnung können auch Mindest- und Höchstsätze festgelegt werden; dabei ist den berechtigten Interessen der Wirtschaftlichkeitsprüfer (§ 79) sowie der zur Zahlung der Entgelte verpflichteten Pflegeeinrichtungen Rechnung zu tragen.

Inhaltsübersicht

	Rn.
I. Geltende Fassung	1
II. Normzweck und Überblick	2
III. Kosten und Entgelte der Wirtschaftlichkeitsprüfung (Abs. 1 und 3)	3
IV. Schiedsstellenentscheidung gem. § 115 Abs. 3 Satz 3 (Abs. 2)	4

I. Geltende Fassung

§ 116 wurde eingefügt durch Art. 1 Nr. 23 PQsG (vom 9.9.2001, BGBl. I S. 2320) mWv 1.1.2002 idF. des RegE zum PQsG (BT-Drucks. 14/5395, S. 14, Begr. S. 44). Durch Art. 1 Nr. 75 PflegeWEG (vom 28.5.2008, BGBl. I S. 874) wurde Abs. 1 Satz 1 mWv 1.7.2008 gestrichen, Abs. 1 Satz 2 und Abs. 2 als neuer Abs. 1 zusammengefasst und Abs. 3 (ehemals Abs. 4) Satz 1 und 2 angepasst.

II. Normzweck und Überblick

§ 116 regelt die Festlegung der Entgelte für Wirtschaftlichkeitsprüfungen gem. 2
§ 79 (Abs. 3) und die Kostentragung hierfür (Abs. 1). Abs. 2 legt die Kostentragung

§ 117 Elftes Kapitel. Qualitätssicherung, sonst. Regelungen

für das Schiedsverfahren gem. § 115 Abs. 3 Satz 3 bei Kürzung der Pflegevergütung fest. Zur Tragung der Kosten für Qualitätsprüfungen vgl. § 114 Rn. 12.

III. Kosten und Entgelte der Wirtschaftlichkeitsprüfung (Abs. 1 und 3)

3   Aus Abs. 1 Satz 1 geht hervor, dass die nach § 79 geprüften Pflegeeinrichtungen die **Prüfkosten** tragen (ausdrücklich noch Abs. 1 idF. bis 30.6.2008). Vor 2002 war die Kostenverteilung in den Rahmenvereinbarungen nach § 75 von der Selbstverwaltung geregelt. Dies hatte nach Auffassung des Gesetzgebers dazu geführt, dass nicht ausreichend Prüfungen erfolgten (BT-Drucks. 14/5395 zu § 116, S. 44). Die Kosten können unabhängig vom Prüfergebnis als **pflegesatzfähiger Aufwand** im Rahmen einer Vergütungsvereinbarung nach § 85 Abs. 1 refinanziert werden. Regelungen in den Landesrahmenverträgen nach § 75 sind ist insoweit gegenstandslos (vgl. BR-Drucks. 731/00, S. 80). Eine Verordnung nach Abs. 3 ist bisher nicht ergangen. Die Entgelte für die Prüfinstitutionen müssen im Einzelfall vereinbart werden.

IV. Schiedsstellenentscheidung gem. § 115 Abs. 3 Satz 3 (Abs. 2)

4   Abs. 2 enthält eine Quotelungsregelung für die Kosten des Schiedsverfahrens nach § 115 Abs. 3 Satz 3, die sich am Obsiegen/Unterliegen ausrichtet. Damit wird eine bundeseinheitliche Regelung für die Kostenquotelung in Abweichung von landesrechtlichen Bestimmungen nach § 76 Abs. 5 getroffen. Für die Höhe der Kosten wird hingegen mangels ausdrücklicher Festlegungen auf die landesrechtlichen Vorgaben zu § 76 Abs. 5 zurückgegriffen (*Altmiks,* in: jurisPK, SGB XI, § 116 Rn. 9). In einem sozialgerichtlichen Urteil über eine Schiedsstellenentscheidung wird eine Entscheidung über die Verteilung der Kosten des Schiedsstellenverfahrens gem. § 116 Abs. 2 getroffen, wenn kein neues Schiedsverfahren durchzuführen ist.

§ 117 Zusammenarbeit mit den nach heimrechtlichen Vorschriften zuständigen Aufsichtsbehörden

(1) ¹**Die Landesverbände der Pflegekassen sowie der Medizinische Dienst der Krankenversicherung und der Prüfdienst des Verbandes der privaten Krankenversicherung e. V. arbeiten mit den nach heimrechtlichen Vorschriften zuständigen Aufsichtsbehörden bei der Zulassung und der Überprüfung der Pflegeeinrichtungen eng zusammen, um ihre wechselseitigen Aufgaben nach diesem Buch und nach den heimrechtlichen Vorschriften insbesondere durch**
1. **regelmäßige gegenseitige Information und Beratung,**
2. **Terminabsprachen für eine gemeinsame oder arbeitsteilige Überprüfung von Pflegeeinrichtungen und**
3. **Verständigung über die im Einzelfall notwendigen Maßnahmen**

wirksam aufeinander abzustimmen. ²Dabei ist sicherzustellen, dass Doppelprüfungen nach Möglichkeit vermieden werden. ³Zur Erfüllung dieser Aufgaben sind die Landesverbände der Pflegekassen sowie der Medizinische Dienst und der Prüfdienst des Verbandes der privaten Krankenversicherung e. V. verpflichtet, in den Arbeitsgemeinschaften nach den heimrechtlichen Vorschriften mitzuwirken und sich an entsprechenden Vereinbarungen zu beteiligen.

Zusammenarbeit mit den zust. Aufsichtsbehörden § 117

(2) ¹Die Landesverbände der Pflegekassen sowie der Medizinische Dienst und der Prüfdienst des Verbandes der privaten Krankenversicherung e. V. können mit den nach heimrechtlichen Vorschriften zuständigen Aufsichtsbehörden oder den obersten Landesbehörden ein Modellvorhaben vereinbaren, das darauf zielt, eine abgestimmte Vorgehensweise bei der Prüfung der Qualität von Pflegeeinrichtungen nach diesem Buch und nach heimrechtlichen Vorschriften zu erarbeiten. ²Von den Richtlinien nach § 114a Absatz 7 und nach § 115 Absatz 1a Satz 6 bundesweit getroffenen Vereinbarungen kann dabei für die Zwecke und die Dauer des Modellvorhabens abgewichen werden. ³Die Verantwortung der Pflegekassen und ihrer Verbände für die inhaltliche Bestimmung, Sicherung und Prüfung der Pflege-, Versorgungs- und Betreuungsqualität nach diesem Buch kann durch eine Zusammenarbeit mit den nach heimrechtlichen Vorschriften zuständigen Aufsichtsbehörden oder den obersten Landesbehörden weder eingeschränkt noch erweitert werden.

(3) ¹Zur Verwirklichung der engen Zusammenarbeit sind die Landesverbände der Pflegekassen sowie der Medizinische Dienst der Krankenversicherung und der Prüfdienst des Verbandes der privaten Krankenversicherung e. V. berechtigt und auf Anforderung verpflichtet, der nach heimrechtlichen Vorschriften zuständigen Aufsichtsbehörde die ihnen nach diesem Buch zugänglichen Daten über die Pflegeeinrichtungen, insbesondere über die Zahl und Art der Pflegeplätze und der betreuten Personen (Belegung), über die personelle und sächliche Ausstattung sowie über die Leistungen und Vergütungen der Pflegeeinrichtungen, mitzuteilen. ²Personenbezogene Daten sind vor der Datenübermittlung zu anonymisieren.

(4) ¹Erkenntnisse aus der Prüfung von Pflegeeinrichtungen sind vom Medizinischen Dienst der Krankenversicherung, dem Prüfdienst des Verbandes der privaten Krankenversicherung e. V. oder von den sonstigen Sachverständigen oder Stellen, die Qualitätsprüfungen nach diesem Buch durchführen, unverzüglich der nach heimrechtlichen Vorschriften zuständigen Aufsichtsbehörde mitzuteilen, soweit sie zur Vorbereitung und Durchführung von aufsichtsrechtlichen Maßnahmen nach den heimrechtlichen Vorschriften erforderlich sind. ²§ 115 Abs. 1 Satz 1 und 2 bleibt hiervon unberührt.

(5) ¹Die Pflegekassen und ihre Verbände sowie der Medizinische Dienst der Krankenversicherung und der Prüfdienst des Verbandes der privaten Krankenversicherung e. V. tragen die ihnen durch die Zusammenarbeit mit den nach heimrechtlichen Vorschriften zuständigen Aufsichtsbehörden entstehenden Kosten. ²Eine Beteiligung an den Kosten der nach heimrechtlichen Vorschriften zuständigen Aufsichtsbehörden oder anderer von nach heimrechtlichen Vorschriften zuständigen Aufsichtsbehörde beteiligter Stellen oder Gremien ist unzulässig.

(6) ¹Durch Anordnungen der nach heimrechtlichen Vorschriften zuständigen Aufsichtsbehörde bedingte Mehr- oder Minderkosten sind, soweit sie dem Grunde nach vergütungsfähig sind im Sinne des § 82 Abs. 1 sind, in der nächstmöglichen Pflegesatzvereinbarung zu berücksichtigen. ²Der Widerspruch oder die Klage einer Vertragspartei oder eines Beteiligten nach § 85 Abs. 2 gegen die Anordnung hat keine aufschiebende Wirkung.

Inhaltsübersicht

	Rn.
I. Geltende Fassung	1
II. Normzweck und Überblick	2
III. Grundsätze (Abs. 1)	3

§ 117 Elftes Kapitel. Qualitätssicherung, sonst. Regelungen

	Rn.
IV. Modellvorhaben (Abs. 2)	6
V. Informationsweitergabe (Abs. 3 und 4)	7
VI. Kostenregelungen (Abs. 5 und 6)	8

I. Geltende Fassung

1 § 117 wurde eingefügt durch Art. 1 Nr. 23 PQsG (vom 9.9.2001, BGBl. I. S. 2320) mWv 1.1.2002. Dem RegE zum PQsG (BT-Drucks. 14/5395, S. 14, Begr. S. 45) wurde Abs. 4 Satz 2 durch die Beschlussempfehlung des AfG (BT-Drucks. 14/6308, S. 24, Begr. S. 32) hinzugefügt. Die heimordnungsrechtlichen Kompetenzen sind durch Art. 74 Abs. 1 Nr. 7 GG in die Länderhoheit übergegangen (Art. 1 Nr. 7a dd des GG-ÄndG vom 28.6.2006, BGBl. I S. 2034). Abs. 1 Satz 1 und 3, Abs. 4 Satz 1 idF. von Art. 1 Nr. 76 PflWEG (vom 28.5.2008, BGBl. I S. 874) mWv 1.7.2008 verweisen daher nicht mehr auf das HeimG, sondern auf die heimrechtlichen Vorschriften. Durch Art. 2 Abs. 1 Nr. 7 HeimRNG (vom 31.7.2009, BGBl. I S. 2332) wurde ergänzend mWv 1.10.2009 in der Vorschrift durchgehend das Wort „Heimaufsicht" durch „nach den heimrechtlichen Vorschriften zuständige Aufsichtsbehörde" ersetzt (vgl. Vorbemerkungen zu §§ 112 bis 120 Rn. 5). Seit Art. 6 Nr. 6 InfSchG (vom 3.8.2011, BGBl. I S. 1622) ist auch der Prüfdienst der PKV in die Zusammenarbeit mit den heimrechtlichen Aufsichtsbehörden einbezogen. Art. 1 Nr. 44 PNG (vom 23.10.2012, BGBl. I S. 2246) änderte mWv 30.10.2012 Abs. 1 Satz 1 Nr. 1, Nr. 2 und Satz 3. Ferner wurden hierdurch in Abs. 2 die Sätze 1 und 2 neu vorangestellt. Abs. 2 Satz 1 und 3 wurden durch Art. 1 Nr. 28a PSG I (vom 17.12.2014, BGBl. I S. 2222) mWv 1.1.2015 um den Verweis auf die obersten Landesbehörden ergänzt.

II. Normzweck und Überblick

2 Eine enge Zusammenarbeit der Landesverbände der PKen und des MDK mit den heimrechtlichen Behörden (Abs. 1) soll Synergieeffekte haben und die Belastung der Pflegeeinrichtungen und -bedürftigen durch Prüfungen vermindern, ohne die jeweiligen Verantwortlichkeiten zu verschieben (Abs. 2). Abs. 3 und 4 betreffen die Weiterleitung von Daten an die zuständige heimrechtliche Behörde. Die Kostentragung im Zusammenhang mit den heimrechtlichen Behörden ist Gegenstand von Abs. 5 und 6. Spiegelbildlich zu § 117 enthalten § 20 HeimG und die LHeimG Vorschriften über die Zusammenarbeit mit dem MDK.

III. Grundsätze (Abs. 1)

3 Abs. 1 enthält in programmatischer Form den Auftrag des Gesetzgebers an die Landesverbände der PKen und die MD einerseits und die heimrechtlichen Aufsichtsbehörden andererseits zur **Kooperation.** Das Erfordernis der Zusammenarbeit ergibt sich aus der Überschneidung der jeweiligen Prüfgegenstände, vgl. Arbeitsgruppe III, Runder Tisch Pflege beim BMFSFJ Diskussionspapier vom 1.3.2005, Rn. 20 ff. und Vorbemerkungen zu §§ 112–120 Rn. 5 ff. Ein Ziel der Zusammenarbeit ist es, Doppelprüfungen möglichst zu vermeiden, Abs. 1 Satz 2. Die Kooperationsverpflichtung erstreckt sich jedoch nicht nur auf Qualitätsprüfungen. Dies lässt bereits der Wortlaut des Abs. 1 Satz 1 erkennen („Zulassung und Überprüfung"). Das praktische Erfordernis einer Zusammenarbeit ergibt sich z. B. auch daraus, dass die heimrechtlichen Aufsichtsbehörden z. T. nach den LHeimG die Einhaltung der Vereinbarungen gem. §§ 85 ff. bei der Gestaltung der Heimverträge, dh. originäre Vorgaben aus der Selbst-

verwaltung der SPV, überwachen (zulässig gem. BVerwG, Beschluss v. 28.5.2014, 8 B 71/13, NZS 2014, 667 = SRa 2014, 202; ebenso schon für die Rechtslage unter dem HeimG BVerwG, Urteil v. 2.6.2010, ZfSH/SGB 2010, 594 = NVwZ 2011, 1207).

Auch nach den kosmetischen Änderungen durch das PNG („regelmäßig" in Abs. 1 Satz 1 Nr. 1; „und" statt „oder" in Nr. 2 aE) werden die Abläufe der Zusammenarbeit im SGB XI nicht institutionalisiert und die Intensität des Austausches nicht konkret geregelt, um die Zusammenarbeit im Einzelfall nicht zu bürokratisieren. In den LandesheimG existieren jedoch z.T. formalisiertere Strukturen wie die Bildung von Arbeitsgemeinschaften, z.B. § 17 WTG-NRW, § 24 HessGBP bzw. Vereinbarungen betreffend die Prüfungen (§ 37 HmbWBG). Die Verpflichtung der Landesverbände der PKen und der Prüfinstitutionen in Abs. 1 Satz 3 zur Beteiligung daran hat demnach auch nach dem Übergang der heimrechtlichen Kompetenzen auf die Länder noch Relevanz. **4**

Zu den Grundsätzen der gesetzlich intendierten Zusammenarbeit mit den heimrechtlichen Aufsichtsbehörden gehört auch, dass sich die PKen und ihre Landesverbände nicht ihren nach dem SGB XI bestehenden **Verantwortlichkeiten** zur Sicherstellung der Pflege, Versorgung und Betreuung Pflegebedürftiger bzw. der Prüfung der Qualität der Leistungen entziehen. Auch wenn z.B. arbeitsteilige Prüfungen nach dem SGB XI grundsätzlich möglich sind (Abs. 1 Satz 1 Nr. 2), bleiben die PKen und ihre Landesverbände nach Abs. 2 Satz 3 iR ihrer Aufgaben vollumfänglich letztverantwortlich. Es besteht daher keine Weisungsbefugnis der heimrechtlichen Behörden gegenüber den PKen, BT-Drucks. 14/5395, S. 45. **5**

IV. Modellvorhaben (Abs. 2)

Durch das PNG besteht seit 30.10.2012 die Möglichkeit, Modellvorhaben zur Erreichung einer abgestimmten Vorgehensweise von Qualitätsprüfungen durchzuführen (Abs. 2 Satz 1). Hierbei kann von den Vorgaben der Qualitätssicherung gem. § 114 Abs. 7 und § 115 Abs. 1a Satz 6 für die Dauer des **Modellvorhabens** abgewichen werden. Modellvorhaben können von allen oder auch nur einigen der in Abs. 2 Satz 1 genannten Trägern mit den heimrechtlichen Aufsichtsbehörden – und seit 1.1.2015 auch direkt mit den obersten Landesbehörden (vgl. BT-Drucks. 18/2909, S. 44) – abgeschlossen werden. Eine Maximaldauer für die Modellvorhaben ist nicht ausdrücklich festgelegt. Es dürfte wie bei den Modellvorhaben gem. §§ 8 Abs. 3, 125 Abs. 2 Satz 1 iVm. Abs. 3 Satz 3 von höchstens fünf Jahren auszugehen sein. Der Vorschlag des Bundesrates, eine dauerhafte Fortsetzung erfolgreicher Modellvorhaben zu ermöglichen (BT-Drucks. 17/9669, S. 15 bzw. S. 24), ist nicht in das Gesetz übernommen worden. **6**

V. Informationsweitergabe (Abs. 3 und 4)

Abs. 3 regelt die Weitergabe allgemeiner Daten über die Struktur von Pflegeheimen an die heimrechtlichen Behörden. Abs. 4 betrifft demgegenüber konkrete Erkenntnisse aus Qualitätsprüfungen, die unverzüglich (§ 121 BGB) an die heimrechtlichen Behörden weiterzuleiten sind, soweit dies für aufsichtsrechtliche Maßnahmen nach heimrechtlichen Vorschriften erforderlich ist. Die Regelung deckt sich inhaltlich mit § 115 Abs. 1. Datenschutzrechtlich abgesichert wird die Zusammenarbeit mit den heimrechtlichen Aufsichtsbehörden durch §§ 94 bis 97a sowie § 97c für die PKen, ihre Landesverbände und die Prüfinstitutionen einerseits sowie § 97b für die heimrechtlichen Aufsichtsbehörden andererseits. **7**

§ 118   Elftes Kapitel. Qualitätssicherung, sonst. Regelungen

VI. Kostenregelungen (Abs. 5 und 6)

8   Abs. 5 und die Parallelvorschriften für die heimrechtlichen Behörden in § 20 Abs. 5 Satz 3 HeimG bzw. den LHeimG sind Ausdruck des Grundsatzes, dass aus der Zusammenarbeit entstehende Kosten von jedem Träger **selbst getragen** werden. Wenn eine Anordnung der heimrechtlichen Behörden vergütungsrelevante (§ 82 Abs. 1) Kostenveränderungen auslöst, wird dies nach Abs. 6 Satz 1 im Rahmen der nächstmöglichen Pflegesatzvereinbarung berücksichtigt. Nach Abs. 6 Satz 2 haben Widerspruch und Klage der Vertragsparteien und Beteiligten gem. § 85 Abs. 2 gegen die Anordnungen der heimaufsichtsrechtlichen Behörden **keine aufschiebende Wirkung.** Der Anwendungsbereich für diese Norm ist mittlerweile entfallen. Mit der Übertragung der Kompetenzen für das Heimrecht auf die Länder sind diese für die Ausgestaltung des Rechtsschutzes gegen Anordnungen der heimaufsichtsrechtlichen Behörden zuständig. Die LHeimG sehen weitgehend einen Entfall der Suspensivwirkung von Rechtsbehelfen vor. Allerdings finden sich dort nur ganz vereinzelt ausdrückliche Regelungen zu einem – von Abs. 6 Satz 2 vorausgesetzten – Widerspruchs- bzw. Klagerecht anderer Institutionen als nur der unmittelbaren Adressaten der Anordnungen (z. B. in § 33 Abs. 3 HmbWBG). Im Ergebnis ist aber davon auszugehen, dass bei Pflegesatzrelevanz nach den allgemeinen Grundsätzen der Drittwirkung von Verwaltungsakten auch unter den LHeimG das Widerspruchs- bzw. Klagerecht für die übrigen Vertragsparteien und Beteiligten gem. § 85 Abs. 2 gegeben ist. Dessen Ausgestaltung richtet sich, auch im Hinblick auf den Suspensiveffekt, nach dem jeweiligen Landesrecht.

§ 118 Beteiligung von Interessenvertretungen, Verordnungsermächtigung

(1) ¹**Bei Erarbeitung oder Änderung**
1. **der in § 17 Absatz 1, den §§ 18 b, 45 a Absatz 2 Satz 3, § 45 b Absatz 1 Satz 4 und § 114 a Absatz 7 vorgesehenen Richtlinien des Spitzenverbandes Bund der Pflegekassen sowie**
2. **der Vereinbarungen der Selbstverwaltungspartner nach § 113 Absatz 1, § 113 a Absatz 1 und § 115 Absatz 1a**

wirken die auf Bundesebene maßgeblichen Organisationen für die Wahrnehmung der Interessen und der Selbsthilfe pflegebedürftiger und behinderter Menschen nach Maßgabe der Verordnung nach Absatz 2 beratend mit. ²Das Mitberatungsrecht beinhaltet auch das Recht zur Anwesenheit bei Beschlussfassungen. ³Wird den schriftlichen Anliegen dieser Organisationen nicht gefolgt, sind ihnen auf Verlangen die Gründe dafür schriftlich mitzuteilen.

(2) **Das Bundesministerium für Gesundheit wird ermächtigt, durch Rechtsverordnung mit Zustimmung des Bundesrates Einzelheiten festzulegen für**
1. **die Voraussetzungen der Anerkennung der für die Wahrnehmung der Interessen und der Selbsthilfe der pflegebedürftigen und behinderten Menschen maßgeblichen Organisationen auf Bundesebene, insbesondere zu den Erfordernissen an die Organisationsform und die Offenlegung der Finanzierung, sowie**
2. **das Verfahren der Beteiligung.**

Beteiligung von Interessenvertretungen, Verordnungsermächtigung § 118

Inhaltsübersicht

	Rn.
I. Geltende Fassung	1
II. Normzweck und Überblick	2
III. Richtlinien und Vereinbarungen	3
IV. Anerkannte Organisationen	4
V. Beteiligungsrecht	5

I. Geltende Fassung

§ 118 wurde eingefügt durch Art. 1 Nr. 45 PNG (vom 23.10.2012, BGBl. I **1**
S. 2246) mWv 30.10.2012. Bis 30.6.2008 ermächtigte die mit Art. 1 Nr. 23 PQsG (vom 9.9.2001, BGBl. I S. 2320) mWv 1.1.2002 eingefügte Norm zum Erlass einer Rechtsverordnung zur Beratung und Prüfung von Pflegeeinrichtungen. Die Pflegeprüf-VO scheiterte am Widerstand des Bundesrats (Beschluss vom 27.9.2002, BR-Drucks. 588/02) und trat nie in Kraft. § 118 aF wurde im Zuge des Wegfalls von Leistungs- und Qualitätsnachweisen (vgl. Vorbemerkungen zu §§ 112 bis 120 Rn. 2) durch Art. 1 Nr. 77 PflWEG (vom 28.5.2008, BGBl. I S. 874) mWv 1.7.2008 aufgehoben.

II. Normzweck und Überblick

§ 118 institutionalisiert und vereinheitlicht die **Beteiligung** von Interessenvertre- **2**
tungen Pflegebedürftiger beim Erlass bzw. Abschluss und der Änderung bestimmter Richtlinien und Vereinbarungen. Die nach BT-Drucks. 17/7439 S. 51 zu Nr. 46 als unzureichend empfundene Beteiligung der Betroffenen soll in Anlehnung an die Patientenbeteiligung des SGB V verbessert werden. Zu diesem Zweck wurde auf Grundlage von Abs. 2 die PflegebedürftigenbeteiligungsVO v. 22.3.2013, BGBl. I S. 599, erlassen.

III. Richtlinien und Vereinbarungen

Bei der Schaffung oder Änderung von Richtlinien gem. §§ 17 Abs. 1, 18b, 45a **3**
Abs. 2 Satz 3, § 45b Abs. 1 Satz 4 und § 114a Abs. 7 und Vereinbarungen gem. §§ 113 Abs. 1, 113a Abs. 1 und 115 Abs. 1a haben Betroffenenorganisationen Mitwirkungsrechte. Diese Aufzählung ist abschließend. Bei anderen Richtlinien und Vereinbarungen (z.B. gem. §§ 53a, 53b oder § 66 Abs. 1) besteht kein Beteiligungsrecht.

IV. Anerkannte Organisationen

Der Begriff der auf Bundesebene maßgeblichen Organisationen für die Wahrneh- **4**
mung der Interessen und der Selbsthilfe pflegebedürftiger und behinderter Menschen ist durch das PflWEG zum 1.6.2008 in einigen Vorschriften des SGB XI aufgenommen worden, die in Abs. 1 genannt werden. § 118 stellt klar, dass auch in § 17, der von Bundesverbänden der behinderten Menschen spricht, sowie in §§ 113, 114a Abs. 6 und 115 Abs. 1a, in denen die Ergänzung „auf Bundesebene" fehlt, jeweils derselbe Kreis von Organisationen gemeint ist. § 2 PflegebedürftigenbeteiligungsVO erkennt die Bundesverbände folgender sechs Organisationen an: VdK, SoVD, SELBSTHILFE, Interessenvertretung Selbstbestimmt Leben, BAGSO und die Ver-

§ 119 Elftes Kapitel. Qualitätssicherung, sonst. Regelungen

braucherzentrale. § 3 PflegebedürftigenbeteiligungsVO ermöglicht die Anerkennung weiterer Organisationen, die die Voraussetzung von § 1 der VO erfüllen.

V. Beteiligungsrecht

5 Das Beteiligungsrecht ist in Anlehnung an die Patientenbeteiligung gem. §§ 140f, 140g SGB V geregelt. Die anerkannten Organisationen haben ein Recht zur schriftlichen und mündlichen Mitberatung. Von dem Mitberatungsrecht gem. § 118 unberührt bleiben weitergehende Beteiligungsrechte, z.b. das Vorschlagsrecht für Expertenstandards in § 113a Abs. 1 (vgl. § 5 Abs. 3 PflegebedürftigenbeteiligungsVO).

6 Den anerkannten Organisationen müssen Unterlagen rechtzeitig und vollständig zur Verfügung gestellt werden, um die **schriftliche Mitberatung** durchführen zu können (§ 5 Abs. 2 Satz 1 PflegebedürftigenbeteiligungsVO). Wird ein schriftliches Anliegen einer anerkannten Organisation nicht in der Richtlinie oder Vereinbarung aufgenommen, ist eine schriftliche Begründung hierfür abzugeben, Abs. 1 Satz 3. Für die Ablehnung von mündlich vorgebrachten Anliegen gibt es hingegen keine schriftliche Begründungspflicht. Die **mündliche Mitberatung** wird durch organisationsseitig benannte sachkundige Personen, dh nicht zwingend Pflegebedürftige (anders § 4 Abs. 1 PatientenbeteiligungsVO), durchgeführt. Die Beteiligung umfasst das Recht auf Mitberatung und Anwesenheit bei der Beschlussfassung (Abs. 1 Satz 2). Ein Stimmrecht oder Antragsrecht besteht iR von § 118 nicht. Die mündliche Mitberatung und das Verfahren zur Benennung der sachkundigen Personen ist in § 5 PflegebedürftigenbeteiligungsVO näher ausgestaltet.

7 Den sachkundigen Personen wird – anders als bei der Patientenbeteiligung im SGB V – **keine Reisekostenerstattung** gewährt. Eine analoge Anwendung der Vorschriften erscheint nicht möglich. Dem Gesetzgeber war die Problematik bekannt, da die fehlende Erstattungsregelung iR der Anhörungen im AfG von den Betroffenenverbänden bemängelt wurde.

8 Eine Verletzung der Vorgaben des § 118 bzw. der PflegebedürftigenbeteiligungsVO kann zur Versagung der Genehmigung (§§ 17, 18b, 114a) bzw. Unwirksamkeit (§§ 45a, 45b, 113, 113a und § 115) führen. Eine gerichtliche Geltendmachung des Verfahrensmangels ist den anerkannten Organisationen im Wege der Feststellungsklage möglich (vgl. BSG, SozR 4-2500 § 116b Nr. 2 = MedR 2011, 52ff.).

§ 119 Verträge mit Pflegeheimen außerhalb des Anwendungsbereichs des Wohn- und Betreuungsvertragsgesetzes

Für den Vertrag zwischen dem Träger einer zugelassenen stationären Pflegeeinrichtung, auf die das Wohn- und Betreuungsvertragsgesetz keine Anwendung findet, und dem pflegebedürftigen Bewohner gelten die Vorschriften über die Verträge nach dem Wohn- und Betreuungsvertragsgesetz entsprechend.

Inhaltsübersicht

	Rn.
I. Geltende Fassung	1
II. Normzweck und Allgemeines	2

I. Geltende Fassung

§ 119 wurde eingefügt durch Art. 1 Nr. 23 PQsG (vom 9.9.2001, BGBl. I S. 2320) mWv 1.1.2002. Art. 2 Abs. 1 Nr. 8 HeimRNG (vom 31.7.2009, BGBl. I S. 2319) fasste die Vorschrift mWv 1.10.2009 im Hinblick auf das WBVG (vgl. auch Vorbemerkungen zu §§ 112 bis 120 Rn. 5 ff.) neu. Zuvor hatte die Vorschrift unverändert die Fassung des RegE zum PQsG, BT-Drucks. 14/5395, S. 16, Begr. S. 47. 1

II. Normzweck und Allgemeines

Nicht dem Anwendungsbereich des WBVG unterliegen stationäre Pflegeeinrichtungen, die der Pflege Minderjähriger bestimmt sind (BT-Drucks. 14/5395, S. 47, vgl. § 1 Abs. 1 Satz 1 WBVG: „volljähriger Verbraucher"). § 119 soll ihre Rechte stärken, indem auch Heimverträge mit diesen Personen den Mindestanforderungen des WBVG unterworfen werden. 2

§ 120 Pflegevertrag bei häuslicher Pflege

(1) ¹Bei häuslicher Pflege übernimmt der zugelassene Pflegedienst spätestens mit Beginn des ersten Pflegeeinsatzes auch gegenüber dem Pflegebedürftigen die Verpflichtung, diesen nach Art und Schwere seiner Pflegebedürftigkeit, entsprechend den von ihm in Anspruch genommenen Leistungen, zu pflegen und hauswirtschaftlich zu versorgen (Pflegevertrag). ²Bei jeder wesentlichen Veränderung des Zustandes des Pflegebedürftigen hat der Pflegedienst dies der zuständigen Pflegekasse unverzüglich mitzuteilen.

(2) ¹Der Pflegedienst hat nach Aufforderung der zuständigen Pflegekasse unverzüglich eine Ausfertigung des Pflegevertrages auszuhändigen. ²Der Pflegevertrag kann von dem Pflegebedürftigen jederzeit ohne Einhaltung einer Frist gekündigt werden.

(3) ¹In dem Pflegevertrag sind mindestens Art, Inhalt und Umfang der Leistungen einschließlich der dafür mit den Kostenträgern nach § 89 vereinbarten Vergütungen für jede Leistung oder jeden Leistungskomplex gesondert zu beschreiben. ²Der Pflegedienst hat den Pflegebedürftigen vor Vertragsschluss und bei jeder wesentlichen Veränderung in der Regel schriftlich über die voraussichtlichen Kosten zu unterrichten.

(4) ¹Der Anspruch des Pflegedienstes auf Vergütung seiner pflegerischen und hauswirtschaftlichen Leistungen ist unmittelbar gegen die zuständige Pflegekasse zu richten. ²Soweit die von dem Pflegebedürftigen abgerufenen Leistungen nach Satz 1 den von der Pflegekasse mit Bescheid festgelegten und von ihr zu zahlenden leistungsrechtlichen Höchstbetrag überschreiten, darf der Pflegedienst dem Pflegebedürftigen für die zusätzlich abgerufenen Leistungen keine höhere als die nach § 89 vereinbarte Vergütung berechnen.

Inhaltsübersicht

	Rn.
I. Geltende Fassung	1
II. Normzweck und Überblick	2
III. Zustandekommen und Aushändigung	3
IV. Kündigungsrecht (Abs. 2)	5
V. Vertragsinhalte (Abs. 3)	6
VI. Vergütungsanspruch (Abs. 4)	9

§ 120 Elftes Kapitel. Qualitätssicherung, sonst. Regelungen

I. Geltende Fassung

1   § 120 wurde eingefügt durch Art. 1 Nr. 23 PQsG (vom 9.9.2001, BGBl. I S. 2320) mWv 1.1.2002. Die Vorschrift hat weitgehend die Fassung des RegE zum PQsG (BT-Drucks. 14/5395, S. 16, Begr. S. 90), durch die Beschlussempfehlung des AfG wurde in Abs. 1 Satz 2 die ursprünglich nur für Verschlechterungen vorgesehene Mitteilungspflicht ausgeweitet (BT-Drucks. 14/6308, S. 26, Begr. S. 33). Abs. 2 Satz 1 wurde geändert von Art. 1 Nr. 78 PflWEG (vom 28.5.2008, BGBl. I S. 874) mWv 1.7.2008, vgl. Rn. 4. Die Kündigungsvorschriften der Abs. 2 Satz 2 und 3 aF wurden durch Art. 1 Nr. 46 lit a) PNG (vom 23.10.2012, BGBl. I S. 2246) mWv 30.10.2012 in Satz 2 neu geregelt. Ebenfalls durch Art. 1 Nr. 46 PNG lit. b) (vom 23.10.2012, BGBl. I S. 2246), jedoch mWv 1.1.2013, wurde Abs. 3 neu gefasst. Zum 1.1.2015 fasste Art. 1 Nr. 28b PSG I (vom 17.12.2014, BGBl. I S. 2222) Abs. 3 wiederum neu.

II. Normzweck und Überblick

2   § 120 beschreibt Zustandekommen (Abs. 1), Kündigung (Abs. 2) und die wesentlichen Inhalte (Abs. 3) einschließlich der Vergütung (Abs. 4) eines Vertrages über ambulante Pflege. Die Norm dient der Umsetzung des Wahlrechts der Pflegebedürftigen gem. § 2 Abs. 2 und nach BT-Drucks. 14/5395, S. 47, Transparenzwecken. Die Parallelvorschriften über den Heimvertrag im WBVG sind jedoch erheblich detaillierter ausgestaltet.

III. Zustandekommen und Aushändigung

3   Abs. 1 Satz 1 stellt klar, dass bei jeder Aufnahme ambulanter Pflegetätigkeiten, dh auch bei „Probeeinsätzen", ein Vertragsverhältnis zwischen Pflegedienst und Pflegebedürftigem entsteht. Der Pflegevertrag selbst ist ein **zivilrechtlicher Dienstvertrag** gem. §§ 611ff. BGB. Nach Abs. 1 Satz 1 und den zivilrechtlichen Vorgaben des BGB ist die Wahrung der Schriftform keine Voraussetzung für die Wirksamkeit des Vertragsschlusses, eine schriftliche Ausfertigung ist aber im Hinblick auf Abs. 2 und 3 zwingend erforderlich. Der Pflegedienst hat dem Pflegebedürftigen nach BT-Drucks. 16/7439 S. 90 den Pflegevertrag aus vertraglicher Nebenpflicht stets auszuhändigen, der PK nach Abs. 2 Satz 1 nur noch auf ihren Antrag. Die durch das PflWEG mit einer Entbürokratisierung begründete Streichung der Aushändigungspflicht an die PK zum 1.7.2008 schwächt die Sachwalterstellung der PK, aufgrund derer die Aushändigungspflicht noch 2002 eingeführt worden war (BT-Drucks. 14/5395, S. 47). Für Rechtsstreitigkeiten aus dem ambulanten Pflegevertrag sind die Zivilgerichte zuständig.

4   Nach Abs. 1 Satz 2 sind die Pflegedienste verpflichtet, wesentliche **Änderungen des Gesundheitszustandes** an die PK zu melden. Die Mitteilung an die PK ist nicht davon abhängig, dass die gepflegte Person einwilligt (so aber *Krahmer/Plantholz*, Sozialrecht aktuell 2013, 137, 139). Einer verfassungskonformen Einschränkung des Abs. 1 Satz 2 bedarf es auch im Hinblick auf das Grundrecht auf informationelle Selbstbestimmung nicht. Dieses Recht ist nach der Rechtsprechung des BVerfG seinerseits nicht schrankenlos gewährt (BVerfG, NJW 2007, 3707). Abs. 1 Satz 2 berücksichtigt auch den Schutz der finanziellen Interessen der Allgemeinheit. Hierin ist ein hinreichend gewichtiger Grund des Allgemeinwohls zu sehen, der bei einer wesentlichen Veränderung des Pflegebedarfes (problematisch ist wohl nur der Fall der Reduzierung des Bedarfes) das Recht auf informationelle Selbstbestimmung überwiegt und eine Mitteilungspflicht an die PK rechtfertigt.

IV. Kündigungsrecht (Abs. 2)

Dem Pflegebedürftigen steht nach Abs. 2 Satz 2 ein nicht fristgebundenes Kündi- 5
gungsrecht zu. Dies entspricht § 627 BGB, da es sich bei den iR eines ambulanten
Pflegevertrages erbrachten Leistungen um **Dienste höherer Art** iSd. Vorschrift handelt (BGHZ 190, 80 = NJW 2011, 2955). Eine individualvertragliche Vereinbarung
einer längeren Kündigungsfrist ist zwar grundsätzlich möglich. In den üblicherweise
seitens der Pflegedienste verwendeten Formularverträgen ist das sofortige Kündigungsrecht jedoch nicht abding- oder änderbar, da dies nach BGH (BGHZ 190, 80
= NJW 2011, 2955) gegen AGB-Recht (§ 307 Abs. 2 BGB) verstößt. Für die Kündigung durch den ambulanten Pflegedienst gilt § 627 Abs. 2 BGB, wonach eine Kündigung zur Unzeit grundsätzlich unzulässig ist.

V. Vertragsinhalte (Abs. 3)

Abs. 3 Satz 1 hält fest, dass ein Pflegevertrag mindestens Art, Inhalt und Umfang 6
der Leistungen sowie die Vergütungen gem. § 89 beschreiben muss. Die grundsätzlich
zulässigen Pflegeleistungen werden durch die Landesrahmenverträge über ambulante
Pflegeleistungen nach § 75 Abs. 1 Satz 1 festgelegt. Soweit keine weiteren vertraglichen Regelungen getroffen werden, bestimmt sich das Vertragsverhältnis nach den
allgemeinen Vorschriften der **§§ 611ff. BGB**. Der Pflegevertrag unterliegt bei Verwendung von Formularklauseln auch einer AGB-Kontrolle gem. §§ 305ff. BGB
(vgl. ausführlich mit Beispielen *Ziegler,* GuP 2012, 21ff.).

Abs. 3 Satz 2 verpflichtet Pflegedienste, den Pflegebedürftigen vor Vertragsschluss 7
und bei jeder wesentlichen Veränderung über die voraussichtlichen Kosten zu unterrichten. Eine wesentliche Änderung ist anzunehmen, wenn sich die Pflegestufe oder
die Vereinbarung gem. § 89 ändert (vgl. BT-Drucks. 17/9369, S. 51, zur insoweit
gleichlautenden Fassung des Satz 2 idF. des PNG bis 31.12.2014). Die Unterrichtung
muss grundsätzlich („in der Regel") schriftlich erfolgen. Eine nur mündliche Belehrung kann im Einzelfall ausreichend sein, wenn eine sofortige Aufnahme der Pflegetätigkeit zwingend erforderlich ist; eine derartige Situation kann sich z. B. ergeben,
wenn nach einem stationären Aufenthalt nahtlos eine pflegerische Betreuung notwendig ist. Die Durchführung zumindest einer mündlichen Information des Pflegebedürftigen über die Kosten vor Einsatzbeginn sollte zweckmäßigerweise vom Pflegedienst dokumentiert werden.

Mit der zum 1.1.2015 erfolgten Neufassung des Abs. 3 hat der Gesetzgeber im 8
Wesentlichen den Rechtszustand wieder hergestellt, der bis 31.12.2012 bestand. In
der Zwischenzeit galt unter dem PNG, dass dem Versicherten ein einseitiges Wahlrecht bei der Zusammenstellung der Vergütungsformen (leistungskomplexbezogen
und/oder zeitbezogen) zustand, dessen Ausübung der Pflegedienst durch eine schriftliche Gegenüberstellung der Vergütungsmodelle ermöglichen musste. BT-Drucks.
18/2909, S. 43, äußert sich nicht zu den Gründen für die gesetzgeberische Rolle
rückwärts. Möglicherweise war das komplexe System mit zwei parallel zu vereinbarenden Vergütungsstrukturen in der Praxis nicht handhabbar. Eine Rolle mag auch
gespielt haben, dass die Ausübung des Wahlrechts erhebliche Folgen für die vereinbarten Leistungskomplexe gehabt hätte (eingehend *Krahmer/Plantholtz,* SRa 2013,
137ff.) und langfristig gravierende Auswirkungen auf die Wettbewerbssituation der
Pflegedienste befürchtet wurden.

VI. Vergütungsanspruch (Abs. 4)

9 Nach Abs. 4 Satz 1 ist grundsätzlich die PK Schuldnerin des Vergütungsanspruchs aus dem Pflegevertrag. Die Vorschrift ist Ausfluss des Sachleistungsprinzips. Eine gesonderte Abrechnung gegenüber dem Pflegebedürftigen ist nur zulässig, soweit der Pflegebedürftige mehr als die von der PK bewilligten Leistungen in Anspruch nimmt. Abs. 4 Satz 2 begrenzt auch deren Abrechnung der Höhe nach auf die nach § 89 von dem Pflegedienst mit den Trägern vereinbarten Sätze. AGB-rechtlich unproblematisch erscheinen daher Klauseln in Pflegeverträgen, die nur kurze Ankündigungsfristen für Entgelterhöhungen enthalten (ebenso OLG Stuttgart, Sozialrecht aktuell 2010, 228; weitergehend *Ziegler,* GuP 2012, 21 ff.), zumal in den meisten Bundesländern alle Pflegedienste am Wohnort des Pflegebedürftigen an diese Entgelte gebunden sind. Bei Kostenerstattung gilt § 91.

Zwölftes Kapitel. Bußgeldvorschrift

§ 121 Bußgeldvorschrift

(1) Ordnungswidrig handelt, wer vorsätzlich oder leichtfertig
1. der Verpflichtung zum Abschluß oder zur Aufrechterhaltung des privaten Pflegeversicherungsvertrages nach § 23 Abs. 1 Satz 1 und 2 oder § 23 Abs. 4 oder der Verpflichtung zur Aufrechterhaltung des privaten Pflegeversicherungsvertrages nach § 22 Abs. 1 Satz 2 nicht nachkommt,
2. entgegen § 50 Abs. 1 Satz 1, § 51 Abs. 1 Satz 1 und 2, § 51 Abs. 3 oder entgegen Artikel 42 Abs. 4 Satz 1 oder 2 des Pflege-Versicherungsgesetzes eine Meldung nicht, nicht richtig, nicht vollständig oder nicht rechtzeitig erstattet,
3. entgegen § 50 Abs. 3 Satz 1 Nr. 1 eine Auskunft nicht, nicht richtig, nicht vollständig oder nicht rechtzeitig erteilt oder entgegen § 50 Abs. 3 Satz 1 Nr. 2 eine Änderung nicht, nicht richtig, nicht vollständig oder nicht rechtzeitig mitteilt,
4. entgegen § 50 Abs. 3 Satz 2 die erforderlichen Unterlagen nicht, nicht vollständig oder nicht rechtzeitig vorlegt,
5. entgegen Artikel 42 Abs. 1 Satz 3 des Pflege-Versicherungsgesetzes den Leistungsumfang seines privaten Versicherungsvertrages nicht oder nicht rechtzeitig anpaßt,
6. mit der Entrichtung von sechs Monatsprämien zur privaten Pflegeversicherung in Verzug gerät,
7. entgegen § 128 Absatz 1 Satz 4 die dort genannten Daten nicht, nicht richtig, nicht vollständig oder nicht rechtzeitig übermittelt.

(2) Die Ordnungswidrigkeit kann mit einer Geldbuße bis zu 2 500 Euro geahndet werden.

(3) Für die von privaten Versicherungsunternehmen begangenen Ordnungswidrigkeiten nach Absatz 1 Nummer 2 und 7 ist das Bundesversicherungsamt die Verwaltungsbehörde im Sinne des § 36 Abs. 1 Nr. 1 des Gesetzes über Ordnungswidrigkeiten.

Inhaltsübersicht

	Rn.
I. Geltende Fassung	1
II. Normzweck und Überblick	2
III. Ordnungswidrigkeiten (Abs. 1)	3
1. Abschluss PPV-Vertrag (Nr. 1)	4
2. Meldepflichten (Nr. 2)	5
3. Auskunfts- und Vorlagepflicht gem. § 50 Abs. 3 (Nr. 3 und 4)	6
4. Anpassung gem. Art. 42 PflegeVG (Nr. 5)	7
5. Prämienrückstände zur PPV (Nr. 6)	8
6. Meldungen gem. § 128 (Nr. 7)	10
IV. Verschulden, Rechtswidrigkeit und Verjährung	11
V. Höhe der Geldbuße	12
VI. Zuständigkeiten	13

§ 121

I. Geltende Fassung

1 Die Vorschrift ist als § 112 durch Art. 1 PflegeVG mWv 1.1.1995 eingeführt worden. Die Fassung des RegE (§ 121, vgl. Begr. S. 155f.) ist im AuS-Ausschuss redaktionell geändert und um Abs. 1 Nr. 6 und Abs. 3 ergänzt worden (zur Begr. vgl. BT-Drucks. 12/5952, S. 50). Durch Art. 1 Nr. 32 des 1. SGB XI-ÄndG (vom 14.6.1996, BGBl. I S. 830) wurde die Zuständigkeit der örtlichen PKen für die Ordnungswidrigkeit nach Abs. 1 Nr. 1 und 6 in Abs. 3 aufgehoben, zu den Folgen Rn. 13. Abs. 1 Nr. 7 und darauf bezugnehmend Abs. 3 wurden ergänzt durch Art. 1 Nr. 47 PNG (vom 23.10.2012, BGBl. I S. 2246) mWv 1.1.2013.

II. Normzweck und Überblick

2 § 121 sichert – wie § 307 SGB V für die GKV – die Umsetzung der Versicherungspflicht in SPV und PPV dadurch ab, dass bestimmte Pflichtverstöße als Ordnungswidrigkeit geahndet werden können. Die in Abs. 1 Nr. 2 bis 4 sanktionierten Verletzungen von Melde- und Auskunftspflichten ergänzen, soweit sie die SPV betreffen, die Ordnungswidrigkeitstatbestände des § 111 SGB IV. Abs. 1 Nr. 1, 5 bis 7 richten sich gegen Pflichtverstöße im Zusammenhang mit dem Abschluss und der Aufrechterhaltung von PPV-Verträgen bzw. privaten Pflege-Zusatzversicherungen.

III. Ordnungswidrigkeiten (Abs. 1)

3 Im Einzelnen sind folgende Ordnungswidrigkeitstatbestände in Abs. 1 geregelt:

1. Abschluss PPV-Vertrag (Nr. 1)

4 Nr. 1 beinhaltet das einzige Mittel im SGB XI zur Durchsetzung der Pflicht zum Abschluss eines PPV-Vertrags gem. § 23 bzw. zur Aufrechterhaltung eines PPV-Vertragsverhältnisses nach § 22 Abs. 1 Satz 2 (vgl. § 51 Rn. 2). Erfasst sind die nach § 23 Abs. 1 und 4 verspflichtigen Personengruppen. Hierzu gehören **Beihilfeberechtigte** iSd. § 23 Abs. 3, die bereits einen PKV-Vertrag abgeschlossen haben, da sie auch § 23 Abs. 1 Satz 1 unterliegen. Hingegen ist der Personenkreis des § 23 Abs. 3 ohne privaten KV-Vertrag von Nr. 1 nicht erfasst (ebenso *Gürtner*, in: KassKomm, SGB XI, § 121 Rn. 4). Ein Grund für die Unterscheidung ist nicht ersichtlich. Die Vorschrift ist verfassungsgemäß, da das soziale Netz der Daseinsvorsorge die Einhaltung der hieraus folgenden Ge- und Verbote ggf. auch durch Sanktionsnormen des Ordnungswidrigkeitenrechts erfordert (KG Berlin, Beschluss v. 8.9.2000, 2 Ss 220/99).

2. Meldepflichten (Nr. 2)

5 Nr. 2 sanktioniert Verletzungen der Meldepflichten durch den Versicherten nach § 50 Abs. 1 Satz 1 und der privaten Versicherungsunternehmen nach § 51 Abs. 1 Satz 1 und 2 bzw. Abs. 3. Ordnungswidrigkeiten nach Art. 42 Abs. 4 Satz 1 und 2 PflegeVG sind gem. § 31 Abs. 1 Nr. 3 OWiG verjährt.

3. Auskunfts- und Vorlagepflicht gem. § 50 Abs. 3 (Nr. 3 und 4)

6 Nr. 3 und 4 ermöglichen die Ahndung von Verletzungen der Auskunfts- und Vorlagepflichten durch die nach § 50 Abs. 3 Verpflichteten, dh Personen, die SPV-versichert sind oder als Versicherte in Betracht kommen. Die Ordnungswidrigkeit ist in den Fällen der Nr. 3 Fall 1 und Nr. 4 gegeben, wenn dem Verlangen der PK nicht binnen einer an-

Bußgeldvorschrift **§ 121**

gemessen gesetzten Frist vollständig nachgekommen wird (vgl. § 50 Abs. 3 Satz 1 Nr. 1 und Satz 2). Der Tatbestand der Nr. 3 2. Alt. ist hingegen bereits erfüllt, wenn ein schuldhaftes Zögern (§ 121 BGB) des Versicherten bei der Informationsübermittlung vorliegt.

4. Anpassung gem. Art. 42 PflegeVG (Nr. 5)

Ordnungswidrigkeiten gem. Nr. 5 sind nach § 31 Abs. 1 Nr. 3 OWiG verjährt. **7** Folge der Nichtanpassung unzureichender PPV-Verträge nach Art. 42 Abs. 1 Satz 3 PflegeVG war der automatische Eintritt in die SPV gem. Art. 42 Abs. 6 zum 1.1.1996.

5. Prämienrückstände zur PVV (Nr. 6)

Nr. 6 sanktioniert einen Prämienrückstand von mindestens sechs Monatsprämien **8** zur PPV. Es muss sich nicht um aufeinanderfolgende Monate handeln, entscheidend ist die **Gesamthöhe des Rückstandes.** Die Unternehmen der PPV sind verpflichtet, den säumigen Versicherten dem Bundesversicherungsamt zu melden, § 51 Abs. 1 Satz 2. Es handelt sich bei Nr. 6 um ein echtes Unterlassungsdelikt. Das Verschulden (dazu unter IV.) kann deshalb ausgeschlossen sein, wenn der Versicherte finanziell nicht in der Lage ist, die Prämien zu zahlen (LSG Sachsen-Anhalt, Beschluss v. 4.1.2012, L 5 AS 455/11 B ER, juris, BeckRS 2012, 67851). Jedoch ist weiter zu prüfen, ob der Schuldvorwurf daran geknüpft werden muss, dass der Betroffene bewusst keinen Antrag auf Übernahme der Kosten beim Grundsicherungsträger (§ 26 SGB II) gestellt hat (OLG Braunschweig, Beschluss v. 3.9.2014, 1 Ss OwiZ 1060/14, juris, unter Rückgriff auf die omissio libera in causa).

Der Gesetzgeber erachtete die Sanktionierung von Prämienrückständen als Owig **9** ua für erforderlich, da den PPV-Unternehmen nicht die Verwaltungsvollstreckung zur Verfügung steht (BT-Drucks. 12/5292 zu § 121, S. 50). Unberührt vom Owig-Verfahren bleibt jedoch die Möglichkeit, Prämien bei dem gem. § 51 Abs. 2 Satz 2 SGG zuständigen SG (vgl. BSG, SozR 3-1500 § 51 Nr. 19 = BSGE 79, 80), ggf. mit vorherigem Mahnverfahren vor dem Amtsgericht gem. §§ 182a SGG, 688ff. ZPO, geltend zu machen.

6. Meldungen gem. § 128 (Nr. 7)

Nr. 7 definiert das Versäumnis der PPV-Unternehmen, zwischen 1.1. und 31.3. **10** des auf ein Beitragsjahr folgenden Jahres, die Angaben gem. § 128 Abs. 1 Satz 4 verspätet oder nicht vollständig an die zentrale Stelle zu übermitteln, als ordnungswidrig. Die Vorwerfbarkeit des Unterlassens muss besonders genau geprüft werden, wenn die Owig auf eine Verletzung des konkretisierungsbedürftigen Rechtsbegriffes in § 128 Abs. 1 Satz 4 Nr. 5 (weitere zur Auszahlung der Zulage erforderliche Informationen) gestützt werden soll.

IV. Verschulden, Rechtswidrigkeit und Verjährung

§ 121 erstreckt die Owig-Haftung auf Vorsatz und Leichtfertigkeit. Vorsätzlich iSd. **11** Abs. 1 bedeutet, dass der Tatbestand mit Wissen und Wollen verwirklicht wurde, ein bedingter Vorsatz ist ausreichend. **Leichtfertigkeit** bezeichnet einen gesteigerten Grad der Fahrlässigkeit, etwa entsprechend der groben Fahrlässigkeit. Diese liegt vor, wenn nahe liegende Überlegungen nicht angestellt wurden, die jedem einleuchten müssen (*Rengier*, Karlsruher Kommentar zum OWiG, § 10 Rn. 48–50). Zu Rechtfertigungsmöglichkeiten vgl. §§ 15, 16 OWiG. Vorsätzlich und leichtfertig begangene Ordnungswidrigkeiten verjähren gem. § 31 Abs. 2 Nr. 3 OWiG ein Jahr nach Begehung der Handlung bzw. nach einem später eintretenden Erfolg.

§ 122

V. Höhe der Geldbuße

12 Nach Abs. 2 kann ein Bußgeld iHv 2 500,– Euro verhängt werden, bei leichtfertigem Handeln nach § 17 Abs. 2 OWiG von maximal 1 250,– Euro. Das „Ob" und die Höhe stehen im pflichtgemäßen Ermessen der zuständigen Behörde (Opportunitätsprinzip, § 47 Abs. 1 Satz 1 OWiG).

VI. Zuständigkeiten

13 Abs. 3 weist die Verfolgung von Pflichtverletzungen der PPV-Unternehmen nach Abs. 1 Nr. 2 Fall 2 und 3 sowie Nr. 7 dem **Bundesversicherungsamt** zu. Für die nicht durch Zeitablauf gegenstandslosen weiteren Tatbestände des § 121 gelten die Grundsätze des SGB IV: Die Ahndung von Ordnungswidrigkeiten nach Abs. 1 Nr. 2 Fall 1, Nr. 3 und 4 fällt in die **Zuständigkeit der PKen**, da sie gem. § 112 Abs. 1 Nr. 1 SGB IV als Verwaltungsbehörden iSd. § 36 Abs. 1 Nr. 1 OWiG festgelegt werden. Hingegen sind für die Ordnungswidrigkeiten gem. Abs. 1 Nr. 1 und Nr. 6 nach der rückwirkenden Aufhebung der PK-Zuständigkeit (vgl. 1.) die obersten fachlichen Landesbehörden für das private Versicherungsgewerbe nach § 36 Abs. 1 Nr. 2a OWiG zuständig (BT-Drucks. 13/3696 zu Nr. 32 (§ 112) S. 17). Die Länder haben hierzu zT Zuständigkeits-VOen erlassen. Gegen den Bußgeldbescheid ist der Einspruch gem. § 67 OWiG statthaft, bei Nichtabhilfe wird das Verfahren nach § 68 OWiG vor dem Amtsgericht im Bezirk der zuständigen Behörde geführt.

§ 122 Übergangsregelung

(1) § 45 b ist mit Ausnahme des Absatzes 2 Satz 3 erst ab 1. April 2002 anzuwenden; Absatz 2 Satz 3 ist ab 1. Januar 2003 anzuwenden.

(2) ¹Die Spitzenverbände der Pflegekassen haben die nach § 45 b Abs. 1 Satz 4 in der ab dem 1. Juli 2008 geltenden Fassung vorgesehenen Richtlinien unter Beteiligung des Medizinischen Dienstes der Spitzenverbände der Krankenkassen, des Verbandes der privaten Krankenversicherung e. V., der kommunalen Spitzenverbände auf Bundesebene und der maßgeblichen Organisationen für die Wahrnehmung der Interessen und der Selbsthilfe der pflegebedürftigen und behinderten Menschen auf Bundesebene zu beschließen und dem Bundesministerium für Gesundheit bis zum 31. Mai 2008 zur Genehmigung vorzulegen. ²§ 17 Abs. 2 gilt entsprechend.

(3) **Für Personen, die am 31. Dezember 2014 einen Anspruch auf einen Wohngruppenzuschlag nach § 38a in der bis zum 31. Dezember 2014 geltenden Fassung haben, wird diese Leistung weiter erbracht, wenn sich an den tatsächlichen Verhältnissen nichts geändert hat.**

Inhaltsübersicht

	Rn.
I. Geltende Fassung	1
II. Normzweck	2

I. Geltende Fassung

1 Abs. 1 wurde als § 122 eingefügt durch Art. 1 Nr. 8 PflEG (vom 14. 12. 2001, BGBl. I S. 3728) mWv 1. 1. 2002. Abs. 2 wurde ergänzt durch Art. 1 Nr. 79 PflWEG

Übergangsregelung: Verbesserte Pflegeleistungen für PeA **§ 123**

(vom 28.5.2008, BGBl. I S. 874) gem. Art. 17 Abs. 2 PflWEG mWv 31.5.2008 und hat weitgehend die Fassung des RegE zum PflWEG (BT-Drucks. 16/7439, S. 27, Begr. S. 90). Abs. 3 wurde angefügt durch Art. 1 Nr. 28c PSG I (vom 17.12.2014, BGBl. I S. 2222) mWv 1.1.2015.

II. Normzweck

Abs. 1 verschob das Inkrafttreten des § 45b gegenüber den übrigen durch das PflEG zum 1.1.2002 eingeführten Vorschriften, um eine Schulung der Mitarbeiter zu ermöglichen (BT-Drucks. 14/7473, S. 22). Abs. 2 bewirkte, dass die Richtlinien nach § 45b Abs. 1 Satz 4 noch von den Bundesverbänden der PKen beschlossen und zur Genehmigung beim BMG vorgelegt werden konnten, bevor der zuständige Spitzenverband Bund der PKen zum 1.7.2008 gegründet worden war. Das BMG hat die Genehmigung für die Richtlinie zur Feststellung von Personen mit erheblich eingeschränkter Alltagskompetenz und zur Bewertung des Hilfebedarfs idF vom 10.6.2008 mit Schreiben vom 22.6.2008 erteilt. 2

Abs. 3 enthält eine Besitzstandswahrungsklausel. Die durch das PNG mWv 1.1.2013 eingeführten zusätzlichen Leistungen für Pflegebedürftige in Wohngruppen gem. § 38a sind zum 1.1.2015 mit z. T. anderen Voraussetzungen neu geregelt worden. Abs. 3 verhindert, dass für Wohngruppenmitglieder, die am 31.12.2014 einen Zuschuss gem. § 38a bezogen haben, eine erneute Anspruchsprüfung durch die PK erfolgt (BT-Drucks. 18/2909, S. 44). Der Wortlaut lässt nicht eindeutig erkennen, ob die Leistung (zumindest einmalig) schon ausgezahlt worden sein muss. Dafür spricht die Formulierung, dass die Leistung „weiter" erbracht wird. Andererseits ist in der Norm auch von einem „Anspruch" die Rede, was nicht notwendig eine Auszahlung voraussetzt. Ausreichend dürfte nach Sinn und Zweck der Regelung sein, dass eine Bewilligung des Zuschlages gem. § 38a vor dem Stichtag, dh. noch nach der Fassung des § 38a bis 31.12.2014, erteilt worden ist. 3

§ 123 Übergangsregelung: Verbesserte Pflegeleistungen für Personen mit erheblich eingeschränkter Alltagskompetenz

(1) **Versicherte, die wegen erheblich eingeschränkter Alltagskompetenz die Voraussetzungen des § 45a erfüllen, haben neben den Leistungen nach § 45b bis zum Inkrafttreten eines Gesetzes, das die Leistungsgewährung aufgrund eines neuen Pflegebedürftigkeitsbegriffs und eines entsprechenden Begutachtungsverfahrens regelt, Ansprüche auf Pflegeleistungen nach Maßgabe der folgenden Absätze.**

(2) ¹**Versicherte ohne Pflegestufe haben je Kalendermonat Anspruch auf**
1. **Pflegegeld nach § 37 in Höhe von 123 Euro oder**
2. **Pflegesachleistungen nach § 36 in Höhe von bis zu 231 Euro oder**
3. **Kombinationsleistungen aus den Nummern 1 und 2 (§ 38)**

sowie Ansprüche nach den §§ 38a, 39, 40, 41, 42 und 45e. ²**Der Anspruch auf teilstationäre Pflege für Versicherte ohne Pflegestufe umfasst einen Gesamtwert von bis zu 231 Euro je Kalendermonat.**

(3) **Für Pflegebedürftige der Pflegestufe I erhöhen sich das Pflegegeld nach § 37 um 72 Euro auf 316 Euro und die Pflegesachleistungen nach § 36 sowie § 41 um 221 Euro auf bis zu 689 Euro.**

(4) **Für Pflegebedürftige der Pflegestufe II erhöhen sich das Pflegegeld nach § 37 um 87 Euro auf 545 Euro und die Pflegesachleistungen nach § 36 sowie § 41 um 154 Euro auf bis zu 1 298 Euro.**

§ 123

Zwölftes Kapitel. Bußgeldvorschrift

Inhaltsübersicht

	Rn.
I. Geltende Fassung	1
II. Normzweck	2
III. Leistungsberechtigter Personenkreis	3
IV. Versicherte ohne Pflegestufe (Abs. 2)	5
V. Pflegebedürftige der Pflegestufen I und II (Abs. 3 und 4)	7

I. Geltende Fassung

1 Die Vorschrift ist durch Art. 1 Nr. 48 PNG mWv 1.1.2013 eingeführt worden. Zum Gesetzgebungsverfahren vgl. BT-Drucks. 17/9369, S. 51 ff. Im PSG I wurden die in den Abs. 2 bis 4 aufgeführten Beträge angepasst sowie weitere Leistungen einbezogen, vgl. BT-Drucks. 18/1798, S. 41).

II. Normzweck

2 Ziel der ausdrücklich als Übergangsregelung bezeichneten Vorschrift ist die Einführung verbesserter Leistungen für **Personen mit eingeschränkter Alltagskompetenz** für einen begrenzten Zeitraum bis zum Inkrafttreten eines Gesetzes, das die Leistungsgewährung der Pflegeversicherung auf der Grundlage eines neuen Pflegebedürftigkeitsbegriffs und eines entsprechenden Begutachtungsverfahrens neu regelt. Die Vorschrift wird ergänzt durch § 124, der für alle Pflegebedürftigen und für Personen mit eingeschränkter Alltagskompetenz ohne Pflegestufe ebenfalls als Übergangsregelung eine Flexibilisierung der Leistungsgewährung einführt. Der RegE (BT-Drucks. 17/9369, S. 51) begründete den Übergangscharakter damit, dass zunächst ein Expertenbeirat die leistungsrechtliche Umsetzung des neuen Pflegebedürftigkeitsbegriffs, der bereits seit 2009 vorliegt (www.gkv-spitzenverband/Pflegeversicherung/Pflegebedürftigkeitsbegriff), erarbeiten müsse. Der Umsetzungsbericht des Beirats ist am 27.6.2013 erschienen (www.bmg.bund.de/pflege/pflegebedürftigkeit/bericht). Mit der Kennzeichnung als Übergangsregelung sollen offensichtlich präjudizielle Wirkungen auf die mit der Einführung des neuen Pflegebedürftigkeitsbegriffs notwendigerweise verbundene Neuordnung des Leistungsrechts vermieden werden. Der Gesetzgeber wollte den vorläufigen Charakter dieser Vorschriften offensichtlich auch dadurch deutlich machen, dass er für sie kein eigenständiges Kapitel einrichtete, sondern sie systemwidrig in das Zwölfte Kapitel „Bußgeldvorschriften" einfügte.

III. Leistungsberechtigter Personenkreis

3 Die Vorschrift betrifft allein Personen mit eingeschränkter Alltagskompetenz **(PEA),** die die Voraussetzungen des § 45a erfüllen. Dies sind Menschen mit demenzbedingten Fähigkeits- und Fertigkeitsstörungen, geistigen Behinderungen und psychischen Erkrankungen, bei denen in der Regel einen speziellen Hilfebedarf haben, der bei der Feststellung von Pflegebedürftigkeit auf der Grundlage der §§ 14, 15 nicht bzw. nur unzulänglich erfasst wird. Zur Feststellung einer erheblich eingeschränkten Alltagskompetenz s. § 45a Rn. 4f. Nachteilig wirkt sich bei diesem Personenkreis vor allem die fehlende Berücksichtigung des allgemeinen Betreuungsbedarfs aus (s. § 14 Rn. 20ff.). Dies hat die Rechtsprechung des BSG seit dem Inkrafttreten des SGB XI als schwerwiegenden Verstoß gegen das Gleichbehandlungsgebot angesehen (vgl. insbes. BSG, Urteil v. 26.11.1998, B 3 P 13/97 R, SozR 3-3300 § 14 Nr. 8 Rn. 19f. = NZS 1999, 453). Der vom Beirat zur Überprüfung des Pflegebedürftigkeitsbegriffs

Übergangsregelung: Häusliche Betreuung **§ 124**

2009 vorgeschlagene neue Pflegebedürftigkeitsbegriff (oben Rn. 2) erfasst die für diesen Bedarf ursächlichen Fähigkeits- und Fertigkeitsstörungen und führt so letztlich zu einer weitgehenden Gleichbehandlung von Menschen, die wegen einer Krankheit oder Behinderung auf Hilfeleistungen angewiesen sind.

Leistungsberechtigt sind nur Pflegebedürftige und PEA ohne Pflegestufe, die **häus-** 4 **lich gepflegt** werden. Bei stationärer Pflege kommt die Vorschrift nicht zur Anwendung; dies ergibt sich bereits aus der Bezugnahme auf „Versicherte, die ... die Voraussetzungen des § 45a erfüllen" in Abs. 1 Satz 1. § 45a regelt nur Leistungen an Pflegebedürftige und PEA in häuslicher Pflege. Diese können neben der Erstattung von Aufwendungen für zusätzliche Betreuungsleistungen nach § 45b nach § 123 Abs. 2 bis 4 Pflegegeld, Pflegesachleistungen und Kombinationsleistungen beanspruchen.

IV. Versicherte ohne Pflegestufe (Abs. 2)

Mit der Bezeichnung „Versicherte ohne Pflegestufe", die im Gesetz sonst nicht 5 verwendet wird, sind offensichtlich Personen gemeint, die die Voraussetzungen zumindest der Pflegestufe I (§ 15 Abs. 1 Satz 1 Nr. 1 iVm. Abs. 3 Satz 1 Nr. 1) **nicht** erfüllen und deshalb iS des SGB XI nicht pflegebedürftig sind. Sie können entweder **Pflegegeld** nach § 37 in Höhe von monatlich 123 Euro oder **Pflegesachleistungen** in Höhe von monatlich bis zu 231 Euro geltend machen oder beide Leistungsarten jeweils teilweise in Anspruch nehmen **(Kombinationsleistungen),** wobei sich die Berechnung der beiden Leistungsanteile nach § 38 richtet. Darüber hinaus stehen für Versicherte, die die Voraussetzungen des § 45a erfüllen, auch die Leistungen der **Ersatzpflege** nach § 39 sowie Zuschüsse für Maßnahmen zur Verbesserung des individuellen **Wohnumfeldes** zur Verfügung. Durch das PSG wurde der Zugang zu weiteren Leistungen eröffnet: § 38a Wohngruppenzuschlag, § 41 – teilstationäre Pflege, § 42 – Kurzzeitpflege sowie § 45e – Anschubfinanzierung für Wohngruppen.

Das Rundschreiben des Spitzenverbandes (§ 123 Anm. 3 Abs. 6 Satz 2) sieht vor, dass 6 Versicherte, die die Voraussetzungen des § 45a erfüllen, bei stationärer Versorgung, die nach den Feststellungen der PK nicht erforderlich ist, entsprechend der Regelung in § 43 Abs. 4 Leistungen nach Abs. 2 Nr. 2 beanspruchen können. Für diese Auffassung fehlt es jedoch an einer Rechtsgrundlage, denn § 43 setzt in jedem Fall voraus, dass bei dem Versicherten der Status eines Pflegebedürftigen festgestellt ist. Die fehlende Notwendigkeit einer stationären Versorgung ist insoweit ohne Belang.

V. Pflegebedürftige der Pflegestufen I und II (Abs. 3 und 4)

Bei Pflegebedürftigen der Pflegestufen I und II, die zugleich die Voraussetzungen 7 des § 45a erfüllen, erhöht sich das Pflegegeld gegenüber den in § 37 Abs. 1 S. 3 aufgeführten Betrag hinaus um 72 Euro (bei Pflegestufe I) bzw. um 87 Euro (bei Pflegestufe II). Die Höchstgrenzen für Pflegesachleistungen steigen bei diesem Personenkreis um 221 Euro (bei Pflegestufe I) bzw. um 154 Euro (bei Pflegestufe II). Daneben können sie auch Erstattung ihrer Auslagen für zusätzliche Betreuungsleistungen nach § 45b bis zu 104 bzw. 208 Euro (s. hierzu § 45b Rn. 4) geltend machen.

§ 124 Übergangsregelung: Häusliche Betreuung

(1) Pflegebedürftige der Pflegestufen I bis III sowie Versicherte, die wegen erheblich eingeschränkter Alltagskompetenz die Voraussetzungen des § 45a erfüllen, haben bis zum Inkrafttreten eines Gesetzes, das die Leistungsgewährung aufgrund eines neuen Pflegebedürftigkeitsbegriffs und eines ent-

§ 124 Zwölftes Kapitel. Bußgeldvorschrift

sprechenden Begutachtungsverfahrens regelt, nach den §§ 36 und 123 einen Anspruch auf häusliche Betreuung.

(2) ¹Leistungen der häuslichen Betreuung werden neben Grundpflege und hauswirtschaftlicher Versorgung als pflegerische Betreuungsmaßnahmen erbracht. ²Sie umfassen Unterstützung und sonstige Hilfen im häuslichen Umfeld des Pflegebedürftigen oder seiner Familie und schließen insbesondere das Folgende mit ein:
1. Unterstützung von Aktivitäten im häuslichen Umfeld, die dem Zweck der Kommunikation und der Aufrechterhaltung sozialer Kontakte dienen,
2. Unterstützung bei der Gestaltung des häuslichen Alltags, insbesondere Hilfen zur Entwicklung und Aufrechterhaltung einer Tagesstruktur, zur Durchführung bedürfnisgerechter Beschäftigungen und zur Einhaltung eines bedürfnisgerechten Tag-/Nacht-Rhythmus.

³Häusliche Betreuung kann von mehreren Pflegebedürftigen oder Versicherten mit erheblich eingeschränkter Alltagskompetenz auch als gemeinschaftliche häusliche Betreuung im häuslichen Umfeld einer oder eines Beteiligten oder seiner Familie als Sachleistung in Anspruch genommen werden.

(3) Der Anspruch auf häusliche Betreuung setzt voraus, dass die Grundpflege und die hauswirtschaftliche Versorgung im Einzelfall sichergestellt sind.

(4) Das Siebte, das Achte und das Elfte Kapitel sind entsprechend anzuwenden.

Inhaltsübersicht

	Rn.
I. Geltende Fassung	1
II. Normzweck und Überblick	2
III. Allgemeines	3
IV. Pflegerische Betreuungsmaßnahmen (Abs. 2)	4
V. Sicherstellung von Grundpflege und Hauswirtschaft (Abs. 3)	7
VI. Entsprechende Anwendung des Vertrags- und Vergütungsrechts (Abs. 4)	8

I. Geltende Fassung

1 Die Vorschrift ist durch Art. 1 Nr. 48 PNG mWv 1.1.2013 eingeführt worden. Zum Gesetzgebungsverfahren vgl. BT-Drucks. 17/9369, S. 52 ff.; BT-Drucks. 17/10170, S. 20 (zu Abs. 2 Satz 3).

II. Normzweck und Überblick

2 Die Vorschrift stellt ausdrücklich klar, dass Pflegesachleistungen auch für Betreuungsmaßnahmen eingesetzt werden können; d. h. PK und Erbringer ambulanter Pflegeleistungen sind berechtigt, neben der Grundpflege und der hauswirtschaftlichen Versorgung auch allgemeine Betreuungsleistungen als Leistungsinhalt zu vereinbaren. Dies war an dieser Stelle bereits aus § 36 Abs. 1 Satz 6 idF des PflegeWEG abgeleitet (Vorauflage § 36 Rn. 9), teilweise aber bestritten worden (*Griep*, Sozialrecht aktuell 2009, 17, 21). Der Gesetzgeber will mit § 124 verdeutlichen, dass er eine größere Flexibilisierung der häuslichen Versorgung Pflegebedürftiger und von Personen mit eingeschränkter Alltagskompetenz erreichen will (BT-Drucks. 17/9369, S. 53). Die Betreuungsleistung ist Bestandteil der Sachleistung, wobei sich die Leistungshöhen nicht ändern. Sie ergeben sich pflegestufenabhängig aus § 36 für alle Pflegebedürftigen sowie aus § 123 Abs. 3 und 4 für Pflegebedürftige der Pflegestufen I und II

Übergangsregelung: Häusliche Betreuung **§ 124**

mit erheblich eingeschränkter Alltagskompetenz und aus § 123 Abs. 2 für Personen ohne Pflegestufe, die die Voraussetzungen des § 45a erfüllen. In Abs. 3 wird erneut (wie zuvor schon in § 36 Abs. 1 Satz 6) deutlich gemacht, dass Betreuungsleistungen als Sachleistungen nur in Betracht kommen, wenn Grundpflege und hauswirtschaftliche Versorgung sichergestellt sind (s. unten Rn. X). Abs. 4 legt fest, dass Vereinbarungen über häusliche Betreuungsleistungen dem vertrags- und vergütungsrechtlichen Regime der Kapitel sieben und acht des SGB XI unterfallen und zudem auch die Regelungen des elften Kapitels zur Qualitätssicherung anzuwenden sind (s. u. Rn. X).

III. Allgemeines

Die Vorschrift ist zwar auch als Übergangsregelung konzipiert, gilt aber, anders als 3 § 123, nicht nur für Personen mit eingeschränkter Alltagskompetenz mit oder ohne Pflegestufe, sondern sowohl für Pflegebedürftige der Pflegestufen I bis III als auch für Personen, die die Voraussetzungen des § 45a erfüllen. Die zusätzlichen Betreuungsleistungen nach § 45b, die auf Kostenerstattungsbasis abgerechnet werden, bleiben von den Sachleistungen unter Einschluss von Betreuungsmaßnahmen nach den §§ 36, 123 unberührt. Dem Pflegebedürftigen soll es hierdurch ermöglicht werden, auf unterschiedliche Betreuungsangebote zurückgreifen zu können (BT-Drucks. 17/9369, S. 53).

IV. Pflegerische Betreuungsmaßnahmen (Abs. 2)

Die Betreuungsleistungen können von leistungsberechtigten Versicherten neben 4 Grundpflege und hauswirtschaftlicher Betreuung als Sachleistungen in Anspruch genommen werden; innerhalb der durch die in § 36 Abs. 3 und § 123 Abs. 2 bis 4 festgelegten Leistungsgrenzen ist insoweit keine Differenzierung vorgenommen, so lange die Vorgabe aus Abs. 3 erfüllt ist, wonach Betreuungsleistungen nur in Betracht kommen, wenn Grundpflege und hauswirtschaftliche Versorgung sichergestellt sind. Soweit Satz 2 von Abs. 2 spezielle Betreuungsmaßnahmen beschreibt, handelt es sich nur um eine beispielhafte Aufzählung, die angesichts der konturlosen Weite des Begriffs der Betreuung deutlich machen soll, an welchen Hilfeleistungen sich der Gesetzgeber orientiert hat. Damit soll auch eine **Abgrenzung gegenüber Maßnahmen** erreicht werden, die nicht als „häusliche Betreuung" iS der Vorschrift verstanden werden. Hierzu zählt der RegE (BT-Drucks. 17/9369, S. 53) etwa Fahrdienste und Hilfen bei der schulischen und beruflichen Eingliederung. Im Hinblick auf die von den Sozialhilfeträgern zu erbringende Eingliederungshilfe (§§ 53 ff SGB XII) macht der RegE (BT-Drucks. 17/9369, S. 53) unter Hinweis auf § 13 Abs. 3 geltend, dass sie von der Einführung des § 124 unberührt bleibe und im Verhältnis zur Pflegeversicherung, nicht nachrangig sei. Dies kann Betroffene aber nicht daran hindern, u. U. auf Drängen des Sozialhilfeträgers Betreuungsleistungen in Anspruch zu nehmen, die andernfalls vom Träger der Eingliederungshilfe erbracht werden müssten (s. a. *Klie,* in: LPK-SGB XI, 4. Aufl., § 124 Rn. 9). Auch die Abgrenzung zur subsidiären Hilfe zur Pflege (§§ 61 ff SGB XII) ist problematisch, weil Betreuungsbedarfe zu den „anderen Verrichtungen" iS des § 61 Abs. 1 Satz 2 SGB XII gehören können (so zu Recht *Klie,* in: LPK-SGB XI, 4. Aufl., § 124 Rn. 10).

Betreuungsmaßnahmen werden in erster Linie von Menschen mit demenziellen 5 Krankheitsbildern oder geistigen Behinderungen benötigt, die von Betreuungspersonen beaufsichtigt werden müssen, etwa um Selbst- oder Fremdgefährdungen zu vermeiden. Die **Beaufsichtigung** wird im Gesetz nur deshalb nicht erwähnt, weil dieser Begriff möglicherweise einer falschen Sichtweise Vorschub leisten könnte, die dem

Udsching

§ 124 Zwölftes Kapitel. Bußgeldvorschrift

Selbstbestimmungsrecht pflegebedürftiger Menschen nicht gerecht wird; dies bedeutet jedoch nicht, dass Betreuung nicht auch in Form bloßer Anwesenheit und Beobachtung stattfinden kann (BT-Drucks. 17/9369, S. 53). Notwendig ist allerdings, dass eine Betreuungsperson anwesend ist; eine Beaufsichtigung etwa durch Videoüberwachung oder vergleichbare technische Überwachungseinrichtungen kann nicht als Betreuungsmaßnahme angesehen werden.

6   Auf Veranlassung des Gesundheitsausschusses (BT-Drucks. 17/10170, S. 20) wurde in **Abs. 2 Satz 3** angefügt. Darin wird ausdrücklich klargestellt, dass häusliche Betreuung von mehreren Pflegebedürftigen bzw. Versicherten mit eingeschränkter Alltagskompetenz auch als gemeinschaftliche Leistung im häuslichen Umfeld eines Beteiligten oder seiner Familie in Anspruch genommen werden kann. Dies setzt allerdings eine Einigung der Betroffenen auf eine einheitliche bzw. abgestimmte Durchführung der Betreuung voraus.

V. Sicherstellung von Grundpflege und Hauswirtschaft (Abs. 3)

7   Die Begründung des Entwurfs des PNG geht davon aus, dass die vorrangige Sicherstellung der Grundpflege und hauswirtschaftlichen Versorgung durch § 120 Abs. 1 Satz 2 „abgesichert" werde. Danach hat der Pflegedienst jede wesentliche Änderung des Zustandes des Pflegebedürftigen unverzüglich der zuständigen PK mitzuteilen. *Krahmer/Plantholz* (LPK-SGB XI, § 120 Rn. 6) halten insoweit eine Einwilligung des Pflegebedürftigen für erforderlich, weil andernfalls dessen Recht auf informationelle Selbstbestimmung nicht gewahrt sei. Ob diese Hürde unter Hinweis auf die Berechtigung des Leistungserbringers, die für die Erfüllung der Aufgaben der PK erforderlichen Angaben aufzuzeichnen und diesen zu übermitteln, umgangen werden kann (so *Leitherer,* in: KassKomm, § 120 SGB XI Rn. 7), ist umstritten (vgl. auch *Klie,* in: LPK-SGB XI, § 124 Rn. 14). Allein die Sachwalterrolle, die den PK zukommen kann, wenn es um die Geltendmachung von Rechten im Verhältnis zu Leistungserbringern geht, umfasst nicht den Schutz des Pflegebedürftigen vor eigenem unsachgemäßem Verhalten.

VI. Entsprechende Anwendung des Vertrags- und Vergütungsrechts (Abs. 4)

8   Für die häusliche Betreuungsleistung gelten die vertrags- und vergütungsrechtlichen Regelungen des 7. und 8. Kapitels sowie die Vorschriften des 11. Kapitels zur Qualitätssicherung entsprechend. Der Gesetzgeber möchte mit der Verweisung, bei der in Bezug auf das Vergütungsrecht § 89 im Mittelpunkt steht, insbesondere erreichen, dass PK und Sozialhilfeträger gemeinsame Vereinbarungen treffen, um Zuständigkeitskonflikte zu vermeiden (BT-Drucks. 17/9369, S. 54). Bei der Verweisung auf die Qualitätssicherungsvorschriften des 11. Kapitels geht es vor allem darum, in entsprechender Anwendung von § 113 Abs. 1 Maßstäbe und Grundsätze für die Qualität und die Qualitätssicherung der häuslichen Betreuungsleistungen zu vereinbaren. Daneben sind die Richtlinien des Spitzenverbandes Bund der PK über die Prüfung der in Pflegeeinrichtungen erbrachten Leistungen und deren Qualität nach § 114 (Qualitätsprüfungs-Richtlinien) zu ergänzen.

§ 125 Modellvorhaben zur Erprobung von Leistungen der häuslichen Betreuung durch Betreuungsdienste

(1) ¹Der Spitzenverband Bund der Pflegekassen kann in den Jahren 2013 und 2014 aus Mitteln des Ausgleichsfonds der Pflegeversicherung mit bis zu 5 Millionen Euro Modellvorhaben zur Erprobung von Leistungen der häuslichen Betreuung nach § 124 durch Betreuungsdienste vereinbaren. ²Dienste können als Betreuungsdienste Vereinbarungspartner werden, die insbesondere für demenziell erkrankte Pflegebedürftige dauerhaft häusliche Betreuung und hauswirtschaftliche Versorgung erbringen.

(2) ¹Die Modellvorhaben sind darauf auszurichten, die Wirkungen des Einsatzes von Betreuungsdiensten auf die pflegerische Versorgung umfassend bezüglich Qualität, Wirtschaftlichkeit, Inhalt der erbrachten Leistungen und Akzeptanz bei den Pflegebedürftigen zu untersuchen und sind auf längstens drei Jahre zu befristen. ²Für die Modellvorhaben ist eine wissenschaftliche Begleitung und Auswertung vorzusehen. ³Soweit im Rahmen der Modellvorhaben personenbezogene Daten benötigt werden, können diese mit Einwilligung des Pflegebedürftigen erhoben, verarbeitet und genutzt werden. ⁴Der Spitzenverband Bund der Pflegekassen bestimmt Ziele, Dauer, Inhalte und Durchführung der Modellvorhaben. ⁵Die Modellvorhaben sind mit dem Bundesministerium für Gesundheit abzustimmen.

(3) ¹Auf die am Modell teilnehmenden Dienste sind die Vorschriften dieses Buches für Pflegedienste entsprechend anzuwenden. ²Anstelle der verantwortlichen Pflegefachkraft können sie eine entsprechend qualifizierte, fachlich geeignete und zuverlässige Kraft mit praktischer Berufserfahrung im erlernten Beruf von zwei Jahren innerhalb der letzten acht Jahre als verantwortliche Kraft einsetzen; § 71 Absatz 3 Satz 4 ist entsprechend anzuwenden. ³Die Zulassung der teilnehmenden Betreuungsdienste zur Versorgung bleibt bis zu zwei Jahre nach dem Ende des Modellprogramms gültig.

Inhaltsübersicht

	Rn.
I. Geltende Fassung	1
II. Normzweck	2
III. Festlegung von Einzelheiten durch den Spitzenverband (Abs. 2)	3
IV. Vorschriften für Pflegedienste gelten entsprechend (Abs. 3)	4

I. Geltende Fassung

Die Vorschrift ist durch Art. 1 Nr. 48 PNG mWv 1.1.2013 eingeführt worden. **1**
Zum Gesetzgebungsverfahren vgl. BT-Drucks. 17/9369, S. 54.

II. Normzweck

Mit der Regelung wird der Spitzenverband Bund der PK ermächtigt, für eine be- **2** grenzte Zeit Modellvorhaben mit Betreuungsdiensten zu vereinbaren und finanziell zu fördern, die insbesondere für demenziell erkrankte Pflegebedürftige häusliche Betreuungsleistungen und hauswirtschaftliche Versorgung erbringen. Offensichtlich geht der Gesetzgeber davon aus, dass für die neu geschaffenen Betreuungsleistungen andere Strukturen geschaffen werden müssen als sie die bereits praktizierenden ambulanten Pflegedienste aufweisen. Dies ergibt sich bereits aus der Tatsache, dass die An-

§ 125

forderungen an den Einsatz von Fachkräften erheblich geringer ist (vgl. Abs. 3) und auch die Anforderungen an die Qualitätssicherung geringer sind als bei ambulanten Pflegediensten, die Leistungen der Grundpflege erbringen (vgl. *Klie,* in: LPK-SGB XI, 4. Aufl., § 125 Rn. 5). **Vergleichbare Regelungen** zur Förderung von Modellvorhaben befinden sich in § 8 Abs. 3 (vorrangig für personenbezogenes Budget und neue Wohnkonzepte für Pflegebedürftige) und § 45c (Auf- und Ausbau von niedrigschwelligen Betreuungsangeboten sowie Erprobung neuer Versorgungskonzepte insbesondere für demenzkranke Pflegebedürftige).

III. Festlegung von Einzelheiten durch den Spitzenverband (Abs. 2)

3   Die Festlegung von Zielen, Dauer, Inhalten und Durchführung der Modellvorhaben obliegt dem Spitzenverband Bund der PK. Hierbei ist eine wissenschaftliche Begleitung, die auch die Akzeptanz bei den Pflegebedürftigen untersucht, zwingend vorgeschrieben (Satz 2). Die datenschutzrechtliche Regelung in Satz 3 entspricht dem üblichen Standard.

IV. Vorschriften für Pflegedienste gelten entsprechend (Abs. 3)

4   Für die an Modellvorhaben teilnehmenden Dienste gelten die Vorschriften des SGB XI für Pflegedienste entsprechend. Satz 2 enthält allerdings eine Freistellung von der Notwendigkeit, die Versorgung von Pflegebedürftigen unter ständiger Verantwortung einer ausgebildeten Pflegefachkraft durchzuführen (für ambulante Pflegedienste: § 71 Abs. 1). Die Leitung muss dagegen einer für den Aufgabenbereich qualifizierten, fachlich geeigneten und zuverlässigen Kraft mit praktischer Berufserfahrung obliegen. Der Verweis auf § 71 Abs. 3 Satz 4 im zweiten Halbsatz von Satz 2 bedeutet, dass die Leitungskraft eine Weiterbildungsmaßnahme für leitende Funktionen mit einer Mindestundenzahl von 460 Stunden erfolgreich absolviert haben muss. Der RegE geht davon aus, dass die Weiterbildungsvoraussetzung auch im Rahmen des Modellprojekts durchgeführt werden kann, ohne dass dies im Wortlaut der Regelung einen Niederschlag gefunden hat.

Dreizehntes Kapitel. Zulagenförderung der privaten Pflegevorsorge

Vorbemerkung zu §§ 126 bis 130

Inhaltsübersicht

	Rn.
I. Sinn und Zweck ergänzender privater Pflegevorsorge	1
1. Ergänzung von SPV/PPV	1
2. „Demographievorsorge"	2
II. Förderung durch staatliche Zulage	5
III. Rechtsverhältnisse der Geförderten ergänzenden Pflegeversicherung (GEPV)	8

I. Sinn und Zweck ergänzender privater Pflegevorsorge

1. Ergänzung von SPV/PPV

SPV und **PPV** gewährleisten bei Pflegebedürftigkeit eine Teilabsicherung. Über 1 die Versicherungsleistungen hinausgehende Aufwendungen für die Versorgung des Pflegebedürftigen müssen aus sonstigen Einnahmen und ggf. Vermögen selbst getragen werden. Ungeachtet der zwischenzeitlich durchgeführten Leistungsanpassungen und -ausweitungen hat der Gesetzgeber für SPV und PPV an dem Charakter der **„Teilkaskoversicherung"** festgehalten. Fehlen ausreichende eigene Mittel, führt dieser Charakter beim einzelnen Versicherten zu einer **Vorsorgelücke** bzw. zu Bedarf nach eigener Pflegevorsorge. Der Bedarf kann durch eine spezifische und auf den „Grundschutz" durch SPV und PPV zugeschnittene, ergänzende private PV in Form der **Pflegekrankenversicherung** nach § 192 Abs. 6 VVG oder durch eine Pflegerentenversicherung als Unterform einer Lebensversicherung gedeckt werden. Sie erlauben es, die Leistungen der SPV/PPV aufzustocken und je nach der versicherten Leistung zu einer **umfassenden Absicherung** im Pflegefall auszubauen.

2. „Demographievorsorge"

Der Bedarf nach privater Pflegevorsorge ergibt sich für die **umlagefinanzierte** 2 **SPV** zudem aus der vielfach beschriebenen **demographischen Situation** der Bundesrepublik Deutschland. Nach der Bevölkerungsvorausberechnung des Statistischen Bundesamtes werden im Jahr 2060 über 37% der Bevölkerung älter als 60 Jahre, 47% zwischen 21 und 60 Jahren und nur 16% der Bevölkerung jünger als 21 Jahre sein (*Statistisches Bundesamt,* Bevölkerung Deutschlands bis 2060, Ergebnisse der 12. Koordinierten Bevölkerungsvorausberechnung, 2009). Ursächlich für diese Entwicklung sind zum einen die kontinuierlich **steigende Lebenserwartung,** zum anderen eine **geringe Geburtenrate** in den ohnehin schwach besetzten Jahrgängen im gebärfähigen Alter.

Die demographische Entwicklung zeigt unmittelbare Auswirkungen auf die Ein- 3 nahmen- und Ausgabensituation der PV. **Pflegebedürftigkeit** ist stark **altersabhängig.** Über 20 Prozent der heute 80 bis 85 jährigen sind pflegebedürftig, bei den 85 bis 90-jährigen sind es bereits 38 Prozent und bei den über 90jährigen fast 58 Prozent (*Statistisches Bundesamt,* Pflegestatistik 2011, Januar 2013, 9). Aufgrund der steigenden

Vor §§ 126–130 Dreizehntes Kapitel. Zulagenförderung d. priv. Pflegevors.

Lebenserwartung werden immer mehr Menschen in pflegenahe Jahrgänge hineinwachsen. Nach der Prognose der BReg wird die Zahl der Pflegebedürftigen von ca. 2,4 Millionen im Jahr 2010 auf 4,5 Millionen Menschen im Jahr 2050 steigen (Entwurf des PNG, BT-Drucks. 17/9369, S. 32). Darüber hinaus wird aufgrund der **inhaltlichen Ausweitung und Differenzierung der Versorgung,** des sich abzeichnenden **Mangels an Pflegefachkräften** sowie der allgemeinen Kostensituation die Pflege selbst über die allgemeine Inflation hinaus teurer.

4 Unter diesen Prämissen erhöht sich für die SPV und PPV der Finanzbedarf. Im Rahmen der Umlagefinanzierung der SPV fehlt dabei eine systemgerechte Finanzierungsquelle, den steigenden Bedarf zu finanzieren. Im **Umlagesystem** der **SPV** erfolgt die Finanzierung durch nachwachsende Beitragszahler. Im Sinne einer rechtlich nicht gewährleisteten **Anwartschaft** erfolgt und rechtfertigt sich die Beitragsbelastung der Erwerbstätigen mit der Erwartung, dass im Alter eine ausreichende Anzahl von Beitragszahlern zur Verfügung steht, die dann die altersbedingt erhöhten Aufwendungen für die Versorgung der jetzigen Beitragszahler finanzieren. Doch angesichts der demographischen Situation kann der Gesetzgeber auf diese Erwartung nicht mehr setzen. Dies hat das BVerfG schon 1994 festgestellt: Der Gesetzgeber konnte schon zu diesem Zeitpunkt nicht mehr davon ausgehen, dass die beitragspflichtigen Versicherten in ihrer ganz überwiegenden Mehrheit neben der Beitragsleistung durch Aufziehen von Kindern zur nachhaltigen Stabilisierung und Finanzierung der Leistungen der sozialen Pflegeversicherung beitragen werden (BVerfG, Urteil vom 3.4.2001 – 1 BvR 1629/94 – BVerfGE 103, 242, 268). Das BVerfG hat den Gesetzgeber daher zur Vermeidung eines Verstoßes gegen den Gleichheitssatz nach Art. 3 Abs. 1 GG iVm. Art. 6 Abs. 2 GG verpflichtet, den **generativen Beitrag** der Erziehungsleistung in der Beitragsbemessung zu berücksichtigen (dazu *Reuther,* Hommage an J. Isensee, 2002, 435, 462). Die Alternative, finanzielle Vorsorge durch den **Aufbau von Rücklagen** im Sozialversicherungssystem zu treffen, wurde 1994 unterlassen. Das PSG sieht nunmehr den Aufbau eines kapitalgedeckten Vorsorgefonds vor, um die Finanzierung der Pflege der kinderarmen „Babyboomer" abzusichern. Es stellt sich allerdings die Frage, ob die für PV erforderliche zugriffssichere Rücklagenbildung über mehrere Jahrzehnte in einem staatlichen System, das dem **Zugriff des Gesetzgebers** unterliegt, gewährleistet werden kann. Der bisherige Umgang mit Rücklagen für zukünftige Versorgungslasten bestätigt, dass kein ausreichender rechtlicher Schutz besteht (Exempel bei *Reuther,* GuP 2012, 90, 92; s. auch § 127 Rn. 18).

II. Förderung durch staatliche Zulage

5 Der Gesetzgeber hat den **Bedarf nach einer ergänzenden privaten Pflegevorsorge** im Rahmen der Beratungen des **PNG** aufgegriffen. Aufgrund der Beschlussempfehlung und des Berichts des Gesundheitsausschusses (BT-Drucks. 17/10157; BT-Drucks. 17/10170) hat der Gesetzgeber im neuen 13. Kapitel eine „Zulagenförderung der privaten Pflegeversicherung" in das SGB XI eingefügt (Überblick: *Schlegel,* jurisPR-SozR 3/2013). Ziel der Regelungen ist es, alle in SPV oder PPV versicherten Personen, die noch nicht pflegebedürftig sind, beim Aufbau einer ergänzenden, eigenständigen privaten Pflegevorsorge durch eine **staatliche Zulage** zu unterstützen. Die staatliche Förderung soll durch Gewährung einer Zulage einen wirksamen **Anreiz** zu zusätzlicher Pflegevorsorge schaffen. Die zeitweise erwogene steuerliche Begünstigung von Beiträgen zur PV wurde im Gesetzgebungsverfahren aufgegeben. Die steuerliche Förderung über Freibeträge oder Abzugstatbestände begünstigt tendenziell Personen mit höherem verfügbaren Einkommen, die weniger auf Vorsorge angewiesen sind. Dies wäre unvereinbar mit der Zielsetzung der Förderung gewesen. Die Kombination von steuerlicher Förderung und Zulage wie bei der Riester-Rente ist verfahrensmäßig äußerst kompliziert und wurde deshalb verworfen. Al-

Zulageberechtigte **§ 126**

lerdings finden sich in einzelnen Regelungen noch Restanten der Riester-Förderung (s. § 127 Rn. 25).

Die **Zulage** ist keine Versicherungsleistung der SPV/PPV, sondern eine **staat-** 6 **liche Leistung.**

Die Zulagenförderung begründet **keine Verpflichtung der Versicherungsunter-** 7 **nehmen,** die GEPV (Geförderte ergänzende Pflegeversicherung) anzubieten. Den Regelungen liegt die (erfüllte) **Erwartung** voraus, dass die Versicherungsunternehmen die GEPV anbieten und für dieses Angebot die Zulage in Anspruch genommen wird (zur Einführung *Biederbick/Weber,* GSP 2013, 21 ff.). Wird das Angebot eingestellt, bleibt die **Förderung zugunsten des Bestands** bestehen (BT-Drucks. 17/10170, 20).

III. Rechtsverhältnisse der Geförderten ergänzenden Pflegeversicherung (GEPV)

Regelungsgegenstand des 13. Kapitels sind Art, Umfang, Voraussetzungen und 8 Verfahren der Förderung. Das 13. Kapitel bestimmt als **öffentliches Leistungsrecht** den Kreis der **zulageberechtigten Personen** und die **Fördervoraussetzungen** in Bezug auf die zulageberechtigte Person sowie in Bezug auf die Anforderungen an die geförderte private Pflegezusatzversicherung (GEPV). Ausnahme hierzu bildet § 129, der eine Sonderregelung zum VVG trifft (s. § 129 Rn. 2). Im Übrigen liegen die **versicherungsvertragsrechtlichen** und die **versicherungsaufsichtsrechtlichen Regelungen,** die das Verhältnis zwischen dem Versicherungsunternehmen und dem VN sowie zwischen dem Versicherungsunternehmen und der Versicherungsaufsicht bestimmen, dem 13. Kapitel voraus und sind als sachnäher vorrangig.

Im **Versicherungsverhältnis** zwischen dem Versicherungsunternehmen und 9 dem Versicherungsnehmer bzw. der versicherten Person gilt der **Versicherungsvertrag,** insbesondere die zu vereinbarenden brancheneinheitlichen **MB/GEPV** (s. § 127 Rn. 36) und der **unternehmensindividuelle Tarifteil** der Bedingungen. Diese versicherungsvertragsrechtlichen Regelungen müssen vereinbar sein mit dem VVG und durch das VVG inkorporierten Regelungen des VAG, insbesondere zur Prämienkalkulation sowie zur Beitrags- und Bedingungsanpassung (vgl. § 203 Abs. 1 VVG). Zum Nachteil des Versicherungsnehmers darf von zwingenden Vorschriften nicht abgewichen werden (§ 208 VVG). Für das **Förderverhältnis,** das die Gewährung der Zulage betrifft, sind die **Regelungen des 13. Kapitels** maßgeblich. Das Verfahren zur Erlangung der Zulage regelt ebenfalls das 13. Kapitel. Anspruchsinhaber der staatlichen Leistung ist zwar die zulageberechtigte Person. Sie wird aus dem **Zulageverfahren** jedoch weitgehend herausgehalten und durch das Versicherungsunternehmen vertreten. Die MB/GEPV enthalten daher nicht nur die typischen Regelungen eines privaten Versicherungsvertrages, sondern auch Regelungen, mit denen die Beachtung der Fördervoraussetzungen sichergestellt ist, und Regelungen, die das Versicherungsunternehmen in die Lage versetzen, das Zulageverfahren zugunsten der Zulageberechtigten durchzuführen. Dies betrifft insbesondere Hinweispflichten des Versicherers und Informationspflichten.

§ 126 Zulageberechtigte

¹Personen, die nach dem Dritten Kapitel in der sozialen oder privaten Pflegeversicherung versichert sind (zulageberechtigte Personen), haben bei Vorliegen einer auf ihren Namen lautenden privaten Pflege-Zusatzversicherung unter den in § 127 Absatz 2 genannten Voraussetzungen Anspruch auf eine Pflegevorsorgezulage. ²Davon ausgenommen sind Personen, die das 18. Lebensjahr noch nicht vollendet haben, sowie Personen, die vor Ab-

§ 126 Dreizehntes Kapitel. Zulagenförderung d. priv. Pflegevors.

schluss der privaten Pflege-Zusatzversicherung bereits Leistungen nach § 123 oder als Pflegebedürftige Leistungen nach dem Vierten Kapitel oder gleichwertige Vertragsleistungen der privaten Pflege-Pflichtversicherung beziehen oder bezogen haben.

Inhaltsübersicht

	Rn.
I. Geltende Fassung	1
II. Normzweck	2
III. Persönliche Zulagevoraussetzungen	3
1. Versicherung in SPV/PPV	3
2. Versicherung in GEPV	5
3. Kinder und Jugendliche	7
4. Leistungsbezieher der SPV/PPV	8
5. Zulageberechtigung und Versicherungsfähigkeit	11

I. Geltende Fassung

1 Die Vorschrift wurde durch Art. 1 Nr. 49 des PNG vom 23.10.2012 (BGBl. I S. 2246) eingefügt; sie ist am 1.1.2013 in Kraft getreten.

II. Normzweck

2 Die Vorschrift bestimmt den Kreis der Personen, die **Anspruch auf** Gewährung einer **Pflegevorsorgezulage** haben. Darüber hinaus bestimmt die Vorschrift für den in Satz 1 legal definierten **Kreis der zulageberechtigten Personen** weitere **persönliche Voraussetzungen** zur Erlangung der Zulage. Nach der Vorstellung des Gesetzgebers (BT-Drucks. 17/10170, S. 20) steht die Regelung in engem Zusammenhang mit dem Kontrahierungszwang nach § 127 Abs. 2: die zulageberechtigten Personen sind auch Begünstigte des Kontrahierungszwanges (s. § 127 Rn. 19f.).

III. Persönliche Zulagevoraussetzungen

1. Versicherung in SPV/PPV

3 Zulageberechtigt sind Personen, die in der **SPV** oder **PPV** versichert sind. Die Versicherung in der SPV oder PPV folgt der Krankenversicherung. Nach der gemäß § 193 Abs. 3 S. 1 VVG für alle Personen mit Wohnsitz in Deutschland bestehenden Pflicht zur Krankenversicherung verfügt im Grundsatz die **gesamte Bevölkerung** über eine Absicherung in der PKV oder GKV und infolgedessen auch in SPV oder PPV; sie ist damit im Grundsatz auch zulageberechtigt.

4 Die **Einbeziehung der PPV-Versicherten** verdeutlicht, dass die Geförderte ergänzende Pflegeversicherung (GEPV) nicht allein eine Ergänzung der SPV im Hinblick auf die angesichts des demografischen Wandels kritische Umlagefinanzierung anstrebt. Vielmehr soll durch die GEPV der Charakter der Teilabsicherung ausgeglichen werden. Die **GEPV ergänzt** daher auch die mit Altersrückstellungen kalkulierte PPV.

2. Versicherung in GEPV

5 Die Zulage setzt das Vorliegen einer **auf den Namen der zulageberechtigten Person** lautenden privaten Pflegezusatzversicherung voraus. Die Pflegekrankenversicherung kann nach § 193 Abs. 3 S. 1 VVG auf den Namen des Versicherungsnehmers als Vertragspartner und Beitragsschuldner oder auf den Namen von mitversicherten Personen genommen werden (zur Differenzierung Eigen- und Fremdversicherung mit Fallkonstellationen *Boetius,* PKV, 2010, § 193 VVG Rn. 40ff., 50ff.). Die **mitversicherten Personen,** in der Praxis häufig Ehegatten und Kinder, sind damit **ebenfalls zulageberechtigt.** Dies bestätigt § 3 Abs. 1 S. 3 der PflvDV, der die Mitteilungspflichten des Versicherungsunternehmens für den Fall regelt, dass in einem Versicherungsvertrag mehrere Personen (mit-)versichert sind. Zulageberechtigt sind auch versicherte Personen eines **Gruppenversicherungsvertrages,** soweit die Anspruchsvoraussetzungen jeweils vorliegen (aA mit Bezug auf privatversicherungsrechtliche Gestaltungen ohne diese zu würdigen *Fahlbusch,* in: Hauck/Noftz, SGB XI, § 126 Rn. 5).

Die Person muss versichert sein in einer nach Maßgabe von § 127 Abs. 2 förderfähigen GEPV: Das Produkt muss die **Fördervoraussetzungen** erfüllen. Der **Versicherungsvertrag** muss **wirksam** sein. **6**

3. Kinder und Jugendliche

Nicht zulageberechtigt sind **Kinder und Jugendliche** vor Vollendung des 18. Lebensjahres. Die Altersgrenze liegt quer zum Recht auf **Kindernachversicherung gemäß § 198 VVG,** das auch für die GEPV gilt. In der GEPV versicherte Eltern mit Zulageberechtigung haben danach den Anspruch auf sog. Kindernachversicherung innerhalb von zwei Monaten nach Geburt bzw. Adoption. Über die Kindernachversicherung können daher auch Personen ohne Zulageberechtigung bis zur Vollendung des 18. Lebensjahres in der GEPV versichert werden. Voraussetzung ist, dass der **Versicherungsschutz nicht höher oder umfassender** ist als der eines versicherten Elternteils. Vertraglich verankert ist die Kindernachversicherung in **§ 24 MB/GEPV.** Dementsprechend werden auch in der GEPV die Altersgruppen für Kinder und Jugendliche kalkuliert. Unbegründet ist daher der unklare Vorwurf, der Ausschluss der Kinder und Jugendlichen vermeide eine „risikofreundliche [?] Kalkulation" (so aber *Fahlbusch,* in: Hauck/Noftz, SGB XI, § 126 Rn. 6). Ab Vollendung des 18. Lebensjahres gelten für die über die Kindernachversicherung aufgenommenen Personen die allgemeinen Regelungen: Die Versicherungsfähigkeit in der GEPV setzt die Zulageberechtigung voraus. Eine **Ausnahme** besteht nur, wenn in diesem Zeitpunkt bereits **Leistungen wegen Pflegebedürftigkeit** bezogen wurden und die Zulageberechtigung daher nicht mehr erlangt werden kann. Die GEPV besteht dann als nicht geförderte ergänzende Pflegeversicherung fort (§ 24 Abs. 4 MB/GEPV); der Zulageanteil des Beitrags ist vom Versicherungsnehmer zu leisten. **7**

4. Leistungsbezieher der SPV/PPV

Die Zulageberechtigung besteht nicht für Personen, die vor Abschluss der privaten Pflegezusatzversicherung bereits Leistungen nach § 123 oder als Pflegebedürftige **Leistungen** nach dem 4. Kapitel oder gleichwertige Vertragsleistungen der PPV **beziehen oder bezogen haben.** **8**

Der Ausschluss korrespondiert dem Charakter der **GEPV als privater Risikoversicherung** (BT-Drucks. 17/10170, S. 21) und der Zielsetzung, Vorsorge zu fördern. Denn im Rahmen von privaten Versicherungsverträgen sind grundsätzlich nur zukünftige **ungewisse Ereignisse** versicherbar (dazu *Prölss,* VVG, § 1 Rn. 7ff. mwN.). Bei Personen mit aktuellem oder vergangenem Leistungsbezug lag oder liegt Pflegebedürftigkeit bereits vor. Sie sind daher nicht risikogerecht versicherbar. Zudem steht bei diesen Personen die **Versorgung** einer bereits bestehenden Pflegebedürftigkeit im Vordergrund. Diese ist **nicht Gegenstand der Förderung** einer Vorsorge für zukünftige Versicherungsfälle. Der Ausschluss der Pflegebedürftigen ist daher sachlich **9**

§ 127 Dreizehntes Kapitel. Zulagenförderung d. priv. Pflegevors.

gerechtfertigt und mit dem allgemeinen Gleichheitssatz nach Art. 3 Abs. 1 GG vereinbar.

10 Zum Ausschluss führt der Bezug von Leistungen wegen Pflegebedürftigkeit iSd. § 14 und wegen erheblich eingeschränkter Alltagskompetenz, aber ohne Pflegestufe nach Maßgabe des § 123. Nach der mit dem BMG abgestimmten Praxis ist für den **Beginn des Leistungsbezugs** auf das Datum abzustellen, das der **Leistungsbescheid** der Pflegekasse bzw. die Leistungsmitteilung des privaten Versicherungsunternehmens für den Leistungsbeginn in der SPV bzw. PPV nennt. Bei einer rückwirkenden Feststellung der Pflegebedürftigkeit mit einem rückwirkenden Leistungsbezug kommt es infolgedessen auch zu einem rückwirkenden Wegfall von der Zulageberechtigung. Durch eine **herausgezögerte Antragstellung** kann die Zulageberechtigung nicht erhalten werden.

5. Zulageberechtigung und Versicherungsfähigkeit

11 Die Zulageberechtigung ist Voraussetzung für den Anspruch und den Erhalt der Zulage im Verhältnis zur zentralen Stelle. § 1 Abs. 1 MB/GEPV begründet die **Verknüpfung** von **Zulageberechtigung** und **Erhalt** der Zulage einerseits mit der **Versicherungsfähigkeit** in der GEPV andererseits. Die Versicherungsfähigkeit ist eine personengebundene Eigenschaft des Versicherten, deren Wegfall zur Folge hat, dass der Versicherte bedingungsgemäß nicht mehr in diesem Tarif versichert bleiben kann (§ 12 Abs. 2 KalV) und die **GEPV beendet** wird. Hintergrund der Verknüpfung von Zulageberechtigung und Versicherungsfähigkeit ist die besondere Risikostruktur der GEPV aufgrund des Kontrahierungszwangs nach § 127 Abs. 2 Nr. 2 (s. § 127 Rn. 19). Da die Zulage **nur für einen Vertrag** gewährt wird, besteht keine Versicherungsfähigkeit in anderen, nicht zulageberechtigten Verträgen (zur Mehrfachversicherung s. § 128 Rn. 20). Entfällt die Zulageberechtigung, endet die Versicherung (§ 19 Abs. 3 S. 1 MB/GEPV). Ausnahmen gelten lediglich für Kinder und Jugendliche, die über die Kindernachversicherung gemäß § 198 VVG in die GEPV aufgenommen werden, sowie für Personen, die die GEPV auf eine **Anwartschaftsversicherung** umgestellt haben (§ 26 Abs. 4 MB/GEPV). Obwohl beide Personengruppen nicht über eine Zulageberechtigung verfügen, sind sie in der GEPV versicherungsfähig.

12 Bei **Abschluss des Vertrages** hat der Versicherte zu bestätigen, dass die Voraussetzungen der **Zulageberechtigung** vorliegen. Diese besondere Anzeigepflicht, die über die Anzeigepflicht nach § 19 VVG hinausgeht, ist erforderlich, da das Versicherungsunternehmen keine eigene Kenntnis über den Bestand der SPV oder PPV hat, wenn diese Versicherung nicht bei ihm besteht. Die **Bestätigung** erfolgt in Schriftform, soweit nicht eine andere Form vereinbart ist (§ 2a Abs. 1 MB/GEPV). Jede **Änderung der Verhältnisse**, die zu einem Wegfall der Zulageberechtigung und damit zu einem Wegfall der Versicherungsfähigkeit führt, insbesondere das **Ende der Versicherung in der SPV/PPV**, ist dem Versicherer unverzüglich in Textform **anzuzeigen**, wenn nicht eine einfachere Form vereinbart wurde (§ 2a Abs. 2 MB/GEPV).

§ 127 Pflegevorsorgezulage; Fördervoraussetzungen

(1) ¹Leistet die zulageberechtigte Person mindestens einen Beitrag von monatlich 10 Euro im jeweiligen Beitragsjahr zugunsten einer auf ihren Namen lautenden, gemäß Absatz 2 förderfähigen privaten Pflege-Zusatzversicherung, hat sie Anspruch auf eine Zulage in Höhe von monatlich 5 Euro. ²Die Zulage wird bei dem Mindestbeitrag nach Satz 1 nicht berücksichtigt. ³Die Zulage wird je zulageberechtigter Person für jeden Monat nur für einen

Versicherungsvertrag gewährt. ⁴Der Mindestbeitrag und die Zulage sind für den förderfähigen Tarif zu verwenden.

(2) ¹Eine nach diesem Kapitel förderfähige private Pflege-Zusatzversicherung liegt vor, wenn das Versicherungsunternehmen hierfür
1. die Kalkulation nach Art der Lebensversicherung gemäß § 12 Absatz 1 Nummer 1 und 2 des Versicherungsaufsichtsgesetzes vorsieht,
2. allen in § 126 genannten Personen einen Anspruch auf Versicherung gewährt,
3. auf das ordentliche Kündigungsrecht sowie auf eine Risikoprüfung und die Vereinbarung von Risikozuschlägen und Leistungsausschlüssen verzichtet,
4. bei Vorliegen von Pflegebedürftigkeit im Sinne des § 14 einen vertraglichen Anspruch auf Auszahlung von Geldleistungen für jede der in § 15 aufgeführten Pflegestufen, dabei in Höhe von mindestens 600 Euro für die in § 15 Absatz 1 Satz 1 Nummer 3 aufgeführte Pflegestufe III, sowie bei Vorliegen von erheblich eingeschränkter Alltagskompetenz im Sinne des § 45a einen Anspruch auf Auszahlung von Geldleistungen vorsieht; die tariflich vorgesehenen Geldleistungen dürfen dabei die zum Zeitpunkt des Vertragsabschlusses jeweils geltende Höhe der Leistungen dieses Buches nicht überschreiten, eine Dynamisierung bis zur Höhe der allgemeinen Inflationsrate ist jedoch zulässig; weitere Leistungen darf der förderfähige Tarif nicht vorsehen,
5. bei der Feststellung des Versicherungsfalles sowie der Festsetzung der Pflegestufe dem Ergebnis des Verfahrens zur Feststellung der Pflegebedürftigkeit gemäß § 18 sowie den Feststellungen über das Vorliegen von erheblich eingeschränkter Alltagskompetenz nach § 45a folgt; bei Versicherten der privaten Pflege-Pflichtversicherung sind die entsprechenden Feststellungen des privaten Versicherungsunternehmens zugrunde zu legen,
6. die Wartezeit auf höchstens fünf Jahre beschränkt,
7. einem Versicherungsnehmer, der hilfebedürftig im Sinne des Zweiten oder Zwölften Buches ist oder allein durch Zahlung des Beitrags hilfebedürftig würde, einen Anspruch gewährt, den Vertrag ohne Aufrechterhaltung des Versicherungsschutzes für eine Dauer von mindestens drei Jahren ruhen zu lassen oder den Vertrag binnen einer Frist von drei Monaten nach Eintritt der Hilfebedürftigkeit rückwirkend zum Zeitpunkt des Eintritts zu kündigen; für den Fall der Ruhendstellung beginnt diese Frist mit dem Ende der Ruhendstellung, wenn Hilfebedürftigkeit weiterhin vorliegt,
8. die Höhe der in Ansatz gebrachten Verwaltungs- und Abschlusskosten begrenzt; das Nähere dazu wird in der Rechtsverordnung nach § 130 geregelt.

²Der Verband der privaten Krankenversicherung e. V. wird damit beliehen, hierfür brancheneinheitliche Vertragsmuster festzulegen, die von den Versicherungsunternehmen als Teil der Allgemeinen Versicherungsbedingungen förderfähiger Pflege-Zusatzversicherungen zu verwenden sind. ³Die Beleihung nach Satz 2 umfasst die Befugnis, für Versicherungsunternehmen, die förderfähige private Pflege-Zusatzversicherungen anbieten, einen Ausgleich für Überschäden einzurichten; § 111 Absatz 1 Satz 1 und 2 und Absatz 2 gilt entsprechend. ⁴Die Fachaufsicht über den Verband der privaten Krankenversicherung e. V. zu den in den Sätzen 2 und 3 genannten Aufgaben übt das Bundesministerium für Gesundheit aus.

(3) Der Anspruch auf die Zulage entsteht mit Ablauf des Kalenderjahres, für das die Beiträge zu einer privaten Pflege-Zusatzversicherung gemäß § 127 Absatz 1 geleistet worden sind (Beitragsjahr).

§ 127 Dreizehntes Kapitel. Zulagenförderung d. priv. Pflegevors.

Inhaltsübersicht

	Rn.
I. Geltende Fassung	1
II. Normzweck und Regelungsgegenstand	2
III. Voraussetzungen und Fälligkeit des Zulageanspruchs (Abs. 2, 3)	5
1. Zulageberechtigung	5
2. Eigenbeitrag	6
3. Fälligkeit des Anspruchs	12
IV. Förderfähigkeit der Versicherung (Abs. 2)	13
1. Bedeutung der Fördervoraussetzungen	13
2. Kalkulation nach Art der Lebensversicherung (Nr. 1)	15
3. Kontrahierungszwang (Nr. 2)	19
4. Kein ordentliches Kündigungsrecht und keine Risikoprüfung (Nr. 3)	21
5. Mindest- und Höchstleistung (Nr. 4)	24
6. Bindung an Feststellungen SPV/PPV (Nr. 5)	28
7. Auf 5 Jahre begrenzte Wartezeit (Nr. 6)	29
8. Schutz hilfebedürftiger Personen (Nr. 7)	31
9. Begrenzung der Abschluss- und Verwaltungskosten (Nr. 8)	35
10. Verwendung der brancheneinheitlichen MB/GEPV	36
V. Beleihung des PKV-Verbands	39

I. Geltende Fassung

1 Die Vorschrift wurde durch Art. 1 Nr. 49 des PNG vom 23.10.2012 (BGBl. I S. 2246) in das SGB XI eingefügt; sie ist am 1.1.2013 in Kraft getreten.

II. Normzweck und Regelungsgegenstand

2 In Bezug auf die **zulageberechtigten Personen** bestimmt Abs. 1 weitere Anspruchsvoraussetzungen, insbesondere den notwendigen **Eigenbeitrag** des Versicherten. Im Zusammenspiel mit § 126 bildet Abs. 1 die Anspruchsgrundlage des Zulageberechtigten gegen die zentrale Stelle auf Pflegevorsorgezulage. Die Regelung soll sicherstellen, dass die abgesicherte Leistung ein gewisses **Mindestniveau** umfasst und staatliche **Förderung** und **Eigenleistung** in einem angemessenen Verhältnis stehen. Abs. 3 regelt die Fälligkeit des Zulageanspruchs.

3 Abs. 2 enthält **produktbezogene Anforderungen** der Förderfähigkeit. Die Regelung richtet sich an die Versicherungsunternehmen. Die Voraussetzungen zielen auf eine Ausgestaltung der GEPV, die es möglichst vielen Zulageberechtigten erlaubt, die Förderung durch Abschluss einer förderfähigen Pflegezusatzversicherung in Anspruch zu nehmen (BT-Drucks. 17/10170, S. 20). Ein Teil der Förderbedingungen zielt jedoch nicht auf die Verbreitung, sondern auf das Absicherungsniveau (Nr. 4, 6), die **vereinfachte Durchführung** (Nr. 5), die Rücksichtnahme auf **soziale Schutzbedürftigkeit** (Nr. 7) sowie den Schutz vor überhöhten **Kosten** (Nr. 8) bei Versicherung in der GEPV.

4 Die Vorschrift begründet eine **Beleihung des PKV-Verbandes** mit der Festlegung brancheneinheitlicher Vertragsmuster sowie mit der Möglichkeit, einen Ausgleich für Überschäden einzurichten.

Pflegevorsorgezulage; Fördervoraussetzungen **§ 127**

III. Voraussetzungen und Fälligkeit des Zulageanspruchs (Abs. 2, 3)

1. Zulageberechtigung

Der **Zulageanspruch** setzt die persönliche **Zulageberechtigung** nach § 126 voraus. 5

2. Eigenbeitrag

Die Gewährung der Zulage soll einen wirksamen Anreiz zu zusätzlicher privater 6
Pflegevorsorge schaffen. Die Gewährung der Zulage setzt daher einen **Eigenbeitrag von mindestens 10 Euro** monatlich im jeweiligen Beitragsjahr voraus. Die **Höhe der Zulage** beträgt monatlich **5 Euro**. Die Zulage wird bei dem Mindestbeitrag nicht berücksichtigt. Versicherungsvertragsrechtlich setzt sich der Beitrag aus einem Eigenanteil von mindestens 10 Euro und der Zulage in Höhe von 5 Euro zusammen (§ 9 Abs. 1 S. 3 MB/GEPV); er beträgt also mindestens 15 Euro. Der **Zulagenanteil** des Beitrags wird vom Versicherer bis zur Zahlung der Zulage durch die zentrale Stelle an den Versicherer **gestundet** (§ 9 Abs. 1 S. 4 MB/GEPV). Wird die Zulage gewährt, umfasst die finanzielle Eigenleistung des Versicherten daher mindestens 10 Euro monatlich. Erfolgt eine **Teilzahlung,** bleibt der Zulagenanspruch bestehen, solange der **Mindesteigenbeitrag** geleistet wird. Unberührt hiervon bleiben allerdings die versicherungsvertragsrechtlichen Regelungen bei Beitragsverzug, insbesondere das Recht zur Kündigung (§ 19 Abs. 4 MB/GEPV iVm. §§ 37, 38 VVG).

Die Leistung des Eigenanteils erfolgt in der Regel durch den Versicherungsneh- 7
mer, der vertragsrechtlich den Beitrag schuldet. Versicherungsnehmer und zulageberechtigte Person müssen nicht identisch sein (s. § 126 Rn. 5). Maßgeblich für den **Eigenanteil** ist nicht die wirtschaftliche Belastung, sondern die **Erfüllung des Beitragsanspruchs** zugunsten der zulageberechtigten Person. **Zahlungen Dritter,** die zugunsten des Zulageberechtigten erfolgen, gelten daher als Eigenanteil, wenn gemäß § 362 Abs. 2 BGB Erfüllung eintritt. Die GEPV kann daher auch durch den AG im Rahmen einer **echten Gruppenversicherung** zugunsten der AN als versicherte Personen abgeschlossen werden.

Bei Vertragsabschluss kann der erforderliche Monatsbeitrag von 15 Euro vereinbart 8
werden. Nach Vertragsabschluss kann es aufgrund der versicherungsvertrags- und aufsichtsrechtlichen Vorgaben zu **Beitragsanpassungen** und – wie die PPV zeigt – **Beitragssenkungen** unter das Niveau des Mindestbeitrags kommen (§ 11 MB/GEPV, § 203 Abs. 2 VVG). Zum **Erhalt der Förderfähigkeit** ist das Versicherungsunternehmen nach § 13 MB/GEPV in diesem Fall berechtigt, das vereinbarte **Pflegemonats-** oder Pflegetagegeld entsprechend zu **erhöhen** und den Beitrag neu festzusetzen. Der Versicherungsnehmer kann der Änderung innerhalb von zwei Monaten nach Mitteilung widersprechen mit der Folge, dass der Vertrag wegen Wegfalls der Zulageberechtigung mangels Eigenbeitrags und infolgedessen der Versicherungsfähigkeit beendet wird.

Der Eigenbeitrag ist **monatlich** zu leisten; die Zulage wird monatlich gewährt. Ver- 9
traglich kann eine **abweichende Zahlungsweise** (Jahreszahlung etc.) vereinbart werden, solange der monatliche Eigenanteil von 10 Euro rechnerisch erreicht wird (s. Rn. 12).

Die Prämie und einschlussweise der Eigenbeitrag sind von der zulageberechtigten 10
Person zugunsten einer auf ihren Namen lautenden förderfähigen GEPV zu leisten. Der Anspruch setzt die **Verwendung der Zulage** und des Mindestbeitrags für den förderfähigen Tarif voraus. Das Versicherungsunternehmen darf die Zulage nur für den Beitrag der GEPV verwenden. Die Förderung ohne ausreichenden Eigenanteil und von nicht geförderten Produkten ist ausgeschlossen. Ist die **GEPV Teil eines**

Reuther 657

§ 127 Dreizehntes Kapitel. Zulagenförderung d. priv. Pflegevors.

Versicherungsvertrages mit nicht förderfähigen Tarifen, ist bei einer Teilzahlung des Gesamtbeitrags eine Tilgungsbestimmung zugunsten der GEPV erforderlich, um den Eigenanteil zu sichern.

11   Die Zulage wird je zulageberechtigter Person für jeden Monat nur **für einen Versicherungsvertrag** gewährt. Bezogen auf den einzelnen Monat ist damit die Förderung einer **Mehrfachversicherung** ausgeschlossen. Die Mehrfachversicherung kann allerdings aufgelöst werden (s. dazu § 128 Rn. 20).

3. Fälligkeit des Anspruchs

12   Der Anspruch auf Zulage entsteht mit **Ablauf des Kalenderjahres,** für das Beiträge für die GEPV entrichtet worden sind. Auf den Zeitpunkt der Entrichtung innerhalb des entsprechenden Jahres kommt es nicht an. Der Anspruch entsteht auch bei einer nicht monatlichen Zahlungsweise oder wenn innerhalb des laufenden Kalenderjahres **rückwirkend Verträge** abgeschlossen und Beiträge gezahlt wurden.

IV. Förderfähigkeit der Versicherung (Abs. 2)

1. Bedeutung der Fördervoraussetzungen

13   Der Anspruch auf die Pflegevorsorgezulage setzt eine **Pflegezusatzversicherung** voraus, die den Vorgaben des § 127 Abs. 2 genügt. Die Vorschrift enthält die Vorgaben für das Versicherungsunternehmen an die Ausgestaltung und das Angebot der geförderten Produkte. In ihnen spiegelt sich die sozialpolitische Absicht wider, die der Gesetzgeber verfolgt: möglichst viele Personen sollen unterstützt werden, durch eine Zulage privat vorzusorgen. Die Beachtung der Vorgaben wird weitgehend durch **Verwendung der brancheneinheitlichen MB/GEPV** gewährleistet. Die MB/GEPV werden vom PKV-Verband als Beliehenem festgesetzt. Ihre Verwendung ist selbst Fördervoraussetzung. Die Beachtung der Fördervoraussetzungen obliegt dem Versicherungsunternehmen. Im Rahmen der Beantragung der Zulage bestätigt es das Vorliegen der Voraussetzungen (§ 128 Abs. 1 Nr. 7). Im Fall der Auszahlung einer Zulage besteht eine Haftung des Versicherungsunternehmens gegenüber dem Zulageempfänger für die Erfüllung der Voraussetzungen (§ 128 Abs. 4). Daneben besteht die allgemeine **Versicherungsaufsicht** durch die BaFin, ggf. in Form der Missstandsaufsicht (§ 81d VAG), über die Beachtung der Fördervoraussetzungen.

14   Die Fördervoraussetzungen betreffen den öffentlich-rechtlichen **Anspruch auf Zulage,** regeln aber nicht selbst das Versicherungsverhältnis. Aufgrund des abweichenden Regelungsgegenstandes handelt es sich um **keine lex specialis** im Sinne des § 192 Abs. 6 S. 3 VVG. § 192 Abs. 6 S. 3 VVG gilt nur für die im SGB XI enthaltenen spezialgesetzlichen Regelungen zur PPV (BT-Drucks. 16/3945, S. 110). Der Versicherungsnehmer kann sich daher im Verhältnis zum Versicherungsunternehmen nicht direkt auf die Fördervoraussetzungen berufen, sondern nur auf die vertraglichen Regelungen, die die Fördervoraussetzungen umsetzen. Die **Umsetzung im Versicherungsvertrag** muss dabei vereinbar sein mit den Regelungen des VVG und des VAG. Eine Verletzung der Fördervoraussetzungen führt nicht zur Unwirksamkeit des Vertrages wegen Verstoßes gegen eine gesetzliche Regelung, sondern zur **fehlenden Zulagefähigkeit** der GEPV.

2. Kalkulation nach Art der Lebensversicherung (Nr. 1)

15   Die Förderfähigkeit verlangt, dass die Zusatzversicherung nach Art der Lebensversicherung gemäß § 12 Abs. 1 Nr. 1 und 2 VAG kalkuliert wird. Die Förderung setzt damit das **Kalkulationsmodell der PKV und PPV** voraus. Förderfähig sind daher **nur Pflegekrankenversicherungen** im Sinne des § 192 Abs. 6 VVG, nicht aber Pflege-

rentenversicherungen. Die Prämien sind auf versicherungsmathematischer Grundlage unter Zugrundelegung von Wahrscheinlichkeitstafeln und anderen einschlägigen statistischen Daten, insbesondere unter Berücksichtigung der maßgeblichen Annahmen zur Invalidität und Krankheitsgefahr, zur Sterblichkeit, zur Altersabhängigkeit des Risikos und zur Stornowahrscheinlichkeit unter Berücksichtigung von Sicherheits- und sonstigen Zuschlägen sowie eines Rechnungszinses zu berechnen. Einzelheiten ergeben sich aus der aufgrund von § 12c VAG erlassenen Kalkulationsverordnung (KalV), die aufgrund von § 12f VAG auch für die GEPV gilt. Die **Berücksichtigung des Geschlechts** bei der Prämie ist **ausgeschlossen** (vgl. § 33 Abs. 5 AGG).

Die Kalkulation nach Art der Lebensversicherung erfordert die **Bildung einer** 16 **Alterungsrückstellung** gemäß § 341f HGB. Vorgeschrieben ist damit das in der PKV und PPV praktizierte **Anwartschaftsdeckungsverfahren:** Aufgrund der bei Vertragsabschluss bekannten Verhältnisse werden die erforderlichen Aufwendungen durch einen über den gesamten Vertragsverlauf im Grundsatz gleichmäßigen Beitrag finanziert. In jüngeren Jahren mit einem geringen Pflegebedürftigkeitsrisiko wird ein erhöhter Beitrag mit einem Sparanteil gezahlt, der verzinst und zum Aufbau einer **kollektiven Alterungsrückstellung** genutzt wird, um die mit dem Alter steigenden Aufwendungen ohne Beitragsanpassung finanzieren zu können. Für das Versichertenkollektiv wird so über die gesamte Dauer des Versicherungsverhältnisses trotz des mit dem Alter steigenden Pflegebedürftigkeitsrisikos ein konstanter Beitrag lebenslang gewährleistet, unter der Prämisse, dass alle übrigen Einflussfaktoren sich nicht ändern (eingehend *Sodan,* in: ders., Krankenversicherungsrecht, § 46 Rn. 1ff., 5ff. mwN.). Eine Erhöhung der Beiträge oder eine Minderung der Leistungen des Versicherers wegen des Älterwerdens oder der individuellen Verschlechterung des Gesundheitsstands der versicherten Person ist ausgeschlossen. Das aufsichtsrechtlich vorgegebene Kalkulationsprinzip ist vertraglich verankert in § 10 Abs. 2 MB/GEPV.

Die Kalkulation nach **Art der Lebensversicherung** ist in besonderer Weise ge- 17 eignet, eine von **demographischen Wandel** unabhängige privatrechtliche Pflegevorsorge zu gewährleisten (*Biederbick/Weber,* GSP 2013, 21, 22ff.; grundsätzliche Gegenposition zum Geschäftsmodell der PKV/PPV *Jacobs/Rothgang,* GSP 2013, 24ff.). Denn jede Gruppe gleich alter Versicherter in einer sogenannten Kohorte finanziert die im Alter erhöhten Aufwendungen wegen des Pflegerisikos selbst vor. Die Finanzierung ist daher nicht auf das Nachwachsen von zukünftigen Beitragszahlern angewiesen (BVerfG, Urteil vom 3.4.2001 – 1 BvR 1681/94 – BVerfGE 103, 271, 292). Die Bildung von Alterungsrückstellungen erlaubt die Nutzung von **Zins und Zinseszinseffekten.** Dies gilt insbesondere für die PV wegen der hohen Altersabhängigkeit des Pflegerisikos. In den jüngeren Versichertenjahren ist der Sparanteil der Prämie demgemäß sehr hoch. Bei der GEPV wird dies rechtlich durch eine vertraglich vereinbarte **Überschussbeteiligung** (§ 12 MB/GEPV), die Verwendung der Zinserträge zugunsten der Versicherten absichert, und durch die **Anordnung eines eigenen Abrechnungsverbands,** mit dem sicher gestellt wird, dass Überschüsse aus der GEPV nur für die GEPV-Versicherten verwendet werden dürfen (vgl. § 81d VAG in der Fassung durch das PNG, BT-Drucks. 17/10170, S. 28) weiter unterstützt.

Darüber hinaus gewährleistet die Absicherung über privatrechtliche Versiche- 18 rungsverträge nach Art der Lebensversicherung, dass das aufgebaute Kapital im Gegensatz zu Vorsorgerücklagen bei der öffentlichen Hand **verfassungsrechtlich starkem Schutz** unterliegt und insoweit auch über den in Betracht zu ziehenden Zeitraum von mehr als 30 Jahren **Zugriffssicherheit** besteht. Die Beteiligten am Versicherungsverhältnis sowie das Versicherungsverhältnis selbst genießen grundrechtlichen Schutz vor den Eingriffen des Gesetzgebers (dazu *Reuther,* GuP 2012, 90, 92ff.). Schließlich unterliegt die Alterungsrückstellung selbst einem umfassenden verfassungsrechtlichen Schutz nach Art. 14 GG, der eine nachträgliche Umwidmung oder den Entzug der Mittel ausschließt (dazu *Papier/Schröder,* VersR 2013, 1201ff. mwN.; *Depenheuer,* FS für Bethge, 2009, 301ff. zur PPV).

§ 127 Dreizehntes Kapitel. Zulagenförderung d. priv. Pflegevors.

3. Kontrahierungszwang (Nr. 2)

19 Nr. 2 sieht einen Kontrahierungszwang für die Anbieter der GEPV vor. Die Vorgabe kann innerhalb des Versicherungsvertrages nicht umgesetzt werden, da der Kontrahierungszwang auf den Abschluss des Vertrages zielt und nicht selbst Gegenstand des Vertrages ist. Die Fördervoraussetzung ist daher als **Verbot der Ablehnung des Vertragsabschlusses** gegenüber dem nach § 126 zulageberechtigten Personenkreis zu verstehen. Dies wird auch der Zielsetzung gerecht, möglichst vielen Personen die Förderung und den Zugang zur GEPV zu eröffnen. Lehnt ein Versicherungsunternehmen zu Unrecht Berechtigte ab, droht der Verlust der Zulagefähigkeit des abgelehnten Tarifs.

20 Der Kontrahierungszwang gilt nicht gegenüber **Versicherten der SPV und PPV mit Wohnsitz im Ausland** im Zeitpunkt des Vertragsabschlusses (zu Wegzugsfällen nach Vertragsabschluss s. § 128 Rn. 11). Der Geltungsbereich des SGB XI erstreckt sich nicht auf das Ausland. Darüber hinaus kann der Versicherer aufgrund von **Art. 7 Abs. 3 Rom-I-Verordnung** einen Versicherungsvertrag nach deutschem Recht, auf dessen Geltung die Fördervoraussetzungen zugeschnitten sind, nicht abschließen. Insoweit bleibt es beim Vorrang des Versicherungsvertrags- und Aufsichtsrechts vor den Fördervoraussetzungen.

4. Kein ordentliches Kündigungsrecht und keine Risikoprüfung (Nr. 3)

21 Die Förderung setzt den **Verzicht** auf das **ordentliche Kündigungsrecht,** auf eine **Risikoprüfung** sowie auf die Vereinbarung von **Risikozuschlägen** und **Leistungsausschlüssen** voraus. Der Verzicht auf das ordentliche Kündigungsrecht ist umgesetzt in § 18 Abs. 1 MB/GEPV. Das **Recht zur außerordentlichen Kündigung,** insbesondere wegen Zahlungsverzugs (§ 38 VVG), bleibt hiervon unberührt (§ 18 Abs. 2 MB/GEPV). Das weitergehende Kündigungsverbot nach § 206 Abs. 1 S. 1 VVG gilt nicht. Der Versicherungsnehmer hat das Recht zur ordentlichen Kündigung (§ 17 MB/GEPV). Es besteht kein Anspruch auf einen Übertragungswert beim Wechsel des Versicherers.

22 Die **Risikoprüfung** im Hinblick auf das individuelle Risiko der Pflegebedürftigkeit ist **ausgeschlossen.** Berücksichtigt wird allerdings das für das Pflegerisiko relevante Alter des Antragstellers als **Eintrittsalter** für die Prämienkalkulation. Die Fördervoraussetzung schließt eine auf das Individuum bezogene risikoadäquate Kalkulation der Beiträge aus. Insoweit durchbricht die Fördervoraussetzung die Kalkulationsprinzipien der PKV. Die erhöhten Risiken werden in jeder Altersgruppe durch den Ausgleich zwischen Gesunden und Kranken kollektiviert. Ausgeschlossen sind mangels Zulageberechtigung allerdings Personen, die bereits Leistungen aus dem SGB XI oder der PPV beziehen oder bezogen haben und daher nicht zulageberechtigt sind (s. § 126 Rn. 8 ff.).

23 Aufgrund der Regelungen kann sich das Versichertenkollektiv der GEPV grundlegend von dem risikogeprüften Versichertenkollektiv in den übrigen Pflegezusatzversicherungen unterscheiden. Der Versicherungsschutz in der **GEPV** ist daher **nicht gleichartig** mit ungeförderten Pflegezusatzversicherungen (§ 12 Abs. 3 Nr. 2 KalV). Ein **Tarifwechsel** unter Anrechnung der aus dem Vertrag erworbenen Rechte und der Alterungsrückstellung nach § 204 Abs. 1 S. 1 Nr. 1 VVG von der GEPV in ein ungefördertes Produkt ist daher **ausgeschlossen.** Der Wechsel würde die Risikoprüfung in nicht geförderten Produkten unterlaufen und zu einer aufsichtsrechtlich unzulässigen Ungleichbehandlung der Versicherten führen.

5. Mindest- und Höchstleistung (Nr. 4)

Der Versicherungsschutz muss bestimmte **Mindestleistungen** umfassen; er darf 24 andererseits bestimmte Höchstleistungen nicht überschreiten. Zweck der Mindestleistung ist es, dass das geförderte Produkt seinen sozialpolitischen Effekt einer wirksamen Ergänzung der SPV bzw. PPV erfüllen kann und keine **Mitnahmeeffekte** im Hinblick auf die staatliche Zulage gefördert werden. Wegen der geringen Zulagenhöhe dürfte der Anreiz zu Mitnahmeeffekten allerdings sehr gering sein. Im Fall von Pflegebedürftigkeit im Sinne von § 14 SGB XI muss mindestens ein Anspruch auf Auszahlung von **Geldleistungen** für **alle** der in § 15 aufgeführten **Pflegestufen** sowie eine Geldleistung bei Vorliegen von erheblich **eingeschränkter Alltagskompetenz** im Sinne des § 45a versichert sein. In Pflegestufe III muss mindestens eine Geldleistung von **600 Euro** versichert sein. Das Gesetz lässt die Höhe der Mindestleistung in den übrigen Pflegestufen im Unklaren. Die aufgrund der Fachaufsicht mit dem BMG abgestimmten MB/GEPV konkretisieren die Mindestleistung in § 6 Abs. 1: in Pflegestufe I mindestens 20%, in Pflegestufe II mindestens 30% des Pflegemonatsgelds der Pflegestufe III von mindestens 600 Euro. In Fällen nach § 45a SGB XI beträgt das Pflegemonatsgeld mindestens 10% dieses Betrages. Die Leistungen können auch als **Tagegeld** vereinbart werden, wobei bezogen auf den Monat die genannten Werte nicht unterschritten werden dürfen. Die Versicherungsunternehmen sind frei, höhere prozentuale oder nach absoluten Beträgen Leistungen zu versichern. Der **Kontrahierungszwang** nach Nr. 2 besteht allerdings **nur** im Hinblick auf die **Mindestleistungen.** Ausnahmsweise erstreckt sich der Kontrahierungszwang auf eine höhere Geldleistung, wenn dies zum Erhalt der Förderfähigkeit erforderlich ist (s. § 127 Rn. 8).

Die Begrenzung der **versicherbaren Höchstleistung** wurzelt in der zeitweise 25 erwogenen steuerlichen Förderung der GEPV; eine steuerlich geförderte Geldrente im Pflegefall sollte vermieden werden. In dem Gesetz gewordenen Zulagenkonzept ist die Leistungsbegrenzung der Höhe nach nicht verständlich. Die vom Gesetzgeber angeführte **Gefahr einer Überversicherung** (BT-Drucks. 17/10170, S. 20) leuchtet angesichts der hohen Kosten im Fall der Pflegebedürftigkeit und der geringen Zulage nicht ein. Auch erstreckt sich der Kontrahierungszwang nur auf die Mindestleistungen. Tatsächlich erschwert die Höchstgrenze auch wegen der **unklaren Gesetzesfassung** das Angebot der GEPV. Ihre Bestimmung nach geltendem Recht bereitet Schwierigkeiten: Die tariflich vorgesehenen Geldleistungen dürfen die zum Zeitpunkt des Vertragsabschlusses jeweils geltende Höhe der Leistung nach dem SGB XI nicht überschreiten. Die GEPV soll im Ergebnis maximal zu einer **Verdoppelung der SGB XI-Leistungen** führen. Unklar ist aber, auf welche Leistungen Bezug zu nehmen ist. Werden neben dem Pflegegeld auch die übrigen Geld- und Sachleistungen der gesetzlichen Pflegeversicherung zusammen gerechnet, kumulieren sich die Leistungen auf Gesamtwerte von monatlich über 3 200 Euro. Unter dieser Prämisse lief die Höchstgrenze leer. Das BMG vertritt die verfestigte Auffassung, die Höchstgrenze ergebe sich aus dem **Leistungsbetrag für Sachleistungen in der Pflegestufe III im Härtefall** (§§ 36 Abs. 4 und 43 Abs. 2 Nr. 4c SGB XI). Hieraus ergibt sich eine Höchstgrenze von **1.995 Euro.** Die Höchstgrenze hindert die Produktentwicklung, da aufgrund der Kalkulation nach Art der Lebensversicherung in den jungen Eintrittsjahren bereits mit Beträgen, die nahe am Mindesteigenanteil liegen, die Höchstgrenze erreicht wird (die jungen Eintrittsjahre vernachlässigt *Fahlbusch*, in: Hauck/Noftz, SGB XI, § 126 Rn. 5) und Leistungen nicht nachträglich erhöht werden können. Die Begrenzung sollte entfallen.

Die Regelung stellt auf den **Zeitpunkt des Vertragsabschlusses** ab. Kommt es 26 aufgrund einer **Leistungsanpassung** zum Erhalt der Förderfähigkeit nachträglich zu einer höheren Leistung, entfällt dadurch die Förderfähigkeit nicht (s. § 127 Rn. 8). Die Regelung lässt zudem eine **Dynamisierung** der Leistungen **bis zur Höhe der** allgemeinen Inflationsrate zu. Das Gesetz gibt kein bestimmtes Dynamisierungsverfahren vor.

27 Das Verbot einer **Versicherung weiterer Leistungen** bezieht sich nur auf die genannten Geldbeträge. Darüber hinausgehende **Assistance-Leistungen,** insbesondere Pflegeberatung, können einbezogen werden. Denn hier besteht die Gefahr einer Überversicherung nicht. Darüber hinaus können in einem Vertrag höhere Leistungen durch die Kombination von GEPV mit nicht zulagefähigen Pflegeergänzungsversicherungen abgesichert werden. Die Höchstgrenzen gelten für die **Kombination verschiedener Tarife** nicht.

6. Bindung an Feststellungen SPV/PPV (Nr. 5)

28 Die **Feststellung der Pflegebedürftigkeit** gemäß § 18 sowie das Vorliegen von erheblich eingeschränkter Alltagskompetenz nach § 45a als Versicherungsfall sowie die **Festsetzung der Pflegestufe** folgt für Zwecke der GEPV gemäß Nr. 5 den **Feststellungen der Pflegekasse bzw. der Versicherungsunternehmen bei PPV**-Versicherten. Die Förderung verlangt insoweit eine Bindung der Anbieter der GEPV an die Feststellungen der Pflegekassen bzw. der PPV-Unternehmen. Die Fördervoraussetzung durchbricht zum Zwecke der **unbürokratischen Auszahlung** der Versicherungsleistungen und um **Nachvollziehbarkeit** für die Versicherten zu erreichen die versicherungsvertragsrechtliche Rechtslage bei Ergänzungsversicherungen, wonach die Entscheidungen der GKV, der Beihilfe oder eines anderen Versicherungsunternehmens als Vorleistende keine Bindungswirkung für die private Zusatzversicherung haben, sondern das Versicherungsunternehmen selbstständig und unabhängig die Leistungspflicht prüft. Umgesetzt wird die **Bindungswirkung** in § 3 Abs. 3 und § 6 Abs. 2 MB/GEPV. Eine eigene Prüfung der Pflegebedürftigkeit und der Zuordnung zur Pflegestufe erfolgt durch den GEPV-Versicherer nicht. Soweit die Gesetzesbegründung auf die Übernahme einer Änderung des Pflegebedürftigkeitsbegriffs abstellt, gilt dies erst dann, wenn ein neuartiger Pflegebedürftigkeitsbegriff durch eine Bedingungsanpassung nach Maßgabe von § 22 MB/GEPV für die GEPV umgesetzt ist.

7. Auf 5 Jahre begrenzte Wartezeit (Nr. 6)

29 Für die GEPV besteht Kontrahierungszwang und das Verbot, ein bei Vertragsabschluss bestehendes erhöhtes Risiko durch Risikozuschläge und Leistungsausschlüsse abzubilden. Es besteht daher das **Risiko,** dass vor allem Personen mit hohem Pflegebedürftigkeitsrisiko die GEPV abschließen, die infolgedessen unkalkulierbar bzw. unbezahlbar werden könnte. Die Zugangsvoraussetzungen begründen zudem das Risiko von **Mitnahmeeffekten,** in dem die GEPV erst spät, wenn Pflegebedürftigkeit unmittelbar droht, abgeschlossen wird. Um dies auszuschließen, erlauben die Fördervoraussetzungen die Vereinbarung einer **Wartezeit von bis zu fünf Jahren.** Die Fördervoraussetzungen gehen weiter als § 197 Abs. 1 S. 2 VVG, s. § 129 Rn. 2.

30 Die Vorschrift begründet eine **Höchstgrenze.** Ohne die Zulagefähigkeit zu gefährden, kann der Versicherer, ggf. abhängig von weiteren Bedingungen, **kürzere Wartezeiten** in der GEPV vorsehen (vgl. § 5 Abs. 2 MB/GEPV).

8. Schutz hilfebedürftiger Personen (Nr. 7)

31 In der GEPV werden **kollektiv Alterungsrückstellungen** gebildet. Wird die GEPV beendet, verliert der Versicherungsnehmer die aus dem Vertrag erworbenen Rechte an der kollektiven Alterungsrückstellung. Ein neuer Vertrag kann nur zu ungünstigeren Bedingungen abgeschlossen werden. Zur Vermeidung des **Verlusts von Alterungsrückstellungen** verlangt die Zulagefähigkeit, dass Hilfebedürftige den Vertrag zur Überwindung eines zeitlich begrenzten Zahlungsengpasses **ruhend stel-**

len können. Das Ruhen von KV/PV-Verträgen ist im VVG nicht vorgesehen und aufgrund der während der Ruhenszeit eintretenden Risikoverschlechterung problematisch. Der Anspruch auf Ruhen bedeutet rechtlich jedoch eine Abweichung zugunsten des Versicherungsnehmers und kann daher zur Erfüllung der Fördervoraussetzungen wirksam (vgl. § 208 VVG) vereinbart werden.

Der Ruhensanspruch besteht für Personen, die wegen Hilfebedürftigkeit auf **Leis-** 32 **tungen der Grundsicherung für Arbeitsuchende (SGB II)** oder auf Leistungen **der Sozialhilfe (SGB XII)** angewiesen sind oder durch Zahlung des Beitrags zur GEPV hilfebedürftig würden. Der Nachweis der **Hilfebedürftigkeit** kann regelmäßig mittels Vorlage des **Bewilligungsbescheides** erfolgen. Der Anspruch ist umgesetzt in § 23 MB/GEPV. Der Anspruch richtet sich auf ein **maximal dreijähriges leistungsfreies und beitragsfreies Ruhen:** Während der Ruhenszeit schuldet der Versicherungsnehmer keine Beiträge; das Versicherungsunternehmen keine Leistungen für bereits bestehende oder während der Ruhenszeit eintretende Pflegebedürftigkeit. Mangels ausreichendem Eigenbeitrag wird während der Ruhenszeit keine Pflegevorsorgezulage gewährt. Während der Ruhenszeit wird der Lauf von Fristen und der Wartezeit nicht unterbrochen (§ 23 Abs. 2 Nr. 3 MB/GEPV).

Das **Ende der Ruhenszeit** tritt ein, wenn Hilfebedürftigkeit nicht mehr besteht, 33 oder spätestens mit Ablauf der vereinbarten Laufzeit von höchstens drei Jahren. Das Ende der Hilfebedürftigkeit ist dem Versicherungsunternehmen **unverzüglich anzuzeigen** und auf Verlangen **nachzuweisen.** Mit der Beendigung der Ruhenszeit tritt die ursprüngliche Versicherung wieder in Kraft. Für während der Ruhenszeit eingetretene Pflegebedürftigkeit besteht die Leistungspflicht erst nach **Wiederaufleben** der Versicherung, soweit Pflegebedürftigkeit fortbesteht. Als Beitrag ist der **Neugeschäftsbeitrag** zum erreichten Alter unter Anrechnung der vor der Ruhenszeit aufgebauten Alterungsrückstellung zu zahlen. Der Beitrag ist höher als bei einem nicht unterbrochenen Aufbau der Alterungsrückstellung.

Die Förderfähigkeit setzt gemäß § 127 Abs. 2 Nr. 7 SGB XI darüber hinaus die 34 Vereinbarung eines **Sonderkündigungsrechts** bei Eintritt der Hilfebedürftigkeit voraus. Abweichend von § 205 VVG, eine rückwirkende Kündigung grundsätzlich ausschließt, ist mit einer Frist von drei Monaten ein Sonderkündigungsrecht **rückwirkend zum Zeitpunkt des Eintritts** der Hilfebedürftigkeit vorzusehen. Die Frist beginnt bei Ruhendstellung mit dem Ende der Ruhensstellung, wenn Hilfebedürftigkeit weiterhin vorliegt. Die Hilfebedürftigkeit ist durch **Bescheinigung** des zuständigen Trägers nach dem Zweiten oder dem Zwölften Buch SGB nachzuweisen. Die rückwirkende Kündigung hat zur Folge, dass ggf. geleistete **Beiträge** aber auch in Anspruch genommene **Versicherungsleistungen** rückwirkend bis zu dem Wirksamkeitszeitpunkt der Kündigung **rückzuerstatten** sind. Die rückwirkende Kündigung wird daher in der Regel nur bei Leistungsfreiheit in Frage kommen. Sie widerspricht, hier aus sozialpolitischen Motiven, dem Versicherungsprinzip. Verpasst der Versicherungsnehmer die Dreimonatsfrist, kann der Versicherungsnehmer die Versicherung zum Ende des Monats kündigen, in dem der Nachweis der Hilfebedürftigkeit vorgelegt wird. Das Sonderkündigungsrecht ist umgesetzt in § 17 Abs. 2 MB/GEPV.

9. Begrenzung der Abschluss- und Verwaltungskosten (Nr. 8)

Zum Schutz der Versicherten und um eine zweckentsprechende Verwendung der 35 Zulage zu gewährleisten, verlangt die Förderfähigkeit die Begrenzung der in Ansatz gebrachten, gemeint sind, kalkulierten **Verwaltungs- und Abschlusskosten.** Das Nähere hierzu regelt § 15 PflVDV, s. § 130 Rn. 5. Die **Beachtung** dieser Höchstgrenzen erfolgt **durch** das **Versicherungsunternehmen** im Rahmen der Tarifkalkulation. Das Versicherungsunternehmen haftet nach § 128 Abs. 4 gegenüber dem Zulageempfänger dafür, dass diese Voraussetzungen eingehalten sind.

10. Verwendung der brancheneinheitlichen MB/GEPV

36 Nach § 127 Abs. 2 S. 2 SGB XI hängt die Förderfähigkeit weiterhin von der **Verwendung der brancheneinheitlichen Vertragsmuster** ab. Hierbei handelt es sich um die **Musterbedingungen 2013 für die staatliche geförderte ergänzende Pflegeversicherung – MB/GEPV** (s. Rn. 39). Die MB/GEPV bilden dabei die Allgemeinen Versicherungsbedingungen. Die tariflich festgelegten Leistungen, insbesondere die Höhen des Pflegetagegelds in den einzelnen Pflegestufen, werden von den Versicherungsunternehmen im **Tarifteil** vereinbart. Die Pflicht zur Verwendung der MB/GEPV schränkt zwar den Wettbewerb bei der Ausgestaltung der GEPV ein. Aufgrund der Freiheit bei der Tarifgestaltung und der Beitragskalkulation besteht jedoch ein hinreichender Spielraum, sodass sich ein Spektrum von miteinander im Wettbewerb stehenden Produkten entwickelt hat.

37 Die Verpflichtung zur Verwendung der MB/GEPV gewährleistet zum Teil, dass die Versicherungsverträge die in § 127 Abs. 2 genannten Voraussetzungen für die Förderfähigkeit erfüllen. Die aus der Riester-Förderung bekannte verwaltungskostenintensive **Prüfung einzelner Versicherungsverträge** bzw. ein **Zertifizierungsverfahren entfallen**. Eine Förderung bestehender Verträge, die zwar die Fördervoraussetzungen erfüllen, aber nicht die MB/GEPV verwenden, scheidet daher aus (aA *Wilcken*, in: BeckOK-SozR, SGB XI, § 126 Rn. 11).

38 **Abweichungen** von den MB/GEPV sind zulässig, soweit sie in den MB/GEPV ausdrücklich zugelassen werden, oder soweit **zugunsten des Versicherten** von den MB/GEPV abgewichen wird. Die Fördervoraussetzungen müssen aber in jedem Fall gewahrt bleiben.

V. Beleihung des PKV-Verbands

39 Der PKV-Verband wird aufgrund von § 127 Abs. 2 S. 2 SGB XI mit der öffentlich-rechtlichen Aufgabe beliehen, die brancheneinheitlichen Vertragsmuster für die GEPV festzulegen, deren Verwendung Fördervoraussetzung ist. Das Gesetz knüpft regelungssystematisch an § 12 Abs. 1 d VAG an, der den PKV-Verband mit der Festlegung von Art, Umfang und Höhe der Leistungen im Basistarif nach § 12 Abs. 1 a VAG beliehen hat. Abweichend hiervon erstreckt sich die **Beleihung für** die GEPV nur auf den **allgemeinen Teil der Versicherungsbedingungen**. Art, Höhe und Umfang der Leistungen der GEPV sind durch das einzelne Unternehmen im Tarifteil festzulegen. Der PKV-Verband hat von der Beleihung durch Festlegung der **MB/GEPV** Gebrauch gemacht. Die MB/GEPV sind auf der Homepage des PKV-Verbands (www.pkv.de) abrufbar. Eine etwaige **Anpassung der GEPV** erfolgt, da es sich um versicherungsvertragsrechtliche Regelungen handelt, nach **Maßgabe des § 203 Abs. 3 VVG** unter Beteiligung eines unabhängigen **Treuhänders**. Die Beleihung begründet insoweit keinen weitergehenden Gestaltungsspielraum. Für die Ausgestaltung und eine etwaige Änderung der MB/GEPV bleiben die Vorgaben des VVG und VAG maßgeblich.

40 Die Beleihung des PKV-Verbandes umfasst zudem die **Befugnis**, für Versicherungsunternehmen, die GEPV anbieten, einen **Ausgleich für Überschäden** einzurichten. Aufgrund des Kontrahierungszwangs und des Ausschlusses von Risikozuschlägen und Leistungsausschlüssen, konnte der Gesetzgeber trotz der Möglichkeit, Wartezeiten zu vereinbaren, nicht von vornherein ausschließen, dass sich bei einzelnen Anbietern der GEPV eine versicherungsmathematisch ungünstige **Risikostruktur** ergibt und ein Risikoausgleich zwischen pflegebedürftigen und nicht pflegebedürftigen Versicherten nicht wirksam zustande kommt und daher eine finanzielle Überforderung des Versicherungsunternehmens eintreten kann. Um die **dauernde Erfüllbarkeit** der Verträge aus der GEPV zu gewährleisten, umfasst die Beleihung daher

Verfahren; Haftung des Versicherungsunternehmens **§ 128**

auch die Befugnis, bei Bedarf und in Abstimmung mit der BaFin einen finanziellen Ausgleich von Überschäden zu schaffen und zu unterhalten. Dem Ausgleich können, so er eingerichtet wird, die Anbieter der GEPV beitreten. Die Vorschrift knüpft insoweit an den Poolausgleich in der PPV gemäß § 111 Abs. 1 und 2 und Abs. 2 an und erklärt die Vorschriften für entsprechend anwendbar. Bislang wurde von der Befugnis kein Gebrauch gemacht.

Mit der Beleihung ist eine umfassende **Aufsicht über den PKV-Verband** bei der 41 Wahrnehmung der übertragenen Aufgaben verbunden. Die **Fachaufsicht** übt das **BMG** aus. Durch Bezugnahme auf § 111 Abs. 2 unterliegt die etwaige Einrichtung eines Überschadenausgleichs zusätzlich der Aufsicht durch die **BaFin**. Hinzu kommt für die Änderung der MB/GEPV die Beteiligung eines unabhängigen **juristischen Treuhänders** (§ 203 Abs. 3 VVG) sowohl auf der Ebene der brancheneinheitlichen Festlegung der AVB als auch auf der Ebene der einzelnen Versicherungsunternehmen für die Tarifbestimmungen.

§ 128 Verfahren; Haftung des Versicherungsunternehmens

(1) ¹Die Zulage gemäß § 127 Absatz 1 wird auf Antrag gewährt. ²Die zulageberechtigte Person bevollmächtigt das Versicherungsunternehmen mit dem Abschluss des Vertrags über eine förderfähige private Pflege-Zusatzversicherung, die Zulage für jedes Beitragsjahr zu beantragen. ³Sofern eine Zulagenummer oder eine Versicherungsnummer nach § 147 des Sechsten Buches für die zulageberechtigte Person noch nicht vergeben ist, bevollmächtigt sie zugleich ihr Versicherungsunternehmen, eine Zulagenummer bei der zentralen Stelle zu beantragen. ⁴Das Versicherungsunternehmen ist verpflichtet, der zentralen Stelle nach amtlich vorgeschriebenem Datensatz durch amtlich bestimmte Datenfernübertragung zur Feststellung der Anspruchsberechtigung auf Auszahlung der Zulage zugleich mit dem Antrag in dem Zeitraum vom 1. Januar bis zum 31. März des Kalenderjahres, das auf das Beitragsjahr folgt, Folgendes zu übermitteln:
1. die Antragsdaten,
2. die Höhe der für die zulagefähige private Pflege-Zusatzversicherung geleisteten Beiträge,
3. die Vertragsdaten,
4. die Versicherungsnummer nach § 147 des Sechsten Buches, die Zulagenummer der zulageberechtigten Person oder einen Antrag auf Vergabe einer Zulagenummer,
5. weitere zur Auszahlung der Zulage erforderliche Angaben,
6. die Bestätigung, dass der Antragsteller eine zulageberechtigte Person im Sinne des § 126 ist, sowie
7. die Bestätigung, dass der jeweilige Versicherungsvertrag die Voraussetzungen des § 127 Absatz 2 erfüllt.

⁵Die zulageberechtigte Person ist verpflichtet, dem Versicherungsunternehmen unverzüglich eine Änderung der Verhältnisse mitzuteilen, die zu einem Wegfall des Zulageanspruchs führt. ⁶Hat für das Beitragsjahr, für das das Versicherungsunternehmen bereits eine Zulage beantragt hat, kein Zulageanspruch bestanden, hat das Versicherungsunternehmen diesen Antragsdatensatz zu stornieren.

(2) ¹Die Auszahlung der Zulage erfolgt durch eine zentrale Stelle bei der Deutschen Rentenversicherung Bund; das Nähere, insbesondere die Höhe der Verwaltungskostenerstattung, wird durch Verwaltungsvereinbarung zwischen dem Bundesministerium für Gesundheit und der Deutschen Rentenversicherung Bund geregelt. ²Die Zulage wird bei Vorliegen der Voraus-

§ 128 Dreizehntes Kapitel. Zulagenförderung d. priv. Pflegevors.

setzungen an das Versicherungsunternehmen gezahlt, bei dem der Vertrag über die private Pflege-Zusatzversicherung besteht, für den die Zulage beantragt wurde. ³Wird für eine zulageberechtigte Person die Zulage für mehr als einen privaten Pflege-Zusatzversicherungsvertrag beantragt, so wird die Zulage für den jeweiligen Monat nur für den Vertrag gewährt, für den der Antrag zuerst bei der zentralen Stelle eingegangen ist. ⁴Soweit der zuständige Träger der Rentenversicherung keine Versicherungsnummer vergeben hat, vergibt die zentrale Stelle zur Erfüllung der ihr zugewiesenen Aufgaben eine Zulagennummer. ⁵Im Fall eines Antrags nach Absatz 1 Satz 3 teilt die zentrale Stelle dem Versicherungsunternehmen die Zulagennummer mit; von dort wird sie an den Antragsteller weitergeleitet. ⁶Die zentrale Stelle stellt aufgrund der ihr vorliegenden Informationen fest, ob ein Anspruch auf Zulage besteht, und veranlasst die Auszahlung an das Versicherungsunternehmen zugunsten der zulageberechtigten Person. ⁷Ein gesonderter Zulagebescheid ergeht vorbehaltlich des Satzes 9 nicht. ⁸Das Versicherungsunternehmen hat die erhaltenen Zulagen unverzüglich dem begünstigten Vertrag gutzuschreiben. ⁹Eine Festsetzung der Zulage erfolgt nur auf besonderen Antrag der zulageberechtigten Person. ¹⁰Der Antrag ist schriftlich innerhalb eines Jahres nach Übersendung der Information nach Absatz 3 durch das Versicherungsunternehmen vom Antragsteller an das Versicherungsunternehmen zu richten. ¹¹Das Versicherungsunternehmen leitet den Antrag der zentralen Stelle zur Festsetzung zu. ¹²Es hat dem Antrag eine Stellungnahme und die zur Festsetzung erforderlichen Unterlagen beizufügen. ¹³Die zentrale Stelle teilt die Festsetzung auch dem Versicherungsunternehmen mit. ¹⁴Erkennt die zentrale Stelle nachträglich, dass der Zulageanspruch nicht bestanden hat oder weggefallen ist, so hat sie zu Unrecht gutgeschriebene oder ausgezahlte Zulagen zurückzufordern und dies dem Versicherungsunternehmen durch Datensatz mitzuteilen.

(3) ¹Kommt die zentrale Stelle zu dem Ergebnis, dass kein Anspruch auf Zulage besteht oder bestanden hat, teilt sie dies dem Versicherungsunternehmen mit. ²Dieses hat die versicherte Person innerhalb eines Monats nach Eingang des entsprechenden Datensatzes darüber zu informieren.

(4) Das Versicherungsunternehmen haftet im Fall der Auszahlung einer Zulage gegenüber dem Zulageempfänger dafür, dass die in § 127 Absatz 2 genannten Voraussetzungen erfüllt sind.

(5) ¹Die von der zentralen Stelle veranlassten Auszahlungen von Pflegevorsorgezulagen sowie die entstehenden Verwaltungskosten werden vom Bundesministerium für Gesundheit getragen. ²Zu den Verwaltungskosten gehören auch die entsprechenden Kosten für den Aufbau der technischen und organisatorischen Infrastruktur. ³Die gesamten Verwaltungskosten werden nach Ablauf eines jeden Beitragsjahres erstattet; dabei sind die Personal- und Sachkostensätze des Bundes entsprechend anzuwenden. ⁴Ab dem Jahr 2014 werden monatliche Abschläge gezahlt. ⁵Soweit das Bundesversicherungsamt die Aufsicht über die zentrale Stelle ausübt, untersteht es abweichend von § 94 Absatz 2 Satz 2 des Vierten Buches dem Bundesministerium für Gesundheit.

Inhaltsübersicht

	Rn.
I. Geltende Fassung	1
II. Normzweck und Regelungsgegenstand	2
III. Antragsverfahren	3
1. Antragserfordernis und Antragstellung	3

Verfahren; Haftung des Versicherungsunternehmens **§ 128**

Rn.
2. Zulagennummer 6
3. Antragsdatensatz 7
IV. Vergabe der Zulagennummer und Gewährung der Zulage 14
 1. Zuständigkeit der Zentralen Stelle für Pflegevorsorge (ZfP) 14
 2. Direktauszahlung der Zulage 16
 3. Ablehnung der Zulage 18
 4. Mehrfachversicherung 21
 5. Rückforderung der Zulage 22
V. Haftung des Versicherungsunternehmens 23
VI. Kostentragung durch das BMG (Abs. 5) 24

I. Geltende Fassung

Die Vorschrift wurde durch Art. 1 Nr. 49 des PNG vom 23.10.2012 (BGBl. I **1** S. 2246) in das SGB XI eingefügt; sie ist am 1.1.2013 in Kraft getreten.

II. Normzweck und Regelungsgegenstand

§ 128 Abs. 1 regelt das **Antragsverfahren** zur Erlangung der Zulage. § 128 Abs. 2 **2** und Abs. 3 regeln die **Entscheidung** über den Antrag, über etwaige **Rückforderungen** und die **Auszahlung** der Zulage. § 128 Abs. 4 begründet eine Haftung des Versicherungsunternehmens gegenüber dem rechtlichen Zulageempfänger. § 128 Abs. 5 betrifft die **Kostentragung** für die ausgezahlten Zulagen und für die Kosten des Verwaltungsverfahrens zwischen den Einrichtungen des Bundes. Die Regelungen in Abs. 1 bis 3 werden konkretisiert durch die aufgrund von § 130 erlassene Pflegevorsorgezulage-Durchführungsverordnung (PflvDV) (s. § 130 Rn. 3 ff.).

III. Antragsverfahren

1. Antragserfordernis und Antragsstellung

Die Zulage ist ungeachtet ihrer kalkulatorischen und vertraglichen Einbeziehung **3** in den Versicherungsbeitrag im Verhältnis zwischen Zulageberechtigtem und Bund eine **staatliche Leistung,** die aus dem Bundeshaushalt finanziert wird und die **nur auf Antrag** gewährt wird. Um ein weitgehend bürokratiearmes und elektronisches Verfahren zu ermöglichen, spielt sich das Antrags- (und auch das Zuteilungsverfahren) im Grundsatz nur zwischen dem Versicherungsunternehmen und der zentralen Stelle ab. Die Antragstellung erfolgt **ausschließlich durch das Versicherungsunternehmen.** Eine Beantragung unmittelbar durch die versicherte Person ist nach § 4 Abs. 1 S. 3 PflvDV ausgeschlossen.

Grundlage der Antragstellung durch das Versicherungsunternehmen im Namen des **4** Zulageberechtigten ist eine **Vollmacht.** § 128 Abs. 1 S. 2 bestimmt hierzu, dass die zulageberechtigte Person das Versicherungsunternehmen mit dem Abschluss des Vertrages über eine förderfähige GEPV bevollmächtigt, die Zulage für jedes Beitragsjahr zu beantragen. Die Vorschrift begründet keine gesetzliche Stellvertretung, sondern die Befugnis des Versicherungsunternehmens, von der zulageberechtigten Person eine entsprechende Bevollmächtigung zur Beantragung der Zulage für jede versicherte Person im Sinne des § 128 Abs. 1 S. 2 zu verlangen. Die Bevollmächtigung ist **unwiderruflich.** Demgemäß setzt § 1 Abs. 1 PflvDV das Vorliegen der Bevollmächtigung zur Einleitung des Antragsverfahrens voraus. Die Bevollmächtigung wirkt gleichzeitig

§ 128 Dreizehntes Kapitel. Zulagenförderung d. priv. Pflegevors.

als **Empfangsvollmacht** nach § 37 Abs. 1 S. 2 SGB X (§ 4 Abs. 1 S. 2 PflvDV). In der Praxis erfolgt die Bevollmächtigung durch Unterzeichnung einer entsprechenden **Vollmachtserklärung** im Antrag auf Abschluss der GEPV.

5   Hat für das Beitragsjahr, für das das Versicherungsunternehmen eine Zulage beantragt hat, **kein Zulageanspruch** bestanden, ist der Antrag aufgrund der Bevollmächtigung zurückzunehmen. Die **Rücknahme** des Antrags erfolgt durch **Stornierung des Antragsdatensatzes** durch das Versicherungsunternehmen.

2. Zulagennummer

6   Analog zur Riester-Förderung sieht § 128 Abs. 1 für jede zulageberechtigte Person bei der Antragstellung die **Verwendung einer Zulagennummer** oder einer **Rentenversicherungsnummer** nach § 147 SGB VI vor. Die Zulagennummer ist in der Regel identisch mit der Rentenversicherungsnummer. Sie wird beim Abschluss der GEPV von den versicherten Personen abgefragt. Liegen Zulagennummer oder Rentenversicherungsnummer nicht vor, ist ein **Antrag auf Zuteilung einer Zulagennummer** durch das Versicherungsunternehmen zu stellen. Abs. 1 S. 3 sieht hierzu ebenfalls eine Bevollmächtigung vor, die in der Regel bei Antragstellung der GEPV gegenüber dem Versicherungsunternehmen erteilt wird. Der Antrag auf Vergabe einer Zulagennummer ist zusammen mit dem Antrag auf Auszahlung der Zulage zu übermitteln (§ 128 Abs. 1 S. 4 Nr. 4). Im Falle eines solchen Antrages teilt die zentrale Stelle dem Versicherungsunternehmen die Zulagennummer mit; von dort wird sie an den Antragsteller weitergeleitet (§ 128 Abs. 2). Die **Beantragung** der Rentenversicherungsnummer **durch die zulageberechtigte Person** selbst ist im Zulageverfahren **nicht vorgesehen.**

3. Antragsdatensatz

7   Die Antragstellung durch das Versicherungsunternehmen erfolgt in **elektronischer Form** nach amtlich vorgeschriebenen Datensätzen und durch amtlich bestimmte Datenfernübertragungen. Einzelheiten ergeben sich aus der PflvDV. Im Rahmen der Antragstellung sind die in § 128 Abs. 1 S. 4 Nr. 1–7 aufgeführten Daten zu erfassen und zu übermitteln. Der Datensatz ist für **jede zulageberechtigte Person einzeln** zu übermitteln. Dies gilt auch, wenn in einem Versicherungsvertrag mehrere Personen versichert sind (§ 3 Abs. 1 PflvDV). Der Gesetzgeber verdeutlicht mit dieser Verfahrensvorschrift, dass **auch mitversicherte Personen** zulageberechtigt sind, soweit sie die Voraussetzungen erfüllen (s. § 126 Rn. 5).

8   Die Vorschrift ist zugleich die **gesetzliche Befugnis zur Übermittlung** der Daten (vgl. § 4 Abs. 1 BDSG). Ungeachtet dessen kann das Versicherungsunternehmen ergänzend die Einwilligung der zulageberechtigten Personen einholen.

9   Der Antragsdatensatz umfasst zwingend die **Bestätigung**, dass der Antragsteller eine zulageberechtigte Person ist. Die **Zulageberechtigung** nach § 126 knüpft zudem an persönliche Verhältnisse an, die das Versicherungsunternehmen nicht selbst überprüfen kann. **Vor der erstmaligen Übermittlung** des Antragsdatensatzes für eine versicherte Person hat sich das Versicherungsunternehmen daher nach § 4 Abs. 3 PflvDV von dieser Person zusätzlich zum Antrag auf Abschluss des Versicherungsvertrages bestätigen zu lassen, dass die Voraussetzungen der Zulageberechtigung nach § 126 erfüllt sind. Der Antragsteller hat insbesondere zu bestätigen, dass er in der SPV oder PPV versichert ist. Nach erstmaliger Bestätigung ist die zulageberechtigte Person nach § 128 Abs. 1 S. 5 verpflichtet, dem Versicherungsunternehmen **unverzüglich eine Änderung der Verhältnisse mitzuteilen**, die zu einem Wegfall des Zulageanspruchs führt. Insbesondere ist unverzüglich das Ende der Versicherung in der SPV/PPV anzuzeigen. Die Regelung ist vertraglich umgesetzt in § 2a Abs. 2 MB/GEPV. Ergänzend verlangt § 4 Abs. 3 Nr. 2 PflvDV, dass das Versicherungsunter-

Verfahren; Haftung des Versicherungsunternehmens § 128

nehmen vor der erstmaligen Übermittlung des Antragsdatensatzes eine **Verpflichtung** einzuholen hat, dass die zulageberechtigte Person dem Versicherungsunternehmen **alle Änderungen der Verhältnisse,** die die Zulageberechtigung nach § 126 betreffen, **unverzüglich nach deren Eintritt mitteilt.** Die Bestätigung und die Verpflichtung bedürfen der **Schriftform,** soweit nicht wegen besonderer Umstände eine andere Form angemessen ist. Sie müssen drucktechnisch hervorgehoben werden, wenn sie auf dem gleichen Druckstück, mit dem der Antrag auf Abschluss des Vertrages gestellt wird, erfolgen. Bei einem **Abschluss über das Internet** gilt die für den Abschluss des Vertrages genutzte Form.

Gegenstand des Antragsdatensatzes ist weiterhin die Bestätigung des Versicherungsunternehmens über die **Zulagefähigkeit des Vertrages** nach § 127 Abs. 2. Die Bestätigung bezieht sich insbesondere auf die Verwendung des brancheneinheitlichen Vertragsmusters (§ 4 Abs. 2 PflVDV). 10

Der wichtigste Fall für einen etwaigen Entfall der SPV oder PPV ist der **Wegzug ins Ausland nach Vertragsabschluss.** § 4 Abs. 4 PflvDV sieht daher vor, dass das Versicherungsunternehmen, das Kenntnis vom Wegzug erlangt, den Antragsdatensatz nur übermitteln darf, wenn ihm für den Zeitraum, für den eine Zulage beantragt werden soll, ein geeigneter Nachweis darüber vorliegt, dass die Zulageberechtigung fortbesteht. Erforderlich, aber auch ausreichend ist in der Regel die **Bestätigung des Trägers der SPV/PPV,** dass trotz Wegzug ins Ausland die gesetzliche Pflegeversicherung im Zulagezeitraum fortgeführt wurde. 11

Die Antragstellung erfolgt durch **Übermittlung des Datensatzes** innerhalb des Zeitraums vom 1. Januar bis zum 31. März des Kalenderjahres, das auf das Beitragsjahr folgt, für das die Zulage beantragt wird. Die Zulage wird demgemäß in einem **nachgelagerten Verfahren** beantragt und gewährt. Der Versicherte hat hierdurch keinen Nachteil. Nach § 9 Abs. 1 MB/GEPV wird der **Zulagenanteil** des Beitrags bis zur Zahlung der Zulage an den Versicherer **unverzinslich gestundet.** Der Versicherte kommt daher mit diesem Beitragsanteil nicht in Verzug, solange das Zulageverfahren noch nicht abgeschlossen wurde. 12

Die fehlende, unrichtige, unvollständige oder nicht rechtzeitige Übermittlung der Daten nach § 128 Abs. 1 S. 4 stellt eine **Ordnungswidrigkeit** des Versicherungsunternehmens dar (§ 121 Abs. 1 Nr. 7, Abs. 3). 13

IV. Vergabe der Zulagennummer und Gewährung der Zulage

1. Zuständigkeit der Zentralen Stelle für Pflegevorsorge (ZfP)

Die Entscheidung über die Gewährung der Zulage und für die Auszahlung sowie ggf. für die Vergabe einer Zulagennummer trifft eine zentrale Stelle bei der DRV. Die Einbeziehung der DRV erfolgte, da diese bereits im Rahmen der Riester-Rente über Erfahrungen bei der Durchführung eines Zulageverfahrens verfügt. Die DRV hat innerhalb ihres Geschäftsbereichs die **Zentrale Stelle für Pflegevorsorge** (ZfP) eingerichtet. Die bei der DRV anfallenden Aufwendungen werden durch das BMG getragen. § 128 Abs. 2 sieht hierzu eine **Verwaltungsvereinbarung zwischen BMG und der DRV** vor. Die Verpflichtung zum Abschluss der Verwaltungsvereinbarung entspricht der Verpflichtung zur Kostenerstattung nach § 30 Abs. 2 SGB IV, wenn eine versicherungsfremde Aufgabe eines Trägers der öffentlichen Verwaltung auf einen Versicherungsträger übertragen wird. Die Regelung steht in engem Zusammenhang zu Abs. 5, s. Rn. 23. 14

Soweit erforderlich und beantragt, **vergibt die ZfP eine Zulagennummer,** die vom Versicherungsunternehmen an den Antragsteller weitergeleitet wird und von ihm als Rentenversicherungsnummer auch für andere Zwecke verwendet werden kann. 15

Reuther 669

2. Direktauszahlung der Zulage

16 Besteht ein Anspruch auf Zulage, übermittelt die ZfP an das Versicherungsunternehmen einen entsprechenden Datensatz. Ein Zulagenbescheid ergeht grundsätzlich nicht. Die ZfP veranlasst zugleich die Auszahlung an das Versicherungsunternehmen, das die ausgezahlte Zulage dem einzelnen Versicherungsvertrag gutschreibt. Die **Direktauszahlung** gestaltet das Förderverfahren möglichst bürokratiearm und sichert eine zweckentsprechende Verwendung der staatlichen Zulage. Eine Auszahlung an die zulageberechtigte Person ist ausgeschlossen, auch andere Gläubiger der zulageberechtigten Person können auf die Zulage nicht zugreifen. Vertragsrechtlich erfolgt die Zahlung der Zulage nach § 362 Abs. 2 BGB als **Zahlung von Dritten an Erfüllung statt**. Mit der Auszahlung ist die vertragsrechtliche Verpflichtung zur Beitragszahlung in Höhe des Zulageanteils erfüllt.

17 Die Zulagen werden jeweils am 20. April und am 20. Dezember eines Jahres zur **Zahlung angewiesen** (§ 7 Abs. 1 PflvDV). § 26 SGB X gilt entsprechend für die Auszahlung.

3. Ablehnung der Zulage

18 Kommt die ZfP zu dem Ergebnis, dass nach den „ihr vorliegenden Informationen", gemeint ist der Antragsdatensatz, kein Anspruch auf Zulage besteht oder bestanden hat, teilt sie dies dem Versicherungsunternehmen durch einen entsprechenden Datensatz mit. Das Versicherungsunternehmen hat die versicherte Person innerhalb eines Monats nach Eingang des entsprechenden Datensatzes über die **Ablehnung des Zulagenantrags** zu informieren.

19 Die fehlende Pflegevorsorgezulage führt vertragsrechtlich gemäß § 1 MB/GEPV zum **Wegfall der Versicherungsfähigkeit** der versicherten Person und damit gemäß § 19 Abs. 3 S. 1 MB/GEPV zur **Beendigung des Versicherungsvertrages** zu dem Zeitpunkt, für den zuletzt eine Pflegevorsorgezulage verwendet wurde.

20 Die zulageberechtigte Person hat die Möglichkeit, ein **Festsetzungsverfahren** einzuleiten und gegen eine ablehnende Festsetzungsentscheidung, ggf. auf gerichtlichem Wege, selbst den Zulageanspruch geltend zu machen. Die Festsetzung der Zulage durch einen rechtsmittelfähigen Bescheid erfolgt dabei **nur auf besonderen Antrag der zulageberechtigten Person.** Das Versicherungsunternehmen stellt den Antrag nicht selbst; auch die Bevollmächtigung nach § 128 Abs. 1 umfasst nicht den Antrag auf Festsetzung. Das **Versicherungsunternehmen** ist allerdings **Beteiligter des Festsetzungsverfahrens:** Der Antrag der zulageberechtigten Person ist schriftlich **innerhalb eines Jahres** nach Übersendung der Information über die Ablehnung durch das Versicherungsunternehmen von der zulageberechtigten Person an das Versicherungsunternehmen zu richten. Das Versicherungsunternehmen leitet den Antrag der ZfP zur Festsetzung zu und hat hierzu eine Stellungnahme sowie die zur Festsetzung erforderlichen Unterlagen beizufügen. Das Festsetzungsverfahren ist nur zulässig, wenn die ZfP dem Versicherungsunternehmen einen Datensatz über die Ablehnung des Zulageanspruchs übersendet hat (§ 5 PflvDV). Die ZfP teilt die Entscheidung im Festsetzungsverfahren, das Gesetz spricht von der Festsetzung, auch dem Versicherungsunternehmen mit.

4. Mehrfachversicherung

21 Eine Sonderproblematik ergibt sich aus der Mehrfachversicherung, wenn **mehrere zulagefähige Versicherungsverträge für eine zulageberechtigte Person nebeneinander** bestehen. Dies kann etwa der Fall sein, wenn eine mitversicherte Person später einen eigenen Vertrag über eine GEPV abschließt und dabei die bestehende Versicherung unberücksichtigt bleibt. Im Fall der Mehrfachversicherung bei verschiedenen Versicherungsunternehmen werden verschiedene Versicherungsunternehmen Anträge auf Zulage für denselben Zeitraum stellen. § 128 Abs. 2 sieht für die Entscheidung der ZfP für diesen Fall vor, dass die Zulage für den jeweiligen Monat **nur für den Vertrag gewährt wird, für den der Antrag zuerst bei der ZfP eingegangen** ist. Begünstigt wird damit der Vertrag, für den eines der beteiligten Versicherungsunternehmen als erstes einen Antrag gestellt hat. Der oder die anderen Verträge erhalten keine Zulage und werden wegen des Entfallens der Versicherungsfähigkeit beendet. Diese Verfahrensweise begründet die Gefahr, dass ein schon länger bestehender förderfähiger Vertrag beendet wird, da das Versicherungsunternehmen in einer für den Versicherten nicht beeinflussbaren Weise den Antrag auf Gewährung der Zulage später gestellt hat. Mit der Beendigung gehen unter Umständen erhebliche, bereits aufgebaute **Alterungsrückstellungen verloren.** Ein neuer Vertrag kann zu gleichen Bedingungen in der Regel nicht abgeschlossen werden. Das vom Gesetzgeber für das Förderverfahren vorgegebene **"Windhundrennen"** zwischen den Versicherungsunternehmen gefährdet das sozialpolitische Sicherungsziel der Pflegevorsorgezulage. Zur Vermeidung dieser misslichen Folge sehen die §§ 19 Abs. 3, 25 MB/GEPV für den Fall der Mehrfachversicherung und der daraus folgenden Ablehnung der Pflegevorsorgezulage für einen Vertrag ein Verfahren vor, dass es der versicherten Person erlaubt, die Pflegevorsorgezulage für den Vertrag zu nutzen, der als erster abgeschlossen wurde. Wird die Zulage für diesen Vertrag aufgrund eines "schnelleren" Antrags versagt, hat der Versicherte die Möglichkeit, den jüngeren Vertrag unverzüglich aufheben zu lassen, die **Stornierung des Antrags auf Zulage** zu verlangen und eine **Neuzuweisung** der Zulage **auf den älteren Vertrag** zu veranlassen.

5. Rückforderung der Zulage

Erkennt die ZfP nachträglich, dass der Zulageanspruch nicht bestanden hat oder 22 weggefallen ist, etwa wegen Wegfalls der gesetzlichen Pflegeversicherung, so hat sie zu Unrecht gutgeschriebene oder ausgezahlte **Zulagen zurückzufordern** und dies dem Versicherungsunternehmen durch Datensatz mitzuteilen. Eine Rückforderung unmittelbar bei der zulageberechtigten Person erfolgt nicht. § 8 PflVDV erlaubt es, im Verhältnis zwischen ZfP und Versicherungsunternehmen die Rückforderungen mit anderen Forderungen zu verrechnen. Es ist Sache des Versicherungsunternehmens, die Rückzahlung dann für den einzelnen Vertrag gegenüber der zulageberechtigten Person versicherungsvertragsrechtlich umzusetzen. Wegen **Wegfalls der Zulage** ist der **Vertrag** mangels Versicherungsfähigkeit in der Regel **zu beenden.** Lediglich für den Fall, dass eine Rückzahlung aufgrund fehlender Verrechnungsmöglichkeiten ganz oder teilweise nicht möglich oder nicht erfolgt ist, erfolgt eine Festsetzung des zurückgeforderten Betrags gegenüber dem Versicherungsnehmer (§ 8 Abs. 4 PfldDV).

V. Haftung des Versicherungsunternehmens

§ 128 Abs. 4 begründet eine gesetzliche Haftung des Versicherungsunternehmens 23 gegenüber dem Zulageempfänger dafür, dass im Fall der Auszahlung die in § 127 Abs. 2 genannten produktbezogenen Voraussetzungen erfüllt sind. Gegenstand der Haftung ist die Förderfähigkeit **des Produktes nach Maßgabe des § 127 Abs. 2,** nicht aber die persönlichen Voraussetzungen der Zulageberechtigung gemäß § 126. Haftungsmaßstab sind mangels besonderer Regelungen Vorsatz und Fahrlässigkeit. Ein zumindest **fahrlässiges Verkennen der Fördervoraussetzungen** begründet danach die Haftung. Gegenstand der Haftung können nach der Gesetzesbegründung Schäden sein, die dem Zulageempfänger dadurch entstanden, dass er zum Zwecke der

§ 129 Dreizehntes Kapitel. Zulagenförderung d. priv. Pflegevors.

Pflegevorsorge Sicherungsverträge abschließt, die er ohne Zulage nicht eingegangen wäre. In der Regel dürfte sich der Schaden in den geleisteten Beiträgen erschöpfen.

VI. Kostentragung durch das BMG (Abs. 5)

24 Abs. 5 betrifft die Organisation und Finanzierung innerhalb verschiedener Einrichtungen des Bundes. Die von der ZfP veranlassten Auszahlungen von Pflegevorsorgezulagen sowie die Verwaltungskosten der ZfP werden nach § 128 Abs. 5 S. 1 aus dem **Haushalt des BMG** getragen. Da es sich nicht um Leistungen der Rentenversicherung handelt und die ZfP allein aufgrund ihrer technischen Kenntnisse und Erfahrungen im Wege der Organleihe in das Zulageverfahren eingebunden ist, dürfen die Kosten nicht bei der Rentenversicherung verbleiben. Demgemäß wird das Bundesversicherungsamt als Aufsichtsbehörde über die ZfP insoweit und in Abweichung von § 94 Abs. 2 S. 2 SGB IV dem BMG unterstellt, soweit es um die Gewährung und Auszahlung der Pflegevorsorgezulage geht.

§ 129 Wartezeit bei förderfähigen Pflege-Zusatzversicherungen

Soweit im Vertrag über eine gemäß § 127 Absatz 2 förderfähige private Pflege-Zusatzversicherung eine Wartezeit vereinbart wird, darf diese abweichend von § 197 Absatz 1 des Versicherungsvertragsgesetzes fünf Jahre nicht überschreiten.

Inhaltsübersicht

	Rn.
I. Geltende Fassung	1
II. Normzweck und Regelungsgegenstand	2
III. Wartezeit	4

I. Geltende Fassung

1 Die Vorschrift wurde durch Art. 1 Nr. 49 des PNG vom 23.10.2012 (BGBl. I S. 2246) in das SGB XI eingefügt; sie ist am 1.1.2013 in Kraft getreten.

II. Normzweck und Regelungsgegenstand

2 Die Fördervoraussetzungen der GEPV sehen einen Kontrahierungszwang und das Verbot der Vereinbarung von Risikozuschlägen und Leistungsausschlüssen vor. Es besteht daher die Gefahr, dass Personen mit einem individuell hohen Pflegerisiko verstärkt die GEPV abschließen und es zu **Mitnahmeeffekten** kommt. Um diesen Risiken einer **ungünstigen Risikostruktur** vorzubeugen, sehen die Fördervoraussetzungen in § 127 Abs. 2 Nr. 6 die Möglichkeit vor, eine **Wartezeit von höchstens fünf Jahren** zu vereinbaren, ohne die Förderfähigkeit zu verlieren (zur Wirkungsweise *Biederbick/Weber*, GSP 2013, 21 ff.). § 197 Abs. 1 S. 2 VVG sieht allerdings vor, dass bei einer Pflegekrankenversicherung, zu der die GEPV gehört, die Wartezeit drei Jahre nicht überschreiten darf. § 129 ist daher eine **lex specialis zu § 197 Abs. 1 S. 2 VVG** – ausgelagertes Versicherungsvertragsrecht –, wonach bei einer GEPV eine Wartezeit von bis zu fünf Jahren vereinbart werden darf. Ohne diese Sonderregelung könnten die Fördervoraussetzungen versicherungsvertragsrechtlich nicht ausgeschöpft werden und nur eine Wartezeit von bis zu drei Jahren vereinbart werden.

Verordnungsermächtigung **§ 130**

Die Vorschrift begründet eine **Höchstgrenze** für die vereinbarten Wartezeiten. 3
Die Versicherungsunternehmen können, ggf. abhängig von Bedingungen, kürzere
Wartezeiten vereinbaren, § 5 Abs. 2 MB/GEPV.

III. Wartezeit

Die Vereinbarung der Wartezeit hat zur Folge, dass nach Vertragsabschluss **inner-** 4
halb der Wartezeit keine Versicherungsleistungen gewährt werden. Die Beitragspflicht bleibt hiervon unberührt. Für während der Wartezeit eingetretene Versicherungsfälle, die, wie es bei der Pflegebedürftigkeit die Regel ist, über das Ende der Wartezeit hinaus fortdauern, werden Leistungen **ab dem Ende der Wartezeit pro rata temporis** gewährt. Die Wartezeit ist insoweit eine Karenzzeit.

§ 130 Verordnungsermächtigung

Das Bundesministerium für Gesundheit wird ermächtigt, im Einvernehmen mit dem Bundesministerium der Finanzen und dem Bundesministerium für Arbeit und Soziales durch Rechtsverordnung ohne Zustimmung des Bundesrates Vorschriften zu erlassen, die Näheres regeln über
1. **die zentrale Stelle gemäß § 128 Absatz 2 und ihre Aufgaben,**
2. **das Verfahren für die Ermittlung, Festsetzung, Auszahlung, Rückzahlung und Rückforderung der Zulage,**
3. **den Datenaustausch zwischen Versicherungsunternehmen und zentraler Stelle nach § 128 Absatz 1 und 2,**
4. **die Begrenzung der Höhe der bei förderfähigen Pflege-Zusatzversicherungen in Ansatz gebrachten Verwaltungs- und Abschlusskosten.**

Inhaltsübersicht

	Rn.
I. Geltende Fassung	1
II. Normzweck und Regelungsgegenstand	2
III. Pflegevorsorgezulage-Durchführungsverordnung (PflvDV)	3

I. Geltende Fassung

Die Vorschrift wurde durch Art. 1 Nr. 49 des PNG vom 23.10.2012 (BGBl. I **1**
S. 2246) eingefügt; sie ist am 1.1.2013 in Kraft getreten.

II. Normzweck und Regelungsgegenstand

Die Vorschrift begründet eine **Ermächtigungsgrundlage** für das BMG, im **Ein-** 2
vernehmen mit dem **BMF** und dem **BMAS** ohne Zustimmung des Bundesrates nähere Vorschriften über die zentrale Stelle, das Förderverfahren, den Datenaustausch zwischen Versicherungsunternehmen und zentraler Stelle sowie über die Begrenzung der bei der GEPV in Ansatz gebrachten Verwaltungskosten und Abschlusskosten zu treffen. Das Einvernehmen mit dem BMF resultiert aus der Zuständigkeit des BMF für die Versicherungsaufsicht, die wahrgenommen wird durch die BaFin; das Einvernehmen mit dem BMAS aus der Beteiligung der ZfP als Einrichtung der DRV.

§ 130 Dreizehntes Kapitel. Zulagenförderung d. priv. Pflegevors.

III. Pflegevorsorgezulage-Durchführungsverordnung (PflvDV)

3 Das BMG hat mit der **Pflegevorsorgezulage-Durchführungsverordnung** (PflvDV) vom 20.12.2012 (BGBl. I S. 2994) von der Ermächtigungsgrundlage Gebrauch gemacht.

4 Die PflvDV enthält neben der Regelung über die **Zuständigkeit der zentralen Stelle** Bestimmungen über das **Antrags- und Förderverfahren** durch die ZfP, insbesondere im Verhältnis zwischen ZfP und Versicherungsunternehmen. **Art und Format der Datenübermittlung** werden geregelt. Daneben finden sich Regelungen über die **Statistik der Pflegevorsorgezulage,** die es dem BMG ermöglichen, die erforderlichen Haushaltsmittel für die Zulage bereit zu stellen.

5 Schließlich enthält § 15 PflvDV eine Regelung über die **Verwaltungs- und Abschlusskosten** der GEPV. Die Abschlusskosten gemäß § 8 Abs. 1 Nr. 1 KalV dürfen das zweifache der auf den ersten Monat entfallenden Bruttoprämie insgesamt nicht übersteigen. Mittelbare Abschlusskosten, Schadenregulierungskosten und sonstige Verwaltungskosten gemäß § 8 Abs. 1 Nr. 2–4 KalV dürfen bis zu einer Höhe von 10% der Bruttoprämie insgesamt eingerechnet werden.

Vierzehntes Kapitel. Bildung eines Pflegevorsorgefonds

Vorbemerkung zu §§ 131–139

Inhaltsübersicht

	Rn.
I. Zielsetzung des Pflegevorsorgefonds	1
II. Grundlegende Funktionsweise	2
III. Finanzwissenschaftliche Kritik	4
IV. Umnutzung der Mittel des Fonds	5

I. Zielsetzung des Pflegevorsorgefonds

Die soziale Pflegeversicherung ist als umlagefinanzierter Zweig der Sozialversicherung von den **demografischen Entwicklungen** unmittelbar betroffen. Bei unveränderter altersspezifischer Pflegewahrscheinlichkeit wird die Zahl der Pflegebedürftigen nach Berechnungen der Bundesregierung bis zum Jahr 2030 von rund 2,5 Millionen auf etwa 3,5 Millionen und auf über 4 Millionen bis 2050 ansteigen (BT-Drucks. 18/1519, S. 3; vgl. *Zuchandke*, ZSR 2013, 433 ff.). Die besonders geburtenstarken Jahrgänge 1959 bis 1967 („Babyboomer") sind in diesem Zeitraum in einem Alter, in dem das Risiko der Pflegebedürftigkeit erheblich ansteigt. Da dies unter gleichbleibenden Rahmenbedingungen zu **steigenden Beitragssätzen** führen würde, sollen nach dem Willen des Gesetzgebers durch die Einrichtung eines Pflegevorsorgefonds die im Zeitverlauf deutlich steigenden Leistungsausgaben gerechter auf die Generationen verteilt werden (BT-Drucks. 18/1798, S. 18). Das im Koalitionsvertrag 2013 vereinbarte Vorhaben des Pflegevorsorgefonds ordnete der Gesetzgeber als Bestandteil der Nationalen Nachhaltigkeitsstrategie (vgl. den Fortschrittsbericht 2012, BT-Drucks. 17/8721) ein. 1

II. Grundlegende Funktionsweise

Der Pflegevorsorgefonds ist rechtlich als unselbständiges Sondervermögen konzipiert (§§ 131–133). Verwaltung und Anlage der Mittel des Pflegevorsorgefonds wurden der Bundesbank übertragen. Ab 2015 wird sein Kapitalstock über einen Zeitraum von 19 Jahren durch Zuführung von 0,1 Prozent der vorjährigen Beitragseinnahmen aufgebaut **(Ansparphase)**, vgl. § 135. Die Beitragssatzerhöhung zum 1.1.2015 beruhte in entsprechender Höhe auf der Einrichtung des Fonds. Die Bundesregierung ging im Gesetzgebungsverfahren davon aus, dass das maximale Kapitalvolumen des Pflegevorsorgefonds 37 bis 42 Mrd. Euro betragen wird (BT-Drucks. 18/1519, S. 5). 2

Ab 2035 sollen die Mittel des Pflegevorsorgefonds sukzessive über einen Zeitraum von rund 20 Jahren dazu verwendet werden, den aus der demografischen Entwicklung erwarteten Anstieg des Beitragssatzes zu bremsen **(Entnahmephase)**, vgl. § 136. Der Gesetzgeber äußert sich in den Materialien nicht dazu, wie hoch der Entlastungseffekt voraussichtlich ausfallen wird. Nach BT-Drucks. 18/1374, S. 3, soll das BMG intern berechnet haben, dass eine Absenkung des Beitragsniveaus von 0,14 bis 0,17 Prozent zu erwarten sei. 3

Vor §§ 131–139 Vierzehntes Kapitel. Bildung eines Pflegevorsorgefonds

III. Finanzwissenschaftliche Kritik

4 Errichtung und Konzeption des Pflegevorsorgefonds haben früh Kritik aus gesundheitsökonomischer Sicht erfahren. Bemängelt wurde insbesondere, dass der beitragssenkende Effekt des Pflegevorsorgefonds nicht nennenswert sei, da das Beitragsniveau in der SPV insgesamt erheblich steigen werde (zusammenfassend BT-Drucks. 18/1374, S. 1 f.). *Rothgang,* Wirtschaftsdienst 2014, 310, kritisierte zudem, dass nach Entleerung des Fonds gegen Ende der 2050er Jahre zwar die Zahl der Pflegebedürftigen sinke, das Beitragsniveau wegen der ebenfalls sinkenden Zahl der Beitragszahler aber unverändert hoch bleibe. Angesichts des langen Zeitraumes, auf den der Pflegevorsorgefonds angesetzt ist, scheint es für eine abschließende Bewertung seines Nutzens aber zu früh (ebenso Jahresgutachten 2014/2015 des Sachverständigenrates zur Begutachtung der gesamtwirtschaftlichen Entwicklung, BT-Drucks. 18/3265, S. 23).

IV. Umnutzung der Mittel des Fonds

5 Im Zuge der Schaffung des Pflegevorsorgefonds ist verschiedentlich auf die Gefahr hingewiesen worden, dass das Sondervermögen in einem geänderten politischen Umfeld vorzeitig für andere Zwecke als die Absenkung des Beitragssatzes zur SPV verwendet werden könnten, z. B. Monatsbericht der Bundesbank für März 2014, S. 10. Das Jahresgutachten 2014/2015 des Sachverständigenrates (BT-Drucks. 18/3265, S. 22) benennt als Beispiel für eine derartige Maßnahme des Gesetzgebers den Einsatz der **Nachhaltigkeitsrücklage der GRV** zur Finanzierung des Rentenpaketes 2014. Diese Rücklage ist schon in der Vergangenheit verschiedentlich anderen Zwecken als der Absicherung kurzfristiger Schwankungen der Beitragseinnahmen zugeführt worden (BVerfGE 117, 272 und BVerfG, NJW 2014, 3634, erwähnen die gesetzgeberische Zugriffe 1996 bzw. 2002 jeweils nur am Rande). Einen konkreten Ansatz im Hinblick auf den Pflegevorsorgefonds beinhaltete bereits der Vorschlag des Bundesrates im Gesetzgebungsverfahren, die Mittel auch für die **Finanzierung der Ausbildungsvergütungen im Altenpflegebereich** zu verwenden (BT-Drucks. 18/2379, S. 13, abgelehnt S. 19).

6 Grundsätzlich steht es dem Gesetzgeber nach der lex-posterior-Regel offen, die Ausgestaltung des Pflegevorsorgefonds zu ändern und damit auch die angesparten Mittel umzuwidmen. Höherrangiges Recht schließt derartige Maßnahmen nur teilweise aus. **Verfassungsrechtlich unzulässig** ist die Verwendung von Sozialversicherungsbeiträgen – d. h. auch der Mittel des Pflegevorsorgefonds – zur Deckung des allgemeinen staatlichen Finanzbedarfs (BVerfGE 75, 108 = NJW 1987, 3115). Anderenfalls käme es zu einer Kollision mit den Regelungen der Finanzverfassung gem. Art. 104 a ff. GG, zu der das Beitragssystem der Sozialversicherung nicht gehört.

7 Ein weitergehender Schutz der Mittel des Pflegevorsorgefonds auch gegenüber einer gesetzlichen Umverteilung oder Zweckänderung innerhalb der Sozialversicherung lässt sich hingegen von Verfassungs wegen kaum begründen. Nach BVerfG, SozR 4-2500 § 266 Nr 8 = BVerfGE 113, 167, ist der Verfassung **keine objektive Garantie des bestehenden Systems** der Sozialversicherung oder seiner tragenden Organisationsprinzipien zu entnehmen, es besteht weder ein Änderungsverbot noch ein Gestaltungsgebot. Zudem dürfen auch die Lasten einzelner Sozialversicherungsträger in gewissem Umfang auf andere Sozialversicherungsträger und deren Mitglieder verlagert werden (vgl. BVerfG, SozR 5610 Art. 3 § 1 Nr. 1 = BVerfGE 36, 383). Das BVerfG hat stets die große Gestaltungsfreiheit des Gesetzgebers in der Sozialversicherung betont.

Auch individual-grundrechtliche Positionen sichern das Vermögen des Pflege- 8
vorsorgefonds nicht vor gesetzlichen Zugriffen. Den PKen als Vermögensträger des
Pflegevorsorgefonds (vgl. §§ 131–133 Rn. 3) stehen idR. keine Grundrechte gegenüber staatlicher Neuorganisation zu (BVerfGE 39, 302 = JZ 1975, 601; BVerfG,
SozR 4-2500 § 4 Nr. 1). Hinzu kommt, dass dem Beitragszahler **kein grundrechtlicher Schutz** für bereits in den Pflegevorsorgefonds eingezahlte Beiträge erwächst.
Generell ist die Entrichtung von Sozialversicherungsbeiträgen verwendungsneutral,
d. h. es besteht kein grundrechtlicher Anspruch gegenüber dem Staat auf Vornahme
oder Unterlassung eines bestimmten Einsatzes der Beiträge (BSGE 57, 184, die Verfassungsbeschwerde wurde vom BVerfG nicht zur Entscheidung angenommen, Beschluss vom 30.4.1986, 1 BvR 218/85, juris). Zudem begründet die Zahlung von
Beiträgen zur SPV bzw. dem Pflegevorsorgefonds keine von Art. 14 und Art. 2 GG
geschützte Rechtsposition, wie es etwa für Rentenanwartschaften der GRV der Fall
ist. Selbst wenn man dies anders bewerten wollte, wäre weiterhin zu beachten, dass
das BVerfG auch auf der Rechtfertigungsebene dem Gesetzgeber einen großzügig
bemessenen Spielraum zuerkennt. Ein legitimer gesetzgeberischer Zweck kann schon
darin bestehen, dass durch die Maßnahme die Funktions- und Leistungsfähigkeit
eines Sozialleistungssystems im Interesse aller erhalten, verbessert und veränderten
wirtschaftlichen Bedingungen angepasst wird (BVerfGE 117, 272 = SozR 4-2600
§ 58 Nr. 7 zur Absenkung bestimmter Rentenanwartschaften).

§ 131 Pflegevorsorgefonds

In der sozialen Pflegeversicherung wird ein Sondervermögen unter dem
Namen „Vorsorgefonds der sozialen Pflegeversicherung" errichtet.

§ 132 Zweck des Vorsorgefonds

¹**Das Sondervermögen dient der langfristigen Stabilisierung der Beitragsentwicklung in der sozialen Pflegeversicherung.** ²**Es darf nach Maßgabe des
§ 136 nur zur Finanzierung der Leistungsaufwendungen der sozialen Pflegeversicherung verwendet werden.**

§ 133 Rechtsform

¹**Das Sondervermögen ist nicht rechtsfähig.** ²**Es kann unter seinem Namen
im rechtsgeschäftlichen Verkehr handeln, klagen und verklagt werden.** ³**Der
allgemeine Gerichtsstand des Sondervermögens ist Frankfurt am Main.**

Inhaltsübersicht

	Rn.
I. Geltende Fassung	1
II. Normzwecke und Überblick	2
III. Errichtung und Struktur	3
IV. Zweck	5

I. Geltende Fassung

Die §§ 131–133 wurden eingefügt durch Art. 1 Nr. 30 PSG I (vom 17.12.2014, 1
BGBl. I S. 2222) mWv 1.1.2015. Die Vorschriften haben die Fassung des Entwurfes
der BReg, BT-Drucks. 18/1798, S. 14, Begr. S. 42.

§§ 131–133 Vierzehntes Kapitel. Bildung eines Pflegevorsorgefonds

II. Normzwecke und Überblick

2 In §§ 131–133 sind die Grundlagen des Pflegevorsorgefonds geregelt. § 131 errichtet den Pflegevorsorgefonds, § 132 beschreibt seinen Zweck in allgemeiner Form und § 133 legt die maßgebenden rechtlichen Strukturen fest.

III. Errichtung und Struktur

3 § 131 beinhaltet die Errichtung und Namensgebung des „Vorsorgefonds der sozialen Pflegeversicherung", der verkürzt – wie auch in der Kapitelüberschrift – als Pflegevorsorgefonds bezeichnet wird. Es handelt sich dabei um ein **Sondervermögen,** d. h. um eine von dem weiteren Vermögen der SPV getrennte Vermögensmasse, die rechtlich unselbständig ist. Gesetzeswortlaut und Materialien geben nicht an, wer materiell Träger des Vermögens des Pflegevorsorgefonds ist; BT-Drucks. 18/1798, S. 43, hält lediglich fest, dass es nicht dem Bund zugeordnet ist. Das Vermögen des Pflegevorsorgefonds ist **materiell der SPV zuzurechnen** (d. h. den PKen als Trägern), schon weil es aus Beiträgen der SPV finanziert wird und § 137 eine Trennung vom „übrigen Vermögen" der SPV anordnet. Mangels Zuordnung zum Bund ist das Sondervermögen nicht im Haushaltsplan des Bundes (Art. 110 GG, § 113 BHO) zu berücksichtigen. Stattdessen gelten die Berichtsvorschriften aus § 138.

4 § 133 legt wesentliche rechtliche Eigenschaften des Pflegevorsorgefonds fest. Das Sondervermögen ist nach Satz 1 nicht rechtsfähig. Nach BT-Drucks. 18/1798, S. 42, soll der **Vollzugs- und Kostenaufwand** begrenzt werden, weil für ein nichtrechtsfähiges Sondervermögen keine Regelungen über Organe notwendig seien. Auch ohne Organe kann der Pflegevorsorgefonds nach § 133 Satz 2 im Rechtsverkehr handeln, klagen und verklagt werden. Die Wahrnehmung dieser Handlungen im Rechtsverkehr erfolgt durch die Bundesbank, der gem. § 134 u. a. die Verwaltung des Sondervermögens obliegt. Dementsprechend ist der allgemeine Gerichtsstand gem. § 133 Satz 3 in Frankfurt/Main angesiedelt, vgl. BT-Drucks. 18/1798, S. 42.

IV. Zweck

5 Das Sondervermögen bezweckt nach § 132 Satz 1, eine langfristige **Stabilisierung der Beitragsentwicklung** in der SPV sicher zu stellen. Dies kann als Leitlinie zur Auslegung der Vorschriften über den Pflegevorsorgefonds herangezogen werden. Eine weitergehende eigenständige Bedeutung kommt der Norm im Hinblick auf die detaillierteren Regelungen des § 136 nicht zu. Gem. § 132 Satz 2 darf der Pflegevorsorgefonds nur – nach Maßgabe des § 136 – zur Finanzierung der Leistungsaufwendungen der SPV verwendet werden. Damit wird lediglich die Selbstverständlichkeit umschrieben, dass ein anderer als der gesetzlich vorgesehene **Verwendungszweck** nicht zulässig ist. Die Regelung soll der verschiedentlich geäußerten Sorge (z. B. Monatsbericht der Bundesbank für März 2014, S. 10) begegnen, dass das Sondervermögen in zukünftig geänderten politischen Verhältnissen einer anderen Verwendung zugeführt werden könnte. Nach BT-Drucks. 18/1789, S. 42, ist durch Satz 2 eine anderweitige Verwendung der Mittel des Sondervermögens „gesetzlich ausgeschlossen". Dies stellt jedoch nur teilweise ein Hindernis für die einfachgesetzlich mögliche Änderung des Verwendungszwecks dar, vgl. ausführlich die Vorbemerkungen zu §§ 131–139.

§ 134 Verwaltung und Anlage der Mittel

(1) ¹Die Verwaltung und die Anlage der Mittel des Sondervermögens werden der Deutschen Bundesbank übertragen. ²Für die Verwaltung des Sondervermögens und seiner Mittel werden der Bundesbank entsprechend § 20 Satz 2 des Gesetzes über die Deutsche Bundesbank keine Kosten erstattet.

(2) ¹Die dem Sondervermögen zufließenden Mittel einschließlich der Erträge sind unter sinngemäßer Anwendung der Anlagerichtlinien des Versorgungsfonds des Bundes zu marktüblichen Bedingungen anzulegen. ²Dabei ist der in Aktien oder Aktienfonds angelegte Anteil des Sondervermögens ab dem Jahr 2035 über einen Zeitraum von höchstens zehn Jahren abzubauen. ³Das Bundesministerium für Gesundheit ist im Anlageausschuss nach § 4a der Anlagerichtlinien des Versorgungsfonds des Bundes vertreten.

Inhaltsübersicht

	Rn.
I. Geltende Fassung	1
II. Normzweck	2
III. Zuständigkeit	3
IV. Anlagevorschriften	4

I. Geltende Fassung

§ 134 wurde eingefügt durch Art. 1 Nr. 30 PSG I (vom 17.12.2014, BGBl. I S. 2222) mWv 1.1.2015. Die Vorschrift hat die Fassung des Entwurfes der BReg, BT-Drucks. 18/1798, S. 14, Begr. S. 43. **1**

II. Normzweck

§ 134 legt fest, welche Stelle für die Verwaltung des Vorsorgefonds zuständig ist (Abs. 1) und wie die dem Pflegevorsorgefonds zugeführten Mittel angelegt werden (Abs. 2). **2**

III. Zuständigkeit

Abs. 1 Satz 1 überträgt der **Deutschen Bundesbank** die Verwaltung und Anlage der Mittel des Pflegevorsorgefonds. Die Materialien geben keine Auskunft darüber, warum eine dem Sozialversicherungssystem fremde Einrichtung damit betraut wurde. Ausschlaggebend dürfte gewesen sein, dass die Bundesbank bereits die Verwaltung der Sondervermögen betreffend die Versorgungsrückstellungen für die Bundesbeamten durchführt und damit über das erforderliche Expertenwissen für eine sichere und wirtschaftliche Anlage von Sondervermögen verfügt (so BT-Drucks. 16/6471, S. 12, anlässlich der Errichtung des – ebenfalls von der Bundesbank verwalteten – Versorgungsfonds der BA gem. § 366a SGB III). Nach Abs. 1 Satz 2 werden der Bundesbank für die Verwaltung des Pflegevorsorgefonds **keine Kosten erstattet.** Der Verweis in der Vorschrift auf eine entsprechende Anwendung des § 20 Satz 2 BundesbankG passt nur hinsichtlich der Rechtsfolge der Kostenfreiheit. Denn der Tatbestand des § 20 Satz 2 BundesbankG begrenzt das Unterlassen der Kostenerstattung nur auf bestimmte („diese") Geschäfte, nämlich die in § 20 Satz 1 iVm. § 19 **3**

§ 135 Vierzehntes Kapitel. Bildung eines Pflegevorsorgefonds

Nr. 2 bis 7 BundesbankG genannten. Die Verwaltung des Pflegevorsorgefonds soll jedoch vollständig ohne Kostenerhebung erfolgen.

IV. Anlagevorschriften

4   Abs. 2 Satz 1 ordnet an, dass die Mittel des Pflegevorsorgefonds zu marktüblichen Bedingungen angelegt werden müssen und hierbei die Anlagerichtlinien des Versorgungsfonds des Bundes zur Anwendung kommen. Die grundlegenden Vorgaben für die Anlage der Mittel des Versorgungsfonds sind in §§ 5, 15 VersorgungsrücklageG geregelt. BT-Drucks. 18/1798, S. 43, nimmt darauf für den Pflegevorsorgefonds Bezug und legt fest, dass sich die Mittelanlage im Rahmen einer langfristigen Anlagestrategie an den Zielen **Sicherheit, Rendite und Liquidität** orientiert. Zulässig ist – entsprechend den Vorgaben von §§ 5, 15 VersorgungsrücklageG und den hierzu erlassenen Anlagerichtlinien – eine Anlage in Euro-denominierten, handelbaren Schuldverschreibungen des Bundes, der Bundesländer, anderer EWU-Staaten, supranationaler Organisationen, staatlich dominierter Emittenten sowie Pfandbriefen und vergleichbaren gedeckten Schuldverschreibungen, die von den führenden Ratingagenturen mit einem hohen Sicherheitsanforderungen genügendem Rating bewertet werden (vgl. BT-Drucks. 17/13590, S. 26, zur Versorgungsrücklage des Bundes). Ferner kann eine Anlage in Euro-denominierten **Aktien oder Aktienfonds** im Rahmen eines passiven, indexorientierten Managements erfolgen. Der Anteil an Aktien am Sondervermögen darf maximal zehn Prozent betragen; kursbedingte, vorübergehende Überschreitungen dieser Grenze sind dabei ebenfalls unschädlich. Der Anteil an Aktien oder Aktienfonds ist nach Abs. 2 Satz 2 ab dem Jahr 2035 über einen Zeitraum von höchstens zehn Jahren abzubauen. Abs. 2 Satz 3 gewährt dem BMG einen Sitz im Anlageausschuss für den Versorgungsfonds. Die Anlagevorgaben sind sowohl in der Ansparphase (§ 135) als auch später während der Entnahmephase (§ 136) zu berücksichtigen.

§ 135   Zuführung der Mittel

(1) Das Bundesversicherungsamt führt dem Sondervermögen monatlich zum 20. des Monats zu Lasten des Ausgleichsfonds einen Betrag zu, der einem Zwölftel von 0,1 Prozent der beitragspflichtigen Einnahmen der sozialen Pflegeversicherung des Vorjahres entspricht.

(2) Die Zuführung nach Absatz 1 erfolgt erstmals zum 20. Februar 2015 und endet mit der Zahlung für Dezember 2033.

Inhaltsübersicht
Rn.
I. Geltende Fassung 1
II. Normzweck und Höhe der Zuführungen 2
III. Zahlungsmodalitäten 3

I. Geltende Fassung

1   § 135 wurde eingefügt durch Art. 1 Nr. 30 PSG I (vom 17.12.2014, BGBl. I S. 2222) mWv 1.1.2015. Die Vorschrift hat weitgehend die Fassung des Entwurfes der BReg, BT-Drucks. 18/1798, S. 14, Begr. S. 43. Durch den AfG (BT-Drucks. 18/2909, S. 27, Begr. S. 44) sind statt der ursprünglich vorgesehenen vierteljährlichen nunmehr monatliche Zahlungen an den Pflegevorsorgefonds vorgesehen.

II. Normzweck und Höhe der Zuführungen

§ 135 regelt die Ansparphase des Pflegevorsorgefonds bis 2034. Das Bundesversicherungsamt führt nach Abs. 1 jährlich einen Betrag in den Pflegevorsorgefonds ab, der insgesamt 0,1 der beitragspflichtigen Einnahmen der SPV des Vorjahres entspricht, wobei eine Aufteilung auf 12 monatliche Raten erfolgt. Der Begriff der beitragspflichtigen Einnahmen knüpft an § 55 Abs. 2 an und erfasst die **Gesamteinnahmen der SPV** aus Beiträgen an die Pflegekassen und den Ausgleichsfonds, nicht aber die sonstigen Einnahmen wie z. B. Säumniszuschläge. Anhand des vorjährigen Beitragssatzes (nach BT-Drucks. 18/1798, S. 43: Anwendung des Satzes gem. § 55 Abs. 1) wird ermittelt, welcher Betrag auf 0,1 Prozent der beitragspflichtigen Einnahmen der SPV entfiel. Nicht geregelt ist die Berechnungsmethode für die Zuführung in den Pflegevorsorgefonds, wenn im Vorjahr eine **unterjährige Beitragssatzänderung** stattgefunden hat. In diesem Fall ist gesondert für die Zeiträume vor und nach der Beitragssatzänderung zu ermitteln, in welcher Höhe Beiträge auf 0,1 Prozent des Beitragssatzes entfallen. Diese Werte sind anschließend zu addieren.

III. Zahlungsmodalitäten

Die Zuführungen zum Pflegevorsorgefonds verteilen sich auf monatliche Zahlungen zu je einem Zwölftel von 0,1 Prozent der beitragspflichtigen Einnahmen des Vorjahres, die jeweils zum 20. des Monats fällig sind. Fällt das Fristende auf einen Sonntag, einen gesetzlichen Feiertag oder einen Sonnabend, verschieben sich nach § 26 SGB X (anwendbar in der SPV gem. § 46 Abs. 2 Satz 6) die Fristen auf den nächstfolgenden Werktag.

Um ausreichend Zeit für die Ermittlung der Beitragseinnahmen des Jahres 2014 einzuräumen, erfolgt nach Abs. 2 die erste Teilzahlung zum 20. Februar 2015. Die Aufteilung der Zahlungen an den Pflegevorsorgefonds in **monatliche Raten** wird in BT-Drucks. 18/2909, S. 44, damit begründet, dass das Portfoliomanagement der Bundesbank für kleinere Anlagebeträge eine deutlich schnellere Abwicklung der Investitionen ermögliche. Der RegE (BT-Drucks. 18/1798, S. 14) hatte noch eine **vierteljährliche Zahlung** zum 15. 4., 15. 7., 15. 10. und 15. 1. des Folgejahres vorgesehen. Das Grundkonzept der jeweils nachlaufenden Zahlung ist aus dem RegE in die Gesetz gewordene Fassung übernommen worden. Auch wenn der Wortlaut dies nicht mehr hinreichend deutlich erkennen lässt, wird jeweils die Rate für den Vormonat entrichtet.

Die Zuführung endet mit der Zahlung „für Dezember 2033". Diese Angabe ist nicht eindeutig, schon weil – anders als für den Zahlungsbeginn – kein konkretes Zahldatum genannt wird. Der RegE sah noch vor, dass die Einzahlung in den Pflegevorsorgefonds mit der Zahlung „für das Jahr 2033" endet (BT-Drucks. 18/1798, S. 15). Aus dem hier zu Grunde gelegten Konzept der jeweils nachlaufenden Zahlung folgt, dass die Zahlung „für Dezember 2033" am **20. Januar 2034** vorgenommen wird. Einzahlungs- und angestrebter Entnahmezeitraum sind damit nicht kongruent. Denn die Einzahlung erfolgt nur über einen Zeitraum von 19 Jahren, die Entnahme ist aber auf 20 Jahre angelegt (20. Teil des Realwertes des am 31. 12. 2034 vorhandenen Mittelbestandes gem. § 136 Satz 2).

§ 136 Verwendung des Sondervermögens

¹Ab dem Jahr 2035 kann das Sondervermögen zur Sicherung der Beitragssatzstabilität der sozialen Pflegeversicherung verwendet werden, wenn ohne eine Zuführung von Mitteln an den Ausgleichsfonds eine Beitragssatzanhebung erforderlich würde, die nicht auf über eine allgemeine Dynamisierung der Leistungen hinausgehenden Leistungsverbesserungen beruht. ²Die Obergrenze der jährlich auf Anforderung des Bundesversicherungsamtes an den Ausgleichsfonds abführbaren Mittel ist der 20. Teil des Realwertes des zum 31. Dezember 2034 vorhandenen Mittelbestandes des Sondervermögens. ³Erfolgt in einem Jahr kein Abruf, so können die für dieses Jahr vorgesehenen Mittel in den Folgejahren mit abgerufen werden, wenn ohne eine entsprechende Zuführung von Mitteln an den Ausgleichsfonds eine Beitragssatzanhebung erforderlich würde, die nicht auf über eine allgemeine Dynamisierung der Leistungen hinausgehenden Leistungsverbesserungen beruht.

Inhaltsübersicht

	Rn.
I. Geltende Fassung	1
II. Normzweck	2
III. Verwendungszweck	3
IV. Jährliche Entnahmeobergrenze	5
V. Verfahren der Entnahme	6

I. Geltende Fassung

1 § 136 wurde eingefügt durch Art. 1 Nr. 30 PSG I (vom 17.12.2014, BGBl. I S. 2222) mWv 1.1.2015. Die Vorschrift hat die Fassung des Entwurfes der BReg, BT-Drucks. 18/1798, S. 15, Begr. S. 43.

II. Normzweck

2 § 136 regelt die Entnahmephase des Pflegevorsorgefonds ab 2035. Die Vorschrift gibt vor, für welche Zwecke und in welcher jährlichen Höhe die Mittel des Sondervermögens zu verwenden sind.

III. Verwendungszweck

3 Satz 1 beschreibt die Kernaufgabe des Pflegevorsorgefonds. Danach dient das Sondervermögen ab dem Jahr 2035 dem Ziel, die **Beitragssatzstabilität der SPV** zu sichern. Der Gesetzgeber geht davon aus, dass für die Geburtsjahrgänge 1959 bis 1967, die mit 1,24 Millionen bis 1,36 Millionen Menschen deutlich stärker besetzt sind als die davor und danach liegenden Jahrgänge, ab dem Jahr 2034 die Wahrscheinlichkeit pflegebedürftig zu sein, deutlich ansteige. Dementsprechend sei ab 2034 für etwa 20 Jahre eine besonders hohe Zahl von Pflegebedürftigen zu versorgen, was die Leistungsaufwendungen erheblich erhöhe und die Gefahr von Beitragssatzerhöhungen bzw. Leistungsabsenkungen nach sich ziehe (vgl. BT-Drucks. 18/1798, S. 42). Das Vermögen des Pflegevorsorgefonds soll diese Folgen abmildern, indem ab dem

Verwendung des Sondervermögens **§ 136**

Jahr 2035 jährlich ein bestimmter Betrag entnommen und zur Finanzierung der SPV-Aufwendungen eingesetzt wird.

Die Entnahme aus dem Sondervermögen ist nur zulässig, wenn **anderenfalls eine** 4
Beitragssatzanhebung zur Deckung der Aufwendungen der SPV erforderlich wäre. Dabei darf die Beitragserhöhung nicht auf einer Ausweitung des Leistungskataloges beruhen (BT-Drucks. 18/1798 S. 43). Dies hat zur Folge, dass im Falle einer echten Leistungsausweitung anhand einer Kostenschätzung die Höhe der hierauf entfallenden Beitragssatzanhebung kalkuliert und für die Zwecke des § 136 herausgerechnet werden müsste. Der – sprachlich verunglückte – Einschub, wonach eine **allgemeine Dynamisierung** unschädlich ist, hat zur Folge, dass eine Entnahme der Mittel des Pflegevorsorgefonds hingegen zulässig ist, wenn die erforderliche Beitragssatzerhöhung darauf beruht, dass die von der SPV erbrachten Leistungen nur zum Inflationsausgleich angepasst werden sollen (vgl. BT-Drucks. 18/1798, S. 43).

IV. Jährliche Entnahmeobergrenze

Die Obergrenze des jährlich zur Finanzierung der SPV verwendbaren Betrages 5
wird in Satz 2 auf den 20. Teil des Realwertes des zum 31.12.2034 vorhandenen Mittelbestandes festgelegt. Aus dem Ansatz des 20. Teiles ist das gesetzgeberische Konzept zu erkennen, dass eine Entnahme über einen Zeitraum von 20 Jahren erfolgen soll, wobei der Gesetzgeber selbst nur von „etwa" diesem Zeitraum ausgeht (BT-Drucks. 18/1798, S. 43). Nach den Materialien wurde auf den finanzwissenschaftlichen Begriff des **Realwertes** zurückgegriffen, um tatsächliche Kaufkraft der zu entnehmenden Mittel trotz der Inflation über den Entnahmezeitraum von etwa 20 Jahren konstant zu halten (BT-Drucks. 18/1987, S. 43). Da sich die Höhe der Inflation nicht im Voraus prognostizieren lässt, kann auch nicht ex ante bestimmt werden, wie hoch die jeweilige jährliche Entnahme sein muss, um den 20. Teil des Realwertes von Ende 2034 zu erreichen. Das Gesetz geht offenbar stillschweigend davon aus, dass die im Fonds nach dem Beginn der Entnahmephase ab 2035 verbleibenden Mittel weiterhin einen Ertrag abwerfen, der zumindest die Inflation ausgleicht. Erfolgt in einem Jahr kein Abruf, so können die für dieses Jahr vorgesehenen Mittel nach Satz 3 auch in den Folgejahren – mit wie gem. Satz 1 begrenzten Einsatzzweck – abgerufen werden. Insgesamt werden die Mittel des Pflegevorsorgefonds in den 2050iger Jahren erschöpft sein. Er gilt dann gem. § 139 als aufgelöst.

V. Verfahren der Entnahme

Satz 2 legt fest, dass die Abführung aus dem Sondervermögen jährlich auf Anfor- 6
derung des Bundesversicherungsamtes an den Ausgleichsfonds erfolgt. Der genaue Zeitpunkt des Abrufes der Mittel und das Verfahren der Verteilung auf die Pflegekassen sind nicht ausdrücklich festgelegt. Zweckmäßig und wohl auch den Vorstellungen des Gesetzgebers entsprechend dürfte eine Einbeziehung in den Jahresausgleich gem. § 68 sein. Dieser wird aus Mitteln des Ausgleichsfonds vorgenommen und erfolgt nachlaufend; d.h. im Jahr des möglichen erstmaligen Mittelabrufes 2035 werden die Aufwendungen der SPV des Jahres 2034 abgerechnet.

Bassen

§ 137 Vermögenstrennung

Das Vermögen ist von dem übrigen Vermögen der sozialen Pflegeversicherung sowie von seinen Rechten und Verbindlichkeiten getrennt zu halten.

Inhaltsübersicht

	Rn.
I. Geltende Fassung	1
II. Normzweck	2

I. Geltende Fassung

1 § 137 wurde eingefügt durch Art. 1 Nr. 30 PSG I (vom 17.12.2014, BGBl. I S. 2222) mWv 1.1.2015. Die Vorschrift hat die Fassung des Entwurfes der BReg, BT-Drucks. 18/1798, S. 15, Begr S. 43.

II. Normzweck

2 § 137 regelt das Verhältnis der Mittel des Pflegevorsorgefonds zu anderem Vermögen der SPV. Es gilt der Grundsatz der **Vermögenstrennung.** Der Gesetzgeber (BT-Drucks. 18/1798, S. 43) begründet dies mit dem besonderen Verwendungszweck des Pflegevorsorgefonds, der anders als die übrigen Mittel in der SPV die besondere zukünftige Belastung der sozialen Pflegeversicherung insgesamt abfedern solle, die sich aus dem Hineinwachsen der geburtenstarken Jahrgänge in die Altersgruppen mit erhöhtem Pflegerisiko ergibt. Um eine vorzeitige Nutzung der Mittel der Leistungsfinanzierung auszuschließen, sei eine Trennung von den bereits bestehenden Mitteln notwendig. Der Bedarf nach einer solchen Anordnung erscheint vor dem Hintergrund fraglich, dass die Trennung der Mittel des Pflegevorsorgefonds von dem übrigen Vermögen der SPV schon mit der Verwaltung des Sondervermögens durch einen pflegeversicherungsfremden Träger vollzogen wird. Zudem ergibt sich die Gefahr des **vorzeitigen oder übermäßigen Zugriffs** auf die Mittel des Pflegevorsorgefonds nicht vorrangig durch die Akteure der SPV – insoweit ist keine Anspruchsgrundlage gegenüber der Bundesbank vorhanden –, sondern aus gesetzgeberischer Tätigkeit (vgl. Vorbemerkungen zu §§ 131–139). § 137 lässt sich die Wertung entnehmen, dass der Gesetzgeber die SPV, d. h. die Pflegekassen (§ 1 Abs. 3), als Träger des Vermögens des Pflegevorsorgefonds ansieht.

§ 138 Jahresrechnung

¹**Die Deutsche Bundesbank legt dem Bundesministerium für Gesundheit jährlich einen Bericht über die Verwaltung der Mittel des Sondervermögens vor.** ²Darin sind der Bestand des Sondervermögens einschließlich der Forderungen und Verbindlichkeiten sowie die Einnahmen und Ausgaben auszuweisen.

Inhaltsübersicht

	Rn.
I. Geltende Fassung	1
II. Normzweck	2
III. Berichterstattung	3
IV. Rechnungslegung	4

Auflösung **§ 139**

I. Geltende Fassung

§ 138 wurde eingefügt durch Art. 1 Nr. 30 PSG I (vom 17.12.2014, BGBl. I **1**
S. 2222) mWv 1.1.2015. Die Vorschrift hat die Fassung des Entwurfes der BReg,
BT-Drucks. 18/1798, S. 15, Begr. S. 44.

II. Normzweck

§ 138 soll Transparenz über die Entwicklung der Finanzen des Pflegevorsorgefonds **2**
schaffen, indem Berichts- und Rechnungslegungspflichten begründet werden.

III. Berichterstattung

Satz 1 verpflichtet die Bundesbank, jährlich einen Bericht über die finanzielle Ent- **3**
wicklung des Pflegevorsorgefonds an das BMG zu erstatten. Aus den Materialien ergibt sich, dass die Berichtsinhalte auch in den Bericht der BReg über **die Entwicklung der Pflegeversicherung nach § 10 SGB XI** sowie in die jährliche statistische
Berichterstattung über die finanzielle Entwicklung der Pflegeversicherung einfließen
sollen. Im Bericht nach § 10 SGB XI soll demnach auch dazu Stellung genommen
werden, ob bzw. inwieweit es zur Erfüllung der Zielsetzungen des Vorsorgefonds Anpassungen bei der Höhe der Mittelabführung an den Fonds bedarf (BT-Drucks. 18/
1798, S. 44).

IV. Rechnungslegung

Nach Satz 2 muss der Bericht den Bestand des Sondervermögens einschließlich **4**
der Forderungen und Verbindlichkeiten sowie die Einnahmen und Ausgaben ausweisen. Der Gesetzgeber knüpft an die gleichlautenden Vorgaben von § 10 VersRücklG
an, die für die Versorgungsrücklage und den Vorsorgefonds des Bundes gelten. Auch
wenn der Begriff der „Jahresrechnung" in der Normüberschrift auf die Terminologie
des § 77 Abs. 1 SGB IV zurückgreift, kommen damit nicht die Vorgaben des Haushalts- und Rechnungswesens der §§ 67 ff. SGB IV zur Anwendung. Daher schließen
die besonderen Vorgaben des Haushalts- und Rechnungswesens der Sozialversicherungsträger (SVHV, SRVwV und SVRV) das Sondervermögen Pflegevorsorgefonds
– anders als den Ausgleichsfonds, z. B. § 1 Abs. 1 Satz 1 SRVwV – nicht mit in ihren
Anwendungsbereichen ein. Nicht geregelt ist, welche allgemeinen **Bilanzierungsvorschriften** zur Anwendung kommen, um die Anlagegegenstände des Pflegevorsorgefonds zu bewerten. Es liegt nahe, die Grundsätze ordnungsgemäßer Buchführung des HGB als maßgeblich zu erachten.

§ 139 Auflösung

Das Sondervermögen gilt nach Auszahlung seines Vermögens als aufgelöst.

Inhaltsübersicht

	Rn.
I. Geltende Fassung	1
II. Normzweck	2

§ 139

I. Geltende Fassung

1 § 139 wurde eingefügt durch Art. 1 Nr. 30 PSG I (vom 17.12.2014, BGBl. I S. 2222) mWv 1.1.2015. Die Vorschrift hat die Fassung des Entwurfes der BReg, BT-Drucks. 18/1798, S. 15, Begr. S. 44.

II. Normzweck

2 § 139 legt fest, dass der Pflegevorsorgefonds kraft Gesetzes als aufgelöst gilt, wenn seine Mittel erschöpft sind. Konsequenterweise endet auch die Berichtspflicht der Bundesbank gem. § 138, wenn der Pflegevorsorgefonds aufgelöst und vollständig abgewickelt worden ist.

Anhang zu § 114

Richtlinien des GKV-Spitzenverbandes über die Prüfung der in Pflegeeinrichtungen erbrachten Leistungen und deren Qualität nach § 114 SGB XI (Qualitätsprüfungs-Richtlinien – QPR)

vom 17. Januar 2014

Präambel (1) Aufgrund der Festlegungen zur Pflegequalitätsberichterstattung im Pflege-Weiterentwicklungsgesetz von 2008 wurden nach § 115 Abs. 1a SGB XI für die ambulante und stationäre Pflege Transparenzvereinbarungen geschlossen. Diese sind an den medizinisch-pflegefachlichen Fortschritt anzupassen. Mit Schiedsspruch nach § 113b SGB XI vom 6. September 2013 ist die Pflege-Transparenzvereinbarung für die stationäre Pflege (PTVS) weiterentwickelt worden. Dies macht eine Anpassung der Qualitätsprüfungs-Richtlinien – QPR erforderlich.

(2) Um die nach den §§ 114ff. SGB XI geänderten Prüfrechte und Prüfaufgaben des Medizinischen Dienstes der Krankenversicherung (MDK) sowie des Prüfdienstes des Verbandes der Privaten Krankenversicherung (PKV-Prüfdienst) und die Transparenzvereinbarungen nach § 115 Abs. 1a SGB XI bei den Qualitätsprüfungen des MDK und des PKV-Prüfdienstes umsetzen zu können, beschließt der GKV-Spitzenverband unter Beteiligung des Medizinischen Dienstes des Spitzenverbandes Bund der Krankenkassen (MDS) sowie des PKV-Prüfdienstes auf der Grundlage des § 114a Abs. 7 SGB XI die Qualitätsprüfungs-Richtlinien – QPR. Die auf Bundesebene maßgeblichen Organisationen für die Wahrnehmung der Interessen und der Selbsthilfe pflegebedürftiger und behinderter Menschen haben nach Maßgabe der Verordnung nach § 118 Abs. 2 SGB XI an der Weiterentwicklung der QPR beratend mitgewirkt. Nach § 114a Abs. 7 SGB XI hat der GKV-Spitzenverband die Bundesarbeitsgemeinschaft der Freien Wohlfahrtspflege, die Bundesverbände privater Alten- und Pflegeheime, die Verbände der privaten ambulanten Dienste, die Bundesverbände der Pflegeberufe, die Kassenärztliche Bundesvereinigung, den Verband der privaten Krankenversicherung e.V., die Bundesarbeitsgemeinschaft der überörtlichen Träger der Sozialhilfe und die kommunalen Spitzenverbände auf Bundesebene beteiligt. Ihnen wurde unter Übermittlung der hierfür erforderlichen Informationen innerhalb einer angemessenen Frist vor der Entscheidung Gelegenheit zur Stellungnahme gegeben; die Stellungnahmen wurden in die Entscheidung einbezogen. Die vorliegenden Richtlinien bedürfen der Genehmigung des Bundesministeriums für Gesundheit.

(3) Die mit den Transparenzvereinbarungen nach § 115 Abs. 1a Satz 6 SGB XI vorliegenden Transparenzkriterien bilden eine Teilmenge der in den Anlagen zu diesen Richtlinien enthaltenen Qualitätskriterien. Die Qualitätsprüfung des MDK sowie des PKV-Prüfdienstes wird weiterhin ein umfassendes Spektrum abbilden, wobei hier der Schwerpunkt auf der Ergebnisqualität liegt. Bei der Erstellung der Prüfberichte nach § 115 Abs. 1 SGB XI und der Veröffentlichung der Transparenzberichte nach § 115 Abs. 1a SGB XI handelt es sich um voneinander getrennte Verfahren. Die in den Transparenzvereinbarungen nach § 115 Abs. 1a SGB XI vereinbarte zufallsgesteuerte Einbeziehung pflegebedürftiger Menschen in die Qualitätsprüfungen nach § 114 SGB XI (Zufallsstichprobe) ist für die Veröffentlichung von Prüfergebnissen im Transparenzbericht maßgeblich. Um bei Anlassprüfungen dem Anlassgrund nachgehen zu können, wird die Stichprobe bei Bedarf erweitert. Die Ergebnisse von Personen, die im Rahmen einer Anlassprüfung zusätzlich in die Prüfung einbezogen worden sind, werden im Prüfbericht dargestellt.

(4) Sobald eine aktualisierte Fassung der Transparenzvereinbarung für die ambulante Pflege (PTVA) vorliegt, wird diese in einem weiteren Schritt in die Qualitätsprüfungs-Richtlinien – QPR integriert. Bis dahin gelten die Ausfüllanleitungen zur MDK-Anleitung zur Prüfung der Qualität nach den §§ 114ff. SGB XI in der ambulanten Pflege vom 10. November 2009 weiter. Weitere Anpassungsschritte folgen, insbesondere gilt dies für die Berücksichtigung der nach

Anhang zu § 114 Qualitätsprüfungs-Richtlinien

§ 113a SGB XI zu entwickelnden Expertenstandards. Schließlich wird zu prüfen sein, inwieweit sich die im Rahmen der Maßstäbe und Grundsätze zur Sicherung und Weiterentwicklung der Pflegequalität nach § 113 SGB XI zu vereinbarenden Anforderungen an ein indikatorengestütztes Verfahren zur vergleichenden Messung und Darstellung der Ergebnisqualität im stationären Bereich auf die externe Qualitätsprüfung durch den MDK und den PKV-Prüfdienst auswirken werden. Unabhängig davon sind diese Richtlinien regelmäßig an den medizinisch-pflegefachlichen Fortschritt anzupassen.

1. Ziel der Richtlinien

Die Qualitätsprüfungs-Richtlinien – QPR dienen als verbindliche Grundlage für eine Erfassung der Qualität in den Pflegeeinrichtungen nach einheitlichen Kriterien. Ziel dieser Richtlinien ist es, auf der Basis der bisherigen Erfahrungen mit den Qualitätsprüfungen des MDK und des PKV-Prüfdienstes die Prüfung der Qualität der Pflege und Versorgung in den Pflegeeinrichtungen weiter zu verbessern und zu sichern.

2. Geltungsbereich

(1) Diese Richtlinien sind für den MDK, den Sozialmedizinischen Dienst der Deutschen Rentenversicherung Knappschaft-Bahn-See (SMD), den PKV-Prüfdienst, die von den Landesverbänden der Pflegekassen bestellten Sachverständigen und für die Pflegekassen und deren Verbände gemäß § 114a Abs. 7 SGB XI verbindlich.

(2) Für die Prüfung von Leistungen der Häuslichen Krankenpflege (HKP) gelten die nachstehenden Regelungen entsprechend.

3. Prüfauftrag

(1) Die Landesverbände der Pflegekassen beauftragen den MDK und im Umfang von zehn Prozent der in einem Jahr anfallenden Prüfaufträge den PKV-Prüfdienst mit den Prüfungen nach § 114 Abs. 1 SGB XI, die als Regelprüfung, Anlassprüfung oder Wiederholungsprüfung durchzuführen sind. Die Landesverbände der Pflegekassen entscheiden über die Prüfungsart und erteilen dem MDK bzw. dem PKV-Prüfdienst die Prüfaufträge schriftlich. Vor der Erteilung eines Prüfauftrages zur Durchführung einer Anlassprüfung sind Beschwerden und Hinweise zunächst durch die Landesverbände der Pflegekassen auf ihre Stichhaltigkeit zu prüfen.

(2) Im Prüfauftrag der Landesverbände der Pflegekassen sind insbesondere zu beschreiben:
– Art der Prüfung,
– Umfang der Prüfung, soweit dieser über die Mindestangaben hinaus gehen soll,
– bei Anlassprüfungen der dem Prüfauftrag zugrunde liegende Sachverhalt (z. B. Beschwerde),
– Einbindung der Pflegekassen oder der Landesverbände der Pflegekassen insbesondere im Hinblick auf die Abrechnungsprüfung,
– Zeitpunkt der Prüfung,
– Prüfmodalitäten (insbesondere Information/Abstimmung mit den nach heimrechtlichen Vorschriften zuständigen Aufsichtsbehörden, ggf. auch mit anderen Behörden wie z. B. Gesundheitsamt).

(3) Mit dem Prüfauftrag sind dem MDK bzw. dem PKV-Prüfdienst die erforderlichen Informationen und Unterlagen für die Qualitätsprüfung zur Verfügung zu stellen, insbesondere Institutionskennzeichen (IK), Versorgungsverträge, Strukturdaten, festgelegte Leistungs- und Qualitätsmerkmale nach § 84 Abs. 5 SGB XI, vorliegende Maßnahmenbescheide nach § 115 Abs. 2 SGB XI, Stellungnahmen und Unterlagen der Pflegeeinrichtung an die Landesverbände der Pflegekassen, eventuelle Beschwerden über die zu prüfende Pflegeeinrichtung, Prüfergebnisse aus Prüfungen nach § 114 Abs. 4 SGB XI sowie Qualitätszertifikate/Gütesiegel der Pflegeeinrichtung.

4. Prüfverständnis und Durchführung der Prüfung

(1) Den Qualitätsprüfungen des MDK und des PKV-Prüfdienstes liegt ein beratungsorientierter Prüfansatz zugrunde. Die Qualitätsprüfungen bilden eine Einheit aus Prüfung, Beratung und Empfehlung von Maßnahmen zur Qualitätsverbesserung. Der beratungsorientierte Prüfansatz er-

Qualitätsprüfungs-Richtlinien **Anhang zu § 114**

möglicht schon während der Qualitätsprüfung bei festgestellten Qualitätsdefiziten das Aufzeigen von Lösungsmöglichkeiten durch das Prüfteam (Impulsberatung). Dieser Prüfansatz setzt eine intensive Zusammenarbeit der Pflegeeinrichtung mit dem MDK bzw. dem PKV-Prüfdienst voraus.

(2) Die Qualitätsprüfungen sind grundsätzlich unangemeldet durchzuführen. Qualitätsprüfungen in ambulanten Pflegeeinrichtungen sind am Tag zuvor anzukündigen. Eine Prüfung zur Nachtzeit ist auf die Fälle zu begrenzen, in denen das Ziel der Qualitätssicherung zu anderen Tageszeiten nicht erreicht werden kann. Die Beteiligung anderer Prüfinstitutionen (z. B. nach heimrechtlichen Vorschriften zuständige Aufsichtsbehörden, Gesundheitsamt) darf nicht zu Verzögerungen bei der Durchführung der Prüfungen führen. Dies gilt auch für die Beteiligung der Trägervereinigung der Pflegeeinrichtung.

(3) In einem Einführungsgespräch vermittelt das Prüfteam der Pflegeeinrichtung das Aufgabenverständnis, die Vorgehensweise und den erforderlichen Zeitaufwand für die Prüfung. Das Prüfteam setzt die Interessenvertretung der Bewohnerinnen und Bewohner einer stationären Pflegeeinrichtung über die Prüftätigkeit zu Beginn der Prüfung in Kenntnis.

(4) Auf der Grundlage der PTVS gilt für die Qualitätsprüfungen stationärer Pflegeeinrichtungen:

Die Prüfung der einrichtungsbezogenen Kriterien erfolgt anhand des Erhebungsbogens und der zugehörigen Ausfüllanleitung. Informationsquellen/Nachweise sind:
– Auswertung der Dokumentation,
– Beobachtungen während der Prüfung,
– Auskunft/Information/Darlegung durch die Mitarbeiter,
– Auskunft/Information der Pflegebedürftigen/Bewohner.

In den Ausfüllanleitungen zu den Kriterien der PTVS wird konkret beschrieben, welche Informationsquellen/Nachweise jeweils relevant sind. Die Bewertung der einrichtungsbezogenen Kriterien erfolgt schwerpunktmäßig auf Grundlage der Auswertung der Dokumentation und der Beobachtungen in der Einrichtung. Sofern nach deren Auswertung Zweifel an der Erfüllung eines Kriteriums bestehen, werden zusätzlich – soweit möglich – Hinweise von Mitarbeitern und Pflegebedürftigen/Bewohnern mit einbezogen. Bei den per Zufall ausgewählten Pflegebedürftigen/Bewohnern wird die personenbezogene Pflegequalität erhoben. Dies bildet den Schwerpunkt der Prüfung. Nach § 114a Abs. 3 SGB XI sind dabei insbesondere die Inaugenscheinnahme der Pflegebedürftigen/Bewohner, die Pflegedokumentation und die Befragungen der Beschäftigten angemessen zu berücksichtigen. Die Prüfung der personenbezogenen Kriterien erfolgt anhand des Erhebungsbogens und der zugehörigen Ausfüllanleitung. Informationsquellen/Nachweise sind:
– Inaugenscheinnahme des in die Stichprobe einbezogenen pflegebedürftigen Menschen,
– Auswertung der Pflegedokumentation,
– Auskunft/Information/Darlegung (Darstellung und Begründung anhand des konkreten Lebenssachverhalts) durch die Mitarbeiter,
– Auskunft/Information der Pflegebedürftigen/Bewohner oder teilnehmende Beobachtung.

In den Ausfüllanleitungen zu den Kriterien der PTVS wird konkret beschrieben, welche Informationsquellen/Nachweise jeweils relevant sind. Die Bewertung der personenbezogenen Kriterien erfolgt schwerpunktmäßig auf Grundlage der Inaugenscheinnahme und der Pflegedokumentation. Die Auswertung der Pflegedokumentation erfolgt in Anwesenheit eines Mitarbeiters der Pflegeeinrichtung. Sofern die Pflegeeinrichtung die Anwesenheit eines Mitarbeiters nur zeitlich begrenzt gewährleisten kann, haben die Prüfer – soweit möglich – den Ablauf der Prüfung danach auszurichten. Die Auswertung der Pflegedokumentation erfolgt nur dann ohne die Anwesenheit eines Mitarbeiters der Einrichtung, wenn die Einrichtung im Zeitraum der Prüfung keine Mitarbeiter zur Verfügung stellen kann. Sofern nach Auswertung der Inaugenscheinnahme bzw. der Dokumentation Zweifel an der Erfüllung eines Kriteriums bestehen, werden zusätzlich Hinweise von Mitarbeitern und des Pflegebedürftigen/Bewohners mit einbezogen. Unter Berücksichtigung der jeweils in den Ausfüllanleitungen genannten Informationsquellen/Nachweisebenen macht sich der Prüfer ein Gesamtbild und entscheidet, ob das jeweilige Kriterium erfüllt ist oder nicht. Eine abweichende Einschätzung der Pflegefachkraft der Pflegeeinrichtung zur Erfüllung des jeweiligen Kriteriums wird als Vermerk „abweichende fachliche Einschätzung" protokolliert und inhaltlich zusammenfassend dargestellt. Die jeweiligen Nachweisebenen werden auch bei den Kriterien berücksichtigt, die nicht Gegenstand der PTVS sind.

Anhang zu § 114 — Qualitätsprüfungs-Richtlinien

(5) Abschlussgespräch

Im pflegefachlichen Abschlussgespräch berät das Prüfteam die stationäre/ambulante Pflegeeinrichtung anhand erster Ergebnisse in Fragen der Qualitätssicherung mit dem Ziel, ggf. festgestellte Mängel direkt abzustellen, Qualitätsmängeln rechtzeitig vorzubeugen und die Eigenverantwortung der Pflegeeinrichtungen für die Sicherung und Weiterentwicklung der Pflegequalität zu stärken. Sofern die Einrichtung im Rahmen der Prüfung zu Prüfergebnissen abweichende Meinungen geäußert hat, werden diese im Abschlussgespräch vom Prüfer dargelegt. Ein umfassendes Bild über die Qualität der Pflegeeinrichtung ergibt sich aus dem Prüfbericht, der nach der Prüfung vom Prüfteam erstellt wird. Ein im Rahmen der Prüfung festgestellter Qualitätsmangel wird im Prüfbericht unabhängig davon, wann dieser Mangel abgestellt wird, als solcher dokumentiert. Unter Berücksichtigung der Ist-Situation werden vom Prüfteam bei festgestellten Qualitätsdefiziten im Prüfbericht Empfehlungen über notwendige Maßnahmen zur Qualitätsverbesserung gegeben.

5. Eignung der Prüfer

(1) Die Prüfungen sind in der Regel von Prüfteams durchzuführen, die aus Pflegefachkräften bestehen. An die Stelle einer Pflegefachkraft können andere Sachverständige, z. B. Ärzte oder Kinderärzte treten, wenn dies das einzelne Prüfgebiet erfordert.

(2) Die Mitglieder der Prüfteams müssen über pflegefachliche Kompetenz, Führungskompetenz und Kenntnisse im Bereich der Qualitätssicherung verfügen. Mindestens ein Mitglied des Prüfteams muss über eine Auditorenausbildung oder eine vom Inhalt und Umfang her gleichwertige Qualifikation verfügen.

6. Prüfinhalte und Umfang der Prüfung

(1) Inhalt der Regelprüfungen, Anlassprüfungen und Wiederholungsprüfungen sind die im Prüfauftrag beschriebenen Prüfgegenstände. Bei der Regelprüfung und der Anlassprüfung sind unter besonderer Berücksichtigung der Ergebnisqualität mindestens die in Anlage 1 bzw. 4 definierten Mindestangaben zu prüfen. Zur Sicherstellung bundeseinheitlicher vergleichbarer Prüfergebnisse in der Qualität der Pflege trägt die Regelprüfung einen abschließenden Charakter und kann nicht von den Pflegekassen verändert oder erweitert werden.

(2) Bei Wiederholungsprüfungen im Auftrag der Landesverbände der Pflegekassen ist zu prüfen, ob die festgestellten Qualitätsmängel durch die nach § 115 Abs. 2 SGB XI angeordneten Maßnahmen beseitigt worden sind. Dabei werden die beanstandeten einrichtungsbezogenen Kriterien erneut geprüft. Nicht beanstandete Kriterien werden unverändert übernommen. Die personenbezogenen Mindestangaben (mit Ausnahme der Befragung der Bewohner/Pflegebedürftigen) sind vollständig zu prüfen. Wenn bei einer Wiederholungsprüfung aufgrund der Zufallsstichprobe die bemängelten personenbezogenen Kriterien nicht einbezogen werden können, muss ersatzweise ein Bewohner/Pflegebedürftiger einbezogen werden, bei dem diese Kriterien zutreffen.

(3) Bei Wiederholungsprüfungen auf Antrag der Pflegeeinrichtung bezieht sich die Prüfung darauf, ob die beanstandeten Qualitätsmängel behoben worden sind. Dabei werden die beanstandeten einrichtungsbezogenen Kriterien erneut geprüft. Nicht beanstandete Kriterien werden unverändert übernommen. Die personenbezogenen Mindestangaben (mit Ausnahme der Befragung der Pflegebedürftigen/Bewohner) sind vollständig zu prüfen. Wenn bei einer Wiederholungsprüfung aufgrund der Zufallsstichprobe die bemängelten personenbezogenen Kriterien nicht einbezogen werden können, muss ersatzweise ein Pflegebedürftiger/Bewohner einbezogen werden, bei dem diese Kriterien zutreffen. Auch für diese Prüfung ist ein Auftrag der Landesverbände der Pflegekassen erforderlich. Wiederholungsprüfungen auf Antrag der Pflegeeinrichtung sollen innerhalb von acht Wochen nach Antragseingang bei den Landesverbänden der Pflegekassen durchgeführt werden.

(4) Die Regelprüfung bezieht sich insbesondere auf wesentliche Aspekte des Pflegezustandes und die Wirksamkeit der Pflege- und Betreuungsmaßnahmen. Sie kann auch auf den Ablauf, die Durchführung und die Evaluation der Leistungserbringung sowie die unmittelbaren Rahmenbedingungen der Leistungserbringung erstreckt werden.

Qualitätsprüfungs-Richtlinien **Anhang zu § 114**

Die Regelprüfung bezieht sich in der ambulanten Pflege auf die Qualität der
- Grundpflege,
- hauswirtschaftlichen Versorgung,
- Leistungen der häuslichen Krankenpflege nach § 37 SGB V.

Die Regelprüfung bezieht sich in der vollstationären und teilstationären Pflege auf die Qualität der
- allgemeinen Pflegeleistungen,
- medizinischen Behandlungspflege einschließlich der nach § 37 SGB V erbrachten Leistungen der häuslichen Krankenpflege,
- sozialen Betreuung,
- zusätzlichen Betreuung und Aktivierung im Sinne des § 87b SGB XI,
- Leistungen bei Unterkunft und Verpflegung nach § 87 SGB XI,
- Zusatzleistungen (§ 88 SGB XI).

Die Prüfung bezieht sich auch auf die Anforderungen der relevanten Empfehlungen der Kommission für Krankenhaushygiene und Infektionsprävention nach § 23 Abs. 1 des Infektionsschutzgesetzes (IfSG). Sie kann sich auch auf die Abrechnung der genannten Leistungen erstrecken.

(5) Die Feststellungen sind für die ambulanten Pflegeeinrichtungen in dem Erhebungsbogen nach Anlage 1 dieser Richtlinien und für die stationären Pflegeeinrichtungen in dem Erhebungsbogen nach Anlage 4 dieser Richtlinien zu treffen. Der Erhebungsbogen für die ambulante Pflege ist auf Basis der vom MDS und dem GKV-Spitzenverband gemeinsam erarbeiteten MDK-Anleitung vom 10. November 2009 auszufüllen. Der Erhebungsbogen für die stationäre Pflege ist auf der Grundlage der Anlage 5 dieser Richtlinien auszufüllen.

(6) Basis der Prüfungen sind:
- die Maßstäbe und Grundsätze zur Sicherung und Weiterentwicklung der Pflegequalität nach § 113 SGB XI für die ambulante sowie die stationäre Pflege vom 27. Mai 2011, die Maßstäbe und Grundsätze zur Sicherung und Weiterentwicklung der Pflegequalität nach § 113 SGB XI für die teilstationäre Pflege (Tagespflege) vom 10. Dezember 2012, die Grundsätze und Maßstäbe zur Sicherung und Weiterentwicklung der Pflegequalität nach § 80 SGB XI für die teilstationäre Pflege in der Fassung vom 31. Mai 1996 für den Bereich der Nachtpflege sowie die Grundsätze und Maßstäbe zur Sicherung und Weiterentwicklung der Pflegequalität nach § 80 SGB XI in der Kurzzeitpflege in der Fassung vom 31. Mai 1996,
- der aktuelle Stand des Wissens,
- die Expertenstandards nach § 113a SGB XI,
- die qualitätsrelevanten Inhalte der Verträge der Pflege- und der Krankenkassen mit der jeweiligen Einrichtung,
- die Richtlinien zur Verordnung häuslicher Krankenpflege nach § 92 Abs. 1 Satz 2 Nr. 6 und Abs. 7 Nr. 1 SGB V sowie
- die relevanten Empfehlungen der Kommission für Krankenhaushygiene und Infektionsprävention nach § 23 Abs. 1 Infektionsschutzgesetz (IfSG).

(7) Zur Beurteilung der Qualität gelten für die ambulante und die stationäre Pflege aufgrund der Unterschiede in den Transparenzvereinbarungen jeweils spezifische Verfahren zur Bildung einer Zufallsstichprobe.

(8) In ambulanten Pflegeeinrichtungen gilt:
- Bei Einrichtungen mit nicht mehr als 50 Pflegebedürftigen sind mindestens fünf Personen, bei Einrichtungen mit mehr als 50 Pflegebedürftigen sind 10 Prozent der Pflegebedürftigen einzubeziehen.
- In die Prüfungen sollen nicht mehr als 15 Personen einbezogen werden.
- Bezugsgröße für die Berechnung der Größe der Personenstichprobe sind ausschließlich Personen mit einer Pflegestufe, die Sachleistungen nach § 36 SGB XI (Grundpflege, hauswirtschaftliche Versorgung, Betreuungsleistungen) in Anspruch nehmen. Personen, die Leistungen der privaten Pflegepflichtversicherung beziehen, sind den Sachleistungsbeziehern gleichzusetzen.
- In die Zufallsstichprobe sind nur Personen mit Pflegestufe 1 bis 3 einzubeziehen, die Sachleistungen der Grundpflege nach § 36 SGB XI in Anspruch nehmen. Fallen in die Zufallsstichprobe Versicherte der privaten Pflegepflichtversicherung, sind diese in die Prüfung einzubeziehen.

Anhang zu § 114
Qualitätsprüfungs-Richtlinien

– Personen mit einem Hilfebedarf unterhalb der Pflegestufe 1 werden weder bei der Berechnung des Stichprobenumfangs berücksichtigt noch werden sie in die Prüfung einbezogen. Im Rahmen von Anlassprüfungen ist die Stichprobe so zu ergänzen, dass die Beschwerdegründe überprüft werden können. Ergeben sich bei einer Anlassprüfung weitere Hinweise auf eine nicht fachgerechte Pflege, kann dies ebenfalls zu einer Ergänzung der Stichprobe führen. Ergeben sich bei Regel- oder Wiederholungsprüfungen konkrete und begründete Anhaltspunkte (z. B. Beschwerden, Hinweise) für eine nicht fachgerechte Pflege, die nicht von der in den Transparenzvereinbarungen nach § 115 Abs. 1a SGB XI vereinbarten zufallsgesteuerten Auswahl (Stichprobe) erfasst werden, insbesondere bei folgenden Pflegesituationen
– freiheitseinschränkende Maßnahmen,
– Dekubitus oder andere chronische Wunden,
– Ernährungsdefizite,
– chronische Schmerzen,
– Kontrakturen,
– Person mit Anlage einer PEG-Sonde,
– Person mit Blasenkatheter,

erfolgt die Prüfung insgesamt als Anlassprüfung. Die Durchführung einer Anlassprüfung setzt voraus, dass das Prüfteam die Gründe hierfür gegenüber den Landesverbänden der Pflegekassen dargelegt hat und ein entsprechender Prüfauftrag der Landesverbände der Pflegekassen ergangen ist. In den Transparenzbericht fließen die Ergebnisse der Zufallsstichprobe ein. Die Ergebnisse von Personen, die im Rahmen einer Anlassprüfung zusätzlich in die Prüfung einbezogen worden sind, werden ausschließlich im Prüfbericht dargestellt.

Sofern ein Pflegebedürftiger aufgrund von Demenzerkrankungen oder anderen Ursachen nicht auskunftsfähig ist, ist ein anderer Pflegebedürftiger mit der gleichen Pflegestufe nach dem Zufallsprinzip für die Zufriedenheitsbefragung ergänzend auszuwählen. Diese Pflegebedürftigen können auch per Telefon zu ihrer Zufriedenheit befragt werden. Bei Anlassprüfungen ist abzuwägen, ob eine telefonische Befragung ausreichend ist. Angehörige oder sonstige Pflegepersonen werden nicht befragt. Bei nichtauskunftsfähigen Minderjährigen können die Eltern bzw. sonstige sorgeberechtigte Personen befragt werden. Die Stichprobengröße von 10 Prozent, mindestens 5 Personen, maximal 15 Personen, in ambulanten Pflegeeinrichtungen ist auch bei erforderlichen Rundungen der Prozentwerte einzuhalten. Bei erforderlichen Rundungen wird zugunsten der höheren Pflegestufen auf- und zu Lasten der niedrigeren Pflegestufe abgerundet.

(9) In stationären Pflegeeinrichtungen gilt:
– In der zu prüfenden stationären Pflegeeinrichtung werden unabhängig von der Größe der Einrichtung jeweils drei Bewohner aus jeder der drei Pflegestufen zufällig ausgewählt und in die Prüfung einbezogen.
– Sofern weniger als drei Personen einer Pflegestufe in die Prüfung einbezogen werden können, ist dies schriftlich zu begründen.
– Fallen in die Zufallsstichprobe Versicherte der privaten Pflegepflichtversicherung, sind diese in die Prüfung einzubeziehen.
– Ist der in die Prüfung einbezogene Bewohner aufgrund kognitiver oder anderer Ursachen nicht auskunftsfähig, wird dies im Prüfbericht vermerkt. Eine ergänzende Einbeziehung von Bewohnern ausschließlich zur Durchführung der Befragung erfolgt nicht.

Diese Anforderungen zur Stichprobenbildung gelten analog für die Kurzzeitpflege und die teilstationäre Pflege. Im Rahmen von Anlassprüfungen ist die Stichprobe so zu ergänzen, dass die Beschwerdegründe überprüft werden können. Der Pflegebedürftige, auf den sich die Beschwerde bezieht, ist nach Möglichkeit in die Stichprobe einzubeziehen. Eine Nichteinbeziehung ist schriftlich zu begründen. Ergeben sich bei einer Anlassprüfung weitere Hinweise auf eine nicht fachgerechte Pflege, kann dies ebenfalls zu einer Ergänzung der Stichprobe führen.

Ergeben sich bei Regel- oder Wiederholungsprüfungen konkrete und begründete Anhaltspunkte (z. B. Beschwerden, Hinweise) für eine nicht fachgerechte Pflege, die nicht von der in den Transparenzvereinbarungen nach § 115 Abs. 1a SGB XI vereinbarten zufallsgesteuerten Auswahl (Stichprobe) erfasst werden, insbesondere bei folgenden Pflegesituationen
– freiheitseinschränkende Maßnahmen,
– Dekubitus oder andere chronische Wunden,
– Ernährungsdefizite,

Qualitätsprüfungs-Richtlinien **Anhang zu § 114**

- chronische Schmerzen,
- Kontrakturen,
- Person mit Anlage einer PEG-Sonde,
- Person mit Blasenkatheter,

erfolgt die Prüfung insgesamt als Anlassprüfung. Die Durchführung einer Anlassprüfung setzt voraus, dass das Prüfteam die Gründe hierfür gegenüber den Landesverbänden der Pflegekassen dargelegt hat und ein entsprechender Prüfauftrag der Landesverbände der Pflegekassen ergangen ist. In den Transparenzbericht fließen die Ergebnisse der Zufallsstichprobe ein. Die Ergebnisse von Personen, die im Rahmen einer Anlassprüfung zusätzlich in die Prüfung einbezogen worden sind, werden ausschließlich im Prüfbericht dargestellt.

(10) Bezüglich der Gewährleistung einer Zufallsstichprobe gilt für die ambulante wie für die stationäre Pflege gleichermaßen:

Die in die Prüfung einzubeziehenden Pflegebedürftigen/Bewohner werden innerhalb der Pflegestufen zufällig ausgewählt. Zur Gewährleistung einer Zufallsstichprobe soll die Pflegeeinrichtung eine nach Pflegestufen sortierte Liste der Pflegebedürftigen/Bewohner vorlegen, innerhalb der Pflegestufe sind die Pflegebedürftigen/Bewohner in alphabetischer Reihenfolge zu listen. Aus dieser Liste wird wie folgt ausgewählt:
- Nach einem Zufallsprinzip wird eine Zahl zwischen 1 und 6 ausgewählt. Diese Zahl bestimmt die Abstände der auszuwählenden Personen.
- Der Prüfer entscheidet bei jeder Pflegestufe, ob er bei der Auswahl der Personen innerhalb einer Pflegestufe am Anfang, in der Mitte oder am Ende der Liste beginnt zu zählen.
- Der Prüfer entscheidet bei jeder Pflegestufe, ob er nach oben oder nach unten zählt.
- Wenn eine ausgewählte Person die Zustimmung verweigert oder aus anderen Gründen eine Einbeziehung der ausgewählten Person nicht möglich ist, wird jeweils die nächste Person in der Liste ausgewählt.

Wenn die Einrichtung keine geeignete Liste zur Verfügung stellen kann, legt das Prüfteam auf der Basis der vorliegenden Informationen eine Zufallsstichprobe fest. Kann die erforderliche Mindestzahl bzw. -quote von Pflegebedürftigen/Bewohnern nicht erreicht werden, z. B. weil weniger Pflegebedürftige/Bewohner von der Einrichtung versorgt werden oder ihr Einverständnis zur Einbeziehung in die Stichprobe nicht erteilt haben, so hat der MDK bzw. der PKV-Prüfdienst im Rahmen der verbleibenden Möglichkeiten die Qualitätsprüfung trotzdem durchzuführen und die Ergebnisse im Prüfbericht auszuweisen. Das Nichterreichen der Mindestzahl/-quote ist im Prüfbericht zu begründen.

7. Einwilligung

(1) Die Einbeziehung in die Prüfung setzt die Einwilligung des Pflegebedürftigen/Bewohners oder eines hierzu Berechtigten (vertretungsberechtigte Person, gesetzlich bestellter Betreuer) voraus. Vor der Einholung der Einwilligung durch den Pflegebedürftigen/Bewohner oder durch eine hierzu berechtigte Person sind diese aufzuklären über
- Anlass und Zweck sowie Inhalt, Umfang, Durchführung und Dauer der Maßnahme,
- den vorgesehenen Zweck der Verarbeitung und die Nutzung der dabei erhobenen personenbezogenen Daten,
- die Freiwilligkeit der Teilnahme und
- die jederzeitige Widerrufbarkeit der Einwilligung.

Ferner ist im Rahmen der Aufklärung darauf hinzuweisen, dass im Falle der Ablehnung dem Pflegebedürftigen/Bewohner keine Nachteile entstehen.

(2) Die Einwilligung des Pflegebedürftigen nach § 114a Abs. 3a SGB XI muss in einer Urkunde oder auf andere zur dauerhaften Wiedergabe in Schriftzeichen geeignete Weise abgegeben werden, die Person des Erklärenden benennen und den Abschluss der Erklärung durch Nachbildung der Namensunterschrift oder anders erkennbar machen (Textform). Ist der Pflegebedürftige einwilligungsunfähig, ist die Einwilligung eines hierzu Berechtigten einzuholen. Die Einwilligung ist nach § 114a Abs. 2 und 3 SGB XI erforderlich für
- das Betreten der Wohnung bzw. der Wohnräume des Pflegebedürftigen/Bewohners,
- die Inaugenscheinnahme des gesundheitlichen und pflegerischen Zustands des Pflegebedürftigen/Bewohners,

- die Einsichtnahme in die Pflegedokumentation,
- die Befragung des Pflegebedürftigen/Bewohners, der Beschäftigten der Einrichtung, der Betreuer und Angehörigen sowie der Mitglieder der heimrechtlichen Interessenvertretungen der Bewohner,
- die damit jeweils zusammenhängende Erhebung, Verarbeitung und Nutzung personenbezogener Daten von Pflegebedürftigen zum Zwecke der Erstellung eines Prüfberichts. Die Einwilligung muss vor der Einbeziehung des Pflegebedürftigen/Bewohners in die Prüfung vorliegen.

8. Zusammenarbeit mit den nach heimrechtlichen Vorschriften zuständigen Aufsichtsbehörden

(1) Die Landesverbände der Pflegekassen (§ 52 Abs. 1 SGB XI) und der MDK sowie der PKV-Prüfdienst arbeiten gemäß § 117 SGB XI mit den nach heimrechtlichen Vorschriften zuständigen Aufsichtsbehörden bei der Zulassung und der Überprüfung der stationären Pflegeeinrichtungen eng zusammen, um ihre wechselseitigen Aufgaben nach dem Elften Buch des Sozialgesetzbuches und nach den heimrechtlichen Vorschriften insbesondere durch
1. regelmäßige gegenseitige Information und Beratung,
2. Terminabsprachen für eine gemeinsame oder arbeitsteilige Überprüfung von Pflegeeinrichtungen oder
3. Verständigung über die im Einzelfall notwendigen Maßnahmen wirksam aufeinander abzustimmen und Doppelprüfungen nach Möglichkeit zu vermeiden. Zur Erfüllung dieser Aufgaben sind die Landesverbände der Pflegekassen sowie der MDK und der PKV-Prüfdienst verpflichtet, in den Arbeitsgemeinschaften nach den heimrechtlichen Vorschriften mitzuwirken und sich an entsprechenden Vereinbarungen zu beteiligen.

(2) Um Doppelprüfungen zu vermeiden, haben die Landesverbände der Pflegekassen den Prüfauftrag mit dem Prüfauftrag in angemessener Weise zu verringern, wenn
1. die Prüfungen einer nach heimrechtlichen Vorschriften zuständigen Aufsichtsbehörde nicht länger als neun Monate zurück liegen,
2. deren Prüfergebnisse nach pflegefachlichen Kriterien den Ergebnissen einer Regelprüfung gleichwertig sind und
3. die Veröffentlichung der von den Pflegeeinrichtungen erbrachten Leistungen und deren Qualität, insbesondere hinsichtlich der Ergebnis- und Lebensqualität, gemäß § 115 SGB XI gewährleistet ist. Die Pflegeeinrichtung kann verlangen, dass von einer Verringerung der Prüfpflicht abgesehen wird.

(3) An einer gemeinsamen Prüfung mit der nach heimrechtlichen Vorschriften zuständigen Aufsichtsbehörde beteiligt sich der MDK oder der PKV-Prüfdienst aufgrund eines Auftrages durch die Landesverbände der Pflegekassen (§ 52 Abs. 1 SGB XI). Angezeigt ist die Beteiligung, wenn der nach heimrechtlichen Vorschriften zuständigen Aufsichtsbehörde konkrete Erkenntnisse über Defizite in der Pflegequalität vorliegen. Regelhafte Begehungen der nach heimrechtlichen Vorschriften zuständigen Aufsichtsbehörden und des MDK oder des PKV-Prüfdienstes sollen soweit als möglich miteinander abgestimmt und gemeinsam durchgeführt werden.

(4) Der MDK oder der PKV-Prüfdienst informiert die nach heimrechtlichen Vorschriften zuständige Aufsichtsbehörde und die Landesverbände der Pflegekassen unverzüglich über Erkenntnisse aus den Prüfungen, soweit diese zur Vorbereitung und Durchführung von aufsichtsrechtlichen Maßnahmen nach den heimrechtlichen Vorschriften erforderlich sind. Dies ist insbesondere gegeben
- bei einer akuten Gefährdung von Bewohnern durch Pflegedefizite (z. B. Exsikkose, Mangelernährung, Dekubitalulcera),
- bei nicht gerechtfertigten freiheitsentziehenden Maßnahmen,
- wenn die permanente Anwesenheit einer Pflegefachkraft nicht gewährleistet ist.

9. Abrechnungsprüfung

(1) Stellt der MDK oder der PKV-Prüfdienst im Rahmen der Qualitätsprüfung Unregelmäßigkeiten fest, die auf Fehler bei der Abrechnung schließen lassen, ist die zuständige Pflegekasse oder deren Landesverband (§ 52 Abs. 1 SGB XI) umgehend zu informieren.

Qualitätsprüfungs-Richtlinien **Anhang zu § 114**

(2) Führen von den Landesverbänden der Pflegekassen (§ 52 Abs. 1 SGB XI) bestellte Sachverständige im Rahmen einer Prüfung nach § 114a SGB XI eine Abrechnungsprüfung durch, ist der MDK bzw. der PKV-Prüfdienst im Prüfauftrag darauf hinzuweisen.

10. Prüfbericht

(1) Der MDK bzw. der PKV-Prüfdienst erstellt innerhalb von drei Wochen nach Durchführung der Qualitätsprüfung einen Bericht, der den Gegenstand und das Ergebnis der Qualitätsprüfung enthält, die in der Prüfung festgestellten Sachverhalte nachvollziehbar beschreibt sowie die konkreten Empfehlungen des MDK bzw. des PKV-Prüfdienstes zur Beseitigung von Qualitätsdefiziten auflistet (Prüfbericht) und versendet diesen an die Landesverbände der Pflegekassen (§ 52 Abs. 1 SGB XI), an die betroffene Pflegeeinrichtung und an den zuständigen Sozialhilfeträger. Bei stationären Pflegeeinrichtungen versendet der MDK bzw. der PKV-Prüfdienst den Prüfbericht auch an die nach heimrechtlichen Vorschriften zuständige Aufsichtsbehörde sowie bei ambulanten Pflegediensten an die Pflegekassen, bei denen die in die Prüfung einbezogenen Leistungsempfänger versichert sind. Der MDK bzw. der PKV-Prüfdienst stellen gleichzeitig die nach den Transparenzvereinbarungen für eine Veröffentlichung erforderlichen Daten zur Verfügung. Diese Daten sind den Landesverbänden der Pflegekassen in einer vom GKV-Spitzenverband nach § 53 Satz 2 SGB XI i. V. mit § 217f Abs. 2 SGB V entwickelten Datendefinition (Formate, Strukturen und Inhalte) zu liefern.

(2) Stellt der MDK bzw. der PKV-Prüfdienst schwerwiegende Mängel fest, benachrichtigt er unverzüglich unter Schilderung des Sachverhaltes die Landesverbände der Pflegekassen (§ 52 Abs. 1 SGB XI). Hält der MDK bzw. der PKV-Prüfdienst bei schwerwiegenden Mängeln in der ambulanten Pflege die weitere Versorgung des Pflegebedürftigen durch den Pflegedienst für nicht gerechtfertigt, teilt er dies und die dafür maßgebenden Gründe der zuständigen Pflegekasse unverzüglich schriftlich mit.

(3) Eine verbindliche Struktur für die Gestaltung und die Inhalte des Prüfberichtes für die ambulante Pflege ergibt sich aus Anlage 3 und für die stationäre Pflege aus Anlage 6 zur QPR.

11. Inkrafttreten

Die Richtlinien treten am 1. Februar 2014 in Kraft. Mit diesem Zeitpunkt treten die Richtlinien des GKV-Spitzenverbandes über die Prüfung der in Pflegeeinrichtungen erbrachten Leistungen und deren Qualität (Qualitätsprüfungs-Richtlinien-QPR) in der Fassung vom 30. Juni 2009 außer Kraft.

Anhänge zu § 115

1. Vereinbarung nach § 115 Abs. 1a Satz 6 SGB XI über die Kriterien der Veröffentlichung sowie die Bewertungssystematik der Qualitätsprüfungen nach § 114 Abs. 1 SGB XI sowie gleichwertiger Prüfergebnisse in der stationären Pflege – Pflege-Transparenzvereinbarung stationär (PTVS) –

vom 17. Dezember 2008 in der Fassung vom 10.06.2013

Vorwort. Durch das Pflege-Weiterentwicklungsgesetz vom 28. Mai 2008 wurde § 115 Abs. 1a SGB XI eingeführt. Danach stellen die Landesverbände der Pflegekassen sicher, dass die Leistungen der Pflegeeinrichtungen sowie deren Qualität für Pflege-bedürftige und ihre Angehörigen verständlich, übersichtlich und vergleichbar im Internet sowie in anderer geeigneter Form veröffentlicht werden (Pflege-Transparenzberichte). Den in den Pflege-Transparenzberichten veröffentlichten Informationen sind die Ergebnisse der Qualitätsprüfungen nach § 114 Abs. 1 SGB XI sowie gleichwertige Prüfergebnisse unter besonderer Berücksichtigung der Ergebnis- und Lebensqualität zugrunde zu legen. In den Pflege-Transparenzberichten werden weniger Kriterien veröffentlicht, als den Qualitätsprüfungen zugrunde liegen. Es handelt sich dabei um für Pflegebedürftige und ihre Angehörigen relevante Informationen, die bei der Auswahl einer Pflegeeinrichtung als eine Entscheidungsgrundlage herangezogen werden können. Die Medizinischen Dienste der Krankenversicherung bzw. der Prüfdienst des Verbandes der Privaten Krankenversicherung e. V. führen im Auftrag der Landesverbände der Pflegekassen regelmäßig Qualitätsprüfungen der Pflegeeinrichtungen durch. In diesen Prüfungen werden die Ergebnisse sowie die hierfür erforderlichen Strukturen und Prozesse der Qualität der Leistungen von Pflegediensten und stationären Pflegeeinrichtungen geprüft. Die Qualitätsprüfung zielt somit auf eine umfassende Prüfung aller Qualitätsebenen einer Pflegeeinrichtung ab. Der Prüfungsumfang ist umfassender als die für die Pflege-Transparenzvereinbarung relevanten Kriterien. Die Qualitätsprüfung ist die Grundlage für die Bescheide der Landesverbände der Pflegekassen zur Beseitigung festgestellter Qualitätsmängel. Der aus der Prüfung des Medizinischen Dienstes der Krankenversicherung bzw. des Prüfdienstes des Verbandes der Privaten Krankenversicherung e. V. resultierende Pflege-Transparenzbericht (§ 115 Abs. 1a SGB XI) und das von den Landesverbänden der Pflegekassen durchgeführte Qualitätssicherungsverfahren (§ 115 Abs. 2–5 SGB XI) haben somit unterschiedliche Funktionen. Der GKV-Spitzenverband, die Vereinigungen der Träger der Pflegeeinrichtungen auf Bundesebene, die Bundesarbeitsgemeinschaft der überörtlichen Träger der Sozialhilfe und die Bundesvereinigung der kommunalen Spitzenverbände (im Folgenden „die Vertragsparteien" genannt) vereinbaren unter Beteiligung des Medizinischen Dienstes des Spitzenverbandes Bund der Krankenkassen die Kriterien der Veröffentlichung einschließlich der Bewertungssystematik (Pflege-Transparenzvereinbarungen). Dabei wurden die maßgeblichen Organisationen für die Wahrnehmung der Interessen der Selbsthilfe der pflegebedürftigen und behinderten Menschen, unabhängige Verbraucherorganisationen auf Bundesebene sowie der Verband der Privaten Krankenversicherung und die Verbände der Pflegeberufe auf Bundesebene beteiligt (§ 115 Abs. 1a Satz 6f. SGB XI). Die Pflege-Transparenzvereinbarungen sind dynamische Instrumente, die schrittweise weiterzuentwickeln sind. Sie basieren auf dem Stand der aktuellen Erkenntnisse. Im Juni 2011 wurden die Ergebnisse des Projektes zur „Entwicklung und Erprobung von Instrumenten zur Beurteilung der Ergebnisqualität in der stationären Altenhilfe" veröffentlicht. Im Rahmen der Umsetzung des § 113 Abs. 1 Nr. 4 SGB XI wird derzeit geprüft, ob die Ergebnisse (Indikatoren) des vom Bundesministerium für Gesundheit und vom Bundesministerium für Familie, Senioren, Frauen und Jugend geförderten Modellprojekts „Entwicklung und Erprobung von Instrumenten zur Beurteilung der Ergebnisqualität in der stationären Alten-

Anhang zu § 115 — Pflege-Transparenzvereinbarung stationär

hilfe" geeignet sind, Pflegebedürftige und ihre Angehörigen über die von Pflegeeinrichtungen erbrachten Leistungen und deren Qualität, insbesondere hinsichtlich der Ergebnis- und Lebensqualität, verständlich, übersichtlich und vergleichbar zu informieren.

Gemeinsam wurde die wissenschaftliche Evaluation der ersten Umsetzung mit dem Ziel vereinbart, auf Basis der Ergebnisse ggf. notwendige Änderungen in den Pflege-Transparenzvereinbarungen vorzunehmen. Die Ergebnisse der wissenschaftlichen Evaluation sind entsprechend der Empfehlungen des Beirates (kurz-, mittel- und langfristig) in diese Vereinbarung einbezogen worden. Die Pflege-Transparenzvereinbarungen betreffenden neuen pflegewissenschaftlichen Erkenntnisse werden von den Vertragsparteien geprüft und führen bei Bedarf jeweils zu einer Anpassung der Vereinbarung.

§ 1 Kriterien und Qualitätsbereiche

(1) Die Kriterien der Veröffentlichung der Leistungen und deren Qualität in stationären Pflegeeinrichtungen sind in der Anlage 1 aufgelistet. Nach diesen Kriterien erfolgen die Qualitätsprüfungen gemäß § 114 Abs. 1 SGB XI nach § 114a SGB XI.

(2) Die Kriterien teilen sich in folgende fünf Qualitätsbereiche auf:
1. Pflege und medizinische Versorgung
2. Umgang mit demenzkranken Bewohnern
3. Soziale Betreuung und Alltagsgestaltung
4. Wohnen, Verpflegung, Hauswirtschaft und Hygiene
5. Befragung der Bewohner

§ 2 Auswahl der in die Prüfungen einbezogenen Bewohner

(1) In der zu prüfenden stationären Pflegeeinrichtung werden jeweils drei Bewohner aus jeder der drei Pflegestufen zufällig ausgewählt und in die Prüfung einbezogen.

(2) Sofern aus einer Pflegestufe weniger als drei Bewohner in die Prüfung einbezogen werden, sind bei der Bewertung eines Kriteriums für die fehlenden Werte die Mittelwerte aus den vorhandenen Daten der Pflegestufe zu nutzen. Kann aus einer Pflegestufe kein Bewohner in die Prüfung einbezogen werden, sind für die fehlenden Werte die Mittelwerte aus den Daten der beiden anderen Pflegestufen zu nutzen.

§ 3 Bewertungssystematik für die Kriterien

(1) Für die Bewertung der in der Anlage 1 aufgeführten Kriterien gelten folgende Grundsätze:
- Alle Kriterien werden sowohl einzeln sowie jeweils zusammengefasst in einem der Qualitätsbereiche bewertet.
- Aus allen Bewertungen der Kriterien der Qualitätsbereiche 1 bis 4 wird das Gesamtergebnis der Prüfung ermittelt.
- Dem Gesamtergebnis wird der Durchschnittswert im jeweiligen Bundesland gegenübergestellt. Die Veröffentlichung des Landesvergleichswertes erfolgt erst dann, wenn für mindestens 20 v. H. aller Pflegeeinrichtungen im Bundesland Ergebnisse auf Basis dieser Vereinbarung vorliegen.
- Die Prüfergebnisse der bewohnerbezogenen Kriterien werden mit Anteilswerten (vollständig erfüllt bei „X" von „Y" Bewohnern) ausgewiesen.
- Die Prüfergebnisse der einrichtungsbezogenen Kriterien werden mit „Ja" und „Nein" ausgewiesen.
- Die Prüfergebnisse der Qualitätsbereiche und die Gesamtbewertung werden mit Noten (sehr gut bis mangelhaft) benannt.

(2) Einzelheiten der Bewertungssystematik ergeben sich aus Anlage 2 dieser Vereinbarung.

§ 4 Ausfüllanleitungen für die Prüfer

Bei der Bewertung der Kriterien nach den Vorgaben der Bewertungssystematik legen die Prüfer die Ausfüllanleitung der Anlage 3 dieser Vereinbarung zu Grunde.

Pflege-Transparenzvereinbarung stationär **Anhang zu § 115**

§ 5 Darstellung der Prüfergebnisse

Die Prüfergebnisse werden bundesweit einheitlich auf zwei Darstellungsebenen veröffentlicht. Auf der 1. Darstellungsebene erscheinen die Prüfergebnisse der Qualitätsbereiche, das Gesamtergebnis sowie mögliche Ergebnisse gleichwertiger Prüfungen. Auf der 2. Darstellungsebene werden die Prüfergebnisse zu den einzelnen Bewertungskriterien dargestellt. Weitere Einzelheiten zu den weiteren Angaben sowie zu deren Anordnung ergeben sich aus der Anlage 4 dieser Vereinbarung.

§ 6 Inkrafttreten und Kündigung

(1) Diese Vereinbarung tritt zum 1. Januar 2014 in Kraft. Sie kann von jeder Vertragspartei mit einer Frist von 6 Monaten zum Quartalsende gekündigt werden.

(2) Die gekündigte Vereinbarung gilt bis zum Inkrafttreten einer neuen Vereinbarung weiter.

(3) Die Vertragsparteien können diese Vereinbarung auch im ungekündigten Zustand einvernehmlich ändern.

§ 7 Übergangsregelung

Für die Dauer von 12 Monaten ab Inkrafttreten der Vereinbarung wird bei der Veröffentlichung der Prüfergebnisse im Transparenzbericht auf der 1. Darstellungsebene folgender Hinweis gegeben: „Bitte beachten Sie, dass ein Einrichtungsvergleich nur auf der Grundlage von Berichten mit gleicher Prüfgrundlage und Bewertungssystematik möglich ist. Bewertungen auf der Grundlage der bis zum 31. Dezember 2013 gültigen alten Transparenzvereinbarung und Bewertungen auf der Grundlage der seit dem 1. Januar 2014 geltenden neuen Transparenzvereinbarung sind nicht miteinander vergleichbar." Auf den Plattformen der Landesverbände der Pflegekassen wird der Transparenzbericht nach alter Rechtsgrundlage solange ausgewiesen, bis der Transparenzbericht nach neuer Rechtsgrundlage veröffentlicht wird. Dabei ist sicherzustellen, dass ein entsprechender Hinweis bereits bei Verwendung der Suchmasken der jeweiligen Plattformen gegeben wird. Berichte auf der neuen Rechtsgrundlage und solche auf der alten Rechtsgrundlage werden für den Nutzer erkennbar farblich unterschiedlich dargestellt.

Anlage 1 – Kriterien der Veröffentlichung

Qualitätskriterien	Anzahl der Kriterien
1. Pflege und medizinische Versorgung	32
2. Umgang mit demenzkranken Bewohnern	12
3. Soziale Betreuung und Alltagsgestaltung	9
4. Wohnen, Verpflegung, Hauswirtschaft und Hygiene	9
5. Befragung der Bewohner	18
Zusammen	77

Qualitätsbereich 1 „Pflege und medizinische Versorgung"

1. Wird das individuelle Dekubitusrisiko erfasst?
2. Werden erforderliche Dekubitusprophylaxen durchgeführt?
3. Sind Ort und Zeitpunkt der Entstehung der chronischen Wunde/des Dekubitus dokumentiert?
4. Erfolgt eine differenzierte Dokumentation bei chronischen Wunden oder Dekubitus?
5. Basieren die Maßnahmen zur Behandlung der chronischen Wunden oder des Dekubitus auf dem aktuellen Stand des Wissens?
6. Werden die Nachweise zur Behandlung chronischer Wunden oder des Dekubitus (z. B. Wunddokumentation) ausgewertet, ggf. der Arzt informiert und die Maßnahmen angepasst?
7. Werden individuelle Ernährungsrisiken erfasst?
8. Werden bei Einschränkung der selbständigen Nahrungsversorgung erforderliche Maßnahmen bei Ernährungsrisiken durchgeführt?
9. Ist der Ernährungszustand angemessen im Rahmen der Einwirkungsmöglichkeiten der stationären Pflegeeinrichtung?

Anhang zu § 115
Pflege-Transparenzvereinbarung stationär

10. Werden individuelle Risiken bei der Flüssigkeitsversorgung erfasst?
11. Werden erforderliche Maßnahmen bei Einschränkungen der selbständigen Flüssigkeitsversorgung durchgeführt?
12. Ist die Flüssigkeitsversorgung angemessen im Rahmen der Einwirkungsmöglichkeiten der stationären Pflegeeinrichtung?
13. Erfolgt eine systematische Schmerzeinschätzung?
14. Kooperiert die stationäre Pflegeeinrichtung bei Schmerzpatienten eng mit dem behandelnden Arzt?
15. Erhalten Bewohner mit chronischen Schmerzen die ärztlich verordneten Medikamente?
16. Werden bei Bewohnern mit Harninkontinenz bzw. mit Blasenkatheter individuelle Risiken und Ressourcen erfasst?
17. Werden bei Bewohnern mit Inkontinenz bzw. mit Blasenkatheter die erforderlichen Maßnahmen durchgeführt?
18. Wird das individuelle Sturzrisiko erfasst?
19. Werden bei Bewohnern mit erhöhtem Sturzrisiko erforderliche Prophylaxen gegen Stürze durchgeführt?
20. Wird die Notwendigkeit der freiheitseinschränkenden Maßnahmen regelmäßig überprüft?
21. Liegen bei freiheitseinschränkenden Maßnahmen Einwilligungen oder Genehmigungen vor?
22. Ist bei Bedarf eine aktive Kommunikation mit dem Arzt nachvollziehbar?
23. Entspricht die Durchführung der behandlungspflegerischen Maßnahmen der ärztlichen Anordnung?
24. Entspricht die Medikamentenversorgung den ärztlichen Anordnungen?
25. Entspricht die Bedarfsmedikation den ärztlichen Anordnungen?
26. Ist der Umgang mit Medikamenten sachgerecht?
27. Sind Kompressionsstrümpfe/-verbände sachgerecht angelegt?
28. Wird bei Bewohnern mit Ernährungssonden der Geschmackssinn angeregt?
29. Ist die Körperpflege angemessen im Rahmen der Einwirkungsmöglichkeiten der stationären Pflegeeinrichtung?
30. Ist die Mund- und Zahnpflege angemessen im Rahmen der Einwirkungsmöglichkeiten der stationären Pflegeeinrichtung?
31. Wird die Pflege im Regelfall von denselben Pflegekräften durchgeführt?
32. Werden die Mitarbeiter in der Pflege und Betreuung regelmäßig in Erster Hilfe und Notfallmaßnahmen geschult?

Qualitätsbereich 2 „Umgang mit demenzkranken Bewohnern"

33. Wird bei Bewohnern mit Demenz die Biografie des Bewohners beachtet und bei der Pflege und Betreuung berücksichtigt?
34. Werden bei Bewohnern mit Demenz Angehörige und Bezugspersonen in die Planung der Pflege und sozialen Betreuung einbezogen?
35. Wird bei Bewohnern mit Demenz die Selbstbestimmung bei der Pflege und sozialen Betreuung berücksichtigt?
36. Wird das Wohlbefinden von Bewohnern mit Demenz im Pflegealltag beobachtet und dokumentiert und werden daraus ggf. Verbesserungsmaßnahmen abgeleitet?
37. Sind gesicherte Aufenthaltsmöglichkeiten im Freien vorhanden?
38. Können die Bewohner die Zimmer entsprechend ihren Lebensgewohnheiten gestalten?
39. Wird mit individuellen Orientierungshilfen gearbeitet?
40. Werden Bewohnern mit Demenz geeignete Freizeit-/Beschäftigungsangebote gemacht?
41. Gibt es ein bedarfsgerechtes Speisenangebot für Bewohner mit Demenz?

Qualitätsbereich 3 „Soziale Betreuung und Alltagsgestaltung"

42. Werden im Rahmen der sozialen Betreuung Gruppenangebote gemacht?
43. Werden im Rahmen der sozialen Betreuung Angebote für Bewohner gemacht, die nicht an Gruppenangeboten teilnehmen können?
44. Gibt es Aktivitäten zur Kontaktaufnahme/Kontaktpflege mit dem örtlichen Gemeinwesen?
45. Gibt es Maßnahmen zur Förderung der Kontaktpflege zu den Angehörigen?

Pflege-Transparenzvereinbarung stationär **Anhang zu § 115**

46. Sind die Angebote der sozialen Betreuung auf die Bewohnergruppen und deren Bedürfnisse ausgerichtet?
47. Gibt es Hilfestellungen zur Eingewöhnung in die stationäre Pflegeeinrichtung?
48. Erfolgt eine regelhafte Überprüfung und ggf. Anpassung der Angebote zur Eingewöhnung durch die stationäre Pflegeeinrichtung?
49. Gibt es konzeptionelle Aussagen zur Sterbebegleitung?
50. Erfolgt eine nachweisliche Bearbeitung von Beschwerden?

Qualitätsbereich 4 „Wohnen, Verpflegung, Hauswirtschaft und Hygiene"

51. Ist die Gestaltung der Bewohnerzimmer z. B. mit eigenen Möbeln, persönlichen Gegenständen und Erinnerungsstücken sowie die Entscheidung über ihre Platzierung möglich?
52. Wirken die Bewohner an der Gestaltung der Gemeinschaftsräume mit?
53. Ist der Gesamteindruck der stationären Pflegeeinrichtung im Hinblick auf Sauberkeit, Ordnung und Geruch gut?
54. Kann der Zeitpunkt des Essens im Rahmen bestimmter Zeitkorridore frei gewählt werden?
55. Wird bei Bedarf Diätkost angeboten?
56. Ist die Darbietung von Speisen und Getränken an den individuellen Fähigkeiten der Bewohner orientiert?
57. Wird der Speiseplan in gut lesbarer Form eines Wochenplanes bekannt gegeben?
58. Orientieren die Portionsgrößen sich an den individuellen Wünschen der Bewohner?
59. Werden die Mahlzeiten in für die Bewohner angenehmen Räumlichkeiten und ruhiger Atmosphäre angeboten?

Qualitätsbereich 5 „Befragung der Bewohner"

60. Wird mit Ihnen der Zeitpunkt von Pflege- und Betreuungsmaßnahmen abgestimmt?
61. Entscheiden Sie, ob Ihre Zimmertür offen oder geschlossen gehalten wird?
62. Werden Sie von den Mitarbeitern motiviert, sich teilweise oder ganz selber zu waschen?
63. Sorgen die Mitarbeiter dafür, dass Ihnen z. B. beim Waschen außer der Pflegekraft niemand zusehen kann?
64. Hat sich für Sie etwas zum Positiven geändert, wenn Sie sich beschwert haben?
65. Entspricht die Hausreinigung Ihren Erwartungen?
66. Können Sie beim Mittagessen zwischen verschiedenen Gerichten auswählen?
67. Sind die Mitarbeiter höflich und freundlich?
68. Nehmen sich die Mitarbeiter ausreichend Zeit für Sie?
69. Fragen die Mitarbeiter der stationären Pflegeeinrichtung Sie, welche Kleidung Sie anziehen möchten?
70. Schmeckt Ihnen das Essen?
71. Sind Sie mit den Essenszeiten zufrieden?
72. Bekommen Sie jederzeit ausreichend zuzahlungsfrei zu trinken angeboten?
73. Entsprechen die sozialen und kulturellen Angebote Ihren Interessen?
74. Wird Ihnen die Teilnahme an für Sie interessanten Beschäftigungsangeboten ermöglicht?
75. Wird Ihnen die erforderliche Unterstützung gegeben, um sich im Freien aufhalten zu können?
76. Können Sie jederzeit Besuch empfangen, wann sie wollen?
77. Erhalten Sie die zum Waschen abgegebene Wäsche zeitnah, vollständig und in einwandfreiem Zustand aus der Wäscherei zurück?

Anlage 2 Bewertungssystematik

1. Bewertungskriterien

Die 77 Bewertungskriterien für die Veröffentlichung nach § 115 Abs. 1a SGB XI sind in Anlage 1 aufgeführt. Sie werden folgenden Qualitätsbereichen zugeordnet.

Anhang zu § 115
Pflege-Transparenzvereinbarung stationär

Qualitätsbereich	Laufende Nummern (Anzahl der Kriterien)
1. Pflege und medizinische Versorgung	1 bis 32 (32)
2. Umgang mit demenzkranken Bewohnern	33 bis 41 (9)
3. Soziale Betreuung und Alltagsgestaltung	42 bis 50 (9)
4. Wohnen, Verpflegung, Hauswirtschaft und Hygiene	51 bis 59 (9)
5. Befragung der Bewohner	60 bis 77 (18)
Zusammen	1 bis 77 (77)

2. Bewertungssystematik

2.1 Einzelbewertung der Kriterien

Jedes einzelne Kriterium erhält eine Einzelbewertung anhand einer Skala von 0 bis 10, wobei 0 die schlechteste und 10 die beste Bewertung ist.

2.1.1 Bewohnerbezogene Kriterien

Folgende Kriterien werden für jeden einzelnen in die Stichprobe einbezogenen Bewohner bewertet:

1 bis 31, 33 bis 36 und 40.

Ist das Kriterium für den Bewohner erfüllt, wird der Skalenwert 10 vergeben, ist es nicht erfüllt, wird es mit dem Skalenwert 0 bewertet. Aus den vergebenen Skalenwerten für ein Kriterium wird unter Anwendung von § 2 Abs. 2 PTVS der Mittelwert errechnet.

Beispiel: Das Kriterium ist bei 8 von 9 einbezogenen Bewohnern erfüllt. Es wird der Skalenwert 8,89 vergeben.

Trifft ein Kriterium für keinen Bewohner zu, so ist dieses nicht in die Bewertung und Mittelwertberechnung einzubeziehen.

2.1.2 Einrichtungsbezogene Kriterien

Folgende Kriterien lassen ebenfalls nur eine dichotome „Ja"- bzw. „Nein"- Bewertung zu, sind aber nur auf die gesamte stationäre Pflegeeinrichtung bezogen und daher nur einmal zu bewerten. In diesen Fällen können nur die Skalenwerte 10 oder 0 vergeben werden und eine Mittelwertberechnung entfällt:

32, 37 bis 39, 41 bis 59.

2.1.3 Befragung der Bewohner

Die Kriterien der Bewohnerbefragung (Ziffern 60 bis 77) werden mit folgenden vier Bewertungsgraduierungen und Skalenwerten bewertet:

Bewertungsgraduierung	Skalenwert
Immer	10
Häufig	7,5
Gelegentlich	5
Nie	0

Aus den vergebenen Skalenwerten für ein Kriterium wird unter Anwendung von § 2 Abs. 2 PTVS der Mittelwert errechnet.

2.2 Bewertung der Qualitätsbereiche

Für jeden der fünf Qualitätsbereiche wird als Bereichsbewertung das arithmetische Mittel der Bewertungen der einzelnen Kriterien ausgewiesen. Grundlage der Berechnung sind die ermittelten Skalenwerte. Die Skalenwerte werden nach folgender Tabelle in Noten mit einer Stelle nach dem Komma umgerechnet:

Pflege-Transparenzvereinbarung stationär **Anhang zu § 115**

Notenzuordnung	Bezeichnung der Note Skalenwert
Sehr gut (1,0–1,4)	9,31 bis 10,00
Gut (1,5–2,4)	7,91 bis 9,30
Befriedigend (2,5–3,4)	6,51 bis 7,90
Ausreichend (3,5–4,4)	5,11 bis 6,50
Mangelhaft (4,5–5,0)	0,00 bis 5,10

Die genaue Zuordnung der Skalenwerte zu den Noten mit den jeweiligen Ausprägungen mit einer Stelle nach dem Komma ergibt sich aus dem Tabellenanhang.

2.3 Gesamtbewertung

Für die Qualitätsbereiche 1 bis 4 wird als Gesamtbewertung das arithmetische Mittel der Bewertungen der Kriterien 1 bis 59 ausgewiesen. Sofern Kriterien nicht zutreffen und daher nicht bewertet werden, gehen sie in die Berechnung der Gesamtbewertung nicht mit ein. Grundlage der Berechnung sind die ermittelten Skalenwerte. Die Skalenwerte werden entsprechend der Tabelle unter 2.2 in Noten mit einer Stelle nach dem Komma umgerechnet

3. Darstellung der Ergebnisse

Die Ergebnisse der Qualitätsprüfungen werden auf zwei Ebenen dargestellt. Die 1. Ebene der Darstellung erfolgt nach der Anlage 4. Auf der 2. Darstellungsebene werden die Einzelergebnisse der Kriterien, wie in der Anlage 4 aufgeführt, dargestellt.

2. Vereinbarung nach § 115 Abs. 1a Satz 6 SGB XI über die Kriterien der Veröffentlichung sowie die Bewertungssystematik der Qualitätsprüfungen der Medizinischen Dienste der Krankenversicherung sowie gleichwertiger Prüfergebnisse von ambulanten Pflegediensten (Pflege-Transparenzvereinbarung ambulant – PTVA)

vom 29. Januar 2009

Vorwort. Durch das „Gesetz zur strukturellen Weiterentwicklung der Pflegeversicherung" (Pflege-Weiterentwicklungsgesetz) vom 28. Mai 2008 (BGBl. I S. 874) wurde § 115 Abs. 1a SGB XI eingeführt. Danach stellen die Landesverbände der Pflegekassen sicher, dass die Leistungen der Pflegeeinrichtungen sowie deren Qualität für Pflegebedürftige und ihre Angehörigen verständlich, übersichtlich und vergleichbar im Internet sowie in anderer geeigneter Form veröffentlicht werden. Dabei sind die Ergebnisse der Qualitätsprüfungen der Medizinischen Dienste der Krankenversicherung sowie gleichwertige Prüfergebnisse zugrunde zu legen. Der GKV-Spitzenverband, die Vereinigungen der Träger der Pflegeeinrichtungen auf Bundesebene, die Bundesarbeitsgemeinschaft der überörtlichen Träger der Sozialhilfe und die Bundesvereinigung der kommunalen Spitzenverbände (im Folgenden „die Vertragsparteien" genannt) vereinbaren unter Beteiligung des Medizinischen Dienstes des GKV-Spitzenverbandes die Kriterien der Veröffentlichung einschließlich der Bewertungssystematik (§ 115 Abs. 1a Satz 6 SGB XI). Dabei wurden die maßgeblichen Organisationen für die Wahrnehmung der Interessen und der Selbsthilfe der pflegebedürftigen und behinderten Menschen, unabhängige Verbraucherorganisationen auf Bundesebene sowie der Verband der privaten Krankenversicherung und die Verbände der Pflegeberufe auf Bundesebene beteiligt. Die Vertragsparteien haben am 29. Januar 2009 nach Durchführung des Beteiligungsverfahrens diese Vereinbarung in dem Wissen geschlossen, dass es derzeit keine pflegewissenschaftlich gesicherten Erkenntnisse über valide Indikatoren der Ergebnis- und Lebensqualität der pflegerischen Versorgung in Deutschland gibt. Diese Vereinbarung ist deshalb als vorläufig zu betrachten und dient der vom Gesetzgeber gewollten schnellen Verbesserung der Transparenz für die Verbraucher über die Leistungen und deren Qualität von ambulanten Pflegediensten. Unter den Vertragsparteien besteht Einvernehmen, diese Vereinbarung anzupassen, sobald pflegewissenschaftlich gesicherte Erkenntnisse über Indikatoren der Ergebnis- und Lebensqualität vorliegen. Dabei wird insbesondere zu prüfen sein, ob die Ende 2010 erwarteten Ergebnisse des vom BMG und vom BMFSFJ in Auftrag gegebenen „Modellprojekt Messung Ergebnisqualität in der stationären Altenpflege" auf die ambulanten Pflegedienste übertragen werden können.

§ 1 Kriterien der Veröffentlichung in der ambulanten Pflege

(1) Die Kriterien der Veröffentlichung der Leistungen und deren Qualität von ambulanten Pflegediensten sind in der Anlage 1 aufgelistet. Nach diesen Kriterien erfolgen die Qualitätsprüfungen der Medizinischen Dienste der Krankenversicherung nach § 114a SGB XI.

(2) Die Kriterien teilen sich in folgende vier Qualitätsbereiche auf:
- Pflegerische Leistungen
- Ärztliche verordnete pflegerische Leistungen
- Dienstleistung und Organisation
- Befragung der Kunden

§ 2 Auswahl der in die Prüfungen einbezogenen pflegebedürftigen Menschen

Die je ambulanten Pflegedienst in die Prüfung einbezogenen pflegebedürftigen Menschen mit Sachleistungsbezug werden entsprechend der Verteilung nach Pflegestufen und innerhalb dieser zufällig ausgewählt. Es werden 10 v. H., jedoch mindestens fünf und höchstens 15 pflegebedürftige Menschen in die Prüfung einbezogen.

Pflege-Transparenzvereinbarung ambulant **Anhang zu § 115**

§ 3 Bewertungssystematik für die Kriterien

(1) Für die Bewertung der in der Anlage 1 aufgeführten Kriterien gelten folgende Grundsätze:

Alle Kriterien werden sowohl einzeln sowie jeweils zusammengefasst in einem der Qualitätsbereiche bewertet.

Aus allen Bewertungen der Kriterien der Qualitätsbereiche 1 bis 3 wird das Gesamtergebnis der Prüfung ermittelt.

Dem Gesamtergebnis wird der Vergleichswert im jeweiligen Bundesland gegenübergestellt (Landesvergleichswert). Die Veröffentlichung des Landesvergleichswertes erfolgt erst dann, wenn für mindestens 20 v. H. aller ambulanten Pflegedienste im Bundesland Ergebnisse der MDK-Qualitätsprüfungen vorliegen.

Die Prüfergebnisse werden mit Noten (sehr gut bis mangelhaft) benannt.

(2) Einzelheiten der Bewertungssystematik ergeben sich aus Anlage 2 dieser Vereinbarung. Da die Verwendung der geschlechtlichen Paarformen die Verständlichkeit und Klarheit der Vereinbarung erheblich einschränken würde, wird auf die Nennung beider Formen verzichtet. Die verwendeten Personenbezeichnungen gelten deshalb auch in ihrer weiblichen Form.

§ 4 Ausfüllanleitung für die Prüfer

Bei der Bewertung der Kriterien nach den Vorgaben der Bewertungssystematik verwenden die Prüfer die Ausfüllanleitung der Anlage 3 dieser Vereinbarung *(hier nicht wiedergegeben)*.

§ 5 Darstellung der Prüfergebnisse

Die Prüfergebnisse werden bundesweit einheitlich auf zwei Darstellungsebenen veröffentlicht. Auf der 1. Darstellungsebene erscheinen die Prüfergebnisse der Qualitätsbereiche, das Gesamtergebnis sowie mögliche Ergebnisse gleichwertiger Prüfungen. Auf der 2. Darstellungsebene werden die Prüfergebnisse zu den einzelnen Bewertungskriterien sowie die Anzahl der zu jedem einzelnen Kriterium in die Prüfung einbezogenen pflegebedürftigen Menschen dargestellt. Einzelheiten zu den weiteren Angaben sowie zu deren Anordnung ergeben sich aus der Anlage 4 dieser Vereinbarung *(hier nicht wiedergegeben)*.

§ 6 Inkrafttreten und Kündigung

(1) Diese Vereinbarung tritt zum 1. Februar 2009 in Kraft. Sie kann von jeder Vertragspartei mit einer Frist von sechs Monaten zum Quartalsende gekündigt werden.

(2) Die gekündigte Vereinbarung gilt bis zum Inkrafttreten einer neuen Vereinbarung weiter. Kommt eine neue Vereinbarung innerhalb von sechs Monaten nicht zustande, nachdem eine Vertragspartei schriftlich zu Verhandlungen aufgefordert hat, kann jede Vertragspartei die Schiedsstelle nach § 113b SGB XI anrufen.

(3) Die Vertragsparteien können diese Vereinbarung auch im ungekündigten Zustand einvernehmlich ändern.

Anlage 1. Bewertungskriterien für die Pflegequalität von ambulanten Pflegediensten

Qualitätsbereich 1: Pflegerische Leistungen

Werden die individuellen Wünsche zur Körperpflege im Rahmen der vereinbarten Leistungserbringung berücksichtigt?

Werden die individuellen Wünsche zum Essen und Trinken im Rahmen der vereinbarten Leistungserbringung berücksichtigt?
1. Wurde die vereinbarte Leistung zur Flüssigkeitsversorgung nachvollziehbar durchgeführt?
2. Werden die individuellen Ressourcen und Risiken bei der Flüssigkeitsversorgung erfasst, wenn hierzu Leistungen vereinbart sind?
3. Wird der pflegebedürftige Mensch bzw. sein Angehöriger informiert bei erkennbaren Flüssigkeitsdefiziten?

Anhang zu § 115
Pflege-Transparenzvereinbarung ambulant

4. Wurde die vereinbarte Leistung zur Nahrungsaufnahme nachvollziehbar durchgeführt?
5. Werden die individuellen Ressourcen und Risiken bei der Ernährung erfasst, wenn hierzu Leistungen vereinbart sind?
6. Wird der pflegebedürftige Mensch bzw. sein Angehöriger informiert bei erkennbaren Ernährungsdefiziten?
7. Werden individuelle Ressourcen und Risiken im Zusammenhang mit Ausscheidungen erfasst, wenn hierzu Leistungen vereinbart sind?
8. Wurde die vereinbarte Leistung zur Unterstützung bei Ausscheidungen/Inkontinenzversorgung nachvollziehbar durchgeführt?
9. Wenn bei der Erbringung von vereinbarten Leistungen beim pflegebedürftigen Menschen für den Pflegedienst ein individuelles Dekubitusrisiko erkennbar ist, wird dieses dann erfasst?
10. Wird im Rahmen der vereinbarten Leistung Lagern eine gewebeschonende Lagerung zur Vermeidung von Druckgeschwüren vorgenommen?
11. Werden die individuellen Risiken hinsichtlich der Kontrakturen bei der Erbringung der vereinbarten Leistungen berücksichtigt?
12. Werden die vereinbarten Leistungen zur Mobilität und deren Entwicklung nachvollziehbar durchgeführt?
13. Werden bei Menschen mit Demenz die biografischen und anderen Besonderheiten bei der Leistungserbringung beachtet?
14. Werden die Angehörigen über den Umgang mit demenzkranken Pflegebedürftigen im Rahmen der Leistungserbringung informiert?
15. Liegen bei freiheitseinschränkenden Maßnahmen die notwendigen Einwilligungen oder Genehmigungen vor?

Qualitätsbereich 2: Ärztlich verordnete pflegerische Leistungen

16. Basieren die pflegerischen Maßnahmen zur Behandlung der chronischen Wunden oder des Dekubitus auf dem aktuellen Stand des Wissens?
17. Entspricht die Medikamentengabe der ärztlichen Verordnung?
18. Wird die Blutdruckmessung entsprechend der ärztlichen Verordnung durchgeführt, ausgewertet und werden hieraus die erforderlichen Konsequenzen gezogen?
19. Werden bei beatmungspflichtigen Menschen Vorbeugemaßnahmen gegen Pilzinfektionen in der Mundschleimhaut, Entzündungen der Ohrspeicheldrüse und Lungenentzündung sachgerecht durchgeführt?
20. Wird die Blutzuckermessung entsprechend der ärztlichen Verordnung durchgeführt, ausgewertet und werden hieraus die erforderlichen Konsequenzen gezogen?
21. Wird die Injektion entsprechend der ärztlichen Verordnung nachvollziehbar durchgeführt, dokumentiert und bei Komplikationen der Arzt informiert?
22. Wird mit Kompressionsstrümpfen/-verbänden sachgerecht umgegangen?
23. Wird die Katheterisierung der Harnblase entsprechend der ärztlichen Verordnung nachvollziehbar durchgeführt, dokumentiert und bei Komplikationen der Arzt informiert?
24. Wird die Stomabehandlung entsprechend der ärztlichen Verordnung nachvollziehbar durchgeführt, dokumentiert und bei Komplikationen der Arzt informiert?
25. Ist bei behandlungspflegerischem Bedarf eine aktive Kommunikation mit dem Arzt nachvollziehbar?

Qualitätsbereich 3: Dienstleistung und Organisation

26. Ist aus der Pflegedokumentation ersichtlich, dass ein Erstgespräch geführt wurde?
27. Wird durch den Pflegedienst vor Vertragsbeginn ein Kostenvoranschlag über die entstehenden Kosten erstellt?
28. Gibt es wirksame Regelungen innerhalb des Pflegedienstes, die die Einhaltung des Datenschutzes sicherstellen?
29. Gibt es schriftliche Verfahrensanweisungen zum Verhalten der Pflegekräfte in Notfällen bei pflegebedürftigen Menschen?
30. Werden die Mitarbeiter regelmäßig in Erster Hilfe und Notfallmaßnahmen geschult?
31. Gibt es eine schriftliche Regelung zum Umgang mit Beschwerden?

Pflege-Transparenzvereinbarung ambulant **Anhang zu § 115**

32. Gibt es einen Fortbildungsplan, der sicherstellt, dass alle in der Pflege tätigen Mitarbeiter in die Fortbildungen einbezogen werden?
33. Ist der Verantwortungsbereich/sind die Aufgaben für die leitende Pflegefachkraft geregelt?
34. Ist der Verantwortungsbereich/sind die Aufgaben für die Mitarbeiter in der Hauswirtschaft geregelt?
35. Wird die ständige Erreichbarkeit und Einsatzbereitschaft des Pflegedienstes im Hinblick auf die vereinbarten Leistungen sichergestellt?

Qualitätsbereich 4: Befragung der Kunden

36. Wurde mit Ihnen ein schriftlicher Pflegevertrag abgeschlossen?
37. Wurden Sie durch den Pflegedienst vor Leistungsbeginn darüber informiert, welche Kosten Sie voraussichtlich selbst übernehmen müssen?
38. Werden mit Ihnen die Zeiten der Pflegeeinsätze abgestimmt?
39. Fragen die Mitarbeiter des Pflegedienstes Sie, welche Kleidung Sie anziehen möchten?
40. Kommt ein überschaubarer Kreis von Mitarbeitern des Pflegedienstes zu Ihnen?
41. War der Pflegedienst bei Bedarf für Sie erreichbar und einsatzbereit?
42. Werden Sie von den Mitarbeitern des Pflegedienstes unterstützt/motiviert, sich teilweise oder ganz selber zu waschen?
43. Geben die Mitarbeiter Ihnen Tipps und Hinweise (Informationen) zur Pflege?
44. Hat sich nach einer Beschwerde etwas zum Positiven geändert?
45. Respektieren die Mitarbeiter des Pflegedienstes ihre Privatsphäre?
46. Sind die Mitarbeiter höflich und freundlich?
47. Sind Sie mit den hauswirtschaftlichen Leistungen des Pflegedienstes zufrieden?

Anlage 2

1. Bewertungskriterien

Die 49 Bewertungskriterien für die Veröffentlichung nach § 115 Abs. 1a SGB XI werden folgenden Qualitätsbereichen zugeordnet.

Qualitätsbereich	Laufende Nummern (Anzahl der Kriterien)
1. Pflegerische Leistungen	1 bis 17 (17)
2. Ärztlich verordnete pflegerische Leistungen	18 bis 27 (10)
3. Dienstleistung und Organisation	28 bis 37 (10)
4. Befragung der Kunden	38 bis 49 (12)
Zusammen	1 bis 49 (49)

2. Bewertungssystematik

2.1 Einzelbewertung der Kriterien

Jedes einzelne Kriterium erhält eine Einzelbewertung anhand einer Skala von 0 bis 10, wobei 0 die schlechteste und 10 die beste Bewertung ist. Die Skalenwerte werden nach folgender Tabelle in Noten mit einer Stelle nach dem Komma umgerechnet:

Notenzuordnung Bezeichnung der Note	Skalenwert
Sehr gut (1–1,4)	8,7–10
Gut (1,5–2,4)	7,3 – < 8,7
befriedigend (2,5–3,4)	5,9 – < 7,3
Ausreichend (3,5–4,4)	4,5 – < 5,9
Mangelhaft (4,5–5,0)	0 – < 4,5

Die genaue Zuordnung der Skalenwerte zu den Noten mit den jeweiligen Ausprägungen mit einer Stelle nach dem Komma ergibt sich aus dem Tabellenanhang.

Kundenbezogene Kriterien. Folgende Kriterien werden für jeden einzelnen in die Stichprobe einbezogenen von dem ambulanten Pflegedienst betreuten pflegebedürftigen Menschen bewer-

Anhang zu § 115
Pflege-Transparenzvereinbarung ambulant

tet: 1 bis 28. Ist das Kriterium für den pflegebedürftigen Menschen erfüllt, wird der Skalenwert 10 vergeben, ist es nicht erfüllt, wird es mit dem Skalenwert 0 bewertet. Für alle zur Beurteilung des Kriteriums herangezogenen pflegebedürftigen Menschen wird der Mittelwert errechnet. Beispiel: Das Kriterium ist bei 8 von 10 einbezogenen pflegebedürftigen Menschen erfüllt. Es wird der Skalenwert 8 vergeben. Trifft ein Kriterium für einen pflegebedürftigen Menschen nicht zu, so ist dieses nicht in die Bewertung und Mittelwertberechnung einzubeziehen.

Einrichtungsbezogene Kriterien. Folgende Kriterien lassen ebenfalls nur eine dichotome (erfüllt/nicht erfüllt) Bewertung zu, sind aber auf den gesamten ambulanten Pflegedienst bezogen und daher nur einmal zu bewerten. In diesen Fällen können nur die Skalenwert 10 oder 0 vergeben werden und eine Mittelwertberechnung entfällt: 29 bis 37.

Befragung der Kunden. Die Kriterien Nr. 40, 41, 43, 44, und 46 bis 49 der Kundenbefragung sollen mit folgenden vier Bewertungsgraduierungen und Skalenwerten bewertet werden:

Bewertungsgraduierung	Skalenwert
Immer	10
Häufig	7,5
Gelegentlich	5
Nie	0

Die Kriterien Nr. 38, 39, 42 und 45 lassen nur eine dichotome (erfüllt/nicht erfüllt) Bewertung zu. Für sie können daher nur die Skalenwerte 10 oder 0 vergeben werden. Für die Bewertungen zu jedem einzelnen Kriterium ist der Mittelwert für die Kunden zu ermitteln, die die jeweilige Frage beantwortet haben.

2.2 Bewertung der Qualitätsbereiche

Für jeden der vier Qualitätsbereiche wird als Bereichsbewertung das arithmetische Mittel der Bewertungen der einzelnen Kriterien des jeweiligen Qualitätsbereichs ausgewiesen. Sofern Kriterien nicht zutreffen und daher nicht bewertet werden, gehen sie nicht in die Berechnung der Bewertung des jeweiligen Qualitätsbereiches mit ein.

2.3 Gesamtbewertung

Für die Qualitätsbereiche 1 bis 3 wird als Gesamtbewertung das arithmetische Mittel der Bewertungen der Kriterien 1 bis 37 ausgewiesen. Sofern Kriterien nicht zutreffen und daher nicht bewertet werden, gehen sie in die Berechnung der Gesamtbewertung nicht mit ein.

3. Darstellung der Ergebnisse

Die Ergebnisse der Qualitätsprüfungen werden auf zwei Ebenen (Anlage 4) dargestellt. Eine Veröffentlichung der Landesvergleichswerte erfolgt erst, wenn mindestens 20% der ambulanten Pflegedienste in einem Land geprüft sind. Auf der 2. Darstellungsebene werden die Einzelergebnisse der Kriterien sowie die Anzahl der zu jedem Einzelkriterium in die Prüfung einbezogenen pflegebedürftigen Menschen dargestellt.

Sachverzeichnis

(Fette Zahlen = Paragraphen, magere Zahlen = Randnummern)

Abgeordnete
- Beitragszuschuss **61** 13
- Versicherungspflicht **24**

Abrechnung pflegerischer Leistungen 105

Abruf professioneller Pflegeeinsätze 37 12 ff.
- Durchführung **72** 18
- Kosten **37** 16
- Mitteilungspflicht **106 a; 37** 17
- Sanktionen **37** 18
- Zeitpunkt des Abrufs **37** 13

Änderung
- der Verhältnisse **14** 8; **15** 5; **Vor 28** 9
- des SGB XI **Einl.** 17 ff.

ärztliche Unterlagen 18 11

aktivierende Pflege 11 4; **14** 12, 23; **28** 6 f.

ALG-I-Bezieher
- beitragspflichtige Einnahmen **57** 6
- Beitragstragung **59** 4; **59** 15
- Beitragszahlung **60** 15

ALG-II-Bezieher
- beitragspflichtige Einnahmen **57** 7
- Beitragstragung **59** 5
- Beitragszahlung **60** 4
- Beitragszuschlag für Kinderlose **55** 10
- Landwirte **55** 14

Alltagskompetenz
- Personen mit eingeschränkter – **45a** 4; **45b** 2ff.; **123; 124**

ambulante Pflegeeinrichtung 71 3; s. a. *Pflegeeinrichtung*
- Pflegeangebot **71** 5
- Pflege-Pflichteinsatz **72** 18
- qualitative Voraussetzungen **71** 7, 14
- Selbständigkeit **71** 10
- verantwortliche Pflegefachkraft **71** 14

ambulante Pflegeleistungen 36 2; s. a. *häusliche Pflege*
- Vergütung **89** 3 ff.; s. a. *Vergütungsvereinbarung*

Ambulanter Pflegevertrag
- Abschluss **120** 3 f.
- Kündigung **120** 5
- Vergütung **120** 9

Angehörige; s. a. *Pflegeperson*
- Verträge bei häuslicher Pflege **77** 8

Anlassprüfung 114 5; **11**

Anleitung 14 20, 23

Antrag 8 4; **33** 3 f.

An- und Auskleiden 14 37

Arbeitgeberanteil 1 9

Arbeitnehmer
- beitragspflichtige Einnahmen **57** 5
- Beitragstragung **58** 2 ff.
- Beitragszahlung **60** 5
- Versicherungspflicht **20** 7 ff.

Arbeitsförderungsleistungen
- beitragspflichtige Einnahmen **57** 10
- Beitragstragung **58** 4
- Versicherungspflicht **20** 17

Arbeitsgemeinschaften der Privaten Krankenkassen
- Aufsicht **46** 12
- Prüfung **46** 15

Aufbau des SGB XI Einl. 2

Aufklärung 7 3

Aufsicht 14 20 ff.

Aufstehen 14 36

Aufwendungen für Behandlungspflege und soziale Betreuung als Bestandteile des Pflegesatzes **82** 5; **84** 2, 10

Ausbildungsvergütung 82 a

Ausgleichsfonds Vor 54 7; **65**
- Beitragszuführung durch die DRV Bund **60** 7
- Beitragszuschlag für Alg-II-Empfänger **61** 19
- Direktzahlung an – **60** 15
- Finanzierung durch das Rücklagesoll **64** 4

Auskünfte an Versicherte **108**

Auskunftspflichten
- der Versicherten **51** 5
- Mitglieder der Sozialen Pflegeversicherung **50** 5
- Ordnungswidrigkeiten **112** 6; **121** 6

Ausland
- Anspruch auf Pflegesachleistung **34** 4
- Export von Pflegegeld **34** 5
- Ruhen der Leistungen **34** 4 ff.

Beaufsichtigung 14 20 ff.
Bedarfsgerechtigkeit 69 4
Beginn der Leistungen 33 5
Begutachtung
- Auswahl des Gutachters **18** 10b

Sachverzeichnis

Fette Zahlen = Paragraphen

- Beiziehung ärztlicher Unterlagen **18** 9
- Bindung an Richtlinien **18** 5a
- Dauer der Bearbeitung **18** 10
- Grenzen der Mitwirkung **18** 9
- im Wohnbereich **18** 6ff.
- nach Aktenlage **18** 6
- Übermittlung an Antragsteller **18** 10a

Behandlungspflege 13 9; **14** 13
- als Leistung bei teilstationärer Pflege **41** 5
- Aufwendungen für – als Bestandteil des Pflegesatzes **82** 5; **84** 2, 10
  - bei Kurzzeitpflege **42** 6
  - bei vollstationärer Pflege **43** 4, 10
- konkurrierende Leistungspflicht von Pflegeversicherung und Krankenversicherung **14** 18

Behinderte Menschen in Werkstätten
- beitragspflichtige Einnahmen **57** 11
- Beitragstragung **59** 10

Behinderteneinrichtung 71 2a, 15
- Leistung nach § 43a **15** 9

Behinderung
- und Pflegebedarf **14** 10

Beihilfeberechtigte Personen
- Befreiung von der Versicherungspflicht in der Sozialen Pflegeversicherung **22** 4
- Beitragssatz in der Sozialen Pflegeversicherung **55** 4
- Beitragstragung **58** 5
- berücksichtigungsfähige Angehörige **28** 5
- kein Beitragszuschuss **61** 13
- Leistungsumfang **28** 4ff.
- Meldepflicht **23** 11
- Versicherungspflicht in der Privaten Pflegeversicherung **23** 9ff.

beihilfekonforme Versicherung 23 10, 29f.

Beiträge
- Beitragsbemessung **54** 5
- Beitragsbemessungsgrenze **Vor 54** 4; **54** 5; **55** 4
- Beitragsfreiheit **56**
- beitragspflichtige Einnahmen **Vor 54** 4; **57** 3ff.
- Beitragsrecht **Einl.** 4; **Vor 54** 2ff.; **54** 2ff.
- Beitragssatz **Vor 54** 3; **55** 3
- Beitragssatzstabilität **Vor 54** 4; **70** 2ff.
- Beitragstragung **Vor 54** 5; **58**; **59**
- Beitragszahlung **Vor 54** 5; **60**
- Beitragszuschuss **61**
- für Pflegepersonen
  - an berufsständische Versorgungswerke **44** 20
  - an Träger der GRV **44** 4ff.
- Selbstzahler **46** 8; **55** 9; **57** 25
- Zahlungsauftrag und -weg **60** 12ff.

Beitragsbescheide
- Erlass an Selbstzahler **46** 8
- Sozialen Pflegeversicherung als Urheber **46** 6f.

Beitragssatzstabilität Vor 54 3; **70** 2ff.

Beitragstragung
- bei nicht versicherungspflichtig Beschäftigten **59** 2ff.
- bei versicherungspflichtig Beschäftigten **58** 2ff.
- Grundsätze **Vor 54** 57
- Kinderlosenzuschlag **58** 7; **59** 19
- Krankengeldbezieher **59** 15f.
- Kurzarbeiter **58** 6, 10
- Rechtssicherheit bei Vergütung **70** 4
- Reformationstag 2017 **58** 9a
- Streichung eines Feiertages **58** 8ff.

Beitragszuschlag für Kinderlose
- Ausnahmen **55** 10
- Eltern ohne Erziehungsbeitrag **55** 8
- für Alter oder Risiko **54** 5
  - landwirtschaftliche Unternehmer **55** 13
  - Grundsätze **55** 8
- Tragung s. *Beitragstragung*

Beitragszuschuss 61

Beitrittsgebiet 54 6; **55** 5
- abweichende Beitragsbemessung **54** 6; **55** 4, 6

Belastungsgrenze
- Zuzahlung bei Hilfsmitteln **40** 28

Benachrichtigungspflicht
- bei drohender Pflegebedürftigkeit **7** 4

Beratung 7 3; **72** 20

berufliche Weiterbildung 44 20

Beschäftigte s. *verspflichtig Beschäftigte*

Beschäftigungsverhältnis mit einzelner Pflegekraft **77** 9

Bescheinigung des Versicherungsunternehmens für Beitragszuschuss **61** 11

Bestandschutz für Pflegeeinrichtungen **73** 5ff.

Beteiligungsrecht im Rahmen der
- Qualitätsprüfungen **114a** 7
- Schaffung oder Änderung von Richtlinien **118** 2ff.
- Schaffung von Expertenstandards **113a** 4
- Vereinbarung von Maßstäben und Grundsätzen **113** 5f.

Betretungsrecht bei Prüfungen 114a 5

Betreuung des Pflegebedürftigen; *s. a. soziale Betreuung*
- als Hilfeleistung **14** 20
- durch die PK **12** 7; **Vor 28** 11
- niedrigschwellige Betreuungsangebote **45c** 4

Betreuungsgeld, Beitragsfreiheit des – **56** 11

Betreuungsleistungen
- als Sachleistung **36** 9; **124**

Magere Zahlen = Randnummern **Sachverzeichnis**

- für Personen mit eingeschränkter Alltagskompetenz **45b** 2ff.
- für Pflegebedürftige **45b** 5a; **124** 3ff.
- zu Lasten der Eingliederungshilfe **36** 10
Betriebsmittel 62 2; **63** 2; **64** 2
Bisher nicht Versicherte s. *Rückkehrer in die Sozialen Pflegeversicherung*
Blindenhilfe und Leistungen der Pflegeversicherung **13** 23
Bund
- Aufgaben **10**
- Bundespflegeausschuss **10** 2f.
Bundesverband der Privaten Krankenkassen 53 2ff., s. a. *Spitzenverband Bund*
Bundesversorgungsgesetz
- Pflegeleistungen nach dem BVG **13** 4f.
- Versicherungspflicht für Bezieher von Gesundheitsleistungen nach dem BVG **21** 6
Bußgeldvorschrift 112

Datenschutz
- allgemeine Grundsätze **Vor 93**
- anzuwendende Vorschriften **93** 2
- bei Beratung durch die PK **7** 5
- bei Qualitätsprüfungen **80** 6; **97c** 2f.
- Daten zur Durchführung der sozialen Sicherung von Pflegepersonen **44** 22
- Datenaustausch mit DRV Bund **50** 7
- Datentransfer zwischen KK und PK **50** 7
- Löschen von Daten **107**
- personenbezogene Daten
  - bei den Privaten Krankenkassen **94**
  - bei den Verbänden der Privaten Krankenkassen **95**
  - beim Medizinischen Dienst **97** 2f.
- Forschungsvorhaben **98**
- gemeinsame Verarbeitung und Nutzung durch PK und KK **96** 2ff.
- Stellen gem. § 47a **47a** 4, 6
- unabhängige Gutachter **97d** 2ff.
Dauer
- der Leistungsgewährung **Vor 28** 9
- der Pflegebedürftigkeit **14** 7f.
Deckenlift 40 10
Diakonissen s. *Geistliche Genossenschaften, Mitglieder von* –
Dynamisierung 30 2

Ehegatte
- Beitragsfreiheit des hinterbliebenen – **56** 6ff.
- Familienversicherung **25** 4
- Höchstbeitrag in der Privaten Pflegeversicherung **110** 18
- nicht erwerbsmäßige Pflegeperson **19** 13
- Unterhaltsanspruch und Pflegegeld **13** 30ff.

Ehrenamtliche Pflege 19 5
- Förderung ehrenamtlicher Strukturen **45d**
Eigenverantwortung 6
Eingliederungshilfe 13 20
Einigungsverfahren der KK-Verbände und Sozialhilfeträger **81** 4
Einkaufen 14 41
einkommensabhängige Sozialleistungen 13 26ff.
Einrichtung s. *Pflegeeinrichtung*
- der Behindertenhilfe **43 a**
Einrichtungsträger
- Vielfalt der Träger **11** 5; **69** 7
Einsatzbereitschaft, ständige – **15** 8
Einstufung 15 2ff.; s. a. *Pflegestufen*
Eltern s. *Beitragszuschlag für Kinderlose*
Elterngeld
- Beitragsfreiheit des – **56** 11
Entschädigungsleistungen
- aus der Gesetzlichen Unfallversicherung **13** 6
- nach dem BVG **13** 4
entsprechende Anwendung des BVG **13** 5
Erforderlichkeit
- stationärer Pflege **43** 2, 20
Ergebnisqualität Vor 112 6; **114** 1, 7ff.
Erhöhung des Pflegebedarfs 14 8; **15** 5
Ernährung 14 30
Ersatzpflege 39 2, 5; s. a. *Verhinderungspflege*
- durch Familienangehörige **39** 10ff.
Erwerbsmäßigkeit der Pflegetätigkeit **19** 8ff.
Erziehungsgeld 56 8
- Beitragsfreiheit des – **56** 11
EU-Bezug 34 5
Expertenstandards 113a
- Festsetzung durch Schiedsstelle **113b** 4
- Säule der Pflegequalität **Vor 112** 3
- Verantwortung der Pflegeeinrichtungen **112** 3
Export von Pflegeleistungen **34** 4ff.

Familienversicherung Vor 20 3; **25**
- Beitragsfreiheit **56** 3
- Ehegatten
  - in der Privaten Pflegeversicherung **110** 18
  - in der Sozialen Pflegeversicherung **25** 4
- Kinder
  - in der Privaten Pflegeversicherung **110** 16
  - in der Sozialen Pflegeversicherung **25** 4, 12ff.
- Nachweispflicht **100**
- Voraussetzungen in der Sozialen Pflegeversicherung **25** 5ff.

711

Sachverzeichnis

Fette Zahlen = Paragraphen

Fehlverhalten im Gesundheitswesen 47a
Feiertag
- Aufhebung **Vor 54** 5; **58** 8 ff.
- Einfluss auf den Beitragszuschuss **61** 5
- Modalitäten der Zahlung in den Pflegevorsorgefonds **135** 3
Festbeträge für Pflegehilfsmittel **78** 6
Finanzausgleich 65 bis 68
Finanzierung der Sozialen Pflegeversicherung **1** 8; **Vor 54**; **Vor 82** 4
- Beiträge **54** 2 f.
- Finanzausgleich **Vor 54** 7; **65** 2 ff.; **66**
  - Jahresausgleich **68**
  - monatlicher Ausgleich **67**
- monistische –, duale – **9** 4; **Vor 82** 4
- Risikoausgleich in der Privaten Pflegeversicherung **111** 2 ff.
- Zuschuss durch Bund oder Länder **54** 4
Förderung beruflicher Weiterbildung **44** 20
Fortbestehen der Mitgliedschaft
- Beginn und Ende **49** 4
freiwillige Mitglieder der Gesetzlichen Krankenversicherung
- Befreiung von der Versicherungspflicht **22** 2 ff.
- Beitragsbemessung im Krankengeldbezug **57** 18
- beitragspflichtige Einnahmen **57** 25 ff.
- Beitragstragung **59** 19
- Beitragszuschuss **61** 4
- keine Beitragstragung für freiwillig GKV-versicherte Kinder **56** 3
- Versicherungspflicht in der Sozialen Pflegeversicherung **20** 30
freiwillige Mitglieder der Sozialen Pflegeversicherung s. Weiterversicherte
Freiwilligendienste
- Beitragstragung **58** 12
- Beitragszuschlag **55** 10
- Mitgliedschaft **49** 4
Fremdgefährdung 14 20
Fürsorgeleistungen zur Pflege **13** 10 ff.

Gebührenordnung 90
Gehen 14 38
geistig Behinderte 14 20 ff.
- Kinder **15** 13
Geistliche Genossenschaften, Mitglieder von –
- beitragspflichtige Einnahmen **Vor 54** 4; **57** 30
- Beitragstragung **59** 18
Gesetzliche Krankenversicherung
- Abgrenzung gegenüber der Sozialen Pflegeversicherung **Einl.** 14
- Beitragszuschüsse für Krankenversicherung von Pflegepersonen **44a** 4

Gesetzliche Unfallversicherung
- Pflegeleistungen aus der Gesetzlichen Unfallversicherung **13** 6; **44** 16 ff.
Gleichstellungssachverhalt Einl. 13
Gleitzone
- beitragspflichtige Einnahmen **57** 5
- Beitragstragung **58** 9, 11
Grundpflege 14 25
Gutachten, Gutachter s. Begutachtung
Gutachter, unabhängige
- Richtlinien **53b**
- Vereinbarungen **53b** 3

Haarpflege 14 24
Härtefall
- bei häuslicher Pflege **36** 14
- bei stationärer Pflege **43** 18 ff.
- Kombinationsleistungen **38** 4d
- Leistungsgrenzen **Vor 28** 8; **36** 12 ff.
- Richtlinien **17** 7; **Vor 28** 10; **36** 15
Häusliche Krankenpflege 13 8; **34** 14
Häusliche Pflege 3; **36** 4 ff.; **77** 2
- Aufenthaltsort des Pflegebedürftigen **36** 5
- durch einzelne Pflegekräfte **77**
  - Gründe für Verträge mit einzelnen Pflegekräften **77** 5
  - Verbot eines Beschäftigungsverhältnisses **77** 10
  - Verträge mit Angehörigen **77** 8
- Pflegevertrag **119**
- und Pflege in Behinderteneinrichtung **43a** 5
Haushalt 36 5
hauswirtschaftlicher Versorgungsbedarf 14 41
- bei Kindern **15** 12
- Einkaufen **14** 41
- Kochen, Abgrenzung zur Nahrungsaufnahme **14** 30 ff.
- und Pflegezulage nach § 35 BVG **13** 4; **34** 9
Heilfürsorgeberechtigte
- Beitragssatz in der Sozialen Pflegeversicherung **55** 4
- Beitragstragung **58** 5
- kein Beitragszuschuss **61** 13
- Meldepflichten für Dienstherrn **51** 6
- Versicherungspflicht in der Privaten Pflegeversicherung **23** 13
Heimaufsichtliche Behörden
- Abfrage von Prüfergebnissen **114** 10
- Anordnungen, Pflegesatzrelevanz **117** 5
- Mitteilung von Prüfergebnissen **115** 3
- Zusammenarbeit mit der – **117**
Heimentgelt
- und Leistungen bei vollstationärer Pflege **43** 12, 21

Magere Zahlen = Randnummern

Sachverzeichnis

Heimgesetz
- Pflegevergütung und Heimgesetz **Vor 82** 8
- Verhältnis zur Pflegeversicherung **11** 7

Heimrecht s. *Qualitätssicherung*
Heimverträge 119
Hilfebedarf 14 3, 20; **15** 4, 8
- bei der Leistung nach § 43a **15** 9

Hilfeleistung
- Arten **14** 11 ff.

Hilfsmittel s. *Pflegehilfsmittel*
Hilfsmittelverzeichnis 78 8

Inaugenscheinnahmerecht bei Prüfungen **114a** 6
Inkrafttreten Einl. 16
Interessenvertretungen Pflegebedürftiger, Beteiligung **118**
Investitionskosten
- Finanzierung **9** 4, 7; **Vor 82** 5; **82** 8
- Förderung der –
  - in den neuen Bundesländern **9** 8
  - und Wettbewerb **9** 9; **72** 12; **82** 6
- nicht Leistungsinhalt bei stationärer Pflege **43** 11
- Umlage auf Pflegebedürftige **82** 9 f.
- VO über die Abgrenzung der in der Pflegevergütung nicht zu berücksichtigenden Investitionsaufwendungen **83** 5

Jugendhilfe, Personen in Einrichtungen der –
- beitragspflichtige Einnahmen **57** 9
- Beitragstragung **59** 8

Kennzeichen
- über Leistungsträger und Leistungserbringer **103**

Kinder
- Beurteilung der Pflegebedürftigkeit **15** 10
- geistig behinderte Kinder **15** 13
- Zeitaufwand der Pflege **15** 11

Kinderlose Mitglieder s. *Beitragszuschlag*
Körperpflege 14 29
Kollektivverträge 75 2; **Vor 82** 2; **86** 2
Kombinationsleistungen
- allgemein **Vor 28** 5
- bei Härtefall **38** 4
- bei Kostenerstattung **91** 6
- bei Pflege in Behinderteneinrichtung **43a** 5
- häusliche und stationäre Pflege **38** 3
- Pflegegeld und Ersatzpflege **37** 10
- Pflegegeld und Kurzzeitpflege **37** 10
- Pflegegeld und Pflegesachleistung **38** 2
- teilstationäre und häusliche Pflege **41** 2, 6
- Verhinderungspflege und andere Pflegeleistungen **39** 13 f.
- Verhinderungs- und Kurzzeitpflege **42** 2, 11

Kommunikation 13 11; **28** 15; **124**
Kontrahierungszwang
- der privaten Krankenkassen gegenüber zugelassenen Pflegeeinrichtungen **72** 5
- in der Privaten Pflegeversicherung **110** 5

Kostenerstattung s. *Leistungen der Pflegeversicherung*
Krankengeld
- Beitragspflicht **Vor 54** 7 f.
- beitragspflichtige Einnahmen **57** 16 ff.
- Beitragstragung **59** 15 f.
- Beitragszahlung **60** 11
- Kinderkrankengeld **57** 23a
- Landwirtschaftliche Unternehmer **57** 19
- Organspende **59** 16

Krankenpflege 13 8
Krankheit 14 9 f.
Kriegsopferfürsorge
- Pflegeleistungen **13** 19
- Versicherungspflicht bei Bezug von – **21** 9
- Verteilungsschlüssel **59** 17

Kriegsschadenrente
- Versicherungspflicht **21** 8

Kündigung
- bei Qualitätsmängeln **115** 12
- eines privaten Pflegeversicherungsvertrages **23** 22; **27** 2 ff.; **51** 7
- eines Versorgungsvertrages **74**
  - fristgebundene **74** 4
  - fristlose **74** 5
  - Schriftform **73** 3; **74** 6
- Vertrag über ambulante Pflegeleistungen **120** 5
  - Voraussetzungen **74** 3

Künstler und Publizisten
- beitragspflichtige Einnahmen **57** 8
- Beitragstragung **58** 7
- Versicherungspflicht **20** 19

Kurzarbeitergeld
- beitragspflichtige Einnahmen **57** 4
- Beitragstragung **58** 6, 10
- Beitragszuschlag für Kinderlose **60** 19
- Beitragszuschuss **61** 5

Kurzzeitpflege 42
- Leistungsgrenzen **42** 6
- Verhältnis zu anderen Leistungen **42** 2, 11
- Voraussetzungen **42** 3, 7
- Vorrang gegenüber vollstationärer Pflege **3** 4

Länder
- Aufgaben **9** 3 ff.
- Ausführungsgesetze **9** 6, 9
- Bedarfszulassung **72** 12; **82** 6
- Investitionsförderung **9** 4; **82** 6
- Landespflegeausschüsse **92** 2 f.
- Landespflegegesetze **9** 9

713

Sachverzeichnis

Fette Zahlen = Paragraphen

- neue Bundesländer **9** 8
- Planungshoheit bei Pflegeeinrichtungen **72** 12

Laienpflege
- Maßstab für Zeitbedarf **15** 15

Landesverband der Privaten Krankenkassen **52**
- Aufgaben **52** 4; **81** 3
- Aufsicht **52** 5
- Einigungsverfahren **81** 4
- Passivlegitimation **52** 3

Landwirtschaftliche Unternehmer
- beitragspflichtige Einnahmen **55** 12; **57** 24
- Beitragstragung **59** 6
- Beitragszahlung **60** 9
- Familienversicherung **25** 11
- Krankengeldbezug **57** 19
- landwirtschaftliche Rentner *s. Rentner*
- Meldepflicht **50** 3
- mitarbeitende Angehörige **57** 18; **59** 6
- Rentenantragsteller **56** 4, 9; **57** 28
- Versicherungspflicht **20** 18

Lebenserwartung, geringe – **14** 7
Lebensqualität 115 4
leihweise Überlassung von Hilfsmitteln **40** 3, 24

Leistungen der Pflegeversicherung
- Anpassung **30**
- Antrag **8** 4; **33** 3 ff.
- Art und Umfang **4** 5; **Vor 28** 4 ff.; **28** 3 f.; **36** 11 f.
- Aufklärung, Beratung **7** 3
- Auswirkungen von Rahmenverträgen **75** 3
- Beginn **33** 5
- bei Pflege in Behinderteneinrichtung **43a** 3
- Berücksichtigung als Einkommen **13** 25 ff.
- Betreuungsleistungen **45b**; **124** 4
- Dauer der Leistungsgewährung **Vor 28** 9
- Ergänzungsfunktion **4** 6
- Erlöschen **35**
- Geldleistungen **4** 3; **37**
- Grundpflege/hauswirtschaftlicher Versorgungsbedarf **14** 25 ff.
- Häusliche Pflege **3**; **36** 3 ff.; **77** 2
- Hilfsmittel *s. Pflegehilfsmittel*
- Höchstgrenzen **4** 7; **Vor 28** 6 ff.; **36** 12; **37** 9 f.; **39** 9 ff.; **43** 9
- Kombinationsleistungen **Vor 28** 5; **38** 2 ff.; **39** 13; **41** 2, 6; **42** 2, 11
- Kostenerstattung **4** 3; **29** 5; **43** 8; **Vor 82** 6; **91** 4
  - Auswirkungen bei Kombi-Leistung **91** 6
  - Information über Begrenzung der – **91** 7
  - Umschichtung von Sachleistung in Kostenerstattung **45b** 7
- Kurzzeitpflege **42**; *s. a. dort*
- Mindeststandard **11** 3
- Natural- bzw. Sachleistungen **4** 3; **Vor 28** 2 f.; **69** 2
- Pflegegeld **37**; *s. a. dort*
- Pflegekursus **45**; *s. a. dort*
- Pflegesachleistung **36** 2; *s. a. häusliche Pflege*
- Qualität **28** 5
- Ruhen **34**; *s. a. dort*
- Selbstbestimmungsrecht **2** 2 ff.; **3** 3
- soziale Sicherung von Pflegepersonen *s. Pflegeperson*
- stufenweise Einführung **1** 7
- teilstationäre Pflege **41**; *s. a. dort*
- Überblick **Vor 28** 1; **28** 2 f.
- und Fürsorgeleistungen **13** 11 ff.
- und häusliche Krankenpflege **13** 8; **34** 14 ff.
- und Heimentgelt **43** 21
- und Pflegeleistungen
  - aus der Gesetzlichen Unfallversicherung **13** 6
  - nach dem BeamtVG **13** 7
  - nach dem BVG **13** 4
  - und Unterhaltsrecht **13** 30
- Verbesserung des Wohnumfeldes *s. Wohnumfeld*
- Verhältnis zu anderen Sozialleistungen **Einl.** 11; **13**; **34** 9 ff.
- Verhinderung der Pflegeperson **39** 2 ff.
- vollstationäre Pflege **43**; *s. a. dort*
- Voraussetzungen, allgemeine **33** 2 ff.
- Wahlrecht **2** 4
- Wirtschaftlichkeitsgebot *s. dort*

Leistungsberechtigter Personenkreis Vor 14 ff.

Leistungsdaten
- Übermittlungspflicht der Leistungserbringer **104**

Leistungserbringerrecht Einl. 3; **Vor 69** 1 ff.; **Vor 82** 1 ff.; *s. a. Pflegeeinrichtungen*

Leistungserbringung
- durch zugelassene Einrichtungen **29** 5; **Vor 69** 1

leistungsgerechte Vergütung 84 9 ff.

Leistungsvoraussetzungen
- Aufzeichnung der Angaben über – **102**

Maßnahme zur Verbesserung des Wohnumfeldes *s. Wohnumfeld*

medizinischer Dienst 18 2 ff.
- Auftragnehmer von Qualitätsprüfungen **114** 3
- Beratung bei Qualitätssicherung **112** 2, 5
- Berichtspflicht über Qualitätsprüfungen **114a** 9

Magere Zahlen = Randnummern

Sachverzeichnis

- Durchführung von Qualitätsprüfungen **114a**
- Sachverständigengutachten **18** 3
- Stellungnahme gegenüber der Pflegekasse **18** 13
- Tragung von Prüfkosten **114** 12
- Untersuchung im häuslichen Bereich **18** 6
- Zusammenarbeit **53a**
- Zusammenarbeit mit heimaufsichtsrechtlichen Behörden **117** 3ff.
- Zusammensetzung **18** 16

medizinisch-pflegerische Erkenntnisse 11 3; **28** 5; **69** 4
- als Maßstab von Qualitätsprüfungen **114** 9
- in den MuG **113** 2
- Konkretisierung durch Expertenstandards **113a** 3

Melde- und Auskunftspflichten
- Ordnungswidrigkeiten **112** 4ff.
- zur Durchführung der Privaten Pflegeversicherung **51**
- zur Durchführung der Sozialen Pflegeversicherung **Vor 46** 4; **50** 2ff.

Meldepflichten
- in der Sozialen Pflegeversicherung **50**
- Ordnungswidrigkeit **121** 2ff.

Minderung des Pflegebedarfs 15 5
Mindestpflegezeit s. *Pflegeperson*
Mitgliedschaft 49
Mitgliedschaft in der Sozialen Pflegeversicherung
- Beginn und Ende **49** 3
- beitragspflichtige Einnahmen **57** 27
- Beitragstragung **59** 17
- Beitragszahlung **60** 3, 13
- Erlöschen der Leistungsansprüche **35** 2
- Meldepflichten **50** 4
- Weiterversicherte **49** 9
- zuständige Pflegekasse **Vor 46** 2f.; **48** 3ff.
- Zuständigkeit **48** 5f.

Mitteilungspflicht bei Pflegeeinsätzen nach § 37 Abs. 3 **106a**; **37** 13
Mitwirkungspflicht
- ambulante Pflegedienste **120** 4
- bei Rehabilitation **31** 2
- beim Abruf von Pflegesachleistungen **37** 12
- beim Bezug von Pflegegeld **37** 12
- der Pflegeeinrichtung bei der Wirtschaftlichkeitsprüfung **79** 4
- des Pflegebedürftigen im Feststellungsverfahren **18** 7f.
- Mitglieder und Versicherte **50** 4
- Prüfstellen **115** 3
- stationäre Einrichtungen **114** 6a; **115** 10

Mobilität 14 24f.
Modellvorhaben
- Abstimmung von Qualitätsprüfungen mit den heimaufsichtrechtlichen Behörden **117** 6

Mutterschaftsgeld, Beitragsfreiheit **56** 11

Nachrang von Fürsorgeleistungen **13** 11
Nachweispflichten bei Pflegesatzvereinbarung **85** 6
nächtlicher Hilfebedarf 15 8
Nahrungsaufnahme, -vorbereitung **14** 30
Naturalleistung s. *Leistungen der Pflegeversicherung*
Niedrigschwellige Betreuungsangebote 45c 4
- Anerkennung **45b** 10
- aus der Gesetzlichen Unfallversicherung **13** 6
- Modellvorhaben **45c** 5

Niedrigschwellige Entlastungsangebote 45c 4a

Ordnungswidrigkeiten 112 4ff.; **121**
- zuständige Verwaltungsbehörde **112** 11

Organspende
- Beitragstragung **59** 16
- Beitragszahlung **60** 12
- Bemessung des Krankengeldes **57** 21

Personen mit eingeschränkter Alltagskompetenz 45a
- Betreuungsleistungen **124** 5
- Leistungen **45b**; **123**
- Richtlinien für Hilfebedarf **17** 2; **45b** 4

Personenkreis, versicherter – s. *Versicherungspflicht*

Pflege
- Bericht **10** 5
- häusliche – s. *häusliche Pflege*
- Infrastruktur, Versorgungsstruktur **8** 3; **9** 5ff.; s. a. *Zuständigkeit*
- Kurzzeit- s. *Kurzzeitpflege*
- teilstationäre – s. *teilstationäre Pflege*

Pflegebedarf s. *Hilfebedarf*
pflegebedingte Aufwendungen 41 5; **43** 4; **Vor 82** 3
Pflegebedürftiger
- Mitwirkungspflicht s. dort
- Rücksichtnahme auf religiöse Bekenntnisse **2** 5
- Selbstbestimmungsrecht **3** 3
- Schutz des Pflegebedürftigen **115** 19
- Teilnahme an Qualitätsprüfung **114** 6
- Wahlrecht **2** 4; **13** 14

Pflegebedürftigkeit
- auf Dauer **14** 7f.

715

Sachverzeichnis

Fette Zahlen = Paragraphen

- bei Vorliegen der Schwerbehinderteneigenschaft oder von Hilflosigkeit **14** 3
- Definition **14** 3
- Feststellung **18** 3
- im Sinne des Sozialhilferechts **13** 11
- maßgebende Verrichtungen **14** 3 ff.
- Minderung oder Erhöhung **15** 5
- Richtlinien der Spitzenverbände **17** 2; **53a** 2 ff.; **14** 3; **38**
- Vermeidung von – **6** 3

Pflegebedürftigkeits-Richtlinien 14 2; **17**
- Rechtsqualität **17** 4

Pflegeeinrichtung; *s. a. ambulante / stationäre* –
- Bestandschutz **73** 5 ff.
- Definition **71**
- Mindeststandard **11** 3; **69** 4
- Mitwirkungspflicht **79** 4
- qualitative Anforderungen **71** 7 ff.
- Rechte und Pflichten **71**
- Rechtsschutz **73** 4; **74** 6; **84** 12
- selbständig wirtschaftende – **71** 10
- stationäre – **71** 6, 9
- Verhältnis zu den Privaten Krankenkassen **Vor 69** 2
- Vorhaltung von -en, Aufgabe der Länder **9** 5
- Wirtschaftlichkeitsprüfung **79** 2 ff.
- Zulassungsvoraussetzungen **71** 2a, 7 ff., 15; *s. a. Zulassung*

Pflegeeinsatz; *s. a. Abruf professioneller Pflegeeinsätze*
- Häufigkeit **15** 3; **36** 12
- Mitteilungspflicht des Pflegedienstes **106 a** 2

Pflegefachkraft
- Anerkennung als – **71** 12
- bei ambulanter Pflege **71** 7 f.
- bei stationärer Pflege **71** 9; **12** 13

Pflegegeld 37
- als Einkommen **13** 25 ff.
- Fortzahlung bei Krankenhausaufenthalt **34** 17
- Höhe **37** 2, 9 f.
- im Sterbemonat **37** 11
- Pflegegeld nach SGB XII **13** 16
- Qualifizierung als Geldleistung **4** 3
- Sicherstellung der Pflege **37** 7
- und Kurzzeit- oder Ersatzpflege **37** 10; **38** 7
- und Unterhaltsrecht **13** 30
- Voraussetzungen **37** 6 f.

Pflegeheim *s. Pflegeeinrichtung*

Pflegehilfsmittel 40; 78
- Abgrenzung allgemeiner Gebrauchsgegenstand **40** 7
- Abgrenzung bei stationärer Pflege **40** 15
- Abgrenzung Soziale Pflegeversicherung / Gesetzliche Krankenversicherung **40** 14
- Abgrenzung zur Wohnumfeldverbesserung **40** 10
- Anpassung und Ausbildung **40** 25
- Ausstattung, besondere – **40** 19
- dauerhafter Einbau **40** 10
- Festbeträge **78** 6; **40** 7
- Hilfsmittelverzeichnis **40** 5; **78** 5
- leihweise Überlassung **40** 3, 24
- Leistungsvoraussetzungen **40** 6 ff.
- Mehrkosten für besondere Ausstattung **40** 19
- private Pflegeversicherung **40** 18
- Selbstbeteiligung **40** 3, 21 f., 27
- stationäre Pflege **40** 15 ff.
- technische **40** 23
- Umfang des Anspruchs **40** 26
- Verträge mit Leistungserbringern **78** 3
- zum Verbrauch bestimmte **40** 21 f.
- Zuordnung der Verwaltungszuständigkeit **40** 38
- zur Ermöglichung einer selbständigeren Lebensführung **40** 9
- Zuständigkeit anderer Träger **40** 11 ff.
- Zuzahlung *s. Selbstbeteiligung*

Pflegekasse
- Aufgaben **1** 5, 6; **12**
- Aufsicht **46** 11
- Arbeitsgemeinschaften **12** 5
- Betreuung der Pflegebedürftigen **12** 6
- Betriebsmittel **63** 2
- Errichtung **46** 3
- Finanzausgleich **Vor 54** 10; **65**
- Haushaltsrecht **Vor 54** 6; **62; 63; 64**
- Kosten der Organleihe **46** 9
- Mitgliedschaft in einer – **49**
- Organisation **46** 6
- Organleihe **46** 2
- Pflicht zur Zusammenarbeit **12** 4
- Prüfung **46** 13 ff.
- Rücklage **64** 2
- Satzung **47** 2
- Selbstverwaltung **46** 2
- Vereinigung, Auflösung, Schließung **46** 10
- Verhältnis zu den Pflegeeinrichtungen **Vor 69** 2
- Verwaltungsgemeinschaft *s. Organleihe*
- Verwaltungskosten **46** 9
- Zuständigkeit **Vor 46** 2; **48**

Pflegeklasse
- Bemessungskriterium für Pflegesatz **84** 4
- entsprechend der Pflegestufe **84** 8
- Zuordnung **43** 10; **84** 7 ff.

Pflegekraft; *s. a. Pflegefachkraft und Pflegeperson*
- angestellte – **69** 2; **77** 2, 7; **90** 5
- geeignete – **36** 6
- selbständige – **77** 3 ff.
- Vertrag mit einzelner – **77**

Magere Zahlen = Randnummern

Sachverzeichnis

Pflegekrankenversicherung
- ergänzende – **Vor §§ 126–130** 1
- geförderte – **Vor §§ 126–130** 1
- Kalkulation **127** 15 ff.
- Kindernachversicherung **126** 7
- Kontrahierungszwang **127** 19
- Kosten **127** 35
- Leistungen **127** 24 ff.
- Mehrfachversicherung **126** 11; **127** 19
- Musterbedingungen (MB/GEPV) **Vor §§ 126–130** 9; **127** 14, 36 ff.
- Rechtsverhältnisse **Vor §§ 126–130** 8 f.
- Risikoausgleich **127** 40
- Versicherungsfähigkeit **126** 11; **127** 20; **128** 19
- Wartezeit **127** 29; **129** 2 ff.

Pflegekursus 45 2 ff.
- Durchführung **45** 5
- Teilnahmeberechtigung **45** 3

Pflegeleistungen s. a. *Leistungen der Pflegeversicherung*
- Abgrenzung zu den Pflegeleistungen nach SGB XII **13** 11 ff.
- Berücksichtigung als Einkommen **13** 25 ff.
- durch eine Stelle **13** 24
- im Rahmen der Eingliederungshilfe **13** 20

Pflegeperson 19
- Ausübung einer Erwerbstätigkeit **19** 7
- Berücksichtigung des Entgelts als Einkommen **13** 27 ff.
- Beschäftigungsverhältnis **19** 13
- ehrenamtliche – **45** 5
- Ersatz bei Verhinderung **39** 4 ff.
- Familienangehörige **19** 13
  - bei Ersatzpflege **39** 6, 10 ff.
- Förderung beruflicher Weiterbildung **44** 20
- Mindestpflegezeit **19** 15; **44** 22 f.
- nichterwerbsmäßige **19** 8 ff.
- Pflegegeld **37** 3
- Pflegeunterstützungsgeld **44a** 7 ff.
- soziale Sicherung **19** 4; **34** 18; **44** 2 ff.
  - Arbeitslosigkeit nach Pflege **44** 20
  - Beiträge zur Gesetzlichen Rentenversicherung **44** 4 ff.
  - Feststellung des Zeitaufwands **44** 14
  - Meldung zur Gesetzlichen Unfallversicherung **44** 17
  - neben der Pflegesachleistung **4** 6
  - Versicherungsfreiheit in der GRV **44** 12
- Vergütung **90** 4
- Verhinderung **39** 3, 5

Pflegequalität s. *Qualitätssicherung*

Pflegesachleistung 36 2
- Härtefall **36** 14
- Leistungshöhe **36** 12

Pflegesatz
- allgemeine Grundsätze **84** 2 ff.
- Aufwendungen für Behandlungspflege und soziale Betreuung als Bestandteil des – **82** 5; **84** 2, 10
- Bemessung nach Pflegeklassen **43** 8; **84** 3
- Geltungsdauer **85** 9
- Geschäftsgrundlage **85** 10
- Gruppen- **86** 4
- -kommission **85** 2; **86** 2 ff.
- leistungsgerechte Vergütung **84** 9 ff.
- Parteien der -vereinbarung **85** 5
- pflegesatzfähige Aufwendungen **82** 6
- prospektiver – **85** 3
- Schiedsstelle **85** 8
- Übergangsrecht **85** 11
- umfassende Finanzierung **84** 6; **89** 9
- Vereinbarung des -es **85** 4, 7; **86** 2
- -verfahren **85** 3
- -zeitraum **85** 6

Pflegestufen Vor 14 ff. 3
- bei der Leistung nach § 43a **15** 9
- bei stationärer Pflege **43** 2
- Besonderheiten bei Kindern **15** 10
- Beziehung zur Pflegeklasse **84** 8
- die einzelnen – **15** 6 ff.
- Zuordnung zu – **14** 8; **15** 2 ff.

Pflege-Tagebuch 15 18; **18** 4

Pflege-Transparenzvereinbarung 115 7 ff.; **Anhang zu 115**

Pflegeunterstützende Maßnahmen 14 13

Pflegeunterstützungsgeld 44a 7 ff.

Pflegevergütung Vor 82 3; s. a. *Vergütungsvereinbarung*
- Abgrenzung von anderen Entgelten **82** 2, 7
- Aufwendungen für Behandlungspflege und soziale Betreuung **82** 3, 5; **84** 10
- Kürzung der stationären – **115** 13 ff.
- leistungsgerechte – **82** 3
- Schuldner der – **82** 5
- Vertrag über ambulante Pflege **120** 9
- VO zur Regelung der – **83**

Pflegevertrag
- Vertrag über ambulante Pflege **120**

Pflegeversicherung
- Abgrenzung gegenüber Gesetzlichen Krankenversicherung **Einl.** 14
- Aufgaben der – **1** 6
- Finanzierung **1** 8; **Vor 54**
- Grundstrukturen **Einl.** 2 ff.; **1** 2
- Leistungen s. *Leistungen der Pflegeversicherung*
- private – s. *Private Pflegeversicherung*
- soziale – s. *Soziale Pflegeversicherung*
- Trägerschaft **46** 3
- verfassungsrechtliche Aspekte **Einl.** 6

Pflegevorsorge, private – Vor §§ 126–130 1, 3; **127** 15 ff.

717

Sachverzeichnis

Fette Zahlen = Paragraphen

Pflegevorsorgefonds
- Anlagerichtlinien **134** 4
- Ansparphase **Vor 131** 2; **135**
- Auflösung **139**
- Entnahmephase **Vor 131** 3; **136**
- Jahresrechnung **138**
- Mittelentnahme s. Entnahmephase
- Mittelzuführung s. Ansparphase
- Realwert der Entnahme **136** 5
- Rechnungslegung **138** 4
- Rechtsform und -fähigkeit **131-133** 3f.
- Trägerschaft **131-133** 3
- Umwidmung der Mittel **Vor 131** 5
- Verwaltung **134**
- Zweck **Vor 131** 1; **131-133** 5

Pflegevorsorgezulage Vor §§ 126–130 5ff.; **127** 5ff.
- Auslandswohnsitz **127** 20; **128** 11
- Durchführungsverordnung **130** 3ff.
- Eigenbeitrag **127** 6ff.
- Fördervoraussetzungen **125** 6; **127** 13ff.
- Hilfebedürftigkeit **127** 13
- Kinder und Jugendliche **126** 7
- Mehrfachversicherung **126** 11; **127** 19; **128** 21
- mitversicherte Person **126** 5
- Rückforderung **128** 22
- Zulageberechtigung **126** 3ff.; **127** 5
- Zulageverfahren **128** 3ff.

Pflegezeit
- allgemein **44a** 2f.
- Krankenversicherungsschutz der Pflegeperson **44a** 4ff.
- Pflegeunterstützungsgeld **44a** 7ff.
- Versicherungspflicht in der Arbeitslosenversicherung **44a** 6

Pflegezulage nach § 35 BVG 13 4; **34** 9ff.
- Zusammentreffen mit Leistungen der Sozialen Pflegeversicherung und Beihilfeleistungen **34** 10

Pflege-Zusatzversicherung
- Satzungsregelung **47** 8

Poolen von Leistungsansprüchen 36 7

Prämie
- Gestaltung der – **Einl.** 4
- Prämienverzug **51** 5; **112** 9

Prävention
- Aufgaben der Privaten Krankenkassen **5** 3
- Vorrang der – **5**

Praktikanten s. Studenten

Preisvergleichsliste 72 20

private Pflegeversicherung s. a. Versicherungsunternehmen
- Akteneinsicht des Versicherten **110** 27
- Begrenzung der Kostenerstattung **91** 6
- Beitragszuschuss **61** 7ff.
- Bindung bei Kostenerstattung **91** 8
- Feststellung der Pflegebedürftigkeit **23** 32
- Gleichwertigkeitsgebot **23** 25ff.
- Höchstbeitrag für Ehegatten **110** 18
- Kontrahierungszwang **110** 5
- Kosten von Qualitätsprüfungen **114a** 8f.
- Kostenerstattungsprinzip **23** 28
- Kündigung eines Privaten-Pflegeversicherungs-Vertrages **23** 22; **27** 2ff.; **51** 7; **110** 24ff.
- Leistungsrecht und Auslandsbezug **23** 31
- leistungsrechtliche Ausgestaltung **23** 24
- Leistungszusage **23** 37
- Meldepflichten **51**
- Mitversicherung von Kindern **110** 16
- Prämienrückstand als Ordnungswidrigkeit **121** 8f.
- Prüfdienst des PKV e.V. **114** 4; **114a** 8
- Rahmenbedingungen
  - Altgeschäft **110** 7, 9ff.
  - Neugeschäft **110** 12f.
  - Prämien **110** 14ff.
  - Versicherte im Basistarif **110** 8ff.
- Rechtsweg **23** 41
- Risikoausgleich **111**
- Überblick **110** 28
- Verfahrensrecht **23** 33ff.
- Verhältnis zum privaten Versicherungsrecht **23** 4
- Verhältnis zur Sozialen Pflegeversicherung **Einl.** 5
- Versicherungsfall **23** 34
- Vorerkrankungen **110** 9, 13
- Vorversicherungszeiten **23** 40; **110** 19
- Wahl des Versicherungsunternehmens **23** 21ff.
- Zustandekommen des Privaten Pflegeversicherungsvertrages **23** 20

Prognose zur Dauer der Pflegebedürftigkeit 15 5
prospektive Pflegesätze 85 3; **89** 8
Prozessqualität 114 7
Prüfergebnisse 115; s. a. Qualitätsprüfung
- Weiterleitung an andere Träger **117** 7

Qualifikation der Pflegekraft 77 6
Qualität der Pflegeleistungen 28 5; **112** ff.
- Qualitätskontrolle **Vor 69** 2
- Qualitätsprüfungen **114**
  - Anlassprüfung **114** 11
  - Durchführung **114a**
  - Grundlagen des Prüfauftrags **114** 3ff.
  - Regelprüfung **114** 8
  - Richtlinien **114a** 10
- Qualitätssicherung **113**
  - Schiedsstelle **113b**; **113** 6; **113a** 5; **115** 4
  - Vereinbarungen über – **113** 3ff.

Magere Zahlen = Randnummern

Sachverzeichnis

- Veröffentlichung der Prüfergebnisse **115** 4 ff.
Qualitätsprüfungen 114
- Durchführung **114a**
- Ergebnisse *s. Prüfergebnisse*
- Kosten **114** 12; **114a** 8
- Mängelbeseitigung **115** 11
- Mitwirkungspflichten der Pflegeeinrichtungen **112** 4; **114** 5, 11; **114a** 6
- Prüfauftrag Vor **112** 6; **114** 3 ff.
- Prüfbefugnisse **114a**
- Prüffrequenz **114** 8
- Qualitätsstandards *s. Expertenstandards*
- Transparenzbericht **115** 3 ff.
- Zusammenarbeit mit heimaufsichtsrechtlichen Behörden **117** 2 ff.
Qualitätssicherung Vor 112
- Maßstäbe und Grundsätze **113**
- Modellvorhaben zur – **117** 6
- Richtlinien **53a** 5
- Schiedsstelle **113b**

Rahmenverträge Vor 69 2; **75**
- Abgrenzung der Zusatzleistungen **88** 5
- Auswirkung auf Versorgungsvertrag **72** 8
- Empfehlungen auf Bundesebene Vor **69** 2; **75** 10
- Entscheidungen der Schiedsstelle **75** 8
- Inhalt **75** 7
- Kündigung **75** 9
- Parteien **75** 4
- subsidiäre VO-Ermächtigung **83** 2
- über stationäre Pflege **86** 5
- Verbindlichkeit **75** 5
Rechnungs- und Buchführungsvorschriften 83 4
Rechtsschutz Einl. 10
- bei Ablehnung eines Versorgungsvertrages **73** 4
- bei Kündigung eines Versorgungsvertrages **74** 6
- des Pflegeheims gegen Zuordnung zu einer Pflegeklasse **84** 12
Regelmäßigkeit des Hilfebedarfs 14 2, 24; **15** 8
Regelprüfung 114 5, 8 ff.
Rehabilitanden
- beitragspflichtige Einnahmen **57** 10, 31
- Beitragstragung **59** 6
- Beitragszuschuss an Teilnehmer **61** 11
Rehabilitation
- Anspruch des Versicherten **18** 15
- Aufgaben der Privaten Krankenkassen **5** 3; **31** 4, 6
- Beurteilung durch Gutachter **18** 2, 14
- Mitwirkungspflicht **6** 4; **31** 2
- nach Eintritt von Pflegebedürftigkeit **5** 4

- vorläufige Leistungen **32**
- Vorrang vor Pflege **5**; **31** 3
- Weiterleitung der Reha-Empfehlung **18a** 3
- Zuständigkeit **5** 2; **31** 4
rehabilitative Maßnahmen als Hilfeleistung 14 27
religiöses Bekenntnis
- in Bezug auf Pflegeeinrichtung **11** 5
- Rücksichtnahme beim Pflegebedürftigen **2** 5
Rentner
- beitragspflichtige Einnahmen **57** 13, 28
- Beitragstragung **59** 12
- Beitragszahlung **60** 7
- landwirtschaftliche – **57** 24; **59** 6; **60** 9
- Meldung des Eintritts der Versicherungspflicht **50** 7
- Rentenantragsteller **49** 4; **56** 4 ff.; **57** 21; **59** 21
- Versicherungspflicht **20** 26
- Zahlungsweg **60** 18
Richtlinien *s. a. Pflegebedürftigkeit und Begutachtung*
- Anwendung durch die Rechtsprechung **17** 5
- Begutachtungs- **17** 2
- Härtefall- **17** 2
- Qualitätsprüfungs- **Anhang zu 114**
- Rechtsqualität **17** 4
- über die Qualität der Prüfungen **114a** 10 f.
- Zusammenarbeit mit dem MDK **53a**
- Zusammenarbeit mit unabhängigen Gutachtern **53b**
Rückkehrer in die Soziale Pflegeversicherung
- beitragspflichtige Einnahmen **57** 14
- Beitragstragung **58** 4; **59** 13
Rücklage 62 2; **63** 2; **64** 2; **65** 3
Rückwirkungsverbot 85 9
Rufbereitschaft 15 8
Ruhen der Leistungen
- Ausnahmen vom – beim Pflegegeld **34** 14
- bei Auslandsaufenthalt **34** 4 ff.
- bei Bezug von Entschädigungsleistungen **34** 9 ff.
- bei häuslicher Krankenpflege **34** 14
- bei Krankenhausaufenthalt **34** 16
„Rund um die Uhr"-Pflege 15 8

Sachleistungen *s. Leistungen der Pflegeversicherung*
Sachleistungsprinzip 4 3; Vor **28** 2 f.; **69** 2
- bei stationärer Pflege **43** 3
Satzung 47
Schiedsstelle Vor 69 2; **76**
- bei Verzicht auf Vergütungsvereinbarung **91** 4

719

Sachverzeichnis

Fette Zahlen = Paragraphen

- gerichtliche Kontrolle **76** 5
- Pflegesatzfestsetzung **85** 8
- Qualitätssicherung **113b**
  - Expertenstandards **113a** 5
  - Maßstäbe und Grundsätze **113** 6
  - Pflegetransparenzvereinbarung **115** 4
  - Rahmenverträge nach § 75 **75** 8
  - Rechtsnatur der Entscheidungen **76** 4; **85** 8
  - Rechtsschutz **76** 5
  - Rückwirkungsverbot **85** 9
  - Vergütungsvereinbarungen **85** 8
  - Verordnungen der Länder **76** 15
  - Zusammensetzung **76** 6
  - Zuständigkeiten **76** 3
- **Schiedsstelle Qualitätssicherung 113b**
  - Zuständigkeiten **113** 7; **113a** 5; **115** 7
- **Schwerbehinderteneigenschaft 14** 3
- **Schwerpflegebedürftigkeit**
  - nach § 53 SGB V **Einl.** 13
  - Zuordnung zur Pflegestufe II **15** 2, 7; **Vor 28 ff.** 11
- **Selbstbeteiligung bei Hilfsmitteln 40** 3, 19, 27
- **Selbstzahler** *s. Beiträge*
- **Sicherstellung der Pflege**
  - durch ehrenamtliche Pflegepersonen **37** 7
- **Sicherstellungsauftrag 12** 2f.; **Vor 69** 3; **69**
  - Adressat **69** 3
  - Ziel **69** 4
- **Soldaten auf Zeit**
  - Versicherungspflicht **21** 12
  - zuständige Pflegekasse **48** 5
- soziale Betreuung
  - bei häuslicher Pflege **4** 6
  - bei Kurzzeitpflege **42** 6
  - bei teilstationärer Pflege **41** 5
  - bei vollstationärer Pflege **43** 4, 10
  - beitragspflichtige Einnahmen **57** 27
  - Beitragstragung **59** 18
  - Beitragszahlung **60** 3
  - Meldepflicht **50** 4
  - Zuständigkeit **48** 6
- **Soziale Pflegeversicherung**
  - Mitgliedschaft *s. dort*
  - Organisation **Vor 46** 1 ff.
  - Träger **46** 3 ff.
  - Verhältnis zu §§ 53 ff. SGB V **Einl.** 13
  - Verhältnis zur Privaten Pflegeversicherung **Einl.** 5
- **Soziale Sicherung von Pflegepersonen** *s. Pflegeperson*
- **Sozialhilfe**
  - Begrenzung der Kostenerstattung **91** 5
  - Begriff der Pflegebedürftigkeit **13** 11
  - Eingliederungshilfe und Leistungen aus der Pflegeversicherung **13** 20
  - Leistungen der – **13** 15 ff.

- Nachrang **13** 10 ff.
- Pflegeleistungen nach dem SGB XII **13** 15 ff.
- **Sozialhilfeträger**
  - Beteiligung an Versorgungsvertrag **72** 9
  - Bindung bei Kostenerstattung **91** 7
  - Einigungsverfahren mit den Landesverbänden der Privaten Krankenkassen **81** 5
  - Einvernehmen bei Ablehnung von Bestandsschutz **73** 6
  - Pflegesatzpartei **85** 5, 8
  - Vergütungsvereinbarung **Vor 82** 7; **85** 5, 8
- **Spitzenverbände der Privaten Krankenkassen 53** 5
  - Aufgaben **53** 6
  - Einigungsverfahren **53** 7
  - Expertenstandards als Verwaltungskosten **113a** 8
- **stationäre Pflegeeinrichtung 71** 6
  - Abgrenzung zur ambulanten **71** 2
  - Zulassungsvoraussetzungen **71** 2a, 15
- **stationäre Pflegeleistungen**
  - Befreiung von der Versicherungspflicht in der Privaten Pflegeversicherung **23** 15 f.
  - Beitragsfreiheit in der Sozialen Pflegeversicherung **56** 12
  - Bemessungsgrundsätze der Vergütung **84** 2
  - Kurzzeitpflege *s. dort*
  - Pauschalbeträge **43** 8
  - teilstationäre Pflege *s. dort*
  - vollstationäre Pflege *s. dort*
- **Statistik Vor 93; 109**
- **Stehen 14** 38
- **Strukturqualität Vor 112** 6; **114** 7, 9
- **Studenten und Auszubildende**
  - beitragspflichtige Einnahmen **57** 12, 29
  - Beitragstragung **59** 11
  - Beitragszahlung **60** 6
  - Versicherungspflicht **20** 24 f.
- **Systematik des SGB XI Einl.** 2, 11

- **Teilhabe am Arbeitsleben**
  - beitragspflichtige Einnahmen **57** 10
  - Beitragstragung **59** 9
- **teilstationäre Pflege 41**
  - Kombination mit anderen Leistungsarten **41** 6 f.
  - Leistungshöhe **41** 5
  - Tagespflege **41** 3
  - Vorrang gegenüber vollstationärer Pflege **3** 4
  - zugelassene Einrichtungen **41** 4; **71** 15
- **Träger von Pflegeeinrichtungen** *s. Einrichtungsträger*
- **Trägervielfalt 11** 5; **69** 7
- **Transparenzbericht** *s. Qualitätsprüfung*
- **Treppensteigen 14** 28

Magere Zahlen = Randnummern

Sachverzeichnis

Übergangsgeld s. *Rehabilitanden*
Übergangsregelungen 122
Unterhaltsrecht und Pflegegeld 13 30
Unterkunft und Verpflegung 43 16; **Vor 82** 3; **82** 4; **87**
– Höhe der Entgelte für – **87** 4
– Zusatzleistungen bei – **88** 3
Unterstützung 14 13; s. a. *pflegeunterstützende Maßnahmen*
Untersuchung im Wohnbereich 18 6 ff.
– Einverständnis des Pflegebedürftigen **18** 8
Unwirksamkeit von Vergütungsvereinbarungen 70 4

Verband der Privaten Krankenversicherungen
– Beteiligung an Pflegesatzkommission **Vor 82** 7
– Pflegepool **111** 5
– Prüfdienst **97c**
– Vereinbarkeit zum Meldeverfahren **51** 4
Verbesserung des Wohnumfeldes s. *Wohnumfeld*
Vereinbarungsprinzip
– bei der Pflegevergütung **85** 3; **89** 4
Verfahren
– Feststellung der Pflegebedürftigkeit **18**
– Mitwirkungspflicht **18** 7f.
Vergütungsvereinbarung 69 5; **Vor 82** 1 ff.; **89** 2
– bei nicht erwerbsmäßig tätigen Pflegepersonen **Vor 82** 1
– Beitragssatzstabilität **70** 3
– Bemessungsgrundsätze
   – bei ambulanten Pflegeleistungen **89** 3 ff.
   – bei stationären Pflegeleistungen **84**
– durch Mehrheitsentscheidung **85** 7
– individuelle – **Vor 82** 2
– leistungsgerechte Vergütung **84** 9 ff.
– Nachweispflichten **85** 6
– Rückwirkungsverbot **85** 9
– Schiedsstelle **85** 8; **89** 7
   – Verfahren trotz Verzicht auf – **91** 4
– Vertragsparteien **89** 11
Verhältnis der Pflegeleistungen untereinander Vor 28 5; **38** 2; **39** 13; **41** 6 ff.
Verhinderungspflege s. a. *Ersatzpflege*
– durch Angehörige **39** 10 f.
– Ersatz von Mehraufwendungen **39** 12
– Grund und Dauer der Verhinderung **39** 5
– und Pflegegeld **37** 5; **39** 13
– Voraussetzungen **39** 2 ff.
– Verhinderungspflege und andere Pflegeleistungen **39** 13 f.
– Verhinderungs- und Kurzzeitpflege **42** 2, 11
Verlassen der Wohnung 14 40

Verletztengeld s. *Rehabilitanden*
Verletzung von Auskunfts- und Meldepflichten
– in der Privaten Pflegeversicherung **51** 2, 7
– in der Sozialen Pflegeversicherung **50** 5
– Ordnungswidrigkeiten **112** 5 f.
Verrichtungen
– Allgemeines zur Auslegung **14** 26 ff.
– An- und Auskleiden **14** 37
– Aufstehen **14** 36
– Ernährung **14** 30 ff.
– Gehen **14** 38
– Katalog **14** 24 ff.
– maßgebend für Pflegebedürftigkeit **14** 5
– Mobilität **14** 34 ff.
– Stehen **14** 38
– Treppensteigen **14** 38
– Verlassen der Wohnung **14** 40
– Zu-Bett-Gehen **14** 36
verrichtungsbezogene Behandlungspflege 14 14 ff.
Versichertennummer 101
Versichertenverzeichnis 99
Versicherungsbedingungen in der Privaten Pflegeversicherung 23 4, 33
Versicherungspflicht in der Privaten Pflegeversicherung
– Ausnahme: Bezug von Pflegeleistungen **23** 15 f.
– Fälle mit Auslandsbezug **23** 19
– Grundlagen **Vor 20** 1 ff.; **23** 2, 5
– verfassungsrechtliche Aspekte **23** 3
– versicherungspflichtiger Personenkreis **23** 6 ff.
Versicherungspflicht in der Sozialen Pflegeversicherung
– Befreiung **22** 2 ff.
– Grundlagen **Einl.** 4; **1** 3; **Vor 20** 1 ff.
– ohne Mitgliedschaft in der Gesetzlichen Krankenversicherung **21**
– Verfassungsmäßigkeit **Einl.** 9
– versicherungspflichtiger Personenkreis **1** 4; **20** 2 ff.
   – Arbeitnehmer **20** 7 ff.
   – Befreiung **22** 2 ff.
   – Behinderte Menschen **20** 23
   – Bezieher von Arbeitsförderungsleistungen **20** 17
   – Bezieher von Vorruhestandsgeld **20** 28
   – freiwillige Mitglieder der Gesetzlichen Krankenversicherung **20** 30
   – freiwilliges soziales Jahr **20** 15
   – Künstler und Publizisten **20** 19
   – Landwirte **20** 18
   – Rentner **20** 26
   – Sozialhilfempfänger **20** 29
   – Studenten und Auszubildende **20** 24 f.

721

Sachverzeichnis

Fette Zahlen = Paragraphen

- Wehr- und Zivildienst **20** 14
versicherungspflichtige Beschäftigte
- beitragspflichtige Einnahmen **57** 4
- Beitragstragung **58**
- Beitragszahlung **60** 5
Versicherungspflichtige gem. § 21 Nr. 1 bis 5
- beitragspflichtige Einnahmen **57** 21
- Beitragstragung **59** 17
- Beitragszahlung **60** 3, 13
- Meldepflicht **50** 4
- Mitgliedschaft, Beginn und Ende **49** 3
- Zuständigkeit der Pflegekasse **48** 5
Versicherungsunternehmen; *s. a. Verband der PKV*
- Anforderungen für Beitragszuschuss **61** 9f.
- Gemeinschaft privater Versicherungsunternehmen **23** 14
- Meldepflichten **51** 3ff.
- Risikoausgleich **111**
- Wahl zur Durchführung der Privaten Pflegeversicherung **23** 21ff.
Versicherungsunternehmen, private
- Anforderungen für Beitragszuschuss **61** 12
Versorgungsauftrag 72 6
Versorgungsbezüge
- beitragspflichtige Einnahmen **57** 4
- Beitragstragung **58** 5; **59** 3
- Beitragszahlung **60** 8f.
- Meldepflicht **50** 3
Versorgungskrankengeld *s. Rehabilitanden*
Versorgungsstrukturen
- Weiterentwicklung von – **45c** 2
Versorgungsvertrag 69 2; **72** 2f.
- Bestandschutz **73** 5ff.
- Formerfordernis **73** 3
- Gegenstand und Inhalt **72** 5ff.
- Kündigung **74;** *s. a. dort*
- öffentlich-rechtlicher Vertrag **72** 4
- Rechtsschutz **73** 4
- und Vergütungsvereinbarung **69** 5
- Vertragspartner **72** 9f.
Vertrag mit einzelner Pflegekraft 77
- Ausschluss von Angehörigen **77** 8
- Eignung der Pflegekraft **77** 7
- Rechtsqualität **77** 5
- Subsidiarität **77** 3a
- Verbot eines Beschäftigungsverhältnisses **77** 10
Verträge über Pflegehilfsmittel 78 3
- Rechtsschutz **78** 4
Verwaltungsverfahren Einl. 9
vollstationäre Pflege
- Begrenzung der Leistungshöhe **4** 7; **43** 3, 5ff.

- Erforderlichkeit **43** 14f.
- Härteklausel **43** 23ff.
- in Einrichtungen der Behindertenhilfe **43 a**
- in nicht zugelassenen Pflegeeinrichtungen **43** 27
- Investitionsaufwendungen **43** 14
- Nachrang **43** 2, 4
- Umfang der Leistungen **43** 7
- Unterbringung und Verpflegung *s. dort*
Vorerkrankung in der Privaten Pflegeversicherung 110 9, 13
Vorrang
- der freigemeinnützigen und privaten Träger **11** 6
- der häuslichen Pflege **3** 2ff.
- der Pflegeleistungen aus Gesetzlicher Unfallversicherung und BVG **13** 3ff.
- Einrichtungsträger **11** 6
- von Prävention und Reha **5** 2
Vorversicherungszeit 33 6ff.

Wahlrecht des Pflegebedürftigen 2 4; **13** 14; **77** 5
Waisen
- Beitragsfreiheit in der Sozialen Pflegeversicherung **56** 8
Wartezeit in der Privaten Pflegeversicherung 23 40; **110** 13
Wehr- und Zivildienst
- beitragspflichtige Einnahmen **57** 14
- Familienversicherung **25** 15
- Versicherungspflicht **20** 14
Wehrdienst, freiwilliger
- beitragspflichtige Einnahmen **57** 15
- Beitragstragung **59** 14
- Beitragszuschlag für Kinderlose **55** 10f.
- Fortbestehen der Mitgliedschaft **49** 4
- Meldepflicht **50** 3
Weiterversicherte
- Beiträge **Vor 54** 7
- beitragspflichtige Einnahmen **57** 33
- Beitragstragung **59** 18
- Beginn und Ende der Mitgliedschaft **49** 5
- Zuständigkeit **48** 7
Weiterversicherung Vor 20 4; **26**
- bei Auslandsaufenthalt **26** 6; **57** 26
- Beitrittsfristen **26** 5
- nach Beendigung einer Familienversicherung **26** 4
Wettbewerb
- und Förderung nach Bedarf **9** 7; **72** 12
- und marktgerechter Preis **85** 6
- und Preisvergleichsliste **72** 20
- und Wirtschaftlichkeitskontrolle **79** 3
Wiederaufsuchen der Wohnung 14 40
Wiederholungsprüfung 114 5, 11a

Magere Zahlen = Randnummern **Sachverzeichnis**

Wirtschaftlichkeitsgebot 4 8; **29**
– und Selbstbestimmungsrecht **29** 4
Wirtschaftlichkeitskontrolle Vor 69 2; **79**
– Durchführung **79** 3
– Mitwirkungspflicht der Pflegeeinrichtung **79** 4
– Verfassungsmäßigkeit **79** 3
Wirtschaftlichkeitsprüfung
– Kostenverteilung **116** 3
Wohngruppe
– Anschubfinanzierung **45e**
Wohngruppenzuschlag 38a
– ambulante Wohngruppe **38a** 5
– Anspruchsvoraussetzungen **38a** 6 ff.
– Präsenzkraft **38a** 8 ff.
Wohnumfeld 40 4, 30 ff.
– Abgrenzung zu Hilfsmitteln **40** 10
– Ermessen der PK **40** 32
– Höhe des Zuschusses **40** 36
– Maßnahme **40** 36
– Subsidiarität **40** 33
– Zuständigkeit anderer Träger **40** 33

Zahlungsweg *s. Beiträge*
Zeitaufwand 15 14 ff.
– Allgemeines zur Ermittlung **15** 16
– bei geistig Behinderten **15** 19
– bei Kindern **15** 11
– bei psychisch Kranken **15** 19
– Beurteilung durch den MD **18** 4
– Feststellung für soziale Sicherung der Pflegeperson **44** 14
– für aktivierende Pflege **14** 10, 24; **28** 7
– für Verrichtungen, die in größeren Zeitabständen anfallen **14** 24

– Schätzung **15** 18
Zeitkorridor 15 18
Zeitsoldaten *s. Soldaten auf Zeit*
Zu-Bett-Gehen 14 36
Zulageverfahren 128 3 ff.
– Zulagenummer **128** 6, 14 ff.
Zulassung; *s. a. Versorgungsvertrag*
– Auswirkungen der Zulassung **72** 16 ff.
– Bedarfszulassung **72** 12
– Berechtigung zur Leistungserbringung **29** 5
– Hilfsmittelerbringung **40** 7
– Leistungsfähigkeit und Wirtschaftlichkeit **72** 13
– Voraussetzungen **71** 2a, 7 ff., 15
– Vorrang gemeinnütziger und privater Leistungserbringer **72** 14
Zusammentreffen von Leistungen der Pflegeversicherung
– mit Pflegezulage nach § 35 BVG **13** 4; **34** 7
– mit Pflegezulage nach § 35 BVG und Beihilfeleistungen **34** 8
– und häusliche Krankenpflege **13** 8; **34** 9
– und Pflegeleistungen aus anderen Systemen **13**
Zusatzleistungen bei stationärer Unterbringung 43 13; **88** 3
Zuschläge auf den Beitrag *s. Beitragszuschlag*
Zuschüsse
– zu laufenden Aufwendungen **82** 11
Zuständigkeit
– der PK **48**
– für Pflegeinfrastruktur **8** 3
Zuzahlung
– bei Pflegehilfsmitteln **40** 20